Geschenk von J. Goll

Inv.-Nr. G-08-11
Informatik
Prof. Dr. A. Zeller

Joachim Goll

Methoden und Architekturen der Softwaretechnik

Joachim Goll

Methoden und Architekturen der Softwaretechnik

STUDIUM

Bibliografische Information der Deutschen Nationalbibliothek
Die Deutsche Nationalbibliothek verzeichnet diese Publikation in der
Deutschen Nationalbibliografie; detaillierte bibliografische Daten sind im Internet über
<http://dnb.d-nb.de> abrufbar.

Prof. Dr. Joachim Goll,
Jahrgang 1947, unterrichtet seit 1991 im Fachbereich Informationstechnik der Hochschule Esslingen Programmiersprachen, Betriebssysteme, Software Engineering, Objektorientierte Modellierung und Sichere Systeme. Während seiner beruflichen Tätigkeit in der Industrie befasste er sich vor allem mit dem Entwurf von Verteilten Informationssystemen. Prof. Goll ist Leiter des Steinbeis-Transferzentrums Softwaretechnik Esslingen.

Wir weisen ausdrücklich darauf hin, dass wir nicht für die Lauffähigkeit einzelner Programme bzw. deren Kompatibilität auf dem Computer des Nutzers haften. Der Haftungsausschluss schließt auch alle sonstigen eventuell auftretenden negativen Effekte auf dem Computer des Nutzers durch die Installation und Verwendung der Programme mit ein. Der Nutzer verwendet die Programme auf eigene Gefahr.

1. Auflage 2011

Alle Rechte vorbehalten
© Vieweg+Teubner Verlag | Springer Fachmedien Wiesbaden GmbH 2011

Lektorat: Ulrich Sandten | Kerstin Hoffmann

Vieweg+Teubner Verlag ist eine Marke von Springer Fachmedien.
Springer Fachmedien ist Teil der Fachverlagsgruppe Springer Science+Business Media.
www.viewegteubner.de

Das Werk einschließlich aller seiner Teile ist urheberrechtlich geschützt. Jede Verwertung außerhalb der engen Grenzen des Urheberrechtsgesetzes ist ohne Zustimmung des Verlags unzulässig und strafbar. Das gilt insbesondere für Vervielfältigungen, Übersetzungen, Mikroverfilmungen und die Einspeicherung und Verarbeitung in elektronischen Systemen.

Die Wiedergabe von Gebrauchsnamen, Handelsnamen, Warenbezeichnungen usw. in diesem Werk berechtigt auch ohne besondere Kennzeichnung nicht zu der Annahme, dass solche Namen im Sinne der Warenzeichen- und Markenschutz-Gesetzgebung als frei zu betrachten wären und daher von jedermann benutzt werden dürften.

Umschlaggestaltung: KünkelLopka Medienentwicklung, Heidelberg
Foto Abtei Neresheim: Andreas Läser, Oberkochen
Druck und buchbinderische Verarbeitung: STRAUSS GMBH, Mörlenbach
Gedruckt auf säurefreiem und chlorfrei gebleichtem Papier
Printed in Germany

ISBN 978-3-8348-1578-1

Ein rechtzeitig behandelter schwerer Schlaganfall kann glücklich ausgehen.

*In dankbarer Erinnerung an
die Zeit auf der Intensivstation des Krankenhauses Esslingen,
den Start meiner Heilung in der Neurologischen Fachklinik in Neresheim,
die liebevolle Pflege zuhause und
die kompetente Behandlung durch Pflegedienst und Krankengymnastik.
Dank gesagt sei auch meinen Kolleginnen und Kollegen
der Hochschule Esslingen für die Ermutigungen und Rücksichtnahme
und den Mitarbeiterinnen und Mitarbeitern von STZ Softwaretechnik,
IT-Designers und Distributed Systems Engineering
für ihre Treue und Unterstützung in dieser schwierigen Zeit.*

Joachim Goll

Vorwort

Software ist ein unverzichtbarer Anteil zahlreicher heutiger Systeme. In vielen Bereichen sind der Staat und die Wirtschaft von der ordnungsgemäßen Funktion der Software, ihrer zuverlässigen und stabilen Konstruktion, einer vernünftigen Laufzeit und einer ansprechenden Gestaltung der Oberflächen der Softwaresysteme abhängig. Software ist erheblich mehr als bloßes individuelles Programmieren. Ihre Erstellung beinhaltet im Idealfall einen standardisierten, methodischen Entwicklungsprozess, der für alle am Projekt Beteiligten verständlich ist und quasi die Sprache des Projekts darstellt. Dabei sollten die eingesetzten Methoden, Vorgehensmodelle und Architekturen standardisiert sein, damit die einzelnen Dokumente personenunabhängig gestaltet und von allen Projektbeteiligten verstanden werden können.

Das Hauptziel dieses Buches ist die methodische, stabile und standardisierte Konstruktion von Software-Systemen. Behandelt werden hier insbesondere die einzelnen Schritte der Entwicklung, nämlich das Erstellen von Requirements, funktionsorientierte, datenorientierte und objektorientierte Konzepte für die Systemanalyse und den Systementwurf, sowie das Testen von Systemen. Entwurfs- und Architekturmuster sowie aspektorientierte Ansätze runden das Spektrum dieses Buches ab. Weitere Gebiete der Softwareentwicklung wie etwa die Gestaltung von Oberflächen und Dialogen werden nur am Rande gestreift.

Projekte verfolgen stets das Ziel, ein zuvor definiertes Ergebnis zu erzeugen. Für jedes Softwareprojekt sind standardisierte Methoden in jeweils geeignetem Umfang auszuwählen. Genauso sollen Architekturen so einfach wie möglich und weitgehend standardisiert sein. Bewährte Entwurfs- und Architekturmuster werden aufgeführt, damit der Leser prüfen kann, ob sie für sein Projekt verwendet werden können. Lauffähige Beispiele für die Entwurfsmuster und zum Teil auch für die Architekturmuster sollen die Prüfung dieser Muster erleichtern. Nicht jedes Beispiel des Buchs ist vollständig abgedruckt. Es ist aber auf der beigelegten CD vollständig enthalten.

Dieses Buch wendet sich an Studierende und an die Entwickler in der Praxis, die sich einen Überblick über standardisierte Entwicklungsmethodiken und Architekturen verschaffen wollen,. Jedes Kapitel des Buchs enthält einfache Übungsaufgaben, die zum Überprüfen des Gelernten dienen.

Bedanken möchte ich mich bei Prof. Dr. Manfred Dausmann, Herrn Kevin Erath und Herrn Sebastian Bickel für das Korrekturlesen. Herr Markus Schuler war ein wertvoller Diskussionspartner im Kapitel "Qualität von Softwaresystemen". Bei UML hat mich Herr Tobias Lauffer unterstützt und Herr Dirk Randhahn speziell beim Thema "Zustandsdiagramme". Bei den Entwurfs- und Architekturmustern haben Herr Benjamin Adolphi, Herr Dominic Kadynski, Herr Philipp Stehle, Herr Micha Koller und Herr Konstantin Holl mitgearbeitet. Bei den datenorientierten Methoden haben Herr Dr. Andreas Rau und Herr Tobias Güth wesentliche Beiträge geliefert. Für das Kapitel "Testen" standen mir Herr Dr. Oliver Bühler und Herr Ansgar Hoffmann zur Seite. Dafür mein herzlichster Dank.

Esslingen, im März 2011 J. Goll

Wegweiser durch das Buch

"Lernkästchen", auf die grafisch durch eine kleine Glühlampe aufmerksam gemacht wird, stellen eine Zusammenfassung eines Abschnitts dar. Sie erlauben eine rasche Wiederholung des Stoffes.

"Warnkästchen" werden durch ein Symbol mit der Beschriftung "Vorsicht!" gekennzeichnet. Sie sind wichtige Hinweise, die es zu beachten gilt, um z. B. schwerwiegende Probleme zu vermeiden.

Die nachfolgende kurze Inhaltsübersicht soll dem Leser die Übersicht über das Buch erleichtern:

Kapitel 1	Problembereich und Lösungsbereich
Kapitel 2	Die vier Ebenen des Software Engineerings
Kapitel 3	Ausprägungen von Vorgehensmodellen
Kapitel 4	Qualität von Softwaresystemen
Kapitel 5	Requirements
Kapitel 6	Funktionsorientierte Modellierung in der Systemanalyse mit der Strukturierten Analyse
Kapitel 7	Funktionsorientierte Modellierung in der Systemanalyse mit der Strukturierten Analyse/Echtzeit
Kapitel 8	Datenorientierte Modellierung in der Systemanalyse mit dem Entity-Relationship-Modell
Kapitel 9	Objektorientierte Grundlagen
Kapitel 10	Objektorientierte Notation mit UML – eine Einführung
Kapitel 11	Einführung in standardisierte Diagrammtypen nach UML
Kapitel 12	Objektorientierte Systemanalyse
Kapitel 13	Entwurfsprinzipien
Kapitel 14	Funktionsorientierter Systementwurf
Kapitel 15	Datenorientierter Systementwurf
Kapitel 16	Objektorientierter Systementwurf
Kapitel 17	Objektorientierte Entwurfsmuster
Kapitel 18	Architekturmuster
Kapitel 19	Systementwurf bei aspektorientierter Programmierung
Kapitel 20	Test und Integration

Kapitel 1 erläutert den Unterschied zwischen Problembereich und Lösungsbereich. Anschließend werden die Paradigmen funktionsorientiert, datenorientiert, objektorientiert und aspektorientiert vorgestellt. Die Entwicklungsschritte für die Entwicklung eines einfachen Systems ohne rekursive Wiederholung der Entwicklungsschritte werden aufgezeigt. Diese umfassen die Spezifikation der Requirements, die Systemanalyse, Machbarkeitsanalyse, den Systementwurf, die Programmierung, den Test und die Integration sowie in der Regel den Abnahmetest. Diese Entwicklungsschritte werden beschrieben und die Unterschiede zwischen Anwendungsfunktionen und Entwurfseinheiten besprochen. Die Funktionsklassen in Systemanalyse und Systementwurf werden für die einzelnen Paradigmen identifiziert. Die komplexe Vernetzung zwischen Requirements und Entwurfseinheiten wird diskutiert.

Kapitel 2 gibt einen Überblick über die derzeitigen Arbeitsgebiete der Softwaretechnik (engl. Software Engineering). Die Softwaretechnik hat vier große Arbeitsbereiche: Vorgehensmodelle, Methoden, Werkzeuge und Architekturen. Ein Vorgehensmodell gibt das organisatorische Korsett eines Projektes vor. Jedes Vorgehensmodell stellt andere Eigenschaften in den Vordergrund. Die Arbeitspakete bzw. Aktivitäten eines Projekts werden durch Methoden unterstützt. CASE-Werkzeuge sollen wiederum die Methoden unterstützen. Architekturen schließlich sind das vierte Teilgebiet der Softwaretechnik.

Kapitel 3 beschreibt Vorgehensmodelle. Untersucht werden spezifikationsorientierte, prototyporientierte und agile Vorgehensmodelle. Bei den spezifikationsorientierten Vorgehensmodellen werden Wasserfallmodelle – in Form von Baseline Managementmodellen und Wasserfallmodellen mit Rückführschleifen –, die evolutionäre Entwicklung, ferner insbesondere das V-Modell und der Rational Unified Process diskutiert. Bei prototypischen Vorgehensmodellen werden das Inkrementelle Prototyping und das Concurrent Engineering betrachtet. Agile Vorgehensmodelle werden vom Konzept her und in der Ausprägung des Extreme Programming und von Scrum vorgestellt. Außerdem wird das Spiralmodell als Vehikel zum Einsatz verschiedener Vorgehensmodelle diskutiert.

Kapitel 4 befasst sich mit der Qualitätssicherung von Software. Zur Qualitätssicherung dienen konstruktive und analytische Maßnahmen. Zu den konstruktiven Maßnahmen gehört beispielsweise der Einsatz geeigneter Methoden des Software Engineering und von höheren Programmiersprachen. Analytische Maßnahmen werden an bereits konkret realisierten Produkten durchgeführt. Hierzu gehört u. a. das Messen von Qualitätsmesszahlen (Metriken) wie z. B. die Zahl der Anweisungen pro Modul, aber auch das Testen von Programmen oder die Analyse von Dokumenten im Rahmen eines Review. Wichtige Standards zur Bewertung der Qualität von Prozessen und Organisationseinheiten in Reifegradmodellen wie ISO 9001, CMM, SPICE und CMMI werden in ihren Grundzügen vorgestellt.

Kapitel 5 behandelt das Aufstellen und die Bedeutung der Requirements für ein Softwaresystem. Die Requirements an ein System oder Teilsystem umfassen jene Requirements, welche den Leistungsumfang des Systems (Teilsystems) festlegen. Die Schritte der Zerlegung eines Systems bzw. Teilsystems, der Zuordnung und Verfeinerung von Requirements werden solange wiederholt, bis ein geeignetes Maß an Genauigkeit erreicht ist. In jeder Projektphase und bei jeder Zerlegung können neue, feinere Requirements aufgestellt werden. Zu den Requirements an die Funktionserbringung kommen noch nicht-funktionale Requirements. Die Requirements sollten in größeren Projekten maschinell verwaltet werden, um maschinell die Verfolgbarkeit sicherzustellen.

Die Strukturierte Analyse in **Kapitel 6** ist eine Methode, die ein System in logische Einheiten, die sogenannten Prozesse, zerlegt. Durch die Zerlegung der Prozesse in Unterprozesse und ihre Modellierung in Datenflussdiagrammen entsteht eine Ebenenstruktur an Datenflussdiagrammen. Die Prozesse sind funktionale Einheiten. Daten und Funktionen werden getrennt. Die Stärke der Strukturierten Analyse ist, dass die Wechselwirkungen zwischen den Prozessen im Mittelpunkt stehen. Soll nicht das funktionale Verhalten betont werden, sondern das Steuerungsverhalten, so ist die Strukturierte Analyse zur Strukturierten Analyse/Echtzeit zu erweitern (siehe Kapitel 7). Sollen die Daten mit in den Vordergrund rücken, so ist die Strukturierte Analyse um

Entity-Relationship-Diagramme zu ergänzen (siehe Kapitel 8). Das Konzept der Strukturierten Analyse hat nach wie vor Bedeutung in der hardwarenahen Programmierung, es sei denn, die Systemanalyse wird objektorientiert erstellt und auf einen funktionsorientierten Systementwurf abgebildet.

Die Echtzeit-Variante der Strukturierten Analyse, die Methode SA/RT, in **Kapitel 7** erweitert die Strukturierte Analyse um die Fähigkeit der Modellierung von Steuerflüssen (Kontrollflüssen). Ein Steuerfluss hat stets diskrete Werte. Bei SA/RT liegt ein Steuerfluss nur vor, wenn Prozesse deaktiviert oder aktiviert werden, wenn es zu Zustandsübergängen oder zur Transformation in neue Steuerflüsse kommt. Parallel zu Datenflussdiagrammen werden Steuerflussdiagramme gezeichnet. Man kann aber auch beide Diagrammformen in ein Bild zeichnen, das dann Daten- und Steuerflüsse enthält. Steuerflüsse münden letztendlich in einer CSPEC (Steuerspezifikation, engl. control specification). Die CSPEC kann eine Ereignislogik, ein Zustandsübergangsdiagramm und eine Aktionslogik enthalten. Eine Ereignislogik wird formuliert mit Hilfe einer Entscheidungstabelle. Diese Entscheidungstabelle enthält die Kombinationen eingehender Signale, die für das System Ereignisse darstellen. Wenn ein System Zustände hat, so kann es auf Ereignisse mit Zustandsübergängen reagieren. Der Begriff Zustandsübergang ist allgemein gefasst: es kann auch ein Übergang in denselben Zustand erfolgen. Jeder Zustandsübergang kann mit einer Aktion verbunden sein oder auch nicht. Erfolgt der Übergang in den Ausgangszustand, so ist eine Aktion zwingend erforderlich. In der Aktionslogik, die wiederum in Tabellenform aufbereitet wird, wird spezifiziert, was die entsprechende Aktion umfasst. Eine Aktion kann eine Prozessaktivierung/-deaktivierung (Prozessaktivierungstabelle) bzw. die Erzeugung von Ausgangs-Steuerflüssen bedeuten.

Das Entity-Relationship-Modell (ERM) in **Kapitel 8** zur Modellierung von Daten und ihrer Beziehungen wurde nachträglich in die Strukturierte Analyse aufgenommen. Zwischen Entitäten – abstrakten und konkreten Typen der realen Welt – bzw. zwischen Entitätstypen können 1:1-, 1:n- oder n:m-Beziehungen existieren. Zur Implementierung eines ERM mit Hilfe einer relationalen Datenbank muss das ERM zunächst in ein relationales Modell konvertiert werden. Diese Umwandlung wird in Kapitel 15 beschrieben. Das Entity-Relationship-Modell hat auch eine große Bedeutung für die Objektorientierung, da das Klassendiagramm der Objektorientierung auf dem Entity-Relationship-Modell beruht.

Wie in **Kapitel 9** gezeigt wird, weist die objektorientierte gegenüber der funktionsorientierten Entwicklung zahlreiche Vorteile auf. Ist der Rechner schnell genug, so stellt die objektorientierte Entwicklung heutzutage die gängige Vorgehensweise dar. Die Begriffe Abstraktion, Kapselung und Information Hiding und ihr Zusammenhang werden erläutert und das Konzept einer Klasse vorgestellt. Einfachvererbung, Mehrfachvererbung, Aggregation und Komposition werden analysiert. Polymorphie, das liskovsche Substitutionsprinzip und Entwurf durch Verträge werden besprochen. Bekannte Methoden zum Finden von Klassen oder Objekten wie die Unterstreichmethode, die Methode CRC oder die Betrachtung der Dynamik der Anwendungsfälle werden diskutiert.

Kapitel 10 führt in UML ein. Das Konzept der Klasse wird erläutert. Die Beziehungsarten Assoziationen, Generalisierungen, Realisierungen und Abhängigkeiten werden analysiert. Zusätze in UML wie Rollen an Assoziationen, Multiplizitäten an Assoziationen, Sichtbarkeiten, Notizen oder Zusatzbereiche werden beschrieben. Das

Konzept einer Schnittstelle und eines Classifier wird diskutiert. Die Struktur der Modellbildung in UML mit den vier Ebenen Meta-Meta-Ebene (M3), Metaebene (M2), Modellebene (M1) und Datenebene mit Laufzeitinstanzen (M0) wird vorgestellt.

Kapitel 11 erläutert alle Standarddiagramme von UML. Diese umfassen: Klassendiagramm, Objektdiagramm, Anwendungsfalldiagramm, Kommunikationsdiagramm, Sequenzdiagramm, Aktivitätsdiagramm, Zustandsdiagramm, Komponentendiagramm, Verteilungsdiagramm, Paketdiagramm, Interaktionsübersichtsdiagramm, Kompositionsstrukturdiagramm und Zeitdiagramm.

Kapitel 12 schlägt ein Vorgehen aus 13 Schritten für die objektorientierte Systemanalyse läuft vor. Zuerst wird überprüft, ob sich die Requirements widersprechen oder ob sie unvollständig sind. Auf dieser konsistenten Grundlage werden dann die Geschäftsprozesse spezifiziert und die Anwendungsfälle festgelegt und priorisiert, damit die wichtigsten Anwendungsfälle mit dem vorhandenen Budget realisiert werden können. Für die resultierenden Anwendungsfälle wird das Kontextdiagramm gezeichnet, um die Einbettung des Systems in seine Umgebung und die externen Schnittstellen abzustimmen. Die dem Kontextdiagramm entsprechenden Requirements werden festgelegt, das Anwendungsfalldiagramm für das System gezeichnet und die Anwendungsfälle kurz beschrieben. Damit ist bis zu dieser Stelle die Black-Box-Sicht des Systems abgestimmt. Es folgt nun das Finden von Entity-Klassen und das Erstellen des Klassendiagramms der konzeptionellen Sicht aus Entity-Klassen. Damit kann man erste Aussagen zur Struktur bzw. Statik der Anwendung (White-Box-Sicht) treffen. Die Langbeschreibung der Anwendungsfälle in strukturierter textueller Form benutzt die gefundenen Klassen. Die Kommunikationsdiagramme für jeden Anwendungsfall geben Auskunft über das dynamische Verhalten des Systems. Spielt das reaktive Verhalten eine Rolle, so wird es in den zustandsbasierten Kommunikationsdiagrammen erfasst. Das Klassendiagramm der Verarbeitungssicht umfasst Entity- und Kontrollobjekte. Als Vorstufe für ein Schichtenmodell werden Client/Server-Objektdiagramme mit Hilfe der Verwendungsbeziehungen zwischen Kontroll- und Entity-Objekten herausgearbeitet. Es folgt das Klassendiagramm der finalen Sicht der Systemanalyse bestehend aus Entity-, Kontroll- und Interface-Klassen.

Kapitel 13 beruht auf Erfahrungen in vielen unterschiedlichen Projekten und schildert einige Prinzipien, die beim Entwurf eines Systems einen Nutzen bringen. Für die Planbarkeit des Projektverlaufs werden die architekturzentrierte Entwicklung und Integration als auch die Prinzipien "Design to Test", "Design to Schedule" und Verfolgbarkeit betrachtet. Bei der Handhabbarkeit werden die Testbarkeit, die Verständlichkeit und die Änderbarkeit/Wartbarkeit diskutiert. Die Testbarkeit wird unterstützt durch das Prinzip "Design to Test". Prinzipien, die die Verständlichkeit fördern, sind das Prinzip "Teile und herrsche", sowie das Prinzip einer einfachen Architektur. Das Prinzip der "Konzeptionellen Integrität" mit seinen Richtlinien und Mustern kann auch bei großen Projektteams bewirken, dass die Software so erscheint, als hätte sie nur eine einzige Person erstellt. Die Änderbarkeit und Wartbarkeit umfasst die Verteilbarkeit der Betriebssystem-Prozesse, das Single Source-Prinzip und die Erweiterbarkeit. Die Realisierung der modularen Struktur des Systems selbst erfordert eine schwache Koppelung der Teilsysteme. Arbeitspakete sollen nach dem Prinzip des Information Hiding geschnitten werden, um eine unabhängige Entwicklung von Teilsystemen zu ermöglichen.

Kapitel 14 stellt die Methode des Structured Design vor. Das Structured Design umfasst die Aufrufhierarchie, die Darstellung des Kontrollflusses und insbesondere die Spezifikation der Schnittstellen zwischen den Routinen mit Hilfe von Structure Chart. Structure Chart umfasst das Structure Chart-Diagramm selbst, die Tabelle der Übergabeparameter, die Tabelle der globalen Daten, die Tabelle der Funktionsköpfe und die Funktionsbeschreibungen. Für den Grobentwurf eines Systems aus mehreren Betriebssystem-Prozessen kann die Methode Strukturierte Analyse eingesetzt werden, um Datenflussdiagramme zu zeichnen und um das System hierarchisch in Betriebssystem-Prozesse zu zerlegen. Der Feinentwurf befasst sich in diesem Fall mit dem Entwurf eines einzigen Betriebssystem-Prozesses bzw. einer einzigen Interrupt Service-Routine. Grundsätzlich befindet sich die Grenze zwischen Grob- und Feinentwurf da, wo die Arbeitsteilung erreicht wird. Den Grobentwurf steuert der Chef-Designer. Den Feinentwurf macht jeder Entwickler selbst. Prozesse der Strukturierten Analyse der Systemanalyse können im Idealfall auf Funktionen in ein und demselben Betriebssystem-Prozess, aber auch auf verschiedene Betriebssystem-Prozesse abgebildet werden. Damit werden die Datenflüsse der Strukturierten Analyse zu Übergabeparametern zwischen Routinen, zu globalen oder lokalen Daten oder zu Nachrichten der Interprozesskommunikation, die über Kanäle versandt werden oder in einem Shared Memory bzw. in Dateien abgelegt werden.

Für den Datenbankentwurf in **Kapitel 15** müssen nun die Entitätstypen und die Beziehungen zwischen Entitätstypen auf Relationen abgebildet werden. Eine 1:1-Beziehung kann dabei auf zwei Relationen oder auf eine einzige Relation abgebildet werden. Im zweiten Fall werden die Entitätstypen auf Attribute dieser Relation abgebildet. Eine 1:n-Beziehung wird auf zwei Relationen abgebildet, eine m:n-Beziehung auf drei Relationen. Um Redundanzen zu beseitigen und um Update-Anomalien zu vermeiden, werden die Relationen normalisiert. In der Praxis geht man bis zur 3. Normalform. Die Abfragesprache SQL ist eine nichtprozedurale und mengenorientierte Programmiersprache und entspricht in der Grundstruktur der englischen Sprache. SQL ist Teil des Datenbankmanagementsystems und ist standardisiert und wird somit von allen relationalen Datenbanken unterstützt. SQL wird im Wesentlichen in drei Sprachbereiche unterteilt: die Data Manipulation Language, die Data Definition Language und die Data Control Language. Integritätsbedingungen werden bei relationalen Datenbanken ebenfalls mit SQL formuliert und heißen Constraints.

Der Widerspruch zwischen der objektorientierten und der datenorientierten Welt wird mit Hilfe der objekt-relationalen Abbildung aufgelöst. Es wird gezeigt, wie sich die Aspekte der Objektorientierung (Vererbung, Polymorphie, Assoziation und Aggregation von Objekten) auf relationale Datenbanken abbilden lassen. Hierbei muss der Entwickler entscheiden, ob die Objekte auf nur eine einzige Relation abgebildet oder mit Hilfe von Schlüsselbeziehungen auf mehrere Relationen verteilt werden sollen. Schlüsselbeziehungen erhöhen durch den hohen Grad der Normalisierung die Flexibilität, Erweiterbarkeit und Wartbarkeit, sind aber auch deutlich komplexer und können negative Auswirkungen auf die Verarbeitungsgeschwindigkeit der Software haben.

Während man sich bei der Systemanalyse im Problembereich, d. h. in der Welt der operationellen Nutzer-Aufgaben befindet, ist man beim objektorientierten Systementwurf in **Kapitel 16** nun im Lösungsbereich, d. h. in der Welt der technischen Realisierung angekommen. Beim objektorientierten Systementwurf treten neue Funktionsarten zu den bereits bekannten Klassen und Objekten der operationellen Verarbeitung hinzu. Zum Umsetzen dieser zusätzlichen Funktionalität werden vom Autor 10 Schritte vorgeschlagen. Dabei wird aufbauend auf den Erkenntnissen aus der Systemanalyse zu Beginn ein erstes Schichtenmodell erstellt. Die in der Systemanalyse konzipierten Kommunikationsdiagramme können dann in das Schichtenmodell übertragen werden. Nach der Definition von parallelen Einheiten und der Festlegung der Interprozesskommunikation zwischen diesen Einheiten erfolgt die Betrachtung von Start-up und Shut-down einschließlich der Erweiterung des Schichtenmodells z. B. um Client-, Server-Fabrik und Registry. Die Funktionen werden um das Konzept der Fehlererkennung, Fehlerbehandlung und Fehlerausgabe erweitert. Es folgt die Umsetzung der Safety- und Security-Anforderungen in den Entwurf. Verarbeitung, Datenhaltung (ggf. mit Hilfe einer Datenbank), MMI (z. B. Dialogmanager und Datenaufbereitung) und die Kommunikation zwischen den Rechnergrenzen können parallel erstellt werden.

Kapitel 17 behandelt Entwurfsmuster. Entwurfsmuster sind bewährte Ansätze bzw. Lösungswege, mit denen man bestimmte Probleme in der Softwareentwicklung lösen kann. Jedes der Muster ist für bestimmte Probleme anwendbar. Ein Entwurfsmuster besteht aus Klassen in Rollen, die zusammenarbeiten, um ein bestimmtes Problem zu lösen. Besprochen werden die Strukturmuster Adapter, Brücke, Dekorierer, Fassade, Kompositum und Proxy, sowie die Verhaltensmuster Schablonenmethode, Befehl, Beobachter, Strategie, Vermittler, Zustand, Rolle, Besucher und Iterator und die Erzeugungsmuster Fabrikmethode, Abstrakte Fabrik, Singleton und Objektpool.

Kapitel 18 behandelt Architekturmuster. Mit Architekturmustern können Systeme in Systemkomponenten zerlegt werden. Im Gegensatz zu Entwurfsmustern sind Architekturmuster grobkörniger. Ein Architekturmuster kann mehrere verschiedene Entwurfsmuster enthalten, muss es aber nicht (siehe beispielsweise das Muster Layers). Behandelt werden die Architekturmuster Layers, Model-View-Controller, Broker, Pipes and Filters und Service-Oriented Architecture.

Kapitel 19 behandelt den aspektorientierten Entwurf. In der Systemanalyse folgt die Aspektorientierung der Objektorientierung. Das aspektorientierte Konzept wurde eingeführt, um die Trennung der Verantwortlichkeiten sicherzustellen. Diese Trennung wurde bei der Objektorientierung durch die übergreifenden Belange aufgeweicht. Es gibt viele Programmteile, die sich quer durch die Geschäftslogik ziehen wie zum Beispiel das Logging. Die Aspektorientierung behandelt solche Leistungen, die in mehreren Anwendungsfällen enthalten sind, als sogenannte Aspekte. Diese Aspekte sind Quellcode-Stücke, die losgelöst von den vorhandenen Klassen und nach dem Single Source-Prinzip erstellt werden. Der sogenannte Weaver übernimmt dann das Einweben der Aspekte an die vorgesehenen Stellen im eigentlichen Programmcode.

Kapitel 20 behandelt Test und Integration. Jedes relevante Dokument und jedes Programm sollte getestet und abgenommen sein, ehe es in den Einsatz übergeht. Testen ist das Hauptziel dieses Kapitels. Beim Testen handelt es sich um die jederzeit wiederholbare Überprüfung, ob festgelegte Anforderungen korrekt umgesetzt wurden. Testen hat schwerpunktmäßig das Ziel, Fehler zu finden und Vertrauen in die vorliegende Software zu schaffen. Wird ein System zerlegt, so muss auf jeder Zerlegungsebene im Rahmen der Integration getestet werden. Es gibt verschiedene Formen der Integration: Zerlegungsrichtung-orientiert, funktionale Betrachtungseinheit-orientiert, zufallsorientiert und architekturorientiert.

Gestalten Sie Ihre Zukunft.

Starten Sie heute Ihren Weg in die Zukunft beim STZ Softwaretechnik. Wir sind ein etabliertes IT-Dienstleistungsunternehmen im Verbund der Steinbeis-Stiftung mit einem Team von hochqualifizierten und engagierten Mitarbeitern. Zu unserem Kundenkreis zählen u. a. namhafte Automobilhersteller und -zulieferer aus dem Großraum Stuttgart.

STZ Softwaretechnik

Wir suchen Sie!

© nyul – Fotolia.com

Zur Verstärkung unserer Projektteams suchen wir ständig

INGENIEUR- NACHWUCHS (w/m)
Fachrichtung Softwaretechnik

Ihr Profil
Sie passen am besten zu uns, wenn Sie einen sehr guten Abschluss haben, gerne selbstständig und verantwortungsvoll im Team arbeiten und sehr zuverlässig sind. Kundenorientierung, Kommunikationsstärke, Flexibilität und Einsatzfreude runden Ihr Profil ab.

Unser Angebot
Es erwartet Sie eine verantwortungsvolle Tätigkeit in einem netten, dynamischen Team mit leistungsgerechter Vergütung und sehr guten Weiterbildungsmöglichkeiten. Die Teilnahme an einem Teilzeit-Masterstudium ist ebenfalls möglich.

Interessiert?
Bitte senden Sie Ihre aussagefähigen, schriftlichen Bewerbungsunterlagen mit Angaben zum möglichen Eintrittstermin und zu Ihren Gehaltsvorstellungen an unsere Personalabteilung.

Wir freuen uns darauf, Sie kennen zu lernen.

STZ Softwaretechnik • Personalabteilung
Entennest 2 • 73730 Esslingen • www.stz-softwaretechnik.de

Inhaltsverzeichnis

Vorwort 7
Wegweiser durch das Buch 11
Inhaltsverzeichnis 17
Begriffsverzeichnis 23
Abkürzungsverzeichnis 45
1   Problembereich und Lösungsbereich 48
1.1   Unterschiede zwischen Problembereich und Lösungsbereich 48
1.2   Paradigmen der Softwareentwicklung 50
1.3   Methoden für die verschiedenen Paradigmen 51
1.4   Schritte des Entwicklungsprozesses 52
1.5   Inhalt der einzelnen Entwicklungsschritte 53
1.6   Anwendungsfunktionen und Entwurfseinheiten 56
1.7   Zusammenhang zwischen Requirements und Entwurfseinheiten 63
1.8   Zusammenfassung 63
1.9   Aufgaben 65
2   Die vier Ebenen des Software Engineerings 68
2.1   Vorgehensmodelle 68
2.2   Methoden und Modelle 72
2.3   Werkzeuge 76
2.4   Architekturen 77
2.5   Zusammenfassung 78
2.6   Aufgaben 80
3   Ausprägungen von Vorgehensmodellen 82
3.1   Spezifikationsorientierte Entwicklung 83
3.2   Prototyporientierte Entwicklung 112
3.3   Agile Softwareentwicklung 115
3.4   Spiralmodell zum Einsatz verschiedener Vorgehensmodelle 124
3.5   Zusammenfassung 126
3.6   Aufgaben 128
4   Qualität von Softwaresystemen 130
4.1   Fehler in Programmen 133
4.2   Qualitätsmerkmale 140
4.3   Metriken 146
4.4   Standards zur Qualitätssicherung 151
4.5   Qualitätssicherungsmaßnahmen in der Entwicklung 157
4.6   Zusammenfassung 158
4.7   Aufgaben 159
5   Requirements 162
5.1   Nutzen von Requirements 165
5.2   Techniken für das Aufstellen der Requirements 166
5.3   Requirements für das System und seine Zerlegung 170
5.4   Arten von Requirements 182
5.5   Struktur der Requirements 185
5.6   Werkzeuggestützte Verwaltung von Requirements 186
5.7   Zusammenfassung 188

5.8	Aufgaben	190
6	Funktionsorientierte Systemanalyse mit der Strukturierten Analyse	192
6.1	Grafische Elemente der Strukturierten Analyse	195
6.2	Hierarchische Zerlegung der Prozesse in Datenflussdiagramme	197
6.3	Das Kontextdiagramm	199
6.4	Regeln für das Modellieren mit Datenflussdiagrammen	200
6.5	Die Prozessspezifikation	203
6.6	Datenbeschreibung im Data Dictionary	204
6.7	Besonderheiten bei Datenflüssen	206
6.8	Starten von Prozessen	209
6.9	Abgrenzung zwischen Essenz und physischen Aspekten	211
6.10	Ereignisorientierte Zerlegung nach McMenamin und Palmer	213
6.11	Zusammenfassung	214
6.12	Aufgaben	216
7	Funktionsorientierte Systemanalyse mit der Strukturierten Analyse/Echtzeit	218
7.1	Eigenschaften von Realzeitsystemen	218
7.2	Fähigkeiten von SA/RT	219
7.3	Aktivierung und Deaktivierung von Prozessen	220
7.4	Unterscheidung von Datenfluss und Steuerfluss	222
7.5	Kombinatorische und sequenzielle Maschinen	225
7.6	Einheitliches Modell für die Daten- und Steuersicht	230
7.7	Beispiele für die Modellierung mit SA/RT	242
7.8	Antwortzeitspezifikationen	247
7.9	Zustandsautomaten nach Harel	249
7.10	Zusammenfassung	254
7.11	Aufgaben	256
8	Datenorientierte Systemanalyse mit dem Entity-Relationship-Modell	258
8.1	Beziehungen zwischen Entitäten und deren Multiplizität	258
8.2	Begriffe	266
8.3	Modellerstellung	266
8.4	Aufbau eines Entity-Relationship-Diagramms	269
8.5	Zusammenfassung	271
8.6	Aufgaben	273
9	Objektorientierte Grundlagen	276
9.1	Besonderheiten des objektorientierten Ansatzes	276
9.2	Grundlegende Eigenschaften von Objekten und Klassen	285
9.3	Das Konzept der Vererbung	290
9.4	Komposition und Aggregation	295
9.5	Mehrfachvererbung im Vergleich zu Komposition oder Aggregation	297
9.6	Polymorphie	298
9.7	Verträge von Klassen	305
9.8	Zusammenfassung	310
9.9	Aufgaben	314
10	Objektorientierte Notation mit UML – eine Einführung	316
10.1	Geschichte von UML	319
10.2	Knoten und Kanten in UML	320
10.3	Einführung in Klassen in UML	322

10.4	DataType, Aufzählungstyp und primitive Typen	332
10.5	Statische Beziehungen	333
10.6	Zusätze in UML	351
10.7	Dokumentation der Klassen und Beziehungen	353
10.8	Das Konzept einer Schnittstelle	355
10.9	Meta-Metaebene, Metaebene, Modellebene und Datenebene in UML	358
10.10	Das Konzept eines Classifier	363
10.11	Das Konzept einer Kollaboration	366
10.12	Interaktionen und Nachrichtentypen	367
10.13	Erweiterungsmöglichkeiten der UML	371
10.14	Zusammenfassung	376
10.15	Aufgaben	380
11	Einführung in standardisierte Diagrammtypen nach UML	384
11.1	Klassendiagramm	389
11.2	Objektdiagramm	397
11.3	Anwendungsfalldiagramm	401
11.4	Kommunikationsdiagramm	410
11.5	Sequenzdiagramm	416
11.6	Aktivitätsdiagramm	423
11.7	Zustandsdiagramm	438
11.8	Komponentendiagramm	458
11.9	Verteilungsdiagramm	471
11.10	Paketdiagramm	478
11.11	Interaktionsübersichtsdiagramm	486
11.12	Kompositionsstrukturdiagramm	487
11.13	Zeitdiagramm	490
11.14	Zusammenfassung	491
11.15	Aufgaben	494
12	Objektorientierte Systemanalyse	496
12.1	Überprüfung der Requirements	500
12.2	Spezifikation der Geschäftsprozesse und Anwendungsfälle	500
12.3	Priorisierung der Anwendungsfälle	501
12.4	Erstellung des Kontextdiagramms	501
12.5	Neu-Definition der Requirements	502
12.6	Erstellung des Anwendungsfalldiagramms	502
12.7	Kurzbeschreibung der Anwendungsfälle	503
12.8	Erstellen des Klassendiagramms der konzeptionellen Sicht	503
12.9	Langbeschreibung der Anwendungsfälle	509
12.10	Konzeption der Kommunikationsdiagramme	509
12.11	Aufstellen der zustandsbasierten Kommunikationsdiagramme	509
12.12	Erstellung des Client/Server-Objektdiagramms	510
12.13	Erstellung des Klassendiagramms der finalen Sicht	511
12.14	Beispiele	511
12.15	Zusammenfassung	549
12.16	Aufgaben	550
13	Entwurfsprinzipien	552
13.1	Planbarkeit des Projektverlaufs	552

13.2	Handhabbarkeit des Systems	553
13.3	Realisierung der modularen Struktur eines Systems	555
13.4	Zusammenfassung	556
13.5	Aufgaben	558
14	Funktionsorientierter Systementwurf	560
14.1	Die Methode Structured Design	560
14.2	Grob- und Feinentwurf	570
14.3	Zusammenfassung	577
14.4	Aufgaben	578
15	Datenorientierter Systementwurf	582
15.1	Nachteile der Verwendung von Dateien und Vorteile von Datenbanken	583
15.2	Zugriffsschnittstellen zu Datenbanken	586
15.3	Relationales Datenmodell	589
15.4	Abbildung auf Relationen	593
15.5	Normalisierung	598
15.6	Einführung in die Structured Query Language	603
15.7	Constraints	621
15.8	Objekt-relationale Abbildung	624
15.9	Zusammenfassung	631
15.10	Aufgaben	634
16	Objektorientierter Systementwurf	636
16.1	Kommunikationsdiagramme im Schichtenmodell	642
16.2	Erweiterung der Schichten des Schichtenmodells	645
16.3	Parallele Einheiten und ihre Kommunikation	647
16.4	Start-up/Shut-down und Schichtenmodell mit Fabriken und Registry	649
16.5	Fehlererkennung, Fehlerbehandlung und Fehlerausgabe	651
16.6	Safety und Security	651
16.7	Verarbeitung	658
16.8	Datenzugriffsschicht mit Datenbank	658
16.9	MMI und das Schichtenmodell mit Dialogmanager	658
16.10	Kommunikation	658
16.11	Zusammenfassung	659
16.12	Aufgaben	662
17	Objektorientierte Entwurfsmuster	664
17.1	Das Strukturmuster Adapter	672
17.2	Das Strukturmuster Brücke	679
17.3	Das Strukturmuster Dekorierer	688
17.4	Das Strukturmuster Fassade	700
17.5	Das Strukturmuster Kompositum	706
17.6	Das Strukturmuster Proxy	716
17.7	Das Verhaltensmuster Schablonenmethode	722
17.8	Das Verhaltensmuster Befehl	727
17.9	Das Verhaltensmuster Beobachter	733
17.10	Das Verhaltensmuster Strategie	741
17.11	Das Verhaltensmuster Vermittler	747
17.12	Das Verhaltensmuster Zustand	754
17.13	Das Verhaltensmuster Rolle	761

17.14	Das Verhaltensmuster Besucher	770
17.15	Das Verhaltensmuster Iterator	784
17.16	Das Erzeugungsmuster Fabrikmethode	791
17.17	Das Erzeugungsmuster Abstrakte Fabrik	797
17.18	Das Erzeugungsmuster Singleton	805
17.19	Das Erzeugungsmuster Objektpool	814
17.20	Zusammenfassung	821
17.21	Aufgaben	823
18	Architekturmuster	826
18.1	Das Architekturmuster Layers	828
18.2	Das Architekturmuster Pipes and Filters	839
18.3	Das Architekturmuster Model-View-Controller	847
18.4	Das Architekturmuster Broker	865
18.5	Das Architekturmuster Service-Oriented Architecture	874
18.6	Zusammenfassung	883
18.7	Aufgaben	884
19	Systementwurf bei aspektorientierter Programmierung	886
19.1	Aspektorientierung als neues Paradigma	886
19.2	Begriffe der aspektorientierten Programmierung	891
19.3	Aspekte und Klassen	896
19.4	Weaving	896
19.5	Werkzeugunterstützung	898
19.6	Zusammenfassung	898
19.7	Aufgaben	900
20	Test und Integration	902
20.1	Organisation des Testens	907
20.2	Validierung und Verifikation	919
20.3	Testen von Dokumenten	921
20.4	Testen von Programmen	927
20.5	Integration	946
20.6	Zusammenfassung	950
20.7	Aufgaben	952
Literaturverzeichnis		953
Anhang A: Kurzbeschreibung einiger elementarer Methoden		965
Anhang B: Requirements für das Flughafen-Informationssystem		971
Anhang C: Machbarkeitsanalyse		981
Anhang D: Theorie der Protokollzustandsautomaten		987
Anhang E: Beispiel für einen einfachen Bottom-up Test- und Integrationsplan		993
Index		999

Begriffsverzeichnis

- **Abgeleitete Klasse**
  Eine abgeleitete Klasse wird von einer anderen Klasse, der sogenannten Basisklasse, abgeleitet. Eine abgeleitete Klasse erbt die Struktur (Attribute mit Namen und Typ) und das Verhalten (Methoden) ihrer Basisklasse in einer eigenständigen Kopie.

- **Abhängigkeit**
  Eine Abhängigkeit ist eine semantische Beziehung zwischen zwei Modellelementen, die zum Ausdruck bringt, dass sich eine Änderung des unabhängigen Elementes auf die Semantik des abhängigen Elementes auswirken kann.

- **Abstrakte Klasse**
  Von einer abstrakten Klasse können keine Instanzen gebildet werden. Meist hat eine abstrakte Klasse eine oder mehrere Methoden ohne Methodenrumpf, d. h., sie hat nur die entsprechenden Methodenköpfe. Die abstrakte Klasse gibt dadurch die Struktur vor. Eine Methode ohne Methodenrumpf kann in einer abgeleiteten Klasse implementiert werden.

- **Abstrakter Datentyp**
  Ein abstrakter Datentyp spezifiziert mathematisch-axiomatisch eine Menge von Daten und die Menge der Operationen, die auf diese Daten zugreifen.

- **Abstraktion**
  Eine Abstraktion ist das Weglassen des jeweils Unwesentlichen und die Konzentration auf das Wesentliche.

- **Aggregation**
  Eine Aggregation ist eine spezielle Assoziation, die eine Referenzierung ausdrückt. Bei einer Aggregation ist – im Gegensatz zu einer Komposition – die Lebensdauer eines "Klein-Objekts" vom "Groß-Objekt" entkoppelt.

- **Akteur**
  Ein Akteur ist eine Rolle oder ein Fremdsystem in der Umgebung eines Systems. Ein Akteur steht mit einem System in Wechselwirkung.

- **Aktion**
  Den Begriff der Aktion gibt es bei Zustandsübergangsdiagrammen (Zustandsautomaten) und bei Aktivitätsdiagrammen:

  1. Bei den Aktivitätsdiagrammen (siehe Aktivitätsdiagramm) ist eine Aktion eine ausführbare, atomare Berechnung. Aktionen können nicht weiter zerlegt werden. Sie können entweder vollständig oder gar nicht ausgeführt werden.

  2. Bei den Zustandsübergangsdiagrammen ist eine Aktion die mit einem Ereignis ausgelöste Reaktion des Systems.

- **Aktive Klasse**
  Eine aktive Klasse ist eine Klasse, deren Objekte einen oder mehrere Threads oder Prozesse beinhalten. Während früher eine aktive Klasse als Klasse mit einem dicken Rahmen dargestellt wurde, wird seit UML 2.0 der Rahmen in gleicher Stärke wie bei einer normalen Klasse gezeichnet. Dafür hat eine aktive Klasse nun aber eine doppelte Linie an der linken und rechten Seite.

- **Aktivität**
  Den Begriff der Aktivität gibt es bei Zustandsautomaten, im Aktivitätsdiagramm und bei Vorgehensmodellen:

  1. Bei Zustandsautomaten ist eine Aktivität eine fortlaufende, nicht atomare Ausführung einer Funktionalität innerhalb eines Zustands.
  2. Bei Aktivitätsdiagrammen (siehe Aktivitätsdiagramm) stellt eine Aktivität eine ausführbare zusammengesetzte Berechnung dar.
  3. Bei Vorgehensmodellen bezeichnet eine Aktivität ein Arbeitspaket.

- **Aktivitätsdiagramm**
  Ein Aktivitätsdiagramm ist eine Art Flussdiagramm, das den Ablauf einer Handlung darstellt. Ein Aktivitätsdiagramm kann organisatorische Abläufe oder die Abläufe von Software modellieren.

  Ein Aktivitätsdiagramm beschreibt die Abläufe von Verarbeitungsschritten:

  1. die Reihenfolge der auszuführenden Schritte und
  2. was in einem einzelnen Schritt eines Ablaufs ausgeführt wird.

- **Aktor**
  Siehe Akteur

- **Anschluss** (engl. **port**)
  Ein Anschluss ist eine benannte Zusammenstellung von Schnittstellen.

- **Anwendungsfall** (engl. **use case**)
  Ein Anwendungsfall ist eine Beschreibung einer Leistung, die ein System als Anwendungsfunktion zur Verfügung stellt, einschließlich verschiedener Ausprägungen. Die Leistung eines Anwendungsfalls wird durch eine Kollaboration, d. h. wechselwirkende Objekte, bereitgestellt.

- **Anwendungsfalldiagramm** (engl. **use case-diagram**)
  Ein Anwendungsfalldiagramm stellt die statische Anwendungsfallsicht eines Systems dar. Es zeigt die Anwendungsfälle eines Systems und die an einem Anwendungsfall beteiligten Akteure. Die Darstellung, welche Anwendungsfälle das System hat, ist eine strukturelle Information. Das Anwendungsfalldiagramm zählt aber nach UML zu den Verhaltensdiagrammen.

- **Architektur**
  Unter der Architektur eines Systems versteht man:

  – eine Zerlegung des Systems in seine physischen Komponenten,
  – eine Beschreibung, wie durch das Zusammenwirken der Komponenten die verlangten Funktionen erbracht werden sowie
  – eine Beschreibung der Strategie für die Architektur

  mit dem Ziel, die verlangte Funktionalität an den Systemgrenzen zur Verfügung zu stellen.

- **Artefakt**
  Ein Artefakt ist ein physischer Bestandteil eines Systems, der auf einer Implementierungsplattform existiert. Ein Artefakt ist eine physische Implementierung eines Satzes von logischen Elementen wie Klassen, Komponenten und Kollaborationen in Form von Bits.

  Spezielle Artefakte sind: Anwendungen, Dokumente, Dateien, Bibliotheken, Seiten und Tabellen.

- **Assoziation**
  Eine Beschreibung eines Satzes von Verknüpfungen (Links). Dabei verbindet eine Verknüpfung bzw. ein Link zwei oder mehr Objekte. Eine Assoziation ist somit eine symmetrische Strukturbeziehung.

- **Assoziationsattribut**
  Ein Assoziationsattribut ist ein Attribut und beschreibt eine Assoziation genauer und ist gleichzeitig von ihr existenzabhängig. Das Assoziationsattribut kann als degenerierte Assoziationsklasse betrachtet werden.

- **Assoziationsklasse**
  Eine Assoziationsklasse ist eine Assoziation, die über Merkmale einer Klasse verfügt. Man kann sie aber auch als Klasse sehen, die über Merkmale einer Assoziation verfügt.

- **Attribut**
  Den Begriff des Attributs gibt es bei Klassen/Objekten und bei Datenbanken. Die Objektorientierung hat diesen Begriff von dem datenorientierten Paradigma übernommen. Er bedeutet:

  1. Ein Attribut ist eine Eigenschaft einer Klasse oder eines Objekts.

  2. Eine Spalte innerhalb einer Relation wird auch als Attribut bezeichnet. Hierbei handelt es sich jedoch nicht um den Inhalt der Spalte selber, sondern um die Spaltenüberschrift. Ein Attributwert ist der konkrete Inhalt eines Spaltenelements in einer Zeile.

- **Ausdehnungsgrad**
  Siehe Degree

- **Basisklasse**
  Eine Basisklasse (Superklasse, Oberklasse, übergeordnete Klasse) steht in einer Vererbungshierarchie über einer aktuell betrachteten Klasse.

- **Beziehung**
  Eine Beziehung zwischen zwei oder mehr Elementen beschreibt, dass diese Elemente zueinander Bezug haben.

- **Bindung**
  Unter Bindung versteht man die Zuordnung eines Methodenrumpfes zu einem Methodenkopf. Eine Bindung kann während der Übersetzungs- oder Ausführungszeit erfolgen. Bei einer Bindung zur Übersetzungszeit spricht man auch von "statischer" oder "früher" Bindung, bei einer Bindung zur Laufzeit von "später" oder "dynamischer" Bindung.

- **Captive Account**
  Mit einem sogenannten Captive Account kann sich der Nutzer nur in "seinen" Computer einloggen. Die vorgesehene Dialogführung kann nicht verlassen werden. Damit sind automatisch andere Programme gesperrt.

- **Classifier**
  Classifier ist ein Begriff aus dem Metamodell von UML. Ganz allgemein ist jedes Modellelement von UML, von dem eine Instanz gebildet werden kann, ein Classifier. Ein Classifier hat in der Regel eine Struktur und ein Verhalten. Beispielsweise ist eine Klasse von einem Classifier abgeleitet. Schnittstellen – die auch Classifier sind – haben in der Regel als einzige Ausnahme keine Attribute, d. h. keine Struktur.

- **Concept of Operations**
  Mit Concept of Operations oder kurz ConOps wird ein Dokument bezeichnet, welches den Vorgang eines Geschäftsvorfalls in schriftlicher Form festhält.

- **CRC-Karten**
  CRC steht für Class, Responsibilities, Collaboration. CRC-Karten sind Karteikarten, auf welche der Namen der Klasse, ihre Responsibilities (Verantwortlichkeiten) und ihre Collaborations (Beziehungen) geschrieben werden.

- **DataType**[1]
  Ein Typ, dessen Werte festliegen[2]. Hierzu gehören beispielsweise primitive eingebaute Typen wie Zahlen und Strings oder Aufzählungstypen wie z. B. `Boolean`.

- **Datensichtgerät**
  Ein Datensichtgerät ist ein Gerät für alphanumerische und grafische Darstellungen wie z. B. ein Bildschirm.

---

[1] Um einen allgemeinen Datentyp von einem Datentyp im Sinne eines DataType verbal zu unterscheiden, wird der Begriff "DataType" (engl.) nicht übersetzt.
[2] Im Gegensatz zu dynamischen Typen.

- **Deadlock**
  Ein Deadlock ist eine Verklemmung von parallelen Prozessen, von denen jeder der Prozesse auf die Rückgabe eines Betriebsmittels wartet, das gerade ein anderer Prozess im Besitz hat.

- **Degree (Ausdehnungsgrad)**
  Die Anzahl der Attribute bzw. Spalten einer Relation legt deren Ausdehnungsgrad bzw. Degree fest.

- **Delegation**
  Mechanismus, bei dem ein Objekt eine Nachricht nicht komplett selbst interpretiert, sondern diese auch weiterleitet.

- **Deployment Diagram**
  Siehe Verteilungsdiagramm

- **Design**
  Wird hier im Sinne von Entwurf verwendet.

- **Design Pattern**
  Siehe Entwurfsmuster

- **Diagramm**
  Ein Diagramm stellt die Projektion eines Systems aus einer bestimmten Perspektive dar.

  In UML enthält ein Diagramm meist eine Menge von Knoten, die über Kanten in Beziehungen stehen. Ein Beispiel einer anderen grafischen Darstellung ist das Zeitdiagramm, welches analog einem Pulsdiagramm der Elektrotechnik ist.

- **Domain**
  Eine Domain beschreibt den Wertebereich eines Attributs. Der Wertebereich muss festgelegt werden, um Konsistenzprüfungen bei Änderungen der Attributwerte durchführen zu können.

- **Eigenschaftswert**
  In UML 2.0 gibt es Eigenschaftswerte (engl. tagged values) nur noch für Stereotypen. In UML 1.x konnten Eigenschaftswerte noch für vorhandene UML-Elemente und für Stereotypen eingesetzt werden.

  Ein Eigenschaftswert erweitert die Eigenschaften eines Stereotyps und bringt neue Eigenschaften in die Definition dieses Subtyps. Diese neuen Eigenschaften sind aber keine Eigenschaften, welche die Instanz betreffen. Vielmehr erweitert diese neue Eigenschaft den Stereotyp.

- **Einsatzdiagramm**
  Siehe Verteilungsdiagramm

- **Einschränkung**
  Siehe Randbedingung

- **Entität**
  Eine Entität hat im Rahmen des betrachteten Problems eine definierte Bedeutung. Sie kann einen Gegenstand oder ein Wesen oder ein Konzept darstellen.

- **Entity-Objekt**
  Ein Entity-Objekt ist eine Abstraktion einer Entität der realen Welt.

- **Entwurfsmuster** (engl. **design pattern**)
  Klassen oder Objekte in Rollen, die in einem bewährten Lösungsansatz zusammenarbeiten, um gemeinsam die Lösung eines wiederkehrenden Problems zu erbringen.

- **Ereignis**
  Ein Ereignis ist ein Steuerfluss oder eine Kombination von Steuerflüssen, auf die ein System reagiert.

- **Erweiterungsbeziehung**
  Sie drückt die Erweiterung eines Anwendungsfalls durch einen anderen Anwendungsfall aus. Hierfür wird das Schlüsselwort «extend» verwendet.

- **Essenz des Systems**
  Der Problembereich zeichnet sich dadurch aus, dass man die sogenannte Essenz des Systems modelliert. Die Essenz des Systems sind seine Eigenschaften und sein Verhalten in einer idealen Welt. Es sind die Geschäftsprozesse des Systems in technologieunabhängiger Beschreibung. Das betrachtete System ist auch unabhängig von den physischen Randbedingungen der technischen Lösung wie der Verwendung eines Betriebssystems, eines Datenbankmanagementsystems oder nebenläufiger Betriebssystem-Prozesse. Ein technisches System mit einem Rechner gibt es nicht. Man ist in der Welt der Logik, d. h. in einer idealen Gedankenwelt, in der alles unendlich schnell geht. Technische Fehler kann es nicht geben, da keine Technik existiert, die ausfallen kann.

  Betrachtet man die Essenz des Systems, so betrachtet man eine ideale Welt ohne physische Randbedingungen:

  – Jeder Prozess arbeitet unendlich schnell.
  – Jeder Kanal arbeitet unendlich schnell.
  – Jeder Prozess kann mit jedem anderen ohne die Vermittlung durch Dienste reden.
  – Jeder Prozess kann direkt mit Terminatoren, z. B. dem Bediener, kommunizieren.
  – Jeder Prozess kann direkt mit Speichern kommunizieren.
  – Es gibt keine Einschränkungen durch Plattengrößen etc.

- Es gibt keine technischen Fehler bei der Verarbeitung, Speicherung, Ein-/Ausgabe oder Übertragung.
- Es gibt generell keine Fehler in der Hardware oder Software.
- Funktionen zum Starten und Stoppen werden nicht betrachtet, da es kein technisches System gibt.

- **Externe Ebene**
  Die externe Ebene stellt die Sicht des Benutzers bzw. des Anwendungsprogramms auf die Datenbank dar.

- **Externes Schema**
  Das externe Schema beschreibt die einzelnen Teile der externen Ebene. Das externe Schema wird auch als Benutzersicht bezeichnet. Es stellt den Benutzern bzw. dem Anwendungsprogramm nur die für sie relevanten Daten zur Verfügung.

- **Fremdschlüssel**
  Mit Hilfe eines Fremdschlüssels können Relationen (Tabellen) verknüpft werden. Der Fremdschlüssel ist immer ein Primärschlüssel einer verknüpften Relation (Tabelle).

- **Geheimnisprinzip**
  Das Geheimnisprinzip sorgt dafür, dass die internen, privaten Strukturen eines Objekts einer Klasse nach außen unzugänglich sind. Nur der Implementierer einer Klasse kennt normalerweise die internen Strukturen eines Objekts. Implementierung und Schnittstellen werden getrennt. Die Daten eines Objekts sind nur über die Methoden der Schnittstelle erreichbar.

- **Generalisierung**
  Eine Generalisierung ist die Umkehrung der Spezialisierung. Wenn man generalisieren möchte, ordnet man nach oben die allgemeineren Eigenschaften ein und nach unten die spezielleren, da man durch die Vererbung die generalisierten Eigenschaften wieder erbt. In der Hierarchie geht also die Generalisierung nach oben und die Spezialisierung nach unten.

- **Geschäftsprozess**
  Prozess der Arbeitswelt mit fachlichem Bezug. Zusammenfassung verwandter Geschäftsfälle.

- **Gruppierung**
  Eine Gruppierung ist eine Zusammenfassung von Elementen. Hierzu existiert in der UML das Modellelement des Pakets. Ein Paket ist kein Systembestandteil, sondern nur ein konzeptionelles Ordnungsschema, um Elemente in Gruppen zusammenzufassen.

- **Hauptschlüssel**
  Siehe Primärschlüssel

- **Identität**
  Jedes Objekt unterscheidet sich von einem anderen und hat damit eine eigene Identität, selbst wenn die Werte der Attribute gleich sind.

- **Idiom**
  Ein Idiom ist ein Muster in einer bestimmten Programmiersprache und damit auf einem niederen Abstraktionsniveau. Dieser Begriff kann für die Implementierung eines Entwurfsmusters in einer Programmiersprache angewandt werden, für die Lösung bestimmter technischer Probleme, die nicht den Charakter eines Entwurfsmusters haben, aber auch im Sinne einer Programmierrichtlinie.

- **Information Hiding**
  Siehe Geheimnisprinzip

- **Inklusionsbeziehung**
  Eine Inklusionsbeziehung drückt die Benutzung eines Anwendungsfalls durch einen anderen Anwendungsfall aus. Für die Inklusionsbeziehung wird das Schlüsselwort «include» verwendet. Der inkludierende Anwendungsfall ist alleine nicht selbstständig ablauffähig.

- **Instanz**
  Eine Instanz ist eine konkrete Ausprägung des Typs eines Modellelements.

- **Instanziierung**
  Das Erzeugen einer Instanz eines Typs.

- **Interaktion**
  Eine Interaktion ist ein Verhalten, welches durch den Versand einer einzelnen Nachricht zwischen zwei Objekten oder durch die Wechselwirkung eines Satzes von Objekten charakterisiert ist.

- **Interaktionsdiagramm**
  Interaktionsdiagramme sind nach UML Sequenzdiagramme, Kommunikationsdiagramme, Interaktionsübersichtsdiagramme und Zeitdiagramme. Sie beschreiben die Abläufe der Wechselwirkungen von Objekten.

- **Interaktionsübersichtsdiagramm**
  Das Interaktionsübersichtsdiagramm fügt verschiedene Interaktionen wie Sequenzdiagramme, Kommunikationsdiagramme, Zeitdiagramme oder andere Interaktionsübersichtsdiagramme mit der Notation des Aktivitätsdiagramms auf Top-Level-Ebene in einem Diagramm zusammen. Zentraler Aspekt ist, die Interaktionen nach logischen Zusammenhängen darzustellen.

- **Interface Control Specification**
  Siehe Schnittstellen-Kontrollspezifikation

- **Interne Ebene**
  Die interne Ebene beschreibt die physische Struktur der Daten.

- **Internes Schema**
  Das interne Schema beschreibt die einzelnen Teile der internen Ebene. Dazu gehören z. B. die interne Darstellung der Daten, die Organisation auf einem Datenträger sowie der Zugriff auf die Daten.

- **Interprozesskommunikation**
  Interprozesskommunikation (IPC) ist die Kommunikation von Prozessen als parallelen Einheiten. Damit umfasst der Begriff der Interprozesskommunikation die Betriebssystem-Prozess-zu-Betriebssystem-Prozess-Kommunikation und die Thread-zu-Thread-Kommunikation. Kommunizieren Prozesse innerhalb eines Rechners, kann der Austausch von Informationen mit Hilfe des Betriebssystems erfolgen. Liegen die parallelen Prozesse auf verschiedenen Rechnern, muss auf die Rechner-zu-Rechner-Kommunikation zugegriffen werden.

- **Invariante einer Klasse**
  Eine Zusicherung, die vor und nach jedem Methodenaufruf für jede Methode der Klasse erfüllt sein muss.

- **Kanal**
  Ein Kanal bezeichnet eine Punkt-zu-Punkt-Verbindung. Er wird in der Regel durch eine Linie symbolisiert. Er arbeitet nach dem First-In-First-Out-Prinzip. Was als Erstes an den Kanal übergeben wurde, verlässt ihn auch als Erstes.

- **Kandidatenschlüssel**
  Ein Kandidatenschlüssel identifiziert einen Datensatz (Tupel) einer Relation eindeutig.

- **Kapselung**
  Eines der wichtigsten Konzepte der objektorientierten Programmierung. Darunter versteht man die sinnvolle Zusammenfassung von Daten und Funktionen in einer gemeinsamen Kapsel (der Klasse). Daten und Funktionen werden nicht getrennt.

- **Kardinalität**
  Den Begriff der Kardinalität gibt es bei Datenbanken und bei UML:

  1. Auf dem Gebiet der Datenbanken legt die Kardinalität fest, wie viele Entitäten in der Systemanalyse mit wie vielen anderen Entitäten in einer Beziehung stehen bzw. wie viele Datensätze einer Tabelle beim Systementwurf mit wie vielen Datensätzen einer anderen Tabelle in Beziehung stehen. Die Kardinalität kann durch zwei Kardinalzahlen wie 1:1, 1:n oder n:m beschrieben werden.

  2. Eine Kardinalität bezeichnet in UML eine Kardinalzahl (Anzahl der Elemente). Mit Hilfe von Kardinalitätszahlen kann eine Multiplizität gebildet werden, wie beispielsweise 1..m.

- **Klasse**
  Eine Klasse stellt im Paradigma der Objektorientierung einen Datentyp dar, von dem Objekte erzeugt werden können. Eine Klasse der Systemanalyse ist eine Abstraktion des Problembereichs. Im Lösungsbereich kommen dann noch technische Klassen z. B. zur Speicherung hinzu. Eine Klasse hat eine Struktur und ein Verhalten. Die Struktur umfasst die Attribute. Die Methoden und ggf. der Zustandsautomat der Klasse bestimmen das Verhalten der Objekte. Jedes Objekt einer Klasse hat seine eigene Identität.

- **Klassendiagramm**
  Ein Klassendiagramm zeigt insbesondere Klassen und ihre wechselseitigen statischen Beziehungen.

- **Knoten**
  Den Begriff Knoten gibt es außer in der Graphentheorie – die Graphentheorie basiert auf Knoten und Kanten – bei Zustandsautomaten und Verteilungsdiagrammen:

  1. Ein Zustandsautomat hat Knoten (engl. vertex) und Zustandsübergänge (engl. transitions) zwischen einem Quell- und einem Zielknoten. Ein Knoten kann ein Zustand oder Pseudozustand sein.

  2. Typ eines physischen Elements, das zur Laufzeit existiert und das eine Rechner-Ressource in einem Netzwerk darstellt. Instanzen eines Knotens stellen konkrete Rechner mit beispielsweise einem konkreten Prozessor und einem konkreten Arbeitsspeicher-Ausbau dar. Knoten erhalten ein eigenes grafisches Symbol.

- **Kollaboration**
  Eine Kollaboration besteht aus einer Reihe von Elementen, die zusammenarbeiten, um gemeinsam die Leistung eines Anwendungsfalls zu erbringen. Eine Kollaboration wird beschrieben durch ein Klassendiagramm und durch Interaktionsdiagramme. Ein Klassendiagramm beschreibt die an der Kollaboration beteiligten Klassen und ihre statischen Beziehungen (Strukturmodellierung). Interaktionsdiagramme wie Sequenzdiagramme erfassen das Verhalten (Verhaltensmodellierung). Eine Klasse kann dabei an verschiedenen Kollaborationen teilnehmen. Eine Kollaboration wird grafisch dargestellt durch eine Ellipse mit einem gestrichelten Rand.

- **Kollaborationsdiagramm**
  Die früheren Kollaborationsdiagramme wurden in UML 2.0 in Kommunikationsdiagramme umbenannt.

- **Kommunikationsdiagramm**
  Ein Kommunikationsdiagramm zeigt in einer zweidimensionalen Anordnung die betrachteten Objekte, sowie ihre Verknüpfungen und die Nachrichten, die entlang der Verknüpfungen zwischen den Objekten ausgetauscht werden. Durch die Gruppierung von Objekten, die zusammenarbeiten, und durch das Zeichnen der Verknüpfungen zwischen den Objekten ist trotz der dynamischen Sicht auch die strukturelle Organisation der Objekte ersichtlich.

- **Komponente**
  Den Begriff Komponente gibt es bei der Zerlegung von Systemen und in der Komponententechnologie:

  1. Eine Komponente ist ein Systembestandteil, d. h. ein Zerlegungsprodukt.

  2. Eine Komponente im Sinne der Komponententechnologie ist ein modularer Teil eines Systems, der die Implementierung seiner Funktionalität hinter einem Satz externer Schnittstellen verbirgt. Im Gegensatz zu einer Klasse müssen alle Methodenaufrufe über Schnittstellen erfolgen. Komponenten können auf Knoten, die Rechner darstellen, dauerhaft installiert sein. Es gibt aber auch Komponenten, die als Agenten von Knoten zu Knoten wandern können. Eine Komponente beinhaltet in der Regel eine oder mehrere Klassen, Schnittstellen oder kleinere Komponenten.

- **Komponentendiagramm**
  Ein Komponentendiagramm bezieht sich auf die statische Implementierungssicht eines Systems. Es zeigt das Zusammenwirken und dabei die möglichen Nachrichtenpfade zwischen den einzelnen Komponenten.

- **Komposition**
  Die Komposition ist ein Spezialfall der Aggregation und beschreibt eine Beziehung zwischen einem Ganzen und seinen Teilen, bei der die Existenz eines Teils mit der Existenz des Ganzen verknüpft ist. Ein Teil kann dabei nur einem Ganzen zugeordnet sein.

- **Kompositionsstrukturdiagramm**
  Das Kompositionsstrukturdiagramm bietet die Möglichkeit, die Zerlegung eines Systems in die einzelnen Architekturkomponenten, d. h. die Struktur oder Statik, und das Zusammenspiel der Komponenten, d. h. ihr Verhalten oder ihre Dynamik, zu veranschaulichen.

- **Konkrete Klasse**
  Eine konkrete Klasse kann instanziiert werden, d. h. es können Objekte von dieser Klasse gebildet werden.

- **Konstruktor**
  Ein Konstruktor ist eine spezielle Methode. Sie trägt den Namen der Klasse, wird beim Erzeugen eines Objekts aufgerufen und dient zu dessen Initialisierung.

- **Kontrollobjekt**
  Ein Kontrollobjekt entspricht keiner Entität der realen Welt. Ein Kontrollobjekt entspricht einer Ablaufsteuerung.

- **Lebenslinie**
  Lebenslinien gibt es beispielsweise in Sequenz- und Kommunikationsdiagrammen. Ein Objekt als Interaktionspartner in einem Kommunikationsdiagramm wird auch als Lebenslinie bezeichnet.

- **Life Cycle-Modell**
  Siehe Vorgehensmodell

- **Link**
  Siehe Verknüpfung

- **Lösungsbereich**
  Im Lösungsbereich befasst man sich mit der Programmkonstruktion. Dabei stellt man Programme auf, welche die Daten der Anwendung bearbeiten. Im Lösungsbereich geht es um die reale Welt mit allen ihren physischen Randbedingungen und Einschränkungen.

- **Logische Ebene**
  Die logische Ebene wird auch als konzeptionelle Ebene bezeichnet. Sie beschreibt die Struktur der Daten. Dazu gehört beispielsweise, wie die Daten in verschiedenen Relationen organisiert sind.

- **Logisches Schema**
  Das logische Schema ist eine Beschreibung der Datenbankstruktur, die vom Datenbankmanagementsystem verwendet wird. Es beinhaltet in relationalen Datenbanksystemen im Wesentlichen die verwendeten Tabellenstrukturen zusammen mit ihren logischen Verknüpfungen (Relationenmodell). Ein so entstandenes logisches Schema wird in der Sprache des Datenbankmanagementsystems implementiert und auf diese Weise in ein internes Schema überführt.

- **Metaklasse**
  Instanzen einer Metaklasse sind z. B. Klassen und Assoziationen.

- **Methode**
  Eine Methode implementiert eine Operation.

- **Middleware**
  Eine Middleware ist eine Programmschicht, welche sich über mehrere Rechner erstreckt und vor allem eine Interprozesskommunikation für verteilte Anwendungen zur Verfügung stellt. Weitere Funktionen einer Middleware sind Persistenzdienste und Security-Funktionalitäten.

- **Multiplizität**
  Eine Multiplizität bezeichnet in UML einen Bereich zulässiger Kardinalitäten.

- **Nachbedingung**
  Eine Nachbedingung beschreibt den Zustand der Daten nach Durchführung einer Operation.

- **Nachricht**
  Objekte können über Botschaften oder Nachrichten kommunizieren. Die Interpretation einer Nachricht oder Botschaft obliegt dem Empfänger.

- **Namensraum**
  Ein Namensraum stellt einen Bereich dar, in dem Namen (Bezeichner) wie z. B. die Namen von Objekten gültig sind.

- **Navigation**
  Bei der Navigation werden die Zugriffsmöglichkeiten auf Klassen bzw. Objekte, die untereinander Beziehungen oder Verknüpfungen haben, betrachtet. Die Navigation ist eine Angabe, ob man von einem Objekt an einem Ende einer Verknüpfung zu einem Objekt am anderen Ende der Verknüpfung kommen kann. Bei der direkten Navigation kann der Zugriff ohne Umwege erfolgen.

- **Nebenläufigkeit**
  Zeitgleiche (parallele) Ausführung verschiedener Aktionen.

- **Node**
  Siehe Knoten

- **Nominalphrase**
  Eine Nominalphrase ist eine Gruppe zusammengehöriger Wörter, die zu einem Substantiv (Nomen) gehört. Eine Nominalphrase kann ein Substantiv beispielsweise um einen Artikel bzw. ein Adjektiv erweitern.

- **Notiz**
  Eine Notiz ist ein Kommentar oder eine Annotation zu einem oder mehreren Modellelementen.

- **Objekt**
  Siehe Klasse

- **Objektbasiert**
  Auf Objekten basierend. Bei Objekten gibt es keine Realisierung und keine Vererbung, wohl aber eine Aggregation bzw. Komposition.

- **Objektdiagramm**
  Ein Objektdiagramm ist eine Momentaufnahme der Objekte mit ihren Verknüpfungen zu einem bestimmten Zeitpunkt.

- **Objektorientierte Programmiersprache**
  Eine objektorientierte Programmiersprache beruht auf dem Konzept

  – der Klassen als "Bauplan" gleichartiger Objekte,
  – der Identität von Objekten und
  – der Vererbung von Klassen, die eine Polymorphie von Objekten erlaubt.

- **Operation**
  Eine Operation stellt in UML die Abstraktion einer Methode dar. Sie umfasst den Namen, die Übergabeparameter, den Rückgabewert, die Vor- und Nachbedin-

gungen und die Spezifikation der Operation. Eine Operation wird in einer Klasse durch eine Methode implementiert. Der Kopf einer Operation mit Methodenname, Übergabeparametern und Rückgabewert entspricht dem Kopf der zugehörigen Methode.

Die Spezifikation einer Operation kann so allgemein sein, dass dieselbe Operation in verschiedenen Klassen implementiert werden kann. Eine Operation erhält durch die Spezifikation eine bestimmte Bedeutung (Semantik), die für alle Klassen, die diese Operation in Form einer Methode implementieren, dieselbe ist. So kann eine Operation `drucke()` spezifiziert werden durch "Gib den Namen und Wert aller Attribute aus". Eine solche Operation `drucke()` kann mit derselben Spezifikation in Klassen mit einer verschiedenen Anzahl von Attributen implementiert werden.

- **Paket**
  Ein Paket in UML dient zur Übersicht bzw. zur Gruppierung von Modellelementen wie Klassen, Schnittstellen, Anwendungsfällen, etc. und von Unterpaketen. Ein Paket stellt einen Namensraum dar und ist eine Einheit für den Zugriffsschutz.

- **Paketdiagramm**
  Das Paketdiagramm gehört zu den Strukturdiagrammen und zeigt eine Gruppierungssicht des modellierten Systems. Es beinhaltet beispielsweise Pakete, Abhängigkeitsbeziehungen, Paketimports und Paketverschmelzungen.

- **Paradigma**
  Ein Paradigma ist ein Denkkonzept.

- **Persistenz**
  Persistenz von Objekten bedeutet, dass ihre Lebensdauer über eine Sitzung hinausgeht, da sie auf nicht-flüchtigen Speichermedien wie z. B. Platten abgespeichert werden.

- **Polymorphie**
  Polymorphie bedeutet Vielgestaltigkeit. So kann beispielsweise ein Objekt eines Subtyps auch in Gestalt der Basisklasse auftreten.

- **Port**
  Siehe Anschluss

- **Primärschlüssel (Hauptschlüssel)**
  Der Primärschlüssel ist ein spezieller Kandidatenschlüssel. Er wurde vom Datenbankentwickler als Primärschlüssel definiert und identifiziert ein Tupel immer eindeutig. Ein Auswahlkriterium für einen Primärschlüssel könnte z. B. sein, dass er in einer anderen Relation als Fremdschlüssel verwendet werden kann.

- **Problembereich**
  Der sogenannte Problembereich oder Problem Domain ist der Anwendungsbereich. Er ist derjenige Teil der realen Welt, der später durch die zu realisierende Software abgedeckt werden soll. In der klassischen Programmierung analysiert man den

Problembereich, d. h. die Aufgabenstellung des Kunden, für die er eine Datenverarbeitungs-Unterstützung sucht. Der Problembereich zeichnet sich dadurch aus, dass man in einer idealen Welt die sog. Essenz des Systems modelliert, in anderen Worten das Wesentliche der Geschäftsprozesse. Ein technisches System mit einem Rechner gibt es nicht. In der Welt der Logik geht alles unendlich schnell. Technische Fehler kann es nicht geben, da keine Technik existiert, die ausfallen kann.

- **Profil im Sinne eines UML-Profils**
  UML-Modell für einen bestimmten Anwendungsbereich mit einem Subset von UML-Elementtypen und vordefinierten Stereotypen, Eigenschaftswerten bzw. Tagged Values, Randbedingungen und Basisklassen. Ein UML-Profil stellt keine neue Sprache dar, da es herkömmliche UML-Elemente verwendet. Beispielsweise gibt es Profile fürs Testen oder die Modellierung von Datenbanken. In der Praxis verwenden die meisten Modellierer keine eigenen Profile.

- **Protokoll**
  Ein Satz von Regeln für die Kommunikation zwischen zwei Kommunikationspartnern.

- **Protokollzustandsautomat**
  Eine Sonderform des Zustandsautomaten ist der Protokollzustandsautomat. Mit Protokoll ist hier die erlaubte Abfolge von Operationen gemeint, die ein Element anbietet.

- **Pseudozustand**
  Pseudozustände dienen der Verbindung von Transitionen und ermöglichen beispielsweise die Modellierung von Kreuzungen oder Vereinigungen in komplexen Beziehungen zwischen Zuständen in einem Zustandsdiagramm.

- **Qualifikation**
  Eine Qualifikation ist ein sogenanntes Assoziationsattribut. In einer Assoziation kann über eine Qualifikation auf die gegenüberliegende Klasse zugegriffen werden.

- **Randbedingung**
  Randbedingungen – oft auch Einschränkungen genannt – sind Bedingungen, die gelten müssen. Sie können formal oder informell beschrieben sein. Sie können z. B. von benachbarten Systemen vorgegeben werden.

- **reaktiv**
  Ein reaktives System reagiert auf die Ereignisse seiner Umgebung, wobei die Reaktion vom jeweiligen Systemzustand abhängen kann.

- **Realisierung**
  Eine Realisierung ist eine statische Beziehung zwischen zwei Elementen (Classifiern), in der das eine Element einen Vertrag spezifiziert und das andere Element sich verpflichtet, diesen Vertrag einzuhalten. Realisierungsbeziehungen gibt es beispielsweise bei Classifiern wie Klassen, die Schnittstellen implementieren, und bei Kollaborationen, die Anwendungsfälle implementieren.

- **Referentielle Integrität**
  Regel, die die Integrität von Beziehungen zwischen Relationen überwacht, insbesondere, ob Relationen, die mit anderen Relationen in Beziehung sind, beim Löschen einer Relation mitgelöscht werden müssen.

- **Regressionstest**
  Ein Regressionstest ist ein erneuter Test eines bereits getesteten Programms nach dessen Modifikation mit dem Ziel, festzustellen, dass durch die vorgenommene Änderung keine Fehler hinzugekommen sind oder (bisher maskierte) Fehler in unveränderten Teilen der Software freigelegt wurden.

- **Relation**
  Der Begriff der Relation ist mehrdeutig:

  1. Allgemeiner Gebrauch
     Eine Relation ist die Beziehung, die zwischen Elementen bestehen kann.

  2. Gebrauch speziell bei Datenbanken
     Bei relationalen Datenbanken entspricht eine Relation einer Tabelle. Eine Tabelle umfasst die verschiedenen Ausprägungen eines Entitätstypen des Entity-Relationship-Modells. Ein Attributname einer Entität entspricht einer Spalte, alle Attribute einer Entität stellen eine Zeile einer Tabelle dar. Eine Relation ist die Grundlage der relationalen Algebra nach Edgar F. Codd, die wiederum die Basis für relationale Datenbanken ist.

- **Requirement**
  Ein Requirement ist eine Anforderung. Sie beschreibt eine geforderte Verhaltensweise oder Eigenschaft eines Systems.

- **Rolle**
  Der Begriff der Rolle ist mehrdeutig:

  1. Rolle als Stellvertreter
     Von UML 1.x zu UML 2 hat sich der Begriff der Instanz geändert. Beim Modellieren mit Repräsentanten eines Typs – wie beispielsweise beim Erstellen eines Sequenzdiagramms – werden die Repräsentanten eines Typs meist nicht mehr als Instanzen oder Objekte bezeichnet, sondern als Rollen, da sie generisch sind und viele konkrete Instanzen oder Objekte an ihre Stelle treten können (siehe UML Superstructure Specification [Sup10, S. 14], Kapitel "Semantic Levels and Naming"). In UML 1.x wurden beispielsweise die Repräsentanten einer Klasse in einem Sequenzdiagramm noch als Instanzen bezeichnet.

  2. Rolle realisiert eine Schnittstelle
     In Assoziationen und im Rollen-Entwurfsmuster kann jedes Objekt eine Rolle einnehmen, indem es die Schnittstelle, welche die Rolle definiert, implementiert und nach außen in seinem Verhalten vertritt.

- **Schlüssel**
  Ein Schlüssel ist ein Attribut, das eine Entität eindeutig identifiziert. Mit Hilfe von Schlüsseln können mehrere Relationen verknüpft werden. Schlüssel erlauben es ferner, gezielt auf bestimmte Datensätze zuzugreifen.

- **Schnittstelle**
  Eine Zusammenstellung von Operationen, die dazu dienen, einen Service eines Classifiers – insbesondere einer Klasse oder einer Komponente – zu spezifizieren. Eine bestimmte Schnittstelle kann alle Operationen oder auch nur einen Teil der Operationen eines Classifiers wie z. B. einer Klasse oder Komponente repräsentieren. Eine Schnittstelle spezifiziert einen Vertrag, den der die Schnittstelle realisierende Classifier erfüllen muss.

- **Schnittstellen-Kontrollspezifikation** (engl. **interface control specification**)
  Eine Schnittstellen-Kontrollspezifikation dokumentiert die Wechselwirkung eines Systems mit seinem Partner.

- **Selbstdelegation**
  Ein Objekt ruft aus einer Methode heraus eine andere eigene Methode auf.

- **Session**
  Siehe Sitzung

- **Sequenzdiagramm**
  Ein Sequenzdiagramm beschreibt den Austausch von Nachrichten oder Methoden zwischen Objekten bzw. Objekten und Akteuren in einer zeitlich geordneten Form.

- **SFW-Block**
  Das Grundgerüst einer SQL-Abfrage besteht im Wesentlichen aus der `SELECT`-, `FROM`- und `WHERE`- Klausel, weswegen es auch als SFW-Block bezeichnet wird.

- **Signal**
  Der Begriff Signal hat verschiedene Bedeutungen:

  1. In SA/RT: Überbegriff für einen Steuerungsfluss und Datenfluss.
  2. In UML: Spezifikation einer asynchronen Nachricht zwischen Instanzen.

- **Signatur**
  Der Begriff der Signatur kann in UML und in Programmiersprachen jeweils anders verwendet werden:

  1. In UML: Methodenname, Parameterliste und Rückgabewert.
  2. In Java: Methodenname und Parameterliste.

- **Sitzung** (engl. **session**)
  Eine Sitzung bezeichnet eine bestehende Verbindung zum Austausch von Daten zwischen zwei adressierbaren Einheiten eines Netzwerkes.

- **Spezialisierung**
  Siehe Generalisierung

- **Stakeholder**
  Ein Stakeholder beschreibt eine natürliche oder juristische Person oder Gruppe, die Interesse am entsprechenden System hat. Dieses Interesse wirkt sich in Einflüssen auf die System-, Hard- oder Softwareanforderungen für ein System aus.

- **Stereotyp**
  Ein Erweiterungsmechanismus im Metamodell von UML, der es erlaubt, neue Elemente auf der Basis vorhandener Elemente zu schaffen.

- **Struktur**
  Die Struktur eines Systems ist sein statischer Aufbau.

- **Subsystem**
  Eine Komponente, die einen größeren Teil des Systems darstellt.

- **Systemanalyse**
  Bei der Systemanalyse beschäftigt sich der Entwickler mit dem Problembereich. Er befasst sich dabei vor allem mit einem logischen Modell des Systems, welches die Kunden-Requirements umsetzt.

- **Szenario**
  Ein Szenario ist eine konkrete Ausprägung eines Anwendungsfalls.

- **Tabelle**
  Eine Tabelle ist eine Zusammenfassung ähnlich strukturierter Daten. Bei relationalen Datenbanken spricht man auch von Relationen.

- **Testdaten**
  Testdaten umfassen Daten des Testfalls und Daten zur Bereitstellung der Testumgebung.

- **Testfall**
  Ein Testfall besteht aus einer Menge von

    – Eingangsdaten (Vorbedingungen) für das Testobjekt,
    – den während des Tests einzugebenden Daten und
    – erwarteten Ergebnissen (Nachbedingungen) der Ausführung des Testobjekts,

  die für ein spezifisches Ziel oder eine spezifische Bedingung entworfen wurden, um einen spezifischen Programmpfad auszuführen oder die Übereinstimmung mit einer spezifischen Anforderung zu überprüfen.

- **Transformatorisch**
  Ein transformatorisches System berechnet einen Output aus einem Input, wobei der Output nur vom Input abhängt und nicht von einem Zustand des Systems.

- **Transition**
  Eine Transition ist ein Zustandsübergang.

Begriffsverzeichnis 41

- **Tupel**
  Ein Tupel stellt einen Datensatz in einer Relation dar. Es entspricht somit einer Zeile innerhalb einer Tabelle. Ein Tupel ist eine konkrete Entität des Entity-Relationship-Modells.

- **Typ**
  Ein Typ hat Attribute und Operationen und für seine Attribute einen Wertebereich.

- **Unterautomat**
  Ein Unterautomat der Automatentechnik ist ein Teil eines Automaten, der wie ein Unterprogramm wiederverwendet werden kann.

- **Unterklasse**
  Eine Unterklasse (Subklasse, abgeleitete Klasse) steht in einer Klassenhierarchie tiefer als die aktuell betrachtete Klasse.

- **Use Case**
  Siehe Anwendungsfall

- **Use Case-Diagramm**
  Siehe Anwendungsfalldiagramm

- **Verbalphrase**
  Eine Verbalphrase bezeichnet in der Linguistik eine Gruppe zusammengehöriger Wörter, die zu einem Verb gehört. Eine Verbalphrase kann ein Verb beispielsweise um ein Objekt erweitern.

- **Verbinder**
  Der Begriff hat verschiedene Bedeutungen:

  1. Im Bezug auf Komponenten ist ein Verbinder eine Leitung zwischen zwei Anschlüssen einer Komponente.
  2. Bei Rollen in Kommunikationsdiagrammen wird die Verknüpfung zwischen Objekten Verbinder genannt.

- **Vererbung**
  In der Objektorientierung kann eine Klasse von einer anderen Klasse erben bzw. von ihr abgeleitet werden. Durch die Vererbung besitzt sie automatisch die Attribute und Methoden der Klasse, von der sie ableitet.

- **Verhalten**
  Im Verhalten eines Systems kommen seine dynamischen Eigenschaften wie Wechselwirkungen oder Zustandsübergänge zum Ausdruck.

- **Verknüpfung**
  Eine Verknüpfung ist eine Instanz einer Assoziation. Sie wird auch Link genannt.

- **Verteilungsdiagramm** (engl. **deployment diagram**)
  Ein Verteilungsdiagramm zeigt die Knoten eines Netzwerks und ihre Verbindung, sowie optional die auf ihnen liegenden Artefakte und deren wechselseitigen Abhängigkeiten.

- **Verwendungsbeziehung**
  Generell gibt es viele Arten von Abhängigkeiten, die sich geringfügig unterscheiden. Beispielsweise ist eine Abhängigkeit mit «include» bei Anwendungsfällen begrifflich etwas anderes als eine Abhängigkeit mit «extend». Aber beides ist eine Abhängigkeit. Will man zum Ausdruck bringen, dass ein Element ein anderes nutzt, kann man dafür in UML die Abhängigkeit mit «use» auszeichnen, d. h. eine «use»-Beziehung, auf Deutsch eine Verwendungsbeziehung, verwenden. Damit bringt man zum Ausdruck, dass die Bedeutung (Semantik) eines Elements von der Bedeutung eines anderen Elements abhängt.

- **Verzögerte Ereignisse**
  Das sind Ereignisse, die in einer Warteschlange warten müssen, während sich das Objekt in einem bestimmten Verhaltenszustand befindet. Sie werden erst in einem anderen Verhaltenszustand bearbeitet.

- **Vokabular**
  Im Alltag die Gesamtheit der Wörter einer Sprache. In UML bezieht sich dieser Begriff auf das Vokabular des Problembereichs und das Vokabular des Lösungsbereichs. Das Vokabular des Problembereichs sind die Dinge der Realität, die in dem zu modellierenden System abgebildet werden. Das Vokabular des Lösungsbereichs umfasst auch die Abstraktionen, d. h. die Elemente, der Technologie, die für die technische Problemlösung erforderlich sind.

- **Vorbedingung**
  Eine Vorbedingung beschreibt den Zustand der Daten vor Durchführung einer Operation.

- **Vorgehensmodell**
  Ein Vorgehensmodell regelt die Organisation eines Projektes auf einer abstrakten Ebene. Ein Vorgehensmodell stellt eine Schablone dar, die auf ein spezielles Projekt angepasst wird (Tailoring).

- **Workflow**
  Ein Workflow ist der Ablauf eines Geschäftsprozesses bzw. eines Teils eines Geschäftsprozesses. Dabei wird er oft durch Rechner unterstützt.

- **Zeitdiagramm**
  Ein Zeitdiagramm erfasst die zeitliche Änderung des Zustands eines oder mehrerer Objekte.

- **Zusicherung**
  Eine Zusicherung besteht aus Bedingungen über die Zustände von Objekten an einer bestimmten Programmstelle.

- **Zustandsautomat**
  Siehe Zustandsübergangsdiagramm

- **Zustandsdiagramm**
  Ein Zustandsdiagramm von UML ist eine Variante eines Zustandsübergangsdiagramms. Ein Zustandsdiagramm besteht aus Zuständen des näher zu beschreibenden Classifier, Transitionen und eventuell Regionen. Zustände beschreiben Verzögerungen, Eintritts-, Austritts- und Zustandsverhalten. Transitionen spezifizieren Ereignisse für Zustandsübergänge, deren Bedingungen und das Verhalten des Classifier beim Übergang. Regionen dienen zur Beschreibung von Parallelitäten. Ein Zustandsdiagramm wird zur Modellierung von reaktiven Systemen benötigt.

- **Zustandsübergangsdiagramm**
  In Zustandsübergangsdiagrammen werden Zustände von Systemen nach David Harel oder Hatley/Pirbhai als Graph modelliert. Der Graph beschreibt einen Automaten mittels Zuständen und Transitionen (Zustandsübergängen). Transitionen enthalten die Spezifikation über das auslösende Ereignis, die Bedingung für einen Zustandswechsel und die beim Zustandsübergang ausgelöste Aktion.

Abkürzungsverzeichnis

ACID	Atomicity, Consistency, Isolation, Durability
ANSI	American National Standards Institute
AOP	Aspektorientierte Programmierung
CASE	Computer Assisted Software Engineering oder Computer Assisted System Engineering
ConOps	Concept of Operations
CORBA	Common Object Request Broker Architecture
CSPEC	Kontrollspezifikation
CFD	Kontrollflussdiagramm
CMM	Capability Maturity Model
CMMI	Capability Maturity Model Integration
CRC	Class Responsibility Collaboration
CSV	Comma-Separated Values
DBMS	Datenbankmanagementsystem
DCL	Data Control Language
DD	Data Dictionary
DDL	Data Definition Language
DFD	Datenflussdiagramm
DML	Data Manipulation Language
DV	Datenverarbeitung
EPROM	Erasable Programmable Read-Only Memory
EJB	Enterprise Java Bean
ER	Entity-Relationship
ERM	Entity-Relationship-Modell
GQM	Goal Question Metric
GUI	Graphical User Interface
HW	Hardware
HWKE	Hardware-Konfigurationseinheit
IC	Integrated Circuit
IDE	Integrated Development Environment
IEC	International Electrotechnical Commission
IEEE	Institute of Electrical and Electronics Engineers
ISO	International Organization for Standardization
KM	Konfigurationsmanagement
LOC	Lines of Code
LSP	Liskovsches Substitutionsprinzip
MEP	Message Exchange Pattern
MISRA	Motor Industry Software Reliability Association
MMI	Man-Machine Interface
OOA	Objektorientierte Analyse
OOD	Objektorientiertes Design
OASIS	Organization for the Advancement of Structured Information Standards
OCL	Object Constraint Language

OSGi	Früher: Open Services Gateway Initiative
PA	Process Area
PAM	Process Assessment Model
PAT	Prozessaktivierungstabelle der Aktionslogik
PC	Personal Computer
PSPEC	Prozessspezifikation
REST	Representational State Transfer
QM	Qualitätsmanagement
QS	Qualitätssicherung
PM	Projektmanagement
ROM	Read-only memory
RUP	Rational Unified Process
SA	Strukturierte Analyse (engl. structured analysis)
SA/RT	Strukturierte Analyse/Echtzeit (engl. structured analysis/real time)
SD	Structured Design
SEI	Software Engineering Institute
SEU	Software-Entwicklungsumgebung
SNA	Systems Network Architecture
SPICE	Software Process Improvement and Capability Determination
SOAP	SOA-Protokoll
SQL	Structured Query Language
SW	Software
SWE	Software-Erstellung
SWKE	Software-Konfigurationseinheit
UDDI	Universal Discovery, Description, Integration
UI	User Interface
UML	Unified Modeling Language
UUID	Universally Unique Identifier
VHIT	"Vom Hirn ins Terminal"
WSDL	Web Services Description Language
WSIL	Web Services Inspection Language
XMI	XML Metadata Interchange

Kapitel 1

Problembereich und Lösungsbereich

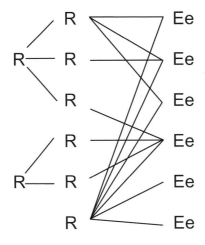

1.1 Unterschiede zwischen Problembereich und Lösungsbereich
1.2 Paradigmen der Softwareentwicklung
1.3 Methoden für die verschiedenen Paradigmen
1.4 Schritte des Entwicklungsprozesses
1.5 Inhalt der einzelnen Entwicklungsschritte
1.6 Anwendungsfunktionen und Entwurfseinheiten
1.7 Zusammenhang zwischen Requirements und Entwurfseinheiten
1.8 Zusammenfassung
1.9 Aufgaben

1 Problembereich und Lösungsbereich

Zuerst werden in Kapitel 1.1 die Begriffe "Problembereich" und "Lösungsbereich" erläutert und die grundlegenden Schritte der Software-Entwicklung in diesen beiden Bereichen vorgestellt. Danach werden in Kapitel 1.2 das funktionsorientierte Paradigma, sowie das objektorientierte, datenorientierte und aspektorientierte Paradigma umrissen. Ein Paradigma ist hierbei ein Denkkonzept.

Kapitel 1.3 zeigt die Methoden für die verschiedenen Paradigmen in Form einer Tabelle als Übersicht. Kapitel 1.4 legt dar, dass komplexe Systeme beim Entwurf rekursiv zerlegt werden, um die Komplexität durch die Erzeugung von Teilsystemen zu reduzieren, und benennt die erforderlichen Entwicklungsschritte. Erst auf der letzten Ebene der Zerlegung erfolgt die Implementierung. Kapitel 1.5 zeigt die Entwicklungsschritte für alle oben genannten Paradigmen.

Kapitel 1.6 erörtert den Unterschied zwischen Anwendungsfunktionen und Entwurfseinheiten (z. B. Objekte oder Prozeduren des Entwurfs) und untersucht die Verwendung der verschiedenen aufgestellten Funktionsklassen für die genannten Paradigmen in Systemanalyse und Systementwurf. Kapitel 1.7 erörtert den Zusammenhang zwischen Requirements und Entwurfseinheiten.

1.1 Unterschiede zwischen Problembereich und Lösungsbereich

Ein zu entwickelndes System hat die folgenden Entwicklungsschritte:

- Aufstellen der Requirements,
- Systemanalyse,
- Konstruktion und
- Abnahme.[3]

Beim Aufstellen der Requirements für ein Kundensystem steht der Problembereich eindeutig im Vordergrund. Der Kern der Forderungen befasst sich mit den zu liefernden Anwendungsfunktionen des Systems (siehe Kapitel 1.6). Bei der Systemanalyse beschäftigt sich der Entwickler vor allem mit einem Fachkonzept als logisches Modell des Systems, welches die Kunden-Requirements umsetzt. Im Rahmen der Systemanalyse versucht der Auftragnehmer, diese Kunden-Requirements möglichst gut zu erfassen und studiert das fachliche Problem des Kunden.

> Das **Aufstellen der Requirements** für ein Kundensystem fokussiert sich vor allem auf den Problembereich. Die **Systemanalyse** befasst sich mit dem **Problembereich**, d. h. der Struktur und dem Ablauf der zu realisierenden **Geschäftsprozesse**.

---

[3] Mit der Abnahme geht das System an den Kunden über. Bei einem fehlerfreien System stellt die Abnahme keinen Entwicklungsschritt dar. Beim Auftreten von Fehlern muss erneut entwickelt werden. Dies stellt die Realität dar. Daher wird die Abnahme hier zu den Entwicklungsschritten gezählt.

Erst nach dem Studium des Problembereichs soll der Entwickler den **Lösungsbereich** betreten. In der Softwareentwicklung gehören zur **Konstruktion** und damit zum Lösungsbereich die folgenden Entwicklungsschritte:

- Machbarkeitsanalyse,
- Systementwurf,
- Programmierung sowie
- Test & Integration.

In der **Systemanalyse** wird die **Welt** als **ideal** betrachtet. Es gibt **keine physischen Einschränkungen** und alle Abläufe im System werden als unendlich schnell angesehen, weil eine ideale Welt der Logik und nicht der Physik betrachtet wird. Im Rahmen der Konstruktion, also der Machbarkeitsanalyse, des **Systementwurfs** und den darauf folgenden Entwicklungsschritten, geht es um die **reale Welt** mit allen ihren physischen Randbedingungen und Einschränkungen.

> Beim **Systementwurf** befasst man sich mit der technischen Lösung und befindet sich im **Lösungsbereich**. Hier geht es darum, die im Rahmen der Systemanalyse gewonnenen Erkenntnisse über den Problembereich in ein **lauffähiges System** zu gießen.

Der Systementwurf muss zu einem lauffähigen System führen, das einfach zu testen ist. Dabei muss die Systemarchitektur (siehe Kapitel 2.4) die gestellten Anforderungen beispielsweise an die Performance (das Zeitverhalten), Bedienbarkeit, Verlässlichkeit, Erweiterbarkeit etc. erfüllen.

Insgesamt gibt es also die folgenden Entwicklungsschritte bei softwareintensiven Systemen:

- Aufstellen der Requirements,
- Systemanalyse,
- Machbarkeitsanalyse,
- Systementwurf,
- Programmierung,
- Test & Integration sowie
- Abnahme.

Die Schritte Aufstellen der Requirements, Systemanalyse, Systementwurf und Programmierung stellen verschiedene Entwicklungsschritte desselben Systems dar. Die Sichten des Systems dürfen beim Erstellen der Requirements, der Systemanalyse und dem Systementwurf des Systems nicht so sehr ins Detail gehen wie in der Implementierung. Sie würden sonst das Gleiche wie die Implementierungssicht darstellen, nur in einem anderen Blickwinkel und einer anderen Notation. Die hier erwähnte Machbarkeitsanalyse untersucht alternative Lösungen auf ihre Einsatzmöglichkeit für das System. Details zur Machbarkeitsanalyse sind in Anhang C finden.

1.2 Paradigmen der Softwareentwicklung

Ein Paradigma ist ein Konzept oder Denkschema. In der Softwareentwicklung haben sich im Laufe der Jahre vier zentrale Paradigmen herausgebildet, an denen sich die Entwickler von Software orientieren:

- Beim **funktionsorientierten Paradigma** sind die Funktionen quasi die "Herren" und "schlagen mit Dreschflegeln" auf die ungeschützten Daten ein. Die Welt ist asymmetrisch zwischen Funktionen und Daten. Die Funktionen sind die "Herren", die die Daten als "Knechte" beherrschen. Werden zudem noch globale Daten verwendet, so kann die Suche nach Fehlern wegen der globalen Daten mit sehr großem Aufwand verbunden sein.
- Beim **datenorientierten Paradigma** werden in der Systemanalyse nur die Daten modelliert. Beim datenorientierten Paradigma ist die Welt auch asymmetrisch. Die Funktionen sind zunächst außen vor.
- Beim **objektorientierten Paradigma** sind die Daten geschützt. Die Daten und Methoden werden symmetrisch und damit gleichgestellt behandelt. Sie befinden sich in einer Kapsel vom Typ einer Klasse.
- Das **aspektorientierte Paradigma** ist eine Erweiterung der Objektorientierung. Gleichartige Leistungen, die in mehreren Geschäftsprozessen enthalten sind, wie ein Logging, werden als sogenannte Aspekte behandelt. Diese Aspekte sind Code-Stücke, die nach dem Single Source-Prinzip (siehe Kapitel 13.2.3.2) erstellt werden. Die Methoden der Objekte können sich auf das Wesentliche, die Realisierung der eigentlichen Geschäftsprozesse, konzentrieren.

Beim **funktionsorientierten Paradigma** (siehe Kapitel 6 und Kapitel 7) wird in der Systemanalyse die Logik der Anwendung, in anderen Worten die Verarbeitung, untersucht. Beim **datenorientierten Paradigma** stehen bei der Systemanalyse die benötigten Daten und ihre Beziehungen im Vordergrund (siehe Kapitel 8). Beim **objektorientierten Paradigma** (siehe Kapitel 12) untersucht man in der Systemanalyse ebenfalls die Logik der Anwendung, d. h. die Verarbeitung. Beim **aspektorientierten Paradigma** (siehe Kapitel 19.1) folgt man in der Systemanalyse der Objektorientierung.

Beim **Entwurf** kommen **funktionsorientiert**[4] (siehe Kapitel 14) und **objektorientiert** (siehe Kapitel 16) die sogenannten technischen Funktionen hinzu. Die technischen Funktionen ergänzen die Verarbeitungsfunktionen zum lauffähigen System. Beim **datenorientierten Konzept** (siehe Kapitel 15) erfolgt beim Entwurf die Abbildung der Daten und ihrer Beziehungen auf Datenbanktabellen, Primärschlüssel und Fremdschlüssel und der Entwurf von Datenbank-Funktionen. Das **aspektorientierte Konzept** ist eine Weiterentwicklung des objektorientierten Konzeptes. Beim aspektorientierten Entwurf (siehe Kapitel 19) versucht man, Funktionen, die in mehreren Geschäftsfällen gleichermaßen auftreten – wie das Logging – nur einmal an einer Stelle zentral zu formulieren und dann mit Hilfe eines speziellen Werkzeugs, des sogenannten Weavers, an den benötigten Stellen einzuweben.

---

[4] Ein funktionsorientiertes System wird prozedural entworfen. Eine prozedurale Vorgehensweise spezifiziert ein Programm durch eine Folge von Verarbeitungsschritten und modularisiert es in abgeschlossenen Programmbausteinen, die Prozeduren.

1.3 Methoden für die verschiedenen Paradigmen

Die folgende Methodentabelle beschreibt den Einsatz von Methoden in Systemanalyse und Systementwurf:

Paradigma (Konzept)	Methode für Systemanalyse	Methode für Systementwurf
funktionsorientiert und strukturiert	SA[5]	SD[7]
funktionsorientiert und prozessorientiert	SA	SA für Prozesse + SD für jeden einzelnen Betriebssystem-Prozess
funktionsorientiert und steuerungsorientiert	SA/RT[6]	SA für Prozesse + SD für jeden einzelnen Betriebssystem-Prozess
datenorientiert	ERM[8]	Datenbankentwurf + Datenbankfunktionen
objektorientiert	OOA[9]	OOD[10]
aspektorientiert	OOA	Objektorientiertes Design unter spezieller Beachtung der aspektorientierten Funktionen

Tabelle 1-1 Methodentabelle

Beim funktionsorientierten Paradigma wird unterschieden zwischen:

- strukturiert,
- prozessorientiert und
- steuerungsorientiert.

Geht man **strukturiert** vor, so betrachtet man beim Systementwurf nur einen einzigen Betriebssystem-Prozess.

Prozessorientiert betrachtet man beim Entwurf viele Betriebssystem-Prozesse wie beispielsweise unter einem Unix-Betriebssystem. Die Systemanalyse ist unabhängig davon, wie viele Betriebssystem-Prozesse man beim Systementwurf entwirft.

Steuerungsorientiert betrachtet man Systeme mit Zustandsautomaten. In der Systemanalyse benutzt man dafür die Methoden der Strukturierten Analyse/Echtzeit, um nicht nur transformatorische Methoden[11], sondern auch reaktive Methoden zu beschreiben.

---

[5] Strukturierte Analyse.
[6] Strukturierte Analyse/Echtzeit (engl. **s**tructured **a**nalysis/**r**eal **t**ime).
[7] Strukuriertes Design (engl structured design).
[8] Entity-Relationship-Modell.
[9] Objektorientierte Analyse.
[10] Objektorientiertes Design.
[11] Ein transformatorisches System berechnet eine Ausgabe aus einer Eingabe, wobei die Ausgabe nur von der Eingabe abhängt und nicht von einem Zustand des Systems [Heinis].

1.4 Schritte des Entwicklungsprozesses

Ein komplexes System wird rekursiv entwickelt. Dies bedeutet, dass auf jeder Ebene der Zerlegung eines Systems die Requirements aufgestellt, eine Systemanalyse und ein Systementwurf durchgeführt werden. Erst auf der letzten Ebene wird implementiert. Dabei entstehen lauffähige Programme, deren Gesamtheit und Zusammenspiel das System ausmachen.

Ein Projektverlauf für die Entwicklung eines Systems besteht aus den folgenden Schritten:

- Erstellen der Requirement-Spezifikation für das **System**,
- Systemanalyse für das System – wobei eine Machbarkeitsanalyse (siehe Kapitel 1.5.3 und Anhang C) parallel und zusätzlich zur Systemanalyse zur Risikominderung durchgeführt wird,
- Systementwurf für das System, dabei Zerlegung des Systems in Subsysteme,
- Erstellen der Requirement-Spezifikation für die **Subsysteme**,
- Systemanalyse für die Subsysteme – wobei eine Machbarkeitsanalyse parallel und zusätzlich zur Systemanalyse für jedes Subsystem zur Risikominderung durchgeführt wird,
- Systementwurf für die Subsysteme, dabei Zerlegung eines Subsystems,

. . .

- Erstellen der Requirement-Spezifikation für jedes **Programm,**
- Systemanalyse für jedes Programm – wobei gegebenenfalls eine Machbarkeitsanalyse parallel und zusätzlich zur Systemanalyse zur Risikominderung durchgeführt wird,
- Systementwurf für jedes Programm,
- Programmierung eines jeden Programms,
- Integration eines jeden Programms,
- Test eines jeden **Programms**,

. . .

- Integration eines jeden Subsystems,
- Test eines jeden **Subsystems**,

- Integration des **Systems**,
- Test des Systems (Systemtest) und
- Abnahmetest durch den Kunden.

Die . . . sind Auslassungszeichen. Sie bedeuten, dass das betrachtete System aus noch mehr Ebenen der Systemzerlegung bestehen kann. Die genannten Schritte werden bevorzugt in der genannten Reihenfolge bearbeitet, grundsätzlich ist aber ein paralleles Arbeiten an mehreren Schritten die Regel.

> Bei komplexeren Systemen wird der Zyklus "Requirements erstellen, Systemanalyse, Machbarkeitsanalyse, Systementwurf" über mehrere Ebenen zu immer feiner werdenden Bestandteilen rekursiv durchlaufen. Erst auf der letzten Ebene wird implementiert. Anschließend wird integriert.

Auf die rekursive Zerlegung eines Systems wird detailliert in Kapitel 2.1 eingegangen.

1.5 Inhalt der einzelnen Entwicklungsschritte

In den folgenden Unterkapiteln sollen die einzelnen Schritte der Entwicklung vorgestellt werden.

1.5.1 Aufstellen der Requirements

In Abstimmung mit dem Kunden werden die Requirements (siehe Kapitel 5) an das System aufgestellt. Diese Requirements sollen nach Möglichkeit technologieunabhängig sein, damit der Auftraggeber nicht die Verantwortung für das zu liefernde System übernimmt und damit der Auftragnehmer die beste Technologie ermitteln kann. Die Requirements an das zu liefernde System sind abstrakt. Es steht grundsätzlich noch nicht fest, ob die Forderungen durch Hardware oder Software umgesetzt werden.

> Zu Beginn eines Projektes können nicht alle Requirements gefunden werden. Sind nicht alle Requirements bekannt, die Einfluss auf die Architektur haben, so droht eine Überarbeitung des Systementwurfs (Redesign) des Systems.

Beim Erstellen der Requirement-Spezifikation befasst man sich sowohl mit Requirements an die vom Rechner zu unterstützenden Aufgaben (funktionale Requirements, siehe Kapitel 5.4) als auch mit nicht-funktionalen Requirements (siehe Kapitel 5.4) wie z. B. Anforderungen an die Architektur oder die Performance der technischen Lösung.

1.5.2 Systemanalyse

Eine grobe Einteilung der Systemanalyse ist:

1. Überprüfung der Requirements auf Konsistenz,
2. Definition der Systemgrenzen und der Leistungen des Systems sowie
3. Modellierung des Systems.

Diese Schritte werden im Folgenden detailliert vorgestellt.

1.5.2.1 Überprüfung der Requirements auf Konsistenz für den Problembereich

In diesem Schritt werden zunächst die Kundenforderungen auf Konsistenz (Widerspruchsfreiheit) und Vollständigkeit für den Problembereich überprüft. Im Rahmen der

Konsistenzprüfung der Requirements für den Problembereich müssen die Requirements daraufhin durchleuchtet werden, welche Requirements beibehalten, geändert oder gestrichen werden.

Aussage eines einzelnen Requirements ermitteln

Hier werden die Requirements auf die Anwendungsfälle des Problembereichs projiziert und jedes Requirement auf Sinnhaftigkeit überprüft. Die entsprechende Kategorie des Anwendungsfalls wird am Requirement in einer bestimmten Notation angeschrieben. Damit ist die Voraussetzung geschaffen, dass ein Requirement in die Betrachtung der entsprechenden Anwendungsfälle einfließen kann.

Analyse der Requirements in gruppierter Form

Nach der Detailarbeit, bei der jedes einzelne Requirement für sich allein auf seine Auswirkungen hin analysiert wurde, erfolgt eine Betrachtung auf höherer Ebene. Es soll die Summe aller Requirements im Hinblick auf die einzelnen Anwendungsfälle verstanden werden. Dabei wird geprüft, ob die Requirements für die verschiedenen Anwendungsfälle, die sich in Anwendungsfunktionen widerspiegeln, sich widersprechen. In der Regel erstellt man eine Überschriftenstruktur gemäß den erforderlichen Funktionen.

1.5.2.2 Definition der Systemgrenzen und der Leistungen des Systems

Es müssen die Grenzen des Systems festgelegt werden, damit klar ist, was im Rahmen des Systems zu realisieren ist und was nicht. Die zu realisierenden Systemleistungen müssen erfasst werden. Anschließend ist die Funktionalität des Systems zu definieren. Die einzelnen Anwendungsfunktionen, die der Benutzer aufrufen kann, sind zu identifizieren.

> Das im Rahmen des Projekts zu realisierende System muss abgegrenzt werden. Es muss entschieden werden, was im Rahmen des Projekts zu realisieren ist und was nicht zum System gehört. Die einzelnen Leistungen, die das System erbringen soll, müssen festgehalten werden.

1.5.2.3 Modellierung des Systems

Die Modellierung einer Anwendung erfasst bei dem **datenorientierten** Konzept die Zusammenstellung der Daten für jede Anwendungsfunktion und beim **funktionsorientierten sowie dem objektorientierten Ansatz** die Spezifikation der Funktionalität ohne Berücksichtigung einer Lösungstechnik. Für jede Funktion ist zu beschreiben, wie sie durch die Zusammenarbeit der betrachteten Modellierungseinheiten wie z. B. logische Funktionen oder sogenannte Prozesse der Anwendung bzw. Objekte des Problembereichs oder Entitäten[12] zu Stande kommt.

---

[12] Siehe Kapitel 8.

Problembereich und Lösungsbereich   55

Das betrachtete System ist technologieunabhängig und damit auch unabhängig von den physischen Randbedingungen der technischen Lösung wie der Verwendung eines Betriebssystems, eines Datenbankmanagementsystems oder nebenläufiger Betriebssystem-Prozesse. Man spricht auch von der Modellierung der Essenz des Systems, vom Erstellen des Fachkonzeptes oder von der Modellierung der Logik des Systems.

1.5.3 Machbarkeitsanalyse

Eine **Machbarkeitsanalyse** (siehe Anhang C) ist optional und ist nichts anderes als ein **vorgezogener Systementwurf**. Ziel ist es, durch Vergleich und Bewertung der Alternativen zu einem am besten geeigneten **Realisierungsvorschlag (Technisches Konzept)** zu kommen. Der Realisierungsvorschlag muss die **Architektur des Systems** (siehe Kapitel 2.4) enthalten.

Die Machbarkeitsanalyse umfasst die Schritte:

- Aufstellen der Lösungsalternativen,
- Bewertung der Lösungsalternativen,
- Auswahl der am besten geeigneten Alternative und die
- Vorstellung des Technischen Konzepts.

Die ausgewählte Lösung muss als Technisches Konzept beschrieben werden. Durch das Technische Konzept ist die Architektur des Systems festgelegt. Hierzu gehört eine Beschreibung des Aufbaus des Systems aus Komponenten und des Zusammenwirkens der Komponenten. Kritische Teile der Architektur werden verfeinert dargestellt wie z. B. die Realisierung der Warteschlangen bei einem Message Handling System (einem E-Mail-System). Damit ist die Realisierbarkeit des Systems gezeigt und das Projektrisiko verringert.

1.5.4 Systementwurf

In dieser Phase wird das System entworfen. Hierbei muss bei Verwendung des **funktionsorientierten** (siehe Kapitel 14) und **objektorientierten** Paradigmas (siehe Kapitel 16) die Essenz des Systems – d. h. alle Eigenschaften und das Verhalten eines Systems der idealen Welt [McM88, S. 15] – in ablauffähige Programme umgesetzt werden. Im Fall einer **datenorientierten** Lösung (siehe Kapitel 15) sind die Daten in die Relationen eines Datenbankmanagementsystems abzubilden und ablauffähige Datenbankfunktionen zu entwerfen. Beim **aspektorientierten** Ansatz orientiert man sich in der Systemanalyse am objektorientierten Ansatz, behandelt aber beim Entwurf die zwischen verschiedenen Geschäftsprozessen geteilten technischen Funktionen (siehe Kapitel 1.6.1.3) speziell.

Hat man eine Machbarkeitsanalyse gemacht, so kann der Entwurf schnell gehen und stellt oftmals nur noch die Verfeinerung der Machbarkeitsanalyse dar.

Beim Systementwurf kommt das Betriebssystem bzw. sein Fehlen ins Spiel und damit die Frage der Abbildung der Essenz des Systems auf verteilte Rechner und nebenläufige Betriebssystem-Prozesse oder Threads, sowie der Einsatz von Standard-

Software zum Beispiel für die Kommunikation über ein Netz oder zur Speicherung der Daten in Datenbanken mit Hilfe eines Datenbankmanagementsystems.

Da der Entwurf eines Systems von den Möglichkeiten der eingesetzten Standard-Software wie Betriebssystem, Datenbankmanagementsystem, Netzwerksoftware oder dem Werkzeug für die Generierung der Dialoge der Mensch-Maschine-Schnittstelle abhängt, muss die Entscheidung über die einzusetzende kommerzielle Standard-Software zum Ende der Systemanalyse oder zu Beginn des Systementwurfs gefällt werden.

> Der Entwurf befasst sich mit der Umsetzung der Ergebnisse der Analyse in eine ablauffähige Programmstruktur, d. h. in eine Architektur, bzw. in eine Datenbankarchitektur im Fall eines datenorientierten Ansatzes

Der Begriff einer Architektur wird in Kapitel 2.4 genauer definiert.

1.5.5 Implementierung

Die entworfenen Programme mit ihren Daten – bzw. Daten/Datenbankfunktionen im Fall eines datenorientierten Ansatzes – werden realisiert.

1.5.6 Test & Integration

Die realisierten Programme bzw. Datenbankfunktionen müssen getestet und integriert werden. Die Testfälle sind auf Grund der Spezifikation zu erstellen. Sie sollten schon beim Aufstellen der Requirements formuliert werden. Die richtige Auswahl an Testfällen – sowohl qualitativ als auch quantitativ – ist entscheidend für das Finden von Fehlern.

1.5.7 Abnahme

Bei der Abnahme wird – in der Regel beim Kunden – getestet, ob das System mit den Requirements übereinstimmt und das ist, was der Kunde wollte. Nach der Abnahme gehen die Programme in den Betrieb und damit auch in die Wartung.

1.6 Anwendungsfunktionen und Entwurfseinheiten

Im Rahmen der Systemanalyse werden die vom System zu erbringenden Systemleistungen aus Anwendersicht, mit anderen Worten die **Anwendungsfunktionen**, welche den durchzuführenden Aufgaben entsprechen, festgelegt. Statt von Anwendungsfunktionen spricht man auch von **Anwendungsfällen** oder **Use Cases**. Der Begriff Use Case wurde von Jacobson [Jac92] bekannt gemacht und hat sich weltweit durchgesetzt. In diesem Buch wird dieser Begriff in seiner deutschen Übersetzung verwendet.

Problembereich und Lösungsbereich 57

> Anwendungsfunktionen können im **funktionsorientierten** Paradigma durch die Zusammenarbeit von Entwurfseinheiten, den Funktionen in der Programmiersprache und ihren Daten, zur Verfügung gestellt werden.

Funktionen in der Programmiersprache werden oftmals **Systemfunktionen** genannt.

> Im Rahmen des **objektorientierten** Paradigmas werden die Anwendungsfunktionen meist durch die Zusammenarbeit von Entwurfseinheiten, den Objekten, zur Verfügung gestellt.
>
> Beim **datenorientierten** Paradigma werden bei der Realisierung der Anwendungsfälle die Daten in Datenbanksystemen als Entwurfseinheiten betrachtet, die durch ihre Zusammenarbeit untereinander und mit den Datenbankfunktionen die Anwendungsfälle hervorbringen.

Ein Vorzug der Objektorientierung ist, dass die Objekte des Problembereichs auch im Systementwurf weiterleben. Das bedeutet, dass ein Objekt gleichzeitig die Essenz im Problembereich darstellen als auch eine Entwurfseinheit sein kann.

Die Art der Implementierung – ob funktionsorientiert, objektorientiert, datenorientiert oder aspektorientiert – ist für den Unterschied der Entwurfseinheiten zu den Anwendungsfällen (Anwendungsfunktionen) nicht entscheidend.

> Der entscheidende Unterschied zwischen Anwendungsfunktion und Entwurfseinheit ist, dass eine Anwendungsfunktion oft durch die Zusammenarbeit von mehreren Entwurfseinheiten realisiert wird. Aufgabe beim Systementwurf ist es, die Entwurfseinheiten so zu konzipieren, dass sie durch ihr Zusammenwirken die gewünschten Anwendungsfunktionen bereitstellen.

So erfordert die Anzeige eines Röntgenbildes einer bestimmten Person in einem Krankenhausinformationssystem beispielsweise Objekte zur Implementierung der Mensch-Maschine-Schnittstelle (Bildschirm, Tastatur, Maus), Objekte zum Zugriff auf die Datenbank und Objekte zur Kommunikation zwischen dem Rechner mit Mensch-Maschine-Schnittstelle-Programmen und dem Rechner mit den Datenbank-Programmen.

> Andererseits kann eine Entwurfseinheit bei der Erbringung mehrerer Anwendungsfunktionen einen Beitrag leisten.

1.6.1 Kategorien von operationellen Funktionen

Operationelle Funktionen sind die Funktionen der Anwender. Zum einen gibt es die Grundfunktionen der Informationstechnik, zum anderen aber Funktionen, die gewährleisten, dass das System bestimmte Eigenschaften oder Qualitäten hat. Hierzu gehören beispielsweise Funktionen der Betriebssicherheit oder der Parallelität.

1.6.1.1 Grundfunktionen der Informationstechnik

Will man mit einem System Daten

- verarbeiten,
- speichern,
- ein-/ausgeben und
- übertragen,

so braucht man hierfür die folgenden Funktionen:

- Verarbeitungsfunktionen,
- Datenhaltungsfunktionen,
- MMI[13]-Funktionen und
- Übertragungsfunktionen (Rechner-Rechner-Kommunikation).

Da diese Funktionen in praktisch jeder Anwendung vorkommen, werden sie auch als Grundfunktionen bezeichnet.

Verarbeitungsfunktionen werden funktionsorientiert und objektorientiert bereits in der Systemanalyse modelliert. Speichern bezieht sich auf die **Datenhaltung**.

1.6.1.2 Funktionen zur Gewährleistung von Systemeigenschaften

Softwaresysteme müssen außer ihrer Funktionalität auch noch bestimmte **Systemeigenschaften oder Qualitäten** aufweisen. Um diese Eigenschaften zu gewährleisten, sind wiederum spezielle Funktionen zu erstellen. Betrachtet wird die Betriebssicherheit, die u. a. die Fähigkeit enthält, das System zu starten und zu stoppen, sowie die Informationssicherheit und die funktionale Sicherheit und die Existenz von parallelen Einheiten des Systems und damit auch ihrer Interprozesskommunikation. Als Erstes soll die **Betriebssicherheit** genannt werden.

Betriebssicherheit

Im Rahmen der **Systemanalyse** befasst man sich normalerweise – natürlich gibt es stets auch Ausnahmen[14] – mit den operationellen Aufgaben der Nutzer und studiert den Ablauf der Aufgaben, also der Anwendungsfälle.

Beim **Entwurf** betrachtet man außer dem operationellen Betrieb auch den **Start-up** und **Shut-down** des Systems. In der Systemanalyse gibt es den Rechner noch gar nicht, da man sich in einer idealen Welt befindet. Besteht das System aus mehreren Rechnern, so muss man sich beim Entwurf Gedanken machen, welche Funk-

---

[13] MMI bedeutet Man-Machine Interface bzw. Mensch-Maschine-Schnittstelle.
[14] Baut man beispielsweise ein fehlertolerantes System, so wird die Betriebssicherheit schon in der Systemanalyse betrachtet.

tionalitäten auf welchen Rechnern ablaufen sollen, d. h. wie die Software verteilt werden soll. Statt von Verteilung spricht man auch von **Deployment**.

> Da der **Entwurf** sich mit einem technischen System befasst, muss man beim Entwurf **auch** mit den **technischen Fehlern** des Systems fertig werden. Hingegen befasst man sich bei der **Systemanalyse** nur mit **Fehlern in dem erwartetem Ablauf einer Anwendung**.

Ist ein gewünschtes Buch gerade in der Bibliothek ausgeliehen, so stellt dies einen Fehlerfall in dem erwarteten Ablauf einer Anwendung "Bücherverwaltung" dar. Ein technischer Fehler ist beispielsweise eine fehlerhafte Übertragung über eine Kommunikationsverbindung oder ein Festplattencrash.

An die Betriebssicherheit werden beispielsweise Anforderungen der folgenden Art gestellt: Das System muss mit dem **Start-up** in einfacher Weise gestartet werden können und mit dem **Shut-down** definiert beendet werden können. Bei verteilten Systemen wird oft verlangt, dass das System im Fehlerfall neu konfiguriert (rekonfiguriert) werden kann. Beispiele dafür sind ein Umschalten auf andere Rechner oder ein definierter Neustart "abgestürzter" Programme. Ferner muss die Fehlerausgabe zur Laufzeit aufgetretene Fehler an zentraler Stelle dem Nutzer melden (**Single System View**) und eine einfache Zuordnung der Fehlermeldungen zu ihren Ursachen ermöglichen.

> Die Funktionen der **Betriebssicherheit** umfassen:
> - den Start-up des Systems,
> - den Shut-down des Systems,
> - eine Fehlererkennung und Fehlerbehandlung wie z. B. eine Rekonfiguration bei verteilten Systemen und
> - die Fehlerausgabe zur Laufzeit.

Befasst man sich mit dem Hochfahren (engl. start-up) und Herunterfahren (engl. shut-down) des Systems, so muss man sich natürlich auch mit der **Persistenz der Daten** befassen.

> Daten, die beim erneuten Starten des Systems zur Verfügung stehen sollen, müssen spätestens beim Shut-Down persistent in einer Datenbank oder in Dateien gespeichert werden.

Informationssicherheit und funktionale Sicherheit

Des Weiteren werden meist auch Anforderungen an die **Informationssicherheit** gestellt.

> Ein bestimmter Nutzer oder ein bestimmtes Fremdsystem soll nur im Rahmen seiner Berechtigung die Funktionen und Daten nutzen dürfen.

Hierfür müssen spezielle **Informationssicherheitsfunktionen** entworfen werden, wie z. B. bestimmte Mechanismen für die Authentisierung[15] (siehe Kapitel 16.6). Auf die funktionale Sicherheit soll hier nicht näher eingegangen werden (siehe hierzu Kapitel 16.6.1).

Parallelität

Große Systeme strukturiert man in der Regel in **parallele Einheiten, oftmals verteilt auf mehrere Rechner**. Eine I**nterprozesskommunikation** (engl. **inter process communication**, IPC) erlaubt einen Informationsaustausch zwischen den jeweiligen parallelen Einheiten auf verschiedenen Rechnern.

Im Rahmen der funktionsorientierten und objektorientierten Modellierung der Systemanalyse werden grundsätzlich alle Funktionen bzw. Objekte als parallele Einheiten betrachtet. Dagegen muss man sich beim Entwurf mit den in der entsprechenden Programmiersprache bzw. dem entsprechenden Betriebssystem oder der entsprechenden Middleware[16] zur Verfügung stehenden Mitteln für die **Parallelität** befassen und diese konkret in ein System einbauen.

1.6.1.3 Alle Funktionsklassen im Überblick

Zu den im Kapitel 1.6.1.1 genannten Funktionsklassen der Verarbeitung, Datenhaltung, Ein- und Ausgabe und Übertragung (Rechner-Rechner-Kommunikation), die als Grundfunktionen der Informationstechnik bezeichnet werden, treten also die Funktionsklassen, die aus der Betrachtung der Qualitäten Betriebssicherheit, Informationssicherheit, funktionale Sicherheit und Parallelität resultieren, hinzu (siehe Kapitel 1.6.1.2). Die folgende Tabelle fasst alle Funktionsklassen zusammen:

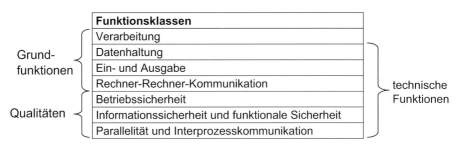

Tabelle 1-2 Zusammenstellung der Funktionsklassen

1.6.1.4 Abgrenzung zwischen Übertragung und Interprozesskommunikation

Übertragung[17] und Interprozesskommunikation sind nicht orthogonal. Sie überlappen sich. Dies wird im Folgenden gezeigt.

---

[15] Das Wort Authentifizierung wird gleichbedeutend verwendet.
[16] Eine Middleware ist eine Programmschicht, welche sich über mehrere Rechner erstreckt und vor allem eine Interprozesskommunikation für verteilte Anwendungen zur Verfügung stellt. Weitere Funktionen einer Middleware sind Persistenzdienste und Security-Funktionalitäten.
[17] Oft auch als Kommunikation bezeichnet.

Problembereich und Lösungsbereich 61

Die **Übertragung** zwischen Systemen bzw. Rechner-Rechner-Kommunikation erfordert ein Schicht 3-Protokoll nach ISO/OSI oder ein Schicht 2-Protokoll in der TCP/IP-Architektur. Dies ist in folgendem Bild zu sehen:

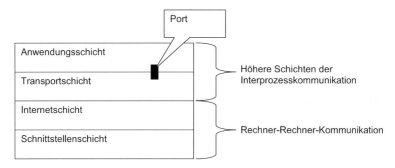

Bild 1-1 Kommunikationsstack der TCP/IP-Architektur mit Port

Sollen Daten zwischen Prozessen übertragen werden, so benötigt man dazu noch die Transportschicht (Schicht 4 nach ISO/OSI bzw. Schicht 3 in der TCP/IP-Architektur). Die Transportschicht befasst sich mit **Ende-zu-Ende-Verbindungen zwischen Prozessen** in den miteinander kommunizierenden Systemen und zerlegt die Nachrichten der Prozesse in Pakete bzw. fügt sie in der Gegenrichtung wieder zusammen. Ports stellen in der TCP-Architektur – beispielsweise bei Sockets – die Schnittstelle von der Transportschicht zur Anwendungsschicht dar.

Die Transportschicht, Internetschicht und Schnittstellenschicht beschreiben allgemein den Transport zwischen verschiedenen Prozessen auf verschiedenen Rechnern.

Damit kann man die Interprozesskommunikation wie folgt einteilen:

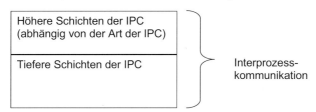

Bild 1-2 Schichten der Interprozesskommunikation

Entsprechen die Protokolle der Interprozesskommunikation den Protokollen der Rechner-Rechner-Kommunikation, kann rechnerübergreifend gearbeitet werden.

1.6.2 Funktionsklassen für die verschiedenen Paradigmen

Im Folgenden werden die verschiedenen Funktionsklassen der Modellierung für die Systemanalyse und den Systementwurf betrachtet. Dabei werden das funktions-, daten-, objekt- und aspektorientierte Paradigma angezogen.

1.6.2.1 Funktionsklassen beim funktionsorientierten und objektorientierten Paradigma

Die folgende Tabelle 1-3 zeigt für den funktionsorientierten und objektorientierten Ansatz die verschiedenen Sichten eines Entwicklers im Rahmen des Problembereichs und im Rahmen des Lösungsbereichs. Im Fall des funktionsorientierten bzw. objektorientierten Ansatzes betrachtet man in der Systemanalyse die Verarbeitungsfunktionen aus Sicht des Problembereichs. Ferner wird aufgeschrieben, was ein- und ausgegeben, gespeichert oder übertragen wird. Wie eine Ein- und Ausgabe, Speicherung oder Übertragung erfolgt, ist Ziel des Lösungsbereichs. Die Funktionen des Lösungsbereichs werden erst beim Systementwurf relevant.

Hier die Funktionen der Systemanalyse und des Systementwurfs:

Funktionen	Systemanalyse/ Problembereich	Systementwurf/ Lösungsbereich
Verarbeitung	Detailliert betrachtet	detailliert betrachtet
Datenhaltung	was wird gespeichert	detailliert betrachtet
Ein- und Ausgabe	was wird ein- bzw. ausgegeben	detailliert betrachtet
Rechner-Rechner-Kommunikation	was wird übertragen	detailliert betrachtet
Betriebssicherheit	nicht betrachtet	detailliert betrachtet
Informationssicherheit	nicht betrachtet	detailliert betrachtet
Parallelität/IPC	nicht betrachtet	detailliert betrachtet

Tabelle 1-3 Funktionsklassen im Fall der funktionsorientierten bzw. objektorientierten Lösung

1.6.2.2 Funktionsklassen beim datenorientierten Paradigma

Die eigentliche Speicherung der Daten interessiert in der Systemanalyse nicht, nur die Daten selbst sind in der Systemanalyse relevant. Beim Systementwurf werden die relevanten Funktionen mit Hilfe der Werkzeuge eines DBMS[18] programmiert.

Funktionen	Systemanalyse/ Problembereich	Systementwurf/ Lösungsbereich
Verarbeitung	nicht betrachtet	detailliert betrachtet
Datenhaltung	detailliert betrachtet	detailliert betrachtet
Ein- und Ausgabe	nicht betrachtet	detailliert betrachtet
Rechner-Rechner-Kommunikation	nicht betrachtet	detailliert betrachtet
Betriebssicherheit	nicht betrachtet	detailliert betrachtet
Informationssicherheit	nicht betrachtet	detailliert betrachtet
Parallelität/IPC	nicht betrachtet	detailliert betrachtet

Tabelle 1-4 Funktionsklassen im Falle der datenorientierten Lösung

---

[18] DBMS = Datenbankmanagementsystem.

Problembereich und Lösungsbereich 63

1.6.2.3 Funktionsklassen beim aspektorientierten Paradigma

Das aspektorientierte Paradigma orientiert sich grundsätzlich am objektorientierten Paradigma. Weitere Details sind in Kapitel 19.1 dargestellt.

1.7 Zusammenhang zwischen Requirements und Entwurfseinheiten

Requirements werden durch Entwurfseinheiten, d. h. Programme und Daten, realisiert.

Requirements oder Anforderungen unterliegen zunächst einer 1:n-Abbildung auf Entwurfseinheiten, da ein bestimmtes Requirement zu mehreren Entwurfseinheiten führen kann. Andererseits kann eine bestimmte Entwurfseinheit zur Erfüllung mehrerer Requirements beitragen. Daher kann man von einer m:n-Abbildung zwischen Requirements und Entwurfseinheiten sprechen.

Überdies können Requirements hierarchisch aufgebaut sein. Nicht jedes Requirement ist funktional. Ein nicht-funktionales Requirement wie die Performance wird auf das gesamte System, d. h. auf alle Entwurfseinheiten abgebildet. Damit entsteht topologisch gesehen das folgende Bild:

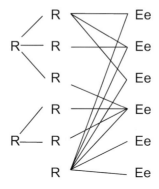

Bild 1-3 Abbildung zwischen Requirements (R) und Entwurfseinheiten (Ee)

1.8 Zusammenfassung

Kapitel 1.1 erläutert den Unterschied zwischen Problembereich und Lösungsbereich. Der Problembereich ist eine ideale Gedankenwelt ohne Rechner, in der alles unendlich schnell geht. Der Lösungsbereich ist die physische Welt mit Rechnern und ihren Fehlerfällen.

In Kapitel 1.2 werden die Paradigmen funktionsorientiert, datenorientiert, objektorientiert und aspektorientiert vorgestellt. Die Methoden für die verschiedenen Paradigmen werden in Kapitel 1.3 tabellarisch aufgestellt.

Ein Projektverlauf für die Entwicklung eines **einfachen Systems** besteht aus den Entwicklungsschritten:

- Spezifikation der Requirements,
- Systemanalyse,
- Machbarkeitsanalyse,
- Systementwurf,
- Programmierung,
- Test & Integration sowie
- Abnahmetest.

Geht das System nach der Abnahme in den Betrieb, muss es in der Regel auch gewartet werden. Dabei werden alle soeben genannten Entwicklungsschritte erneut durchlaufen. Ist ein **System komplex**, so muss es **in Komponenten zerlegt** werden (siehe auch Kapitel 2.1). Die Entwicklungsschritte Spezifikation der Requirements, Systemanalyse, Machbarkeitsanalyse und Systementwurf müssen dann für jede einzelne Komponente durchgeführt werden. Implementiert wird auf der jeweils letzten Ebene.

Bei noch komplexeren Systemen wird der Zyklus Requirements, Systemanalyse, Systementwurf über mehrere Ebenen rekursiv durchlaufen. Erst auf der letzten Ebene wird implementiert. Anschließend wird von Ebene zu Ebene integriert. Kapitel 1.4 zeigt diese rekursive Zerlegung eines Systems.

Kapitel 1.5 beschreibt die verschiedenen Schritte eines Entwicklungsprojektes. In der Machbarkeitsanalyse (siehe Kapitel 1.5.3) wird **vorgezogen** ein **Systementwurf** gemacht. Ziel ist es, durch Vergleich und die Bewertung der Lösungsalternativen zu einem am besten geeigneten **Realisierungsvorschlag (Technisches Konzept**) mit der **Architektur des Systems** als grobes Konzept zu kommen. Beim Systementwurf (siehe Kapitel 1.5.4) wird die Architektur eines Systems entworfen.

Kapitel 1.6 stellt die funktionalen Unterschiede zwischen Problembereich und Lösungsbereich heraus. Von den Funktionsklassen für die Verarbeitung, Datenhaltung, Rechner-Rechner-Kommunikation, Ein- und Ausgabe, Betriebssicherheit, Informationssicherheit und Parallelität/Interprozesskommunikation wird in der Systemanalyse funktionsorientiert und objektorientiert nur die Verarbeitung detailliert untersucht bzw. im Fall eines datenorientierten Ansatzes nur die Daten. Die aspektorientierte Lösung ist eine Weiterentwicklung des objektorientierten Ansatzes.

Kapitel 1.7 zeigt, dass Requirements und Entwurfsobjekte in einer n:m-Beziehung zusammenhängen.

1.9 Aufgaben

Aufgabe 1.1 Problembereich und Lösungsbereich

1.1.1 Was ist der Unterschied zwischen dem Problembereich und dem Lösungsbereich?
1.1.2 Wann studiert man eine ideale Welt und wann eine physische Welt?

Aufgabe 1.2 Paradigmen

1.2.1 Erläutern Sie den Unterschied zwischen dem funktionsorientierten, datenorientierten und objektorientierten Ansatz.
1.2.2 Wie wird die Aspektorientierung umgesetzt?

Aufgabe 1.3 Entwicklungsschritte

1.3.1 Wie lauten die Entwicklungsschritte bei einem Projektverlauf eines einfachen Systems?
1.3.2 Erklären Sie, was man in den einzelnen Schritten der Entwicklung ausführt.
1.3.3 Erläutern Sie, welche Schritte eine Machbarkeitsanalyse in welcher Reihenfolge enthalten sollte.

Aufgabe 1.4 Funktionsklassen

1.4.1 Nennen Sie die verschiedenen Funktionsklassen.
1.4.2 Welche Funktionsklasse untersucht man funktionsorientiert im Problembereich?

Kapitel 2

Die vier Ebenen des Software Engineerings

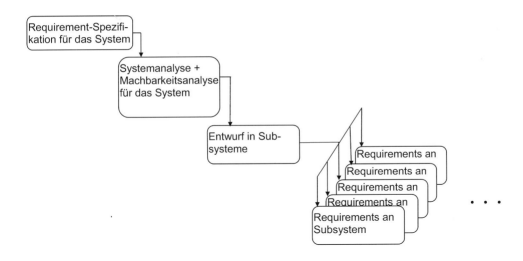

2.1 Vorgehensmodelle
2.2 Methoden und Modelle
2.3 Werkzeuge
2.4 Architekturen
2.5 Zusammenfassung
2.6 Aufgaben

2 Die vier Ebenen des Software Engineerings

Die Softwareentwicklung ist dasjenige Gebiet der Informatik, das sich mit der Erstellung von Programmsystemen befasst. Wissenschaftliche Methoden begleiten die industrielle Praxis [Pom96]. Die Softwaretechnik (engl. software engineering) konzentriert sich auf vier unterschiedliche Ebenen [gefinf]:

- Vorgehensmodelle,
- Methoden,
- Werkzeuge und
- Architekturen.

Kapitel 2.1 stellt Vorgehensmodelle vor, Kapitel 2.2 diskutiert Methoden und das Bilden von Modellen. Kapitel 2.3 geht auf Werkzeuge ein, während Kapitel 2.4 sich mit Architekturen befasst.

2.1 Vorgehensmodelle

Es macht keinen Sinn, in jedem Projekt, in dem Software entwickelt wird, erneut von vorne zu überlegen, welche grundsätzlichen Arbeitspakete in einem Projekt durchgeführt werden sollen, welche Rollen es gibt, welche grundsätzlichen Produkte erzeugt werden sollen etc. Auf einer hohen Abstraktionsebene kann man beispielsweise in jedem Projekt stets dieselben Arbeitspakete finden. Natürlich sind die Tätigkeiten und Produkte auf tieferen Verfeinerungsebenen immer projektabhängig, aber dennoch kann man generalisierte Aussagen auf hoher Ebene machen, die für alle Projekte eine Richtlinie darstellen. Aus diesem Grunde wurden **Vorgehensmodelle**[19] entwickelt, die den organisatorischen Ablauf von Projekten in generalisierter Form regeln. Die verschiedenen Vorgehensmodelle unterscheiden sich dabei in der Ausprägung der Arbeitspakete, in den beteiligten Rollen und in den Ablaufreihenfolgen der durchzuführenden Arbeitspakete.

Ein **Vorgehensmodell** (engl. **process model**) für die Entwicklung ist ein **Life Cycle-Modell**, welches im Gegensatz zu Sicherheitsstandards wie der IEC 61508 [IEC 61508] das Außerbetriebnehmen nicht beinhaltet. Sicherheitsrelevante Systeme beziehen auch die Stilllegung mit ein, da die Stilllegung eines Systems Sicherheitsrisiken für andere Systeme schaffen kann.

> Ein Vorgehensmodell regelt die Organisation eines Projekts, das die Entwicklung eines Softwaresystems zum Ziel hat.

Der Lebenszyklus wird in Form von durchzuführenden **Arbeitspaketen** beschrieben. Ein Arbeitspaket kann feiner als ein Entwicklungsschritt sein. Ein Vorgehensmodell legt in der Regel fest, welche Arbeitspakete in welcher Reihenfolge durchgeführt

---

[19] Modelle für den Entwicklungsprozess in einem Projekt.

werden sollen und welches Arbeitspaket welches Ergebnis – **Produkt** genannt – hervorbringen soll. Was alles zu einem Vorgehensmodell gehört, lässt sich im Detail nicht festlegen. Beispielsweise enthält es:

- die Rollen der Organisation,
- die Arbeitspakete der Entwicklung und der unterstützenden Rollen wie der Qualitätssicherung mit ihrer Reihenfolge und wechselseitigen Verknüpfung (Netzplan) sowie eine grobe Einteilung des Life Cycle,
- die pro Arbeitspaket zu erzeugenden Produkte sowie
- die Struktur und die Inhaltsvorgabe der Dokumente.

Die Frage ist, ob die Arbeitspakete für das gesamte System nur einmal **sequenziell** durchlaufen werden sollen, oder ob es aber günstiger ist, diese Arbeitspakete **in einer Schleife mehrfach** (**iterativ**[20]) zu durchlaufen. Phasen müssen stets streng sequenziell ablaufen. Beim sequenziellen Wasserfallmodell war eine Phase ein Zeitraum eines Projektes, in dem nur ein einziger Entwicklungsschritt wie z. B. Requirements aufstellen, Programmieren oder Testen ansteht. Strenge Phasenkonzepte für die Arbeitspakete werden heute nicht mehr angewandt. Im Gegensatz zu sequenziellen Wasserfallmodellen spricht das Vorgehensmodell der Bundesbehörden, V-Modell genannt [V-M92], von Aktivitäten[21] statt von Phasen, da Aktivitäten auch nicht sequenziell ablaufen dürfen. Dieselbe Aktivität kann mehrfach durchlaufen werden. Die Projektdurchführung ist flexibler geworden, verschiedene Aktivitäten dürfen sich überlappen.

Bei komplexen Systemen kommt noch hinzu, dass die Entwicklung mehrstufig rekursiv in der Form durchgeführt wird, wie in Kapitel 1.4 beschrieben.

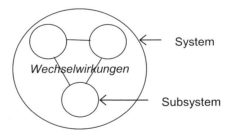

Bild 2-1 Zerlegung eines Systems in zusammenwirkende Subsysteme

Komplexe Systeme haben mehrere Ebenen an Zerlegungsprodukten. Zerlegt man ein System in Subsysteme, so sind diese Teile natürlich nicht voneinander unabhängig. Durch die Verbindungslinien ist angedeutet, dass die Subsysteme zusammenwirken. Dadurch erbringen sie die Gesamtleistung des Systems. Würden sie nicht wechselwirken, so hätte man von vornherein vollständig unabhängige Systeme. Ein Subsystem stellt wiederum ein System dar, allerdings eine Zerlegungsebene tiefer, daher auch der Name "Subsystem". Jedes Subsystem stellt also ein System dar, das in Subsysteme des Subsystems zerlegt werden kann. Dies bedeutet letztendlich, dass rekursiv bis zum Abbruch auf einer bestimmten Ebene zerlegt wird.

---

[20] In diesem Buch kann ein Arbeitspaket auf derselben Ebene mehrfach iterativ durchlaufen werden, zerlegt wird rekursiv.
[21] Eine Aktivität entspricht einem Arbeitspaket.

Da rekursiv zerlegt wird, sind auf jeder Zerlegungsstufe die folgenden Entwicklungsschritte erforderlich:

- Aufstellen der Requirements,
- Systemanalyse – Analyse der Requirements auf Konsistenz, Grenze des betrachteten Systems definieren und Modellierung,
- Machbarkeitsanalyse sowie
- Systementwurf – Entwurf in Subsysteme, Beschreibung des Zusammenwirkens der Subsysteme und Beschreibung der Strategie für die Architektur.

Implementiert wird auf der jeweils letzten Zerlegungsebene

Getestet und integriert wird auf allen Zerlegungsebenen des Systems. Wenn das System integriert ist, wird es getestet.

Das folgende Bild 2-2 zeigt die **Zerlegung** eines Systems:

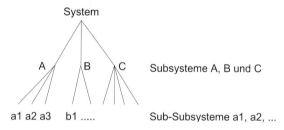

Bild 2-2 Hierarchie von Teilsystemen

Es ist nicht notwendig, dass in allen Zweigen die gleiche Zerlegungstiefe erreicht wird. Die Rekursion von Aufstellen der Requirements, Systemanalyse, Machbarkeitsanalyse und Systementwurf auf den verschiedenen Ebenen ist im folgenden Bild dargestellt:

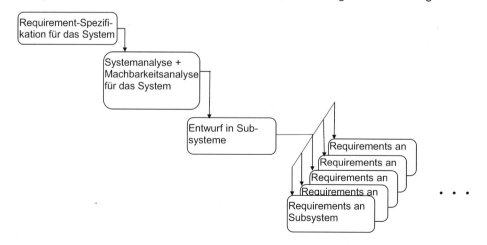

Bild 2-3 Rekursive Entwicklungsschritte ohne Rückführpfeile

Die vier Ebenen des Software Engineerings 71

Nach der Systemanalyse eines Knotens einer Ebene wird dieser Knoten beim Entwurf in sogenannte **physikalische Betrachtungseinheiten**[22] als Knoten und ihre Verbindungen zerlegt. Physikalische Betrachtungseinheiten sind Bausteine beim Entwurf eines Systems, die physisch greifbar sind. Durch das Zusammenwirken der physikalischen Einheiten über ihre Verbindungen entsteht die Leistung des Systems. Eine **logische Betrachtungseinheit** hingegen ist rein funktional und kann sich über mehrere physikalische Betrachtungseinheiten und Verbindungen erstrecken. Ein Beispiel für eine physikalische Betrachtungseinheit ist ein Rechner aus Hard- und Software oder ein Datenbankmanagementsystem. Ein Beispiel für eine logische Betrachtungseinheit ist eine Funktion, die sich von der Dialogführung am Arbeitsplatzrechner über die Netzkommunikation bis hin zu einem Server-Programm eines Datenbank-Servers erstreckt.

> **Physikalische Betrachtungseinheiten** sind physisch greifbar.
> **Logische Betrachtungseinheiten** sind Funktionen, die sich über mehrere physikalische Betrachtungseinheiten erstrecken können.

Eine physikalische Betrachtungseinheit selbst wird wieder in kleinere physikalische Betrachtungseinheiten zerlegt. Die Requirements an einen Knoten der höheren Ebene muss man auf Requirements an die jeweiligen physikalischen Betrachtungseinheiten und die Verbindungen auf der nächsten Ebene projizieren, wobei zusätzlich neue feinere Requirements aufgestellt werden können. Dann wird für jedes Element die Systemanalyse durchgeführt und erneut entworfen.

Rein formal kann man abstrakt von Systemen 1. Stufe, Systemen 2. Stufe (eine Ebene tiefer), Systemen 3. Stufe (wieder eine Ebene tiefer) usw. sprechen. In konkreten Projekten erhalten die Systeme auf einer Stufe stets greifbare und im Projekt festgelegte Namen wie Subsystem, Segment, Gerät, HW-Komponente des Geräts, SW-Komponente des Geräts, etc. Im Folgenden werden nur Systeme einer geringen Komplexität betrachtet, so dass aus Gründen der Einfachheit z. B. die Systemanalyse nur einmal im Lebenszyklus gezeigt wird, obwohl man weiß, dass sie bei komplexen Systemen rekursiv durchgeführt werden muss.

Viele Vorgehensmodelle beinhalten einen Schritt, der "Requirement-Analyse" lautet. Der Begriff der **Requirement-Analyse** oder **Anforderungsanalyse** nach der Association for Computing Machinery (ACM) [acmorg] umfasst alles, was vor dem Entwurf kommt (siehe Bild 2-4b), in der Sprache der ACM die **Requirements** und die **Specifications**. Die zugehörigen Phasen werden in diesem Buch als **Aufstellen (Definition) der Requirements** und **Systemanalyse** bezeichnet. Dies wird in Bild 2-4 unter a) gezeigt.

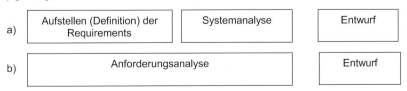

Bild 2-4 Anforderungsanalyse ohne Betrachtung der Machbarkeitsanalyse

---

[22] Dieser Begriff stammt aus dem V-Modell. Während allgemein von "physisch" im Gegensatz zu "logisch" gesprochen wird, wird hier wie im Original von "physikalisch" gesprochen.

Die Machbarkeitsanalyse (siehe Anhang C) ist parallel zur Systemanalyse zu sehen. Sie gehört jedoch nicht zur Anforderungsanalyse, sondern gehört zum Lösungsbereich.

> Der Begriff **Requirement Analyse** umfasst das Aufstellen der Requirements und die Systemanalyse.

2.2 Methoden und Modelle

Im Gegensatz zu einem Vorgehensmodell beschreibt eine **Methode**, wie ein Produkt erstellt werden soll. D. h. eine Methode ist eine Vorschrift zur Durchführung einer Aktivität und ggf. zur Darstellung der entsprechenden Ergebnisse. Ein bekanntes Beispiel für eine solche Methode ist die Strukturierte Analyse in der funktionsorientierten Entwicklung. Methoden setzen Modelle ein. Methoden dienen insbesondere zur Modellierung nach einem bestimmten Konzept.

Modelle braucht man, um Ideen darzustellen. Ein Architekt baut für seine Kunden ein Holzmodell des zukünftigen Hauses in seiner Umgebung. Er zeichnet ferner Ansichten, Grundrisse z. B. im Maßstab 1:100, Werkpläne z. B. im Maßstab 1:50, Elektropläne, Leitungspläne für das Wasser und das Abwasser etc. Alle diese Pläne haben den Zweck, das Modell des Hauses darzustellen. Zunächst interessieren den Bauherren die Ansicht und der Grundriss. Anhand des Grundrisses prüft er die Anordnung der Räume und der Fenster und der Türen. Er muss prüfen, ob alles praktisch ist. So hat man z. B. im Schlafzimmer gerne die Morgensonne, damit das Aufstehen leichter fällt. Wenn die Küche direkt neben dem Esszimmer liegt, muss man Geschirr und Speisen nicht allzuweit tragen. Für solche abstrakten Entscheidungen reichen die Grundrisse und die Ansichten vollkommen aus. Dazu braucht man keinen Elektroplan. Die verschiedenen Pläne sind aber nicht vollständig entkoppelt. Hat man entschieden, wo die Waschküche hin soll, so werden dadurch auch der Elektroplan und die Leitungspläne für das Wasser und Abwasser beeinflusst, denn die Waschmaschine braucht Wasser und Strom und pumpt verbrauchtes Waschwasser wieder ab.

Ein Modell ist stets ein vereinfachtes Abbild der Realität. Ein komplexes System kann nicht in einem einzigen Plan bzw. in einer einzigen Sicht auf das Modell beschrieben werden. Man braucht Pläne aus verschiedenen Sichten wie die Grundrisse, die Seitenansichten, den Elektroplan oder die Leitungspläne für Wasser oder Abwasser. Alles in einem Plan geht nicht.

> Ein Modell konzentriert sich stets auf das Wesentliche. Es ist ein vereinfachtes Abbild der Wirklichkeit. Je nachdem, was man zum Ausdruck bringen möchte, braucht man einen anderen Plan. Ein jeder dieser Pläne ist für sich eine spezielle **Abstraktion** des Systems.

An diesem Beispiel wird schon deutlich, welchen Sinn und Zweck die Pläne haben:

- Zum einen muss man im Dialog über die Pläne die **wahren Anforderungen** der Kunden herausarbeiten. Dieser Teil gehört zur **Systemanalyse**. Die Systemanalyse ist **analytisch**. Man bewegt sich im sogenannten **Problembereich**.
- Zum anderen muss man zur Lösung kommen. Dieser Teil ist der **Systementwurf**. Er ist **konstruktiv**. Man bewegt sich im **Lösungsbereich**.

> Pläne und damit Modelle dienen zum Erkennen der wahren Anforderungen und zur Konstruktion eines Systems.

Die grundlegende **Trennung zwischen Analysemodell und Entwurfsmodell** kann nach Booch [UML06, S. 32] als die **Achillesferse der Software-Entwicklung** bezeichnet werden.

> Es übersteigt die menschliche Auffassungskraft, Analyse und Entwurf in einem zugleich zu machen.

Modellieren ist kein Selbstzweck. Modellieren unterstützt den Weg zum Ziel der zu erstellenden Software. Daher werden beim Modellieren in der Regel nicht alle Details betrachtet, sondern nur die grundlegenden Aspekte.

Oftmals erfordert die Darstellung in Modellen noch mathematische Berechnungen und Simulationen. So muss der Statiker prüfen, ob die Fundamente für die gegebene Bodenqualität in Hanglage ausreichend sind. Er muss berechnen, wie viele Stahlverstrebungen in den Beton eingebaut werden müssen, damit das Haus am Hang nicht reißt, wenn es sich bewegen sollte. Im Falle eines Fernsehturms muss beispielsweise die Stabilität des Gebäudes bei Sturm mathematisch im Simulationsmodell nachgewiesen werden. Wie die Güte des Entwurfs bei Software bewertet wird, ist im Kapitel Metriken in Kapitel 4.3 dargestellt.

> Die Güte eines Entwurfs wird oftmals in mathematischen Simulationen bewertet.

Hat man Modelle, so kann man dem nächsten Kunden verschiedene Beispiele als Muster zeigen und dieser Kunde kann sich somit entscheiden, ob sein Haus einem der Muster ähnlich sein soll.

> Stabile Software-Architekturen, die unempfindlich gegen Änderungswünsche der Kunden sind, dienen als Muster und als Grundlage weiterer Systeme.

Modelle dienen auch der **Dokumentation** und der **Rechtssicherheit**. Ein Kunde, der die Pläne abgenommen hat, muss seine Änderungswünsche selbst bezahlen, wenn er plötzlich ein ganz anderes System haben möchte. Er muss seine Änderungswünsche aber erst ab derjenigen Stelle bezahlen, ab der er ändern möchte.

Zeichnet man die Seitenansicht des Hauses von außen, so ist der Grundriss nicht sichtbar. Zeichnet man den Grundriss, so ist die Seitenansicht verborgen. Dennoch gibt es eine Kopplung zwischen beiden Plänen: die Fußböden sind mit den Wänden fest verbunden.

Betrachtet man das System aus einem Blickwinkel (Aspekt), so ist der Blick auf andere Systemeigenschaften verstellt. Diese Eigenschaften sind dann verborgen. Durch Konzentration auf einen Aspekt allein wird aber alles einfacher. Man braucht dann so viele Modelle aus **verschiedenen Blickwinkeln** (**Sichten**), bis man das System versteht.

> Die verschiedenen Sichten eines Modells sehen auf den ersten Blick unabhängig aus, sind es aber nicht ganz, da ein Element eines Modells in mehreren Sichten vorkommen kann und daher eine **Kopplung** entsteht.

Erstellt man verschiedene Sichten, so sollten diese zusammenpassen. Eine jede Sicht enthält jeweils nur genau diejenigen Elemente, die für diese Sicht von hoher Bedeutung sind. Da das Gesamtsystem durch verschiedene Sichten beschrieben wird, die nur scheinbar unabhängig sind, erfordert diese Vorgehensweise automatische Schnittstellenprüfungen zwischen den Sichten.

Bei einem komplexen System gibt es aber nicht nur **verschiedene Sichten**, sondern auch **verschiedene Detaillierungsgrade**. So stellt ein Werkplan im Maßstab 1:50 mehr Einzelheiten dar als ein Grundriss. Stellt man in der Objektorientierung eine Klasse grafisch dar, so reicht es, lediglich den Klassennamen zu nennen, wenn man in einem Klassendiagramm nur wissen will, mit welchen anderen Klassen die Klasse zusammenarbeitet und man kein spezielles Interesse an Attributen und Operationen hat. Braucht man aber den Aufbau der Klasse, da sie programmiert werden soll, so muss man alle Attribute und Operationen einzeichnen.

> Eine Sicht kann mit **verschiedenen Stufen an Granularität** formuliert werden.

> Es gibt Sichten, die besonders schön die **Systemstruktur** zeigen und Sichten, welche die Dynamik bzw. das Verhalten des Systems in den Vordergrund stellen. Natürlich gibt es auch Mischformen.

Eine Struktur wird beispielsweise mit einem Klassendiagramm (siehe Kapitel 11.1) oder einem Verteilungsdiagramm (siehe Kapitel 11.9) beschrieben, das Verhalten beispielsweise mit einem Kommunikationsdiagramm (siehe Kapitel 11.4) nach UML.

> Die Auswahl einer geeigneten Sicht ist wichtig, da die Sicht die Vorgehensweise festlegt, wie an das zu lösende Problem herangegangen wird.

Je nach Charakter eines neuen Systems treten andere Sichten in den Vordergrund. In der Systemanalyse datenorientierter Systeme stehen die Entity-Relationship-Modell-

Diagramme mit den Aspekten der Daten und den Beziehungen zwischen den Daten im Zentrum des Interesses. Bei der Systemanalyse einer Steuerungsaufgabe werden hingegen Zustandsautomaten und zusätzlich beim Entwurf die Prozesssicht mit den parallelen Prozessen besonders wichtig. Bei allen Systemen sind die Anwendungsfälle von Bedeutung, da sie die Leistungen des Systems darstellen.

> Modelle helfen dabei,
> - ein System zu visualisieren,
> - ein System zu dokumentieren und
> - Programmcode oder einen Coderahmen aus den Modelldaten zu generieren.

Modellieren auf verschiedenen Abstraktionsebenen

Bei der Modellierung von Systemen arbeitet man normalerweise auf verschiedenen Abstraktionsebenen zugleich, jedoch nach verschiedenen Vorgehensweisen:

- Man modelliert **Diagramme mit verschiedenen Detailstufen**, z. B. Klassendiagramme des Entwurfs für Architekten und für Programmierer. Alle Detailstufen arbeiten auf derselben Datenbasis.

> Der Hauptvorteil ist das Arbeiten auf der gemeinsamen Datenbasis. Dass eine Änderung auf einer Ebene dazu führt, dass die Diagramme auf den anderen Ebenen nicht mehr aktuell sind, erweist sich als Hauptnachteil.

- Die andere Möglichkeit ist, dass man **auf verschiedenen Abstraktionsebenen** an **verschiedenen Sichten** arbeitet, z. B. auf hoher Ebene an den Anwendungsfällen und auf tieferer Ebene an den Kollaborationen (siehe Kapitel 10.11), welche die Anwendungsfälle realisieren. Ein anderes Beispiel ist, dass man auf tieferer Ebene an Komponentendiagrammen (siehe Kapitel 11.8) arbeitet, die auf höherer Ebene in ein Verteilungsdiagramm (siehe Kapitel 11.9) eingefügt werden.

> Hier ist der Hauptvorteil, dass Änderungen auf einer Ebene sich auf die jeweils andere Ebene nur schwach auswirken. Der Hauptnachteil ist, dass man beide Ebenen aber stets beobachten muss, damit sie nicht auseinanderlaufen.

Normalerweise arbeitet man nicht nur auf verschiedenen Abstraktionsebenen parallel, sondern möchte nach Möglichkeit **ein System auf einer Ebene vollständig verstehen**. Dann muss man auf der derselben Ebene **mit mehreren Sichten arbeiten, die eng gekoppelt sind**.

2.3 Werkzeuge

Zur Unterstützung der Softwareentwicklung werden Werkzeuge oder Tools bereitgestellt, die in ihrer Gesamtheit eine **Software-Entwicklungsumgebung** (**SEU**) bilden. Auf Englisch heißt SEU "Integrated Development Environment (IDE)".

Zu den Tools gehören natürlich auch untergeordnete Werkzeuge wie Editor, Compiler, Linker und Debugger. Für das Software Engineering jedoch relevant sind die sogenannten **CASE**-Tools (Tools für das **C**omputer **A**ided bzw. **A**ssisted **S**oftware **E**ngineering). Die Abkürzung CASE wird auch als Abkürzung für **C**omputer **A**ided (oder Assisted) **S**ystem **E**ngineering verwendet. In den Frühphasen eines Projektes können sowieso dieselben Methoden eingesetzt werden, unabhängig davon, welcher Systemanteil in Software und welcher in Hardware realisiert wird. Was in Hardware und was in Software umgesetzt wird, muss erst beim Systementwurf entschieden werden. Zu den CASE-Tools gehören u. a. Werkzeuge für:

- die Unterstützung der Aufstellung und Verfolgung der Requirements,
- die Modellierung des Systems in der Systemanalyse,
- den Entwurf von Software bis zur Codegenerierung,
- das Testen,
- die Messung der Software-Qualität mit Hilfe von Metriken (Messvorschriften, siehe Kapitel 4.3) und
- das Konfigurationsmanagement.

Allgemeiner gesprochen bedeutet CASE eine Werkzeugunterstützung von der Planung über die Entwicklung bis zur Pflege und Wartung. Ganz generell sollten zur Pflege und Wartung stets die gleichen Werkzeuge eingesetzt werden wie zur Entwicklung, da Pflege und Wartung eine Fortsetzung der Entwicklung – nur jedoch mit anderen Verantwortlichen als in der ursprünglichen Entwicklung – darstellen. CASE-Tools waren in den siebziger Jahren der große Renner in der Literatur und bei Tagungen. Es wurde verkündet, man würde mit Hilfe von CASE-Werkzeugen die Softwarekrise lösen. Dies war jedoch nicht der Fall.

CASE-Tools dienen dazu, eine ausgewählte Methode automatisch zu unterstützen. Leider unterstützen CASE-Tools in der Praxis oft nur die zu bestimmten Vorgehensmodellen passenden Methoden und andere nicht. Eine **Arbeitserleichterung** kann erreicht werden durch:

- die einfache rechnergestützte Aktualisierung von Dokumenten, insbesondere von Grafiken,
- die automatische Generierung von Dokumenten in einheitlicher Form, was zu einer besseren Übersichtlichkeit führt und
- die Abarbeitung einfacher Konsistenzprüfungen durch das Werkzeug anstelle einer manuellen Prüfung.

Alle Entwurfsarbeiten erfordern jedoch nach wie vor Papier und Bleistift.

Bild 2-5 Die besten Entwürfe macht man mit Bleistift und Papier

Die Methode VHIT (Vom Hirn ins Terminal) führt fast immer zu schlechten Entwürfen. Es sollte also besser nicht interaktiv am Bildschirm entworfen werden. Steht ein Entwurf fest, so ist er im Werkzeug zu dokumentieren. Änderungen werden dann im Rahmen des Werkzeuges durchgeführt. Damit muss man dann nicht die geänderten Zeichnungen von Hand neu erstellen, sondern kann sie werkzeugunterstützt rasch und einfach zeichnen lassen.

Je nach Methode und Werkzeug können nach der erfolgten Eingabe durch das Werkzeug selbst gewisse formale Prüfungen automatisch durchgeführt werden. Wird die Dokumentation mit Hilfe von Werkzeugen generiert, so wird automatisch ein gleichartiges optisches Erscheinungsbild der von den verschiedenen Personen erstellten Anteile herbeigeführt (siehe auch Kapitel 13.2.2.3).

2.4 Architekturen

Die Architektur eines Systems wird im **Systementwurf** konzipiert.

Die **Architektur** eines Systems umfasst:

- die **Zerlegung** des Systems in seine Architektur-Komponenten (statische Beziehungen, Struktur) und bei verteilten Systemen die Verteilung der Architektur-Komponenten auf die einzelnen Rechner (Deployment),
- die **Beschreibung des dynamischen Zusammenwirkens** aller Architektur-Komponenten (Verhalten) und
- die Beschreibung der **Strategie für die Architektur**, damit auch Projektneulinge die Prinzipien der Architektur verstehen können,

mit dem Ziel, alle nach außen geforderten Leistungen des Systems erzeugen zu können.

Das Wort Architektur-Komponenten bedeutet hier nicht Komponenten im Sinne der Komponententechnologie, sondern Komponenten im Sinne eines Subsystems.

Diese Definition ist ähnlich der von der IEEE 1471 in der "IEEE Recommended Practice for Architectural Description of Software-Intensive Systems" festgelegten Definition:

"Architecture is the fundamental **organization** of a **system** embodied in its **components**, their **relationships** to each other, and to the **environment**, and the principles guiding its design and evolution" [IEEE 1471].

Das Verhalten eines Systems baut auf seiner Struktur auf und lässt sich von dieser nicht trennen.

Beim Entwurf der Architektur sind außer der reinen Funktion des Systems (funktionale Anforderungen) auch nicht-funktionale Anforderungen und Randbedingungen zu berücksichtigen (siehe Kapitel 5.4).

Ein wichtiges aktuelles Feld des Software Engineerings ist das Finden einfacher und erweiterungsfähiger Architekturen. Sogenannte **Entwurfsmuster** stellen Klassen eines Systems in bestimmten Rollen dar, die durch ihr Zusammenwirken eine bestimmte Problemstellung lösen (siehe Kapitel 17). **Architekturmuster** (siehe Kapitel 18) sind gröbere Einheiten als Entwurfsmuster. Sie haben die Zerlegung eines Systems in Subsysteme zum Ziel. Sie können – aber müssen nicht – mehrere verschiedene Entwurfsmuster beinhalten.

Architekturen müssen bestimmten **Anforderungen** genügen (siehe Kapitel 5). Hierzu können beispielsweise gehören:

- Kosten,
- Risiko,
- Ausbaufähigkeit,
- Nutzerfunktionalität und
- Zeit.

2.5 Zusammenfassung

Das Systems und Software Engineering hat 4 Aspekte:

- Vorgehensmodelle,
- Methoden,
- Werkzeuge und
- Architekturen.

Projekte müssen in Arbeitspakete heruntergebrochen werden (siehe Kapitel 2.1), damit man den Überblick über das Projekt behält. Ursprünglich war eine Phase ein Zeitraum eines Projektes, in dem nur ein einziger Entwicklungsschritt wie z. B. Requirements aufstellen, Programmieren oder Testen durchgeführt wurde. Strenge sequenzielle Folgen von Entwicklungsschritten werden heute nicht mehr postuliert, da die Durchführung von Projekten flexibler geworden ist. Verschiedene Aktivitäten dürfen sich heute überlappen. Während beispielsweise eine Gruppe noch programmiert, kann die andere schon testen.

Physikalische Betrachtungseinheiten sind physische Bestandteile, logische Betrachtungseinheiten betreffen Funktionen und können sich über mehrere physikalische Betrachtungseinheiten erstrecken.

Aktivitäten werden durch Methoden unterstützt (Kapitel 2.2). Methoden dienen oft dazu, um Modelle zu erstellen. Ein Modell wird durch mehrere Sichten charakterisiert, die gekoppelt das System beschreiben. Jedes Sicht auf das Modell hebt andere Eigenschaften hervor. Es gibt Sichten, die die Modellierung der Struktur oder des Verhaltens eines Systems in den Vordergrund stellen. Sichten können in verschiedenen Granularitätsstufen existieren.

CASE-Tools (siehe Kapitel 2.3) sollen die Methoden unterstützen.

Architekturen schließlich sind das vierte Teilgebiet des Software Engineerings (Kapitel 2.4). Unter der Architektur eines Systems versteht man eine Zerlegung des Systems in seine physischen Komponenten, eine Beschreibung, wie durch das Zusammenwirken der Komponenten die verlangten Funktionen erbracht werden, sowie eine Beschreibung der Strategie für die Architektur mit dem Ziel, die verlangte Funktionalität außerhalb des Systems zur Verfügung zu stellen.

Bei Architekturen befasst man sich insbesondere mit der Identifikation erfolgreicher Muster für die Zerlegung von Systemen in Komponenten und ihren Wechselwirkungen. Die Muster dienen als Know-how-Transfer an andere Entwickler.

2.6 Aufgaben

Aufgabe 2.1 Ebenen des Software Engineerings

2.1.1 Was versteht man unter den vier Ebenen des Software Engineerings?
2.1.2 Was ist ein Vorgehensmodell?
2.1.3 Was ist eine Methode?
2.1.4 Wozu dienen CASE-Tools?
2.1.5 Definieren Sie, was eine Architektur ist.

Aufgabe 2.2 Eigenschaften eines Vorgehensmodells

2.2.1 Erläutern Sie in einem kurzen Satz (ohne Verwendung der Begriffe Rolle, Aktivität, Produkt, Inhaltsstruktur), was durch ein Vorgehensmodell geregelt wird.
2.2.2 Was enthält ein Vorgehensmodell in der Regel?
2.2.3 Was sollte in einem Vorgehensmodell bezüglich der Produkte geregelt werden?

Aufgabe 2.3 Struktur von Systemen

2.3.1 Erläutern Sie den Begriff einer physikalischen und einer logischen Betrachtungseinheit.
2.3.2 Erklären Sie anhand der folgenden Definition eines Systems: "Ein System ist ein System, das aus Komponenten besteht", dass man bei komplexen Systemen das Erstellen der Requirement-Spezifikation, die Systemanalyse, die Machbarkeitsanalyse und den Systementwurf mehrfach durchführen muss.

Kapitel 3

Ausprägungen von Vorgehensmodellen

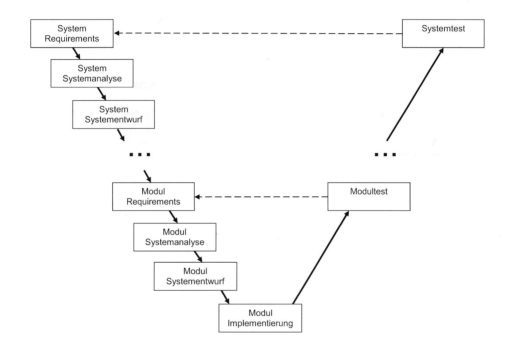

3.1 Spezifikationsorientierte Entwicklung
3.2 Prototyporientierte Entwicklung
3.3 Agile Softwareentwicklung
3.4 Spiralmodell zum Einsatz verschiedener Vorgehensmodelle
3.5 Zusammenfassung
3.6 Aufgaben

3 Ausprägungen von Vorgehensmodellen

Da die verschiedenen Tätigkeitsschritte der Entwicklung sich heutzutage überlappen, muss in aktuellen Konzepten zwischen sequenziellen Projektphasen und Tätigkeitsschritten der Entwicklung unterschieden werden. Die Projektphasen braucht man nach wie vor, schon um Meilensteine im Projekt definieren zu können. Meilensteine charakterisieren Fertigstellungstermine bestimmter Erzeugnisse. Diese können nicht verschmiert werden. Tätigkeitsschritte, die vor einem Meilenstein geplant sind, finden wegen der erforderlichen Änderungen an der Software auch nach Meilensteinen statt. Streng gesehen wird man nie fertig, da sich alles stets ändert. Ein Ende einer Projektphase muss nach bestimmten Kriterien definiert werden.

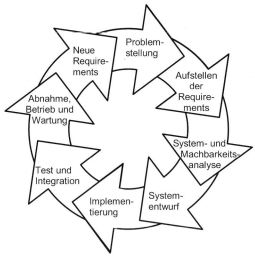

Bild 3-1 Software-Life Cycle

Bild 3-1 zeigt den **Software-Life Cycle** schematisch. Die verschiedenen Vorgehensmodelle unterscheiden sich je nach Art, ob eine Entwicklung geplant und spezifikationsorientiert, prototyporientiert oder agil ablaufen soll:

- **Geplante Entwicklung** ist **spezifikationsorientiert** (siehe Kapitel 3.1). Die Planung beruht auf Phasen und Meilensteinen, sowie den Dokumenten, die am Ende einer Phase erstellt sein müssen.
- Bei einer **prototyporientierten Entwicklung** (siehe Kapitel 3.2) verliert die Planung ihren Stellenwert und das Produkt – und nicht seine Beschreibung – wird in den Vordergrund gerückt. Die Lieferfristen sind zwar kürzer als bei einem geplanten Prozess, sind aber immer noch relativ lang.
- Bei einer **agilen Entwicklung** (siehe Kapitel 3.3) ist die Kundenbeziehung wichtig, der Prozess ist adaptiv und die Lieferfristen sind im Monatsrhythmus.

Es hängt vom Charakter des Projekts ab, welches Vorgehensmodell geeignet ist. Auswahlkriterien können beispielsweise sein: die Größe des Projekts, die Zahl der

Projektstandorte, die Sicherheitsrelevanz oder auch die Tatsache, ob Hardware und Software gemeinsam entwickelt wird. Es gibt aber keinen Zweifel daran, dass ein Mindestmaß an gültigen Dokumenten vorhanden sein muss, wenn die Software wartbar sein soll. Andererseits hat man mit einer großen Zahl von Dokumenten das Problem, alle Dokumente aktuell zu halten.

Nach der Vorstellung verschiedener Vorgehensmodelle zur spezifikationsorientierten, geplanten Entwicklung in Kapitel 3.1 wird die prototyporientierte Entwicklung in Kapitel 3.2 vorgestellt. Agile Softwareentwicklung wird in Kapitel 3.3 behandelt. Ein Spiralmodell erlaubt es, bei jedem Durchgang das Vorgehensmodell auszutauschen (siehe Kapitel 3.4).

3.1 Spezifikationsorientierte Entwicklung

In der spezifikationsorientierten Entwicklung wird die Dokumentation phasenbezogen erstellt und nimmt einen hohen Stellenwert ein. Die Realisierung großer Anwendungen wird durch Werkzeuge gefördert, die den Prozess der Erstellung und Dokumentation von großen Programmsystemen praktikabel macht [Pom96]. Das folgende Bild zeigt schematisch die Wirtschaftlichkeit der Anforderungsspezifikation [Red00]:

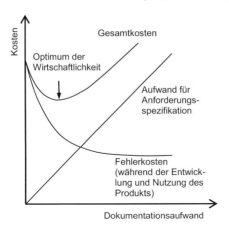

Bild 3-2 Wirtschaftlichkeit der Anforderungsspezifikation

Eine gute Dokumentation führt zu weniger Fehlern. Mit den ersparten Kosten kann die Dokumentation teilweise finanziert werden.

3.1.1 Wasserfallmodell

Die Erkenntnis, dass ein Projekt in überschaubare Teile gegliedert werden muss, führte zu der Entwicklung von Phasenmodellen[23]. Bei Wasserfallmodellen stimmen die

---

[23] Es gibt eine Vielzahl von Phasenmodellen, die sich vor allem in der Bezeichnung der verschiedenen Phasen, der den jeweiligen Phasen zugeordneten Tätigkeiten, der gegenseitigen Abgrenzung und dem Detaillierungsgrad der betrachteten Systemanteile unterscheiden.

Entwicklungsschritte und Projektphasen überein. Die Idee ist, ein Softwareprojekt in Phasen zu gliedern, wobei jede Phase eine definierte Aufgabenstellung hat und zu einem definierten **Phasenergebnis** führen soll.

In der Literatur gibt es zwei grundlegende Varianten von Wasserfallmodellen, das sogenannte **Baseline Management-Modell,** ein sequenzielles Wasserfallmodell ohne Rückführschleifen, und das **Wasserfallmodell mit Rückführschleifen**.

3.1.1.1 Baseline Management-Modell

Bild 3-3 zeigt die Grundform eines Wasserfallmodells mit den Entwicklungsschritten:

- Aufstellen der Requirements,
- Systemanalyse,
- Systementwurf,
- Implementierung,
- Test & Integration und
- Abnahme,

welche gleichzeitig Phasen darstellen. Die Pfeile in Bild 3-3 sollen zum Ausdruck bringen, dass die Ergebnisse einer Phase das Ausgangsmaterial und damit die Voraussetzung darstellen, um die nächste Phase zu starten. Mit anderen Worten, das Ergebnis **einer Phase** stellt die Eingabe **der nächsten Phase** dar. Diese kann nur begonnen werden, wenn die Eingaben vorliegen. Ein solch streng sequenzielles Modell für die Entwicklungsschritte erinnert in seiner Form an einen Wasserfall. Daher heißen solche Phasenmodelle auch **Wasserfallmodelle**.

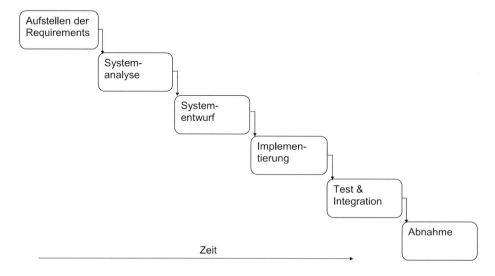

Bild 3-3 Grundform eines Wasserfallmodells ohne Machbarkeitsanalyse

Horizontal nach rechts geht die Zeitachse. Ein **Wasserfallmodell**, das eine strenge Sequenzialität der Entwicklungsschritte mit Qualitätsprüfungen an den Phasengrenzen aufweist, wird auch als **Baseline Management-Modell** bezeichnet.

> Ein Baseline Management-Modell ist ein sequentielles Wasserfallmodell ohne Rückführschleifen.

Am Ende einer jeden Phase (siehe Bild 3-3) wird das Ergebnis überprüft. Ist es in Ordnung, so wird die nächste Phase freigegeben. Bestehen noch Probleme infolge von entdeckten Fehlern oder von Änderungswünschen, so wird nicht zur nächsten Phase weitergegangen.

> Eine **Projektphase des Baseline Management-Modells** ist ein Zeitabschnitt eines Projektes, in welchem alle Entwickler sich mit demselben Entwicklungsschritt befassen. Eine jede Projektphase muss ein Ergebnis – das **Phasenergebnis** – liefern.

Das Ergebnis eines jeden Entwicklungsschritts muss von den dafür Verantwortlichen daraufhin überprüft werden, ob seine Qualität ausreicht, um den Sprung in die nächste Phase zu riskieren.

> In den nächsten Entwicklungsschritt darf erst gegangen werden, wenn eine ausreichende Qualität des Ergebnisses erreicht ist.

Das Baseline Management-Modell hat den Nachteil, dass es viel zu viel Zeit verbraucht. Ein Warten, bis alle Ergebnisse eines Entwicklungsschritts vorliegen, dann die Prüfung der Ergebnisse und anschließend die Freigabe der nächsten Phase ist natürlich ein Idealzustand, aber selbstverständlich graue Theorie. Denn Warten kostet Zeit und Zeit kostet Geld. Deshalb ist es in der Regel unumgänglich, dass sich verschiedene Arbeitsgruppen eines Projektes mit Arbeitspaketen aus verschiedenen Phasen befassen können. Dennoch wird man versuchen, die Ergebnisse einer Projektphase geordnet – entweder auf einmal oder in Schritten – zu überprüfen und freizugeben. Nachfolgend wird noch auf die Vor- und Nachteile des Baseline Management-Modells eingegangen.

Ein Wasserfallmodell in der Variante eines Baseline Management-Modells hat die folgenden **Vorteile**:

- Die im Modell aufgeführten Entwicklungsschritte sind tatsächlich notwendig.
- Die Reihenfolge der Entwicklungsschritte ist richtig.
- Es gibt keine Phase Systemdokumentation. Sie wird projektbegleitend erstellt.

Ein Wasserfallmodell in der Variante eines Baseline Management-Modells hat die folgenden **Nachteile**:

- Das Gesamtprojekt wird synchron abgearbeitet.
- Die Codierung kommt erst sehr spät.
- Das Risiko ist sehr hoch, da Fehler in den Requirements, bei Systemanalyse und im Entwurf häufig erst bei der Integration entdeckt werden.

Ein Wasserfallmodell in der Variante eines Baseline Management-Modells hat folgende **behebbare Unzulänglichkeiten**:

- Veränderten Anforderungen im Projekt kann zunächst nicht Rechnung getragen werden. Die Abhilfe erfolgt durch das Einführen von Rückführschleifen in frühere Phasen. Dadurch werden auch **Zyklen** möglich.
- Die Wartung ist nicht im Modell enthalten. Die Abhilfe erfolgt durch eine Rückführschleife von der Abnahme zur Erstellung der Requirement-Spezifikation. Eine Wartung ist auch eine Entwicklung, nur meist nicht mehr mit dem ursprünglichen Entwicklerteam.
- Komplexe Systeme können nicht auf einmal spezifiziert werden. Die Abhilfe erfolgt durch den rekursiven Einsatz von Entwicklungsschritten. Dabei werden nach dem Entwurf eines Knotens einer Ebene des Systems wieder Requirements an die Zerlegungsprodukte und ihre Verbindungen aufgestellt.

3.1.1.2 Wasserfallmodelle mit Rückkehr in frühere Phasen

Kommen zu der erwähnten Grundform des Baseline Management-Modells noch weitere Pfeile, die sogenannten Rückführschleifen, hinzu, so handelt es sich um ein **Wasserfallmodell mit Rückführschleifen**. Bei Rückführschleifen entfällt die Zeitachse, da man ja in der Zeit nicht rückwärts laufen kann. Rückführschleifen sind ein zeichnerisches Mittel, um ein Verschmieren der scharfen Grenze zwischen den Entwicklungsschritten darzustellen.

Natürlich kommt ein Projektverlauf, wie er in Bild 3-3 dargestellt ist, allerhöchstens in den Träumen der Projektleiter vor. Im Alltag erfordern Änderungswünsche, die Beseitigung von Fehlern und vor allem auch die Erkenntnisse für eine bessere – beispielsweise schnellere oder einfachere – Lösung (**Refactoring** [Bec97]) ein Zurückgehen in frühere Entwicklungsschritte.

Gegebenenfalls muss in den vorhergehenden Entwicklungsschritt oder auch in weiter zurückliegende Entwicklungsschritte zurückgegangen werden, um die Probleme zu beheben. Dies wird in Bild 3-4 gezeigt. Der Software-Entwicklungsprozess ist also keine Folge von sequenziell zu durchlaufenden Entwicklungsschritten.

Fehler, Änderungen und die Suche nach besseren technischen Lösungen erzwingen ein Zurückgehen in frühere Entwicklungsschritte.

Ausprägungen von Vorgehensmodellen

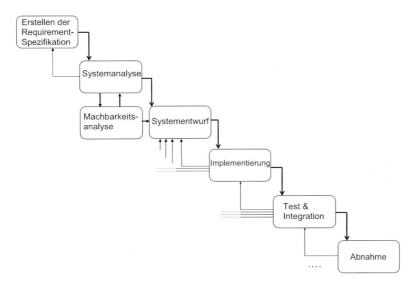

Bild 3-4 Wasserfallmodell mit Rückführungspfeilen in frühere Phasen

Wegen der Übersichtlichkeit sind in Bild 3-4 nicht alle Rückführungspfeile eingezeichnet.

Bilder mit Rückführungspfeilen gelten auch als Wasserfallmodelle. Damit der "Wasserfall" besser erkennbar ist (Wasser fließt den Berg hinab, nicht hinauf), sind die Übergänge in die nächsten Entwicklungsschritte fett, Rückführungspfeile in frühere Entwicklungsschritte fein gezeichnet.

In der Literatur findet man oft auch Wasserfallmodelle, bei denen die Rückführungspfeile nur direkt in die jeweils davor liegenden Entwicklungsschritte gehen. Damit sehen die Bilder besser aus, die Rücksprünge in weiter zurückliegende Entwicklungsschritte sind einfach aus optischen Gründen nicht eingezeichnet. Wasserfallmodelle wurden durch Boehm [Boe76] berühmt. Eingeführt wurden sie durch Royce [Roy70].

3.1.2 Evolutionäre Entwicklung

Die evolutionäre Entwicklung ist kein Prototyping (siehe Kapitel 3.2). Bei der evolutionären Entwicklung hat die Spezifikation eine hohe Bedeutung. Dieses Modell verlangt mehrere Entwicklungsdurchläufe. Aus jedem Durchlauf entsteht ein brauchbares Produkt. Dieses Ergebnis wird in der Praxis oftmals über einen längeren Zeitraum produktiv eingesetzt. Entwickelt man evolutionär, so muss am Ende eines vollendeten Durchlaufs einer jeden Iteration eine neue Funktionalität zur Verfügung gestellt werden, d. h. eine Baseline[24] getestet und freigegeben werden.

---

[24] Eine Baseline ist ein dem Konfigurationsmanagement unterliegender Stand der Software. Eine Baseline kann mehrere Versionen umfassen.

Bei der evolutionären Entwicklung werden **alle Entwicklungsschritte des Baseline Management-Modells** mehrmals nacheinander durchlaufen.

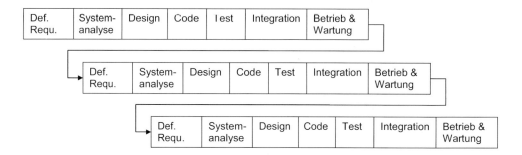

Bild 3-5 Die evolutionäre Entwicklung

Die Periodendauer der Durchgänge ist dabei so klein gehalten, dass die angesprochenen Nachteile des Baseline Management-Modells nicht zum Tragen kommen.

In Bild 3-5 sieht man das Vorgehen bei der evolutionären Entwicklung [Dor00, S.10]. Eigentlich sieht dieses Bild fast gleich aus wie Bild 3-28. Der wesentliche Unterschied liegt im Modell, das für einen Zyklus angewandt wird. **Beim evolutionären Entwickeln** arbeitet man **innerhalb eines Zyklus** nach dem **Baseline Management-Modell** mit strengen Abnahmen, während man **beim inkrementellen Prototyping prototypisch** entwickelt.

Wenn die Forderungen bei jedem Durchlauf überarbeitet werden, so spricht man von **evolutionärer Entwicklung**.

Eine evolutionäre Entwicklung kann interpretiert werden als ein Spiralmodell mit Pausen. Jeder Durchgang durch die Entwicklungsschritte wird nach dem Baseline Management-Modell durchgeführt. Das System geht nach jedem Zyklus des Spiralmodells in Betrieb.

Die im Betrieb befindlichen Produkte führen dazu, dass die Benutzer die Requirements beeinflussen können und sollen. Jeder Auslieferungsstand durchläuft einen kompletten Entwicklungsvorgang. Die Auslieferungen können sich wahlweise überschneiden oder es muss ein Durchgang vollständig abgeschlossen sein, bevor mit dem nächsten Durchgang begonnen wird. Jeder Auslieferungsstand beinhaltet entweder eine Erweiterung oder eine Verbesserung zum vorherigen Stand.

Ausprägungen von Vorgehensmodellen

3.1.3 Das V-Modell

Das Vorgehensmodell der Bundesbehörden, das sogenannte V-Modell [V-M92, V-M97, V-M09], stellt eine generalisierte Organisationsrichtlinie für ein Entwicklungs-Projekt dar. Es dient als Rohling, der auf das jeweilige Projekt angepasst werden kann. Die Anpassung, die dieses Vorgehensmodell, welches sehr umfassend ist, in ein spezielles und praktikables Projekthandbuch für ein konkretes Projekt überführt, wird als **Tailoring** bezeichnet.

> Der Einsatz des V-Modells erfordert ein Maßschneidern (Tailoring) auf die erforderliche Zahl von Zerlegungsebenen und ein Anpassen der Überschriften.

Das Vorgehensmodell der Bundesbehörden ist das derzeitig wichtigste Vorgehensmodell in Deutschland. Es wird nicht nur in Behörden, sondern auch in der Industrie eingesetzt.

Das "V" im Wort "V-Modell" kann zum einen für "Vorgehen" stehen, zum anderen kann der Durchlauf durch die Systementwicklung als "V" dargestellt werden. Dieses Modell wird im Folgenden skizziert:

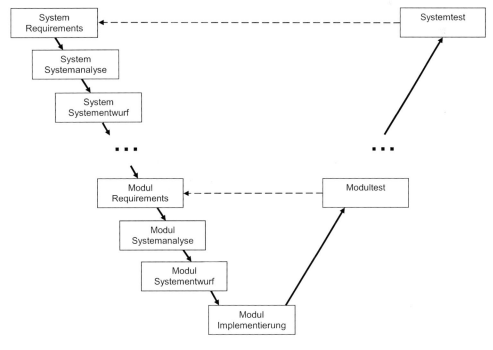

Bild 3-6 Das V-Modell

Die Grundelemente des V-Modells sind **Aktivitäten** und **Produkte**.

Eine **Aktivität** ist eine im Rahmen des Vorgehensmodells definierte Tätigkeit im SW-Entwicklungsprozess. Sie wird eindeutig durch ihre Voraussetzungen ("Was muss vorliegen, damit die Aktivität gestartet werden kann?"), ihre Durchführung und ihre Ergebnisse beschrieben. Aktivitäten können hierarchisch in Teilaktivitäten zerlegt werden, wenn jede dieser Teilaktivitäten ihrerseits definierte "Zwischenergebnisse" aufweist.

Als **Produkt** wird der Bearbeitungsgegenstand bzw. das Ergebnis einer Aktivität bezeichnet. Analog zu der Zerlegung von Aktivitäten kann sich die Zerlegung von Produkten in "Teilprodukte" (z. B. einzelne Kapitel eines Dokumentes) ergeben.

Eine Aktivität kann

- die Erstellung eines Produktes,
- eine Zustandsänderung eines Produktes oder
- die inhaltliche Änderung eines Produktes (bei einer iterativen Vorgehensweise)

zum Gegenstand haben.

Die Grundelemente Aktivität und Produkt werden grafisch durch spezielle Symbole repräsentiert (siehe Bild 3-7):

- eine Aktivität durch einen eckigen Kasten und
- ein Produkt durch eine Ellipse, wobei der Produktname kursiv geschrieben wird.

Aktivität	Produkt
Symbol für Aktivität	Symbol für Produkt

Bild 3-7 Symbole für Aktivitäten und Produkte

Eine Aktivität stellt bekanntermaßen ein Arbeitspaket dar. Die Arbeitspaketbeschreibung heißt **Aktivitätenbeschreibung**. Zu jedem Produkt existiert eine **Produktbeschreibung**, welche die Inhalte des Produkts definiert.

> Das V-Modell kennt **Aktivitäten** und **Produkte** und beschreibt die **Zusammenarbeit der Aktivitäten der verschiedenen Rollen**.

Das Vorgehensmodell der Bundesbehörden **regelt** für eine Projektschablone

- die Gesamtheit aller **Aktivitäten**[25] und **Produkte**[26]

sowie

- die **Produktzustände** und **logischen Abhängigkeiten** zwischen **Aktivitäten** und **Produkten**

---

[25] Eine Aktivität beschreibt, wie ein Produkt zu erstellen ist.
[26] Ein Produkt ist ein Ergebnis einer Aktivität. Zu jedem Produkt gehört genau eine Aktivität.

während des Software-Entwicklungsprozesses und der Software-Pflege/-Änderung. Dabei legt es auch die **Inhaltsstrukturen** derjenigen Produkte fest, die Dokumentationen darstellen, d. h. es legt fest, welche Kapitelüberschriften in welchem Dokument vorkommen sollen.

Dass man vorschreibt, welche Kapitel in welchem Dokument in welcher Reihenfolge zu stehen haben, ist sehr strikt. Aber dies macht man aus Erfahrung, da man weiß, dass ein jeder am liebsten nur das schreibt, wofür er sich ganz besonders interessiert. Um also ein schon oft erlebtes Chaos nicht erst entstehen zu lassen, gibt man als Korsett das Inhaltsverzeichnis der Dokumente vor, wobei beim Tailoring keine Überschrift ohne Begründung wegfallen sollte.

3.1.3.1 Rollen

Das **V-Modell** ist **in vier Submodelle gegliedert**, die den Rollen im Software-Entwicklungsprozess entsprechen. Die Projektbeteiligten in einem Projekt agieren dabei in verschiedenen **Rollen**. Im Vorgehensmodell der Bundesregierung [V-M92] werden die folgenden vier Rollen identifiziert:

- Software-Erstellung (SWE),
- Qualitätssicherung (QS),
- Konfigurationsmanagement (KM) und
- Projektmanagement (PM).

Diese Submodelle beziehen sich nur auf die Entwicklung bzw. Pflege/Änderung der Software als Bestandteil eines Systems. Das V-Modell behandelt in seinen ersten Versionen nicht die Hardware-Entwicklung, es enthält aber die Schnittstellen zur Hardware. Seit der Version von 1997 [V-M97] schließt das V-Modell die Hardware-Entwicklung mit ein.

> Das V-Modell kennt die Rollen **Projektmanagement, Qualitätssicherung, Konfigurationsmanagement und Software-Ersteller.**

Alle diese Rollen haben Aktivitäten durchzuführen und Produkte zu erzeugen. Dabei sind die Aktivitäten der verschiedenen Rollen voneinander abhängig. So generiert die Software-Erstellung ein Produkt und die Qualitätssicherung prüft es. Für die zu entwickelnden Produkte werden Vorgaben gemacht, was sie enthalten müssen. Ein Vorgehensmodell regelt die Erstellung eines Systems in Top-Down-Vorgehensweise, d. h. von der groben zur feinen Strukturierung. Damit ist der organisatorische Ablauf eines Projektes geregelt und es ist identifiziert, welche Aktivität welche Art von Ergebnis als Produkt hervorbringen soll.

Das V-Modell beschreibt den Software-Entwicklungsprozess im Sinne einer **Projektschablone**. Für die Durchführung eines konkreten Projektes müssen daher für die im V-Modell dargestellten Aktivitäten noch die **Bearbeiter** bzw. **Organisationseinheiten** festgelegt werden.

Das **Projektmanagement** hat u. a. dafür zu sorgen, dass

- die Kosten nicht aus dem Ruder laufen,
- die Schnittstelle zum Auftraggeber funktioniert,
- Termine und Leistungsversprechungen eingehalten werden (Abweichungen müssen mit dem Auftraggeber besprochen werden),
- die Schnittstellen zu den Unterauftragnehmern funktionieren,
- die "richtigen" Projektmitarbeiter (ggf. Unterauftragnehmer) zur Verfügung stehen,
- die Projektmitarbeiter die erforderlichen Ressourcen (Räumlichkeiten, Geräte, System-Software etc.) haben,
- das Projekt sinnvoll strukturiert und geplant ist (Arbeitspakete, Balkenpläne, Meilensteinpläne, Netzpläne etc.) und
- die Projektmitarbeiter stets ausgelastet, nicht aber überlastet sind.

Das Projektmanagement braucht außer guten technischen Kenntnissen, um das Projekt von der Technik her im Griff zu haben, betriebswirtschaftliches Interesse und vertriebliche Fähigkeiten. Das Projektmanagement muss es auch verstehen, zum einen das zur Verfügung stehende Geld effizient einzusetzen, zum anderen aber Probleme dem Kunden einsichtig zu machen, Geld zu beschaffen (hausinterne Finanztöpfe, Folgeaufträge des Kunden), Verträge zusammen mit den Hausjuristen zu gestalten, etc.

Die **SW-Erstellung** hat dafür zu sorgen, dass alle SW-Produkte zum einen gemäß der vereinbarten Spezifikation, zum anderen im vorgesehenen Zeitraum entstehen. Da ein Arbeitspaket in der Regel auf dem anderen aufbaut, führt eine Verzögerung meist zu weiteren Verzögerungen. Natürlich kann man die Rolle der SW-Erstellung wieder feiner einteilen, etwa in traditionelle Rollen wie Systemanalytiker, Designer, Programmierer. Es ist aber klar, dass jede Übergabe der Ergebnisse einer Rolle an die andere – wie z. B. vom Systemanalytiker an den Designer oder vom Designer an den Programmierer – stets mit Reibungsverlusten verbunden ist. Daher braucht jedes Projekt **Systemingenieure**, die fachlich so umfassend aufgestellt sind, dass sie Projektaufgaben ganz von Beginn des Projektes bis hin zur Übergabe an den Kunden mit Erfolg durchführen können. Ein guter Systemingenieur muss selbst noch sein eigener Vertriebsmann sein können, da er sein Produkt am besten kennt. Der technisch verantwortliche Systemingenieur wird in diesem Dokument mit der Rolle **Chef-Designer** bezeichnet. Der Chef-Designer muss in der Lage sein, alle Phasen des Projektes in kooperativer Zusammenarbeit mit den anderen Projektmitarbeitern technisch steuern zu können.

Der **Konfigurationsmanager** hat dafür zu sorgen, dass er Versionen der zu realisierenden Software zentral führt. Nach erfolgter Systemgenerierung und den anschließenden Systemtests werden bemängelte Programme zurück an die Bearbeiter zur Fehlerbeseitigung gegeben.

Die **Qualitätssicherung** muss dafür sorgen, dass es im Projekt ein Vorgehensmodell, Methoden und Tools gibt, die verstanden und eingesetzt werden und dass Prüfungen an den Produkten durchgeführt werden und ggf. die Qualität der Erzeugnisse erhöht wird.

3.1.3.2 Erzeugnisstruktur des V-Modells

Da das V-Modell alle Aktivitäten und Produkte bei der Software-Erstellung erfassen will, muss es sich auch mit der Frage der **Zerlegung von Systemen** befassen. Das V-Modell geht nach dem **Prinzip der schrittweisen Verfeinerung**[27] vor. Es führt die folgende Zerlegung durch:

- System,
- Subsystem,
- DV-Segment,
- ...

Im V-Modell ist ein System hoher Komplexität untergliedert in Subsysteme. So ist beispielsweise ein Navigationssystem ein Subsystem des Systems "Flugzeug". Im V-Modell wird von der Arbeitstechnik und den Produkten her nicht zwischen der Bearbeitung von Systemen oder von Subsystemen unterschieden

Für jedes Produkt dieser Zerlegungsebenen müssen dann die Entwicklungsschritte Requirement-Spezifikation, Systemanalyse, Machbarkeitsanalyse und Systementwurf durchlaufen werden.

Das V-Modell in seiner ursprünglichen Version beschreibt, wie die Software als Bestandteil eines **Systems** zu entwickeln ist, nicht jedoch, wie die HW zu entwickeln ist. Die bei den jeweiligen Entwicklungsaktivitäten erforderlichen Schnittstellen zur HW-Entwicklung werden jedoch berücksichtigt. Der Grund, warum es zunächst nur für die Entwicklung von Software ein Vorgehensmodell gab, ist, dass die Entwicklung von Software, die als Produkt eigentlich ja "unsichtbar" ist und sich nur in den Reaktionen eines Systems zeigt, das größere Problem darstellt.

Im Folgenden wird beschrieben, aus welchen Bestandteilen sich ein "System" im Sinne des V-Modells [V-M92] zusammensetzt. Als System kann man sich zum Beispiel ein verteiltes System aus mehreren Geräten vorstellen, die zusammenwirken und als Gesamtheit Funktionsleistungen erbringen. Ein solches System kann dann wiederum über Schnittstellen mit anderen Systemen wie z. B. einem Host-Rechner zusammenarbeiten. Bild 3-8 zeigt die Dekomposition eines Systems gemäß V-Modell schematisch.

Im Fall von Systemen, bei denen Hardware und Software zu entwickeln ist, kann der Software-Entwicklungsprozess nicht losgelöst von der Hardware betrachtet werden. Er ist vielmehr in die Entwicklung des Gesamtsystems, in dem automatisierbare Funktionen durch Software realisiert werden sollen, zu integrieren. Deshalb muss die Softwareentwicklung in enger Verzahnung mit der Hardwareentwicklung vorgenommen werden bzw. die Software muss unter ständiger Berücksichtigung der ausgewählten Hardware und ihrer Eigenschaften realisiert werden. Nur unter diesen Voraussetzungen kann die Erfüllbarkeit der geforderten System-, DV- und SW-Funktionen über den gesamten Entwicklungsprozess hinweg kontrolliert und gewährleistet werden.

---

[27] Dieses Prinzip entspricht dem Prinzip des rekursiven Zerlegens.

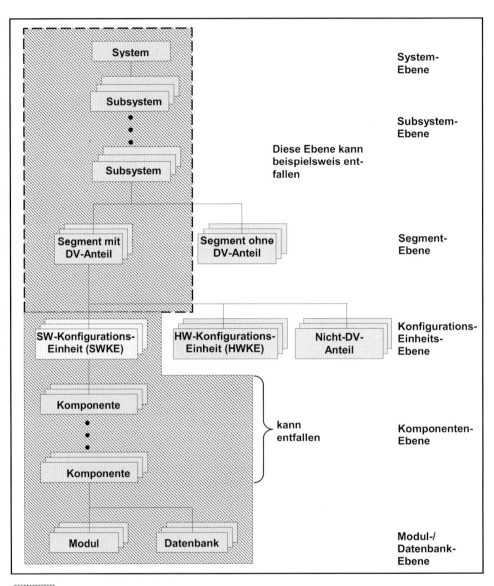

Bild 3-8 Erzeugnisstruktur des V-Modells [V-M92]

Ein System/Subsystem wiederum gliedert sich in Segmente, die in Segmente mit DV-Anteil (DV-Segmente) und Segmente ohne DV-Anteil (Nicht-DV-Segmente) unterschieden werden. Embedded Computer Systems – wie z. B. ein Bordrechner als Teil eines Navigation-Subsystems – entsprechen in diesem Gliederungsschema den DV-Segmenten.

DV-Segmente werden weiter in Software-Konfigurationseinheiten (SWKE), Hardware-Konfigurationseinheiten (HWKE) und Nicht-DV-Anteile gegliedert. Die Nicht-DV-Anteile werden vom V-Modell nicht erfasst und werden im Folgenden nicht weiter betrachtet. SWKE und HWKE (z. B. Baugruppen) stellen aus der Sicht der System-/Subsystem-Architektur elementare Objekte dar, die dem Konfigurationsmanagement im Verkehr mit dem Kunden unterliegen und als Ganzes beim Kunden ausgetauscht werden. In der entwickelnden Firma sind selbstverständlich auch kleinere SW-Einheiten dem hausinternen Konfigurationsmanagement unterworfen.

Das V-Modell zerlegt SWKE weiter in Komponenten und diese wiederum in Module und/oder Datenbanken. Module sind die kleinsten zu programmierenden Softwarebausteine einer SWKE.

Die **Erzeugnisstruktur** sieht also folgendermaßen aus:

- System,
- Subsystem,
- DV-Segment,
- SWKE und HWKE,
- Komponenten sowie
- Module und Datenbanken.

Unter einer SWKE kann man sich beispielsweise die Software einer ganzen Platine vorstellen. Die Steckkarte ist dabei das DV-Segment (mit Prozessor, EPROM und Peripherie). Die SWKE ist das EPROM[28] (oder der Inhalt eines FLASH-ROM). Als eine Komponente kann man z. B. die Software für die Ansteuerung einer bestimmten Schnittstelle ansehen. Die Software einer Komponente ist wiederum in sich gegliedert in SW-Module und ggf. in Datenbanken bzw. Dateien. Die HWKE ist in diesem Fall die Hardware der Steckkarte (ohne EPROM).

Hier ein Beispiel für die Zerlegung aus dem V-Modell [V-M 92]:

---

[28] Die Software wird vom Lieferanten als EPROM mit einer eindeutigen ID-Nummer ausgeliefert.

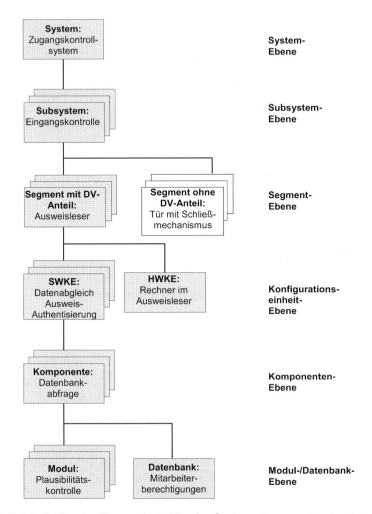

Bild 3-9 Beispiel für eine Erzeugnisstruktur des Systems `Zugangskontrollsystem`

3.1.3.3 Beispiele für Architekturen

Jedesmal, wenn zerlegt wird, ist eine Architektur zu entwerfen. Zu einer Architektur gehört immer die Aussage, wie die Bestandteile der Architektur zusammenwirken sollen.

Beispiel 1:

Zu entwickeln ist ein Gerät. Die Kundensteuerung, mit der Parameter dieses Geräts vom Kunden im operationellen Modus des Geräts gesetzt werden können, ist nicht zu entwickeln. Das Gerät allein ist also das System. Die Kundensteuerung gehört nicht zum System. Das System tauscht über eine definierte Schnittstelle Daten mit seiner Umgebung – der Kundensteuerung – aus. Bild 3-10 zeigt das Zusammenwirken des Systems mit seiner Umwelt.

Ausprägungen von Vorgehensmodellen 97

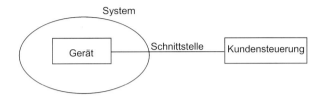

Bild 3-10 Zusammenwirken des Systems mit seiner Umwelt

Die Ebene des Subsystems entfällt in diesem Falle aufgrund der geringen Komplexität des Problems.

Das Gerät selbst kann nun DV-Anteile und Nicht-DV-Anteile haben. DV-Anteile und Nicht-DV-Anteile müssen zusammenarbeiten. In Abhängigkeit von der Komplexität des Systems gibt es zwei Zerlegungsmöglichkeiten, eine vierstufige (siehe Bild 3-11) und eine dreistufige Zerlegungshierarchie (siehe Bild 3-12).

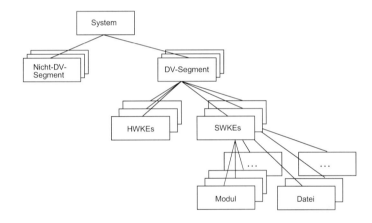

Bild 3-11 Vierstufige Zerlegungshierarchie

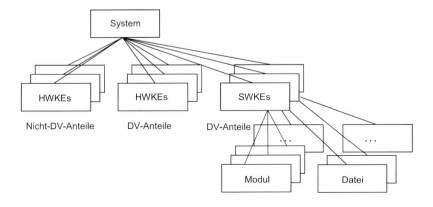

Bild 3-12 Dreistufige Zerlegungshierarchie

Bei geringer Komplexität wird man stets die dreistufige Zerlegungshierarchie wählen, damit man weniger beschreiben muss. Hier gibt es weniger Produkte. Das V-Modell schreibt für jedes Zerlegungsprodukt entsprechende Dokumentationen vor. Weniger Zerlegungsprodukte bedeuten eine geringere Anzahl von Dokumenten, also weniger Verwaltungsarbeit.

Da im Beispiel aus Bild 3-10 nur ein einziges Gerät zu realisieren ist, kann die Ebene des DV-Segmentes problemlos weggelassen werden.

Bestehen die DV-Anteile nur aus einer Steckkarte, so wird diese stets als Ganzes und nicht in Form von Bauelementen an den Kunden ausgeliefert. Deshalb betrachtet man diese Karte als HWKE. Hat die Software ein Betriebssystem, so kann auch dieses neue Versionen haben. Dies bedeutet, dass man dann in der Regel zwei SWKEs einführt:

- das Betriebssystem und
- die gesamte eigenentwickelte Anwendungssoftware.

Beispiel 2:

In Beispiel 2 (siehe Bild 3-13) bekommt der Kunde außer dem Gerät auch noch einen PC mit Software geliefert, damit er im Programmiermodus (nicht im operationellen Modus) Parameter des Gerätes setzen kann.

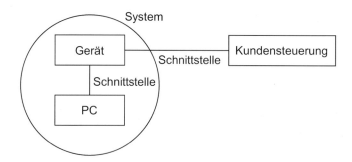

Bild 3-13 Beispiel für ein System aus 2 wechselwirkenden DV-Segmenten

Damit besteht das zu liefernde System aus 2 DV-Segmenten:

- dem Gerät und
- dem PC.

Das Gerät ist in Hard- und Software-Komponenten unterteilt. Für den PC ist nur die Software für den Programmiermodus zu entwickeln. Es ist zu beachten, dass auch das Betriebssystem des PC eine SWKE darstellt.

3.1.3.4 Produktzustände

Produkte können die folgenden Zustände annehmen:

- **geplant**
  Das Produkt ist in der Planung vorgesehen. Dies ist der Eingangszustand für alle Produkte.
- **in Bearbeitung**
  Das Produkt wird vom Entwickler bearbeitet.
- **vorgelegt**
  Das Produkt ist aus der Sicht des Erstellers fertig und wird unter Konfigurationsverwaltung genommen. Es wird einer QS-Prüfung unterzogen. Besteht das Produkt die QS-Prüfung nicht, so geht es wieder in den Zustand "**in Bearbeitung**" über. Andernfalls geht es in den Zustand "**akzeptiert**" über.
- **akzeptiert**
  Das Produkt ist von der Qualitätssicherung abgenommen und freigegeben.

Bild 3-14 zeigt die zulässigen Übergänge zwischen den einzelnen Zuständen [V-M92]:

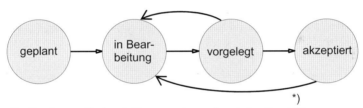

*) Zu diesem Zustandsübergang kommt es beim Durchführen von Änderungen. Dabei entsteht eine neue Produktversion.

Bild 3-14 Zulässige Zustandsübergänge von Produkten

Das V-Modell ordnet einem Produkt die Zustände geplant, in Bearbeitung, vorgelegt und akzeptiert zu.

3.1.3.5 Aktivitäten und Produkte des Submodells Software-Erstellung

Im Folgenden werden die **Aktivitäten des Submodells SWE** dargestellt (siehe Bild 3-15 [V-M92, S. 2-11]). Hierbei sind in kursiver Schrift die wichtigsten **Produkte**, die im Rahmen der jeweiligen Aktivitäten erstellt werden müssen, angegeben. Für die Aktivitäten der Submodelle QS, KM und PM wird auf das Original-V-Modell [V-M92] verwiesen.

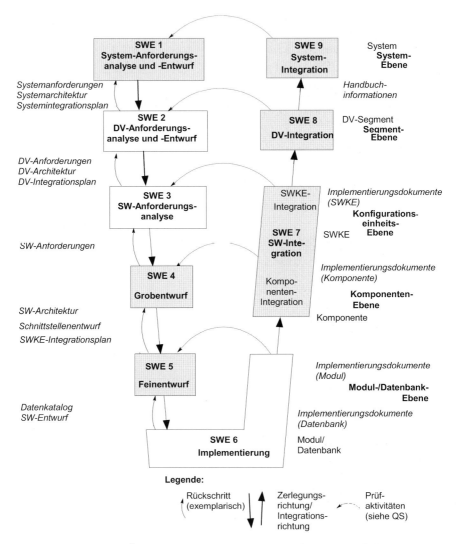

Bild 3-15 Überblick über die Aktivitäten des Submodells SWE

3.1.3.6 Zusammenarbeit der Submodelle

Die prinzipielle Zusammenarbeit aller vier Submodelle wird in Bild 3-16 [V-M92] dargestellt. Das Projektmanagement hat die für das Projekt benötigten Ressourcen – insbesondere die Software-Entwicklungsumgebung (SEU) – bereitzustellen und das Projekt zu steuern. Wie bereits erwähnt, gibt es die Rollen **Projektmanagement** (**PM**), **Software-Erstellung** (**SWE**), **Qualitätssicherung** (**QS**) und **Konfigurationsmanagement** (**KM**).

Unter einer SEU versteht man die Entwicklungsrechner mit den benötigten Werkzeugen. Als Feedback seiner Steueraktivitäten muss der Projektleiter den Status des

Projektes aufnehmen und in einer Regelschleife Vorgaben an sein Team geben. Die Qualitätssicherung gibt die Qualitätsrichtlinien für die Software-Erstellung vor und überprüft die Produkte. Das Konfigurationsmanagement verwaltet die Produkte in einer geordneten Struktur und regelt die Zugriffsrechte auf die Produkte.

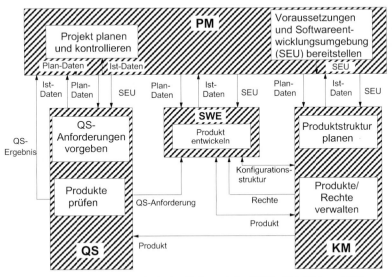

Bild 3-16 Zusammenarbeit der Submodelle SWE, QS, KM und PM

Das V-Modell legt also fest:

- welche **Rollen** es gibt (Software-Ersteller, Qualitätssicherer, Konfigurationsmanager, Projektleiter),
- welche Rolle welche **Aktivitäten** durchzuführen hat, d. h. welche Rolle welche Arbeitspakete zu erledigen hat, und welche Produkte das Ergebnis einer Aktivität sind,
- wie die **Aktivitäten** vernetzt sind, d. h. welche Aktivitäten auf welchen anderen aufbauen und deren Ergebnis als bereits vorhanden voraussetzen und
- wie die **Inhaltsstrukturen von textuellen Ergebnissen** (**Produkten**) aussehen, d. h. in welchem Dokument welche Kapitel stehen müssen.

3.1.4 Der Rational Unified Process

Der **Rational Unified Process** (**RUP**) [Kru98] ist ein kommerziell vermarktetes Vorgehensmodell für die objektorientierte Entwicklung, das 1998 von der Fa. Rational Software vorgeschlagen wurde. Der Architekt von RUP war Philipp Kruchten [Kru98]. Zur Umsetzung dieses Vorgehensmodells verkaufte die Fa. Rational Software – heute gehört Rational Software zu IBM – den Rational Unified Process als Produkt, das den Prozess von RUP durch verschiedene Werkzeuge und eine Wissensdatenbank unterstützt. Diagramme werden in RUP nach den Regeln von UML erstellt. Der Rational Unified Process entkoppelt wie ein Wasserfallmodell mit Rückführschleifen die Entwicklungsschritte von den Projektphasen. Als Schlüsselkonzept stehen die Anwendungsfälle und ihre Akteure im Mittelpunkt des Prozesses. Die Gesamtheit der Anwendungsfälle ergibt die Funktionalität des Systems.

3.1.4.1 Vergleich der Begriffe von V-Modell und RUP

Während das V-Modell Rollen, Aktivitäten und Produkte einführt, spricht man beim Rational Unified Process von **Workern**, **Aktivitäten** und **Artefakten** (siehe Tabelle 3-1).

Begriffe des V-Modells	Begriffe von RUP
Rolle	Worker
Aktivität	Aktivität
Produkt	Artefakt

Tabelle 3-1 Begriffe bei V-Modell und bei RUP im Vergleich

Im Gegensatz zum V-Modell gibt es bei RUP die Rolle Qualitätsmanagement (QM) nicht. Diese Rolle hat im V-Modell die zwei wesentlichen Aufgaben der Bereitstellung der Qualitätsrichtlinien und die Koordination der Tests. Bei RUP ist jeder einzelne für die Qualität seiner Erzeugnisse selbst verantwortlich.

Tabelle 3-2 gibt einen Überblick über die Rollen im V-Modell und bei RUP:

Rolle V-Modell	Rolle RUP
PM = Projektmanagement	Projektmanager (Projektleiter)
KM = Konfigurationsmanagement	Konfigurationsmanager
QM = Qualitätsmanagement	Eine Rolle QM ist nicht vorgesehen
SWE = Software-Erstellung	Es gibt keinen Oberbegriff, aber viele feine Rollen

Tabelle 3-2 Rollen bei V-Modell und bei RUP im Vergleich

Im Folgenden werden die Rollen von RUP [Kru98] in einer hier gewählten Gruppierung aufgeführt:

Gruppe 1:	Gruppe 2:	Gruppe 3:	Gruppe 4:	Gruppe 5:
Architekt	Anforderungsgutachter	Projektmanager	Konfigurationsmanager	Systemadministrator
Autor für Schulungsunterlagen	Architekturgutachter	Prozessentwickler		Werkzeug-Anpasser
Benutzerschnittstellendesigner	Geschäftsprozessmodellgutachter	Verteilungsmanager		
Datenbankdesigner	Designgutachter			
Designer	Codegutachter			
Geschäftsprozessanalytiker	Systemtester			
Geschäftsprozessdesigner	Testdesigner			
Implementierer (Software-Entwickler)				
Integrationstester				
Performancetester				
Systemanalytiker				
Systemintegrator				
Technischer Autor				
Anwendungsfall-Spezifizierer				

Tabelle 3-3 Gruppierung der Rollen nach RUP

Die Rollen der Gruppe 1 werden hier aufgrund ihrer Aufgaben nach RUP der Rolle **SWE**, die Rollen der Gruppe 2 aufgrund ihrer Aufgaben nach RUP der Rolle **QM**, die Rollen der Gruppe 3 aufgrund ihrer Aufgaben nach RUP der Rolle **PM** und die Rolle der Gruppe 4 aufgrund ihrer Aufgabe nach RUP der Rolle **KM** nach V-Modell zugeordnet. Reine Unterstützungsaufgaben, wie sie in Gruppe 5 z. B. von Systemadministrator oder Werkzeug-Anpasser durchgeführt werden, werden im V-Modell nicht betrachtet.

Auch beim V-Modell [V-M92] gibt es eine Feinstruktur bei den Rollen. Dies ist in Bild 3-17 zu sehen:

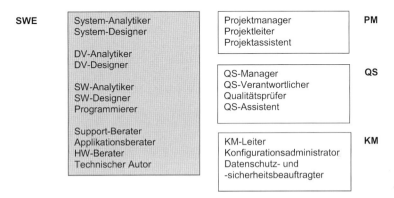

Bild 3-17 Rollen im V-Modell

Eine Feinstruktur der Rollen ist jedoch ohne praktische Relevanz. Welche Qualifikation benötigt wird, sieht man an den detaillierten Aktivitäten eines Projektes. Daher ist es für ein bestimmtes Projekt nicht erforderlich, eine Feinstruktur von allgemein möglichen IT-Berufsbildern aufzustellen.

3.1.4.2 "Best Practices" des Rational Unified Process

Der Rational Unified Process basiert auf bewährten Erfahrungen, den sogenannten "Best Practices":

- iterative Softwareentwicklung,
- Anforderungsmanagement,
- Verwendung komponentenbasierter Architekturen,
- visuelle Softwaremodellierung,
- Prüfung der Software-Qualität und
- kontrolliertes Änderungsmanagement.

Von besonderer Bedeutung ist nach Ansicht des Autors dieses Buches jedoch eigentlich nur eine dieser bewährten Erfahrungen, nämlich die iterative Software-Entwicklung. Eine sorgfältige Verfolgung der Requirements (Anforderungsmanagement), eine Überprüfung der Software-Qualität, ein kontrolliertes Änderungsmanagement und eine visuelle Softwaremodellierung sind Stand der Technik. Dass in einer

Architektur ein System in seine Komponenten im Sinne von Subsystemen zerlegt wird, ist auch nichts Neues. Bei manchen Systemen kann ein Subsystem eine Komponente im Sinne der Komponententechnologie sein, bei anderen Systemen stellt jedoch ein Subsystem keine Komponente im Sinne der Komponententechnologie dar. Dies ist auch wenig aufregend, so dass als zentraler Punkt von RUP eigentlich nur die Idee der iterativen Softwareentwicklung (siehe Kapitel 3.2.1) bleibt, die so neu auch nicht ist – sie ist ja "best practice" – die aber wenigstens durch Tools unterstützt wird.

Iterative Entwicklung

RUP entwickelt inkrementell. Eine Phase eines Projekts wird in kleinere Schritte oder Iterationen zerlegt. Jede Iteration wird mit einem internen Release beendet. Pro Phase des Entwicklungsprozesses (Projekts) kann es mehrere Iterationen geben. Ebenso kann der ganze Entwicklungsprozess wiederholt werden. Das erstmalige Durchlaufen durch alle Phasen des Entwicklungsprozesses ist der **"Development Cycle"**, jeder weitere Durchlauf wird **"Evolution Cycle"** genannt [Kru98, S. 61].

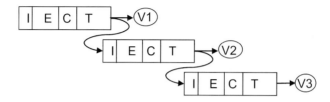

Bild 3-18 "Development Cycle" und zwei "Evolution Cycles"

Bild 3-18 ist von links nach rechts zu lesen. Es zeigt die drei Produktversionen V1, V2 und V3. Jeder Zyklus (engl. cycle) in Bild 3-18 hat die Phasen Konzeption (engl. inception, I), Entwurf (engl. elaboration, E), Konstruktion (engl. construction, C) und Produktübergabe (engl. Transition, T). Diese Phasen werden in Kapitel 3.1.4.3 und in Kapitel 3.1.4.4 näher erläutert.

Ziel ist nach RUP, jeweils für die Phasen Entwurf, Konstruktion und Produktübergabe einen "Iteration Plan" – also einen Plan pro Iteration – für die jeweiligen Prototypen aufzustellen. Für die Phase Konzeption sind Prototypen denkbar, aber nicht unbedingt erforderlich, da das Hauptziel dieser Phase die Planung und das Verstehen der Requirements ist.

Anforderungsmanagement

Die Requirements eines neuen Systems sind dynamisch, sie ändern sich während der Laufzeit des Projekts. Die Existenz eines sich entwickelnden Systems ändert das Verständnis eines Nutzers über die System-Requirements. Das Anforderungsmanagement umfasst das Aufstellen, Verwalten und Organisieren der erforderlichen Requirements eines Systems. Zum Erfassen der Funktionalität dienen Anwendungsfälle. Ändern sich die Requirements, so müssen die Änderungen bewertet werden und Entscheidungen gefällt werden.

Anforderungen an ein System müssen bis zur Realisierung des Systems verfolgt werden. Mit Hilfe der erfüllten Requirements kann man den Stand der Funktionalität und der Eigenschaften eines Systems objektiv bewerten. Ein gutes Anforderungsmanagement sollte aber für jedes Vorgehensmodell eingesetzt werden.

Verwendung komponentenbasierter Architekturen

Das Ziel der ersten Iterationen ist, eine Software-Architektur in Form eines Prototyps zu erzeugen und zu validieren. Die Erstellung der Architektur wird durch Templates unterstützt.

Auch wenn komponentenbasierte Architekturen im Sinne der Komponententechnologie (siehe Kapitel 11.8) aus Portabilitäts- und Aufwandsgründen heutzutage ganz besonders im Blickpunkt des Entwicklers stehen, so unterstützt RUP auch die bisherigen Konzepte der Modularisierung und der Kapselung. Ein Vorgehensmodell muss für komponentenbasierte Architekturen und für modulare Architekturen ohne Komponentenmodell gleichermaßen einsetzbar sein.

Visuelle Softwaremodellierung

Ein jedes Modell stellt ein vereinfachtes Abbild der Realität dar. Dabei wird ein System unter einem ganz bestimmten Blickwinkel betrachtet, so dass die speziellen Aspekte, die einem besonders wichtig sind, in dem Modell deutlich zum Vorschein kommen. Die Eigenschaften, auf die es bei der entsprechenden Betrachtungsweise nicht ankommt, werden im entsprechenden Modell einfach weggelassen.

Visuelle Modellierungswerkzeuge zeigen die Eigenschaften eines Systems in grafischer Form. Je nach gewähltem Aspekt kann man eine Eigenschaft eines Systems verbergen oder in den Mittelpunkt stellen.

Im Falle von hierarchischen Strukturen kann man durch Wahl der entsprechenden Ebene Einzelheiten ausklammern oder betrachten.

Prüfung der Software-Qualität

Bei einer iterativen Entwicklung muss bei jedem Iterationsschritt getestet werden. Damit wird das System laufend überprüft. Allerdings können nur diejenigen Systemteile getestet werden, die bereits realisiert sind. Designfehler und Fehler in den Anforderungen können grundsätzlich bis zum Vorliegen des gesamten Systems nicht ausgeschlossen werden. Es ist sinnvoll, besonders dort zu testen, wo man das größte Risiko sieht.

Kontrolliertes Änderungsmanagement

Entwicklerteams können verteilt sitzen. Verschiedene Team-Mitglieder können an verschiedenen Versionen eines Produkts arbeiten. Dies erfordert jedoch eine strenge Koordination. Versagt die Koordination, so entstehen unnötige Fehler. Änderungsanträge erleichtern die Kommunikation. Auch bei der Beseitigung von Fehlern können mehrere Entwickler mit ihren Programmen beteiligt sein. Dabei ist darauf zu achten, dass ein Team-Mitglied stets nur den geforderten Fehler beseitigt und nicht bereits an der Beseitigung eines weiteren Fehlers im Quellcode arbeitet, da zur Beseitigung dieses weiteren Fehlers natürlich auch von weiteren Entwicklern unter Umständen ein verbesserter Quellcode geliefert werden müsste. Das heißt, dass bei der Fehlerbeseitigung eine Sequenzialisierung der Korrekturschritte absolut zwingend ist. Nach jeder Iteration wird eine getestete Baseline freigegeben.

3.1.4.3 Phasen nach RUP

Eine Phase entspricht dem Zeitraum zwischen Meilensteinen. RUP kennt die Phasen:

- Konzeption,
- Entwurf,
- Konstruktion und
- Produktübergabe.

Die **Konzeption** dient den vorbereitenden Arbeiten. Die Grenze zwischen Konzeption und Entwurf ist im Wesentlichen dann erreicht, wenn:

- der Umfang des Systems mit seinen zu realisierenden Geschäftsprozessen feststeht und
- eine Übereinstimmung über die Kosten und den Zeitplan besteht.

Im **Entwurf** sollen die Requirements an das System und seine Architektur definiert werden. Die Grenze zwischen Entwurf und Konstruktion ist im Wesentlichen dann erreicht, wenn:

- Der Architekturprototyp bereits Produktionsqualität hat und damit die Produkteigenschaften und die Architektur feststehen. Ein lauffähiges Kernsystem, welches den Nutzen der Architektur demonstriert, muss existieren.
- Alle Anwendungsfälle erkannt, aber noch nicht beschrieben sind.
- Die notwendigen Aktivitäten und Ressourcen eingeplant werden können.

Ausgehend von der Architektur wird während der **Konstruktion** die Software weiter entwickelt. Die Grenze zwischen Konstruktion und Produktübergabe ist erreicht, wenn

- sowohl die Software
- als auch die Dokumentation fertig ist.

In der Phase **Produktübergabe** wird die Software an den Anwender geliefert. Normalerweise wird auch während dieser Phase die Software überarbeitet.

Iterative und inkrementelle Entwicklung

Die Software-Produkte werden iterativ entwickelt und bewertet. Nach jeder Iteration wird der Lösungsweg neu festgelegt. Letztendlich wird eine Folge von Architekturen entwickelt. Insofern kann man das Wort "architekturzentriert" in der Darstellung von RUP schon verwenden – die Architektur steht im Mittelpunkt der Entwicklung. Mit inkrementell wird bezeichnet, dass jeder Zyklus zu einem verbesserten System führt.

Ziel ist nach RUP, innerhalb des Entwurfs ca. X Prototypen und innerhalb der Konstruktion ca. Y Prototypen als Baselines herzustellen.

Ausprägungen von Vorgehensmodellen

Es kann von den folgenden Faustregeln ausgegangen werden:

Betrachtet werden die vier Phasen Konzeption, Entwurf, Konstruktion und Produktübergabe. Drei Prototypen [0,1,1,1] gelten als niedrig. Sechs Prototypen [1,2,2,1] sind typisch, neun Prototypen [1,3,3,2] sind hoch und zehn Prototypen [2,3,3,2] gelten als sehr hoch.[29]

3.1.4.4 Die zwei Dimensionen der RUP-Prozessstruktur

Bild 3-19 zeigt ein Originalbild der RUP-Prozessstruktur [ibmrat].

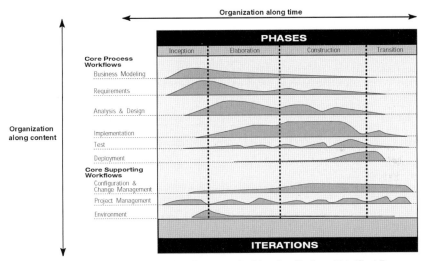

Bild 3-19 Die zwei Dimensionen der Prozessstruktur des Rational Unified Process

Die x-Achse zeigt den dynamischen Aspekt des Prozesses, wie er sich in Projektphasen aufteilt. Die y-Achse zeigt den statischen Aspekt des Prozesses, die erforderlichen Hauptarbeitspakete der Entwicklung und der unterstützenden Maßnahmen. Diese Hauptarbeitspakete heißen:

- Business Modeling,
- Requirements,
- Analysis & Design,
- Implementation,
- Test,
- Deployment,
- Configuration & Change Management,
- Project Management und
- Environment.

---

[29] Diese Zahlen stammen aus [Rat01].

Im Folgenden werden diese Hauptarbeitspakete den Rollen nach dem V-Modell zugeordnet.

Aktivitäten der Rolle nach dem V-Modell	Hauptarbeitspakete
SWE	Business Modeling, Requirements Analysis & Design, Implementation, Test, Deployment
KM	Configuration & Change Management
PM	Project Management
QM	Environment

Tabelle 3-4 Zuordnung der Hauptarbeitspakete zu Aktivitäten von Rollen gemäß V-Modell

Die der Rolle SWE zugeordneten Schritte sind die sogenannten "Core Process Workflows", die der Rolle KM, PM und QM zugeordneten Schritte heißen "Core Supporting Workflows".

Auf der x-Achse, der Zeitachse, werden jetzt bei RUP die vier bereits bekannten Projektphasen eingeführt. Diese Projektphasen heißen:

- Konzeption (engl. inception),
- Entwurf (engl. elaboration),
- Konstruktion (engl. construction) und
- Produktübergabe (engl. transition) = Auslieferung an den Kunden.

Und damit entkoppelt RUP den Begriff der Projektphasen von den Schritten des Life Cycle, während im sequenziellen Wasserfallmodell (siehe Kapitel 3.1.1.1) die Phasennamen identisch zu den Schritten im Life Cycle sind. Durch die Überlappung der Entwicklungsschritte über der Zeit ist in jeder Phase jeder Entwicklungsschritt möglich, wie in einem Wasserfallmodell mit Rückführschleifen (siehe Kapitel 3.1.1.2). Der Begriff Entwurf umfasst hier neben Systemanalyse und Entwurf speziell auch das Prototyping und das Aufstellen der Pläne.

Im Folgenden sollen die in Bild 3-19 gezeigten "Workflows" im Sinne des V-Modells analysiert werden. Die Management-Aktivitäten der Rollen KM, PM und QM werden prinzipiell projektbegleitend durchgeführt. Die Aktivitäten der Rolle SWE enthalten außer dem Business Modeling die Phasen der Wasserfallmodelle mit einer eigenen Namensgebung[30]:

- Requirements,
- Analyse & Design,
- Implementierung,
- Test und
- Deployment.

---

[30] Besser wäre es, wenn Analyse und Design getrennt wären.

Ausprägungen von Vorgehensmodellen 109

Die Geschäftsprozessmodellierung[31] kann als Frühphase vor der eigentlichen Entwicklung angesehen werden. Diese wird – wenn sie überhaupt durchgeführt wird – am Stück und nicht iterativ durchgeführt.

Würde man ein streng sequenzielles Wasserfallmodell (Baseline Management-Modell) nehmen, so würde ein nachfolgender Entwicklungsschritt erst dann beginnen, wenn der vorgehende Entwicklungsschritt abgeschlossen ist (siehe Bild 3-20).

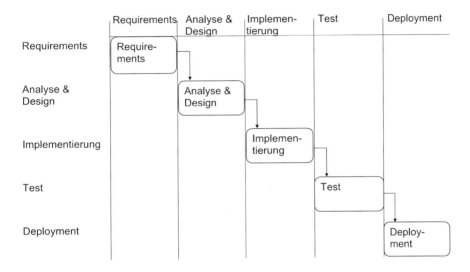

Bild 3-20 Baseline Management-Modell in 2 Dimensionen

Dieses Bild lässt sich in einer einzigen Dimension darstellen (siehe Bild 3-21), da es ein sequenzielles Modell ist:

| Requirements | Analyse & Design | Implementierung | Test | Deployment |

→ t

Bild 3-21 Baseline Management-Modell in einer einzigen Dimension

Geht man jedoch zu einem Wasserfallmodell mit Rückführschleifen über, so kann man sich zu jeder Zeit in jeder Aktivität befinden, d. h., zwischen den Aktivitäten gibt es keine scharfen Grenzen mehr. Es muss dann zum einen eine zweidimensionale Darstellung gewählt werden und zum anderen müssen neue Namen für die Projekt-Phasen erfunden werden, wenn nicht überlappende Projektphasen im Spiel bleiben sollen. Diese neuen Phasennamen heißen bei RUP Konzeption, Entwurf, Konstruktion und Produktübergabe[32] (siehe Bild 3-22).

---

[31] Bei der Geschäftsprozessmodellierung werden die aktuellen Arbeitsabläufe aufgenommen – ohne Projektion auf das zukünftige System.
[32] Auch Übergang genannt.

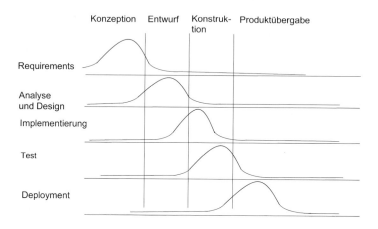

Bild 3-22 "Verschmierte" Arbeitsschritte

Entwickelt man rein iterativ, dann kommt man zu folgendem Bild wie in Bild 3-23:

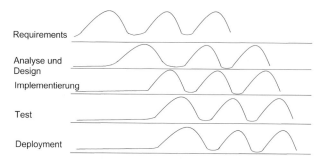

Bild 3-23 Rein iterative Entwicklung

Da es aber klug ist, zuerst die Requirements festzulegen, dann zu einer stabilen Architektur zu kommen, um anschließend im Rahmen dieser Architektur verschiedene Programmier- und Auslieferungszyklen vorzunehmen, entsteht schließlich das Bild 3-24 der Struktur von RUP:

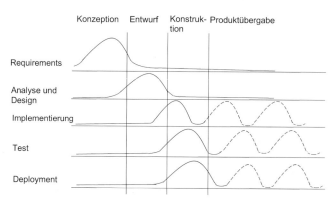

Bild 3-24 Idee von RUP für den Ablauf der Arbeitsschritte

Die Architektur steht zweifellos an zentraler und entscheidender Stelle des Vorgehensmodells von RUP. RUP wird von seinen Verkäufern gerne als architekturzentriert bezeichnet. Die Architektur stellt

- eine Anwendungsfallsicht,
- eine logische Sicht,
- eine Prozesssicht,
- eine Implementierungssicht und
- eine Verteilungssicht

zur Verfügung [Kru98, S. 83].

Die Anwendungsfälle modellieren die zu realisierenden Geschäftsprozesse. Sie stellen das Bindeglied dieser fünf Sichten dar (siehe Bild 3-25).

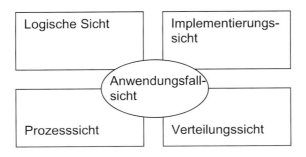

Bild 3-25 Sichten der Architektur

Inzwischen haben sich bei UML die Namen dieser Sichten der Architektur weiterentwickelt. So spricht das UML-Benutzerhandbuch 1999 [UML99, S. 203] von Entwurfssicht, Implementierungssicht, Anwendungsfallsicht, Prozesssicht und Einsatzsicht, wie Bild 3-26 zeigt

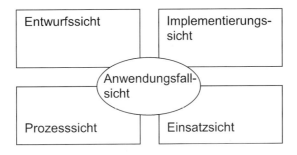

Bild 3-26 Alternative Darstellung der Sichten der Architektur

Das UML-Benutzerhandbuch von 2006 [UML06, S. 61], hat die folgende Einteilung:

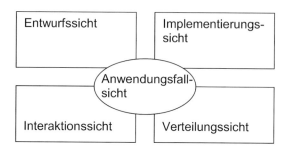

Bild 3-27 Andere alternative Darstellung der Sichten der Architektur

Diese fünf Sichten von Bild 3-27 umfassen:

- **Anwendungsfallsicht**
  Die Anwendungsfälle beeinflussen die Systemarchitektur.
- **Entwurfssicht**
  Die Entwurfssicht beschreibt die Struktur und das Verhalten der Lösung, in anderen Worten die Statik und Dynamik.
- **Interaktionssicht**
  Besonders das nebenläufige Verhalten von Systemteilen wird in der Interaktionssicht (Prozesssicht) herausgearbeitet.
- **Implementierungssicht**
  Die Implementierungssicht betrifft die physische Organisation der Software-Komponenten und ihre wechselseitige Abhängigkeit.
- **Verteilungssicht**
  Die Software-Komponenten werden im Rahmen der Verteilungssicht (Einsatzsicht) der Hardware-Struktur zugeordnet. Sie entsprechen den Klassen aus der Entwurfssicht und Interaktionssicht (Prozesssicht).

Wie entworfen werden soll, wird vom RUP nicht festgelegt.

3.2 Prototyporientierte Entwicklung

Bei komplexen Systemen ist es schwer, von Anfang an alle Requirements festzulegen und vor allem diese so zu definieren, dass sie sich über die Zeit nicht ändern. Vom Beginn eines Großprojektes bis zur Fertigstellung vergehen meist mehrere Jahre. Deswegen gerieten die spezifikationsorientierten Modelle in Verruf. Ein Prototyp kann zu den folgenden beiden Verbesserungen führen:

- Dem Benutzer wird eine Art funktionierendes System (Prototyp) vorgelegt, anhand dessen kann der Benutzer entscheiden, ob in die richtige Richtung gearbeitet wird oder nicht. Der Prototyp ist für den Benutzer leichter und schneller zu verstehen als eine ausführliche textuelle Spezifikation.
- Die Auslieferung eines Prototyps ermöglicht es auch, neue Requirements einzubringen, die erst mit dem Lauf der Zeit auftreten und erkannt werden.

Es ist zu bedenken, dass auch das V-Modell oder RUP den Einsatz von Prototyping erlauben.

Ausprägungen von Vorgehensmodellen 113

> Ein Prototyp hilft dabei, Anforderungen zu erkennen.

3.2.1 Inkrementelles Prototyping

Bild 3-28 zeigt die Idealform eines inkrementellen Entwicklungsmodells (Inkrementelles Prototyping).

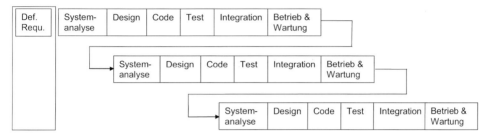

Bild 3-28 Inkrementelles Entwicklungsmodell in Idealform

> Zu Beginn des Projektes werden die Requirements festgelegt. Im nächsten Schritt wird ein Prototyp entwickelt, der mit jeder Iteration größer wird.

> Bei einem inkrementellen Entwicklungsmodell in der Idealform gibt es zu den einmal aufgestellten Requirements mehrere Analyse-, Entwurfs-, Implementierungs-, Test & Integrations- und Abgabeschritte.

Die Annahme, dass die **Requirements stabil** bleiben, ist jedoch **nicht realitätskonform**. In der Praxis werden von Iteration zu Iteration die Requirements geändert. Dies kann aufgrund der Erfahrungen mit dem Prototyp geschehen oder wegen technologischer Fortschritte. In der Realität sieht dann das inkrementelle Entwicklungsmodell aus wie in folgendem Bild dargestellt (Form des evolutionären Entwicklungsmodells, siehe Kapitel 3.1.2):

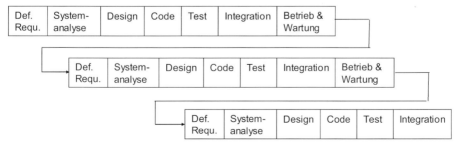

Bild 3-29 Inkrementelles Entwicklungsmodell in Realität

> In der Praxis werden die Forderungen bei jedem Zyklus überarbeitet.

Bild 3-29 stimmt mit Bild 3-5 von der Struktur her überein. Da es sich aber um Prototyping und **keine spezifikationsorientierte Entwicklung** handelt, kommt der Spezifikation der Requirements, der Systemanalyse und des Systementwurfs kein besonders hohes Gewicht zu. Wie bereits gesagt, funktioniert das inkrementelle Modell nur dann, wenn die Architektur durchdacht ist, da sonst Architektur-Entscheidendes zu spät bemerkt wird.

3.2.2 Concurrent Engineering als paralleles Prototyping

Oftmals werden auch mehrere Prototypen gleichzeitig gestartet, die dann zum System zusammenwachsen sollen. Bild 3-30 zeigt ein Beispiel aus 3 gleichzeitig gestarteten Prototypen.

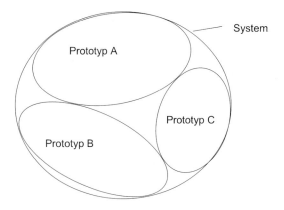

Bild 3-30 Angestrebte Konvergenz von 3 Prototypen zu einem System

> Concurrent Engineering erlaubt eine parallele Entwicklung.

Das dem Concurrent Engineering zugrunde liegende Life Cycle-Modell wird auch als Cluster-Modell bezeichnet. Mit Cluster wird hier ein Teilsystem bzw. Subsystem bezeichnet. Wenn man hundertprozentig sicher wäre, dass es kein Risiko gibt, müsste man nach dem Systementwurf kein Prototyping machen, sondern würde die Teilsysteme geradlinig entwickeln.

Wenn man jedoch unsicher ist, ob alles klappt, ist ein Realisierbarkeitsprototyp angemessen. Bild 3-31 zeigt die verschiedenen Aktivitäten des Entwicklungsprozesses in Abhängigkeit von der Zeit.

Ausprägungen von Vorgehensmodellen 115

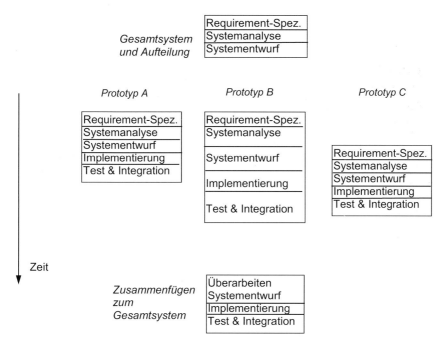

Bild 3-31 Concurrent Engineering mit mehreren parallelen Prototypen

Dass es keine strengen Phasengrenzen gibt, wird oft durch eine Verschmierung der Phasengrenzen wie in Bild 3-32 symbolisiert.

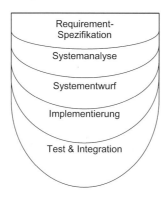

Bild 3-32 Verschmierung der Phasengrenzen

3.3 Agile Softwareentwicklung

Der Begriff der agilen Softwareentwicklung bezieht sich je nach Kontext auf Teilbereiche der Softwareentwicklung oder auf den gesamten Softwareentwicklungsprozess. Er beruht auf dem Zweifel, ob es überhaupt möglich ist, Software korrekt zu spezifizieren. Daher soll die Softwareentwicklung weniger bürokratisch werden.

3.3.1 Agile Werte und Methoden

Agile Werte sind:

- Individuen und Interaktionen bedeuten mehr als Prozesse und Tools.
- Funktionierende Programme stehen über einer ausführlichen Dokumentation.
- Die Zusammenarbeit mit dem Kunden hat Vorrang vor den Verträgen.
- Eine Offenheit für Änderungen ist wichtiger als das Befolgen eines starren Plans.

Das heißt nicht, dass im Rahmen einer agilen Softwareentwicklung keine Pläne gemacht werden oder keine Dokumentation erstellt wird, sondern dass im Konfliktfall die "agilen Werte" eine höhere Priorität erhalten.

Die **agilen Methoden** beruhen auf den agilen Werten. Beispiele für agile Methoden sind:

- Programmierung in Paaren,
- Testgetriebene Entwicklung,
- Refactoring (Gewinnung einer besseren Architektur),
- Story-Cards[33] und
- Code-Reviews.

Aufmerksamkeit erhielt die agile Softwareentwicklung 1999, als Kent Beck ein Buch zum Extreme Programming veröffentlichte [Bec99]. Agile Verfahren eignen sich besonders gut für Projekte mit wenig ausformulierten Requirements.

Letztendlich ist Agilität nicht präzise definiert, schärft aber die Sinne für eine Flexibilität im Projekt, eine gute Zusammenarbeit mit dem Kunden und den Abbau von Bürokratie, vergisst aber den Stellenwert der Dokumentation für SW/HW-Projekte und für sichere Systeme.

3.3.2 Extreme Programming

Extreme Programming hat unter den agilen Prozessmodellen am meisten Beachtung gefunden. "Extreme Programming is a humanistic discipline of software development, based on principles of simplicity, communication, feedback, and courage" [Bec98]. Extreme Programming ist eine Vorgehensweise zur prototypischen Systementwicklung. Es wird so früh wie möglich ausprobiert, ob die Ideen auch wirklich praktisch umsetzbar sind. Es gibt keine langen theoretischen Analysephasen, sondern ein kontinuierliches Feedback des Kunden anhand des Prototyps.

---

[33] **Story-Cards** spezifizieren das Verhalten eines zu realisierenden Systems durch informelle Kurzbeschreibungen. Für jede zu erstellende Funktion wird eine Story-Card geschrieben.

Charakteristisch für Extreme Programming ist:

- Es werden nicht die Requirements aufgestellt, sondern der Kunde schildert Stories, die priorisiert werden. Es soll mit den wichtigsten Funktionen begonnen werden.
- Die Entwicklung erfolgt **iterativ** nach den priorisierten Stories mit schrittweiser Annäherung an die Lösung.
- Die Terminabschätzung erfolgt durch die Programmierer statt durch das Management.
- Eine aufwändige Analyse entfällt.
- Der Kunde arbeitet im Projekt mit und gibt laufend Feedback. Mängel im Konzept werden schnell klar.
- Teillösungen und Releases können relativ rasch nach Projektbeginn geliefert werden. Die Software kommt früh zum Kunden.
- Die Programmierung erfolgt stets in Zweier-Teams (**Pair Programming**). Einer programmiert die Anwendung, der andere hat sich um die Tests und die Weiterentwicklung zu kümmern. Innerhalb mehrerer Zweier-Gruppen wird der geschriebene Code ausgetauscht und durchgesehen (Code Review).
- Die Programmierteams sind in räumlicher Nähe zueinander.
- Erst sollen die Tests programmiert werden, dann die Anwendung (Tests First).
- Ständig soll getestet und die Zeit abgeschätzt werden.
- Am Ende eines Tages müssen alle Testfälle durchlaufen sein.
- Am Ende eines jeden Tages soll ein lauffähiges System vorhanden sein. Man hat also stets eine lauffähige Version (Continous Integration).
- Der Programmcode gehört allen (Code Sharing).
- Die Architektur soll laufend überdacht werden. Die Software wird immer wieder umstrukturiert, wenn für das gleiche Verhalten eine einfachere Lösung möglich ist (**Refactoring** [Bec97]).
- Es wird stets nur die minimale Lösung programmiert. Erweiterungen und eine Wiederverwendung werden nicht eingeplant (No Gold Plating).
- Die Releases folgen schnell aufeinander. Daher werden kleinere Module gebildet, deren Zeitaufwand mit weniger als zwei Tagen veranschlagt wird. Größere Module werden aus kleineren Modulen zusammengesetzt, die nacheinander abgearbeitet werden.
- Da nicht ausführlich geplant wird, sondern in Zweier-Teams programmiert wird, gibt es wenig Dokumentation.
- Projektgruppen sollen mehr als 5 und bis zu 15 Personen umfassen.

Vorteile des Extreme Programming sind:

- Der Kunde sieht früh ein Ergebnis und kann seine "wahren" Forderungen entdecken.
- Jeder hat den Projektüberblick.
- Trotz iterativer Entwicklung wird durch Refactoring an die Architektur gedacht.
- Erstes Review schon beim Programmieren.
- Gute Einarbeitung neuer Mitarbeiter.

Nachteile des Extreme Programming sind:

- Der Kunde muss Mitarbeiter abstellen.
- Der geringe Aufwand für die Planung lässt eine ungeordnete Entwicklung befürchten.
- Komplexe Aufgaben werden schnell in Mini-Module heruntergebrochen, ohne Wechselwirkungen mit anderen komplexen Aufgaben einzuplanen.
- Der Code ist schlecht wiederverwendbar, da an eine Generalisierung nie gedacht wurde.
- Eine verteilte Entwicklung über mehrere Standorte ist nicht möglich.
- Große Projekte sind nicht realisierbar.
- Nicht jeder bildet mit jedem anderen ein gutes Paar.
- Die Fixierung auf Pair Programming ist für die Kommunikation über Zweiergruppen hinweg eher hinderlich.
- Da der Code allen gehört, hat auch keiner die alleinige Verantwortung für ein Programm.
- Die Rolle Qualitätssicherung ist nicht vorgesehen. Eine auf alle verteilte Verantwortung erschwert eine Koordination der Qualitätsziele.
- Eine Güteprüfung wird aufgrund fehlender Dokumentation scheitern.

Extreme Programming stellt

- den Abbau des Aufwands für Spezifikationen,
- das Refactoring und
- das Testen

in den Vordergrund der Entwicklung.

Für Systeme, bei denen auch Hardware neben der Software entwickelt wird – wie beispielsweise für viele sicherheitsrelevante Systeme – ist Extreme Programming gänzlich ungeeignet.

Mit der Betonung des **Refactoring** gewinnt das **Design einen höheren Stellenwert** als bei einer üblichen prototypischen Vorgehensweise. Dies ist der größte Vorteil von Extreme Programming.

3.3.3 Scrum

Scrum ist zur Zeit der de facto-Standard der agilen Software-Entwicklung. Weltweit gibt es gegenwärtig über 60.000 zertifizierte Scrum Master [Glo10]. Scrum ist eine reine Managementlehre und reglementiert nicht, wie entwickelt werden soll. Daher funktioniert Scrum mit jeder üblichen Entwicklungsmethode.

"Scrum" heißt "Gedränge" und ist eine bestimmte Formation beim Rugby, eine Freistoßsituation. Wie bei Rugby, so steht auch in der Softwareentwicklung das kooperative selbstverantwortliche und selbstorganisierte Verhalten eines vernetzten Teams im Mittelpunkt. Scrum basiert auf der Beobachtung, dass kleine eigenverantwortliche

Teams, die innerhalb des Teams alle für die Entwicklung eines Produkts erforderlichen Aufgaben beherrschen, eine höhere Effizienz haben als große heterogene Teams mit Overhead in einer Matrixdarstellung.

Die agile Softwareentwicklung begann im Wesentlichen mit Extreme Programming, dann gewann das von Ken Schwaber initiierte Scrum Master Program ab 2002 weltweit an Bedeutung. Ken Schwaber bot ein Schulungsprogramm zur agilen Softwareentwicklung an. Da Scrum nicht die Entwickler im Gegensatz zu Extreme Programming oder Feature Driven Development anspricht, sondern das Management, entwickelte es sich zum de facto-Standard der agilen Software-Entwicklung. Dabei war Scrum am Anfang nur eine von vielen agilen Methoden.

Scrum ist ein **iterativer Prozess**, der **agiles Vorgehen** umsetzt. Im Mittelpunkt stehen die **Priorisierung der Aufgaben** und das **flexible Anpassen** an sich ändernde Anforderungen. Scrum basiert auf der Idee eines iterativen inkrementellen Vorgehensmodells und einer intelligenten Organisation mit einem selbstorganisierenden Team.

Als wesentliche Prinzipien stehen hinter Scrum:

- Kleine selbstorganisierte Teams.
- Kontinuierliche Verbesserung durch einen Plan-Do-Check-Act-Zyklus.
- Der sogenannte One-Piece-Flow.
- Problembekämpfung.
- Pull- statt Push-Prinzip.

Die kontinuierliche Lieferung von theoretisch nutzbarer Software an jedem Ende eines Entwicklungszyklus (eines sogenannten Sprints) steht im Gegensatz zu herkömmlichen Managementlehren. Hierzu wird zwischen dem sogenannten Product-Owner (siehe Kapitel 3.3.3.1) und dem Entwicklungsteam (siehe Kapitel 3.3.3.1) der **Level of Done** vereinbart.

Wenn der Product-Owner entscheidet, dass der aktuelle Softwarestand schon jetzt einen Mehrwert für die Stakeholder bringt, kann er entscheiden, diesen Stand per Produktivsprint (ca. 2 Wochen) als Produktivsoftware zu verteilen. Im Produktivsprint werden **keine** neuen Punkte des Product-Backlogs[34] hinzugefügt.

Gründe für die Produktivitätssteigerung von Scrum sind:

1. Cross-funktionale Teams arbeiten wie aus "einem Guß" und tauschen sich innerhalb des Teams sofort aus.
2. Die Konzentration auf ein einziges Projekt stellt eine klare Fokussierung dar.
3. Der übliche Overhead wie z. B. bei einer Matrix-Organisation kann entfallen.
4. Die Verantwortlichkeiten sind eindeutig. Probleme werden so rasch wie möglich erkannt, so rasch wie möglich gelöst und nicht aufgeschoben.
5. Ein mangelhaftes Ergebnis wird rasch erkannt. Dadurch sind die Kosten für die Fehlerbeseitigung relativ kostengünstig.

---

[34] Das Produkt-Backlog enthält die verschiedenen Funktionalitäten des Kunden.

Auf diese oben genannten fünf Prinzipien wird im Folgenden eingegangen.

3.3.3.1 Prinzipien und Rollen von Scrum

Kleine selbstorganisierte Teams

Ein **Scrum-Team** hat drei verschiedene Teile, den **Scrum Master**, den **Product-Owner** und die Mitarbeiter des **Entwicklungsteams**. Ein Scrum-Team umfasst idealerweise sieben Personen. Die Mitarbeiter des Entwicklungsteams organisieren ihre Arbeit selbst. Sie haben die Fähigkeit, verschiedene Aufgaben des Entwicklungsprozesses durchzuführen.

Der Prozess besteht aus mehreren iterativen Zyklen "Planung/Durchführung/Überprüfung/Anpassung" (Plan-Do-Check-Act). Der Scrum-Prozess wird dabei von einem **Scrum Master,** der weder dem Projektteam des Auftragnehmers noch dem Kunden angehört, sondern als Koordinator dem Entwicklungsteam und dem Kunden unterstützend zur Verfügung steht, überwacht und optimiert – genauso wie die Stimmung im Team. Der Scrum Master ist eine Führungskraft, hat aber keine disziplinarische Verantwortung. Er sorgt dafür, dass das Team alle notwendigen Informationen und Ressourcen bekommt und sich für die Lieferung der zu erzeugenden Produkte verantwortlich fühlt.

Für die Konzeption des zu erzeugenden Produktes ist die Rolle des **Product-Owners** zuständig. Der Product-Owner priorisiert das Product-Backlog und definiert somit, was das Team als nächstes umsetzen soll. Er trifft keinerlei Architektur/Designentscheidungen. Er entscheidet, welche Features wann umgesetzt werden, nicht aber wie sie umgesetzt werden. Er muss auch ein Auge auf den Erfolg des Projekts werfen. Letztendlich wird er ja auch am finanziellen Erfolg gemessen. Der Product-Owner hat also die Verantwortung für die Liste der Funktionalitäten. Die Kundenprioritäten bestimmen die bei jedem Iterationsschritt zu liefernden neuen Funktionalitäten. Die Anforderungen des Kunden liegen priorisiert in einem sogenannten **Product-Backlog** in Form einer Liste vor und werden ständig aktualisiert. Am Anfang des Projekts wird die Liste von Produkt-Anforderungen in der Release-Planung erstellt und geschätzt, was jeweils ihre Umsetzung kostet. Der Product-Owner priorisiert dann die Anforderungen. Die entsprechende Software wird prioritätsgerecht erstellt. Dadurch liefert Scrum zuerst die Software, die der Kunde (Stackholder) am dringendsten braucht [scrfib].

Design/Architekturentscheidungen werden durch das ganze **Entwicklungsteam** getroffen. Das Entwicklungsteam trifft sich in einem Meeting (Sprint Planning Meeting) vor Beginn eines Entwicklungszyklus bzw. einer Iteration des Scrum-Prozesses, einem sogenannten **Sprint**, und teilt sich in Abstimmung mit dem Product-Owner als Inkrement ein Arbeitspaket mit "hoch" priorisierten Kundenanforderungen aus dem Product-Backlog zu. Die durch einen Sprint zu erledigenden Aufgaben stehen in einem sogenannten **Sprint-Backlog**. Alle Teile des Product-Backlogs können vom Auftraggeber überarbeitet werden, nicht jedoch das aktuelle Arbeitspaket des Sprints. Vor jedem Sprint werden in der Regel die Elemente des Product-Backlogs neu priorisiert, wobei auch neue Elemente hinzutreten und andere entfernt werden können. Elemente, die in das Sprint-Backlog kommen, müssen detailliert spezifiziert und allen Team-Mitglieder verständlich sein. Nach einem Sprint wird ein Review durchgeführt. Der

Product-Owner (evtl. mit Stakeholdern) prüft, ob alles nach seiner Erwartung umgesetzt wurde. Nicht korrekt umgesetzte Punkte kommen wieder in das Product-Backlog.

Die Umwelt eines Scrum-Teams sind vor allem der Product-Owner und der Scrum Master, indirekt ferner der Kunde und der Anwender. Der Product-Owner hat die Verantwortung für das Team, der Scrum Master schafft Hindernisse aus dem Weg. Der Kunde ist der Auftraggeber und der Anwender der Nutzer, der Feedback gibt.

Ein Sprint dauert idealerweise etwa 4 Wochen. Die Dauer kann aber auch in Abhängigkeit vom Projekt kürzer gewählt werden.

Kontinuierliche Verbesserung durch einen Plan-Do-Check-Act-Zyklus

Der Product-Owner erarbeitet mit dem Entwicklungsteam die Sprint-übergreifende Release-Planung. Hierbei findet eine ständige Aktualisierung und Repriorisierung des Product-Backlogs statt.

Der sogenannte One-Piece-Flow

Das Entwicklungsteam arbeitet in der priorisierten Reihenfolge des Sprint-Backlogs. Dabei arbeitet das Entwicklerteam im Idealfall zu einem bestimmten Zeitpunkt nur an einer einzigen Aufgabe. Die Fehlerbeseitigung während eines Sprints erfolgt sofort. Eine Funktionalität nach der anderen soll geliefert werden.

Problembekämpfung

Die Problembekämpfung ist Angelegenheit des Scrum Masters. Im **Impediment Backlog** werden alle Projekt-Hindernisse aufgeführt. In Zusammenarbeit mit dem Team ist der Scrum Master verpflichtet, die Hindernisse aus dem Weg zu räumen.

Pull- statt Push-Prinzip

Der laufend aktualisierte Bedarf steuert den Ausstoß und nicht die Produktionskapazität. Der Product-Owner priorisiert das Product Backlog entsprechend der Kunden- oder Markterfordernisse. Im sogenannten **Sprint Planning Meeting 1** (siehe Kapitel 3.3.3.4) entscheidet das Entwicklungsteam den Umfang einer Funktionalität.

3.3.3.2 Planung eines Sprints

Das **Burndown Chart** zeigt immer allen am Projekt Beteiligten, wie viel noch für den aktuellen Sprint zu tun ist. Es enthält im Prinzip den Restaufwand in Stunden für den Sprint über die Zeit gesehen. Wenn richtig geplant wurde, fällt die Kurve über die Zeit auf 0 herunter. Das Chart wird jeden Tag aktualisiert.

3.3.3.3 Einbeziehung der Kunden

Die Kommunikation mit den Stakeholdern des Kunden läuft nicht über den Scrum Master, da der Kunde direkt mit dem Team kommuniziert. Der Scrum Master muss darauf achten, dass die Selbstorganisation nicht vom Kunden gestört wird. Das

Bindeglied zwischen Kunden und Team ist der Product-Owner. Er wirkt auch als Puffer in beide Richtungen und bündelt die Kommunikation.

3.3.3.4 Meeting-Struktur

Es gibt eine vorgegebene detaillierte Meetingstruktur. Der ganze Scrum-Prozess ist als eine Folge von Meetings zu sehen. Diese Meetings implementieren den Plan-Do-Check-Act-Zyklus. Dieser Zyklus wurde von Dr. Deming eingeführt. Im Folgenden werden nicht alle Meetingsarten aufgeführt. Man unterscheidet die strategische und taktische Ebene:

- **Strategischer Level**

    Der Product-Owner überarbeitet kontinuierlich die sogenannte "Product Vision". Er aktualisiert das Product-Backlog (die Liste der Funktionalitäten, die zu erarbeiten sind) und konzipiert mit dem Entwicklungsteam die Sprint-übergreifende Release-Planung. Dazu dient das "Estimation Meeting" und das "Business Value Estimation Meeting".

    Im **Estimation Meeting**, einem Meeting auf strategischem Level, wird das erste Grundverständnis über die zu liefernde Funktionalität zwischen Product-Owner und Entwicklungsteam erarbeitet.

    Im **Business Value Estimation Meeting**, ebenfalls ein Meeting auf der strategischen Ebene, werden die Product-Backlogs unterschiedlicher Abteilungen gegenseitig priorisiert, so dass jedes Team an den jeweils wichtigsten Inhalten arbeitet.

    In **Knowledge Domain Meetings** treffen sich die Spezialisten eines Teams, z. B. die Datenbankentwickler.

- **Taktischer Level**

    Im **Sprint Planning 1** entscheidet das Entwicklungsteam über den Umfang der zu liefernden Funktionalität.

    Im **Sprint Planning 2** entscheidet das Entwicklungsteam, wie die jeweilige Funktionalität zu entwickeln ist.

    Der **Daily Scrum** dient zur Koordination eines Entwicklungsteams. Jeden Tag findet ein maximal 15-minütiges Meeting, das sogenannte Daily Scrum, statt. Es wird zwar keine Zeit vorgegeben, aber es soll jeden Tag zur gleichen Zeit stattfinden. Idealerweise gleich zu Arbeitsbeginn oder kurz nach dem Mittagessen. Die Sitzung dient der Kommunikation des Teams. Jeder soll alles wissen. Prinzipiell beantwortet jedes Team-Mitglied bei dem Daily-Scrum drei Fragen:

    - Was habe ich (gestern) getan?
    - Was werde ich heute tun?
    - Was hat mich behindert und wo waren Probleme?

Ausprägungen von Vorgehensmodellen

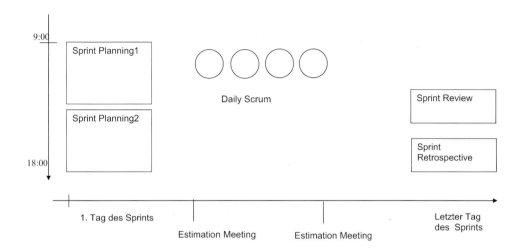

Bild 3-33 Meetings des Entwicklungsteams

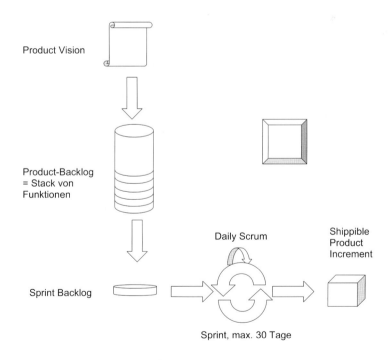

Bild 3-34 Fluss von der Idee zum Produkt

3.4 Spiralmodell zum Einsatz verschiedener Vorgehensmodelle

Das Spiralmodell erlaubt es, verschiedene Vorgehensmodelle zu mischen. Das heißt, man kann die verschiedenen Vorteile des Baseline Management-Modells, des Prototyping und der inkrementellen Entwicklung beliebig ausnutzen. Nachfolgend (Bild 3-35) ist das Spiralmodell dargestellt. Der Radius zeigt die Kosten zum aktuellen Projektstand. Ein Umlauf entspricht einer Entwicklungsphase.

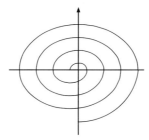

Bild 3-35 Das Spiralmodell

Eine Entwicklungsphase kann dabei beispielsweise

- spezifikationsorientiert oder
- prototyporientiert

sein.

Bei jedem Durchlauf muss entschieden werden, welche Form die am besten geeignete ist, um fortzufahren. Die Entscheidungsfindung wird dabei durch die Bewertung und Priorisierung von Zielen, Grenzen, Alternativen und Risiken beeinflusst.

Das Spiralmodell sagt auch aus, dass man die Entwicklung nicht präzise festlegen kann, vor allem nicht über einen längeren Entwicklungszeitraum. Die Neubewertung bei jedem abgeschlossenen Durchgang führt dazu, dass man unter anderem folgende Punkte im nächsten Durchgang berücksichtigen kann:

- Ergebnisse der Prototypen,
- frühere Versionen,
- neue Technologien,
- Risikoeinschränkungen,
- finanzielle Faktoren
- etc.

Das Spiralmodell wird auch als **Vorgehensmodell-Generator** bezeichnet. Mit einem Satz von Bedingungen erzeugt das Spiralmodell ein detailliertes Entwicklungsmodell. Wenn zum Beispiel die Requirements im Vorfeld festlegbar sind und das Risiko gering ist, so nähert sich das Spiralmodell dem Baseline Management-Modell (siehe Kapitel 3.1.1.1) an. Wenn die Requirements noch unklar sind, so nähert sich das Spiralmodell der inkrementellen Entwicklung bzw. dem Prototyping an. Wie bereits erwähnt, erlaubt

Ausprägungen von Vorgehensmodellen 125

das Spiralmodell nach jedem Durchlauf eine Änderung zu den bisherigen Entwicklungsstufen.

> Ein Spiralmodell erlaubt es, bei jedem Zyklus ein anderes Vorgehensmodell einzusetzen.

In Bild 3-36 sieht man das Vorgehen des inkrementellen Prototyping, welches in ein Baseline Management-Modell einmündet, grafisch dargestellt [Dor00, S.9]. Dieses Bild entspricht einem Spiralmodell mit mehreren Durchgängen einer inkrementellen Entwicklung, die in eine spezifikationsorientierte Entwicklung nach dem Baseline-Management-Modell übergeht.

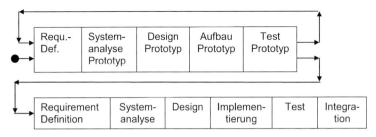

Bild 3-36 Spiralmodell mit Prototyping und spezifikationsorientierter Entwicklung

> Ein Spiralmodell vereint die Vorteile einer spezifikationsorientierten Entwicklung und einer prototypischen Entwicklung. Bei jedem Iterationszyklus kann das geeignete Vorgehensmodell gewählt werden.

Welches Vorgehensmodell gewählt wird, hängt vom Projekttyp und seiner Größe ab. Großprojekte an mehreren Standorten wie der Bau von Automobilen müssen bis auf Prototypen spezifikationsorientiert durchgeführt werden, da eine mündliche Kommunikation der Entwickler projektübergreifend einfach nicht möglich ist. Sicherheitskritische Projekte müssen schon aus Gründen der Gewährleistung spezifikationsorientiert sein. Auch Projekte mit Hard- und Software, die nicht sicherheitskritisch sind, bedürfen sauberer Schnittstellen-Spezifikationen, um die Verantwortlichkeiten der Hardware und der Software klar zu regeln. Ansonsten gilt, dass jede Art einer ausführlichen Dokumentation den Fortschritt hemmt und Änderungen unterbindet, da bei Änderungen viele Dokumente aus Zeitdruck in der Praxis gar nicht nachgezogen werden können. Sitzen alle Entwickler in einem Raum, kann die Kommunikation statt nur über Dokumente auch mündlich erfolgen. Die Dokumentation beschränkt sich dann meist auf wenige Übersichtspapiere und die übrigen Dokumente können über eine automatische Generierung aus dem Quellcode gewonnen werden. Hierzu ist ein sehr gut dokumentierter Quellcode unabdingbar.

Nur so kann man die Flut meist inkonsistenter Projektdokumente auf einen pflegbaren Umfang beschränken. Es ist zweifellos eine größere Kunst, wenig und das Richtige aufzuschreiben, als in epischer Breite alles mit Mängeln behaftet zu dokumentieren.

3.5 Zusammenfassung

Kapitel 3.1 gibt Beispiele für eine spezifikationsorientierte Entwicklung.

Wasserfallmodelle (Kapitel 3.1.1) unterscheiden sich in Baseline Management-Modelle (siehe Kapitel 3.1.1.1), die sequenzielle Wasserfallmodelle darstellen, und in Wasserfallmodelle mit Rückführschleifen (siehe Kapitel 3.1.1.2), welche durch ihre Rückführschleifen die Phasengrenze aufweichen. Entscheidend ist aber, dass spezifikationsorientiert entwickelt wird.

Bei der **evolutionären Entwicklung** (siehe Kapitel 3.1.2) arbeitet man spezifikationsorientiert und innerhalb eines Entwicklungszyklus über alle Entwicklungsschritte nach dem Baseline Management-Modell. Am Ende eines jeden Zyklus wird eine neue Baseline ausgeliefert. Es folgt ein Zyklus nach dem anderen.

Das **V-Modell** (Kapitel 3.1.3) wurde entwickelt, um das Projektmanagement zu standardisieren und damit zu vereinfachen. Ein Vorgehensmodell stellt eine Schablone für ein generalisiertes Projekt dar, die auf jedes konkrete Projekt angepasst werden kann. Die Anpassung wird als Tailoring bezeichnet. Das Vorgehensmodell der Bundesbehörden – das V-Modell – ist für Großprojekte das derzeit wichtigste Vorgehensmodell in Deutschland.

Das V-Modell regelt den organisatorischen Ablauf eines Projektes. Es legt fest, welche Rolle welche Aktivitäten (Arbeitspakete) durchzuführen hat und welche Ergebnisse – Produkte genannt – eine Aktivität hervorbringen muss und wie die Aktivitäten verzahnt sind. Damit lässt sich ein Netzplan aufstellen, wenn man den Zeitaufwand einer jeden Aktivität abschätzt. Das Vorgehensmodell legt auch die Inhaltsstrukturen der textuellen Dokumente fest. Dies hat den Vorteil, dass wichtige Dinge nicht einfach vergessen werden.

Da das V-Modell vom einfachen bis zum komplexesten Projekt Gültigkeit haben soll, muss sich das V-Modell mit einer mehrstufigen Zerlegung eines Systems befassen. Das V-Modell führt für die verschiedenen Ebenen die Begriffe System, Subsystem, DV-Segment, SWKE und HWKE, Komponenten, Module und Datenbanken ein. Bei hoch komplexen Systemen kann der Begriff Subsystem auch auf mehreren Ebenen verwendet werden, um die erforderliche Anzahl der Ebenen zu erreichen. In einem konkreten Projekt hingegen hat man die Aufgabe, die minimale Anzahl der Ebenen zu finden, die für einen sinnvollen Entwurf erforderlich ist. Jede Ebene, die gespart wird, spart Dokumentation und verschafft dadurch mehr Klarheit und Überblick.

Das V-Modell in seiner ursprünglichen Form [V-M92] regelt die Organisation des Entwicklungsprozesses eines Software-Produktes. Der Lebenszyklus eines Software-Produktes wird dabei in Form von durchzuführenden Aktivitäten (Arbeitspaketen) beschrieben. Ein Vorgehensmodell legt fest, welche Aktivitäten in welcher Reihenfolge durchgeführt werden sollen und welche Aktivität welches Ergebnis (Produkt genannt) hervorbringen soll. Produkte haben die Zustände geplant, in Bearbeitung, vorgelegt und akzeptiert. Zwischen diesen Zuständen gibt es definierte Zustandsübergänge, an denen wie z. B. beim Übergang von vorgelegt zu akzeptiert auch verschiedene Rollen beteiligt sein können – hier der SW-Ersteller, der sein Produkt vorlegt, der Qualitätssicherer, der den Test des Produktes überwacht und der Konfigurationsmanager, der für die Versionsverwaltung – und oftmals auch für die Systemerstellung – zuständig ist. Das V-Modell gibt die Arbeitspakete in einer allgemeinen Form vor, oftmals für ein konkretes Projekt zu viele. Für ein spezielles Projekt muss man die konkreten Arbeitspakete selbst identifizieren.

Das Besondere an **RUP** (Kapitel 3.1.4) ist, dass es trotz spezifikationsorientierter Entwicklung auf Prototypen setzt und inkrementell entwickelt. In der Frühphase eines Projekts wird jedoch versucht, mit wenigen Prototypen auszukommen. Die Implementierung erfolgt hingegen in vielen Schritten.

Zur **prototyporientierten Entwicklung** (Kapitel 3.2) gehören das Inkrementelle Prototyping und das Concurrent Engineering. Im Idealfall werden die Requirements beim Inkrementellen Prototyping nur einmal aufgestellt, der Durchlauf der restlichen Aktivitäten aber wiederholt (siehe Kapitel 3.2.1). Entscheidend ist, dass prototypisch und nicht spezifikationsorientiert entwickelt wird. Beim Concurrent Engineering entstehen parallel mehrere Prototypen, die zu einem System zusammengefügt werden (siehe Kapitel 3.2.2).

Agile Methoden (Kapitel 3.3) wiederum versuchen – wie das Extreme Programming – die Bürokratie der Verwaltung vieler Spezifikationen eines Projekts abzuschaffen. Scrum implementiert eine agile Vorgehensweise, kümmert sich aber im Gegensatz zu vielen anderen agilen Methoden nicht speziell um die Entwicklungsmethodik, sondern um das Projektmanagement. Durch die Flexibilität im Hinblick auf die Entwicklungsmethodik und durch die Konzentration auf das Projektmanagement hat sich Scrum bereits als Quasi-Standard am Markt etabliert.

Bei Scrum werden die Rollen Product-Owner, Scrum Master und Entwicklungsteam unterschieden. Der Product-Owner verwaltet den Product-Backlog, in dem sich die für den Kunden zu erstellenden Funktionen befinden. Diese Anforderungen können und dürfen im Verlauf des Projekts geändert werden. Eine Funktion, die aktuell realisiert wird, kommt in den so genannten Sprint-Backlog und kann nicht mehr geändert werden.

Während der Product-Owner eine Projektverantwortung in erster Linie für sein Produkt hat, ist der Scrum Manager eine Person ohne Personalverantwortung, jedoch mit der Führung des Entwicklungsteams betraut. Seine Hauptaufgabe ist, dafür zu sorgen, dass Scrum auch eingehalten und beachtet wird, außerdem ist er dafür verantwortlich, dem Entwicklungsteam Projekthindernisse aus dem Weg zu räumen.

Scrum hat eine ausgefeilte Meeting-Struktur, damit die Abstimmung im Team und mit dem Kunden, aber beispielsweise auch mit anderen Scrum Teams (Scrum of Scrums) optimiert wird.

Kapitel 3.4 beschreibt, dass bei jedem Zyklus eines Spiralmodells ein anderes Vorgehensmodell eingesetzt werden kann.

3.6 Aufgaben

Aufgabe 3.1 Spezifikationsorientierte Entwicklung

3.1.1 Wie lässt sich ein Optimum der Wirtschaftlichkeit für die Erstellung der Dokumentation begründen?
3.1.2 Was ist ein Baseline Management-Modell?
3.1.3 Was sagt ein Wasserfallmodell in der Form eines Baseline Management-Modells aus?
3.1.4 Welche Nachteile hat ein Wasserfallmodell in der Form eines Baseline Management-Modells?
3.1.5 Welche behebbaren Unzulänglichkeiten hat ein Wasserfallmodell in der Form eines Baseline Management-Modells?
3.1.6 Welche Vorteile hat ein Wasserfallmodell in der Form eines Baseline Management-Modells?
3.1.7 Welche Bedeutung haben Rückführschleifen beim Wasserfallmodell?
3.1.8 Was versteht man unter einer evolutionären Entwicklung?
3.1.9 Was versteht man beim V-Modell unter einem Produkt? In welchen Zuständen können sich Produkte bei der SW-Erstellung befinden? Welche Zustandsübergänge sind möglich?
3.1.10 Welche Rollen gibt es bei der Softwareentwicklung nach dem V-Modell? Was sind die Hauptaufgaben dieser Rollen?
3.1.11 Wie kann man RUP charakterisieren?

Aufgabe 3.2 Prototyporientierte Entwicklung

3.2.1 Vergleichen Sie die Lieferfristen mit einer spezifikationsorientierten und agilen Entwicklung.
3.2.2 Erklären Sie die Vorgehensweise von Concurrent Engineering.

Aufgabe 3.3 Agile Entwicklung

3.3.1 Was zeichnet eine agile Entwicklung aus?
3.3.2 Nennen Sie einige agile Werte.
3.3.3 Nennen Sie einige agile Methoden.
3.3.4 In welchen Fällen ist Extreme Programming möglich, in welchen Fällen nicht?
3.3.5 Nennen Sie charakteristische Merkmale von Scrum.

Aufgabe 3.4 Spiralmodell zum Einsatz verschiedener Vorgehensmodelle

3.4.1 Erklären Sie den Einsatz des Spiralmodells als Vorgehensmodell-Generator.
3.4.2 Was bedeutet ein Zyklus beim Spiralmodell?

Kapitel 4

Qualität von Softwaresystemen

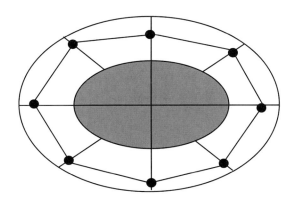

- 4.1 Fehler in Programmen
- 4.2 Qualitätsmerkmale
- 4.3 Metriken
- 4.4 Standards zur Qualitätssicherung
- 4.5 Qualitätssicherungsmaßnahmen in der Entwicklung
- 4.6 Zusammenfassung
- 4.7 Aufgaben

4 Qualität von Softwaresystemen

Eine Software ist nur brauchbar, wenn sie die versprochenen Funktionen erfüllt, eine stabile Konstruktion darstellt und zuverlässig ist, vernünftige Antwortzeiten hat und leicht bedienbar ist. Hierzu werden Requirements an die Qualität aufgestellt, die Teil der Forderungen an das zu realisierende System sind. Für die Einhaltung der Qualitätsforderungen muss die Qualitätssicherung in Zusammenarbeit mit den Entwicklern sorgen. Jede Qualitätsforderung muss durch eine entsprechende Maßnahme sichergestellt und überprüft werden können.

Vom Ansatz her weist Software viele Ähnlichkeiten mit der Herstellung anderer Systeme auf. Allerdings ist die Komplexität von Software besonders hoch. Die Ähnlichkeiten mit anderen technischen Produkten sind:

- das Erstellen einer Requirement-Spezifikation,
- die Aufteilung in Problembereich und Lösungsbereich,
- die hierarchische Zerlegung komplexer Systeme in Teilsysteme,
- das Erstellen einer Schnittstellen-Spezifikation beim Entwurf für die Teilsysteme,
- die Wiederverwendung von Komponenten als Bausteine,
- die Überprüfung der Requirements durch das Testen,
- die Erfordernis von Qualitätseigenschaften des Produkts und
- die Notwendigkeit einer Projektorganisation.

Die Erfahrungen mit diesen Analogien werden aber durch die hohe Komplexität und Nichtstetigkeit der Software entwertet. Korrekte Software für große Systeme zu erstellen, stößt an die Grenzen der Machbarkeit. Im Gegensatz zu kontinuierlichen Systemen, wie sie beispielsweise durch Differentialgleichungen beschrieben werden, und bei denen kleine Auslenkungen aus einem stationären Zustand wieder in diesen stationären Zustand zurückführen, hat Software eine Quantennatur. Entweder ist ein bestimmtes Bit gesetzt oder nicht.[35] Dies bedeutet, dass nicht wie bei analogen Verfahren extrapoliert werden kann. Wegen der binären Darstellung sind Softwaresysteme diskrete und damit unstetige Systeme mit Quantencharakter. Dies hat zur Folge, dass eine kleine Änderung – beispielsweise die Änderung nur eines Bits – zu einem gänzlich neuen Zustand führen kann. Ein vollständiger Test ist aufgrund der hohen Zahl der Zustände nicht möglich. Man würde einfach zu lange brauchen. Darüber hinaus ist wegen der nicht vorhandenen Kontinuität eine Extrapolation und Interpolation von Testergebnissen nicht möglich.

Nach einem Bericht der Standish Group in Boston, Massachusetts, vom 23. April 2009 [standi] wurden 32 Prozent der gestarteten Softwareentwicklungsprojekte erfolgreich zum Abschluss gebracht. Dem Bericht ist ferner zu entnehmen, dass rund 24 Prozent der gestarteten Vorhaben zum Totalausfall führten. 44 Prozent der Projekte erfüllten zumindest teilweise nicht die Wünsche und Anforderungen der Auftraggeber und

---

[35] Ein 1-kbit-Chip, der technisch bereits überholt ist, hat $2^{1024} = 10^{300}$ Zustände [hohler].

waren deshalb mängelbehaftet. Insgesamt waren 68 Prozent der untersuchten Projekte nicht erfolgreich (siehe Bild 4-1).

Erfolgreich bedeutet, dass die Projekte im Kosten- und Zeitrahmen und mit der geforderten Funktionalität und Qualität durchgeführt wurden. Mängelbehaftet heißt, dass zumindest einer der vier soeben genannten Faktoren nicht erfüllt wurde. Entweder dauerte also das Projekt länger als geplant oder kostete mehr als beabsichtigt oder hatte eine zu geringe Funktionalität oder Qualität.

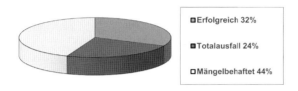

Bild 4-1 Erfolg und Misserfolg von Softwareprojekten

Demnach gibt es die folgenden vier wesentlichen und leicht messbaren Projektabweichungen:

- geplante Projektkosten überschritten,
- geplante Qualität nicht vollständig realisiert,
- geplante Funktionalität nicht vollständig realisiert und
- geplante Projektdauer überschritten.

Das folgende Bild 4-2 zeigt [softqu], wie viele Projekte in welchem Ausmaß das jeweilige Ziel verfehlt haben. So haben beispielsweise etwas über 40 Prozent der Projekte die geplante Projektdauer um bis zu 20 Prozent überschritten.

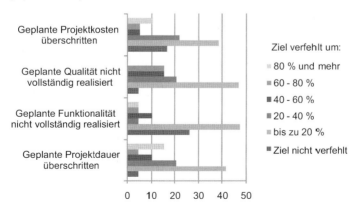

Bild 4-2 Prozentsätze der Projekte mit bestimmten Projektabweichungen

Funktionalität scheint demnach die höchste Priorität zu haben. Über 25 Prozent der Projekte erfüllten die volle Funktionalität.

Qualitätsmerkmale und Metriken

Der Standard ISO/IEC 9126 [ISO 9126], dessen Inhalt inzwischen im Standard ISO/IEC 25000 [ISO 25000] weitergeführt wird, enthält die Bewertung der Qualität von Produkten. Nach ISO/IEC 9126 ist die Qualität eines Produkts die Gesamtheit von Eigenschaften und Merkmalen des Produkts, die sich auf dessen Eignung zur Erfüllung vorgegebener Erfordernisse bezieht. Qualität wird also durch ein Differenzenverfahren zwischen einem definierten Soll-Zustand und dem tatsächlichen Ist-Zustand bestimmt. Dieser Unterschied wird mit Hilfe von Messvorschriften (Metriken) gemessen. Das **Qualitätsmodell** der ISO/IEC 9126 – eines von vielen Qualitätsmodellen – teilt die Eigenschaften von Software in sechs Kategorien (**Qualitätsmerkmale**) ein:

- Funktionalität,
- Zuverlässigkeit,
- Benutzbarkeit,
- Effizienz,
- Wartbarkeit und
- Portierbarkeit.

Nicht alle dieser Kriterien sind direkt messbar, da sie zum Teil subjektiv bewertet werden. So kann die Benutzerfreundlichkeit je nach Person unterschiedlich empfunden werden. Man hat aber die Möglichkeit, Tests einzusetzen und den Erwartungswert und die Varianz für bestimmte Kriterien zu ermitteln. Die Funktionalität ist die Übereinstimmung der Software mit den funktionalen Requirements (siehe Kapitel 5.4). Sie sagt aus, ob die Software ihren beabsichtigten Zweck erfüllt. Die Eigenschaften Zuverlässigkeit, Benutzerfreundlichkeit, Effizienz, Wartbarkeit und Portierbarkeit werden in Kapitel 4.2 diskutiert.

Maßnahmen zur Qualitätssicherung

Zur Qualitätssicherung dienen

- konstruktive Maßnahmen (Fehlervermeidungsstrategie) und
- analytische Maßnahmen (Fehlerfindungsstrategie).

Konstruktive Maßnahmen sind alle Maßnahmen, die während der Entwicklung bzw. der Wartung von Software-Produkten angewendet werden, um das Entstehen von Fehlern oder einer minderen Qualität der Produkte zu vermeiden. **Analytische Maßnahmen** setzen stets an konkreten Software-Produkten an und zielen darauf ab, Aussagen über die Qualität dieser Produkte zu machen und damit die Einhaltung der konstruktiven Maßnahmen zu überprüfen. Analytische Maßnahmen dienen zur Fehlererkennung und -behandlung sowie zur Messung von Eigenschaften.

Es darf in der Projektplanung nicht vergessen werden, dass analytische Maßnahmen in der Regel Zeit für Korrekturmaßnahmen erfordern und diese eingeplant werden müssen.

Konstruktive Maßnahmen sind z. B.:

- Einsatz geeigneter Methoden für das Erstellen der Requirement-Spezifikation, die Systemanalyse und den Systementwurf,
- Anwendung der Strukturierten Programmierung[36],
- Einsatz von höheren Programmiersprachen,
- Verwendung von Standardbausteinen z. B. für standardisierte Schnittstellen,
- transparente Dokumentation
- etc.

Zu den **analytischen Maßnahmen** gehören:

- Messen (siehe Kapitel 4.3),
- Programm-Verifikation (Beweis der Korrektheit, siehe Kapitel 20.2),
- Testen von Dokumenten (siehe Kapitel 20.3) und
- Testen von Programmen (siehe Kapitel 20.4).

Messen ist eine Vorgehensweise zur Feststellung der Qualität von Software-Zwischen- und Endprodukten. Hierbei werden Qualitätsmaßzahlen ermittelt. Der wesentliche Unterschied zum Testen ist, dass beim Messen den Qualitätszahlen nicht notwendigerweise **eindeutige** Sollgrößen (Qualitätsziele) gegenübergestellt werden, um so mögliche Abweichungen aufzudecken. In der Regel wird für Qualitätsmaßzahlen (Metriken) ein Bereich zugelassen.

Kapitel 4.1 befasst sich mit Fehlern in Programmen. Kapitel 4.1.1 teilt Projekte je nach der Häufigkeit der Fehler bei der Auslieferung in Stabilitätsklassen ein. Fehlern kann bei der Entwicklung durch ein gutes Software Engineering oder zur Laufzeit durch fehlertolerante Maßnahmen (siehe Kapitel 4.1.2) entgegengetreten werden. Kapitel 4.1.3 erklärt die "Alterung" der Software. Die Fehlerkosten werden in Kapitel 4.1.4 untersucht. Kapitel 4.2 diskutiert Qualitätsmerkmale und Kapitel 4.3 Messvorschriften (Metriken). Kapitel 4.4 beschreibt einige Qualitätsstandards und Kapitel 4.5 Qualitätssicherungsmaßnahmen.

4.1 Fehler in Programmen

Mängel in der Software zeigen sich im Vorhandensein von Fehlern. Nach einem Bericht der Frankfurter Allgemeinen Zeitung vom 30. Juni 2002 kosten Fehler in Software-Programmen die amerikanische Wirtschaft pro Jahr 59 Mrd. US-Dollar.

4.1.1 Häufigkeit von Fehlern bei der Auslieferung

Nach Edward Yourdon [You92] enthält ein von einer amerikanischen Firma erstelltes Programm durchschnittlich zwischen drei und fünf Fehlern je hundert Programmanweisungen – obwohl die Software getestet wurde. Allerdings liegt solchen Programmen meist das "Bananenprinzip" zugrunde, nämlich die Idee, Standard-Software wie z. B. Textverarbeitungsprogramme bei dem Anwender reifen zu lassen. Dabei wird die Soft-

---

[36] Bei der Strukturierten Programmierung wird ein Programm in Teilprogramme zerlegt, wobei nur Kontrollstrukturen mit einem einzigen Eingang und einem einzigen Ausgang verwendet werden.

ware vor der Freigabe nur oberflächlich getestet oder sie enthält nicht die erforderliche Funktionalität. Nach Beschwerden wird dann eine verbesserte Version als Update auf den Markt gebracht. Eine solch hohe Fehlerzahl kann man sich nur leisten, wenn man für den breiten Markt arbeitet und bereits eine starke Marktstellung hat. Arbeitet man in einem Industrieprojekt direkt für einen Auftraggeber, so wird der Kunde die Abnahme der Software verweigern und nicht zahlen wollen.

Eine Fehlerzahl von sechs Fehlern pro 1000 Programmzeilen (engl. Lines of Code, LOC) kann noch akzeptiert werden, wenn darunter viele unbedeutende Fehler sind, deren Beseitigung sich nicht lohnt. Fehler ist nicht gleich Fehler! Fehler müssen immer nach ihrer Schwere eingeteilt werden. Kein Kunde wird Systemabstürze akzeptieren! Andere Fehler – wie z. B. das Nicht-Vorhandensein gewisser "Luxus-Funktionen" oder die Existenz anderer Formate in der Ein- und Ausgabe, als sie spezifiziert wurden – können unter Umständen hingenommen werden. Software guter Qualität hat 1 – 2 Fehler pro kLOC.

Nach Jones [hohler] kann man Programme nach der Fehleranzahl folgendermaßen klassifizieren:

Fehler/kLOC	Stabilitätsklasse
0 – 1	stabile Programme
1 – 3	reifende Programme
3 – 6	labile Programme
6 – 10	fehleranfällige Programme
über 10	unbrauchbare Programme

Tabelle 4-1 Fehlerzahltabelle

4.1.2 Fehlerreduktion durch Software Engineering und Fehlertoleranz

Das **Software Engineering** befasst sich ganz generell mit Vorgehensweisen und Methoden, um bei der Erstellung der Software **möglichst keine Fehler** zu machen. Der Ansatz der **Fehlertoleranz** ist ein anderer. Fehlertoleranz geht davon aus, dass ein Produkt fehlerhaft ist, und befasst sich mit Maßnahmen, dass **Fehler im Systemverhalten nicht sichtbar werden** oder möglichst wenig Schaden anrichten.

Ein Beispiel für ein fehlertolerantes System ist die Bahnsteuerung des Space Shuttle [Tom90]. Die Bahnsteuerung des Space Shuttle erfolgt mit Hilfe eines DV-Systems. Das Space Shuttle hat kein mechanisches Backup-System für die Bahnsteuerung. Das DV-System darf also nicht ausfallen, da ansonsten das Space Shuttle sozusagen den Status eines Meteoriten annehmen würde. Als Lösung wurden beim Space Shuttle zwei Rechnersysteme gewählt:

- ein Primärsystem (Hauptsystem) und
- ein Backup-System (Reserve-System).

Der Primärrechner hat eine vierfache Redundanz aus vier Prozessoren mit identischer Software. Auf dem Backup-System läuft eine Software geringerer Funktionalität als auf dem Primärsystem. Diese Software kann das Raumschiff nur auf eine Umlaufbahn

Qualität von Softwaresystemen 135

steuern oder es auf die Erde zurückbringen. Es kann jedoch keine Operationen auf einer Umlaufbahn durchführen. Im Normalfall arbeiten die vier Rechner des Primärsystems. Sie arbeiten synchron, indem nach jeder Eingabe, Ausgabe und Prozesswechsel eine Pause gemacht wird. Jeder Rechner gibt jeweils nach einer Eingabe, Ausgabe oder Prozesswechsel seine Ergebnisse an die anderen. Im Falle eines Einfachfehlers sieht die Crew, dass drei Computer behaupten, der eine sei fehlerhaft, bzw. dass der eine auf die drei anderen zeigt. Die Crew wird dann manuell den fehlerhaften Computer außer Betrieb nehmen. Wenn Mehrfachfehler passieren, muss die Crew eine Entscheidung fällen. Sie kann den gesamten redundanten Satz von Rechnern außer Betrieb nehmen und nahtlos auf das Backup-System umschalten, um dann entweder auf eine Umlaufbahn zu gehen oder direkt zur Erde zurückzukehren.

Dieses DV-System ist ein Beispiel dafür, wie man Fehlern im Betrieb eines DV-Systems so begegnen kann, dass die notwendige Funktionalität des Systems auch im Fehlerfall gewahrt bleibt. In anderen Worten, dieses DV-System toleriert Fehler, d. h. wird mit ihnen fertig. Bild 4-3 zeigt die Struktur der Architektur des Datenverarbeitungssystems für die Bahnsteuerung des Space Shuttle:

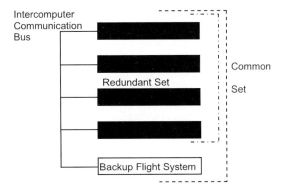

Bild 4-3 Das Datenverarbeitungssystem für die Bahnsteuerung des Space Shuttle

Bild 4-4 zeigt die Fehlerzahl pro 1000 Programmcodezeilen in der Software für die vier Bordcomputer des Redundant Set des Space Shuttles [hohler]. Daraus kann abgelesen werden, wie von Release zu Release die Fehler beseitigt wurden.

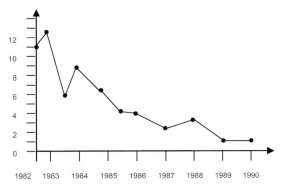

Bild 4-4 Fehlerzahl pro 1000 Programmzeilen für verschiedene Freigaben (engl. Releases)

Trotz eines sehr hohen Aufwands von ca. 1.000 US-Dollar pro Zeile Programmcode (Gesamtaufwand ca. 500 Mio. US-Dollar für etwa 500.000 Programmzeilen) ist die Software nicht fehlerfrei. Es kann auch keine Aussage darüber gemacht werden, ob nicht ein tödlicher Fehler mit dabei ist. Nur durch Maßnahmen der Fehlertoleranz kann ein höheres Maß an Sicherheit erreicht werden.

Durch die zunehmende Automatisierung werden solche Techniken der Fehlertoleranz überall da wichtig, wo bei Ausfällen des DV-Systems ein Schaden entstehen kann. Beispiele hierfür sind:

- Leitstände in der Verkehrstechnik, z. B. in der Flugsicherung, bei der Bahn (Stellwerke) oder in Raumfahrtkontrollzentren,
- Steuergeräte in Fahrzeugen wie z. B. ein Tempomat oder ein Antiblockiersystem (ABS),
- Kommunikationssysteme wie z. B. Vermittlungsstellen,
- die Steuerung von Fertigungsstraßen in der Produktion,
- die Leitstände von Versorgungsunternehmen, speziell auch Kernkraftwerkssteuerungen,
- Bestrahlungsgeräte in der Medizintechnik oder
- Datenbanksysteme wie z. B. für Buchungssysteme oder Bankensysteme.

4.1.3 Alterungsprozess der Software

Software, die nicht verändert, also "eingefroren" wird, altert nicht. Programme, die während ihres Einsatzes abgeändert, verbessert und erweitert werden, altern. In der Regel wird die Wartung eines Produktes nach einer gewissen Übergabezeit an Personal übergeben, welches nicht aus dem Kreis der Top-Entwickler stammt und das damit automatisch Probleme mit den Zusammenhängen verschiedener Systemteile hat. Überdies hat das Wartungspersonal ein Mehrfaches an Software zu warten als ein einzelner Entwickler entwickelt hat. So können beispielsweise 2 Systemingenieure eines Kunden ein Softwaresystem warten, welches von 40 Entwicklern des Auftragnehmers realisiert wurde. Die während der Wartung durchgeführten Änderungen führen jedoch zu nicht beabsichtigten Seiteneffekten und damit zum Altern der Software.

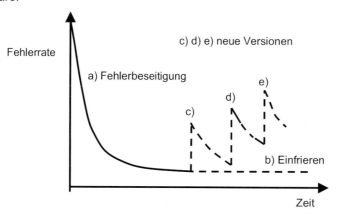

Bild 4-5 Fehlerrate in einem System

Die durchgezogene Kurve (a) in Bild 4-5 zeigt die Phase der Fehlerbeseitigung, die gestrichelte Kurve (b) zeigt im Falle des Einfrierens der Software eine konstante Fehlerzahl. Ebenfalls gestrichelt ist die Fehlerrate für neue Versionen (c, d, e) im Rahmen der Wartung der Software. Auch bei Einführen neuer Funktionalitäten ist es wahrscheinlich, dass neue Fehler in das System eingebaut werden. Die neuen Fehler können eine höhere Eintrittswahrscheinlichkeit für ihr Auftreten haben als die bereits vorhandenen und damit können Systeme trotz Fehlerbeseitigung eine höhere Fehlerrate pro Zeit zeigen. Dies bedeutet, dass die Zuverlässigkeit der Software mit der Zeit abnimmt. Die Zuverlässigkeit ist hierbei im mathematischen Sinne definiert als Wahrscheinlichkeitsmaß, dass innerhalb einer Zeit t kein Fehler auftritt.

Glättet man die Kurve in Bild 4-5, so erhält man ein Bild, welches der von den Hardwareausfällen bekannten "Badewannenkurve" [comput, unierl] für Ausfälle (siehe Bild 4-6) ähnelt, aber eine andere Bedeutung hat.

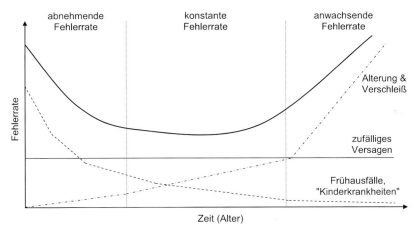

Bild 4-6 "Badewannenkurve" für die Hardware

Die "Badewannenkurve" in Bild 4-6 beschreibt die Fehlerrate von HW-Bauteilen. Nach Frühausfällen, die mit der Zeit abnehmen, folgt ein annähernd konstantes, zufälliges Versagen, dem die Ausfälle infolge von Alterung folgen. Über der Zeit gleicht diese Kurve einer "Badewanne".

4.1.4 Fehlerkosten

Die Kunst einer guten Software ist es, bei der Beauftragung einer Software-Entwicklung die Erwartungen des Kunden zu treffen. Für den Auftraggeber bedeuten Abweichungen vom erwarteten Verhalten einen Fehler. Die Fehler reichen von Fehlern im Problembereich, dass nämlich der Auftragnehmer die Requirements nicht treffend erfasst, bis zu Fehlern im Lösungsbereich, z. B. bei der Implementierung. Nicht jeder Fehler ist gleich gravierend.

4.1.4.1 Fehlerentstehungs- und Fehlerbeseitigungsphase

Fehler sind in der Regel umso teurer, je früher sie entstanden sind und je später sie entdeckt werden. Betrachtet man die relativen Kosten der Beseitigung von in der Anforderungsphase entstandenen Fehlern (siehe Bild 4-8), so kann man grob abgeschätzt sagen, dass diese exponentiell mit der Dauer der Existenz der Fehler im System ansteigen. Das folgende Bild 4-7 [Red00] zeigt dies in einer Kurve:

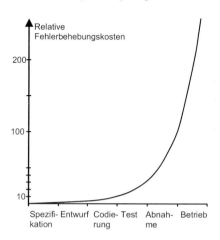

Bild 4-7 Kosten der Fehlerbehebung

Ein Designfehler (Entwurfsfehler) ist nur mit einem Redesign zu beseitigen, während ein Programmierfehler oft mit relativ geringem Aufwand beseitigt werden kann. Dies lässt sich einfach erklären. Der Entwicklungsprozess geht vom Groben zum Feinen. Die Abänderung etwas Groben kann viel Feines beeinflussen und damit teurer sein. Außerdem ist die Zahl der abzuändernden Produkte umso größer, je länger die Fehler im Entwicklungszyklus unentdeckt geblieben sind. Der Ort der Fehlerentstehung und der Ort der Fehlerentdeckung sind im folgenden Bild [Möl92 zitiert in Red00] dargestellt:

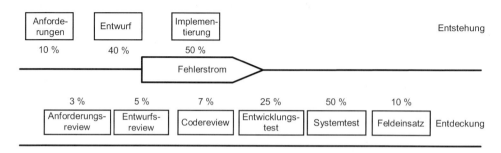

Bild 4-8 Fehlerentstehung, Fehlerentdeckung und Fehlerkosten in Relation

Es entstehen beispielsweise 10 Prozent der Fehler bei den Anforderungen, 3 Prozent der Fehler werden durch ein Anforderungsreview entdeckt. Die Kosten für das Finden,

Lokalisieren und Beseitigen von Fehlern tragen wesentlich zu den Kosten eines neu erstellten Systems bei. Fehler bei den Requirements sind dabei die teuersten Fehler, da viele Zerlegungsprodukte betroffen sein können, die abgeändert werden müssen, diese aber typischerweise erst nach der Integration beim Systemtest (50 Prozent) oder gar erst im laufenden Betrieb (10 Prozent) gefunden werden.

4.1.4.2 Fehlerart

"Beeinträchtigungen der Zuverlässigkeit" sind laut Laprie [Lap91]:

- **Fehlerursache** (engl. **fault**)
  Als Fehlerursache wird "die verantwortliche oder hypothetische Ursache" für einen Fehlzustand bezeichnet. Die Dauer einer Fehlerursache kann permanent oder temporär sein. Eine Fehlerursache ist **inaktiv** (engl. **dormant**), wenn der Fehler zwar im System eingebaut ist, die fehlerhafte Stelle aktuell jedoch nicht benutzt wird. Eine Fehlerursache ist **aktiv**, wenn die entsprechende fehlerhafte Stelle verwendet wird. Sie produziert dann einen Fehlzustand.
- **Fehlzustand** (engl. **error**)
  Ein Fehlzustand ist der "Teil des Systemzustands, der dafür verantwortlich ist, dass im Folgenden ein Ausfall auftritt". Ein Fehlzustand kann hierbei entweder **erkannt** oder **latent** sein, "wenn er noch nicht als solcher erkannt worden ist". Ein Fehlzustand kann vor seiner Erkennung auch wieder verschwinden. Fehlzustände pflanzen sich jedoch in der Regel fort zu neuen Fehlzuständen. Während des Betriebs können aktive Fehlerursachen nur durch die Erkennung eines Fehlzustands detektiert werden.
- **Ausfall** (engl. **failure**)
  Ein Ausfall tritt auf, wenn "die erbrachte Leistung nicht mehr mit der Spezifikation übereinstimmt". Ein Ausfall passiert, wenn ein Fehlzustand die zu erbringenden Leistungen des Systems beeinflusst. Ein Komponentenausfall resultiert in einer Fehlerursache a) für das System, zu der die Komponente gehört, und b) für Komponenten, mit denen die ausgefallene Komponente interagiert.

Bild 4-9 visualisiert die Beziehung zwischen Fehlerursache, Fehlzustand und Ausfall. Die Abbildung zeigt, wie ein Komponentenausfall wiederum in einer Fehlerursache für das System, das die Komponente beinhaltet, bzw. für andere Komponenten, mit denen die Komponente zusammenarbeitet [Laprie91], resultiert.

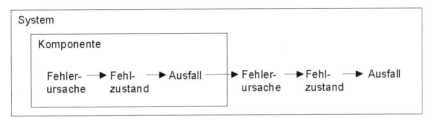

Bild 4-9 Beziehung zwischen Fehlerursache, Fehlzustand und Ausfall

Die IEC 61508 [IEC 61508] definiert einen "**fault**" als "abnormal condition that may cause a reduction in, or loss of, the capability of a functional unit to perform a required function". Diese Definition ist kein Widerspruch zu Laprie. Besser verständlich ist jedoch:

> Ein "**fault**" ist die statisch vorhandene Ursache für ein Fehlverhalten.

In der IEC 61508 wird ein "**error**" definiert als: "discrepancy between a computed, observed or measured value or condition and the true, specified or theoretically correct value or condition." Diese Definition stimmt mit Laprie überein.

> Ein "**error**" ist ein Fehlzustand, der auftritt, wenn ein "fault" aktiv wird. Ein "error" kann beobachtet werden.

Ein "**failure**" ist nach der IEC 61508 "the termination of the ability of a functional unit to perform a required function".

> Ein "**failure**" zeigt sich dynamisch zur Laufzeit als Fehlverhalten. Eine beabsichtigte Funktion kann vom System nicht mehr ausgeführt werden.

Der "**human error**" ist nach der IEC 61508 etwas ganz anderes: Er ist eine "human action or inaction that produces an unintended result".

Unterschied zwischen "fault", "error" und "failure"

Die folgenden **Beispiele** machen den Unterschied zwischen "fault", "error" und "failure" deutlich:

- Das Ergebnis eines Programmierfehlers ist eine **schlafende Fehlerursache** (engl. **dormant fault**) in der Software. Wird der fehlerhafte Code ausgeführt, so wird die Fehlerursache aktiviert und produziert einen **Fehlzustand** (engl. **error**). Der "error" kann als fehlerhaftes Ergebnis im Werte- oder Zeitbereich beobachtet werden. Der "error" kann dann ggf. zu einem **Ausfall** (engl. **failure**) führen.
- Ein falsches Verhalten des Bedieners während des Betriebs des Systems ist eine Fehlerursache (engl. fault) aus Sicht des Systems.
- Ein menschlicher Fehler beim Schreiben der Bedienungs- oder Wartungshandbücher eines Systems kann zu einer **Fehlerursache** (engl. **fault**) innerhalb dieser Handbücher werden, die solange inaktiv ist, bis die fehlerhafte Instruktion durch das Bedienungs- oder Wartungspersonal ausgeführt wird.

4.2 Qualitätsmerkmale

Es gibt verschiedene **Qualitätsmodelle**. Diese sind von den spezifischen Qualitätsmerkmalen abhängig, d. h. es gibt keine „Standard-Qualitätsmodelle". Qualitätsmodelle sind Hierarchien aus **Qualitätsmerkmalen**, die wiederum in **Teilqualitätsmerkmale** aufgefächert werden.

Die Zahl der Zerlegungsebenen ist nicht festgelegt. Qualitätsmerkmale können auch gemeinsame Teilmerkmale haben. Die Teilmerkmale werden durch Qualitätsindizes bzw. Qualitätsindikatoren (Metriken) [herzwu] bewertet. Dies ist in Bild 4-10 zu sehen:

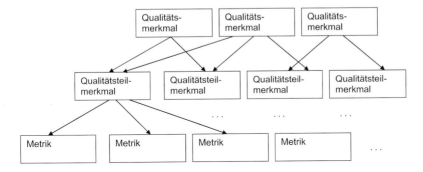

Bild 4-10 Korrelation von Teilmerkmalen mit Metriken

Der Goal Question Metric-Ansatz[37] (GQM) von Basili [Bas94] ist eine Vorgehensweise, um Qualitätsziele, die aus den Zielen eines Unternehmens abgeleitet sind, messbar zu machen. Das folgende Bild zeigt den Goal Question Metric-Ansatz:

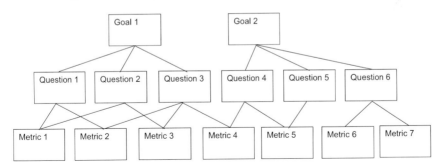

Bild 4-11 Goal Question Metric-Ansatz

GQM ist ein Top-Down-Ansatz, um den Qualitätszielen Metriken gegenüberzustellen. Einem Qualitätsziel (engl. quality goal) werden Fragen (engl. questions) zugeordnet. Den Fragen werden wiederum Metriken gegenübergestellt. So werden letztendlich Qualitätsziele mit Messverfahren verknüpft. Im ersten Schritt braucht man also die Qualitätsziele, um sich im zweiten Schritt zu fragen, welches Qualitäts-Teilmerkmal durch welche verschiedenen Messungen bewertet werden soll. Im dritten Schritt wird das zugehörige Messverfahren (Metrik) ausgewählt.

Es werden also für die betrachteten Qualitätsmerkmale verschiedene Messvorschriften festgelegt, die in die Bewertung der Qualitätsmaße eingehen.

---

[37] Goal Question Metric wird abgekürzt durch GQM.

Nach [Frü02] verwenden Böhm et. al. (1976) die Qualitätsmerkmale

- Bedienbarkeit,
- Effizienz,
- Portabilität,
- Testbarkeit,
- Verständlichkeit,
- Änderbarkeit und
- Zuverlässigkeit.

Nach [Frü02] benutzen McCall und Matsumoto [McC80] (1980):

- Benutzerfreundlichkeit (Bedienbarkeit),
- Effizienz,
- Flexibilität,
- Integrierbarkeit,
- Integrität,
- Korrektheit,
- Portabilität,
- Testbarkeit,
- Wartbarkeit,
- Wiederverwendbarkeit und
- Zuverlässigkeit.

Im Folgenden sollen die Qualitätsmerkmale **nach ISO 9126** kurz detailliert werden [Herzwu]:

- **Funktionalität**
  Funktionalität umfasst die Teilmerkmale: Richtigkeit, Angemessenheit, Interoperabilität, Sicherheit, Konformität[38] der Funktionalität.
- **Zuverlässigkeit**
  Zur Zuverlässigkeit gehören: Reife, Fehlertoleranz, Wiederherstellbarkeit, Konformität der Zuverlässigkeit.
- **Benutzbarkeit (Usability/Benutzer-/Bedienerfreundlichkeit)**
  Benutzbarkeit ist: Verständlichkeit, Erlernbarkeit, Bedienbarkeit, Attraktivität, Konformität der Benutzbarkeit.
- **Effizienz**
  Die Effizienz umfasst: Zeitverhalten, Verbrauchsverhalten, Konformität der Effizienz.
- **Wartbarkeit**
  Die Wartbarkeit beinhaltet die Eigenschaften: Analysierbarkeit, Änderbarkeit, Stabilität, Testbarkeit, Konformität der Wartbarkeit.

---

[38] Konformität = Erfüllung von akzeptierten – auch informellen – Standards [tumqu].

- **Übertragbarkeit (Portabilität)**
  Die Übertragbarkeit beinhaltet die Teilmerkmale Anpassbarkeit, Installierbarkeit, Koexistenz, Austauschbarkeit, Konformität der Portabilität.

Im Wesentlichen umfassen diese Qualitätsmerkmale nach allgemeinem Verständnis:

- **Funktionalität**
  Vorhandensein der spezifizierten Funktionalität mit korrekter Funktion.
- **Zuverlässigkeit**
  Zuverlässigkeit (engl. reliability) ist ein Wahrscheinlichkeitsmaß im mathematischen Sinne, dass innerhalb einer Zeit t kein Fehler auftritt. Die Zuverlässigkeit kann durch ein gutes Software Engineering, das zu weniger Konstruktionsfehlern führt, und Maßnahmen der Fehlertoleranz, d. h. der Fehlererkennung und Fehlerbehandlung, erhöht werden.
- **Benutzbarkeit (Usability/Benutzer-/Bedienerfreundlichkeit)**
  Der Bediener kommt mit dem System gut zu recht. Die Bedienerfreundlichkeit ist ein Maß für den Aufwand, den ein Bediener der Software hat, um mit der Software korrekt umgehen zu können. Hierzu gehört, dass sich die Bedienoberfläche an gängige Standards hält und dass kontextsensitive Hilfen angeboten werden.
- **Effizienz**
  Ein System soll einen gewissen Durchsatz haben und soll einen bestimmten Ressourcenverbrauch nicht überschreiten. Insbesondere erwartet der Bediener, dass er, wenn er einen Auftrag an das System gibt, innerhalb weniger Sekunden eine Antwort bekommt. Die Effizienz eines Systems hängt vom Systemdesign ab. Bevor man aber bei unzureichendem Durchsatz ein Redesign des Systems erwägt, prüft man, ob durch den Einsatz einer leistungsfähigeren Rechner-Hardware der Durchsatz und die Antwortzeiten des Systems verbessert werden können.
- **Wartbarkeit**
  Die Wartbarkeit bezeichnet den Aufwand für die Beseitigung von Fehlern und für Weiterentwicklungen der Software nach der Abnahme der ursprünglichen Entwicklungsleistung. Voraussetzung für die Wartbarkeit ist eine Trennung von Daten und Programmen in dem Sinne, dass nicht alles fest ausprogrammiert ist, sondern dass Programme, die flexibel sein sollen, datengesteuert arbeiten, d. h. die Daten zur Laufzeit interpretieren und je nach Dateninhalt ihre Verarbeitungsschritte durchführen (Flexibilität).
- **Übertragbarkeit**
  Ein portables Programm kann ohne große Änderungen auf andere Rechnerplattformen gebracht werden. Dies wird erreicht durch die Verwendung standardisierter Programmiersprachen, wobei compilerspezifische Erweiterungen des Standards nicht benutzt werden dürfen. Aufrufe von Betriebssystemroutinen, z. B. für die Interprozesskommunikation, sollten nach Möglichkeit nicht im Quellcode gestreut sein, sondern in eigenen Subroutinen bzw. Komponenten gekapselt vorliegen, um ganze Subroutinen bzw. Komponenten modular auswechseln zu können.

Es sind aber unterschiedliche Einteilungen der Qualitätsmerkmale möglich. Die Einteilung in Qualitätsmerkmale und Qualitätsteilmerkmale, wie sie die ISO vornimmt, ist aber nicht zwingend, denn man könnte entgegen der ISO 9216 beispielsweise die

Sicherheit wie in Bild 4-12 zerlegen. Dabei könnte man im ersten Schritt die Sicherheit in die Informationssicherheit und die funktionale Sicherheit aufteilen.

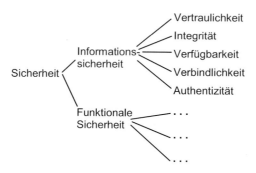

Bild 4-12 Mögliche Zerlegung des Qualitätsmerkmals Sicherheit

Schutzziele sind Qualitäten und können auch zur Zerlegung herangezogen werden. **Vertraulichkeit** verhindert einen unbefugten Informationsgewinn. **Integrität** wendet eine unbefugte Modifikation oder Schaffung von Informationen und Funktionen ab. Die **Verfügbarkeit** bedeutet, dass keine Beeinträchtigung des Zugriffs auf Daten und Funktionen des Informationssystems möglich ist. **Authentizität** garantiert, dass keine Identität vorgetäuscht werden kann. **Verbindlichkeit** bzw. Zurechenbarkeit verhindert das Leugnen der Urheberschaft von durchgeführten Vorgängen. Diese Merkmale – mit Ausnahme der Verfügbarkeit – sind schwer zu messen.

Im Folgenden sollen die Merkmale der Bedienerfreundlichkeit vertieft werden.

Bedienerfreundlichkeit

Die Richtlinien der Norm ISO 9241 [EN ISO 9241], Teil 110, behandeln die "Ergonomie der Mensch-System-Interaktion" mit den folgenden Qualitätsmerkmalen:

- Aufgabenangemessenheit,
- Selbstbeschreibungsfähigkeit,
- Steuerbarkeit,
- Erwartungskonformität,
- Fehlertoleranz,
- Individualisierbarkeit und
- Lernförderlichkeit.

Die ersten fünf Ziele stammen noch aus der DIN 66234 mit der geringen Abweichung, dass dort Fehlerrobustheit statt Fehlertoleranz steht. Individualisierbarkeit und Lernförderlichkeit sind also neu hinzugekommen.

Im Folgenden werden diese Qualitätsmerkmale im Detail beschrieben:

- **Aufgabenangemessenheit**
  Ein Dialog ist aufgabenangemessen, wenn er den Benutzer unterstützt, seine Arbeitsaufgabe effektiv und effizient zu erledigen" [EN ISO 9241].

  Es folgen einige Beispiele, die die Aufgabenangemessenheit verdeutlichen sollen:

  - Ein Dialog sollte nur diejenigen Informationen anzeigen, die direkt zu der Aufgabe gehören.
  - Die angezeigte Hilfe-Information sollte aufgabenspezifisch sein. Automatisch erledigbare Ausgaben sollten vom Dialogsystem ausgeführt werden. Der geübte und der ungeübte Nutzer sollten unterstützt werden. Fallunterscheidungen sollten mit Hilfe von Menüs getroffen werden.

- **Selbstbeschreibungsfähigkeit**
  "Ein Dialog ist selbstbeschreibungsfähig, wenn jeder einzelne Dialogschritt durch Rückmeldung des Dialogsystems unmittelbar verständlich ist oder dem Benutzer auf Anfrage erklärt wird" [EN ISO 9241].

- **Steuerbarkeit**
  "Ein Dialog ist steuerbar, wenn der Benutzer in der Lage ist, den Dialogablauf zu starten sowie seine Richtung und Geschwindigkeit zu beeinflussen, bis das Ziel erreicht ist" [EN ISO 9241].

- **Erwartungskonformität**
  "Ein Dialog ist erwartungskonform, wenn er konsistent ist und den Merkmalen des Benutzers entspricht, z. B. den Kenntnissen aus dem Arbeitsgebiet, der Ausbildung und der Erfahrung des Benutzers sowie den allgemein anerkannten Konventionen" [EN ISO 9241].

- **Fehlertoleranz**
  "Ein Dialog ist fehlertolerant, wenn das beabsichtigte Arbeitsergebnis trotz erkennbar fehlerhafter Eingaben entweder mit keinem oder mit minimalem Korrekturaufwand durch den Benutzer erreicht werden kann" [EN ISO 9241].

- **Individualisierbarkeit**
  "Ein Dialog ist individualisierbar, wenn das Dialogsystem Anpassungen an die Erfordernisse der Arbeitsaufgabe, individuelle Vorlieben des Benutzers und Benutzerfähigkeiten zulässt" [EN ISO 9241].

- **Lernförderlichkeit**
  "Ein Dialog ist lernförderlich, wenn er den Benutzer beim Erlernen des Dialogsystems unterstützt und anleitet" [EN ISO 9241].

Für weitere Beispiele zu den einzelnen Qualitätsmerkmalen, der Ergonomie und der Mensch-System-Interaktion wird auf den Standard [EN ISO 9241] verwiesen.

4.3 Metriken

Mit Metriken kann man die Komplexität der Software objektiv beurteilen und mit Werten anderer Programme vergleichen [Stü08].

Nach IEEE 1061 [IEC 1061] kann eine Softwaremetrik als Funktion betrachtet werden, die eine Software-Einheit in einen Zahlenwert wandelt. Der gewandelte Zahlenwert kann als Aussage über die Qualität einer Software-Einheit verstanden werden. Die anerkannten Qualitätsmaße selbst enthalten keine definierten Messvorschriften. Ohne Messvorschrift ist die Einhaltung eines Qualitätsmerkmals objektiv nicht nachweisbar. Gibt es eine solche Messvorschrift (Metrik), so stellt sie ein zwar plausibles, aber dennoch willkürlich ausgedachtes Verfahren dar. Der Zusammenhang einer üblichen Metrik mit einem anerkannten Qualitätsmaß oder -teilmaß kann nur heuristisch hergestellt werden. Für eine bestimmte Eigenschaft gibt es in der Regel mehrere Metriken. Ändert sich eine Metrik wie z. B. die McCabe-Zahl (siehe Kapitel 4.3.3) von einem Release zum nächsten in einer sehr kurzen Zeit, kann dies ein Hinweis dafür sein, dass die Qualität gelitten hat bzw. dass man beim Testen ein besonderes Augenmerk auf diese Komponente haben sollte. D. h., nicht nur die absoluten Zahlen an sich müssen betrachtet werden, sondern auch deren Veränderungen zu älteren Versionen.

Genauso wie Testmethoden in statische und dynamische Testmethoden eingeteilt werden können (siehe Kapitel 20.4.2 und 20.4.3), kann man auch Produktmetriken in statische und dynamische Metriken unterscheiden. Bei **dynamischen Produktmetriken** muss ein Programm übersetzt und ausgeführt werden, um zum Beispiel das Laufzeitverhalten zu messen. Bei **statischen Produktmetriken** wird das Programm nicht ausgeführt, es wird direkt der Quelltext oder die Dokumente vermessen.

Die statischen Metriken kann man wiederum einteilen in objektorientierte Metriken und in konventionelle Metriken. In [holzma] werden weitere Quellen für diese Einteilung genannt. Die objektorientierten Metriken messen objektorientierte Eigenschaften wie die Vererbung oder die Beziehungen zwischen den Objekten aus.

Objektorientierte Metriken sind im Wesentlichen [holzma]:

- Metriken für die Klassen,
- Metriken für die Methoden,
- Metriken für die Vererbungshierarchien und
- Metriken für die Aggregationshierarchien.

Diese Metriken sind allerdings nicht disjunkt. Metriken für die Klassen messen die Strukturmerkmale einer Klasse wie die Zahl der nach der Komplexität gewichteten Methoden der Klasse. Metriken für die Methoden analysieren die Eigenschaften einzelner Methoden, wofür im Wesentlichen konventionelle Metriken wie z. B. LOC oder die McCabe-Zahl eingesetzt werden. Metriken für die Vererbungshierarchien untersuchen Vererbungsstrukturen wie die Anzahl Kinder einer Klasse. Metriken für die Aggregationshierarchien bewerten die wechselseitigen Verknüpfungen der Klassen wie die Anzahl der Klassen, mit denen eine bestimmte Klasse gekoppelt ist.

Konventionelle Metriken sind [holzma]:

- Umfangsmetriken,
- logische Strukturmetriken,
- Datenstrukturmetriken und
- Stilmetriken.

Umfangsmetriken messen die Größe des Programms. In logische Strukturmetriken geht die Struktur des Programms wie die Anzahl Pfade oder die Schachtelungstiefe von Schleifen ein. Datenstrukturmetriken untersuchen und messen die Verwendung von Daten im Programm wie z. B. die Zahl der Variablen. Stilmetriken analysieren z. B. die Zahl der Kommentare oder die Einhaltung von Namenskonventionen.

Beim Testen helfen die Metriken, Eigenschaften der Software zu messen. Dieser Aufwand ist erforderlich, wenn man Software erstellen möchte, die nachweisbar definierte Eigenschaften hat. In der Regel basieren die statischen Metriken auf dem Quellcode, es gibt aber auch Metriken für Spezifikationen. Beispiele für statische Metriken sind die Maße für die Komplexität der zu testenden Software oder die im Testobjekt vermuteten Fehlerzahlen. Wird der Testfortschritt mit Metriken bestimmt, so kann man leicht ein Abbruchkriterium definieren.

Mit dem Einsatz von Metriken

- kommt man zu einer objektiven Einschätzung der Qualität und zu objektiven Abnahmekriterien,
- erkennt man sehr komplexe und sehr triviale Bereiche und
- schafft man eine Planungsgrundlage.

Die Schwäche von Metriken ist, dass es zu viele Metriken gibt und man die Qual der Wahl hat. Außerdem ist nicht klar definiert, welcher Bezug zwischen den anerkannten Qualitätseigenschaften, den Qualitätsteilmerkmalen und den Metriken existiert. De facto sind Metriken eigene Qualitätsmerkmale. Softwaremetriken kosten Zeit und Geld und sollten mit Bedacht eingesetzt werden. Dieser Meinung ist auch DeMarco, 2008: "Heute verstehen wir alle, dass Softwaremetriken Geld und Zeit kosten und daher sehr vorsichtig eingesetzt werden sollten. [...] Man muss sie mit mehr Fingerspitzengefühl interpretieren, statt den Zahlen bedenkenlos zu vertrauen." [Wan09]

In den folgenden Unterkapiteln werden einige Metriken erläutert.

4.3.1 LOC-Metrik

Die bekannteste Metrik ist die "Lines of Code (LOC)"-Metrik. Sie ist die Angabe der Zahl der Programmierzeilen. Aber anhand dieser einfachen Metrik sieht man schon die Schwierigkeiten bei der Definition von Metriken: Sind die Kommentare und Leerzeilen mitgerechnet oder nicht? Werden Datendefinitionen bei der Berechnung berücksichtigt oder nicht? Außerdem hängt die erforderliche Zeilenzahl von der Programmiersprache ab. Das Programm kann zudem mehr oder weniger komplex aufgebaut sein. Bei der Auswertung dieser Metrik sollte man aber auf jeden Fall darauf achten, dass eine

Einheit, z. B. ein Modul oder eine Klasse, nicht zu lang ist. Über die Größe kann eine Aussage getroffen werden, ob die Programmierrichtlinien für die Programmlänge bei vorgegebener Programmiersprache eingehalten wurden oder nicht.

4.3.2 Überdeckungen

Zu den Überdeckungsmetriken gehören u. a. **Anweisungsüberdeckung** (C_0-Test), **Zweigüberdeckung** (C_1-Test), **einfache Bedingungsüberdeckung** (C_2-Test), **Mehrfachbedingungsüberdeckung** (C_3-Test), **minimale Mehrfachüberdeckung** und **Pfadüberdeckung** (C_4-Test). Überdeckungsmetriken werden in Kapitel 20.4.3.1 behandelt. Bei diesen Metriken handelt es sich um dynamische Verfahren. Es muss im Gegensatz zur LOC-Metrik das Testobjekt ausgeführt und mit Testdaten stimuliert werden.

4.3.3 McCabe-Zahl

Halstead und McCabe analysierten zusammen mit ihren Forscherkollegen über mehrere Jahre Hunderte von Entwicklungsprojekten, um eine Korrelation zwischen der Schachtelung von Kontrollstrukturen im Quellcode und der Fehlerwahrscheinlichkeit zu erkennen und in mathematische Formeln, die Metriken, zu bringen.

Bekannt ist die zyklomatische Komplexität eines Moduls [McC76]. Die zugrunde liegende Motivation ist, dass komplexe Module nicht von allen verstanden werden. Ist die Komplexität zu hoch, muss neu entworfen werden, da zum einen das Testen zu lang dauert und zum anderen die Wartbarkeit nicht gegeben ist. Die McCabe-Zahl[39] misst die Komplexität des Kontrollflusses im Programmcode. Sie wurde bereits 1976 eingeführt und ist weit verbreitet. Die McCabe-Zahl ist unabhängig von der Programmiersprache. Die McCabe-Zahl gehört zu den wichtigsten Komplexitäts-Metriken. Anweisungen werden als Knoten betrachtet, der Kontrollfluss zwischen den Anweisungen als Kante. Die Anzahl der Knoten im Graph heißen kn, die Anzahl der Kanten heißen ka. Wird eine Funktion mit einem einzigen Kontrollfluss (keine Parallelität durch Threads) betrachtet, dann ist die McCabe-Zahl gegeben durch:

McCabe-Zahl = ka - kn + 2

Für ein Programm aus einer einzigen Anweisung (1 Knoten) ist die Zahl der Kanten gleich 0, die McCabe-Zahl also gleich 1. Bei einer linearen Kette ist die Zahl der Kanten stets um 1 kleiner als die Zahl der Knoten. Damit ist die McCabe-Zahl auch gleich 1. Je mehr Verzweigungspunkte eine Bedingung hat und damit je mehr Pfade auftreten, umso größer wird die McCabe-Zahl. Die McCabe-Zahl ist ein Maß für die Zahl unabhängiger Pfade.

Je mehr Pfade in der Funktion sind, umso schwieriger ist die Funktion zu verstehen. Die Komplexität der Datenstrukturen, der Datenfluss und die Funktions-Schnittstelle werden nicht erfasst. Je größer die McCabe-Zahl, umso größer ist die Zahl der notwendigen Testfälle. Nach Verisoft [vermcc] sollten für eine Funktion mindestens so viele Testfälle ausgeführt werden, wie die McCabe-Zahl angibt. Die McCabe-Zahl sollte unter 15 liegen, da 15 und mehr Ausführungspfade schwierig zu testen und zu

---

[39] oder McCabe's zyklomatische Zahl.

verstehen sind [vermcc]. Funktionen mit einer `switch`-Anweisung mit vielen Zweigen haben rein formal viele Kontrollflüsse, generieren eine hohe Komplexitätszahl und sind dennoch leicht zu verstehen. Eine `switch`-Anweisung kann deshalb laut [McC76] als Ausnahme betrachtet werden.

Die McCabe-Zahl wurde für funktionsorientierte Systeme erdacht. Sie erfasst im Falle der Objektorientierung weder die Vererbung, noch die Polymorphie, die indirekt auch als Fallunterscheidung betrachtet werden können. Sie trifft den Begriff der Komplexität nur eingeschränkt. Das folgende Bild visualisiert Probleme mit der McCabe-Zahl:

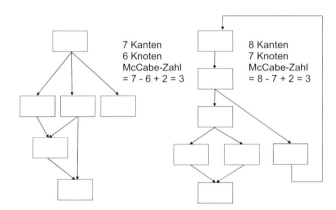

Bild 4-13 Zwei Kontrollflüsse mit derselben McCabe-Zahl

Die linke Funktion in Bild 4-13 ist nicht rekursiv und ist leichter zu verstehen als die rekursive rechte Funktion in Bild 4-13. Beide Funktionen weisen die gleiche McCabe-Zahl auf. Es sollte beachtet werden, dass die linke und die rechte Funktion nichts miteinander zu tun haben, außer dass sie die gleiche McCabe-Zahl haben. Eine Rekursion ist sicher aber komplexer als ein linearer Aufruf. Daher sollte die McCabe-Zahl eigentlich nicht als Maßzahl für die Komplexität bezeichnet werden. Sie hat sich in der Softwareentwicklung aber bereits durchgesetzt.

4.3.4 Halstead-Metrik

Die Halstead-Metrik [Hal77, verhls] ist ein statisches, analysierendes Verfahren, das ebenfalls die Komplexität beurteilt. Dieses Verfahren wurde 1977 von Maurice Howard Halstead entwickelt. Das analysierte System wird hierbei nicht ausgeführt wie bei dynamischen Verfahren, sondern das Quellprogramm wird analysiert und die Zahl der Operanden und Operatoren bestimmt. Zu den Operanden gehören beispielsweise Variablen und Konstanten, zu den Operatoren gehören die eigentlichen Sprach-Operatoren und Schlüsselworte. Anschließend findet die Berechnung der Vokabulargröße und der Implementierungslänge statt.

Die Vokabulargröße n ist gegeben durch

$n = n_{diffoperat} + n_{diffoperand}$

mit $n_{diffoperat}$ = Anzahl der im Code verschiedenen Operatoren
und $n_{diffoperand}$ = Anzahl der im Code verschiedenen Operanden

und die sogenannte Implementierungslänge durch

$N = N_{totaloperat} + N_{totaloperand}$

mit $N_{totaloperat}$ = Anzahl der im Code verwendeten Operatoren
und $N_{totaloperand}$ = Anzahl der im Code verwendeten Operanden

Mit Hilfe dieser Größen und dem Schwierigkeitsgrad D (D für Difficulty)

$D = (n_{diffoperat} / 2) * N_{totaloperand} / n_{diffoperand}$

werden beispielsweise das Volumen (V) des Programms oder die Anzahl der ausgelieferten Bugs (B) bestimmt.

Die genannten Größen ergeben sich zu:

$V = N * \log_2(n)$

$B = (E^{(2/3)}) / 3.000$ mit $E = V * D$.

B ist die wichtigste Halstead-Metrik für den dynamischen Test von Software. Halsteads B ist eine Schätzung für die Anzahl der Fehler in der Implementierung. Aus Erfahrungen weiß man, dass der berechnete Wert von B jedoch meist geringer ist als die Anzahl von Fehlern, die tatsächlich im Code enthalten sind. Die Halstead-Metriken sind leicht zu berechnen und sind automatisch bestimmbar. Beim Softwaretest sollte man mindestens so viele Fehler im Modul finden, wie die Metrik B angibt.

4.3.5 Kiviat-Diagramme

Misst man mehrere Eigenschaften, die einen von Null verschiedenen positiven Wert annehmen, so ist es aus Gründen der Übersichtlichkeit günstig, sie in einem sogenannten Kiviat[40]-Diagramm darzustellen. Für den Begriff Kiviat-Diagramm werden u. a. auch die Begriffe Radar-Diagramm, Netzdiagramm, Spinnen-Diagramm und Sterndiagramm verwendet.

---

[40] Der Name Kiviat-Diagramm kommt von Phil Kiviat, dem Erfinder der Kiviat-Diagramme.

Qualität von Softwaresystemen

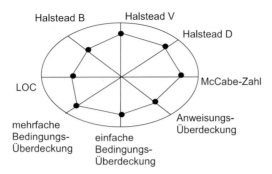

Bild 4-14 Kiviat-Diagramm

Das Kiviat-Diagramm wird für einzelne Klassen, Funktionen oder Komponenten erstellt. Hierzu werden die Eigenschaften in einem zweidimensionalen Schaubild normiert auf den Achsen mit gleichem Winkelabstand vom Mittelpunkt einer Ellipse aufgetragen. Die Achsen werden passend skaliert. Der beispielsweise auf 1 normierte Wert befindet sich auf der Ellipse. Der Messwert nimmt dann die entsprechende Achsenlänge an. Der Messwert ist in Bild 4-14 durch einen fetten Punkt auf der entsprechenden Achse gekennzeichnet. Die Messwerte auf den Achsen werden durch einen Polygonzug verbunden. Die Größe des Winkels zwischen den Achsen und die relative Position zwischen den Achsen ist bedeutungslos. Unterschiede zwischen verschiedenen Versionen lassen sich leicht durch Veränderungen der Symmetrie erkennen.

Die Größe der Fläche innerhalb des Polygonzugs wird oft als gesamtes Qualitätsmaß verwendet. Diese Interpretation ist sinnvoll, wenn die Messwerte keinen unteren Mindestwert haben. Da die Achsen gleichmäßig aufgetragen werden, ist die Gewichtung in dem entstehenden gesamten Qualitätsmaß gleich groß.

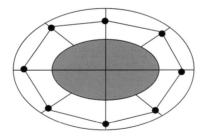

Bild 4-15 Kiviat-Diagramm mit minimalem und maximalem Wert pro Achse

Gibt man in einem Kiviat-Diagramm für jeden Messpunkt einen zulässigen Bereich an, so kann die Normierung pro Achse des Kiviat-Diagramms so erfolgen, dass der minimale und der maximale Wert jeweils auf einer Ellipse liegt (siehe Bild 4-15).

4.4 Standards zur Qualitätssicherung

Die Qualitätssicherung sorgt generell für die Qualität eines Prozesses, der für die Erzeugung eines Produktes notwendig ist. Des Weiteren überwacht die Qualitätssicherung nicht nur die Qualität des Prozesses, sondern auch die durch den Prozess erzeugten Produkte.

Dabei sollte auch Wert auf die Verfolgbarkeit der Erzeugnisse der verschiedenen Aktivitäten gelegt werden, damit die Auswirkungen jedes Requirements nachgewiesen werden können und alle Systemkomponenten auf Requirements zurückgeführt werden können.

4.4.1 ISO 9000 ff.

Die ISO 9000 ff. [EN ISO 9000] ist ein Mittel, um eine Basis für die Erreichung der Qualität von Produkten zu legen. Die ISO 9000 ff. verlangt die Einrichtung eines Qualitätssicherungssystems in den Firmen, mit anderen Worten: es muss eine Qualitätssicherungsorganisation in einem Unternehmen eingeführt werden (Aufbauorganisation) und Qualitätssicherungs-Prozesse durch Personal geeigneter Qualifikation gewährleistet werden (Ablauforganisation).

DIN EN ISO 9000 ff. ist als Standard international anerkannt. Die wichtigsten Bände zu diesem Standard sind:

- DIN EN ISO 9000:2005: Grundlagen und Begriffe,
- DIN EN ISO 9001:2008: Anforderungen und
- DIN EN ISO 9004:2009: Leitfaden zur Leistungsverbesserung.

Mit einem Qualitätssystem bzw. Qualitätsmanagementsystem kann man:

- wiederkehrende Arbeitsabläufe festlegen,
- die Verantwortungen regeln,
- den Informationsfluss an internen und externen Schnittstellen definieren und
- Prüfungen zur Sicherung der Qualität von Arbeitsschritten einrichten.

Abläufe, die standardisierbar sind, wie die Einarbeitung neuer Kollegen, können optimiert und überprüft werden. Die ISO 9000 ist weit verbreitet und damit können die Erfahrungen anderer Firmen genutzt werden. Am Markt haben sich zahlreiche Berater etabliert.

Man kann sich als Firma nach bestandenem Audit (ein Prüfverfahren) zertifizieren lassen. Durch die Zertifizierung wird bestätigt, dass die Abläufe festgelegt sind und nicht, dass die Qualität einer Dienstleistung oder eines Produkts gewährleistet wird. Hinter der Betrachtung der Prozesse steht die Überlegung, dass wenn die Qualität der Prozesse gegeben ist, sich diese Qualität in den Produkten oder Dienstleistungen widerspiegelt. Lax gesprochen, ist der Weg das Ziel. Trotz Zertifizierung kann keine Gewähr für die Qualität der Produkte oder Dienstleistungen gegeben werden.

Ursprünglich betraf der ISO-Standard den Bereich der Produktion, er ist aber inzwischen in vielen Branchen wie der Automobilindustrie, dem Maschinenbau oder dem Gesundheitswesen anerkannt. In Abhängigkeit von der Größe der Firma werden die

Zertifizierungskosten erhoben. Hinzu kommen weitere Kosten wie für Beratung, Vorbereitung oder Mitarbeiterschulung.

4.4.2 Capability Maturity Model

CMM ist die Abkürzung für Capability Maturity Model. Es ist ein Reifegradmodell zur Beurteilung von Unternehmen und deren Prozesse. Das Software Engineering Institute (SEI) wurde 1986 von dem US-Verteidigungsministerium beauftragt, ein System zu entwickeln, mit dem man die Reife eines Unternehmens beurteilen kann. 1991 wurde die Version 1.0 von CMM veröffentlicht. In CMM werden 5 unterschiedliche Reifegrade definiert. Bei der Vergabe von Aufträgen werden durch das US-Verteidigungsministerium nur Unternehmen mit mindestens der Reifegradstufe 3 berücksichtigt. Hier die 5 Reifegrade:

- **Reifegrad 1 – Initial**
  Jedes Unternehmen erreicht den Reifegrad 1. Softwareentwicklung findet nicht nach einem Prozess statt. Termine, Kosten und Qualität sind nicht vorhersagbar.
- **Reifegrad 2 – Repeatable**
  Grundlegende Prozesse wie Projektplanung und Konfigurationsmanagement existieren. Diese sind mündlich überliefert und müssen nicht in einem Projekthandbuch dokumentiert sein. Die Arbeitsprodukte werden gesteuert. Termine sind kontrollierbar, Kosten und Qualität unterliegen starken Schwankungen.
- **Reifegrad 3 – Defined**
  In einer Unternehmenseinheit (Unternehmen, Bereich, Abteilung) gibt es definierte (dokumentierte) Prozesse für die Softwareentwicklung. Diese werden nach vorgegebenen Richtlinien für die einzelnen Entwicklungsprojekte angepasst (Tailoring) und implementiert.
- **Reifegrad 4 – Managed**
  Hier werden nicht nur die Arbeitsprodukte bewertet, sondern auch für die Prozesse Kennzahlen ermittelt und mit den vorgegebenen Zielen verglichen.
- **Reifegrad 5 – Optimizing**
  Es werden die Kennzahlen verwendet und einem kontinuierlichen Verbesserungsprozess zugeführt.

CMM hat die folgenden Merkmale:

- Bewertet wird der Reifegrad einer ganzen Unternehmenseinheit.
- Frei verfügbar.
- Weltweit bekannt.
- Wird vom US-Verteidigungsministerium unterstützt.
- Es gibt 5 Stufen.

Das Modell CMM wird nicht mehr vom SEI unterstützt und weiterentwickelt, sondern wurde von dem SEI durch CMMI (siehe Kapitel 4.4.4) ersetzt.

4.4.3 SPICE

SPICE bedeutet **Software Process Improvement and Capability Determination** und dient zur Reifegradbestimmung von Softwareprozessen. Die zugehörige Norm ISO 15504 [ISO 15504] besteht zurzeit aus 5 Teilen. Teil 2 enthält den eigentlichen normativen Anteil und beschreibt die Assessmentdurchführung. Dieser Teil wurde 2003 veröffentlicht. Teil 5 beschreibt ein Process Assessment Model (PAM), das die erforderlichen Prozesse und deren Ein- und Ausgaben enthält, und wie diese in einem Assessment zu bewerten sind. Dieser Teil wurde 2006 veröffentlicht. Er baut auf den Prozessen der ISO/IEC 12207 auf.

Momentan wird die Norm um die Teile 6, 7 und 8 erweitert. Teil 6 ist eine Erweiterung für die Systementwicklung, so dass die Norm nicht nur für die Softwareentwicklung eingesetzt werden kann. Der Teil 6 baut auf den Systemprozessen der ISO 15288 auf. Mit dem Teil 7 soll die Möglichkeit geschaffen werden, den Reifegrad eines Unternehmens wie bei CMM (siehe Kapitel 4.4.2) zu bestimmen. Teil 8 stellt ein examplarisches Process Assessment Model für das IT Service Management dar, basierend auf der ISO 20000.

In SPICE werden **Prozesse** in **6 Reifegradstufen** (engl. capability level) von 0 bis 5 eingeteilt. Die unterste Reifegradstufe ist 0. Das heißt, jeder Prozess wird einzeln bewertet und hat eine eigene Reifegradstufe. Hier die Stufen:

- **Stufe 0 – Incomplete**
  Es gibt keine Prozesse. Die Entwickler wissen teilweise nicht, was die Ziele sind, und die Produkte werden häufig nicht fertiggestellt.
- **Stufe 1 – Performed**
  Die Ziele sind bekannt, es sind vereinzelt Prozesse vorhanden.
- **Stufe 2 – Managed**
  Es findet eine Projektplanung statt und Verantwortlichkeiten werden zugeordnet. Es gibt Prozesse, die aber nicht unternehmensweit festgelegt sind. Die Arbeitsprodukte werden kontrolliert.
- **Stufe 3 – Established**
  Es sind unternehmensweit Prozesse definiert.
- **Stufe 4 – Predictable**
  Beim Ausführen des Prozesses werden Messungen durchgeführt und analysiert. Sie sollen zu einer besseren Vorhersagbarkeit des Prozesses dienen.
- **Stufe 5 – Optimizing**
  Die Prozesse werden kontinuierlich verbessert.

Jeder Reifegradstufe werden in der Regel zwei **Prozessattribute** zugeordnet. Eine Ausnahme bildet die Stufe 1, für die es nur ein Prozessattribut gibt. Die Prozessattribute sind Eigenschaften eines Prozesses, die für alle Prozesse anwendbar sind. Die Prozessattribute werden dabei für die Bewertung eines Prozesses herangezogen. Die Prozessattribute werden nummeriert, so dass über die erste Zahl sofort die zugeordnete Reifegradstufe ersichtlich ist. Folgende neun Prozessattribute gibt es:

Reifegrad	Prozessattribut (PA)
Stufe 1	PA 1.1 Prozessdurchführung
Stufe 2	PA 2.1 Management der Prozessdurchführung
	PA 2.2 Management der Arbeitsprodukte
Stufe 3	PA 3.1 Prozessdefinition
	PA 3.2 Prozessanwendung
Stufe 4	PA 4.1 Prozessmessung
	PA 4.2 Prozesssteuerung
Stufe 5	PA 5.1 Prozessinnovation
	PA 5.2 Prozessoptimierung

Tabelle 4-2 Prozessattribute

Zum Bewerten der Prozesse hat die Norm eine Bewertungsskala eingeführt. Sie wird in vier Bereiche eingeteilt:

- 0 % - 15 %, nicht erfüllt (engl. not achieved, N),
- > 15 % - 50 %, teilweise erfüllt (engl. partially achieved, P)
- > 50 % - 85 %, überwiegend erfüllt (engl. largely achieved, L) und
- > 85 % - 100 %, vollständig erfüllt (engl. fully achieved, F).

Um eine Reifegradstufe bei einem Assessment zu erreichen, werden die Prozessattribute für den jeweiligen Prozess bewertet. Eine Stufe hat man dann erreicht, wenn man bei der Bewertung der Prozessattribute dieser Stufe ein "largely" oder ein "fully" erreicht hat und bei den Prozessattributen der darunterliegenden Stufen mit einem "fully achieved" bewertet wurde. Um die Prozessattribute bewerten zu können, werden die sogenannten generischen Praktiken und generischen Arbeitsprodukte herangezogen. Jedes Prozessattribut besitzt mehrere generische Praktiken und generische Arbeitsprodukte.

Generische Praktiken sind allgemeine Aufgaben, die für alle Prozesse angewandt werden müssen. Die generische Praktik auf Stufe 1 besagt, dass alle Basispraktiken eines Prozesses, so wie sie z. B. in der ISO 15504-5 stehen, umgesetzt werden müssen. Auf Stufe 2 gehört das Planen und Überwachen der Prozesse dazu. **Generische Arbeitsprodukte** können von den generischen Praktiken genutzt bzw. werden durch eine generische Praktik erstellt. D. h. der bei der Planung erstellte Terminplan wird zur Überwachung der Prozesse verwendet und aktualisiert. Zu den generischen Arbeitsprodukten gehören Pläne, Berichte, usw.

Das Prozessattribut 1.1 besitzt genau eine generische Praktik, die heißt: erfülle die Basispraktiken des jeweiligen Prozesses.

SPICE hat die folgenden Charakteristika:

- Betrachtet werden einzelne Prozesse einer Firma.
- Assessments bewerten die einzelnen Prozesse anhand von vordefinierten Prozessmodellen.

- Mögliche Prozesse sind:
  - Konfigurationsmanagement,
  - SW-Entwicklungsprozesse und
  - Release-Management.
- Der SPICE-Assessor liefert nach einem Assessment (Bewertung der Qualität):
  - Schwächen in den Prozessen,
  - Stärken von Prozessen und
  - Verbesserungsvorschläge.

Da es sich bei SPICE um eine ISO-Norm (ISO/IEC 15504) handelt, ist diese kostenpflichtig. Die Variante Automotive-SPICE, die sich nur durch ein paar Prozesse unterscheidet, gibt es dafür kostenlos. Ebenfalls gibt es vom Verband der Automobilindustrie e.V. (VDA) eine deutsche Übersetzung von Automotive-SPICE. Diese kann ebenfalls frei im Internet bezogen werden (siehe [autosp]).

4.4.4 Capability Maturity Model Integration

Mit CMMI hat das SEI auf SPICE reagiert. Im Jahre 2000 wurde CMMI – damals noch unter dem Namen Capability Maturity Model Integrated – als Pilotversion 1.0 herausgegeben. Im Jahre 2002 wurde CMMI unter dem neuen Namen Capability Maturity Model Integration (kurz CMMI) freigegeben.

Bei CMM gab es für unterschiedliche Bereiche unterschiedliche Ausprägungen. Diese Ausprägungen wollte man durch ein modulares einheitliches System ersetzen und zusätzlich zu dem Stufenmodell (engl. staged model) ein kontinuierliches Modell (engl. continuous model) einführen, bei dem sogenannte Prozessgebiete (engl. process areas, PA) einzeln betrachtet und diese in Fähigkeitsstufen bewertet werden. Dieses kann mit dem Bewerten von einzelnen Prozessen in SPICE verglichen werden.

Die sechs Fähigkeitsstufen von CMMI lauten:

Fähigkeitsgrad 0: **unvollständig** (engl. **incomplete**)
Fähigkeitsgrad 1: **durchgeführt** (engl. **performed**)
Fähigkeitsgrad 2: **gemanagt** (engl. **managed**)
Fähigkeitsgrad 3: **definiert** (engl. **defined**)
Fähigkeitsgrad 4: **quantitativ gemanagt** (engl. **quantitatively managed**)
Fähigkeitsgrad 5: **optimierend** (engl. **optimizing**)

Durch das kontinuierliche Modell hat ein Unternehmen die Möglichkeit, sich auf wesentliche Prozessgebiete zu konzentrieren, um in diesen einen hohen Fähigkeitsgrad zu erreichen. Prozessgebiete mit geringerer Bedeutung werden nur grundlegend umgesetzt.

Beispiele für Prozessgebiete sind:

- Konfigurationsmanagement,
- Requirement-Management,
- Projektplanung und
- technische Umsetzung.

4.5 Qualitätssicherungsmaßnahmen in der Entwicklung

Die Qualitätssicherung befasst sich ganz allgemein mit verschiedensten Maßnahmen zur Gewährleistung der Qualität der Erzeugnisse. Der Begriff wird nicht einheitlich verwendet. Andere Bezeichnungen sind beispielsweise Qualitätsmanagement oder Qualitätskontrolle. Die Qualitätssicherung muss dafür sorgen, dass ein Entwicklungs- oder Produktionsprozess fachgerecht nach Stand der Technik mit einer bestimmten Methode sinnvoll durchgeführt wird. Qualitätsvorschriften wie z. B. Vorgehensmodelle oder Programmierrichtlinien sollen dabei helfen. Ein durchdachter Prozess, dessen Ablauf in einem Vorgehensmodell beschrieben wird, fördert die Entwicklung. Genauso muss ein Produktionsprozess mit Überlegung geplant sein, um die Produktion in optimaler Weise zur Erzeugung hochwertiger Produkte durchzuführen. Ein Prozess ist durch geeignete Werkzeuge zu unterstützen. Auf allen Stufen eines Prozesses sind Prüfschritte zur Überprüfung der erreichten Qualität einzubauen.

Die Software-Qualitätssicherung betrifft die ganze Software-Entwicklung. Sie umfasst:

- die Vorgehensweise zum Erstellen der Requirements und die Organisation der zugehörigen Reviews,
- den Einsatz von Methoden bei Systemanalyse und Entwurf und die Organisation der zugehörigen Reviews,
- Vorgaben für die Programmierung des Codes und dessen Inspektion und
- die Durchführung und Bewertung von Tests.

In der Softwareentwicklung sind passende Vorgehensmodelle, Entwurfs- und Programmierrichtlinien besonders wichtig. Nicht ablauffähige Erzeugnisse werden in der Gruppe durch Reviews überprüft, ablauffähige Erzeugnisse durch Tests. Wegen der Menge der möglichen Testdaten und der hohen Zahl der Produkte muss man sich dabei gezielt auf die besonders wichtigen Erzeugnisse und Testfälle beschränken.

Das folgende Bild 4-16 zeigt die Ergebnisse einer Studie [softqu]:

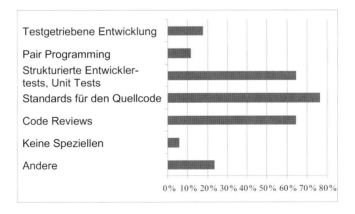

Bild 4-16 Häufige Qualitätssicherungsmaßnahmen

Dieser Studie [softqu] zufolge sind Programmierrichtlinien, Reviews und Testen die am meisten eingesetzten Qualitätssicherungsmaßnahmen. Testen wird in Kapitel 20 behandelt, Reviews als eine spezielle Testmethode in Kapitel 20.3. Programmierrichtlinien hängen von der eingesetzten Programmiersprache ab, sollten aber zumindest die Prinzipien Teile und herrsche (siehe Kapitel 13.2.2.1), Low Coupling und Strong Cohesion (siehe Kapitel 13.3.1), Konzeptionelle Integrität (siehe Kapitel 13.2.2.3) und Separation of Concerns (siehe Kapitel 19.1) beinhalten.

4.6 Zusammenfassung

Zur Qualitätssicherung dienen konstruktive und analytische Maßnahmen. Zu den konstruktiven Maßnahmen gehören beispielsweise der Einsatz geeigneter Methoden des Software Engineering und von höheren Programmiersprachen. Analytische Maßnahmen werden an bereits konkret realisierten Produkten durchgeführt. Hierzu gehört u. a. das Messen von Qualitätsmesszahlen (Metriken) wie z. B. die Zahl der Anweisungen pro Modul oder die Verschachtelungstiefe bei Fallunterscheidungen, aber auch das Testen von Programmen oder die Analyse von Dokumenten im Rahmen eines Review oder einer Code-Inspektion.

Nach der Diskussion von Fehlern in Programmen in Kapitel 4.1 befasst sich Kapitel 4.2 mit den Qualitätsmerkmalen wie Sicherheit, Zuverlässigkeit, Vollständigkeit und Robustheit zur Feststellung der Qualität. In Kapitel 4.3 werden Metriken wie LOC, Überdeckungen, die McCabe-Zahl und Halstead-Metriken vorgestellt und erklärt, wie diese in einem Kiviat-Diagramm dargestellt und analysiert werden können. Kapitel 4.4 beschäftigt sich mit den unterschiedlichen Methoden zur Bewertung der Qualität von Prozessen und Organisationseinheiten und stellt diese vor. Dazu gehören ISO 9001, CMM, SPICE und CMMI. In Kapitel 4.5 wird durch eine Studie belegt, dass die häufigsten Qualitätssicherungsmaßnahmen Programmierrichtlinien, Reviews und Testen sind.

4.7 Aufgaben

Aufgabe 4.1 Fehler in Programmen

4.1.1 Was ist der Unterschied in der Zielrichtung von Software Engineering und Fehlertoleranz?
4.1.2 Zeichnen Sie die Fehlerkosten für einen Fehler in den Anforderungen in Abhängigkeit von der Dauer der Existenz der Fehler.

Aufgabe 4.2 Qualität von Software

4.2.1 Nennen Sie fünf Qualitätsmerkmale.
4.2.2 Welche konstruktiven und welche analytischen Maßnahmen zur Qualitäts–sicherung kennen Sie?
4.2.3 Erläutern Sie die GQM-Methode.

Aufgabe 4.3 Metriken

4.3.1 Was misst die McCabe-Zahl?
4.3.2 Auf welchen elementaren Eigenschaften beruht die Halstead-Metrik für die Komplexität?

Aufgabe 4.4 Standards zur Qualitätssicherung

4.4.1 Charakterisieren Sie sie ISO 9000, CMM, SPICE und CMMI.
4.4.2 Was ist der Unterschied im Ansatz zwischen CMM und CMMI?

Kapitel 5

Requirements

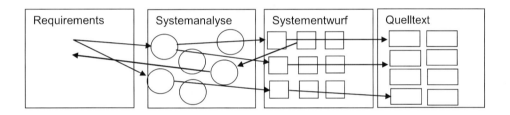

5.1 Nutzen von Requirements
5.2 Techniken für das Aufstellen der Requirements
5.3 Requirements für das System und seine Zerlegung
5.4 Arten von Requirements
5.5 Struktur der Requirements
5.6 Werkzeuggestützte Verwaltung von Requirements
5.7 Zusammenfassung
5.8 Aufgaben

5 Requirements

Requirements sind **Anforderungen**. Ziel des Requirement Engineerings ist es, in systematischer, ingenieursmäßiger Vorgehensweise eine Requirement-Spezifikation zu erstellen, die die tatsächlichen Anforderungen an ein Produkt best möglich beschreibt, so dass das Produkt den Wünschen des Kunden entspricht. Wenn dieses Ziel nicht erreicht wird, sei es z. B. infolge von Unvollständigkeit, Widersprüchlichkeiten oder Mehrdeutigkeiten, so wird der Kunde mit dem Produkt nicht zufrieden sein. Der Prozess der Entwicklung eines Produkts kann nur dann zum Erfolg führen, wenn der Kunde seine Wünsche erfüllt sieht. Requirements werden in einer Requirement-Spezifikation erfasst. Ein Requirement an ein System ist eine Anforderung des Kunden an die Funktionalität eines Systems bzw. an die Systemeigenschaften oder eine Einschränkung an den Entwurf.

> Requirements an ein System sind Anforderungen des Kunden an die Funktionen oder Qualitäten eines Systems oder es sind geforderte Entwurfs-Einschränkungen. Diese Einschränkungen beschneiden den Lösungsraum.

Die Aufstellung der Requirements in Form der **natürlichen Sprache** hat im Gegensatz zu formalen Methoden den Vorteil, dass gerade zu Beginn des Projektes alle am Projekt Beteiligten (Auftraggeber, Vertrieb, Entwicklung etc.) noch alles verstehen können.

> Requirements werden meist in natürlicher Sprache geschrieben und sind deshalb für alle Projektbeteiligten verständlich.

Werden in späteren Phasen Beschreibungen mit formalen Anteilen wie etwa Interaktionsdiagramme – Interaktionsdiagramme sind Sequenzdiagramme, Kommunikationsdiagramme, Interaktionsübersichtsdiagramme und Zeitdiagramme[41] – eingeführt, so hat nicht mehr jeder Projektbeteiligte die Möglichkeit, diese Dokumente zu verstehen und zu prüfen.

Die Requirements werden in der Regel in Freitext formuliert, können aber auch mit Bildern oder Tabellen versehen sein. Schließlich sagt ein Bild mehr als tausend Worte. Die Requirements werden im Rahmen eines Requirement Engineering-Prozesses aufgestellt, validiert und festgehalten. Die Erstellung von Requirements kann einen aufwändigen Requirement Engineering-Prozess bedeuten.

Requirements sind die **Grundlage der Tests** (siehe Kapitel 20). Ohne Requirements kann man nicht testen.

Requirements müssen durch Testfälle prüfbar sein. Die Testfälle sollten vor der Realisierung erstellt werden, damit sie aus Sicht des Problems erstellt werden und die

---

[41] Sequenzdiagramme, Kommunikationsdiagramme, Interaktionsübersichtsdiagramme und Zeitdiagramme werden in Kap. 11 erläutert.

relevanten Fälle testen und nicht durch die Lösung so beeinflusst werden, dass eventuell Fälle der Anwendung fälschlicherweise in Vergessenheit geraten.

> Requirements müssen durch Testfälle ergänzt werden.

Eine **Requirement-Spezifikation** kann zwei verschiedene Ausprägungen haben. Diese werden in diesem Buch als Anforderungs-Spezifikation und als Requirement-Zusammenstellung bezeichnet. Enthält ein Dokument nur Requirements, so wird es in diesem Buch als **Requirement-Zusammenstellung** bezeichnet. Enthält ein Dokument die Requirements und zusätzlich noch erläuternden Freitext, so wird das gesamte Dokument **Anforderungs-Spezifikation** genannt. Eine Requirement-Spezifikation kann also sowohl eine Requirement-Zusammenstellung als auch eine Anforderungs-Spezifikation sein. Der Begriff **Requirement-Spezifikation** lässt also noch offen, in welcher Form die Requirements erstellt werden. Dies ist im folgenden Bild zu sehen:

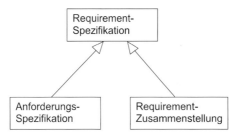

Bild 5-1 Ausprägungen einer Requirement-Spezifikation

> Eine Requirement-Spezifikation enthält die Requirements. Eine sogenannte Requirement-Zusammenstellung enthält nur die Requirements, eine Anforderungs-Spezifikation zu den Requirements auch freien Text.

Die **Kosten** für das Aufstellen der Requirements sind auf Grund der Tatsache zu vertreten, dass Fehler in den Requirements die teuersten Fehler sein können. Das folgende Bild zeigt den Aufwand in Prozent der Projektkosten für eine Requirement-Spezifikation nach einer Studie im Jahre 2008 [softqu]:

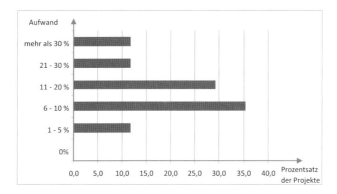

Bild 5-2 Aufwand für eine Requirement-Spezifikation in Prozent der Projektkosten

Werden die Fehler in den Requirements durch das Vorhandensein einer Requirement-Spezifikation stark reduziert, so spart man Geld für die Fehlerbeseitigung. Sind die Anforderungen gut, weiß der Kunde, was er bekommt, der Auftragnehmer, was er zu liefern hat, und der Qualitätssicherer, was er zu prüfen hat. Das **Projektrisiko** sinkt für alle Vertragspartner.

Eine Requirement-Spezifikation erfüllt ihren Zweck, wenn die Requirements

- adäquat (die Requirements erfüllen die Kundenwünsche),
- vollständig (alles, was der Kunde braucht, wird beschrieben),
- eindeutig,
- widerspruchsfrei und
- verständlich (für Kunden und Auftragnehmer)

aufgeschrieben sind [Red00].

Requirements müssen eindeutig formuliert sein. Zweideutige Requirements müssen im Rahmen der Zusammenarbeit mit dem Auftraggeber in eine eindeutig verstehbare Form gebracht werden.

Natürlich existieren auch andere Kriterienkataloge zur Bewertung der Güte von Requirement-Spezifikationen (siehe z. B. [Röd09]).

Der Spezifikationsprozess erfordert die Identifikation der Requirements in abstrakter Form, ihre Darstellung und Überprüfung in enger iterativer Wechselwirkung der Systemanalytiker mit dem Kunden [Red00]. Unklare Requirements müssen vermieden werden. Es ist gut, wenn Requirements wegen ihrer Folgenschwere durch **Reviews** überprüft werden.

Nach der Darlegung des Nutzens von Requirements in Kapitel 5.1 behandelt Kapitel 5.2 Techniken zum Finden von Requirements und die Tatsache, dass sich Requirements im Projektverlauf ändern, da sie ein zukünftiges Ziel charakterisieren. Für das Gesamtsystem und auch für die Zerlegungsprodukte sollten – es ist nicht immer möglich – prinzipiell die Requirements aufgestellt werden. Bei Fremdvergaben müssen die Requirements auf jeden Fall erstellt werden (Kapitel 5.3). Kapitel 5.3 zeigt ferner das Wechselspiel zwischen dem Aufstellen des Entwurfs und dem Aufstellen der Requirements. Kapitel 5.4 enthält die Einteilung der Requirements in funktionale und nicht-funktionale Requirements, wobei die nicht-funktionalen Requirements in Qualitäten und Constraints aufgespalten werden können. Kapitel 5.5 berücksichtigt diese Aufteilung und formuliert eine bewährte Struktur zum Aufstellen der Requirements. Kapitel 5.6 fordert das Verwenden einer werkzeuggestützten Verwaltung von Requirements bei größeren Projekten.

5.1 Nutzen von Requirements

Das Aufstellen von Requirements ist in der Industrie beim Bau großer, neuer Systeme absolute Pflicht. Der Bedarf an einer guten Technik, um Requirements aufzustellen, ist grundsätzlich in jedem Projekt vorhanden. Vor allem in Projekten mit einem mehr oder weniger großen Softwareanteil kann man die Auswirkungen sehen, wenn die Requirements nicht sauber herausgearbeitet wurden.

Als in den sechziger Jahren der Begriff der Softwarekrise geprägt wurde, wurde viel Aufwand getrieben, um dieser Krise entgegenzuwirken. Dazu musste jedoch erst einmal ausfindig gemacht werden, was denn letztendlich zum Scheitern eines Projektes führt. Man kam zu der Erkenntnis, dass in den meisten Projekten, die die Zeit- und Kostenvorgaben nicht einhalten konnten, auch die Requirements erhebliche Mängel aufwiesen. Das Aufstellen der Requirements scheint einfach zu sein, jedoch führt es auch zu zusätzlichen Problemen und Fehlern, wenn man es nicht richtig macht. Gut formulierte Requirements führen zu folgenden Vorteilen [Dor00, S.7]:

- Einer **Übereinstimmung** zwischen dem Entwickler, Kunden und Benutzer über die auszuführenden Arbeiten und die Akzeptanzgrenze des auszuliefernden Systems.
- Der Möglichkeit einer **korrekten Abschätzung** der benötigten Mittel (Kosten, Personalbedarf, Ausrüstung und Zeit).
- **Verbesserten Systemeigenschaften** wie Nutzbarkeit und Wartbarkeit und eine Verbesserung weiterer qualitativer Eigenschaften.
- Das Erreichen der Ziele mit **minimalem Einsatz** (wenig Nacharbeit, weniger Versäumnisse und Missverständnisse).

Gute Requirements können zu einer guten Planung und zu einem guten System führen. Schlechte Requirements verhindern eine gute Planung und ein gutes System.

Bei großen und komplexen Systemen wurde beobachtet, dass es umso wichtiger ist, die Requirements gut und richtig aufzustellen. Softwarelastige Systeme scheinen von Grund auf komplexer zu sein. Dadurch sind Systeme mit weniger Softwareanteil auch weniger empfindlich, was die Requirements und das Gelingen angeht.

Nachdem klar wurde, wie wichtig Requirements sind, wurde intensiv nachgeforscht, wie man sie finden und bewerten kann, welche Standards, Werkzeuge und Methoden hilfreich sind und ob es diese bereits gibt oder ob diese erst noch erfunden werden müssen. Die Requirement-Technik hat sich demnach in der Welt der Systemtechnik etabliert. Zu der Requirement-Technik gehört die Analyse und Spezifikation von Systemen genauso wie das Prüfen der Abstraktion der Requirements [Dor00, S.7].

Für die praktische Arbeit ist es hilfreich, wenn Requirements auf einfache Weise eindeutig identifiziert werden können. In der Regel verwendet man hierfür ein Identifikationsschema, welches für jedes Requirement eine eindeutige Nummer vorsieht.

Jedes Requirement hat einen eindeutigen Identifikator, der die Buchführung der Requirements sehr erleichtert.

Es ist von Vorteil, die Requirements durchzunummerieren, damit man bei der Analyse der Requirements und bei der Überprüfung ihrer Erfüllung den Bezug zum jeweiligen Requirement leichter herstellen kann. Dies gilt auch bei kleinen Projekten, die nur wenige Seiten Anforderungen haben.

Durch das sorgfältige Aufstellen und Überprüfen der Requirements kann gewährleistet werden, dass das **System richtig** gebaut wird (siehe Verifikation in Kapitel 20.2). Anhand der formal ausgezeichneten und durchnummerierten Requirements wird das Projekt verfolgt. Hierbei wird wiederholt bis zum Abnahmetest überprüft, ob alle Requirements von der Lösung erfüllt werden.

> Die **Erfüllung von Requirements** charakterisiert den **Projektfortschritt**.

Bevor mit der Realisierung eines Systems in einem Projekt begonnen wird, muss klar sein, was die Aufgabenstellung ist. Die Aufgabenstellung wird in den meisten Projekten in textueller Form und durch aussagefähige Grafiken ergänzt aufgeschrieben. Schreibt der Kunde die Requirements auf, so wird dieses Dokument oft auch als **Lastenheft** bezeichnet. Das Lastenheft wird dann an den Lieferanten weitergereicht, der dem Kunden dann die Requirements in Form eines **Pflichtenhefts** vorlegen muss. Ein Pflichtenheft kann als eine fortgeschriebene Version des Lastenheftes betrachtet werden, wobei es zusätzlich zum Lastenheft oftmals auch technische Details des Entwurfs enthalten kann. In der hier verwendeten Begriffswelt umfasst das Pflichtenheft den Stand der Requirements nach Durchführung einer Machbarkeitsanalyse (siehe Kapitel 1.5.3). Das Pflichtenheft enthält die Vereinbarungen zwischen Kunden und Entwicklern. Es ist oft Bestandteil des Vertrags. Durch das Pflichtenheft sind die Requirements gegeben. Das Projekt kann kalkuliert werden.

5.2 Techniken für das Aufstellen der Requirements

In der Regel muss man, bevor man die Requirements an das neue System zusammenstellt, mit der Umgebung, in die das neue System eingefügt werden soll, vertraut werden. Hierzu wird man

- identifizieren, welche Anwendungsfälle das neue System erbringen soll,
- die Nutzerorganisation aufnehmen und beschreiben (bei Systemen für einen speziellen Kunden, nicht jedoch bei Systemen für den breiten Markt),
- die Aufgaben der Nutzer aufnehmen und beschreiben,
- die Schwachstellen im jetzigen Zustand analysieren,
- die Möglichkeiten für eine DV-Unterstützung prüfen und
- das Mengengerüst für Informationsflüsse, Speichervolumina, Verarbeitungsperformance grob erfassen (dies braucht man zu einer Beurteilung der Realisierungsfähigkeit und zu einer ersten Kostenschätzung).

Zu den verwendeten Techniken zur **Aufnahme von Requirements** gehört das Studium von Dokumenten, Gespräche beim Kunden und das Studium von abzulösenden Altsystemen. Unterschiedliche Anforderungen verschiedener Nutzer müssen vereinheitlicht werden und sprachliche Missverständnisse durch klare Begriffe vermieden werden. Die Wünsche des Kunden sind häufig nicht so eindeutig, wie es sich auf den ersten Blick anhört, denn es gibt viele sehr unterschiedliche **Interessengruppen**[42] beim Kunden. Eine der wichtigsten Aufgaben des Requirement Engineerings ist es, diese Interessen zu bündeln, Widersprüche aufzulösen und Wünsche zu priorisieren. Die **Stakeholder** aus jeder Gruppe müssen daher an diesem Prozess beteiligt werden. Zur einheitlichen Verwendung der wichtigen Begriffe des Anwendungsbereichs kann die Erstellung eines Begriffsverzeichnisses hilfreich sein. Es zahlt sich aus, **in der Anfangsphase** bis zur Konsolidierung die Requirements mit Quelle und Datum zu versehen, damit die **Nachvollziehbarkeit der Quelle der Requirements** gegeben ist, wenn es zu Diskrepanzen bei den Stakeholdern kommt.

Durch die Requirements müssen die Systemgrenzen klar werden, also was alles zum System gehört und was außerhalb des Systems liegt. Die Erfahrung zeigt, dass zu Beginn eines Projektes selbst die Aufgabenstellung nur vage bekannt ist. Ein grundsätzliches Problem der Requirements, wenn sie erfolgreich aufgestellt wurden, ist, dass heutige Requirements ein zukünftiges System beschreiben sollen. Selbst wenn zu Projektbeginn alle Requirements von einem Auftraggeber abgezeichnet wurden, so werden diese dennoch mit fortschreitendem Wissen über das System wieder geändert ("moving target"). In welcher Richtung sich die Requirements ändern, ist nicht vorhersagbar. Die Situation ist ähnlich, wie bei einem Jäger, der auf ein sich bewegendes Ziel schießen will. Hat er sich auf die jetzige Position eines Ziels einjustiert, ist das Ziel schon weiter.

> Da sich die Anforderungen an ein Produkt mit zunehmendem Wissen über das gewünschte Produkt mit der Zeit ändern, müssen auch die aufgestellten Requirements geändert werden.

Dass sich Requirements ändern, ist vollkommen natürlich. Schließlich beschreiben sie ein zukünftiges System.

Die konzentrierte Form der Requirements ermöglicht eine einfache Änderung im Projektverlauf.

Das folgende Bild zeigt, dass sich gemäß den Ergebnissen einer Studie aus dem Jahre 2008 [softqu] bei vielen Projekten im Verlauf des Projektes die Requirements änderten. Bei gut 40 Prozent der befragten Unternehmen hatten sich 30 Prozent bis 50 Prozent der Requirements im Projektverlauf geändert. Dass Requirements sich ändern, stellt jedoch keine Motivation dar, sie nicht in schriftlicher Form festzuhalten. Die schriftliche Form der Requirements ist notwendig, damit man nachsehen kann, was entstehen soll, und natürlich auch, dass man nach dem Studium der Requirements und nach Diskussionen wieder zu einer verbesserten Version der Requirements kommen kann.

---

[42] Jemand, der ein Interesse an einem Projekt hat wie ein Nutzer oder der EDV-Verantwortliche, wird auch als "Stakeholder" bezeichnet.

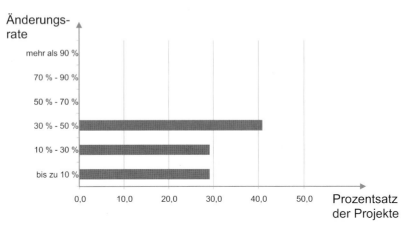

Bild 5-3 Änderung der Requirements im Projektverlauf

> Als hilfreich hat es sich herausgestellt, eine **Entscheidungsdokumentation** zu führen, in der u. a. festgehalten wird, warum Requirements abgeändert wurden.

In einer Anforderungs-Spezifikation können die Wünsche des Auftraggebers spezifiziert werden. In der Regel ist eine Anforderungs-Spezifikation für ein praktisches Arbeiten viel zu umfangreich. Bei Großprojekten beispielsweise kann eine Anforderungs-Spezifikation einen ganzen Ordner oder noch mehr umfassen. Daher versucht man, die Informationsmenge dadurch in den Griff zu bekommen, indem man die wichtigsten Sätze eines solchen Dokumentes formal als Requirements kennzeichnet. Dabei muss man allerdings alle wichtigen Sätze als solche erkennen, d. h. man muss das Wesentliche vollständig erfassen. Die so ausgezeichneten Requirements stellen eine Verdichtung des gesamten Textes dar.

> Eine Requirement-Zusammenstellung stellt ein Konzentrat der Anforderungsspezifikation dar oder wird isoliert aufgestellt.

Generell kann man sagen, dass der Umfang der Requirements so groß sein muss, dass man zu Projektbeginn alle systementscheidenden Requirements kennt. Dabei muss der Detaillierungsgrad der Requirements der Aufgabenstellung angemessen sein. So ist es beispielsweise sinnlos, im Rahmen der Requirements an ein System die Position für ein Eingabefeld irgendeiner Bildschirmmaske oder Dialogschablone festlegen zu wollen. Solche Feinheiten können in einer späteren Phase des Projektes als neues, zusätzliches Requirement aufgestellt werden. Grundsätzlich kann man in jeder Projektphase neue Requirements aufstellen.

> In jeder Projektphase können prinzipiell neue Requirements aufgestellt werden.

Man sollte jedoch in späteren Phasen nach Möglichkeit nur feinere Requirements an den Problembereich oder Requirements an den Lösungsbereich aufstellen, jedoch keine neuen System-Requirements, da diese einen Rücksprung in einen bereits abgelaufenen Entwicklungsschritt erfordern. Sinnvolle Requirements an das System von Anfang an sind jedoch beispielsweise die geforderten Antwortzeiten für die Dialoge oder die Art der Mensch-Maschine-Schnittstelle wie z. B. ein Bildschirm mit Fenstersystem oder alle Leistungen, die das System erbringen soll, in anderen Worten, die durch das System zu unterstützenden Anwendungsfälle.

Regeln für das Aufstellen von Requirements:

1. Man kann nicht jeden Satz zum Requirement erheben.
2. Ein Requirement auf Systemebene muss ein Konzentrat sein, es darf keine unnötigen Details enthalten.
3. Ein Requirement muss für sich alleine lesbar sein und darf andere Requirements nicht referenzieren.
4. Die Summe aller Requirements muss alle wichtigen Requirements enthalten.

Die Erfüllung dieser Regeln kann manchmal trivial sein, in anderen Fällen werden diese Regeln aber unvollständig erfüllt.

Das **Single Source-Prinzip** sagt aus, dass eine bestimmte Information nur an einer einzigen Stelle, d. h. nicht redundant, abgelegt werden soll. Ist diese Information doppelt vorhanden wie im Falle der Generierung einer Requirement-Zusammenstellung aus einer Anforderungs-Spezifikation, so darf die zweite Stelle eine nur lesbare Kopie der ersten Stelle sein (siehe Kapitel 13.2.3.2).

Liegen keine Requirements vor, aber eine umfangreiche Anforderungsspezifikation ohne Requirements, so werden die Requirements als "übersichtliche Knackpunkte" der Anforderungsspezifikation identifiziert.

Im ersten Schritt werden sie identifiziert (siehe Bild 5-4) und im zweiten Schritt formal ausgewiesen.

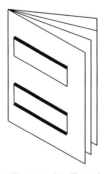

Bild 5-4 Vorläufige Identifikation der Requirements durch Markieren

In allen Zweifelsfällen muss ein Requirement im Bezug zu seinem Umgebungstext betrachtet werden, da der Text als Gesamtheit (formal ausgewiesene Requirements und deren Umgebung) als Anforderung zu verstehen ist. Die formale Ausweisung von Requirements hat nur das Ziel, zu einer einprägsamen kurzen Darstellung aller Requirements (Extrakt des Wesentlichen) zu kommen, die über die Projektlaufzeit verfolgt werden kann.

Änderungen sollen stets auf dem Text der Anforderungs-Spezifikation durchgeführt werden. Die Anforderungs-Spezifikation soll als Ganzes gepflegt werden. Requirements sollen werkzeuggestützt aus einer Anforderungs-Spezifikation automatisch extrahiert und in ein neues Dokument, das nur Requirements enthält (die Requirement-Zusammenstellung) kopiert werden können. Gibt es keine Anforderungs-Spezifikation, sollen Änderungen auf der isoliert erstellten Requirement-Zusammenstellung durchgeführt werden.

5.3 Requirements für das System und seine Zerlegung

Immer dann, wenn man ein System in Anteile zerlegt bzw. diese Anteile weiter zerlegt werden, muss festgelegt werden, welche Requirements an die Zerlegungsprodukte und ihre Wechselwirkungen zu stellen sind.

Als Beispiel fordert das Vorgehensmodell der Bundesbehörden (V-Modell [V-M92], vgl. Kapitel 3.1.3) dieses strenge Vorgehen. Hierzu ist anzumerken, dass diese Vorgehensweise mit erheblichen Mühen verbunden ist. Die ursprünglichen Requirements an das System (System-Requirements) sind in der Regel aufgestellt worden, ohne die verschiedenen Zerlegungsprodukte des Systems zu kennen. Das hat zur Konsequenz, dass die System-Requirements sich nicht eins-zu-eins auf die Zerlegungsprodukte bzw. ihre Wechselwirkung abbilden lassen. Ein gewisser Teil der System-Requirements muss also neu formuliert werden, um zu Requirements zu gelangen, die eindeutig den Zerlegungsprodukten bzw. ihrer Wechselwirkung zugeordnet werden können.

> Die Zerlegung eines Systems in Zerlegungsprodukte und wiederum deren rekursive Zerlegung und die Zuordnung von Requirements zu Zerlegungsprodukten und ihren Wechselwirkungen kann eine Neuformulierung der Requirements bewirken.

> Bei wichtigen Zerlegungen sind Requirements an die Zerlegungsprodukte bzw. ihre Wechselwirkungen aus den System-Requirements abzuleiten.

In vielen Projekten wird man aus Aufwandsgründen nicht bei jeder Ebene der Zerlegung eines Systems die Requirements neu formulieren wollen. Man behält die ursprünglichen Requirements bei, solange man das Gefühl hat, dass man sie noch im Griff hat. Vergibt man Zerlegungsprodukte an eine andere Abteilung oder Firma, so führt kein Weg an der strengen Vorgehensweise des V-Modells vorbei – die Requirements müssen die Anforderungen an die Zerlegungsprodukte bzw. ihre Wechselwirkungen exakt beschreiben, damit sie richtig gebaut werden. Das bedeutet, dass man in einem solchen Fall fast immer die ursprünglichen Requirements überarbeiten muss, um eine Eins-zu-Eins-Korrespondenz zwischen Requirements und Zerlegungsprodukten bzw. ihren Wechselwirkungen zu erhalten.

> Werden Aufträge extern vergeben, so sind für den Auftrag die Requirements zu erstellen.

Nach der Abgrenzung zwischen System-Requirements und Requirements an die Zerlegungsprodukte bzw. ihre Wechselwirkungen werden die einzelnen Schritte beim Aufstellen von Requirements für ein System und seine Zerlegung diskutiert. Die Schritte der Requirement-Technik sind [Dor00, S. 7]:

1. **Finden der Requirements** (engl. **elicitation**) durch Gespräche mit dem Kunden.
2. **Zerlegung** (engl. **decomposition**) des Systems in Komponenten.
3. Definition der **Schnittstellen** (engl. **interfaces**) der Teilsysteme und Festlegung der Zusammenarbeit der Teilsysteme[43].
4. **Zuordnen der Requirements** (engl. **allocation**) auf die Teilsysteme und ihre Wechselwirkungen.
5. **Verfeinern der Requirements** (engl. **flowdown**).
6. Sicherstellung der **Verfolgbarkeit** (engl. **traceability**).
7. **Validierung und Verifizierung** (engl. **validation and verification**)[44], d. h. prüfen, ob alles richtig gemacht wurde.

Die Schritte 3 und 4 laufen parallel, können hier aber nur sequenziell dargestellt werden.

System- und Software-Requirements werden in Projekten oftmals gemeinsam behandelt, da die Techniken zu deren Gewinnung sich sehr ähnlich sind. Es gibt jedoch Unterschiede: System-Requirements gehören zur obersten Ebene eines Systems, Software-Requirements beziehen sich bei vielen Systemen auf tiefere Zerlegungs-Ebenen.

> Die Requirements aus Kundensicht auf der Ebene des Gesamtsystems werden als **System-Requirements** bezeichnet. System-Requirements beschreiben das Verhalten des Systems zu seiner Umgebung. Sie beschreiben also, welche Leistungen das System nach außen hin erbringt.

Hierzu betrachtet man das System in einer **Black-Box-Sicht**. Requirements werden aus Kundensicht auf der Systemebene erstellt, wobei der Kunde in der Regel keinen Einfluss auf die Systemarchitektur nimmt. Der Kunde möchte die gewünschten Leistungen zu einem akzeptablen Preis haben. Die geeignete Systemarchitektur zu finden – beispielsweise ein verteiltes System von Rechnern und Programmen –, ist im Normalfall die Aufgabe des Lieferanten. Hierfür möchte der Kunde fast nie die Verantwortung übernehmen, da er sonst keine Handhabe gegen den Lieferanten hat, wenn das System einen schlechten Durchsatz und lange Antwortzeiten aufweist.

---

[43] Protokollzustandsautomaten eines Objekts, die für jeden wechselwirkenden Partner verschieden sein können, werden hier nicht betrachtet.
[44] Validation und verification werden hier pauschal wie in der Originalarbeit [Dor00] betrachtet. Im Kap. 20.2 werden Validierung und Verifikation unterschieden.

> Die Forderungen an das System zeichnen sich dadurch aus, dass sie für den Kunden verständlich sind, meist auch Teil der Verträge sind und zusätzlich noch durch Testfälle ergänzt werden, die für die Abnahme des Systems von Bedeutung sind.

Der System-Lieferant hat dann das System so zu bauen, dass das System die geforderten Leistungen erbringt. Die System-Requirements dienen als **Schnittstelle zwischen Kunde und Lieferant**. Den Kunden interessiert es normalerweise nicht, wie die Requirements für tiefere Ebenen aussehen.

Beim Aufstellen der Requirements der tieferen Ebenen sieht man in das System hinein und betrachtet die Architektur des Systems aus einer **Whitebox-Sicht**. Die Requirements der tieferen Ebenen können reine Hardware- oder Software-Requirements sein oder eine Mischung aus beiden. Die Requirements der tieferen Ebenen dienen der **Kommunikation zwischen den Entwicklern**. Eine Entwicklergruppe muss schließlich wissen, für was ihre Komponente verantwortlich ist und wie die Schnittstellen zu den anderen Komponenten aussehen müssen.

> Die **Requirements der tieferen Ebenen** betreffen Komponenten des Systems und ihre Wechselwirkungen.

Bei der Zerlegung eines Systems gibt es verschiedene Hierarchien, die jedoch nicht alle den gleichen Einfluss auf die Systemarchitektur haben.

> Im V-Modell '92 wurde erkannt, dass zwischen Hierarchien von **logischen** und **physikalischen Betrachtungseinheiten** eines Systems zu unterscheiden ist.

Diese Unterscheidung zwischen logischen und physikalischen Betrachtungseinheiten ist auch heute noch höchst aktuell. Die **logischen Betrachtungseinheiten** stellen nichts anderes als die **Anwendungsfunktionen** dar. Die **physikalischen Betrachtungseinheiten** entsprechen den **Subsystemen** bzw. **Systemkomponenten**.

Die Architektur eines Systems beschreibt im Wesentlichen die Zerlegung des Systems in physische Komponenten und das Zusammenwirken der Komponenten. Das Zusammenwirken der Komponenten muss nun so gestaltet werden, dass als Resultat die Anwendungsfälle des Systems entstehen. Ein kundenerlebbarer Anwendungsfall des Systems kann hierbei durch das Zusammenwirken mehrerer Komponenten realisiert werden, wobei es durchaus Anwendungsfälle des Systems geben kann, die eindeutig in nur einer Systemkomponente erbracht werden.

Den Begriff Anwendungsfall selbst gibt es bei jedem Zerlegungsprodukt eines Systems. Ein System hat Anwendungsfälle, ein Subsystem hat Anwendungsfälle, eine Komponente hat Anwendungsfälle und eine Klasse hat Anwendungsfälle.

Die Requirements, die bei der Zerlegung des Systems entstehen und sich an die Komponenten und ihre Schnittstellen bzw. die Wechselwirkungen von Komponenten richten, werden für die Entwickler geschrieben und nicht für den Kunden des Gesamtsystems.

Es sind **Requirements an Subsysteme und ihre Wechselwirkungen** und – sobald zwischen Hardware und Software getrennt werden kann – **Hardware-** oder **Software-Requirements**.

5.3.1 Aufstellen der System-Requirements

Die System-Requirements legen die Leistungen des Systems fest. Diese Leistungen sind kundenerlebbar und müssen in der Regel durch Erhebungen beim Kunden und durch Abstimmgespräche dem Kunden "entlockt" werden, wobei auch das Studium von Dokumenten oder von Altsystemen hilfreich sein kann. Daher heißt dieser Schritt in der Literatur auch oft **"elicitation"** (Herauslocken, Erhebung von Antworten). Bereits am Anfang eines Projektes werden die Requirements der Systemebene festgelegt. Eine Hilfe bei der Aufstellung der System-Requirements ist, den Arbeitsprozess (engl. concept of operations – kurz: ConOps) schriftlich festzuhalten. In anderen Worten, es werden die Geschäftsprozesse studiert. Der Text dieses Dokumentes ist in fließender Form und beschreibt die Umgebung und die Funktion des zu erstellenden Systems.

Um System-Forderungen zu erkennen, werden Geschäftsprozesse studiert.

Das Ausarbeiten der Requirements wird mit dem Kunden bzw. dem Endanwender zusammen durchgeführt. Das Ausarbeiten beinhaltet ein Verständnis für physische und soziologische Verfahren der Arbeitsprozesse, für das Einsatzgebiet des zu erstellenden Systems und die Systemerstellung.

5.3.2 Zerlegung des Systems – Decomposition

Große, softwarelastige Systeme sind – unter den Produkten, die von Menschenhand erstellt wurden – die aus logischer Sicht komplexesten Produkte. Essentielle Grundlagen zur erfolgreichen Fertigstellung eines solchen komplexen Produktes sind die **Abstraktion** und die **Zerlegung**.

Während die System-Requirements entstehen, machen sich die Systemingenieure gleichzeitig Gedanken darüber, in welche physikalischen Betrachtungseinheiten das System zerlegt wird. Die **Festlegung der Systemhierarchie** wird oft auch **Zerlegung** genannt [Dor00, S.13ff.]. Direkt verbunden mit der Zerlegung des Systems ist die Definition der Schnittstellen zwischen den physikalischen Betrachtungseinheiten und ihre Wechselwirkungen (siehe Kapitel 5.3.3).

Wird das System zerlegt, so müssen die Requirements den Subsystemen und ihren Wechselwirkungen zugeordnet werden.

5.3.3 Schnittstellen – Interfaces

Ein weiterer wichtiger Schritt ist die Definition der Schnittstellen.

> Bevor mit dem Aufstellen der **System-Requirements** begonnen werden kann, müssen die **Schnittstellen zur Systemumgebung, d. h. die externen Schnittstellen,** studiert werden und bekannt sein, weil für diese externen Schnittstellen Requirements erhoben werden.

Nach Festlegung der System-Requirements werden die internen Schnittstellen, d. h. die Subsystem-zu-Subsystem-Schnittstellen, definiert. Für die Wechselwirkungen des Systems zu den Aktoren kann eine Schnittstellen-Kontrollspezifikation aufgestellt werden, die den Ablauf von Protokollen zwischen dem System und den Aktoren beschreibt.

> Die Subsystem-zu-Subsystem-Schnittstellen müssen es jedem Subsystem ermöglichen, die ihm zugeteilten Requirements zu erfüllen.

Bild 5-5 zeigt dieses Konzept. In dem oberen Teil des Bilds stellt A eine externe Schnittstelle des Systems dar, zum Beispiel eine vom System generierte Ausgabe. Wenn die Subsysteme 1, 2, 3 und 4 definiert sind, wie im unteren Teil des Bilds zu sehen ist, so wird A von dem Subsystem 1 realisiert. Interne Schnittstellen wie B zwischen 3 und 4 oder C zwischen 2 und 4 müssen ebenfalls gefunden werden. Dieses Vorgehen zieht sich durch den kompletten Vorgang der Entwicklung. Es besteht auch die Möglichkeit, während des Definierens der Schnittstellen Fehler in der Zerlegung, Zuordnung und Verfeinerung aufzudecken. Dies kann zur Wiederholung der vorherigen Schritte führen [Dor00, S. 17ff.].

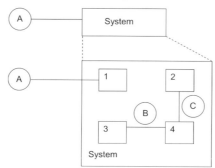

Bild 5-5 Schnittstellen-Definition

5.3.3.1 Zuordnung – Allocation

Der Schritt der Zuordnung umfasst die Zuordnung eines Requirements an die Leistungen der **Subsysteme** und ihre **Wechselwirkungen**. Die **Schnittstelle** eines Systems (bzw. Subsystems) und ihr Aufruf sollte beim jeweiligen System (bzw. Subsystem) dokumentiert werden, da sie zum entsprechenden System (bzw. Subsystem

Requirements

gehört. Wie das System selbst funktioniert, wird aus Sicht der Schnittstelle nicht beschrieben. Die Requirements an die **Wechselwirkungen (Protokolle)** zwischen den Partnern können in Form einer **Schnittstellen-Kontrollspezifikation**[45] (engl. interface control specification) aufgestellt werden, die von beiden kommunizierenden Seiten erfüllt werden muss. Die Protokolle beim System bzw. den Teilsystemen bzw. Subsystemen separat zu dokumentieren, macht Sinn, da die Protokolle vom jeweiligen Partner abhängen können. Zerlegt man ein System in Teilsysteme, muss man die Schnittstellen und Protokolle zwischen den Partnern spezifizieren. In ein Teilsystem sehen nur die Entwickler dieses Teilsystems hinein. Die anderen Entwickler sehen nur eine Black-Box, seine Schnittstelle und seine Protokolle.

Da dieselben Systemingenieure sowohl die Zerlegung durchführen als auch die Zuordnung der Requirements an die Zerlegungsprodukte und ihre Wechselwirkungen (Knoten und Kanten) der nächsten Ebene erstellen, liegt es nahe, dass die Zerlegung und die Zuordnung einen rekursiven Prozess darstellen. Letztendlich führt dieses Vorgehen zu einer vollständigen Zuordnung der System-Requirements zu Teilsystem-Requirements und Requirements an die Wechselwirkung zwischen Teilsystemen, wie es in Tabelle 5-1 zu sehen ist. Dort sieht man, welche Teilsysteme bzw. welche Wechselwirkungen zu welchem System-Requirement gehören. Jedes Requirement muss schließlich zu einem Requirement der nächsten Ebene zugeordnet sein. In diesem Beispiel wird die Teilsystemebene betrachtet. Die Namen sind frei wählbar, jedoch auch abhängig von der Anzahl der Ebenen und den vereinbarten Richtlinien der Systementwickler [Dor00, S.14].

System-Requirements	Teil-system A	Teil-system B	Teil-system C	Wechsel-wirkung A←→B	Wechsel-wirkung B←→C	Wechsel-wirkung A←→C
Sys 001	X	X				
Sys 002	X		X			
Sys 003		X				
Sys 004	X	X	X			
Sys 005			X		X	
Sys 006		X				
Sys 007	X	X				

Tabelle 5-1 Beispielhafte Zuordnung von System-Requirements

Jedes Requirement der Systemebene kann einem oder mehreren Requirements der nächsten Ebene zugeordnet werden.

5.3.4 Verfeinerung – Flowdown

Der nächste Schritt wird als Flowdown bezeichnet und besteht aus dem Schreiben von Requirements für die Zerlegungsprodukte bzw. ihren Wechselwirkungen entsprechend der Zuordnung. Die Bezeichnung Flowdown ist jedoch nicht standardisiert.

---

[45] Für die Beschreibung der Wechselwirkungen zwischen den Partnern können auch Protokollzustandsautomaten (siehe Anhang D) verwendet werden.

> Die Verfeinerung besteht daraus, Requirements für die untergeordneten Elemente und ihre Wechselwirkungen zu schreiben. Dies geschieht in Anlehnung an die Zuordnung.

Zu Beginn des Projektes werden die Requirements an das System aufgestellt. Diese Requirements sind noch ziemlich grob. Im Laufe des Projektes wird das System entworfen. Hierbei müssen für jeden Systemanteil die Requirements bekannt sein. Der Entwurf eines Systems kann über mehrere Ebenen gehen. Dies hat in der Regel die Konsequenz, dass mit zunehmender Zerlegung und zunehmendem Wissen über das System

- die ursprünglichen Requirements durch verfeinerte Requirements abgelöst werden und
- neue Requirements aus technischer Sicht des Systemdesigners aufgestellt werden.

Ein Beispiel für die Ablösung von ursprünglichen Requirements ist, dass ein ursprüngliches Requirement durch drei neue Requirements ersetzt wird. Das alte Requirement gilt damit als erfüllt.

Im Rahmen der Systemanalyse werden die Funktionen, Daten und Abläufe einer Anwendung festgelegt. Damit muss die Systemanalyse bereits einen Teil der Requirements erfüllen. Es können jetzt jedoch neue Requirements an die Komponenten des Systems und ihre Wechselwirkungen, die im Rahmen des Systementwurfs festgelegt werden, aufgestellt werden. Bestimmte Teile der ursprünglichen Forderungen werden im Rahmen des Systementwurfs erfüllt, wie zum Beispiel bestimmte Requirements an die Sicherheit, die mit Hilfe von vorhandenen Betriebssystemfunktionen oder anderer System-Software erfüllt werden. Requirements an die Performance können erst beantwortet werden, wenn das System läuft. Die erreichte Performance wird dabei jedoch maßgeblich durch den Systementwurf und die Implementierung bestimmt.

> Wenn ein funktionales System-Requirement einem Subsystem zugeordnet wird, so muss mindestens ein funktionales Requirement des Subsystems der Zuordnung entsprechen.

Meistens wird mehr als ein Requirement aufgeschrieben. Das untergeordnete Requirement kann genauso heißen wie das übergeordnete. In diesem Fall spricht man von Ableiten. Wenn dem Entwickler aufgefallen ist, dass ein untergeordnetes Element viele verschiedene Aufgaben erfüllen muss, um dem übergeordneten Element zu genügen, so ist es auch möglich, dass Requirements der unteren Ebene ganz anders heißen.

Je tiefer man in der Hierarchie geht, umso detaillierter werden die Ebenen. System-Requirements sind demzufolge allgemein, während Requirements der unteren Ebenen der Systemhierarchie sehr detailliert sind.

Zu Beginn – in der oberen Ebene – sind die Requirements sehr abstrakt. In den unteren Ebenen werden die Requirements dann detaillierter.

Bei der Verfeinerung können Fehler der Zuordnung, der Hierarchie-Festlegung und der System-Requirements entdeckt werden. Der Schritt der Verfeinerung ist rekursiv und kann bewirken, dass vorherige Schritte wiederholt werden müssen.

Das folgende Bild zeigt das Ergebnis der ersten Verfeinerungsstufe in einem Beispiel:

System-Requirements	Subsystem A Requirement	Subsystem B Requirement	Subsystem C Requirement
Sys 001	SSA 001 SSA 002	SSB 001	
Sys 002	SSA 003 SSA 004 SSA 005		SSC 001 SSC 002
Sys 003		SSB 002 SSB 003	
Sys 004	SSA 006 SSA 007	SSB 004 SSB 005 SSB 006	SSC 003
Sys 005			SSC 004 SSC 005
Sys 006		SSB 007 SSB 008	
Sys 007	SSA 008 SSA 009	SSB 009	

Tabelle 5-2 Beispielhafte Verfeinerung der System-Requirements[46]

Dies ist ein vollständiger Satz an Requirements für jedes der Subsysteme A, B und C. Hierbei werden die Wechselwirkungen der Einfachheit halber nicht betrachtet.

Das Systemebenen-Requirement Sys 001 wurde den Subsystemen A und B zugeordnet. Die Subsystem-Requirements wurden in Anlehnung an die Zuordnung festgelegt. Genauso wurde das Requirement Sys 002 zu A und C zugeordnet. Nach der Vervollständigung dieser Verfeinerungsebene wird die Zuordnung der Subsystem-Requirements auf der nächsten Ebene ausgeführt. Anschließend wird dann für die nächste Ebene die Verfeinerung gemacht. Wieder können die Ergebnisse der Schritte der höheren Ebenen geändert werden müssen.

Die Schritte der Zerlegung, Zuordnung und Verfeinerung werden solange wiederholt, bis ein geeignetes Maß an Genauigkeit erreicht wurde.

---

[46] Das Zuordnen von Requirements auf Requirements einer tieferen Ebene wird hier nur für Knoten betrachtet, da Forderungen meist auf Bestandteile (Knoten) und nicht auf ihre Verbindungen (Kannten) abgebildet werden.

In Bild 5-6 ist das rekursive Vorgehen beispielhaft dargestellt:

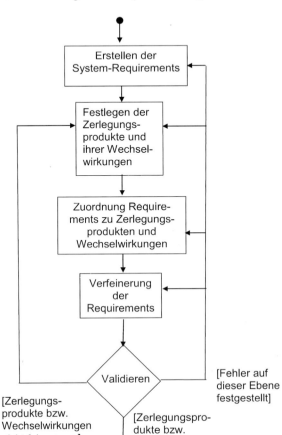

Bild 5-6 Vorgehen zur Verfeinerung der System-Requirements

5.3.5 Sicherstellung der Verfolgbarkeit bei Verfeinerung – Traceability

Die Anzahl der Requirements erhöht sich während des Zuordnens und Verfeinerns rapide. Hier ein Beispiel:

Angenommen, es gäbe vier Ebenen in der Hierarchie und jede Ebene würde sich wieder in vier Ebenen aufteilen. Nach der Verfeinerung hätte dann noch jeder Zweig drei Requirements. Das würde dann insgesamt über 250 Requirements in der Hierarchie eines jeden Systemebenen-Requirements ergeben und das noch ohne die abschließenden drei Requirements eines jeden Verfeinerungsstufe-4-Requirements. Requirements an die Wechselwirkungen sind hier nicht betrachtet. Für ein besseres Verständnis ist diese Rechnung bildhaft in Bild 5-7 dargestellt [Dor00, S.16]:

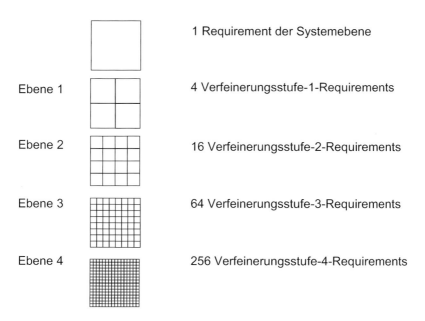

Bild 5-7 Beispielrechnung zur Anzahl der Requirements

> Um sicherzugehen, dass alle Requirements sauber verfeinert wurden, ist es sehr wichtig, die Spur der Requirements nachvollziehbar zu halten.

Die Verfolgbarkeit von Änderungen an Requirements muss durch ein sauberes Änderungsmanagement sichergestellt werden. Dies ist deswegen so wichtig, weil kein Requirement verloren gehen darf und unnötige Requirements nicht reinrutschen dürfen. Das Lesen und Verstehen der Requirements ist ohnehin schon schwer genug. Da wird es nicht leichter, wenn man die Requirements nicht zurückverfolgen kann. Wenn man mehrere tausend Requirements hat, ist es ohne eine saubere Möglichkeit der Rückverfolgung gar unmöglich, den Überblick zu wahren.

> Die **Verfolgbarkeit** (engl. **traceability**) ist das Konzept, welches die nötige Buchhaltung der Requirements sowohl im Falle der Zerlegung als auch in umgekehrter Richtung beinhaltet.

Das Durchführen der Verfolgung, nachdem die Zuordnung und Verfeinerung erfolgt ist, trägt dazu bei, die Gültigkeit zu garantieren. Wenn Änderungen durchgeführt werden müssen, hilft die Verfolgung dabei, die betroffenen Requirements ausfindig zu machen, ohne dass auch nur eines vergessen wird. Dies spart dem Entwickler viel Zeit und hilft, das System richtig zu bauen.

In der nachfolgenden Tabelle sieht man den **Verfolgungspfad** bezogen auf die Zuordnung und Verfeinerung (siehe Kapitel 5.3.3.1 und Kapitel 5.3.4):

System- Requirement	Subsystem A Requirement	Programm 1 Requirement	Programm 2 Requirement	Programm 3 Requirement
Sys 001	SSA 001	PG1 001	PG2 001	–
		PG1 002		
	SSA 002	PG1 003	–	PG3 001
				PG3 002
Sys 002	SSA 003	–	PG2 002	–
			PG2 003	
	SSA 004	PG1 004	PG2 004	PG3 003
	SSA 005	PG1 005	PG2 005	PG3 004
			PG2 006	PG3 005

Tabelle 5-3 Verfolgungspfad der Requirements[47]

Pfade, die durch Tabelle 5-3 beschrieben werden, beziehen sich auf die gedachten Verbindungen der Forderungen der verschiedenen Ebenen. So wird z. B. das System-Requirement Sys 001 aufgeteilt auf SSA 001, dieses wiederum auf PG1 001, PG1 002 und PG2 001. Sys 001 wird auch auf SSA 002 abgebildet. SSA 002 wird wiederum auf PG1 003, PG3 001 und PG3 002 abgewälzt. Auch der umgekehrte Weg ist möglich. So entstand PG2 001 aus SSA 001 und dies aus Sys 001.

Das folgende Bild zeigt symbolisch das Zuordnen von Requirements auf Produkte der Systemanalyse, des Entwurfs und des Quellcode und den Weg in der Gegenrichtung:

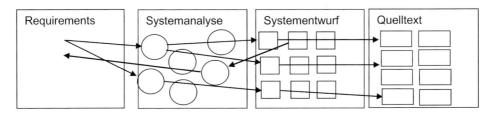

Bild 5-8 Vorwärts- und Rückwärtsverfolgung[48]

Andere Darstellungsformen wie Bäume und Tabellen mit Einrückungen können ebenfalls eingesetzt werden, um die Verfolgbarkeit wiederzugeben [Dor00, S.16ff.].

Man beachte, dass die Verfolgbarkeit keine strikte technische Aufgabe ist, während die Zuordnung und Verfeinerung rein technische Aufgaben sind.

> Die Verfolgbarkeit ist ein Teil der Requirement-Verwaltung und außerdem reine Buchhaltungssache.

---

[47] Das Zuordnen von Requirements auf Requirements einer tieferen Ebene wird hier nur für Knoten betrachtet, da Forderungen meist auf Bestandteile (Knoten) und nicht auf ihre Verbindungen (Kanten) abgebildet werden.
[48] Das Zuordnen auf Wechselwirkungen ist hier nicht betrachtet.

Es kann auch der Fall sein, dass Probleme mit den Requirements, die in der Systementwicklung entdeckt wurden, auf eine fehlerhafte Requirement-Verwaltung zurückzuführen sind und die Probleme nicht unbedingt an den technischen Aufgaben liegen müssen [Dor00, S.17].

5.3.6 Validierung und Verifikation – Validation and Verification

Der Schlusspunkt bei der Erstellung der Requirements bezieht sich auf die Überprüfung der formulierten Requirements.

> Die Überprüfung des Zerlegens, Zuordnens, Verfeinerns und Schnittstellen- und Protokoll-Definierens ist genauso wichtig wie die Erstellung der Requirements.

Das Baseline Management-Modell (siehe Kapitel 3.1.1.1) verlangt, dass alle Requirements aller Ebenen vollständig und gewissenhaft überprüft wurden, bevor mit dem Entwurf und der Implementierung begonnen wird. In den Life Cycle-Modellen, in denen die Requirements nicht alle festgelegt und eingefroren sind, wenn man mit dem Design beginnt, wird eine spätere Überprüfung der Requirements festgelegt, und zwar dann, wenn die Requirements als fertig befunden werden. Diese als fertig befundenen Requirements dienen dann als Grundlage für den Entwurf und die weitere Entwicklung.

Wie bereits gesagt, soll eine gute Requirement-Spezifikation adäquat, vollständig, eindeutig, widerspruchsfrei und verständlich sein [Red00]. Die Überprüfung der Requirements sollte mit Hilfe dieser Eigenschaften ausgeführt werden. Dieses Prüfen muss so gut und umfangreich wie möglich erfolgen [Dor00, S.19].

5.3.7 Requirement-Technik und Architektur-Entwurf

In den vorherigen Kapiteln wurde ein Überblick über die Schritte der Zerlegung, Zuordnung und Verfeinerung gegeben. Das Ergebnis dieser Schritte nennt man Top-Level Design des Systems. Obwohl es Design (bzw. Entwurf) genannt wird, ist die Requirement-Technik die ganze Zeit über mit einbezogen.

Was ist dann der Unterschied zwischen Requirement-Definition und Entwurf? Die Requirement-Definition wird oft als Antwort bezeichnet auf die Frage "Was ist das Problem?" Die Requirement-Definition enthält i.a. keine konkreten Funktionen des Lösungsbereichs, sondern nur Zielsetzungen für Anwendungsfunktionen, Systemqualitäten sowie geforderte Einschränkungen des Lösungsraums. Entwurf ist die Antwort auf die Frage "Wie?". Die Implementierung soll nachher die Requirements erfüllen. Requirement-Definition und Entwurf sollten verschiedene Tätigkeiten sein, obwohl natürlich die Möglichkeit, ein Requirement zu erfüllen, immer berücksichtigt sein muss.

> Wenn man den Schritt des Erstellens des Top-Level Designs etwas genauer unter die Lupe nimmt, so erkennt man, dass sowohl die Requirement-Definition als auch der Entwurf mit einbezogen ist.

Das Erstellen der Requirements der Systemebene ist im weitesten Sinne eine reine Frage nach dem "Was". Diese Frage wird an die gewünschten Anwendungsfunktionen und Eigenschaften des Gesamtsystems gestellt. Die nachfolgenden Schritte, Festlegung der nächsten Ebene der Hierarchie und Zuordnen der System-Requirements zu den Elementen (Knoten, Kanten), sind tatsächlich die Antwort auf das "Wie". Diese richten sich nicht an Zielsetzungen außerhalb der System-Requirements, sie definieren jedoch eine Subsystem-Struktur, welche es ermöglicht, die Requirements zu erfüllen. Die Verfeinerung ist wieder eine Antwort auf die Frage "Was?". Sie legt fest, was jedes Element zu leisten hat, z. B. Funktionen, Durchsatz etc.

> Das Erstellen des Top-Level Designs ist eine Aufgabe, in der sich die Schritte Requirement-Definition und Entwurf abwechseln.

Bei jedem Zyklus kommen immer mehr Details zum Vorschein.

> Das Ergebnis der Requirement-Definition ist die Grundlage des nächsten Design-Schritts. Die Ergebnisse des Design-Schritts dienen wiederum als Grundlage für den nächsten Requirement-Definition-Schritt.

Wenn zweierlei Personen diese Aufgaben durchführen, so ist die Requirement-Definition des einen der Entwurf des anderen und andersherum genauso. Was für den einen der Entwurf ist, ist für den anderen die Requirement-Definition. Eine ausschließliche Requirement-Definition – genauso wie ein reiner Entwurf – besitzt nur eine begrenzte Aussagekraft. Es werden beide Disziplinen benötigt, um die erwünschten Ergebnisse zu erreichen und dem Nutzer ein System zu erstellen, welches seinen Bedürfnissen gewachsen ist. Wenn man sich in tiefere Ebenen der Hierarchie begibt, so ändern sich die Eigenschaften der Requirement-Definition und des Entwurfs.

> Die Requirement-Definition für ein Element in einer unteren Ebene ist bei weitem detaillierter und bezieht außerdem das Wissen um die Entscheidungen des darüberliegenden Designs mit ein.

Die Werkzeuge und Methoden, welche zur Requirement-Definition eingesetzt werden, unterstützen alle Aspekte des Erstellens des Entwurfs, also die Zerlegung, Zuordnung und Verfeinerung. Dadurch sind sie sowohl für die Requirement-Definition als auch für die Entwurfs-Etappen brauchbar [Dor00, S.19].

5.4 Arten von Requirements

Es ist gleichgültig, ob die Requirements in einer größeren Anforderungs-Spezifikation oder in einer Requirement-Zusammenstellung aufgeschrieben werden. Es zahlt sich in jedem Fall aus, wenn die Requirements bereits geordnet niedergeschrieben werden. Grundsätzlich ist es heute üblich, zwischen funktionalen und nicht-funktionalen Requirements zu unterscheiden. Robertson/Robertson [RoR99] bringen mit ihrem

Muster **"Volere"**[49] [volere] eine eigene Vorlage für das Erfassen von funktionalen und nicht-funktionalen Anforderungen.

> Man unterscheidet **funktionale** und **nicht-funktionale Requirements**.

Zu den **funktionalen Requirements** gehören die Requirements an die bereitzustellende Funktionalität und der für die Durchführung der Funktionen bereitzustellenden Daten.

> **Funktionale Requirements** spezifizieren, welche Leistungen das gewünschte System zur Verfügung stellen soll, in anderen Worten die Funktionalität der **Anwendungsfälle**. Funktionale Requirements spezifizieren außer den Anwendungsfällen auch die Requirements an die **technischen Funktionen**.
>
> Die Anwendungsfälle gehören zum Problembereich, die technischen Funktionen zum Lösungsbereich.

Je tiefer ein System zerlegt wird, umso mehr gewinnen die technischen Funktionen an Bedeutung, da der Lösungsbereich mit zunehmender Zerlegung immer mehr in den Fokus gerät.

> Bevor die funktionalen Forderungen an die einzelnen Anwendungsfälle spezifiziert werden, müssen die Anwendungsfälle erst identifiziert werden. Wichtig ist eine geschäftsprozessorientierte Sicht.

> **Nicht-funktionale Requirements** beinhalten Forderungen an Qualitäten wie z. B. Performance, Mengengerüst oder Forderungen an die Architektur des Systems oder die einzusetzende Standard-Software.
>
> Nicht-funktionale Requirements sind Forderungen an den Lösungsbereich.

Im Idealfall kann die Erfüllung nicht-funktionaler Forderungen gemessen werden.

Weitere Beispiele für nicht-funktionale Requirements sind beispielsweise

- die **Bedienbarkeit**,
- die einzusetzende **Programmiersprache**,
- das einzusetzende **Betriebssystem** oder
- die zu verwendende **Hardware**, falls diese bereits vorhanden ist oder Kompatibilität der neuen Hardware zur bestehenden Hardware gewünscht ist.

---

[49] "volere" kommt aus dem Italienischen und bedeutet "wünschen", "wollen".

Ein Beispiel für funktionale und nicht-funktionale Requirements ist in Anhang B zu sehen.

Es gibt auch Autoren, die **nicht-funktionale Requirements**, die harte Entwurfs-Einschränkungen darstellen, als **Randbedingungen** (engl. **Constraints**) auszeichnen. Nicht-funktionale Requirements spalten sich dann in Qualitäten und Randbedingungen auf, so dass insgesamt eine **Dreiteilung** in **funktionale Requirements**, in **Qualitäten** und in **Randbedingungen** entsteht.

Ein Beispiel für solche Randbedingungen ist, dass die für die Software zu liefernde Hardware in einem Rechner-Raum aufgestellt wird, der nicht klimatisierbar ist. Dies schränkt die zu liefernden Rechnertypen ein. Ein anderes Beispiel ist, dass eine bestimmte Middleware[50] für verteilte Systeme wie JEE, CORBA oder die .NET-Plattform vorgeschrieben wird.

Zu den **nicht-funktionalen Requirements** gehören auch z. B.:

- Requirements an das Betriebskonzept,
- Requirements an das Personal- und Ausbildungskonzept,
- Requirements an das Logistik-Konzept,
- Requirements an die Softwareerstellung, -pflege und -änderung,
- Requirements an die Verfügbarkeit,
- Requirements zur Einhaltung von Standards,
- Requirements an die Infrastruktur,
- Requirements zu Stufenkonzept/Integration/Ablösung und
- Requirements an die Leistung.

Das **funktionale Top-Level-Requirement** beschreibt die Funktionalität des Systems in ein bis zwei Sätzen.

Alle Requirements sollen im Imperativ mit "soll" geschrieben werden. Sie werden nicht in der Verneinungsform, sondern immer aktiv und positiv formuliert. Ein Beispiel ist in Anhang B zu sehen. Die Erfüllung jeder Anforderung soll ferner durch einen Test überprüft werden.

Beispielsweise in [Rup04, Red00] wurde vorgeschlagen, in der Formulierung von Requirements zukünftig anstelle der Imperativ-Form "soll" zwischen drei Möglichkeiten auszuwählen. Diese drei Möglichkeiten lauten bei [Rup04]:

- muss,
- sollte und
- wird.

"muss" drückt die gesetzliche Bindung aus, dem Requirement nachzukommen. Dieses Requirement ist ganz klar zu erfüllen, "sollte" ist eine starke Empfehlung und ist in der Regel zu erfüllen, es sei den zu hohe Kosten stehen dem entgegen [Red00], "wird"

---

[50] Eine Middleware stellt in einem verteilten System vor allem Dienste für die Kommunikation, Datenhaltung oder Sicherheit zur Verfügung.

zeigt, dass das Requirement in Zukunft gebraucht wird. Es ist zu erfüllen, wenn die Kosten akzeptabel sind [Red00], der Aufwand also vertretbar ist. Nur die Einhaltung von "muss" kann eingeklagt werden. Diese Art der Formulierung erlaubt also eine Art der Priorisierung der Requirements. Allerdings ist abzuwarten, ob Requirements, die nicht Vertragsgrundlage sind, auf Grund ihrer Kosten und der Zeitnot der Projekte überhaupt Beachtung finden. Hier ist Streit zwischen Lieferant und Kunde über die Kosten der Requirements bereits vorprogrammiert.

Generell gilt, dass ein Requirement nur eine einzige Anforderung pro Satz enthalten sollte. Verschachtelte logische Zusammenhänge sind fehlerträchtig und sollten nach Möglichkeit vermieden werden. Entscheidungstabellen und Listen können hilfreich sein.

Requirements müssen für sich allein gestellt (ohne zusätzliche Informationen) verständlich sein. Dies bedeutet, dass ein Requirement keinen Verweis auf ein anderes Requirement enthalten darf.

> Es gibt keine Querverweise von Requirements auf andere Requirements.

Requirements sind Anforderungen. Zu Projektbeginn sollten die Requirements in der Regel die technische Implementierung noch weitgehend offen halten. Ein häufig gemachter Fehler ist, dass derjenige, der die Requirements aufschreibt, versucht, seine persönliche Vorstellung, wie das System technisch realisiert werden könnte, als Requirement an das System auszugeben.

> Requirements an das System sollen enthalten, welche Leistungen das System zur Verfügung stellen soll und nicht, wie das System intern aufgebaut ist und funktioniert.

5.5 Struktur der Requirements

Für eine Requirement-Zusammenstellung hat sich in der praktischen Arbeit des Autors die folgende Form als nützlich erwiesen:

1	Requirements
1.1.	Zweck des Systems
1.2.	Funktionale Requirements
1.2.1	Funktionales Top-Level-Requirement
1.2.2	Requirements an die Anwendungsfälle
1.2.2.1	Geforderte Anwendungsfälle
1.2.2.2	Requirements an die einzelnen Anwendungsfälle
1.2.3	Requirements an die technischen Funktionen des Systems
1.3.	Nicht-funktionale Requirements

Zu den Requirements an die technischen Funktionen unter 1.2.3 gehören:

1.2.3.1	Funktionale Requirements an die Schnittstelle zur Datenhaltung und an die Datenhaltung
1.2.3.2	Funktionale Requirements an die Ein- und Ausgabe-Schnittstelle des Benutzers
1.2.3.3	Funktionale Requirements an die Schnittstelle zur Rechner-Rechner-Kommunikation
1.2.3.4	Funktionale Requirements an die Betriebssicherheit mit Start-up, Shutdown, Fehlerausgabe, Fehlererkennung und Fehlerbehandlung
1.2.3.5	Funktionale Requirements an die zusätzlichen Funktionen der funktionalen Sicherheit (engl. safety) und die Gewährleistung der Informationssicherheit (engl. security)
1.2.3.6	Funktionale Requirements an die Gewährleistung der Parallelität, Synchronisation und an die Interprozess-Kommunikation

Beim "Zweck des Systems" soll nach Möglichkeit ein quantitatives Requirement genannt werden wie "Durch Rechnerunterstützung soll die Taktrate für Starts und Landungen von Flugzeugen erhöht werden, so dass pro Monat 18.000 Starts und 18.000 Landungen statt 12.000 Starts und 12.000 Landungen erfolgen können." Nach dem Projekt kann dann nachgemessen werden, ob der Zweck des Systems erfüllt wurde oder nicht. Ist ein quantitatives Requirement nicht möglich, soll ein qualitatives Requirement aufgestellt werden.

> Der **Zweck des Systems** ist die höchste Kundenforderung. Der Zweck des Systems beschreibt das Ziel, das mit dem neuen System erreicht werden soll. Das Ziel stellt eine Eigenschaft dar, die idealerweise gemessen werden kann und einen Fortschritt bringt.
>
> Nach dem Projektende lässt sich anhand des gesetzten messbaren Ziels der Erfolg des Systems bewerten.

5.6 Werkzeuggestützte Verwaltung von Requirements

Nicht nur die Verfolgbarkeit (siehe Kapitel 5.3.5) von Requirements über die verschiedenen Stufen der Zerlegung eines Systems muss sichergestellt sein, sondern auch das Filtern von Requirements nach vorgegebenen Kriterien.

Zur Auswertung und Verfolgung der Requirements eines Anforderungs-Dokuments oder eines isolierten Requirements-Dokuments sollte bei größeren Projekten ein Werkzeug verwendet werden, das die Requirements verwaltet und über Requirement-Nummern bzw. Schlüssel für Kategorien eine gezielte Auswahl erlaubt. Nur bei sehr kleinen Projekten kann man die Requirements von Hand verwalten.

5.6.1 Zusammenstellung der Vorgehensweise

Die folgenden Schritte sollen maschinell unterstützt werden:

- **Ordnung**
  Die Requirements müssen mit **Nummern** versehen werden. Damit hat man ein Ordnungsschema, welches es in einfacher Weise erlaubt, Buch zu führen, ob die Requirements erfüllt wurden oder nicht.
- **Einmaligkeit**
  Ein Requirement soll nach dem **Single Source-Prinzip** an einer einzigen Stelle, d. h. nicht redundant abgespeichert werden. Im Falle eines mehrfachen Vorliegens dieser Information dürfen alle weiteren Stellen lediglich eine nur lesbare Kopie der ersten Stelle sein. Diese Funktionalität muss maschinell sichergestellt werden.
- **Extraktion aus Requirement-Spezifikation**
  Der **Auszug** von Requirements aus der vollständigen Requirement-Spezifikation sollte maschinell möglich sein.
- **Verfolgbarkeit**
  Requirements müssen während des gesamten Projekts verfolgt werden. Es ist normal, dass sich die Anforderungen des Auftraggebers bzw. des Vertriebs aufgrund neuer Erkenntnisse in der Projektlaufzeit ändern. Dies bedeutet, dass die Requirements entsprechend fortgeschrieben werden müssen.

Es sollte dabei werkzeuggestützt möglich sein, Requirements durch andere Requirements zu ersetzen oder Requirements zu verfeinern. Es sollte ferner möglich sein, Requirements werkzeuggestützt zu quittieren, d. h. zu kennzeichnen, dass ein Requirement durch realisierte Leistungen, wie z. B. eine spezifizierte Funktion, erfüllt wird. Die Kontrolle, welche Requirements ersetzt bzw. verfeinert oder quittiert worden sind, sollte durch das Werkzeug durchgeführt werden können. Gut ist es, wenn man in einer "Entscheidungsdokumentation" Buch darüber führt, aus welchen Gründen welches Requirement durch welches andere Requirement ersetzt worden ist.

> Im Projektverlauf werden die Requirements quittiert, substituiert und verfeinert. Die Buchführung der quittierten, substituierten und verfeinerten Requirements sollte maschinell unterstützt werden.

5.6.2 Filtern von Requirements

Requirements sollen mit **Kategorien** (siehe Kapitel 5.4) versehen werden. Dies soll durch das Werkzeug unterstützt werden. Das Werkzeug sollte es ferner erlauben, alle Requirements nach logischen Verknüpfungen der Kategorien sortiert auszugeben, in anderen Worten zu **filtern**. Damit kann nach Sachgebieten sortiert werden, wenn die Kategorien die Bedeutung von Sachgebieten haben. Die Zuordnung von Kategorien und die sortierte Ausgabe betrifft zwei wichtige Anwendungen:

- **Priorisierung der Requirements durch den Auftraggeber**
  Requirements des Auftraggebers müssen vom Auftraggeber mit Prioritäten

versehen werden. Es sollte werkzeuggestützt möglich sein, die Priorität als Kategorie einem Requirement zuzuordnen und die Requirements werkzeuggestützt nach Prioritäten zu sortieren. Versieht der Auftraggeber die Requirements mit Prioritäten, so lässt sich zum einen eine bessere Kosteneffizienz erzielen, zum anderen aber lassen sich Abstriche im Projekt aufgrund geänderter Budgetmittel leichter festlegen.

- **Abbildung der Requirements auf Funktionen und wechselwirkende Komponenten**
  Da Requirements in der Regel zu einer Zeit aufgestellt werden, zu der die Systemstruktur noch nicht festliegt, und da sie in der Regel nicht von den Designern des Systems, sondern von dem Auftraggeber erstellt werden, ist ein Hilfsmittel vonnöten, um diese Requirements mit der Funktionalität des Systems (logische Betrachtungseinheiten) und den Komponenten als physikalische Betrachtungseinheiten und ihren Wechselwirkungen in Beziehung setzen zu können.

Um die Beziehung beispielsweise eines Requirements zu Lösungskomponenten herstellen zu können, hat sich die Kennzeichnung von Requirements mit Kategorien durch den Chef-Designer eines Systems sehr bewährt. Ein in einer Frühphase aufgestelltes Requirement kann mehrere Aspekte der Systemrealisierung betreffen, beispielsweise die Kategorie bzw. Komponente Bedien-Schnittstelle und die Kategorie bzw. Komponente Datenbank. Hat man den Mechanismus der Kategorien zur Verfügung, so kann man jedes Requirement mit all den Kategorien auszeichnen, die dieses Requirement betrifft. Anschließend werden die Requirements sortiert und die entsprechenden Bearbeiter der jeweiligen Komponenten mit den sie betreffenden Requirements versorgt.

Auf die hier beschriebene Art und Weise ist in optimaler Art und Weise gewährleistet, dass Requirements etwa bei der Systemanalyse oder dem Systementwurf berücksichtigt werden. Die nach Kategorien sortierten oder gefilterten Requirements erzeugen eine für die Aufgaben eines Sachbearbeiters erforderliche Sicht. Unterschiedliche Rollen der Bearbeitung benötigen unterschiedliche Sichten. So braucht der Datenbank-Spezialist alle Requirements, welche die zu realisierende Datenbank und ihre Zugriffsschnittstelle betreffen.

5.7 Zusammenfassung

Die Requirements an ein System oder Teilsystem umfassen jene Forderungen, welche den Leistungsumfang des Systems (Teilsystems) festlegen. Bevor man Requirements für ein neues System aufstellen kann, muss man mit der Umgebung, in die das neue System eingebracht werden soll, vertraut sein. Ob und wie das System diese Requirements erfüllen kann, wird erst im Rahmen der Programmierung entschieden. Requirements werden zu Projektbeginn aufgestellt und leben grundsätzlich über die gesamte Projektdauer, dürfen dabei aber auch abgeändert werden. Sie sind daher über die gesamte Projektdauer zu verfolgen. Jedes Requirement soll für sich selbst verständlich sein und darf nicht weitere Requirements referenzieren. Requirements müssen für alle am Projekt Beteiligten völlig verständlich sein, daher werden sie in der Regel in natürlicher Sprache aufgeschrieben (Kapitel 5.1).

Requirements ändern sich im Zeitverlauf, da sie ein zukünftiges Ziel darstellen, dessen Zielstellung sich mit fortschreitendem Wissen ändert (Kapitel 5.2).

Requirements sind stets dann aufzustellen, wenn wichtige Zerlegungsprodukte und ihre Wechselwirkungen entstehen, wie z. B. ein System wird zerlegt in Geräte, ein Gerät wird zerlegt in HW und SW, die Software wird zerlegt in Betriebssystem-Prozesse. Requirements müssen auf jeden Fall immer dann aufgestellt werden, wenn Aufträge nach außen vergeben werden, da ansonsten der Auftragnehmer problemlos darauf hinweisen kann, dass der fehlende Funktionsumfang ja nicht spezifiziert und deshalb Zusatzaufwand sei (Kapitel 5.3).

Um Systemanforderungen zu erkennen, werden Geschäftsprozesse studiert (Kapitel 5.3.1). System-Requirements beschreiben das Verhalten eines Systems nach außen. Die Festlegung der Systemhierarchie wird oft als Zerlegung bezeichnet (Kapitel 5.3.2). Externe Schnittstellen sind die Schnittstelle zur Systemumgebung. Subsystem-zu-Subsystem-Schnittstellen sind interne Schnittstellen. (Kapitel 5.3.3). Jedes Requirement der Systemebene kann einem oder mehreren Requirements der nächsten Ebene zugeordnet werden (Kapitel 5.3.3.1). Die Requirements der tieferen Ebenen betreffen meist Komponenten des Systems, aber auch die Protokolle der wechselwirkenden Partner. Die Schritte der Zerlegung, Zuordnung und Verfeinerung werden solange wiederholt, bis ein geeignetes Maß an Genauigkeit erreicht wurde. In jeder Projektphase und bei jeder Zerlegung können neue, feinere Requirements aufgestellt werden. Die Verfeinerung besteht darin, Requirements für die untergeordneten Elemente und ihre Wechselwirkungen zu schreiben. Dies geschieht in Anlehnung an die Zuordnung von Requirements zu Zerlegungsprodukten. Zu Beginn – in der oberen Ebene – sind die Requirements sehr abstrakt. In den unteren Ebenen werden die verfeinerten Requirements dann immer detaillierter (Kapitel 5.3.4).

Die Verfolgbarkeit (engl. traceability) ist das Konzept, welches die nötige Buchhaltung der Requirements sowohl im Falle der Zerlegung als auch in umgekehrter Richtung beinhaltet (Kapitel 5.3.5). Im Projektverlauf werden Requirements erfüllt (quittiert). Die Überprüfung des Zerlegens, Zuordnens, Verfeinerns und Schnittstellen-Definierens ist genauso wichtig wie die Erstellung der Requirements (Kapitel 5.3.6). Das Ergebnis der Requirement-Definition ist die Grundlage des nächsten Entwurf-Schrittes. Die Ergebnisse des Entwurf-Schritts dienen wiederum als Grundlage für den nächsten Requirement-Definition-Schritt (Kapitel 5.3.7).

Zu den Requirements an die Funktionserbringung kommen noch nicht-funktionale Requirements (siehe Kapitel 5.4) wie z. B. Requirements nach der Einhaltung von Standards oder Requirements nach einem Stufenkonzept zum stufenweisen Aufbau des neuen Systems etc. Ein Requirement-Dokument sollte nach Kategorien strukturiert sein, damit man einen guten Überblick hat (Kapitel 5.4).

Für die Aufstellung von Requirements existieren verschiedene Strukturen (Kapitel 5.5).

Die Requirements sollten maschinell verwaltet werden (Kapitel 5.6).

5.8 Aufgaben

Aufgabe 5.1 Requirement–Technik

5.1.1 Was sind funktionale Requirements und was sind nicht-funktionale Requirements?
5.1.2 Geben Sie drei Beispiele für nicht-funktionale Requirements.
5.1.3 Sie erhalten vom Auftraggeber ein Lastenheft mit 1000 Seiten Umfang. Was tun Sie, um die Requirements über die Laufzeit des Projekts relativ einfach verfolgen zu können?
5.1.4 Was ist der Sinn von Requirements? Warum sollen Requirements in Textform geschrieben werden? Warum sollen Requirements durchnummeriert werden?
5.1.5 Welche Vorteile hat eine maschinelle Verwaltung von Requirements in Textform, denen Requirement-Nummern und Schlüssel (Kategorien) zugeordnet sind?
5.1.6 Wie können die Requirements an die Wechselwirkungen zwischen den Zerlegungsprodukten spezifiziert werden?
5.1.7 Warum erhält ein Requirement einen Identifikator?

Aufgabe 5.2 Requirements im Life-Cyle

5.2.1 Was kann die Zerlegung des Systems bei den Requirements bewirken?
5.2.2 Darf man prinzipiell in jeder Phase eines Projekts neue Requirements aufstellen?
5.2.3 Warum werden Requirements durch die verschiedenen Ebenen verfolgt?
5.2.4 Was haben Requirements mit der Zerlegung des Systems zu tun?
5.2.5 Sind System-Requirements Hardware- und Software-abhängig?
5.2.6 Was versteht man unter Verfeinerung?
5.2.7 Warum werden Requirements verifiziert bzw. validiert?

Kapitel 6

Funktionsorientierte Modellierung mit der Strukturierten Analyse

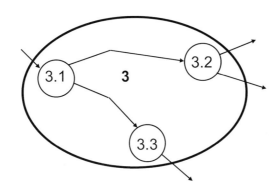

6.1   Grafische Elemente der Strukturierten Analyse
6.2   Hierarchische Zerlegung der Prozesse in Datenflussdiagramme
6.3   Das Kontextdiagramm
6.4   Regeln für das Modellieren mit Datenflussdiagrammen
6.5   Die Prozessspezifikation
6.6   Datenbeschreibung im Data Dictionary
6.7   Besonderheiten bei Datenflüssen
6.8   Starten von Prozessen
6.9   Abgrenzung zwischen Essenz und physischen Aspekten
6.10 Ereignisorientierte Zerlegung nach McMenamin und Palmer
6.11 Zusammenfassung
6.12 Aufgaben

6 Funktionsorientierte Systemanalyse mit der Strukturierten Analyse

Die Strukturierte Analyse (SA) hat sich seit ihren Anfängen in der Mitte der siebziger Jahre zu einer wichtigen Standardmethode der Systemanalyse entwickelt. Die Art der grafischen Darstellung der Vernetzung von parallelen Funktionen bzw. Prozessen in Datenflussdiagrammen, die den Kern der Strukturierten Analyse darstellen, wurde bereits vor fast 90 Jahren von Forschern auf dem Gebiet des **Operation Research** [You92] verwendet. Diese Forscher befassten sich mit Arbeitsflussmodellen für Betriebe. Der Zusammenhang liegt natürlich auf der Hand: sowohl bei den Datenflüssen der Datenverarbeitung als auch bei den Arbeitsflussmodellen der Geschäftsprozesse gibt es Prozesse, die definierte Ergebnisse produzieren, wobei das Vorliegen dieser Ergebnisse wiederum Voraussetzung dafür ist, dass andere Prozesse arbeiten können.

Die Strukturierte Analyse befasst sich mit der **Modellierung der Essenz eines Systems** und erlaubt die Entwicklung von Modellen für Anwendungen auf verschiedenen Granularitätsstufen. Hierbei ist es möglich, sowohl einen Überblick über ein System als Ganzes als auch die Betrachtung jedes erkannten Details in einem einheitlichen Modell zu beschreiben.

Der Vorteil dieser Methode im Gegensatz zu anderen Methoden ist, dass bei ihr das Zusammenwirken des Systems mit seiner Umgebung und das Zusammenwirken der verschiedenen Funktionen (Prozesse) des Systems der Ansatzpunkt der Betrachtung ist.

Dieses Zusammenwirken zu analysieren, bedeutet **Schnittstellen** zu **analysieren** – seien es systemexterne oder systeminterne. An jeder Schnittstelle werden Daten bereitgestellt und übernommen.

Durch die Konzentration auf die Schnittstellen fallen dabei im Rahmen der Analyse die Funktionen des Systems fast automatisch ab.

Ein besonderer Vorteil der Strukturierten Analyse ist die einfache Modellnotation, die sich intensiv grafischer Mittel bedient. Die Diagramme der Strukturierten Analyse zeigen die Komponenten des Modells und ihre Schnittstellen. Zur präzisen Definition der Bedeutung, der Zusammensetzung und der Funktionsweise der Details in Funktionalität und Datenstruktur werden textuelle Mittel benutzt, die vom Freitext bei der Prozessspezifikation bis zur formalen Beschreibung (Extended Backus-Naur-Form) bei der Datenbeschreibung reichen. Eine mehrdeutige und schlecht überprüfbare Spezifikation nur in freiem Fließtext wird verhindert. Das Modell der Strukturierten Analyse eines Systems enthält alle zur Beschreibung wesentlichen Informationen. Zusätzliche Methoden und externe Dokumentationsmittel werden nicht benötigt.

Informationen aus den Gesprächen mit dem Anwender können ohne komplizierte Syntaxregeln notiert und systematisch in das Modell eingefügt werden. Im Modell wird stets die integrierte Sicht auf Datenflüsse, Datenelemente und Prozesse aufrechterhalten. Hierbei ergeben sich einige wichtige **Konsistenzregeln**, die vor allem die Modellnotation betreffen. Durch diese Konsistenzprüfungen werden aber auch inhaltliche Probleme eines Modells sichtbar. Fehler liegen zum Beispiel vor, wenn im Modell Prozesse noch nicht funktionieren, weil die Daten noch nicht zu den Verarbeitungen passen, oder weil Informationen aus der Systemumgebung noch fehlen.

Die Methode der Strukturierten Analyse nach Yourdon und DeMarco umfasst eine Kombination aus den folgenden grafischen und textuellen Beschreibungen:

- **Datenflussdiagramme** (engl. **data flow diagrams, DFDs**) auf verschiedenen Ebenen beginnend auf der obersten Ebene und damit verbunden eine **hierarchische Zerlegung der Prozesse** des Systems.

  Zu beachten ist, dass ein Prozess im Rahmen der Strukturierten Analyse kein Betriebssystem-Prozess ist, sondern eine logische Funktion, die Eingabedatenflüsse in Ausgabedatenflüsse wandelt. Ein Prozess der Strukturierten Analyse dient nur zur logischen Modellierung der Essenz des Systems.

  > Im Rahmen der Strukturierten Analyse kann jeder Prozess dann arbeiten, wenn seine Eingabedaten ankommen. **Prozesse** können also in diesem Modell **parallel** und **asynchron** arbeiten. Diese Parallelität hat jedoch keinen direkten Bezug zur Implementierung.

- **Prozessspezifikationen (PSPECs)**, auch **Prozessbeschreibungen** genannt.
- **Datenbeschreibungen im Datenkatalog**, auch **Datenverzeichnis** (engl. **data dictionary, DD**) genannt. Ggf. Datenmodellierung der Datenspeicher mit Entity-Relationship-Diagrammen.

Die Methode der Strukturierten Analyse führt eine hierarchische Zerlegung des Systems durch. Auf jeder dieser Ebenen stellt das Modell der Strukturierten Analyse in Datenflussdiagrammen in übersichtlicher Weise Prozesse und ihre Eingaben/Ausgaben in Form von Datenflüssen von/zu anderen Prozessen, von/zu Datenspeichern bzw. von/zu Terminatoren (Objekten außerhalb des Systems) dar.

Ein solches **Datenflussdiagramm** stellt ein **Netzwerk von Prozessen** dar, die wechselseitig kommunizieren, um durch ihr Zusammenwirken eine Aufgabe zu erledigen. Diese Prozesse kommunizieren untereinander über Datenflüsse oder Speicher. Datenflüsse sind sozusagen Kanäle oder Pipelines, durch die sich die Prozesse gegenseitig Daten zuschieben können, oder mit Speichern oder Terminatoren kommunizieren können. Während die Daten durch die Kanäle nur durchströmen, also Daten in Bewegung darstellen, stellen Daten in Datenspeichern ruhende Daten dar.

> Prozesse und Datenspeicher sind Bestandteile des betrachteten Systems. Terminatoren sind Objekte außerhalb des Systems, mit denen das System in Wechselwirkung steht.

> Eine **Prozessspezifikation** beschreibt, was der Prozess (die Verarbeitungsfunktion) tun soll, d. h. wie der Prozess eingehende Daten in ausgehende Daten transformiert. Im **Data Dictionary** soll die Beschreibung der Daten festgehalten werden.

Im Data Dictionary wird definiert, welche Bedeutung die Daten haben und welche Beziehungen sie untereinander haben. Eine "ist-Teil-von-Beziehung" spezifiziert beispielsweise die Zerlegung eines Datums in Komponenten. Weitere Beziehungstypen werden in Kapitel 8.1 eingeführt.

Oftmals kommt man mit **Datenflussdiagrammen**, **Prozessbeschreibungen** und **Datenbeschreibungen** im Data Dictionary aus. Dies war auch die ursprüngliche Methode der Strukturierten Analyse, die in diesem Kapitel beschrieben wird. Datenflussdiagramme werden besonders dann mit Erfolg zur Modellierung eingesetzt, wenn für das betrachtete System das funktionale Verhalten im Vordergrund steht und Daten- oder Steuerungsaspekte mehr im Hintergrund stehen.

Im Nachhinein gab es zwei **Erweiterungen** der Strukturierten Analyse gegenüber ihrer ursprünglichen Form:

- Zum einen wurde das **Information Modeling** zur Modellierung komplexer Datenspeicher hinzugenommen. Diese Datenmodellierung erfolgt mit Hilfe sogenannter **Entity-Relationship-Diagramme (ER-Diagramme)**[51].
- Zum anderen wurden Erweiterungen wie **Zustandsübergangsdiagramme** hinzugefügt, die sich mit der Modellierung des zeitabhängigen Verhaltens von Systemen befassen. Wenn man diese Erweiterungen betrachtet, spricht man von der **Strukturierten Analyse mit Realzeiterweiterungen (SA/RT)**[52].

Sind die Beziehungen zwischen den Daten wichtiger als die Funktionen, so müssen als erstes Entity-Relationship-Diagramme erstellt werden. Handelt es sich um eine Steuerungsaufgabe mit Steuereingaben und -ausgaben, bei der das zeitliche Verhalten im Vordergrund steht, so sollte man sich auf die Methode Strukturierte Analyse mit Realzeiterweiterungen konzentrieren.

Nachdem eine grundlegende, einführende Beschreibung der Datenflussdiagramme, Prozessspezifikationen und Datenbeschreibungen im Data Dictionary zu Beginn dieses Kapitels gegeben wurde, werden in Kapitel 6.1 die grafischen Elemente der Strukturierten Analyse und in Kapitel 6.2 die hierarchische Zerlegung der Prozesse erläutert. Kapitel 6.3 beschreibt das Kontextdiagramm, Kapitel 6.4 die Modellierung mit Datenflussdiagrammen samt Namensgebung und Regeln, Kapitel 6.5 die Prozessspezifikation und Kapitel 6.6 die Beschreibung der Daten im Data Dictionary. Die

---

[51] Siehe Kapitel 8.
[52] Siehe Kapitel 7.

Besonderheiten bei Datenflüssen werden in Kapitel 6.7, das Starten von Prozessen in Kapitel 6.8 und die Abgrenzung zwischen Essenz und physischen Aspekten in Kapitel 6.9 behandelt. Kapitel 6.10 schildert die Technik von McMenamin und Palmer zur Zerlegung eines Systems in Prozesse.

6.1 Grafische Elemente der Strukturierten Analyse

Wechselwirkungen zwischen Prozessen werden durch Datenflussdiagramme (DFDs) beschrieben. In den Datenflussdiagrammen gibt es für die logischen Bestandteile des Systems folgende grafische Symbole:

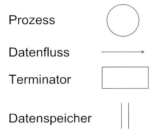

Bild 6-1 Die grafischen Symbole der Strukturierten Analyse

Prozesse werden durch Kreise (engl. bubbles) mit einem Namen und einer hierarchisch gebildeten Nummer dargestellt. Sie haben die Aufgabe, Eingangsdaten in Ausgangsdaten zu transformieren und enthalten den dafür benötigten Algorithmus.

Prozesse unterliegen einem Konzept zur schrittweisen Verfeinerung. Ist der Inhalt eines Prozesses einfach beschreibbar, so wird er durch eine Prozessspezifikation beschrieben. Sonst wird er in der nächsten Verfeinerungsebene durch ein Datenflussdiagramm näher unterteilt, so dass kleinere Einheiten entstehen, die dann leichter beschrieben werden können. Prozessspezifikationen müssen nur an der jeweils untersten Verfeinerungsebene angefertigt werden, wenn der Prozess nicht weiter verfeinert wird.

Die einzelnen Zerlegungszweige können unterschiedlich tief sein.

Es ist zwar möglich – und könnte naiverweise als gute Arbeit gelobt werden – dass man auf jeder Ebene Prozessspezifikationen anfertigt. Dies wäre aber höchst unklug, da eine Änderung auf tieferer Ebene entsprechende Änderungen auf verschiedenen höheren Ebenen erfordern könnte.

Vergisst man nur eine Stelle zu aktualisieren, so entsteht ein Fehler. Daher wird auch hier das **Single Source-Prinzip** angewendet (siehe Kapitel 13.2.3.2). Man versucht, alles nur einmal zu sagen bzw. aufzuschreiben. Damit wird die Pflege der Dokumente leichter und es entstehen weniger Fehler.

Datenspeicher werden durch zwei parallele Striche dargestellt. Sie stellen einen dauerhaften Aufenthaltsort für die Daten dar. Speicher sind immer passiv. Daten müssen von Prozessen abgeholt oder von Prozessen in den Speicher geschrieben werden.

> Datenspeicher werden benötigt, wenn der Entstehungszeitpunkt der Daten vom Nutzungszeitpunkt verschieden ist. Prozesse werden durch Speicher asynchron entkoppelt. Mit anderen Worten, ein Speicher ist ein zeitverzögernder Speicherbereich zwischen zwei Prozessen, die zu verschiedenen Zeiten ablaufen.

Wird ein Datum in einen Speicher geschrieben, so bleibt sein Wert gespeichert, bis das Datum mit einem neuen Wert dieses Datums von einem Prozess überschrieben wird. Daten werden in den Speicher nur eingestellt oder von ihm entnommen, wenn ein Prozess dies explizit veranlasst. Der Speicherinhalt wird nicht geändert, wenn ein Datenpaket entnommen wird. Im Rahmen der Implementierung werden Datenspeicher meist in Form von Dateien, Datenbanken oder Puffern im Hauptspeicher implementiert. Es kann aber auch sein, dass gewisse Funktionen manuell durchgeführt werden und die zugehörigen Datenspeicher Ordner im Schrank sind. Generell ist ein Datenspeicher eine Ansammlung von Informationen für eine bestimmte Zeitspanne.

Datenflüsse sind ein grafisches Mittel, um einen transienten Transport von Daten oder Datenpaketen mit bekannter Zusammensetzung zu visualisieren. Sie repräsentieren "Daten in Bewegung".

> Datenflüsse stellen Kanäle dar, über die Datenpakete, deren Aufbau man kennt, übertragen werden.

Die Zusammensetzung der Datenpakete charakterisiert den Kanal[53]. Die Datenpakete werden im Datenkatalog beschrieben. Ein Prozess kann Daten von einem anderen Prozess oder einem Terminator zugeschickt bekommen, von einem Speicher muss er sie selbst abholen. Er kann Datenpakete an einen anderen Prozess, an einen Terminator oder einen Datenspeicher weitergeben. Erhält ein Prozess die Datenflüsse, die er für seine Arbeit braucht, so wird er datengetrieben ausgelöst.

Terminatoren sind Objekte der Umwelt und grenzen das betrachtete System gegen andere Systeme ab. Sie werden oft auch als Schnittstellen bezeichnet. Sie werden nicht näher beschrieben und treten im betrachteten Modell nur als Sender und Empfänger von Daten auf. Auf den Aufbau oder die interne Arbeitsweise der Terminatoren hat man aus Sicht des gerade betrachteten Modells keinen Einfluss. Beziehungen zwischen Terminatoren werden im Modell nicht dargestellt. Ein Terminator kann eine Person oder Personengruppe oder auch ein anderes Computersystem sein, mit dem das betrachtete System kommuniziert. Datenflüsse, die von dem betrachteten System zu Terminatoren gehen, stellen die Datenflüsse zu den Schnittstellen des Systems zu seiner Umwelt dar.

---

[53] Ein Kanal bezeichnet eine Punkt-zu-Punkt-Verbindung. Er wird symbolisiert durch einen Pfeil. Er arbeitet nach dem First-In-First-Out-Prinzip (FIFO-Prinzip). Was als erstes an den Kanal übergeben wurde, verlässt ihn auch als erstes.

6.2 Hierarchische Zerlegung der Prozesse in Datenflussdiagramme

Die hierarchische Zerlegung der Prozesse dient einer übersichtlichen Verfeinerung der Prozesse. Die Zerlegung kann **top-down** durchgeführt werden. Sie kann jedoch prinzipiell auch **bottom-up** vonstatten gehen oder **middle-out**.

> **Middle-out** bedeutet, dass man auf einer Ebene, die etwas zu modellieren bietet, mit der Modellierung beginnt, und sich mit einer vernünftigen Anzahl von Prozessen in das System hinein denkt.

Dies können durchaus 15 bis 20 Prozesse sein. Kommt man auf dieser Ebene zu vernünftigen Ergebnissen beim Durchdenken der Abläufe, so verdichtet man das System nach oben und verfeinert es nach unten. Die noch zu besprechende Technik von McMenamin und Palmer (siehe Kapitel 6.10) ist eine solche middle-out Technik.

Die Dokumentation oder Präsentation der Ergebnisse muss stets **top-down** – vom Groben zum Feinen hin – erfolgen, damit sie einfach verständlich ist.

Die entsprechenden Prozesse werden gefunden, indem man sich überlegt, welche Verarbeitungen durchgeführt werden müssen. Dies sieht man in der Regel dann, wenn man sich überlegt, welche Eingaben (engl. inputs) in welche Ausgaben (engl. outputs) umgewandelt werden müssen. Mit anderen Worten, man muss sich überlegen, welche Umwandlungen der Daten durchgeführt werden müssen. Dies bedeutet, dass in der Regel die Erstellung der Prozesshierarchie parallel zur Erstellung der Datenflussdiagramme durchgeführt wird, wobei die Verfeinerung in Prozesse der nächsten Ebene erfolgt, indem man die Ein- und Ausgaben eines Prozesses auf der aktuellen Ebene beachtet.

> Jeder Prozess wird durch ein Datenflussdiagramm oder eine Prozessspezifikation (PSPEC) mit gleichen Außenbeziehungen verfeinert. Die Verfeinerung wird solange fortgeführt, bis es möglich ist, den betrachteten Prozess in einer PSPEC zu beschreiben.

Alle Ein-/Ausgabe-Datenflüsse des verfeinerten Prozesses müssen auch im verfeinerten DFD vorkommen und umgekehrt (siehe Kapitel 6.2.1).

Die oberste Ebene der Verfeinerungshierarchie ist das Kontextdiagramm (siehe Kapitel 6.3). Es stellt das betrachtete System als einen einzigen Prozess dar, der gegenüber der "Außenwelt" durch Terminatoren abgegrenzt wird.

Der Kontext dient also nur zur Dokumentation der Systemgrenzen und der an den Systemgrenzen vorhandenen Schnittstellen des Systems. Über die Funktionsweise des Systems sagt das Kontextdiagramm nichts aus.

Das folgende Bild 6-2 zeigt Beispiele für Datenflussdiagramme der oberen drei Ebenen. Alle Speicher, Terminatoren, Prozesse und Datenflüsse müssen sprechende Namen tragen.

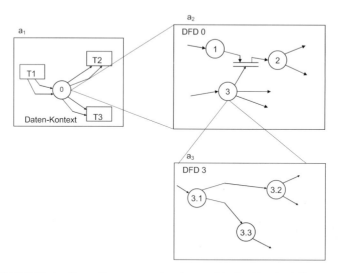

Bild 6-2 Datenflussdiagramme beginnend beim Kontextdiagramm

Das Diagramm, welches verfeinert wird, wird als **Vater-Diagramm** (engl. **parent diagram**), das verfeinerte als **Kind-Diagramm** (engl. **child diagram**) bezeichnet.

Datenflussdiagramme befassen sich also mit den Fragen:

- Welche Eingaben in das System müssen in welche Ausgaben gewandelt werden? Woher bezieht das System die Daten, die es zur Ausführung seiner Aufgaben benötigt und wo gehen seine Ergebnisse hin? Diese Fragen beantwortet das **Kontextdiagramm**.
- Welche Prozesse und Datenspeicher braucht das System und wie wirken die Prozesse zusammen? Die Antwort liefern **Datenflussdiagramme der tieferen Ebenen**.

6.2.1 Schichtung und Ausgleichen – Leveling und Balancing

Die Prozesse in Datenflussdiagrammen werden wieder in Datenflussdiagramme zerlegt.

> Die Zerlegung eines Datenflussdiagramms in immer detailliertere Diagramme (vom Vater zu den Kindern) wird **Schichtung** (engl. **leveling**) genannt.

Gut darstellbar in einem Datenflussdiagramm sind etwa fünf Prozesse auf einer DIN A4-Seite.

Funktionsorientierte Systemanalyse mit der Strukturierten Analyse

Wenn man einen Prozess aus dem Vater-Diagramm in ein Kind-Diagramm zerlegt, so müssen beide die gleichen Ein- und Ausgabedatenflüsse aufweisen. Ein Datenfluss im Diagramm der höheren Ebene kann ein **Gruppendatenfluss** (**Sammeldatenfluss**) sein, der beim Übergang in das Kind-Diagramm in seine Komponenten zerlegt wird.

> Die Zerlegung von Gruppendatenflüssen in primitive (elementare) Datenflüsse muss im Data Dictionary, einer Zusammenstellung des Aufbaus der Daten, beschrieben sein.

> Diese Konsistenzprüfung (von den Kindern zum Vater) wird **Ausgleichen** (engl. **balancing**) genannt.

6.2.2 Beispiel für das Balancing

Um die Konsistenzprüfung, also das Balancing, zu veranschaulichen, wird das Beispiel in Bild 6-2 zugrunde gelegt. Es wird in Bild 6-2, Teilbild a_3, ein Kreis um die Prozesse 3.1, 3.2 und 3.3 (in Bild 6-3 fett dargestellt) gezeichnet und mit dem Prozess 3 in Bild 6-2, Teilbild a_2, verglichen.

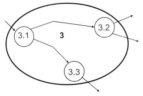

Bild 6-3 Zusammenfassen der Kinderprozesse zum Vaterprozess

Die Schnittstellen des so erzeugten Prozesses 3 müssen mit denen des Prozesses 3 in Teilbild a_2 übereinstimmen.

6.3 Das Kontextdiagramm

Das oberste DFD enthält nur einen Prozess, der das Gesamtsystem darstellt. Dieses DFD beschreibt den Zusammenhang des Systems, des Prozesses 0, mit seiner Umwelt, also seinem Kontext. Dieses Kontextdiagramm ist also Ausgangspunkt der Betrachtung und bildet die Wurzel für die verfeinerten DFDs. Es zeigt das System in seiner Umgebung

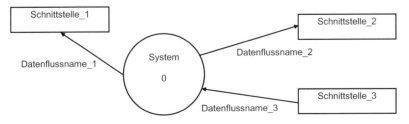

Bild 6-4 Beispiel für ein Kontextdiagramm

Regeln für das Kontextdiagramm

Datenflüsse von/zu Terminatoren tragen immer einen Namen.

> Gehen zu einem Terminator mehrere Datenflüsse, so wird aus Gründen einer einfacheren Darstellung im Kontextdiagramm oft ein Gruppendatenfluss verwendet und im Data Dictionary die Zerlegung dieses Gruppendatenflusses in elementare Datenflüsse erklärt.

6.4 Regeln für das Modellieren mit Datenflussdiagrammen

Datenflussdiagramme beschreiben den Informationsfluss zwischen Prozessen, Terminatoren und Speichern. Insgesamt ergibt sich durch die Modellbildung mit SA ein hierarchisches Modell:

1. Zuerst wird das Kontextdiagramm erstellt, ein spezielles DFD, in dem nur die Schnittstellen des Gesamtsystems zu seiner Umwelt beschrieben werden.
2. Das Gesamtsystem wird durch weitere DFDs verfeinert bis zu einer Tiefe, die man braucht, um die Anwendung zu modellieren. Die verschiedenen Zweige der Zerlegung können eine unterschiedliche Tiefe haben.
3. Zuletzt werden alle Prozesse, die nicht weiter verfeinert werden, durch Prozessspezifikationen beschrieben.

> Gemäß der Methode der Strukturierten Analyse wird ein **Datenfluss** durch seine **Quelle**, seine **Senke** und seinen **Inhalt** beschrieben.

> Jeder Datenfluss muss an einer Quelle beginnen und an einer Senke enden. Quellen und Senken können dabei
>
> - Prozesse,
> - Datenspeicher oder
> - Terminatoren.
>
> sein.

Das Datenflussdiagramm ist ein Hilfsmittel, um das Zusammenwirken des Systems aufzuzeigen. Es enthält die Namen für Prozesse, Datenspeicher und Datenflüsse und mag zwar dem Ersteller verständlich sein, nicht jedoch seinen Kollegen. Deshalb sind folgende zusätzliche Beschreibungen erforderlich:

- das Datenverzeichnis (engl. Data Dictionary) und
- Prozessspezifikationen (PSPECs).

> Nach Yourdon und DeMarco darf im DFD der obersten Ebene kein Datenspeicher vorkommen. Die DFDs der tieferen Ebene dürfen keine Terminatoren enthalten.

Funktionsorientierte Systemanalyse mit der Strukturierten Analyse

Das folgende Bild zeigt ein System und seine Schnittstellen:

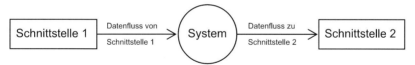

Bild 6-5 Terminatoren – aber keinen Speicher – im Kontextdiagramm

Der Grund dafür, dass die oberste Ebene, das Kontextdiagramm, keinen Datenspeicher enthalten darf, liegt auf der Hand: Zu realisierende Speicher gehören zum System und sind deshalb in der Bubble für das System enthalten. Externe Speicher werden als Terminatoren behandelt. Datenflussdiagramme einer tieferen Ebene können Speicher enthalten, aber nach Yourdon und DeMarco keine Terminatoren.

Das folgende Bild zeigt ein DFD einer tieferen Ebene mit Datenspeicher:

Bild 6-6 Ausschnitt aus einem Datenflussdiagramm einer tieferen Ebene

In der Praxis zeichnet man oft auch Terminatoren auf den tieferen Ebenen, da sonst bei komplexen Systemen aus Gründen der Verständlichkeit der Datenflussname so gewählt werden muss, dass aus ihm ersichtlich ist, zu welchem Terminator der Fluss geht bzw. von welchem Terminator er kommt. Ansonsten kann man die Datenflüsse nicht richtig interpretieren.

Namensgebung

Generell gilt: In den Modellen sollen Namen stets so vergeben werden, dass das jeweilige Objekt möglichst kurz und prägnant, aber dennoch eindeutig bezeichnet wird.

Prozessnamen werden normalerweise durch einen Verb-Objekt-Begriff bezeichnet. Dieser wird durch ein starkes Verb, gefolgt von einem Substantiv (grammatikalisch gesehen ein Objekt im Singular), gebildet. Prozessnamen kann man häufig gut nach den vom Prozess erzeugten Ergebnissen vergeben (z. B. `berechne_Schnittpunkt`).

Der **Name eines Datenflusses** besteht nur aus einem Substantiv, das durch ein Adjektiv ergänzt werden kann. Dieses Adjektiv kann ein ursprüngliches Adjektiv (z. B. `geheimes_Passwort`) oder Partizip Perfekt (z. B. `geprüfte_Rechnung`) sein. Der

Name charakterisiert die Bedeutung des Datenpakets, das transportiert wird. Jeder Fluss transportiert also nur das Datenpaket, welches durch den Flussnamen bezeichnet wird. Die Möglichkeit, mehrere elementare Datenflüsse zu Gruppendatenflüssen zusammenzuschließen, wurde bereits erwähnt.

Der **Name eines Speichers** besteht aus einem Substantiv, das auf den Inhalt hinweist (z. B. `Adressen`). Oft wird der Name des Speichers als Plural des Flussnamens gewählt, der in den Speicher hinein- oder herausfließt.

Wird ein gesamtes Informationspaket eines Speichers gelesen oder geschrieben (Fluss Singular, Speicher Plural, z. B. `Adresse` als Fluss und `Adressen` als Speicher), so wird der Datenflussname hierbei meist weggelassen. Man kann auch an den Fluss den Singular anschreiben, der Plural am Speicher darf jedenfalls nicht weggelassen werden. Beim Weglassen des Flussnamens ergibt sich dieser dann automatisch aus dem Namen des Speichers. Werden nur Komponenten eines zusammengesetzten Datums in den Speicher geschrieben oder aus ihm gelesen, so müssen die Datenflüsse, die auf den Speicher zugreifen, auf jeden Fall mit einem Namen versehen werden.

Terminatoren werden ebenfalls durch ein Substantiv bezeichnet.

Datenflussdiagramme bestehen aus den folgenden vier Elementen: Prozessen, Datenspeichern, Datenflüssen und Terminatoren:

- **Prozesse** werden mit Kreisen oder Blasen (engl. bubbles) dargestellt. Sie repräsentieren die verschiedenen Einzelfunktionen des Systems. Prozesse wandeln Eingaben in Ausgaben um.

    Regeln:

    - Jeder Prozess wird hierarchisch verfeinert oder durch eine Prozessbeschreibung beschrieben. Die Beschreibung erfolgt auf der terminalen (untersten) Ebene.
    - Die Prozesse werden zusätzlich durchnummeriert, wobei der Prozess im Kontextdiagramm mit 0 bezeichnet wird und das System darstellt.
    - Das Diagramm der Ebene 1, der um eins tieferen Ebene als das Kontextdiagramm, zeigt die Zerlegung des Prozesses 0, also des Systems. Dieses Diagramm wird auch als **Systemdiagramm** bezeichnet. Die Prozesse im Systemdiagramm erhalten die Nummern 1, 2, 3, usw.

- **Datenflüsse** werden durch Pfeile mit Richtungsangaben dargestellt. Sie sind die Verbindungen zwischen den Prozessen und stellen Informationen dar, die ein Prozess entweder als Eingabe benötigt oder als Ausgabe erstellt.

    Regeln:

    - Datenflüsse sind erlaubt zwischen
        * Prozess und Terminator,
        * Prozess und Speicher sowie
        * zwei Prozessen.
    - Datenflüsse sind **verboten** zwischen
        * Speicher und Terminator,
        * zwei Speichern und
        * zwei Terminatoren.

- Datenflüsse können
  * unidirektional oder
  * bidirektional sein.
- **Datenspeicher** werden durch zwei parallele Linien dargestellt. In Speichern werden Daten des Systems abgelegt, die das System für eine bestimmte Zeitspanne bereithalten muss.

  Regeln:
  - Das Kontextdiagramm darf nach Yourdon und DeMarco keine Speicher enthalten.
  - Wenn ein Speicher beim Zerlegen einer Bubble auf einer bestimmten Ebene zwischen zwei Prozessen auftritt, dann wird er auch in allen Diagrammen tieferer Ebenen, die diese Prozesse beschreiben, eingezeichnet.

- **Terminatoren** stellen externe Objekte dar, mit denen das System kommuniziert.

  Regeln:
  - Terminatoren tauchen nach Yourdon und DeMarco ausschließlich im Kontextdiagramm auf.
  - Terminatoren sind so zu wählen, dass sie die Quellen und Senken von Informationen angeben.
  - Bei Terminatoren versucht man oftmals, zu abstrahieren und Klassen zu bilden, beispielsweise Terminator `Kunde` als Sammelbegriff.

Um das Kontextdiagramm übersichtlich zu halten, darf man ein und denselben Terminator mehrmals einzuzeichnen. Nach Yourdon [You92] versieht man einen solchen Terminator entweder mit einem * oder mit einem diagonalen Strich in einer Ecke wie in folgendem Beispiel:

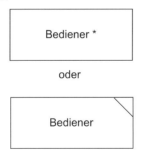

Bild 6-7 Kennzeichnung mehrfach eingezeichneter Terminatoren

6.5 Die Prozessspezifikation

Eine Prozessspezifikation beschreibt die **Verarbeitung** der Eingangsdaten zu Ausgangsdaten durch den entsprechenden Prozess. Eine Prozessspezifikation soll beschreiben, was in einer Funktion geschieht. Eingangs- und Ausgangsdaten können Datenflüsse zwischen Prozessen, Daten von bzw. zu Datenspeichern oder über Terminatoren ausgetauschte Daten sein.

> Wird ein Prozess nicht mehr durch ein Datenflussdiagramm verfeinert, so muss er durch eine Prozessspezifikation beschrieben werden.

Eine Prozessspezifikation kann beispielsweise erfolgen:

- im Freitext, d. h. in natürlicher Sprache,
- in strukturierter Sprache (Pseudocode),
- durch Vor- und Nachbedingungen oder
- durch Entscheidungstabellen.

Entscheidungstabellen sind ein flexibles Mittel aus Bedingungen zur Formulierung von Aktionen, die in Abhängigkeit von Bedingungen durchgeführt werden und in Anhang A vorgestellt werden. Vor- und Nachbedingungen werden sogleich erläutert. Bei **Freitext** formuliert man in der Umgangssprache, was der Prozess tun soll. **Strukturierte Sprache** enthält Schlüsselwörter und Namen.

Wie die Prozessspezifikation programmtechnisch realisiert wird, interessiert nicht. Entscheidend ist, dass alle Eingangs-Datenflüsse durch die Beschreibung in Ausgangs-Datenflüsse umgesetzt werden.

Vor- und Nachbedingungen

> Bei Vor- und Nachbedingungen sagt man fast nichts über den Algorithmus aus, nach dem der Prozess seine Arbeit durchführen soll. Vorbedingungen beschreiben die Umgebung, die der Prozess vor seinem Start antreffen muss, Nachbedingungen erfassen die Umgebung, die der Prozess nach seinem Ablauf hinterlässt.

Zu den Vorbedingungen gehört die Festlegung der Eingaben, die Beziehungen zwischen den Eingaben oder innerhalb der Eingaben, die Beziehungen zwischen den Eingaben und den Datenspeichern, die Beziehungen zwischen verschiedenen Speichern oder innerhalb eines Speichers [You92]. Zu den Nachbedingungen gehören die Ausgaben eines Prozesses, die Veränderungen, die der Prozess in den Speichern durchgeführt hat, die Beziehungen zwischen Ausgabewerten und den Werten in einem oder mehreren Speichern, aber auch die Beziehungen zwischen den Ausgabewerten und den ursprünglichen Eingabewerten.

6.6 Datenbeschreibung im Data Dictionary

Ein Data Dictionary ist ein Datenkatalog, der Informationen über die Daten, sprich die Metadaten, an zentraler Stelle enthält. Die Metadaten stellen die Struktur der Daten und ihre Beziehungen dar.

Funktionsorientierte Systemanalyse mit der Strukturierten Analyse

Im Data Dictionary werden abgelegt:

- Beschreibung der Bedeutung der Datenflüsse und Speicher,
- Definition zusammengesetzter Daten in Datenflüssen und in Speichern sowie
- Definition der Wertebereiche und Einheiten elementarer Daten.

> Das Data Dictionary stellt den Zusammenhang zwischen den einzelnen Verfeinerungsebenen der DFDs her. Das Data Dictionary definiert die Strukturen aller verwendeten Daten und erlaubt die Überprüfung des Datenmodells auf Redundanz- und Widerspruchsfreiheit.

Es soll an dieser Stelle erwähnt werden, dass in der Praxis bei Systemen der Prozessdatenverarbeitung im Gegensatz zu datenbankzentrierten Systemen die Daten im Rahmen der Strukturierten Analyse oftmals nur knapp beschrieben werden. Die genaue Spezifikation wird dabei oft auf den Systementwurf verschoben.

Es gibt verschiedene Notationen für das Data Dictionary wie die Extended Backus-Naur-Form.

Beispielsweise kann die folgende Notation verwendet werden:

=	zusammengesetzt aus
+	Sequenz (impliziert keine Ordnung)
[...|...]	Auswahl (entweder ... oder ...)
{ }	Wiederholung (0...N)
M{ }N	Wiederholung (M..N)
( )	Option
**	Kommentar

Beispiel für die Entität `Person`:

Name	= **Anrede** + {**Vorname**} + **Nachname**
Anrede	= [Herr | Frau] + (**Titel**)
Titel	= [Professor | Doktor]
Vorname	= {**gueltiges Zeichen**}
Nachname	= {**gueltiges Zeichen**}
gueltiges Zeichen	= [A-Z|a-z|'|-|]

Der Übersicht halber sind die nicht-terminalen Elemente fett und die terminalen Elemente nicht fett geschrieben.

Eine vollständige Definition eines zusammengesetzten Datenelements umfasst außer den in obigem Beispiel gezeigten Möglichkeiten:

- eine verbale Beschreibung der Bedeutung in Form eines Kommentars und
- die Werte, die das Datenelement mit seinen elementaren Daten annehmen kann.

6.7 Besonderheiten bei Datenflüssen

6.7.1 Dialogflüsse

Es ist möglich, bei Datenflüssen Dialoge zu spezifizieren. Dialogflüsse haben zwei Pfeile, wobei jede Richtung einen Namen haben muss. Es handelt sich meist um Dialoge der Form Anfrage/Antwort, wie in folgendem Beispiel dargestellt ist:

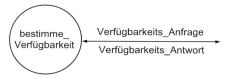

Bild 6-8 Ein Dialogfluss

6.7.2 Divergierende und konvergierende Flüsse

Sammel- oder Gruppendatenflüsse stellen eine Zusammenfassung von einfacheren Datenflüssen dar und werden häufig eingesetzt, um Diagramme zu vereinfachen. Die Zusammensetzung muss – wie bereits erwähnt – im Data Dictionary beschrieben werden. In den Diagrammen ist die Zusammenfassung oder auch das Aufspalten ersichtlich. Bei der Zusammenfassung spricht man von konvergierenden Datenflüssen (Merge-Flüssen), bei der Aufspaltung von divergierenden Datenflüssen (Split-Flüssen).

Es soll hier der Fall divergierender Flüsse betrachtet werden. Konvergierende Flüsse lassen sich analog behandeln. Für divergierende Flüsse gibt es die folgenden Fallunterscheidungen:

a) Ein Datum wird an mehrere Empfänger gesendet.
b) Ein zusammengesetztes Datenpaket wird abgesendet. Die Komponenten des zusammengesetzten Pakets gehen dabei an verschiedene Empfänger.
c) Es wird ein Datum von einem Aufzählungstyp transportiert. Verschiedene Werte gehen dabei an verschiedene Empfänger.

Diese drei Möglichkeiten werden im Folgenden visualisiert:

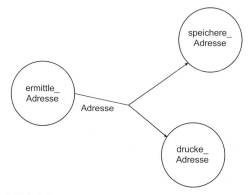

Bild 6-9 Dasselbe Datum an mehrere Empfänger

In Bild 6-10 gehen verschiedene Komponenten des zusammengesetzten Datums an verschiedene Empfänger. Aufspaltungen von Datenflüssen (siehe Bild 6-11) müssen durch entsprechende Definitionen im Datenverzeichnis abgesichert sein.

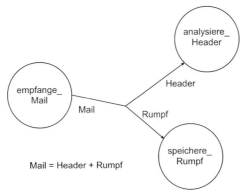

Bild 6-10 Aufspaltung von Datenflüssen

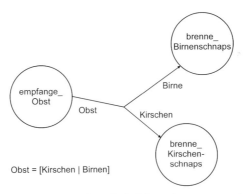

Bild 6-11 Verschiedene Elemente eines Aufzählungstyps an verschiedene Empfänger

6.7.3 Datenflüsse von und zu Speichern

Ist der Fluss zum Speicher unbeschriftet, so wird ein Informationspaket geschrieben, d. h., der Flussname wird als Singular des Speichernamens, der im Plural sein muss, angesehen. Dasselbe erfolgt, wenn der Datenflussname den Singular des Speichernamens trägt. Trägt der Fluss einen anderen Namen, so werden ein oder mehrere Bruchteile aus einem oder mehreren Paketen oder mehrere Pakete geschrieben.

Um diese Frage jeweils mit Sicherheit beantworten zu können, muss man die Datendefinition im Data Dictionary und die Prozessspezifikation nachlesen. So wird in folgendem Beispiel mit dem Fluss `Geburtsjahr` von allen neu immatrikulierten Studenten das Geburtsjahr geholt, um das Durchschnittsalter der neu immatrikulierten Studenten zu berechnen. Im Data Dictionary steht, dass Geburtsjahr eine Komponente von `neu_immatrikulierter_Student` ist. Aus der Prozessspezifikation von `berechne_Durchschnittsalter` ist ersichtlich, dass mit `Geburtsjahr` von jedem Studenten das entsprechende Geburtsjahr geholt wird. Hier das DFD zur Visualisierung:

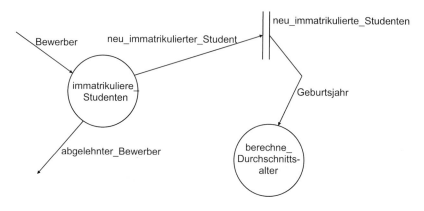

Data Dictionary Eintrag:

neu_immatrikulierter_Student =   Vorname + Name + Adresse +
Geburtsjahr + Familienstand

Bild 6-12 Datenflüsse von und zu Speichern

6.7.4 "Schwarze Löcher"

Bubbles, die Datenflüsse nur anziehen und keine Information abgeben (Eingabe-Bubbles), werden in Anlehnung an die Astronomie "Schwarze Löcher" genannt.

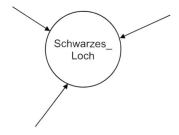

Bild 6-13 Schwarzes Loch

Bubbles, die nur eingehende Datenflüsse und keine ausgehenden aufweisen, heißen **Schwarze Löcher**.

Für Schwarze Löcher sind dem Autor keine Anwendungen bekannt außer dem Null-Device[54].

---

[54] Ein Null-Device gibt es beispielsweise in UNIX-Systemen. Es ist eine Art "Müllschlucker" für Ausgaben. Werden auf das Null-Device Daten geschrieben, so werden sie sofort verworfen. Ein Lesen auf dem Null-Device führt zu einem sofortigen Dateiende.

Eingabe-Bubbles sind in der Regel Entwurfs-Fehler.

6.8 Starten von Prozessen

Schwerpunkt der Strukturierten Analyse ist, das Zusammenwirken von Prozessen in Datenflussdiagrammen zu beschreiben. Bei den Prozessen gibt es es im Rahmen der Strukturierten Analyse drei Klassen:

Prozesse mit

- Ein-/Ausgabe-Bubbles,
- Ausgabe-Bubbles und
- Eingabe-Bubbles.

Diese sind im Folgenden visualisiert:

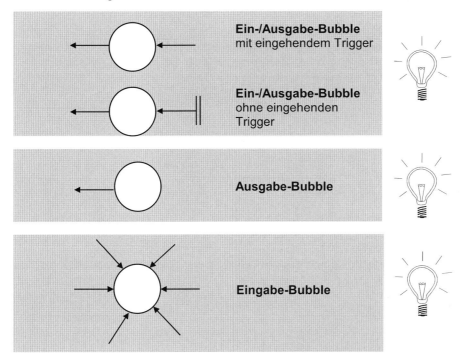

Die Zahl der Ein- und Ausgaben soll bei dieser topologischen Betrachtung keine Rolle spielen.

In der Realität gibt es:

- datengetriebene (ereignisorientierte) Prozesse,
- zeitgesteuerte Prozesse und
- fortlaufend aktive Prozesse.

Diese verschiedenen Prozessarten werden hier mit derselben Theorie modelliert, die keine besonderen Unterscheidungsmerkmale zwischen den Arten von Prozessen in der Realität von vornherein kennt. Der Systemingenieur muss dennoch daran denken, dass er alle Prozessarten im System erfasst, um sie im Rahmen der Strukturierten Analyse zu beschreiben. Im Folgenden werden diese drei Gruppen von Prozessen betrachtet.

6.8.1 Datengetriebene Prozesse

Der Prozess zu einer Ein-/Ausgabe-Bubble mit einem eingehenden Trigger, der von einem anderen Prozess oder einer Schnittstelle kommt, wird gestartet, wenn der Datenfluss in die Bubble eingeht. Der Prozess wird **datengetrieben** oder **ereignisorientiert** gestartet.

Arbeiten Prozesse **datengetrieben**, so beginnen sie automatisch sofort zu laufen, wenn ihre Eingangsdatenflüsse ankommen. Mit anderen Worten, man kann jeden **datengetriebenen** Prozess im Rahmen der Strukturierten Analyse im gewünschten Moment sofort zum Laufen bringen, wenn man ihm den Datenfluss gibt, den er benötigt.

Dabei kann ein Prozess sowohl datengetrieben ausgelöst werden als auch einen Datenfluss aus einem Speicher beziehen.

6.8.2 Zeitgesteuerte Prozesse

Zeitgesteuerte Prozesse laufen jeweils zur eingeplanten Zeit, beispielsweise zu jeder vollen Stunde. Es gibt verschiedene Mittel, um zeitgesteuerte Prozesse zu visualisieren. Eine Möglichkeit ist, nichts Besonderes zu vermerken. Dann sind zeitgesteuerte Prozesse charakterisiert durch einen ausgehenden Datenfluss bei gleichzeitigem Fehlen eines eingehenden stimulierenden Datenflusses. Eine andere Art der Visualisierung ist die Einführung eines Uhren-Symbols als Terminator und das Zeichnen eines Uhrzeit-Ereignisses als Datenfluss und Zeittrigger.

6.8.3 Fortlaufend aktive Prozesse

Fortlaufend aktive Prozesse laufen, solange sie aktiviert sind. Über ihre Laufzeit wird keine Aussage gemacht. Sie arbeiten aber weder datengetrieben, noch zyklisch. Haben sie keine Eingabe, dann sind es Spontanerzeuger nach Yourdon (siehe Kapitel

6.8.3.1). Beziehen sie selbst die Eingabe von einem (passiven) Speicher, dann werden sie in dem vorliegenden Buch Dauerläufer genannt (siehe Kapitel 6.8.3.2).

6.8.3.1 Spontanerzeuger

Der Begriff des Spontanerzeugers kommt von Yourdon [You92, S. 195].

Bild 6-14 Spontanerzeuger

Der **Spontanerzeuger** hat keine Eingabe. Folglich handelt es sich nach Yourdon hier um einen Prozess, der spontan etwas erzeugt, wie z. B. ein Zufallszahlengenerator.[55]

Damit haben Spontanerzeuger die Charakteristika:

- Sie sind nicht datengesteuert. Sie haben gar keine Eingaben.
- Sie sind nicht zeitgesteuert.

6.8.3.2 Dauerläufer

Der Begriff des Dauerläufers wird hier folgendermaßen definiert: Ein Prozess, der seinen Input nur von einem Speicher bezieht, kann nicht datengetrieben ausgelöst werden, da ein Speicher ein passives Element ist. Der Prozess läuft entweder fortlaufend als Dauerläufer – und dann immer – oder zeitgesteuert.

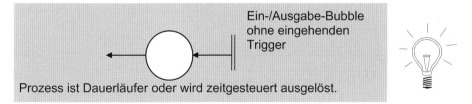

Damit unterscheidet sich ein Dauerläufer von einem Spontanerzeuger also nur durch das Lesen von einem (passiven) Datenspeicher.

6.9 Abgrenzung zwischen Essenz und physischen Aspekten

Der Problembereich zeichnet sich dadurch aus, dass man die sogenannte Essenz des Systems modelliert. Die Essenz des Systems sind seine Eigenschaften und sein

---

[55] Ein Prozess mit dieser Topologie kann in der Realität auch zyklisch und nicht spontan ausgelöst werden. Darauf geht Yourdon aber nicht ein.

Verhalten in einer idealen Welt. Es sind die Geschäftsprozesse des Systems in technologieunabhängiger Beschreibung. Das betrachtete System ist auch unabhängig von den physischen Randbedingungen der technischen Lösung wie der Verwendung eines Betriebssystems, eines Datenbankmanagementsystems oder nebenläufiger Betriebssystem-Prozesse. Ein technisches System mit einem Rechner gibt es nicht. Man ist in der Welt der Logik, d. h. in einer idealen Gedankenwelt, in der alles unendlich schnell geht. Technische Fehler kann es nicht geben, da keine Technik existiert, die ausfallen kann. Es kann im Problembereich nur Fehler in der Anwendung geben. Beispiel hierfür soll ein Bibliotheksverwaltungssystem sein. Möchte der Entleiher ein Buch mitnehmen und ist dieses Buch nicht im Magazin verfügbar, so stellt dies einen Fehler in der Anwendung dar, der modelliert werden muss.

Im Detail bedeutet die Konzentration auf die Essenz des Systems:

- Jeder Prozess arbeitet unendlich schnell.
- Jeder Kanal arbeitet unendlich schnell.
- Es gibt keine Einschränkungen durch Speichergrößen etc.
- Es gibt keine Fehler bei der Übertragung.
- Es gibt keine Fehler in der Hardware oder Software.
- Jeder Prozess kann mit jedem anderen ohne die Vermittlung durch Dienste reden.
- Jeder Prozess kann direkt mit Speichern kommunizieren.
- Jeder Prozess kann direkt mit Terminatoren, z. B. dem Bediener, kommunizieren.

Die folgenden technischen Funktionen treten im Rahmen der Essenz nicht auf:

- Kommunikationsfunktionen,
  da jeder Prozess mit jedem direkt ohne Vermittler kommunizieren kann,
- Datenhaltungsfunktionen,
  da jeder Prozess direkt auf Speicher zugreifen kann und keine Datenhaltungsfunktionen als Vermittler braucht,
- Dialogfunktionen,
  da jeder Prozess direkt ohne Vermittler mit Terminatoren kommunizieren kann,
- Funktionen zum Starten, Überwachen und Stoppen des Systems,
- Fehlererkennungs- und -behandlungs-Funktionen für Computer- und Netzwerkfehler,
- Funktionen für die Informationssicherheit (Security) und funktionale Sicherheit (Safety) und
- Funktionen für die Parallelität.

Wiederum ganz anders liegt der Fall, wenn ein fehlertolerantes Rechnersystem entworfen werden soll. Dann ist das fehlertolerante System die Anwendung. Die Behandlung von Hard- und Softwarefehlern bei fehlertoleranten Systemen kann eine komplexe Logik erfordern, bei der es sich lohnt, diese mit Hilfe der Strukturierten Analyse zu modellieren.

Funktionsorientierte Systemanalyse mit der Strukturierten Analyse 213

Auch die Terminatoren – die ja gar nicht zu dem betrachteten System gehören – werden zur heilen Welt erklärt. Dies hat zur Konsequenz, dass auch Fehlerbehandlungs-Funktionen für Eingabedaten entfallen.

6.10 Ereignisorientierte Zerlegung nach McMenamin und Palmer

Auch wenn die Notation der Strukturierten Analyse wohl bekannt ist, so ist dennoch nicht von vornherein offensichtlich, wie sie einzusetzen ist. Das Problem ist, welche Knoten (Prozesse) soll man erfinden und wie soll man diese Knoten vernetzen? Wenn man hierfür kein Regelwerk findet, kann ein jeder vorgehen, wie er möchte und wilde Zerlegungen und Vermaschungen erfinden, die vielleicht für ihn verständlich sind, für andere aber nicht. Damit wäre nichts gewonnen. Die Strukturierte Analyse soll ja mithelfen, mit der Komplexität fertig zu werden!

McMenamin und Palmer [McM88] haben sich große Verdienste erworben, indem sie gezeigt haben, wie man die Methode der Strukturierten Analyse nach bestimmten Regeln auf beliebige konkrete Aufgaben umsetzen kann. Man kann sagen, dass McMenamin und Palmer die Strukturierte Analyse praktikabel gemacht haben.

Insbesondere für die Problemstellung der Zerlegung eines Prozesses in Sub-Prozesse haben McMenamin und Palmer mit der Technik der **ereignisorientierten Zerlegung** dem Systemingenieur eine wichtige Technik an die Hand gegeben.

> Bei der Technik der ereignisorientierten Zerlegung zerlegt man das System in Knoten, von denen jeder die **gesamte Reaktion** des Systems auf **ein einzelnes** Ereignis darstellt. Ein jeder solcher Knoten stellt einen sogenannten **essenziellen Prozess** dar. Das bedeutet, dass jeder Knoten der Zerlegung (also jeder essenzielle Prozess) auf **genau ein Ereignis** reagiert.

Jeder essenzielle Prozess soll auch **vollständig** sein. Die Überprüfung erfolgt folgendermaßen:

Wenn alle Teilaktivitäten, die zu einem essenziellen Prozess gehören, ausgeführt worden sind, dann muss das System stillstehen, bis das entsprechende Ereignis wieder eintritt oder bis ein anderes Ereignis eintritt.

Da jeder Prozess die komplette Antwort auf ein Ereignis enthält, liegen alle direkten Informationskanäle zwischen Teilprozessen innerhalb eines Prozesses. Könnte ein Prozess Daten direkt an einen anderen Prozess zur unmittelbaren Verarbeitung weitergeben, so wäre die Reaktion nicht komplett und würde als Zerlegungsfehler angesehen. Wenn **die gesamte Reaktion auf ein Ereignis** jeweils in **einen Prozess** gepackt ist, dann muss alles, was sich die Prozesse untereinander mitteilen müssen, zwischengespeichert werden (Datenspeicher).

> Man sagt auch, die Prozesse werden durch die Datenspeicher asynchron entkoppelt.

Zu den mit Hilfe der ereignisorientierten Zerlegung gefundenen Prozessen kommen noch **zeitgesteuerte Prozesse** hinzu, wie z. B. ein Prozess, der jeweils zur vollen Stunde eine Liste ausdruckt, sowie eventuell fortlaufend aktive **Spontanerzeuger** oder **Dauerläufer**.

6.11 Zusammenfassung

Die Strukturierte Analyse ist eine Methode, die ein System in logische Einheiten, die sogenannten Prozesse, zerlegt. Diese sind funktionale Einheiten. Die Stärke der Strukturierten Analyse ist, dass die Wechselwirkungen zwischen den Prozessen im Mittelpunkt stehen. Soll nicht das funktionale Verhalten betont werden, sondern das Steuerungsverhalten, so ist die Strukturierte Analyse zur Strukturierten Analyse/Echtzeit zu erweitern (siehe Kapitel 7). Sollen die Daten mit in den Vordergrund rücken, so ist die Strukturierte Analyse um Entity-Relationship-Diagramme zu ergänzen (siehe Kapitel 8).

Prozesse werden in Datenflussdiagrammen dargestellt. Die Umgebung eines Prozesses wird im Allgemeinen durch andere Prozesse und Datenspeicher dargestellt. Datenspeicher sind erforderlich, um Prozesse asynchron zu entkoppeln. Datenspeicher sind passive Elemente, d. h., man muss Daten von ihnen selbst abholen. Somit kann ein Prozess zu einer bestimmten Zeit den Datenspeicher beschreiben und ein anderer Prozess kann Daten zu einem anderen Zeitpunkt aus dem Speicher lesen. Jeder Datenfluss hat eine Quelle und eine Senke. Quellen und Senken sind: Prozesse, Datenspeicher oder Terminatoren. Mit anderen Prozessen, Datenspeichern und Terminatoren eines Datenflussdiagramms tauscht ein Prozess eines Datenflussdiagramms Daten über Kanäle, die sogenannten Datenflüsse, aus (Kapitel 6.1).

Durch die Zerlegung der Prozesse in Datenflussdiagramme entsteht eine Ebenenstruktur an Datenflussdiagrammen (Kapitel 6.2). Die Verfeinerung in Ebenen (siehe Kapitel 6.2.1) nennt man Schichtung (engl. leveling). Das Zusammenführen zu größeren Prozessen (siehe Kapitel 6.2.2) nennt man Ausgleichen (engl. balancing), wobei die Datenflüsse außerhalb des größeren Prozesses ihr Gegenstück außerhalb einer dem größeren Prozess entsprechenden Hüllkurve auf der Ebene der verfeinerten Prozesse haben müssen. Die Strukturierte Analyse hat eine hierarchische Vorgehensweise. Begonnen wird die hierarchische Zerlegung der Prozesse mit dem Kontextdiagramm, das den Prozess des Systems in seiner Umgebung zeigt (Kapitel 6.3).

Die Umgebung des Systems wird repräsentiert durch Terminatoren, welche die Schnittstellen zur Umgebung darstellen. Mit den Terminatoren tauscht das System Daten durch Datenflüsse aus. Nach Yourdon und DeMarco enthält nur das Kontextdiagramm Terminatoren. Die Datenflussdiagramme der tieferen Ebene sollen keine Terminatoren enthalten. Wenn man in der Praxis vermeiden will, dass Datenflüsse nach oder von außen, um sie einem Terminator zuordnen zu können, den Namen des Terminators tragen, was den Datenflussnamen vergrößert, werden Terminatoren nicht nur im Kontextdiagramm, sondern auch auf tieferen Ebenen aufgenommen. Das Kontextdiagramm enthält keine Speicher. Sie sind entweder im Prozess des Systems verborgen, wenn sie noch zu realisieren sind, oder treten als Terminator auf, wenn die Datenspeicher in der Form von Fremdsystemen bereits vorhanden sind (Kapitel 6.3).

Die Verfeinerung in weitere Prozesse muss nicht in jedem Zweig gleich fein sein. Es wird in einem Zweig so weit verfeinert, wie es erforderlich ist, um die Prozesse der letzten Ebene einfach beschreiben zu können. Ist dies nicht der Fall, so ist man noch nicht auf der letzten Ebene angelangt und der Prozess wird weiter in ein Datenflussdiagramm zerlegt. Jeweils auf der letzten Ebene wird ein Prozess durch eine PSPEC beschrieben. Die PSPEC oder Prozessspezifikation beschreibt, wie ein Prozess eingehende Daten in ausgehende Daten transformiert (Kapitel 6.5).

Die Beschreibung der Daten in Flüssen und Speichern und ihrer gegenseitigen Beziehungen erfolgt im Data Dictionary. Das Data Dictionary verknüpft die verschiedenen Ebenen der Datenflussdiagramme. Das Data Dictionary definiert die Struktur aller zusammengesetzten Daten. Es erlaubt die Überprüfung des Datenmodells auf Freiheit von Redundanzen und Widersprüchen (Kapitel 6.6).

In der Realität gibt es (Kapitel 6.8):

- datengetriebene (ereignisorientierte) Prozesse,
- zeitgesteuerte Prozesse und
- Prozesse, die stets aktiv sind.

Im Normalfall hat ein Prozess Eingaben und Ausgaben. Schwarze Löcher haben keine Ausgaben. Sie sind meist ein Design-Fehler (Kapitel 6.7.4). Ein Spontanerzeuger (Kapitel 6.8.3.1) hat nur Ausgaben und ist dauernd aktiv. Ein Dauerläufer (Kapitel 6.8.3.1) hat Eingaben und Ausgaben und ist ebenfalls dauernd aktiv. Dabei holt er sich nach dem Start des Systems seine Daten von einem Speicher und generiert die Ausgabedaten, holt dann die nächsten Eingabedaten und so weiter.

Die sogenannte Essenz des Systems (Kapitel 6.9) umfasst die Verarbeitungsprozesse in einer idealen Gedankenwelt. Verwaltungsfunktionen wie zur Kommunikation, Datenhaltung, für Dialoge, Funktionen zum Starten, Überwachen und Stoppen des Systems, Fehlererkennungs- und -behandlungs-Funktionen für Computer- und Netzfehler, Funktionen für die Informationssicherheit und die funktionale Sicherheit, sowie die Parallelität treten im Rahmen der Essenz nicht auf.

Das größte Problem der Strukturierten Analyse war die Zerlegung der Prozesse. McMenamin und Palmer lösten dieses Problem durch einen middle-out-Ansatz. Middle-out besagt, dass man auf einer bestimmten Ebene, die sich zum Modellieren eignet, mit dem Modellieren beginnt, und sich mit einer vernünftigen Anzahl von Prozessen in das System hinein denkt. Auf der Ebene der essentiellen Prozesse soll nach McMenamin und Palmer jeder sogenannte essentielle Prozess auf ein einziges Ereignis reagieren. Nach oben werden dann die Prozesse verdichtet und nach unten verfeinert. Damit muss weltweit für ein vorgegebenes Problem die Ebene der essentiellen Prozesse eindeutig sein (Kapitel 6.10).

6.12 Aufgaben

Aufgabe 6.1 Konzept der Strukturierten Analyse

6.1.1 Erklären Sie die prinzipielle Vorgehensweise bei der Strukturierten Analyse. Wie geht man vor, wenn man ein System mit Hilfe der Strukturierten Analyse definiert? Wie verfeinert man ein System mit Hilfe der Strukturierten Analyse schrittweise?

6.1.2 Was ist ein Essenzielles Modell? Was sind Gründe, die für ein Essenzielles Modell sprechen? Erläutern Sie den Unterschied zwischen einem Essenziellen Modell und dem Systementwurf. Wie werden Fehler wie z. B. Übertragungsfehler beim Essenziellen Modell behandelt?

6.1.3 Was ist der Vorteil eines Datenflussdiagramms? Was sollte in einer Prozessbeschreibung der Prozesshierarchie stehen? Was steht im Data Dictionary?

6.1.4 Auf welchen Ebenen machen Sie eine PSPEC? Warum?

Aufgabe 6.2 Technik der Strukturierten Analyse

6.2.1 Welche grafischen Elemente gibt es bei der Strukturierten Analyse und was bedeuten sie?

6.2.2 Gibt es Speicher im Kontextdiagramm?

Aufgabe 6.3 Umsetzung der Strukturierten Analyse

6.3.1 Erläutern Sie die Methode der ereignisorientierten Zerlegung von McMenamin und Palmer!

6.3.2 Angenommen, Sie haben 15 essentielle Prozesse. Geben Sie ein Beispiel für eine Prozesshierarchie!

Kapitel 7

Funktionsorientierte Modellierung mit der Strukturierten Analyse/Echtzeit

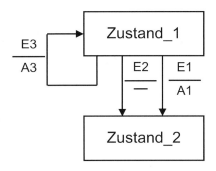

7.1 Eigenschaften von Realzeitsystemen
7.2 Fähigkeiten von SA/RT
7.3 Aktivierung und Deaktivierung von Prozessen
7.4 Unterscheidung von Datenfluss und Steuerfluss
7.5 Kombinatorische und sequenzielle Maschinen
7.6 Einheitliches Modell für die Daten- und Steuersicht
7.7 Beispiele für die Modellierung mit SA/RT
7.8 Antwortzeitspezifikationen
7.9 Zustandsautomaten nach Harel
7.10 Zusammenfassung
7.11 Aufgaben

7 Funktionsorientierte Systemanalyse mit der Strukturierten Analyse/Echtzeit

Strukturierte Analyse/Echtzeit (engl. **structured analysis/real time**, SA/RT)) ist die Realzeiterweiterung der Strukturierten Analyse. Sie dient zur Modellierung der Reaktion eines Systems auf bestimmte Ereignisse, z. B. dass eine Steuerung bei Vorliegen einer bestimmten Bedingung ein Steuersignal für ein Fremdsystem generiert. Während die Strukturierte Analyse auf dem Konzept der Datenflüsse beruht, unterscheidet die Strukturierte Analyse/Echtzeit Steuerflüsse von Datenflüssen.

Zu Beginn wird in Kapitel 7.1 eine Übersicht über die Eigenschaften von Echtzeitsystemen gegeben und in Kapitel 7.2 werden die Fähigkeiten und Grenzen von SA/RT diskutiert. Die Erweiterungen der Strukturierten Analyse/Echtzeit betreffen:

- die Aktivierung und Deaktivierung von Prozessen (siehe Kapitel 7.3),
- die Definition von Kontrollflüssen (Kapitel 7.4) und
- ihre Verarbeitung in Form von Zustandsautomaten (Kapitel 7.5).

Kapitel 7.6 zeigt, wie die Datensicht und Steuersicht in einem einheitlichen Modell zusammengeführt werden. Kapitel 7.7 enthält ausführliche Beispiele. Kapitel 7.8 behandelt Antwortzeitspezifikationen und Kapitel 7.9 die Erweiterungen der Zustandsautomaten nach Harel.

7.1 Eigenschaften von Realzeitsystemen

Realzeit oder **Echtzeitsysteme** sind dadurch gekennzeichnet, dass ein solches System in der Lage ist, innerhalb einer vorgegebenen Zeit auf externe oder interne Ereignisse in der gewünschten Art und Weise zu reagieren. Meldet z. B. ein Sensor, dass der Grenzwert des Dampfdrucks überschritten ist, so muss innerhalb einer bestimmten Zeitdauer das Überdruckventil geöffnet werden, um eine Explosion zu vermeiden.

Bei einem **Echtzeitsystem** muss das Verhalten des gesamten Systems deterministisch sein, um eine **maximale Reaktionszeit auf bestimmte asynchrone Ereignisse garantieren** zu können.

Bei Echtzeitsystemen spielen die Konzepte

- der Zeit,
- der Parallelität,
- der Behandlung konkurrierender Ereignisse und
- der deterministischen Reaktion auf Ereignisse

eine besondere Rolle.

Muss garantiert sein, dass eine Aufgabe zu einem bestimmten Zeitpunkt erledigt ist, so spricht man von **harter Echtzeit**. Bei **weicher Echtzeit** entsteht kein Schaden, wenn der vorgesehene Zeitpunkt etwas überschritten wird. Bei weicher Echtzeit muss der Zeitpunkt nur im Mittel eingehalten werden.

> Von einem **internen Ereignis** spricht man, wenn das Ereignis im System selbst entsteht. So kann ein Messgeber Messwerte schicken, die mit einem im System vorgegebenen Grenzwert verglichen werden. Wird der Grenzwert überschritten, so wird im System ein **internes Ereignis** ausgelöst.

Hätte hingegen der Sensor, der sich außerhalb des Systems befindet, bei Überschreitung des Grenzwerts einen Alarm ausgelöst, so hätte es sich um ein **externes Ereignis** gehandelt.

Außer der Reaktion auf asynchrone externe und interne Ereignisse soll es oft auch möglich sein, die Abarbeitung bestimmter Aufgaben zu bestimmten **Zeitpunkten** zu starten. In all diesen Fällen soll das System seine Aufgaben innerhalb **vorgegebener Zeitschranken** erledigen. Treten **mehrere konkurrierende Ereignisse** ein, so müssen diese **prioritätsgerecht abgearbeitet** werden. Dies bedeutet, dass weniger wichtige Aufgaben unterbrochen werden müssen, damit eine höher priorisierte Aufgabe innerhalb ihrer vorgegebenen Zeitschranke abgearbeitet wird.

> Hat gerade ein weniger wichtiges Programm den Prozessor, so wird ihm dieser entzogen und das höher priorisierte Programm erhält den Prozessor. Dieser Vorgang wird als **Scheduling durch Entzug** (engl. **preemptive scheduling**) bezeichnet.

7.2 Fähigkeiten von SA/RT

SA/RT, die Realzeit-Erweiterung der Strukturierten Analyse, kann zwei Beiträge auf dem Weg zu einem Realzeitsystem leisten:

- SA/RT bietet eine Notation an, um die erwarteten Antwortzeiten des Systems auf Ereignisse zu spezifizieren (Spezifikation der Zeit-Anforderungen bzw. Antwortzeitspezifikation). Es ist durchaus von Vorteil, wenn sie verwendet wird (siehe Kapitel 7.8), da dann diese Anforderungen in einheitlicher Form von allen Projektbeteiligten formuliert und auch leicht verstanden werden können. Antwortzeitspezifikationen sind aber prinzipiell auf der Ebene der Requirements einzustufen. Dabei könnte man auch ohne SA/RT auskommen. Kurz und gut, dies ist nicht der eigentliche Kern von SA/RT.
- Der zentrale Punkt von SA/RT liegt darin, dass diese Methode Beschreibungsmittel bereitstellt, um Ereignisse und die Reaktion auf Ereignisse zu modellieren. Damit kann man auf der Ebene der Systemanalyse Steuerungen oder Systeme, die einen Steuerungscharakter aufweisen, beschreiben.

Für Steuerungssysteme, die z. B. auf äußere Ereignisse eine bestimmte Reaktion zeigen sollen, braucht man den **Begriff des Steuerflusses** und in vielen Fällen auch den **Begriff des Zustandes**. Beide werden im Rahmen von SA/RT eingeführt. Mit Hilfe von SA/RT werden Ereignisse und die Reaktion auf die Ereignisse im Rahmen der Systemanalyse modelliert. SA/RT basiert hierbei auf der **Theorie endlicher Automaten** (engl. **finite state machines**). Im Rahmen des Systementwurfs erfolgt die Umsetzung der Ereignisse und Reaktionen in eine Programm-Architektur.

> SA/RT enthält zwei Anteile:
>
> - die Beschreibung eines Systems als ein endlicher Automat – dieser Teil beschreibt die Modellierung der Steuerungslogik und
> - die Spezifikation der Antwortzeiten (oder Zeit-Anforderungen) – dieser Teil gehört zu den Requirements.

Es gibt zwei Varianten der SA/RT:

- SA/RT nach Hatley/Pirbhai und
- nach Ward/Mellor.

Im Folgenden wird nach der Variante von Hatley/Pirbhai vorgegangen. Diese Methode wird von wichtigen CASE-Tools unterstützt.

SA/RT nur dann, wenn nötig

SA/RT ist kompliziert. Komplizierte Methoden soll man extrem sparsam verwenden, damit man die Übersicht nicht verliert.

> Die Methode SA/RT sollte nur für diejenigen Systeme eingesetzt werden, bei denen sie wirklich notwendig ist.

Entwurf und Implementierung bestimmt Echtzeitfähigkeit

Das Echtzeit-Verhalten von Systemen wird eindeutig durch den Systementwurf und das fertige Produkt bestimmt und nicht durch die Modellierung der Systemanalyse. Dabei erkennt man erst nach der Implementierung, ob man mit dem Systementwurf richtig lag oder nicht. Hat das System nicht die geforderte Performance, so sind nachträglich mehr oder weniger umfangreiche Maßnahmen erforderlich, angefangen vom Einsatz eines leistungsfähigeren Rechners bis hin zum Redesign des Systems.

7.3 Aktivierung und Deaktivierung von Prozessen

> Aktivieren bedeutet nicht Starten. Aktivieren heißt: in das System aufnehmen. Deaktivieren heißt: aus dem System nehmen.

Für die Aktivierung und Deaktivierung von Prozessen bietet SA/RT die sogenannte **Prozessaktivierungstabelle** (PAT) an, die Aktivierungen und Deaktivierungen enthält.

Funktionsorientierte Systemanalyse mit der Strukturierten Analyse/Echtzeit

SA/RT braucht man, um Prozesse außer Betrieb zu nehmen, in Betrieb zu nehmen und um Zustandsübergänge des Systems zu beschreiben. Aktivierungen und Deaktivierungen werden beim Auftreten von bestimmten Ereignissen, die den Zustand des Systems ändern, durchgeführt.

> SA/RT basiert auf der Strukturierten Analyse und erweitert diese.

Im Rahmen der Strukturierten Analyse sind alle Prozesse stets im operationellen Betrieb vorhanden. Im Rahmen der Strukturierten Analyse/Echtzeit erhält man eine Möglichkeit an die Hand, Prozesse zu deaktivieren, d. h. aus dem System zu nehmen und um Prozesse zu aktivieren, d. h. wieder in das System einzufügen. Damit kann man unterschiedliche Zustände eines Systems erfassen.

> Generell muss man zwischen dem Starten und dem Aktivieren eines Prozesses sowie dem Deaktivieren und dem Stoppen eines Prozesses unterscheiden:
>
> Aktivieren: Der Prozess wird in das System eingefügt.
> Starten: Der Prozess nimmt seine Arbeit auf.
> Deaktivieren: Der Prozess wird aus dem System entfernt.
> Stoppen: Der Prozess beendet seine Arbeit.

Ein deaktivierter Prozess kann nichts arbeiten, selbst wenn ein Datenfluss eingehen würde. Dieser Datenfluss würde dann ins Leere gehen.

Für die Prozesse der Strukturierten Analyse gilt:

- Arbeiten Prozesse **datengetrieben**, so beginnen sie automatisch sofort zu laufen, wenn ihre Eingangsdatenflüsse ankommen. Mit anderen Worten, man kann jeden **datengetriebenen** Prozess im Rahmen der Strukturierten Analyse im gewünschten Moment sofort zum Laufen bringen, wenn man ihm den Datenfluss gibt, den er benötigt.
- Ein zeitgesteuerter Prozess läuft los, sobald seine Startzeit gekommen ist. **Zeitgesteuerte** Prozesse laufen jeweils zur eingeplanten Zeit, beispielsweise zu jeder vollen Stunde.
- Ein fortlaufend aktiver Prozess (**Spontanerzeuger** oder **Dauerläufer**) läuft dauernd.

> Wird ein Prozess bei SA/RT aktiviert,
>
> - wartet ein datengetriebener Prozess auf seinen Datenfluss und läuft dann los,
> - wartet ein zeitgesteuerter Prozess auf sein Zeitereignis und läuft dann los,
> - so läuft ein fortlaufend aktiver Prozess (Spontanerzeuger und Dauerläufer) sofort los.

7.4 Unterscheidung von Datenfluss und Steuerfluss

Während im Rahmen der Strukturierten Analyse Datenflüsse als Beschreibungsmittel für die Kommunikation ausreichen, muss man im Rahmen von SA/RT zwischen Datenflüssen und Steuerflüssen unterscheiden.

> Statt **Kontrollfluss** kann man auch **Steuerfluss** sagen. Diese beiden Begriffe sind gleichbedeutend. Als Oberbegriff für Steuerfluss und Datenfluss kann man den Begriff **Signal** einführen.

Ein **Signal**[56], das an einen Prozess geht, kann:

- einen Datenfluss,
- einen Steuerfluss oder
- einen Datenfluss und einen Steuerfluss zugleich

darstellen.

Datensignale oder Datenflüsse tragen meist **kontinuierliche Datenwerte**, können aber auch diskrete Werte haben. Steuersignale haben stets **diskrete Werte**. Manche diskrete Signale können sowohl Daten- als auch Steuersignale darstellen. Steuerflüsse werden gestrichelt, Datenflüsse durchgezogen gezeichnet. Dies ist im folgenden Lernkästchen zu sehen:

Als Beispiel für die gleichzeitige Verwendung eines Daten- und Steuerflusses sei hier ein Warenverkaufsautomat mit beschrifteten Tasten angeführt, wie er im Bild 7-1 skizziert ist:

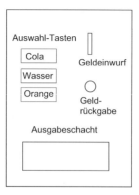

Bild 7-1 Getränkeautomat

---

[56] Der Begriff Signal wird hier im Sinne von Hatley/Pirbhai und nicht im Sinne von UML verwendet.

Wenn genügend Geld eingeworfen wurde und die Taste Cola gedrückt wurde, wird eine Cola ausgeworfen. Das Drücken der Taste erzeugt ein Signal. Dieses Signal fordert das Auswerfen an (Steuerfluss), gleichzeitig wird mit dem Drücken aber auch die Information Cola übertragen, d. h. was ausgeworfen werden soll (Datenfluss). Damit hat das Signal sowohl Steuerfluss- als auch Datenflusscharakter.

Stellt ein Signal sowohl einen Steuerfluss als auch einen Datenfluss dar, so wird der durchgezogene Pfeil für den Datenfluss und auch der gestrichelte Pfeil für den Steuerfluss gezeichnet. Beide Pfeile tragen **denselben Namen**:

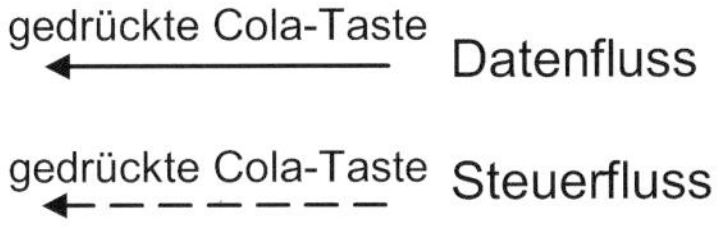

gedrückte Cola-Taste ⟵——————— Datenfluss

gedrückte Cola-Taste ⟵— — — — — Steuerfluss

Bild 7-2 Datenfluss und Steuerfluss mit demselben Namen

Einen **Steuerfluss** erkennt man an seiner Wirkung.

Werden Prozesse aktiviert bzw. deaktiviert oder geht das System in einen anderen Zustand über, so ist im Sinne von SA/RT die Ursache stets ein Steuerfluss, nicht jedoch ein Datenfluss. Weiterhin können neue Steuerflüsse als Folge eines Steuerflusses vom System generiert werden.

Zweifellos gibt es auch einen Steuerfluss innerhalb eines Prozesses, beispielsweise, wenn in Abhängigkeit vom Wahrheitswert einer Bedingung der eine oder der andere Bearbeitungsschritt durchgeführt wird (Selektion) oder wenn eine Schleife ausgeführt wird (Iteration). Aber bei einem solchen Steuerfluss (Kontrollfluss) handelt es sich nicht um einen Steuerfluss im Sinne von SA/RT.

Über die **physische Realisierung** von Steuerflüssen muss man sich im Rahmen der Logik keine Gedanken machen. Dies ist Sache des Systementwurfs. Ein physisches Signal im Rahmen des Systementwurfs kann ein Pegel sein (z. B. Pegel high gleich `true`, Pegel low gleich `false`) oder eine Flanke (Flanke steht an gleich `true`, Flanke steht nicht an gleich `false`).

7.4.1 Ereignisse

Ein System reagiert auf Ereignisse. Diese können außerhalb des Systems entstehen, oder sich innerhalb des Systems bei eigenen Berechnungen ergeben.

Ein **Ereignis** ist ein **Steuerfluss** oder eine **Kombination von Steuerflüssen**, auf die ein System reagiert.

Damit kann auch dem Verhalten eines Systems Rechnung getragen werden, welches nicht auf einzelne Steuersignale, sondern erst auf bestimmte Kombinationen von Steuersignalen reagiert. Als Beispiel für die Reaktion auf eine Kombination von Steuersignalen soll ein mikroprozessorbasiertes System dienen, das reagiert, wenn an einem bestimmten Port des Mikroprozessors der Pegel low und gleichzeitig an einem anderen Port der Pegel high anliegt.

In einer Ereignistabelle, die eine Entscheidungstabelle darstellt, kann festgelegt werden (siehe Kapitel 7.6.7), welche Kombination von Steuersignalen ein Ereignis bedeutet.

Steuereingaben können sein:

- ankommende externe Signale,
- als Reaktion auf ankommende externe Signale intern erzeugte Signale (Transformation von Signalen) oder
- als Folge des Zutreffens interner Bedingungen (z. B. Grenzwertüberschreitung) intern erzeugte Signale. D. h., intern erzeugte Signale können steuern.

Das System kann natürlich auch Steuerausgaben generieren.

Steuerausgaben können sein:

- als Reaktion auf ankommende externe Signale intern erzeugte Signale (Transformation von Signalen) oder
- als Folge des Zutreffens interner Bedingungen (z. B. Grenzwertüberschreitung) intern erzeugte Signale. D. h., intern erzeugte Signale können zu Steuerausgaben führen.

7.4.2 Datenbedingungen

Datenbedingungen sind Steuersignale, die in einem Prozess durch Testen von Daten generiert werden. Zur Anschauung am besten ein Beispiel:

"Wenn die Reiseflughöhe erreicht ist, soll der Autopilot eingeschaltet werden."

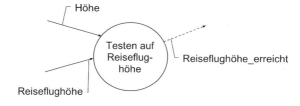

Bild 7-3 Beispiel für eine Datenbedingung

Dass das Steuersignal, welches aus der Bedingung resultiert, als Datenbedingung bezeichnet wird, ist sprachlich gesehen etwas gewöhnungsbedürftig.

> Datenbedingungen sind Steuersignale. Sie werden in einem Prozess durch Testen von Daten erzeugt.

Nicht jede Bedingung führt zu einer Datenbedingung. Eine Bedingung führt zu einer Datenbedingung, wenn eines der drei bereits bekannten Kriterien erfüllt ist:

- als Folge des Wertes einer Bedingung ändert sich der Zustand des Systems,
- in Abhängigkeit von einer Bedingung werden Prozesse aktiviert bzw. deaktiviert oder
- als Folge des Wertes einer Bedingung wird ein Steuerfluss nach außen erzeugt.

7.5 Kombinatorische und sequenzielle Maschinen

Das Verhalten von dynamischen Systemen kann durch Ereignisse geändert werden. Als Folge eines Ereignisses kann ein System in einen anderen Zustand (Modus, Betriebsart) wechseln. Je nach den Eigenschaften des Zustandsraumes – kontinuierliche oder diskrete Zustände – werden kontinuierliche und diskrete Maschinen unterschieden.

> Diskrete Maschinen heißen **Automaten**. Bei endlichen Automaten, die endlich viele Zustände annehmen können, werden kombinatorische und sequentielle Maschinen unterschieden. Die Methode SA/RT modelliert den Steuerfluss eines Systems als endlichen Automaten. Dieser kann aus kombinatorischen und sequentiellen Maschinen bestehen.

Sequenzielle Maschinen haben Zustände. Das Verhalten sequenzieller Maschinen kann durch Zustandsübergangsdiagramme beschrieben werden. Ein **Zustand** stellt eine Zeitspanne dar, während der das System ein bestimmtes Verhalten zeigt. Die Reaktion auf ein Ereignis hängt dabei davon ab, in welchem Zustand sich der Automat befindet. Sequenzielle Maschinen haben also ein Gedächtnis.

Kombinatorische Maschinen haben keine Zustände. Sie reagieren auf ein Ereignis immer gleich. Die kombinatorische Maschine stellt einen Spezialfall der sequenziellen Maschine dar.

7.5.1 Sequenzielle Maschinen

Ein endlicher Automat mit Ausgängen besteht aus

- **Zuständen** (Z),
- **Eingangssymbolen** (I),
- **Ausgangssymbolen** (O),
- einer **Übergangsfunktion**, die die Abbildung von Zuständen und Eingangssymbolen in Zustände beschreibt (f) und
- einer **Ausgabefunktion**, die die Abbildung von Zuständen und Eingangssymbolen in Ausgangssymbole beschreibt (g).

Mealy- und Moore-Automaten

Für sequenzielle Maschinen gibt es zwei bekannte Modelle, den Moore-Automaten und den Mealy-Automaten. Hatley/Pirbhai verwenden den sogenannten **Mealy**-Automaten. Beim Mealy-Automaten resultiert ein Zustandsübergang aus einem Ereignis und ist mit einer Aktion verbunden. Die Aktion stellt im Sinne der Automatentheorie ein Ausgangssymbol dar, d. h. bei einem Mealy-Automaten ist ein Ausgangssymbol mit einem Zustandsübergang (Kombination Zustand/Ereignis) verknüpft.

> Mit anderen Worten, bei einem Mealy-Automaten hängt die Ausgabefunktion von Zustand und Eingangssymbol ab.

Ein **Moore**-Automat ist ebenfalls ein endlicher Automat. Bei einem Moore-Automaten hängt die Ausgabefunktion nur vom Zustand ab ($Z \to O$), d. h. nicht vom Eingangssymbol. Wenn ein Zustand erreicht wird, erfolgt die Ausgabe. Wie bereits erwähnt, ist die Ausgabe unabhängig vom Übergang in den Zustand. Dadurch ist das Verhalten eines Moore-Automaten leichter zu verstehen als beim Mealy-Automat, bei dem die Ausgabe vom Zustand und von der Eingabe abhängt ($Z \times I \to O$). Wird ein Mealy-Automat verwendet, so hat man oft weniger Zustände als beim entsprechenden Moore-Automaten. Dafür wird die Ein- und Ausgabe umfangreicher.

> Auch wenn es zunächst den Eindruck erweckt, der Moore-Automat sei weniger allgemein als der Mealy-Automat, so kann dennoch jede Maschine, die in einer der beiden Darstellungen beschrieben werden kann, in eine äquivalente Darstellung in der anderen Beschreibungsform umgewandelt werden.

Im Folgenden werden Zustandsautomaten besprochen, wie sie bei der Modellierung mit SA/RT von Hatley/Pirbhai verwendet werden. Diese basieren – wie bereits erwähnt – auf Mealy-Automaten. In Kapitel 7.9 werden erweiterte Zustandsautomaten vorgestellt, bei denen auch das Konzept der Moore-Automaten zum Tragen kommt.

7.5.2 Kombinatorische endliche Zustandsmaschinen

Eine kombinatorische endliche Zustandsmaschine (engl. finite state maschine) ist ein endlicher Automat, bei dem die Ausgaben direkt von den Eingaben abhängen (**Schaltnetz**). Ein endlicher Automat kann endlich viele Zustände annehmen. Eine kombinatorische Maschine hat kein Gedächtnis und keine Zustände. Die Reaktion auf eine Eingabe hängt nicht davon ab, welche Eingaben dieser Eingabe vorausgegangen sind.

> Kombinatorische Maschinen können durch Entscheidungstabellen beschrieben werden.

Man kann dies auch in mathematischer Schreibweise folgendermaßen beschreiben: $\{y_i\} = f(\{x_j\})$. Dabei entspricht $\{y_i\}$ einer Menge von Ausgaben und $\{x_j\}$ einer Menge von Eingaben. Die Ausgaben sind mit den Eingaben über die Funktion f

Funktionsorientierte Systemanalyse mit der Strukturierten Analyse/Echtzeit

verknüpft. Die Reaktion des Systems hängt also nur von den Eingaben ab, unabhängig davon, in welcher Reihenfolge die Eingaben erfolgen. Die Funktion f kann in Form einer Entscheidungstabelle beschrieben werden. Entscheidungstabellen werden in Kapitel 7.6.7 erläutert.

7.5.3 Zustandsübergangsdiagramme von diskreten endlichen Zustandsmaschinen

Ein nützliches Hilfsmittel, um Zustandsänderungen von diskreten endlichen Zustandsmaschinen (sequenziellen Zustandsmaschinen) zu beschreiben, sind Zustandsübergangsdiagramme. Zur besseren Übersicht gleich ein Beispiel [Hat93]:

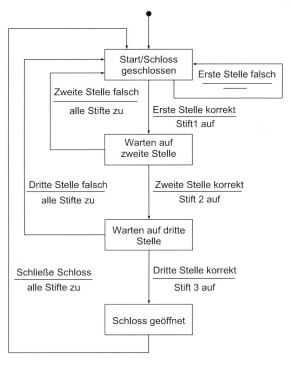

Bild 7-4 Rotationskombinationsschloss

Während sich Datenflussdiagramme auf das Zusammenwirken der Funktionen konzentrieren und Entity-Relationship-Diagramme die Beziehungen der Daten modellieren, rücken Zustandsübergangsdiagramme das zeitabhängige Verhalten eines Systems in den Vordergrund.

Das Beispiel von Bild 7-4 zeigt eine sequenzielle Maschine mit endlich vielen Zuständen und ihren Zustandsübergängen. Es ist ein Rotationskombinationsschloss, wie es von Stahlschränken her bekannt ist. Sequenzielle Zustandsmaschinen werden auch als **Schaltwerke mit Gedächtnis** bezeichnet.

> Schaltwerke enthalten im Gegensatz zu Schaltnetzen ein Gedächtnis. Die Reaktion auf die Eingaben hängt davon ab, in welchem Zustand sich eine Maschine gerade befindet. Dieser wiederum hängt von den früher erfolgten Eingaben ab.

7.5.3.1 Zustände

Ein Zustand wird in der Regel grafisch durch ein Rechteck charakterisiert.

> Der Pfeil mit dickem Punkt kennzeichnet den Anfangszustand der Maschine. Der **Anfangszustand** der Maschine wird beim Einschalten der Maschine eingenommen.

Ein System soll durch eine Menge aus diskreten Verhaltens-Eigenschaften (Zuständen) charakterisiert werden können. Das System soll in kausaler Weise die eine oder andere Verhaltens-Eigenschaft annehmen.

> Für einen **Zustand** gilt also:
>
> - Ein Zustand muss eine endliche Zeit dauern und
> - es gibt keine Zustände, die vom Innern des Systems kommen.

Dies lässt sich wie folgt begründen: In idealer Lösungstechnologie betrachtet, sind die Prozesse unendlich schnell. Auch die Kanäle sind unendlich schnell. Nur externe Wechselwirkungen haben eine endliche Zeitspanne. Damit müssen Zustände, die ja eine endliche Zeitdauer existieren, von externen Wechselwirkungen herrühren.

> Ein **Zustand** resultiert:
>
> - Weil das System darauf wartet, dass im externen Umfeld etwas geschieht (Warten auf ein Ereignis) oder
> - weil das System darauf wartet, dass eine Tätigkeit im Umfeld, die in Wechselwirkung des Systems mit der Umgebung durchgeführt wird, durch eine andere Tätigkeit abgelöst wird (Beispiele: waschen, mischen, füllen oder beschleunigen).

7.5.3.2 Zustandsübergänge

Pfeile zwischen Rechtecken stellen Zustandsänderungen oder **Zustandsübergänge** dar. Eine Zustandsänderung kann erfolgen, wenn ein **Ereignis** eintritt. Zustandsübergänge werden durch die folgende Notation beschriftet:

Ereignis
───────
Aktion

Im Folgenden ein Beispiel für ein Zustandsübergangsdiagramm:

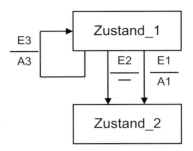

Bild 7-5 Zustandsübergangsdiagramm

Wie man sieht, führt das Ereignis `E1` im `Zustand_1` zum Übergang in den `Zustand_2` unter Auslösung der Aktion `A1`, während das Ereignis `E2` zu einem Zustandsübergang ohne Aktion führt. Das Ereignis `E3` bewirkt, dass das System den `Zustand_1` nicht verlässt, dass aber die Aktion `A3` ausgelöst wird.

Übergänge können auch zu dem Zustand führen, von dem sie ausgegangen sind. Dies ist stets dann der Fall, wenn ein Ereignis eine Aktion auslösen, aber keine Zustandsveränderung hervorrufen soll. Auch das Umgekehrte kann eintreten: Ein Ereignis verändert den Zustand, dabei wird aber keine Aktion ausgeführt.

Der einfachste Fall für einen Zustandsübergang ist, dass jedes Ereignis einem externen Steuerfluss entspricht, auf den das System reagieren muss. Die an den Zustandsübergängen angeschriebenen **Ereignisse** sind Eingangssteuerflüsse für die Kontrollspezifikation (siehe Kapitel 7.6.2), und müssen folglich in den Balken im Kontrollflussdiagramm (CFD) eingehen. Ein Ereignis ist ein Steuersignal oder eine Kombination von Steuersignalen, auf die das System reagiert.

Aktionen beim Zustandsübergang können sich darin äußern, dass Prozesse aktiviert oder deaktiviert werden oder dass neue Steuersignale erzeugt werden. Die Aktionen entsprechen der Reaktion auf Ereignisse. Die Reaktion des Systems kann also der Übergang in einen anderen Zustand, die Erzeugung von Ausgaben oder die Aktivierung bzw. Deaktivierung von Prozessen sein. Die Eingaben sequenzieller Maschinen werden als **Ereignisse** bezeichnet. Die Reaktionen werden **Aktionen** genannt.

Die an den Zustandsübergängen angeschriebenen Aktionen müssen in der Aktionslogik (siehe Kapitel 7.6.8) definiert werden, wenn ihre Bedeutung nicht bereits aus ihrem Namen im Zustandsübergangsdiagramm hervorgeht.

Die Aktionen laufen in perfekter Technologie unendlich schnell ab.

> Es ist möglich, bei einem Zustandsübergang auch mehrere unabhängige Aktionen anzugeben. Diese werden – wie in der Aktionslogik beschrieben – ohne Zeitverzögerung und zur selben Zeit ausgeführt, es sei denn, dass explizit eine Sequenz der Aktionen spezifiziert ist.

Beispiele für Zustandsänderungen sind:

- Das System geht in eine andere Bearbeitungsphase über, wie z. B. bei den Flugphasen Start, Steigflug, Horizontalflug oder Sinkflug.
- Das System geht in einen anderen Zustand, wie etwa Tresortür verschlossen, entriegelt oder geöffnet.
- Das System geht in einen anderen Betriebsmodus wie z. B. Testmodus, Betriebsmodus, Fehlermodus oder Initialisierungsmodus.

7.6 Einheitliches Modell für die Daten- und Steuersicht

In der Methode SA/RT werden die Daten- und Steuersicht gemeinsam modelliert.

7.6.1 Datenflussdiagramme und Kontrollflussdiagramme

In der Strukturierten Analyse erhält man ausgehend vom Kontextdiagramm durch schrittweise Verfeinerungen eine Hierarchie von Datenflussdiagrammen. Zur Modellierung des zeitlichen Verhaltens und der Steuerlogik werden in der Erweiterung der Strukturierten Analyse zur SA/RT zusätzliche Kontrollflussdiagramme eingeführt.

> Für jedes DFD legt man ein Kontrollflussdiagramm (engl. control flow diagram, CFD) durch Kopieren der Prozesse des zugehörigen DFDs an und trägt – falls vorhanden – die Steuerflüsse ein. Entsprechend erhält auch das Kontextdiagramm ein Duplikat. Das bereits bekannte Kontextdiagramm heißt ab jetzt **Datenkontextdiagramm**. Das neue zusätzliche Kontextdiagramm heißt **Steuerkontextdiagramm**.

Weiterhin ist zu beachten, dass einer Datenbedingung aus Bild 7-3 ebenfalls ein DFD und ein CFD zugeordnet ist, wie in Bild 7-6 zu sehen ist:

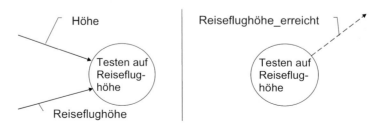

Bild 7-6 Beispiel für eine Datenbedingung als DFD und CFD

Funktionsorientierte Systemanalyse mit der Strukturierten Analyse/Echtzeit 231

Durch diese Vorgehensweise entstehen zwei parallele Hierarchien von Diagrammen (siehe Bild 7-7), die zwar jeweils die gleichen Prozesse enthalten, aber sich in den Flüssen – und damit in ihrem Fokus – unterscheiden. In den DFDs stehen die Daten und ihre Verarbeitung im Mittelpunkt, in den CFDs sind die Ereignisse und das reaktive Verhalten des Systems im Vordergrund. Es muss beachtet werden, dass später zwischen beiden Welten Verbindungen hergestellt werden müssen (siehe Kapitel 7.6.5). Aus zeichnerischen Gründen wird für ein herausgegriffenes DFD bzw. CFD jeweils nur der betreffende Vater dargestellt und nicht der ganze Baum an Prozessen. Die Doppelpfeile zwischen den DFDs bzw. CFDs bedeuten, dass in jedes DFD oder CFD ein Fluss hinein- bzw. herausgehen kann.

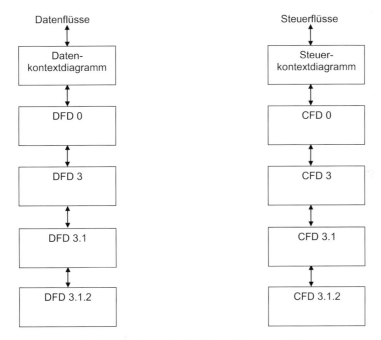

Bild 7-7 Die doppelte Welt der DFDs und CFDs

7.6.2 Kontrollspezifikationen

Die CSPEC ist die **Kontrollspezifikation** (engl. **control specification**). Sie ist ein separates Dokument, so wie auch eine Prozessspezifikation (PSPEC) ein separates Dokument ist. In einem Kontrollflussdiagramm ist die Schnittstelle zur CSPEC sichtbar. Diese Schnittstelle wird als senkrechter Balken (engl. bar) dargestellt. Der senkrechte Balken trägt keinen Namen. Er darf aus zeichnerischen Gründen mehrfach in einem CFD auftreten.

Das gesamte Steuerungsverhalten für die Prozessgruppe eines CFD wird in der zu dieser Prozessgruppe zugehörigen CSPEC beschrieben.

Eine CSPEC existiert nur dann, wenn eine Prozessgruppe ein Steuerverhalten hat, d. h. wenn

- eine Prozesssteuerung eines DFD bzw. CFD erforderlich ist (Aktivieren, Deaktivieren oder Synchronisieren von Prozessen),
- wenn Zustandsübergänge als Folge von Ereignissen beschrieben werden müssen oder
- wenn Steuersignale in neue Steuersignale konvertiert werden müssen.

Der Zusammenhang zwischen einem solchen senkrechten Balken und der separat erstellten CSPEC wird durch das Nummerierungsschema hergestellt. Ist der senkrechte Balken beispielsweise im CFD 3, so handelt es sich um die CSPEC 3, die die Prozesse dieser Prozessgruppe steuert. Generell hat die CSPEC stets die gleiche Nummer wie das zugehörige CFD bzw. DFD.

Das Steuerverhalten einer Prozessgruppe kann in einer CSPEC mit Hilfe von Entscheidungstabellen für die Ereignislogik (siehe Kapitel 7.6.7), Zustandsübergangsdiagrammen (siehe Kapitel 7.5.3) und Entscheidungstabellen für die Aktionslogik (siehe Kapitel 7.6.8) beschrieben werden. Daneben kann eine CSPEC wie eine PSPEC auch aus (formalisiertem) Text bestehen.

Steuerflüsse, die die Prozesse einer Prozessgruppe in einem CFD steuern sollen, müssen in die CSPEC zu diesem CFD eingehen.

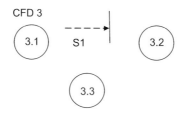

Bild 7-8 In CSPEC eingehender Steuerfluss

Der Steuerfluss S1 in Bild 7-8 geht in die CSPEC 3 ein. Die CSPEC 3 beschreibt die Steuerung der Prozessgruppe des CFD 3, d. h. die Steuerung der Prozesse 3.1, 3.2 und 3.3. Gehen Steuerflüsse in einen Prozess ein, so bewirkt dies auf dieser Ebene nichts. Auf tieferer Ebene muss dann der Steuerfluss in eine CSPEC eingehen. Auf dieser tieferen Ebene wird dann gesteuert. Die CSPEC kann auch Steuerflüsse generieren. Dies wird zeichnerisch durch Steuerflüsse dargestellt, die vom Balken weggehen.

Steuerflüsse eines CFD können in den Balken (die Schnittstelle zur CSPEC) einmünden. Sie können auch in einen Prozess eingehen, wenn sie erst auf tieferer Ebene etwas bewirken. Steuerflüsse können in einer CSPEC beginnen oder aber in einem Prozess, wenn sie aus einer Bedingung herrühren.

Funktionsorientierte Systemanalyse mit der Strukturierten Analyse/Echtzeit

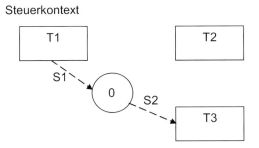

Bild 7-9 Steuerfluss in Steuerkontextdiagramm

Der Steuerfluss S1 geht im Steuerkontextdiagramm (Bild 7-9) in den Prozess 0 ein. Im CFD 0 (Bild 7-10) geht er dann in die CSPEC 0 ein. Die CSPEC 0 des CFD 0 beschreibt die Steuerung der Prozessgruppe des CFD 0, d. h. hier der Prozesse 1, 2 und 3. Kommen auf einer Ebene die Steuerflüsse also von außen oder gehen nach außen, so müssen sie auf einer höheren Ebene in einen Vater-Prozess eingehen oder aus ihm herausgehen. Dies wird in Analogie zu den DFDs ebenfalls als Balancing bezeichnet (siehe Kapitel 7.6.5).

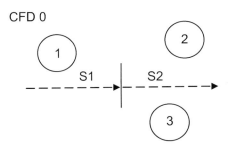

Bild 7-10 Steuerfluss im CFD 0

Steuerflüsse können auch in die Prozesse eines CFD einmünden. Dies bedeutet aber, dass sie bei einer Zerlegung eines solchen Prozesses auf tieferer Ebene zu einer CSPEC gehen, d. h., diese Steuerflüsse steuern die Prozesse einer tieferen Ebene.

Gehen Steuerflüsse direkt in die Prozesse einer Ebene ein, so bedeutet dies, dass sie im untergeordneten System behandelt werden, konkret, dass bei der Zerlegung dieser Prozesse in Kindprozesse auf tieferer Ebene dort

- Zustandsübergänge stattfinden oder
- eine Aktivierung bzw. Deaktivierung von Kindprozessen zu erfolgen hat oder dass
- eine Umwandlung von Steuerflüssen in neue Steuerflüsse stattfindet.

Bei der CSPEC ist Folgendes zu beachten:

- Der senkrechte Balken stellt die Schnittstelle eines CFD zur CSPEC dar.
- Eine CSPEC ist auf jeder Zerlegungsebene einem Paar von CFDs und DFDs zugeordnet.
- Die CSPEC hat stets die gleiche Nummer wie das zugehörige DFD und CFD.
- Der Balken trägt keinen Namen.
- Man kann in ein CFD mehrere Balken aufnehmen. Das hat jedoch nur zeichnerische Gründe, damit man mit den Steuerflüssen schneller bei einem Balken ist. Alle Balken stellen jedoch dieselbe Schnittstelle zur CSPEC dar.

Häufiger Fehler

Ein oft begangener Fehler bei Anwendung der Methode SA/RT ist, dass die Aktivierung eines Prozesses durch ein Signal dargestellt wird, welches in den Prozess einmündet, wie in folgendem Beispiel gezeigt wird:

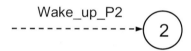

Bild 7-11 Häufiger Fehler

Ein einmündendes Signal kann jedoch den Prozess nicht aktivieren, denn die Aktivierung eines Prozesses erfolgt in der CSPEC. Eine Prozessaktivierung ist im CFD gar nicht sichtbar. Die Aktivierung des Prozesses 2 in obigem Bild erfolgt also in der CSPEC. Hierzu gibt es in der CSPEC in der Aktionslogik die Prozessaktivierungstabelle (vgl. Kapitel 7.6.8). Generell repräsentieren die Prozesse in einem CFD nicht die Verarbeitung der in das System eintretenden Steuerflüsse. Dies ist die Aufgabe der CSPEC. Die CSPEC ist eine Beschreibung, wie der Steuerfluss verarbeitet wird, so wie eine PSPEC eine Beschreibung ist, wie der Datenfluss verarbeitet wird.

Ein in einen Prozess eingehender Steuerfluss aktiviert nicht diesen Prozess, sondern wird in diesem Prozess weiterverarbeitet.

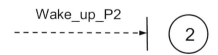

Bild 7-12 Korrekte Darstellung der Aktivierung eines Prozesses

7.6.3 Verfeinerung der Kontrollflussdiagramme

Das Steuerkontextdiagramm beschreibt das System in seiner Umgebung. Dabei betreffen die Wechselwirkungen nur den Kontroll- oder Steuerfluss. Ein Steuerkontextdiagramm entspricht einem Datenkontextdiagramm mit dem Unterschied, dass es Steuerflüsse statt Datenflüsse enthält. Der Prozess – das zu spezifizierende System – ist in beiden Fällen identisch und die Terminatoren (die Schnittstellen) sind auch identisch. Im **Steuerkontextdiagramm** wird beschrieben, dass das **System Steuerinformationen fremder Systeme empfängt** und **gleichartige Informationen an andere Systeme sendet**. In Bild 7-9 erhält das System einen Steuerfluss von dem Terminator T1 und sendet einen Steuerfluss an den Terminator T3. Es ist üblich, alle Terminatoren sowohl in das Steuerkontextdiagramm als auch in das Datenkontextdiagramm einzuzeichnen, auch wenn keine zugehörigen Daten- und Steuerflüsse im Diagramm erscheinen. Sie sollen lediglich in Erinnerung rufen, dass sie existieren. Bei etwaigen Änderungen sind sie auch schon vorhanden und werden nicht vergessen.

In das System eingehende Steuerflüsse führen:

- **zu Zustandsübergängen im System,**
  Der Zustand des Systems ändert sich. Als Sonderfall kann auch ein Übergang in den Ausgangszustand erfolgen.
- **zur Aktivierung und Deaktivierung von Prozessen** oder
- **zur Erzeugung von ausgehenden Steuerflüssen**.

Aus dem System ausgehende Steuerflüsse sind Statusmeldungen des Systems nach außen, die zur Steuerung von Fremdsystemen dienen. Alle anderen Flüsse stellen Datenflüsse dar und gehören nicht ins Steuerkontextdiagramm. Die eingehenden Steuerflüsse müssen im System verarbeitet werden und die ausgehenden Steuerflüsse müssen dabei erzeugt werden. Im Folgenden soll eine abstrakte Situation betrachtet werden:

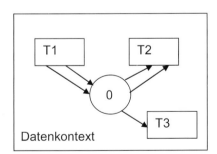 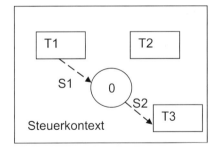

Bild 7-13 Daten- und Steuerkontextdiagramm.

Diese abstrakte Situation wird in Bild 7-14 weiter betrachtet.

Aus zeichnerischen Gründen sind Datenflussnamen und Speichernamen in Bild 7-13 und Bild 7-14 nicht eingetragen.

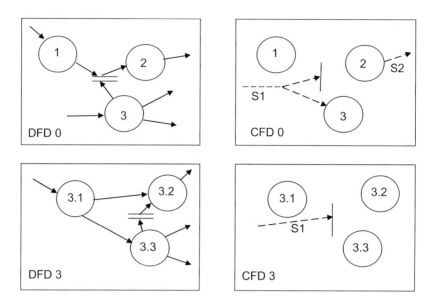

Bild 7-14 DFDs und CFDs in verschiedenen Ebenen

Der zu spezifizierende Prozess 0 erhält im **Steuerkontextdiagramm** in Bild 7-13 ein Steuersignal S1 vom Terminator T1. Er gibt ein Steuersignal S2 an den Terminator T3, wenn im Prozess 2 eine Bedingung eines Tests auf Daten zutrifft. Kommt das Signal S1 an, so soll der Prozess 2 aktiviert werden. Aus diesen Gründen wird das Signal S1 auf den Balken im **CFD 0** geführt. Da das Signal S1 auch im Prozess 3 eine Wirkung zeigen soll, wird es auch zur Bubble dieses Prozesses geführt. Die Wirkung ist dann allerdings erst im **CFD 3** zu sehen. Dort steuert S1 eine Prozessgruppe aus den Prozessen 3.1, 3.2 und 3.3.

7.6.4 CFD, DFD und CSPEC

Generell gilt, dass DFDs und CFDs dieselben Prozesse enthalten. DFDs enthalten darüber hinaus Datenflüsse (gekennzeichnet durch durchgezogene Linien), CFDs enthalten Steuerflüsse (gekennzeichnet durch gestrichelte Linien). DFDs enthalten Datenspeicher (engl. data stores), CFDs enthalten Steuerspeicher (engl. control stores).

Es kann aber auch Speicher geben, die in beiden Diagrammen – d. h. in DFDs und CFDs – vorkommen. Ein solcher Speicher hat in beiden Diagrammen denselben Namen. Dieser Fall tritt auf, wenn ein Signal sowohl Steuer- als auch Datencharakter hat.

Funktionsorientierte Systemanalyse mit der Strukturierten Analyse/Echtzeit 237

Bild 7-15 zeigt wieder an einem Beispiel die doppelte Welt der CFDs und DFDs:

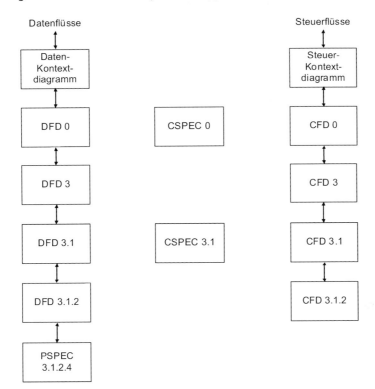

Bild 7-15 Ebenenweise Struktur und Nummerierungsschema von DFD, CFD und CSPEC

Dabei sind jedoch in diesem Bild die CSPECs mit eingezeichnet. In diesem Bild ist die ebenenweise Struktur von CFD, DFD und CSPEC und das Nummerierungsschema gut zu erkennen. Auf jeder Ebene gehört zu einem Paar aus DFD/CFD eine CSPEC, wenn die Prozesse dieser Ebene gesteuert werden. D. h. es kann auch CFDs geben, in denen eine CSPEC nicht notwendig ist, da Steuerflüsse bei der Verfeinerung nur nach unten gereicht werden. So kann ein Prozess einer Ebene einen Steuerfluss erzeugen, der eine Ebene tiefer in die CSPEC eingeht, einen neuen Steuerfluss generiert und einen Prozess auf der tieferen Ebene steuert.

Die CSPEC erhält Eingaben von den Prozessen des CFD und generiert Steuerflüsse als Ausgaben. Um das Bild nicht zu überladen, ist die CSPEC nur symbolisch auf wenigen Ebenen dargestellt.

Es wäre auch möglich, ein DFD und ein zugehöriges CFD in ein einziges, gemeinsames Diagramm zu zeichnen. Dies wird aus Gründen der Übersichtlichkeit für komplexe Diagramme von der Methode her nicht empfohlen. Kommerzielle Werkzeuge unterstützen in der Regel das Zeichnen von DFD und CFD in einem einzigen Diagramm. Dieses wird dann als Flussdiagramm bezeichnet.

7.6.5 Prozessmodell und Steuermodell

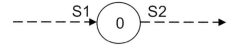

DFDs und PSPECs werden als **Prozessmodell**, CFDs und CSPECs als **Steuermodell** bezeichnet.

Es gilt ein **Balancing** bezüglich der Steuerflüsse:

Ein CFD enthält dieselben Ein- und Ausgänge wie sein Vaterprozess. Im Steuerkontextdiagramm in Bild 7-16 ist S1 ein eingehender Steuerfluss, S2 ein ausgehender Steuerfluss:

Bild 7-16 Steuerfluss im Kontextdiagramm

Ein- und ausgehende Steuerflüsse müssen auch erhalten bleiben, wenn ein Vaterprozess zerlegt wird. In Bild 7-16 wäre es auch möglich, bei der Zerlegung des Vaterprozesses 0 die Steuerflüsse zu zerlegen, beispielsweise:

S1 = S11 + S12 und
S2 = S21 + S22 + S23.

Dann müssten bei der Zerlegung des Prozesses 0 von Bild 7-16 S11 und S12 eingehende Steuerflüsse sein und S21, S22 und S23 ausgehende Steuerflüsse. Voraussetzung wäre natürlich, dass die oben beschriebene Zerlegung der Steuerflüsse im Data Dictionary definiert ist.

Zusammenhang zwischen DFDs und CFDs

Eine zum CFD und DFD zugehörige **CSPEC** ist

- für die Zustandsübergänge,
- die Steuerung dieser Prozessgruppe (Aktivierung/Deaktivierung von Prozessen) und
- für die Wandlung von Eingangs-Steuerflüssen in Ausgangs-Steuerflüsse

zuständig.

Bild 7-17 zeigt abschließend Datenbedingungen und Prozessaktivierungen als Zusammenhänge zwischen DFDs und CFDs. Um das Bild nicht zu überladen, ist die CSPEC nicht auf allen Ebenen dargestellt. Ebenso ist aus zeichnerischen Gründen nicht der ganze Baum an Prozessen dargestellt:

Dabei kommt im folgenden Bild die Datenbedingung als Steuerfluss aus dem Prozess 3.1.2.4 im DFD 3.1.2 und geht in das CFD 3.1.2 ein. Beschrieben wird die Datenbedingung in der PSPEC 3.1.2.4. Daher ist in Bild 7-17 eine Beziehung zwischen der PSPEC 3.1.2.4 und dem CFD 3.1.2 eingezeichnet.

Funktionsorientierte Systemanalyse mit der Strukturierten Analyse/Echtzeit 239

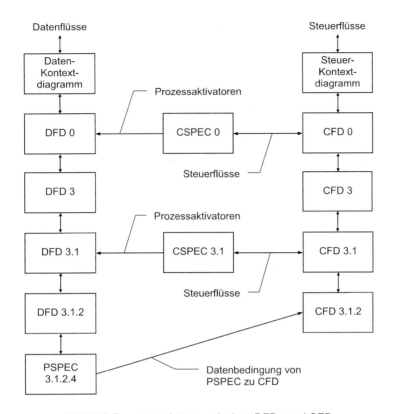

Bild 7-17 Zusammenhänge zwischen DFDs und CFDs

7.6.6 Allgemeine Form einer CSPEC

Eine CSPEC kann wie eine PSPEC auch aus (formalisiertem) Text bestehen. Am häufigsten werden jedoch in CSPECs sequenzielle Maschinen in Verbindung mit kombinatorischen Maschinen verwendet (siehe folgendes Blockdiagramm):

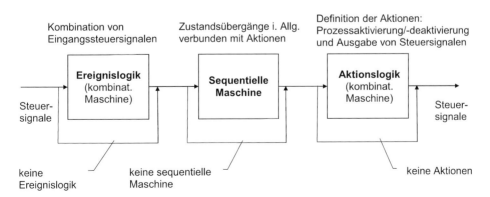

Bild 7-18 Blockdiagramm einer CSPEC

Die CSPEC kann also eine **Ereignislogik**, ein **Zustandsübergangsdiagramm** und eine **Aktionslogik** enthalten. Wie aus dem Blockdiagramm ersichtlich, gibt es auch Fälle, dass nicht alle Blöcke durchlaufen werden. Mindestens einer der Blöcke darf aber nicht umgangen werden, damit ein Steuerverhalten gegeben ist. Reagiert das System auf einzelne Steuersignale und nicht auf Kombinationen, fällt die Ereignislogik weg. Hat das System keine Zustände, entfällt die sequenzielle Maschine. Gibt es keine Aktionen, so gibt es keine Aktionslogik. Im Folgenden wird nun der allgemeine Fall betrachtet, dass im gezeigten Blockdiagramm alle Blöcke durchlaufen werden.

Die CSPEC enthält im allgemeinsten Fall:

- die Ereignislogik,
- das Zustandsübergangsdiagramm und
- die Aktionslogik.

Die CSPEC-Eingaben werden an eine Entscheidungstabelle übergeben. Kombinationen von Eingaben wirken als Ereignisse. Die Zustandsübergänge im Zustandsübergangsdiagramm erzeugen dann als Folge dieser Ereignisse Aktionen. Diese Aktionen werden an eine weitere Entscheidungstabelle übergeben, die den Aktionen dann Prozessaktivierungen/-deaktivierungen (Prozessaktivierungstabelle) bzw. Ausgangssteuersignale zuordnen.

Das Zustandsübergangsdiagramm wurde bereits in Kapitel 7.5.3 betrachtet. Im Folgenden soll die Ereignislogik und die Aktionslogik vorgestellt werden.

7.6.7 Ereignislogik

Existiert eine Ereignislogik, da das System nicht auf einzelne Steuersignale, sondern auf Kombinationen von Steuersignalen reagiert, so müssen diese Ereignisse in der Ereignislogik auftreten.

Tabelle 7-1 zeigt eine fiktive Entscheidungstabelle (Technik der Entscheidungstabellen siehe Anhang A), bei der eingehende Steuerflüsse (Eingaben) in Ereignisse umgesetzt werden:

Eingangs-Steuerfluss		Ereignis		
S1	S2	ER1	ER2	ER3
0	0	Aus	Aus	Aus
0	1	Aus	Aus	An
1	0	An	Aus	Aus
1	1	Aus	An	Aus

Tabelle 7-1 Ereignislogik in einer Entscheidungstabelle

Funktionsorientierte Systemanalyse mit der Strukturierten Analyse/Echtzeit 241

> Dies bedeutet, dass im Rahmen der Ereignislogik Kombinationen von Steuerflüssen als Ereignisse wirken.

Ist S1 gleich 0 und S2 gleich 0, so wird kein Ereignis ausgelöst. Ist S1 gleich 0 und S2 gleich 1, so wird das Ereignis ER3 ausgelöst. S1 gleich 1 und S2 gleich 0 führt zu ER1, S1 und S2 beide gleich 1 stellen das Ereignis ER2 dar.

7.6.8 Aktionslogik

Tabelle 7-2 zeigt die Aktionslogik. Sie wird ebenfalls in Form einer Entscheidungstabelle (Technik der Entscheidungstabellen siehe Anhang A) niedergeschrieben. Allerdings handelt es sich um eine spezielle Ausprägung: Pro Zeile wird definiert, welche Wirkung (Aktivierung oder Deaktivierung von Prozessen, Erzeugen von Ausgangssteuersignalen) sich hinter einer Aktion verbirgt. Die Aktionslogik enthält zwei Anteile: Prozessaktivierungen/-deaktivierungen in der Prozessaktivierungstabelle (PAT) und die Tabelle der Ausgangssteuerflüsse.

> Die Aktionslogik enthält Prozessaktivierungen/-deaktivierungen und Ausgangsteuerflüsse in einer Entscheidungstabelle.

Aktion	Prozessaktivierung/ -deaktivierung (PAT)			Ausgangssteuerflüsse		
	P1	P2	P3	O1	O2	O3
Akt1	1	0	0	Aus	An	Aus
Akt2	0	1	0	An	Aus	An
...						
...						

Tabelle 7-2 Entscheidungstabelle der Aktionslogik

Die Aktion Akt1 generiert den Ausgangssteuerfluss O2, aktiviert den Prozess P1 und deaktiviert die Prozesse P2 und P3. Die Aktion Akt2 generiert die Ausgangssteuerflüsse O1 und O3, deaktiviert den Prozess P1, aktiviert den Prozess P2 und deaktiviert den Prozess P3. Es ist auch möglich, Prozesse im Rahmen einer Aktion in einer bestimmten Reihenfolge zu aktivieren. Dies lässt sich beispielsweise durch die Ordinalzahlen 1, 2, 3 wie im Falle der in der folgenden Tabelle beschriebenen Aktion Akt1 ausdrücken:

Aktion	Prozessaktivierung/ -deaktivierung (PAT)		
	P1	P2	P3
Akt1	1	2	3
Akt2	0	1	0
...			
...			

Tabelle 7-3 Sequenzialisierung des Starts von Prozessen

Diese Sequenzialisierung wird verwendet, wenn bestimmte Prozesse erst nach Vorliegen bestimmter Prozessausgaben aktiv sein sollen, was allein aus den gegebenen Datenflüssen nicht eindeutig ersehen werden kann.

Es ist auch möglich, dass eine Aktion keinen Effekt auf den Zustand eines Prozesses hat. Dies wird über einen Strich in der Tabelle erreicht. Dadurch bleibt ein aktiver Prozess aktiv und ein inaktiver Prozess inaktiv. Tabelle 7-4 zeigt ein Beispiel:

Aktion	Prozessaktivierung/ -deaktivierung (PAT)		
	P1	P2	P3
Akt1	1	–	0
Akt2	–	0	1
...			
...			

Tabelle 7-4 Kein Effekt einer Aktion auf einen Prozess

7.7 Beispiele für die Modellierung mit SA/RT

Im Folgenden wird an zwei zusammenhängenden Beispielen die Implementierung mit SA/RT erläutert. Ausgehend von einer kurzen verbalen Beschreibung der Systeme werden anschließend Daten- und Kontrollflussdiagramme gezeigt. Dann erfolgt die Spezifikation der Entscheidungstabellen und der Zustandsübergangsdiagramme. Anhand dieser Beispiele sollen insbesondere die Querbeziehungen zwischen den einzelnen Beschreibungsmitteln verdeutlicht werden. Ereignisse kommen in der Ereignislogik und dem Zustandsübergangsdiagramm vor, Aktionen im Zustandsübergangsdiagramm und in der Aktionslogik.

7.7.1 Autopilot

Ein Autopilot eines Flugzeugs soll dazu dienen, automatisch den Start und den Flug auf der Reiseflughöhe durchführen zu können. Der Autopilot steuert das Höhenleitwerk und die Turbinen an. Vom Rollgeschwindigkeitssensor erhält der Autopilot die Rollgeschwindigkeit auf der Startpiste. Die Beschleunigung auf der Startbahn erfolgt programmgesteuert mit Hilfe einer abgelegten Tabelle. Das Seitenleitwerk wird rein manuell gesteuert und ist unabhängig vom Autopiloten. Gibt der Pilot `Beginn Startvorgang` ein, so stellt der Autopilot das Höhenleitwerk auf die `Stellung horizontale Bewegung` und beschleunigt auf der Startbahn. Ist die Grenzgeschwindigkeit für das Abheben erreicht, wird das Höhenleitwerk vom Autopilot auf die `Stellung Steigen` gestellt. Während des Steigflugs wird Gas gemäß einer abgelegten Tabelle gegeben. Beim Erreichen der Reiseflughöhe wird das Höhenleitwerk erneut auf `Stellung horizontale Bewegung` gestellt und konstantes Gas gegeben. Aus Platzgründen ist das Datenkontextdiagramm und das Steuerkontextdiagramm in eine einzige Grafik eingetragen (siehe Bild 7-19).

Funktionsorientierte Systemanalyse mit der Strukturierten Analyse/Echtzeit 243

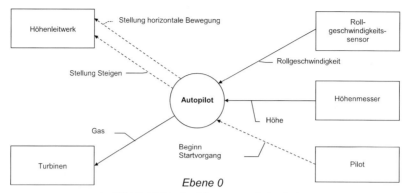

Ebene 0
Bild 7-19 Kontextdiagramm Autopilot

In Bild 7-20 und Bild 7-21 wird das DFD 0 und CFD 0 gezeigt.

Bild 7-20 CFD 0 System Autopilot

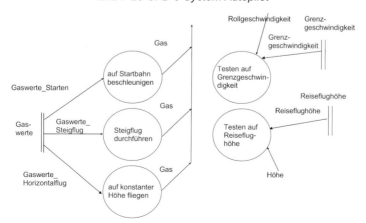

Bild 7-21 DFD 0 System Autopilot

In Bild 7-22 wird das Zustandsübergangsdiagramm gezeigt:

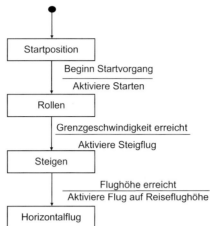

Bild 7-22 Zustandsübergangsdiagramm System Autopilot

Die beiden folgenden Tabellen enthalten die Aktionslogik. Der Prozessaktivierungsanteil (PAT-Anteil) der Aktionslogik enthält das Aktivieren und Deaktivieren von Prozessen:

Entscheidungstabelle

Aktion	Prozessaktivierungen/-deaktivierungen		
	Prozess "auf Startbahn beschleunigen"	Prozess "Steigflug durchführen"	Prozess "auf konstanter Höhe fliegen"
Aktiviere Starten	1	0	0
Aktiviere Steigflug	0	1	0
Aktiviere Flug auf Reiseflughöhe	0	0	1

Tabelle 7-5 Aktionslogik – Prozessaktivierungstabelle System Autopilot

Die Prozesse

- `Testen auf Grenzgeschwindigkeit` und
- `Testen auf Reiseflughöhe`

werden datengetrieben gestartet. Sie sind immer im System und werden weder aktiviert, noch deaktiviert.

Der Teil der Aktionslogik, der Ausgangssteuerflüsse generiert, wird im Folgenden aufgestellt:

Funktionsorientierte Systemanalyse mit der Strukturierten Analyse/Echtzeit 245

Entscheidungstabelle

Aktion	Ausgangssteuerflüsse	
	Stellung Steigen	Stellung horizontale Bewegung
Aktiviere Starten	0	1
Aktiviere Steigflug	1	0
Aktiviere Flug auf Reiseflughöhe	0	1

Tabelle 7-6 Aktionslogik – Ausgangssteuerflüsse System Autopilot

Die Aktionslogik wurde in diesem Beispiel in zwei Tabellen spezifiziert, um die Übersicht zu verbessern. Üblicherweise wird die Aktionslogik nach dem Schema von Tabelle 7-2 aber in einer Tabelle zusammengefasst.

7.7.2 Getränkeabfüllung

Für das System Getränkeabfüllung wird gefordert:

Das System Getränkeabfüllung soll leere Flaschen, die auf einem **Eingangsband** herbeitransportiert werden, automatisch abfüllen. Wird eine leere Flasche vom **Sensor_-Flaschenerfassung** erfasst, so ist das **Eingangsband** zu stoppen und der Befehl "Start Füllen" an die **Fülleinrichtung** zu geben.

Die Fülleinrichtung schaltet selbstständig ab. Wird eine Flasche nicht vollständig gefüllt, so ist diese Flasche mit einem **Greifer** auf das Ausgangsband Ausschuss zu stellen. Ist sie vollständig gefüllt, soll sie auf das Ausgangsband Korrekte Ware gestellt werden. Zu diesem Zweck wird der vom Sensor Füllstanderfassung gelieferte Füllstand mit einem gespeicherten Grenzwert verglichen. Ist der Greifer wieder in seiner Ausgangsstellung – dies wird durch Ausgangsposition erreicht gemeldet – so soll das Eingangsband wieder gestartet werden. Über die Zahl der korrekten und nicht korrekten Füllungen soll eine Statistik geführt werden.

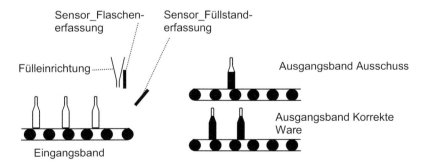

Bild 7-23 Skizze der Anlage für Getränkeabfüllung

Bild 7-24 zeigt das Kontextdiagramm:

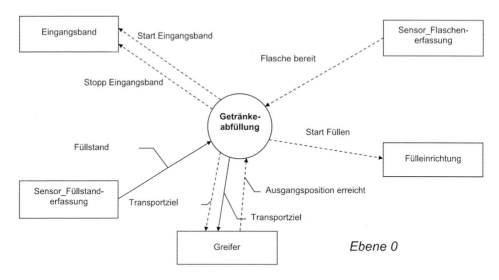

Bild 7-24 Kontextdiagramm System Getränkeabfüllung

`Transportziel` ist zum einen ein Steuerfluss, weil er den Transport auf ein Band steuert. Der Steuerfluss `Transportziel` aktiviert den Greifer. Welches Band es ist, steht im Datenfluss.

Die Zerlegung des Prozesses "Getränkeabfüllung" ist im DFD 0 und CFD 0 zu sehen:

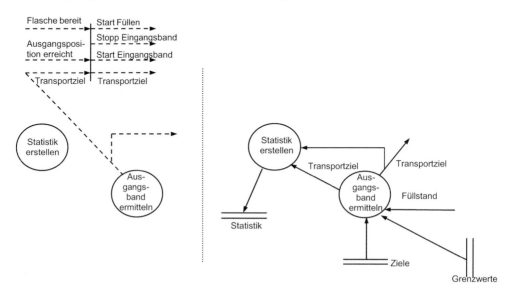

Bild 7-25 DFD 0 und CFD 0 des Systems Getränkeabfüllung

Das Zustandsübergangsdiagramm ist:

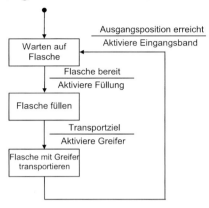

Bild 7-26 Zustandsübergangsdiagramm des Systems Getränkeabfüllung

Der Anteil der Aktionslogik, der sich mit der Generierung von Ausgangssteuerflüssen befasst, ist:

Entscheidungstabelle

Aktion	Ausgangssteuerflüsse			
	Start Füllen	Start Eingangs-band	Stopp Eingangs-band	Transport-ziel
Aktiviere Füllung	1	0	1	0
Aktiviere Greifer	0	0	0	1
Aktiviere Eingangsband	0	1	0	0

Tabelle 7-7 Aktionslogik des Systems Getränkeabfüllung

Die Prozesse `Statistik erstellen` und `Ausgangsband bestimmen` werden weder aktiviert noch deaktiviert. Sie sind immer im System und werden datengetrieben ausgelöst.

Eine Aktionslogik zum Aktivieren/Deaktivieren von Prozessen ist daher in diesem Beispiel nicht nötig.

7.8 Antwortzeitspezifikationen

Im Rahmen einer Antwortzeitspezifikation wird festgehalten, welche Anforderungen das System im Hinblick auf:

- Antwortzeitverhalten und
- Wiederholungsraten bei Neuberechnungen

erfüllen muss.

Es ist nicht Aufgabe der Antwortzeitspezifikation, Performance-Probleme zu lösen. Die Lösung dieser Problematik ist Aufgabe des Systementwurfs und der Programmierung. Die Zeit-Anforderungen beziehen sich auf die externen Zeitaspekte an der Systemschnittstelle.

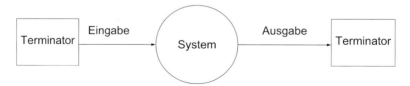

Bild 7-27 Außenverhalten

Da der Systementwurf bei der Formulierung der Anforderungen noch nicht bekannt ist, ist selbstverständlich, dass sich alle Zeit-Anforderungen auf das Außenverhalten des Systems beziehen müssen, also auf das Verhalten des Systems gegenüber einem Terminator.

7.8.1 Wiederholungsrate

In der Antwortzeitspezifikation kann spezifiziert werden, mit welcher Wiederholungsrate das System Daten in neu berechneter Form an einer Systemschnittstelle zu seiner Umgebung bereitstellt bzw. mit welcher Wiederholungsrate der Eingabedaten das System fertig werden muss. Die Wiederholungsraten werden im Data Dictionary als Attribute der externen primitiven Datenflüsse dargestellt.

7.8.2 Ein/Ausgabeantwortzeitverhalten

Hier wird die maximal zulässige Zeit (Antwortzeit) festgelegt, die zwischen einer Eingabe an der Systemschnittstelle bis zur zugehörigen Antwort des Systems an der Systemschnittstelle verstreichen darf. In einer Antwortzeitspezifikation können nur Steuer- oder Datenflüsse auftreten, die als elementare (primitive) Flüsse im Kontextdiagramm vorkommen oder die Teile solcher elementaren Flüsse sind.

Der Name "elementarer Datenfluss" bezieht sich auf einen Datenfluss, der im Rahmen der Logik der Systemanalyse eine Bedeutung hat. Im Rahmen der Logik befasst man sich nicht mit einzelnen Zeichen. Bei den Zeit-Anforderungen gibt es beim Entwurf aber Anforderungen, dass, wenn ein Zeichen auf der Tastatur angeschlagen wird, es nach x Millisekunden auf dem Bildschirm zu erscheinen hat.

Es ist sinnvoll, alle Performance-Requirements in das Requirement-Papier aufzunehmen. Die Form der Antwortzeitspezifikation ist nicht vorgeschrieben.

Möglichkeiten außer einer verbalen Beschreibung sind:

- eine Beschreibung in Tabellenform oder
- eine grafische Beschreibung mit Pulsdiagrammen.

Funktionsorientierte Systemanalyse mit der Strukturierten Analyse/Echtzeit

Beispiel für eine Tabelle:

externe(s) Eingabesignal(e)	Beschreibung	externe(s) Ausgabesignal(e)	Beschreibung	Antwortzeit
Münze + Produktanforderung	der Nutzer hat genügend Geld eingeworfen und den Knopf "Produktanforderung" gedrückt	Produkt	Ausgabe der Ware	2 s

Tabelle 7-8 Tabellenform einer Antwortzeitspezifikation

Beispiel für ein Pulsdiagramm:

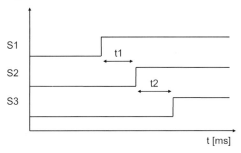

Bild 7-28 Pulsdiagramm

Dieses Pulsdiagramm ist folgendermaßen zu interpretieren:

"Falls der Abstand zwischen den Signalen `S1` und `S2` weniger als `t1 ms` beträgt, muss innerhalb von weniger als `t2 ms` der Alarm `S3` ausgelöst werden."

7.9 Zustandsautomaten nach Harel

Harel hat die Zustandsautomaten, die in der Strukturierten Analyse/Echtzeit von **Hatley/Pirbhai** benutzt werden, weiterentwickelt. Die Zustandsautomaten der Strukturierten Analyse/Echtzeit nach Hatley/Pirbhai basieren auf den sogenannten **Mealy-Automaten**. Wie bereits in Kapitel 7.5 erläutert, ist für diese Art von Automaten charakteristisch, dass die auszuführende Aktion (Ausgabe) von dem bisherigen Zustand und von dem Ereignis (Eingabe) abhängt.

David Harel hat im Jahre 1987 mit seinen Statecharts das Modell der Zustandsautomaten erweitert [Har87]. Die eingeführten **Neuerungen** sind:

- hierarchische (geschachtelte) Zustände,
- nebenläufige Zustände,
- bedingte Zustandsübergänge,

- Zustände mit Gedächtnis und
- hybride Automaten (**kombinierte Mealy- und Moore-Maschinen**).

Bei einem Moore-Automaten (vgl. Kapitel 7.5) hängt die Ausgangsfunktion nur vom Zustand ab, d. h. nicht vom Eingangssymbol. Wenn der Zustand erreicht wird, erfolgt die Ausgabe. Somit ist die Ausgabe unabhängig vom Übergang in den Zustand. Bei den hybriden Automaten von Harel sind zusätzlich Aktionen beim Eintritt oder beim Verlassen des Zustands möglich, sowie Aktionen (sogenannte Aktivitäten, siehe Kapitel 7.9.5) in einem Zustand selbst, so dass neben Mealy- auch Moore-Automaten mit Hilfe dieser Statecharts modelliert werden können. Auch wenn diese Erweiterungen nicht zu SA/RT gehören, werden die Statecharts von Harel wegen ihrer praktischen Relevanz im Folgenden erläutert.

7.9.1 Geschachtelte Zustände

Mehrere Zustände können zu einem Oberzustand (Superzustand) zusammengefasst werden. Dies kann zu einer vereinfachten Darstellung führen, wenn in mehreren Zuständen dieselbe Reaktion auf ein Ereignis erfolgt.

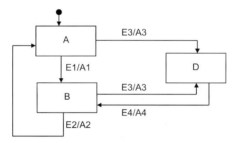

Bild 7-29 Derselbe Übergang E3/A3 *aus Zustand* A *und* B *in Zustand* D

Wird ein Oberzustand C für zwei Zustände A und B eingeführt, so bedeutet dies, dass das System – wenn es im Zustand C ist – sich entweder im Unterzustand A oder B befinden muss.

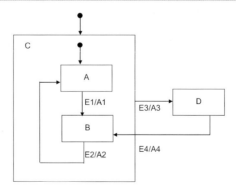

Bild 7-30 Übergang E3/A3 *aus Oberzustand* C *in Zustand* D

Funktionsorientierte Systemanalyse mit der Strukturierten Analyse/Echtzeit 251

Geht ein Zustandsübergang aus dem Oberzustand heraus, so bedeutet dies, dass er aus jedem Unterzustand heraus erfolgen kann. Ein Zustandsübergang in den Oberzustand erscheint zunächst nicht möglich, da dann die Reaktion nicht mehr deterministisch zu sein scheint. Durch die folgende Festlegung bzw. durch Zustände mit Gedächtnis (siehe Kapitel 7.9.4) wird eine deterministische Reaktion erreicht.

Durch die Festlegung, dass beim Übergang in den Oberzustand der Übergang tatsächlich in den Anfangszustand der Unterzustände (gekennzeichnet durch den Pfeil mit dickem Punkt) erfolgen soll, wird ein solcher Übergang aber auch zugelassen.

Treffen Übergänge aus dem Oberzustand heraus nur für einen Unterzustand zu, so darf der den Übergang kennzeichnende Pfeil nicht am Oberzustand beginnen, sondern muss direkt vom Unterzustand ausgehen.

Geschachtelte Zustandsautomaten erlauben eine schrittweise Verfeinerung. Möchte man zunächst grob spezifizieren, ohne die Unterzustände festzulegen, dann hat ein Pfeil, der aus einem Unterzustand, der noch nicht festgelegt ist, herausgehen soll, am Beginn einen kleinen Querstrich. Genauso erhält ein Pfeil, der in einen noch nicht festgelegten Unterzustand hineingehen soll, am Ende einen Querstrich.

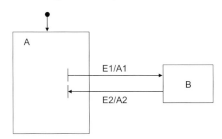

Bild 7-31 Grobspezifikation des Zustandes A ohne Unterzustände

7.9.2 Nebenläufige Zustände

Soll sich das System gleichzeitig in mehreren parallelen Zuständen befinden, so besteht das System aus **Komponenten**. Der Oberzustand wird grafisch durch gestrichelte Linien in nebenläufige (parallele) Regionen zerlegt, denen die parallelen Komponenten zugeordnet sind.

Ein Oberzustand wird durch gestrichelte Linien in Zustandsdiagramme für Komponenten zerlegt.

Erfolgt der Übergang in den Oberzustand hinein, so stellt dies im folgenden Bild einen Übergang für beide Komponenten dar, dabei jeweils in den Anfangszustand. Zu beachten ist, dass der Übergang E4/A4 nur erfolgt, wenn die Komponente C im Zustand C2 ist.

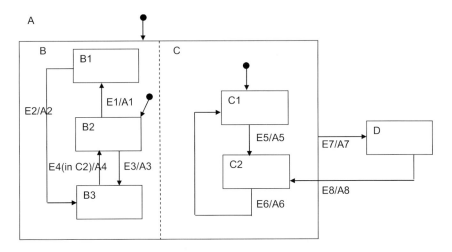

Bild 7-32 Darstellung nebenläufiger Zustände

7.9.3 Bedingte Zustandsübergänge

Es ist möglich, Zustandsübergänge an das Erfülltsein von Bedingungen zu knüpfen. So findet der Übergang von D nach B in Bild 7-33 aufgrund des Ereignisses E5 nur statt, wenn die Bedingung erfüllt ist.

> Die Bedingung wird in runden Klammern angegeben und stellt eine sogenannte **Wächterbedingung** dar. Der Zustandsübergang wird auch als **bewachter Übergang** (engl. **guarded transition**) bezeichnet.

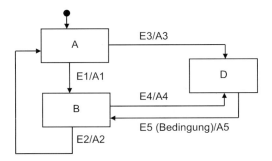

Bild 7-33 Darstellung bedingter Zustandsübergänge

7.9.4 Zustände mit Gedächtnis

Verlässt man einen Oberzustand und möchte bei der Rückkehr in den Superzustand in den zuletzt eingenommenen Unterzustand zurückkehren, so ist der Oberzustand mit einem H – für History – in einem Kreis zu kennzeichnen.

Funktionsorientierte Systemanalyse mit der Strukturierten Analyse/Echtzeit

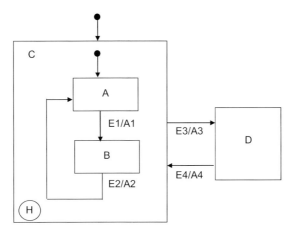

Bild 7-34 Zustand mit Gedächtnis

So kommt man in Bild 7-34 beim Übergang von D nach C in den vor dem Verlassen von C zuletzt eingenommenen Zustand zurück.

Ein H für History in einem Kreis im Superzustand sagt aus, dass man bei der Rückkehr in den Superzustand in den Unterzustand geht, den man zuvor verlassen hat.

7.9.5 Hybride Automaten

Bei Harel ist es möglich, Mealy- und Moore-Maschinen zu mischen. Dies bedeutet, dass Aktionen bei Übergängen ausgelöst werden können im Sinne von Mealy, dass Aktionen aber auch von Zuständen ausgehen (siehe Bild 7-35).

Um Verwechslungen zu vermeiden, spricht man dann bei Zustandsübergängen von Aktionen, bei Zuständen von Aktivitäten. Allerdings können beim Betreten des Zustands noch sogenannte entry-Aktionen ausgeführt werden und beim Verlassen des Zustands exit-Aktionen.

Bild 7-35 Hybrider Automat

Entry- und exit-Aktionen kapseln Aktionen innerhalb eines Zustands und erleichtern damit die Definition der eingehenden und wegführenden Übergänge.

> Eine Aktivität, welche über das Schlüsselwort throughout definiert wird, läuft, während sich das System in dem entsprechenden Zustand befindet. Sie läuft im Gegensatz zu einer Aktion nicht unendlich schnell ab.

Eine Aktivität ist im Gegensatz zu einer Aktion durch ein Ereignis unterbrechbar. Wird ein Zustand verlassen, so wird eine in dem Zustand ausgeübte Aktivität beendet.

7.10 Zusammenfassung

Die Echtzeit-Variante der Strukturierten Analyse, die Methode SA/RT nach Hatley/Pirbhai, erweitert die Strukturierte Analyse um die Fähigkeit der Modellierung von Steuerflüssen (Kontrollflüssen). Ein Steuerfluss hat stets diskrete Werte. Bei SA/RT liegt ein Steuerfluss nur vor, wenn Prozesse deaktiviert oder aktiviert werden, wenn es zu Zustandsübergängen oder zur Transformation in neue Steuerflüsse kommt.

Parallel zu Datenflussdiagrammen werden Steuerflussdiagramme gezeichnet. Man kann aber auch beide Diagrammformen in ein Bild zeichnen, das dann Daten- und Steuerflüsse enthält. Steuerflüsse münden letztendlich in einer CSPEC (Steuerspezifikation, engl. control specification). Tragen sie zur Steuerung der Prozesse eines CFD bei, so gehen sie direkt in die CSPEC ein. Gehen sie zunächst direkt in einen Prozess ein, so hat dies zur Folge, dass bei einer Zerlegung des Prozesses auf tieferer Ebene der Steuerfluss in die CSPEC einer Prozessgruppe in einem DFD/CFD eingeht – und zwar auf derjenigen Ebene, auf der die Steuerung stattfindet. Es gibt auch die Möglichkeit, dass ein Prozess einen Steuerfluss erzeugt (Datenbedingung), wenn eine Bedingung einen bestimmten Wert annimmt.

Steuerflüsse aus dem System nach außen sind Statusmeldungen, die von den externen Systemen wiederum als Steuersignale betrachtet werden.

Eine CSPEC ist in einem Steuerflussdiagramm nur indirekt sichtbar. Ein Balken im Steuerflussdiagramm stellt die Schnittstelle zur CSPEC dar. Die CSPEC stellt wiederum ein separates Dokument dar.

Die CSPEC kann eine **Ereignislogik**, ein **Zustandsübergangsdiagramm** und eine **Aktionslogik** enthalten. Eine Ereignislogik wird formuliert mit Hilfe einer Entscheidungstabelle. Diese Entscheidungstabelle enthält die Kombinationen eingehender Signale, die für das System Ereignisse darstellen. Wenn ein System Zustände hat, so kann es auf Ereignisse mit Zustandsübergängen reagieren. Der Begriff Zustandsübergang ist allgemein gefasst: es kann auch ein Übergang in denselben Zustand erfolgen. Jeder Zustandsübergang kann mit einer Aktion verbunden sein oder auch nicht. Erfolgt der Übergang in den Ausgangszustand, so ist eine Aktion zwingend erforderlich. In der Aktionslogik, die wiederum in Tabellenform aufbereitet wird, wird spezifiziert, was die entsprechende Aktion darstellt. Eine Aktion kann eine Prozessaktivierung/Deaktivierung (Prozessaktivierungstabelle) bzw. die Erzeugung von Ausgangs-Steuerflüssen bedeuten.

Funktionsorientierte Systemanalyse mit der Strukturierten Analyse/Echtzeit

Die einzigen Zusammenhänge zwischen den Datenflussdiagrammen und den Steuerflussdiagrammen sind die CSPECs, da sie die Aktivierung und Deaktivierung der Prozesse der Datenflussdiagramme beschreiben, ferner die Bedingungen beim Test von Daten, die in Prozessen der Datenflussdiagramme Steuerflüsse auslösen.

Zur Spezifikation der erwarteten Antwortzeiten sind außer der verbalen Form auch Beschreibungen in Tabellenform oder in grafischer Form als Pulsdiagramme üblich.

Harel konzipierte (siehe Kapitel 7.9) eine erweiterte Form von Zustandsdiagrammen, die zwar im Rahmen von SA/RT nicht direkt benutzt wird, aber inzwischen große Verbreitung gefunden hat. Diese erweiterte Form ermöglicht:

- hierarchische (geschachtelte) Zustände,
- nebenläufige Zustände,
- bedingte Zustandsübergänge,
- Zustände mit Gedächtnis und
- hybride Automaten (kombinierte Mealy- und Moore-Maschinen).

7.11 Aufgaben

Aufgabe 7.1 Methodik nach Hatley/Pirbhai

7.1.1   Was ist im Rahmen von SA/RT ein Kontrollfluss (Steuerfluss)?
7.1.2   Erklären Sie, was unter der doppelten Welt der CFDs und der DFDs zu verstehen ist. Was ist der Unterschied zwischen einem CFD und einem DFD, was sind die Gemeinsamkeiten?
7.1.3   Wozu dient eine CSPEC? Sieht man eine CSPEC in einem CFD? Auf welchen Zerlegungsebenen gibt es eine CSPEC?
7.1.4   Was versteht man unter einer Datenbedingung? Geben Sie ein Beispiel für eine Datenbedingung.
7.1.5   Was bedeutet es, wenn ein Steuerfluss in einen Prozess einmündet?
7.1.6   Zeichnen Sie ein Beispiel für eine Ereignislogik und erläutern Sie dieses Beispiel!
7.1.7   Zeichnen Sie ein Beispiel für ein Zustandsübergangsdiagramm. Erläutern Sie, wo Ereignisse und Aktionen zu sehen sind. Was kann eine Aktion sein? Gibt es Zustandsübergänge ohne Aktionen? Gibt es Übergänge in denselben Zustand? Sind diese mit Aktionen verbunden oder nicht?
7.1.8   Welche Struktur hat die Tabelle einer Aktionslogik? Erläutern Sie den Aufbau einer solchen Tabelle anhand einer Skizze!

Aufgabe 7.2 Statecharts nach Harel

7.2.1   Wie werden parallele Komponenten nach Harel notiert?
7.2.2   Zeichnen Sie den Übergang aus einem Zustand D in den Unterzustand C2 des Zustandes C. Der Superzustand C soll die beiden Unterzustände C1 und C2 haben. Der Zustand C1 soll der Anfangszustand des Superzustands C sein.
7.2.2   Zeichnen Sie vom Zustand D den Rückweg in den Subzustand von C, der vorher verlassen wurde, mit Hilfe der History-Notation.
7.2.3   Wie wird ein bedingter Übergang notiert?

Kapitel 8

Datenorientierte Modellierung mit dem Entity-Relationship-Modell

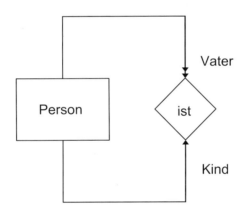

8.1 Beziehungen zwischen Entitäten und deren Multiplizität
8.2 Begriffe
8.3 Modellerstellung
8.4 Aufbau eines Entity-Relationship-Diagramms
8.5 Zusammenfassung
8.6 Aufgaben

8 Datenorientierte Systemanalyse mit dem Entity-Relationship-Modell

Das Entity-Relationship-Modell (ERM) stellt das älteste und allgemeinste Modell zur strukturierten Modellierung von Daten dar. Es wurde 1970-76 von Chen [Che76] definiert und später vielfach weiterentwickelt. Wegen ihrer Bedeutung für die Modellierung von Daten wurde die Entity-Relationship-Modellierung nachträglich in die Strukturierte Analyse (siehe Kapitel 6) aufgenommen.

Die objektorientierte Theorie von Raumbaugh basiert auf dem ERM. Eine Klasse der Objektorientierung entspricht einem Entitätstyp des ERM. Entity-Relationship-Diagramme und UML-Klassendiagramme sind in der Struktur einander sehr ähnlich. Entity-Relationship-Diagramme können auf UML-Klassendiagramme abgebildet werden. Der umgekehrte Weg ist nicht möglich, da ein ERM keine Methoden modelliert. Damit kann man Klassendiagramme der UML (siehe Kapitel 11) wegen den in den Klassen enthaltenen Methoden als eine Verallgemeinerung der Entity-Relationship-Diagramme sehen. Man kann deshalb heutzutage Daten auch mit UML modellieren.

Der zentrale Begriff in diesem Modell ist die **Entität** (engl. **entity**). Damit sind eindeutig identifizierbare Objekte gemeint, welche den **Anwendungsbereich** (engl. **problem domain**) der realen Welt modellieren. Sie werden physisch auf Relationen (siehe Kapitel 15) abgebildet. Relationen müssen eindeutig identifizierbar sein, damit man sie greifen und verarbeiten kann.

Beispiele für solche Entitäten können sowohl konkrete Objekte wie Gegenstände, Gebäude oder Personen als auch abstrakte Konzepte wie Verträge, Gesetze oder Ideen sein. Gleichartige Entitäten werden zu **Entitätstypen** zusammengefasst. Alle diese Entitäten haben Eigenschaften. Eine solche Eigenschaft wird als **Attribut** (engl. **attribute**) bezeichnet. Jedem der Attribute ist eine **Domäne** (engl. **domain**) zugeordnet. Eine Domäne enthält alle möglichen Werte, die das Attribut annehmen kann. Ein konkreter Wert heißt dann Ausprägung des Attributs. Damit repräsentiert die Domäne den Wertebereich des Attributs.

> Jedes der Attribute hat einen Wert. Ein solcher Wert heißt dann Ausprägung des Attributs. Eine Domäne spannt den Wertebereich eines Attributs auf.

Kapitel 8.1 diskutiert die Beziehungen zwischen Entitäten. Nach der Definition von Begriffen und der grafischen Notation in Kapitel 8.2 behandelt Kapitel 8.3 die Modellerstellung.

8.1 Beziehungen zwischen Entitäten und deren Multiplizität

Die folgenden Abschnitte beschreiben verschiedene Arten von Beziehungen zwischen Entitäten und deren Modellierung mit Hilfe von Entity-Relationship-Diagrammen.

8.1.1 Multiplizität

Zwischen Entitäten bestehen **Beziehungen** (engl. **relations**). Sie werden nach ihrer **Multiplizität** (alternative Begriffe: **Kardinalität**[57] oder **Komplexität**) unterschieden. Die Multiplizität einer Entität legt fest, wie viele Entitäten an einer Beziehung beteiligt sind. Bei der Multiplizität kann ein Mindest- und ein Höchstwert angegeben werden, wobei diese beiden Werte auch gleich sein dürfen. Je nach Multiplizität werden drei Fälle unterschieden

- **1:1-Beziehung**
  Jede Seite der Beziehung lässt sich genau einer Entität zuordnen. Beide Entitäten haben die Multiplizität 1.
- **1:n-Beziehung**
  Eine Entität in der Beziehung ist vielen anderen Entitäten zugeordnet, d. h., eine Seite der Beziehung hat eine Multiplizität größer als 1.
- **n:m-Beziehung**
  Auf beiden Seiten der Beziehung sind mehrere Entitäten beteiligt, d. h., beide Seiten haben eine Multiplizität größer als 1.

Beispiel 1 (1:1-Beziehung):

Ein Ehemann hat – in der westlichen Kultur – genau eine Ehefrau und umgekehrt.

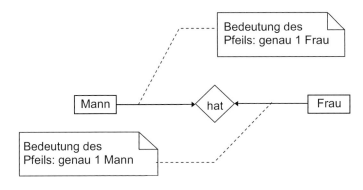

Alternative Notation:

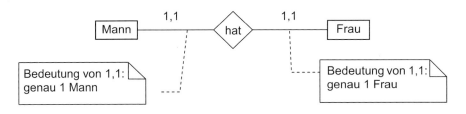

Bild 8-1 Darstellungsmöglichkeiten für eine 1:1-Beziehung

---

[57] Zu beachten ist, dass bei der Unified Modeling Language im Gegensatz zum Entity-Relationship-Modell eine Unterscheidung zwischen Kardinalität und Multiplizität gemacht wird (siehe den Begriff der Kardinalität im Begriffsverzeichnis).

Beispiel 2 (1:n-Beziehung):

Ein Elternpaar kann mehrere Kinder haben, ein Kind hat jedoch nur ein natürliches Elternpaar.

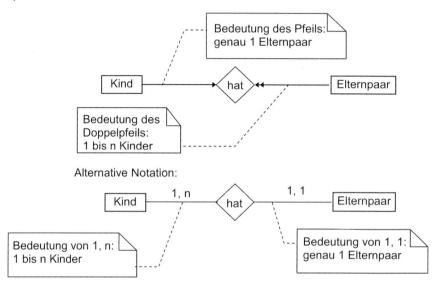

Bild 8-2 Darstellungsmöglichkeiten für eine 1:n-Beziehung

> Beachten Sie, dass in der Notation mit Pfeilen ein Doppelpfeil anzeigt, dass auf der gegenüberliegenden Seite mehrere Entitäten vorkommen können. So zeigt der Doppelpfeil von Elternpaar auf Kind und zeigt an, dass ein Paar 1 bis n Kinder haben kann.

Beispiel 3 (n:m-Beziehung):

Eine Person kann mehrere Telefonnummern haben (z. B. privat und mobil). Eine Telefonnummer kann mehreren Personen (einer Familie) zugeordnet sein.

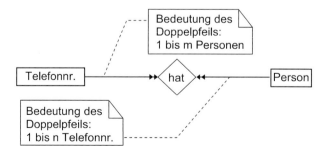

Bild 8-3 Darstellungsmöglichkeit für eine n:m-Beziehung

Eine alternative Darstellung ist im Folgenden gezeigt:

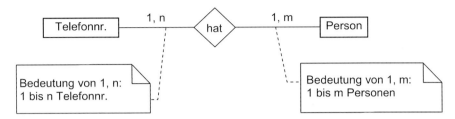

Bild 8-4 Eine alternative Darstellungsmöglichkeit für eine n:m-Beziehung

Streng genommen müsste man noch solche Beziehungen unterscheiden, bei denen ein Partner nicht zwingend vorhanden ist. So kann ein Mann verheiratet sein, er muss es aber nicht sein. Dasselbe gilt natürlich auch für eine Frau.

Diese "kann"-Beziehungen werden jedoch im Allgemeinen als Sonderfälle der obigen Fälle ("muss"-Beziehungen) betrachtet. Dazu wird in der Pfeilnotation ein Kreis hinter der Pfeilspitze hinzugefügt. In der expliziten Notation schreibt man statt "1" dann "0,1" – aus "genau 1" wird "höchstens 1" – bzw. statt "1,n" schreibt man "0,n".

Hier zwei **Beispiele**:

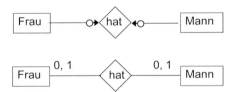

Bild 8-5 Beispiel für eine einfache Beziehung mit Sonderfall 0

Die Aussage von Bild 8-5 ist: "Ein Mann hat 0 oder 1 Frau, eine Frau hat 0 oder 1 Mann"

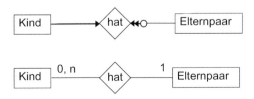

Bild 8-6 Beispiel für eine 1:n-Beziehung mit Sonderfall 0

Die Aussage von Bild 8-6 ist: "Zu einem Kind gehört 1 Elternpaar, zu einem Elternpaar gehören 0 bis n Kinder".

8.1.2 Link-Attribut

Ein weiterer Spezialfall sind Beziehungen mit Attributen. Ein Beispiel hierfür wäre das `Datum` und das `Produkt` eines Kaufs, der über die Beziehung `kauft bei` zwischen `Kunde` und `Verkäufer` modelliert wird (siehe Bild 8-7).

> Auch Beziehungen können Eigenschaften besitzen. Diese werden dann Link-Attribute genannt.

Wie bereits vorher erwähnt, hat die Beziehung `kauft bei` das Link-Attribut `Kauf`, welches hier beispielsweise aus `Kaufdatum` und `Produkt` bestehen soll.

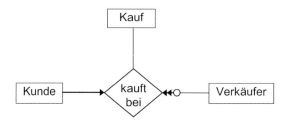

Bild 8-7 Beispiel für ein Link-Attribut

Ein Kunde kauft gemäß dieser Beziehung ein Produkt jeweils bei einem bestimmten Verkäufer. Ein Verkäufer kann aber viele Kunden haben. Wenn gekauft wird, muss auch immer ein Kunde da sein. In der Zwischenzeit kann der Verkäufer auch eine Weile alleine da sitzen. Dann gibt es weder die Beziehung noch das Beziehungsattribut.

8.1.3 Reflexive Beziehungen und Vergabe von Rollen

Eine reflexive (selbstbezügliche) Beziehung ist ein besonderer Beziehungstyp zwischen ein und demselben Entitätstyp (siehe folgendes Bild).

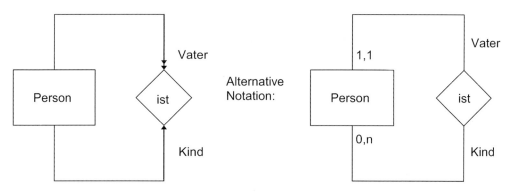

Bild 8-8 Reflexive Beziehungen mit Rollen

Datenorientierte Systemanalyse mit dem Entity-Relationship-Modell

Ein Beispiel hierfür ist die Beziehung `ist Vater von` zwischen Entitäten des Typs `Person`. Im Diagramm sind demzufolge beide Seiten der Beziehung mit demselben Entitätstyp verbunden. Die Entitäten treten jedoch in verschiedenen **Rollen** auf. In diesem Beispiel als `Vater` und `Kind`. Diesem Umstand trägt man durch Beschriftung der beiden Seiten der Beziehung mit dem Rollennamen Rechnung. Man beachte, wie mit Hilfe der Beziehungen ausgedrückt werden kann, dass zwar ein Kind nur einen Vater, ein Vater jedoch durchaus mehrere Kinder haben kann.

> In reflexiven Beziehungen treten verschiedene Entitäten eines gemeinsamen Entitätstyps in verschiedenen Rollen auf.

8.1.4 Attribute von Entitätstypen

Attribute sind charakterisierende Eigenschaften von Entitätstypen. Der Entitätstyp `Person` kann z. B. die Eigenschaften `Name`, `Vorname` und `Geburtsdatum` haben. Der folgende Abschnitt zeigt, wie in einem Entity-Relationship-Diagramm Attribute dargestellt werden können.

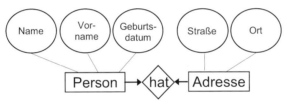

Bild 8-9 Darstellung von Attributen

Mehrwertige Attribute sind Attribute, die mehrmals vorkommen können. So kann eine Person mehrere Telefonnummern haben. Dies wird durch eine **doppelte Ellipsenumrandung** dargestellt (siehe Bild 8-10). Allerdings sollten mehrwertige Attribute als ein eigener Entitätstyp definiert werden und über eine 1:n-Beziehung mit dem bestehenden Entitätstyp verknüpft werden. Optionale Elemente, wie z. B. die E-Mail-Adresse, werden durch einen **Kreis auf der Verbindungslinie** (siehe Bild 8-10) dargestellt:

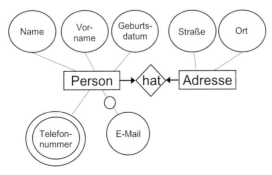

Bild 8-10 Darstellung von mehrwertigen und optionalen Attributen

Zusätzlich gibt es die Möglichkeit, mit Hilfe von **gestrichelten Umrandungen** abgeleitete Attribute zu kennzeichnen. So kann das Jahresgehalt anhand des Monatsgehalts berechnet werden (siehe Bild 8-11):

```
Jahresgehalt = 12 * Monatsgehalt
```

Schlüsselattribute, oftmals auch identifizierende Attribute genannt, werden durch **Unterstreichung des Attributnamens** dargestellt (siehe Bild 8-11). Sie dienen dazu, einen Entitätstyp eindeutig zu identifizieren. Einen Entitätstyp `Mitarbeiter` wird eindeutig mit Hilfe des identifizierenden Attributs `Personalnummer` gekennzeichnet:

Bild 8-11 Darstellung von abgeleiteten Attributen

Wenn eine Entität eines Entitätstyps durch ein oder mehrere Attribute desselben Entitätstyps eindeutig identifizierbar ist, wird der Entitätstyp auch als **starker Entitätstyp** bezeichnet. Ein **schwacher Entitätstyp** hat keinen Schlüssel. Schwache Entitätstypen können nur mit Hilfe von starken Entitätstypen, mit denen sie in einer 1:n-Beziehung stehen, eindeutig identifiziert werden. Hierbei muss der starke Entitätstyp auf der 1-Seite stehen. Den Schlüssel des schwachen Entitätstyps erhält man dann, indem man die Attribute des schwachen Entitätstyps um die identifizierenden Attribute des entsprechenden starken Entitätstyps erweitert [unifre]. Zum Beispiel wäre `Student` ein starker Entitätstyp und `Klausurergebnisse` ein schwacher Entitätstyp.

8.1.5 Vererbungsbeziehung

Vererbung – bzw. Generalisierung und Spezialisierung – wird wie bei der Objektorientierung (siehe Kapitel 9.3) verwendet, um auszudrücken, dass Gemeinsamkeiten (d. h. gemeinsame Attribute) von Entitätstypen in einem separaten, übergeordneten Entitätstyp untergebracht sind, mit dem die ursprünglichen Entitätstypen eine besondere Beziehung eingehen. Dadurch wird die redundante Modellierung in beiden Entitätstypen vermieden und gleichzeitig ihre Gemeinsamkeit explizit im Modell deutlich gemacht.

Das folgende Beispiel drückt aus, dass ein `Student` eine `Person` mit `Name`, `Vorname` und `Geburtsdatum` ist. Jeder `Student` ist mit einem Entitätstyp des Typs `Person` verbunden, welche die gemeinsamen Attribute aufnimmt. Eine Vererbungsbeziehung ist also (von unten nach oben) entweder 1:1 oder n:1. Mehrfachvererbung (n:1) kann durch mehrere Vererbungsbeziehungen ausgedrückt werden. Die Vererbungsbeziehung drückt die Is-a-Beziehung[58] aus (Beispiel: ein `Student` ist eine `Person`). Sie ist zu unterscheiden von der Has-a-Beziehung[59] (Beispiel: eine `Person` hat eine `Adresse`).

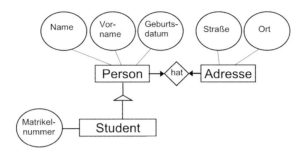

Bild 8-12 Beispiel mit Vererbungsbeziehung

Im Zusammenhang mit der Vererbungsbeziehung spricht man oft auch von Super- und Sub-Entitäten. Im vorliegenden Beispiel ist eine `Person` eine Super-Entität, da sie die Basis für weitere Entitäten bildet. Die Sub-Entität `Student` bildet hierbei die Erweiterungen zu dieser Basis.

> Die Is-a-Beziehung sagt aus, dass Entitäten eines Entitätstyps alle Eigenschaften eines anderen Entitätstyps haben. Die Has-a-Beziehung verweist auf einen anderen Entitätstyp, der quasi ein indirektes Attribut des Ursprungstyps darstellt.

Die Darstellungsform der Is-a-Beziehung ist eine Erweiterung des Entity-Relationship-Modells nach Chen. Die ursprüngliche Darstellung (siehe Bild 8-13) macht nochmals deutlich, dass es sich bei Is-a lediglich um eine spezielle Beziehung handelt.

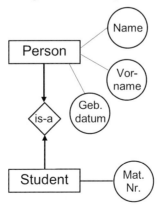

Bild 8-13 Alte Darstellung der Is-a-Beziehung

---

[58] Is-a = ist-ein.
[59] Has-a = hat-ein.

Mit der Notation in Bild 8-12 lässt sich eleganter darstellen, dass eine Entität eine Super-Entität einer anderen Entität ist.

Mit Hilfe der Vererbungsbeziehung können auch mehrstufige Hierarchien aufgebaut werden. Es ist jedoch zu beachten, dass eine Entität der untersten Hierarchiestufe zum Zugriff auf Attribute, die es von ganz oben geerbt hat, sämtliche Beziehungen durchlaufen muss. Dies kann zur Laufzeit unter Umständen lange dauern.

> Bei der späteren Umsetzung im relationalen Modell sind aus Performancegründen oftmals Kompromisse beim Einsatz der Vererbung notwendig, die im Zweifelsfall auch zu Redundanzen im Modell führen können.

8.2 Begriffe

Gleichartige Entitäten und Beziehungen kann man (wie in den obigen Beispielen) unter übergeordneten Entitätstypen bzw. Beziehungstypen zusammenfassen.

Beispiele für Entitätstypen:

```
Mann und Frau statt Herr Müller und Frau Meier,
Paar und Kind statt Ehepaar Schmidt und der kleine Max Schmidt,
Telefonnummer und Person statt 32168 und Rosi.
```

Die folgende Tabelle fasst wichtige Begriffe zusammen:

Begriff	Bedeutung
Entität	Ein eindeutig identifizierbares Objekt der realen Welt (aus dem Problembereich)
Entitätstyp	Bezeichnung und Charakterisierung einer Gruppe gleichartiger Entitäten (Klasse)
Beziehung	Zusammenhang zwischen Entitäten
Beziehungstyp	Bezeichnung und Charakterisierung gleichartiger Beziehungen
Attribut	Charakterisierende Eigenschaft einer Entität
Domäne	Wertebereich für Attribute
Link-Attribut	Attribut, das zu einer Beziehung gehört
Multiplizität	Legt fest, wie viele Entitäten in einer Beziehung zueinander stehen

Tabelle 8-1 Übersicht der wichtigsten Begriffe im ERM

8.3 Modellerstellung

Wie geht man nun bei der Modellerstellung vor? Oftmals wird man als Vorlage eine textuelle Beschreibung einer Aufgabe oder eines Vorgangs haben. Um aus ihr ein erstes Modell zu extrahieren, müssen zunächst Entitäten, Attribute und Beziehungen identifiziert werden. Dabei sind **Substantive** oder **Nominalphrasen** Kandidaten für **Entitäten** und **Verben** und **Verbalphrasen** Kandidaten für **Beziehungen**. Es ist jedoch Sorgfalt angebracht, denn auch Attribute können durch Substantive oder Nominalphrasen bezeichnet sein. Eine Nominalphrase ist beispielsweise durch ein Adjektiv erweitert. Ein Partizip Perfekt gilt auch als ein Adjektiv.

Man kann das ER-Diagramm[60] aber auch direkt aus der Strukturierten Analyse (SA) ableiten, da hier bereits alle wichtigen Elemente, die ein System beschreiben, grafisch aufbereitet sind und daher nicht nochmals aufwändig aus dem Prosatext entnommen werden müssen. Für die Erstellung des ER-Diagramms kann man hierfür die bereits erstellten Datenspeicher und die zugehörigen Datenflüsse, die in den Speicher hineinführen, nutzen. Dieses Vorgehen soll anhand des Datenflussdiagramms in Bild 8-14 aufgezeigt werden. Es enthält den Prozess Rechnung erstellen. Der Prozess hat zwei Eingangsdatenflüsse, den Rechnungsempfänger und die Rechnungsposten. Weiterhin gibt es einen Ausgangsdatenfluss, die Rechnung.

Nachfolgend ist ein Auszug des zugehörigen **Data Dictionary** aufgeführt, welches in Kapitel 6.6 beschrieben wird. Zu beachten ist, dass hier nicht alle denkbaren Elemente explizit aufgeführt sind:

Adresse	= Straße + Hausnummer + PLZ + Ort
Name	= Anrede + {Vorname} + Nachname
Anrede	= [Herr | Frau] + (Titel)
Titel	= [Professor | Doktor]
Person	= Anrede + Name + Adresse
Firma	= Firmenname + Adresse
Rechnungsempfänger	= [Person | Firma]
Rechnungsposten	= Menge + Produktbezeichnung + Produktpreis
Rechnung	= Rechnungsempfänger + 1{Rechnungsposten}N

Das folgende Bild zeigt den Prozess Rechnung erstellen mit den eingehenden Datenflüssen Rechnungsempfänger und Rechnungsposten und dem ausgehenden Datenfluss Rechnung:

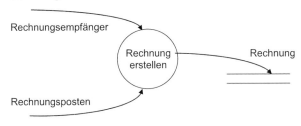

Bild 8-14 Datenflussdiagramm Rechnung erstellen

Als nächstes bestimmt man den Datenfluss, der in den Speicher hineinführt. Dieser wird im Data Dictionary beschrieben. Anhand des Data Dictionary lassen sich dann die entsprechenden Entitäten und Attribute ableiten. Der Datenfluss, welcher in den Speicher hineinführt, besteht meist aus verschachtelten Elementen. Die untergeordneten Elemente müssen auch betrachtet werden. Hier hilft es, die Struktur des Data Dictionary grafisch aufzuzeichnen, wie in Bild 8-15 aufgezeigt.

---

[60] ER = Entity-Relationship.

Im nächsten Schritt ist die Unterscheidung zwischen Entitäten und Attributen zu treffen. Hierzu sucht man am besten zuerst die Elemente aus, welche keine weiteren untergeordneten Elemente enthalten und in der Regel auch nur aus Zeichenketten bzw. Zahlen bestehen. Diese werden normalerweise nur als Attribute ausgelegt. Im vorliegenden Beispiel würde man daher `Anrede`, `Titel`, `Vorname`, `Nachname`, `Straße`, `Hausnummer`, `PLZ`, `Ort`, `Firmenname`, `Menge`, `Produktbezeichnung` und `Produktpreis` als Attribute auslegen.

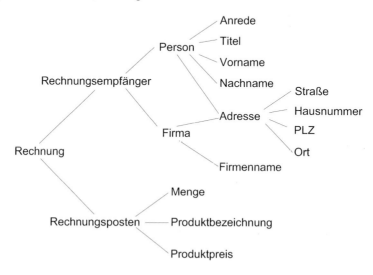

Bild 8-15 Datenmodell

Für die restlichen Elemente wählt man Entitäten und führt Has-a-Beziehungen ein. Danach müssen noch die Multiplizitäten bestimmt werden, welche sich direkt aus dem Data Dictionary ableiten lassen. Im vorliegenden Beispiel besteht eine `Rechnung` aus 1 bis N `Rechnungsposten`. Diese Kardinalität wird daher im ER-Diagramm im folgenden Bild durch den Doppelpfeil von `Rechnung` zu `Rechnungsposten` dargestellt.

Im Fall des Rechnungsempfängers gibt es noch die Besonderheit, dass er **entweder** eine Firma **oder** eine Person ist. Dies lässt sich aus dem Data Dictionary ablesen. In diesem Fall wählt man zur Modellierung die Vererbungsbeziehung mit Super-Entität und Sub-Entität.

Entitäten, die aus einer solchen Betrachtung entstehen, müssen verifiziert werden. Besitzen sie keine Eigenschaften oder gehen sie keine Beziehungen ein, sind sie vermutlich überflüssig. Umgekehrt ist es oft sinnvoll, eine Gruppe zusammengehöriger Attribute als eigenen Entitätstyp zu realisieren, wenn dies sinnvoll ist, in Beziehungen eingeht und somit an mehreren Stellen benutzt werden kann. Im Beispiel in Bild 8-16 hat sowohl eine Privatperson als auch eine Firma eine Adresse mit PLZ, Ort, Straße und Hausnummer. Daher wird die Adresse als eigener Entitätstyp umgesetzt.

Für die Attribute müssen anschließend noch die Domänen definiert werden. Im vorliegenden Beispiel muss die Entität PLZ in Deutschland z. B. aus fünf Ziffern bestehen[61].

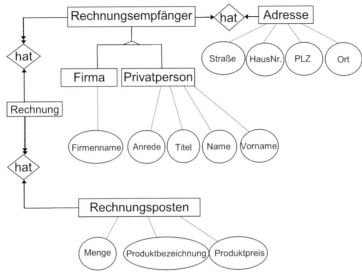

Bild 8-16 Aus der SA abgeleitetes ER-Diagramm mit Attributen

Schließlich ist noch zu prüfen, ob das Modell alle Abläufe, die sich aus der Aufgabenstellung ableiten lassen, befriedigen kann. Vor der Implementierung des Modells kann es dann noch nötig sein, das Datenmodell zu normalisieren. Dies ist das Ziel von Kapitel 15.

8.4 Aufbau eines Entity-Relationship-Diagramms

Hier sollen die im bereits vorgestellten Entity-Relationship-Diagramm verwendeten Symbole nochmals zusammengefasst werden:

Bild 8-17 Symbole in ER-Diagrammen

Für Entitäten und Beziehungen werden dieselben Symbole wie für die zugehörigen Typen verwendet. Im Modell wird weniger mit konkreten Entitäten als vielmehr stellvertretend für ihre Gesamtheit mit den Typen modelliert. Das Modell gestattet jedoch auch die Darstellung von einzelnen Entitäten und ihren Beziehungen.

---

[61] Zum Zeitpunkt der Modellerstellung ist eine Überprüfung auf Einhaltung der Wertebereiche nicht möglich. Eine solche Überprüfung kann nur zur Programmlaufzeit geschehen (siehe Kapitel 15.7).

Es gelten die folgenden Regeln:

- Jede Entität wird durch ein oder mehrere Datenelemente – Attribute genannt – beschrieben. Entitäten werden mit ihren Attributen durch ungerichtete Kanten verbunden.
- Die Symbole für Beziehungen stehen zwischen den Entitäten, die sie verbinden, und sind mit beiden Entitäten durch gerichtete Kanten verbunden.
- Die Multiplizität von Beziehungen kann durch die Anzahl der Pfeilspitzen, die stets an der Beziehung ansetzen, ausgedrückt werden. Eine Pfeilspitze bedeutet "1", zwei Pfeilspitzen bedeuten "n" bzw. "m" bezüglich derjenigen Entität am anderen Ende der Beziehung. Um auszudrücken, dass auch die Null mit eingeschlossen ist, können die Pfeilspitzen um eine "0" ergänzt werden. Eine alternative Notation mit Multiplizitätsangaben wie "1,n" wurde bereits beschrieben. In der Literatur existieren weitere alternative Notationen.
- Bild 8-18 zeigt die Pfeil- und die "m,n"-Notation:

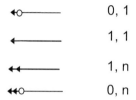

Bild 8-18 Vergleich der Pfeil- und der "m,n"-Notation

- Alle Elemente werden entweder direkt im Diagramm beschriftet oder mit einer Nummer versehen und extern erklärt (letzteres Verfahren wird häufig für Beziehungen angewandt). Dies ist in Bild 8-19 beispielhaft zu sehen:

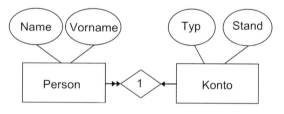

1: hat

Bild 8-19 Eine Person mit mehreren Konten

> Es gilt die Empfehlung, Beziehungen so zu beschriften, dass sie von oben nach unten oder von links nach rechts gelesen werden können. Ist dies nicht möglich und ist die Leserichtung nicht aufgrund der Namensgebung offensichtlich, so ist die **Leserichtung** durch kleine Richtungspfeile neben dem Beziehungssymbol zu kennzeichnen.

Alle Namen sollen kurz, prägnant und aussagekräftig sein. Für Entitäten und Attribute sind **Substantive** (`Person, Adresse, Alter, Name` etc.), für Beziehungen Verben (`hat, ist, wohnt` etc.) zu bevorzugen. Das folgende Bild modelliert, dass mehrere

Entitäten vom Typ Person zusammen (Familie oder Wohngemeinschaft) eine Entität vom Typ Wohnung mieten. Zum Mietvorgang gehört der Entitätstyp Miete. Miete ist also ein Link-Attribut.

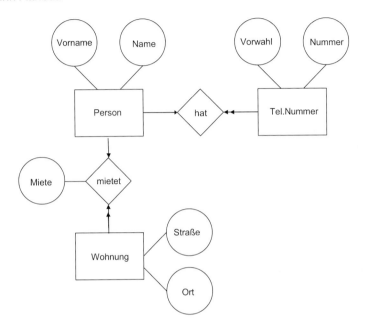

Bild 8-20 ERM für einen Mietvorgang

Jedes Rechteck in einer der Grafiken, d. h. jeder Entitätstyp, ist im Datenspeicher in einem Datenflussdiagramm (DFD) enthalten.

8.5 Zusammenfassung

Das Entity-Relationship-Modell zur Modellierung von Daten und ihrer Beziehungen wurde nachträglich in die Strukturierte Analyse aufgenommen. Zwischen Entitäten (abstrakten oder konkreten Objekten der realen Welt) können 1:1-, 1:n- oder n:m-Beziehungen existieren. Diese Kardinalitäten beziehen sich jedoch nicht auf die Entitätstypen.

Kapitel 8.1.3 behandelt reflexive Beziehungen, bei denen Entitäten desselben Typs in verschiedenen Rollen auftreten und Kapitel 8.1.5 Vererbungsbeziehungen.

Zur Darstellung von Beziehungen gibt es verschiedene grafische Notationen. Liegt eine verbale Aufgabenstellung vor, so muss man, wenn man die Daten modellieren möchte (Kapitel 8.3), Kandidaten für Entitätstypen, Attribute und Beziehungen finden und hierfür das ERM-Diagramm in grafischer Form aufstellen. Durch Vergleich mit der verbalen Aufgabenstellung oder aber durch Identifizierung der Datenspeicher aus der Strukturierten Analyse muss anschließend überprüft werden, ob die Entitätstypen und ihre Beziehungen die Anforderungen der Aufgabenstellung erfüllen können.

Zur Implementierung eines ERM mit Hilfe einer relationalen Datenbank muss dieses zunächst in ein relationales Modell konvertiert werden. Obwohl diese Konvertierung über weite Strecken keine Änderung des eigentlichen Modells notwendig macht, sondern eher einem simplen Wechsel der Notation gleichkommt, gibt es Dinge, die man beachten muss. So kennt zum Beispiel das relationale Modell keine m:n-Beziehungen. Wie eine solche Umwandlung genau funktioniert, wird in Kapitel 15 beschrieben.

8.6 Aufgaben

Aufgabe 8.1 Begriffe der datenorientierten Systemanalyse

8.1.1 Erklären sie den Begriff der Entität und des Entitätstyps.
8.1.2 Was ist eine Domäne?
8.1.3 Was ist ein Attribut?
8.1.4 Definieren Sie den Begriff Beziehung.

Aufgabe 8.2 Beziehungen zwischen Entitäten

8.2.1 Was versteht man unter der Multiplizität einer Beziehung?
8.2.2 Nennen Sie die drei Beziehungstypen.
8.2.3 Was ist ein Link-Attribut?
8.2.4 Wodurch zeichnet sich eine reflexive Beziehung aus?
8.2.5 Was ist der Unterschied zwischen einer Is-a- und einer Has-a-Beziehung?

Aufgabe 8.3 Modellierung

8.3.1 Modellieren Sie den Fall, dass ein Student mehrere Ordner hat. Jeder Ordner kann wiederum mehrere Dokumente enthalten. Jeder Ordner hat eine Farbe und eine optionale Beschriftung, sowie eine Stärke (Dicke) und ein Format für die Dokumente. Ein Dokument hat eine maximale Seitenzahl und ein Format.
8.3.2 Modellieren Sie, dass ein Student eine Person ist.
8.3.3 Wofür braucht man eine Leserichtung?

Kapitel 9

Objektorientierte Grundlagen

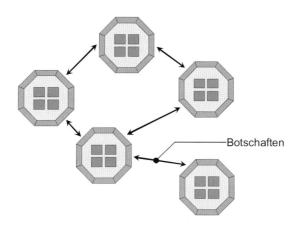

9.1 Besonderheiten des objektorientierten Ansatzes
9.2 Grundlegende Eigenschaften von Objekten und Klassen
9.3 Das Konzept der Vererbung
9.4 Komposition und Aggregation
9.5 Mehrfachvererbung im Vergleich zu Komposition oder Aggregation
9.6 Polymorphie
9.7 Verträge von Klassen
9.8 Zusammenfassung
9.9 Aufgaben

9 Objektorientierte Grundlagen

Nach dem Vergleich des objektorientierten Ansatzes mit funktionsorientierten Techniken in Kapitel 9.1 folgen in Kapitel 9.2 die grundlegenden Eigenschaften von Objekten. Kapitel 9.3 behandelt die Vererbung, Kapitel 9.4 die Komposition und Aggregation, Kapitel 9.5 den Vergleich von Mehrfachvererbung zu Komposition und Aggregation, Kapitel 9.6 Polymorphie und Kapitel 9.7 Verträge.

9.1 Besonderheiten des objektorientierten Ansatzes

9.1.1 Funktionsorientierte Techniken

Funktionsorientierte Techniken verwenden in der Systemanalyse die Methode Strukturierte Analyse (siehe Kapitel 6), gegebenenfalls mit Echtzeiterweiterung (siehe Kapitel 7) bzw. Entity-Relationship-Modellierung (siehe Kapitel 8), und beim Systementwurf eines Betriebssystem-Prozesses (siehe Kapitel 14) die Methode Structure Chart (siehe Kapitel 14.1.4).

Üblicherweise wird beim Entwerfen der Programmcode in ein Hauptprogramm und in Unterprogramme gegliedert. Ein Hauptprogramm zeichnet sich dadurch aus, dass es beim Start des Programms aufgerufen wird. Die anderen Programmeinheiten sind die Unterprogramme. Das Hauptprogramm kann die Unterprogramme aufrufen, dabei kann ein Unterprogramm auch selbst wieder Unterprogramme aufrufen. Warum werden überhaupt Unterprogramme eingeführt? Zum einen, weil ein Programm dadurch **übersichtlicher** wird, zum anderen, weil ein und dasselbe Unterprogramm an verschiedenen Stellen eines Programms aufgerufen werden kann und damit **wiederverwendbar** ist. Wird ein Unterprogramm mehrfach in einem Programm aufgerufen, so wird der gesamte Programmtext kürzer und das Programm ist auch einfacher zu testen.

> **Hauptprogramm** und **Unterprogramme** (**Subroutinen**) werden bei einem funktionsorientierten Programm auch als **Programmeinheiten (Routinen)** bezeichnet. Mit dem Hauptprogramm beginnt ein Programm seine Ausführung.

Welche Programmeinheit welche andere Programmeinheit aufrufen kann, kann in einer Aufrufhierarchie – wie in Bild 9-1 – dargestellt werden. Eine Programmeinheit kann eine Funktion oder eine Prozedur sein. In Programmiersprachen wie Pascal wird bei Subroutinen zwischen sogenannten **Funktionen** und **Prozeduren**[62] unterschieden. Prozeduren haben im Gegensatz zu Funktionen keinen **Rückgabewert**[63]. In C und

---

[62] Im Gegensatz zu Anwendungsfunktionen handelt es sich hier um sogenannte **Systemfunktionen**, die Entwurfseinheiten darstellen.
[63] Mit dem **Rückgabewert** kann eine Funktion ein berechnetes Ergebnis liefern oder mitteilen, ob bei der Ausführung der Funktion Fehler aufgetreten sind.

Objektorientierte Grundlagen 277

C++ gibt es nur Funktionen. Dabei gibt es auch Funktionen, die keinen Rückgabewert haben. Solche Funktionen verhalten sich wie Prozeduren in Pascal.

Routinen, die mehrfach verwendet werden können – wie die Subroutine Sub_F –, werden in der Regel als **Bibliotheksfunktion** (engl. **library function**) in eine Bibliothek aufgenommen. Bibliotheksfunktionen werden durch ein Rechteck mit doppelter senkrechter Linie rechts und links dargestellt.

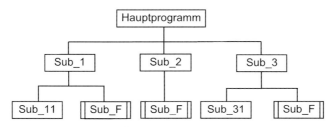

Bild 9-1 Aufrufhierarchie

Aus der Aufrufhierarchie in Bild 9-1 ist ersichtlich:

- Das Hauptprogramm kann Sub_1, Sub_2 und Sub_3 rufen.
- Sub_1 kann Sub_11 und Sub_F, Sub_2 kann nur Sub_F, Sub_3 kann Sub_31 und Sub_F rufen.
- Sub_F – z. B. eine Fehlerbehandlungs-Routine – wird mehrfach gerufen und ist bei jedem Rufer eingezeichnet.

Die von einem Programm bearbeiteten Daten können mit Hilfe von **Übergabeparametern** von Routine zu Routine zur weiteren Bearbeitung weitergegeben werden. Es ist aber auch möglich, dass definierte Daten als sogenannte **globale Daten** allen Routinen zur Verfügung stehen.

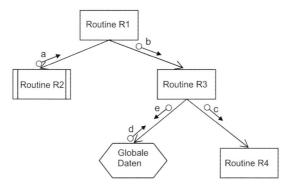

Bild 9-2 Structure Chart-Diagramm

Im Rahmen eines sogenannten **Structure Chart-Diagramms** (siehe Bild 9-2) werden **Übergabeparameter**, die zwischen den Routinen übergeben werden, durch Pfeile – an deren Enden Kreise angefügt sind – repräsentiert. Die Pfeilrichtungen zeigen dabei die Übergaberichtung an. Dabei kennzeichnen Pfeile, die auf die aufgerufene Routine zeigen, Parameter, die der aufgerufenen Routine für die Abarbeitung ihrer Aufgabe übergeben werden, und Pfeile, die aus einer aufgerufenen Routine herauszeigen, Parameter, die der aufrufenden Routine zurückgegeben werden.

Zugriffe auf globale Daten werden im Structure Chart-Diagramm wiederum durch Übergabeparameter dargestellt. Die Übergabe erfolgt aber nicht auf eine Routine, sondern auf den Pool der globalen Daten, der durch ein Sechseck dargestellt wird:

Bild 9-3 Pool der globalen Daten

So greift die Routine R3 in Bild 9-2 schreibend auf das globale Datum e zu und liest das globale Datum d.

9.1.2 Probleme mit funktionsorientierten Techniken

Funktionsorientierte Techniken eignen sich für kleine Systeme, haben aber auch da gewisse Nachteile. Diese Nachteile treten vor allem bei großen Systemen zu Tage:

- **Mangelnder Schutz der Daten**
  Wie man leicht erkennen kann, sind bei der funktionsorientierten Vorgehensweise die Daten ziemlich ungeschützt. Entweder liegen sie schutzlos im Pool der globalen Daten oder strömen – auch ungeschützt – in Form von Übergabeparametern von Routine zu Routine. Das bedeutet, dass die Daten von jeder Routine manipuliert werden können, und damit verliert man leicht den Überblick, welche Auswirkungen eine Änderung auf andere Routinen hat.

- **Mangelnde Verständlichkeit gegenüber dem Kunden**
  Die Trennung der Daten und der Funktionen, die die Daten bearbeiten, führt dazu, dass man den Problembereich, d. h. die eigentliche Aufgabe, die vom Kunden gestellt wurde, schlecht in der Systemanalyse und noch schlechter in dem Entwurf erkennen kann. Eine **angemessene Abstraktion des Problembereichs ist nicht möglich**. Da eine angemessene Abstraktion fehlt, beginnt der Entwickler oft, unverzüglich im Lösungsbereich zu denken. Da der Kunde aber in Begriffen seiner Anwendung und nicht in Begriffen der Datenverarbeitung denkt, versteht der Kunde den Entwickler nicht mehr.

Bild 9-4 Der Entwickler denkt im Lösungsbereich, der Kunde im Problembereich

- **Mangelnder Zusammenhang zwischen Systemanalyse und Systementwurf**
  In den funktionsorientierten Techniken gibt es keine eindeutige Abbildung der Datenflussdiagramme der Strukturierten Analyse (Systemanalyse) in den Systementwurf. Dieser Methodenbruch macht es sehr schwierig, nachzuvollziehen, ob die Ergebnisse der Systemanalyse korrekt in den Systementwurf und den Programmcode überführt worden sind oder nicht.

- **Mangelnde Übersicht bei großen Systemen**
  Ein weiteres Problem ist die Komplexität. Die Bündelung von Anweisungen in Funktionen bringt gewiss mehr Übersicht, der Übersichtsgewinn ist jedoch nur bei kleinen Programmen von Nutzen. Bei großen Programmen erhält man einfach zu viele Funktionen.

- **Mangelnde Wiederverwendbarkeit von Quellcode**
  Gekoppelt mit der mangelnden Übersicht ist eine mangelnde Wiederverwendbarkeit. Wenn man wegen der hohen Komplexität vorhandene Bausteine nicht erkennt, kann man sie auch nicht wiederwenden! Überdies lohnt sich oftmals die Suche nach wiederverwendbaren Teilen nicht, da Suchaufwand und Nutzen aufgrund der geringen Größe der Bauteile nicht in einem vernünftigen Verhältnis stehen.

Bild 9-5 Zu kleine Bauteile erschweren und verhindern eine Wiederverwendung

- **Mangelnde Stabilität**
  Ein Entwurf in der funktionsorientierten Vorgehensweise ist sehr empfindlich gegenüber nachträglichen Änderungen. Daten und Funktionen sind getrennt. Kommen neue Funktionen oder Daten hinzu, so kann dies **erhebliche Änderungen des Programmgefüges** nach sich ziehen. Es kann sein, dass die Aufrufhierarchie komplett neu entworfen werden muss.

9.1.3 Fortschritte durch objektorientierte Techniken

Objektorientierte Techniken stellen einen Fortschritt gegenüber funktionsorientierten Techniken dar. Sie führen zu einer deutlichen Verbesserung der oben genannten Problemsituationen:

- **Schutz der Daten**
  Der Ansatz der Objektorientierung basiert darauf, die Daten zu schützen. Funktionen und Daten werden nicht mehr getrennt gesehen. Bei der Objektorientierung werden Funktionen und Daten als eine zusammengehörige Einheit – als ein sogenanntes **Objekt** – betrachtet. Die Funktionen – in der Objektorientierung werden Funktionen gerne als **Methoden** bezeichnet –, die auf die Daten zugreifen dürfen, stehen bei ihren Daten und "bewachen" diese.

Ein Objekt kann sinnbildlich mit einer Burg verglichen werden. Die Daten stellen dabei den Goldschatz der Burg dar. Die Daten werden durch die Wächter – die Methoden – bewacht und verwaltet. Die Daten und Methoden befinden sich in einer Kapsel vom Typ der Klasse. Eine Änderung der Daten oder ein Abfragen der Datenwerte kann nur durch einen Auftrag an die Wächter, d. h. die Methoden, erfolgen:

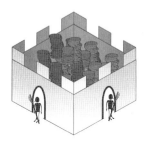

Bild 9-6 Daten stellen einen bewachten Goldschatz einer Burg dar

Möchte also eine Methode, die nicht zu einem bestimmten Objekt gehört, auf die Daten dieses Objektes zugreifen, so kann sie dies im Allgemeinen nicht direkt tun. Sie muss eine der Methoden dieses Objektes bitten, auf die Daten im Objekt zuzugreifen. Die Methoden eines Objektes stellen also die Schnittstellen eines Objektes zur Außenwelt dar[64].

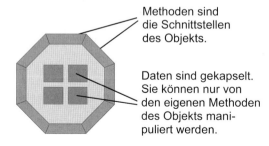

Bild 9-7 Daten und Methoden – die Bestandteile von Objekten

- **Verständlichkeit gegenüber dem Kunden**
  Bei der objektorientierten Modellierung werden **selbstdefinierte Datentypen** wie `Person`, `Angestellter`, `Student`, `Vertrag`, `Kunde` etc. in der Form von **Klassen** eingeführt. Dabei stellen **Klassen** die **Baupläne für Objekte** dar.

> Der Ansatz der Objektorientierung basiert darauf, **Objekte der realen Welt** mit Hilfe softwaretechnischer Mittel abzubilden.

---

[64] Darüber hinaus kann es auch noch Methoden geben, die nach außen nicht sichtbar sind. Sie dienen als Hilfsmethoden (Service-Methoden) und können nur durch eine Methode des gleichen Objekts aufgerufen werden.

Objektorientierte Grundlagen

Ein **Objekt** entspricht einer **Entität der realen Welt**. Eine Entität hat im Rahmen des betrachteten Problems eine definierte Bedeutung. Sie kann ein **Gegenstand** oder ein **Wesen** wie z. B. ein bestimmtes Auto oder ein Mitarbeiter namens Müller sein, aber auch ein **abstraktes Konzept** wie z. B. ein bestimmter Vertrag. Ein Objekt stellt eine **Abstraktion einer** solchen **Entität der realen Welt** dar, die als ein nützliches Modell für den entsprechenden betrachteten Ausschnitt der realen Welt dienen kann. Abstraktion bedeutet, sich auf das Wesentliche zu konzentrieren und nicht relevante Details wegzulassen. Um mit der Komplexität der Realität fertig zu werden, braucht der Mensch immer Abstraktionen. Das Abstraktionsniveau hängt dabei stets von der Problemstellung ab. In der Objektorientierung bedeutet dies, dass man in ein objektorientiertes Modell die für die betrachtete Problemstellung erforderlichen Aspekte übernehmen muss. Den sinnvollen Abstraktionsgrad zu erkennen, ist dabei das zentrale Problem.

- **Leichte Nachvollziehbarkeit der Ergebnisse der Systemanalyse über den Systementwurf bis zum Programmcode**
  Die Objekte des Problembereichs, die im Rahmen der Systemanalyse erkannt werden, leben beim Entwurf weiter und werden in den Programmcode übernommen. Damit wird die Überprüfung der Konsistenz erleichtert. Unbenommen davon ist natürlich, dass beim Entwurf Objekte neuer technischer Klassen wie z. B. für die grafische Oberfläche oder eine persistente Datenspeicherung hinzukommen.

- **Übersicht bei großen Systemen**
  Im Rahmen der Objektorientierung werden Klassen und Pakete als größere Einheiten eingeführt. Klassen enthalten Attribute und die Methoden, die auf diese Attribute zugreifen. Pakete wiederum sind Zusammenstellungen von Klassen, die inhaltlich zusammengehören. Bild 9-8 zeigt eine Klasse `Punkt`, die einen eindimensionalen Punkt beschreibt. Jeder Punkt hat eine `x`-Koordinate. Einen Punkt kann man zeichnen (Methode `zeichne()`), verschieben (Methode `verschiebe()`) oder löschen (Methode `loesche()`).

Punkt
x
zeichne( )   verschiebe( )   loesche( )

Bild 9-8 Eine Klasse – hier die Klasse `Punkt` – ist grobkörniger als Methoden

Tabelle 9-1 vergleicht die Granularität von Anweisungen, Methoden, Klassen und Paketen [HruPr].

Anweisungen	Anzahl Methoden	Anzahl Klassen	Anzahl Pakete
400	20	1	1
4.000	200	10	1
10.000	500	25	1
100.000	5.000	250	25
1.000.000	50.000	2.500	250
10.000.000	500.000	25.000	2.500

Tabelle 9-1 Klassen und Pakete sind größere Programmeinheiten

- **Wiederverwendbarkeit von Quellcode**
  Für die Wiederverwendbarkeit von Quellcode gibt es im Rahmen der Objektorientierung drei grundlegende Mechanismen – die **Vererbung** (siehe Kapitel 9.3), die **Komposition** und **Aggregation** (siehe Kapitel 9.4) und die **Polymorphie**. Polymorphie wird in Kapitel 9.6 behandelt.
- **Stabilität eines Programms**
  Ändern sich die Bearbeitungsfunktionen bei Objekten, so sind diese Änderungen oftmals weniger aufwändig, da außerhalb der Objekte nur die Schnittstellen der Methoden zu sehen sind und der Rumpf der Methoden im Objekt gekapselt ist. Eine Hierarchie von Methoden gibt es in der Regel nicht. Die Methoden eines Objektes stehen gleichberechtigt nebeneinander.

9.1.4 Modellierung mit Objekten

Entscheidend für den objektorientierten Ansatz ist nicht das objektorientierte Programmieren, sondern das Denken in Objekten vom Start des Projektes an.

Ein jedes Objekt hat eine eigene **Identität**. Identität bedeutet, dass alle Objekte eigene Wesen sind, selbst wenn ihre Datenwerte (Werte der Instanzvariablen) identisch sind.

Ein Objekt beinhaltet – wie schon gesagt – sowohl seine Daten als auch die Methoden, welche diese Daten bearbeiten. Die Methoden stellen die Schnittstellen des Objektes zu seiner Umgebung dar. Die Methoden beschreiben, was man mit dem Objekt anfangen kann, d. h. wie sich ein Objekt zu seiner Umgebung verhält. Das Objekt enthält damit auch sein **Verhalten**.

Ein spezifiziertes Objekt enthält Attribute und Operationen. Ein implementiertes Objekt enthält Attribute und Methoden. Eine Operation wird in einer Klasse durch eine Methode implementiert. Attribute definieren die Datenstruktur der Objekte und enthalten **Werte**. Die Operationen bzw. die Methoden bestimmen das **Verhalten** der Objekte.

Die Operationen bzw. Methoden auf den Daten eines Objektes werden als eine "innere Fähigkeit" des Objektes betrachtet. Wie die Operationen im Detail ablaufen, ist von außen nicht sichtbar. Von außen ist nur sichtbar, wie eine Methode aufgerufen werden kann.

Jedes Attribut hat Werte aus seinem Wertebereich. Der **Zustand** eines Objektes ist festgelegt durch den momentanen Wert seiner Attribute. Verändert werden kann der Zustand eines Objektes durch die Methoden des Objektes. Die Methoden führen ein Objekt von einem Zustand in einen anderen über. Der Begriff des Zustandes eines Objektes kann noch etwas präzisiert werden:

> Jede Kombination von Attributwerten stellt einen Zustand dar, der hier als **mikroskopischer Zustand** eines Objektes bezeichnet wird. Mikroskopische Zustände können quasi kontinuierlich oder diskret sein.

Ein Objekt kann sehr viele mikroskopische Zustände haben.

> Von Bedeutung bei der Modellierung sind jedoch diejenigen Zustände eines Objektes, die für eine Anwendung eine Bedeutung haben. Diese Zustände werden hier **makroskopische Zustände** genannt. Makroskopische Zustände sind stets diskret.

Beispiele für solche Zustände sind die Zustände Warten auf Knopfdruck, Türen schließen sich, Fahren, Türen öffnen sich eines Objektes der Klasse Fahrstuhl. Solche Zustände sind von Bedeutung, wenn man Zustandsübergänge von Objekten betrachtet, z. B. dass ein Objekt der Klasse Fahrstuhl beim Drücken eines Knopfes für ein Zielstockwerk vom Zustand Warten auf Knopfdruck in den Zustand Türen schließen sich übergeht.

> Ein makroskopischer Zustand resultiert durch Wechselwirkungen mit der Umgebung oder durch Warten auf ein Ereignis.
>
> Ein Beispiel für eine Wechselwirkung mit der Umgebung ist die Wechselwirkung mit der Mechanik bei Türen öffnen sich oder mit dem Motor bei Fahren. Ein Beispiel für ein Warten auf ein Ereignis ist das Warten auf den Knopfdruck.

In welchem Zustand sich ein Objekt dabei befindet, wird durch entsprechende Attribute des Objektes festgehalten.

Die Formulierung eines Modells erfolgt bei objektorientierten Techniken in Konzepten und Begriffen der realen Welt und nicht in computertechnischen Konstrukten wie Haupt- und Unterprogrammen. Dies bedeutet, dass die anwendungsorientierte Sicht gegenüber einer computerorientierten Sicht im Vordergrund der objektorientierten Programmierung steht. Bei einer objektorientierten Entwicklung denkt man lange Zeit hauptsächlich im **Problembereich** (**Anwendungsbereich**), mit anderen Worten in der Begriffswelt des Kunden. Dies hat den großen Vorteil, dass der Kunde die Projektunterlagen verstehen kann. Bei objektorientierten Techniken sprechen Kunde und Entwickler dieselbe Sprache. Man versteht sich!

Bild 9-9 Kunde und Entwickler sprechen dieselbe Sprache.

Erst später geht man in den Lösungsbereich über und befasst sich dort mit Fragen der technischen Realisierung. Bei der objektorientierten Modellierung versucht man zunächst, die Objekte im **Problembereich** zu erkennen. Hierbei muss man abstrahieren. Es gilt, die wesentlichen Aspekte eines Objektes bzw. einer Klasse zu erkennen. Die Objekte im Problembereich haben in der Regel miteinander Wechselwirkungen. So kann ein Objekt der Klasse `Kunde` einen Artikel vom Typ `Ware` bestellen.

Das Schöne an der Objektorientierung ist, dass die Objekte des Problembereichs und ihre Notation im ganzen Projekt erhalten bleiben und nahtlos in den Lösungsbereich übernommen werden können.

Die Wechselwirkungen zwischen Objekten werden durch Nachrichten modelliert. Die **Nachrichten (Botschaften)** entsprechen dabei in einer Programmiersprache wie Java den Methodenaufrufen.

9.1.5 Das Konzept der Kapselung

Hinter den Mechanismen der objektorientierten Programmierung verbirgt sich ein Denkmodell, das sich von dem Modell der funktionsorientierten Programmierung (z. B. in der Sprache C) sehr stark unterscheidet. Es beruht im Kern darauf, dass man Daten und die Methoden, die auf ihnen arbeiten, nicht mehr getrennt behandelt, sondern als Einheit betrachtet. Die Begriffe Abstraktion, Kapselung und Information Hiding sind hierbei miteinander eng verwandt:

- Der Begriff **Abstraktion** in der objektorientierten Programmierung bedeutet, dass ein komplexer Sachverhalt aus der realen Welt in einem Programm auf das Wesentliche konzentriert und damit vereinfacht dargestellt wird. Ein Objekt in einem Programm repräsentiert diejenigen Daten und diejenige Verhaltensweisen eines realen Gegenstands, die im Kontext des Programms von Interesse sind. Das Objekt implementiert sein Verhalten in Schnittstellenmethoden, die außerhalb des Objekts sichtbar sind. Ein Objekt sollte nur über wohl definierte Schnittstellenmethoden mit seiner Umwelt in Kontakt treten.

- Die Schnittstellenmethoden bilden eine Kapsel, die die Daten umgibt, d. h. Methoden und Daten verschmelzen zu einem Objekt. Diese **Kapselung** ist eines der wichtigsten Konzepte der objektorientierten Programmierung. Es besteht in diesem Fall keine Trennung zwischen Daten und Funktionen wie in der funktionsorientierten Programmierung, z. B. in C. Der Begriff der Kapselung beschreibt die Implementierung von Abstraktion zur Sichtbarmachung des Verhaltens und von Information Hiding zum Verbergen der inneren Details.

- Die Daten einer Kapsel und die Rümpfe der Schnittstellenmethoden sollen nach außen nicht direkt sichtbar sein. Die inneren Eigenschaften sollen vor der Außenwelt verborgen sein. Nur die Aufrufschnittstelle der Schnittstellenmethoden soll exportiert werden. Man spricht daher auch von **Information Hiding** oder **Geheimnisprinzip**. Dieses Prinzip bedeutet, dass ein Teilsystem (hier ein Objekt) nichts von den Implementierungsentscheidungen eines anderen Teilsystems wissen darf. Damit wird vermieden, dass ein Teilsystem von der Implementierung eines anderen Teilsystems abhängt.

Die Prinzipien des Information Hiding, der Abstraktion und der Kapselung sind also eng miteinander verknüpft. Die Außenwelt soll keine Möglichkeit haben, Daten im Inneren des Objekts direkt zu lesen oder sogar zu verändern und so möglicherweise unzulässige Zustände herbeizuführen. Das **Verstecken sämtlicher Daten und der Implementierung der Methoden** in einer "Kapsel" und die Durchführung der Kommunikation mit der Außenwelt durch eigene **Schnittstellenmethoden** bringt dem **Programmierer** den **Vorteil**, dass er bei der Implementierung der Algorithmen in den Methoden und bei den Datenstrukturen des Objektes sehr viele Freiheiten hat. Einem zweiten Programmierer, der diese Implementierung nutzen möchte, bringt dies im Gegenzug den Vorteil, dass er sich nicht um interne Details (Datenstrukturen, Algorithmen) kümmern muss. Daher kann er immer die neueste Version des Objekts verwenden, da er nicht vom speziellen inneren Aufbau des Objekts abhängig ist. Der Programmierer der Klasse kann deren inneren Aufbau immer wieder optimieren, ohne Komplikationen befürchten zu müssen. Nur die Schnittstellen müssen gleich bleiben. Bereits an dieser Stelle kann man erkennen, wie wichtig die Schnittstellen sind. Es ist also unbedingt nötig, diese sorgfältig zu entwerfen.

Ein Objekt darf also mit einem anderen Objekt nur über wohl definierte Schnittstellen Informationen austauschen und keine Kenntnisse über den inneren Aufbau seines Partners haben. Damit haben Änderungen im Inneren eines Objekts keine Auswirkungen auf andere Objekte, solange die Schnittstellen stabil bleiben. Um trotzdem ein Höchstmaß an Flexibilität zu gewährleisten, ist es jedoch immer noch möglich, Teile eines Objekts so zu vereinbaren, dass sie ohne weiteres direkt von außen zugänglich sind. Zumindest für die Köpfe der Schnittstellenmethoden muss diese Eigenschaft in jedem Fall zutreffen.

9.2 Grundlegende Eigenschaften von Objekten und Klassen

Mit der Klassenbeschreibung wird ein Schema zur Bildung von Objekten einer Klasse vereinbart. Dieses Schema enthält:

- den **Namen** der Klasse,
- die **Attribute** dieser Klasse und
- die **Operationen** bzw. die **Methoden** dieser Klasse.

Bei Spezifikationsklassen handelt es sich um Operationen, bei implementierten Klassen um Methoden. Die Möglichkeit, Daten und Methoden in Datentypen zusammenzufassen, ist ein Merkmal objektorientierter Sprachen. **Klassifikation** bedeutet, dass Objekte mit gleichen Datenstrukturen (Attributen) und gleichem Verhalten (Operationen/Methoden) zu einer Klasse gruppiert werden. Eine Klasse ist eine Abstraktion, die die Datenstrukturen und das Verhalten eines Objektes in allgemeiner Form beschreibt. Eine **Klasse implementiert** einen **abstrakten Datentyp**.

Ein abstrakter Datentyp spezifiziert mathematisch-axiomatisch eine Menge von Daten und die Menge der Operationen, die auf diese Daten zugreifen.

Ein Objekt ist eine **Instanz** einer Klasse und "weiß", zu welcher Klasse es gehört. Ein Objekt hat in sich eine implizite Referenz, d. h. einen versteckten Verweis, auf seine eigene Klasse. Ein Objekt hat eigene Werte für die Attribute. Es teilt Attributnamen und Methoden mit anderen Objekten der Klasse.

Es ist auch möglich, dass Methoden in verschiedenen Klassen gleich heißen, von der Bedeutung her im Prinzip auch dasselbe tun, aber im Detail doch etwas ganz anderes. Dies ist problemlos möglich, weil eine Methode zu einer Klasse gehört und damit eindeutig auffindbar ist. So wird z. B. der Methodenaufruf `add (1)`, bei dem die Methode `add()` aufgerufen wird und dabei der Parameter `1` mitgegeben wird, bei einem Objekt, das einen Zähler verwaltet, die Erhöhung des Zählers um 1 bewirken. Bei einem Objekt einer Klasse `Liste` hingegen kann `add (1)` den Auftrag bedeuten, die Liste um ein Element zu verlängern.

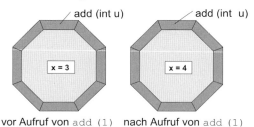

vor Aufruf von `add (1)`   nach Aufruf von `add (1)`

Bild 9-10 Erhöhung des Zählers eines Objektes der Klasse `Zaehler` durch `add (1)`

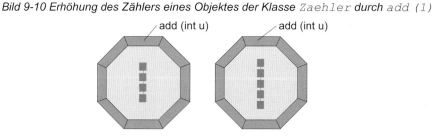

vor Aufruf von `add (1)`   nach Aufruf von `add (1)`

Bild 9-11 Anhängen eines weiteren Elements an eine Liste durch `add (1)`

In der Regel wird im Rahmen der Objektorientierung zwischen den Begriffen **Operation** und **Methode** unterschieden. Eine Operation erhält vom Programmierer in ihrer Spezifikation eine bestimmte Bedeutung (Semantik), die für alle Klassen, die diese Operation in Form einer Methode implementieren, dieselbe ist. So kann z. B. die Operation `add()` auf Objekte ganz verschiedener Klassen angewandt werden und damit durch verschiedene Methoden realisiert werden.

In der Objektorientierung kann eine Methode mit demselben Namen und derselben Parameterliste in verschiedenen Klassen vorkommen und dabei jeweils einen eigenen Algorithmus haben. Dies führt zu keinem Konflikt, da jede Klasse einen eigenen Namensraum darstellt. Was tatsächlich beim Aufruf einer Methode abläuft, bestimmt der Empfänger.

Während jedoch in der funktionsorientierten Programmierung eine Funktion direkt eine andere Funktion aufrufen kann, ist dies bei der Objektorientierung grundsätzlich nicht möglich. Eine Methode kann nur über ein Objekt, das diese Methode besitzt, aufgerufen werden[65]. Eine solche Methode ist eine sogenannte **Instanzmethode**. Es ist nicht möglich, Instanzmethoden von Objekten zu trennen. Der Aufruf von Methoden wird im folgenden Kapitel beschrieben.

9.2.1 Botschaften

Den Aufruf von **Methoden** veranschaulicht man sich in der Modellierung eines Systems durch das Senden von **Botschaften** (**Nachrichten**):

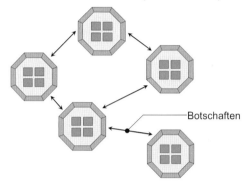

Bild 9-12 Informationsaustausch zwischen Objekten über Botschaften

Eine **Botschaft** muss die folgende Information enthalten:

- den Namen des Empfängerobjektes,
- den Methodennamen und
- Argumente für den Methodenaufruf, wenn die Methode Parameter benötigt.

Ein Methodenaufruf ähnelt damit durchaus einem Funktionsaufruf in der funktionsorientierten Programmierung. In der funktionsorientierten Programmierung gibt es jedoch zu einer Funktion mit einer bestimmten Parameterliste jeweils nur eine einzige Ausprägung, während in der Objektorientierung der Methodenrumpf innerhalb jeder Klasse anders sein kann.

Mit dem Aufruf einer Methode wird die Kontrolle an das Objekt, an das die Botschaft gerichtet ist, übergeben.

Ein **Aufruf über Botschaften** stellt im Prinzip eine **schwache Kopplung** zwischen Objekten dar. Eine schwache Kopplung hat den Vorteil, dass bei Änderungen eines Objektes die Rückwirkungen auf ein anderes Objekt gering bleiben – es sei denn, es kommuniziert mit sehr vielen anderen Objekten und ist deshalb stark gekoppelt. Bei stark gekoppelten Systemen – wie z. B. bei einer Kopplung über globale Variablen – führen Änderungen an einer Stelle oftmals zu einer Vielzahl von unliebsamen Folgeänderungen.

---

[65] Dies gilt nicht für Klassenmethoden (siehe Kap. 9.2.2.2).

> Die Menge der Botschaften, auf die ein Objekt antworten kann, wird **"Aufrufschnittstelle des Objekts"** genannt. Nach außen ist von einem Objekt nur seine Aufrufschnittstelle sichtbar.

Der interne Aufbau eines Objektes, der nach außen nicht sichtbar ist, besteht aus privaten Daten, privaten Methoden und der Implementierung der Rümpfe der nach außen sichtbaren Methodenschnittstellen.

Wenn man objektorientierte Systeme modelliert, so kommunizieren Objekte generell über Nachrichten (Botschaften) miteinander. Während in der Programmiersprache Smalltalk ein Methodenaufruf auch tatsächlich durch das Senden von Botschaften erfolgt, wird beispielsweise in C++ die Implementierung eines Methodenaufrufs etwas anders dargestellt und sieht dort wie folgt aus:

```
obj.message (argument)
```

In C++ wird keine Nachricht geschickt. Man interpretiert aber diesen Aufruf als das Senden einer Nachricht `message` mit dem Parameter `argument` an das Objekt `obj`. Hat eine Nachricht mehrere Parameter, so werden diese in C++ durch Kommata getrennt. Wenn ein Objekt eine Nachricht erhält, wird die entsprechende Methode aufgerufen. Dies bedeutet, dass eine Nachricht ein Auftrag an ein Objekt ist, der dieses zum Handeln veranlasst. **Wie das Objekt handelt, ist Sache des Objektes.**

Ein Objekt hat eine Menge von **Variablen** (**Attributen**), die zu ihm gehören.

Alle Instanzen einer Klasse haben dieselben Methoden und dieselben Instanzvariablen. Sie sind nach dem Bauplan der Klasse gebaut. Die **Instanzvariablen** der Instanzen besitzen den in der Klasse angegebenen Namen und Typ und haben grundsätzlich für jede Instanz eine individuelle Ausprägung. So hat beispielsweise jedes Objekt der Klasse `Punkt` seine individuelle Koordinate `x`. Es gibt jedoch auch Variablen, die in einer Klasse als Unikat, d. h. genau einmal, existieren und für alle Instanzen einer Klasse gemeinsam ansprechbar sind. Diese werden **Klassenvariablen** genannt. Darauf soll im folgenden Kapitel näher eingegangen werden.

> Die **Methoden**, die das Antwortverhalten auf empfangene Botschaften beschreiben, erfüllen die Aufgaben:
> - Werte der Datenfelder eines Objektes auszugeben,
> - Datenfelder zu verändern und
> - mit Hilfe der in den Datenfeldern gespeicherten Werte neue Ergebnisse zu berechnen.

9.2.2 Attribute und Methoden von Klassen und Instanzen

Im Bauplan einer Klasse wird zwischen Instanzvariablen und Klassenvariablen, sowie zwischen Instanzmethoden und Klassenmethoden unterschieden. Instanzvariablen sind Attribute, die bei jeder Instanz der Klasse vorhanden sind und deren Werte ein Objekt charakterisieren. Klassenvariablen gibt es nur einmal in einer Klasse. Sie cha-

Objektorientierte Grundlagen

rakterisieren den Zustand der Klasse. Analog dazu werden auch Instanzmethoden und Klassenmethoden unterschieden. Dies wird im Folgenden anhand eines Beispiels genauer erläutert.

Bild 9-13 zeigt eine Klasse `Dampfer`:

Dampfer	Name der Klasse
dampferNummer anzahlSitzplaetze <u>anzahl</u>	Attribute der Klasse
getAnzahlSitzplaetze() <u>getAnzahl()</u>	Methoden der Klasse

Bild 9-13 Klasse `Dampfer`

Durch Unterstreichen werden in UML (siehe Kapitel 10 und Kapitel 11) Klassenvariablen bzw. -methoden gekennzeichnet.

9.2.2.1 Instanzvariablen und Klassenvariablen

Jedes Schiff einer Flotte von Ausflugsdampfern wie z. B. der Dampfer `Michelangelo` oder `Leonardo da Vinci` ist eine Instanz der Klasse `Dampfer`. Jeder Dampfer erhält eine laufende Nummer, die `dampferNummer`. Bei jeder Inbetriebnahme eines neuen Dampfers wird die Anzahl der Dampfer, `anzahl`, um eins erhöht. Jeder Dampfer hat eine individuelle Sitzplatzkapazität `anzahlSitzplaetze`.

Variablen, die die gesamte Klasse und ihren aktuellen Zustand charakterisieren und somit keine Eigenschaft eines Exemplars der Klasse darstellen, werden als **Klassenvariablen** bezeichnet.

Klassenvariablen werden nicht bei jedem Objekt in einer eigenen Ausprägung, sondern nur bei der Klasse selbst als Unikat für alle Objekte der Klasse gemeinsam angelegt.

Variable, die bei jedem Objekt – also bei jeder Instanz – individuell angelegt werden, werden als **Instanzvariablen** bezeichnet.

Die Attribute `dampferNummer` und `anzahlSitzplaetze` sind Instanzvariablen, da sie Eigenschaften einer Instanz der Klasse `Dampfer` – also eines Dampfers – darstellen. Schließlich hat jeder Dampfer eine eigene Nummer und auch eine bestimmte Anzahl Sitzplätze. Die Anzahl der Dampfer insgesamt gehört jedoch nicht zu einem individuellen Dampfer, sondern bezieht sich auf die Gesamtheit aller Dampfer. Daher ist das Attribut `anzahl` eine Klassenvariable.

9.2.2.2 Instanzmethoden und Klassenmethoden

Die **Instanzmethode** `getAnzahlSitzplaetze()` gibt den Wert der Instanzvariablen `anzahlSitzplaetze` eines bestimmten Dampfers, d. h. einer bestimmten Instanz, zurück. Die Klassenmethode `getAnzahl()` gibt den Wert der Klassenvariablen `anzahl` zurück.

Üblicherweise arbeiten Instanzmethoden auf Instanzvariablen. Klassenmethoden sollen in der Regel auf Klassenvariablen zugreifen.

Instanzmethoden haben stets Zugriff auf Instanzvariable und auf Klassenvariable. Ein Objekt kann deshalb auf Klassenvariable zugreifen, weil es seine Klasse kennt. Eine Instanzmethode kennt ihre Instanzvariablen, da diese zum gleichen Objekt gehören.

Eine **Klassenmethode** kann über den Klassennamen angesprochen werden, da Klassenmethoden zur Klasse gehören. Sie können aufgerufen werden, auch wenn es noch kein Objekt der Klasse gibt. Es ist auch möglich, eine Klassenmethode über ein konkretes Objekt anzusprechen, da ein Objekt seine Klasse kennt.

Eine Klassenmethode kann nur dann auf die Datenfelder eines Objekts zugreifen, wenn ihr das Objekt über einen Parameter beim Aufruf übergeben wird. Ein Beispiel dafür ist, dass eine Klassenmethode als Hilfsmethode zwei übergebene Objekte vertauschen soll.

9.3 Das Konzept der Vererbung

Das Konzept der Vererbung erlaubt es, dass eine Klasse, die von einer anderen Klasse abgeleitet wird, automatisch alle Attribute und Methoden dieser anderen Klasse erhält, ohne diese explizit anschreiben zu müssen. Die untergeordnete Klasse übernimmt die Attribute und Methoden der übergeordneten Klasse, d. h. ihrer Basisklasse. Die Attribute und Methoden der Basisklasse werden nicht in der Spezifikation der abgeleiteten Klasse wiederholt. Dieser Quellcode wird also nur einmal vom Programmierer geschrieben. So erbt die Klasse `Student` alle Attribute und Methoden ihrer Basisklasse `Person` und fügt noch eigene Methoden und Attribute hinzu.

Ein Student ist eine Person, die studiert. Wenn man studieren möchte, muss man immatrikuliert werden und erhält eine Matrikelnummer. Kurz, wer eine Matrikelnummer hat, ist eingeschrieben und ist somit ein Student. Also kann man einen Studenten beschreiben als eine Person, die eine Matrikelnummer hat.

Diese Beziehung zwischen der Klasse Student und der Klasse Person wird in Bild 9-14 dargestellt. Man sagt, die Klasse Student wird von der Basisklasse Person abgeleitet.

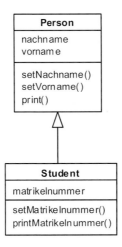

Bild 9-14 Ableitung der Klasse Student von der Klasse Person

Ein Student **ist eine** Person (Is-a-Beziehung). Damit kann man die Klasse Student durch eine Vererbungsbeziehung von der Klasse Person ableiten. Dies bedeutet, dass infolge der Vererbungsbeziehung jedes Objekt der abgeleiteten Klasse Student automatisch alle Instanzvariablen besitzt, die auch ein Objekt der Basisklasse Person hat. Genauso verfügt ein Objekt der Klasse Student auch über alle Methoden der Klasse Person.

Zu beachten ist, dass der Ableitungspfeil von der **Subklasse (abgeleitete Klasse, Unterklasse)** zu der **Superklasse (Basisklasse, Oberklasse)** zeigt. Da eine Superklasse gar nicht merkt, dass von ihr abgeleitet wird, ist sie auch beim Vererben nicht aktiv. Darum wird der Ableitungspfeil von der Subklasse zur Superklasse gezeichnet.

> Gibt es mehrere Hierarchieebenen der Vererbung, so wird mit **Superklasse** oder **Basisklasse** eine an einer beliebigen höheren Stelle des Vererbungspfades stehende Klasse bezeichnet. Mit **Subklasse** oder **abgeleitete Klasse** wird eine an einer beliebigen tieferen Stelle des Vererbungspfades liegende Klasse benannt. Mit **Vater-** und **Sohnklasse** werden hier zwei Klassen, die in zwei direkt übereinander liegenden Ebenen eines Vererbungspfades angeordnet sind, bezeichnet. Die oberste Klasse eines Klassenbaumes wird **Wurzelklasse** oder **Rootklasse** genannt.

Im Folgenden sollen die Attribute und Operationen der Klassen Person und Student betrachtet werden. Bild 9-15 zeigt ein Beispiel:

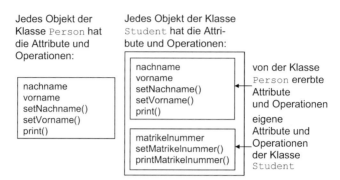

Bild 9-15 Eigenschaften von Objekten der Klasse Person und der Klasse Student

Bild 9-15 ist nur die halbe Wahrheit! Es stellt ein Objekt aus **logischer Sicht** dar. Aus logischer Sicht gehören die Methoden der Klasse tatsächlich zu einem Objekt. Aus Effizienzgründen werden in der Regel Klassen- und Instanzmethoden physisch nur einmal gespeichert, nämlich bei der Klasse. Dies reicht vollkommen aus, denn während beispielsweise Instanzvariablen für jedes Objekt jeweils eine eigene Ausprägung haben, ist eine bestimmte Methode für jedes Objekt dieselbe. Geerbte Klassen- oder Instanzmethoden werden ebenfalls nur einmal gespeichert, d. h. bei der Klasse, in der sie definiert wurden. Zur Laufzeit wird eine geerbte Methode ausgehend von der aktuellen Klasse nach oben im Vererbungsbaum gesucht, bis sie gefunden wird.

9.3.1 Zusatzaufrufschnittstelle in der abgeleiteten Klasse

Wie in Kapitel 9.3 am Beispiel der Klassen Person und Student vorgestellt wurde, erweitert eine abgeleitete Klasse eine Basisklasse. So erhält die Klasse Student die zusätzliche Aufrufschnittstelle aus den beiden Operationen setMatrikelnummer() und printMatrikelnummer(). Die Operationen der Basisklasse werden im Rahmen der Vererbung von der abgeleiteten Klasse unverändert übernommen. Dies bedeutet, dass in der abgeleiteten Klasse zur Aufrufschnittstelle der Basisklasse, die geerbt wird, noch eine für die abgeleitete Klasse spezifische Aufrufschnittstelle hinzutritt (siehe Bild 9-16):

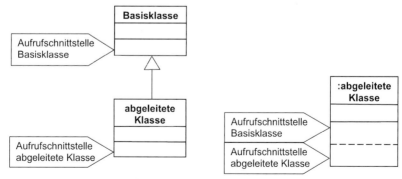

Bild 9-16 Zusätzliche Aufrufschnittstelle eines Objektes einer abgeleiteten Klasse

Es werden sowohl Instanzvariablen und Instanzmethoden als auch Klassenvariablen und Klassenmethoden vererbt.

Eine abgeleitete Klasse erbt grundsätzlich alles – auch private Attribute und Operationen. Dabei ist aber nicht alles, das geerbt wurde, in der abgeleiteten Klasse automatisch sichtbar und damit zugreifbar. Die Basisklasse kann die Sichtbarkeit ihrer Attribute und Operationen über Zugriffsmodifikatoren steuern. Die in der Basisklasse festgelegten Zugriffsmodifikatoren (siehe Kapitel 10.3.3.2) haben auch Konsequenzen bei der Vererbung.

9.3.2 Vererbung und Entwurf

Die Bildung von Hierarchien hat auch mit der Bildung von Abstraktionen zu tun. Dabei gibt es in der Objektorientierung zwei wichtige Hierarchien:

- die Vererbungshierarchie und
- die Zerlegungshierarchie.

Hier soll die Vererbungshierarchie besprochen werden. Bei der **Vererbungshierarchie** werden die Klassen **in Abstraktionsebenen** angeordnet. (siehe Bild 9-17).

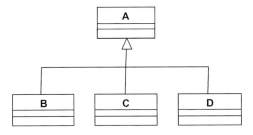

Bild 9-17 Vererbungshierarchie

Die beiden Teilbilder im folgenden Bild sind äquivalent:

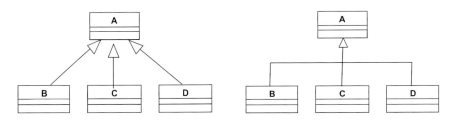

Bild 9-18 Alternative Darstellungen der Vererbungshierarchie

Die Klassen B, C und D sind hierbei von der Basisklasse A abgeleitet.

Geht man von unten nach oben, so spricht man von **Generalisierung**, geht man von oben nach unten, so kommt man zu spezielleren Klassen, man spricht von **Spezialisierung** (siehe dazu Bild 9-19 und Bild 9-20). Eine abgeleitete Klasse stellt eine **Spezialisierung** ihrer Basisklasse dar. In der abgeleiteten Klasse sind nur die neuen spezifischen und zusätzlichen Eigenschaften festzulegen. Umgekehrt stellen natürlich die Basisklassen **Generalisierungen** ihrer abgeleiteten Klassen dar. Dies ist in Bild 9-19 zu sehen:

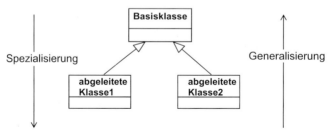

Bild 9-19 Vererbungshierarchie mit Generalisierung und Spezialisierung

Mit dem **Konzept der Vererbung** können **Wiederholungen im Entwurf vermieden** werden. Gemeinsame Eigenschaften mehrerer Klassen werden in gemeinsame Oberklassen ausgelagert. Dies führt zu mehr Übersicht und weniger Wiederholung.

Beim Design werden Attribute und Operationen, die mehreren Klassen gemeinsam sind, nach oben in der Klassenhierarchie geschoben, da sie dann automatisch durch Vererbung wieder zu den abgeleiteten Klassen weitergegeben werden. Dies bedeutet, dass von unten nach oben in der Klassenhierarchie eine **Generalisierung** stattfindet. In der umgekehrten Richtung findet natürlich eine **Spezialisierung** statt. So ist ein Objekt vom Typ NetzwerkRechner (siehe Bild 9-20) ein Rechner, der über eine Kommunikationsschnittstelle Nachrichten übertragen kann und daher die Methode übertragen() zur Verfügung stellt.

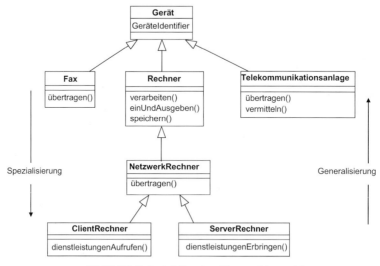

Bild 9-20 Beispiel für eine Klassenhierarchie

Ein Objekt vom Typ ClientRechner wiederum ist ein Objekt eines Rechnertyps, das von Server-Rechnern Dienstleistungen abrufen kann. Das heißt, ein Objekt vom Typ ClientRechner verfügt gegenüber einem Objekt vom Typ NetzwerkRechner über die zusätzliche Methode dienstleistungenAufrufen() und ein Objekt vom Typ ServerRechner hat die zusätzliche Methode dienstleistungenErbringen().

Die hier abgeleiteten Klassen stellen also **Erweiterungen bzw. Spezialisierungen** ihrer Basisklassen dar.

Es ist auch möglich, dass eine abgeleitete Klasse ein Attribut mit demselben Namen oder eine Operation mit derselben **Signatur**[66], d. h. demselben Methodennamen und denselben Datentypen der Übergabeparameter in genau derselben Reihenfolge, einführt. Dann wird es etwas komplizierter. Das entsprechende **Attribut** der Basisklasse wird zwar in der abgeleiteten Klasse auch angelegt, ist aber infolge der Namensgleichheit **verdeckt**, d. h., unter dem Namen wird immer das entsprechende Attribut, das in der abgeleiteten Klasse neu eingeführt wurde, angesprochen. Dasselbe gilt auch für die Methoden. Man sagt hier, eine **Methode der Basisklasse** wird **überschrieben** (siehe auch Kapitel 9.6.4). Die Operation der Basisklasse bzw. das verdeckte Attribut ist aber immer noch greifbar. Wie die überschriebene Operation der Basisklasse bzw. das verdeckte Attribut angesprochen wird, ist in der jeweiligen Programmiersprache geregelt.

9.4 Komposition und Aggregation

Ein anderer Mechanismus für die Wiederverwendung von Quellcode ist die Komposition und Aggregation (siehe auch Kapitel 10.5.2). Bei der **Zerlegungshierarchie** (siehe Bild 9-21) hat man auch verschiedene **Abstraktionsebenen**. Sieht man nur das Ganze, so ist man eine Ebene höher, als wenn man die Teile betrachtet.

Ein Objekt kann als Attribute andere Objekte in Form einer Komposition oder einer Aggregation enthalten. Komposition und Aggregation unterscheiden sich bezüglich der **Lebensdauer** des zusammengesetzten Objektes und seiner Komponenten. Bei einer **Komposition** ist die Lebensdauer des zusammengesetzten Objektes identisch zur Lebensdauer der Komponenten. Bei einer **Aggregation** können die Teile auch länger leben als der Besitzer. Außerdem kann ein Teil von mehreren "Groß"-Objekten referenziert werden, während bei der Komposition ein Teil einem Ganzen exklusiv zugeordnet ist. Bei der Komposition hat das zusammengesetzte Objekt die Verantwortung für das Erzeugen und Vernichten der Komponente.

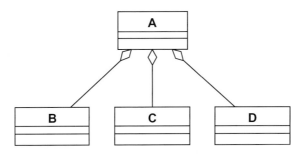

Bild 9-21 Aggregationshierarchie mit Referenzen

Die Klasse A in Bild 9-21 enthält Referenzen auf Objekte der Klassen B, C und D.

---

[66] Signatur im Sinne von Java, nicht von UML. Siehe auch Begriffsverzeichnis.

In der Programmiersprache **Java** kann eine Klasse A nur **Referenzen** auf die Objekte der Klassen B, C und D enthalten. Es handelt sich also um eine **Aggregation**. Dies wird in Bild 9-21 ausgedrückt durch die nicht ausgefüllte Raute.

> Eine Referenz auf ein Objekt enthält als Wert die Adresse des Objekts, auf das die Referenz zeigt. Die Adresse gibt an, an welcher Stelle das Objekt **im Arbeitsspeicher** liegt.

Dabei kann es sein, dass ein Objekt der Klasse A, das Referenzen auf Objekte der Klassen B, C und D besitzt, zerstört wird, dass aber die Objekte der Klassen B, C und D weiterleben.

Eine Komposition im Gegensatz zu einer Aggregation wird durch eine ausgefüllte Raute wie im Bild 9-22 veranschaulicht.

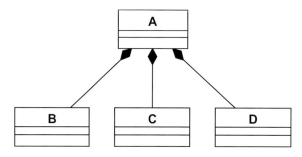

Bild 9-22 Kompositionshierarchie

Die Klasse A in Bild 9-22 enthält Objekte der Klassen B, C und D.

Sobald ein "Groß"-Objekt gelöscht wird, wird hier automatisch auch das "Klein"-Objekt gelöscht. Bei der Komposition wird eine Klasse definiert, die als Attribute Objekte einer bereits bekannten Klasse enthält. Objekte einer solchen Klasse sind aus Objekten zusammengesetzte Objekte.

Beispiel:

Ein Beispiel ist die in Bild 9-23 dargestellte Klasse KreisEck. Diese kann je nach Programmiersprache als Aggregation oder Komposition implementiert werden.

Unter einem Objekt vom Typ KreisEck wird hier ein Quadrat – ein rechtwinkliges Viereck mit vier gleich langen Seiten – verstanden, welches von einem Kreis so ausgefüllt ist, dass die Seiten des Quadrats Tangenten an den Kreis sind. Mit anderen Worten, der Kreis soll einen Inkreis darstellen. Im nächsten Bild wird ein aus Objekten vom Typ Kreis und Eck zusammengesetztes Objekt vom Typ KreisEck gezeigt.

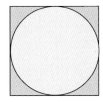

Bild 9-23 Zusammengesetztes Objekt vom Typ `KreisEck`

Aufrufe der Operationen einer Anwendung gehen prinzipiell an das zusammengesetzte Objekt, z. B. `skaliere(2)`, was eine Vergrößerung um den Faktor 2 bedeuten soll. Die entsprechende Methode des zusammengesetzten Objektes leitet diese Botschaft dann weiter an das Objekt der Klasse `Kreis` und das Objekt der Klasse `Eck` und ruft deren entsprechenden Skalierungsmethoden auf (**Delegationsprinzip**).

In Java steht nur die Technik der Aggregation zur Verfügung. Ein Programmierbeispiel für das Kreiseck in Java wird in Kapitel 11.4.4 gezeigt.

9.5 Mehrfachvererbung im Vergleich zu Komposition oder Aggregation

Selbstverständlich kann man ein Kreiseck auch durch eine **Mehrfachvererbung** aus der Klasse `Kreis` und der Klasse `Eck` gewinnen, wenn die benutzte Programmiersprache eine Mehrfachvererbung unterstützt und es somit erlaubt, dass eine Klasse von mehreren Klassen erben kann. Die Klasse `Kreiseck` erbt dann alle Eigenschaften der beiden Klassen `Kreis` und von `Eck`.

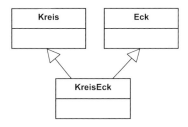

Bild 9-24 Mehrfachvererbung: `KreisEck` *erbt von* `Kreis` *und* `Eck`

Mehrfachvererbung ist bei der Modellierung eines Problems von Vorteil, da es auch in der Realität viele Objekte gibt, deren Klasse von mehreren Basisklassen erben kann. So erbt etwa eine Klasse `Amphibienfahrzeug` von der Klasse `Landfahrzeug` und von der Klasse `Wasserfahrzeug`.

Bei der Programmierung jedoch ist Mehrfachvererbung problematisch, da Namensprobleme auftreten und Methoden überschrieben werden können. Daher wird Mehrfachvererbung nicht von allen Programmiersprachen unterstützt. C++ ist eine Sprache, die Mehrfachvererbung enthält. Java und C# beispielsweise unterstützen wie Smalltalk nur eine Einfachvererbung. Hier müssen bei der Programmierung andere

Techniken anstelle der Mehrfachvererbung eingesetzt werden so wie die Aggregation und Komposition. Grundsätzlich sind diese Techniken einer Mehrfachvererbung vorzuziehen, da sie einfacher zu durchschauen sind.

Es kommt noch hinzu, dass beim Testen die geerbten Methoden generell nicht "pflegeleicht" sind. Sie wurden zwar bereits getestet. In der Regel wurden sie aber mit anderen Daten getestet und müssen deshalb mit den aktuellen Testdaten erneut getestet werden. Ein vollständiger Test ist zwar theoretisch möglich. Das Testen würde jedoch bei nicht trivialen Systemen die Entwicklungszeit überschreiten. In der Regel bezahlt der Kunde die Testaktivitäten nur in einem zeitlich begrenzten Umfang. Je höher die Sicherheitsrelevanz, umso wichtiger wird der Test.

Das folgende Bild zeigt eine Klassenhierarchie mit Mehrfachvererbung. Beispielsweise erbt die Klasse `Motorroller` von den Klassen `Motorrad` und `Roller`, die Klasse `Moped` von den Klassen `Motorrad` und `Fahrrad` und die Klasse `Motorsegler` von den Klassen `Segelboot` und `Motorboot`.

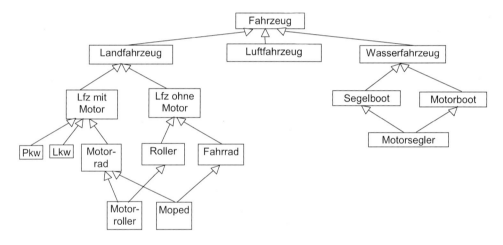

Bild 9-25 Beispiel für eine Klassenhierarchie mit Mehrfachvererbung

Unterstützt die eingesetzte Programmiersprache nur die **Einfachvererbung**, so ist mit Aggregationen bzw. Kompositionen und dem **Delegationsprinzip** zu arbeiten.

Der **Nachteil** dabei ist jedoch: Man **verliert die Semantik der Substituierbarkeit nach dem liskovschen Substitutionsprinzip** (siehe Kapitel 9.6.3), da dieses nur bei Vererbung, nicht aber bei einer Aggregation gilt.

9.6 Polymorphie

Polymorphie heißt "Vielgestaltigkeit". Polymorphie von Objekten erlaubt die Wiederverwendung ganzer Programmsysteme.

9.6.1 Polymorphie von Operationen

Es ist auch möglich, dass dieselbe Operation in verschiedenen Klassen existiert. Eine Operation gehört ja zu einer Klasse und jede Klasse stellt einen eigenen Namensraum dar.

Eine Klasse stellt einen **Namensraum** dar. Damit ist es möglich, dass verschiedene Klassen dieselbe Operation implementieren.

Aufgrund des Namens der Operation und der Klasse des Empfängerobjektes wird automatisch die richtige – d. h. der Klasse entsprechende – Methode gewählt. Gleiche Methodennamen in verschiedenen Klassen stellen also kein Problem dar.

Je nach Klasse kann eine Operation in verschiedenen Implementierungen – sprich in verschiedener Gestalt – auftreten. Man spricht hierbei auch von der **Polymorphie von Operationen**.

Ein einfaches Beispiel ist die Operation `print()`. Alle Klassen, die ihren Objekten die Möglichkeit geben wollen, auf dem Bildschirm Informationen über sich auszugeben, stellen eine `print()`-Operation zur Verfügung. Von außen betrachtet macht die `print()`-Operation – unabhängig davon, zu welcher Klasse sie gehört – immer das Gleiche: Sie gibt den Wert der Attribute auf dem Bildschirm aus. Vom Standpunkt der Implementierung aus sind die Methoden grundverschieden, weil jede `print()`-Methode einen für die jeweilige Klasse spezifischen Methodenrumpf hat.

Jedes Objekt trägt die Typinformation, von welcher Klasse es ist, immer bei sich. Das heißt, dass ein Objekt immer weiß, zu welcher Klasse es gehört. Da ein Methodenaufruf immer an ein Objekt (im Fall von Instanzmethoden) bzw. an die Klasse (im Fall von Klassenmethoden) gebunden ist, ist immer eine eindeutige Zuordnung eines Methodenaufrufs möglich.

Polymorphie von Operationen bedeutet, dass eine Operation vom Objekt selbst interpretiert wird, d. h. dass der Sender einer Nachricht nicht die Klasse des Empfängers, sondern nur den Namen des Empfänger-Objektes bzw. die Referenz auf dieses Objekt und dessen Methodenkopf kennen muss und damit nicht wissen muss, wie die entsprechende Methode in der Empfänger-Klasse implementiert ist.

9.6.2 Bindung

Bindung ist die Zuordnung eines Methodenrumpfes zum Aufruf einer Methode:

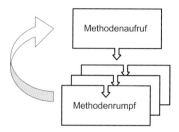

Bild 9-26 Zuordnung des Methodenrumpfs zum Methodenaufruf

In der Objektorientierung kommen zwei prinzipiell verschiedene Arten des Bindens von Methoden in Programmen vor. Es gibt die **frühe Bindung** und die **späte Bindung**. Statt früher Bindung ist auch der Begriff **statische Bindung** üblich und genauso anstelle von später Bindung der Begriff **dynamische Bindung**.

> Bei der frühen Bindung kann einem Methodenaufruf schon direkt nach dem Kompilieren der entsprechende Methodenrumpf zugeordnet werden. Bei der späten Bindung wird dagegen einem Methodenaufruf erst zur **Laufzeit** der entsprechende Methodenrumpf zugeordnet.

In C kennt man nur die frühe Bindung. Direkt nach dem Kompilieren ermittelt der Compiler den entsprechenden Methodenrumpf und ordnet ihn dem Methodenaufruf zu. In C++ gibt es sowohl die **frühe** als auch die **späte** Bindung. Wird in C++ nicht explizit das Schlüsselwort `virtual` verwendet, so wird in C++ stets **früh gebunden**, d. h. direkt nach dem Kompilieren. Dies bedeutet **zur Kompilierzeit**.

> In Java hat man keinen direkten Einfluss darauf, ob spät oder früh gebunden wird. Java verwendet in der Regel die späte Bindung, in wenigen spezifizierten Ausnahmefällen jedoch die frühe Bindung.

9.6.3 Polymorphie bei Erweiterung einer Basisklasse

Polymorphie von Objekten ist neben Identität und Vererbung ein weiterer wichtiger Aspekt des objektorientierten Ansatzes. Vererbung ist die Voraussetzung für eine Polymorphie von Objekten. Die Polymorphie arbeitet Hand in Hand mit der Vererbung zusammen und erhöht dabei den Grad der Wiederverwendung und Erweiterbarkeit von objektorientierten Softwaresystemen.

Bei der Vererbung wird der Quellcode einer Superklasse in einer abgeleiteten Klasse wiederverwendet. Bei der Aggregation und Komposition werden vorhandene Klassen als Bauteile verwendet. Die Polymorphie von Objekten erlaubt hingegen die Wiederverwendung kompletter Programmsysteme.

> Eine **Polymorphie von Objekten** gibt es nur bei Vererbungshierarchien. An die Stelle eines Objektes in einem Programm kann ein Objekt einer abgeleiteten Klasse treten.

Objektorientierte Grundlagen

Polymorphie von Objekten erlaubt es, einen wiederverwendbaren Code zu schreiben, der nur Referenzen auf Objekte einer Basisklasse enthält.

> Die Polymorphie erlaubt es, gegebenenfalls große Mengen von generalisiertem Code für Basisklassen zu schreiben, der dann später von Objekten beliebiger abgeleiteter Klassen benutzt werden kann.

Dabei ist natürlich beim Schreiben des Codes für die Basisklasse überhaupt nicht bekannt, welche Klassen zu späteren Zeitpunkten von der Basisklasse abgeleitet werden.

Ein **Objekt einer abgeleiteten Klasse** kann sich **als Objekt einer abgeleiteten Klasse, aber auch als ein Objekt der Basisklasse verhalten**. Dies liegt daran, dass ein Objekt der abgeleiteten Klasse alle Methoden und Attribute einer Basisklasse erbt.

> Ein Objekt einer abgeleiteten Klasse ist sowohl vom Typ der eigenen Klasse als auch vom Typ der zugehörigen Basisklasse.

Ein `Sohn`-Objekt kann sich auch als `Vater`- bzw. als `Großvater`-Objekt verhalten, ein `Vater`-Objekt kann sich auch als `Großvater`-Objekt verhalten.

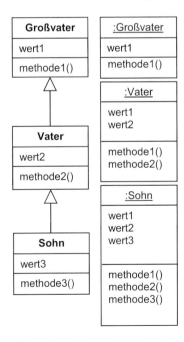

Bild 9-27 Vererbungshierarchie über drei Ebenen

Ein Objekt einer Unterklasse kann dabei auch durch Aufruf einer Methode einer Basisklasse antworten. Natürlich kann ein Objekt der abgeleiteten Klasse weitere Attribute oder Methoden haben[67]. An der Stelle im Programmcode, an der ein Objekt einer Superklasse stehen kann, kann auch ein Objekt der abgeleiteten Klasse die Aufgaben erfüllen. Es verhält sich an dieser Stelle als Objekt der Superklasse. Die weiteren Eigenschaften des Objektes einer abgeleiteten Klasse wie zusätzliche Attribute oder Methoden werden einfach gar nicht angesprochen. Dies bedeutet, dass ein Objekt der abgeleiteten Klasse in **verschiedenen Gestalten** auftreten kann, also polymorph ist.

Als Beispiel hierfür soll ein Student betrachtet werden. Ein Student ist eine Person, deshalb kann er auch überall dort, wo eine Person verlangt wird, stehen. Umgekehrt ist nicht jede Person ein Student, daher kann ein Objekt der Klasse `Person` im Programm nicht dort stehen, wo ein Objekt der Klasse `Student` steht.

> **Liskovsches Substitutionsprinzip (LSP) für den Fall der reinen Erweiterung:**
>
> Werden in einem Programm Zeiger oder Referenzen auf Basisklassen verwendet, so kann an die Stelle eines Objektes einer Klasse in einem Programm problemlos stets auch ein Objekt einer von dieser Klasse abgeleiteten Klasse treten, solange nur erweitert wird, also nur Datenfelder oder Methoden hinzugefügt werden.

Das ist klar, denn die Anteile der abgeleiteten Klasse werden durch eine Typkonvertierung ausgeblendet. Eine zusätzliche Aufrufschnittstelle einer abgeleiteten Klasse kommt im Quellcode für eine Basisklasse nicht zur Ausführung (siehe Bild 9-28):

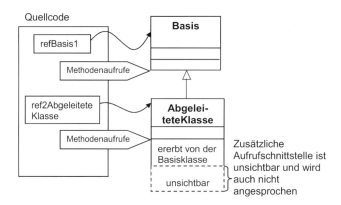

Bild 9-28 Casten

---

[67] An dieser Stelle wird das Überschreiben von Methoden in der abgeleiteten Klasse noch nicht betrachtet. Es wird hier nur eine Erweiterung der Basisklasse durch zusätzliche Methoden und Datenfelder in der abgeleiteten Klasse in Betracht gezogen. Das Überschreiben von Methoden wird in Kapitel 9.6.4 behandelt.

Objektorientierte Grundlagen 303

9.6.4 Überschreiben von Methoden

Komplizierter wird die Situation, wenn eine abgeleitete Klasse eine Methode einer Basisklasse überschreibt. Überschreiben bedeutet, dass Rückgabetyp und Signatur[68] der Methode in der abgeleiteten Klasse und in der Basisklasse identisch sein müssen. Dabei müssen die formalen Parameter identisch sein, d. h. es müssen dieselbe Anzahl, derselbe Typ und dieselbe Reihenfolge der formalen Parameter vorliegen. Im folgenden Bild wird das Überschreiben der Methode `print()` gezeigt.

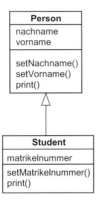

Bild 9-29 Überschreiben der Methode `print()`

Die Methode `print()` der Klasse `Person` gibt die Attribute `nachname` und `vorname` aus. Die Methode `print()` der Klasse `Student` hingegen sorgt dafür, dass die genannten Attribute und zusätzlich noch das Attribut `matrikelnummer` ausgegeben wird.

> Findet ein Überschreiben – also die Neudefinition einer Operation in einer abgeleiteten Klasse – statt, so muss darauf geachtet werden, dass in der abgeleiteten Klasse die Verträge der Basisklasse eingehalten werden.

Verträge von Klassen werden in Kapitel 9.7 behandelt. Der Vertrag einer Klasse umfasst die Vor- und Nachbedingungen der Methoden und die Invarianten einer Klasse. Dabei kann eine Klasse mit verschiedenen Kundenklassen verschiedene Verträge haben. Gründe für das Überschreiben einer Methode können sein:

- Überschreiben zur **Verfeinerung**
  Dieser Fall wurde soeben besprochen. Die Klasse `Student` verfeinert die Klasse `Person`. Die Methode `print()` der Klasse `Person` kann die im Rahmen der Verfeinerung hinzugefügten zusätzlichen Attribute der Klasse `Student` nicht kennen. Daher muss diese Methode in der Klasse `Student` überschrieben werden.

---

[68] Unter Signatur versteht man hier den Methodennamen und die Liste der formalen Parameter (Übergabeparameter).

- Überschreiben zur **Optimierung**
  Es kann nützlich sein, in einer abgeleiteten Klasse interne Datenstrukturen oder die Implementierung eines Algorithmus zu optimieren. Das Außenverhalten der Klasse darf sich dabei jedoch nicht ändern.

Um auch in solchen Fällen den vorhandenen Quellcode einer Basisklasse nutzen zu können, stellte Barbara Liskov die folgende Forderung auf:

> **Liskovsches Substitutionprinzip (LSP)**
>
> Methoden, die Zeiger oder Referenzen auf Basisklassen verwenden, müssen in der Lage sein, Objekte von abgeleiteten Klassen zu benutzen, ohne es zu bemerken.

Solange bei der Ableitung von einer Basisklasse der Vertrag der Basisklasse in einer Unterklasse nicht gebrochen wird, ist es möglich, den für die Basisklasse geschriebenen Code auch für die Unterklassen zu verwenden, die eventuell erst später erfunden werden. Was man unter dem Vertrag einer Klasse versteht, und was es bedeutet, dass er von einer abgeleiteten Klasse nicht gebrochen werden darf, wird in Kapitel 9.7 erläutert.

> Man muss das **liskovsche Substitutionprinzip** also unter zwei Gesichtspunkten betrachten:
>
> 1. Erweitert eine Klasse eine andere Klasse und überschreibt nichts, sondern fügt nur Attribute und Methoden hinzu, dann ist ganz klar, dass eine Instanz der abgeleiteten Klasse an die Stelle einer Instanz ihrer Basisklasse treten kann. Dabei wird nämlich einfach durch einen Cast der Sohn-Anteil wegprojiziert. Zusätzliche Methoden der abgeleiteten Klasse werden nicht angesprochen. Bei einer reinen Erweiterung wird bei der Ableitung keine Methode überschrieben.
> 2. Dieses Casten erfolgt natürlich auch, wenn die abgeleitete Klasse Methoden der Basisklasse überschreibt. Im Fall einer späten Bindung wird dann die überschreibende Methode aufgerufen. Das darf aber keinen schädlichen Einfluss auf den Ablauf des Programms haben! Dies erzwingt, dass der Programmierer beim Überschreiben dafür sorgen muss, dass die überschreibende Methode den Vertrag der überschriebenen Methode einhält.

> Werden Instanzmethoden in einer abgeleiten Klasse überschrieben, so tritt in der abgeleiten Klasse die überschreibende Instanzmethode an die Stelle der ursprünglichen, überschriebenen Methode. Wird ein Objekt der abgeleiteten Klasse als Objekt der Basisklasse betrachtet, wird trotzdem die überschriebene Methode aufgerufen, also für jedes Objekt die Methode seines Typs.

9.7 Verträge von Klassen

Entwurf durch Verträge (engl. **design by contract**) wurde von Bertrand Meyer [Mey97], dem Entwickler der Programmiersprache Eiffel, als Entwurfstechnik eingeführt. Diese Technik wurde in Eiffel in eine Programmiersprache umgesetzt, stellt aber ein allgemeingültiges Prinzip dar, das beim objektorientierten Entwurf unabhängig von der jeweiligen objektorientierten Programmiersprache eingesetzt werden kann.

Eine Klasse besteht nicht nur aus Methoden und Attributen – eine Klasse wird benutzt von anderen Klassen, hier Kunden genannt, und hat damit Beziehungen zu all ihren Kunden. Das Konzept Entwurf durch Verträge sieht diese Beziehungen als eine formale Übereinkunft zwischen den beteiligten Partnern an und definiert präzise, unter welchen Umständen ein korrekter Ablauf des Programms erfolgt. Worum es hier vor allem geht, ist, dass beim Aufruf einer Methode Aufrufer und aufgerufene Methode sich gegenseitig aufeinander verlassen können. Die Beziehung zwischen Aufrufer und aufgerufener Methode kann man formal als einen **Vertrag** bezeichnen, der nicht gebrochen werden darf, da ansonsten eine Fehlersituation entsteht. Bei einem Vertrag haben in der Regel beide Seiten Rechte und Pflichten.

9.7.1 Zusicherungen

Allgemein werden nach Bertrand Meyer in seiner Technik "Entwurf von Verträgen" **Zusicherungen** spezifiziert. Eine Zusicherung ist ein boolescher Ausdruck, der niemals falsch werden darf.

> **Entwurf durch Verträge** verwendet drei verschiedene Arten von Zusicherungen:
> - **Vorbedingungen**,
> - **Nachbedingungen** und
> - **Invarianten**.

> Der **Vertrag einer Methode** umfasst die Vor- und Nachbedingungen einer Methode.

So wie im Alltag ein Vertrag die Beziehungen zwischen Parteien (Personen, Organisationen) regelt, beschreibt ein **Vorbedingungs-Nachbedingungs-Paar** den Vertrag einer Methode mit ihrem Kunden, dem Aufrufer.

Invarianten beziehen sich nicht auf eine einzelne Methode. Invarianten beziehen sich immer auf ein Objekt. Eine Invariante muss also für jedes einzelne Objekt erfüllt sein, damit ein System korrekt arbeitet oder in einem korrekten Zustand ist.

> Da die Invarianten von allen Methoden einer Klasse, die von einem Kunden aufgerufen werden können, eingehalten werden müssen, um die Korrektheit zu gewährleisten, spricht man auch von **Klasseninvarianten**.

> Der **Vertrag einer Klasse** umfasst die Verträge der Methoden sowie die Invarianten der Klasse. Verschiedenen Kunden einer Klasse können verschiedene Verträge zur Verfügung gestellt werden.

Eine **Vorbedingung** (engl. **precondition**) stellt die Einschränkungen dar, unter denen eine Routine korrekt aufgerufen wird. Eine Vorbedingung stellt eine Verpflichtung für einen Aufrufer dar, sei es, dass der Aufruf innerhalb der eigenen Klasse erfolgt oder von einem Kunden. Ein korrekt arbeitendes System führt nie einen Aufruf in einem Zustand durch, der nicht die Vorbedingung der gerufenen Routine erfüllen kann. Eine Vorbedingung bindet also einen Aufrufer. Die **Vorbedingung** definiert die Bedingung, unter der ein Aufruf zulässig ist. Sie stellt eine **Verpflichtung für den Aufrufer** dar und einen **Nutzen für den Aufgerufenen**.

Eine **Nachbedingung** (engl. **postcondition**) stellt den Zustand nach dem Aufruf einer Methode dar. Eine Nachbedingung bindet eine Methode der Klasse. Die Nachbedingung stellt die Bedingung dar, die von der Methode eingehalten werden muss. Die **Nachbedingung** ist eine **Verpflichtung für den Aufgerufenen** und ein **Nutzen für den Aufrufer**. Mit der Nachbedingung wird garantiert, dass der Aufrufer nach Ausführung der Routine einen Zustand mit gewissen Eigenschaften vorfindet, natürlich immer unter der Voraussetzung, dass beim Aufruf der Routine die Vorbedingung erfüllt war.

> Wie bei einem guten Vertrag im täglichen Leben haben also Aufrufer und Aufgerufener Pflichten und Vorteile. Der Aufrufer hat den Vorteil, dass gewisse Bedingungen nach dem Aufruf der Routine erfüllt sind, der Aufgerufene hat den Vorteil, dass er unter den gewünschten Bedingungen ablaufen kann.

Eine **Invariante** ist eine Zusicherung bezüglich einer Klasse. Im Falle eines Stacks beispielsweise muss bei allen Operationen auf dem Stack die Zahl der Elemente größer gleich Null und kleiner gleich der maximalen Stackgröße sein. Diese Eigenschaft gilt für alle Operationen der Klasse und nicht individuell nur für eine Methode. Sie ist damit eine Klasseneigenschaft im Gegensatz zu Vor- und Nachbedingungen, die den Aufruf und das Ergebnis einzelner Methoden charakterisieren.

Eine Invariante muss vor dem Aufruf einer exportierten Methode und nach ihrem Aufruf gelten. Eine Invariante kann während der Ausführung einer Methode oder beim Aufruf von Service-Methoden, die nicht außerhalb der Klasse sichtbar sind – also nicht exportiert werden –, temporär verletzt werden. Dies stellt kein Problem dar, da die Invariante erst nach Ausführung einer exportierten Methode dem Aufrufer wieder zur Verfügung steht. Nach Ausführung einer exportierten Methode muss die Klasseninvariante wieder eingehalten sein. Invarianten müssen von allen exportierten Methoden einer Klasse vor und nach dem Methodenaufruf eingehalten werden. Die Invarianten gelten während der gesamten Lebensdauer der Objekte einer solchen Klasse.

> Eine Klasseninvariante muss vor und nach dem Aufruf einer nach außen sichtbaren Methode eingehalten sein.

Beim Aufruf von internen, beispielsweise privaten Methoden einer Klasse, muss die Invariante der Klasse nicht unbedingt beachtet werden und kann auch mal nicht erfüllt sein.

Beispiel: Klasse Stack

Die Klasse Stack hat die **Invariante**: Die Zahl der Elemente auf dem Stack muss größer gleich Null sein und kleiner gleich der maximalen Stackgröße.

Die Methode push() hat die **Vorbedingung**: die Zahl der Elemente auf dem Stack muss kleiner als die maximale Stackgröße sein. Die **Nachbedingung** von push() ist: die Zahl der Elemente auf dem Stack ist um 1 größer als vor dem Aufruf.

Die **Vorbedingung** von pop() ist: Die Zahl der Elemente auf dem Stack muss größer als 1 sein. Die **Nachbedingung** von pop() ist: Die Zahl der Elemente auf dem Stack ist um 1 kleiner als vor dem Aufruf.

Beispiel: Geld überweisen

Eine Invariante beim "Geld überweisen" ist, dass kein Geld beim "Geld überweisen" verschwindet. "Geld überweisen" betrifft zwei Konten, d. h. zwei Objekte. Es liegt nahe, eine Kontroll-Klasse (siehe Kapitel 12) Überweisung mit verschiedenen Klassenmethoden wie "innerhalb Deutschland überweisen", "innerhalb Europa überweisen", "weltweit überweisen", "Eilüberweisung innerhalb Deutschland" etc. zu schreiben. Bei jeder Überweisung muss dem Ausgangskonto gleich viel abgezogen werden, wie dem Zielkonto gutschrieben wird. Die Invariante lautet:

Bestand Quellkonto vor Überweisung + Bestand Zielkonto vor Überweisung = Bestand Quellkonto nach Überweisung + Bestand Zielkonto nach Überweisung.

Die Auswirkung einer dieser Überweisungs-Methoden ist:

Ein Betrag X geht von Konto A ab und wird auf Konto B überwiesen, also

A = A − X;
B = B + X;

Innerhalb von Methoden können Invarianten kurzzeitig verletzt werden. Im Beispiel ist dies nach der Berechnung des neuen Wertes von A der Fall. Nach Abarbeitung der Methode muss die Invariante wieder hergestellt sein.

9.7.2 Einhalten der Verträge bei der Vererbung

Es soll nun die folgende Vererbungshierarchie betrachtet werden:

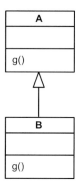

Bild 9-30 Überschreiben der Methode g()

Die Klasse B sei von der Klasse A abgeleitet und soll die Methode g() aus A überschreiben. Aufrufer von g() sei eine Methode f() in einer Klasse C. Die Methode f() soll die folgende Aufrufschnittstelle besitzen: f (A a). Mit anderen Worten: an f() kann beispielsweise eine Referenz auf ein Objekt der Klasse A oder eine Referenz auf ein Objekt der abgeleiteten Klasse B übergeben werden. Der Kunde f() kann zur Laufzeit nicht wissen, ob ihm eine Referenz auf ein Objekt der Klasse A oder der Klasse B übergeben wird (liskovsches Substitutionsprinzip). Dem Kunden f() ist auf jeden Fall nur die Klasse A bekannt und daran richtet er sich aus! Also kann f() nur den Vertrag der Methode g() aus A beachten. f() stellt also die Vorbedingungen für g() aus A sicher und erwartet im Gegenzug, dass g() aus A seine Nachbedingungen erfüllt.

Bild 9-31 Aufweichen einer Vorbedingung in einer abgeleiteten Klasse

Wie im täglichen Leben auch, darf ein Vertrag übererfüllt werden, er darf aber nicht verletzt werden! Dies hat zur Konsequenz, dass g() aus B die **Vorbedingungen nicht verschärfen** kann, denn darauf wäre der Kunde f() überhaupt nicht eingerichtet. g() aus B darf **aber** die **Vorbedingungen aufweichen** (siehe Bild 9-31). Dies stellt für f() kein Problem dar, denn aufgeweichte Vorbedingungen kann f() sowieso mühelos einhalten. In entsprechender Weise liegt es auf der Hand, dass g() aus B die Nachbedingungen nicht aufweichen darf, denn der Kunde f() erwartet die Ergebnisse in einem bestimmten Bereich.

Objektorientierte Grundlagen

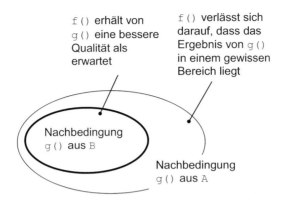

Bild 9-32 Verschärfen einer Nachbedingung in einer abgeleiteten Klasse

Da eine abgeleitete Klasse die Attribute und Methoden der Basisklasse erbt, muss sichergestellt werden, dass der geerbte Anteil nach wie vor korrekt arbeitet. **Eine Aufweichung einer Invariante führt zu einem Fehlverhalten des geerbten Anteils**. Eine Verschärfung der Invariante führt zu keinen Problemen, da die Invariante nach wie vor im erwarteten Bereich der Basisklasse liegt.

Abgeleitete Klassen dürfen Invarianten nur verschärfen.

Eine Methode einer abgeleiteten Klasse darf:

- eine Nachbedingung nicht aufweichen, d. h. wenn eine Methode z. B. einen Rückgabewert vom Typ int hat und garantiert, dass sie nur Werte zwischen 1 und 10 liefert, so darf die überschreibende Methode keine Werte außerhalb dieses Bereichs liefern,
- eine Vorbedingung nicht verschärfen, d. h. wenn eine Methode z. B. einen formalen Parameter vom Typ int spezifiziert und einen gültigen Wertebereich zwischen 1 und 10 hat, so darf die überschreibende Methode diesen Wertebereich nicht einschränken.

9.7.3 Verantwortlichkeiten für die Realisierung von Zusicherungen

Eine Vorbedingung darf wegen des Single Source-Prinzips (siehe Kapitel 13.2.3.2) nicht zweimal durch Aufrufer und Aufgerufenen geprüft werden. Eine Überprüfung vergrößert das Programm. Die Überprüfung von Zusicherungen ist während der Entwicklungszeit interessant, sollte aber nicht im endgültigen Produkt mitlaufen.

Da der Aufrufer die Pflicht hat, die Vorbedingung zu erfüllen, muss er prüfen, ob die Vorbedingung erfüllt ist. Hält der Aufgerufene die Vorbedingung nicht ein, so darf der Aufgerufene machen, was er will, und darf auch abstürzen.

> Der Aufrufer hat die Pflicht, die **Vorbedingungen** des Aufzurufenden zu erfüllen. Den Nutzen hat der Aufgerufene.
>
> Bei der **Nachbedingung** hat der Aufgerufene die Pflicht, den Nutzen hat der Aufrufer. Der Aufgerufene muss also die Nachbedingung überprüfen.

Um Vor- und Nachbedingungen zu prüfen und entsprechend zu reagieren, gibt es zwei Alternativen, die im Folgenden diskutiert werden:

Exceptions sind eingeplante Ausnahmen. Der Typ einer Exception ist bekannt. Wenn eine Nachbedingung nicht eingehalten wird, weiß man normalerweise nicht, wo etwas schiefgegangen ist, sondern nur, dass etwas schiefging. Es ist also nicht möglich, genau die passende Exception aufzurufen.

Assertions sind Plausibilitätsbedingungen. Sie prüfen die Werte von Bedingungen. Java-Assertions werden allerdings implementierungstechnisch auf Exceptions umgesetzt. Der Programmierer darf diese Exceptions nicht abfangen, sondern muss hart aus dem Programm aussteigen.

Vor- und Nachbedingungen sind also mit Assertions zu realisieren.

In der Regel ist es so, dass die Assertions in der Kundenversion abgeschaltet sind, da sie zu viel Performance verbrauchen. Tritt ein Fehler auf, so werden sie zu Debug-Zwecken wieder eingeschaltet.

Die **Invarianten** müssen in der Klasse selbst eingehalten werden, d. h., hier muss der Programmierer einer Klasse gewährleisten, dass die Invarianten am Ende einer exportierten Methode wieder gelten. Er muss ferner dafür sorgen, dass sie am Anfang nach dem Konstruktor-Aufruf erfüllt sind.

9.8 Zusammenfassung

Funktionsorientierte Techniken zerlegen einen Betriebssystem-Prozess in eine Hierarchie aus einem Hauptprogramm und vielen Unterprogrammen (siehe Kapitel 9.1.1).

Funktionsorientierte Techniken weisen Nachteile (siehe Kapitel 9.1.2) auf wie

- mangelnder Schutz der Daten,
- mangelnde Verständlichkeit gegenüber dem Kunden,
- mangelnder Zusammenhang zwischen Systemanalyse und Systementwurf,
- mangelnde Übersicht bei großen Systemen und
- mangelnde Wiederverwendbarkeit von Quellcode.

Objektorientierte Programmierung bietet (siehe Kapitel 9.1.3):

Objektorientierte Grundlagen

- Schutz der Daten,
- Verständlichkeit gegenüber dem Kunden,
- leichte Nachvollziehbarkeit der Ergebnisse der Systemanalyse über den Systementwurf bis zum Programmcode,
- Übersicht bei großen Systemen,
- Wiederverwendbarkeit von Quellcode und
- Stabilität eines Programms.

Ein jedes Objekt hat eine eigene Identität. Ein spezifiziertes Objekt hat Attribute und Operationen, ein lauffähiges Objekt hat Attribute und Methoden (siehe Kapitel 9.1.4).

Abstraktion, Kapselung und Information Hiding sind drei zusammenhängende Begriffe (siehe Kapitel 9.1.5). Abstraktion führt zur Außenansicht des Verhaltens eines Objekts. Das Information Hiding beschreibt das Verbergen der inneren Eigenschaften vor der Außenwelt. Ein Teilsystem oder Objekt darf die Implementierungsentscheidungen eines anderen Teilsystems (Objekts) nicht kennen. Damit wird vermieden, dass ein Teilsystem von der Implementierung eines anderen Teilsystems abhängt. Der Begriff der Kapselung beschreibt, dass Daten und Methoden in der Kapsel einer Klasse liegen und erlaubt die Implementierung von Abstraktion zur Sichtbarmachung der Aufrufschnittstellen und von Information Hiding zum Verbergen der inneren Details.

Eine Klasse hat drei grundlegende Kennzeichen: 1. den Namen der Klasse, 2. die Attribute und 3. die Operationen im Falle der Spezifikation einer Klasse bzw. die Methoden im Falle der Implementierung der Klasse (Kapitel 9.2).

Im Rahmen der Objektorientierung werden Variable, die allen Instanzen einer Klasse gemeinsam sind, als **Klassenvariable** bezeichnet. Klassenvariable werden nicht bei jedem Objekt in einer eigenen Ausprägung, sondern nur bei der Klasse selbst als Unikat für alle Objekte der Klasse gemeinsam angelegt. Variable, die bei jeder Instanz individuell angelegt werden, werden als **Instanzvariable** bezeichnet (Kapitel 9.2.2.1). Üblicherweise arbeiten Instanzmethoden auf Instanzvariablen. Klassenmethoden sind dazu da, um auf Klassenvariablen zu arbeiten (Kapitel 9.2.2.2).

In einer **Vererbungshierarchie** für einfache Vererbung bezeichnet man mit Superklasse oder Basisklasse eine an einer beliebigen höheren Stelle des Vererbungspfades stehende Klasse. Mit Subklasse oder abgeleitete Klasse wird eine an beliebig tieferer Stelle des Vererbungspfades stehende Klasse bezeichnet. Vater- und Sohnklasse liegen in einem Vererbungspfad direkt übereinander. Die oberste Klasse eines Klassenbaums ist die Wurzel- oder Rootklasse (Kapitel 9.3).

Bei der **Aggregation** können das zusammengesetzte Objekt und Komponenten verschieden lang leben. Eine Komponente kann gleichzeitig von verschiedenen Objekten referenziert werden. Bei der **Komposition** haben Objekt und Komponenten die identische Lebensdauer. Eine Komponente ist einem Objekt fest zugeordnet. Das zusammengesetzte Objekt ist für das Erzeugen und Vernichten einer Komponente zuständig (Kapitel 9.4).

Unterstützt die verwendete Programmiersprache das Konzept der **Mehrfachvererbung**, so muss der Programmierer verschärft auf Namensprobleme achten. Insbesondere darf er Methoden nicht unabsichtlich überschreiben. Beim Testen sind die ererbten Methoden lästig. In der Regel wurden die geerbten Methoden für andere Zwecke und damit andere Daten getestet. Sie müssen deshalb mit den aktuellen Testdaten erneut getestet werden. Verwendet man statt einer Mehrfachvererbung eine Einfachvererbung mit einer Aggregation oder Komposition, so wird das Programm übersichtlicher und man kann vielen Problemen aus dem Weg gehen (Kapitel 9.5). Allerdings verliert man dadurch die Substituierbarkeit nach dem liskovschen Substitutionsprinzip.

Sind **Operationen polymorph** (siehe Kapitel 9.6.1), so wird die Operation vom Objekt selbst interpretiert. Der Sender muss nur den Namen des Empfängerobjekts und den aufzurufenden Methodenkopf kennen. Er muss nichts über die Implementierung der entsprechenden Methode in der Empfänger-Klasse wissen. **Bindung** bedeutet die Zuordnung des Methodenrumpfes zu einem Methodenkopf (siehe Kapitel 9.6.2). Wird der Methodenrumpf dem Methodenkopf bereits sofort nach dem Kompilierzeitpunkt zugeordnet, so spricht man auch auch von früher oder von statischer Bindung. Bei der späten oder dynamischen Bindung erfolgt die Zuordnung erst zur Laufzeit.

Objekte in Vererbungshierarchien sind auch polymorph (siehe Kapitel 9.6.3): An die Stelle eines Objekts einer Basisklasse muss stets ein Objekt einer abgeleiteten Klasse treten können (**liskovsches Substitutionsprinzip = LSP**). Damit ist es möglich, große Mengen von Quellcode zu schreiben, der Referenzen auf Basisklassen enthält. Dieser Code kann dann später von Objekten beliebiger, von der Basisklasse abgeleiteter Klassen, benutzt werden. Beim Schreiben des Quellcodes des Programms muss überhaupt nicht bekannt sein, welche Klassen später von der verwendeten Basisklasse abgeleitet werden.

Man kann das liskovsche Substitutionsprinzip (siehe Kapitel 9.6.4) unter zwei Aspekten sehen:

1. Erweitert eine abgeleitete Klasse die Basisklasse nur und überschreibt nichts, sondern fügt nur lediglich Attribute und Methoden hinzu, dann wird durch einen impliziten Cast der zusätzliche Anteil der abgeleiteten Klasse wegprojiziert und der Anteil der Basisklasse bleibt übrig. Daher kann ein Objekt einer abgeleiteten Klasse problemlos an die Stelle eines Objekts der Basisklasse treten.
2. Wenn die abgeleitete Klasse Methoden überschreibt, erfolgt genauso das implizite Casten. Im Falle einer späten Bindung wird jedoch die überschreibende Methode aufgerufen. Deshalb muss der Programmierer beim Überschreiben dafür sorgen, dass der Vertrag der überschriebenen Methode nicht gebrochen wird.

Eine **Zusicherung** (siehe Kapitel 9.7) entspricht Bedingungen über die Zustände von Objekten an definierten Programmstellen. Zusicherungen umfassen:

- Vorbedingungen,
- Nachbedingungen und
- Invarianten.

Der **Vertrag einer Methode** umfasst die Vor- und Nachbedingungen einer von der Klasse exportierten Methode. Zum Vertrag einer Klasse gehören die Verträge der Methoden und die Invarianten der Klasse. Verschiedenen Kunden[69] kann eine Klasse verschiedene Verträge anbieten.

---

[69] Kunden sind in diesem Zusammenhang andere Klassen.

Eine **Vorbedingung** definiert die Einschränkungen, bei deren Einhaltung eine Methode korrekt aufgerufen wird. Diese Einschränkungen sind von einem Aufrufer einzuhalten, sei es, dass der Aufrufer ein Kunde ist oder die eigene Klasse. Die Pflicht hat der Aufrufer, den Nutzen der Aufgerufene.

Eine **Nachbedingung** definiert die Einschränkungen, die eine aufgerufene Methode als Ergebnis des Aufrufs einzuhalten hat. Die Nachbedingung definiert den Zustand des Systems nach dem Aufruf. Die Nachbedingung ist eine Pflicht für den Aufgerufenen und ein Nutzen für den Aufrufer. Dabei ist vorausgesetzt, dass beim Aufruf der Methode die Vorbedingung erfüllt war.

Eine **Invariante** betrifft nicht eine einzelne Methode, sondern eine ganze Klasse. Sie muss vor und nach dem Aufruf einer exportierten Methode gelten. Eine Invariante kann während der Ausführung einer Methode oder beim Aufruf von außerhalb der Klasse nicht sichtbaren Service-Methoden vorübergehend verletzt werden. Nach Abschluss einer exportierten Methode muss die Klasseninvariante wieder zutreffen, da sie dann dem Kunden wieder zur Verfügung stehen muss.

9.9 Aufgaben

Aufgabe 9.1 Bewertung der Paradigmen

9.1.1 Nennen Sie drei Nachteile des funktionsorientierten Ansatzes.
9.1.2 Welche Vorteile hat der objektorientierte Ansatz?

Aufgabe 9.2 Vererbung und Aggregation

9.2.1 Was ist eine Basisklasse, was eine abgeleitete Klasse?
9.2.2 Gilt bei einer Komposition das liskovsche Substitutionsprinzip?
9.2.3 Welche Lebensdauer haben "Klein"-Objekte bei einer Aggregation und Komposition im Vergleich mit den zugehörigen "Groß"-Objekten?
9.2.4 Welche Vorteile hat eine Aggregation gegenüber einer Mehrfachvererbung?

Aufgabe 9.3 Zusicherungen

9.3.1 Wer hat die Pflicht bei einer Vorbedingung, wer hat den Nutzen?
9.3.2 Wer hat die Pflicht bei einer Nachbedingung, wer hat den Nutzen?
9.3.3 Betrifft eine Vor- und eine Nachbedingung eine Methode oder Klasse?
9.3.4 Betrifft eine Invariante eine Methode oder Klasse?
9.3.5 Kann man Vorbedingungen verschärfen?
9.3.6 Kann man Nachbedingungen aufweichen?
9.3.7 Realisieren Sie die Prüfung von Vor- und Nachbedingungen mit Exceptions oder Assertions?

Kapitel 10

Objektorientierte Notation mit UML – eine Einführung

```
┌─────────────────────┐
│    RechenThread     │
│                     │
└─────────────────────┘
```

10.1 Geschichte von UML
10.2 Knoten und Kanten in UML
10.3 Einführung in Klassen in UML
10.4 DataType, Aufzählungstyp und primitive Typen
10.5 Statische Beziehungen
10.6 Zusätze in UML
10.7 Dokumentation der Klassen und Beziehungen
10.8 Das Konzept einer Schnittstelle
10.9 Meta-Metaebene, Metaebene, Modellebene und Datenebene in UML
10.10 Das Konzept eines Classifier
10.11 Das Konzept einer Kollaboration
10.12 Interaktionen und Nachrichtentypen
10.13 Erweiterungsmöglichkeiten der UML
10.14 Zusammenfassung
10.15 Aufgaben

10 Objektorientierte Notation mit UML – eine Einführung

Die Unified Modeling Language (UML) ist eine standardisierte Notationssprache zur Beschreibung der objektorientierten Modellierung von Systemen. Sie wurde von der ISO standardisiert (ISO/IEC 19501). Das objektorientierte Konzept und die objektorientierte Methodik selbst beruhen nicht auf UML, sondern können mit Hilfe von UML notiert werden. UML hat eine große Bedeutung in der Praxis erlangt.

UML ist keine Methode. UML ist eine Sprache zur Beschreibung der objektorientierten Modellierung von Systemen.

UML enthält seit Beginn eine grafische Notation zur Visualisierung der Modellelemente und damit von Diagrammen. Inzwischen gibt es mit XML Metadata Interchange (XMI) die Möglichkeit, auch rein textuell statt grafisch zu formulieren.[70]

Eine Notation legt die Schreibweise fest. So wird in der alten Notation von Booch eine Klasse `Punkt` wie folgt gezeichnet:

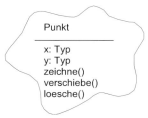

Bild 10-1 Frühere Notation einer Klasse nach Booch

In der OMT-Notation[71] – einer alten Notation von Rumbaugh – wird dieselbe Klasse folgendermaßen notiert:

Punkt
x: Typ y: Typ
zeichne verschiebe loesche

Bild 10-2 OMT-Notation einer Klasse nach Rumbaugh

Ein Rechteck gibt es auch bei UML wie im folgenden Beispiel:

---

[70] Auf XMI wird hier nicht eingegangen.
[71] OMT = Object Modeling Technique.

Objektorientierte Notation mit UML – eine Einführung 317

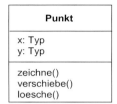

Bild 10-3 Notation einer Klasse nach UML

Hierbei sind `x` und `y` die Koordinaten eines Punktes vom Typ `Typ`, während `zeichne()`, `verschiebe()` und `loesche()` Operationen sind, die auf einen Punkt angewandt werden können.

UML verwendet grafische Symbole. Aus den Symbolen werden die **Diagramme** erstellt, die das Softwaresystem auf unterschiedlichen Abstraktionsebenen und aus unterschiedlichen Sichten beschreiben.

> Ein Diagramm stellt die Projektion eines Modells eines Systems aus einer bestimmten Perspektive dar.

UML-Diagramme werden meist in Form von Graphen mit Knoten als Bestandteile und mit Beziehungen[72] als Kanten gezeichnet. Hinter jedem grafischen Baustein verbirgt sich in Textform eine definierte Syntax und Semantik, die die Bedeutung des grafischen Bausteins festlegt.

UML-Diagramme sind sehr ausdrucksstark und bieten zahlreiche Sichten auf ein System. Diese Systeme sollten am besten anwendungsfallzentriert entwickelt werden, da Anwendungsfälle ein wichtiges Konzept von UML darstellen. UML-Modelle sind semantisch reichhaltiger als die gängigen Programmiersprachen.

Das Ziel der UML ist es, die Analyse und den Entwurf von komplexen, objektorientierten Softwaresystemen standardisiert und leicht verständlich zu dokumentieren und dabei nicht an ein bestimmtes Vorgehensmodell gebunden zu sein. UML soll dabei helfen, Softwaresysteme zu analysieren, zu entwerfen und zu dokumentieren. UML soll für verschiedene Prozesse verwendbar sein. Ebenso soll es für die verschiedensten Entwicklungswerkzeuge, Programmiersprachen und Anwendungen eingesetzt werden können. Bei welcher Art von Systemen welche Diagramme in welcher Reihenfolge sinnvoll sind, legt UML nicht fest.

> Die Dokumente der UML-Spezifikation stehen unter der Website
>
> `http://www.omg.org`
>
> zur Verfügung.

---

[72] Eine statische Beziehung ist beispielsweise eine Assoziation oder eine Abhängigkeit. Eine dynamische Beziehung ist beispielsweise der Austausch von Nachrichten oder ein Zustandsübergang.

UML-Verwendungsarten

UML als Modellierungssprache soll bei der Entwicklung einer Anwendung den Entwicklern helfen, ihre Ideen und Vorstellungen zu kommunizieren und zu verdeutlichen. War UML zunächst nur eine grafische Notation, die mehr oder weniger heuristisch erfunden wurde, so wurde UML inzwischen formalisiert und erhielt eine **Metasprache** (siehe Kapitel 10.9), welche die Sprache UML formal festlegt. In der Version **UML 2.0** wurde die UML grundlegend überarbeitet und formal strenger definiert, um aus den Modellen eine **automatische Codegenerierung** zu ermöglichen. Im Folgenden wird die derzeit gültige Version von UML, UML 2.3, verwendet.

Je nach Vollständigkeit und Präzision des Modells kann UML verschieden eingesetzt werden:

- Zur **Kommunikation** zwischen Projektbeteiligten. Hierzu dient eine einfache – meist unvollständige – Skizze in UML-Notation, die nur das zum Ausdruck bringt, was wichtig zu sein scheint.
- Als **Architekturschema**, das die Prinzipien der Architektur ausdrückt und von den Entwicklern verstanden und implementiert werden kann. Als Beispiel hierfür können Entwurfsmuster (vgl. Kapitel 17) dienen, die ein Entwickler in ein laufendes Programm in einer bestimmten Programmiersprache als sogenanntes "Idiom" umsetzen kann.
- Als **formale grafische Sprache**, die in eine andere Sprache, nämlich den Programmcode gewandelt werden kann. Dies setzt natürlich voraus, dass für ein Programmkonstrukt das entsprechende grafische Element zur Verfügung gestellt wird. In diesem Fall spricht man auch von "executable UML" bzw. "ausführbarer UML".

Während UML 1.x bereits die ersten beiden Ziele hinreichend unterstützte, wurde UML 2.0 mit dem Ziel entworfen, die Generierung von Programmen aus UML-Diagrammen zu ermöglichen. Ein Beispiel für die Erweiterung von UML 1.x zu UML 2.0 ist, dass im Sequenzdiagramm nun Schleifen formuliert werden können, um somit einfach Schleifen in einer Programmiersprache generieren zu können.

Über das Anklicken eines grafischen Elements auf der Oberfläche eines Werkzeugs kommt man meist zur textuellen Spezifikation eines Elements. Die grafische Darstellung darf immer unvollständig sein, die dahinter liegende Spezifikation (siehe Kapitel 10.7) muss jedoch vollständig sein, wenn Programmcode generiert werden können soll. Nur zur Kommunikation eines Ausschnitts oder zur Darstellung von Entwurfsmustern reicht eine punktuell fertige textuelle Spezifikation aus, da der Rest des Systems gar nicht dargestellt wird.

Nach einer kurzen Einführung in die Geschichte von UML (Kapitel 10.1) erfolgt ein kurzer Überblick über die Elemente der Graphen von UML, nämlich im Wesentlichen über Knoten und Kanten (Kapitel 10.2). Die Klasse ist in UML das wichtigste Element (Kapitel 10.3). Aufzählungstypen und primitive Typen sind keine Klassen, sondern vom Typ eines `DataType` (Kapitel 10.4). Knoten stehen durch statische und dynamische Beziehungen in den Diagrammen in Zusammenhang. Statische Beziehungen werden in Kapitel 10.5 behandelt. Zusätze in UML sind optionale Elemente in UML-Diagrammen, die bei Bedarf eingeblendet werden (siehe Kapitel 10.6). Das Kapitel "Dokumentation der Klassen und Beziehungen" (siehe Kapitel 10.7) rundet die Übersicht über Klassen und Beziehungen ab. Anschließend wird in Kapitel 10.8 das Konzept der Schnittstellen vorgestellt.

UML ist seit der Version 2.0 durch ein strenges Metamodell ausgestattet. Der Zusammenhang zwischen Meta-Metaebene, Metaebene, Modellebene und Datenebene wird in Kapitel 10.9 erläutert. Hinter Klassen und anderen Elementen steckt in UML das Konzept des Classifier (siehe Kapitel 10.10).

Mit dem Begriff der Kollaboration wird ein logisches Konstrukt in Statik und Dynamik der Realisierung eines Vertrags durch eine Zusammenarbeit von Objekten beschrieben. Dies wird in Kapitel 10.11 erläutert. Welche Typen es für Nachrichten gibt, wird in Kapitel 10.12 dargestellt.

Kapitel 10.13 befasst sich mit den Möglichkeiten, die Sprache UML zu erweitern.

10.1 Geschichte von UML

Die Unified Modeling Language entstand in den neunziger Jahren mit dem Ziel, die "Methodenkriege", wie man objektorientiert modelliert, zu beenden. Damals gab es über 50 verschiedene Methoden, wie man objektorientiert entwickeln könnte, aber keinen Königsweg. Die drei Väter der UML – Grady Booch, James Rumbaugh und Ivar Jacobson – hatten ebenfalls eigene Methoden entwickelt: die Booch-Methode, die Object-Oriented Modeling Technique (OMT) von Rumbaugh und Objectory von Jacobson. Wichtige Bücher aus dieser Zeit sind beispielsweise:

- "Object-Oriented Analysis and Design" von Booch [Boo96],
- "Object-Oriented Analysis" [CoA91] und "Objectoriented Design" [CoD91] vom Coad und Yourdon,
- "Object Modeling Technique" von Rumbaugh, Blaha, Premerlani, Eddy und Lorensen [Rum93],
- "Object Oriented Software Engineering" von Jacobson [Jac92] oder
- "Responsibility Driven Design" von Wirfs-Brock, Wilkerson und Wiener [Wir93].

Während **Jacobson** sich durch das Konzept der **Anwendungsfälle** (engl. **Use Cases**) auszeichnete, welches zur Modellierung der funktionalen Anforderungen der Nutzer hervorragend geeignet ist, lag der Schwerpunkt von **Rumbaugh** auf dem Konzept der **Datenmodellierung** in der Systemanalyse und die Stärke der **Booch**-Methode im **Systementwurf**.

Bis zur Version 0.8 im Jahre 1995 hieß UML noch Unified Method. Die Vorgängerversionen der Unified Method bzw. UML wurden ursprünglich von der Firma Rational mit Grady Booch entwickelt. Als James Rumbaugh (1994) und Ivar Jacobson (1995) ebenfalls bei Rational beschäftigt wurden, arbeiteten Booch, Rumbaugh und Jacobson zunächst gemeinsam daran, ihre getrennt entwickelten Methoden in eine einheitliche Methode zur Softwareentwicklung – die UML – zu überführen. Dieses Ziel wurde aber aufgrund unterschiedlicher Ansätze aufgegeben. Daher wurde das Ziel etwas bescheidener neu definiert. Eine grafische Modellierungssprache sollte nun das Ziel sein. Seit der Version 0.9 gibt es den Begriff der Unified Modeling Language (UML). Mit anderen Worten, es gibt nur eine standardisierte Notation, nicht aber ein standardisiertes methodisches Vorgehen. Bild 10-4 zeigt die Entstehungsgeschichte der verschiedenen Versionen von UML. War die Unified Modeling Language zunächst nur eine weitere Variante, so wurde sie zum großen Wurf, als die Object Management Group (OMG) dazu bewegt werden konnte, einen Request for Proposal für eine standardisierte Modellierungssprache auszusprechen. Natürlich kamen Vorschläge von vielen Firmen, nicht nur von der Firma Rational. Aber nach dem Motto "If you can't beat them, join them!", wurden diese alle durch geschickte Politik ins Boot geholt, so dass last not least nur noch UML übrig blieb. Und damit hatte die Firma Rational den Markt geknackt[73]. Die Object Management Group (OMG), 1989 gegründet, übernahm mit der Version 1.3 das Copyright für UML.

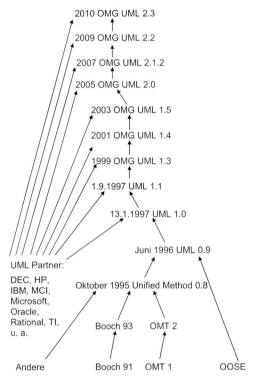

Bild 10-4 UML-Geschichte

Momentan gültig ist die Version UML 2.3.

10.2 Knoten und Kanten in UML

In UML enthält ein **Diagramm** meist eine grafische Darstellung einer Menge von **Knoten**, die über **Kanten** in Beziehungen stehen. Ein Beispiel einer anderen gra-

---

[73] Das sollte sich noch auszahlen. Über ein Jahrzehnt später bezahlte IBM über 2 Mrd. US-Dollar für die Firma Rational.

Objektorientierte Notation mit UML – eine Einführung

fischen Darstellung ist das Zeitdiagramm (engl. timing diagram), welches analog einem Pulsdiagramm der Elektrotechnik ist.

> Systeme haben eine **statische Struktur** und ein **dynamisches Verhalten**. Bei entsprechender Komplexität sind sie hierarchisch aus **Teilsystemen** aufgebaut.

Daher existieren in UML:

- Strukturelemente,
- statische Beziehungen und
- dynamische Verhaltensweisen.

Ein Element kann in verschiedenen UML-Diagrammen erscheinen.

Strukturelemente und damit **Knoten in Graphen** sind beispielsweise:

- Klassen,
- Objekte,
- aktive Klassen (parallele Einheiten)[74],
- Schnittstellen,
- Komponenten,
- Knoten (Rechner oder Rechnertypen),
- Zustände oder
- Pakete.

Kanten sind statische Beziehungen oder dynamische Beziehungen wie ein Nachrichtenaustausch oder Zustandsübergänge (Transitionen).

Als **statische Beziehungen** zwischen den Strukturelementen gibt es bei UML:

- Assoziation,
- Generalisierung,
- Realisierung und
- Abhängigkeit.

Eigentlich beschreiben alle diese statischen Beziehungen tatsächlich Abhängigkeiten. Assoziationen, Generalisierungen und Realisierungen haben aber eine spezielle Semantik. Sie werden daher als eine besondere Form der Abhängigkeit eingestuft.

Zur Beschreibung des **dynamischen Verhaltens** dienen:

- dynamische Beziehungen zwischen Strukturelementen durch den Austausch von Botschaften,
- Zustände und Zustandsübergänge,
- Aktivitäten und ihre Abläufe.

Für Gruppierungen dienen **Pakete** und für Erläuterungen die **Kommentare**.

---

[74] Auf aktive Klassen wird in Kapitel 10.3.7 eingegangen.

> UML enthält **Modellelemente**
> - zur Strukturierung eines Systems,
> - zur Beschreibung seines Verhaltens,
> - zur Gruppierung und
> - zur Erläuterung (Kommentare).

10.3 Einführung in Klassen in UML

Klassen sind das wichtigste Element in UML. Man muss sich bei der Modellierung eines Systems entscheiden, welche Abstraktionen Teil des Systems werden und welche Abstraktionen außerhalb der Systemgrenzen bleiben sollen. Das **Vokabular** eines Systems wird in UML mit Hilfe von Klassen formuliert. Das Vokabular sind in der Systemanalyse die Gegenstände der Realität, die in dem zu modellierenden System abgebildet werden. Dabei repräsentiert eine **Klasse** eine Menge von Objekten. Sie stellt sozusagen deren **Bauplan** dar.

> Eine **Klasse** stellt einen **Typ** dar und ein **Objekt** ist eine **Variable vom Typ** einer **Klasse**.

Objekte sind Instanzen einer Klasse und entsprechen deren Vorgaben.

> Eine **Klasse kann instanziiert werden**. Dies bedeutet, dass eine Instanz vom Typ der Klasse erzeugt wird.

Ein **Attribut** ist eine **Eigenschaft** einer Klasse bzw. eines Objekts. Sie kann durch eine Variable eines Typs ausgedrückt werden. Eine **Operation** spezifiziert einen **Dienst**, der von irgendeinem Objekt einer Klasse oder von der Klasse selbst bereitgestellt werden muss. Implementierungen von Operationen werden **Methoden** genannt.

> Eine **spezifizierte Klasse** besteht in der Regel aus **Name**, **Attributen** und **Operationen**. Eine **implementierte Klasse** besteht aus **Name**, **Attributen** und **Methoden**.

Zusätzlich zum Vokabular der Klassen des Problembereichs kommen beim Entwurf noch Klassen der Lösungstechnologie zum Vokabular hinzu wie z. B. Klassen für die Ausgabe auf dem Bildschirm. Zu beachten ist, dass es generell eine öffentliche Sicht und eine private Sicht einer Klasse gibt. Kunden-Klassen benötigen die Sicht von außen auf eine Klasse, der Programmierer die Sicht auf das Innere der Klasse.

10.3.1 Style Guide für die Darstellung einer Klasse

Eine Klasse hat **Abschnitte** (engl. **compartments**) für den Namen der Klasse, Attribute und Operationen und kann aber grundsätzlich beliebig viele Zusatzbereiche zu diesen Abschnitten haben. Welche Abschnitte außer dem obligatorischen Bereich für den Namen der Klasse grafisch visualisiert werden, bleibt der einzelnen Darstellung überlassen. Bis auf den obersten Bereich mit dem Namen dürfen alle anderen Abschnitte in der grafischen Darstellung einer Klasse fehlen. Das Fehlen im Diagramm bedeutet nur, dass diese Elemente nicht dargestellt werden, und nicht, dass es sie nicht gibt. Auch weitere Abschnitte sind möglich. Ihr Einsatz ist nicht standardisiert.

Eine Klasse besteht im Wesentlichen aus dem Klassennamen, ihren Attributen und ihren Operationen bzw. Methoden. Der **Klassenname** wird nach UML [Sup10, S.52] fett und zentriert dargestellt. Der erste Buchstabe des Klassennamens wird nach UML groß geschrieben (wenn der Buchstabensatz dies unterstützt) [Sup10, S.52].

Attribute und Operationen werden nach UML links ausgerichtet. Sie beginnen mit einem Kleinbuchstaben [Sup10, S.52]. Der Typ eines Attributs ist optional.

Eine Klasse wird durch ein Rechteck symbolisiert, wie in folgendem Beispiel zu sehen ist:

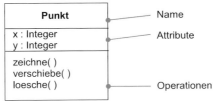

Bild 10-5 Klasse `Punkt` mit Angabe von Attributen und Operationen

Attribute und Operationen dürfen in UML-Syntax oder auch in der Syntax einer Programmiersprache definiert werden.

Ein Attribut gehört physisch zum entsprechenden Objekt, auch wenn es logisch in der sogenannten Beziehungsdarstellung (siehe Kapitel 10.3.2.3) dargestellt wird [UML10, S. 122 bzw. 124]. Zur Laufzeit können Objekte bzw. Klassen in den Attributen Daten transient speichern.

Eine Klasse stellt einen Namensraum dar. Die Namen der Attribute und die Signaturen der Operationen müssen innerhalb der Klasse eindeutig sein. Für einen Namen sind alle Zeichen der Tastatur zugelassen, somit auch Sonderzeichen, Umlaute und Leerzeichen.

10.3.2 Attribute

Attribute geben die **Struktur einer Klasse** an. Ein Attribut ist eine Eigenschaft einer Klasse und kann von einem einfachen oder komplexen Typ sein. Weiterhin besteht die Möglichkeit, ein Attribut als Beziehung zu einer Klasse eines komplexen Typs zu realisieren (siehe Kapitel 10.3.2.3).

Außer dem Namen kann man für ein Attribut in der visuellen Darstellung beispielsweise festlegen:

- Sichtbarkeit,
- Gültigkeitsbereich,
- Typ,

- Multiplizität,
- Anfangswert oder
- Änderbarkeit.

10.3.2.1 Name von Attributen

Eine Klasse kann über eine beliebige Anzahl an Attributen verfügen. Ein Attribut beginnt nach UML mit einem Kleinbuchstaben [Sup10, S.52]. Zumeist sind in der Praxis die Attribute kurze Substantive (Nomen) oder Nominalphrasen. Eine Nominalphrase kann beispielsweise durch ein Adjektiv erweitert sein. Dabei zählt ein Partizip Perfekt auch zu den Adjektiven. Oftmals wird in einem Projekt die Konvention getroffen, dass jedes Wort eines zusammengesetzten Worts mit einem Großbuchstaben beginnt, ausgenommen das erste Wort wie im Falle des Beispiel-Attributs `lackiertesBlech`. Solche Konventionen sind wechselseitige Vereinbarungen der Projektmitarbeiter. Sie werden nicht durch UML festgelegt,

10.3.2.2 Syntax von Attributen

Ein Attribut wird gezeigt als Textstring mit dem Aufbau [Sup10, S. 130] :

```
[«Stereotyp»][Sichtbarkeit]['/']Attributname[':'Datentyp]
['['Multiplizität']']['='Anfangswert]['{'EigenschaftsString'}']
```

Bis auf den Attributnamen ist alles optional. Dies wird durch die eckigen Klammern dargestellt.

Als **Stereotyp** kann ein beliebiger Stereotyp, z. B. `<<Verkauf>>`, angegeben werden, der das Attribut genauer beschreibt. Stereotypen werden in Kapitel 10.13.1 behandelt.

Für die **Sichtbarkeit** von Attributen gibt es die folgenden Symbole:

- bedeutet privat (engl. `private`). Nur die eigene Klasse kann auf dieses Attribut zugreifen.
bedeutet geschützt (engl. `protected`). Eine Erweiterung der entsprechenden Klasse kann auf dessen geschützte Eigenschaften zugreifen.
~ bedeutet paketweit (engl. `package`). Nur Klassen aus demselben Paket können auf dieses Attribut zugreifen.
+ bedeutet öffentlich (engl. `public`). Ein solches Attribut ist für jede fremde Klasse sichtbar, solange diese Sicht auf die Klasse hat, die dieses Attribut enthält.

Ein Standardwert bei einer Nichtangabe der Sichtbarkeit wird im UML-Standard nicht erwähnt, obwohl es erlaubt ist, die Sichtbarkeit wegzulassen.

Die Kategorien privat, geschützt und öffentlich sind beispielsweise aus C++ bekannt. Ein Beispiel für ein privates Attribut `name` einer Klasse `Person` ist:

Person
- name : String

Bild 10-6 Beispiel für ein privates Attribut

Die Einträge eines Abschnitts sind in Zeilen angeordnet. Sie können in Gruppen notiert sein. Zu Beginn einer solchen Gruppe steht dann eine Zeile mit einer bestimmten Sichtbarkeit. Die genannte Sichtbarkeit bezieht sich dann auf die ganze Gruppe. Das folgende Bild gibt ein Beispiel:

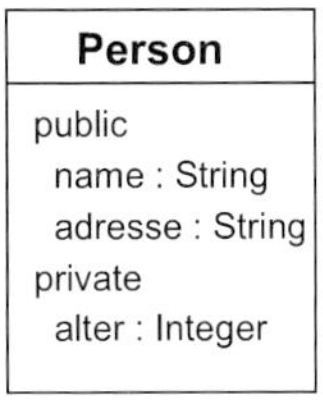

Person
public
name : String
adresse : String
private
alter : Integer

Bild 10-7 Gruppierung der Attribute nach Sichtbarkeiten

Bei **Klassen** ist der Attributname und sein Datentyp wichtig, wie in folgendem Beispiel:

```
Sichtbarkeit Attributname: Datentyp
```

und bei **Objekten** der Anfangswert, wie z. B.:

```
Attributname = Anfangswert
```

Der **Schrägstrich** / tritt bei abgeleiteten Attributen auf (siehe Kapitel 10.3.2.4).

Der **Gültigkeitsbereich** eines Attributs ist die Instanz oder die Klasse. Durch Unterstreichen des Attributnamens wird zum Ausdruck gebracht, dass es sich um eine Klassenvariable handelt. Wird nicht unterstrichen, so liegt eine Instanzvariable vor.

Ein **Typ** legt die Werte der Variablen und insbesondere ihren Wertebereich fest. Ein Typ kann ein einfacher oder zusammengesetzter Datentyp sein. Hierfür steht in UML das Konzept

- des `DataType` und
- der Klasse

zur Verfügung.

Fehlt eine Multiplizitäts-Angabe, so ist die **Multiplizität** gleich 1. Ansonsten kann die Multiplizität eine `Integer`-Zahl oder ein Wertebereich sein. Tritt an die Stelle der `Integer`-Zahl ein *, so bedeutet das null oder mehr. Ein Wertebereich wird in der Form [`untergrenze .. obergrenze`] angegeben, dabei kann die Obergrenze gleich der Untergrenze sein. * als Obergrenze zeigt an, dass die obere Grenze des Wertebereichs beliebig sein kann.

Die Angabe des **Anfangswertes** ist optional. Das Gleichheitszeichen = und der String mit dem Anfangswert werden weggelassen, wenn es keinen Default-Wert gibt.

Das Wort **Eigenschafts-String** bezieht sich beispielsweise auf die Änderbarkeit: Der Eigenschafts-String `{readonly}` zeigt z. B. an, dass nur gelesen werden darf. Dies bedeutet, dass nach dem Setzen des Anfangswerts ein Attribut nicht mehr geändert werden darf. Damit kann eine Analogie zu Konstanten in Programmiersprachen hergestellt werden. Ansonsten kann auch geändert werden. `{readonly}` stellt eine vorgegebene Randbedingung dar. Randbedingungen in geschweiften Klammern werden in Kapitel 10.13.3 beschrieben.

Beispiele:

```
mannschaft : Person [11]
```

Eine Mannschaft besteht aus einem Array von elf Personen.

```
speicherbausteine : Speicher [2 .. *]
```

Dies bedeutet: 2 oder mehrere Instanzen `speicherbausteine` vom Typ `Speicher`.

10.3.2.3 Attribute in Beziehungsdarstellung

Attribute werden als durch Assoziation mit der sie enthaltenden Klasse verbunden betrachtet [Sup10, S.50]) Attribute können deshalb prinzipiell auch in Form von Beziehungen dargestellt werden[75]. Dies soll zunächst an einem Beispiel gezeigt werden. So hat ein Fachbereich einen Dekan. Dies kann natürlich in der Attributschreibweise dargestellt werden, aber auch in der Beziehungsschreibweise, wie folgt:

Bild 10-8 Beziehungsdarstellung

Durch diese Schreibweise wird ein Klassendiagramm größer. Die Beziehungsnotation lohnt sich, wenn ein Attribut selbst zusammengesetzt ist. An der Beziehung werden der Name des Attributs und die Sichtbarkeit notiert.

10.3.2.4 Abgeleitete Attribute

Der Wert eines abgeleiteten Attributs wird aus den Werten anderer Attribute berechnet. So kann ein Jahresgehalt aus den Monatsgehältern berechnet werden. Zur Kennzeichnung trägt ein abgeleitetes Attribut einen dem Attributnamen vorangestellten Schrägstrich wie z. B.

```
/Jahresgehalt: float
```

Ein abgeleitetes Attribut benötigt im Allgemeinen keinen persistenten Speicherplatz in einem Objekt.

10.3.2.5 Klassenattribute

Attribute, die zur Klasse gehören, werden nach UML unterstrichen.

10.3.2.6 Beispiele für Attribute

Durch `vorname: String[1..2]` wird der Name `vorname` des Attributs, sein Typ und die Multiplizität festgelegt.

---

[75] Wie [Sup10, S. 57] zeigt, werden Attribute in Beziehungsdarstellung klein geschrieben.

Durch `punkt1: Punkt` wird der Name `punkt1` vom Typ `Punkt` festgelegt.

Die Unterstreichung `zaehler: int` eines Attributs zeigt an, dass es sich um ein Klassenattribut handelt.

10.3.3 Operationen

UML unterscheidet die Begriffe Operation und Methode. Eine **Operation** spezifiziert einen Dienst, den ein Objekt oder die Klasse selbst bereitstellt. Eine **Methode** stellt die Implementierung einer Operation dar.

> Eine Operation stellt die Abstraktion einer Methode dar und umfasst die Spezifikation der Methode mit ihren Verträgen.

In einer Vererbungshierarchie kann es für eine Operation viele verschiedene Methoden geben. Erfolgt die Bindung zur Laufzeit (dynamische Bindung), so wird erst zur Laufzeit entschieden, welche Methode aufgerufen wird.

10.3.3.1 Name einer Operation

Üblicherweise wird die Konvention getroffen, dass es sich bei dem Namen einer Operation um ein **kurzes Verb** oder eine **Verbalphrase**, gefolgt von runden Klammern, handelt. Eine Verbalphrase kann ein Objekt enthalten. Der erste Buchstabe aller Wörter wird meist konventionsgemäß mit Ausnahme des ersten Buchstabens groß geschrieben wie zum Beispiel bei der Operation `lackiereBlech()`. Diese Konvention ist häufig, aber nicht von UML gefordert.

10.3.3.2 Syntax einer Operation

Sichtbarkeit einer Operation

Die Sichtbarkeit einer Operation wird in gleicher Weise spezifiziert wie bei Attributen (siehe Kapitel 10.3.2.2):

- − entspricht `private`,
- # entspricht `protected`,
- ~ entspricht `package` und
- + entspricht `public`.

Hierfür ein Beispiel

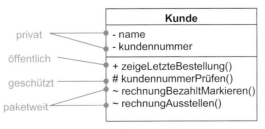

Bild 10-9 Sichtbarkeiten

Ein Standardwert bei einer Nichtangabe der Sichtbarkeit wird im UML-Standard nicht erwähnt, obwohl es erlaubt ist, die Sichtbarkeit wegzulassen.

10.3.3.3 Übergabeparameter einer Operation

Gibt es keine Übergabeparameter, so ist die Parameterliste leer. Ansonsten ist für jeden Parameter der Name mit Typ anzugeben.

Es ist möglich, mit `in`, `out` oder `inout` die Richtung des Datenflusses bei einem Übergabeparameter anzugeben. Unterbleibt die Angabe, so ist der Default-Wert gleich `in`.

10.3.3.4 Rückgabetyp von Operationen

Der Rückgabetyp ist in UML optional. Fehlt der Rückgabetyp, so kann keine Schlussfolgerung auf die Existenz des Rückgabetyps gezogen werden.

10.3.3.5 Eigenschaften einer Operation

Zusätzlich können bei einer Operation Eigenschaften angegeben werden wie z. B. für die **Nichtänderbarkeit**:

- `getStatus() : boolean {query}`

  Die Ausführung einer Operation mit der Eigenschaft `{query}` verändert den Status des Systems nicht, da nur gelesen und nicht geschrieben wird.

Ebenso können die **Nebenläufigkeitseigenschaften** von Operationen bei der Modellierung aktiver Klassen (siehe Kapitel 10.3.7) notiert werden:

- Im Falle von `{sequential}` müssen die **Aufrufer außerhalb des Objektes koordiniert werden**, da die Operation keine parallelen Aufrufe unterstützt. Es muss also sichergestellt werden, dass zur selben Zeit sich stets nur ein einziger Kontrollfluss im Objekt befindet. Wird diese Eigenschaft verletzt und kommt es zu mehreren Kontrollflüssen im Objekt, so können Semantik und Integrität des Objektes nicht gewährleistet werden.
- Im Falle der Eigenschaft `{guarded}` sind mehrere Kontrollflüsse von außen über das Objekt möglich, d. h. dass parallele Aufrufe erlaubt sind. Dabei wird ein Aufruf nach dem anderen bearbeitet, wobei eine Operation hierbei als **atomar** betrachtet wird. Damit kann zur selben Zeit nur eine Operation ablaufen. Ein **Monitor des Objektes** sorgt dafür, dass alle bewachten (guarded) Operationen serialisiert werden. Kommt ein Aufruf während der Abarbeitung einer Operation, so wird er blockiert, bis die laufende Operation fertig ist.
- Im Falle von `{concurrent}` – auf Deutsch nebenläufig – können mehrere Kontrollflüsse gleichzeitig über das Objekt gehen.

Gibt es gleichzeitig zu den nebenläufigen ({concurrent}) Operationen noch sequenzielle ({sequential}) oder bewachte ({guarded}) Operationen, so müssen die nebenläufigen Operationen so entworfen werden, dass sie sich auch in solchen Fällen korrekt verhalten [UML06, S. 162].

{abstract} bedeutet, dass die Operation abstrakt ist. Statt der Verwendung von {abstract} kann die Signatur[76] auch kursiv geschrieben werden. Darf eine Operation in einer Unterklasse nicht überschrieben werden, so wird sie mit {leaf} gekennzeichnet.

10.3.3.6 Klassenoperationen

Operationen, die zur Klasse gehören, werden nach UML unterstrichen. Entweder wird die Signatur unterstrichen oder nur der Name der Operation.

10.3.3.7 Beispiele für eine Operation

Hier drei Beispiele:

- `operation (x: int, s: String)`

  Hier wird der Name der Operation und der Name und Typ der Übergabeparameter angegeben.
- `getX() : int`

  Hier wird der Name und Rückgabetyp spezifiziert. Die Parameterliste ist leer.
- `+ durchmesserErmitteln() : float`

  Die Operation `durchmesserErmitteln()` hat die Sichtbarkeit `public` und keine Übergabeparameter, da die Klammern leer sind. Sie gibt einen Wert vom Typ `float` zurück.

10.3.4 Gruppierung von Attributen und Operationen

Die textuelle Spezifikation einer Klasse muss für eine Code-Generierung vollständig sein, nicht aber die grafische Darstellung. In vielen Fällen ist es auf Grund der gegebenen Komplexität auch gar nicht möglich, alle Attribute und Operationen im grafischen Symbol einer Klasse darzustellen.

> Enthält eine Klasse sehr viele Attribute oder Operationen, können diese durch selbst geschriebene **Stereotypen** kategorisiert werden, indem man vor jede Gruppe eine beschreibende Kategorie als Präfix in Form eines Stereotyps mit Guillemets «...» voranstellt.

---

[76] Eine Signatur in UML umfasst auch den Rückgabetyp. Siehe Begriffsverzeichnis.

Die Listen dieser Kategorien müssen nicht vollständig sein. Stereotypen als eine gezielte Erweiterung von UML werden im Kapitel 10.13.1 behandelt. Hier ein Beispiel für die Verwendung von Stereotypen.

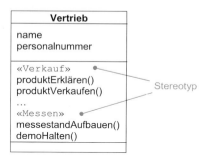

Bild 10-10 Stereotypen für Operationen

Um anzuzeigen, dass nicht alle Operationen oder Attribute einer Liste aufgeführt wurden, verwendet man drei Punkte als **Auslassungssymbol** am Ende einer Liste.

10.3.5 Verantwortlichkeiten

Bei einer Verantwortlichkeit (siehe auch Kapitel 12.8.2) handelt es sich um einen Vertrag bzw. eine Verpflichtung einer Klasse.

Verantwortlichkeiten können in einem eigenen Zusatzbereich unten im Klassensymbol eingefügt werden.

Verantwortlichkeiten werden als freier Text in einem Satz oder kurzen Absatz formuliert (siehe Bild 10-11).

Bild 10-11 Klasse mit Verantwortlichkeiten

Die Verantwortlichkeiten eines Systems sollten grundsätzlich möglichst gleichmäßig auf alle Klassen verteilt werden. Wenn eine Klasse zu viele Verantwortlichkeiten besitzt, kann sie in kleinere Abstraktionen unterteilt werden.

Objektorientierte Notation mit UML – eine Einführung 331

10.3.6 Formale Beschreibung einer Klasse

Will man Code aus dem Programm generieren, so muss das Modell formal sein. Für die Kommunikation mit den Anwendern reicht ein weniger formales Modell. So kann man für eine Klasse zunächst nur die Verantwortlichkeiten in Textform spezifizieren und in der rein formalen Definition der Vor- und Nachbedingungen und Invarianten in der formalen Sprache OCL (Object Constraint Language) [Ocl10] enden.

10.3.7 Aktive Klassen

Instanzen einer aktiven Klasse haben einen eigenen Kontrollfluss. Während früher eine aktive Klasse durch das Symbol einer Klasse mit einem besonders dicken Rahmen dargestellt wurde, ist seit UML 2.0 der Rahmen in gleicher Stärke wie bei einer normalen Klasse. Dafür hat eine aktive Klasse nun aber eine doppelte Linie an der linken und rechten Seite[77]. Sonst haben aktive Klassen dieselben Eigenschaften wie einfache Klassen und können an den gleichen Beziehungen teilnehmen.

Bild 10-12 Aktive Klasse

Klassendiagramme mit **aktiven Klassen** beschreiben eine statische **Prozesssicht**, da sie parallele Einheiten darstellen.

Wird eine aktive Klasse instanziiert, entsteht ein **aktives Objekt**. Ein aktives Objekt wiederum enthält einen oder mehrere **Prozesse** oder **Threads**. Ein Prozess ist ein schwergewichtiger[78] Fluss, der zu anderen Prozessen nebenläufig ausgeführt werden kann. Ein Thread ist ein leichtgewichtiger Fluss, der nebenläufig zu anderen Threads im selben Prozess ablaufen kann. Im Unterschied zu einem rein sequenziellen System gibt es in einem nebenläufigen System mehr als einen einzigen Kontrollfluss. Jeder dieser Kontrollflüsse beginnt am Anfang eines unabhängigen Prozesses oder Threads.

10.3.8 Geschachtelte und strukturierte Klassen

Eine geschachtelte Klasse wird innerhalb einer anderen Klasse definiert und gehört zum Namensraum der einschließenden strukturierten Klasse (siehe Kapitel 10.10.2). Geschachtelte Klassen haben oft eine auf die äußere strukturierte Klasse eingeschränkte Sichtbarkeit. UML 2 kennt keine spezielle Notation für das Symbol einer geschachtelten Klasse[79]. Ein Attribut ist einfach vom Typ einer Klasse.

---

[77] Es ist auch möglich, das Symbol für eine normale Klasse mit der Einschränkung {active} unter dem Klassennamen zu verwenden.
[78] Eine schwergewichtige Einheit ist eine Einheit für das Memory Management und Scheduling. Eine leichtgewichtige Einheit ist nur eine Einheit für das Scheduling.
[79] UML 1.x kannte keine geschachtelten Klassen.

10.4 DataType, Aufzählungstyp und primitive Typen

Ein Aufzählungstyp und primitive Typen sind in UML spezielle Ausprägungen eines "DataType".

Die Begriffe Klasse und DataType sind nicht identisch. Im Folgenden die Visualisierung eines DataType:

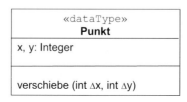

Bild 10-13 Ein DataType

Ein **DataType** ist ähnlich einer Klasse mit dem Unterschied, dass seine Instanzen nur durch ihren Wert identifiziert werden. Das bedeutet, dass die Instanzen eines DataType **keine Identität**[80] haben wie die Instanzen einer Klasse. Sie sind nur Werte und keine Objekte. Wenn also beispielsweise eine 3 mehrfach in einem Modell auftritt, ist es stets derselbe Wert. Zwei Objekte mit gleichem Inhalt sind verschieden, zwei gleiche Zahlen aber nicht. Ein DataType kann wie eine Klasse Attribute und Operationen haben. Ein DataType kann also auch zusammengesetzt sein. Die Operationen können aber den Wert eines Attributs nicht abändern, da keine Identität besteht.

Ein **Aufzählungstyp** und ein **primitiver Typ** sind in UML ein DataType. Sie werden mit eigenen Schlüsselwörtern modelliert (siehe Bild 10-14 und Bild 10-15).

Hier die Modellierung eines **Aufzählungstyps**:

Bild 10-14 Aufzählungstyp

Der zweite Abschnitt in Bild 10-14 enthält hier die Aufzählungskonstanten. Gegebenenfalls enthält der Aufzählungstyp Attribute und Operationen [Sup10, S. 69].

Ein **primitiver** DataType ist nicht strukturiert. Ein primitiver Typ hat weder zusätzliche Attribute noch Operationen [Sup10, S. 125]. Ein **primitiver Typ** wird als Klasse mit dem Schlüsselwort «primitive» über oder vor dem Namen des primitiven Typs notiert. Primitive Typen können selbst definiert werden. Ein primitiver Typ kann nach UML standardgemäß die Ausprägung:

---

[80] Identität bedeutet, dass sich jedes Objekt von einem anderen unterscheidet und damit eine eigene Identität hat, selbst wenn die Werte der Attribute gleich sind.

Objektorientierte Notation mit UML – eine Einführung

- `Boolean` (mit den Werten `true` und `false`),
- `String` (beliebige Zeichenketten),
- `Integer` (ganze Zahlen) oder
- `UnlimitedNatural` (natürliche Zahlen)

annehmen.

Diese vordefinierten Typen sind im Paket `PrimitiveTypes`, das eines der Pakete des `AuxiliaryConstructs`-Pakets ist [Sup10, S. 633], enthalten.

«primitive» Boolean	«primitive» String	«primitive» Integer	«primitive» UnlimitedNatural

Bild 10-15 Inhalt des `PrimitiveTypes`-Pakets

Die Werte bis auf `Boolean` sind unbeschränkt. Die Arithmetik eines Typs ist nicht in UML definiert. Dies bedeutet, dass beispielsweise die Addition oder Subtraktion von ganzen Zahlen nicht als Operation eines primitiven Typs beschrieben wird, sondern außerhalb von UML bereitsteht [Sup10, S. 125].

«dataType»[81], «primitive» und «enumeration» sind Schlüsselwörter und keine Stereotypen[82].

10.5 Statische Beziehungen

In der Regel gibt es nur wenige Klassen, die alleine stehen und ihre Aufgaben isoliert bearbeiten.

Der Normalfall ist, dass **Klassen "soziale Wesen"** sind, **die miteinander zusammenarbeiten**, um gemeinsam die Wünsche der Anwender zu erfüllen.

Assoziationen, Generalisierungen[83], **Realisierungen und Abhängigkeiten** sind alles statische Beziehungen auf Klassenebene. Sie werden hauptsächlich in Klassendiagrammen eingesetzt. Generalisierungen gibt es bei Objekten nicht. Auf Objektebene gibt es auch keine Realisierungen, wohl aber Instanzen von Assoziationen und Abhängigkeiten.

---

[81] Ob es `dataType` oder `datatype` heißt, kann nicht sicher gesagt werden, da der UML-Standard beide Formen enthält.
[82] Siehe Kap. 10.13.1.1.
[83] Generalisierungen sind Vererbungsbeziehungen.

Verwendungsbeziehungen sind Abhängigkeiten. Eine Klasse, welche eine andere Klasse benutzt, wird von dieser abhängig. Ändert sich die benutzte Klasse, so kann das Änderungen in der benutzenden Klasse zur Folge haben. Eine Assoziation ist prinzipiell stärker als eine Abhängigkeit.

> Eine **Generalisierung** ist eine **unsymmetrische Beziehung.** Eine Basisklasse merkt gar nicht, dass eine andere Klasse von ihr ableitet.

> Eine **Realisierung** ist ebenfalls **unsymmetrisch**. Wer den Vertrag vorgibt, merkt gar nicht, dass der Vertrag von einem anderen realisiert wird.

> Bei einer Abhängigkeitsbeziehung hängt zwar ein Element von einem anderen ab, aber das unabhängige kennt das abhängige Element gar nicht, d. h., eine **Abhängigkeitsbeziehung** ist ebenfalls eine **unsymmetrische Beziehung**.

Eine **Assoziation** ist hingegen eine **symmetrische Beziehung.** Jede der an der Assoziation beteiligten Klassen ist in irgendeiner Weise abhängig von der anderen. Besteht eine Assoziation, so kann man vom Objekt der einen Klasse zu dem Objekt einer anderen Klasse gelangen, was als **"navigieren"** (siehe Kapitel 10.5.2.5) bezeichnet wird. Man kann in beide Richtungen navigieren, wenn man die Navigation nicht explizit durch eine Pfeilspitze an der Assoziation einschränkt. Beim Programmieren **navigiert** man in der Regel zu einem anderen Objekt **über Zeiger oder Referenzen**.

> Die Navigationsrichtung legt also in der Regel fest, welches Objekt einen Zeiger auf ein anderes Objekt braucht.

> Da im Prinzip alle statischen Beziehungen vom Kern her Abhängigkeiten sind, ist die **Strategie** für das Klassifizieren von Beziehungen, zuallererst die semantisch klar erkennbaren Assoziationen, Generalisierungen und Realisierungen als besondere Abhängigkeiten festzulegen und die anderen Beziehungen dann als Abhängigkeiten darzustellen.

Es gibt noch eine andere Art von Beziehungen, die **dynamischen Beziehungen**.

> **Dynamische Beziehungen** findet man,
> - wenn man den Nachrichtenaustausch zwischen Objekten betrachtet,
> - wenn man **Zustandsübergänge** untersucht und
> - wenn man Abläufe im Aktivitätsdiagramm formuliert.

10.5.1 Generalisierungen

Eine Generalisierung ist eine Beziehung, die ausdrückt, dass eine Basisklasse eine abgeleitete Klasse verallgemeinert. Sie ist ein anderes Wort für Vererbungsbeziehung. Generalisierung bedeutet, dass ein Objekt einer Unterklasse an die Stelle eines Objektes einer Oberklasse treten kann. Generalisierung hat noch eine zweite Bedeutung bei der Vererbung: In einer Vererbungshierarchie werden nach oben die allgemeineren Klassen eingeordnet und nach unten die spezielleren. In anderen Worten, in der Hierarchie geht nach oben die Generalisierung und nach unten die Spezialisierung.

Eine Generalisierung wird dargestellt durch eine durchgezogene Linie mit einer großen unausgefüllten Dreiecks-Pfeilspitze (siehe Bild 10-16). Die Pfeilspitze zeigt auf die Basisklasse.

Eine Generalisierung wird auch als "Is-a"-Beziehung bezeichnet. So ist ein Student eine Person. In der Regel trägt eine Generalisierung keinen Namen. Eine Generalisierung wird folgendermaßen gezeichnet:

Bild 10-16 Eine Generalisierungsbeziehung

Bei einer Generalisierung übernimmt die abgeleitete Klasse Attribute und Operationen der Basisklasse und kann diesen noch eigene Eigenschaften hinzufügen. Eine abgeleitete Klasse ist eine Spezialisierung einer Basisklasse und ist auch vom Typ der Basisklasse. So stellt eine Klasse `Student`, die von der Klasse `Person` abgeleitet wird, eine spezielle Person dar, die als Student an einer Hochschule eingeschrieben ist. Eine Instanz des Subtyps ist auch vom Typ der Basisklasse. So tritt ein Student nur an der Hochschule als Student auf oder wenn er als Student eine Fahrkarte oder ein Zeitungsabonnement billiger bekommt. Ansonsten tritt der Student im Alltag als normale Person auf.

Eine abgeleitete Klasse kann die gleichen[84] Operationen, die von der Basisklasse übernommen wurden, neu implementieren. Diese Implementierung hat dann Vorrang vor der Implementierung in der Basisklasse.

Wenn eine Klasse nur eine direkte Oberklasse besitzt, spricht man von **einfacher Vererbung**. Bei der **mehrfachen Vererbung** (siehe Kapitel 9.5) besitzt eine Klasse zwei oder mehrere direkte Oberklassen. Mehrfachvererbung sollte aber aus Gründen der Übersicht sehr sparsam eingesetzt werden. Die mehrfache Vererbung kann bei Java beispielsweise nicht verwendet werden.

Wird eine Vererbungshierarchie dargestellt, so kann man – wenn nicht ausdrücklich eine andere Aussage gemacht wird – davon ausgehen, dass die Vererbungshierarchie unvollständig dargestellt wird. Durch die Einschränkung {incomplete} legt man

---

[84] Wenn der Name, die Reihenfolge und die Typen der Übergabeparameter übereinstimmen, handelt es sich um die gleiche Operation. Da der Rückgabetyp vom Programm nicht abgeholt zu werden braucht, kann sich der Rückgabetyp nicht unterscheiden.

explizit fest, dass nicht alle Subklassen in der Generalisierung spezifiziert worden sind und durch {complete}, dass alle Subklassen spezifiziert worden sind, auch wenn einige in der Darstellung ausgeblendet sind.

Generalisierungen findet man nicht nur bei Klassen. In UML und Java gibt es eine Generalisierung auch bei Schnittstellen und in UML beispielsweise auch bei Anwendungsfällen und Akteuren.

10.5.2 Assoziationen

Eine **Assoziation** beschreibt Verbindungen zwischen Objekten der an der Assoziation beteiligten Klassen. Eine Assoziation spezifiziert, dass Objekte zweier Klassen miteinander zu tun haben, in anderen Worten zusammenarbeiten. Assoziationen werden grafisch durch eine durchgezogene Linie dargestellt.

Es gibt binäre, ternäre und Assoziationen von höherer Ordnung. Mehrgliedrige Assoziationen beinhalten dabei drei oder mehr Klassen. Binäre Assoziationen sind am leichtesten zu verstehen. Sie werden in UML durch eine einfache Linie zwischen den beteiligten Klassen dargestellt. Ternäre Assoziationen können nicht ohne Informationsverlust in binäre Assoziationen aufgebrochen werden. Das Symbol für eine allgemeine ternäre und n-äre Assoziation ist eine Raute, von der Linien ausgehen, welche die in Beziehung stehenden Klassen verbinden:

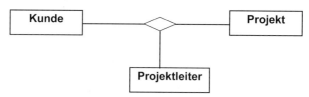

Bild 10-17 Ternäre Assoziation

Es muss nicht notwendigerweise sein, dass die Objekte, die zu einer Verknüpfung gehören, von verschiedenen Klassen sind. Sie können auch dieselbe Klasse haben. Dies bedeutet, dass ein Objekt einer Klasse mit einem anderen Objekt derselben Klasse zusammenarbeitet und dass man vom einen Objekt zum anderen kommen kann (**reflexive Assoziation**) wie in folgendem Beispiel:

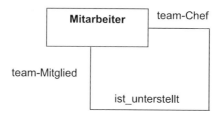

Bild 10-18 Beispiel für eine reflexive Assoziation

Das Beispiel in Bild 10-18 ist wie folgt zu lesen: Ein Mitarbeiter in der Rolle eines Team-Mitglieds ist einem Mitarbeiter in der Rolle eines Team-Chefs unterstellt. Dabei wurde bereits ein Vorgriff auf **Rollen** (**Endnamen**) vorgenommen. Rollen bzw. Endnamen werden in diesem Kapitel noch erklärt.

Ist in UML ein Assoziationsende unbeschriftet, so gilt für dieses Ende als Defaultrollenname der Name der dazugehörigen Klasse, mit dem Unterschied, dass jener klein geschrieben wird. Rollennamen werden generell klein geschrieben [Sup10, S.19].

Assoziationen werden beispielsweise in Klassendiagrammen dargestellt und können auch Instanzen besitzen. Im Objektdiagramm werden die Instanzen dieser Assoziationen als sogenannte **Verknüpfungen oder Links** zwischen Instanzen von Klassen abgebildet. Das heißt, eine Assoziation verbindet Klassen bzw. Abstraktionen und eine Verknüpfung verbindet Objekte bzw. Instanzen. Beide werden durch eine einfache, durchgezogene Linie dargestellt.

Beispiel:

Bild 10-19 Assoziation

Wenn ein Objekt einer Klasse nicht nur als Übergabeparameter für die Methode einer anderen Klasse auftritt, wird die Zusammenarbeit der beiden Klassen als Assoziation modelliert.

Man verwendet Assoziationen, um binäre **strukturelle Beziehungen** zwischen gleichberechtigten Klassen anzugeben.

Dies bedeutet, dass vom Konzept her beide Klassen auf derselben Stufe stehen und dass beide Klassen gleich wichtig sind.

Das folgende Bild zeigt eine bidirektionale binäre Assoziation:

Bild 10-20 Binäre Assoziation

Es gibt vier grundlegende **Zusätze für Assoziationen**:

- Name der Assoziation (siehe Kapitel 10.5.2.1),
- Rollen (Endnamen) am Ende der Assoziation (siehe Kapitel 10.5.2.2),
- Multiplizitäten an beiden Enden (siehe Kapitel 10.5.2.3) und
- die Aggregation (siehe Kapitel 10.5.2.4).

Weitere Eigenschaften einer Assoziation sind:

- Navigation (siehe Kapitel 10.5.2.5),
- Sichtbarkeit (siehe Kapitel 10.5.2.6),
- Qualifikation (siehe Kapitel 10.5.2.7),
- Assoziationsklassen (siehe Kapitel 10.5.2.8) und
- Randbedingungen (siehe Kapitel 10.5.2.9).

Alle diese Eigenschaften werden im Folgenden erläutert.

10.5.2.1 Namen einer Assoziation

Eine Assoziation kann einen Namen besitzen, der sich dazu verwenden lässt, die Art der Beziehung zwischen den verbundenen Elementen zu beschreiben. Zur Notation macht die UML-Spezifikation an dieser Stelle keine Vorgaben. Als Konvention wird jedoch empfohlen, hierfür ein Verb zu verwenden. Ein Beispiel ist in folgendem Bild zu sehen:

Bild 10-21 Assoziation mit einem Namen

Wenn ein Klassenpaar nur eine einzige Assoziation besitzt, deren Bedeutung auf der Hand liegt, muss die Assoziation nicht benannt werden. Werden Rollen verwendet, so entfällt üblicherweise der Name der Assoziation, es sei denn, man möchte die Assoziation über einen Namen im Text referenzieren, es trägt zur Klarheit bei oder es hat zu viele Assoziationen im Diagramm. Gibt es mehrere Assoziationen zwischen mehreren Klassen, so sind Namen hilfreich, um sie zu unterscheiden.

Die Klassen sollen im Bild so angeordnet werden, dass die Assoziationen von links nach rechts bzw. von oben nach unten lesbar sind. Weicht man davon ab, so muss man mit einem **Lesepfeil** die Leserichtung spezifizieren (siehe Bild 10-23).

> Ein Pfeil beim Assoziationsnamen gibt die Leserichtung an. Man darf den Lesepfeil nicht mit der Navigationsrichtung verwechseln.

10.5.2.2 Endnamen einer Assoziation

Befindet sich eine Klasse in einer Assoziationsbeziehung, nimmt sie in dieser Beziehung eine bestimmte Rolle ein. Für diese Rolle kann ein Name am Endpunkt der Assoziation vergeben werden. Dieser Name wird seit UML 2.0 als **Endname**[85] bezeichnet. Ein anderer Name ist **Rolle**. Wenn man mit Endnamen (Rollen) arbeitet, so vergibt man – wie bereits erwähnt – in der Regel keinen Namen für eine Assoziation[86]. Hier eine Assoziation mit zwei Endnamen:

---

[85] In UML 1 wurde die Bezeichnung **Rollenname** verwendet.
[86] Wie [Sup10, S. 90] zeigt, werden Endnamen einer Assoziation klein geschrieben.

Objektorientierte Notation mit UML – eine Einführung

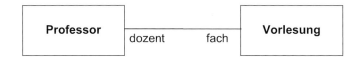

Bild 10-22 Assoziation mit Endnamen

Ein **Endname** bzw. eine **Rolle** hat **letztendlich** etwas mit einer **Schnittstelle** zu tun. Zeigt sich ein Objekt einem anderen gegenüber in einer bestimmten Rolle, so kann man dies beim Entwurf dadurch realisieren, dass die Klasse dieses Objektes eine **Schnittstelle implementiert**, welche das Verhalten der Rolle zum Ausdruck bringt.

Zur näheren Erläuterung wird auf Kapitel 10.8.1 verwiesen.

10.5.2.3 Multiplizitäten einer Assoziation

Über die Multiplizitäten einer Assoziation kann festgelegt werden, wie viele Objekte über eine Instanz der Assoziation verbunden werden dürfen. Bei der Multiplizität kann ein Mindest- und ein Höchstwert angegeben werden, wobei diese beiden Werte auch gleich sein dürfen. Fehlt die Angabe der Multiplizität, so ist sie gleich 1 bzw. 1..1.

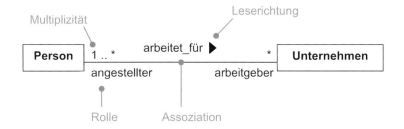

Bild 10-23 Assoziation, Name, Endnamen und Multiplizität

Dieses Bild zeigt, dass eine Person für mehrere (*) Unternehmen arbeitet und dass für ein Unternehmen eine oder viele Personen arbeiten können. Der Pfeil gibt die Leserichtung an.

Fehlt die Obergrenze, so bedeutet * "null bis unendlich". Existiert eine Untergrenze, so bedeutet * für die Obergrenze "unendlich".

Es ist auch möglich, für Multiplizitäten Listen zu spezifizieren wie z. B. 0..1, 4..6, 8..*, was jede beliebige Zahl außer 2, 3 und 7 bedeutet.

10.5.2.4 Aggregation und Komposition bei einer Assoziation

Die Aggregation (siehe Bild 10-24) ist eine stärkere Ausprägung einer Assoziation. Mehrere "Groß"-Objekte können auf ein "Klein"-Objekt zeigen. Ein "Groß"-Objekt ist von seinen "Klein"-Objekten unabhängig und umgekehrt.

Die Raute steht an dem Beziehungsende, das dem Besitzer zugewandt ist. Die Aggregation hat grundsätzlich keinen Einfluss auf die Navigationsrichtung. In der Praxis wird jedoch die Navigierbarkeit meist vom "Groß"-Objekt zum "Klein"-Objekt und nicht umgekehrt festgelegt.

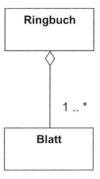

Bild 10-24 Beispiel für eine Aggregation

Man könnte auch versuchen, ohne Aggregationszusätze zu arbeiten. Dann wüsste man jedoch nur, dass beispielsweise ein Objekt mit mehreren anderen Objekten in Beziehung steht. Die Aussage, dass ein Objekt zu einem anderen gehört, wäre aber nicht erkennbar.

Die **Komposition** ist eine Sonderform der Assoziation, die eine enge "ist Teil von"-Beziehung zum Ausdruck bringt. Die Komposition als eine sehr starke Beziehung charakterisiert den exklusiven Besitz eines "Klein"-Objektes durch ein "Groß"-Objekt. Ein Teil kann zu einem bestimmten Zeitpunkt stets nur einem einzigen Ganzen angehören. Ein "Klein"-Objekt kann also im Falle der Komposition nur Teil eines einzigen "Groß"-Objektes sein. Im Falle einer Aggregation, die mit Zeigern oder Referenzen arbeitet, kann ein "Klein"-Objekt hingegen mehreren Groß-Objekten zugeordnet sein. In anderen Worten, im Falle einer Aggregation können mehrere "Groß"-Objekte auf dasselbe "Klein"-Objekt zeigen.

Die **ausgefüllte Raute** wird für eine Kompositionsbeziehung verwendet und unterscheidet das "Ganze" vom "Teil". Die Komposition ist eine deutlich stärkere Form der Beziehung als die Aggregation.

Bei einer **Aggregation** kann das "Klein"-Objekt eine andere Lebensdauer haben als das aggregierende "Groß"-Objekt. Bei einer **Komposition** sind "Groß"- und "Klein"-Objekt fest verschraubt", d. h., die Lebensdauer des Ganzen ist identisch zur Lebensdauer des Teils.

Objektorientierte Notation mit UML – eine Einführung 341

Bild 10-25 zeigt eine Darstellung:

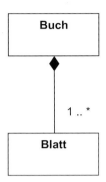

Bild 10-25 Beispiel für eine Komposition

Bei einer **Komposition** muss das **"Groß"-Objekt** den **Life-Cycle der "Klein"-Objekte managen**. Es hat die Verantwortung für die Erzeugung und Zerstörung seiner Teile.

Bei der Komposition bilden "Groß"-Objekt und "Klein"-Objekte eine Einheit. Daher vergibt man die Zugriffsrechte in der Regel in gleicher Form für das Ganze und für die Teile, was dazu führt, dass man im Falle eines Zugriffs in beide Richtungen, d. h vom Ganzen zum Teil und vom Teil zum Ganzen navigieren kann.

Die **Komposition** kann seit UML 2.0 alternativ auch als geschachtelte Klasse (siehe Kapitel 10.3.8) modelliert werden, da seit UML 2.0 das Konzept der geschachtelten Klasse existiert. Dieses Konzept wurde wegen der Komponententechnologie erforderlich. UML 2.0 hat für geschachtelte Klassen die Notation einer Klasse beispielsweise mit einem Objekt als Attribut.

Die **Formulierung als Schachtelung** betont, dass Beziehungen zwischen den Teilen nur im Kontext des Ganzen bestehen. Diese Ausdruckskraft hat die ausgefüllte Raute nicht.

Ein Attribut einer Klasse ist untrennbar mit der Klasse verbunden.

10.5.2.5 Navigation

Man kann von einem Objekt an einem Ende der Assoziation zu dem Objekt am anderen Ende der Assoziation gelangen bzw. navigieren. Eine Assoziation zwischen zwei Klassen (binäre Assoziation) ist ohne die Angabe von weiteren Details **bidirektional** oder **unspezifiziert**. Entscheidet man sich also für die Variante ganz ohne Pfeil, so kann dies zweideutig sein. Wenn man ein Klassendiagramm der konzeptionellen Sicht der Systemanalyse aufstellt, hat man das Ziel, die Klassen des Problembereichs zu finden. Hier sind Beziehungen von unspezifizierter und damit unbekannter Navigierbarkeit zunächst vollkommen ausreichend.

Wenn man die **Navigation** (**Navigierbarkeit**) auf eine Richtung **einschränken** möchte, so versieht man die Assoziation mit einem Pfeil, der in Richtung der Benutzung zeigt. Die Navigation ist eine Angabe, dass man von einem Objekt an einem Ende der Assoziation direkt und auf leichte Weise zu einem Objekt am anderen Ende der Assoziation kommen kann. Ist eine Navigation zu einem Element nicht möglich, so wird dies durch ein X an dem betreffenden Element angezeigt, wie in folgendem Beispiel gezeigt wird:

Bild 10-26 Kennzeichnung der Assoziation mit der Navigierbarkeit in eine Richtung

So kann man in diesem Beispiel wohl von der Person zum Gehalt kommen, aber nicht vom Gehalt zur Person gelangen.

Binäre Assoziationen können also **ungerichtet** (**bidirektional**), **unidirektional** oder **von unbekannter Navigierbarkeit** sein.

> Umgesetzt wird die **Navigation** üblicherweise durch eine **Referenz des Quellobjekts auf das Zielobjekt**.

10.5.2.6 Sichtbarkeit

Versieht man eine Klasse in einer Assoziation mit der **Sichtbarkeit** `private`, so bedeutet dies, dass auf ein Objekt dieser Klasse nur von Objekten am anderen Ende der Assoziation zugegriffen werden kann. Objekte, die nicht der Assoziation angehören, haben aber keinen Zugriff auf ein so geschütztes Objekt. Dies wird in Bild 10-27 gezeigt. Hier sehen die Kollegen den Mitarbeiter und ein Mitarbeiter sieht die Kollegen. Die Kollegen sehen aber nicht das Passwort eines Mitarbeiters, da dessen Sichtbarkeit durch `private` (-) auf die entsprechende Assoziation eingeschränkt ist.

Bild 10-27 Beispiel für die Einschränkung der Sichtbarkeit

> Erlaubt die Navigation einen Zugriff auf ein Objekt, so kann der Zugriff durch ein Sichtbarkeitssymbol verhindert werden. Dabei bedeutet:
>
> - `private` (privat),
> \# `protected` (geschützt),
> ~ `package` (paketweit) und
> + `public` (öffentlich).
>
> Wenn kein Sichtbarkeitssymbol angegeben wird, ist der Zugriff öffentlich.

Private Sichtbarkeit (-) zeigt an, dass Objekte außerhalb der Assoziation nicht auf private Objekte am anderen Ende der Assoziation zugreifen können.

Geschützte Sichtbarkeit (#) bedeutet, dass Objekte außerhalb der Assoziation nicht auf geschützte Objekte am anderen Ende der Assoziation zugreifen können. Sie müssen, um zugreifen zu können, vom Typ einer Unterklasse des geschützten Objekts sein und am entgegengesetzten Ende der Assoziation liegen.

Paket-Sichtbarkeit (~) bedeutet, dass nur diejenigen Objekte, die im selben Paket wie das mit Paket-Sichtbarkeit markierte Objekt liegen, Zugriff auf das Objekt erhalten.

Objekte innerhalb der Assoziation haben unabhängig von ihrer Paketzugehörigkeit Zugriff auf das Objekt.

Wenn kein Sichtbarkeitssymbol angegeben wird, ist der Zugriff **öffentlich** (+). Damit können andere Objekte problemlos zugreifen.

Ob diese Sichtbarkeiten in der jeweiligen Programmiersprache umgesetzt werden können, ist ein anderer Punkt. Zugriffsschutz wird beispielsweise in Java über Pakete realisiert. Steckt man in Java eine Klasse in ein anderes Paket und deklariert sie dort als `private`, so kann auf sie von außen nicht zugegriffen werden.

10.5.2.7 Qualifikation

Mit der Qualifikation bzw. Qualifizierung (siehe auch Bild 10-29) wird ein Objekt oder eine Menge von Objekten in einer Assoziation mit Hilfe eines ein- oder mehrdeutigen Schlüsselattributs ermittelt. Eine Qualifizierung qualifiziert ein Zielelement bzw. die Zielelemente – das Objekt oder die Objekte der an der Beziehung teilnehmenden und gegenüber liegenden Klasse – näher.

Eine Qualifikation ist ein sogenanntes **Assoziationsattribut** (siehe Kapitel 10.5.2.8). Ohne eine Qualifikation zu nutzen, kann man beispielsweise modellieren, dass eine Putzfrau für null oder mehrere Firmen putzt:

Bild 10-28 Multiplizität einer Assoziation

Man kann aber auch, was präziser ist, modellieren, dass Firma und Personalnummer zusammen eindeutig eine Putzfrau identifizieren:

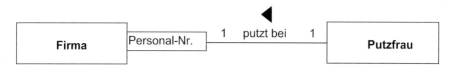

Bild 10-29 Qualifikation mit eindeutigem Ergebnis

Die Qualifikation `Personal-Nr.` gehört nicht zur Klasse `Putzfrau`, denn eine Putzfrau kann verschiedene Personalnummern haben und für mehrere Firmen putzen. Personalnummer als Qualifikation gehört zur Assoziation und charakterisiert diese.

Eine Qualifikation spaltet eine Menge verknüpfter Objekte in disjunkte Teilmengen auf, die Teilmengen können jedoch mehrere Objekte und nicht nur ein einziges Objekt enthalten, siehe folgendes Beispiel:

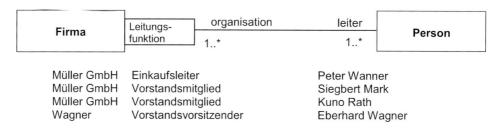

Müller GmbH	Einkaufsleiter	Peter Wanner
Müller GmbH	Vorstandsmitglied	Siegbert Mark
Müller GmbH	Vorstandsmitglied	Kuno Rath
Wagner	Vorstandsvorsitzender	Eberhard Wagner

Bild 10-30 Qualifikation mit einer Menge als Ergebnis

10.5.2.8 Assoziationsklassen

Eine **Assoziationsklasse** ist eine Assoziation, die über Merkmale einer Klasse verfügt. Man kann sie aber auch als Klasse sehen, die über Merkmale einer Assoziation verfügt. Hier ein Beispiel für eine Assoziationsklasse:

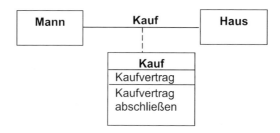

Bild 10-31 Beispiel für eine Assoziationsklasse

Der Name kann an der Assoziation angeschrieben werden, im Klassensymbol oder an beiden. Die Namen müssen aber nach UML identisch sein, wenn beide angeschrieben werden. Typisch ist, dass die Assoziationsklasse wegfällt, wenn die Assoziation gestrichen wird. Eine Assoziationsklasse gehört also zur Assoziation und beschreibt diese näher. Enthält die Assoziationsklasse keine Operationen, so spricht man von einem **Assoziationsattribut**.

Auf der Ebene von Instanzen der durch Assoziation verknüpften Elemente redet man von einem **Verknüpfungs-** oder **Link-Objekt** bzw. einem **Link-Attribut**.

Assoziationsattribute werden beim Entwurf einer 1:1-Beziehung einer der beiden miteinander verbundenen Klassen zugeteilt, im Falle einer 1:n-Beziehung der n-fach vorhandenen Klasse. Bringt man das Attribut in der n-fach vorhandenen Klasse unter, so ist das Attribut eindeutig. Ein Unterbringen in der einfach vorhandenen Klasse würde hingegen bedeuten, dass dort ein Attribut mit n Ausprägungen – auch Periodengruppe genannt – entsteht. Ein solches Attribut wäre also nicht atomar. Hiermit wäre die 1. Normalform verletzt. Assoziationsklassen bei n:m-Beziehungen, die auch Operationen haben, werden beim Entwurf in eine selbstständige Klasse überführt und direkt mit anderen Klassen assoziiert. Damit gibt es im Entwurf keine Assoziationsklassen mehr.

> Eine **Assoziationsklasse kann nicht mit mehr als einer Assoziation verbunden werden**, da die Assoziationsklasse die Assoziation selbst ist.

Um die Eigenschaften einer Assoziationsklasse mit mehr als einer Assoziation zu verbinden, geht man beispielsweise folgendermaßen vor: Man definiert eine Klasse und leitet davon Subklassen ab. Eine jede dieser Klassen wird zur Assoziationsklasse einer Assoziation. Damit hat jede Assoziationsklasse an einer Assoziation die gewünschten Eigenschaften. Ein anderer Weg wäre, die gewünschte Klasse als Attribut jeweils in die Assoziationsklassen einzubringen.

10.5.2.9 Spezielle Randbedingungen

Die Randbedingung {ordered} legt fest, dass die Objekte an einem Ende der Assoziation geordnet sind. Die Randbedingung {set} bedeutet, dass die Objekte auf der einen Seite der Assoziation alle einzigartig sind und es keine Duplikate gibt. Weitere Einschränkungen sind {bag}, {ordered set} oder {sequence}. Bei einer Einschränkung {sequence} sind die Objekte geordnet und können Duplikate haben, bei einer Einschränkung {bag} sind die Objekte nicht geordnet und können Duplikate haben, bei einer Einschränkung {ordered set} haben die Objekte keine Duplikate und es besteht eine Ordnung.

Randbedingungen im Allgemeinen werden in Kapitel 10.13.3 erläutert.

10.5.3 Realisierungen

Eine Realisierungsbeziehung bedeutet nur, dass ein Element[87] den Vertrag eines anderen Elements[88] erfüllt und damit umsetzt. So kann beispielsweise das Artefakt "Systemanalyse" das Artefakt "Requirements" erfüllen bzw. realisieren. Realisierung bedeutet also nicht automatisch Codierung. Erst das Artefakt "Implementierung" stellt beispielsweise eine Implementierungsbeziehung zum Artefakt "Requirements" dar.

---

[87] genauer gesagt: Classifier, siehe Kapitel 10.10.
[88] genauer gesagt: Classifier, siehe Kapitel 10.10.

Eine Implementierungsbeziehung ist eine spezielle Form einer **Realisierungsbeziehung** und wird auch Schnittstellenrealisierungsbeziehung genannt. Implementierungsbeziehungen gibt es in UML typischerweise bei:

- Schnittstellen (siehe Kapitel 10.8) und Klassen bzw. Komponenten, die die Schnittstellen implementieren,
- und bei Kollaborationen, die ein Verhalten wie Operationen oder Anwendungsfälle (siehe Kapitel 11.3.6) implementieren.

Eine Kollaboration von Objekten oder Komponenten implementiert (realisiert) beispielsweise einen Anwendungsfall. Die Zusammenarbeit der Objekte oder Komponenten erbringt die Leistung des Anwendungsfalls.

> Eine Implementierungs- bzw. Realisierungsbeziehung ist eine **semantische Beziehung zwischen Elementen**. Das eine Element spezifiziert den Vertrag, das andere Element garantiert den Vertrag.

> Eine Klasse oder Komponente kann mehrere Schnittstellen implementieren und eine Schnittstelle kann von mehreren Klassen oder Komponenten implementiert werden.

Das folgende Bild zeigt die Implementierung einer Schnittstelle durch eine Klasse als ein Beispiel:

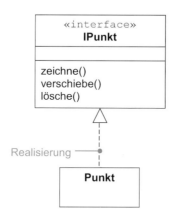

Bild 10-32 Implementierung (Realisierung) einer Schnittstelle durch eine Klasse

Eine Implementierung bzw. Realisierung wird dargestellt als eine gerichtete Linie (Pfeil), die eine Mischung aus Generalisierungs- und Abhängigkeitsbeziehung darstellt:

Objektorientierte Notation mit UML – eine Einführung   347

Bild 10-33 Eine Realisierungsbeziehung

Zum einen besteht eine Abhängigkeit von den Verträgen des zu realisierenden Elements und zum anderen findet ähnlich wie bei einer Generalisierung eine Verfeinerung statt. Während bei der Generalisierung (ohne Überschreiben) die Verfeinerung aus einer Erweiterung einer Klasse um zusätzliche Attribute und Methoden besteht, liegt die Verfeinerung bei der Implementierung darin, dass die Rümpfe zu den Köpfen der Operationen hinzugefügt werden.

> Eine **Realisierung** ist **unsymmetrisch**. Die Schnittstelle oder der Anwendungsfall beispielsweise, der den Vertrag vorgibt, merkt gar nicht, dass der Vertrag etwa von einer Klasse bzw. einer Kollaboration realisiert wird.

Eine Schnittstelle kann ebenso wie eine Klasse folgende Beziehungen besitzen:

- Assoziation,
- Generalisierung,
- Realisierung oder
- Abhängigkeit.

In UML kann dargestellt werden, dass eine Schnittstelle die **Dienste einer bestimmten Klasse spezifiziert**. Die Operationen der Schnittstelle müssen von der die Schnittstelle realisierenden Klasse implementiert werden. Man spricht dann von einer **bereitgestellten Schnittstelle**. Wenn eine Klasse Dienste einer anderen Klasse benötigt, die von einer Schnittstelle spezifiziert werden, so spricht man von einer **erforderlichen Schnittstelle**.

Beziehungen zu Schnittstellen können auf verschiedene Arten dargestellt werden. Die Darstellung der Schnittstelle als Halbkreis (Socket), wenn sie angefordert wird, oder als Kreis (Lollipop), wenn sie bereitgestellt wird, ist die einfachste. Die Lollipop-Schnittstelle ist also eine Export-Schnittstelle, das Gegenstück – die Socket-Schnittstelle – eine Import-Schnittstelle. Diese Schnittstellen sind besonders dann hilfreich, wenn man die Nahtstellen eines Systems aufzeigen möchte.

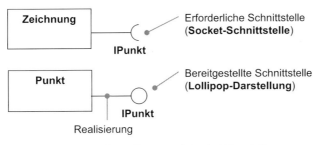

Bild 10-34 Lollipop- und Socket-Darstellung

> Die Darstellung der Realisierung mit der Lollipop-Darstellung der Schnittstelle wird auch als **verkürzte Form der Realisierung** bezeichnet. Diese Darstellung macht dann Sinn, wenn man nur die Nahtstellen im System zeigen möchte. Die Schwäche der verkürzten Darstellung ist, dass man keine Möglichkeit hat, die Eigenschaften einer Schnittstelle anzugeben.

Die **expandierte Darstellungsform** (siehe Bild 10-35) erlaubt es, die Operationen einer Schnittstelle mit anzugeben. Eine **Realisierung** wird hier durch einen gestrichelten Pfeil mit großer unausgefüllter Dreiecks-Pfeilspitze dargestellt, die **Nutzung** einer Schnittstelle durch einen gestrichelten Pfeil mit offener Spitze.

> Die Darstellung der Realisierung durch eine gestrichelte Linie mit der großen, offenen Pfeilspitze und einem Klassensymbol mit dem Schlüsselwort «interface» wird auch als **kanonische Form der Realisierung** bezeichnet.

Das folgende Bild gibt ein Beispiel für die kanonische bzw. expandierte Form der Realisierung:

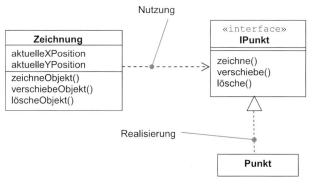

Bild 10-35 Darstellung von Schnittstellen in der kanonischen bzw. expandierten Form

10.5.4 Abhängigkeiten

Eine Abhängigkeit wird verwendet, wenn ausgesagt werden soll, dass ein Element Dienste und Informationen eines anderen Elementes verwendet. Hier eine Abhängigkeitsbeziehung:

Bild 10-36 Eine Abhängigkeit

Eine Abhängigkeit wird dargestellt durch eine gestrichelte Linie, die eine Richtung (Pfeilspitze) hat.

Eine Abhängigkeit kann einen Namen besitzen. Dies ist allerdings nur bei großen Modellen mit sehr vielen Abhängigkeiten erforderlich, um die Abhängigkeiten zu unterscheiden.

> Eine Abhängigkeit erhält nur dann einen Namen, wenn es zu viele Abhängigkeiten im Diagramm gibt und durch die Benennung die Unterscheidung der Abhängigkeiten erleichtert wird.
>
> Um verschiedene Abhängigkeiten zu unterscheiden, werden allerdings Stereotypen häufiger als Namen eingesetzt.

Ein Beispiel für eine Abhängigkeit ist, dass eine Klasse Operationen einer anderen Klasse verwendet oder auf deren Attribute zugreift.

> Der Begriff **Abhängigkeit** besagt, dass eine **Änderung des Unabhängigen sich auf den Abhängigen auswirkt und nicht umgekehrt.**

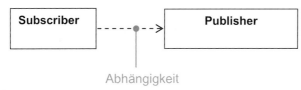

Bild 10-37 Abhängigkeiten zwischen Klassen

Oft werden Abhängigkeiten verwendet, um zu zeigen, dass eine Klasse in einem Methodenaufruf als Parameter ein Objekt einer anderen Klasse hat. Wenn die vollständige Signatur der Methode in einer Klasse spezifiziert ist, so kann man bereits aus der Signatur die Abhängigkeit erkennen und daher kann die Abhängigkeitsbeziehung entfallen. Die Abhängigkeit in folgendem Bild braucht eigentlich keinen Abhängigkeitspfeil und erst recht keinen Namen für die Abhängigkeit. Sie ist bereits aus der Aufrufschnittstelle ersichtlich.

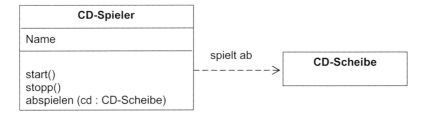

Bild 10-38 Abhängigkeit der Klasse `CD-Spieler` *von der Klasse* `CD-Scheibe`

Fehlen die Übergabeparameter in der Signatur oder gibt es im Modell noch andere Beziehungen zu der genutzten Klasse, so hilft es, die Abhängigkeiten explizit im Diagramm zu spezifizieren, wie im Bild 10-39 zu sehen:

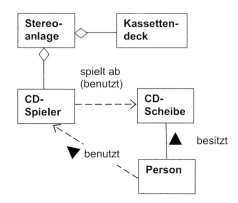

Bild 10-39 Eine Person spielt an ihrer Stereoanlage eine CD ab

Die Klasse Stereoanlage enthält eine Klasse CD-Spieler und Kassettendeck. Eine Instanz der Klasse Person benutzt eine Instanz der Klasse CD-Spieler. Zum Abspielen benutzt ein CD-Spieler eine CD-Scheibe. Geht man über in den Entwurf, so muss man überlegen, wie eine Abhängigkeitsbeziehung realisiert werden soll. Meistens genügt eine Referenz in der abhängigen Klasse. So benötigt im Beispiel die Klasse Person eine Referenz auf den CD-Spieler, um ihn zu finden. Diese Referenz soll hier spieler heißen.

Bild 10-40 Referenz der Klasse Person auf die Klasse CD-Spieler beim Entwurf

Die **Abhängigkeitsbeziehung** hat folgende Bedeutung: Wenn sich die Schnittstelle der Klasse ändert, zu der der Pfeil zeigt, so wirkt sich diese Änderung auch in der benutzenden Einheit (z. B. Klasse, Objekt, Komponente, Paket) aus. Grundsätzlich muss man versuchen, die Anzahl der Abhängigkeitsbeziehungen gering zu halten (Low Coupling), um die Auswirkungen von Änderungen gezielt zu minimieren.

Verwendungsbeziehungen kennzeichnen nicht die Richtung des Nachrichtenflusses, sondern eine **spezielle Form der Abhängigkeitsbeziehung**. Genauso wie in einem Schichtenmodell die Schicht n eine darunterliegende Schicht n-1 benutzt, die Schicht n-1 aber auch dann nicht von der Schicht n abhängig ist, selbst wenn die Schicht n-1 durch einen Callback-Mechanismus Methoden der Schicht n aufruft, verhält es sich bei nutzenden und benutzten Objekten. Der Entwurf einer Verwendungsbeziehung zwischen zwei Objekten muss sicherstellen, dass nur ein Objekt von dem anderen Objekt abhängig ist, auch wenn die Nachrichten in beide Richtungen fließen. Generell gibt es viele Arten von Abhängigkeiten, die sich geringfügig unterscheiden. Beispielsweise ist eine «include»-Beziehung bei Anwendungsfällen begrifflich etwas anderes als eine «extend»-Beziehung. Aber beides ist eine Abhängigkeit.

Will man zum Ausdruck bringen, dass ein Element ein anderes nutzt, kann man dafür in UML die Abhängigkeit mit dem Schlüsselwort «use» auszeichnen, d. h. eine «use»-Beziehung, auf Deutsch eine Verwendungsbeziehung, verwenden. Damit bringt man zum Ausdruck, dass die Bedeutung (Semantik) eines Elements von der Bedeutung eines anderen Elements abhängt. Ändert sich der Unabhängige, wird der Abhängige auch geändert.

10.6 Zusätze in UML

Notizen sind der wichtigste eigenständige Zusatz. Zusätze können beispielsweise sein:
- Endnamen an Assoziationen (siehe Kapitel 10.5.2.2),
- Multiplizitäten an Assoziationen (siehe Kapitel 10.5.2.3),
- Sichtbarkeiten (siehe z. B. Kapitel 10.5.2.6),
- Notizen (siehe z. B. Kapitel 10.6.1) oder
- Zusatzbereiche beispielsweise in Klassen, Komponenten und Knoten (siehe z. B. Kapitel 10.6.2).

Allgemein gilt die folgende Empfehlung für die Modellierung:

Zusätze sollen dem Diagramm nur dann hinzugefügt werden, wenn sie eine wichtige Botschaft vermitteln sollen. Ansonsten führen sie eher zu Verwirrung durch die Erhöhung der Komplexität des Diagramms.

Im Folgenden soll auf Notizen und Zusatzbereiche eingegangen werden.

10.6.1 Notizen

Eine **Notiz** ist ein grafisches Symbol, ein Rechteck mit einer umgeknickten Ecke, bzw. einem Eselsohr. Eine Notiz steht neben dem Element, auf das sie sich bezieht. Über gestrichelte Linien ohne Pfeilspitze ähnlich der gerichteten Abhängigkeitsbeziehung kann eine Notiz mit mehr als einem Element verbunden sein. Die gestrichelte Linie kann entfallen, wenn die Notiz eindeutig dem entsprechenden Element zugeordnet werden kann.

Wird ein Kommentar mit einer gestrichelten Linie an ein Symbol angeheftet, so geschieht dies ohne Pfeilspitze, und trotzdem spricht man von einer Abhängigkeit. Ist eine Klasse von einer anderen Klasse abhängig, so braucht man die Pfeilspitze wegen der Richtung.

Bild 10-41 Notiz an einer Klasse

Eine Randbedingung (siehe Kapitel 10.13.3) kann in einer Notiz angegeben werden.

> Notizen sind grafische Elemente, die dazu verwendet werden, um Kommentare oder Randbedingungen mit einem oder mehreren anderen Elementen zu verbinden.

In der Notiz kann beliebiger Text stehen, üblicherweise als

- Kommentar zum System,
- Bearbeitungshinweis an Projektmitarbeiter,
- Randbedingung[89] oder
- Requirement[90].

In einer Notiz kann eine beliebige Kombination aus Text und Grafik stehen [UML99]. Der Text kann in natürlicher Sprache oder semiformal sein. Aktive Hyperlinks sind zugelassen. In einer Notiz sind auch Referenzen auf weitere Dokumente üblich, wenn das Feld der Notiz zu klein ist.

10.6.2 Zusatzbereiche

Zusatzbereiche können Modellelemente erweitern, wie im Folgenden am Beispiel einer Klasse betrachtet wird.

Eine Klasse hat drei grundlegende Eigenschaften:

- den Klassennamen,
- Attribute und
- Methoden,

die in jeweils eigenen Abschnitten angegeben werden können. Unterhalb dieser Standard-Bereiche kann es nun einen Zusatzbereich geben, der zum Beispiel die Exceptions, welche von den Methoden der Klasse geworfen werden, enthalten kann (siehe Bild 10-42) oder die Verantwortlichkeiten (siehe Kapitel 10.3.5) einer Klasse.

```
       Klassenname
       
       Ausnahmen
       Ausnahme 1
       Ausnahme 2
       Ausnahme 3
```

Bild 10-42 Klasse mit Zusatzbereich für Ausnahmen

---

[89] Eine Einschränkung ist dasselbe wie eine Randbedingung.
[90] Requirements als Notizen zu schreiben, ist gefährlich, da nach dem Single Source-Prinzip (siehe Kap. 13.2.3.2) die Requirements nur an einer einzigen Stelle stehen sollten, der Requirement-Spezifikation.

Objektorientierte Notation mit UML – eine Einführung   353

> Ein **Zusatzbereich** kann einen eigenen Namen als Überschrift tragen oder keinen Namen tragen. **Ohne Namen** ist es ein sogenannter **anonymer Bereich**. Es kann auch mehrere benannte Zusatzbereiche geben.

Üblich ist ein solcher Zusatzbereich beispielsweise bei Klassen, Komponenten und Knoten.

> Es wird empfohlen, alle Zusatzbereiche eindeutig zu benennen.

> Es wird auch empfohlen, in den Diagrammen Zusatzbereiche sparsam zu verwenden, damit die Diagramme nicht überladen werden.

10.7 Dokumentation der Klassen und Beziehungen

Hinter der grafischen Notation auf der Oberfläche steht eine textuelle Spezifikation. Die grafische Notation von UML dient zur Visualisierung eines Systems. Sie muss nicht vollständig sein. Sie zeigt nur, was der Anwender zum Ausdruck bringen wollte. Die textuelle Spezifikation hinter den Elementen der Oberfläche dient zur Definition des Systems.

> Die textuelle Spezifikation in einem UML-Werkzeug hinter einem Modellelement muss die Syntax und Semantik eines Modellelements vollständig spezifizieren, wenn daraus Code generiert werden soll. Ein UML-Diagramm zeigt nur einen Ausschnitt aus der textuellen Spezifikation (Sicht auf die Spezifikation) und kann unvollständig sein.

Zu einem Klassenmodell gehören ein Klassendiagramm und eine textuelle Spezifikation für die Klassen und Beziehungen. Man erstellt in der Regel zunächst Diagramme und füllt dann die textuellen Spezifikationen mit Semantik. Man kann aber auch zuerst die Spezifikationen füllen und aus ihnen die Diagramme generieren.

> Ein **Diagramm** ist nichts anderes als eine **Projektion der textuellen Spezifikation** in eine bestimmte Sicht.

Hinter jedem grafischen Symbol steckt in UML eine bestimmte Semantik.

> Hinter Knoten und Kanten in einem Bild steckt in einem UML-Werkzeug eine **textuelle Spezifikation**, die, wenn sie vollständig ist, eine eindeutige Interpretation erlaubt.

So ist es beispielsweise in einem Klassendiagramm nicht unbedingt erforderlich, alle Attribute und Methoden im Bild anzuzeigen. In einer vollständigen textuellen Spezifikation müssen sie aber vorhanden sein. Die Spezifikation einer Klasse enthält zunächst die Namen aller Attribute und der Schnittstellen aller Operationen sowie eventuell schon den Vertrag der Klasse.

Im Folgenden werden zwei Beispiele für textuelle Spezifikationen gezeigt. Es werden die wichtigsten Elemente von UML – nämlich Klassen und Assoziationen – herausgegriffen.

10.7.1 Klassenspezifikation

Eine nicht generierfähige **Klassenspezifikation** für ein Buch kann folgendermaßen aussehen:

Name:
Buch

Zweck:
Hält die wichtigsten Informationen über ein Buch und die ID des Ausleihers fest.

Create/Delete-Regeln:
Create: Wenn ein Buch von der Buchhandlung geliefert wurde.
Delete: Wenn das Buch gestohlen wurde oder ausgemustert wird.

Attribute:
Autor[91]
Titel
Verlag
Erscheinungsjahr
Auflage
Ausleiher-ID

Operationen:
In den Bestand aufnehmen
Nicht mehr im Bestand führen
Ausleihen
Zurückgeben

Natürlich kann man auch eine **Attributspezifikation** und eine **Operationsspezifikation** erstellen. Die Spezifikation der Attribute und der Operationen wird jedoch im Projektverlauf oftmals erst später kommen.

10.7.2 Beziehungsspezifikation

Eine nicht generierfähige **Beziehungsspezifikation** für Assoziationen kann folgendermaßen aussehen:

---

[91] Der Einfachheit halber soll hier jedes Buch nur einen einzigen Autor haben.

Name:
Leiht ein Buch aus und gibt es innerhalb der Ausleihfrist zurück.

Zweck:
Hält fest, dass ein Ausleiher ein Buch in der Bibliothek ausleihen kann.

Create/Delete-Regeln:
Create: Wenn ein Ausleiher als Kunde der Bibliothek aufgenommen wurde.
Delete: Wenn ein Ausleiher sich als Kunde der Bibliothek abmeldet oder vom Bibliothekar aus organisatorischen Gründen wie "Kunde kündigt Mitgliedschaft bei Bibliothek" entfernt wird.

Multiplizität:
Ein Ausleiher kann eines oder mehrere Bücher ausleihen.
Jedes ausgeliehene Buch muss genau einen Ausleiher haben.

Verknüpfungsattribute:
Ausleihdatum

10.8 Das Konzept einer Schnittstelle

Eine **Schnittstelle** (engl. **interface**) in UML wird als Klassensymbol mit dem Schlüsselwort «interface» dargestellt. Schnittstellen werden als **Nahtstellen** zwischen Teilen eines Systems, die sich unabhängig voneinander verändern können, verwendet. Deklariert man eine Schnittstelle, so kann man das gewünschte Verhalten einer Abstraktion erklären und modellieren, ohne dass man deren Implementierung kennt.

Eine die Schnittstelle beispielsweise implementierende Klasse oder Komponente muss den Vertrag der Schnittstelle implementieren. Daher muss diese Klasse dieselben Merkmale wie die Schnittstelle haben und auch deren Randbedingungen erfüllen. Hierzu gehört die Implementierung der Operationen und der entsprechenden Signalrezeptoren[92] und die Beteiligung an Assoziationen entsprechend der Schnittstelle. Attribute einer Schnittstelle müssen nach UML in der implementierenden Klasse nicht vorhanden sein. Nur nach außen soll es so erscheinen [Sup10, S. 88][93]. Allgemein ist eine Schnittstelle eine Zusammenstellung von Operationen, die dazu dienen, einen Service eines Classifiers – insbesondere einer Klasse oder einer Komponente – zu spezifizieren.

> Eine **Schnittstelle hat in der Regel keine Struktureigenschaften**, da sie meist keine Attribute hat. Sie hat in der Regel **nur Verhaltenseigenschaften**.

Im Folgenden erfolgt eine Beschränkung auf Operationen und Signalrezeptoren.

---

[92] Operationen entsprechen meist synchronen Nachrichten, Signale entsprechen asynchronen Nachrichten. Die Zuordnung eines Signals zu einer Klasse erfolgt mit sogenannten Signalrezeptoren. Signalrezeptoren beschreiben, auf welche Signale eine Klasse reagiert.

[93] Seit UML 2.0 ist in Schnittstellen auch die Definition von Attributen möglich. Darauf wird in diesem Buch nicht weiter eingegangen.

> Eine Schnittstelle spezifiziert **in der Regel** eine **Menge von Operationen und Signalen,** die zusammen das Verhalten einer Abstraktion wie einer Klasse oder Komponente bilden. Eine bestimmte Schnittstelle kann alle Operationen oder auch nur einen Teil der Operationen eines sogenannten Classifiers wie z. B. einer Klasse oder Komponente repräsentieren. Zur Spezifikation von Operationen und Signalen gehören auch die Verträge.

Schnittstellen werden auch verwendet, um den Vertrag eines Anwendungsfalls oder eines Teilsystems zu spezifizieren.

> Eine Schnittstelle spezifiziert einen **Vertrag zwischen einem Kunden der Schnittstelle und einem Lieferanten**, der die Dienste der Schnittstelle implementiert. Beide Vertragspartner können sich unabhängig voneinander verändern, solange sie den Vertrag erfüllen.
>
> Wird eine Schnittstelle verwendet, um den **Vertrag eines Anwendungsfalls** zu **spezifizieren**, so muss die **Kollaboration**, die den Anwendungsfall realisiert, den **Vertrag garantieren**.

Die Verträge (siehe Kapitel 9.7) einer Schnittstelle, in anderen Worten die Vor- und die Nachbedingungen der Operationen bzw. Signale und die Invarianten beispielsweise der Klasse oder Komponente als Ganzes kann man in einem eigenen Zusatzbereich der Schnittstelle aufführen. Während in der Sprache Java eine Schnittstelle nur die Definition der Methodenköpfe und von Konstanten[94] erlaubt, können mit einer Schnittstelle in UML auch Verträge spezifiziert werden.

> Genauso ist es möglich, für eine Schnittstelle beispielsweise einen Zustandsautomaten anzugeben.

Es können beliebig viele Operationen bzw. Signale in einer Schnittstelle vorhanden sein, wobei diese aber nur deklariert und nicht implementiert werden. Zudem kann eine Schnittstelle nicht direkt, sondern beispielsweise nur indirekt über eine Klasse, die die Schnittstelle implementiert, instanziiert werden. Damit ist eine Schnittstelle ähnlich einer **abstrakten Klasse**, deren Operationen ebenfalls alle abstrakt sind. Im Gegensatz zur Schnittstelle jedoch kann eine abstrakte Klasse auch implementierte Operationen enthalten. Während eine abstrakte Klasse nur durch Subklassen verfeinert werden kann, gibt es diese Einschränkung einer Verwandtschaft bei Schnittstellen nicht. Jede Klasse beispielsweise kann eine vorgegebene Schnittstelle implementieren.

Es gibt zwei Arten, Schnittstellen grafisch darzustellen. Die eine ist, eine **Klasse** mit dem Schlüsselwort «interface» zu verwenden. Die andere Darstellung mit Hilfe eines Kreises (**Lollipop-Darstellung**) bzw. Halbkreises (**Socket-Darstellung**) bezieht sich allein auf die Darstellung von Beziehungen. Diese Darstellungen werden in Kapitel 10.5.3 genauer erläutert.

---

[94] Konstanten können als Übergabeparameter verwendet werden und dienen nicht zur Darstellung einer Datenstruktur.

Objektorientierte Notation mit UML – eine Einführung

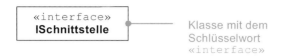

Bild 10-43 Schnittstelle als Klasse mit dem Schlüsselwort «interface»

Jede Schnittstelle muss einen **Namen** besitzen. Es wird unterschieden zwischen **einfachen Namen** und **Pfadnamen**, auch **qualifizierte Namen** genannt, wie das folgende Bild zeigt:

Bild 10-44 Namensgebung bei Schnittstellen

Ein Schnittstellen-Name beginnt oft konventionsgemäß mit einem vorangestellten "I" für Interface. Diese Konvention wird nicht durch UML vorgegeben, aber oft so gemacht.

> Eine **Schnittstelle** stellt eine Zusammenstellung von Operationen bzw. Signalen dar und **spezifiziert** damit die **Dienste** einer Klasse oder Komponente. Die Operationen/Signale können dargestellt werden, wenn eine Schnittstelle mit dem Symbol für eine Klasse und dem Schlüsselwort «interface» dargestellt wird.

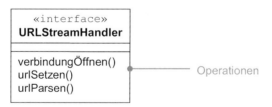

Bild 10-45 Schnittstelle mit Operationen als Beispiel

10.8.1 Statische Rollen

Eine Klasse kann verschiedene Schnittstellen implementieren. Ein Objekt dieser Klasse muss alle seine Verträge einhalten, dennoch kann es in einer bestimmten Beziehung nur eine Schnittstelle oder die für diese Beziehung relevanten Schnittstellen nach außen zeigen.

> Eine jede Schnittstelle repräsentiert eine **Rolle**, die das Objekt spielt. Eine **Rolle** bezeichnet immer das **Verhalten** einer Einheit wie z. B. einer Klasse oder eines Objekts **in einer bestimmten Zusammenarbeit**.

Man kann eine Rolle in einer Assoziation angeben, indem man an dem entsprechenden Assoziationsende den Schnittstellennamen angibt. Siehe hierzu das Beispiel in Bild 10-46.

Bild 10-46 Rolle in einer Assoziation durch Angabe einer Schnittstelle

Die Schnittstelle `Mitarbeiter` der Klasse `Person` von Bild 10-46 kann beispielsweise die folgende Gestalt haben:

Bild 10-47 Schnittstelle Mitarbeiter

Das Klassendiagramm in Bild 10-46 stellt die **statische Bindung** einer Abstraktion an ihre Schnittstelle dar. Rollen, die sich **dynamisch** zur Laufzeit ändern, können mit Hilfe des Rollen-Musters (siehe Kapitel 17.13) formuliert werden.

10.8.2 Aufrufreihenfolge

Schnittstellen in der Modellierung sind mehr als Schnittstellen in der Programmierung wie z. B. in Java. In Java ist eine Schnittstelle nur ein Satz von Methoden. In der Modellierung gehört zu einer Schnittstelle auch, dass man formulieren kann, dass ihre Operationen bzw. Signale in einer bestimmten Reihenfolge aufgerufen werden müssen. So muss beispielsweise eine Transaktion erst durchgeführt sein, bevor man ein Commit oder ein Rollback macht. Die Aufrufreihenfolge kann mit einem Protokollzustandsautomaten seit UML 2.0 konkretisiert werden (siehe Anhang D).

10.9 Meta-Metaebene, Metaebene, Modellebene und Datenebene in UML

Zunächst zur Einführung ein vor dem Hintergrund der raschen Entwicklung bereits historisches Bild [nach Mar99]:

Objektorientierte Notation mit UML – eine Einführung

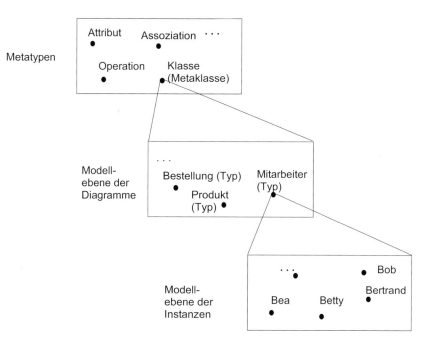

Bild 10-48 Metamodelle als Beschreibungsebene von Modellen

Ein Metamodell ist ein Modell, das dazu dient, Modelle zu beschreiben. Meta-Meta-Modelle beschreiben die zulässigen Elemente des Metamodells. Metamodelle definieren Typen, deren Instanzen ebenfalls Typen darstellen.

Ein Modell wird mit einer Modellierungssprache beschrieben, die Sprachkonstrukte besitzt, die einer Syntax und Semantik unterliegen. Ein Metamodell beschreibt eine Modellierungssprache durch ein Modell und ist damit ein "Modell des Modells".

UML 2 enthält vier Anteile:

- **die Infrastructure**
  Das Meta-Meta-Modell, auf dem die Superstructure beruht, ist die sogenannte Infrastructure. Die Infrastructure stellt damit zwar die Grundlage von UML dar, sie wird dennoch für die Anwendung von UML in der Regel nicht benötigt.

- **die Superstructure**
  Die Sprachkonzepte von UML 2 sind im Wesentlichen in Form einer abstrakten Syntax im Metamodell von UML, der sogenannten Superstructure, definiert. Hier werden die UML-Elemente definiert. Die abstrakte Form der Darstellung zielt hauptsächlich auf Werkzeug-Hersteller und Fachleute, wird aber auch von Endanwendern zu Rate gezogen. Die Infrastructure beschreibt vor allem, wie Sprachkonzepte kombiniert werden können. Als Beispiel definiert UML etwa die Sprachkonzepte eines Klassendiagramms wie Klassen, Attribute und Operationen sowie ihre Beziehungen. Die Semantik wird in der Infrastructure oft verbal und durch Beispiele erfasst.

- **die Object Constraint Language (OCL)**
  Die Object Constraint Language kann für die Formulierung von Einschränkungen verwendet werden.
- **den Diagrammaustausch**
  Der Diagrammaustausch ermöglicht den Austausch von UML-Diagrammen. Das Layout eines Diagramms soll beim Austausch eines Diagramms erhalten werden. Überdies soll OCL in Zukunft zur Abfragesprache auf UML-Modelle weiterentwickelt werden. Die Spezifikation des Datenaustauschs wird im Wesentlichen von Werkzeug-Herstellern benötigt.

Die Trennung der UML-Spezifikation in die beiden sich ergänzenden Anteile **Infrastructure** and **Superstructure** gibt es seit der Version UML 2.0. Die UML Infrastructure-Spezifikation definiert die grundlegenden Sprachkonstrukte. Sie wird durch die UML Superstructure ergänzt. Beide Spezifikationen zusammen stellen eine komplette Spezifikation der UML 2 Modellierungssprache dar.

In UML 2 sind die Notationselemente der Modellierung mit UML mit einem Sprachkonzept im Metamodell wie z. B. einer Metaklasse verknüpft. Ein bestimmtes Notationselement kann aber je nach Kontext einem anderen Sprachkonzept zugeordnet sein. So kann eine Raute in einem Aktivitätsdiagramm beispielsweise eine Verzweigung oder eine Vereinigung darstellen. Ferner kann ein bestimmtes Sprachkonzept je nach Diagrammtyp anders notiert werden.

Die OMG strukturiert die Beschreibung von **Modellen** in UML in vier Ebenen:

- Meta-Meta-Ebene (M3),
- Metaebene (M2),
- Modellebene (M1) und
- Datenebene mit Laufzeitinstanzen (M0).

Die jeweils höhere Schicht ist die Grundlage der darunter liegenden Schicht. Die Elemente einer unteren Schicht instanziieren Elemente der jeweils höheren Schicht.

Auf der vierten Ebene (**M3**) ist die Meta-Object Facility (MOF) [Inf10, S. 14]. Die Meta-Object Facility [MOF06] enthält die Beschreibung der Syntax einer abstrakten Sprache zur Spezifikation von Metamodellen und eines Frameworks zur Verwaltung von plattformunabhängigen Metamodellen wie das Metamodell für die UML. Die MOF erlaubt es also, andere Sprachen zu definieren. Die Spezifikation UML-**Infrastructure** erklärt das Meta-Meta-Modell von UML.

Die dritte Ebene (**M2**) enthält das plattformunabhängige und MOF-kompatible Metamodell von UML. Die UML-Spezifikation **Superstructure** erklärt UML selbst. Ein Element der Superstructure ist eine Instanz eines Elements des Meta-Meta-Modells. Die Superstructure benutzt die Infrastructure. Die abstrakte Syntax und Semantik von UML wird im Metamodell festgelegt.

Die zweite Ebene (**M1**) enthält die Typen und Instanzen des Nutzermodells und die erste Ebene (**M0**) schließlich die ablauffähigen Instanzen.

Die Strukturierung dieser verschiedenen Abstraktionsebenen ist im Folgenden dargestellt:

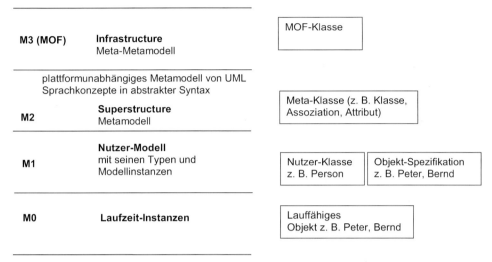

Bild 10-49 Vier-Schichten-Modell

Im Folgenden wird ein Bild der Infrastructure [Inf10, S.19] gezeigt:

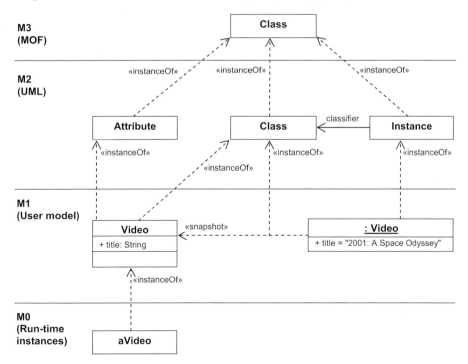

Bild 10-50 Ein Beispiel für die Hierarchie der Modelle M0 – M3

Das Kernel-Paket der Superstructure ist der **zentrale Anteil von UML** und enthält den Kern der Modellierungskonzepte von UML einschließlich Klassen, Assoziationen und Paketen. Im Folgenden wird das Klassendiagramm des Kernel-Pakets für die Metaklassen Element, Kommentar und Beziehung (Root Diagram) von UML 2 dargestellt [Sup10, S. 25].

Programmiersprachen wie etwa Java oder C# verwenden eine allgemeine Oberklasse, von der alle programmierten Klassen erben[95]. Dasselbe Konzept zeigt sich auch in der UML 2.0, bei der es eine Oberklasse mit dem Namen Element gibt, von dem alle weiteren Elemente erben. Die Oberklasse Element ist eine abstrakte Metaklasse ohne Superklasse, von der keine Instanz gebildet werden kann. Sie wird als gemeinsame Superklasse für alle Metaklassen in der Infrastruktur-Bibliothek verwendet, deren allgemeines Konzept als konkrete Ausprägung in den Unterklassen realisiert wird.

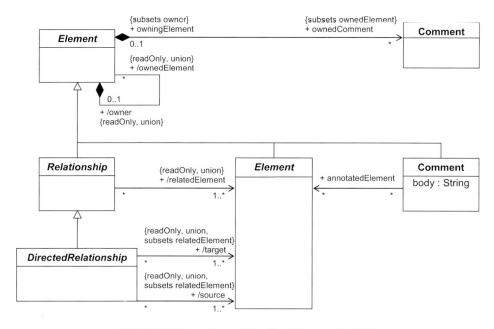

Bild 10-51 Elemente und ihre Beziehungen in UML

Das in Bild 10-51 gezeigte Root Diagram des Kernel-Pakets spezifiziert die Konstrukte Element, Beziehung, gerichtete Beziehung und Kommentar ([Sup10, S.25]).

Es sagt aus:

- Ein Modellelement kann andere Modellelemente enthalten. Die Metaklasse Element besitzt eine Komposition mit Selbstreferenz, welche explizit ausdrückt, dass diese weitere Elemente enthalten darf.

---

[95] Bei Java und C# heißt diese Oberklasse Object.

- Ein Element kann einen Kommentar als sogenannten `ownedComment` besitzen.
- Beziehungen (engl. relationships) und Kommentare sind auch Modellelemente.
- Eine Beziehung kann ein oder mehrere Elemente verknüpfen.
- Eine gerichtete Beziehung besteht zwischen einem oder mehreren Elementen in der Rolle einer Quelle und einem oder mehreren Elementen in der Rolle einer Senke.
- Ein Kommentar kann an ein Element oder an mehrere Elemente geheftet werden. Dieser Kommentar beschreibt das "annotierte Element" (`annotatedElement`). Umgekehrt formuliert ist ein `annotatedElement` ein Element, welches durch einen Kommentar genauer beschrieben wird.

Die gerichtete Beziehung ist eine abstrakte Metaklasse. Es gibt keine generelle Notation für gerichtete Beziehungen. Die spezifische Subklasse der gerichteten Beziehung definiert ihre eigene Notation. In den meisten Fällen ist die Notation eine "Variation" auf einer Linie, welche von der Quelle/den Quellen zu dem Ziel/den Zielen gezeichnet wird ([Sup10, S.64]).

Beispiele für Beziehungen sind Assoziationen, Abhängigkeiten, Generalisierungen, Realisierungen oder Transitionen.

10.10 Das Konzept eines Classifier

In UML 2.0 wurde das Konzept eines Classifier konsequenter als in UML 1.x eingeführt. Classifier ist ein Begriff aus dem Metamodell von UML.

Ein Classifier ist eine abstrakte Metaklasse. Von einem Classifier kann man Instanzen bilden. Die Objekte eines Classifier sind oft Klassen. Ein Classifier besitzt in der Regel eine Struktur und ein Verhalten. Schnittstellen besitzen als einzige Ausnahme meist keine Attribute, d. h. sie haben keine Struktur.

> Generell werden in UML 2.0 **alle Modellelemente, die zur Beschreibung der Struktur von Systemen dienen**, als **Classifier** bezeichnet. Ein solches Modellelement kann selbst Struktur- und Verhaltensinformationen beinhalten, wie z. B. eine Klasse, die Datenfelder und Operationen – das heißt Struktur- und Verhaltensinformationen – enthält.

Classifier und speziell Klassen können außer Attributen und Operationen auch Multiplizitäten, Sichtbarkeiten, Polymorphismus und andere Charakteristika aufweisen.[96] Der wichtigste Classifier ist die **Klasse**, die den Bauplan für Objekte bildet.

---

[96] Die Eigenschaften eines Classifier gelten nicht für alle seine Spezialisierungen. Sie werden teilweise bei der Spezialisierung durch Einschränkungen überschrieben.

10.10.1 Ausprägungen von Classifiern

Klassen sind die allgemeinste Art eines Classifier. Die anderen Classifier können als ähnlich zu den Klassen angesehen werden. Von einigen Elementen in UML können keine Instanzen gebildet werden. Dies ist beispielsweise der Fall bei Paketen und bei Generalisierungen. Sie sind damit keine Classifier. Classifier außer Klassen sind:

- **Schnittstelle** (engl. **interface**)
  Eine Zusammenstellung von Operationen bzw. Signalen, die dazu dient, einen Service einer Klasse oder einer Komponente zu spezifizieren.
- **DataType**
  Ein Typ, dessen Werte unveränderlich sind, einschließlich primitiver eingebauter Typen wie Zahlen und Strings ebenso wie Aufzählungstypen.
- **Assoziation** (engl. **association**)
  Eine Beschreibung eines Satzes von Verknüpfungen (Links) zwischen konkreten Objekten. Dabei verbindet eine Verknüpfung bzw. ein Link zwei oder mehr konkrete Objekte.
- **Signal** (engl. **signal**)
  Die Spezifikation einer asynchronen Nachricht zwischen Objekten als Instanz eines Signals (siehe Kapitel 11.7.6). Ein Signal wird formuliert durch eine Klasse mit dem Schlüsselwort «signal».
- **Komponente** (engl. **component**)
  Ein modularer Teil eines Systems, der seine Implementierung hinter einem Satz externer Schnittstellen verbirgt.
- **Knoten** (engl. **node**)
  Typ eines physischen Elements, das zur Laufzeit existiert und das eine Rechner-Ressource darstellt. Dieses Element hat im Allgemeinen wenigstens einen Speicher und Verarbeitungskapazität, d. h. einen Prozessor (siehe [UML06]). Instanzen eines Knotens stellen konkrete Rechner mit beispielsweise einem konkreten Prozessor und einem konkreten Arbeitsspeicher-Ausbau dar. Knoten erhalten den Würfel als ein eigenes grafisches Symbol.
- **Anwendungsfall** (engl. **use case**)
  Eine Beschreibung einer Leistung, die ein System zur Verfügung stellt. Ein Anwendungsfall ist die Spezifikation einer Anwendungsfunktion einschließlich verschiedener Ausprägungen.
- **Subsystem** (engl. **subsystem**)
  Eine Komponente, die einen größeren Teil des Systems darstellt.
- **Kollaboration** (engl. **collaboration**)
  Eine Kollaboration ist eine Ansammlung von strukturellen Elementen wie Klassen oder Schnittstellen in Rollen, die zusammen ein gewisses Verhalten umsetzen.

Im Folgenden werden Beispiele für Classifier gegeben:

- Eine Instanz einer **Klasse** ist ein **Objekt**, das durch Instanziierung der Klasse entsteht.
- Eine Instanz eines **DataType** ist eine Variable, die nur durch ihren Wert identifiziert wird. Das bedeutet, dass die Instanzen eines `DataType` keine Identität haben wie

die Instanzen einer Klasse. Sie sind nur Werte und keine Objekte (siehe Kapitel 10.4).
- Eine Instanz einer **Schnittstelle** ist beispielsweise ein Objekt, dessen Klasse die Schnittstelle implementiert, oder eine Komponente, deren Typ die Schnittstelle implementiert.
- Eine Instanz einer **Assoziation** ist ein **Link** oder eine **Verknüpfung**.
- Eine Instanz eines **Anwendungsfalls** ist eine **Kollaboration** (siehe Kapitel 10.11), die den Anwendungsfall realisiert.

Classifier, die sich von anderen stark unterscheiden, erhalten in UML ein eigenes grafisches Symbol wie z. B. ein Knoten, ein Anwendungsfall oder eine Komponente. Classifier, die stark verwandt sind, erhalten kein eigenes Symbol, sondern werden nur durch einen Stereotyp bzw. ein Schlüsselwort ausgezeichnet. Ein Beispiel für einen Classifier, der durch einen Stereotyp ausgezeichnet wird, sind UML-Metaklassen, die wie gewöhnliche Klassen dargestellt werden und lediglich mit dem Stereotyp «meta-class» bezeichnet werden.

Das folgende Bild zeigt die grafische Darstellung einiger Ausprägungen eines Classifier. Die grafische Notation eines Classifier in der Form einer Klasse ((a) und (b)) und als eigenes Symbol ((c) und (d)) ist in Bild 10-52 zu sehen. Das Teilbild (b) in Bild 10-52 stellt einen Integer-DataType dar.

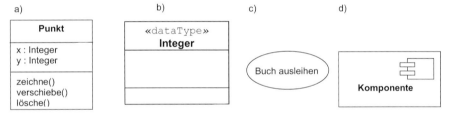

Bild 10-52 Ausprägungen von Classifiern

10.10.2 Strukturierte Classifier

Eine strukturierte Klasse (siehe Kapitel 10.3.8) ist ein Beispiel für einen strukturierten Classifier. In einer strukturierten Klasse werden innere Klassen oder geschachtelte Klassen definiert, die zum Namensraum der einschließenden Klasse gehören. Geschachtelte Klassen haben oft eine auf die äußere Klasse eingeschränkte Sichtbarkeit. UML 2 kennt kein spezielles grafisches Symbol für die Notation einer strukturierten Klasse. Ein Attribut ist beispielsweise einfach vom Typ einer Klasse.

Ein strukturierter Classifier ist beispielsweise eine Klasse oder eine Komponente – als spezielle Ausprägung einer Klasse – oder beispielsweise ein Knoten. Ein strukturierter Classifier besteht aus verschiedenen Teilen. Die Subkomponenten eines strukturierten Classifier werden Teile (engl. parts) genannt. Die Parts werden rekursiv zerstört, wenn ein strukturierter Classifier zerstört wird.

Ein Part ist durch einen Namen, einen Classifier-Typ und eine Multiplizität definiert. Es kann mehrere Parts zu einem Typ geben. Sie werden durch ihren Namen identifiziert. Parts sind untereinander durch Verbinder (engl. connector) verbunden. Verbinder können ebenfalls Name, Typ und Multiplizität besitzen. Diese Angaben sind allerdings optional.

> Das gesamte System kann als strukturierter Classifier betrachtet werden.

10.11 Das Konzept einer Kollaboration

Eine Kollaboration wird in UML durch eine gestrichelte Ellipse dargestellt, in deren Mitte der Name der Kollaboration angegeben wird. Eine Kollaboration stellt eine Sammlung von Klassen, Schnittstellen oder anderen strukturellen Elementen in Rollen dar, die zusammenarbeiten, um ein bestimmtes **Verhalten** hervorzurufen. Eine Kollaboration ist ein strukturierter Classifier. Eine Kollaboration ist meist die Spezifikation, wie eine Operation oder ein Anwendungsfall durch eine Menge von Classifiern und Assoziationen realisiert wird.

Schaut man genauer in eine Kollaboration hinein, so findet man deren **strukturelle Aspekte** und deren **Verhalten** in weiteren Diagrammen beschrieben. Hierauf wird im Folgenden noch näher eingegangen.

> Eine Kollaboration hat zwei Aspekte:
> - einen strukturellen Teil und
> - einen Verhaltensteil.

Der **strukturelle Teil** kann durch ein **Klassendiagramm** oder ein **Objektdiagramm** dargestellt werden[97], der **Verhaltensteil** durch ein **Sequenz-** oder **Kommunikationsdiagramm**.

> Zu beachten ist, dass die in einer Kollaboration benutzten Elemente wie Klassen, Schnittstellen oder Komponenten strukturell zu Teilsystemen gehören. Eine Kollaboration benutzt diese Elemente nur. Eine Kollaboration ist keine physikalische Betrachtungseinheit, sondern eine logische Betrachtungseinheit, die sich über physikalische Betrachtungseinheiten erstreckt. Eine bestimmte physikalische Betrachtungseinheit kann an mehreren Kollaborationen teilnehmen.

10.11.1.1 Namen einer Kollaboration

Eine Kollaboration trägt immer entweder einen einfachen oder einen qualifizierten Namen. Wie bei den anderen Elementen in UML auch zeichnet sich ein qualifizierter

---

[97] Ein Klassendiagramm des Entwurfs kann als statische Beziehungen Assoziationen, Aggregationen, Kompositionen, Generalisierungen, Realisierungen und Abhängigkeiten enthalten. Ein Objektdiagramm des Entwurfs kann als statische Beziehungen Assoziationen, Aggregationen, Kompositionen und Abhängigkeiten enthalten.

Name dadurch aus, dass der Name des Paketes, in welchem sich die Kollaboration befindet, vorangestellt wird. Der Name einer Kollaboration kann aus beliebig vielen Buchstaben, Zahlen und Satzzeichen (ausgenommen dem Doppelpunkt) bestehen.

10.11.1.2 Strukturelle Aspekte

Die Struktur einer Kollaboration beschreibt die beteiligten Classifier und deren Beziehungen untereinander. Zumeist werden die strukturellen Aspekte mit Hilfe eines Klassendiagramms dargestellt.

10.11.1.3 Verhalten

Um das Zusammenwirken der Classifier innerhalb einer Kollaboration zu beschreiben, werden Sequenz- oder Kommunikationsdiagramme verwendet. Soll vorrangig die zeitliche Abfolge von Nachrichten dargestellt werden, wird ein Sequenzdiagramm benutzt. Wenn die strukturellen Beziehungen zwischen den Objekten hervorgehoben werden sollen, verwendet man Kommunikationsdiagramme. Verhalten und Struktur einer Kollaboration müssen konsistent sein. Die verschiedenen Diagramme dürfen gemeinsam betrachtet keine Widersprüchlichkeiten aufweisen.

10.11.1.4 Statische Beziehungen für Kollaborationen

Es gibt zwei Arten von statischen Beziehungen für Kollaborationen, die im Folgenden beschrieben werden:

- **Realisierungsbeziehung**
  Eine Kollaboration erzeugt ein Verhalten. Sie realisiert einen Classifier (z. B. einen Anwendungsfall) oder eine Funktion. Sie spezifiziert damit deren Verhalten. Dies wird mit einer Realisierungsbeziehung dargestellt.
- **«refine»**
  Der Stereotyp «refine» spezifiziert eine Verfeinerungsbeziehung. Genauso wie Anwendungsfälle verfeinert werden können, können auch Kollaborationen verfeinert werden. Die Pfeilspitze der Verfeinerung (Abhängigkeitsbeziehung mit Stereotyp «refine») zeigt auf die verfeinerte Kollaboration.

10.12 Interaktionen und Nachrichtentypen

Grundsätzlich dienen Nachrichten für dynamische Interaktionen zwischen Objekten, also dem Austausch von Informationen zwischen Interaktionspartnern. In der Sprechweise von UML werden bei einer Interaktion Nachrichten zwischen Lebenslinien ausgetauscht. Diese Formulierung gilt für Sequenz- und Kommunikationsdiagramme. Zu Signalereignissen und Aufrufereignissen gehört:

- das Objekt, welches das Signal sendet oder die Operation aufruft (Sender-Objekt) und
- das Objekt, auf welches das Ereignis ausgerichtet ist (Empfängerobjekt).

Eine Nachricht wird auf den Aufruf einer Operation bzw. die Übertragung eines Signals abgebildet. Der Name einer Nachricht muss derselbe wie der einer Operation oder eines Signals sein. Parameter der Nachricht müssen den Parametern der Operation oder des Signals entsprechen. Dennoch werden Operationen als Komponenten etwa einer Klasse und Operationsaufrufe als Nachrichten verschieden notiert. Als Komponenten eines Classifier haben Operationen im Falle einer leeren Parameterliste stets leere Klammern. Wird der entsprechende Aufruf einer Operation in Form eines Nachrichtennamens geschrieben, so entfällt die leere Klammer.

Die Syntax für einen Nachrichtennamen ist:

```
<messageident>::=   ([<attribute '='] <signal-or-operation-name>
             ['('[ <argument> [',' <argument>]*')']
             [(':'<return-value>])|'*'
```

(siehe [Sup10, S. 510]).

Die Form der Darstellung einer Nachricht hängt davon ab, ob man sich im Sequenzdiagramm oder Kommunikationsdiagramm befindet.

Einen Rückgabewert (engl. return-value) und eine Attributszuweisung

```
Attribut = Methodename (Parameterliste) : Rückgabewert
```

gibt es im UML-Standard nur für Antwort- oder Rückgabenachrichten [Sup10, S. 509]. Rückgabenachrichten sind im Kommunikationsdiagramm nach UML nicht definiert, nur im Sequenzdiagramm.

Da Antwortnachrichten im UML-Standard bei Kommunikationsdiagrammen nicht explizit erwähnt werden, herrscht hier Unsicherheit. Je nach Autor kann daher die Rückgabe verschieden angezeigt werden.

Operationen können synchron und asynchron sein, **typischerweise** sind sie jedoch **synchron**. **Signale** sind **asynchron**. Ein synchroner Aufruf (engl. call) kann in Sequenzdiagrammen in Form von zwei Nachrichten modelliert werden, einer Call- oder Aufruf-Nachricht und einer späteren Rückgabe-Nachricht.

Wenn die Argumentliste nur Werte enthält, müssen alle Parameter der Operation bzw. dem Signal entsprechen. Dabei kann ein '-' statt eines Wertes verwendet werden. Werden die Argumentwerte durch Parameternamen identifiziert, brauchen nicht alle Argumente angezeigt zu werden. Weggelassene Parameter haben einen unbekannten Wert.

In Kommunikationsdiagrammen werden die Nachrichten mit einem kleinen Pfeil in Richtung der Nachricht neben dem Nachrichtenname entlang der Linie zwischen den beteiligten Objekten ergänzt. Die Form dieses Pfeils im Kommunikationsdiagramm bzw. der Pfeil zwischen den Lebenslinien im Sequenzdiagramm gibt die Art des Nachrichtenaustauschs an. Dies ist in Bild 11-54 zu sehen.

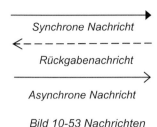

Bild 10-53 Nachrichten

Diese verschiedenen Nachrichtentypen werden einerseits visuell unterschieden und andererseits durch Stereotypen kenntlich gemacht. Die synchrone Nachricht hat einen durchgezogenen Pfeil mit einer geschlossenen Spitze. Die **Rückgabenachricht** hat einen gestrichelten Pfeil mit einer offenen Spitze und die asynchrone Nachricht hat einen durchgezogenen Pfeil mit einer offenen Spitze.

Im UML-Standard werden also vier verschiedene grundlegende Nachrichtentypen definiert:

- **Call**
  Es wird eine Operation des Zielobjektes **synchron** aufgerufen. Ein Objekt kann auch eine eigene Operation aufrufen.
- **Return**
  Es wird ein Wert an den Aufrufer zurückgesendet.
- **Send**
  Es wird ein **asynchrones** Signal an das Zielobjekt gesendet. Ein **Signal** ist ein Objektwert, der dem Zielobjekt asynchron mitgeteilt wird. Das Zielobjekt entscheidet unabhängig, wie es darauf reagiert. Das sendende Objekt setzt seine Ausführung nach der Absendung des Signals normal fort.
- **Create**
  Erstellt ein neues Objekt. «create» ist ein Standard-Stereotyp für eine Abhängigkeitsbeziehung.

Booch [UML05, S. 215] ergänzt diese Aufzählung noch um «destroy»:

- **Destroy**
  Zerstört ein vorhandenes Objekt. Ein Objekt kann sich auch selbst zerstören. «destroy» ist ein Standard-Stereotyp für eine Abhängigkeitsbeziehung.

Das folgende Beispiel zeigt neben dem **Call** auch die Rückgabe und das Zerstören mit «destroy»:

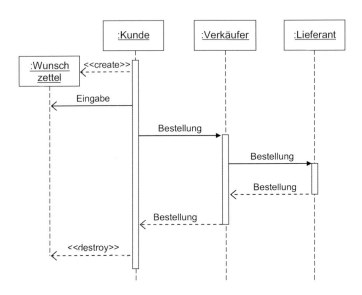

Bild 10-54 Sequenzdiagramm mit verschiedenen Nachrichtenarten

In dem folgenden Beispiel wurde wegen der Weichheit des UML-Standards die Antwort an den Aufruf 1.1 angeschrieben und ein Attribut benutzt.

Bezüglich der Nummerierung der Nachrichten mit der Dezimalnotation wird auf Kapitel 11.4 verwiesen. An dieser Stelle soll lediglich die Verwendung verschiedener Nachrichtentypen demonstriert werden. Wer die Dezimalklassifikation hier noch nicht verwenden will, kann die Nachrichten zunächst einfach mit 1:, 2:, 3: etc. durchnummerieren.

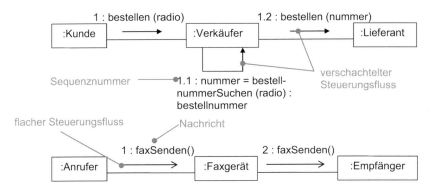

Bild 10-55 Prozeduraler und flacher Steuerungsfluss

Bei einer **asynchronen Nachricht** gibt es keine Antwortnachricht, auf die gewartet wird. Der Sender arbeitet sofort nach dem Absetzen der asynchronen Nachricht weiter und muss später vom Empfänger der asynchronen Nachricht wieder informiert werden.

Sendet ein Objekt eine asynchrone Nachricht, so feuert der Sender die asynchrone Nachricht und setzt dann die Bearbeitung des eigenen Steuerungsflusses fort, ohne auf eine Antwort vom Empfänger zu warten. Läuft er asynchron weiter und ist dennoch am Ergebnis interessiert, so muss er später wieder asynchron über das Ergebnis informiert werden.

Wenn ein Objekt hingegen eine synchrone Nachricht aufruft, feuert der Sender die synchrone Nachricht und wartet dann auf eine Antwort vom Empfänger.

Jede beliebige Instanz einer jeden Klasse kann Aufrufereignisse oder Signale empfangen. Handelt es sich um ein synchrones Aufrufereignis, treffen sich Sender und Empfänger für die Dauer der Operation. Dies bedeutet, dass der Steuerungsfluss vom Sender aufgehoben wird, bis die Ausführung der Operation abgeschlossen ist. Bei einer asynchronen Nachricht findet kein Treffen statt. Der Sender überträgt eine asynchrone Nachricht, wartet aber nicht auf die Antwort des Empfängers. In jedem Fall

- kann das Ereignis verloren gehen,
- den Zustandsautomaten des Empfängers auslösen (synchroner oder asynchroner Aufruf) oder
- einfach einen normalen transformatorischen Methodenaufruf (synchroner Aufruf) enthalten.

In Fällen, in denen der Aufrufer nicht auf eine Antwort warten muss, wird ein Aufruf als asynchron spezifiziert.

10.13 Erweiterungsmöglichkeiten der UML

Über die Erweiterungsmechanismen ist es in UML möglich, die Sprache zu erweitern und so an spezielle Anforderungen anzupassen. Mit den Erweiterungsmechanismen von UML kann die Sprache in kontrollierter Art und Weise erweitert werden.

Erweiterungsmechanismen von UML sind:

- Stereotypen,
- Eigenschaftswerte (Tagged Values),
- Randbedingungen (Einschränkungen, Constraints).

Man kann eine beliebige Kombination der Elemente von UML in einem Diagramm darstellen. Die vordefinierten Diagramme entsprechen der gängigen Praxis.

> Es ist nicht notwendig, sich auf die vordefinierten Diagrammtypen zu beschränken! Es ist zulässig, dass man seine eigenen Diagrammtypen erzeugt, um die Elemente der UML-Spezifikation aus einer bestimmten Sicht zu betrachten. Dies sollte sehr dediziert erfolgen. Schließlich ist der Sinn von UML die Standardisierung.

Ein **UML-Profil** ist ein UML-Modell für einen bestimmten Anwendungsbereich mit einem Subset von UML-Elementtypen und vordefinierten Stereotypen bzw. Schlüsselwörtern, Eigenschaftswerten bzw. Tagged Values (siehe Kapitel 10.13.2), Randbedingungen und Basisklassen. Ein UML-Profil stellt keine neue Sprache oder Erweiterung von UML dar, da es herkömmliche UML-Elemente verwendet.

In der Praxis verwenden die meisten Modellierer keine eigenen Profile.

10.13.1 Stereotyp

Ein Stereotyp wird notiert durch einen Namen in Guillemets. Guillemets sind französische Anführungszeichen der Form « ».

> Ein **Stereotyp** dient zur Bildung eines Subtyps eines in der Sprache UML vorhandenen Elements. Mit einem Stereotyp wird der Wortschatz von UML erweitert. Wenn ein Modellelement mit einem Stereotyp ausgezeichnet wird, ändert sich dessen Bedeutung.

Ein Beispiel dafür ist:

Das Element der Klasse erhält einen Stereotyp «entity» (siehe Kapitel 12). Damit gibt es jetzt neuartige Klassen, die alle Daten tragend sind und als Klassen des Problembereichs in der statischen Sicht durch "Peilen in die Realität" gewonnen werden können.

> Notiert wird ein Stereotyp bei einer Klasse, indem der Name des Stereotyps über dem Klassennamen angegeben wird. Man kann auch rechts vom Klassennamen ein grafisches Symbol einfügen oder ein neues grafisches Symbol für den Stereotyp einführen.

Ein Stereotyp wird in diesem Buch als Sprachelement von UML in der Schriftart Courier New notiert. Die drei genannten Möglichkeiten zur grafischen Visualisierung eines Stereotyps sind in Bild 10-56 und Bild 10-58 dargestellt:

Objektorientierte Notation mit UML – eine Einführung   373

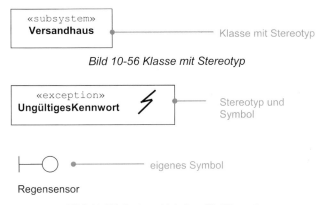

Bild 10-56 Klasse mit Stereotyp

Bild 10-57 Andere Notation für Stereotyp

Ein Stereotyp ist nicht ein Subtyp im Sinne einer Generalisierungsbeziehung zwischen einer Ober- und einer Unterklasse. Ein Stereotyp ist vielmehr ein neuer Metatyp im Metamodell. Mit **Stereotypen** kann man auch Klassen klassifizieren. So kann man beispielsweise Entity-Objekte durch den Stereotyp «entity» charakterisieren. Zu dem Metatyp "Klasse" im Metamodell kommt also der neue Metatyp "Entity-Klasse" dazu. Von dem Metatyp "Entity-Klasse" kann es beispielsweise die Klassen Person und Student als Instanzen dieses Metatyps geben.

Bild 10-58 Klassifizierung von Klassen mit Stereotypen

Jeder neue Stereotyp definiert einen neuen Metatyp.

Das Modellierungselement, auf das ein Stereotyp angewandt wird, wird dadurch in seiner Semantik präzisiert. Das gilt genauso auch, wenn man Stereotypen an Kanten wie z. B. Abhängigkeiten anschreibt.

Es ist auch möglich, Hierarchien von Stereotypen aufzubauen und allgemeine Stereotypen und ihre Spezialisierungen einzusetzen.

10.13.1.1 Schlüsselwörter und Stereotypen

Schlüsselwörter und Stereotypen sind Bezeichner, die in der grafischen Notation von UML verwendet werden. Obwohl Schlüsselwörter und Stereotypen durch ihre Notation in Guillemets ein gleiches Erscheinungsbild haben, dürfen sie nicht gleichgesetzt werden. Schlüsselwörter sind in UML reservierte Begriffe und dürfen nicht als eigene Namen verwendet werden. Schlüsselwörtern kommt je nach Kontext eine gewisse Bedeutung in einem Modell zu. Sie werden in der Regel neben oder über dem Namen des Modellelements angegeben, auf das sie sich beziehen.

Stereotypen dienen zur Erweiterung des Wortschatzes der UML. Eine Teilmenge der Schlüsselwörter sind vordefinierte Stereotypen, auch Standardsterotypen genannt. Schlüsselwörter werden beispielsweise auch eingesetzt, damit man Modellelemente mit gleicher grafischer Notation unterscheiden kann. Nicht jedes Schlüsselwort entspricht jedoch einem Stereotyp. Das bedeutet, dass nicht jedes Schlüsselwort einen Metatyp abändert, es sei denn, es ist ein Stereotyp. Ein Schlüsselwort hat in UML eine feste Bedeutung. Hingegen können Stereotypen auch selbst definiert werden.

10.13.1.2 Standard-Stereotypen

In UML gibt es **Standard-Stereotypen** für verschiedene Modellelemente wie z. B.:

- utility
  Eine Klasse ist eine Hilfsklasse und wird mit «utility» ausgezeichnet. Alle Attribute und Operationen der Klasse sind Klassenattribute bzw. Klassenoperationen. Von dieser Klasse werden keine Instanzen gebildet.
- instanceOf
  Eine Verknüpfung erhält den Stereotyp «instanceOf», wenn die Verknüpfung Instanz und Classifier verbindet.
- instantiate
  Mit dem «instantiate»-Stereotyp wird ausgesagt, dass **das Ziel von der Quelle** erzeugt wird. Das folgende Beispiel zeigt die Klasse Warenlager. Diese kann über die Methode neueWare() ein neues Objekt der Klasse Ware erstellen.

Bild 10-59 Stereotyp «instantiate»

Der Stereotyp «instantiate» ist synonym zu dem Stereotyp «create» [Sup10, Table B.1].

Das Schlüsselwort «**interface**» wird nicht dazu verwendet, um Interface-Objekte im Sinne von Jacobson zu kennzeichnen, sondern um eine Schnittstelle im Sinne von Java zu kennzeichnen. Entity-Objekte und Interface-Objekte im Sinne von Jacobson werden im weiteren Verlauf noch erklärt (siehe Kapitel 12).

10.13.2   Eigenschaftswert

In UML 2.0 gibt es Eigenschaftswerte (engl. Tagged Values) nur noch für Stereotypen. In UML 1.x konnten Eigenschaftswerte noch für vorhandene UML-Elemente und für Stereotypen eingesetzt werden.

> Ein **Eigenschaftswert** erweitert die Eigenschaften eines Stereotyps und bringt neue Eigenschaften in die Definition dieses Subtyps. Diese neuen Eigenschaften sind aber keine Eigenschaften, welche die Instanz betreffen. Vielmehr erweitert diese neue Eigenschaft den Stereotyp.

Ein Eigenschaftswert ist also nicht dasselbe wie ein Attribut einer Klasse.

> Eigenschaftswerte sind als Metadaten zu sehen.

Angeschrieben wird ein Eigenschaftswert als ein Name-Wert-Paar, welches in einer Notiz angegeben ist, die mit dem Element des Stereotyps verknüpft ist. Ein Beispiel hierfür ist, dass in einem Projekt nur Server einer bestimmten Kapazität eingesetzt werden sollen (siehe Bild 10-60).

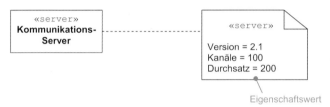

Bild 10-60 Eigenschaftswerte

Eigenschaftswerte werden in der Praxis meistens für Zwecke der Codegenerierung und des Konfigurationsmanagements eingesetzt. Beispielsweise wird notiert, dass alle Objekte eines Subsystems einer bestimmten Version angehören müssen. Zu diesem Zweck schreibt man den Eigenschaftswert mit der Konfigurationsangabe in einen mit dem Stereotyp verbundenen Kommentar. Die Versionsnummer gehört nicht zum Modell, sondern zu den Metadaten.

> Eigenschaftswerte werden in einer Notiz angegeben, die über eine Abhängigkeitsbeziehung (gestrichelte Linie) mit dem entsprechenden Element verbunden ist.

> Eigenschaftswerte umfassen ein Name-Werte-Paar der Form
>
> name = wert,
>
> also einen Namen in Form eines Strings – als Tag bzw. Eigenschaft – und ferner ein Gleichheitszeichen und einen Wert wie z. B. Prozessorenzahl = 3.

Eigenschaftswerte wurden in UML 1.x noch in geschweiften Klammern angegeben. Das ist nun nicht mehr der Fall. Ebenso konnte in UML 1.x der Eigenschaftswert noch direkt unter dem Namen eines Elements notiert werden. Trägt ein Stereotyp Eigenschaftswerte, so werden diese im Falle der Ableitung auf den abgeleiteten Stereotyp vererbt.

10.13.3 Randbedingung

Eine Randbedingung ist ein boolescher Ausdruck. Dieser Begriff ist gleichbedeutend mit einer Zusicherung. Die Bedingung wird in geschweiften Klammern notiert. Mit Randbedingungen – auch Einschränkungen genannt – wird die Semantik von Bausteinen verändert. Man kann durch die Verwendung von Randbedingungen bestehende Regeln überschreiben oder neue Regeln festlegen. Randbedingungen können als Freitext, mit der Object Constraint Language (OCL) oder in einer nicht festgelegten anderen Sprache angegeben werden.

> Mit **Randbedingungen** kann die **Semantik von Bausteinen** verändert werden.

Es gibt zwei Möglichkeiten für die Notation:

- Randbedingungen werden einfach in der Nähe des betreffenden Elementes angegeben und ggf. über eine Abhängigkeitsbeziehung (gestrichelte Linie) mit dem oder den entsprechenden Elementen verknüpft (siehe Bild 10-61) oder
- in eine Notiz geschrieben.

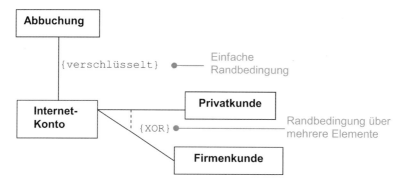

Bild 10-61 Randbedingungen

Randbedingungen werden immer in **geschweiften Klammern** angegeben.

Arbeitet man an Realzeitsystemen, so können beispielsweise auch zeitliche Anforderungen über Randbedingungen ausgedrückt werden.

10.14 Zusammenfassung

UML ist eine standardisierte Notationssprache. UML dient zur Kommunikation zwischen Entwicklern, als Architekturschema für Anwendungen und als formale Sprache, die eine automatische Codegenerierung erlaubt.

Die Väter von UML sind Booch, Rumbaugh und Jacobson. Der Schwerpunkt von Rumbaugh liegt auf der Datenmodellierung, Jacobson zeichnet sich insbesondere durch das Konzept der Anwendungsfälle aus und Grady Booch insbesondere durch seine Erfahrungen im Entwurf (Kapitel 10.1).

Die meisten Diagramme von UML bestehen aus Knoten und Kanten. Beispiele für **Knoten** sind:

- Klassen,
- Objekte,
- Pakete oder
- Zustände.

Beispiele für **Kanten** sind:

- Assoziationen,
- Abhängigkeiten oder
- Zustandsübergänge (Transitionen).

Systeme haben eine **statische Struktur** und ein **dynamisches Verhalten** (Kapitel 10.2). Für beide Aspekte bietet UML Beschreibungselemente an.

Eine **Klasse** stellt einen Typ dar. Ein **Objekt** ist eine Variable vom Typ einer Klasse. Objekte sind Instanzen einer Klasse und entsprechen deren Vorgaben. Eine Klasse besteht im Wesentlichen aus Name, Attributen und Operationen (Kapitel 10.3).

Für die **Sichtbarkeit von Attributen** (Kapitel 10.3.2) gibt es die Symbole:

- (`private`)
(`protected`)
~ (`package`) und
+ (`public`)

Dieselbe Sichtbarkeit haben Operationen.

Die Angabe des **Anfangswertes** von Attributen ist optional. Der **Eigenschafts-String** `{readonly}` zeigt an, dass ein Attribut nur gelesen werden darf. Ansonsten kann es auch geändert werden (Kapitel 10.3.2).

Eine Operation stellt die Abstraktion einer Methode dar und umfasst die Schnittstelle der Methode mit ihren Verträgen. `{sequential}`, `{guarded}` und `{concurrent}` bezeichnen die Nebenläufigkeitseigenschaften von Operationen (siehe Kapitel 10.3.3). Enthält eine Klasse sehr viele Attribute oder Operationen, können diese durch einen selbst geschriebenen **Stereotypen** kategorisiert werden, indem man vor jede Gruppe eine beschreibende Kategorie als Präfix in Form eines Stereotyps voranstellt. Die Listen dieser Kategorien müssen nicht vollständig sein (siehe Kapitel 10.3.4).

Verantwortlichkeiten können in einem eigenen Zusatzbereich im Klassensymbol eingefügt werden (siehe Kapitel 10.3.5).

Was eine Klasse macht, ist die **externe öffentliche Ansicht der Klasse**, und wie sie es macht, die private, **interne Ansicht der Klasse**. Für Client-Programme braucht man die Außenansicht und für Programmierer der Klasse die Innenansicht (siehe Kapitel 10.3.6).

Aktive Klassen werden für Threads und Prozesse benötigt, um einen eigenen Kontrollfluss anzuzeigen (siehe Kapitel 10.3.7).

Eine geschachtelte Klasse wird innerhalb einer anderen Klasse definiert und gehört zum Namensraum der einschließenden Klasse (siehe Kapitel 10.3.8).

Ein DataType ist ähnlich einer Klasse mit dem Unterschied, dass seine Instanzen nur durch ihren Wert identifiziert werden. Das bedeutet, dass die Instanzen eines Data-Type keine Identität haben wie die Instanzen einer Klasse. Sie sind nur Werte und keine Objekte (siehe Kapitel 10.4).

In UML wird zwischen den folgenden statischen Beziehungsarten unterschieden:

- Assoziationen,
- Generalisierungen,
- Realisierungen und
- Abhängigkeiten.

Da im Prinzip alle statischen Beziehungen vom Kern her Abhängigkeiten sind, ist die Strategie für das Klassifizieren von Beziehungen, zuallererst die semantisch klar erkennbaren Assoziationen, Generalisierungen und Realisierungen als besondere Abhängigkeiten festzulegen und die anderen Beziehungen dann als Abhängigkeiten darzustellen (siehe Kapitel 10.5).

Zusätze können beispielsweise sein:

- Rollen an Assoziationen,
- Multiplizitäten an Assoziationen,
- Sichtbarkeiten,
- Notizen oder
- Zusatzbereiche beispielsweise in Klassen, Komponenten und Knoten.

Notizen sind der wichtigste eigenständige Zusatz (siehe Kapitel 10.6).

Die textuelle Spezifikation in einem UML-Werkzeug hinter einem Modellelement muss die Syntax und Semantik eines Modellelements vollständig spezifizieren, wenn daraus Code generiert werden soll. Ein UML-Diagramm zeigt nur einen Ausschnitt aus der textuellen Spezifikation und kann unvollständig sein (siehe Kapitel 10.7).

Eine **Schnittstelle** spezifiziert einen Vertrag zwischen einem Kunden der Schnittstelle und einem Lieferanten, der die Dienste der Schnittstelle implementiert. Beide Vertragspartner können sich unabhängig voneinander verändern, solange sie den Vertrag erfüllen. Eine Schnittstelle spezifiziert eine Menge von Operationen und Signalen, die zusammen das Verhalten einer Abstraktion bilden (siehe Kapitel 10.8).

Die OMG strukturiert die Beschreibung von **Modellen** in UML in vier Ebenen (siehe Kapitel 10.9):

- Meta-Meta-Ebene (M3)
- Metaebene (M2)
- Modellebene (M1) und
- Datenebene mit Laufzeitinstanzen (M0)

Ganz allgemein ist ein Classifier ein Modellelement der UML, von dem eine Instanz gebildet werden kann. Classifier ist ein Begriff aus dem Metamodell von UML. Klassen sind die allgemeinste Art eines Classifier. Die anderen Classifier können als ähnlich zu den Klassen angesehen werden. Einige Elemente in UML besitzen keine Instanzen. Dies ist beispielsweise der Fall bei Paketen und bei Generalisierungen. Sie sind damit keine Classifier (siehe Kapitel 10.10).

Eine **Kollaboration** stellt eine Zusammenstellung von Klassen, Schnittstellen oder anderen strukturellen Elementen in Rollen dar, die zusammenarbeiten, um ein bestimmtes Verhalten hervorzurufen (siehe Kapitel 10.11).

Eine Kollaboration hat zwei Aspekte:

- einen strukturellen Teil und
- einen Verhaltensteil.

Der strukturelle Teil kann durch ein Klassendiagramm oder ein Objektdiagramm (siehe Kapitel 11.2) dargestellt werden, der Verhaltensteil durch ein Kommunikationsdiagramm (siehe Kapitel 11.4) oder Sequenzdiagramm (siehe Kapitel 11.5).

Eine **Interaktion** zeigt das Verhalten, also die Dynamik, eines Systems. Eine Interaktion umfasst die Wechselwirkungen innerhalb einer Gruppe von Objekten, die zusammenarbeiten, um gemeinsam eine Aufgabe zu erfüllen. Eine Interaktion wird in UML z. B. in Kommunikations- und Sequenzdiagrammen dargestellt (siehe Kapitel 10.12). Nachrichten können asynchron oder synchron sein.

Erweiterungsmechanismen von UML (siehe Kapitel 10.13) sind:

- Stereotypen,
- Eigenschaftswerte (Tagged Values) und
- Randbedingungen (Einschränkungen, Constraints).

Ein **Stereotyp** dient zur Bildung eines Subtyps eines in der Sprache UML vorhandenen Elements. Mit einem Stereotyp wird der Wortschatz von UML erweitert. Wenn ein Modellelement mit einem Stereotyp ausgezeichnet wird, ändert sich dessen Bedeutung. Jeder neue Stereotyp definiert einen neuen Metatyp. Es ist auch möglich, Hierarchien von Stereotypen aufzubauen und allgemeine Stereotypen und ihre Spezialisierungen einzusetzen (siehe Kapitel 10.13.1).

Mit **Randbedingungen (Einschränkungen)** kann die Semantik von Bausteinen verändert werden. Randbedingungen werden immer in geschweiften Klammern angegeben (siehe Kapitel 10.13.3).

10.15 Aufgaben

10.1 Geschichte der UML

10.1.1 Nennen Sie die Väter von UML.
10.1.2 Ist UML eine Methode oder eine Notation?

10.2 Einsatzweck der UML

10.2.1 Ist UML an ein bestimmtes Vorgehensmodell wie RUP gebunden?
10.2.2 Welche Beziehungstypen kennt UML?

10.3 Klassen und Attribute

10.3.1 Wie heißt die Instanz einer Klasse?
10.3.2 Erklären Sie, was man unter der Innenansicht und unter der Außenansicht einer Klasse versteht.
10.3.3 Wie unterscheiden Sie in UML in einer Klasse Instanzvariablen und Klassenvariablen?
10.3.4 Wie spezifizieren Sie konstante Attribute?
10.3.5 Nennen und erläutern Sie die Sichtbarkeit von Attributen und Operationen.
10.3.6 Erläutern Sie den Unterschied zwischen einer Operation und einer Methode.
10.3.7 Was ist eine abstrakte Operation?
10.3.8 Erklären Sie, wie Sie Stereotypen einsetzen können, um Attribute oder Operationen in einer Klasse zu gruppieren.
10.3.9 Wozu wird eine aktive Klasse eingesetzt und wie wird sie dargestellt?
10.3.10 Was ist eine geschachtelte Klasse?
10.3.11 Was ist eine Verantwortlichkeit einer Klasse?
10.3.12 Wie kann man Verantwortlichkeiten in einer Klasse darstellen?

10.4 DataType und primitive Datentypen

10.4.1 Haben Instanzen eines DataType eine Identität? Können Operationen den Wert einer Instanz eines DataType abändern oder nicht?
10.4.2 Nennen sie drei primitive Datentypen.

10.5 Beziehungen zwischen Klassen

10.5.1 Nennen Sie die Beziehungsarten von statischen Beziehungen. Welche dieser Beziehungsarten sind unsymmetrisch, welche sind symmetrisch?
10.5.2 Welche dynamischen Beziehungen auf Objektebene kennen Sie?
10.5.3 Erklären Sie, welche Bedeutung eine Assoziation hat.
10.5.4 Was ist eine reflexive Assoziation?
10.5.5 Erklären Sie den Zusammenhang zwischen einer Rolle in einer Assoziation und einer Schnittstelle.
10.5.6 Was versteht man unter dem Begriff "Navigation"?
10.5.7 Erklären Sie den Unterschied zwischen Navigationsrichtung und Lesepfeil.
10.5.8 Erklären Sie den Unterschied zwischen Komposition und Aggregation.
10.5.9 Wozu dient eine Qualifikation?

10.5.10 Wie heißt die Instanz einer Assoziation?
10.5.11 Was für eine Assoziation existiert zwischen den folgenden Klassen eines Projektes für einen Kunden? Wie heißt die Assoziation?

| Kunde | | Projekt |

| | Projektleiter | |

10.5.12 Da eine Assoziationsklasse den Charakter einer Assoziation hat, kann sie nicht zwei Assoziationen zugeordnet sein. Welchen Trick machen Sie, wenn Sie eine Assoziationsklasse mit zwei verschiedenen Assoziationen verknüpfen wollen.
10.5.13 Was bedeutet die Randbedingung {ordered} an einem Ende der Assoziation?
10.5.14 Was ist ein Assoziationsattribut und eine Assoziationsklasse?
10.5.15 Was ist der Unterschied zwischen Verknüpfung und Assoziation?
10.5.16 Zeichnen Sie die kanonische oder expandierte Form der Realisierung.
10.5.17 Zeichnen Sie die verkürzte Form der Realisierung (Lollipop-Darstellung).
10.5.18 Erklären Sie die Lollipop- und Socket-Darstellung und die kanonische oder expandierte Darstellung für Schnittstellen und nennen Sie jeweils den Vorteil.

Aufgabe 10.6 Zusätze der UML

10.6.1 Geben Sie Beispiele für Zusätze an.
10.6.2 Wofür werden Zusatzbereiche verwendet?

Aufgabe 10.7 Dokumentation

10.7.1 Nennen sie die Hauptpunkte einer Klassenspezifikation.
10.7.2 Nennen sie die Hauptpunkte einer Beziehungsspezifikation.

Aufgabe 10.8 Das Konzept einer Schnittstelle

10.8.1 Was ist eine Schnittstelle?
10.8.2 Welche Spezifikation wird durch die Schnittstelle vorgenommen?
10.8.3 Wie heißt die Instanz einer Schnittstelle?
10.8.4 Welchen Vorteil hat die Festlegung von Schnittstellen?

Aufgabe 10.9 Metamodell

10.8.1 Was ist ein Meta-Modell?
10.8.2 Was versteht man unter einem Classifier?

Aufgabe 10.10 Erweiterungsmöglichkeiten von UML

10.13.1 Was sind die Erweiterungsmöglichkeiten von UML?
10.13.2 Erklären Sie den Unterschied zwischen Stereotyp und Schlüsselwort.
10.13.3 Erklären Sie die «use»-Beziehung.

Kapitel 11

Einführung in standardisierte Diagrammtypen nach UML

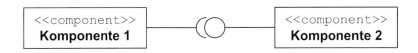

11.1 Klassendiagramm
11.2 Objektdiagramm
11.3 Anwendungsfalldiagramm
11.4 Kommunikationsdiagramm
11.5 Sequenzdiagramm
11.6 Aktivitätsdiagramm
11.7 Zustandsdiagramm
11.8 Komponentendiagramm
11.9 Verteilungsdiagramm
11.10 Paketdiagramm
11.11 Interaktionsübersichtsdiagramm
11.12 Kompositionsstrukturdiagramm
11.13 Zeitdiagramm
11.14 Zusammenfassung
11.15 Aufgaben

11 Einführung in standardisierte Diagrammtypen nach UML

Als standardisierte **Diagrammtypen** bietet UML seit der Version 2.0 insgesamt 13 Diagrammtypen. Diese sind in Bild 11-1 zu sehen:

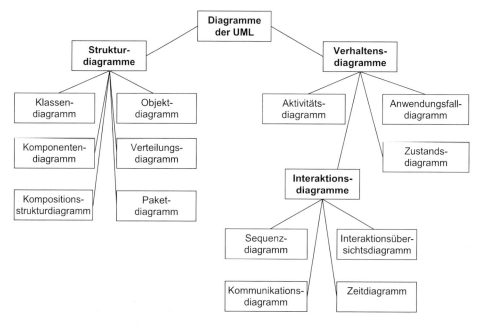

Bild 11-1 Diagrammtypen der UML 2

Diese Diagramme sind festgelegte Sichten auf ein Modell. Die Diagrammtypen nach UML sind gekoppelt und können nicht als orthogonal zueinander betrachtet werden. Oft lassen sich für einen bestimmten Zweck verschiedene Diagramme einsetzen.

Jeder Diagrammtyp kann grundsätzlich in jedem Schritt eines Entwicklungsprozesses verwendet werden. Angaben zum Einsatz werden in UML nicht vorgegeben. Dennoch wird z. B. ein Anwendungsfalldiagramm in einem frühen Schritt eingesetzt und ein Verteilungsdiagramm erst dann, wenn es um die Implementierung geht. Sprachkonzepte, die eigentlich zu verschiedenen Diagrammtypen gehören, können auch zusammen in einem neuen, nicht standardisierten Diagrammtyp auftreten.

Man kann de facto seine eigenen Diagrammtypen erfinden. Voraussetzung dabei ist natürlich, dass das Metamodell von UML eingehalten und nicht verletzt wird. Standard-Diagramme können beispielsweise gemischt werden. Der besondere Wert von UML liegt aber in der Standardisierung. Daher sollten standardkonforme Abweichungen vorsichtig eingesetzt werden.

Einführung in standardisierte Diagrammtypen nach UML

Es ist in UML erlaubt, **eigene Diagrammtypen** zu erfinden. Dennoch sollte man extrem sparsam damit umgehen. Schließlich ist das Kernziel von UML die Standardisierung.

Ein Diagramm kann einen optionalen Titel (engl. heading), der das auf der eigentlichen Zeichenfläche dargestellte Diagramm kennzeichnet, und einen optionalen Rahmen enthalten. Der Rahmen umfasst die Modellierung eines Modellelements bzw. dient zur Modellierung der Struktur eines Namensraums [Sup10, S.701]

Bild 11-2 Titel und Rahmen

Der Titel ist ein Name, dem optional die Diagrammart vorgestellt und optional Parameter nachgestellt sein können.

Damit lautet ein Titel:

`Titel = [Diagrammart]Name['('Parameter')']`

Die Diagrammart kann in **Langform** oder in **Kurzform** angegeben werden. Die UML definiert die in Tabelle 11-1 gezeigten Lang- und Kurzformen als Diagrammart:

Langform	Kurzform	UMLDiagramm
activity	act	Aktivitätsdiagramm
class	-	Klassendiagramm
deployment	dep	Verteilungsdiagramm
component	cmp	Komponentendiagramm
interaction	sd	Sequenzdiagramm, Kommunikationsdiagramm, Zeitdiagramm, Interaktionsübersichtsdiagramm.
package	pkg	Paketdiagramm
state machine	stm	Zustandsdiagramm
use case	uc	Anwendungsfalldiagramm
-	ref	Referenz auf ein Diagramm

Tabelle 11-1 Kurz- und Langformen von UML-Diagrammtypen

Zur Referenz auf ein Diagramm siehe Kapitel 11.11.

Wenn der Rahmen weggelassen wird, ist auch der Titel wegzulassen. Der Titel eines Diagramms hängt davon ab, ob ein Diagramm geschachtelt ist oder nicht. In einem "flachen", also nicht geschachtelten Diagramm bestimmen die wesentlichen grafischen Symbole den Typ des Diagramms.

So enthält ein Klassendiagramm als wesentliche Bestandteile Klassensymbole [Sup10, S. 701]. Andererseits stellt bei einem geschachtelten Diagramm [Sup10, S. 701] der Titel eines Diagramms entweder

- die Art, den Namen und Parameter des umfassenden Namensraums dar oder

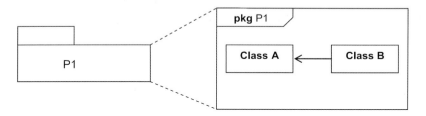

Bild 11-3 Diagrammtitel in Bezug auf den Namensraum

- das Modellelement, das die innerhalb des Diagramms durch Symbole dargestellten Elemente besitzt.

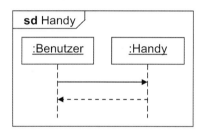

Bild 11-4 Diagrammtitel in Bezug auf ein Modellelement

So kann beispielsweise ein Klassendiagramm ein Paket erläutern. Der Name des Diagramms ist dann beispielsweise `package p`. Genauso kann ein Kompositionsstrukturdiagramm als Inhalt einer Klasse dargestellt werden. Das Diagramm heißt dann beispielsweise `class c`.

Ebenso kann beispielsweise das Verhalten eines Anwendungsfalls durch ein Sequenzdiagramm erläutert werden. Dieses Diagramm wird dann beispielsweise als `uc u` bezeichnet [Sup10, Annex A]. Aber ein "flaches" Interaktionsdiagramm wird mit `sd` beschriftet.

Systeme haben eine **statische Struktur** und ein **dynamisches Verhalten**. Daher wird zwischen Struktur- und Verhaltensdiagrammen unterschieden. Die statische Struktur wird vor allem durch Klassendiagramme, Objektdiagramme, Anwendungsfalldiagramme[98], Komponentendiagramme, Verteilungsdiagramme und Paketdiagramme erfasst.

---

[98] Anwendungsfalldiagramme sind in UML 2.0 Verhaltensdiagramme. Ein Anwendungsfall selbst beschreibt einen dynamischen Ablauf, aber ein Anwendungsfalldiagramm zählt nur auf, welche Anwendungsfälle von einem System zur Verfügung gestellt werden. Dies ist eine statische Eigenschaft und keine dynamische. Das Standardisierungskomitee der UML hat die Zuordnung jedoch anders getroffen.

Einführung in standardisierte Diagrammtypen nach UML

Das dynamische Verhalten von Systemen wird insbesondere durch Kommunikationsdiagramme, Sequenzdiagramme, Zustandsdiagramme und Aktivitätsdiagramme beschrieben.

> **Strukturdiagramme** dienen zur **Strukturmodellierung**, **Verhaltensdiagramme** dienen zur **Verhaltensmodellierung**.

> Eine weitere Neuerung von UML 2.0 ist, dass alle **Verhaltensdiagramme beliebig durch Schachtelung verfeinert oder vergröbert** werden dürfen.

Dies bedeutet beispielsweise, dass ein Verhaltensdiagramm Teil eines übergeordneten Verhaltensdiagramms sein kann. Es besteht folglich die Möglichkeit, Elemente eines Verhaltensdiagramms verfeinert zu betrachten. Die Verschachtelungstiefe ist nicht begrenzt und kann deshalb beliebig tief werden.

Eine mögliche Verschachtelung von Verhaltensdiagrammen wird im folgenden Bild beispielhaft dargestellt. Darin wird der Anwendungsfall `Karte prüfen` von der Klasse `Geldautomat` (links im Bild) durch ein darunter geschachteltes Zustandsdiagramm (Bildmitte) beschrieben.

Ebenso wird ein Zustand aus dem Zustandsdiagramm durch ein Kommunikationsdiagramm (rechts) genauer erfasst. Die Titel der Diagrammrahmen ganz rechts und in der Mitte in folgendem Bild verwenden die in Tabelle 11-1 erwähnten Kurzschreibweisen, um neben dem Namen die Diagrammart anzugeben.

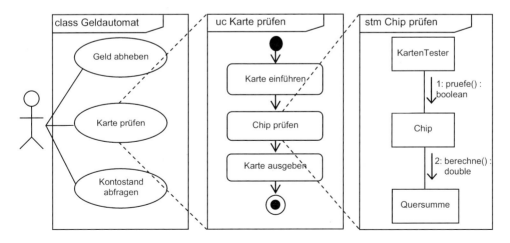

Bild 11-5 Verschachtelung von Verhaltensdiagrammen

Seit UML 2.0 sind in Verhaltensdiagrammen auch Primitive wie **Schleifen**, **Selektionen** und **Ausnahmebehandlungen** möglich. Die Formulierung von Schleifen in Sequenzdiagrammen wird in Kapitel 11.5 gezeigt.

Dass Verhaltensdiagramme nicht nur in grafischer Form, sondern auch in Tabellen dargestellt werden können, soll hier nur ergänzend erwähnt werden.

Neu in UML 2.0 bei den Verhaltensdiagrammen ist, dass die Kollaborationsdiagramme von UML 1.x jetzt "Kommunikationsdiagramme" heißen. Neu in UML ist auch das so genannte **Interaktionsübersichtsdiagramm** und das **Zeitdiagramm**. Das Interaktionsübersichtsdiagramm ist ein neuer Diagrammtyp, während Zeitdiagramme hingegen vom klassischen Software Engineering für Realzeitsysteme durchaus bekannt sind.

Interaktionsübersichtsdiagramme werden in Kapitel 11.11 beschrieben, Zeitdiagramme werden in Kapitel 11.13 vorgestellt. Bei den Strukturdiagrammen ist das **Kompositionsstrukturdiagramm** (siehe Kapitel 11.11) dazugekommen.

Das sogenannte **Artefaktdiagramm** (siehe Kapitel 11.9.2) zählt zu den **Verteilungsdiagrammen** (siehe Kapitel 11.9). Das Artefaktdiagramm zeigt, welche Artefakte welche Klassen implementieren, sowie die Beziehungen zwischen Artefakten. Der Einsatz von Artefaktdiagrammen ist nur bei webbasierten Systemen gängig, um die Web-Seiten und weitere Artefakte wie eingebettete Grafiken und Applets[99] zu modellieren. Damit erhält man einen Überblick über den physischen Aufbau des Systems. Ansonsten ist es nicht üblich, die Beziehungen zwischen einer Klasse, ihrem Quellcode und ihrem Objektcode zu modellieren.

Das sogenannte **Subsystemdiagramm** ist ein **Komponentendiagramm** (siehe Kapitel 11.8), das im Wesentlichen Subsysteme (Komponenten mit dem Stereotyp «subsystem») darstellt.

Hat ein Diagramm zu viele Elemente, so lohnt es sich, im Diagramm gewisse Elemente in Kollaborationen oder Paketen zu gruppieren, um die Übersicht herzustellen.

---

[99] Applets sind Java-Programme, die im Webbrowser des Anwenders ausgeführt werden.

11.1 Klassendiagramm

Bei dem Klassendiagramm (engl. class diagram) gibt es in UML 2.0 nur kleinere Änderungen im Diagramm.

Intern wurde das Klassendiagramm allerdings komplett neu gestaltet. Hinter dem Klassendiagramm steht nun ein komplett **neues Metamodell** (siehe Kapitel 10.9), das durch eine formale Spezifikation beschrieben ist.

Ein Klassendiagramm beschreibt die Struktur eines Systems vor allem durch Klassen, Schnittstellen und ihre Beziehungen. In der Objektorientierung wird dieser Diagrammtyp am häufigsten angetroffen.

Klassendiagramme können beispielsweise auch Pakete[100] zu Gruppierungszwecken enthalten.

Klassendiagramme enthalten üblicherweise:

- Klassen,
- Schnittstellen,
- Kollaborationen[101],
- Assoziationsbeziehungen,
- Generalisierungsbeziehungen,
- Realisierungsbeziehungen und
- Abhängigkeitsbeziehungen.

Wenn ein Objekt zur Laufzeit seinen Typ ändert, werden auch Instanzen in das Klassendiagramm eingefügt. Klassendiagramme kommen hauptsächlich zum Einsatz, um die Beziehungen zwischen Klassen aufzuzeigen.

Wenn man mit Klassendiagrammen modelliert, beginnt man am einfachsten mit einem einzigen Anwendungsfall und seinen Szenarien, um die ersten Beziehungen zu entdecken, und arbeitet sich dann über die weiteren Anwendungsfälle schrittweise weiter vor.

Es ist nicht erforderlich, ein einziges großes Klassendiagramm für das System zu zeichnen, das alles enthält. Alle Klassendiagramme zusammen stellen die statische Sicht dar. Ein einzelnes Klassendiagramm zeigt nur einen Aspekt.

Das Klassendiagramm zeigt stets eine **statische Sicht** eines Systems oder eines Ausschnitts aus dem System. Dies gilt sowohl für die Systemanalyse als auch für den Systementwurf.

Klassendiagramme kommen zum Einsatz:

---

[100] Pakete sind Behälter. Ein Paket kann beispielsweise Klassen und Schnittstellen oder Anwendungsfälle enthalten.
[101] Eine Kollaboration sind Objekte, die zusammenarbeiten, um gemeinsam eine Leistung zu erbringen. Eine Kollaboration hat eine Struktur und ein Verhalten.

- Zum **Modellieren des "Vokabulars"**, hier der Klassen des Systems.
- Zum Festlegen der Klassen und der Beziehungen für eine **Kollaboration**[102] oder für ein **ganzes System**.
- Zum **Modellieren von Datenbank-Schemata**[103]. Hierbei wird der logische Datenbank-Entwurf erstellt. Zu beachten ist, dass Geschäftsregeln für die Verarbeitung der persistenten Klassen auf einer höheren Ebene als die Ebene der persistenten Klassen einzuordnen sind. Ferner sollten alle Attribute von einem elementaren Typ sein. Eine Beziehung zu einem nicht-elementaren Typ sollte generell durch eine explizite Assoziation und nicht durch ein Attribut beschrieben werden.
- In der **statischen Prozesssicht** werden Klassendiagramme mit aktiven Klassen (siehe aktive Klassen, Kapitel 10.3.7) dargestellt.

Generell bilden Klassendiagramme die Grundlage für Komponentendiagramme und Verteilungsdiagramme. Statt Klassen enthalten diese Diagramme Komponenten bzw. Knoten.

Bei einem System muss man ermitteln, welche Klasse welche andere Klasse bei der Erfüllung ihrer Aufgaben braucht. Zur Ermittlung der Assoziationen zwischen den Klassen werden zwei praktikable Methoden vorgestellt. Zum einen die CRC-Methode[104] (siehe Kapitel 12.8.2) mit einem Klassendiagramm der konzeptionellen Sicht, zum anderen die Analyse von Anwendungsfällen (siehe Kapitel 12.8.3). Die Nachrichten zwischen Objekten werden entlang der Instanzen der Assoziationen zwischen Objekten der Klassen ausgetauscht, aber auch entlang von temporären Beziehungen.

Beim Modellieren von Beziehungsnetzen zwischen Klassen, den **Klassendiagrammen**, muss man aufpassen, dass man keinen Wirrwarr erzeugt. Hat eine Klasse A eine Beziehung zu einer Klasse B und diese wiederum zu einer Klasse C, so stehen indirekt die Klassen A und C auch in Beziehung. Die Beziehung zwischen den Klassen A und C wird aber nur dann gezeichnet, wenn es eine direkte Beziehung ist und keine indirekte Beziehung. Nur wenn im Rahmen einer anderen Verantwortlichkeit eine direkte Kopplung besteht, wird die Beziehung gezeichnet.

> Indirekte Beziehungen werden in Klassendiagrammen nicht eingezeichnet.

Bild 11-6 zeigt das Klassendiagramm aus Entity-Klassen (siehe Kapitel 16) für das Flughafensystem:

---

[102] Eine Kollaboration realisiert beispielsweise einen Anwendungsfall. Sie wird beschrieben durch ein Klassendiagramm und ein Interaktionsdiagramm.
[103] Die Klassendiagramme von UML sind eine Obermenge der ER-Diagramme (siehe Kapitel 8). Während diese nur die Daten modellieren, erfasst ein Klassendiagramm auch das Verhalten. Im Falle einer Datenbank werden die Methoden dann in der Regel zu Triggern bzw. Stored Procedures.
[104] Wenn das analysierte Dokument nach Anwendungsfällen strukturiert ist, kann man auch bei CRC anwendungsfallorientiert vorgehen.

Einführung in standardisierte Diagrammtypen nach UML

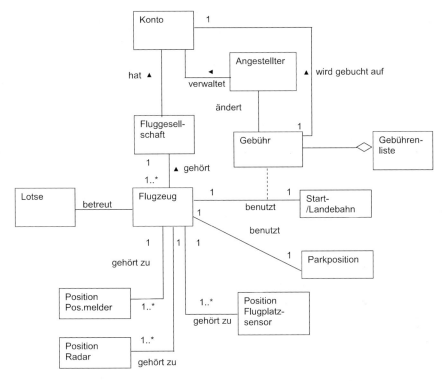

Bild 11-6 Gesamtes Klassendiagramm aus Entity-Klassen

Auch wenn Klassendiagramme aus Entity-Klassen am geläufigsten sind, so kann man sich dennoch innerhalb der statischen Sicht nicht nur auf Entity-Klassen beschränken und die folgenden Sichten einführen:

- **konzeptionelle Sicht** (nur Entity-Klassen des Problembereichs)
- **Verarbeitungssicht** (Entity- und Kontroll-Klassen des Problembereichs)
- **finale Sicht der Systemanalyse** (Entity-, Kontroll- und Schnittstellen-Klassen des Problembereichs)
- **Entwurfssicht** (alle Klassen des Entwurfs – Lösungsbereich)

Die Namen dieser vier Sichten werden durch dieses Buch festgelegt. Es ist jedoch offensichtlich, dass diese vier Sichten unterschieden werden können.

In der **konzeptionellen Sicht** versucht man, die Entity-Klassen des Problembereiches zu erkennen und erste Beziehungen zwischen den Klassen zu finden. Daten tragende Klassen des Problembereiches sind **Entity-Klassen** und stellen Objekte der Realität dar.

In der **Verarbeitungssicht** kommen **Kontroll-Klassen** (siehe Kapitel 12) hinzu. Diese kapseln komplexe Verarbeitungsvorgänge. Verwendungsbeziehungen braucht man nicht im Klassendiagramm der konzeptionellen Sicht, sondern erst im Falle des Klassendiagramms – besser noch Objektdiagramms[105] – der Verarbeitungssicht bei der Benutzung von Entity-Objekten durch Kontrollobjekte.

Kurz vor dem Lösungsbereich bzw. der Entwurfssicht werden in der **finalen Sicht der Systemanalyse** noch zusätzlich **Interface-Klassen** (siehe Kapitel 12) im Rahmen der Systemanalyse definiert. Interface-Klassen stellen Schnittstellen dar wie beispielsweise eine Mensch-Maschine-Schnittstelle. Sie verbergen die Ausprägung der Akteure vor den Kontroll- und Entity-Objekten.

In Klassendiagrammen werden alle Beziehungen zunächst so einfach wie möglich erfasst. Fortgeschrittene Eigenschaften sollten erst dann verwendet werden, wenn es ohne sie nicht mehr geht. Man sollte nicht zwanghaft daran denken, möglichst rasch vollständig zu sein. Es macht eher Sinn, zunächst mit den wichtigen Beziehungen zu beginnen. Die weiteren Arbeiten führen dann peu à peu zu einer Vervollständigung der Abstraktionen und ihrer Beziehungen.

11.1.1 Klassennamen

Jede Klasse muss einen Namen besitzen. Es kann sich hierbei entweder um einen **einfachen Namen** oder um einen **qualifizierten Namen** wie in Bild 11-10 handeln.

Üblicherweise sind Klassennamen **kurze Substantive** (Nomen) oder **substantivierte Begriffe** (**Nominalphrasen**). Der Name der Klasse muss in UML fett geschrieben und zentriert sein. Der Name der Klasse muss in UML mit einem Großbuchstaben beginnen. Bei zusammengesetzten Wörtern wird konventionsgemäß der erste Buchstabe jedes Worts meist großgeschrieben. Es ist möglich, nur den Namen der Klasse anzugeben, d. h. Attribute und Operationen wegzulassen. Wenn erforderlich, werden Attribute und Operationen gezeigt, sonst können sie auch unterdrückt werden.

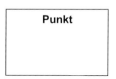

Bild 11-7 Klasse `Punkt` *ohne Angabe von Attributen und Operationen*

Es ist auch möglich, nur die Operationen wegzulassen. Der Grund für die verschiedenen Notationsmöglichkeiten einer Klasse ist:

- Zunächst gilt es, überhaupt erst die Klassen zu finden.
- Dann beginnt man, die Attribute und die Operationen aufzuschreiben.

In kompakter Notation wird bei abstrakten Klassen der Klassenname kursiv geschrieben:

---

[105] Es macht Sinn, im Klassendiagramm der konzeptionellen Sicht zunächst ungerichtete Beziehungen zu zeichnen und im Kommunikationsdiagramm der Verarbeitungssicht dann gerichtete Nachrichten. Diese gerichteten Nachrichten gehen dann beim Entwurf in konkrete Methodenaufrufe über.

Einführung in standardisierte Diagrammtypen nach UML 393

Bild 11-8 Notation einer abstrakten Klasse mit kursivem Klassennamen

Eine zweite Möglichkeit, um eine abstrakte Klasse zu notieren, ist die Verwendung der Einschränkung {abstract} unter dem Namen der Klasse.[106]

Bild 11-9 Notation einer abstrakten Klasse mit Hilfe einer Einschränkung

Bei einem qualifizierten Namen steht wie in Bild 11-10 vor dem Klassennamen der Name des Pakets, in welchem sich die Klasse befindet, gefolgt von zwei Doppelpunkten. Mehrere Klassen, die funktional zueinander gehören, können in Paketen zusammengefasst werden. Beispiele hierfür sind in Java ein Paket für Oberflächen (z. B. Swing) oder für die Kommunikation (z. B. Remote Method Invocation).
In Bild 11-10 bezeichnet Draw:: ein Paket namens Draw.

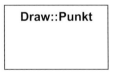

Bild 11-10 Klasse mit qualifiziertem Namen

11.1.2 Sichtbarkeit von Attributen und Operationen

Die im Folgenden angesprochenen Eigenschaften werden anhand von Klassen erläutert, gelten aber für alle Classifier. Für ein Attribut oder eine Operation kann die Sichtbarkeit festgelegt werden. Sie regelt, welche anderen Classifier darauf zugreifen dürfen. In UML gibt es vier **Sichtbarkeitstypen**:

- Privat (engl. private), gekennzeichnet durch das Symbol −
  Nur der Classifier selbst kann auf eine Eigenschaft (Attribut bzw. Operation) zugreifen, wenn sie private ist. Dargestellt wird dies im Diagramm durch ein −.

---

[106] Eine **Einschränkung** oder **Randbedingung** ist eine semantische Beziehung zu einem Modellelement/zu Modellelementen, die zum Ausdruck bringt, dass gewisse Bedingungen vorausgesetzt werden. Einschränkungen bzw. Randbedingungen werden als Text in geschweiften Klammern angegeben.

- Geschützt (engl. protected), gekennzeichnet durch das Symbol #
  Der Classifier selbst und jede Erweiterung des Classifier hat Zugriff auf dessen geschützte Eigenschaften. Das Symbol hierfür ist #.
- Paket (engl. package), gekennzeichnet durch das Symbol ~
  Durch die Voranstellung des Symbols ~ wird zum Ausdruck gebracht, dass nur Classifier aus demselben Paket bzw. in dessen Unterpaketen auf diese Eigenschaft zugreifen können.
- Öffentlich (engl. public), gekennzeichnet durch das Symbol +
  Eine Eigenschaft mit dieser Sichtbarkeit ist für jeden externen Classifier sichtbar, wenn der die Eigenschaft umschließende Classifier dies zulässt. In UML wird public durch das Symbol + dargestellt.

Prinzipiell kann das Sichtbarkeitssymbol auch entfallen. Allerdings ist von der UML kein Standardwert bei fehlendem Sichtbarkeitssymbol festgelegt.

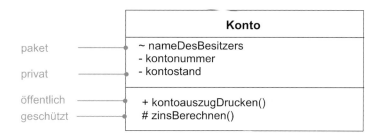

Bild 11-11 Sichtbarkeiten

11.1.3 Gültigkeitsbereich

Die Standardeinstellung für Attribute und Operationen ist ein instanzweiter Gültigkeitsbereich. Eine klassenweite oder statische Gültigkeit wird durch ein Unterstreichen der entsprechenden Eigenschaften angezeigt. Mit dem Gültigkeitsbereich einer Eigenschaft wird festgelegt, ob jede Instanz des Classifier einen eigenen Wert für diese Eigenschaft besitzt (Instanzvariable), oder ob es für die Eigenschaft nur einen einzigen Wert gibt, der für alle Instanzen des Classifier gilt (Klassenvariable). Auf Instanz- und Klassenvariable wird in Kapitel 9.2.2.1 eingegangen.

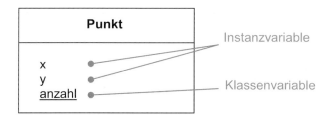

Bild 11-12 Gültigkeitsbereiche

11.1.4 Multiplizität einer Klasse

Üblicherweise wird bei Klassen davon ausgegangen, dass sie beliebig oft instanziiert werden können. In manchen Fällen jedoch möchte man die Anzahl der Instanzen, die von einer Klasse gebildet werden können, einschränken. Beispiele für eine solche Einschränkung sind die **Singleton-Klasse** (siehe Kapitel 17.17), von der nur eine Instanz gebildet werden kann, oder **Hilfsmittelklassen** mit Klassenvariablen und Klassenoperationen, die überhaupt nicht instanziiert werden können.

In UML kann die Anzahl der Instanzen, die eine Klasse besitzen darf, als Zahl in der **rechten oberen Ecke** angegeben werden. Sie wird als Multiplizität bezeichnet. Eine Multiplizität kann auch für Attribute verwendet werden.

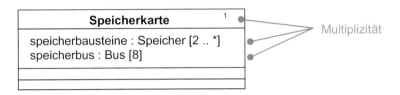

Bild 11-13 Multiplizität

In Bild 11-13 besitzt die Klasse Speicherkarte die Multiplizität 1. Das heißt, sie kann nur einmal instanziiert werden. Folglich handelt es sich hier um eine Singleton-Klasse. Des Weiteren verfügt diese Klasse über zwei oder mehrere Instanzen speicherbaustein vom Typ Speicher und genau acht Instanzen speicherbus vom Typ Bus.

11.1.5 Abstrakte Klassen und Blattelemente

Innerhalb von Klassenhierarchien können abstrakte Klassen definiert werden. Dabei handelt es sich um Klassen, die selbst nicht instanziiert werden können. Bei abstrakten Klassen wird der Klassenname kursiv geschrieben. Alternativ kann die Einschränkung {abstract} verwendet werden.

Ebenso wie Klassen können auch Operationen abstrakt sein. Solche Operationen sind dann noch nicht implementiert, sondern definieren nur die Signatur. Operationen sind zudem üblicherweise polymorph, weil an unterschiedlichen Stellen der Hierarchie Operationen mit gleicher Signatur festgelegt werden können. Die Signatur und der Rückgabetyp einer abstrakten Operation werden ebenfalls wie der Klassenname kursiv geschrieben.

Klassen, von denen nicht abgeleitet werden kann, erhalten die Einschränkung {leaf}. Dieselbe Einschränkung {leaf} gilt auch für Operationen, die nicht überschrieben werden dürfen. Eine Operation kann, wenn nichts anderes angegeben ist, überschrieben werden.

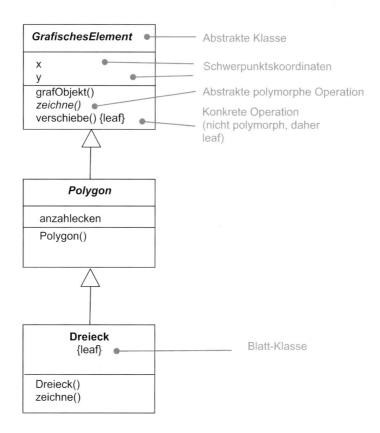

Bild 11-14 Abstrakte Klassen und Blatt-Elemente

11.2 Objektdiagramm

Ein Objektdiagramm (engl. object diagram) enthält Instanzen und ihre Verknüpfungen eines betrachteten Ausschnitts eines Systems zu einem bestimmten Zeitpunkt. **Instanzen** von Klassen, Komponenten und Knoten können modelliert werden, ebenso von Assoziationen und ihren Assoziationsklassen. Bei Objektdiagrammen gibt es wie beim Klassendiagramm in UML 2.0 ein neues **Metamodell** (siehe Kapitel 10.9), das Diagramm selbst hat sich aber nicht geändert. Es wird jetzt auch als **Instanzdiagramm** bezeichnet. Am häufigsten kommen Objekte als Instanzen einer Klasse vor, auch wenn Instanzen beliebiger Classifier dargestellt werden können.

Ein Beispiel für ein Attribut `name` eines konkreten Objektes `p` der Klasse `Person` ist:

Bild 11-15 Attribut eines Objektes

Die Namen konkreter Objekte als Speicherabbild werden unterstrichen. Es ist üblich, den Typ eines Attributwerts bei der Klasse zu speichern, ebenso die Operationen. Sie müssen nicht bei den Objekten angegeben werden, da sie für die ganze Klasse gelten und es deshalb nicht notwendig ist, sie bei Objekten mitzuschleppen.

Es ist möglich, dass die dargestellten Initialwerte, die einer manuellen Initialisierung nachempfunden sind, durch einen expliziten Konstruktoraufruf überschrieben werden.

Hier ein Beispiel eines Objektdiagramms:

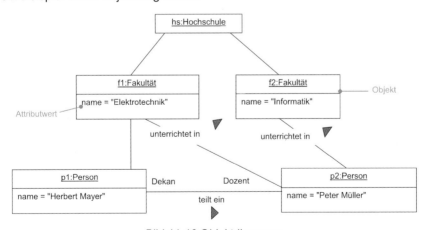

Bild 11-16 Objektdiagramm

Die einzelnen Attributwerte können beliebige Initialwerte annehmen, insofern sie zu ihrem Typ und ihrer Multiplizität konform sind. Bei der Angabe von Werten für Variablen spricht man in der UML von sogenannten Slots (freie Übersetzung: Schacht, Einschub). Zusätzlich zu Name und Wert kann bei einem Slot auch dessen Typ angegeben werden, wie z. B. `name : String = "Herbert Mayer"`.

Eine Verknüpfung oder Link – Instanz einer Assoziation – kann einen Namen tragen und Rollen, Qualifizierungen und eine Navigationsrichtung haben. Kompositionen und Aggregationen können dargestellt werden, Multiplizitäten nicht, denn ein Link verbindet einzelne Objekte. Je nach Multiplizität im Klassendiagramm kann es mehrere Links geben. Wenn es klar ist, dass eine Verbindung einen Link darstellt und keine Assoziation, muss der Name der Verbindung zwischen Instanzen nicht unterstrichen werden.

11.2.1 Namen von Objekten

Ein Objekt besitzt immer einen Typ. Der Typ ist der jeweilige Classifier, von dem das Objekt gebildet wurde. Wenn ein Objekt einen Namen besitzt, wird es als **benanntes Objekt** bezeichnet. Hat es keinen Namen, dann handelt es sich um ein sogenanntes **anonymes Objekt**.

Der Name wird vor dem Typ des Objekts – getrennt durch einen Doppelpunkt – angegeben. Der Typ kann auch ausgeblendet werden, sofern dieser aus dem Kontext ersichtlich ist. Objekte als Instanzen werden in UML dadurch gekennzeichnet, dass Name und Typ – wenn vorhanden – unterstrichen werden. Eine **anonyme Instanz** ohne Classifier wird als unterstrichener Doppelpunkt dargestellt.

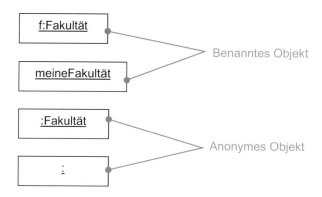

Bild 11-17 Benannte und anonyme Instanzen

11.2.2 Der Begriff Instanz und Objekt

Ein Gegenstand der Realität wird in einer **Abstraktion** beschrieben (z. B. mit Hilfe einer Klasse). Sie beschreibt, welche Eigenschaften der Gegenstand besitzt. Die konkrete Ausprägung dieses Gegenstandes bezeichnet man als **Instanz**. In einer Instanz sind den Eigenschaften konkrete Werte zugewiesen. Im Falle einer Klasse wird ihre Instanz als **Objekt** bezeichnet. Man muss aber Instanzen und Objekte differenzieren. Es ist zu beachten, dass die Begriffe Instanz und Objekt nur begrenzt synonym verwendet werden können. Eine Instanz einer Assoziation ist eine Verknüpfung oder Link, eine Instanz eines Knotentyps ist eine Knoteninstanz. Eine Verknüpfung ist natürlich kein Objekt. Ein Objekt ist also immer eine Instanz, aber eine

Instanz muss nicht unbedingt ein Objekt sein. Fast alle Elemente in UML können anhand ihrer Abstraktion oder ihrer Instanz modelliert werden.

11.2.3 Operationen für Instanzen

An jeder Instanz kann auch eine Handlung vorgenommen werden. In der Abstraktion einer Instanz wird festgelegt, welche Operationen für die Instanzen vorhanden sind, also welche Handlungen an einer Instanz vorgenommen werden können. Um diese Instanzoperationen auszuführen, muss also eine Instanz vorhanden sein. Besitzt beispielsweise die Klasse `Fakultät` die Operation `getMitglieder()`, dann kann diese Operation nur in Verbindung mit einer Instanz `f` von `Fakultät` aufgerufen werden:

```
f.getMitglieder();
```

Die zulässigen Operationen sind für alle Instanzen einer Abstraktion dieselben. Sie werden als Instanzoperationen daher bei der Abstraktion (Klasse) modelliert und kommen im Objektdiagramm nicht vor.

11.2.4 Zustände von Objekten

Instanzen können einen makroskopischen Zustand (Steuerungszustand) besitzen, der durch die Anwendung von Operationen auf diese Instanz verändert werden kann.

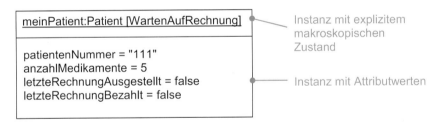

Bild 11-18 Zustand eines Objektes

Im Falle eines Objektes können in der Regel dessen Attribute nur durch die Instanzmethoden des Objektes selber verändert werden. Der makroskopische Zustand einer Instanz beschreibt den Steuerungszustand und ist dynamisch. Um den veränderlichen makroskopischen Zustand eines Objektes darzustellen, kann ein Objekt beispielsweise in einem Interaktionsdiagramm – wie etwa einem Sequenzdiagramm oder Kommunikationsdiagramm – oder in einem Aktivitätsdiagramm mehrfach dargestellt werden, für jeden auftretenden Zustand einmal. Ein Zustand kann benannt werden. Der Name wird dann hinter dem Typ des Objekts in eckigen Klammern angegeben, wie es Bild 11-18 zeigt.

11.2.5 Beispiele für Objektdiagramme

In Bild 11-19 ist zuerst die Notation von Klassen für ein Beispiel zu sehen:

Bild 11-19 Klassendiagramm für "Eine Person isst von einem Teller"

Ein Objektdiagramm enthält die interessierenden Objekte zu einem bestimmten Zeitpunkt und ihre Beziehungen untereinander. Ein Objektdiagramm ist eine Momentaufnahme im Speicher (Speicherabbild). Während das Klassendiagramm die Abstraktionen beschreibt, zeigt das Objektdiagramm spezifische Instanzen auf, die aus dem Klassendiagramm abgeleitet werden können (siehe Bild 11-20 und Bild 11-21).

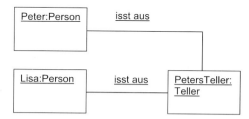

Bild 11-20 Objektdiagramm "Peter und Lisa essen von Peters Teller"

Bild 11-21 Objektdiagramm "Peter isst von seinem und von Lisas Teller"

Es gilt zu beachten: Ein Objekt ist eine Instanz einer Klasse und wird unterstrichen. Ein Link ist eine Instanz einer Assoziation und wird folglich ebenso unterstrichen. Aber wenn es klar ist, dass es ein Linkname ist, braucht der Name nicht unterstrichen zu werden. Da der Name der Assoziation hier aber gleich heißt wie der Link, ist ein Unterstreichen erforderlich.

Ein Objektdiagramm stellt wie das Klassendiagramm eine statische Sicht dar. Enthält das Objektdiagramm Instanzen aktiver Klassen (siehe Kapitel 10.3.7), so stellt es eine statische Prozesssicht dar. Klassendiagramm und Objektdiagramm enthalten weitgehend die gleichen Elemente, nur dass im Objektdiagramm anstelle von Klassen Objekte miteinander verknüpft sind und die Assoziationen aus dem Klassendiagramm jetzt Verknüpfungen von Objekten sind.

> Vererbungsbeziehungen und Realisierungsbeziehungen sind nur im Klassendiagramm sichtbar und mehrere Instanzen von einer Klasse können nur in einem Objektdiagramm auftreten.

Einführung in standardisierte Diagrammtypen nach UML   401

11.3 Anwendungsfalldiagramm

Ein Anwendungsfalldiagramm (engl. use case diagram) stellt eine **statische Sicht** auf die Anwendungsfälle eines Systems oder eines sogenannten Subjekts dar. Mit Hilfe von Anwendungsfällen wird dargestellt, welche Dienste das zu modellierende System zur Verfügung stellt und mit wem es in seiner Umwelt kommuniziert. Die Darstellung, welche Anwendungsfälle das System hat, ist eine statische, strukturelle Information. Das Anwendungsfalldiagramm zählt aber nach UML zu den Verhaltensdiagrammen.

In einem Anwendungsfalldiagramm ist immer ein **Subjekt** enthalten. Das Subjekt ist ein Rechteck mit einem Namen und einer Zusammenstellung von Anwendungsfällen. Ein Anwendungsfall kann in UML durch eine Ellipse mit durchgezogenem Rand dargestellt werden.[107] Dabei kann der Name innerhalb oder unterhalb der Ellipse notiert werden. Das Anwendungsfalldiagramm zeigt die **Anwendungsfälle** (engl. **use cases**) eines Systems und die an einem Anwendungsfall beteiligten **Akteure**.

Ein Anwendungsfalldiagramm zeigt das System in Form eines Kastens, wobei die Anwendungsfälle als Ellipsen in dem System gruppiert sind. Die Anwendungsfälle werden mit den Akteuren, die prinzipiell außerhalb des Systems stehen und die am Anwendungsfall beteiligt sind, mit einer Linie (einer Assoziation) verbunden.

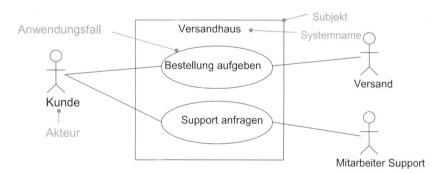

Bild 11-22 Einfaches Anwendungsfalldiagramm

Aus Nutzersicht ist natürlich besonders wichtig, was der Nutzer mit dem System anfangen kann, d. h. welche Funktionalität das System zur Verfügung stellt. Ein Anwendungsfall stellt eine einzelne Systemleistung dar, die der Nutzer oder ein Fremdsystem abrufen kann. Das **Anwendungsfalldiagramm** beschreibt die externe Sicht auf das System und sagt aus, was das zu entwickelnde System können soll. Die Akteure sind nicht Teil des Systems. Es sind Objekte in der Umgebung des Systems, die mit dem System kommunizieren. Die Beteiligung eines Akteurs an einem Anwendungsfall wird in der Regel durch eine ungerichtete Beziehung zu diesem Anwendungsfall ausgedrückt (siehe Bild 11-22).

---

[107] Andere Darstellungsformen sind möglich.

Ein Akteur stellt zumeist einen Anwender in einer bestimmten Rolle, ein Fremdsystem oder ein Peripheriegerät des Systems wie z. B. eine Tastatur dar.

> Anwendungsfälle befassen sich nur mit einer einzigen Kategorie von Requirements, den Funktionen. Funktionen stellen natürlicherweise für einen Kunden ein zentrales Interesse dar.

Nach UML werden im Anwendungsfalldiagramm alle Akteure aufgeführt. Ein Anwendungsfall wird beispielsweise von einem Akteur ausgelöst, kann aber auch mit mehreren passiven Akteuren kommunizieren. Auch passive Schnittstellen zum System sind Akteure, obwohl dieses Wort eigentlich aus dem Lateinischen von agere kommt, was "handeln" oder "tun" heißt, und ein passiver Akteur gerade nichts tut. Ein Akteur kann mit mehreren Anwendungsfällen kommunizieren.

Ein Akteur, der hier als Nutzer bezeichnet wird und als Anwender des Systems zu betrachten ist, wird manchmal auch als **primärer Akteur** im Gegensatz zum Systemverwalter in der Rolle eines **sekundären Akteurs** bezeichnet.

Eine andere Einteilung bezeichnet eine Rolle als Akteur mit dem Begriff **"primärer Akteur"**. Daneben gibt es beispielsweise noch den Drucker, die Tastatur und den Bildschirm als Akteure. Sie ermöglichen das Arbeiten des primären Akteurs und werden deshalb manchmal als **sekundäre Akteure** bezeichnet. So ist in dieser Einteilung beispielsweise der Nutzer ein primärer Akteur; aber Tastatur, Bildschirm und Drucker sind jedoch sekundäre Akteure.

Anwendungsfälle können entweder

- durch einen Akteur ausgelöst werden (**ereignisorientierte Anwendungsfälle**) oder
- zu bestimmten Zeitpunkten vom System selbst gestartet werden (**zeitgesteuerte Anwendungsfälle**) oder
- durchgehend ablaufen (**dauernd aktive Anwendungsfälle**).

Ein System kann in seiner Gesamtheit durch Anwendungsfälle dargestellt werden oder es wird in Subsysteme unterteilt, für die einzeln Anwendungsfälle der Subsysteme modelliert werden. Es können auch Pakete in einem Anwendungsfalldiagramm enthalten sein, um mehrere Anwendungsfälle zu größeren Einheiten zusammenzufassen.

11.3.1 Namen von Anwendungsfällen

Jeder Anwendungsfall muss einen eindeutigen Namen besitzen. Auch hier wird zwischen **einfachen Namen** und **qualifizierten Namen** unterschieden, wobei der qualifizierte Name zusätzlich den Namen des Pakets angibt, in welchem sich der Anwendungsfall befindet. Der Name eines Anwendungsfalls darf aus einer beliebigen Anzahl von Buchstaben, Zahlen und den meisten Satzzeichen – ausgenommen dem Doppelpunkt, da dieser als Trennzeichen zwischen Paket und Anwendungsfallnamen dient – bestehen. In der Regel ist der Name eine Verbalphrase.

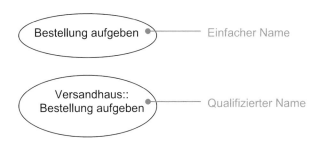

Bild 11-23 Namensgebung bei Anwendungsfällen

11.3.2 Anwendungsfälle und Szenarien

Durch einen Anwendungsfall wird nicht nur ein bestimmter Ablauf beschrieben, sondern eine Menge von möglichen Abläufen. Es kann für einen Anwendungsfall verschiedene Alternativen geben. Ein Anwendungsfall hat stets ein Ergebnis. Formal gesehen ist das Ergebnis eines Anwendungsfalls ein Wert, der an einen Akteur gegeben wird wie z. B. die Ausgabe eines Dokumentes auf einem Drucker.

Anwendungsfälle stellen nichts anderes dar als eine **Verallgemeinerung von Szenarien** (speziellen Abläufen) in einer verbalen Form, in denen der Aufruf und der Ablauf einer Funktion durchgespielt werden. Allerdings wird ein solcher Anwendungsfall nicht, wie bei Szenarien üblich, mit ganz konkreten Datenwerten durchgespielt, sondern mit "Variablen". Alle Informationen, die fließen, tragen einen Namen. Während beim Anwendungsfall nach Basisablauf[108] und Alternativer Ablauf unterschieden wird, läuft ein Szenario einfach komplett entsprechend seinen Parametern ab.

> Ein **Szenario** ist ein **bestimmter Ablauf eines Anwendungsfalls mit bestimmten Parametern**. Ein Anwendungsfall kann als Typ angesehen werden und ein Szenario als eine Instanz des Anwendungsfalls.

11.3.3 Verfeinerung von Anwendungsfällen im Anwendungsfalldiagramm

Um die Anwendungsfälle eines Systems zu strukturieren, kann ein Anwendungsfall modular aus Teilen aufgebaut werden. Zwischen diesen Teilen bestehen die folgenden Beziehungsarten:

- **Erweiterungsbeziehung**: Sie drückt die potenzielle Erweiterung eines Anwendungsfalls durch einen anderen Anwendungsfall aus.
- **Inklusionsbeziehung**: Sie drückt aus, dass ein Anwendungsfall einen anderen Anwendungsfall benutzt. Dabei hat der Anwendungsfall, der benutzt wird, die Eigenschaft eines Bibliotheksbausteins.

---

[108] Der Basisablauf ist der "normale Ablauf" eines Anwendungsfalls, wie er erwartet wird. Ein Alternativablauf enthält eine Alternative für den Ablauf.

- **Vererbungsbeziehung:** Sie drückt aus, dass ein Anwendungsfall die Spezialisierung eines anderen Anwendungsfalls ist.

Diese Beziehungsarten werden im Folgenden beschrieben. Die Einbindung des erweiternden Anwendungsfalls in den zu erweiternden Anwendungsfall wird jedoch in UML in keinem dieser 3 Fälle präzise beschrieben.

11.3.3.1 Erweiterungsbeziehung

Das Verhalten eines Anwendungsfalls kann durch das Verhalten eines anderen Anwendungsfalls erweitert werden. Die Erweiterung findet an einem oder mehreren Erweiterungspunkten (engl. extension points) statt. Der erweiterte Anwendungsfall wird vollständig unabhängig von seinen Erweiterungen beschrieben und stellt einen eigenständigen Ablauf dar. Ein erweiterter Anwendungsfall ist auch ohne optionale Erweiterungen sinnvoll. Bei Änderungen im erweiternden Anwendungsfall bleibt der erweiterte Anwendungsfall unverändert. Der erweiternde Anwendungsfall stellt nur ein Inkrement für spezielle Bedingungen dar.

Das Schlüsselwort «extend» dient in UML der Trennung des optionalen erweiternden Verhaltens von dem erweiterten Anwendungsfall. Erweiterungsbeziehungen werden in den folgenden Fällen verwendet:

- Modellierung komplexer alternativer Abläufe, die selten ausgeführt werden.
- Modellierung optionaler Teile des Anwendungsfalls.
- Modellierung getrennter Unterabläufe, die nur in speziellen Fällen auftreten.
- Um mehrere verschiedene Unter-Anwendungsfälle in einen bestimmten Anwendungsfall einfügen zu können.

Ein Standardbeispiel für Erweiterungen sind Fehlerfälle. Diese werden zunächst nicht betrachtet, da erst der Normalfall modelliert wird. Sie kommen dann als Erweiterungen zum Normalfall hinzu. Die Notation einer Erweiterungsbeziehung ist ein Pfeil mit dem Schlüsselwort «extend» (siehe Bild 11-24).

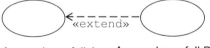

Anwendungsfall A   Anwendungsfall B

Bild 11-24 Form der extend-Beziehung

Der extend-Pfeil geht **vom** erweiternden **Anwendungsfall B zum erweiterten Anwendungsfall A**. Eine durch das Schlüsselwort «extend» gekennzeichnete Abhängigkeitsbeziehung stellt die Erweiterungsbeziehung dar. Die obige Grafik bedeutet:

- Der Anwendungsfall A kann durch den Anwendungsfall B erweitert werden.
- Anwendungsfall A wird völlig unabhängig vom Anwendungsfall B beschrieben und ist ohne die Erweiterung lauffähig.
- In der Anwendungsfallbeschreibung von A ist die Einfügstelle anzugeben.

Beispiel:

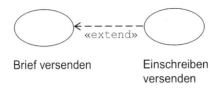

Bild 11-25 Beispiel für eine extend-Beziehung

Der Anwendungsfall Einschreiben versenden wird in den Anwendungsfall Brief versenden eingefügt. Im Anwendungsfall Brief versenden kann dafür eine Bedingung angegeben werden. Ist der Anwendungsfall Einschreiben versenden beendet, wird der Anwendungsfall Brief versenden fortgesetzt.

Angabe des Erweiterungspunkts

Bei der extend-Beziehung wird die Erweiterungsstelle textuell im Symbol des zu erweiternden Anwendungsfalls und in der Beschriftung der extend-Beziehung erwähnt (siehe folgendes Bild).

Bild 11-26 Beziehungen zwischen Anwendungsfällen

Die extend-Beziehung sagt aus, dass der erweiternde Anwendungsfall in den zu erweiternden bzw. erweiterten Anwendungsfall eingefügt werden kann. Im Falle mehrerer Erweiterungspunkte werden die Erweiterungen der Reihe nach eingefügt [Sup10, S.609]. Möchte man dies nur unter gewissen Voraussetzungen zulassen (Erweiterungspunkt mit Bedingung), hängt man eine optionale Notiz (engl. note) an die extend-Beziehung an (siehe Bild 11-27). In dieser Notiz gibt man die Bedingung (engl. condition) mit dem Schlüsselwort Condition und die Bedingung in geschweiften Klammern an. Zusätzlich ist nach UML die Erweiterungsstelle mit Hilfe des Schlüsselworts extension point anzugeben.

So wird in Bild 11-27 der Anwendungsfall A am Erweiterungspunkt X um den Anwendungsfall B erweitert.

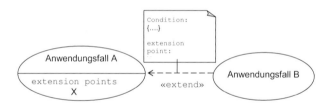

Bild 11-27 Anwendungsfall mit Erweiterungspunkt

Wo genau das eingeschlossene Verhalten im Falle einer «extend»-Beziehung in die Implementierung eines Anwendungsfalls einzufügen ist, wird in UML nicht spezifiziert.

Die Erweiterungsbeziehung kann [UML06, S. 276] in der Langbeschreibung eines Anwendungsfalls z. B. durch

. . . . .

'Sicherheitsniveau wählen': Erweiterungspunkt

. . . . .

angegeben werden.

11.3.3.2 Inklusionsbeziehung

Eine Inklusionsbeziehung wird durch eine Abhängigkeitsbeziehung mit dem Schlüsselwort «include» modelliert. Die Inklusivbeziehung kann eine mehrfache Wiederverwendbarkeit unterstützen, aber auch nur eine Verfeinerung. Eine mehrfache Wiederverwendung ist jedoch das Ziel.

Die Notation einer include-Beziehung ist:

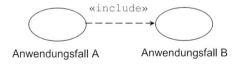

Bild 11-28 Form der include-Beziehung

Der include-Pfeil geht **vom** benutzenden **Anwendungsfall A zum benutzten Anwendungsfall B**. Die obige Grafik bedeutet:

Der Anwendungsfall A benutzt den Anwendungsfall B, d. h. er führt den Anwendungsfall B während seiner Abarbeitung aus. Der Anwendungsfall B ist für die Bereitstellung der Funktionalität des Anwendungsfalls A notwendig.

Wo genau das eingeschlossene Verhalten im Falle einer «include»-Beziehung in die Implementierung eines Anwendungsfalls einzufügen ist, wird in UML nicht spezifiziert. Die Inklusionsbeziehung kann in der Langbeschreibung eines Anwendungsfalls z. B. durch

. . . . .

include 'Drucken' (Inklusionsbeziehung)

. . . . .

angegeben werden [UML06, S. 275].

Beispiel:

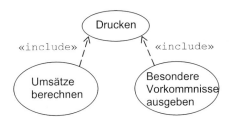

Bild 11-29 Beispiel für include-Beziehungen

Die Anwendungsfälle Umsätze berechnen und Besondere Vorkommnisse ausgeben führen jeweils den Anwendungsfall Drucken während ihrer Abarbeitung aus.

11.3.3.3 Vergleich der Erweiterungs- und Inklusionsbeziehung

Die folgenden Unterschiede werden gesehen:

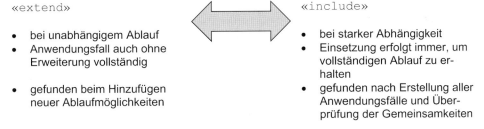

Bild 11-30 Vergleich der Schlüsselwörter extend und include

11.3.3.4 Vererbungsbeziehung

Eine Generalisierung zwischen Anwendungsfällen funktioniert genauso wie eine Generalisierung zwischen Klassen. Der untergeordnete Anwendungsfall übernimmt die Eigenschaften des übergeordneten Anwendungsfalls und kann diesen spezialisieren. Ein Anwendungsfall kann also vom Typ eines anderen Anwendungsfalls sein. Es wird die von Klassen übliche Notation eines Vererbungspfeils angewandt.

Bei der Vererbungsbeziehung wird im UML-Standard die Einbindung des geerbten Anteils nicht präzise festgelegt.

Abstrakter Anwendungsfall

Ein ererbter Anwendungsfall kann abstrakt sein. Er kann dann nicht instanziiert werden und ist nicht ausführbar. Ein abstrakter Anwendungsfall ist also nicht vollständig und damit nicht selbstständig.

Der abstrakte Anwendungsfall enthält den gemeinsamen Teil ähnlicher Anwendungsfälle und stellt damit eine Verallgemeinerung dar. Bekanntermaßen ist ein Anwendungsfall ein Classifier, und dieser kann abstrakt sein. Er muss durch einen speziellen abgeleiteten Anwendungsfall vervollständigt werden. Wie bei abstrakten Classifiern wird der Name eines abstrakten Anwendungsfalls kursiv geschrieben, es sei denn, man verwendet eine Randbedingung (siehe Kapitel 10.13.3), um die Abstraktheit anzuzeigen.

Da die «extend»-Beziehung der Vererbung ähnelt, sollte sich die Vererbungsbeziehung auf abstrakte Anwendungsfälle beschränken, um Konflikte zu vermeiden.

11.3.4 Akteure

Wie bereits erwähnt, wird ein Mensch, ein Hardwaregerät oder ein weiteres System, das mit einem Anwendungsfall kommuniziert, durch einen Akteur dargestellt. Ein Akteur ist ein spezieller Classifier. Akteure werden durch Strichmännchen dargestellt, auch wenn es sich um ein Gerät oder ein System handelt. Der Name eines Akteurs wird oberhalb oder unterhalb des Strichmännchens angegeben. Ein Akteur kann aber auch durch einen Classifier mit dem Schlüsselwort «actor» gekennzeichnet werden:

Bild 11-31 Akteur als Klasse

Zwischen den Akteuren sind **Generalisierungsbeziehungen** möglich, so dass eine allgemeine Art von Akteur definiert werden kann, die dann weiter spezialisiert wird.

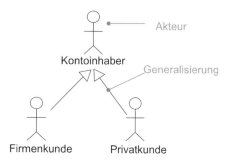

Bild 11-32 Akteure und Generalisierungsbeziehung

Ein Akteur gehört nicht zum System. Werden Informationen über einen Akteur im System geführt, so erscheint er auch als Klasse im System. Dies kann z. B. der Fall sein, wenn Berechtigungen eingeführt werden.

11.3.5 Ereignisablauf eines Anwendungsfalls

Ein Anwendungsfall stellt dar, was ein System oder Subsystem tut, aber nicht, wie es dies tut. Der Ereignisablauf eines Anwendungsfalls kann auf verschiedene Arten beschrieben werden, als:

- formloser, strukturierter Text,
- Pseudocode,
- Zustandsautomat,
- Aktivitätsdiagramm,
- Struktogramm,
- Entscheidungstabelle oder
- Vor- und Nachbedingungen.

Zumeist wird der Ablauf zuerst als formloser, strukturierter Text erfasst. Wird die textuelle Beschreibung mehr als zwei Seiten lang, wird in der Regel zuerst ein Aktivitätsdiagramm gezeichnet und anschließend werden die Aktionen textuell beschrieben.

Bei der Beschreibung eines Anwendungsfalls ist zu beachten, dass nicht nur der Basisablauf beschrieben wird, sondern auch die möglichen Alternativabläufe. Kurzbeschreibungen von Anwendungsfällen finden sich in Kapitel 12.7 wieder, Langbeschreibungen werden in Kapitel 12.9 erläutert.

11.3.6 Realisierung von Anwendungsfällen durch eine Kollaboration

Ein Anwendungsfall beschreibt die Dienste eines Systems, aber nicht, wie diese Dienste ablaufen. Die technische Realisierung eines Anwendungsfalls wird durch Kollaborationen beschrieben. Sie stellen dar, wie ein Dienst eines Systems funktioniert. Meistens wird ein Anwendungsfall von exakt einer Kollaboration realisiert, weshalb die Beziehung zwischen Anwendungsfall und Kollaboration dann nicht aufgezeigt werden muss, aber kann.

Das folgende Bild zeigt die Darstellung einer Realisierungsbeziehung zwischen einem Anwendungsfall und einer Kollaboration in UML.

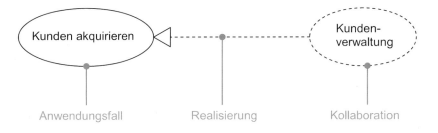

Bild 11-33 Realisierung eines Anwendungsfalls durch eine Kollaboration

11.4 Kommunikationsdiagramm

Ein Kommunikationsdiagramm (engl. communication diagram) beschreibt den Nachrichtenaustausch zwischen Objekten in einer bestimmten Form. Die exakte Ausprägung einer Nachricht wird in UML nicht spezifiziert. So gibt es beispielsweise keine Unterscheidung zwischen einem lokalen und remote Aufruf einer Prozedur.

Im Kommunikationsdiagramm werden die verwendeten Objekte in der üblichen grafischen Notation für Objekte eingezeichnet. Zwischen zwei Objekten werden mit Hilfe von beschrifteten Pfeilen an den Beziehungen zwischen Objekten alle Nachrichten zwischen diesen beiden Objekten eingezeichnet. Man kann deshalb leicht erkennen, welche Objekte noch zu viele Nachrichten austauschen und damit eine starke Kopplung (engl. strong coupling) haben.

Ein Objekt als Interaktionspartner in einem Kommunikationsdiagramm wird auch als Lebenslinie bezeichnet. Dass man sowohl bei Sequenzdiagrammen als auch bei Kommunikationsdiagrammen von Lebenslinien spricht, hat den Vorteil, dass man allgemein sagen kann, dass Nachrichten ein Mittel zur Kommunikation zwischen Lebenslinien darstellen. In einem Kommunikationsdiagramm gibt es jedoch im Gegensatz zum Sequenzdiagramm keine Zeitachse.

11.4.1 Kommunikations- und Sequenzdiagramme

Kommunikationsdiagramme und Sequenzdiagramme sind weitgehend vom Inhalt her gleich. Sie zeigen den dynamischen Ablauf der Nachrichten und damit dynamische Beziehungen. Sie können in ihrer Grundform ineinander umgewandelt werden. In der vollständigen Form ist das Sequenzdiagramm seit UML 2.0 semantisch reicher und kann daher nicht mehr in ein Kommunikationsdiagramm abgebildet werden. Unterdiagramme mit Steuerungsoperatoren in Sequenzdiagrammen haben kein Gegenstück bei Kommunikationsdiagrammen. Es werden also in Kommunikationsdiagrammen Wechselwirkungen dargestellt, die keiner komplexen Kontrollstruktur bedürfen. In UML 2.0 wurden die Kollaborationsdiagramme von UML 1.x in Kommunikationsdiagramme umgetauft.

Für Kommunikationsdiagramme und für Sequenzdiagramme gibt es jedoch jeweils Vorzüge, die im Folgenden noch betrachtet werden. Beide Diagrammarten dienen der Darstellung von Abläufen und damit der Darstellung von **dynamischen Beziehungen**.

Beim Kommunikationsdiagramm liegt das Hauptaugenmerk auf der strukturellen Organisation der Objekte. Der Vorteil des Kommunikationsdiagramms ist, dass man die Objekte in einer Fläche anordnen und zusammengehörige Objekte nebeneinander gruppieren kann, so dass man die Abläufe zwischen verschiedenen Systemteilen übersichtlich darstellen kann. Die Struktur ist also besser darstellbar. Da beide Dimensionen zur Anordnung der Objekte verwendet werden, besteht die Möglichkeit der Angabe einer Zeitachse nicht.

Durch die Vergabe von Sequenznummern spezifiziert man die Reihenfolge im Kommunikationsdiagramm. Der Vorteil des Sequenzdiagramms ist, dass sich die Reihenfolge der Flüsse aus ihrer Lage auf der Zeitachse ergibt.

> Objekte können im Kommunikationsdiagramm gruppiert werden, um eine Zusammengehörigkeit darzustellen.

> Ein Sequenzdiagramm stellt die zeitliche Anordnung des Austauschs von Nachrichten in den Mittelpunkt.

Es sollte noch erwähnt werden, dass ein Sequenzdiagramm als Darstellung sinnvoll ist, wenn die Spezifikation abgeschlossen ist. Beim Modellieren des Systems, bei dem man noch Objekte und ihre Beziehungen finden muss, ist das Kommunikationsdiagramm deutlich überlegen und änderungsfreundlicher, da man problemlos noch zusätzliche Objekte einfügen kann, was die Struktur eines Sequenzdiagramms zerstören und ein komplettes Neuzeichnen verursachen würde.

11.4.2 Aufbau eines Kommunikationsdiagramms

UML unterscheidet nicht die Kommunikationsdiagramme der Systemanalyse und des Systementwurfs. In diesem Buch werden sie aber unterschieden und der Nachrichtenname unterschiedlich gebildet. Darauf wird in Kapitel 11.4.4 eingegangen. Ein Kommunikationsdiagramm der Analyse ist in Bild 11-34 zu sehen.

Um die Richtung und den Fluss der Nachricht anzugeben, werden im Kommunikationsdiagramm Pfeile verwendet, die an die Verbindungslinien zwischen den Lebenslinien angebracht werden (siehe Bild 11-34).

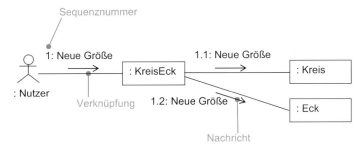

Bild 11-34 Kommunikationsdiagramm der Systemanalyse

In einem Kommunikationsdiagramm werden in einer zweidimensionalen Anordnung alle **Objekte** gezeichnet, sowie die Beziehungen (Linien) zwischen den Objekten und die **Nachrichten**, die entlang dieser Linien ausgetauscht werden. Die Linie zwischen Sender und Empfänger muss dabei nach dem UML-Standard so verlaufen, dass sie entweder horizontal oder nach unten verläuft, wenn man sie vom Sender zum Empfänger durchläuft [Sup10, S. 510]. Das gilt auch für ein Sequenzdiagramm.

Es können beispielsweise auch Notizen, Bedingungen und Randbedingungen in einem Kommunikationsdiagramm enthalten sein.

Jede Nachricht in der UML hat eine Folgenummer, eine optionale Bedingung, einen Namen und eine optionale Argumentliste sowie einen optionalen Rückgabewert (siehe

Kapitel 11.4.4). Die Sequenznummer schließt den optionalen Namen des Thread ein. Alle Nachrichten im selben Thread werden sequenziell geordnet.

11.4.3 Rollen und Instanzen

Ein Kommunikationsdiagramm und Sequenzdiagramm kann entweder konkrete **Objekte** oder aber auch **Rollen** enthalten. Es gibt seit UML 2.0 einen feinen Unterschied zwischen konkreten Objekten und Rollen. **Konkrete Objekte** erscheinen in einzelnen Beispielen.

> **Rollen** treten in allgemeinen Beschreibungen auf. Eine **Rolle** ist nichts anderes als ein **Stellvertreter für konkrete Objekte der Wirklichkeit**.

Eine Rolle ist hierbei prototypisch zu sehen. Sie ist also zum Beispiel ein Objekt, bei dem es sich nicht um einen konkreten Gegenstand der realen Welt handelt, sondern ein Platzhalter, der sozusagen eine bestimmte Rolle spielt. Rollen repräsentieren in Interaktionen **prototypische Instanzen** beispielsweise von Klassen, Schnittstellen, Komponenten oder Knoten. Ein Objekt einer abstrakten Klasse ist ein Stellvertreter für ein Objekt einer Kindklasse. Entsprechend ist eine Schnittstelle ein Stellvertreter für Objekte, deren Klasse die Schnittstelle implementiert.

Üblicherweise sind die Handelnden in Interaktionen **Stellvertreter** für konkrete Objekte, die bestimmte Rollen spielen. In manchen Fällen ist es allerdings nützlich, Wechselwirkungen von **konkreten Objekten** untereinander zu beschreiben. Daher kann ein Kommunikationsdiagramm oder Sequenzdiagramm prinzipiell Rollen oder Instanzen enthalten. Im Kommunikationsdiagramm werden die Nachrichten zwischen **Rollen** über sogenannte **Verbinder** ausgetauscht, zwischen **Instanzen** über **Verknüpfungen**.

Das Objekt `hugo` beispielsweise soll hier eine konkrete Instanz der Klasse `Person` sein. Hat man nun mehrere Personen und will über diese iterieren, so kommt die Rolle ins Spiel. Man erstellt ein Objekt `pers` vom Typ `Person`, mit Hilfe dessen man über alle Personen iteriert. Das Objekt `pers` erfüllt also nur die Rolle einer Person und ist nicht auf ein bestimmtes Objekt der Klasse `Person` festgelegt.

> Bei spezifischen Objekten wird seit UML 2.0 der Name unterstrichen dargestellt, bei den Rollen nicht. `pers:Person` ist eine Rolle, wobei `pers` der Rollenname und `Person` der Typ ist. `:Person` charakterisiert eine Rolle, da es irgendeine Person sein kann (Stellvertreter).

11.4.4 Interaktionen bei Systemanalyse und Systementwurf

Eine Interaktion besteht aus Objekten und ihren dynamischen Beziehungen, insbesondere den Nachrichten, welche von den Objekten ausgetauscht werden. Inter-

Einführung in standardisierte Diagrammtypen nach UML

aktionen von Objekten gibt es in der Systemanalyse und im Systementwurf. Im Rahmen der **Systemanalyse (Logik)** arbeitet man in diesem Buch mit Nachrichten, welche den Informationsfluss charakterisieren, in substantivierter Form ohne Parameter. Diese werden dann in diesem Buch im Rahmen des **Entwurfs** in Nachrichten mit Parametern, also Methodennamen mit Aufrufparametern oder einer leeren Liste von Argumenten umgesetzt, die der Schnittstelle von Operationen mit ihren formalen Parametern entsprechen.

Bild 11-35 zeigt die Informationsflüsse für ein Kommunikationsdiagramm des Systementwurfs:

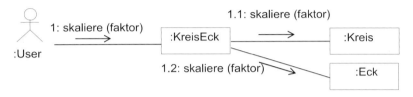

Bild 11-35 Kommunikationsdiagramm des Systementwurfs

Die **Syntax der Nachrichten** bei Interaktionen zwischen den Lebenslinien ist – wie bereits in Kapitel 10.12 erwähnt – [Sup10, S. 510]:

```
<messageident>::=    ([<attribute '=']  <signal-or-operation-name>
                    ['('[ <argument> [',' <argument>]*')']
                    [(':'<return-value>])|'*'
```

Der Rückgabewert (engl. return-value) und die Zuordnung zu Attributen[109] werden nur für Antwortnachrichten benutzt. An Antwortnachrichten wird also erneut der Name der aufrufenden Nachricht und optional der Rückgabewert angeschrieben.

Beim Kommunikationsdiagramm besteht im Gegensatz zum Sequenzdiagramm das Problem, dass es im UML-Standard beim Kommunikationsdiagramm keine Antwortnachrichten gibt (siehe Kapitel 10.12). In der Superstructure wird nicht darauf eingegangen, wie man dann die zweifellos vorhandenen Rückgabewerte modelliert. Daher findet man in der Praxis die verschiedenste Ausprägungen. In diesem Buch werden Rückgabewerte so dargestellt, dass sie an der aufrufenden Nachricht mit angegeben werden (siehe z. B. Bild 11-38).

Die Attribut-Zuordnung ist eine Kurzschreibweise dafür, dass der Rückgabewert einer Nachricht einem Attribut zugewiesen wird.

> Entfallen bei den Argumenten die Parameter, so entfallen nach dem UML-Standard auch die runden Klammern.

---

[109] Bei Booch in [UML04, S. 243] werden Zuweisungen an Attribute an Aufrufnachrichten angeschrieben.

Ein beliebiger Parameter kann durch einen Bindestrich symbolisiert werden. Wenn bei allen angegebenen Parametern zusätzlich auch der Parameter-Name angegeben wird, kann ein Parameter auch ganz weggelassen werden [Sup10, S. 511].

Wird statt des Namens einer Nachricht der * verwendet, so bedeutet das, dass eine beliebige Nachricht gesandt werden kann.

Beispiel:

alpha = MeineNachricht (10) : 3

Diese Nachricht weist den Rückgabewert 3 an das Attribut `alpha` zu.

11.4.5 Sequenzierung im Kommunikationsdiagramm

Eine **Nummerierung** verdeutlicht die zeitliche Reihenfolge und ermöglicht das Umwandeln in ein Sequenzdiagramm. Die **Sequenznummern** werden dezimal nummeriert. Die erste Nachricht trägt die Nummer 1, die zweite die Nummer 2 und so weiter. Sind Methoden nicht geschachtelt, sondern sequenziell, so wird in Kommunikationsdiagrammen auf derselben Ebene weitergezählt.

Werden Methoden innerhalb einer anderen Methode aufgerufen – wie im Falle des Kreisecks – so wird dies dadurch zum Ausdruck gebracht, dass die abhängigen Methoden eine Dezimalstelle mehr erhalten und nicht auf derselben Nummerierungsebene weiternummeriert werden (siehe Bild 11-35). Die Verschachtelungstiefe kann dabei beliebig gewählt werden.

Ein prozedurbasierter Aufruf kann **verschachtelt** sein (Aufruf einer anderen Methode im Rumpf einer Methode, siehe Bild 11-35 und Bild 11-45).

11.4.6 Selektion beim Kommunikationsdiagramm

An Nachrichten können Bedingungen in eckigen Klammern angeschrieben werden (siehe [Sup10, S. 532]). Sowohl für Bedingungen als auch für Iterationen kann eine beliebige Syntax gewählt werden, also z. B. die einer bestimmten Programmiersprache. Die UML macht hier keine Vorschriften.

Eine Bedingung kann man der Sequenzzahl nachstellen, zum Beispiel:

`1[ x > 0 ]`

Die entsprechenden Nachrichten werden nur ausgeführt, wenn die Bedingung wahr ist.

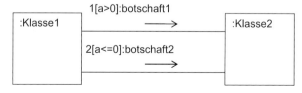

Bild 11-36 Selektion von Nachrichten in einem Kommunikationsdiagramm

11.4.7 Iteration im Kommunikationsdiagramm

Als Symbol zur Anzeige einer Wiederholung von Botschaften dient der Stern. Iterationen können modelliert werden, indem man der Sequenzzahl einen Iterationsausdruck nachstellt, zum Beispiel:

`*[i = 1 .. n]`

Die Iterationsmarkierung * zeigt an, dass eine Nachricht an viele Empfängerobjekte gesendet wird (wie z. B. * `sucheAngebot()`) – und nicht, dass eine Nachricht an ein und dasselbe Objekt mehrfach gesendet wird.

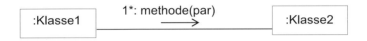

Bild 11-37 Iteration einer Methode in einem Kommunikationsdiagramm

In Bild 11-38 fordert der Lotse von allen Flugzeugen, die er betreut, die jeweils aktuelle Position an. `flugzeug` ist hier der Rollenname. Die konkreten Objekte sind beispielsweise `LH3115` oder `AIRITALIA3202`. Dass über alle Flugzeuge iteriert wird, wird durch den * ausgedrückt[110].

Bild 11-38 Kommunikationsdiagramm "Positionsdaten ermitteln"

Es ist auch möglich, zusätzlich zur Iteration noch Bedingungen anzugeben. Dies wird beispielsweise im folgenden Kommunikationsdiagramm gezeigt[111].

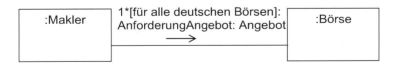

Bild 11-39 Kommunikationsdiagramm mit Iteration und gleichzeitiger Selektion

Hier sucht ein Makler an allen deutschen Börsen nach einem Angebot.

---

[110] Positionsdaten ist der Rückgabewert.
[111] Angebot ist der Rückgabewert.

11.5 Sequenzdiagramm

Ein Sequenzdiagramm (engl. sequence diagram) stellt die zeitliche Abfolge von Nachrichten einer Interaktion dar. Dazu werden die Objekte, die an der darzustellenden Interaktion teilnehmen, oben im Diagramm horizontal angeordnet. Jedes Objekt besitzt eine **Lebenslinie**, die durch eine gestrichelte Linie vom Objekt aus vertikal abwärts dargestellt wird. Die vertikale Zeitachse legt nur die Reihenfolge auf einer Lebenslinie fest, nicht jedoch auf verschiedenen Lebenslinien. Erst der Austausch von Nachrichten stellt die Ordnung her, da der Empfang einer Nachricht stets nach ihrem Absenden erfolgt. Eine Nachricht definiert eine Kommunikation zwischen zwei Lebenslinien. Sie beginnt an einer sogenannten **Startereignisspezifikation** und endet an einer sogenannten **Endeereignisspezifikation**.

Wird ein Objekt erst im Verlauf der Interaktion erzeugt, beginnt seine Lebenslinie ab dem Erhalt der Nachricht «create». Ebenso endet die Lebenslinie, wenn ein Objekt zerstört wird. Dann endet seine Lebenslinie bei Erhalt der Nachricht «destroy» mit einem großen "X". «create» und «destroy» stellen Stereotypen dar (siehe Kapitel 10.13.1). Rollen in Sequenzdiagrammen sind analog zu Rollen in Kommunikationsdiagrammen (siehe Kapitel 11.4.3).

In Bild 11-40 ist das Sequenzdiagramm, das dem Kommunikationsdiagramm in Bild 11-34 entspricht, dargestellt.

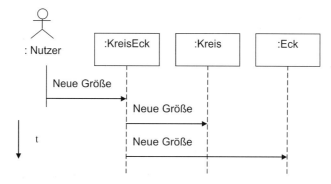

Bild 11-40 Sequenzdiagramm

Das Sequenzdiagramm stellt den zeitlichen Ablauf klarer dar, als dies beim Kommunikationsdiagramm möglich ist. Die Lebensdauer eines einzelnen Objektes wird durch die senkrechte **Lebenslinie** dargestellt.

Sequenzdiagramme haben seit UML 2.0 die Möglichkeit, die Kontrollflusskonstrukte für verschiedene Schleifen, Verzweigungen, eine Nebenläufigkeit und eine optionale Ausführung als sogenannte Steuerungsoperatoren darzustellen.

Einführung in standardisierte Diagrammtypen nach UML   417

11.5.1 Übermittlung von Nachrichten

Um die Richtung für den Fluss der übermittelten Nachricht anzugeben, werden Pfeile verwendet. Am häufigsten wird ein **prozedurbasierter Steuerungsfluss** verwendet, der über einen ausgefüllten Pfeil dargestellt wird. Mögliche Nachrichtentypen und ihre Darstellung werden in Kapitel 10.12 erläutert.

Nachrichten werden mit einem Namen beschriftet. Alternativ wird durch Verwendung des Sternsymbols (*) angezeigt, dass eine beliebige Nachricht gesendet werden kann. Optionale Parameter können durch runde Klammern angegeben werden, wobei die einzelnen Parameter durch Kommata getrennt werden. Ein beliebiger Parameterwert wird durch einen Bindestrich angezeigt. Wenn bei allen angegebenen Parametern zusätzlich auch der Parameter-Name angegeben wird, kann ein Parameter auch ganz weggelassen werden [Sup10, S. 511].

Bei Antwortnachrichten wird der Name der aufrufenden Nachricht mit angegeben. Mögliche Rückgabewerte werden durch einen Doppelpunkt getrennt rechts neben den Nachrichtennamen geschrieben. Soll der Rückgabewert einem Attribut (z. B. des aufrufenden Objekts) zugewiesen werden, so wird dieses als erstes angegeben und Nachrichtenname und Rückgabewert über ein Gleichheitszeichen zugewiesen.

Übergabeparameter und Rückgabewert werden beispielhaft in Bild 11-41 dargestellt.

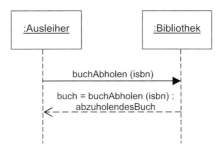

Bild 11-41 Sequenzdiagramm mit Übergabeparameter und Attribut

11.5.2 Ausführungsspezifikation

Eine Ausführungsspezifikation zeigt sowohl die **Zeitdauer**, während der eine Ausführung aktiv ist, als auch die **Kontrollbeziehung** zwischen der Ausführung und dem dazugehörigen Aufrufer. Sie stellt die Zeitdauer dar, während der ein Teilnehmer an einer Interaktion **direkt** ein bestimmtes Verhalten aufweist oder **indirekt** ein bestimmtes Verhalten zeigt, indem er die Ausführung an einen anderen Teilnehmer der Interaktion weiterleitet und auf die Fertigstellung wartet. Sie stellt dabei die Ausführung eines Verhaltens oder einer Operation dar und schließt den Zeitraum, in dem eine Operation untergeordnete Operationen aufruft, mit ein.

Die Modellierung einer Ausführungsspezifikation ist optional. Soll diese modelliert werden, so ist die Notation in einem Sequenzdiagramm als vertikales, gewöhnlich hohles und schmales Rechteck auf der Lebenslinie festgelegt. Eine Ausführungsspezifikation besitzt zwei miteinander verknüpfte Ereignisse, die den Start und ihr

Ende repräsentieren. Die Spezifikation des **Startereignisses** entspricht bei einer direkten Ausführung gewöhnlich dem Empfang einer aufrufenden Nachricht. Die Spezifikation des **Endeereignisses** erwirkt die Beendigung der Ausführung. Im Falle einer synchronen Nachricht ist das Endeereignis der Versand einer Rückgabenachricht.

Das durchlaufene Verhalten kann durch einen Text neben der Ausführungsspezifikation oder am linken Rand angegeben werden. Alternativ besteht die Möglichkeit, dass die ankommende Nachricht das Verhalten beschreibt. In diesem Fall fällt der Text neben der Ausführungsspezifikation weg.

Bild 11-42 Direkte Ausführung

Die Unterscheidung zwischen direkter und indirekter Ausführung kann durch einen schwarzen bzw. hohlen Balken aufgezeigt werden. Diese Notation ist zwar nicht offiziell, jedoch unterstützt sie zwei Farben, so dass Modellierer Konventionen festlegen können.

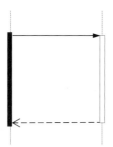

Bild 11-43 Indirekte und direkte Ausführung

Im Falle eines zweiten Aufrufs eines Objekts mit einer existierenden Aufrufspezifikation ist das Symbol der zweiten Aufrufspezifikation geringfügig nach rechts gegenüber dem Symbol der ersten Aufrufspezifikation verschoben, so dass sie visuell "gestapelt" erscheinen (siehe Bild 11-45 im Gegensatz zu Bild 11-44). Gestapelte Aufrufe können bis zu einer beliebigen Tiefe geschachtelt werden. Die Aufrufe können zu derselben Operation (rekursiver Aufruf) oder zu verschiedenen Operationen auf demselben Objekt gehören.

Das folgende Beispiel zeigt den Aufruf von `methode(Parameter)` nach dem Aufruf von `anzeigen(bestand)`:

Einführung in standardisierte Diagrammtypen nach UML

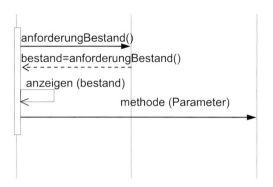

Bild 11-44 Sequenzieller Aufruf

Das nächste Beispiel demonstriert den Aufruf von `methode(Parameter)` im Rumpf von `anzeigen(bestand)`.

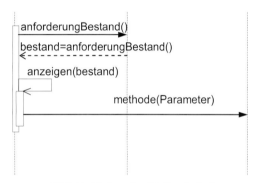

Bild 11-45 Geschachtelter Aufruf

Man kann mit der Stapelung von Ausführungsspezifikationen die Zeitdauer kennzeichnen, während der eine Ausführungsspezifikation blockiert ist, in der sie eine untergeordnete Operation aufgerufen hat.

11.5.2.1 Überlappende Ausführungsspezifikationen

Auch wenn Ausführungsspezifikationen meist eingezeichnet werden, so sind sie doch oft überflüssig. Ausführungsspezifikationen braucht man bei:

- Selbstdelegation (siehe Bild 11-46), um durch eine Stapelung von Ausführungsspezifikationen aufzuzeigen, dass die nächste Methode in der aufgerufenen Methode aufgerufen wird. Dies kann auch rekursiv erfolgen.
- Callbacks (siehe Bild 11-47).

Dann wird der weitere Steuerungsfokus ebenfalls rechts vom übergeordneten Elternfokus dargestellt.

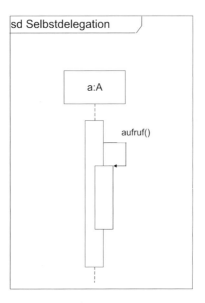

Bild 11-46 Selbstdelegation

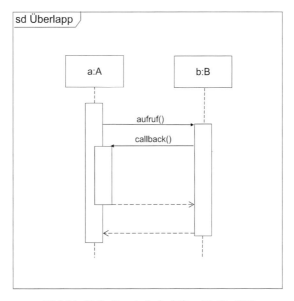

Bild 11-47 Callback-Aufruf [Sup10, S. 496]

11.5.2.2 Beispiel

In Bild 11-48 wird die Zeitspanne zwischen der Nachricht AnforderungBuchAttribute und ihrer Antwort durch eine Ausführungsspezifikation dargestellt. In UML 1 hieß der Begriff Aktivitätsbalken oder Steuerungsfokus (engl. focus of control).

Einführung in standardisierte Diagrammtypen nach UML 421

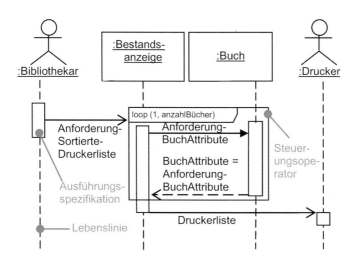

Bild 11-48 Sequenzdiagramm der Systemanalyse mit Ausführungsspezifikationen

Die Nachricht `anforderungBuchAttribute` und ihre jeweilige Antwort in Bild 11-48 erfolgt in einer Schleife (Schlüsselwort **loop**).

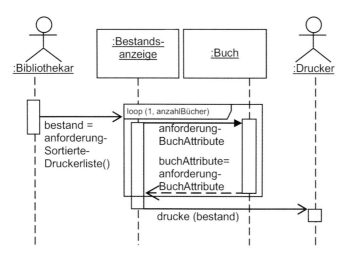

Bild 11-49 Sequenzdiagramm des Systementwurfs mit Ausführungsspezifikationen

11.5.3 Steuerungsoperatoren

Für Sequenzdiagramme gibt es beispielsweise die Möglichkeit, Bedingungen und Schleifen darzustellen. Dazu werden **Steuerungsoperatoren** eingesetzt. Ein Beispiel ist im Folgenden dargestellt:

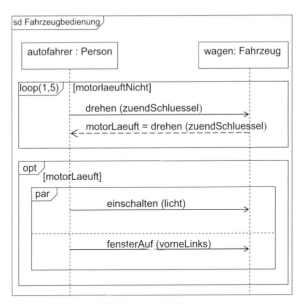

Bild 11-50 Sequenzdiagramm mit Steuerungsoperatoren

Steuerungsoperatoren können auch geschachtelt auftreten, wie in Bild 11-50 zu sehen ist. Ein Steuerungsoperator wird durch eine rechteckige Region im Sequenzdiagramm dargestellt, sein Inhalt sind die Lebenslinien der Objekte, die ihn durchlaufen. Wenn eine Lebenslinie nicht für einen Operator gilt, kann sie unterbrochen und nach dem Steuerungsoperator fortgesetzt werden. Die folgenden vier Steuerungsoperatoren sind die am häufigsten verwendeten. Sie werden durch ein entsprechendes Etikett (engl. tag) in der linken, oberen Ecke des Steuerungsoperators kenntlich gemacht:

- **Optionale Ausführung** – `opt`
  Wenn beim Aufruf des Operators eine Bedingung wahr ist, wird der Rumpf des Steuerungsoperators ausgeführt.

- **Bedingte Ausführung** – `alt`
  Der Steuerungsoperator ist in viele Unterbereiche aufgeteilt, die durch gestrichelte Linien voneinander getrennt sind. Ein Unterbereich wird ausgeführt, wenn seine Bedingung wahr ist. Einer der Unterbereiche kann über die Bedingung `[else]` verfügen.

- **Parallele Ausführung** – `par`
  Der Steuerungsoperator ist in Unterbereiche aufgeteilt, die parallel ablaufen.

- **Ausführung in einer Schleife** – `loop`
  Der Rumpf des Steuerungsoperators wird so lange ausgeführt, wie seine Bedingung wahr ist.

Beachten Sie, dass das Wiederholungszeichen * und die Bedingung mit eckigen Klammern bei Sequenzdiagrammen nicht mehr möglich sind, wohl aber bei Kommunikationsdiagrammen.

Vorsicht!

11.6 Aktivitätsdiagramm

UML sieht zur Modellierung der Dynamik eines Systems vor allem

- Aktivitätsdiagramme,
- Kommunikationsdiagramme,
- Sequenzdiagramme,
- Zustandsdiagramme und
- Anwendungsfalldiagramme

vor.

Während ein Interaktionsdiagramm wie das Sequenzdiagramm oder Kommunikationsdiagramm den Nachrichtenfluss zwischen Objekten beschreibt, modelliert ein Aktivitätsdiagramm (engl. activity diagram) Abläufe von Verarbeitungsschritten. Ein Aktivitätsdiagramm stellt im Wesentlichen in einem Graph mit gerichteten Kanten die folgenden Informationen dar:

1. die **Reihenfolge** der auszuführenden Schritte und
2. **was** in einem einzelnen Schritt eines Ablaufs ausgeführt wird.

Aktivitätsdiagramme basieren auf dem Konzept der Kontroll- und Datenflüsse. Sie enthalten den **Kontroll- und Datenfluss** zwischen den einzelnen Arbeitsschritten einer Aktivität, den Aktionen. Eine **Aktion** ist eine Einheit einer Aktivität und stellt einen Schritt dar, der innerhalb der Aktivität nicht weiter zerlegt wird. Eine Aktion beschreibt einen Verhaltensaufruf oder die Bearbeitung von Daten (siehe [Sup10], S.243). Durch einen Aufruf kann eine Aktion eine andere Aktion referenzieren. Eine Aktion wird ausgeführt, wenn die vorhergehende Aktion fertig ist (Kontrollfluss) und wenn die erforderlichen Daten zur Verfügung stehen (Datenfluss). Eine Aktion kann selber wieder durch ein Aktivitätsdiagramm dargestellt werden. Durch dieses Konzept wird die Wiederverwendbarkeit gefördert.

Die Notation eines Aktivitätsdiagramms basiert auf Flussdiagrammen und Petri-Netzen, die auch aus anderen Anwendungen außerhalb der Informatik bekannt sind. Die Kommunikation mit dem Kunden in frühen Entwicklungsphasen eines Projektes wird erleichtert, da die Diagramme für den Kunden leicht zu lesen sind.

Der Ablauf von Aktivitätsdiagrammen wird durch **Token**[112] beschrieben, die durch das System fließen[113]. Bei nebenläufigen Systemen gibt es mehrere Token. Während ein Datentoken ein Datum oder eine Referenz auf ein Objekt transportiert, stellt ein Kontrolltoken nur die Arbeitserlaubnis für den nächsten Knoten dar. Stehen alle erforderlichen Datentoken zur Verfügung und ist kein weiterer Kontrollfluss erforderlich, so ist damit auch der Kontrollfluss automatisch freigegeben.

---

[112] Ein Token wird in Aktivitätsdiagrammen grafisch nicht dargestellt. Er dient nur zur Erklärung. Eine einzelne Aktion wird durch einen Token gezündet. Nach Ablauf der Aktion wird das Token an die nächste Aktion weitergereicht. Parallele Abläufe können mittels der Existenz mehrerer Token beschrieben werden. Mehrere Token können aber bei Bedarf auch über eine einzige Kante fließen.

[113] Das Token-Konzept ist von Petrinetzen her bekannt.

Jeder Aktion muss mindestens ein eingehender und ein ausgehender Fluss zugeordnet sein. Es können aber auch mehrere Flüsse in eine Aktion fließen oder von ihr weggehen.

Einfache Aktivitätsdiagramme enthalten nur den Kontrollfluss. Sie bestehen aus Aktionen, die nur durch Kontrollflüsse verbunden sind.

Ein einfaches Aktivitätsdiagramm ist in Bild 11-51 zu sehen.

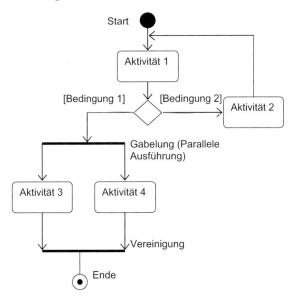

Bild 11-51 Aktivitätsdiagramm

Ein Aktivitätsdiagramm ist nicht an die Existenz von Objekten gebunden. Ein Aktivitätsdiagramm unterstützt sowohl die Modellierung von Geschäftsprozessen als auch die Modellierung von Abläufen in Softwaresystemen. Einsatzgebiete für Aktivitätsdiagramme in der objektorientierten Modellierung sind:

- Beschreibung einer Operation,
- Beschreibung eines Geschäftsprozesses bzw. eines Anwendungsfalls oder
- Beschreibung des Zusammenwirkens mehrerer Geschäftsprozesse bzw. Anwendungsfälle.

Aktivitätsdiagramme werden typischerweise für die Modellierung von **Geschäftsprozessen** oder für die Modellierung von **Anwendungsfällen** verwendet. Aktivitätsdiagramme werden meist in frühen Phasen des Entwicklungsprozesses eingesetzt, da – im Gegensatz zu Interaktionsdiagrammen – die beteiligten Objekte noch nicht bekannt sein müssen. Es ist möglich, sie zu verwenden, ohne dass bereits Objekte erkannt wurden.

Neuerungen sind seit UML 2.0 unter anderem:

- Aktivitätsdiagramme stellen nicht länger eine Sonderform des Zustandsdiagramms dar – dies war eine echte Schwachstelle!
- Das komplette Diagramm wird jetzt als **Aktivität** bezeichnet und verwendet eine **Petri-Netz**-ähnliche Semantik mit einem **Token-Konzept**.
- Einzelne Schritte im Ablauf werden **Aktionen** genannt und beschreiben einen Verhaltensaufruf und nicht das Verhalten selbst. So können beliebige andere Verhaltensdiagramme "aufgerufen" werden.
- Aktionen oder Aktivitäten können mit Vor- und Nachbedingungen verknüpft werden.
- Es können **parallele Abläufe** durch die Verwendung von mehreren Startknoten oder die Verwendung einer Gabelung gestartet werden.
- Parallele Abläufe müssen nicht zusammengeführt werden.
- Es kann einen Endknoten für die gesamte Aktivität, es kann aber auch mehrere Endknoten für die einzelnen Abläufe geben.
- Aktivitäten können Ein- und Ausgabeparameter erhalten.
- Aktivitätsbereiche können unterteilt werden (siehe Schwimmbahnen in Kapitel 11.6.2.8).
- Ein sogenannter Unterbrechungsbereich enthält Aktionen. Beim Empfang eines definierten Signals werden die Aktionen im Unterbrechungsbereich beendet.
- Es kann eine eigene Ausnahmebehandlung – hier nicht dargestellt – spezifiziert werden (siehe [Hit05]).

Übersicht über die verwendeten grafischen Elemente

Im Folgenden werden die bei Aktivitätsdiagrammen verwendeten grafischen Elemente aufgeführt:

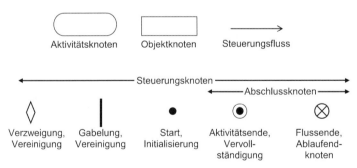

Bild 11-52 Elemente in Aktivitätsdiagrammen

Grundelemente des Aktivitätsdiagramms

Ein Aktivitätsdiagramm stellt **Aktionen** dar und die Flüsse, die zwischen diesen Elementen verlaufen, die **Aktivitätskanten**. **Aktivitätskanten** – meist in Form eines einfachen unbenannten Pfeils mit offener Pfeilspitze – verbinden eine Aktion mit ihrem Vorgänger und sind für die Weitergabe des **Kontroll**- und **Datenflusses** verantwortlich. Diese Flüsse werden auch **Steuerungsflüsse** genannt und in UML durch einen einfachen Pfeil dargestellt. Wenn eine Aktion vollständig abgearbeitet wurde, wird über einen Steuerungsfluss (Kontroll- und Datenfluss) die Ausführung automatisch an die nächste Aktion weitergeleitet.

Ein Objektfluss stellt einen Datenfluss dar. Wenn eine **Kante** sich auf einen Objektknoten bezieht (siehe Kapitel 11.6.1.2 und 11.6.1.3), ist es eine Objektflusskante und damit eine Datenflusskante.

Als **Knoten** gibt es

- Aktionen,
- Kontrollknoten und
- Objektknoten.

In einem **Objektknoten** können nicht nur Instanzen von Classifiern abgelegt werden, sondern jede Art von Daten. **Kontrollknoten** ermöglichen die Ausweisung des Start- und des Endknotens und von alternativen und von nebenläufigen Abläufen.

Kanten werden im Folgenden dargestellt.

11.6.1 Kanten

Der Steuerungsfluss zwischen Aktionen kann dargestellt werden durch:

- einen Pfeil für den Kontroll- und Datenfluss (siehe Bild 11-53),
- den Austausch eines Objektes über die Erzeugung und Vernichtung von Objekten (siehe Bild 11-54 und Bild 11-55) oder
- den Austausch von Objekten über sogenannte Pins (siehe Bild 11-56).

11.6.1.1 Steuerungsfluss in Pfeilnotation

Hier wird durch einen Pfeil die Kontrolle an die nächsten Aktion übergeben.

Bild 11-53 Steuerungsfluss in Pfeilnotation

11.6.1.2 Steuerungsfluss über die Erzeugung und Vernichtung von Objekten

An einer Aktivität können auch Objekte teilnehmen (siehe Bild 11-54). **Objektknoten** können Daten und Objekte beinhalten und symbolisieren den Fluss von Objekten und Daten. Sie fungieren als Ein- und Ausgabeparameter einer Aktion bzw. Aktivität und können auch als Puffer innerhalb einer Aktion fungieren. Ein Objektknoten wird in Form eines Rechtecks dargestellt. Entlang eines Objektflusses können Objekte oder Daten übergeben werden. Sie werden dann mit den Aktionen verbunden, die sie erstellen bzw. zerstören. Das folgende Bild zeigt als Beispiel einen Ausschnitt aus einer Bestellung mit einem teilnehmenden Objekt:

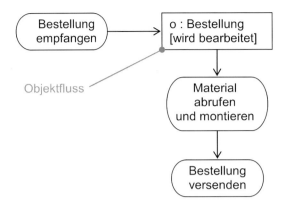

Bild 11-54 Objektfluss

Hier ein weiteres Bild für einen Objektfluss:

Bild 11-55 Objektfluss über die Erzeugung und Vernichtung von Objekten

Bild 11-53 zeigt, dass der Schritt `Blech entgraten` nach dem Schritt `Blech stanzen` kommt. Bild 11-55 beschreibt, dass im Schritt `Blech stanzen` ein Objekt der Klasse `Blech` im Zustand `[gestanzt]` erzeugt wird, welches für den Verarbeitungsschritt `Blech entgraten` als Input dient. Der Schritt `Blech stanzen` erzeugt das Objekt, der Schritt `Blech entgraten` zerstört das Objekt. Es wird jedoch – was in Bild 11-55 nicht dargestellt ist – im Schritt `Blech entgraten` wieder ein Objekt vom Typ `Blech`, allerdings jetzt im Zustand `[entgratet]` erzeugt.

11.6.1.3 Steuerungsfluss über Pins

Eine alternative Notation eines Objektflusses zwischen Aktionen erfolgt mit Hilfe von Pins. Pins werden als Quadrate dargestellt, die am Rand einer Aktion angebracht sind. Dies ist in Bild 11-56 zu sehen.

Bild 11-56 Objektfluss über Pins

Bild 11-56 enthält die gleiche Information wie Bild 11-55.

11.6.1.4 Sprungmarken

Sprungmarken (Konnektoren) dienen dazu, bestimmte Aktivitäten, die aus Platzmangel oder strukturellen Gründen an einer anderen Stelle fortgesetzt werden sollen, zu einem einzigen Steuerfluss zu verknüpfen. Beispielsweise können Kreuzungen zwischen Datenfluss- und Kontrollflusskanten durch Sprungmarken vermieden werden.

Was in UML 2.0 als Sprungmarke bezeichnet wird, wird an anderer Stelle auch gerne als **Konnektor** bezeichnet.

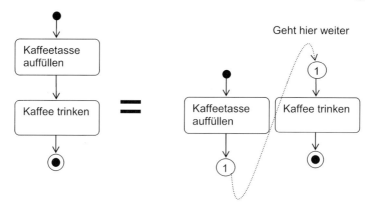

Bild 11-57 Sprungmarken

11.6.2 Aktionen

Aktionen sind die Verarbeitungselemente einer Aktivität. **Aktionen** haben als grafische Symbole ein abgerundetes Rechteck mit dem Namen der Aktion. Aktionen sind ausführbare Berechnungen und werden in einem Aktivitätsdiagramm nicht weiter zerlegt. Sie können aber wieder durch ein Aktivitätsdiagramm dargestellt werden. Sie können entweder vollständig oder gar nicht ausgeführt werden. Sie können allerdings unterbrochen werden. Das ist gleichbedeutend damit, dass die Aktion nicht stattgefunden hat.

Bild 11-58 Aktion

11.6.2.1 Namen von Aktivitäten und Aktionen

Aktivitäten und Aktionen werden typischerweise durch Verbalphrasen bezeichnet. Eine Verbalphrase ist eine Gruppe zusammengehöriger Wörter, die zu einem Verb gehört. Eine Verbalphrase kann ein Verb beispielsweise um ein Objekt erweitern wie in "Plan erstellen". Der Name einer Aktivität wird oben links im Symbol der Aktivität angegeben. Der Name einer Aktion steht zentral in der Aktion.

11.6.2.2 Aktionen mit Pseudocode oder Programmcode

Eine Aktion kann Programmcode oder Pseudocode in einer beliebigen Sprache enthalten (siehe Bild 11-59).

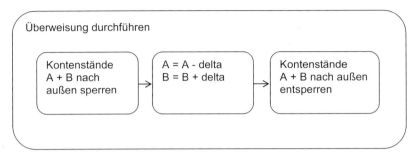

Bild 11-59 Aktionen mit Programmcode

Die Aktivität Überweisung durchführen enthält Aktionen mit Pseudocode.

11.6.2.3 Aktionen mit Vor- und Nachbedingungen

Aktionen in UML 2.0 können Vor- und Nachbedingungen haben. Die Vor- und Nachbedingungen werden in einem Kommentar mit Schlüsselwort «localPrecondition» bzw. «localPostcondition» dargestellt und durch eine gestrichelte Linie mit der Aktion verbunden. Es kann zu einer Aktion durchaus mehrere Vor- und Nachbedingungen zugleich geben.

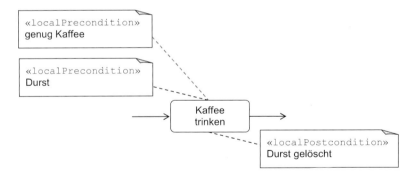

Bild 11-60 Vor- und Nachbedingungen einer Aktion

11.6.2.4 Aktivität mit Vor- und Nachbedingungen

Vor und Nachbedingungen können für die gesamte Aktivität gelten. Sie werden durch das Schlüsselwort «precondition» und «postcondition» mit der entsprechenden Bedingung über den Aktionen der Aktivität angegeben (siehe Bild 11-61).

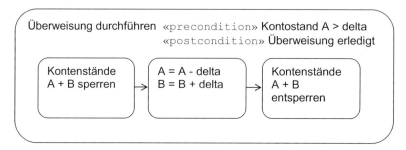

Bild 11-61 Vor- und Nachbedingungen einer Aktivität

11.6.2.5 Ein- und Ausgaben

Aktivitäten können Ein- und Ausgaben haben. Diese werden in Bild 11-62 an einem Beispiel gezeigt.

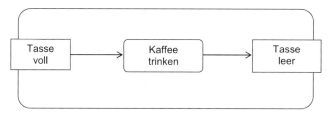

Bild 11-62 Ein- und Ausgaben

Eingabeparameter werden als Objektknoten im linken, Ausgabeparameter als Objektknoten im rechten Rand des Rahmens, der das Aktivitätsdiagramm einschließt, angegeben.

11.6.2.6 Unterbrechbarer Aktivitätsbereich

Bild 11-63 zeigt ein Beispiel.

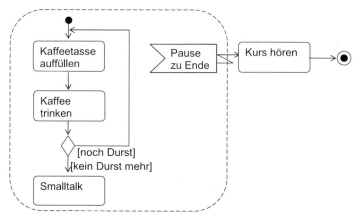

Bild 11-63 Unterbrechbarer Aktivitätsbereich

Wenn das Ereignis `Pause zu Ende` kommt, ist das Ende der Aktivität erreicht.

Für Knoten innerhalb eines gestrichelten Rahmens, eines Unterbrechungsbereichs, kann die Verarbeitung abgebrochen werden. Eine Unterbrechung wird in der Regel durch ein Signal – dessen Empfang durch ein Fähnchen dargestellt wird – ausgelöst. Das Fähnchen enthält den Namen des Signals. Ein Blitz zeigt von dem Signal-Fähnchen auf einen Knoten außerhalb des unterbrechbaren Aktivitätsbereichs. Kommt ein Signal, so wird die Ausführung an diesem Knoten fortgesetzt. Ereignisse können damit den Fluss einer Aktivität unterbrechen.

11.6.2.7 Erweiterungsbereiche

Mit einem Erweiterungsbereich (engl. expansion region) kann eine oder können mehrere Aktionen über eine Zusammenstellung von Eingangsdaten, d. h. eine Collection wie z. B. ein Array, durchgeführt werden. Ein Erweiterungsbereich ist ein gestricheltes Rechteck mit abgerundeten Ecken, das die Aktionen enthält, die für die Eingangsdaten erfolgen sollen. In der sogenannten **"Listbox Pin"-Notation**, wie sie zum Beispiel in Bild 11-64 zu sehen ist, werden meist vier Rechtecke am Eingang und am Ausgang des gestrichelten Erweiterungsbereichs dargestellt. Eine Eingangs-Collection wird also in der Regel symbolisiert durch vier Pins überlappend mit der Eingangs-Kante des Erweiterungsbereichs, die Ausgabe-Collection durch vier Pins überlappend mit der Ausgangs-Kante. Eine andere Zahl von Pins ist möglich. Im einfachsten Fall besitzt ein Erweiterungsbereich einen Eingang mit einer Collection und einen Ausgang bestehend aus einer Collection. Es kann auch mehrere Eingangs-Collections geben, ebenso mehrere Ausgangs-Collections. Alle Collections müssen die gleiche Größe haben, aber nicht unbedingt die gleichen Werttypen.

Es geht dann ein Pfeil von einem Eingabe-Pin zu der ersten Aktion des Erweiterungsbereichs, ebenso von der letzten Aktion des Erweiterungsbereichs zu einem Pin der Ausgabe-Collection.

Wenn eine Aktivität ausgeführt und ein Token dem Input eines Erweiterungsbereichs zur Verfügung gestellt wird, nimmt der Erweiterungsbereich den Token und beginnt mit seiner Ausführung. Der Erweiterungsbereich wird genau einmal für jedes Element in der Input Collection ausgeführt. Das Concurrency Attribut bestimmt, wie die Mehrfachausführungen stattfinden.

Ein **Erweiterungsbereich** wird gezeichnet als **gestrichelte Box** mit einem der Schlüsselwörter:

- `parallel`,
- `iterative` oder
- `streaming`

als **Concurrency-Attribut**. Das Concurrency-Attribut wird oben links im Erweiterungsbereich angegeben.

Wenn das Concurrency-Attribut **parallel** ist, können die mehrfachen Ausführungen parallel stattfinden, müssen es aber nicht. Ein Beispiel für ein mögliches paralleles Arbeiten ist, dass mehrere Benutzer gleichzeitig auf einer Webseite ein Auto konfigurieren und bestellen. Bild 11-64 ist ein Beispiel hierfür.

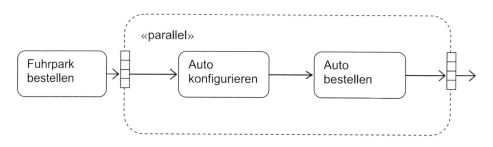

Bild 11-64 Parallele Ausführung

Wenn das Concurrency-Attribut den Wert **iterative** annimmt, dann werden die **geschachtelten Aktivitäten** sequenziell abgearbeitet. Ist die Input Collection geordnet, so werden die Input-Elemente der Reihe nach dem Erweiterungsbereich angeboten. Wenn die Collection ungeordnet ist, so ist die Reihenfolge des Anbietens der Elemente nicht definiert und auch nicht notwendigerweise wiederholbar. Auf jeden Fall wird ein Ausgabewert an diejenige Stelle der Output Collection eingereiht, die der Stelle der Input Collection entspricht. Die **iterativen Erweiterungsbereiche** sind sequenziell **ablaufende Aktionen**. Bevor die erste Serie an Aktionen nicht beendet wurde, kann die nächste Serie an Aktionen nicht beginnen. Durch iterative Erweiterungsbereiche können zum Beispiel **Mutual Exclusions**[114] modelliert werden. In obigem Beispiel würde das Wort iterativ die Auswirkung haben, dass nur ein einziger Benutzer über die Webseite ein Auto konfigurieren und bestellen darf. Erst wenn dieser Benutzer die Bestellung abgeschlossen hat, könnte der nächste Benutzer ein Auto konfigurieren.

Wenn das Concurrency-Attribut den Wert **streaming** annimmt, dann gibt es nur **eine einzige Ausführung** des Erweiterungsbereichs, wobei der Input einen Strom von Elementen aus der Input Collection darstellt. Ein Erweiterungsbereich, welcher mit dem Wort "**streaming**" versehen wird, stellt eine Abarbeitung einer Liste von Elementen dar. Häufig ist es erforderlich, die gleiche Operation an vielen Elementen durchzuführen. Besteht eine Fuhrparkerweiterung zum Beispiel aus einer Menge von Fahrzeugen, so muss bei der Bearbeitung der Kfz-Anmeldung für jedes Fahrzeug die gleiche Operation durchgeführt werden: `Versicherungsdoppelkarte beantragen`, `Kfz-Schein holen` und `Kfz-Brief holen`. Die Iteration dieses Vorgangs muss dabei nicht modelliert werden, denn sie ist durch den Erweiterungsbereich implizit modelliert. Nach der Verarbeitung des Streams werden Output Streams in die Output Collection geschrieben. Ein Beispiel für eine solche Kfz-Anmeldung ist im nächsten Bild modelliert.

---

[114] Mutual Exclusions (Mutexe) werden eingesetzt, um zu verhindern, dass zwei Prozesse oder Threads gleichzeitig auf eine gemeinsam genutzte Ressource schreibend zugreifen.

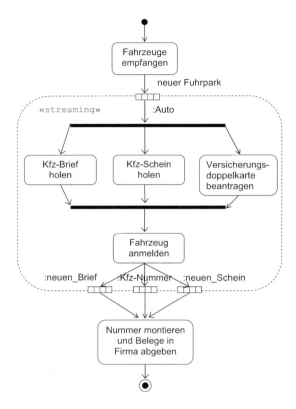

Bild 11-65 Ein Stream

11.6.2.8 Schwimmbahnen

Um in einem Aktivitätsdiagramm Aktionen in Gruppen einzuteilen, können Schwimmbahnen verwendet werden. Schwimmbahnen unterteilen das Diagramm durch vertikale Linien und besitzen jeweils einen eindeutigen Namen. Jede Aktion gehört zu genau einer Schwimmbahn, die Steuerungsflüsse jedoch können die Schwimmbahnen kreuzen. Es sind auch mehrdimensionale Schwimmbahnen möglich.

> In einer **Schwimmbahn** sind die **Aktivitätsknoten** für **Verantwortlichkeiten oder Rollen** enthalten.

Bei der Modellierung eines Geschäftsprozesses können beispielsweise Schwimmbahnen dazu dienen, die Verantwortlichkeiten einer Rolle wie Einkauf, Entwicklung oder Produktion darzustellen. Da Geschäftsprozesse und Anwendungsfälle in der Regel rollenübergreifend sind, überschreitet in einem solchen Fall der Ablauf eines Anwendungsfalls die Abgrenzungen zwischen den verschiedenen Schwimmbahnen.

Ein Beispiel für eine Anwendung ist in Bild 11-66 zu sehen:

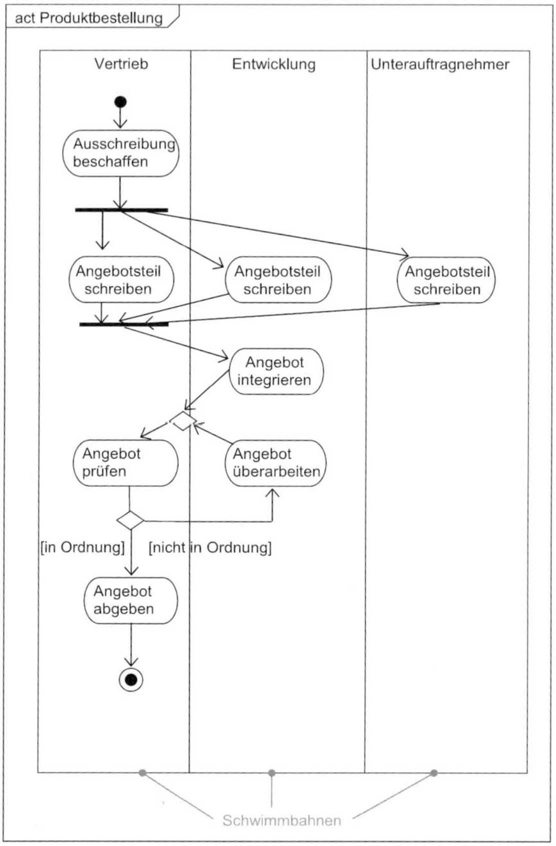

Bild 11-66 Aktivitätsdiagramm mit Schwimmbahnen

11.6.3 Kontrollknoten

Kontrollknoten umfassen:

- Start-, Aktivitäts- und Ablaufendknoten (siehe Kapitel 11.6.3.1),
- alternative Abläufe (siehe Kapitel 11.6.3.2) und
- Synchronisierungsknoten (siehe Kapitel 11.6.3.3).

11.6.3.1 Start-, Aktivitäts- und Ablaufendknoten

Ein Steuerungsfluss besitzt immer einen Anfang und ein Ende – ausgenommen von dieser Regel sind Endlosflüsse, die zwar einen Anfang, aber kein Ende besitzen. Wie das folgende Bild zeigt, kann man einen **Startknoten** und einen **Endknoten** als spezielle Symbole darstellen. Sie bilden dann den Anfang und das Ende eines Steuerungsflusses. Die Symbole sind dieselben wie bei den Zustandsautomaten (siehe Kapitel 11.7).

Einführung in standardisierte Diagrammtypen nach UML

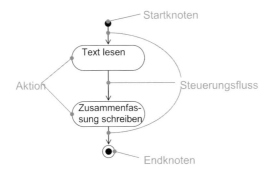

Bild 11-67 Steuerungsfluss im Aktivitätsdiagramm

Wenn eine Aktivität aufgerufen wird, werden an allen ausgehenden Kanten eines Startknotens Token zur Verfügung gestellt. Startknoten können Token ansammeln, bis die Überwachungsbedingungen zünden. Eine Aktivität hat nicht zwangsläufig einen Startknoten. Token können an eine Aktivität auch über Parameter übergeben werden. Der erste Endknoten einer Aktivität, der erreicht wird, beendet die Aktivität. Mit einem Ablaufendknoten kann ein einziger Ablauf beendet werden.

Parallele Abläufe können auch durch mehrere Startknoten erzeugt werden. Genauso wie es mehrere Startknoten geben darf, sind auch mehrere Endknoten erlaubt.

Die parallelen Abläufe müssen nicht zwangsläufig – wie in Kapitel 11.6.3.3 beschrieben – wieder zu einem einzigen Endknoten zusammengeführt werden, sondern können unabhängig voneinander beendet werden. In diesem Fall ist zwischen einem **Flussende** (Ablaufende) und einem **Ende durch einen Endknoten** zu unterscheiden.

Ein **Flussende** bewirkt nur, dass der Ablauf, der darin mündet, beendet wird. Alle anderen Abläufe sind aber noch aktiv, also ist das Aktivitätsdiagramm noch nicht abgeschlossen.

Wenn ein Ablauf in einen **Endknoten** mündet, werden alle anderen Abläufe unterbrochen.

Bild 11-68 zeigt an einem Beispiel den Unterschied zwischen Flussende und Ende. Das `Essen und Getränke einkaufen` ist ein anderer Ablauf als `Geschirr und Besteck auswählen`. Diese beiden Aufgaben können von zwei unterschiedlichen Personen zu unterschiedlichen Zeitpunkten begonnen werden und können parallel laufen. Erst wenn eingekauft wurde, werden die Getränke kalt gestellt und währenddessen das Essen gekocht. Wenn die Getränke kalt gestellt sind, wird der Ablauf für die Aktivität `Getränke kaltstellen` beendet. Dieser Ablauf mündet in ein Flussende. Die Vorbereitungen für das Essen sind aber immer noch nicht fertig, da die anderen Abläufe noch nicht vervollständigt sind. Erst wenn der Tisch gedeckt ist und das Essen gekocht ist, sind alle Aktivitäten abgeschlossen.

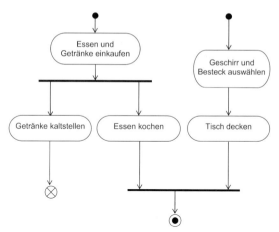

Bild 11-68 Parallele Abläufe

11.6.3.2 Alternative Abläufe

In einem Aktivitätsdiagramm können Verzweigungen dargestellt werden, die mit Hilfe eines booleschen Ausdrucks alternative Pfade spezifizieren. Alternative Abläufe werden durch **Entscheidungsknoten** ermöglicht. An einem Entscheidungsknoten wird anhand einer Bedingung in Form eines booleschen Ausdrucks einer der möglichen Pfade ausgewählt und der Token an diese Kante weitergegeben. Ein Vereinigungsknoten vereinigt mehrere alternative Abläufe. Ein Entscheidungs- und Vereinigungsknoten wird als Raute dargestellt. Bedingungen werden in eckigen Klammern an den vom Entscheidungsknoten wegführenden Kanten angegeben (siehe Bild 11-69). Sie dürfen sich nicht mit anderen Bedingungen überschneiden. Eine der Kanten kann das Schlüsselwort `else` erhalten. Dieses wird ebenfalls in eckigen Klammern notiert.

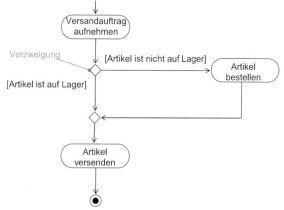

Bild 11-69 Verzweigungen

Alternativ kann man die Bedingung als Kommentar mit dem Schlüsselwort «decisionInput» an den Entscheidungsknoten anhängen und an den wegführenden Kanten dann lediglich angeben, ob die Bedingung wahr oder falsch sein soll (siehe Bild 11-70).

Einführung in standardisierte Diagrammtypen nach UML 437

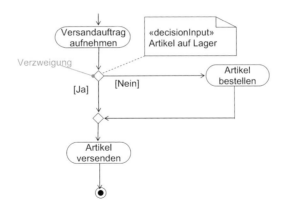

Bild 11-70 Verzweigungen mit Bedingung als Kommentar

11.6.3.3 Synchronisierungsknoten

Beim **Synchronisierungsknoten** ist es möglich, eingehende parallele Kontrollflüsse mit einem ausgehenden Kontrollfluss zu synchronisieren bzw. ausgehende parallele Kontrollflüsse mit einem eingehenden Kontrollfluss zu synchronisieren.

Um parallel ablaufende Steuerungsflüsse zu modellieren, werden **Gabelungen** verwendet, um die Aufteilung eines Flusses in mehrere parallele Flüsse darzustellen. **Vereinigungen** zeigen die Zusammenführung mehrerer paralleler Flüsse zu einem Fluss auf. Sowohl Gabelungen als auch Vereinigungen werden durch **Synchronisierungsbalken** dargestellt. Ein Synchronisierungsbalken ist eine dicke, horizontale oder vertikale Linie.

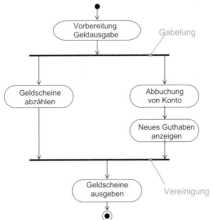

Bild 11-71 Synchronisierungsbalken

Bei einer **Gabelung** wird ein einzelner Fluss in Flüsse aufgespalten, die dann parallel weiterlaufen. Wie diese parallele Ausführung vonstatten geht, hängt vom System ab. Bei einer **Vereinigung** werden zwei oder mehr eingehende Flüsse synchronisiert. Das heißt, es wird so lange gewartet, bis alle Flüsse angekommen sind. Dann wird die Ausführung mit einem einzelnen Fluss fortgesetzt.

11.7 Zustandsdiagramm

Die UML Superstructure [Sup10] sieht zur Darstellung eines Zustandsautomaten ein Zustandsdiagramm vor. Zustandsdiagramme zählen zu den dynamischen Diagrammen oder Verhaltensdiagrammen in der UML. Ein Zustandsdiagramm von UML ist eine Variante eines Zustandsübergangsdiagramms (siehe Kapitel 7.9). Zustandsautomaten nach UML beruhen auf den **Zustandsautomaten** (engl. **state machine**) nach Harel. Ein Zustandsdiagramm besteht aus einem Namen und aus Symbolen für Zustände und Transitionen (Zustandsübergänge).

Anhand der Zustände und Zustandsübergänge beschreibt das **Zustandsdiagramm** (engl. **statechart**) von UML das ereignisgesteuerte Verhalten eines betrachteten Objekts oder Systems. Dabei resultiert ein Zustandsübergang eines Objekts aus einem **Ereignis** für ein Objekt.

Ein **Verhaltenszustandsdiagramm** von UML ist eine UML-typische Ausprägung eines Zustandsübergangsdiagramms der Objektorientierung. Zustandsübergangsdiagramme wurden in Kapitel 7.5.3 beschrieben. Bei reaktiven Systemen haben Verhaltenszustandsdiagramme eine große Bedeutung und Verbreitung. Ein reaktives System hat typischerweise eine unbegrenzte Laufzeit und befindet sich dabei in Wechselwirkung mit seiner Umgebung und muss auf Eingaben wie z. B. über Sensoren reagieren. Ein steuerndes Objekt hat in seinem "Bauch" einen solchen Verhaltenszustandsautomaten. Ein Verhaltenszustandsdiagramm zeigt die Zustände, die ein System – speziell ein Objekt – während seiner Lebenszeit annehmen kann und die Zustandsänderungen als Folge von Ereignissen.

> Verhaltenszustandsautomaten werden am häufigsten eingesetzt für **ganze Systeme**, **Teilsysteme**, **Anwendungsfälle**, **Klassen** bzw. **Objekte** – natürlich auch für **Komponenten**, die man als Teilsysteme betrachten kann – und in der Praxis seltener für Schnittstellen. Man kann das Verhalten einer Klasse bereits in der Schnittstelle spezifizieren, ohne die Implementierung der Schnittstelle zu kennen.

Bei den Übergängen von Verhaltensautomaten können **Aktionen** ausgelöst werden. Wenn ein Zustand betreten wurde, ist er aktiv. Nach Verlassen ist er inaktiv.

Eine Sonderform des Zustandsautomaten ist der **Protokollzustandsautomat** (siehe Anhang D). Mit Protokoll ist die erlaubte Abfolge von Operationen gemeint, die ein Classifier anbietet. Diese Sonderform ist beispielsweise für Schnittstellen nützlich. Ein Zustandsdiagramm kann sowohl im Falle des Verhaltens- als auch des Protokollzustandsautomaten als endlicher Automat angesehen werden. Zur Unterscheidung zwischen Protokollzustandsdiagrammen und Verhaltenszustandsdiagrammen wird die Randbedingung `{protocol}` dem Namen des Protokollzustandsautomaten nachgestellt. Im Folgenden wird zwischen den beiden Begriffen Verhaltensautomat und Protokollautomat gezielt unterschieden.

Wenn man Verhaltenszustandsautomaten für Anwendungsfälle beschreibt, wird der Zustandsautomat in der Regel in ein Steuerobjekt eingebaut, das als Ablaufsteuerung für den Anwendungsfall fungiert.

Verhaltenszustandsautomaten beschreiben die Zustände und Zustandsübergänge

- während des Life Cycle des betrachteten Elements bzw.
- während der Ausführung einer Operation.

Ein Zustandsautomat kann abgeleitet werden.

Zustandsautomaten – seien es Verhaltenszustandsautomaten oder Protokollzustandsautomaten – stellen die Zustände, die eingenommen werden können, dar. Ein einfacher Zustand wird grafisch im Allgemeinen – wie in Bild 11-72 abgebildet – in Form eines rechteckigen Kastens mit abgerundeten Ecken dargestellt. Der Name des Zustands wird in das Innere des abgerundeten Rechtecks geschrieben:

Bild 11-72 Prinzipieller Aufbau eines einfachen Zustands

Ein Zustand ist "eine Bedingung oder Situation im Leben eines Objekts, während es eine Bedingung erfüllt, eine Aktivität durchführt oder auf Ereignisse wartet". Es ist aber zu beachten, dass man einen Zustand durch eine Bedingung charakterisieren kann, aber dass nicht jede Bedingung einem Zustand entspricht.

Das Innere des Rechtecks eines **Verhaltenszustands** kann optional in drei Abschnitte eingeteilt werden. Im oberen Abschnitt ist der Namen, im mittleren Abschnitt sind interne Aktivitäten wie Eintrittseffekte, verzögerte Aktionen, Ausgangseffekte und Aktivitäten und im unteren Abschnitt werden interne Transitionen spezifiziert:

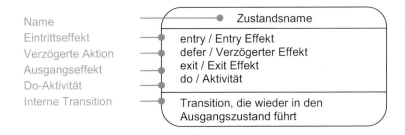

Bild 11-73 Prinzipieller Aufbau eines Verhaltenszustands

Eintrittseffekte, verzögerte Aktionen, Ausgangseffekte und Aktivitäten sind eine Liste von Aktionen und Aktivitäten, die in einem Verhaltenszustand ablaufen. Die Liste der internen Transitionen im Abschnitt für interne Transitionen enthält die auslösenden Ereignisse und die zugehörigen inneren Transitionen. Die Form einer internen Transition ist:

```
Ereignis (Liste von Attributen)[Wächterbedingung]/ Aktion
```

Damit hat sie prinzipiell dieselbe Form wie eine Transition zwischen zwei Zuständen. Die optionale Wächterbedingung (engl. guard condition), bei der ein Ereignis nur dann als Ereignis wirkt, wenn die überwachte Bedingung erfüllt ist, wurde von Harel eingeführt. Falls die Wächterbedingung auftritt, wird sie in eckigen Klammern eingeschlossen.

Die Liste von Attributen entspricht "Übergabeparametern", welche einem Trigger (Event) mitgegeben werden können. Die Liste von Attributen ist optional. Zur Beschreibung dieser Parameter siehe [Sup10, S.451].

Auch andere Formen als in Bild 11-72 sind für das Zustandssymbol möglich wie z. B.:

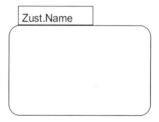

Bild 11-74 Alternatives Zustandssymbol mit Reiter

Ein Zustandssymbol mit Reiter wird in der Regel für zusammengesetzte Zustände verwendet, kann aber auch in anderen Fällen eingesetzt werden. Der Name des Zustands wird dabei im Reiter notiert.

Zunächst einige Begriffe nach UML:

- **Einfacher Zustand**
  Ein **einfacher Zustand** hat keine Unterzustände, d. h. keine Regionen und keinen Unterautomaten[115]-Zustand.

- **Zusammengesetzter Zustand**
  Ein **zusammengesetzter Zustand** enthält entweder **eine einzige Region** (mit sequenziellen Unterzuständen in einem Unterautomaten) oder wird in **zwei oder mehr orthogonale Regionen** zerlegt. Jede Region hat einen Satz von wechselseitig exklusiv getrennten Zuständen und einen Satz von Transitionen. Ein gegebener Zustand kann nur auf eine dieser beiden Arten zerlegt werden.

---

[115] Ein Unterautomat wird auch Submaschine genannt.

Einführung in standardisierte Diagrammtypen nach UML 441

Ein **zusammengesetzter Zustand** ist laut [UML09, S. 551] entweder

- ein Zustand mit nur einer Region mit einem sequentiellen Unterautomaten (Submaschine) oder
- ein Zustand mit mehr als einer orthogonalen Region.

Im folgenden Bild ist der Lehrveranstaltungsversuch ein Beispiel eines zusammengesetzten Zustands mit einer einzigen Region, wohingegen Studieren ein zusammengesetzter Zustand ist, der drei Regionen enthält [Sup10, S.563]:

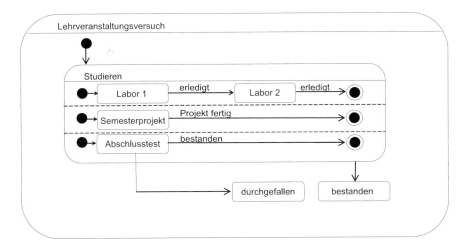

Bild 11-75 Zusammengesetzter Zustand

- **Unterautomaten-Zustand**
  Ein Unterautomaten-Zustand spezifiziert den Einsatz der Spezifikation einer untergeordneten Zustandsmaschine (Unterautomaten-Zustandsmaschine). Die Zustandsmaschine, die den Unterautomaten-Zustand enthält, heißt die enthaltende Zustandsmaschine. Dieselbe Zustandsmaschine kann mehrfach ein Unterautomat im Kontext einer einzigen enthaltenden Zustandsmaschine sein (Wiederverwendbarkeit, engl. reusability).

Ein Unterautomaten-Zustand ist einem zusammengesetzten Zustand semantisch äquivalent. Ein Unterautomaten-Zustand ist ein Zerlegungsmechanismus, der es erlaubt, allgemeine Verhaltensweisen zu faktorisieren und wiederzuverwenden. Zustandsübergänge in die übergeordnete Zustandsmaschine können Eintritts- und Austrittspunkte (siehe später) der eingesetzten Zustandsmaschine als Quellen bzw. Ziele haben.

Bei zusammengesetzten Zuständen mit einer Region kann der Name – bei Zuständen mit mehreren Regionen muss der Name – durch eine Trennlinie vom restlichen Inhalt abgetrennt werden, sofern er nicht in einem Reiter auf den Zustand aufgesetzt werden soll. In der folgenden Abbildung sind drei Darstellungen für denselben zusammengesetzten Zustand zu sehen. Orthogonale Regionen werden durch gestrichelte Linien voneinander abgegrenzt.

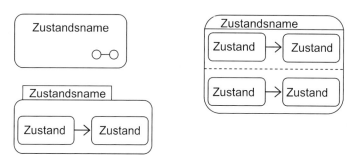

Bild 11-76 Verschiedene Darstellungen für zusammengesetzte Zustände

Der Inhalt eines zusammengesetzten Zustands kann, zum Beispiel wenn er in einer bestimmten Ansicht unbedeutend ist, versteckt werden. Um in einem Zustandsdiagramm anzuzeigen, dass ein Zustand versteckte Regionen (engl. **hidden regions**) enthält, wird das Symbol mit den zwei verbundenen Kreisen aus der ersten Darstellung in Bild 11-76 verwendet.

11.7.1   Namen von Zuständen

Typisch sind Verbalphrasen, die die in diesem Zustand durchgeführten Tätigkeiten charakterisieren.

11.7.2   Eigenschaften von Zuständen

Zustände sind die wichtigsten Elemente von Zustandsdiagrammen. Der Zustand ist eine endliche Zeitspanne, die bestimmt ist durch die Wechselwirkung des betrachteten Systems mit seiner "langsamen" Umgebung. Ein Zustand kann in der Systemanalyse nie aus dem Inneren des Systems kommen, denn dieses würde ohne Wechselwirkung mit seiner langsamen Umwelt alle seine Aufgaben unendlich schnell erledigen.

> **Nach UML** befindet sich ein Objekt in einem Verhaltenszustand, wenn
> - es eine bestimmte Aktivität durchführt,
> - eine bestimmte Bedingung erfüllt oder
> - auf ein Ereignis wartet.

Ein Objekt wechselt seinen Zustand aufgrund von **Transitionen**, auch Zustandsübergänge genannt.

Ein Verhaltenszustand besitzt **nach UML** die folgenden Eigenschaften:

- **Name**
  Eine Zeichenkette, anhand derer sich der Zustand von anderen Zuständen unterscheidet. Ein Zustand kann anonym sein, also keinen eigenen Namen besitzen. Zwei unbenannte Zustände gelten als verschieden. Die Namen von Zuständen sind meist Substantive. Ist der Name aus mehreren Wörtern zusammengesetzt, so wird oftmals der erste Buchstabe jedes Worts großgeschrieben (engl. camel case).
- **Entry- und Exit-Effekte** (nach Harel, siehe Kapitel 7.9.5)
  Aktionen, die beim Eintritt in den Verhaltenszustand bzw. beim Verlassen des Zustandes ausgeführt werden. Zu jedem Eintritts- oder Ausgangseffekt kann im Zustandssymbol eine Aktion angegeben werden.
- **Do-Aktivitäten** (nach Harel, siehe Kapitel 7.9.5)
  Um eine fortlaufende Aktivität modellieren zu können, steht in UML die do-Aktivität zur Verfügung. Wird der Zustand infolge eines Ereignisses verlassen, so wird eine do-Aktivität beendet. Man kann durch do/operation1;operation2;operation3 eine Sequenz von Aktionen als do-Aktivität angeben.
- **Interne Transitionen**
  Transitionen, die abgearbeitet werden, ohne dass das Objekt seinen Verhaltenszustand ändert. Der Unterschied zu Selbst-Transitionen (externe Transitionen) ist, dass bei internen Transitionen die Exit- und Entry-Aktion nicht durchgeführt wird. Interne Transitionen sind eine Besonderheit von UML. Sie stammen von Selic [Sel94]. Der Pfeil für den internen Übergang entfällt. Wird ein Pfeil gemacht, so ist der Übergang extern und eine sogenannte Selbst-Transition. Um Konflikte eindeutig aufzulösen, wurde festgelegt, dass interne Transitionen vor externen Transitionen Vorrang haben, falls beide auf dasselbe Ereignis reagieren.
- **Unterzustände** (nach Harel, siehe Kapitel 7.9.1)
  Jeder Verhaltenszustand kann in sich wiederum eine Struktur mehrerer Unterzustände enthalten. Diese Unterzustände können nicht-orthogonal (nacheinander ablaufen) oder orthogonal (nebenläufig) sein. Unterautomaten (Unterautomaten-Zustände) erleichtern den Aufbau großer Zustandsmodelle.
- **Verzögerte Ereignisse** (engl. **deferred events**, siehe Selic [Sel94])
  Ein großes Problem beim Entwurf von reaktiven Systemen ist, dass jedes Ereignis zu jeder Zeit kommen kann. Kommt ein Event quasi im "falschen Moment" an, in dem das System gerade im "falschen" Zustand ist, wird das Ereignis zwischengepuffert. Solche Ereignisse müssen in einer Warteschlange warten, während sich das Objekt in einem bestimmten Verhaltenszustand befindet. Sie werden erst in einem anderen Verhaltenszustand als interne Transition bearbeitet. Ein verzögertes Ereignis wird durch die Angabe von defer /, wie in Bild 11-73, spezifiziert.

11.7.3 Pseudozustände

Die Pseudozustände werden im Folgenden erklärt, nachdem sie zunächst alle aufgelistet werden:

- Anfangszustand (engl. **initial state**, siehe Kapitel 11.7.3.1),
- Endzustand (engl. **final state**, siehe Kapitel 11.7.3.1),
- Eintrittspunkt (engl. **entry point**, siehe Kapitel 11.7.3.2),

- Austrittspunkt (engl. **exit point,** siehe Kapitel 11.7.3.2),
- Terminierungsknoten (engl. **terminate node,** siehe Kapitel 11.7.3.2),
- Verbindungsstelle (engl. **junction,** siehe Kapitel 11.7.3.3),
- sequenzielle Verzweigung (engl. **choice,** siehe Kapitel 11.7.3.4),
- Nebenläufigkeitsbalken als Gabelung (engl. **fork,** siehe Kapitel 11.7.3.4),
- Nebenläufigkeitsbalken als Vereinigung (engl. **join,** siehe Kapitel 11.7.3.4),
- flache Historie (engl. **shallow history,** siehe Kapitel 11.7.3.5) und
- tiefe Historie (engl. **deep history,** siehe Kapitel 11.7.3.5).

Keiner der Pseudozustände, auch nicht der Startzustand, muss in einem Zustandsautomaten, sei es ein Verhaltensautomat oder ein Protokollautomat, auftreten. Fehlt der Startzustand, gilt der Zustandsautomat als schlecht definiert, was implizit allerdings doch die Spezifizierung eines Startzustands erforderlich macht.

Pseudozustände können selbst keine weiteren Regionen oder untergeordnete Unterautomaten-Zustände enthalten.

Pseudozustände können keine Eintritts-Effekte, Ausgangs-Effekte, interne Transitionen, verzögerte Effekte und Aktivitäten beinhalten.

11.7.3.1 Anfangs- und Endzustand

Wie Bild 11-77 zeigt, gibt es Anfangs- und Endzustände. Mit dem **Anfangszustand** startet ein Zustandsautomat. Wenn der **Endzustand** erreicht ist, ist die Ausführung abgeschlossen.

Ein **Anfangszustand** oder **Startzustand** (engl. **initial state**) ist der Standard-Zustand, in dem sich ein Zustandsautomat oder eine Region bei der Aktivierung befindet. Er sollte in jeder Region und jedem einfachen Zustand einmal existieren. Er hat keine eingehenden Transitionen. Die von ihm ausgehenden Transitionen referenzieren oft Operationen zur Objekterzeugung.

Ein **Endzustand** (engl. **finale state**) ist ein Pseudozustand, in dem ein Zustandsautomat oder eine Region endet. Von ihm gehen keine weiteren Transitionen aus. Die eingehenden Transitionen referenzieren oft Operationen zur Objektzerstörung.

Der Anfangs- und der Endzustand werden als **Pseudozustände** bezeichnet.

Im folgenden Bild wird gezeigt, wie notiert wird, dass man beim Einschalten des Systems in einen operationellen Zustand des Systems kommt. Für den Übergang in einen operationellen Zustand lässt UML Wächterbedingungen und Aktionen, jedoch keine Ereignisse zu. Ebenso wird ein Endzustand dargestellt.

Einführung in standardisierte Diagrammtypen nach UML 445

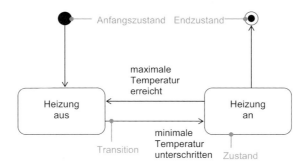

Bild 11-77 Modellierung von Zuständen und Transitionen in UML

11.7.3.2 Eintrittspunkte, Austrittspunkte, sowie Terminierungsknoten

Eintritts- und Austrittspunkte werden für die Spezifikation von Unterautomaten verwendet. Unterautomaten können mehrfach in einem Automaten auftreten und separat modelliert werden. Sie sind allerdings nicht immer notwendig.

Ein Eintrittspunkt (engl. **entry point**) ist ein kleiner Kreis

Bild 11-78 Ein Eintrittspunkt

ein Austrittspunkt (engl. **exit point**) ein Kreis mit einem x

Bild 11-79 Ein Austrittspunkt

Austrittspunkte und Eintrittspunkte, die auch als Connection-Points bekannt sind, treten in UML Version 2.0 erstmalig auf. Allerdings waren auch sie vorher schon durch ROOM von Bran Selic bekannt.

Eintritts- und Austrittspunkte werden von Unterautomaten verwendet, um – wie gesagt – mehrfach auftretende Unterautomaten separat zu einem Zustandsdiagramm zu modellieren. Wenn der Unterautomat mit einem Anfangs-Zustand beginnt und mit einem Endzustand endet, braucht er keinen Eintritts- und Austrittspunkt.

Der **Eintrittspunkt** (engl. **entry point**) stellt das Gegenteil eines Austrittpunktes dar. Er ist für die Zustände der übergeordneten Zustandsautomaten sichtbar und bildet sozusagen eine Kapselung von Zuständen einer Region.

Ein **Austrittspunkt** (engl. **exit point**) ist ein Pseudozustand, der – ebenso wie ein Endzustand – der letzte Zustand innerhalb einer Region ist. Allerdings ist er für die Zustände der übergeordneten Zustandsautomaten sichtbar. Dies bedeutet, dass Transitionen von ihm zu anderen Zuständen in übergeordneten Zustandsautomaten möglich sind.

Hier ein Superzustand mit einem Unterautomaten für den Fall einer Doktorprüfung. Bei einer Doktorprüfung ist das Schwierigste, vom Doktorvater überhaupt zur Prüfung zugelassen zu werden.

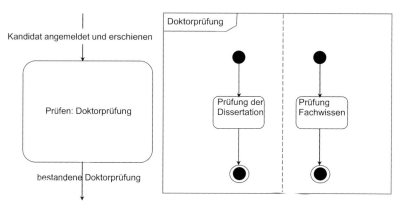

Bild 11-80 Parallele Unterzustände eines Superzustands

In den Superzustand `Prüfen` (zusammengesetzten Zustand) geht ein Pfeil, der Zustand wird mit dem Ereignis `bestandene Doktorprüfung` verlassen. Eine Transition, die zum Rand des zusammengesetzten Zustands geht, führt in den Unterautomaten. Entsprechend wird die Transition ausgeführt, die vom unteren Rand des zusammengesetzten Zustands wegführt, wenn der Unterautomat in seinem Endzustand angekommen ist.

Ganz anders sieht eine Vorprüfung aus, bei der kräftig gesiebt wird. Es wird ein Anfangs-Zustand verwendet und zwei verschiedene Austrittspunkte.

Die Pseudozustände werden auf dem Rahmen des zusammengesetzten Zustands selbst angeordnet und haben ihr Gegenstück dann wiederum im Unterautomaten. Eintritts- und Austrittspunkte tragen einen Namen. Unterautomaten sind wie Unterprogramme ein modularer Teil.

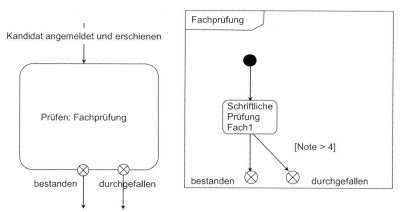

Bild 11-81 Ausstiegspunkte bei zusammengesetzten Zuständen

Bei Existenz von Unterzuständen wird – wie in Bild 11-81 gezeigt – der Name der referenzierten Zustandsmaschine im Superzustand (zusammengesetzter Zustand) als eine Zeichenkette hinter einem Doppelpunkt nach dem Zustandsnamen angegeben:
Zustandsname : Name des Unterautomaten

Rechts in Bild 11-81 ist der Unterautomat in einem Rahmen zu sehen. Oben links im Unterautomaten steht der Name des Unterautomaten.

Der **Terminierungsknoten**

Bild 11-82 Ein Terminierungsknoten

zeigt, dass die Existenz eines modellierten Objekts beendet wird und damit der Zustandsautomat zwangsläufig terminiert. Die Zustandsmaschine führt nur den Übergang zum Terminierungsknoten durch [Sup10, S.546].

11.7.3.3 Verbindungsstelle

Eine **Verbindungsstelle** oder **Kreuzung** (engl. **junction**) verbindet vielfache Übergänge. Sie werden verwendet, um zusammengesetzte Übergänge zwischen Zuständen zu konstruieren. Beispielsweise kann eine Verbindungsstelle dazu benutzt werden, um mehrfache eingehende Übergänge in einen einzigen ausgehenden Übergang konvertieren zu lassen, der dann einen geteilten Übergang darstellt (dies ist als `merge` bekannt). Eine Transition mit Verbindungsstelle schaltet, wenn alle eingehenden Bedingungen erfüllt sind. Andersherum können sie benutzt werden, um einen einzigen ankommenden Übergang in mehrfach ausgehende Übergangssegmente mit verschiedenen Wächterbedingungen aufzuspalten. Das realisiert eine statische bedingte Verzweigung. Dabei werden ausgehende Übergänge deaktiviert, deren Wächterbedingungen sich zu `false` ergeben. Eine vordefinierte Wächterbedingung mit `else` kann für höchstens einen einzigen ausgehenden Übergang definiert werden. Dieser Übergang wird aktiviert, wenn alle Wächterbedingungen, die die anderen Übergänge kennzeichnen, `false` sind. Statisch bedingte Übergänge sind verschieden von dynamisch bedingten Übergängen mit einer sequenziellen Verzweigung.

Beliebig viele Transitionen können in eine Verbindungsstelle hinein und aus ihr hinaus führen (siehe Bild 11-83 [Sup10, S.557]).

Das Symbol für die Verbindungsstelle entspricht dem Symbol für den Startzustand. Sie unterscheiden sich in einem Zustandsdiagramm darin, dass der Startzustand keine eingehenden Transitionen hat.

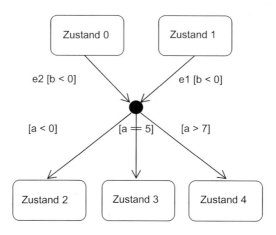

Bild 11-83 Beispiel für eine Verbindungsstelle

11.7.3.4 Sequenzielle und parallele Verzweigung und Vereinigung

Sequenzielle Verzweigung sowie parallele Verzweigung und Vereinigung sind im Folgenden dargestellt.

Bild 11-84 Weitere Pseudozustände in Zustandsdiagrammen

Die Begriffe sequenzielle Verzweigung und Nebenläufigkeitsbalken werden im Folgenden näher erklärt:

Eine **sequenzielle Verzweigung** oder eine **Entscheidung** (engl. **choice**) ist ein Pseudozustand, der eine Transition in mehrere Teile spaltet, die aus unterschiedlichen Vorbedingungen, aber demselben Ereignistrigger bestehen. Kann z. B. eine Transition je nach Bedingung in den einen oder anderen Zustand eingehen, so wird sie mit Hilfe des Verzweigungssymbols aufgespalten. Dabei enthält jede Transition, die vom Verzweigungssymbol weggeht, eine disjunkte Wächterbedingung. Eine sequenzielle Verzweigung resultiert in der **dynamischen Berechnung** der Wächterbedingungen der Trigger ihrer weggehenden Übergänge. Damit wird eine dynamische konditionelle Verzweigung realisiert. Welcher Weg zu nehmen ist, hängt von den Resultaten früherer Aktionen ab. Wenn mehr als eine Wächterbedingung erfüllt ist, ist die Wahl willkürlich. Es wird empfohlen, einen der ausgehenden Zweige mit der Wächterbedingung `else` zu versehen. Sequenzielle Verzweigungen sollten von statischen Verzweigungen mit Verbindungsstellen unterschieden werden.

Beispiel [Sup10, S.560]:

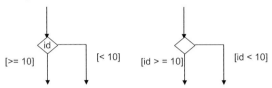

Bild 11-85 Darstellung sequenzieller Verzweigungen

Eine **parallele Verzweigung** oder **Gabelung** (engl. **fork**) ist ein Pseudozustand, der eine Transition in mehrere parallele Transitionen, die in verschiedene orthogonale Regionen führen, spaltet. Aus einem Eingangs-Token werden sozusagen mehrere Ausgangs-Tokens. Das Gegenstück zur Gabelung ist die Vereinigung.

Die **Vereinigung** (engl. **join**) ist ein Pseudozustand, der eine Transition erzeugt, die mehreren Zuständen aus verschiedenen orthogonalen Regionen entspringt.

Auch die parallele Verzweigung und die parallele Vereinigung werden durch dasselbe Symbol repräsentiert. Die Bedeutung eines Symbols lässt sich bei ihnen aus der Richtung der Pfeile ableiten. Führen mehrere Pfeile zum Symbol hin und nur einer weg, so handelt es sich um eine Vereinigung. Führt hingegen nur ein Pfeil zum Symbol hin und mehrere weg, so ist es eine parallele Verzweigung. Der Name der Transition sowie die Vor- und Nachbedingungen werden im Zustandsdiagramm über oder unter dem Balken des Pseudozustands notiert. Das folgende Bild zeigt die Struktur einer parallelen Verzweigung und Vereinigung des Steuerflusses an einem Nebenläufigkeitsbalken bei parallelen Regionen:

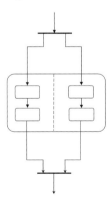

Bild 11-86 Nebenläufigkeitsbalken

11.7.3.5 Zustände mit Gedächtnis

Ein Historie-Zustand ermöglicht es, sich bei einem zusammengesetzten Zustand eines Verhaltensautomaten mit nicht-orthogonalen Unterzuständen den letzten Unterzustand zu merken, der vor einer Transition aus diesem Unterzustand aktiv war.

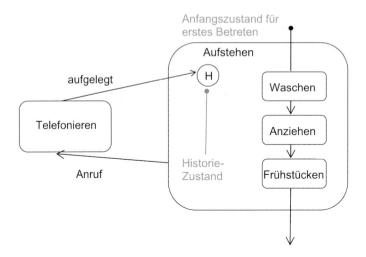

Bild 11-87 Modellierung von Historie-Zuständen in UML

Der Historie-Zustand wird wie bei Harel mit einem H in einem Kreis dargestellt. Durch die Referenz auf das H wird der letzte Unterzustand aktiviert. Fehlt bei dem H der *, so handelt es sich um einen flachen Zustand, der nur eine Verfeinerungsebene tiefer als der Superzustand reicht. Mit H* wird ein tiefer Historie-Zustand bezeichnet, der beliebige mehrfach verschachtelte Zustände zulässt.

Die **flache Historie** (engl. **shallow history**), ist ein Pseudozustand, der nur in einer einzigen orthogonalen Region eines zusammengesetzten Zustands vorkommen darf. Er speichert den letzten aktiven Zustand der Region, sobald diese verlassen wird. Erfolgt zu einem späteren Zeitpunkt ein Zustandsübergang zu diesem Pseudozustand, so findet sofort ein weiterer Zustandsübergang zum in der flachen Historie gespeicherten Zustand statt.

Die **tiefe Historie** (engl. **deep history**) stellt eine Erweiterung der flachen Historie dar, die sich nicht nur den letzten aktiven Zustand der Region, in der sie liegt, merken kann, sondern auch einen Zustand aus einer tiefer liegenden Region eines zusammengesetzten Zustands.

11.7.4 Transitionen bei Verhaltensautomaten

Ein Objekt wechselt seinen Zustand aufgrund von **Transitionen**. Transitionen werden auch Zustandsübergänge genannt. Der Übergang erfolgt, wenn ein bestimmtes Ereignis auftritt und bestimmte Bedingungen erfüllt sind. Dabei spricht man vor dem Auslösen einer **Zustandsänderung** davon, dass sich das Objekt im **Quellzustand** befindet und nach dem Auslösen der Zustandsänderung davon, dass es sich im **Zielzustand** befindet. Eine Transition setzt sich aus fünf Teilen zusammen:

- **Quellzustand**
  Befindet sich ein Objekt im Quellzustand, wird eine Transition ausgelöst, wenn das Objekt das Auslöseereignis der Transition empfängt. Sofern eine überwachte Bedingung vorhanden ist, muss sie ebenfalls erfüllt sein.
- **Ereignistrigger**
  Ein Ereignistrigger ist das Ereignis, das zu einem Zustandsübergang führt, wenn die überwachte Bedingung erfüllt ist. Hat der Übergang nur eine Wächterbedingung, aber keinen Ereignistrigger, so erfolgt der Übergang, wenn die Aktivität im Vorzustand abgelaufen ist und die Wächterbedingung erfüllt ist.
- **Wächterbedingung**
  Die Wächterbedingung ist optional und wird in eckigen Klammern hinter dem Ereignistrigger als boolescher Ausdruck angegeben. Wächterbedingungen werden erst ausgewertet, wenn der Ereignistrigger für eine Transition auftritt. Daher ist es möglich, dass man mehrere Transitionen hat, die von dem gleichen Quellzustand ausgehen und auf denselben Ereignistrigger reagieren, solange die Bedingungen sich nicht überschneiden. Eine überwachte Bedingung wird für eine Transition nur einmal ausgewertet. Dies erfolgt zu dem Zeitpunkt, an dem das Ereignis aufgetreten ist. In den booleschen Ausdruck können Bedingungen zum Zustand eines Objektes integriert werden (beispielsweise der Ausdruck `Heizung aus`). Ist die Bedingung während der Prüfung nicht wahr, wird das Ereignis nicht ausgeführt und geht verloren.
- **Effekt**
  Ein **Effekt** ist optional und ist ein Verhalten, das bei der Auslösung einer Transition ausgeführt werden kann. Ein Effekt entspricht einer Aktion. Eine Aktion kann nach Hatley/Pirbhai sein:

  – das Aktivieren und Deaktivieren von Prozessen oder
  – das Erzeugen von Ausgangssteuerflüssen.

  Übersetzt in die Objektorientierung bedeutet das

  – das Erzeugen und Zerstören von Objekten oder
  – das Aufrufen von Methoden.

  Neue Transitionen werden nur durchgeführt, wenn sich der Zustandsautomat im Stillstand befindet, also keinen Effekt einer vorangegangenen Transition mehr durchführt. Die Ausführung eines Effekts einer Transition und der zugehörigen Entry- und Exit-Effekte (Actions) wird vollständig durchgeführt, bevor weitere Ereignisse weitere Transitionen auslösen können. Laut Harel kann im Gegensatz dazu eine `do`-Aktivität (`throughout`-Aktivität nach Harel, siehe Kapitel 7.9.5) durch ein Ereignis unterbrochen werden.
- **Zielzustand**
  Endzustand nach der Transition.

Eine Transition wird als Pfeil vom Quellzustand zum Zielzustand gezeichnet. Ein **Ereignistrigger** löst eine Zustandstransition aus. Tritt er ein, so erfolgt die Transition.

Eine **Vervollständigungstransition** einer Aktivität wird durch Transitionen ohne Ereignistrigger dargestellt. Sie wird implizit ausgelöst, wenn ein Quellzustand sein Verhalten beendet hat. In Bild 11-88 sind die verschiedenen Transitionen visualisiert. **Vervollständigungstransitionen** sind von **Harel** bekannt.

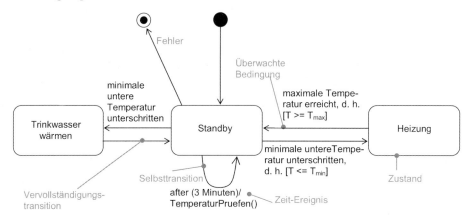

Bild 11-88 Modellierung von Transitionen in UML

Das in Bild 11-88 gezeigte Schlüsselwort `after` bedeutet "nach".

11.7.5 Unterzustände

UML [Sup10, S.565] unterscheidet die folgenden Zustände:

- einfacher Zustand,
- zusammengesetzter Zustand und
- Unterautomaten-Zustand.

Als **einfachen Zustand** bezeichnet man einen Zustand, der über keinen Unterzustand verfügt, also weder über Regionen noch einen Unterautomat. Ein Zustand, der über Unterzustände verfügt, wird **zusammengesetzter Zustand** genannt. Ein zusammengesetzter Zustand hat entweder eine Region mit sequenziellen (nicht-orthogonalen) Unterzuständen in einem Unterautomat oder mehrere nebenläufige (orthogonale) Zustände in mehreren Regionen. Unterzustände können mit einer beliebigen Tiefe modelliert werden.

Eine Region eines zusammengesetzten Zustands enthält Zustände und Transitionen. Zusammengesetzte Zustände mit verschiedenen Regionen werden zur Modellierung von parallel laufenden Komponenten verwendet, da in jeder orthogonalen Region eines Zustands gleichzeitig ein Unterzustand aktiv sein kann. Verschiedene Modi eines Systems lassen sich hervorragend mit Unterautomaten-Zuständen modellieren.

Bei Betreten des zusammengesetzten Zustands werden automatisch dessen Startzustände in den Regionen oder dessen einziger Unterautomat aktiv, falls der Zustandsübergang nicht direkt auf einen untergeordneten Zustand abgezielt hat. Sind alle orthogonalen Regionen bzw. ein Unterautomat beendet, so ist auch der einschließende zusammengesetzte Zustand beendet.

Einführung in standardisierte Diagrammtypen nach UML

11.7.5.1 Orthogonale Unterzustände

Ist ein Zustand in orthogonale Regionen zerlegt, wird auch der Steuerfluss in die der Anzahl Regionen entsprechende Anzahl von Steuerflüssen zerlegt (**Verzweigung** oder **Gabelung**). Geht man nur in einen einzigen orthogonalen Unterzustand über, so ist dies implizit eine Gabelung. Implizit kommt man in alle orthogonalen Regionen. Bei einer Transition aus dem geschachtelten Zustand wird der Steuerfluss wieder zusammengeführt (**Vereinigung**). Erreicht eine orthogonale Region den Endzustand vor einer anderen Region, so muss sie auf die anderen warten. Anschließend erfolgt die Vereinigung in einen Steuerfluss. Die Verzweigung und Vereinigung kann explizit durch die Pseudozustände erfolgen oder implizit wie in Bild 11-75.

11.7.5.2 Verwendung von aktiven Objekten oder Zustandsautomaten

Statt mit nebenläufigen Regionen kann man alternativ mit mehreren aktiven Objekten arbeiten. Wird ein Zustand durch einen anderen nebenläufigen Zustand beeinflusst, ist die Modellierung mit orthogonalen Regionen einfacher. Ist ein nebenläufiger Nachrichtenfluss von einer anderen nebenläufigen Einheit abhängig, ist die Modellierung mit aktiven Objekten vorzuziehen.

11.7.6 Ereignisse und Signale nach UML 2

Nach UML gehören zu Ereignissen:

- der Ablauf einer bestimmten Zeitspanne (**Zeitereignis**),
- eine Zustandsänderung (**Änderungsereignis**),
- Signale und
- Aufrufe.

Signale, Zeitereignisse und Änderungsereignisse sind asynchrone Ereignisse. Sie können an beliebigen Zeitpunkten ausgelöst werden. Aufrufe einer Operation können in der Regel synchron, aber auch asynchron erfolgen. In UML kann die Deklaration von Ereignissen und ihr Einsatz zum Auslösen von Transitionen dargestellt werden (siehe Bild 11-89).

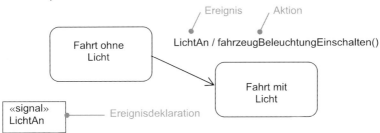

Bild 11-89 Modellierung von Ereignissen in UML

Die Einteilung von Ereignissen durch UML in Signale, Aufrufe, Zeitereignisse und in Zustandsänderungen muss interpretiert werden, da es eine Einteilung dieser Art bei der Strukturierten Analyse/Echtzeit nicht gibt. In den folgenden Unterkapiteln erfolgt eine Bewertung.

11.7.6.1 Zeitereignisse

Ein Zeitereignis nach UML bezieht sich auf ein zyklisches Einplanen (**relative Zeit**) oder auf einen Zeitpunkt (**absolute Zeit**).

Der Ablauf einer bestimmten Zeitspanne, ob relativ oder absolut gesehen, ist natürlich kein Ereignis, sondern muss ein Ereignis generieren. Hier handelt es sich um eine sogenannte **Datenbedingung** nach Hatley/Pirbhai. Datenbedingungen sind stets die Vergleiche zweier Werte und das Auslösen eines Steuerflusses, wenn die Bedingung erfüllt ist.

Bei absoluten Zeiten kann die Datenbedingung folgendermaßen ausgedrückt werden:

Wenn die aktuelle Zeit minus der Startzeit gleich der Zeitdifferenz ist, dann wird ein Ereignis ausgelöst (**Einplanung zu einem Zeitpunkt**).

Bei zyklischen Zeiten kann die Datenbedingung beispielsweise so formuliert werden:

Wenn die aktuelle Zeit minus der Startzeit modulo der Zeitscheibe gleich 0 ist, dann wird ein Ereignis ausgelöst (**zyklisches Einplanen**).

In UML wird ein Zeitereignis, wie in Bild 11-90 zu sehen ist, mit dem Schlüsselwort `after` modelliert, gefolgt von einer Beschreibung einer bestimmten Zeitspanne. Dabei kann die Beschreibung in einfacher Form (z. B. nach `2 Sekunden`) oder umfangreichen Form (`3 Sekunden nach dem Öffnen der Türen`) erfolgen. Wenn man den Bezugspunkt nicht explizit spezifiziert, wird die Relativzeit vom Eintreten in den Zustand gezählt, dem sie zugeordnet ist.

Das Schlüsselwort `at` stellt das Zeitergebnis dar, das an einem absoluten Zeitpunkt auftritt wie z. B. `at 5 Feb 2006, 13:00 UT`. Diese Zeitangabe stellt einen Ausdruck dar.

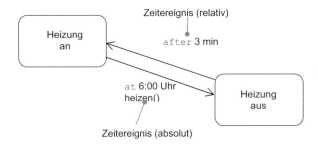

Bild 11-90 Modellierung von Zeitereignissen in UML

11.7.6.2 Änderungsereignisse

Ein Änderungsereignis stellt das Ergebnis einer Zustandsänderung oder die Erfüllung einer Bedingung dar.

Eine Zustandsänderung ist natürlich kein Ereignis. Gemeint ist hier wiederum die Datenbedingung. Ein Beispiel hierfür ist ein Flieger auf der Startbahn. Wenn die Rollgeschwindigkeit die Abhebegeschwindigkeit erreicht, muss ein Steuerfluss ausgelöst werden, der das Höhenleitwerk so stellt, dass der Flieger abhebt.

> Ein sogenanntes **Änderungsereignis nach UML entspricht dem Zünden einer Datenbedingung nach Hatley/Pirbhai.**

Bild 11-91 zeigt die Modellierung eines Änderungsereignisses (engl. change event) in UML [Sup10, S.451]. Wie aus der Abbildung ersichtlich ist, wird in UML das Änderungsereignis mit dem Schlüsselwort `when`, gefolgt von einem booleschen Ausdruck, modelliert. Dies kann beispielsweise folgendermaßen aussehen: `when (Gewicht > 30)`. Wenn der boolesche Ausdruck wahr wird, wird ein Ereignis ausgelöst. Solche Ausdrücke kann man für die fortlaufende Prüfung von Bedingungen verwenden.

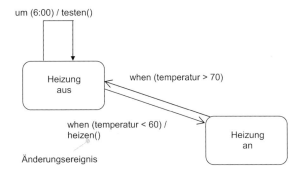

Bild 11-91 Modellierung von Änderungsereignissen in UML

Das Ereignis tritt – wie erwähnt – auf, wenn sich der Wert der Bedingung von `false` nach `true` ändert. Dies ist die bekannte Datenbedingung von Hatley/Pirbhai.

11.7.6.3 Signale und Aufrufe

Aufrufe (engl. **calls**) können synchron oder asynchron Operationen aufrufen. Gewöhnlich ist ein Aufruf synchron. Ein Aufruf einer Operation kann die der Operation zugeordnete Methode des Zielobjektes aufrufen und damit ein transformatorisches Verhalten zeigen, aber zusätzlich auch andere Antworten wie einen Zustandsübergang auslösen [Sup10, S. 451].

Signale können keine Operationen von Objekten aufrufen, sie übermitteln nur Ereignisse asynchron zwischen aktiven Objekten oder Komponenten. Sie können dabei auch Zustandsübergänge auslösen. Signale haben kein Ergebnis. Sie stellen einen speziellen Nachrichtentyp dar. Die Zuordnung eines Signals zu einer Klasse erfolgt mit sogenannten **Signalrezeptoren**. Signalrezeptoren beschreiben, auf welche Signale eine Klasse reagiert. Die Signalrezeptoren werden im Symbol einer Klasse im gleichen Abschnitt wie die Operationen unter dem Schlüsselwort «`signal`» aufgeführt, wie in Bild 11-92 gezeigt:

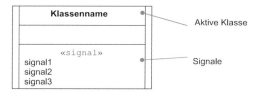

Bild 11-92 Modellierung von Signalen und aktiven Klassen in UML

Signalrezeptoren haben keine Parameter und werden durch den Typ des Signals beschrieben. Ein bestimmter Signalrezeptor kann auch alle von seinem Typ abgeleiteten Signale empfangen. Ein Signal ist ein Datentyp, der aus dem Namen und Attributen besteht. Ein Signal wird grafisch durch eine Klasse mit dem Schlüsselwort «signal» dargestellt wie z. B.:

Bild 11-93 Beispiel für ein Signal

Ein Signal wird als Klasse mit dem Schlüsselwort «signal» beschrieben und als Signalinstanz instanziiert. Das Signalobjekt kann gesandt und empfangen werden.

Üblicherweise werden Signale für Trigger-Funktionen (Ereignisse) und Exceptions eingesetzt. Der Vorteil von Signalen ist, dass Signalhierarchien aufgebaut werden können.

11.7.7 Modellierung von Signalen

Ein Signal wird durch einen Classifier mit dem Schlüsselwort «signal» spezifiziert. Signale haben Ähnlichkeiten mit Klassen. Eine asynchrone Nachricht ist eine Instanz eines Signals. Signale können zu Generalisierungsbeziehungen gehören, was es dem Anwender erlaubt, allgemeine und spezifische Ereignishierarchien zu modellieren.

Ein Signal kann von der Aktion einer Transition in einem Verhaltenszustandsautomaten ausgehen. Es kann als Nachricht zwischen zwei Objekten in einer Interaktion modelliert werden. Eine Methode kann während ihrer Ausführung ebenfalls Signale senden. Bei der Modellierung einer Klasse oder einer Schnittstelle besteht ein wichtiger Teil der Spezifikation des Verhaltens des Elements darin, die Signale festzulegen, die von Operationen gesendet werden können.

> Wenn man hervorheben möchte, dass eine Operation ein bestimmtes Signal sendet, kann man eine als send stereotypisierte Abhängigkeitsbeziehung modellieren.

Bild 11-94 zeigt, wie in UML Signale, die von Operationen erzeugt werden können, modelliert werden.

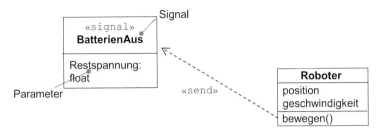

Bild 11-94 Ein Anwendungsbeispiel für den Stereotyp «send»

Mit dem Stereotyp «send» wird das Senden eines Signals durch eine Operation ausgedrückt.

11.7.8 UML und SA/RT

Die Zustandsdiagramme der UML basieren auf der Theorie von Harel. Diese Theorie wiederum erweitert die Zustandsübergangsdiagramme der SA/RT. In der UML gibt es nichts Entsprechendes zur Ereignislogik oder zur Aktionslogik (mit PAT, siehe Kapitel 7.6.8, und der Tabelle zur Generierung von Ausgangssteuerflüssen) wie in SA/RT.

Dies bedeutet, dass man die

- Ereignislogik am besten in den Ereignissen,
- den PAT-Teil der Aktionslogik am einfachsten in den Aktionen der Transitionen beim Übergang
- und die Erzeugung der Ausgangssteuerflüsse
  – in den Aktionen der Transition,
  – den Entry-Aktionen beim Eintritt in den Zustand,
  – den Exit-Aktionen beim bei Verlassen des Zustands oder
  – den Aktivitäten im Zustand

unterbringt.

Bei den Ausgangssteuerflüssen kann statisch (do /) oder flankengesteuert (Ereignis, entry /, exit /) gearbeitet werden. Man braucht Klassen bzw. Objekte, die die Kombinationen von Ereignissen bzw. von Methoden enthalten. Das ist jedoch nicht expressis verbis spezifiziert, kann aber so dargestellt werden. Eigentlich könnte man auch in der SA/RT auf die Ereignislogik und die Aktionslogik verzichten. Wenn man nur von Hand arbeitet, kann an einen Zustandsübergang bequem ein Ausdruck der folgenden Form angeschrieben werden:

(Ereignis 1 und Ereignis 2) / (Prozessaktivierung 1 + Prozessdeaktivierung 2 + Ausgangssteuerfluss 1)

Ein solcher Ausdruck wäre möglich und auch richtig, er würde allerdings die Konsistenzprüfungen von Tools nicht gerade erleichtern. Übersichtlicher ist es auf jeden Fall, nur ein einziges Ereignis und eine einzige Aktion an einen Zustandsübergang anzuschreiben und im Falle von Kombinationen zur Ereignis- und Aktionslogik überzugehen.

11.8 Komponentendiagramm

Eine **Komponente** ist ein modularer Teil eines Systems und kapselt eine beliebige Anwendung. Sie ist nur über Schnittstellen erreichbar. Eine Komponente ist ein spezieller Classifier, in anderen Worten eine spezielle Ausprägung einer Klasse. Eine Komponente hat prinzipiell eine externe Sicht und eine interne Sicht. Die **externe Sicht** (Black-Box-Sicht) zeigt die Komponente und ihre angebotenen und benötigten Schnittstellen. Die **interne Sicht** (White-Box-Sicht) einer Komponente zeigt bei einer strukturierten Komponente die Zerlegung der zusammengesetzten Komponente in Teile (innere Struktur) und das Zusammenwirken der Teile untereinander sowie mit den Schnittstellen der Komponente, also wie das externe Verhalten der Komponente erbracht wird.

Es gibt Komponenten zur Entwurfszeit und Komponenten der Implementierung. **Komponenten** zur Entwurfszeit sind **logische Komponenten**. Eine logische Komponente hat als Classifier Operationen und eine Struktur aus einfachen Attributen und ggf. anderen Klassen oder Komponenten (siehe Beziehungsdarstellung in Kapitel 10.3.2.3). Logische Komponenten können oder können nicht durch **physische Komponenten** eines bestimmten Komponentenmodells wie z. B. EJB implementiert werden.

Eine logische Komponente kann eine reine Abstraktion darstellen und beispielsweise nur der Behälter eines Subsystems sein, der durch andere Classifier realisiert wird. Hitz, Kappel, Kapsammer und Retschitzegger [Hit05] sprechen hier von **indirekter Implementierung** im Gegensatz zur **direkten Implementierung**. Bei der **direkten Implementierung** realisiert die logische (strukturierte) Komponente das Verhalten selbst in einer physischen (strukturierten) Komponente. Zur Laufzeit wird diese Komponente instanziiert. Bei der **indirekten Implementierung** realisiert die Komponente das Verhalten nicht selbst. Es wird durch beliebige Classifier realisiert. Die Komponente selbst stellt nur eine **Abstraktion** dieser Classifier nach außen dar. Zur Laufzeit existiert keine Komponente, sondern die sie realisierenden Classifier werden initialisiert. Ein solcher Fall liegt beispielsweise oft vor, wenn man für ein Subsystem als Abstraktion eine Komponente mit dem Stereotyp «subsystem» als reine Komponente des Entwurfs verwendet. Die abstrakte Komponente des Subsystems hat dann auch Operationen – die Anwendungsfälle des Subsystems – und auch Eigenschaften – die Eigenschaften des Subsystems.

Komponente des Entwurfs	Komponente der Implementierung	andere Implementierung
logische Komponente (einfache oder zusammengesetzte Komponente)	physische Komponente (einfache oder zusammengesetzte Komponente)	physisch keine Komponente
	direkte Implementierung	indirekte Implementierung
	physische Komponente existiert zur Laufzeit	physische Komponente existiert zur Laufzeit nicht

Tabelle 11-2 Entwurf und Implementierung einer Komponente

Eine Komponente hat die folgenden Eigenschaften:

> - Eine Komponente ist ein **modularer Teil** eines Systems.
> - Eine Komponente **bietet über Schnittstellen Dienstleistungen (Funktionen) an**.
> - Eine Komponente kann die Existenz anderer Komponenten voraussetzen.
> - Die Implementierung einer Komponente ist verborgen (**Information Hiding**).
> - Eine Komponente ist ein **austauschbares** oder **ersetzbares Teil** eines Systems. Sie kann durch eine andere Komponente mit denselben Schnittstellen ersetzt werden.
> - Eine Komponente kann eine **innere Struktur** haben und beispielsweise Klassen oder andere Komponenten enthalten.

Ein **Komponentendiagramm** (engl. **component diagram**) ist ein Strukturdiagramm. Ein Komponentendiagramm ist wie ein Klassendiagramm eine statische Entwurfssicht. Die Komponenten können sowohl Komponenten der Geschäftsprozesse sein als auch technische Komponenten wie z. B. für den Datenbankzugriff.

> Ein Komponentendiagramm stellt die statischen Beziehungen zwischen Komponenten dar.

Verschiedene Elemente des Komponentendiagramms sind

- Komponenten,
- Schnittstellen,
- Klassen,
- Artefakte sowie
- Ports

und ihre statischen Verbindungen wie die Realisierung einer Komponente («manifest»), die Realisierung einer Schnittstelle oder Benutzt-Beziehungen [Sup10, S. 166].

Gewöhnlich zeigt ein Komponentendiagramm eine strukturierte oder zusammengesetzte Komponente. Komponenten oder Klassen als Teile können untereinander bzw. mit Schnittstellen die folgenden Beziehungen aufweisen:

- Abhängigkeit,
- Generalisierung,
- Assoziation (einschließlich Aggregation bzw. Komposition)[116] und
- Realisierung.

Ein Komponentendiagramm kann all diese Beziehungstypen[117] enthalten.

---

[116] Sind die Teilkomponenten abhängig, so ist die Komposition zu nehmen.
[117] Dies gilt prinzipiell. Ein Komponentendiagramm einer strukturierten Komponente enthält sogenannte Verbinder zwischen den Teilen (siehe Kap. 11.8.4.2).

Ein Beispiel für ein Komponentendiagramm ist im Folgenden zu sehen:

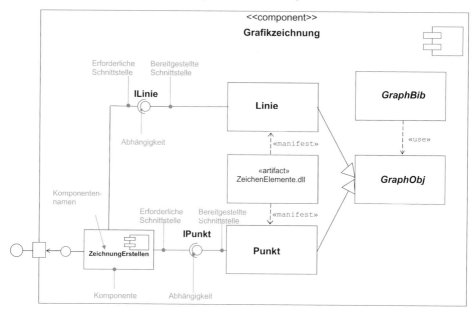

Bild 11-95 Beispiel für ein Komponentendiagramm[118]

Um Komponenten modellieren zu können, die aus mehreren Klassen oder Komponenten aufgebaut sind, wurde in UML das Konzept einer geschachtelten Klasse eingeführt. Der Unterschied zwischen einer Komponente und einer Klasse ist nicht besonders groß.

> Der Unterschied zwischen einer Klasse und einer Komponente ist, dass auf eine Komponente nur über ihre Schnittstellen zugegriffen werden kann, bei einer Klasse dagegen ist auch ein direkter Zugriff auf eine Methode möglich, ohne dabei über eine Schnittstelle zu gehen.

11.8.1 Namen von Komponenten

Komponenten sind spezielle Classifier und werden wie diese durch Nominalphrasen bezeichnet.

11.8.2 Notation einer Komponente

Eine Komponente kann in UML als das Rechteck eines Classifier mit dem Schlüsselwort «component» (siehe Bild 11-96) dargestellt werden, in dessen rechter, oberer Ecke sich ein Symbol mit zwei Laschen befindet. Der Komponentenname ist fett wie der Klassenname.

---

[118] «manifest» wird in Kapitel 11.9 erklärt.

Einführung in standardisierte Diagrammtypen nach UML

Bild 11-96 Komponentennotation mit Komponentensymbol

Alternativ kann man eine Komponente auch auch als Classifier mit dem Schlüsselwort «component», aber ohne das Komponentensymbol darstellen (siehe Bild 11-97).

Bild 11-97 Notation einer Komponente ohne Komponentensymbol

11.8.3 Komponentenbasierte Architekturen und ihre Darstellung

Komponentenbasierte Architekturen sind Architekturen und damit Ergebnisse des Entwurfs, die für die Systembestandteile – die logischen Komponenten – und deren Implementierung in Form von physischen Komponenten bestimmte Eigenschaften erfordern. Dabei müssen alle Funktionen der logischen und physischen Komponenten über **Schnittstellen** zugänglich sein. Das Erfüllen dieser Voraussetzungen garantiert die Wiederverwendbarkeit der physischen Komponenten in einem anderen System, das auf der Basis desselben Komponentenmodells realisiert wird. Um ein komponentenbasiertes System zu entwickeln, zerlegt man das System zunächst durch die Festlegung der Schnittstellen (engl. interfaces) in logische Komponenten und übersetzt diese dann in physische Komponenten.

Die Schnittstelle zwischen den Komponenten entkoppelt diese. Somit wird erreicht, dass die Komponenten nicht mehr voneinander abhängig sind, da eine Komponente die auf eine Schnittstelle zugreift, korrekt funktioniert, unabhängig davon, welche Komponente die Schnittstelle verwirklicht.

Da Komponenten letztendlich nur über Schnittstellen und die zugeordneten Verträge definiert sind, können sie beliebig durch andere Komponenten, die die Verträge einhalten, ausgetauscht werden.

Eine Komponententechnologie erlaubt die **Wiederverwendung** von Komponenten und den **Einsatz kommerziell erhältlicher Komponenten**.

Grundsätzlich gilt, dass jede Komponente **ersetzbar** ist. Jedoch muss beim Ersetzen darauf geachtet werden, dass eine neue Komponente auch den vorhandenen Schnittstellen entspricht. Komponenten sind ein **Teil des Systems** und stehen selten alleine da. In der Regel interagieren sie mit anderen Komponenten. Darüber hinaus sind sie in sich abgeschlossen und können über Systeme hinaus immer wieder verwendet werden.

Eine Komponente kann nur dann im Kontext verwendet werden, wenn alle ihre erforderlichen Schnittstellen in anderen Komponenten realisiert wurden.

Eine Erweiterung eines Systems durch neue Dienste kann erreicht werden, indem einfache neue Schnittstellen hinzugefügt werden.

Beispiele für kommerzielle Komponentenmodelle sind die Enterprise JavaBeans-Architektur von Sun, die Common Object Request Broker Architecture (CORBA) der Object Management Group (OMG) und das Component Object Model (COM) von Microsoft. Solche Komponentenmodelle verwenden nicht nur Schnittstellen für die physischen Komponenten, sondern bieten auch zentrale Dienste an – im Falle der JEE-Architektur Dienste des sogenannten Containers –, in dem sich die Komponenten befinden.

Komponentenmodelle bieten den Vorteil, dass ein Markt für physische Komponenten entsteht, die man als Bausteine für eine eigene Anwendung erwerben kann, um dann nur noch die fehlenden Komponenten selbst programmieren zu müssen.

Das Ziel der komponentenbasierten Softwareentwicklung ist – wie es in der Hardware-Industrie schon seit langem eingeführt ist – ein neues Softwaresystem aus einzelnen Bestandteilen, den Komponenten, zusammenzusetzen. In der Automobilindustrie werden Fahrzeuge aus fertigen, teils von Fremdherstellern zugekauften Teilen, montiert. So ergeben hier z. B. ein Fahrgestell, eine Karosserie und ein Motor ein fertiges Fahrzeug. In der Elektronik ist die bekannteste Komponente der Integrated Circuit (IC). Solch ein integrierter Schaltkreis stellt einen Entwickler für elektronische Schaltungen nicht jedesmal vor die Aufgabe, gewisse Funktionen wie Flip-Flops, Speicherbausteine oder sogar komplette Prozessoren immer wieder neu zu bauen.

Von einer Wiederverwendung, wie sie z. B. in der eben beschriebenen Elektronik stattfindet, ist man bei Softwarebausteinen heute noch weit entfernt. Man hat mit Problemen wie fehlende Standards, fehlende Kompatibilität der Komponententechnologien (EJB, COM etc.), schwieriges Auffinden, ausreichende Performanz, Bereitstellung interessanter Funktionalität und der **Granularität** der Komponenten zu kämpfen.

Werden Komponenten auf zu geringem Abstraktionsniveau erstellt, ist die Chance für die Wiederverwendung einer Komponente sehr gering, da die von ihr zur Verfügung gestellten Funktionen zu speziell auf ein bestimmtes Problem zugeschnitten sind. Ebenso verhält es sich mit Komponenten, deren Dienste eine zu hohe Abstraktion bieten. In diesem Fall ist es oft leichter, die gewünschte Funktionalität selbst zu implementieren und sich nicht die Mühe zu machen, die Komponente einzubinden und sich mit deren Schnittstelle auseinanderzusetzen.

11.8.3.1 Logische und physische Komponenten

Seit UML 2.0 wird zwischen logischen und physischen Komponenten unterschieden. Logische Komponenten werden für plattformunabhängige Modelle verwendet, um daraus automatisch plattformabhängige physische Komponenten zu generieren. Physische Komponenten sind z. B. EJB-Komponenten oder .NET-Komponenten. Sie werden auch als **Artefakte** bezeichnet.

> **Logische Komponenten** sind **Komponenten des Entwurfs** und nicht der Systemanalyse. **Physische Komponenten** oder **Artefakte** sind **Komponenten der Implementierung**.

Auch Komponenten können zu Paketen zusammengefasst und so in logischen Einheiten organisiert werden.

Das Ziel einer komponentenbasierten Software liegt darin, das System über **ersetzbare Artefakte** implementieren zu können. Die Artefakte werden mit Hilfe von logischen Komponenten entworfen, welche ebenfalls ersetzbar sein müssen. Eine Komponente kann immer dann durch eine andere Komponente ersetzt werden, wenn diese andere Komponente den gleichen Schnittstellen entspricht.

> **Artefakte** werden durch Codegenerierung aus logischen Komponenten generiert. Artefakte sind ersetzbare Einheiten des ausführbaren Systems.

Der **Austausch** von Komponenten kann sowohl auf der **logischen Ebene** des Entwurfs wie auch auf der **physischen Ebene** der Implementierung geschehen.

Ein Austausch von Artefakten während der Laufzeit kann z. B. durch **Enterprise JavaBeans** oder **COM+** erfolgen und ist für den Anwender der Komponente nicht ersichtlich.

11.8.3.2 Import- und Export-Schnittstellen von Komponenten

Eine Komponente ist eine spezielle Ausprägung eines Classifier. Komponenten sind Teile eines Systems, die ein definiertes Verhalten haben, und dieses über Export-Schnittstellen, d. h. über öffentlich zugängliche Schnittstellen, anbieten. Komponenten haben in der Regel eine interne Struktur und bestehen aus mehreren Klassen oder kleineren Komponenten. Sichtbar von einer Komponente ist nur ihre **Fassade**, d. h. eine **Zusammenstellung ihrer Export/Import-Schnittstellen** (Externe Sicht). Die Implementierung (Interne Sicht) ist durch Information Hiding verborgen.

> Die Fassade einer Komponente ist eine Zusammenstellung von **Schnittstellen**, d. h. **ihrer Export/Import-Schnittstellen** (Externe Sicht).

> Eine Komponente kann eine Schnittstelle bereitstellen, welche dann von anderen Komponenten verwendet werden kann (**bereitgestellte Schnittstelle**, **Export-Schnittstelle**).

> Umgekehrt kann eine Komponente eine Schnittstelle erfordern, welche dann von einer anderen Komponente bereitgestellt werden muss (**erforderliche Schnittstelle, Import-Schnittstelle**).

Eine Komponente kann nur dann im Kontext verwendet werden, wenn ihre erforderlichen Schnittstellen von anderen Komponenten bereitgestellt werden.

11.8.3.3 Zusatzbereiche bei Komponenten

Eine Komponente kann Zusatzbereiche (siehe Kapitel 10.6.2) aufweisen. So können beispielsweise die Export- und die Import-Schnittstellen angegeben werden, die interne Realisierung durch Klassen und die Teilkomponenten. Das folgende Bild zeigt die Export- und die Import-Schnittstellen:

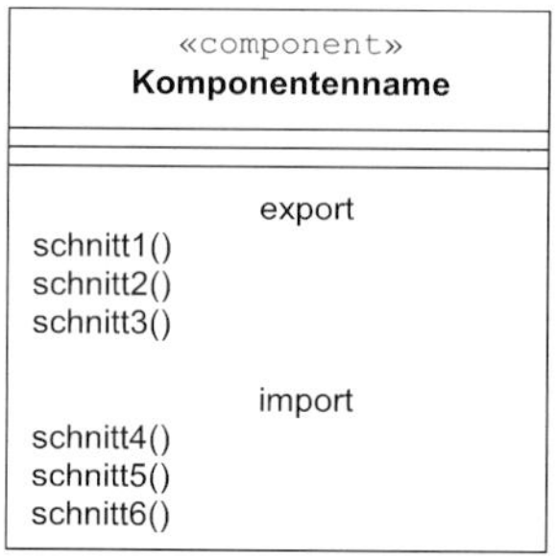

Bild 11-98 Export- und Import-Schnittstellen

11.8.4 Aufbau einer Komponente

11.8.4.1 Anschlüsse einer Komponente

Ein **Anschluss** (engl. **port**) stellt die Wechselwirkung zwischen einem Classifier und seiner Umgebung dar: Die mit einem Anschluss verbundenen Schnittstellen spezifizieren die mit den Anschluss verbundene Wechselwirkung mit dem Classifier in Form von angebotenen oder benötigten Diensten [Sup10, S. 184]. Das Konzept der Anschlüsse ist also nicht nur auf Komponenten beschränkt, auch wenn es dort eine sehr große Bedeutung hat.

Eine gekapselte Komponente interagiert mit der Außenwelt über Anschlüsse. Ein Anschluss unterstützt Schnittstellen, über welche die Kommunikation ablaufen kann. Auch wenn eine Komponente in sich wiederum aus mehreren kleineren Komponenten aufgebaut ist, können diese internen Komponenten über Anschlüsse kommunizieren, so dass jede Komponente für sich ein abgeschlossener Teil des Systems ist.

Anschlüsse werden als kleine Rechtecke am Rand einer Komponente dargestellt. Ein Anschluss einer Komponente wird als Rechteck dargestellt (siehe z. B. Bild 11-99).

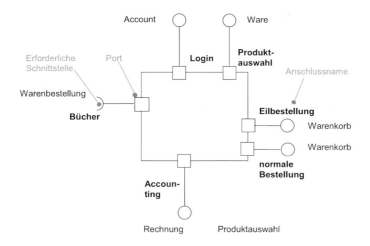

Bild 11-99 Anschlüsse einer Komponente `:Internetbuchhandlung`

Mit dem Anschlusssymbol können dann sowohl bereitgestellte als auch erforderliche Schnittstellen verbunden werden. Jeder Anschluss kann optional einen Namen besitzen, der im Zusammenhang mit dem Namen der Komponente eindeutig sein muss.

Ein Anschluss stellt eine Öffnung der gekapselten Komponente dar. Erforderliche wie auch bereitgestellte Schnittstellen können mit diesem Symbol verbunden werden. Bereitgestellte Dienste können nun nur noch über den verwendeten Anschluss angefordert werden. Wenn die Komponente Dienste von anderen Komponenten benötigt, so geschieht dies auch nur durch einen Anschluss.

Mit den grobkörnigen Anschlüssen (engl. ports) für Klassen und Komponenten wird der Technik des Plug&Play durch grobkörnige Ein- und Ausgänge Rechnung getragen. Vereinfacht gesprochen bedeuten Anschlüsse die Festlegung, welche Komponenten mit welchen Komponenten "zusammengesteckt" werden können.

> Eine **gekapselte Komponente** ist eine Komponente, bei der alle Wechselwirkungen in die Komponente hinein und aus ihr heraus über so genannte **Anschlüsse** erfolgen.

> Ein **Anschluss**, der Nachrichten von und für eine gekapselte Komponente annimmt, kann ein Paket von Schnittstellen darstellen. Eine Komponente wiederum kann mehrere Anschlüsse enthalten.

Je nach Anschluss kann sich der Empfänger verschieden verhalten. Ebenso kann eine Komponente über verschiedene Anschlüsse senden.

Schnittstellen legen das allgemeine Verhalten einer Komponente fest. Sie haben jedoch **keine individuellen Namen**, unter denen sie angesprochen werden können. Sie haben lediglich einen Typ. Die Implementierung muss sicherstellen, dass alle bereitgestellten Schnittstellen realisiert sind.

Für eine bessere Kontrolle über die Implementierung können **Anschlüsse** verwendet werden. Das Verhalten einer gekapselten Komponente wird nun durch die Summe aller Anschlüsse festgelegt, welche darüber hinaus eine **Identität** besitzen. Der Anschluss verfügt über Schnittstellen, welche die Kommunikation wiederum definieren. Es ist nun auch möglich, die Schnittstellen mit Hilfe der Anschlüsse zu Paketen zusammenzuführen, was einen bedeutend höheren Grad an Kapselung und Austauschbarkeit mit sich bringt.

Arbeitet man nicht mit Anschlüssen, sondern nur mit Schnittstellen, so kann man nur zum Ausdruck bringen, dass eine Komponente eine Schnittstelle implementiert und dass diese Schnittstelle von anderen Komponenten benutzt wird bzw. dass eine Komponente eine Schnittstelle benutzt.

Arbeitet man mit Anschlüssen, so kann man Kanäle zu anderen Komponenten definieren, die verschiedene Schnittstellen umfassen. Eine Schnittstelle kann in mehreren Ports vorkommen. Mit Ports hat man die Möglichkeit, die Implementierung festzulegen.

Ein Anschluss ist **referenzierbar**.

> Der Anschlussname kann von inneren Komponenten verwendet werden, um den Anschluss festzulegen, über den bestimmte Nachrichten versandt werden.
>
> Mit Hilfe des Komponentennamen und dem dazugehörigen Anschlussnamen lässt sich ein bestimmter **Anschluss** in einer bestimmten Komponente **eindeutig identifizieren**.

Auch Anschlüsse sind Teil der Komponente. Ihre Instanz wird erzeugt bzw. zerstört, sobald dies auf die dazugehörige Komponente zutrifft. Die Multiplizität regelt die Anzahl von Anschlussinstanzen innerhalb einer Komponenteninstanz. Verschiedene Instanzen eines Anschlusses werden oft dazu verwendet, um Anschlüsse mit verschiedenen Abarbeitungsprioritäten einzurichten.

> Für einen Anschluss gibt es **Multiplizitäten**. Dies bedeutet, dass man denselben Anschluss für verschiedene Zwecke, aber jeweils mit einer eigenen Identität bereitstellen kann. So kann man beispielsweise einen Anschluss für hochpriore Nachrichten einführen und einen anderen für niederpriore Nachrichten.

Um diesen Sachverhalt besser darzustellen, wurde in Bild 11-99 eine Komponente für eine Internet-Buchhandlung modelliert. Jeder der verwendeten Anschlüsse besitzt einen Namen, optional kann er auch einen Typ haben, welcher Auskunft über die Art des Anschlusses gibt.

Folgende Export-Anschlüsse hat die Komponente:

- Login,
- Produktauswahl,
- Eilbestellung,
- normale Bestellung,
- Accounting

und den Import-Anschluss

- Bücher.

In der Teilkomponente :Login erfolgt die **Identifikation und Authentisierung**. Dann erfolgt die **Produktauswahl**. Die Internet-Buchhandlung besitzt zwei Teilkomponenten mit getrennten Ports, einen für die **normale Bestellung** und einen für die **Eilbestellung**. Jedoch verfügen beide über die gleiche bereitgestellte Schnittstelle des Typs Warenkorb. Über die Import-Schnittstelle Warenbestellung des Ports **Bücher** werden die bestellten Bücher aus dem Lager beschafft. Für die bestellten Bücher wird anschließend die Rechnung erstellt.

Der Vorteil von Anschlüssen und Schnittstellen liegt darin, dass die Komponenten zum Zeitpunkt des Entwurfs keine Kenntnis voneinander haben müssen, solange die Schnittstellen kompatibel sind.

11.8.4.2 Interne Struktur einer Komponente

Bei großen Systemen trägt es zur besseren Übersicht bei, wenn eine große Komponente in kleinere Komponenten zerlegt wird. Von der **internen Struktur** einer Komponente ist also dann die Rede, wenn die Komponente kein Monolith ist, sondern intern wiederum aus Komponenten, den **sogenannten Teilen** aufgebaut ist, die zusammenarbeiten, um die Leistung der Komponente zu erbringen. Die **interne Struktur** sind die implementierten Teile und ihre Verbindungen untereinander. In der Praxis ist es häufig der Fall, dass Instanzen kleinerer Komponenten, die über statische Anschlüsse verbunden sind, das erforderliche Verhalten der gesamten Komponente erzeugen, es sind aber auch Instanzen von Klassen als Teile möglich.

> Sowohl Klassen als auch Komponenten können geschachtelt werden. Eine geschachtelte Klasse kann wie eine Komponente eine interne Struktur, Anschlüsse, Teile und sogenannte Verbinder zwischen Komponenten haben, die Kanäle darstellen. Es gibt keinen wesentlichen Unterschied zwischen Klassen und Komponenten bis auf die Tatsache, dass bei einer Komponente ein Methodenaufruf zwingend über Anschlüsse oder Schnittstellen erfolgen muss.

Teile

Ein **Teil** (engl. **part**) vom Typ eines Classifier ist eine **Instanz** innerhalb der Komponente. Es ist zu beachten, dass ein **Teil** kein **Typ** ist, sondern eine **Instanz**. Das Teil wird über den **Namen** und den **konkreten Typ** beschrieben. Jedes Teil wird anhand seines Namens eindeutig identifiziert. So kann es auch mehrere Teile von einem Typ geben, die jedoch unterschiedliche Namen tragen. Daher besitzt innerhalb der eigenen Komponente ein Teil eine Multiplizität. Die Komponenteninstanz wird immer mit der minimalen Anzahl an Teilinstanzen erzeugt. Weitere Teilinstanzen können jedoch während der Laufzeit erzeugt werden. Oftmals stellen die Teile Instanzen von kleineren Komponenten dar.

Im folgenden Bild ist die Komponente :Internet_Buchhandlung abgebildet:

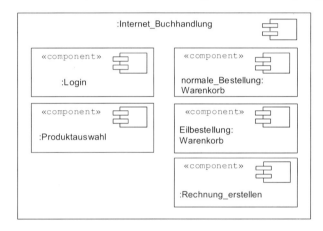

Bild 11-100 Teile vom gleichen Typ

Diese Komponente verfügt über zwei Teile vom Typ Warenkorb, jedoch ist der eine Teil für die normale Bestellung und der andere für die Eilbestellung zuständig. Beide funktionieren im Prinzip gleich, jedoch ist die Eilbestellung teurer. Da diese Teile vom gleichen Typ sind, benötigen sie zur Unterscheidung einen Namen. Für die Teile vom Typ Login, Produktauswahl und Rechnung_erstellen ist dies nicht notwendig, da sie innerhalb der Komponente Internet_Buchhandlung nur einmal vorkommen.

Verbinder

Teile innerhalb einer Komponente können untereinander und mit den Anschlüssen nach außen verbunden werden. Werden sie untereinander per Anschlüsse verbunden, so bringt es den Vorteil mit sich, dass die einzelnen Teile voneinander entkoppelt werden.

Eine Leitung zwischen zwei Anschlüssen bezeichnet man als **Verbinder.**

Über Verbinder ist ein Routing von und nach außen möglich. Explizite Verbindernamen können in Situationen verwendet werden, in denen dieselbe Assoziation der Typ mehr als eines Verbinders ist.

Ein Verbinder stellt in einer Instanz der zusammengesetzten Komponente:

- eine **Verknüpfung** oder
- eine **flüchtige Verknüpfung**

dar. Bei der Verknüpfung handelt es sich um eine Instanz einer normalen **Assoziation**. Eine flüchtige Verknüpfung stellt eine **Nutzbeziehung** zwischen zwei Teilen dar. Eine Nutzbeziehung zwischen zwei Komponenten wird z. B. dann modelliert, wenn eine Komponente an eine Methode einer anderen Komponente als Übergabeparameter übergeben wird.

Wenn zwischen den Teilkomponenten Beziehungen über deren Anschlüsse bestehen, können diese ebenfalls eingezeichnet werden, indem man eine Linie zwischen ihren Anschlüssen zieht. Sind zwei Komponenten direkt miteinander verbunden, d. h. nicht über Anschlüsse, sondern über Zeiger, so zieht man ebenfalls eine Linie zwischen den Komponenten.

Wenn die beiden Komponenten über kompatible Schnittstellen miteinander verbunden sind, verwendet man die Lollipop-Darstellung. Eine Kopplung von Komponenten über Schnittstellen stellt eine schwächere Kopplung dar (siehe Bild 11-101). Es sind echte Teilkomponenten.

Bild 11-101 Kopplung von Komponenten über Schnittstellen

Natürlich kann man interne Anschlüsse direkt mit externen verbinden. Diese Verbindung wird als **Delegationsverbindung** bezeichnet, da die auf dem externen Anschluss ankommenden Nachrichten direkt an den internen Anschluss delegiert werden bzw. die internen Nachrichten an den Anschluss geleitet werden. Um dies zu kennzeichnen, wird die Verbindung als Pfeil dargestellt.

11.8.5 Beispiel für ein Komponentendiagramm

Ein Beispiel eines Komponentendiagramms mit internen Anschlüssen ist in Bild 11-102 zu sehen.

Am Anschluss `Login` werden externe Anfragen an den internen Anschluss der Subkomponente vom Typ `Login` delegiert. Diese wiederum leitet den Nutzer an die Subkomponente vom Typ `Produktauswahl` weiter. Der Anschluss wurde in der Lollipop-Socket-Darstellung gezeichnet. Hiermit wird impliziert, dass die beiden Komponenten keine besonderen Kenntnisse voneinander haben und echte Komponenten sind.

Es gibt einen Ausgang zu der Komponente `normale_Bestellung` und einen zu der Komponente `Eilbestellung`. Diese beiden Komponenten haben den Typ `Warenkorb`. Damit die Bücher im Lager automatisch beschafft werden, gibt es den benötigten Anschluss `Bücher`. Die Bücher werden über diesen Anschluss besorgt. Anschließend kommuniziert die Komponente vom Typ `Warenkorb` mit der Komponente vom Typ `Rechnung_erstellen`. Die Bücher und die zugehörige Rechnung werden ausgegeben.

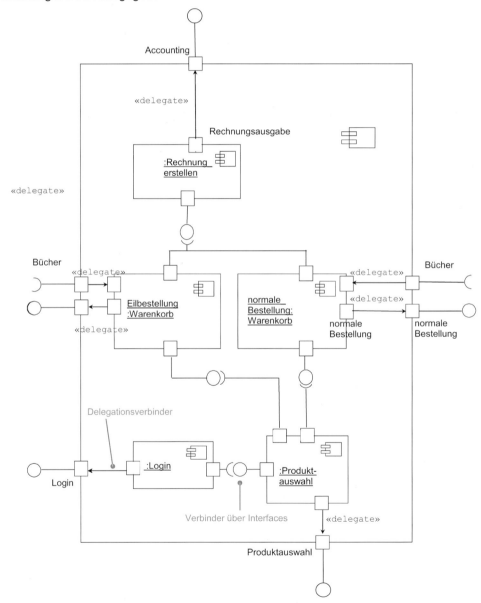

Bild 11-102 Komponentendiagramm für die Internet-Buchhandlung

11.9 Verteilungsdiagramm

Ein Verteilungsdiagramm (engl. deployment diagram) dient zur Darstellung der Topologie der Verarbeitungsknoten eines Systems und den Artefakten, die sich zur Laufzeit auf den Knoten befinden. Ein Verteilungsdiagramm beschreibt die Hardware-Architektur und die Verteilung des Laufzeitsystems, d. h. der binären Softwareprodukte als Artefakte des Entwicklungsprozesses. Verteilungsdiagramme lohnen sich nur bei verteilten Systemen, nicht bei zentralen Systemen. Verteilungsdiagramme gibt es auf der Instanz- und der Typebene. Sie werden aber vor allem auf der Instanzebene verwendet. Auf der Instanzebene können keine Multiplizitäten vergeben werden. Auf der Typebene kann man mögliche Konfigurationen beschreiben. Statt von Knoten redet man dann besser von Knotentypen.

Ein Verteilungsdiagramm enthält als Elemente im Wesentlichen Knoten, ihre Netzwerkverbindungen und ggf. sogenannte Artefakte, die die implementierte Software darstellen. Somit kann ein Verteilungsdiagramm neben der Topologie der (verteilten) Hardware die Verteilung der implementierten Software auf die Rechner zeigen.

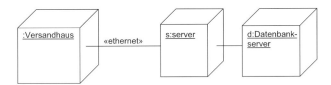

Bild 11-103 Einfaches Verteilungsdiagramm – Verbindungen zwischen Knoten[119]

> Verteilungsdiagramme zeigen die statische Struktur der **Knoten** und ihre **Vernetzung** und können auch die Verteilung der **Artefakte** zeigen.

11.9.1 Elemente des Verteilungsdiagramms

Ein Verteilungsdiagramm – auch Einsatzdiagramm genannt – kann die folgenden topologischen Knoten als Elemente enthalten:

- Knotenelemente als Rechner und
- Artefakte inklusive Einsatzspezifikationen.

Als Beziehungen stehen im Wesentlichen zur Verfügung:

- Kommunikationsbeziehungen oder Netzwerkverbindungen und
- Abhängigkeiten.

---

[119] «ethernet» ist ein benutzerdefinierter Stereotyp.

11.9.1.1 Knoten

Bei einem **Knoten** handelt es sich um ein physisch vorhandenes Element, das Ressourcen für Berechnungen bereithält. Ein Knoten ist ein strukturierter Classifier. Er kann eine interne Struktur aus Teilen und Anschlüssen beinhalten. In UML wird ein Knoten durch einen Würfel dargestellt. Geräte und Ausführungsumgebungen sind spezielle Knoten. Sie werden durch die Schlüsselwörter «device» bzw. «executionEnvironment» charakterisiert. Ein **Gerät** stellt Hardware dar und ist ein Knoten mit eigener Rechenkapazität. Eine **Ausführungsumgebung** ist die Software, die für die Ausführung der entwickelten Software, der Artefakte des Laufzeitsystems, erforderlich ist – wie z. B. das Betriebssystem. Ein Knoten kann geschachtelt sein. Die Ausführungsumgebung ist normalerweise Teil eines größeren Knotens, der die Hardware darstellt.

Ein Knotentyp weist einen Typnamen auf. Jede konkrete und nicht anonyme Knoteninstanz muss einen Namen (entweder einen einfachen oder einen qualifizierten Namen) tragen. Er kann auch einen durch Doppelpunkt abgetrennten Typnamen besitzen. Ein Knoten kann durch Eigenschaftswerte (engl. tagged values) – siehe auch Kapitel 10.13.2 – erweitert werden. Im Gegensatz zu einem Knotentyp wird eine Knoteninstanz unterstrichen.

11.9.1.2 Artefakte inklusive Einsatzspezifikationen

Ein **Artefakt** ist ein physischer und austauschbarer Bestandteil eines Systems, der auf einer Implementierungsplattform existiert. In UML ist ein Artefakt ein spezieller Classifier und wird durch ein Rechteck mit Namen dargestellt. Das Schlüsselwort «artifact» macht deutlich, dass es sich um ein Artefakt handelt. Das Dokumentensymbol ist optional:

Bild 11-104 Darstellung eines Artefakts

Ein Beispiel für ein Artefakt ist eine `DLL`[120] wie z. B. `kernel32.dll`. Ein Artefakt ist eine physische Implementierung eines Satzes von logischen Elementen wie Klassen, Komponenten und Kollaborationen. Spezielle Artefakte sind: ausführbare Anwendungen, Dokumente, Dateien, Bibliotheken, Seiten und Tabellen.

> Bei einem Artefakt handelt es sich um einen physischen Teil eines Systems auf einer Implementierungsplattform. Das kann zum Beispiel eine ausführbare Datei sein.

Jedes Artefakt muss einen eindeutigen Namen besitzen. Es kann sich auch hier entweder um einen einfachen Namen oder einen qualifizierten Namen handeln. Bei einem qualifizierten Namen ist mit angegeben, in welchem Paket sich das Artefakt befindet. Bei einer Instanz eines Artefakts wird der Namen unterstrichen. Geht aber aus

---

[120] DLL steht für Dynamic-Link Library. DLLs sind die Microsoft-Implementierung von dynamischen Programmbibliotheken.

Einführung in standardisierte Diagrammtypen nach UML   473

dem umgebenden Text eindeutig hervor, dass es sich um eine Instanz handelt, kann die Unterstreichung weggelassen werden.

Die **Artefakte** als physische Bestandteile manifestieren also die logischen Teile eines Modells wie Klassen oder logische Komponenten und stellen deren Implementierung verteilt auf die verschiedenen Rechner dar.[121]

Artefakte werden auf Knoten verteilt und dort ausgeführt. Somit stellen die Knoten ihre Ressourcen den Artefakten zur Verfügung. Die Beziehung zwischen Knoten und Artefakten, sowie auch die Beziehung zwischen Artefakten und Klassen bzw. Komponenten lässt sich in UML, wie in dem folgenden Bild 11-105 gezeigt, darstellen. Ein bestimmtes Artefakt kann auf einen oder mehrere Rechner verteilt sein. Ein Artefakt kann durchaus gleichzeitig auf mehreren Knoten liegen. Mit «deploy» wird ausgedrückt, dass ein Artefakt auf einer Ausführungsumgebung läuft (siehe auch Bild 11-105 oder Bild 11-109).

Im folgenden Bild liegt das Artefakt Kaufhaus.jar im Objekt vom Typ JEE-Server und realisiert die Komponenten Ware.java, Kunde.java und Warenkorb.java. Generell kann ein logisches Element durch mehrere Artefakte manifestiert werden, aber ein Artefakt kann auch mehrere logische Elemente manifestieren. So kann beispielsweise eine Klasse durch eine Quellcodedatei und eine ausführbare Datei manifestiert werden und eine Klassenbibliothek als Artefakt kann viele Klassen manifestieren.

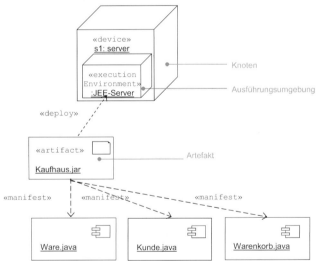

Bild 11-105 Knoten, Artefakte und Komponenten

Artefakte werden häufig bei Verteilungsdiagrammen eingesetzt, um zu zeigen, welches Artefakt auf welchem Rechner liegt.

---

[121] In UML 1 wurden noch Komponenten auf die Knoten verteilt. In UML 2 können nur Artefakte verteilt werden.

Es können auch Pakete oder Subsysteme in einem Verteilungsdiagramm dargestellt werden, um Elemente zusammenzufassen. Anstelle der grafischen Visualisierung kann auch textuell (z. B. in Tabellenform) beschrieben werden, welche Artefakte auf welchem Rechner liegen und welche Komponenten Teil eines Artefakts sind.

Eine **Einsatzspezifikation** ist ein Artefakt und wird als Classifier mit dem Schlüsselwort «deployment spec» dargestellt. Es enthält Parameter, deren Werte die Verteilung eines Artefakts auf einen Knoten beschreiben (siehe Bild 11-106).

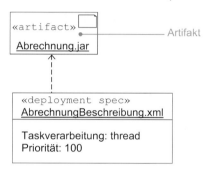

Bild 11-106 Eine Instanz einer Einsatzspezifikation[122]

In konkreten Einsatzumgebungen wie JEE gibt es eine Einsatzspezifikation als XML-Datei. Eine alternative Darstellung für eine Einsatzspezifikation ist im Folgenden zu sehen: Hierbei werden geschweifte Klammern verwendet.

Bild 11-107 Alternative für eine Einsatzspezifikation

11.9.1.3 Beziehungen

Es sind auch Beziehungen zwischen mehreren Knoten möglich. Generell sind Abhängigkeits-, Generalisierungs- und Assoziationsbeziehungen erlaubt. Am häufigsten verwendet wird jedoch die Assoziation.

- **Abhängigkeiten**

    Hier sind die «manifest»-Beziehung und «deploy»-Abhängigkeit zu erwähnen.

    Artefakte zeigen die Klassen oder Komponenten, die sie darstellen. Die Beziehung zwischen den logischen Elementen wie Klassen, Komponenten oder Kollaborationen und den physischen Artefakten, die diese implementieren, lässt sich über eine **Manifestierungsbeziehung** ausdrücken.

---

[122] Es gibt auch andere Formen der Darstellung.

Trotz der ähnlichen Darstellungsweise gibt es wichtige Unterschiede zwischen Klassen und Artefakten. Eine Klasse repräsentiert eine Abstraktion, bei einem Artefakt hingegen handelt es sich um eine physisch vorhandene Betrachtungseinheit, die Bits in der Implementierungsplattform verpackt. Zudem können Klassen Attribute und Operationen besitzen, was für Artefakte nicht gilt. Ein Artefakt ist die physische Umsetzung logischer Elemente wie zum Beispiel Klassen. Es implementiert nur die Attribute und Methoden einer Klasse. Das folgende Bild zeigt eine Manifestierungsbeziehung:

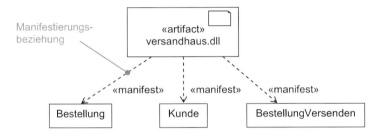

Bild 11-108 Manifestierungsbeziehung

Die «`deploy`»-**Beziehung** ist eine besondere Form der Abhängigkeit und kann wie in Bild 11-109 dargestellt werden.

In den folgenden beiden Bildern sind drei alternative Darstellungen aufgeführt. So können die Artefakte auf dem Knoten auch graphisch geschachtelt oder einfach alphanumerisch aufgeführt werden.

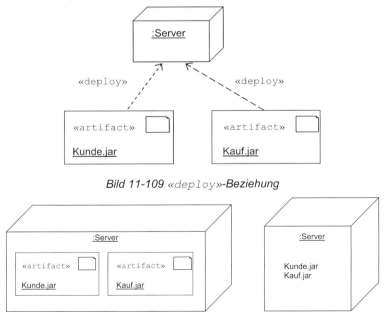

Bild 11-109 «`deploy`»-Beziehung

Bild 11-110 Alternative Darstellungen der «`deploy`»-Beziehung

- **Generalisierungen**

  Zwischen Knoten sind Generalisierungen möglich.

- **Netzwerkverbindungen**

  Zwischen Knoten stellt eine Assoziation eine physische Verbindung, z. B. eine Netzwerkverbindung, dar. Die Netzwerkverbindungen verbinden die Knoten, damit diese Nachrichten und Signale austauschen können. Die Verbindung zwischen zwei Knoten wird als durchgezogene Linie dargestellt und ist eine besondere Ausprägung einer Assoziation. Die Verbindung kann durch vom Benutzer definierte Stereotypen charakterisiert werden.

11.9.1.4 Schlüsselwörter für Artefakte

Artefakte können durch Eigenschaftswerte (Tagged Values) – siehe auch Kapitel 10.13.2 – erweitert oder durch Schlüsselwörter genauer typisiert werden. Speziell für Artefakte gibt es in UML die folgenden **Schlüsselwörter**:

- «file»
  Stellt eine physische Datei des entwickelten Systems dar.
- «document» – Unterklasse von «file»
  Spezifiziert ein Dokument mit beliebigem Inhalt, aber keine «source»-Datei oder «executable»-Datei.
- «executable» – Unterklasse von «file»
  Eine ausführbare Datei, die auf einem Knoten ausgeführt werden kann.
- «library» – Unterklasse von «file»
  Stellt eine statische oder dynamische Objektcode-Bibliotheksdatei dar.
- «script» – Unterklasse von «file»
  Eine Script-Datei, die durch den Computer interpretiert werden kann.
- «source» – Unterklasse von «file»
  Eine Quell-Datei, die in eine ausführbare Datei kompiliert werden kann.

11.9.2   Artefaktdiagramm

Das sogenannte **Artefaktdiagramm** zählt zu den Verteilungsdiagrammen. Das Artefaktdiagramm zeigt, welche Artefakte welche Klassen implementieren, sowie die Beziehungen zwischen Artefakten. Der Einsatz von Artefaktdiagrammen ist nur bei webbasierten Systemen gängig, um die Web-Seiten und weitere Artefakte wie eingebettete Grafiken und Applets zu modellieren. Damit erhält man einen Überblick über den physischen Aufbau des Systems. Ansonsten ist es nicht üblich, die Beziehungen zwischen einer Klasse, ihrem Quellcode und ihrem Objektcode zu modellieren.

Bild 11-111 zeigt, dass die Dateien `Punkt.java` und `Punkt.class` physische Ausprägungen der Klasse `Punkt` sind. Ferner benutzt die HTML-Seite `Punkt.html` das Artefakt `Punkt.class`, welches als lauffähiges Programm in die HTML-Seite eingebettet ist.

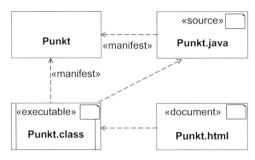

Bild 11-111 Artefaktdiagramm für `HalloWelt`

Die Klasse `Punkt` ist das einzige logische Element. `Punkt.java`, `Punkt.class` und `Punkt.html` sind physische Elemente. `Punkt.java` und `Punkt.class` sind physische Realisierungen des logischen Elements `Punkt`. Daher handelt es sich jeweils um eine «manifest»-Abhängigkeit. Die Datei `Punkt.html` ruft das Applet `Punkt.class` auf, welches als lauffähiges Programm in die HTML-Seite eingebettet ist, und benutzt es. `Punkt.html` ist damit abhängig von `Punkt.class`. `Punkt.class` ist abhängig von `Punkt.java`. Wird `Punkt.java` geändert, so muss erneut kompiliert werden und es entsteht eine neue `Punkt.class`-Datei.

11.9.3 Anwendungen für Verteilungsdiagramme

Verteilungsdiagramme werden hauptsächlich für drei Arten von Systemen zur Modellierung eingesetzt, die in den folgenden Unterkapiteln beschrieben werden.

11.9.3.1 Eingebettete Systeme

Bei eingebetteten Systemen werden Verteilungsdiagramme beispielsweise eingesetzt, um aufzuzeigen, wie die Hardware des Systems interagiert.

11.9.3.2 Client/Server-Systeme

Beim Client/Server-System wird das Gesamtsystem nach Aufgabenbereichen aufgeteilt. Der Client enthält das Benutzerinterface und der Server die persistenten Daten. Wie die Kommunikation zwischen Client und Server funktioniert, kann im Verteilungsdiagramm modelliert werden.

11.9.3.3 Vollständig verteilte Systeme

Bei solchen Systemen handelt es sich um sehr weit verteilte Systeme. Die einzelnen Knoten können sogar global verteilt sein. Häufig besitzt ein solches System mehrere Serverebenen sowie Softwareartefakte, die sogar von Knoten zu Knoten wandern können. Hier werden Verteilungsdiagramme genutzt, um die Topologie des Systems und die Verteilung der Artefakte zu modellieren.

11.10 Paketdiagramm

Ein Paketdiagramm (engl. package diagram) dient dazu, ein System logisch zu strukturieren. Ein Paketdiagramm zeigt typischerweise den Import von Paketen durch Pakete, Paketverschmelzungen oder Abhängigkeiten zwischen Paketen durch Verwendungsbeziehungen. In der Praxis tritt der Import häufiger auf als die Verschachtelung eines Pakets.

Ein **Paket** zeigt die Gruppierung der Bestandteile eines Systems und hilft somit, einen Überblick zu erhalten. Pakete stellen eine einfache und vielfach anwendbare Möglichkeit für die Organisation eines Modells dar. Ein Paket dient dazu, einzelne paketierbare Elemente des Modells wie z. B. Klassen, Schnittstellen, Knoten, Komponenten oder Anwendungsfälle, die als eine Gruppe betrachtet werden können, in einer größeren Einheit zusammenzufassen. Wird das Paket zerstört, werden auch alle darin enthaltenen Elemente zerstört.

Pakete können selbst wieder Pakete enthalten (Schachtelung). Es ist also möglich, auf diese Art und Weise Elemente hierarchisch zu gliedern. Ist ein Element in einem Paket sichtbar, ist es auch in einem geschachtelten Paket sichtbar. Ein Paket kann auf die Elemente eines geschachtelten Pakets nicht zugreifen, es sei denn, es importiert das geschachtelte Paket. Ein Element kann nur in genau einem Paket enthalten sein. Arbeitet man in einem Modell explizit ohne Pakete, so befinden sich die aufgeführten Elemente gleichsam in einem anonymen Paket.

Pakete dienen der **Übersicht** während der Entwicklungszeit, dem **Zugriffsschutz** und als **Namensraum**. Gut entworfene Pakete sind in sich zusammenhängend (**strong cohesion**) und mit anderen Paketen lose gekoppelt (engl. **loosely coupled**) (siehe Kapitel 13.3.1).

Ein jedes Paket trägt einen Namen. Ein Paket wird zum ersten durch ein Symbol dargestellt, das aussieht wie eine Hängemappe mit Reiter. Der Name des Pakets wird in die Mitte der Mappe geschrieben:

Bild 11-112 Notation für ein Paket ohne Nennung der Elemente

Wenn in der Mappe selbst die **Elemente (Komponenten)** des Pakets dargestellt werden, wird der Paketname auf dem Reiter vermerkt (siehe Bild 11-113).

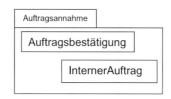

Bild 11-113 Notation für ein Paket mit Nennung der Elemente

Einführung in standardisierte Diagrammtypen nach UML

Ein Diagramm, das ein Paket mit Inhalten zeigt, muss nicht notwendigerweise seinen ganzen Inhalt zeigen. Es kann entsprechend einem Kriterium nur einen Subset seines Inhalts zeigen. Ein weiteres Beispiel für die grafische Notation mit Darstellung der Elemente ist in Bild 11-114 zu sehen:

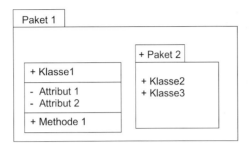

Bild 11-114 Grafische Darstellung der Elemente im Paket

Der Standard schreibt nur, dass es eine Notation zur Darstellung der Elemente im Paket gibt (Sichtbarkeiten werden in Kapitel 11.10.2 erläutert). Folglich muss auch eine textuelle Notation der Elemente im Paket zulässig sein:

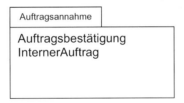

Bild 11-115 Textuelle Darstellung der Elemente im Paket

Der Inhalt eines Pakets kann auch außerhalb des Pakets wie folgt dargestellt werden:

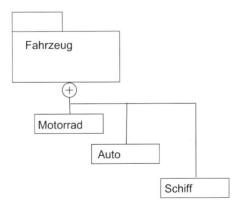

Bild 11-116 Alternative Notation für ein Paket

Diese Notation erlaubt es besonders übersichtlich, Pakethierarchien aufzubauen:

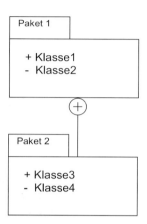

Bild 11-117 Darstellung einer Paket-Hierarchie

Wie auch bei Klassen kann man Eigenschaftswerte (engl. tagged values) verwenden und ein Paket mit zusätzlichen Bereichen (engl. compartments) versehen.

11.10.1 Namen von Paketen

Pakete können **einfache** und **qualifizierte Namen** besitzen. Wenn sich ein Paket in einem anderen Paket befindet, kann über den qualifizierten Namen der Name des übergeordneten Pakets angegeben werden (siehe Bild 11-118). Die Trennung zwischen zwei Paketnamen erfolgt durch :: (zwei Doppelpunkte hintereinander). Grundsätzlich kann die Hierarchie eine beliebige Tiefe annehmen. Dabei bilden die Pakete einen Baum. Es wird aber empfohlen, in der Praxis maximal mit zwei bis drei Verschachtelungsebenen zu arbeiten. Ansonsten sollten besser «import»-Beziehungen verwendet werden.

Verwendet man generell qualifizierte Namen, wird der Name eines jeden Elements systemweit eindeutig.

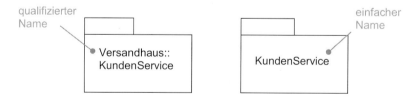

Bild 11-118 Pakete mit qualifiziertem Namen bzw. einfachem Namen

Ein Paket stellt einen **Namensraum** dar. Das bedeutet, dass innerhalb eines Paketes alle Elemente des gleichen Typs eindeutig benannt sein müssen. Zwar können Elemente unterschiedlichen Typs gleiche Namen besitzen, es empfiehlt sich jedoch, dies zu vermeiden, um Verwechslungen auszuschließen. UML geht – wie bereits gesagt – davon aus, dass auf der obersten Ebene eines Modells ein anonymes Paket existiert. Diese Annahme erzwingt, dass alle Modellelemente eines Typs auf der obersten Ebene eindeutige Namen tragen müssen, da ein Paket einen Namensraum darstellt.

11.10.2 Sichtbarkeit

Für alle Elemente, die ein Paket besitzen – auch wenn es andere Pakete sind – muss wie bei Klassen die Sichtbarkeit angegeben werden (siehe Bild 11-119).

Es gibt keinen Default-Wert für die Sichtbarkeit. Die Sichtbarkeiten müssen wohl definiert sein, aber vom Werkzeug nicht angezeigt werden.

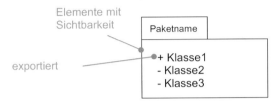

Bild 11-119 Elemente mit Sichtbarkeit in Paketen

Die Symbole für die Sichtbarkeit sind:

- `+ public`
  Der Classifier ist auch außerhalb des Paketes sichtbar.
- `- private`
  Der Classifier ist nur innerhalb des Paketes sichtbar.

Eine paketweise Sichtbarkeit macht keinen Sinn, da die Elemente eines Pakets im eigenen Paket stets sichtbar sind. Eine geschützte Sichtbarkeit passt nicht, da Pakete nicht abgeleitet werden können.

Wenn ein Element innerhalb eines Pakets sichtbar ist, so ist es auch in allen Unterpaketen dieses Pakets sichtbar. Ein Name in einem inneren Paket kann einen Namen in einem äußeren Paket verbergen. Der Zugriff auf das Element im äußeren Paket hat dann über den qualifizierten Namen zu erfolgen. Ein Name in einem inneren Paket wird aber durch denselben Namen in einem äußeren Paket nicht verborgen.

11.10.3 Beziehungen zwischen Paketen

11.10.3.1 Import und Export

Pakete können ihre Elemente exportieren, indem sie diese öffentlich sichtbar machen. Ein anderes Paket kann dann auf diese Elemente zugreifen, allerdings nur, wenn der Paketname vor dem Namen des Elements angegeben wird.

Ein Paket kann Elemente anderer Pakete oder gesamte Pakete importieren. Der Import eines Pakets ist äquivalent zum Import aller öffentlich sichtbaren Elemente.

Der Zugriff erfolgt über den qualifizierten Namen. D. h., vor einem Paketnamen steht der Name des Pakets, das dieses Paket einschließt, z. B. in der Form: `PaketAussen::PaketInnen::Klassenname`.

Ebenso wie man die Sichtbarkeit von Attributen und Operationen einer Klasse steuern kann, kann man auch die Sichtbarkeit der Komponenten eines Pakets steuern. Verwendet man eine «import»-Beziehung (Schlüsselwort «import»), so werden die öffentlichen Elemente des importierten Pakets zu dem Namensraum des importierenden Pakets hinzugefügt. Damit können nun die öffentlichen Elemente des importierten Pakets verwendet werden, ohne zusätzlich den Namen der Paket-Hierarchie angeben zu müssen (siehe Bild 11-120). In der Programmiersprache Java wird ein privater Import mit dem Schlüsselwort import von Java durchgeführt.

> Eine «import»-Beziehung bewirkt, dass die öffentlichen Inhalte eines Zielpakets Bestandteil des Namensraumes der Quelle werden. Damit kann die Quelle auf sie zugreifen, wie wenn sie in der Quelle definiert worden wären. Man braucht keine qualifizierten Namen mehr.

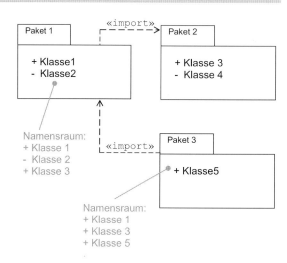

Bild 11-120 Transitivität bei «import»

Beim Import können importierte Elemente auf private gesetzt werden, so dass diese nicht weiter importiert werden können (siehe [Sup10, S. 113]).

Zusätzlich zu der bereits genannten Möglichkeit gibt es noch das Schlüsselwort «access».

Auch hier werden die Inhalte des mit «access» importierten Pakets zum Namensraum des importierenden Pakets hinzugefügt. Der Unterschied zum import besteht darin, dass «access» nicht transitiv ist. Transitiv bedeutet, dass wenn ein Element A ein Element B einschließt und das Element B ein Element C einschließt, so schließt das Element A auch automatisch das Element C ein. Wenn also ein Paket C mit öffentlichem Inhalt von Paket B mit «import» importiert wird und Paket B von Paket A mit «import» importiert wird, so ist der Zugriff auf den öffentlichen Namensraum von C auch in A möglich.

Einführung in standardisierte Diagrammtypen nach UML

Verwendet man in diesem Beispiel statt «import» durchgängig «access», so kann A nicht auf den Namensraum von C zugreifen, da «access» nicht transitiv ist (siehe Bild 11-121). Man kann dies auch anders ausdrücken: access fügt die Elemente des Zielpakets zu dem privaten Namensraum des Quellpakets hinzu. Man kann «access» als privaten Import bezeichnen.

Eine «access»-Abhängigkeit bewirkt, dass die öffentlichen Inhalte eines Zielpakets C privater Bestandteil des Namensraum der Quelle B werden. Zwar kann die Quelle B auf sie zugreifen, wie wenn sie in der Quelle definiert worden wären. Greift jedoch eine andere Quelle A auf das Paket B als Zielpaket zu, so sind für A die öffentlichen Teile des Zielpakets C nicht greifbar.

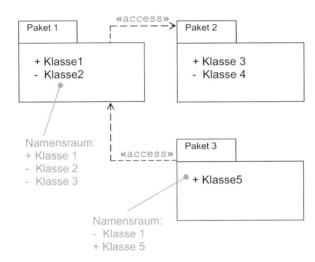

Bild 11-121 Keine Transitivität bei «access»

«import» stellt also einen öffentlichen Import dar und «access» einen privaten Import.

11.10.3.2 Paketverschmelzung

Während eine Import-Beziehung für den Import von Paketen und Elementen funktioniert, gibt es eine Paketverschmelzung nur für die Verschmelzung von Paketen. Eine Paketverschmelzung definiert die Elemente des Zielpakets im Verschmelzungspaket neu. Die Elemente des Zielpakets werden mit dem Verschmelzungspaket verschmolzen.

Eine «merge»-Beziehung sollte nicht von Anwendungsmodellierern verwendet werden. Er ist ein fortgeschrittenes Sprachmittel und ist für Metamodell-Erbauer vorgesehen. Mit «merge» werden verschiedene Pakete verschmolzen. Eine Verschmelzung ist mehr als ein Paket-Import, der die importierten Elemente nur sichtbar macht.

Eine Verschmelzungsbeziehung ist ein gestrichelter Pfeil mit offener Pfeilspitze und dem Schlüsselwort «merge». Das Paket am Ende der Beziehung mit der Pfeilspitze wird mit dem Paket am anderen Ende verschmolzen. Hierbei tritt die Paketverschmelzung an die Stelle der Generalisierung von Paketen nach UML 1.x. Die Elemente des zu verschmelzenden Pakets werden im aufnehmenden Paket (Verschmelzungspaket) automatisch neu definiert.

11.10.3.3 Beispiel für Paketdiagramme

Ein Beispiel für ein Paketdiagramm ist in Bild 11-122 zu sehen.

In UML 2.0 wird um das Paketdiagramm herum ein Rahmen gezogen und oben links der Name des übergeordneten Paketes angegeben. Damit kann auch eine stark verzweigte Paket-Hierarchie übersichtlich dargestellt werden. Weitere Verfeinerungen des Modells werden in separaten Diagrammen gezeichnet.

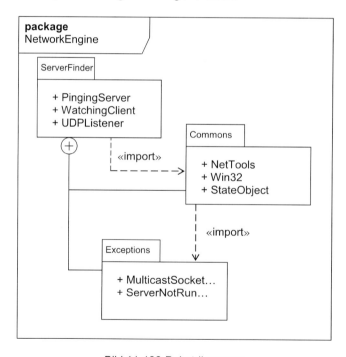

Bild 11-122 Paketdiagramm

11.10.3.4 Verwendungsbeziehungen

Verwendungsbeziehungen zwischen Paketen zeigen Abhängigkeiten zwischen Paketen. Dabei wird eine wechselseitige Benutzung von Paketen ausgeschlossen.

Einführung in standardisierte Diagrammtypen nach UML   485

Die Zuordnung von Modellelementen zu Paketen erfolgt nach funktionalen Gesichtspunkten. Bild 11-123 zeigt drei Schichten von Paketen:

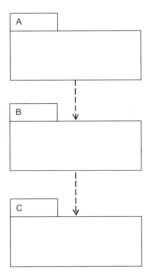

Bild 11-123 Schichten von Paketen mit Verwendungsbeziehungen

Paket A benutzt Paket B und Paket B benutzt Paket C. Die Benutzung kann explizit ausgedrückt werden, indem man «use» an der Abhängigkeit notiert.

11.11 Interaktionsübersichtsdiagramm

Interaktionsübersichtsdiagramme (engl. interaction overview diagrams) werden dann verwendet, wenn ein Interaktionsdiagramm so umfangreich wird, dass man es zur besseren Übersicht in mehrere Module aufteilen möchte.

Um die logischen Verknüpfungen zwischen den einzelnen Modulen in einer Übersicht darzustellen, werden Interaktionsübersichtsdiagramme eingesetzt. Sie sind an die in Kapitel 11.6 vorgestellten Aktivitätsdiagramme angelehnt und verwenden deren Notation zur Darstellung von Zusammenhängen. An die Stelle einer Aktion tritt jedoch eines der vier Interaktionsdiagramme (Sequenz-, Kommunikations-, Zeit- oder ein anderes Interaktionsübersichtsdiagramm). Mit Hilfe der üblichen Elemente aus dem Aktivitätsdiagramm werden die einzelnen Interaktionsdiagramme miteinander verknüpft.

Interaktionsdiagramme können entweder vollständig abgebildet oder zur besseren Übersicht als Referenz auf ein Interaktionsdiagramm dargestellt werden. Referenzen werden ebenfalls als Diagramm dargestellt. Zu beachten ist, dass man die Diagrammart `ref`, sowie den Namen im Titel des referierten Diagramms angibt. Ein Beispiel ist in Bild 11-124 zu sehen.

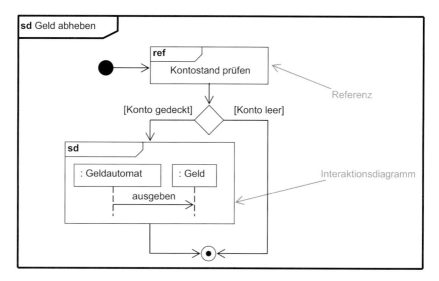

Bild 11-124 Interaktionsübersichtsdiagramm am Beispiel eines Geldautomaten

11.12 Kompositionsstrukturdiagramm

Den Diagrammtyp des Kompositionsstrukturdiagramms (engl. composite structure diagram) gibt es erst seit UML 2.0. Das Kompositionsstrukturdiagramm bietet die Möglichkeit einer hierarchischen Zerlegung eines strukturierten Classifier (siehe Kapitel 10.10.2) wie Klassen, Komponenten, Knoten und Kollaborationen. Damit kann die innere Struktur eines Classifiers aufgezeigt werden. Hierbei unterscheiden sich Klassen, Komponenten und Knoten nur unwesentlich. Wesentliche Unterschiede ergeben sich bei den Kollaborationen. Es haben zwar Klassen, Komponenten, Knoten und Kollaborationen eine Struktur und ein Verhalten. Der Unterschied einer Kollaboration zu einer Klasse, einem Knoten und einer Komponente ist jedoch, dass die Bestandteile einer Kollaboration nur logisch gesehen zu einer Kollaboration gehören, physisch aber nicht. Ein Element einer Kollaboration kann mehreren Kollaborationen angehören. Für eine Kollaboration gibt es eine eigene Ausprägung des Kompositionsstrukturdiagramms, die besonders für Entwurfsmuster sinnvoll ist.

11.12.1 Kompositionsstrukturdiagramm bei Klassen

Das Verhalten einer Klasse, Komponente oder eines Knotens soll hier jetzt nicht betrachtet werden, sondern im Wesentlichen die **Struktur** eines solchen strukturierten Classifier. Natürlich ist das Verhalten mit der Struktur verknüpft.

Ein typisches Kompositionsstrukturdiagramm einer strukturierten Klasse ist in Bild 11-125 zu sehen:

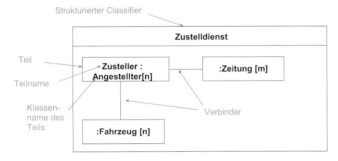

Bild 11-125 Kompositionsstrukturdiagramm für eine strukturierte Klasse

Assoziationen und Multiplizitäten können von den speziellen Rollen der Bestandteile abhängen. Während das Klassendiagramm allgemein gültig ist und beispielsweise im Falle eines Flugzeugs aussagt, dass es Doppeldecker und Eindecker geben kann, kann ein Kompositionsstrukturdiagramm einmal den Kontext eines Doppeldeckers und einmal den Kontext eines Eindeckers betrachten. Mit einem allgemeingültigen Klassendiagramm ist eine solche Tatsache nur mit großem Aufwand zu modellieren.

Die Aussagen eines Kompositionsstrukturdiagramms gelten für den entsprechenden Kontext. Sie schaffen eine spezielle Sicht auf das Klassendiagramm. Ein Kompositionsstrukturdiagramm modelliert kontextbezogen die Teile (Rollen) und nicht die Klassen. Beziehungen zwischen den Rollen der internen Struktur (Teilen) werden durch Verbinder modelliert. Der strukturierte Classifier besteht also aus verschiedenen

Teilen, die untereinander durch **Verbinder** (engl. **connector**) verbunden sind. Verbinder können wie **Teile** (engl. **parts**) Name, Typ und Multiplizität besitzen. Der Klassenname eines Teils repräsentiert dessen Typ. Die aufgeführten Angaben sind bei Verbindern allerdings optional. Das Kompositionsstrukturdiagramm konkretisiert ein Klassendiagramm. Anschlüsse (engl. ports) treten sowohl bei der in einem bestimmten Kontext betrachteten strukturierten Klasse und bei den Rollen der inneren Struktur auf. Ein Kompositionsstrukturdiagramm kann auf Typ- und Instanzebene modelliert werden.

11.12.2 Kompositionsstrukturdiagramm bei Kollaborationen

Eine Kollaboration beschreibt das Zusammenwirken von Elementen wie Objekten zur Erzeugung eines kooperativen Verhaltens.

Eine Kollaboration beschreibt

- die Realisierung eines strukturierten Classifier wie einer Klasse, Komponente oder eines Anwendungsfalls bzw. einer Operation oder
- die Modellierung eines Entwurfsmusters.

durch einen Satz wechselwirkender Classifier in bestimmten **Rollen**.

Eine Kollaboration spezifiziert die **Struktur** und das **Verhalten.** Das wesentliche Kennzeichen einer Kollaboration ist, dass ihre Bestandteile im Gegensatz zu der Zerlegung einer strukturierten Klasse nicht der Kollaboration gehören, sondern ihr nur logisch zugeordnet sind. Die Kollaboration verweist nur auf Elemente, die aber anderen Classifiern gehören.

Ein Entwurfsmuster beschreibt die Kooperation von Elementen wie Objekten zur Lösung einer bestimmten Aufgabenstellung. Das Verhalten eines Entwurfsmusters kann daher durch eine Kollaboration beschrieben werden. Kollaborationen können das Verhalten von Entwurfsmustern leicht modellieren. Der Kontext einer solchen Kollaboration ist beispielsweise dann nicht ein einzelner Anwendungsfall oder eine Operation, sondern das System als Ganzes.

In Bild 11-126 ist ein Kompositionsstrukturdiagramm einer **Kollaboration** eines Entwurfsmusters zu sehen.

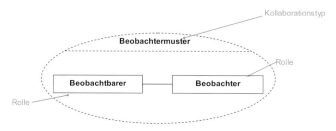

Bild 11-126 Kompositionsstrukturdiagramm für eine Kollaboration eines Musters

Es handelt sich dabei um die **Kollaboration** `Beobachtermuster`. Der interne Aufbau einer Kollaboration besteht dabei aus Rollen und weiteren Kollaborationen. In diesem Beispiel stehen nur zwei Rollen miteinander in Beziehung, der Beobachtbare und der Beobachter.

Die Anwendung der Kollaboration `Beobachtermuster` ist in Bild 11-127 in einem bestimmten Kontext zu sehen. Die Klassen `Zeitung` und `Abonnent` sind mit Hilfe der Kollaboration miteinander verbunden. Die `Zeitung` nimmt dabei die Rolle des Beobachtbaren an, der Abonnent befindet sich in der Rolle des Beobachters.

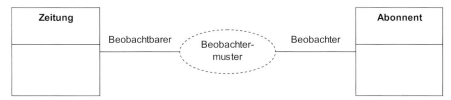

Bild 11-127 Anwendung einer Kollaboration

11.12.3 Gesamtschau

Das Kompositionsstrukturdiagramm bietet die Möglichkeit, die Zerlegung eines Systems in die einzelnen Architekturkomponenten, d. h. die **Struktur** oder **Statik**, und in eingeschränktem Umfang das Zusammenspiel der Komponenten, d. h. ihr **Verhalten** oder ihre **Dynamik**, zu veranschaulichen.

Die Architektur des Systems wird mittels der kontextbezogenen Zerlegung eines strukturierten Classifier beschrieben. Das Kompositionsstrukturdiagramm zeigt, wie die Bestandteile eines Classifier das Verhalten des ganzen Classifier erzeugen. In der Form eines Kompositionsstrukturdiagramms steht die Darstellung der Architektur im Vordergrund. Deshalb wird das Kompositionsstrukturdiagramm auch **Architekturdiagramm** genannt.

Gemäß der Kategorisierung in [Rup07] wird im Folgenden zwischen einer **"strukturell-statischen"** und einer **"strukturell-dynamischen"** Darstellung unterschieden.

Das **strukturell-statische Kompositionsstrukturdiagramm** zeigt eine hierarchische Zerlegung in verschiedene Bestandteile eines Systems. So kann die innere Struktur eines zusammengesetzten Classifier wie einer zusammengesetzten Klasse, Komponente oder eines Knotens gezeigt werden. Dieses strukturell-statische Kompositionsstrukturdiagramm kann mächtiger als ein Klassendiagramm sein. Im Gegensatz zu allgemein gültigen Klassendiagrammen kann das Kompositionsstrukturdiagramm nämlich die Struktur kontextbezogen zeigen.

Das **strukturell-dynamische Kompositionsstrukturdiagramm** zeigt alle an einer Kollaboration beteiligten Systemkomponenten sowie deren Zusammenwirken. Die Kollaboration zeigt eine bestimmte Funktion des Systems und welche Komponenten dazu nötig sind. Das strukturell-dynamische Kompositionsstrukturdiagramm beschreibt die Struktur und in eingeschränktem Sinn die Dynamik, konzentriert sich aber nicht auf die Aufrufreihenfolge.

11.13 Zeitdiagramm

Zeitdiagramme (engl. timing diagram) sind ein spezieller Typ von Interaktionsdiagrammen. Gegenüber den anderen Interaktionsdiagrammen steht bei den Zeitdiagrammen nicht die Reihenfolge und die Bedingungen für Interaktionen im Vordergrund, sondern die Zeitpunkte, an denen Nachrichten ausgetauscht werden, sowie die zeitabhängigen Zustandsänderungen der wechselwirkenden Partner.

Das Zeitdiagramm wurde neu in UML 2.0 eingeführt. Es handelt sich dabei um eine Weiterentwicklung des entsprechenden Diagramms aus der Elektrotechnik. In der Elektrotechnik ist dies schon lange ein vielfach verwendetes Diagramm, wenn es um das zeitliche Verhalten digitaler Schaltungen geht. Zeitdiagramme sind bei einem zeitkritischen Verhalten von Nutzen.

Das Diagramm beschreibt die **zeitliche Änderung** des **Zustands** eines oder mehrerer Classifier innerhalb eines Systems. In manchen Fällen wird auch der Auslöser einer Zustandsänderung mit eingezeichnet (im folgenden Beispiel z. B. die Nachricht OK). Ein Zeitdiagramm mit den üblichen Elementen ist in Bild 11-128 zu sehen.

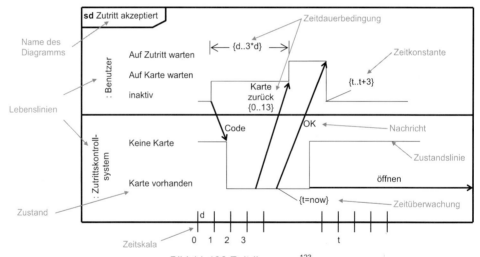

Bild 11-128 Zeitdiagramm[123]

{0...13} und {t = now} sind sogenannte Zeitdauerbedingungen. {0...13} bedeutet, dass 13 Zeiteinheiten gewartet wird, bevor die Karte zurückgegeben wird. {t = now} bedeutet, dass zum Zeitpunkt now die Nachricht OK geschickt wird. Horizontal sind die Lebenslinien von zwei Classifiern dargestellt. Sie werden im Sinne von Objekten oder allgemein aller benannten Elemente gebraucht.

Innerhalb jedes Classifier verläuft eine Zustandslinie. Sie beschreibt, zu welchem Zeitpunkt sich der Classifier in welchem Zustand befindet. Die Zeitpunkte werden durch Zeitdauerbedingungen und eine Zeitskala genau definiert. Möchte man zeigen, dass eine Nachricht für den Zustandswechsel eines Classifier verantwortlich ist oder

---

[123] Zeichnung aus [Sup10, S.539] ins Deutsche übersetzt.

möchte man die Interaktion zwischen zwei Classifiern in Form einer Nachricht darstellen, zeichnet man die entsprechende Nachricht, wie in Kapitel 10.12 beschrieben, in das Diagramm ein. Das Zeitdiagramm eignet sich besonders gut, um stark abhängige Zustandsautomaten eines Systems zu visualisieren. Dabei stehen der zeitliche Aspekt und die Interaktion der Classifier im Vordergrund.

11.14   Zusammenfassung

In UML gibt es eine Reihe von vordefinierten Diagrammen. Die Auswahl der Diagramme für eine Aufgabe ist nicht disjunkt und exklusiv. Ein Aspekt des Systems kann sich in verschiedenen Diagrammen widerspiegeln. Die Auswahl der Diagramme muss im Projekt festgelegt werden. Dargestellt wurden alle Standarddiagramme. Diese sind:

- Klassendiagramm,
- Objektdiagramm,
- Anwendungsfalldiagramm,
- Kommunikationsdiagramm,
- Sequenzdiagramm,
- Aktivitätsdiagramm,
- Zustandsdiagramm
- Komponentendiagramm,
- Verteilungsdiagramm,
- Paketdiagramm,
- Interaktionsübersichtsdiagramm,
- Kompositionsstrukturdiagramm und
- Zeitdiagramm.

Ein **Klassendiagramm** zeigt die statische Struktur eines Systems, insbesondere durch die Darstellung von Klassen und Schnittstellen und ihren Assoziationen, Realisierungen, Generalisierungen und Abhängigkeiten.

Ein **Objektdiagramm** stellt einen Schnappschuss zu einer bestimmten Zeit dar. Ein Objektdiagramm hat denselben Aufbau wie ein Klassendiagramm mit der Ausnahme, dass Generalisierungen und Realisierungen einem Klassendiagramm vorbehalten sind.

Ein **Anwendungsfalldiagramm** zeigt die Anwendungsfälle eines Systems und die an einem Anwendungsfall beteiligten Akteure. Vorhandene Anwendungsfälle können um andere Anwendungsfälle erweitert werden. Hierzu dienen die Inklusionsbeziehung mit «include», die Erweiterungsbeziehung mit «extend» und die Vererbungsbeziehung. Sowohl die Erweiterungsbeziehung als auch die Vererbungsbeziehung tragen das Konzept der Vererbung in sich. Um sie sauber voneinander abzugrenzen, wird empfohlen, die Vererbungsbeziehung nur für abstrakte Anwendungsfälle zu verwenden und die «extend»-Beziehung für konkrete Anwendungsfälle. Ein Anwendungsfall, der andere Anwendungsfälle inkludiert, ist selber unvollständig. Ein Anwendungsfall, der erweitert wird, ist alleine bereits selbstständig.

Ein **Kommunikationsdiagramm** zeigt ausgewählte Objekte und ihre Beziehungen als einfache Linien in einer Ebene, wobei Nachrichten entlang der Verbindungslinien ausgetauscht werden. Die Verbindungslinien können Assoziationen des Klassendiagramms entsprechen, aber auch beliebige temporäre Beziehungen darstellen. Damit hat ein solches Diagramm sowohl einen strukturellen als auch einen dynamischen Charakter. Es wird oft verwendet, um den Ablauf von Anwendungsfällen oder Operationen darzustellen.

Ein **Sequenzdiagramm** stellt die zeitliche Abfolge der Nachrichten einer Interaktion dar. Die Objekte der darzustellenden Interaktion werden oben im Diagramm horizontal angeordnet, wenn sie zum Start der betrachteten Interaktion bereits existieren. Die Lebenslinie eines jeden Objekts wird durch eine gestrichelte Linie vom Objekt aus vertikal abwärts dargestellt. Nach unten entlang der Lebenslinie verläuft die Zeit. Der Nachrichtenaustausch wird durch Pfeile zwischen den betroffenen Lebenslinien dargestellt. Wenn ein Objekt erst im Verlauf der Interaktion erzeugt wird, so beginnt seine Lebenslinie ab dem Erhalt der Nachricht «`create`». Die Lebenslinie endet, wenn ein Objekt zerstört wird. Dies wird durch Erhalt der Nachricht «`destroy`» und einem großen X an dieser Stelle notiert.

Ein **Aktivitätsdiagramm** dient zur Modellierung der Abläufe von Verarbeitungsschritten, die sowohl zu Geschäftsprozessen als auch zu Software-Funktionen gehören können. Ein Aktivitätsdiagramm zeigt im Wesentlichen die Reihenfolge der auszuführenden Schritte und was in einem einzelnen Schritt eines Ablaufs ausgeführt wird. Ein Aktivitätsdiagramm kann Kontroll- und Datenflüsse zwischen den einzelnen Arbeitsschritten einer Aktivität beinhalten.

Ein **Zustandsdiagramm** beschreibt das ereignisgesteuerte Verhalten eines betrachteten Objekts oder Systems an Hand dessen Zuständen und Zustandsübergängen. Es stellt einen endlichen Automaten grafisch dar. Ein Zustandsdiagramm von UML ist eine Variante eines klassischen Zustandsübergangsdiagramms

Ein **Komponentendiagramm** ist mit einem Klassendiagramm verwandt und ist eine statische Entwurfssicht. Eine Komponente ist Teil einer Anwendung oder allgemein eines Systems. Eine Komponente ist in UML ein spezieller Classifier. Ein Komponentendiagramm stellt die statischen Beziehungen zwischen Komponenten dar. Es zeigt oft eine zusammengesetzte Komponente mit ihren Anschlüssen (Ports), ihrer inneren Struktur aus geschachtelten Komponenten als Teilen und den Verbindern zwischen den Teilen bzw. zu den Ports.

Ein **Verteilungsdiagramm** zeigt die Ausführungsarchitektur des Systems. Es enthält die Knoten als Hardware, ihre Verbindungen und die Artefakte, die sich zur Laufzeit auf den Knoten befinden.

Pakete enthalten Elemente. Pakete dienen der Ordnung während der Entwicklungszeit, dem Zugriffsschutz und als Namensraum. **Paketdiagramme** zeigen die Organisation von Elementen in Paketen und die Abhängigkeiten zwischen den verschiedenen Paketen.

Interaktionsübersichtsdiagramme sind an Aktivitätsdiagramme angelehnt. Sie zeigen den Kontrollfluss zwischen den einzelnen Modulen eines Systems in einer Übersicht. Anstelle der Aktivitäten des Aktivitätsdiagramms tritt eines der vier Interaktionsdiagramme (Sequenz-, Kommunikations-, Zeit- und andere Interaktionsübersichtsdiagramme). Mit Hilfe der üblichen Elemente aus dem Aktivitätsdiagramm werden die einzelnen Interaktionsdiagramme miteinander verknüpft. Interaktionsübersichtsdiagramme werden dann eingesetzt, wenn ein Interaktionsdiagramm so umfangreich wird, dass man es zur besseren Übersicht in mehrere Module aufteilen möchte.

Der Diagrammtyp des **Kompositionsstrukturdiagramms** bietet die Möglichkeit, die Zerlegung eines Systems in die einzelnen Architekturkomponenten, d. h. die Struktur oder Statik, und das Zusammenspiel dieser Komponenten, d. h. ihr Verhalten oder ihre Dynamik, zu veranschaulichen. Die Architektur des Systems wird mittels strukturierter Classifier beschrieben. Ein strukturierter Classifier ist beispielsweise eine Klasse, eine Komponente, ein Knoten oder eine Kollaboration. Weiter zeigt das Kompositionsstrukturdiagramm, wie die Bestandteile eines Classifier das Verhalten des ganzen Classifier erzeugen.

Das **Zeitdiagramm** ist eine Variante des Interaktionsdiagramms. Beim Zeitdiagramm stehen die Zeitpunkte, an denen die Nachrichten ausgetauscht werden, und die Darstellung der zeitabhängigen Zustandsänderungen der miteinander interagierenden Classifier im Vordergrund.

11.15 Aufgaben

Aufgabe 11.1 Übersicht Standarddiagrammtypen

11.1.1 Welche Diagramme der UML dienen zur Erfassung der statischen Struktur?
11.1.2 Welche Diagramme der UML dienen zur Erfassung der dynamischen Struktur?
11.1.3 Ist es in der UML möglich, eigene Diagrammtypen zu erfinden?

Aufgabe 11.2 Einzelne Standarddiagrammtypen

11.2.1 Nennen Sie die Unterschiede zwischen einem Klassen- und einem Sequenzdiagramm!
11.2.2 Welche vier Sichtbarkeitstypen für Attribute und Operationen gibt es in der UML?
11.2.3 Was ist der Unterschied zwischen einem Klassen- und einem Objektdiagramm?
11.2.4 Was ist ein Szenario?
11.2.5 Wie werden asynchrone Nachrichten in Sequenzdiagrammen gekennzeichnet?
11.2.6 Welche Nachrichtentypen gibt es für Sequenz- und für Kommunikationsdiagramme?
11.2.7 Was ist ein Artefakt in der UML?
11.2.8 Ist es in der UML möglich, Zustandsautomaten in Zustandsautomaten zu modellieren?
11.2.9 Was bedeutet der Stereotyp "access" im Paketdiagramm?

Aufgabe 11.3 Anwendung der Standarddiagramme im Entwicklungsprozess

11.3.1 Werden Interaktionsdiagramme früher als Aktivitätsdiagramme im Entwicklungsprozess eingesetzt?
11.3.2 Wozu dient das Komponentendiagramm im Entwicklungsprozess?

Kapitel 12

Objektorientierte Systemanalyse

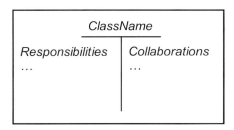

12.1 Überprüfung der Requirements
12.2 Spezifikation der Geschäftsprozesse und Anwendungsfälle
12.3 Priorisierung der Anwendungsfälle
12.4 Erstellung des Kontextdiagramms
12.5 Neu-Definition der Requirements
12.6 Erstellung des Anwendungsfalldiagramms
12.7 Kurzbeschreibung der Anwendungsfälle
12.8 Erstellen des Klassendiagramms der konzeptionellen Sicht
12.9 Langbeschreibung der Anwendungsfälle
12.10 Konzeption der Kommunikationsdiagramme
12.11 Aufstellen der zustandsbasierten Kommunikationsdiagramme
12.12 Erstellung des Client/Server-Objektdiagramms
12.13 Erstellung des Klassendiagramms der finalen Sicht
12.14 Beispiele
12.15 Zusammenfassung
12.16 Aufgaben

12 Objektorientierte Systemanalyse

Zunächst werden in diesem Hauptkapitel die grundsätzlichen Objektarten Entity-, Kontroll- und Interface-Objekte besprochen. Dann wird ein erprobter Satz von Schritten zur Durchführung der Objektorientierten Systemanalyse aufgestellt. Beispiele hierzu runden dieses Kapitel ab.

Entity-Objekte, Kontrollbjekte und Interface-Objekte

Ursprünglich gab es in der Objektorientierung nur eine einzige Sorte von Objekten, die Entity-Objekte. **Entity-Objekte** sind Instanzen von Entity-Klassen und Objekte des Problembereichs. Sie repräsentieren ein Abbild der Realität, d. h. sie haben echte Gegenstücke in dem betrachteten Ausschnitt der realen Welt. Dabei werden aber nur die für die jeweilige Anwendung relevanten Eigenschaften in die Modellierung und spätere Programmierung übernommen. Das Wesentliche wird betrachtet und das Unwesentliche wird weggelassen, d. h. man abstrahiert.

> Entity-Objekte werden gefunden, indem man einen Ausschnitt der **realen Welt** betrachtet und prüft, welche Gegenstände des Alltags in Objekte des Programms überführt werden sollen. Diese werden abstrahiert und in die Anwendung übernommen.

So kann alles Gegenständliche, aber auch ein Konzept wie z. B. ein Vertrag, durch ein Entity-Objekt repräsentiert werden. **Entity-Objekte** haben Attribute und Methoden. Die Attribute der Objekte stellen Nutzdaten dar. Sie entsprechen Eigenschaften der Objekte. Diese Eigenschaften werden langfristig gespeichert. Beim Shut-down des Systems müssen diese **Daten persistent** – das heißt dauerhaft – in nicht-flüchtigen Speichermedien gespeichert werden, damit sie beim Start-up des Systems wiederhergestellt werden können. Entity-Objekte stellen passive Objekte dar, die benutzt werden.

> **Entity-Objekte** sind **Daten tragend**. Die Daten von Entity-Objekten müssen **persistent** gespeichert werden.

Jacobson hat zusätzlich zu den Entity-Objekten noch zwei weitere Typen unterschieden [Jac92, S. 132]:

- Kontrollobjekte und
- Interface-Objekte.

Kontrollobjekte im Sinne von Jacobson dienen zur Bündelung komplexer Verarbeitungsvorgänge in einem Objekt. Damit sind komplexe Algorithmen zentral in einer Kontroll-Klasse abgelegt und Änderungen an den Algorithmen erfolgen lokal in dieser Kontroll-Klasse. Kontrollobjekte im Sinne von Jacobson sind also rein prozedural. Sie haben keine persistenten Daten und beschaffen sich ihre temporären Daten von den Entity-Objekten. Ein bekanntes Beispiel von Jacobson ist ein Reporting-Objekt für eine Bankanwendung. Dieses Reporting-Objekt beschafft sich über get-Methoden die

Kontostände von allen Konto-Objekten – ganz gleich, ob es sich um Girokonten, Sparbuchkonten oder Geldmarktkonten handelt – und erstellt daraus einen Bericht.

> Eine Kontroll-Klasse entspricht keiner Entität der realen Welt. **Kontroll-Klassen** bündeln komplexe Verarbeitungsvorgänge, in anderen Worten ein prozedurales Verhalten, an zentraler Stelle in einer Klasse. Eine Kontroll-Klasse stellt damit eine **Wrapper-Klasse** für Abläufe dar.

Möchte man alternativ die Erstellung eines Berichts über die Konto-Objekte verteilen, so scheitert man, da alle Konto-Objekte gleichberechtigt sind. Keines der gleichberechtigten Objekte darf mehr als die anderen wissen, da sie von derselben Klasse sind, und daher muss der Aufbau des Berichtes außerhalb der Konto-Objekte zentral festgelegt werden.

> Ein **Kontrollobjekt** findet man nicht durch "Peilen" in die Realität. Man findet es, wenn man Abläufe von Anwendungsfällen betrachtet.

Ein Kontrollobjekt hat den Charakter einer Ablaufsteuerung. Ein Kontrollobjekt hat kein Gegenstück in der konzeptionellen Sicht.

Interface-Objekte dienen zum Handling der Schnittstellen. Führt man Interface-Klassen ein, so schlagen Änderungen an den Schnittstellen nicht auf die Entity-Klassen oder Kontroll-Klassen durch. **Interface-Objekte** stellen im Rahmen der Systemanalyse einen Merker dar, dass an ihrer Stelle im Rahmen des Systementwurfs zahlreiche Objekte stehen können, um eine Schnittstelle zu realisieren. So kann an die Stelle einer einzigen Mensch-Maschine-Interface-Klasse der Systemanalyse beim Systementwurf eine Vielzahl von Klassen treten, um das Mensch-Maschine-Interface zu realisieren.

> **Interface-Objekte** werden zwischen den betrachteten Entity- und Kontroll-Objekten und den Akteuren eingeschoben. Interface-Klassen sind technische Klassen, die Geräte bedienen. Sie **kapseln die Geräteabhängigkeit**, damit die **Entity- und Kontroll-Objekte geräteunabhängig** werden.

> **Interface-Klassen** haben **kein Gegenstück im Problembereich**.

Interface-Klassen sollten erst kurz vor dem Übergang vom Problembereich in den Lösungsbereich eingeführt werden.

Neben den Kontroll-Klassen von Jacobson gibt es noch eine zweite Art von Kontroll-Klassen, die eine reine Steuerungsfunktion im Sinne einer **zustandsbasierten Koordination** anderer Objekte haben. Obwohl das Wort Kontroll-Klasse und Steuerungs-

Klasse prinzipiell dasselbe bedeutet, wird hier das Wort Kontroll-Klasse für die von Jacobson vorgeschlagenen Klassen und das Wort **Steuer-Klasse** für die Klassen, die zustandsbasiert andere Objekte koordinieren, gewählt.

> Eine zustandsbasierte Koordination bedeutet, dass das steuernde Objekt **Zustände** hat, die von der Wechselwirkung mit der "langsamen" Umgebung herrühren und **makroskopisch** sichtbar sind.

Bei Steueraufgaben spielen **Zustände** und **Zustandsübergänge** eine wichtige Rolle. Je nach erreichtem Zustand wird entsprechend gesteuert. Beispiele für Zustände einer Anwendung können sein: eine Reise im Zustand `Flug gebucht` oder im Zustand `Flug nicht gebucht`, ein Kinosaal im Zustand `ausverkauft` oder `nicht ausverkauft`, ein Ventil im Zustand `offen` oder `geschlossen`.

Persistenz der Daten

Entity-Objekte halten ihre Daten persistent.

> Auch Kontroll-Klassen, Steuer-Klassen und Interface-Klassen können prinzipiell Daten tragen. Bei diesen Klassen ist jedoch keine Synchronisation zwischen den aktuellen Daten der Objekte und den persistenten Daten auf der Festplatte erforderlich. Ihre Daten sind also temporär bzw. flüchtig.

So halten beispielsweise Kontrollobjekte, die einen Bericht erstellen, temporär alle Daten, die sie sich von den Entity-Objekten besorgt haben, so lange, bis diese Daten in den Bericht eingearbeitet sind. Diese Daten werden jedoch nicht persistent gespeichert.

Schritte zur Durchführung der Objektorientierten Systemanalyse

Im Folgenden wird eine Sequenz erprobter Schritte vorgestellt. Im Detail werden in der Systemanalyse die folgenden Schritte durchgeführt:

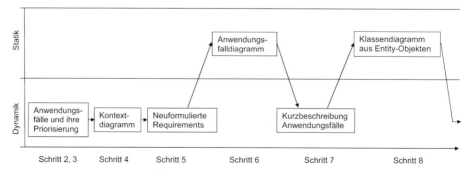

Bild 12-1 Schritte in der Systemanalyse (a)

Objektorientierte Systemanalyse

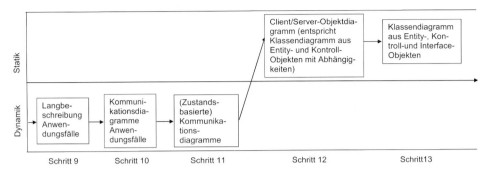

Bild 12-2 Schritte in der Systemanalyse (b)

Bild 12-1 und Bild 12-2 klassifizieren die einzelnen Schritte bis auf das Überprüfen der Requirements (Schritt 1) danach, ob sie im Wesentlichen statische oder dynamische Aspekte des Systems beschreiben.

Im Folgenden werden alle Schritte zusammengestellt:

1. Überprüfung der Requirements,
2. Spezifikation der Geschäftsprozesse und Anwendungsfälle,
3. Priorisieren der Anwendungsfälle,
4. Erstellung des Kontextdiagramms (Systemgrenzen festlegen),
5. Neu-Definition der Requirements,
6. Erstellung des Anwendungsfalldiagramms,
7. Kurzbeschreibung der Anwendungsfälle in textueller Form,
8. Finden von Klassen und Erstellung des Klassendiagramms der konzeptionellen Sicht (nur Entity-Objekte),
9. Langbeschreibung der Anwendungsfälle in strukturierter textueller Form,
10. Erstellen der Kommunikationsdiagramme für jeden Anwendungsfall,
11. Beschreibung des reaktiven Verhaltens in den zustandsbasierten Kommunikationsdiagrammen,
12. Erstellung des Client/Server-Objektdiagramms (entspricht Klassendiagramm der Verarbeitungssicht aus Entity- und Kontroll-Objekten mit Abhängigkeiten) und
13. Erstellung des Klassendiagramms der finalen Sicht der Systemanalyse (Entity-, Kontroll- und Interface-Objekte).

Kapitel 12.1 bis Kapitel 12.13 behandeln die empfohlenen Schritte in der Systemanalyse. Als Beispiele werden in Kapitel 12.14 eine Bücherverwaltung und ein Flughafeninformationssystem herangezogen. Da es bei beiden aber keine Zustände gibt, wird für die zustandsbasierten Kommunikationsdiagramme ein eigenes Beispiel gegeben.

12.1 Überprüfung der Requirements

Zuerst müssen die Requirements auf Konsistenz überprüft werden. Das zugehörige Beispiel bezieht sich auf eine Bücherverwaltung und befindet sich in Kapitel 12.14.1.

12.2 Spezifikation der Geschäftsprozesse und Anwendungsfälle

Ein Geschäftsprozess stellt eine Aufgabe dar, die eine Organisation durchführen soll. Im Rahmen des Operation Research wurden für die Fabrikautomatisierung in den zwanziger Jahren formale Methoden zur Darstellung der Abläufe von Geschäftsprozessen untersucht. Das Ergebnis waren die von der Strukturierten Analyse her bekannten Datenflussdiagramme. In einem Datenflussdiagramm werden als Knoten die Aufgaben einer Organisation dargestellt. Im Rahmen einer Aufgabe werden Ergebnisse erzeugt, die beispielsweise eine andere Aufgabe wieder als Eingabe benötigt, um loslaufen zu können.

Ob man nun Geschäftsprozesse mit Hilfe der Strukturierten Analyse oder mit Hilfe anderer Methoden erfasst, spielt keine Rolle. Entscheidend ist, dass die Knoten die Aufgaben darstellen und dass die Pfeile die Wechselwirkungen zwischen den Aufgaben, mit anderen Worten die **Zusammenarbeit** oder **Kollaboration** darstellen. Die Aufgaben einer Organisation können prinzipiell alle manuell durchgeführt werden. Fällt die Entscheidung, dass eine Teilmenge der Aufgaben durch ein System automatisiert werden soll, so muss natürlich eine Abgrenzung stattfinden, was automatisiert werden soll und was nicht.

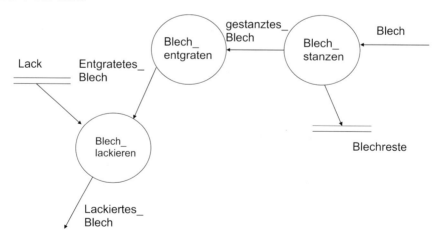

Bild 12-3 Geschäftsprozess `Lackierte Bleche herstellen` *in der Darstellung der SA*

Im Rahmen der Geschäftsprozessmodellierung analysiert man alle grundsätzlichen Vorgänge, die operationelle Aufgaben in einem Geschäftsfeld darstellen. Hierbei versucht man, von der eingesetzten Technik zu abstrahieren, um sich zukünftige Lösungen nicht durch das Festschreiben von historischen Fakten zu verbauen. So wird beispielsweise auch ein Ordner im Schrank als Datenspeicher bezeichnet. Er kann damit zukünftig ggf. auch als Datenbank realisiert werden.

Geschäftsprozesse werden häufig textuell beschrieben. Sie können aber auch mit speziellen Sprachen wie der **Business Process Execution Language** (**BPEL**) [wsbpel] beschrieben werden. BPEL basiert auf XML und dient zur Beschreibung von Geschäftsprozessen. Diese Geschäftsprozesse werden dabei durch Web Services implementiert.

Der Unterschied zwischen Geschäftsprozessen und Anwendungsfällen ist der, dass Anwendungsfälle Geschäftsprozesse oder Teile von Geschäftsprozessen sind, die durch das automatisierte System unterstützt werden.

Es gilt zu beachten, dass die funktionalen Anforderungen an das System die Anwendungsfälle des Systems festlegen.

Geschäftsprozesse können prinzipiell

- ereignisorientiert ausgelöst werden
  (ein Nutzer des Systems ruft eine Leistung ab oder ein Terminator wie z. B. ein Sensor sendet eine Nachricht),
- zeitgesteuert ausgelöst werden
  (zeitgesteuert bedeutet eingeplant zu einem bestimmten Zeitpunkt oder zyklisch) oder
- während der gesamten Aufgabenerfüllung stets fortlaufend aktiv durchgeführt werden.

Die Betrachtung aller Geschäftsprozesse nach dem Aufstellen der funktionalen Requirements erlaubt es, die funktionalen Requirements an das System – sprich die Anwendungsfälle – zu überdenken. Die Fragestellung, welche Geschäftsprozesse nun automatisiert werden sollen und damit zu Anwendungsfällen werden, wird gelöst, indem die Grenzen des Systems festgelegt werden. Kapitel 12.14.2 stellt die Spezifikation der Geschäftsprozesse hinsichtlich einer beispielhaften Bücherverwaltung dar.

12.3 Priorisierung der Anwendungsfälle

Priorisiert der Kunde die zu realisierenden Anwendungsfälle, so können diese entsprechend ihrer Priorität realisiert werden. Auf Budgetänderungen kann dann durch Weglassen der weniger wichtigen Anwendungsfälle leichter reagiert werden. Das Kapitel 12.14.3 gibt hinsichtlich der Priorisierung ein Beispiel an.

12.4 Erstellung des Kontextdiagramms

Ein Kontextdiagramm ordnet ein System in seine Umgebung ein und zeigt durch Datenflüsse die Wechselwirkung des Systems mit seiner Umgebung. Der Name Kontextdiagramm rührt daher, dass dieses Diagramm das System in seiner Umgebung, d. h. seinem Kontext, zeigt. Das Kontextdiagramm hilft bei der Definition der Grenzen des Systems. Das System wird von seiner Umgebung abgegrenzt. Diese Abgrenzung wird durch das **Kontextdiagramm** visualisiert. Das Kontextdiagramm enthält das System (klassisch rund gezeichnet), Terminatoren (klassisch eckig gezeichnet) und Datenflüsse zwischen System und Terminatoren. Zur Umgebung gehören bestehende Geräte oder Fremdsysteme, die Daten mit dem System austauschen, aber auch die Bediener des Systems.

Das klassische Kontextdiagramm gibt es seit der Strukturierten Analyse (siehe Kapitel 6.3). Das Kontextdiagramm hilft, die Anwendungsfälle zu erkennen (siehe Kapitel 12.6). Existieren für eine Anwendung auch Steuerflüsse im Sinne von SA/RT (siehe Kapitel 7) auf der Ebene des Systems in seinem Kontext, so müssen diese im Kontextdiagramm eingetragen werden.

Kontextdiagramm nach UML

UML hat auch eine Art Kontextdiagramm. Es ist ein Anwendungsfalldiagramm (siehe Kapitel 11.3) ohne Anwendungsfälle. Das System wird als Rechteck gezeichnet. Die Umgebung wird modelliert durch sogenannte Akteure, die in der Regel als Strichmännchen, versehen mit dem Namen der Rolle oder des Fremdsystems, gezeichnet werden. Generell findet sich all das, was neu gebaut wird, im System wieder. Vorhandene Fremdsysteme oder die Nutzer des Systems, die Daten mit dem System austauschen, stehen außerhalb des zu bauenden Systems und werden als Akteure gezeichnet. Ein Datenfluss wird stets dargestellt durch einen Pfeil, der den Namen der ausgetauschten Daten trägt. Die Assoziationen eines Aktors zum System werden also gerichtet dargestellt und tragen einen Namen. Jeweils ein Kontextdiagramm zweier beispielhafter Systeme wird in Kapitel 12.14.4 dargestellt.

12.5 Neu-Definition der Requirements

Werden die Grenzen des Systems geändert, können einige Requirements entfallen oder hinzukommen. Dies muss sorgfältig geprüft werden. Kapitel 12.14.5 zeigt ein Beispiel zur Neu-Definition der Requirements.

12.6 Erstellung des Anwendungsfalldiagramms

Anwendungsfalldiagramme werden ausführlich in Kapitel 11.3 beschrieben.

> Das Anwendungsfalldiagramm stellt den **Vertrag** zwischen dem Kunden und den Entwicklern dar. Es umfasst alle Funktionen, die das System zur Verfügung stellt.

In einem Anwendungsfalldiagramm werden **Geschäftsprozesse** oder Teile eines Geschäftsprozesses, die durch das System zur Verfügung gestellt werden, als Anwendungsfälle aufgezählt. Es gibt drei Arten von Geschäftsprozessen im System:

- **ereignisorientierte** (werden durch spezielle Ereignisse ausgelöst),
- **zeitgesteuerte** (werden zu einem bestimmten Zeitpunkt oder zyklisch aktiv) und
- während des gesamten Betriebes **fortlaufend aktive** Geschäftsprozesse.

Ein **Anwendungsfall** hat immer einen **Basisablauf** und kann einen oder mehrere **Alternativabläufe** haben. Ein **Szenario** ist ein Anwendungsfall mit definierten Parametern. Kapitel 12.14.6 enthält ein Beispiel zur Erstellung des Anwendungsfalldiagramms.

12.7 Kurzbeschreibung der Anwendungsfälle

Bis zu diesem Unterkapitel einschließlich ist die Vorgehensweise rein funktional – Anwendungsfälle sind prinzipiell nicht mit einem objektorientierten Ansatz verbunden. Werden die Anwendungsfälle als funktionale Requirements aufgestellt, werden damit die Funktionen eines als **Black-Box** betrachteten Systems vorgegeben. Damit wird definiert, welche Leistungen das System nach außen erbringen muss.

Die textuelle Beschreibung der Anwendungsfälle bedeutet eine **White-Box**-Sicht des Systems, wobei im Inneren des Systems die logischen Abläufe der einzelnen Anwendungsfälle betrachtet werden.

Nach Jacobson sollte man, ehe man die Langbeschreibungen der Anwendungsfälle durchführt, erst einmal zum Zwecke einer Abstimmung innerhalb des Entwicklungsteams und mit dem Kunden eine Kurzbeschreibung erstellen. Erst wenn die Kurzbeschreibung konsolidiert ist, lohnt es sich, die Langbeschreibungen anzugehen.

Mit Hilfe der Kurzbeschreibungen der Anwendungsfälle lassen sich beispielsweise auch die Objekte finden. Durch Betrachten der Substantive in den Kurzbeschreibungen kann man versuchen, die Objekte im Problembereich (engl. problem domain) zu identifizieren. Die Kurzbeschreibungen werden deshalb nach Hauptwörtern durchsucht. Diese werden manuell unterstrichen (siehe Kapitel 12.8.1). Es wird dann abschließend erörtert, welche Substantive als Kandidaten für Klassen in Frage kommen. In Kapitel 12.14.7 werden als Beispiel mehrere Anwendungs-Kurzbeschreibungen angegeben.

12.8 Erstellen des Klassendiagramms der konzeptionellen Sicht

Ein Klassendiagramm zeigt Klassen und ihre statischen Beziehungen. Das sind Verbindungen zwischen den Klassen. Diese Klassen haben also miteinander zu tun. Die sogenannte konzeptionelle Sicht umfasst nur Entity-Klassen. Das sind Daten tragende Klassen. Das Finden von Klassen hat mit UML nichts zu tun. Zum Finden von Klassen gibt es drei bekannte Ansätze:

- die Unterstreichmethode,
- Class-Responsibility-Collaboration (CRC) und
- für jeden Anwendungsfall getrennt ein Klassendiagramm zeichnen und dann die Vereinigung bilden.

Die Unterstreichmethode wird in Kapitel 12.8.1 begründet. Die CRC-Methode wird in Kapitel 12.8.2 anhand eines Beispiels dargestellt. Die Zusammensetzung eines Klassendiagramms aus Teil-Klassendiagrammen für die einzelnen Anwendungsfälle wird ebenfalls mit Hilfe eines Beispiels in Kapitel 12.8.3 demonstriert.

12.8.1 Finden von Klassen nach der Unterstreichmethode

12.8.1.1 Heuristiken für das Finden von Objekten

Im Folgenden werden einige Heuristiken (siehe Hruschka [Hru98], S.34), d. h. Regeln, die gewisse Wahrscheinlichkeitsaussagen beinhalten, für das Finden von Objekten angegeben. Einige weitere Heuristiken, die erst an späterer Stelle z. B. beim Finden von Beziehungen des statischen Objektmodells im Rahmen der Systemanalyse oder dem Finden der Methoden beim Entwurf benötigt werden, werden hier mit angegeben, so dass alle Heuristiken zentral abgelegt sind.

> Heuristiken sind Regeln, die beschreiben, dass mit einer gewissen Wahrscheinlichkeit gewisse Sachverhalte zutreffen, wenn bestimmte Bedingungen erfüllt sind.

Heuristiken kann man zum Finden von Klassen verwenden. Im Folgenden werden einige dieser Heuristiken aufgeführt:

Heuristik 1:

> Steht in einem Satz ein Hauptwort, so kann dieses Hauptwort zum Namen einer Klasse werden.

Die Wahrscheinlichkeit, dass ein Hauptwort zur Klasse wird, liegt nach der Literatur (vergleiche [Hru98]) erfahrungsgemäß bei ca. 15 Prozent. Dabei ist vorausgesetzt, dass es sich um ein echtes Hauptwort handelt, also nicht um ein zum Substantiv erhobenes Verb.

> Aus Verben gebildete Hauptwörter wie Bestellung oder Lieferung sind **zunächst keine Kandidaten für Entity-Objekte**. Sie können jedoch als Assoziationsattribute verwendet werden und dann zu normalen Klassen (Assoziationsklassen) werden, wenn sie Methoden benötigen.

Assoziationsattribute und Assoziationsklassen gehören zu einer Assoziation (Beziehung) zwischen zwei Klassen. Diese Assoziationsattribute bzw. Assoziationsklassen sind dann existenzabhängig von der Assoziation. Im Falle von Assoziationsattributen spricht man auch von sogenannten attributierten Assoziationen bzw. von degenerierten Assoziationsklassen, da die Klasse keine eigenständigen Objekte beschreibt.

Beispiel:

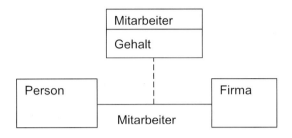

Bild 12-4 Mitarbeiter als Assoziationsklasse

Die das Assoziationsattribut umfassende Datenstruktur und die Assoziation müssen in der Notation von UML gleich heißen.

Wenn aus dem Assoziationsattribut eine Assoziationsklasse werden soll, braucht man natürlich Methoden (siehe Kapitel 10.3.3).

Heuristik 2:

Kann das Hauptwort einen einfachen Wert annehmen, so handelt es sich wahrscheinlich um ein Attribut und nicht um eine Klasse.

Ein Beispiel hierfür ist die Zahl der verkauften Fahrkarten `verkaufteFahrkarten`. `verkaufteFahrkarten` kann einen ganzzahligen Wert wie z. B. 10 annehmen. Es ist ein Attribut einer Klasse `Dampfer`.

Heuristik 3:

Wenn mit dem Hauptwort etwas getan wird oder das Hauptwort etwas tut, so kann es sich um eine Klasse handeln.

Wird nur der Wert des Hauptwortes erhöht, so handelt es sich vermutlich um ein Attribut.

Beispiele:

Buch ausleihen – mit dem Buch wird etwas getan, es wird zur **Klasse**.

Der Kunde erteilt einen Auftrag. Mit dem Auftrag wird etwas getan, er wird zur **Klasse**, wenn der Auftrag im System geführt werden soll.

Heuristik 4:

> Gehören zu einem Hauptwort mehrere Attribute, so kann es sich bei dem Hauptwort um eine Klasse handeln.

Beispiel:

Ein Buch hat die Attribute `Autor` und `Titel`. Also wird es sich bei `Buch` um eine Klasse handeln. Zu beachten ist jedoch, dass es auch Klassen mit nur einem einzigen Attribut gibt.

Heuristik 5:

> Wenn es von einem Hauptwort mehrere Instanzen gibt, so kann es sich um eine Klasse handeln.

Beispiel:

Das Buch `Durchs wilde Kurdistan` und `Der Schatz im Silbersee` sind verschiedene Instanzen der Klasse `Buch`.

12.8.1.2 Heuristiken zum Finden von Methoden

Heuristiken kann man auch zum Finden von Methoden verwenden. Im Folgenden wird eine solche Heuristik aufgeführt:

Heuristik 1:

> Ein Verb, das im Zusammenhang mit einem Hauptwort auftritt, das als Klasse erkannt wurde, kann zur Methode werden.

Beispiel:

Die Bibliothekarin kann sich zu einem Exemplar der Klasse `Buch` alle notwendigen Informationen ausgeben lassen[124].

Ein Buch ist ein Objekt. Sich Informationen zu einem Buch ausgeben zu lassen, kann als Methode `drucken()` von `Buch` realisiert werden.

12.8.1.3 Heuristiken zum Finden von Beziehungen

Auch Beziehungen können durch die Anwendung von Heuristiken gefunden werden. Im Folgenden werden solche Heuristiken aufgeführt:

---

[124] Dieser Anwendungsfall ist im Leistungsumfang der "Bücherverwaltung" nicht enthalten.

Objektorientierte Systemanalyse

Heuristik 1:

> Wenn man ein Verb liest, das im Zusammenhang mit zwei oder mehr Hauptwörtern auftritt, die als Klasse erkannt wurden, stellt es wahrscheinlich eine Beziehung dar.

Beispiel:

Ein Ausleiher leiht ein Buch aus. `Ausleiher` wurde als Klasse erkannt, `Buch` wurde als Klasse erkannt. Damit ist sehr wahrscheinlich, dass `ausleihen` eine Beziehung ist.

Heuristik 2:

> Oftmals haben Attribute einer Kandidatenklasse eine unmittelbare Beziehung zu einem Attribut einer anderen Klasse. Es besteht dann eine hohe Wahrscheinlichkeit, dass zwischen den beiden Klassen eine Beziehung besteht.

Die Begründung für diese Heuristik ist, dass sich die Entwickler wohl etwas gedacht haben müssen und dass diese Attribute wohl nicht zufällig nebeneinander stehen. Also muss es einen Zusammenhang zwischen den beiden Klassen geben.

12.8.1.4 Heuristiken zum Finden von Vererbungen

Heuristiken kann man auch zum Finden von Vererbungsbeziehungen verwenden. Im Folgenden werden solche Heuristiken aufgeführt:

Heuristik 1:

> Wenn man ein zusammengesetztes Hauptwort liest, dessen zweiter Teil bereits als Klasse erkannt wurde, so ist die Wahrscheinlichkeit groß, dass das erste Hauptwort das zweite Hauptwort spezialisiert. Das zweite Hauptwort kann die Basisklasse und das zusammengesetzte Hauptwort die abgeleitete Klasse darstellen.

Beispiel:

Betrachtet werde das Wort "Segelflieger". `Flieger` sei als Klasse bereits erkannt. "Segel" spezialisiert den `Flieger`. `Flieger` wird zur Oberklasse, `Segelflieger` wird zur abgeleiteten Klasse.

Heuristik 2:

> Wenn ein als Klassenkandidat erkanntes Hauptwort ein vorangestelltes Adjektiv hat, kann eine Spezialisierung vorliegen, d. h. das mit dem Adjektiv geschmückte Hauptwort kann die Unterklasse von Hauptwort sein.

Beispiel:

Betrachtet werden die Wörter "zweirädriges Fahrzeug", "vierrädriges Fahrzeug". `Fahrzeug` soll eine Klasse sein. Dann stellt ein `zwei-` oder `vierrädriges Fahrzeug` jeweils eine Spezialisierung dar.

12.8.2 Ermittlung der Klassen der konzeptionellen Sicht mit CRC

Class-Responsibility-Collaboration (CRC) ist eine weitverbreitete Technik, die Ward Cunningham gegen Ende der achtziger Jahre [Bec89] entwickelte. Dabei werden die Klassen beispielsweise aus den aufgestellten Requirements entnommen.

Für jede Klasse wird eine eigene Karteikarte erstellt. Eine jede Klasse wird mit ihren Verantwortlichkeiten (engl. responsibilities) und den Klassen, mit denen eine Zusammenarbeit (engl. collaborations) besteht, auf ihrer sogenannten CRC-Karte aufgeschrieben. Dies ist eine Abstraktionsaufgabe. Der Name der Klasse steht oben. Darunter stehen links ihre Verantwortlichkeiten und rechts die Klassen, mit denen sie zusammenarbeitet. Das folgende Bild zeigt die historische Struktur einer CRC-Karte nach Cunningham [Bec89]:

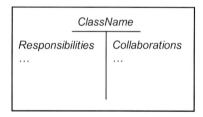

Bild 12-5 Struktur einer CRC-Karte nach Cunningham

Aus den Verantwortlichkeiten ergeben sich die Methoden und Attribute einer Klasse, aus den Collaborations die Beziehungen im Klassendiagramm. Mit CRC-Karten findet man Entity-Objekte des Problembereichs. Bei technischen Aufgaben, bei denen es keine Klassen des Problembereichs gibt, werden keine CRC-Karten eingesetzt.

Zum Zeichnen einer CRC-Karte bietet die UML kein eigenes Modellelement an. Möchte man die CRC-Information mit Hilfe eines UML-Tools festhalten, dann bietet es sich an, die Responsibilities und die Collaborations in eigenen Zusatzbereichen (siehe Kapitel 10.6.2) bei einer Klasse zu vermerken.

12.8.3 Für jeden Anwendungsfall getrennt ein Klassendiagramm zeichnen

Es wird für jeden Anwendungsfall getrennt ein Klassendiagramm gezeichnet. Dabei ist das Studium der Abläufe eines Anwendungsfalls eine große Hilfe. Man kommt über die Dynamik der Anwendungsfälle zur Statik. Die Klassendiagramme der einzelnen Anwendungsfälle werden zu einem Klassendiagramm zusammengesetzt.

Das Klassendiagramm der konzeptionellen Sicht enthält Entity-Objekte und gibt die strukturellen Beziehungen der Klassen wieder. Kapitel 12.14.8 verweist auf mehrere Herangehensweisen, ein Klassendiagramm zu erstellen.

12.9 Langbeschreibung der Anwendungsfälle

Nachdem die Anwendungsfallbeschreibungen in stabiler Kurzform aufgestellt wurden, kann nun eine Verfeinerung der Anwendungsfälle in strukturierter Form erfolgen. Hierbei werden die Abläufe und ggf. die Dialoge einer möglichen grafischen Benutzungsschnittstelle einer tieferen Betrachtung unterzogen.

Um die Sicht auf den Normalablauf zu konzentrieren (Basisablauf), werden alternative Abläufe getrennt ausgewiesen.

Bestandteile dieser Beschreibungen sind üblicherweise:

- die Angabe des Akteurs, der den Anwendungsfall initiiert (Initiator),
- weitere beteiligte Akteure,
- der Basisablauf, d. h. der "normale" Ablauf, und
- falls vorhanden, Alternativabläufe mit Angabe der Bedingung, bei der sie eintreten.

Oft wird auch noch die Vorbedingung/Nachbedingung (für den Anwendungsfall) in das Schema aufgenommen. Langbeschreibungen zu mehreren beispielhaften Anwendungsfällen zeigt Kapitel 12.14.9.

12.10 Konzeption der Kommunikationsdiagramme

Kommunikationsdiagramme wurden in Kapitel 11.4 ausführlich beschrieben. Sie beschreiben die Wechselwirkung von Objekten (Dynamik) und werden in diesem Schritt für jeden Anwendungsfall erstellt. Kapitel 12.14.10 beschreibt beispielhaft die Kommunikationsdiagramme der Bücherverwaltung.

12.11 Aufstellen der zustandsbasierten Kommunikationsdiagramme

Der nicht zu den Standard-Diagrammen von UML gehörende Diagrammtyp eines zustandsbasierten Kommunikationsdiagramms löst zwei Probleme: Erstens führt er zu einer konsistenten Beschreibung des reaktiven Verhaltens eines Systems und zweitens erlaubt er die parallele Modellierung von reaktivem und transformatorischem Verhalten.

Dieser neue Diagrammtyp ist eine vorteilhafte Kombination zweier bekannter UML-Diagramme, nämlich von Interaktions- und Zustandsdiagrammen. Wechselwirkungen zwischen Objekten können transformatorische und reaktive Anteile haben, je nachdem ob die Reaktion auf einen Aufruf einer Methode eines Objekts zu einer Steuerreaktion[125] führt oder nicht. D. h., um das reaktive Verhalten allgemein beschreiben zu können, müssen sowohl Zustandsdiagramme als auch Sequenz- oder Kommunikationsdiagramme betrachtet werden. Sequenz- und Kommunikationsdiagramme sind, wenn man nur die grundlegenden Möglichkeiten ausschöpft, äquivalente Formen von Interaktionsdiagrammen. Da Kommunikationsdiagramme leichter zu erweitern sind, werden sie hier den Sequenzdiagrammen vorgezogen. Durch die Kombination von Kommunikations- und Zustandsdiagrammen wird das reaktive Verhalten nur durch einen und nicht durch zwei Diagrammtypen beschrieben – nämlich durch die zustandsbasierten Kommunikationsdiagramme. Indem man nur eine einzige Sicht benutzt, werden Inkonsistenzen zwischen den Diagrammtypen Kommunikationsdiagramm und Zustandsdiagramm vermieden. Überdies werden reaktive und transformatorische Systemaspekte im selben Diagramm modelliert, was beträchtlich bei der Modellierung helfen kann.

Zustandsbasierte Kommunikationsdiagramme enthalten im Inneren eines Objekts einen Zustandsautomaten, der die Zustandsänderungen des betreffenden Objekts widerspiegelt. Beim Entwurf werden Operationen und Signale (siehe Kapitel 10.8) durch Methoden repräsentiert. Es kann dann in den Automaten eingezeichnet werden, welche Methodenaufrufe zu welchen Zustandsübergängen im Inneren des Objektes führen und aus welchen Zuständen eines Objektes welche Aufrufe von Methoden eines anderen Objektes erfolgen können (siehe Bild 12-54).

Um nicht abstrakt zu bleiben, wird in Kapitel 12.14.11 eine spezielle Kaffeemaschine als Beispiel betrachtet.

12.12 Erstellung des Client/Server-Objektdiagramms

Client/Server-Objektdiagramme dienen zum einen zum Finden der ersten Schichten des Systementwurfs und zum anderen zum Überführen der Abhängigkeitsbeziehungen zwischen Objekten in das Klassendiagramm des Systementwurfs. Sie erlauben damit einen geradlinigen, konstruktiven Übergang von der Systemanalyse zum Systementwurf.

Beim Zeichnen von Client/Server-Objektdiagrammen muss festgelegt werden, welche Objekte von welchen anderen Objekten abhängig sind. Es geht also darum, die Verwendungsbeziehungen zwischen den Objekten herauszufinden, die sich gegenseitig Nachrichten senden. Verwendungsbeziehungen werden in Kapitel 10.5 und Kapitel 17.9.3.1 behandelt.

---

[125] Bei einem Schaltnetz ist die Reaktion immer gleich (zustandsunabhängig) und kann durch eine Entscheidungstabelle beschrieben werden. Bei einem Schaltwerk ist die Reaktion zustandsabhängig, (vergleiche Kapitel 7.6.7).

Grundsätzlich muss man versuchen, die Anzahl der Abhängigkeitsbeziehungen gering zu halten (Low Coupling), um die Auswirkungen von Änderungen gezielt zu minimieren.

In einem Client/Server-Objektdiagramm werden nun alle Verwendungsbeziehungen eingezeichnet, die zwischen den Kontroll- und Entity-Objekten der Systemanalyse existieren. In der oberen Schicht sind die Kontrollobjekte und in der tieferen Schicht die Entity-Objekte. Damit geben diese Diagramme direkt wieder, welches Objekt von welchem anderen Objekt abhängig ist und stellen eine Generalisierung der Kommunikationsdiagramme dar. Durch die Abhängigkeitsbeziehungen zwischen den Objekten können auch erste Schichten (siehe Kapitel 18.1) im System erkannt und eingeführt werden. Zusätzlich zu den Schichten, welche die Objekte aus der Systemanalyse enthalten, ist das Schichtenmodell beim Entwurf um Schichten zu ergänzen, die sich um entwurfsspezifische Aspekte wie zum Beispiel Persistenz oder Benutzer-Schnittstelle kümmern. Anhand eines beispielhaften Flughafensystems und einer Bücherverwaltung wird die Erstellung des Client/Server-Objektdiagramms in Kapitel 12.14.12 dargestellt.

Ein Client-Server-Objektdiagramm entspricht einem Klassendiagramm der Verarbeitungssicht mit Abhängigkeiten.

12.13 Erstellung des Klassendiagramms der finalen Sicht

Das Klassendiagramm der finalen Sicht umfasst Entity-, Kontroll- und Interface-Klassen. Das zugehörige Beispiel befindet sich in Kapitel 12.14.13.

12.14 Beispiele

In den folgenden Unterkapiteln werden Beispiele für die einzelnen Schritte aufgezeigt, auf die bereits in den Unterkapiteln zuvor verwiesen wurde.

12.14.1 Überprüfung der Requirements

Dem Folgenden liegt das Beispiel einer Bücherverwaltung zugrunde. Angenommen, der Kunde stellt die folgenden Forderungen bei der Bestellung des Systems auf:

- Buch ausleihen einschließlich Buch zurückgeben
- Aufnahme neuer Bücher
- Bestandsanzeige aller Bücher sortiert nach Autoren:
  − am Bildschirm anzeigen
  − am Drucker ausgeben
- Bücher pro Ausleiher anzeigen in einer nach Autoren sortierten Liste:
  − am Bildschirm anzeigen
  − am Drucker ausgeben

Bei der Analyse der Requirements wurde erkannt, dass keine Aussagen bezüglich der Eingabegeräte und zur Verwendung eines Betriebssystems gemacht wurden. Deshalb wurden die folgenden Requirements neu aufgestellt:

- Es soll ein Betriebssystem verwendet werden.
- Die Benutzereingaben sollen nicht mausgesteuert, sondern mit Hilfe der Tastatur erfolgen.

Das zweite der neuen Requirements zielt hierbei auf eine möglichst einfache Implementierung ab.

Während der Prüfung der Requirements wurde weiter bemerkt, dass eigentlich jeder unbefugte Nutzer ausleihen kann. Daher wurden die folgenden beiden Requirements eingeführt:

- Ein Ausleihvorgang soll nur möglich sein, wenn der Kunde als Ausleiher dem System bekannt ist.
- Die Aufnahme eines neuen Ausleihers soll automatisch beim Ausleihvorgang geschehen.

Die Möglichkeit, ein Buch aus dem Bücherbestand oder einen Ausleiher zu entfernen, wird hier nicht betrachtet. Es soll hier keine Lösung entworfen werden, die in eine operationelle Nutzung übergeht, sondern es soll ein Beispiel durchgeführt werden, das machbar und übersichtlich ist.

In Absprache mit dem Auftraggeber wird die ursprüngliche Aufgabenstellung des Auftraggebers durch die folgende Requirement-Spezifikation ersetzt:

Requirement 100:
Es soll eine Verwaltung des Bücherbestandes erfolgen. Die Daten über den Bücherbestand müssen gespeichert werden.

Requirement 200:
Auf dem Buchbestand soll interaktiv gearbeitet werden können.

Requirement 300:
Folgende Dialoge sollen möglich sein:
- Buch ausleihen und zurückgeben
- Aufnahme neuer Bücher
- Bestandsanzeige aller Bücher sortiert nach Autoren
  - am Bildschirm anzeigen
  - am Drucker ausgeben
- Bücher pro Ausleiher anzeigen in einer nach Autoren sortierten Liste
  - am Bildschirm anzeigen
  - am Drucker ausgeben

Requirement 400:
Es soll möglich sein, nachzusehen, welche Bücher momentan ausgeliehen sind und welche nicht ausgeliehen sind.

Requirement 500:
Es soll ein Betriebssystem verwendet werden.

Requirement 600:
Die Benutzereingaben sollen nicht mausgesteuert, sondern mit Hilfe der Tastatur erfolgen.

Objektorientierte Systemanalyse

Requirement 700:
Ein Ausleihvorgang soll nur möglich sein, wenn der Kunde als Ausleiher dem System bekannt ist.

Requirement 800:
Die Aufnahme eines neuen Ausleihers soll automatisch beim Ausleihvorgang geschehen.

12.14.2 Spezifikation der Geschäftsprozesse

Im Beispiel der Bücherverwaltung gibt es die folgenden Geschäftsprozesse:

- Buch ausleihen und zurückgeben,
- neue Bücher aufnehmen,
- den Bücherbestand sortiert nach Autoren auf dem Bildschirm bzw. Drucker ausgeben und
- die Bücher pro Ausleiher sortiert nach Autoren auf dem Bildschirm bzw. Drucker ausgeben.

Alle diese Geschäftsprozesse sollen automatisiert werden. Sie sind also auch Anwendungsfälle des zu erstellenden Systems.

12.14.3 Priorisierung der Anwendungsfälle

Im Beispiel der Bücherverwaltung wurden alle genannten Requirements mit Priorität 1, der höchsten Priorität, versehen.

12.14.4 Erstellung des Kontextdiagramms

Hier das Kontextdiagramm:

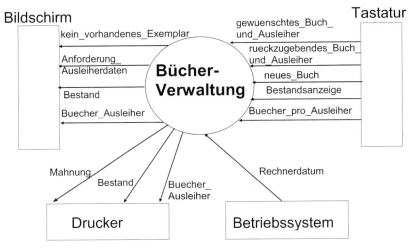

Bild 12-6 Kontextdiagramm des Systems Bücherverwaltung

Die Notation in Bild 12-6 ist nicht UML-konform. Besteht man auf der Notation nach UML, so kann ein Kontextdiagramm natürlich auch nach UML gezeichnet werden. Bild 12-7 zeigt ein Beispiel für ein Kontextdiagramm nach UML. Das dort gezeigte Programm Flughafen-Informationssystem erhält Daten von Radarsensor, Positionsmelder Flugzeug, Flugplatzsensor, Parksensor, Tastatur Lotse, Tastatur Flughafenangestellter und Betriebssystem und erzeugt Ausgaben für Hupe, Bildschirm Lotse, Drucker Flughafenangestellter und Bildschirm Flughafenangestellter. Das hier gezeigte Kontextdiagramm gehört zu dem Anwendungsbeispiel in Kapitel 12.14.8.3.

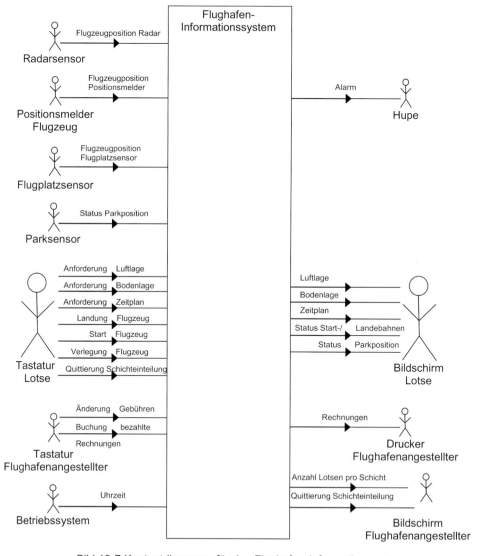

Bild 12-7 Kontextdiagramm für das Flughafen-Informationssystem

Objektorientierte Systemanalyse

12.14.5 Neu-Definition der Requirements

Die Bibliotheksverwaltung hat noch etwas Geld und nimmt noch eine Funktion dazu. Es soll eine Funktion aufgerufen werden, die feststellt, welches Buch die Ausleihfrist überschreitet:

- Überprüfen der Ausleihfrist auf Anforderung und Ausgabe einer Mahnung auf Bildschirm und Drucker.

Dies hat zur Konsequenz, dass im Kontextdiagramm `Ausleihfrist_Überprüfung` von der Tastatur an das Programm `Bücherverwaltung` eingegeben wird und `Bücher_Fristablauf` auf den Drucker und Bildschirm ausgegeben wird.

12.14.6 Erstellung des Anwendungsfalldiagramms

Im Folgenden als Beispiel das Anwendungsfalldiagramm der Bücherverwaltung:

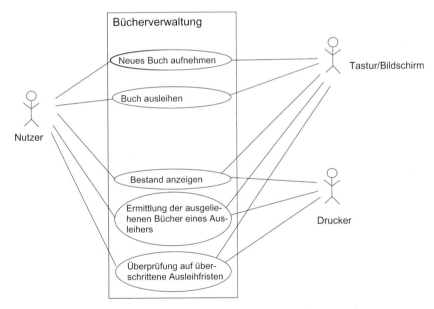

Bild 12-8 Anwendungsfalldiagramm für die Bücherverwaltung

Es gilt zu beachten, dass `Buch zurückgeben` den Anwendungsfall `Buch ausleihen` abschließt. Ferner würde eine feinere Betrachtung differenzieren und aus der Rolle "Nutzer" zwei Nutzer machen:

- die Rolle **Ausleiher**, die Bücher ausleiht und zurückgibt und noch wissen will, welche Bücher sie ausgeliehen hat, sowie
- die Rolle **Bibliothekar**, die neue Bücher aufnimmt, Mahnungen schreibt und einen Bücherkatalog (Bestandsanzeige) führt.

Hier das Anwendungsfalldiagramm der Bücherverwaltung mit den beiden Rollen Ausleiher und Bibliothekar:

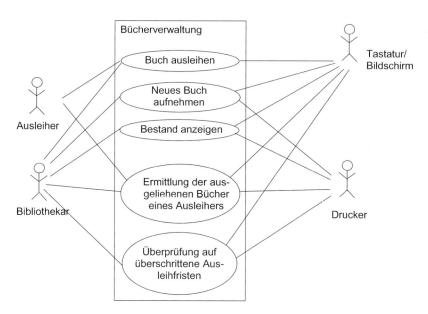

Bild 12-9 Anwendungsfall-Diagramm der Bücherverwaltung

Zum Anwendungsfall `Bestand anzeigen` gehören 2 Alternativabläufe:

- Bestand auf Bildschirm ausgeben und
- Bestand am Drucker ausgeben.

Dasselbe gilt für den Anwendungsfall `Ermittlung der ausgeliehenen Bücher eines Ausleihers`. Hier wird eine Liste nach Autoren sortiert einmal am Bildschirm und einmal am Drucker ausgegeben.

In Tabelle 12-1 wird für die Bücherverwaltung eine Zuordnung zwischen den **Bezeichnungen der Datenflüsse im Kontextdiagramm** (siehe Bild 12-6), die Trigger für das System darstellen, um vom System aktiv Leistungen zu verlangen, und den **Bezeichnungen der Anwendungsfallbeschreibungen** durchgeführt. Diese Tabelle zeigt, welcher Trigger im Kontextdiagramm welchen Anwendungsfall abruft.

Bezeichnung im Kontextdiagramm	Bezeichnung der Anwendungsfälle
gewuenschtes_Buch_und_Ausleiher	`Buch ausleihen` einschließlich `Buch zurückgeben`
neues_Buch	`Neues Buch aufnehmen`
Bestandsanzeige	`Bestand anzeigen`
Buecher_pro_Ausleiher	`Ermittlung der ausgeliehenen Bücher eines Ausleihers`
Ausleihfrist_Ueberpruefung	`Überprüfung auf überschrittene Ausleihfristen`

Tabelle 12-1 Trigger im Kontextdiagramm und Bezeichnungen der Anwendungsfälle

12.14.7 Kurzbeschreibung der Anwendungsfälle

Im Folgenden werden als **Beispiel** die Anwendungsfall-Kurzbeschreibungen für die Anwendungsfälle `Neues Buch aufnehmen` und `Buch ausleihen` angegeben:

- **Anwendungsfallbeschreibung** `Neues Buch aufnehmen`
  Ist ein neues Buch beschafft, so muss es in den Bücherbestand der Bibliothek aufgenommen werden, damit dieses Buch in Zukunft ausgeliehen werden kann.
- **Anwendungsfallbeschreibung** `Buch ausleihen`
  Eine Voraussetzung für das Ausleihen ist, dass der Kunde bereits Mitglied der Bibliothek ist. Das Ausleihen eines Buchs wird mit den Kundeninformationen und dem Ausleihdatum im System vermerkt. Ein Ausleiher, der ein Buch ausleiht, muss es innerhalb der Ausleihfrist wieder zurückgeben, sonst wird er gemahnt.

12.14.8 Erstellung des Klassendiagramms der konzeptionellen Sicht

Gezeigt wird zuerst das Finden von Klassen nach den Techniken der Unterstreichmethode (siehe Kapitel 12.8.1), der CRC-Methode (siehe Kapitel 12.8.2) und der anwendungsfallbasierten Ermittlung (siehe Kapitel 12.8.3). Die Klassendiagramme für das Flughafen-Informationssystem und die Betriebsverwaltung werden aufgestellt.

12.14.8.1 Finden von Klassen nach der Unterstreichmethode

Ein Beispiel für die Ermittlung der Objekte nach der Unterstreichmethode wird im Folgenden gegeben. Hier die Unterstreichmethode für die Anwendungsfallbeschreibung `Neues Buch aufnehmen`:

Ist ein neues **Buch** beschafft, so muss es in den **Bücherbestand** der **Bibliothek** aufgenommen werden, damit dieses Buch in **Zukunft** ausgeliehen werden kann. Zur **Aufnahme** des neuen Buches teilt der **Nutzer** dem **System** mit, dass es sich um ein neues Buch handelt, wer der **Autor** ist und wie der **Buchtitel** lautet.

Die folgenden gefundenen Substantive sind Kandidaten für Klassen:

~~Aufnahme~~	~~ist Tätigkeit.~~
~~Autor~~	~~kann Klasse oder Attribut sein. Hier Attribut von Buch.~~
~~Bibliothek~~	~~ist der Ort, wo sich der Bücherbestand befindet.~~ Entscheidung: wird nicht betrachtet
Buch	ist Klasse des Problembereichs.
~~Buchtitel~~	~~ist Attribut von Buch.~~
~~Bücherbestand~~	~~ist die Summe aller Bücher. Aggregation von Objekten des Problembereichs.~~ Entscheidung: Aggregiertes Objekt wird nicht betrachtet.
Nutzer	ist Teil des Problembereichs. Der betrachtete Nutzer ist der **Ausleiher**.
~~System~~	~~ist keine Klasse des Problembereichs.~~
~~Zukunft~~	~~ist keine Klasse des Problembereichs.~~

Tabelle 12-2 Kandidaten für Klassen

Die gefundenen Klassen sind hier für alle Anwendungsfälle zusammengestellt:

Anwendungsfall	gefundene Klassen
Anwendungsfall 1 Buch ausleihen	Buch Ausleiher
Anwendungsfall 2 Neues Buch aufnehmen	Buch
Anwendungsfall 3 Bestand anzeigen	Buch
Anwendungsfall 4 Ermittlung der ausgeliehenen Bücher eines Ausleihers	Buch Ausleiher
Anwendungsfall 5 Überprüfung auf überschrittene Ausleihfristen	Buch Ausleiher Mahnung

Tabelle 12-3 Gefundene Klassen der Bücherverwaltung

12.14.8.2 Ermittlung der Klassen der konzeptionellen Sicht mit CRC

Die Erstellung der CRC-Karten wird am Beispiel einer Betriebsverwaltung (ein Betriebsinformationssystem) verdeutlicht. Für dieses System wurden die folgenden Requirements aufgestellt:

Requirement 100:
Es soll ein Programm entwickelt werden, das die folgenden Anwendungsfunktionen ermöglicht:

- die Verwaltung von Lieferanten
- die Verwaltung von Kunden
- die Verwaltung des Verkaufs mit:
  - Angebot
  - Auftragsbestätigung
  - Lieferschein
  - Rechnung
- die Verwaltung des Einkaufs mit:
  - Anfrage
  - Bestellung
- die Verwaltung von Kundenaufträgen
- die Verwaltung des Lagers
- die Verwaltung von Produkten
- die Verwaltung von Betriebsaufträgen
- Statistiken über Umsatz und Produktverkauf.

Requirement 200:
Das Programm soll eine grafische Oberfläche besitzen und dem Anwender eine interaktive Schnittstelle zur Benutzung bereitstellen.

Requirement 300:
Neue Kunden sollen in einem Dialog aufgenommen werden. Bestehende Kunden sollen gelöscht werden können.

Requirement 400:
Neue Lieferanten sollen in einem Dialog aufgenommen werden. Bestehende Lieferanten sollen gelöscht werden können.

Requirement 500:
Es soll möglich sein, kundenspezifische Angebote zu schreiben, Aufträge einzugeben, Auftragsbestätigungen zu erstellen, Lieferscheine zu schreiben und Rechnungen zu erstellen. Angebote, Auftragsbestätigungen, Lieferscheine und Rechnungen sollen ausdruckbar sein.

Requirement 510:
Angebote für Kunden sollen im System gespeichert werden. Erstellte Angebote sollen am Bildschirm angezeigt werden können.

Requirement 520:
Aufträge eines Kunden sollen so lange im System gespeichert werden, bis alle Produkte eines Auftrags durch die Lieferscheinerstellung als ausgeliefert gelten. Noch offene Aufträge sollen am Bildschirm angezeigt werden können. Zusätzlich sollen noch offene Aufträge ausdruckbar sein.

Requirement 530:
Auftragsbestätigungen sollen im System nur bis zum erfolgreichen Ausdruck gespeichert werden.

Requirement 540:
Lieferscheine sollen so lange im System gespeichert werden, bis die Rechnung für diesen Lieferschein erfolgreich erstellt worden ist.

Requirement 540:
Von ausgedruckten Rechnungen soll für einen Kunden jeweils nur die letzte aus Datensicherungszwecken im System gehalten werden.

Requirement 600:
Betriebsaufträge sollen aus eingehenden Aufträgen erstellt werden und vom Produktionsleiter nach Bestätigung ausgedruckt werden können. Der Produktionsleiter soll auch die Möglichkeit haben, Betriebsaufträge zu stornieren.

Requirement 610:
Bereits ausgedruckte Betriebsaufträge sollen aus Datensicherungsgründen bis zu einer Anzahl von 15 Betriebsaufträgen pro Fertigungsteil im System gehalten werden.

Requirement 700:
Alle Zukaufteile, die von Lieferanten geliefert werden, sollen vom Lagerverwalter in das System eingegeben werden können.

Requirement 800:
Alle von der Produktion gefertigten Teile sollen vom Lagerverwalter in das System eingebucht werden können.

Requirement 900:
Bestellungen sollen mit Hilfe des Systems an Lieferanten geschrieben werden können. Bestellungen sollen auf dem Drucker ausgegeben werden können.

Requirement 910:
Bestellungen sollen so lange im System gespeichert werden, bis alle Zukaufteile geliefert worden sind.

Requirement 1000:
Anfragen sollen für erfasste Lieferanten erstellt und ausgedruckt werden können. Anfragen sollen im System gespeichert werden. Erstellte Anfragen sollen auf dem Bildschirm ausgegeben werden können.

Requirement 1100:
Die Lagerbestände sollen bei Lieferscheinerstellung automatisch entsprechend der ausgelieferten Menge der ausgehenden Fertigprodukte reduziert werden.

Requirement 1200:
Neue Gruppen sollen in einem Dialog angelegt werden können. Gruppen sollen auch wieder löschbar sein.

Requirement 1210:
Ein Produkt (Fertigungsteil, Zukaufteil, Fertigprodukt) soll nur in einer Gruppe vorhanden sein können. Ein Produkt kann nicht in mehreren Gruppen auftauchen.

Requirement 1300:
Neue Produkte sollen in einem Dialog angelegt werden können. Produkte sollen auch löschbar sein.

Requirement 1400:
Neue Einzelteile (Fertigungsteil oder Zukaufteil) sollen im Dialog angelegt werden können. Einzelteile sollen auch löschbar sein.

Requirement 1500:
Es soll ein Teilejournal ausgegeben werden können, das die verkauften Fertigprodukte pro Kunde darstellt.

Requirement 1600:
Es soll ein Umsatzjournal ausgegeben werden können, das den Umsatz pro Kunde für einen zeitlichen Rahmen anzeigt. Es soll auch möglich sein, den Umsatz aller Kunden in einem zeitlichen Rahmen darzustellen.

Requirement 1700:
Für jeden Kunden soll es möglich sein, für die Fertigprodukte, die an ihn geliefert werden, spezifische Preise zu erfassen. Es sollen auch Staffelpreise für jeden Kunden vorgesehen werden.

Requirement 1800:
Für jeden Lieferanten soll es möglich sein, für die Teile, die von ihm geliefert werden, Preise zu erfassen, dabei sind auch Staffelpreise vorzusehen.

Requirement 1900:
Es soll ein Betriebssystem verwendet werden, auf dem Java-Programme ablauffähig sind.

Objektorientierte Systemanalyse

Den Requirements werden nun die Entity-Klassen entnommen. Hier die Klassen mit ihren CRC-Karten:

Kunde	
Responsibility	Collaboration
anlegen löschen	hat Adresse kauft Fertigprodukt erhält Angebot erteilt Auftrag erhält Auftragsbestätigung erhält Lieferschein erhält Rechnung erhält Staffelpreise

Bild 12-10 Die Klasse `Kunde`

Lieferant	
Responsibility	Collaboration
anlegen löschen	hat Adresse erhält Anfrage erhält Bestellung liefert Zukaufteil

Bild 12-11 Die Klasse `Lieferant`

Anfrage	
Responsibility	Collaboration
anlegen ausdrucken anzeigen speichern	geht an Lieferant bezieht sich auf Zukaufteil

Bild 12-12 Die Klasse `Anfrage`

Bestellung	
Responsibility	Collaboration
eingeben ausdrucken anzeigen speichern	geht an Lieferant bezieht sich auf Zukaufteil

Bild 12-13 Die Klasse `Bestellung`

Adresse	
Responsibility	Collaboration
eingeben ändern löschen	gehört zu Kunde gehört zu Lieferant

Bild 12-14 Die Klasse `Adresse`

Angebot	
Responsibility	Collaboration
erstellen ausdrucken anzeigen speichern	bezieht sich auf Fertigprodukt geht an Kunde

Bild 12-15 Die Klasse `Angebot`

Auftrag	
Responsibility	Collaboration
erstellen ausdrucken speichern Status anzeigen	bezieht sich auf Fertigprodukt kommt von Kunde gehört zu Angebot führt zu Betriebsauftrag

Bild 12-16 Die Klasse `Auftrag`

Auftragsbestätigung	
Responsibility	Collaboration
erstellen ausdrucken speichern	bezieht sich auf Fertigprodukt kommt von Kunde gehört zu Auftrag

Bild 12-17 Die Klasse `Auftragsbestätigung`

Lieferschein	
Responsibility	Collaboration
erstellen ausdrucken speichern	bezieht sich auf Fertigprodukt geht an Kunde gehört zu Auftrag

Bild 12-18 Die Klasse `Lieferschein`

Rechnung	
Responsibility	Collaboration
erstellen ausdrucken speichern	bezieht sich auf Fertigprodukt geht an Kunde gehört zu Lieferschein

Bild 12-19 Die Klasse `Rechnung`

Staffelpreis	
Responsibility	Collaboration
festlegen pro Kunde und Fertigprodukt	wird gewährt an Kunde für Fertigprodukt

Bild 12-20 Die Klasse `Staffelpreis`

Fertigprodukt	
Responsibility	Collaboration
Bestand festhalten	wird verkauft an Kunden enthält Fertigteil enthält Zukaufteil gehört zu Angebot, Auftrag, Lieferschein, Rechnung

Bild 12-21 Die Klasse `Fertigprodukt`

Objektorientierte Systemanalyse

Fertigungsteil	
Responsibility	Collaboration
eingeben speichern ausdrucken	gehört zu Betriebsauftrag

Bild 12-22 Die Klasse `Fertigungsteil`

Betriebsauftrag	
Responsibility	Collaboration
anlegen starten löschen drucken	wird aus Auftrag generiert enthält Zukaufteil enthält Fertigungsteil

Bild 12-23 Die Klasse `Betriebsauftrag`

Zukaufteil	
Responsibility	Collaboration
Bestand ansehen bestellen	gehört zu Betriebsauftrag wird bestellt bei Lieferant wird im Lager eingelagert

Bild 12-24 Die Klasse `Zukaufteil`

Lager	
Responsibility	Collaboration
Bestand ansehen ein- und auslagern	enthält Zukaufteile enthält Fertigungsteile enthält Fertigprodukte

Bild 12-25 Die Klasse `Lager`

12.14.8.3 Für jeden Anwendungsfall getrennt ein Klassendiagramm zeichnen

Als Beispiel wird ein Informationssystem für einen Flughafen betrachtet:

Aufgabenstellung des Kunden

Ein Informationssystem für einen Flughafen soll es den **Fluglotsen** ermöglichen, die Landung und den Start von Flugzeugen zu überwachen. Ferner sollen die **Angestellten der Flughafenverwaltung** bei der Erhebung der Start- und Landegebühren unterstützt werden.

Das Informationssystem soll Daten über die Position der Flugzeuge von verschiedenen Sensoren erhalten. Diese **Sensoren** sind:

Radar des Flughafens	liefert Positionsdaten des Flugzeugs in der Luft
Positionsmelder des Flugzeugs	liefert über eine automatisierte Funkschnittstelle die Positionsdaten des Flugzeugs in der Luft
Flugplatzsensoren	liefern Position des Flugzeugs am Boden
Parksensor	liefert Belegungsstatus einer Parkposition

Die Lotsen und die Flughafenverwaltung sollen Informationen in Form von Grafiken bzw. Daten über die Tastatur anfordern können. Die Ausgaben sollen auf den **Drucker** oder den **Bildschirm** erfolgen.

Der Flughafen soll über vier getrennte Bahnen verfügen, wovon eine jede als Landebahn oder als Startbahn benutzt werden kann. Ferner verfügt der Flughafen über Parkboxen für die Flugzeuge. Siehe hierzu das folgende Bild:

Objektorientierte Systemanalyse

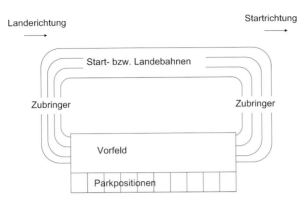

Bild 12-26 Skizze des Flughafens

Hinweis: Die Steuerung der Flugzeuge soll über Sprechfunk vom Lotsen an den Piloten erfolgen. Die Steuerung ist ein eigenständiges System und nicht Bestandteil der vorliegenden Aufgabe. Auf dem Vorfeld werden die Flugzeuge durch ein "Follow me"-Fahrzeug geleitet. Die Verwaltung des Vorfeldes ist nicht Teil des Systems.

Systemanalyse in textueller Form

Um die Abläufe zu optimieren, wird ein Programm in Auftrag gegeben, welches von den **Lotsen** und den **Angestellten der Flughafenverwaltung** genutzt werden können soll. Ferner soll das System selbstständig einen **Alarm** mit einer **Hupe** generieren, wenn das Radar andere Positionsdaten als der Positionsmelder des Flugzeugs meldet.

Um die Bahnkurve eines Flugzeugs grafisch darstellen zu können, sollen alle Positionsdaten eines Flugzeugs im System geführt werden. Für ein Objekt der Klasse `Flugzeug` selbst sollen Soll-Zeitpunkt der Landung, Ist-Zeitpunkt der Landung, Soll-Zeitpunkt des Starts, Ist-Zeitpunkt des Starts, Landebahn, Parkposition, Startbahn, betreuender Lotse bei Landung, betreuender Lotse bei Start, Flugzeugtyp und Luftfahrtgesellschaft gespeichert werden. Jede Start-/Landebahn sowie jede Parkposition soll im System gespeichert werden und als Attribute Zeitscheiben haben, die von den Lotsen belegt werden können. Damit soll sichergestellt werden, dass ein solches Objekt von den Lotsen nicht zur selben Zeit mehrfach zugeteilt wird. Alle Fluggesellschaften sollen ebenfalls im System geführt werden.

Das System soll den Anwender bei folgenden Aufgaben unterstützen:

- Positionsdaten von Flugzeugen in der Luft am Bildschirm kontrollieren (Anwendungsfall `Luftlage anzeigen`)
- Positionsdaten von Flugzeugen am Boden am Bildschirm kontrollieren (`Bodenlage anzeigen`)
- Zeitplan für Starts und Landungen anzeigen (`Zeitplan anfordern`)
- Landung durchführen (`Landung durchführen`)
  Ein Flugzeug kann sich bei einem Lotsen für eine **Landung** anmelden. Bei schlechtem Wetter wird die Landung verweigert. Ansonsten wird die Landung im Prinzip angenommen und der Lotse trägt Flugzeugtyp, Luftfahrtgesellschaft und sich selbst als betreuenden Lotsen in das System ein.

Ist die Luftfahrtgesellschaft des im Landeanflug befindlichen Flugzeugs dem System noch nicht bekannt, so wird sie vom Lotsen in das System aufgenommen (Name, Adresse). Der Lotse verschafft sich einen Überblick über die Start-/Landebahnen und trägt die von ihm vergebene Landebahn und den Soll-Zeitpunkt der Landung in das System ein. Der Lotse lässt sich die vergebenen und freien Parkpositionen anzeigen und trägt die vergebene Parkposition in das System ein. Ist keine Landebahn oder Parkposition frei, wird eine Warteschleife angeordnet, ansonsten wird der Landeanflug freigegeben.

Hat das Flugzeug die Parkposition erreicht, so trägt der Lotse den Ist-Zeitpunkt der Landung in das System ein und gibt die Landebahn wieder frei.

- Start durchführen (`Start durchführen`)
  Im Rahmen der **Startzuweisung** lässt sich der Lotse die vergebenen und freien Start-/Landebahnen darstellen und trägt sich selbst, die vergebene Startbahn und den Soll-Zeitpunkt des Starts in das System ein.

  Hat das Flugzeug beim Starten die Startbahn erreicht, gibt der Lotse die Parkposition wieder frei.

  Hat das Flugzeug den Flughafen verlassen (Meldung des Radars), gibt der Lotse die Startbahn wieder frei und trägt den Ist-Zeitpunkt des Starts in das System ein. Mit der Freigabe ist eine automatische Buchung verbunden. Dabei wird aufgrund des Flugzeugtyps eine bestimmte Gebühr für Start und Landung gemäß der Gebührenliste dem Rechnungskonto der Fluggesellschaft zugeordnet.

- Flugzeug auf separates Parkfeld verlegen (`Flugzeug auf separates Parkfeld verlegen`)

- Flugzeugposition aus Daten des Flugzeugpositionsgebers und des Radars ermitteln und Differenzen erkennen (`Positionsdaten fusionieren`)
  Weichen die vom Radar und vom Positionsmelder des Flugzeugs gemeldeten Daten um mehr als eine vorgegebene Toleranz voneinander ab, so wird automatisch ein akustischer Alarm mit der Hupe generiert.

- Erstellung der monatlichen Rechnungen für Start- und Landegebühren an die Fluggesellschaften (`Rechnungen erstellen`)
  Jeweils am Ersten eines Monats werden die **Rechnungen** an die Fluggesellschaften von den Angestellten der Verwaltung aus dem System ausgedruckt.

- Bezahlte Rechnungen auf das Konto der Fluggesellschaften buchen (`bezahlte Rechnungen buchen`)

- Preisliste der Start- und Landegebühren ändern (`Gebühren ändern`)
  Die Angestellten der Verwaltung können die Preisliste der Start- und Landegebühren abändern.

- Erstellen des Schichtplans (`Schichtplan erstellen`)

Kontextdiagramm

Aus der Aufgabenstellung des Kunden wird das folgende Kontextdiagramm entwickelt:

Objektorientierte Systemanalyse

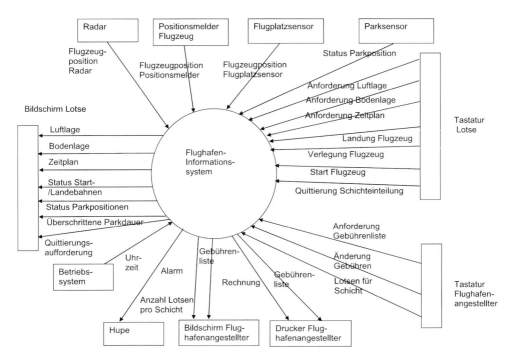

Bild 12-27 Kontextdiagramm für das Flughafen-Informationssystem

Dieses Kontextdiagramm, dessen Form von der Strukturierten Analyse her gut bekannt ist, kann auch nach UML gezeichnet werden (siehe Bild 12-7). Dabei werden Sammeldatenflüsse eingeführt. Das Programm des Flughafen-Informationssystems erhält Daten von Radar, Positionsmelder Flugzeug, Flugplatzsensor, Parksensor, Tastatur Lotse, Tastatur Flughafenangestellter und Betriebssystem und erzeugt Ausgaben für Bildschirm Lotse, Drucker Flughafenangestellter und Hupe. Im Folgenden soll die Aufschlüsselung der Gruppendatenflüsse (Sammeldatenflüsse) `Landung Flugzeug` und `Start Flugzeug` angegeben werden:

Landung Flugzeug :=
  Initialisierung Landeanflug + Reservierung Start-/Landebahn + Reservierung Parkposition + Freigabe Start-/Landebahn + (Gründe für Abbruch) + Ist-Zeitpunkt-Landung + (Verlegung)

  mit

  Initialisierung Landeeanflug = betreuender Lotse + Flugzeugtyp + Fluggesellschaft + Soll-Zeitpunkt-Landung.

Start Flugzeug :=
  betreuender Lotse + Reservierung Start-/Landebahn + Freigabe Parkposition + Freigabe Start-/Landebahn + Soll-Zeitpunkt-Start + Ist-Zeitpunkt-Start

Anwendungsfälle

Im nächsten Schritt werden die Anwendungsfälle bestimmt und in einem Anwendungsfalldiagramm dargestellt.

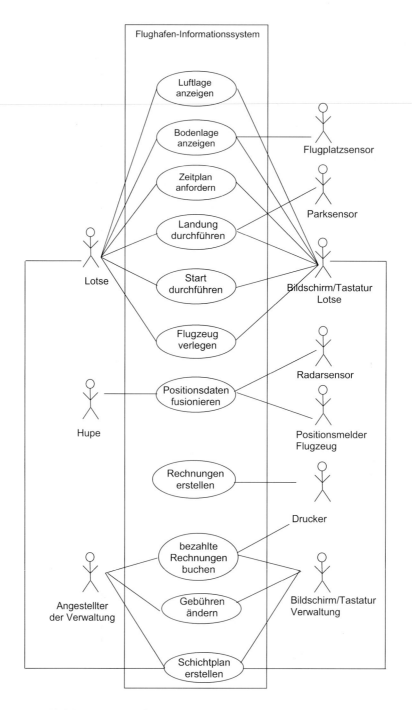

Bild 12-28 Anwendungsfalldiagramm für das Flughafen-Informationssystem

Objektorientierte Systemanalyse 531

Es bleibt zu erwähnen, dass der Anwendungsfall Schichtplan erstellen eingeführt wurde, damit die Anwendungsfälle der Angestellten der Verwaltung und der Lotsen nicht aufgeteilt werden können, da am Anwendungsfall Schichtplan erstellen Lotsen und Angestellte der Verwaltung beteiligt sind.

Anwendungsfallbezogene Teilbilder für das Klassendiagramm der konzeptionellen Sicht auf das System:

Nun wird das Klassendiagramm der konzeptionellen Sicht aus Entity-Klassen in drei Schritten vorbereitet:

- Für jeden ereignisorientierten Anwendungsfall wird festgestellt, wie der auslösende Akteur heißt und dieser wird im Rahmen der konzeptionellen Sicht als Klasse[126] dargestellt. Alle Klassen werden identifiziert, die der auslösende Akteur für die Durchführung eines Anwendungsfalls benötigt und diese werden als Beziehungen im Klassendiagramm dargestellt.
- Für jeden zeitgesteuerten Anwendungsfall werden die für diesen Anwendungsfall kooperierenden Klassen und ihre Beziehungen dargestellt.
- Für jeden dauernd laufenden Anwendungsfall werden die für diesen Anwendungsfall kooperierenden Klassen und ihre Beziehungen dargestellt.

Ereignisorientierte Anwendungsfälle:

- Luftlage (Flugzeugpositionen in der Luft) anzeigen,
- Bodenlage (Flugzeugpositionen am Boden) anzeigen,
- Zeitplan anfordern,
- Landung durchführen,
- Start durchführen,
- Flugzeug verlegen,
- Rechnungen erstellen,
- bezahlte Rechnungen buchen,
- Gebühren ändern und
- Schichtplan erstellen.

Zeitgesteuerte Anwendungsfälle und dauernd laufende-Anwendungsfälle[127]:

- Positionsdaten fusionieren braucht ein Kontrollobjekt (siehe Kapitel 16).

Im Folgenden werden die **Klassendiagramme der einzelnen Anwendungsfälle** gezeichnet. Die Klassendiagramme der einzelnen Anwendungsfälle werden in der soeben genannten Reihenfolge aufgeführt. Anzumerken ist, dass die Aktoren wie Lotse oder Angestellter durch Klassen repräsentiert wurden:

---

[126] Wenn es sich um eine Rolle eines Anwenders handelt, kommt eine entsprechende Klasse spätestens bei der Authentisierung ins System.
[127] Es ist nicht spezifiziert, ob dieser Anwendungsfall dauernd oder zyklisch durchgeführt wird.

Luftlage anzeigen

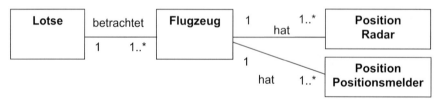

Bild 12-29 Klassendiagramm Anwendungsfall `Luftlage anzeigen`

Bodenlage anzeigen

Bild 12-30 Klassendiagramm Anwendungsfall `Bodenlage anzeigen`

Zeitplan anfordern

Bild 12-31 Klassendiagramm `Zeitplan anfordern`

Landung durchführen

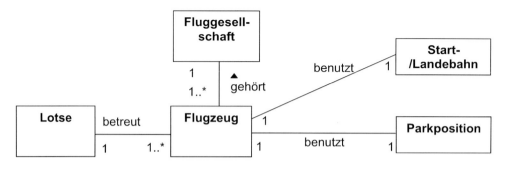

Bild 12-32 Klassendiagramm Anwendungsfall `Landung durchführen`

Objektorientierte Systemanalyse

Start durchführen

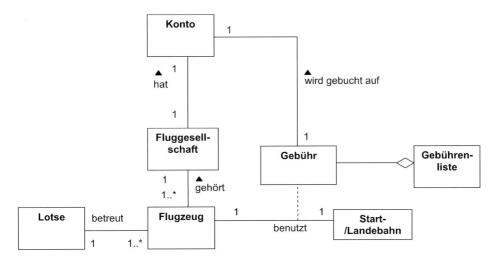

Bild 12-33 Klassendiagramm Anwendungsfall `Start durchführen`[128]

Flugzeug verlegen

Bild 12-34 Klassendiagramm Anwendungsfall `Flugzeug verlegen`

Rechnungen erstellen

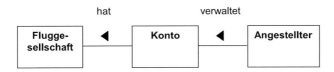

Bild 12-35 Klassendiagramm Anwendungsfall `Rechnungen erstellen`

bezahlte Rechnungen buchen

Bild 12-36 Klassendiagramm Anwendungsfall `bezahlte Rechnungen buchen`

---

[128] Aus Gründen der besseren Verständlichkeit des Diagramms erfolgte die Notation nicht nach UML.

Gebühren ändern

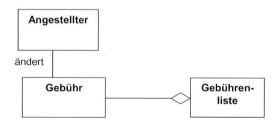

Bild 12-37 Klassendiagramm Anwendungsfall Gebühren ändern

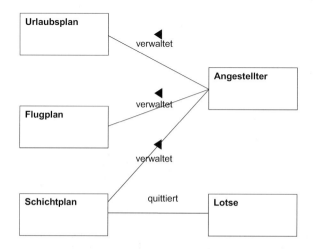

Bild 12-38 Klassendiagramm Anwendungsfall Schichtplan erstellen

Zeitgesteuerte Anwendungsfälle und dauernd laufende Anwendungsfälle[129]**:**

Positionsdaten fusionieren

Hier werden Radar-Positionsdaten und Positionsgeber-Positionsdaten verglichen. Das ergibt keinen neuen Beitrag, da dieser Anwendungsfall durch ein Kontrollobjekt (siehe Kapitel 12), das Positionsdaten einliest und vergleicht, realisiert wird.

12.14.8.4 Klassendiagramm der konzeptionellen Sicht

Klassendiagramme sind in Kapitel 11 beschrieben. Ein Klassendiagramm der konzeptionellen Sicht enthält nur Entity-Klassen.

Bild 12-39 zeigt das Klassendiagramm der konzeptionellen Sicht für das gerade analysierte Flughafeninformationssystem:

---

[129] Es ist nicht spezifiziert, ob dieser Anwendungsfall dauernd oder zyklisch durchgeführt wird.

Objektorientierte Systemanalyse 535

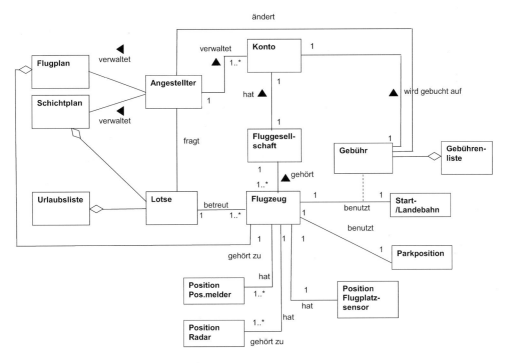

Bild 12-39 Gesamtes Klassendiagramm für das Flughafen-Informationssystem

Bild 12-40 zeigt das zum Beispiel der Betriebsverwaltung, die in Kapitel 12.14.8.2 vorgestellt wurde, gehörende Klassendiagramm der konzeptionellen Sicht:

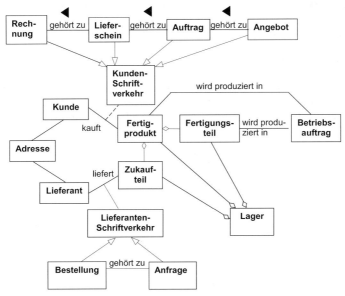

Bild 12-40 Gesamtes Klassendiagramm der Betriebsverwaltung

12.14.9 Langbeschreibung der Anwendungsfälle

Einige Langbeschreibungen der Bücherverwaltung sind im Folgenden zu sehen:

- **Anwendungsfall 1:** Buch ausleihen

    Initiator: Ausleiher

    Beteiligte Akteure: Tastatur, Bildschirm

    Basisablauf:

    Der **Ausleiher** will ein **Buch** ausleihen. Dazu muss er zunächst die Ausleihernummer eingeben. Der Ausleihvorgang darf nur fortgesetzt werden, wenn er bereits als **Ausleiher** im System geführt wird. Danach wird geprüft, ob das **Buch** im System vorhanden ist. Ist das gewünschte **Buch** vorhanden, so wird auf dem Bildschirm "verfügbares Exemplar" angezeigt und das Ausleihen kann gebucht werden.

    Alternative Abläufe:

    Ausleiher nicht bekannt:

    Wenn der **Ausleiher** noch nicht im System eingetragen ist, wird der neue Ausleiher aufgefordert, seine Daten anzugeben, damit er als **Ausleiher** aufgenommen wird. Anschließend kann der Ausleihvorgang fortgesetzt werden.

    Buch nicht in Bibliothek:

    Wenn das **Buch** nicht in der Bibliothek vorhanden ist, so wird die Meldung "Buch nicht in Bibliothek" anstatt "verfügbares Exemplar" am Bildschirm angezeigt und der Anwendungsfall ist somit abgeschlossen.

    Buch ist vorhanden, aber ausgeliehen:

    Wenn das **Buch** generell in der Bibliothek geführt wird, aber momentan von einem anderen Ausleiher ausgeliehen ist, so wird die Meldung "Buch nicht in Bibliothek" am Bildschirm anstatt "verfügbares Exemplar" angezeigt und der Anwendungsfall ist somit abgeschlossen.

- **Anwendungsfall 2:** Neues Buch aufnehmen

    Initiator: Bibliothekar

    Beteiligte Akteure: Tastatur, Bildschirm

    Basisablauf:

    Ein neues **Buch** wurde beschafft und muss in die Bibliothek aufgenommen werden, damit dieses **Buch** in Zukunft ausgeliehen werden kann. Zur Aufnahme eines neuen Buches teilt der Bibliothekar dem System mit, dass er ein neues **Buch**

Objektorientierte Systemanalyse

aufnehmen will, wer der Autor ist und wie der Buchtitel lautet. Nachdem das Buch erfolgreich inventarisiert wurde, wird eine Bestätigung ausgegeben.

- **Anwendungsfall 3:** Bestand anzeigen

  Initiator: Bibliothekar

  Beteiligte Akteure: Tastatur, Bildschirm

  Basisablauf:

Der Bibliothekar möchte sortiert nach Autoren sehen, welche **Bücher** es in der Bibliothek gibt. Dazu generiert er eine Liste für die Bildschirm- bzw. die Druckerausgabe.

Auf die Anwendungsfallbeschreibungen Ermittlung der ausgeliehenen Bücher eines Ausleihers, Überprüfung auf überschrittene Ausleihfristen wird hier nicht eingegangen.

12.14.10   Erstellen der Kommunikationsdiagramme

Es werden für die Bücherverwaltung Kommunikationsdiagramme der Anwendungsfälle dargestellt:

- Buch ausleihen,
- Neues Buch aufnehmen,
- Bestand anzeigen,
- Ermittlung der ausgeliehenen Bücher eines Ausleihers und
- Überprüfung auf überschrittene Ausleihfristen

Hier das Kommunikationsdiagramm des Basisablaufs Buch ausleihen:

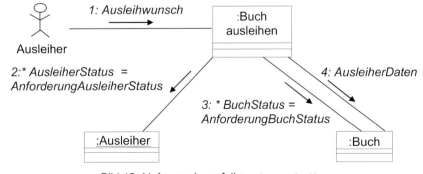

Bild 12-41 Anwendungsfall Buch ausleihen

Jetzt das Kommunikationsdiagramm des Basisablaufs Neues Buch aufnehmen:

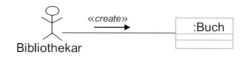

Bild 12-42 Anwendungsfall Neues Buch aufnehmen

Das folgende Bild zeigt den Alternativablauf Bestand auf Bildschirm sortiert nach Autoren ausgeben des Anwendungsfalls Bestand sortiert nach Autoren ausgeben:

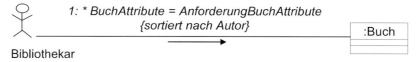

Bild 12-43 Alternativablauf Bestand auf Bildschirm sortiert nach Autoren ausgeben

Das nächste Bild zeigt den Alternativablauf Bestand auf Drucker sortiert nach Autoren ausgeben des Anwendungsfalls Bestand sortiert nach Autoren ausgeben.

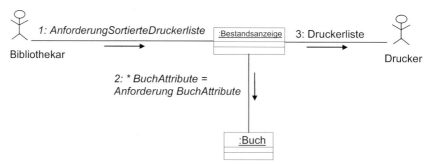

Bild 12-44 Alternativablauf Bestand auf Drucker sortiert nach Autoren ausgeben

Nun zwei verschiedene Formulierungen für den Basisablauf Ermittlung der ausgeliehenen Bücher eines Ausleihers.

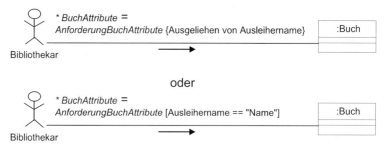

Bild 12-45 Anwendungsfall Ermittlung der ausgeliehenen Bücher eines Ausleihers

Und nun der Basisablauf für den Anwendungsfall Überprüfung auf überschrittene Ausleihfristen:

Objektorientierte Systemanalyse   539

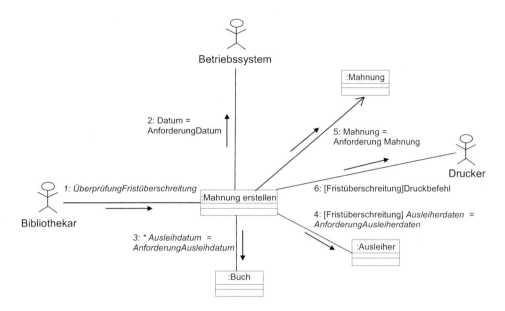

Bild 12-46 Anwendungsfall Überprüfung auf überschrittene Ausleihfristen

12.14.11 Aufstellen der zustandsbasierten Kommunikationsdiagramme

Zustandsbasierte Kommunikationsdiagramme sind eine zulässige Kombination zweier UML-Standarddiagramme, des Kommunikationsdiagramms und des Zustandsübergangdiagramms. Der Kaffeeautomat von Bild 12-47 soll exemplarisch objektorientiert mithilfe eines zustandsbasierten Kommunikationsdiagramms entworfen werden, um dieses Diagramm zu zeigen.

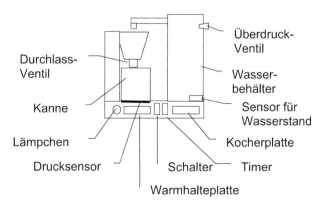

Bild 12-47 Kaffeeautomat

Natürlich braucht man für die Realisierung Hardware-Treiber, um z. B. einen Schalter anzusteuern. Hier soll ein Simulationsprogramm für den Kaffeeautomaten erstellt werden.

Der Kaffeeautomat wird mit einem **Schalter** eingeschaltet. Ist er eingeschaltet, so muss ein **Lämpchen** leuchten. Es gibt zwei Heizplatten:

- eine **Warmhalteplatte** für den fertigen Kaffee und
- eine **Kocherplatte**, um das Wasser zu erhitzen.

Diese können getrennt angesteuert werden.

In die Kaffeemaschine sind zwei Sensoren eingebaut:

- ein **Sensor für den Wasserstand** im Wasserbehälter und
- ein **Drucksensor**, ob eine Kanne in den Automaten eingestellt ist oder nicht.

Ein **Überdruck-Ventil** kann geöffnet werden, um den Überdruck abzulassen. Damit wird verhindert, dass Wasser in den Kaffeefilter nachströmt, wenn während des Brühvorganges die Kanne entfernt wird, weil man sich schnell eine Tasse Kaffee einschenken möchte. Ferner wird gleichzeitig das **Durchlassventil** geschlossen, damit kein Kaffee auf die Warmhalteplatte tropft. Die **Kocherplatte** bleibt an. Wird die Kanne wieder eingestellt, so wird das Überdruckventil wieder geschlossen und das Durchlassventil geöffnet.

Wird die Kanne nicht mehr innerhalb einer definierten Zeitspanne zurückgestellt, so sorgt ein **Timer** dafür, dass die Kaffeemaschine abgestellt wird. Wird beim Brühen der Wasserbehälter leer, so wird die Kocherplatte abgeschaltet.

Beim Einschalten der Maschine wird geprüft, ob eine Kanne und ob Wasser da ist. Ist beides der Fall, so werden beide Platten eingeschaltet und Kaffee gebrüht. Ist kein Wasser da, aber eine Kanne, so wird nur die Warmhalteplatte eingeschaltet. Ist keine Kanne eingestellt, so wird der Schalter auf `Schalter ausgeschaltet` zurückgestellt und die Lampe ausgeschaltet.

Wird die Kaffeekanne nach dem Brühvorgang – also während des Warmhaltens – von der Warmhalteplatte genommen, so wird die Warmhalteplatte zunächst nicht abgeschaltet. Erst wenn die Kanne innerhalb einer vorgegebenen Zeit nicht zurückgestellt wird, wird die ganze Maschine (Warmhalteplatte + Lämpchen) ausgeschaltet und der Schalter in die Stellung `Schalter ausgeschaltet` gebracht.

Ist die Warmhalteplatte noch eingeschaltet, so wird die Kocherplatte wieder aktiviert, wenn Wasser nachgefüllt wird. Beim Ausschalten der Maschine werden alle Programme und der Timer gestoppt.

Bild 12-48 zeigt das Kontextdiagramm für die Steuerung. Es existieren nur Steuerflüsse. Datenflüsse sind keine vorhanden.

Objektorientierte Systemanalyse

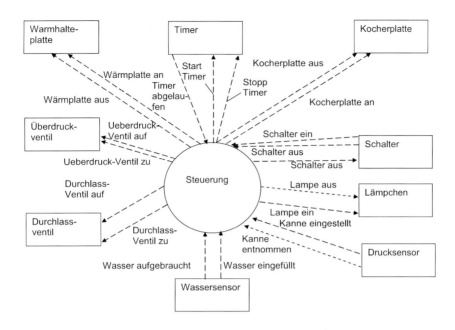

Bild 12-48 Kontextdiagramm der Kaffeeautomaten-Steuerung

Das Verhalten der Maschine kann durch das folgende Zustandsdiagramm beschrieben werden:

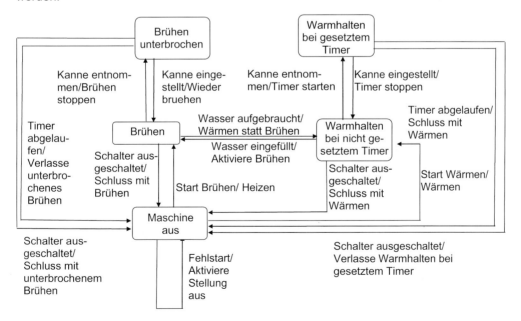

Bild 12-49 Zustandsübergänge in dem Kaffeeautomaten

Ein Fehlstart bedeutet, dass keine Kanne eingestellt ist und eingeschaltet wird.

Der folgende Ansatz für den Entwurf steckt die Intelligenz in die folgenden Controller-Objekte: `:Bedienteil`, `:Plattencontroller`, `:Ventilcontroller`, `:Sensorcontroller`, `:Timer`. Controller-Objekte sind Kontrollobjekte und kontrollieren ihre zugeordnete Hardware. Die Objekte:

`:Warmhalteplatte`
`:Kocherplatte`
`:DurchlassVentil`
`:UeberdruckVentil`
`:Schalter`
`:Lampe`
`:Wassersensor`
`:Drucksensor`

werden nur noch gesetzt oder ihr Status abgefragt. Sie haben in dem folgenden Entwurf sonst keine Intelligenz mehr. Diese steckt in den eingeführten Controllern. Der Timer liefert nur Ereignisse, wenn er abgelaufen ist. Die anderen Controller steuern die Hardware. Die Maschine soll also durch die folgenden Komponenten realisiert werden:

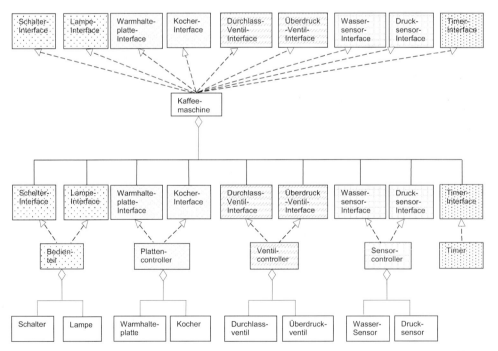

Bild 12-50 Controller als Komponenten der SW-Architektur im Kaffeeautomat[130]

---

[130] Aus Gründen des verfügbaren Platzes werden Klassennamen in Bildern dieses Kapitels nicht fett geschrieben.

Dieses Bild zeigt die Realisierung der Simulation. Es drückt aus, dass die Klasse `Kaffeemaschine` alle Schnittstellen sämtlicher Komponenten implementiert und dass ein Controller über seine Schnittstellen erreicht wird und die Schnittstellen der ihm zugeordneten Hardware-Komponenten kapselt. Eine Nachricht an eine andere Komponente kann von einer Komponente zuerst problemlos an die Kaffeemaschine gesandt werden. Diese leitet dann die Nachricht an die entsprechende Komponente weiter (Delegationsprinzip).

Um die Vererbungshierarchie besser zu strukturieren, wurde Schraffierung eingesetzt. Diese Schraffierung dient nur der Übersicht und ist nach UML nicht vorgesehen. Man erkennt, dass die Kaffeemaschine in die Controller `Bedienteil`, `Plattencontroller`, `Ventilcontroller`, `Sensorcontroller` und `Timer` zerlegt wird. Bis auf den Timer bedienen alle die Hardware. Die weißen Kästchen bezeichnen die Hardware. Die Schnittstellen der Controller finden sich auch bei der Kaffeemaschine wieder.

Die Methoden und Zustandsübergänge werden grundsätzlich schrittweise entwickelt. Die Methoden stellen dabei Ereignisse dar: Die Methoden und Zustandsübergänge erhält man durch Betrachten der Anwendungsfälle. Bild 12-54 zeigt den ersten Schritt der Aufrufe der Methoden und die zugehörigen Zustandsübergänge. Für jede Methode wird sogleich der entsprechende Zustandsübergang eingezeichnet.

Dabei gibt es verschiedene Regeln (siehe Bild 12-51):

1. Eine bei einem Objekt ankommende Methode löst einen Zustandsübergang aus. Dann wird der Zustandsübergang im betreffenden Objekt eingezeichnet. Der Name für den Zustandsübergang entspricht der ankommenden Methode:

   So bewirkt die Methode `1 SchalterEin()` den Übergang `Z 1`, die Methode `1.1 LampeEin()` den Übergang `Z 1.1`.

2. Eine bei einem Objekt ankommende Methode kann verschiedene Zustandsübergänge je nach Wert einer Bedingung auslösen. Dann werden alle Zustandsübergänge im betreffenden Objekt eingezeichnet. Der Name für den Zustandsübergang entspricht der ankommenden Methode ergänzt durch ein `_x`, wobei `x` für den betreffenden Übergang steht.

   So bewirkt die Methode `2 SchalterEin()` je nach Bedingung den Übergang `Z 2_X (X = 1..3)`.

3. Ein Objekt ruft eine Methode des nächsten Objektes auf. Ist die Methode für alle Zustände des abgehenden Objekts dieselbe, geht sie vom Objekt weg. Ist eine Methode spezifisch für einen abgehenden Zustand, wird sie vom Zustand weg gezeichnet. Gilt sie für alle Zustände des empfangenden Objekts, so wird der Aufrufpfeil bis zum Objekt gezeichnet. Geht er in einen speziellen Zustand, so wird der Aufrufpfeil bis zum entsprechenden Zustand gezeichnet.

Das zustandsbasierte Kommunikationsdiagramm für alle Anwendungsfälle der Kaffeemaschine wird schrittweise entwickelt. Zuerst wird die **Initialisierung** betrachtet. Der Anfangszustand des **Bedienteils** der Kaffeemaschine ist:

`Schalter aus/Lampe aus.`

In diesem Zustand wird als Folge des Ereignisses `1 SchalterEin()` die Methode

`1.1 Lampe ein()`

abgesetzt und der Druck- und Wassersensor durch die Methode `1.2 holeStatusDruckUndWassersensor()` abgefragt.

Die Methode `1.2 holeStatusDruckUndWassersensor()` ist in jedem Zustand des Sensorcontrollers verfügbar.

Wird eingeschaltet, wenn eine Kanne eingestellt und Wasser da ist oder nicht, so erfolgt die Initialisierung des gesamten Systems und der Übergang in den Zustand `Schalter ein/Lampe ein`.

Die Methode `1.2.5 SchalterAus()` wird vom Bedienteil aufgerufen, wenn keine Kanne eingestellt ist. Diese Methode schaltet den Schalter der Kaffeemaschine wieder in den Zustand `aus`.

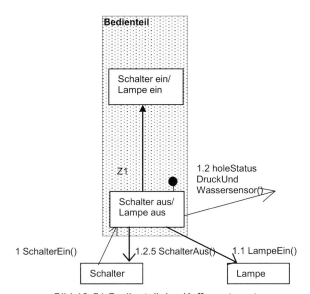

Bild 12-51 Bedienteil des Kaffeeautomaten

Der Sensorcontroller ist ein zum Bedienteil paralleles Element. Natürlich muss dieses Element aktiviert werden. Ist es aktiviert, so hängt sein Zustand davon ab, ob eine Kanne eingestellt ist und ob Wasser da ist.

Die Methode `2.1 holeStatusWassersensor()` und Methode `2.2.holeStatusDrucksensor()` wird vom Sensorcontroller aufgerufen als Folge des Aufrufs `2 Ein()`.

Objektorientierte Systemanalyse 545

Wird der Sensorcontroller aktiviert, so gibt es je nach Zustand drei Übergänge Z2_1, Z2_2 und Z2_3.

Hier gibt es also keinen Übergang Z2, sondern wegen der Fallunterscheidungen drei Übergänge. Diese werden im Folgenden eingezeichnet:

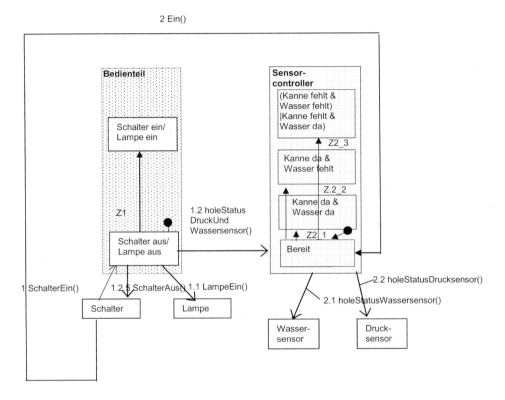

Bild 12-52 Bedienteil und Sensorcontroller des Kaffeeautomaten

Im Zustand Kanne fehlt & Wasser fehlt führt die Methode 1.2 holeStatus-DruckUndWassersensor() zum Ausschalten des Schalters. Ist eine Kanne und Wasser da, dann wird gebrüht. Ist eine Kanne da und kein Wasser, dann wird gewärmt. Sind also Kanne und Wasser da, so wird die Methode 1.2.1 starteBrühen() beim Plattencontroller aufgerufen und es erfolgt der Übergang Z 1.2.1. Ist eine Kanne da und kein Wasser, so erfolgt das Wärmen durch Aufruf der Methode 1.2.2 starteWärmen() und den entsprechenden Zustandsübergang Z 1.2.2.

Im Plattencontroller erfolgen die Übergänge Z 1.2.1 und Z 1.2.2 also je nachdem, ob man brüht oder wärmt. Dabei werden die entsprechenden Platten mit den Methoden 1.2.1.1 und 1.2.2.1 bzw. 1.2.1.2 angesteuert.

Der Einschluss des **Plattencontrollers** ist im Folgenden zu sehen:

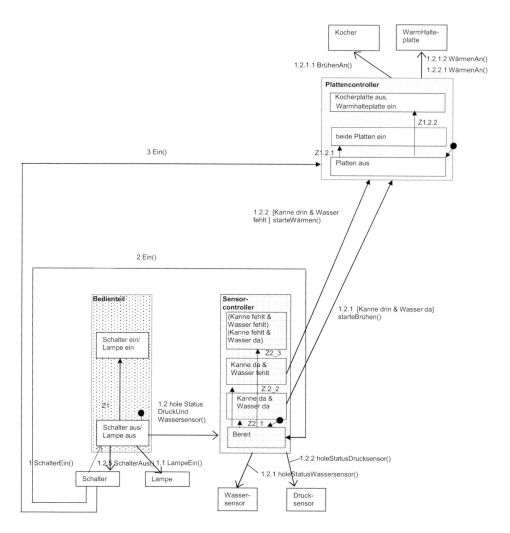

Bild 12-53 Bedienteil, Sensorcontroller und Plattencontroller

Der Einschluss des **Ventilcontrollers** folgt im nächsten Bild. Die Ventile Durchlassventil und Überdruckventil werden gestellt, wie es dem Brühen und Wärmen entspricht. Dazu dienen die Methoden 1.2.1.3 und 1.2.2.2. Sie führen zu den entsprechenden Zustandsübergängen Z 1.2.1.3 und Z 1.2.2.2.

Objektorientierte Systemanalyse

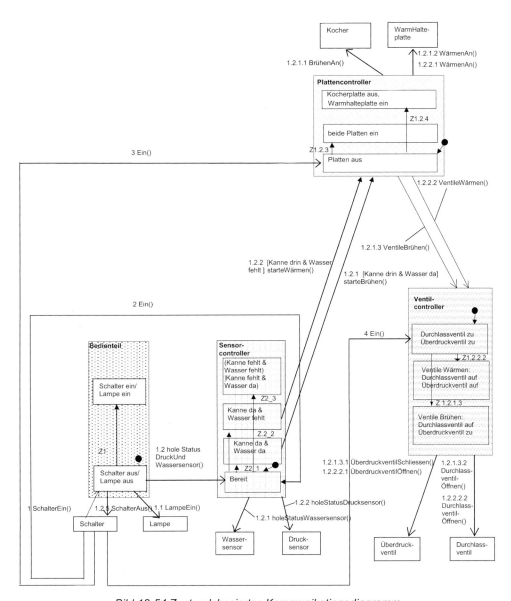

Bild 12-54 Zustandsbasiertes Kommunikationsdiagramm

12.14.12 Erstellung des Client/Server-Objektdiagramms

Folgendes Client/Server-Objektdiagramm ist ein Ausschnitt aus dem Beispielprojekt Flughafensystem.

Die Objekte werden nach diesem Diagramm in eine Verarbeitungsschicht und eine Datenhaltungsschicht aufgeteilt. Dabei entsprechen Objekte der Datenhaltungsschicht den Entity-Objekten und Objekte der Verarbeitungsschicht den Kontrollobjekten.

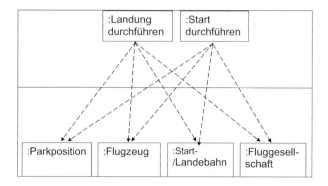

Bild 12-55 Client/Server-Objektdiagramm für das Flughafen-Informationssystem

Die Objekte der Klasse `Landung durchführen` und `Start durchführen` benutzen Objekte der Klassen `Parkposition`, `Flugzeug`, `Start-/Landebahn` und `Fluggesellschaft`. Zu jeder Verwendungsbeziehung muss sich eine einleuchtende Begründung finden lassen, warum diese existiert.

Ein weiteres Beispiel zeigt das Client/Server-Objektdiagramm der Bücherverwaltung:

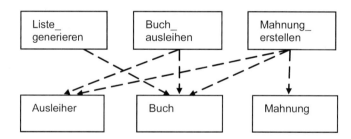

Bild 12-56 Client/Server-Objektdiagramm für die Bücherverwaltung

Die Pfeilrichtung in einem Client/Server-Objektdiagramm zeigt die Richtung der Abhängigkeit. Das Client/Server-Objektdiagramm entspricht dem Klassendiagramm der Verarbeitungssicht aus Entity- und Kontrollobjekten mit Abhängigkeiten.

12.14.13 Erstellung des Klassendiagramms der finalen Sicht

Ein Beispiel für die Bücherverwaltung wird im Folgenden dargestellt:

Entity-Objekte sind kariert, Kontrollobjekte punktiert und Interface-Objekte leer dargestellt. Die Interface-Objekte stellen Schnittstellen zu den Aktoren der Anwendungsfälle und zur Persistierung der Entity-Objekte dar.

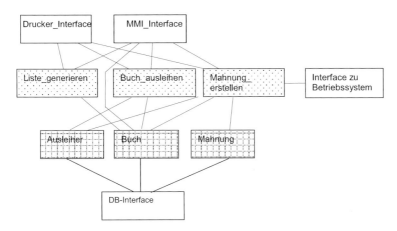

Bild 12-57 Klassendiagramm mit Entity-, Kontroll- und Interface-Objekten

12.15 Zusammenfassung

Die objektorientierte Systemanalyse läuft in 13 Schritten ab. Zuerst wird überprüft (Kapitel 12.1), ob sich die Requirements widersprechen oder ob sie unvollständig sind. Damit wird eine konsistente Grundlage gelegt. Auf dieser Grundlage werden die Geschäftsprozesse spezifiziert und die Anwendungsfälle festgelegt (siehe Kapitel 12.2). Die Anwendungsfälle umfassen die durch Datenverarbeitung zu unterstützenden Geschäftsprozesse. In Kapitel 12.3 werden die Anwendungsfälle priorisiert, damit die wichtigsten Anwendungsfälle mit dem vorhandenen Budget realisiert werden können. Für die resultierenden Anwendungsfälle wird das Kontextdiagramm gezeichnet, um die Einbettung des Systems in seine Umgebung und die externen Schnittstellen abzustimmen (siehe Kapitel 12.4). Die dem Kontextdiagramm entsprechenden Requirements werden festgelegt (siehe Kapitel 12.5), das Anwendungsfalldiagramm für das System gezeichnet (Kapitel 12.6) und die Anwendungsfälle kurz beschrieben (Kapitel 12.7), damit jeder dasselbe meint. Damit ist bis zu dieser Stelle die Black-Box-Sicht des Systems abgestimmt.

Es folgt nun das Finden von Entity-Klassen und das Erstellen des Klassendiagramms der konzeptionellen Sicht aus Entity-Klassen (Kapitel 12.8). Damit sieht man, welche Klassen mit welchen anderen Klassen zusammenarbeiten, und kann erste Aussagen zur Struktur bzw. Statik der Anwendung (White-Box-Sicht) treffen. Die Langbeschreibung der Anwendungsfälle in strukturierter textueller Form (Kapitel 12.9) benutzt die gefundenen Klassen. Die Kommunikationsdiagramme (siehe Kapitel 12.10) für jeden Anwendungsfall geben Auskunft über das dynamische Verhalten des Systems. Spielt das reaktive Verhalten eine Rolle, so wird es in den zustandsbasierten Kommunikationsdiagrammen (siehe Kapitel 12.11) erfasst. Als Vorstufe für ein Schichtenmodell wird das Client/Server-Objektdiagramm mit Hilfe der Verwendungsbeziehungen herausgearbeitet (Kapitel 12.12). Es entspricht dem Klassendiagramm aus Entity- und Kontrollobjekten der Verarbeitungssicht mit Abhängigkeiten. Es folgt das Klassendiagramm der finalen Sicht der Systemanalyse aus Entity-, Kontroll- und Interface-Klassen (Kapitel 12.13).

12.16 Aufgaben

Aufgabe 12.1 Objekttypen nach Jacobson

12.1.1 Erklären Sie den Unterschied zwischen Entity-, Kontroll- und Interface-Klassen.
12.2.2 Wie finden Sie Entity-Klassen, wie Kontroll-Klassen?
12.2.3 Wie und wann finden Sie Interface-Klassen?

Aufgabe 12.2 Methoden der Systemanalyse

12.2.1 Warum machen Sie zuerst Kurzbeschreibungen und dann erst Langbeschreibungen der Anwendungsfälle?
12.2.2 Erklären Sie, wie ein zustandsbasiertes Kommunikationsdiagramm erstellt wird.
12.2.3 Was ist ein Client/Server-Objektdiagramm?

Kapitel 13

Entwurfsprinzipien

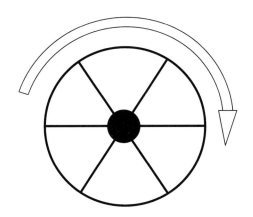

13.1 Planbarkeit des Projektverlaufs
13.2 Handhabbarkeit des Systems
13.3 Realisierung der modularen Struktur eines Systems
13.4 Zusammenfassung
13.5 Aufgaben

13 Entwurfsprinzipien

Im Folgenden werden Entwurfsprinzipien, die aus Sicht des Autors in der Praxis zu einem erfolgreichen Entwurf beitragen können, vorgestellt. Weitere in der Literatur genannte Prinzipien, die nicht auf der Erfahrung des Autors beruhen, werden nicht aufgeführt.

Eine bestimmte Funktionalität kann durch verschiedene Architekturen erreicht werden. Funktionalität und Qualitätsmerkmale sind oftmals entkoppelt. Ein guter Entwurf kann das Erreichen bestimmter Qualitätsmerkmale, wie z. B. einer Skalierbarkeit[131] oder Testbarkeit erleichtern, ist jedoch nicht alleine für das Erreichen eines Qualitätsziels zuständig. Auch die Implementierung muss brauchbar sein und darf nicht fehlerüberladen sein.

Ein guter Entwurf erleichtert die Planbarkeit des Projektverlaufs und die Realisierung der modularen Strukturierung des Systems selbst. Für die Qualitätsziele an das **funktionale Verhalten** eines Produkts wie beispielsweise Vollständigkeit, Korrektheit, Sicherheit, Robustheit oder Effizienz lassen sich keine generellen Entwurfsprinzipien angeben. Für die Qualitätsziele **der Handhabbarkeit** eines Produkts lassen sich Entwurfsprinzipien beispielsweise für die Testbarkeit, Verständlichkeit oder Änderbarkeit/Wartbarkeit angeben. Damit lauten die Qualitätsziele, die durch Entwurfsprinzipien unterstützt werden:

- Planbarkeit des Projektverlaufs,
- Handhabbarkeit des Systems mit Testbarkeit, Verständlichkeit und Änderbarkeit/Wartbarkeit,
- Realisierung der modularen Struktur des Systems selbst.

Dementsprechend ist dieses Kapitel gegliedert. Kapitel 13.1 befasst sich mit der Planbarkeit des Projektverlaufs, Kapitel 13.2 mit der Handhabbarkeit des Systems und Kapitel 13.3 mit der Struktur des Systems selbst.

13.1 Planbarkeit des Projektverlaufs

13.1.1 Architekturzentrierte Entwicklung und Integration

Es wird zuerst die grundlegende Architektur als Kernsystem entwickelt und auf Performance geprüft. Prioritätsgerecht werden ähnliche Komponenten eine nach der anderen in die Architektur integriert.

---

[131] Unabhängig von der Anzahl der Benutzer des Systems wird das System infolge der Skalierbarkeit mit der Last fertig und hat eine gute Performance.

Entwurfsprinzipien

13.1.2 Design to Cost

"Design to Cost" beinhaltet, dass das System so entworfen werden muss, damit man mit dem Budget auskommt. Indirekt beinhaltet die Anforderung "Design to Cost" die Forderung nach einer architekturzentrierten Entwicklung und Integration mit einem **Kernsystem**, das alle wesentlichen Datenverarbeitungs-Mechanismen enthält, und in das man dann Anwenderfunktionen und -daten "einklinkt", bis das Budget erreicht wird. Das bedeutet, dass ein System, das dem Kriterium "**Design to Cost**" unterliegt, im Rahmen seiner Architektur flexibel erweitert und auch abgespeckt werden können muss.

13.1.3 Design to Schedule

Das Design wird durch den Abgabetermin bestimmt. Die Forderung "Design to Schedule" hat dieselben Konsequenzen wie "Design to Cost". Man braucht eine architekturzentrierte Entwicklung und Integration mit einem **Kernsystem**, das es erlaubt, bis zum festen Abgabetermin Anwenderfunktionen und -daten nach Prioritätskriterien in das System aufzunehmen oder wegzulassen.

13.1.4 Verfolgbarkeit

Der Entwurf darf nicht losgelöst von den Requirements konzipiert werden, sonst wird der Entwurf falsch. Jede Komponente des Entwurfs muss auf ihre funktionalen Requirements zurückgeführt werden können. Genauso muss ein funktionales Requirement die betroffenen Komponenten auflisten können. Damit kann man sehen, ob der Entwurf den funktionalen Requirements genügt und ob alle funktionalen Requirements beim Entwurf umgesetzt wurden. Änderungen im Projektverlauf können gezielt durchgeführt werden. Schon 1974 schlug B. W. Boehm [Boe74] eine Requirement/Eigenschaftsmatrix vor, die die Requirements mit den Entwurfsspezifikationen verknüpft.

13.2 Handhabbarkeit des Systems

13.2.1 Testbarkeit durch Design to Test

Oftmals bestimmen Performance-Gesichtspunkte in hohem Maße den Entwurf eines Produktes. Dies bedeutet, dass die Gesichtspunkte der Testbarkeit leider oft sträflich vernachlässigt werden. Dies hat zur Konsequenz, dass sich im Nachhinein der Gesamttest des Systems nicht in dem gewünschten Grade automatisieren lässt. Hohe Kosten für den Gesamtsystemtest sowohl bei der Integration des Systems als auch bei Weiterentwicklungen oder der Beseitigung von Fehlern in der Wartung sind die Folge. Damit wird eine oft enorme Verteuerung nicht nur der Entwicklung, sondern insbesondere auch der Wartung hervorgerufen. Nach dem Prinzip des Designs to Test wird eine Architektur, die aufwändig zu testen ist, sofort verworfen.

13.2.2 Verständlichkeit

13.2.2.1 "Teile und herrsche"

Das Prinzip **"Teile und herrsche"** (engl. **"divide and conquer"**, lat. **"divide et impera"**) wird in der Informatik auf vielen Feldern eingesetzt. Nach diesem Prinzip wird beispielsweise ein Programm in vielen Programmiersprachen in Prozeduren, Funktionen, Module oder Objekte eingeteilt.

Nach dem Prinzip des "Teile und herrsche" wird ein schwer beherrschbares, komplexes Problem in kleinere, möglichst unabhängige Teilprobleme zerlegt, die dann gelöst werden. Durch Zusammensetzen der Teillösungen ergibt sich die Gesamtlösung. Dieses Prinzip kann wiederholt angewandt werden, bis ein Teilproblem so klein ist, dass es gelöst werden kann. Die Methode der **schrittweisen Verfeinerung** für Programme von Wirth (1971) beruht auf dieser Entwurfsstrategie [Wir71].

13.2.2.2 Einfache Architektur

Ist die Architektur nicht einfach genug, so läuft man Gefahr, dass aufgrund nicht überschaubarer Komplexität bei Änderungen während der Entwicklung oder der Wartung Design-Fehler auftreten. Es kommt noch hinzu, dass sich in der Regel auch nur einfache Architekturen in einfacher Weise testen lassen.

13.2.2.3 Konzeptionelle Integrität

Bei der Konzeptionellen Integrität sollen alle Entwurfsdokumente so aussehen, als wenn sie von einer einzigen Person erstellt worden wären [Wit94]. Hierzu dienen Richtlinien und Muster.

13.2.3 Änderbarkeit und Wartbarkeit

13.2.3.1 Verteilbarkeit der Betriebssystem-Prozesse

Eine Verteilbarkeit von Betriebssystem-Prozessen ohne Redesign und Neuprogrammierung des Systems ist nur gegeben, wenn die Betriebssystem-Prozesse des Systems nicht alle über einen globalen Datenbereich (Shared Data-Bereich) kommunizieren. Tauschen die Betriebssystem-Prozesse Informationen nur über Kanäle aus, so ist eine volle Verteilbarkeit des Systems gegeben: Im Prinzip kann jeder Betriebssystem-Prozess auf einem eigenen Rechner laufen.

Oftmals müssen jedoch Betriebssystem-Prozesse Informationen von großem Umfang austauschen. Eine Kommunikation über Kanäle wäre dabei zu langsam. Die Kunst des Software-Designers besteht nun darin, Gruppen von Betriebssystem-Prozessen zu entwerfen, die innerhalb ihrer Gruppe einen Austausch über Shared Data-Bereiche haben können, mit den Betriebssystem-Prozessen anderer Gruppen jedoch nur über Kanäle kommunizieren. Eine Gruppe von Prozessen mit dieser Eigenschaft nennt man **SW-Cluster** und auch **SW-Team**. Zusammengehörige Betriebssystem-Prozesse (SW-

Cluster) sind damit die verteilbaren Einheiten der Software. Sie können im Falle einer Rekonfigurierung auf anderen Rechnern gestartet werden.

Wird die Technik der SW-Cluster verwendet, so ist die Software

- verteilbar

und die Software eines Clusters ist

- getrennt entwickelbar und
- getrennt testbar.

13.2.3.2 Single Source-Prinzip

Um Fehler bei Änderungen zu vermeiden, gilt das Single Source-Prinzip. Nichts darf doppelt abgelegt werden. Dieses Prinzip gilt überall, auch für den Entwurf. Es gilt die Entwurfsregel von Kent Beck [Bec97]: "Say everything once and only once!"

13.2.3.3 Erweiterbarkeit

Die Erweiterbarkeit eines Systems beruht auf den folgenden Prinzipien:

- klare, verständliche und einheitliche Architektur,
- strenge Modularität in Hardware und Software, Design eines nachrichtenorientierten SW-Systems,
- Einhaltung von zukunftsträchtigen Standards.

Die Leistungen der Anwendungen für den Nutzer, sowie der Kontrolle und Steuerung des gesamten Systems werden durch Betriebssystem-Prozesse und Threads erbracht. Dies bedeutet, dass die oben genannten Anforderungen als Anforderungen an die Architektur der Betriebssystem-Prozesse und Threads zu betrachten sind.

13.3 Realisierung der modularen Struktur eines Systems

13.3.1 Schwach gekoppelte Teilsysteme

Entwirft man komplexe Systeme, so ist ein erster Schritt, diese Systeme in einfachere Teile, die Subsysteme, zu zerlegen. Die Identifikation eines Teilsystems nach dem Prinzip "Teile und herrsche" ist dabei eine schwierige Aufgabe. Als Qualitätsmaß für die Güte des Entwurfs werden hierbei das **Coupling**, d. h. die Stärke der Wechselwirkungen zwischen den Teilsystemen, und die **Cohesion**, d. h. die Stärke der inneren Abhängigkeiten oder der Zusammenhalt innerhalb eines Teilsystems betrachtet. Ein Entwurf gilt dann als gut, wenn innerhalb eines Subsystems eine möglichst hohe Bindungsstärke oder **starke Kohäsion** (engl. **strong cohesion**) und zwischen den Teilsystemen eine **schwache Wechselwirkung** (engl. **loose coupling**) besteht. Statt von Loose Coupling spricht man auch von Low oder Weak Coupling und statt einer Strong Cohesion auch von einer High oder Tight Cohesion.

Dabei müssen die Wechselwirkungen zwischen den Teilsystemen "festgezurrt", in anderen Worten in Form von Schnittstellen definiert werden. Die Implementierung der Teilsysteme interessiert dabei nicht und wird verborgen (**Information Hiding**).

Die Vorteile von Loosely Coupled Systems sind eine hohe Flexibilität des Verbunds mit einer Spezialisierung der Subsysteme und eine vereinfachte Austauschbarkeit. Daraus resultieren weniger Abhängigkeitsprobleme.

13.3.2 Arbeitspakete nach dem Prinzip des Information Hiding

Ein Projekt muss nach dem Prinzip des **Information Hiding** in seinem positiven Sinne durchgeführt werden[132]. Beim Information Hiding interessiert die Implementierung der Teilsysteme nicht und wird verborgen, die Schnittstellen stellen eine **Abstraktion** der Teilsysteme dar. Die Arbeitspakete der verschiedenen Entwickler müssen so geschnitten werden, dass die Schnittstellen zwischen den Arbeitspaketen minimal werden. Sind die Schnittstellen stabil, so können sich nun verschiedene Arbeitsgruppen parallel mit dem Entwurf der jeweiligen Teilsysteme befassen. Erst wenn ein Teilsystem weiter zerlegt wird oder implementiert werden soll, wird seine interne Struktur betrachtet.

Betriebssystem-Prozesse eignen sich nicht nur als Mittel zur Erreichung einer (Quasi-) Parallelität von Programmen, sondern auch zum Information Hiding. Vor allem Betriebssystem-Prozesse, die über Kanäle kommunizieren, verfügen über einfache Schnittstellen zu anderen Betriebssystem-Prozessen. Da die anderen Betriebssystem-Prozesse nur über diese Kommunikationskanäle auf einen Betriebssystem-Prozess zugreifen können, ist das Innere des Prozesses nach außen verborgen. Durch diese Strukturierung der Software kann ein Prozess jeweils vollständig von einem einzigen Mitarbeiter getrennt entwickelt werden.

Schreibt man dann noch einen Testtreiber für Prozesse, kann jeder Entwickler testen, wann er fertig ist, ungeachtet dessen, welche anderen Betriebssystem-Prozesse bereits fertig sind.

13.4 Zusammenfassung

Dieses Kapitel beruht auf Projekterfahrungen und nicht auf Literaturstudien und schildert Prinzipien, die beim Entwurf eines Systems Nutzen bringen. Vollständigkeit der Prinzipien wird absichtlich nicht angestrebt.[133]

Kapitel 13.1 befasst sich mit der Planbarkeit des Projektverlaufs. Sowohl die architekturzentrierte Entwicklung und Integration (Kapitel 13.1.1) als auch die Prinzipien "Design to Test" (Kapitel 13.1.2) oder "Design to Schedule" (Kapitel 13.1.3) führen zu einem Kernsystem, bei dem Module in flexibler Weise "hinzugesteckt" oder weggelassen werden können. Unter Verfolgbarkeit versteht man die bidirektionale Zuordnung von Requirements zu Entwurfsobjekten (Kapitel 13.1.4). Damit können die Auswirkun-

---

[132] In seinem negativen Sinne wird dieses Prinzip verwendet, wenn aus Konkurrenzdenken heraus Informationen nicht weitergegeben werden.

[133] Für Zusammenstellungen aus verschiedensten Quellen werden als Literatur die Entwurfsregeln des Instituts für Softwaretechnologie der Universität Stuttgart [istest] empfohlen.

gen eines Requirements auf alle betroffenen Entwurfsobjekte und alle Requirements für ein Entwurfsobjekt aufgelistet werden.

Kapitel 13.2 diskutiert die Handhabbarkeit, speziell die Testbarkeit, die Verständlichkeit und die Änderbarkeit/Wartbarkeit. Die Testbarkeit wird unterstützt durch das Prinzip "Design to Test". Die Architektur soll nach dem Prinzip "Design to Test" entworfen werden, damit sie mit möglichst wenig Aufwand getestet werden kann (Kapitel 13.2.1). Prinzipien, die die Verständlichkeit fördern, sind das Prinzip "Teile und herrsche" (Kapitel 13.2.2.1), sowie das Prinzip einer einfachen Architektur (Kapitel 13.2.2.2). "Teile und herrsche" führt zu Teilsystemen, die auf Grund ihrer geringeren Komplexität stets besser zu überschauen sind als ein gesamtes System. Eine Architektur hat einfach zu sein, damit sie begreifbar und beherrschbar ist. Das Prinzip der "Konzeptionellen Integrität" (Kapitel 13.2.2.3) mit seinen Richtlinien und Mustern kann auch bei großen Projektteams bewirken, dass die Software so wirkt, als hätte sie nur eine einzige Person erstellt.

Die Änderbarkeit und Wartbarkeit umfasst die Verteilbarkeit der Betriebssystem-Prozesse, das Single Source-Prinzip und die Erweiterbarkeit. Die Betriebssystem-Prozesse sollen verteilbar sein, um eine Skalierbarkeit des Systems möglich zu machen (Kapitel 13.2.3.1). Die Skalierbarkeit erfordert eine Lastverteilung und erlaubt es, auch bei höheren Benutzerzahlen des Systems mit der Last fertig zu werden und eine gute Performance zu gewährleisten. Nach dem Single Source-Prinzip (Kapitel 13.2.3.2) ist Kopieren verboten. Jede Art von Information darf nur ein einziges Mal vorhanden sein, damit bei Änderungen Fehler vermieden werden. Die Erweiterbarkeit z. B. auf Grund der Modularität und der Verwendung von Standards erlaubt einen zukünftigen Ausbau des Systems (Kapitel 13.2.3.3).

Kapitel 13.3 schildert Prinzipien für die Realisierung der modularen Struktur des Systems selbst. Die Teilsysteme müssen schwach gekoppelt und weitgehend unabhängig sein (Kapitel 13.3.1). Arbeitspakete nach dem Prinzip des Information Hiding erlauben eine unabhängige Entwicklung von Teilsystemen, wenn die Schnittstellen feststehen (Kapitel 13.3.2).

13.5 Aufgaben

Aufgabe 13.1 Planbarkeit des Projektverlaufs

13.1.1 Was versteht man unter "Design to Cost" und "Design to Schedule"?
13.1.2 Was ist die Verfolgbarkeit?

Aufgabe 13.2 Handhabbarkeit des Systems

13.2.1 Was versteht man unter "Design to Test"?
13.2.2 Warum ist "Design to Test" wichtig?
13.2.3 Was bewirkt eine einfache Architektur?
13.2.4 Was versteht man unter einem SW-Cluster? Welche Vorteile hat ein SW-Cluster?
13.2.5 Welche Maßnahmen ergreifen Sie zur Sicherstellung der Erweiterbarkeit?

Aufgabe 13.3 Realisierung der modularen Struktur eines Systems

13.3.1 Wofür kann Information Hiding gut sein?
13.3.2 Was versteht man unter Loose Coupling und Strong Cohesion?

Kapitel 14

Funktionsorientierter Systementwurf

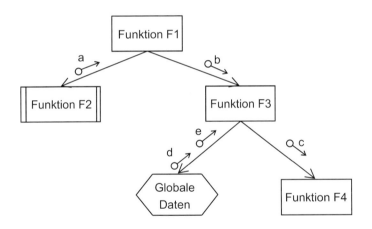

14.1 Die Methode Structured Design
14.2 Grob- und Feinentwurf
14.3 Zusammenfassung
14.4 Aufgaben

14 Funktionsorientierter Systementwurf

Der funktionsorientierte Systementwurf hat zum Ziel, die im Rahmen der funktionsorientierten Systemanalyse eingeführten Funktionen und Daten auf Programme abzubilden, die dann im Rahmen der Implementierung zu programmieren sind. Hierbei sind insbesondere die Fähigkeiten eines Betriebssystems bzw. das Fehlen eines Betriebssystems zu berücksichtigen. Mit anderen Worten, der Systementwurf dient zur Abbildung der Essenz des Systems auf das jeweilige Betriebssystem oder auf einen Rechner ohne Betriebssystem.

Der Systementwurf eröffnet damit prinzipiell eine neue Dimension. Er öffnet nämlich die Dimension der parallelen Betriebssystem-Prozesse bzw. einer "nackten Maschine" (ohne Betriebssystem). Durch den Einsatz von Interrupts kann man erreichen, dass eine Interrupt Service-Routine (ISR) den Prozessor erhält. In der Systemanalyse lief in einer idealen Welt jeder Prozess parallel. Nun muss man sich beim Entwurf in der realen Welt zwischen Sequenzialität und Parallelität entscheiden. Eigentlich stehen sogar noch mehr Dimensionen zur Verfügung wie etwa verteilten Systeme, reaktiven Systeme oder Echtzeit-Betriebssysteme. Im vorliegenden Buch erfolgt jedoch eine Beschränkung auf die beiden Alternativen mit einem einzige Betriebssystem-Prozess oder mehreren Betriebssystem-Prozessen.

Zuerst wird wir die Methode Structured Design vorgestellt. Diese bezieht sich auf einen einzigen Betriebssystem-Prozess (siehe Kapitel 14.1). Da es sowohl Systeme geben kann, die aus nur einem einzigen Betriebssystem-Prozess bestehen, als auch Systeme, die in mehrere Betriebssystem-Prozesse strukturiert sind, wird der Begriff des Grob- und Feinentwurfs unabhängig von der vorliegenden Entwurfssituation getroffen (siehe Kapitel 14.2). Ferner muss diskutiert werden, wo sich beim Entwurf die Datenflüsse der Systemanalyse wiederfinden (siehe Kapitel 14.2.3). Es folgt in Kapitel 14.2.4 ein Beispiel für die Parallelität auf einer "nackten Maschine" ohne explizite Betriebssystem-Prozesse. Kapitel 14.2.5 stellt ein Beispiel für die Abbildung der Strukturierten Analyse auf mehrere Betriebssystem-Prozesse dar.

14.1 Die Methode Structured Design

Im Folgenden wird die Strukturierung des Quelltextes eines Betriebssystem-Prozesses als Anwendungsbeispiel für die Methode Structured Design herangezogen.

Ob die einzelnen Unterprogramme tatsächlich der Philosophie des **Strukturierten Entwurfs** (engl. **structured design, SD**) gehorchen, hängt von der Strukturierung jeder einzelnen Anwendung in hoffentlich schwach wechselwirkende Unterprogramme ab. Im Folgenden sollen einige Konzepte und Notationen zur Unterstützung des Entwurfs des Quelltextes eines Betriebssystem-Prozesses vorgestellt werden.

Zunächst soll nach der Vorstellung des Konzepts des Low Coupling und der Strong Coherence in Kapitel 14.1.1 dann in Kapitel 14.1.2 die **Aufrufhierarchie**, in Kapitel 14.1.3 der **Kontrollfluss** für den Aufruf der Unterprogramme (in der Martin-Notation) und in Kapitel 14.1.4 die Structure Chart-Methode, die insbesondere zur Spezifikation der **Schnittstelle** zwischen den Unterprogrammen bzw. dem Hauptprogramm und seinen Unterprogrammen dient, vorgestellt werden.

14.1.1 Strong Cohesion and Low Coupling

Structured Design basiert auf der Idee, den Programmcode eines Betriebssystem-Prozesses so in Unterprogramme zusammenzufassen, dass diese Unterprogramme in ihrem Inneren eine starke Wechselwirkung oder Kohäsion und nach außen zu anderen Unterprogrammen möglichst wenig Querbeziehungen haben. Man spricht dann von Strong Cohesion und Low Coupling. In anderen Worten bedeutet dies, dass man das Programm in schwach wechselwirkende Unterprogramme zerlegt. Für diese Unterprogramme werden dann im Structure Chart-Diagramm die Übergabeparameter und Zugriffe auf globale Daten festgelegt.

14.1.2 Aufrufhierarchie

Im ersten Schritt wird ein Programm in ein Hauptprogramm und in Unterprogramme zerlegt. Dann wird eine Struktur gezeichnet, in der der jeweilige Aufrufer eine Ebene höher steht als der Aufgerufene[134]. Eine solche Struktur wird im folgenden Bild gezeigt:

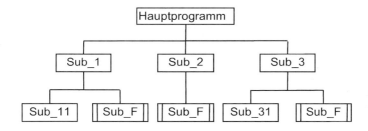

Bild 14-1 Aufrufhierarchie

Wie in Bild 14-1 zu sehen ist,

- kann das Hauptprogramm Sub_1, Sub_2 oder Sub_3 rufen,
- kann Sub_1 die Programmeinheiten Sub_11 und Sub_F, kann Sub_2 nur die Programmeinheit Sub_F und kann Sub_3 die Programmeinheiten Sub_31 und Sub_F rufen,
- wird Sub_F – z. B. eine Fehlerbehandlungs-Routine – mehrfach gerufen und bei jedem Rufer eingezeichnet.

Da die Subroutine Sub_F eine Bibliotheksroutine darstellt, die mehrfach aufgerufen werden kann, wird sie durch ein Rechteck mit doppelter senkrechter Linie rechts und links dargestellt.

---

[134] Dies trifft im Falle von Rekursion nicht zu.

14.1.3 Kontrollfluss mit der Martin-Notation

Die **Martin-Notation** kann zur Darstellung des **Kontrollflusses** eines Programmes auf grobkörniger Ebene verwendet werden. Sie wird dann auf der Ebene der Programmeinheiten[135] eingesetzt. Dabei erweitert man das Hierarchiediagramm, um Kontrollstrukturen darzustellen.

14.1.3.1 Symbole der Martin-Notation

Die Martin-Notation umfasst unter anderem folgende Symbole:

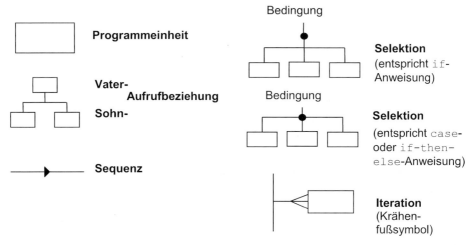

Bild 14-2 Symbole der Martin-Notation

Nach dem "Krähenfuß"-Symbol der Iteration wird die Martin-Notation insgesamt oft auch als Krähenfuß-Notation bezeichnet. Hier die Erläuterung der Symbole:

- **Sequenz**
  Es kann normalerweise keine Aussage über Reihenfolge-Beziehungen zwischen den Söhnen eines Vaters getroffen werden. Um den Kontrollfluss zu verstehen, ist es jedoch unerlässlich, eine Abarbeitungsreihenfolge der Knoten festzulegen. Die Reihenfolge der Abarbeitung der Söhne eines Vaters wird in der Martin-Notation durch das Pfeil-Symbol gekennzeichnet. Es wird festgelegt, dass wenn kein Pfeil angebracht ist, die Söhne eines Vaters von links nach rechts (bei horizontaler Anordnung der Knoten) abgearbeitet werden.

- **Selektion**
  Falls die Abarbeitung von Knoten in Abhängigkeit von einer Bedingung erfolgt, kann dies grafisch durch einen ausgefüllten dicken Punkt, der mit der Bedingung beschriftet ist, ausgedrückt werden. Diese Selektion kann an unterschiedlichen Stellen eines Baums auftreten. Im folgenden Beispiel wird im Falle der Erfüllung von Bedingung erst die Programmiereinheit A, dann B, dann C ausgeführt. Ist die Bedingung nicht erfüllt, so erfolgt gar nichts.

---

[135] Programmeinheit = Hauptprogramm oder Subroutine.

Funktionsorientierter Systementwurf

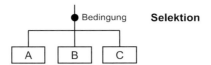

Bild 14-3 Selektion der Ausführung einer Sequenz von Programmeinheiten

Im folgenden Beispiel erfolgt eine Selektion aus den drei Subroutinen A, B und C, d. h., eine dieser drei Subroutinen wird ausgeführt.

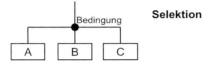

Bild 14-4 Selektion einer einzigen Programmeinheit durch eine Bedingung

- **Iteration** (siehe Bild 14-2). Falls ein Knoten in einer Struktur wiederholt abgearbeitet werden soll, wird dies durch ein Krähenfuß-Symbol ausgedrückt. Dies bedeutet, dass diese Programmeinheit mindestens einmal, aber auch mehrmals ausgeführt werden kann.

14.1.3.2 Beispiel für ein Kontrollflussdiagramm

Im Folgenden wird ein Beispiel für ein Kontrollflussdiagramm dargestellt:

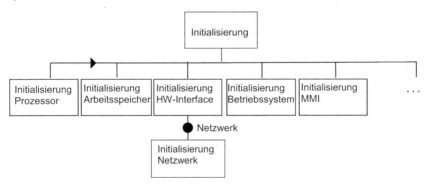

Bild 14-5 Beispiel für die Martin-Notation mit Sequenz und Selektion

Ist das Gerät im Netz, so ist die Bedingung Netzwerk wahr und die Netzwerkschnittstelle wird initialisiert.

14.1.3.3 Vergleich Aufrufhierarchie- und Kontrollflussdiagramm

Kontrollflussdiagramme haben oft dieselbe Struktur wie die zugehörigen Aufrufhierarchien. Dies ist jedoch nicht immer der Fall, wie das folgende Beispiel zeigt, bei dem in Abhängigkeit vom Rückgabewert der Subroutine B erneut die Subroutine A und dann die Subroutine C aufgerufen wird oder nicht.

Beispiel:

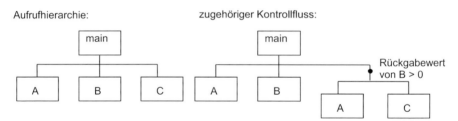

Bild 14-6 Unterschied zwischen Aufrufhierarchie und Kontrollflussdiagramm

14.1.4 Das Structure Chart-Diagramm der Structure Chart-Methode

Die Methode Structure Chart stellt ebenfalls die Aufrufhierarchie dar, zeigt jedoch im Gegensatz zum Kontrollflussdiagramm nicht die Aufrufreihenfolge, sondern die Übergabeparameter, in anderen Worten die Aufrufschnittstellen.

> Als Basis für die Erstellung eines Structure Charts kann das Aufrufhierarchiediagramm herangezogen werden. Prinzipiell müssen lediglich die rechtwinkligen Verbindungen zwischen den einzelnen Programmeinheiten durch geradlinige Verbindungen ersetzt und anschließend mit den Übergabeparametern versehen werden.

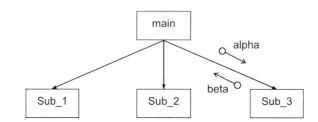

Bild 14-7 Prinzipielle Darstellung eines Structure Chart-Diagramms

Die Pfeile, die die Rechtecke verbinden, stehen für Unterprogrammaufrufe. Die kleinen Pfeile mit den Kreisen symbolisieren die Übergabeparameter (`alpha` ist ein Eingabe-, `beta` ist ein Ausgabeparameter für den Aufruf des Unterprogramms `Sub3`).

Obwohl es für Structure Charts eine Vielzahl verschiedener Ausprägungen gibt, bestehen sie jedoch alle aus denselben grundlegenden Komponenten. Diese Komponenten sind:

- Module,
- Aufrufe und
- Parameter.

Diese sind im Folgenden aufgelistet.

Das Modul
Das Modul (engl. **module**) ist das Symbol für eine Programmeinheit (Hauptprogramm, Subroutine) und ist als Rechteck dargestellt:

Bild 14-8 Modul

Eine Programmeinheit erfüllt eine spezifische Aufgabe. Ein Software-Modul erlaubt die Aufteilung komplexer Aufgaben eines Softwaresystems in kleinere Aufgaben. Eine Subroutine kann parametrisiert sein, um identische Aufgaben mit verschiedenen Daten durchführen zu können.

Bibliotheksmodul
Das Bibliotheksmodul (engl. **library module**) ist das Symbol für Bibliotheks-Funktionen (Library-Subroutinen) und ist als Rechteck mit doppelter senkrechter Linie am linken und rechten Ende dargestellt:

Bild 14-9 Bibliotheksmodul

Datenmodul
Werden im zu erstellenden Programm globale Daten benutzt, so muss dies durch eine definierte Symbolik im Diagramm dargestellt werden. Das Datenmodul (engl. **data-only module**) ist das Symbol für globale Daten und wird durch ein Sechseck repräsentiert:

Bild 14-10 Datenmodul

Greift eine Funktion auf globale Daten zu, stellt sich dies zeichnerisch dar, indem z. B. ein Modul mit einem Aufruf auf ein Datenmodul zugreift.

14.1.4.1 Aufrufe

Aufrufe (engl. **invocations**) sind Verbindungslinien zwischen den Modulen, wobei das zum aufgerufenen Modul gehörende Ende der Linie mit einer Pfeilspitze abschließt.

Eine durchgezogene Linie, die in einer Pfeilspitze endet, heißt "normaler Aufruf". Damit wird anzeigt, dass ein Objekt das andere aufruft.

14.1.4.2 Parameter

Parameter (engl. **couples**) werden zwischen den Modulen bei einem Aufruf übergeben. Sie sind durch Pfeile, an deren Ende Kreise angefügt sind, repräsentiert. Unausgefüllte Kreise stellen "Übergabeparameter" dar:

Bild 14-11 Übergabeparameter

Übergabeparameter zeigen "in", "out" oder gleichzeitig "in" und "out", wobei letztere "Bidirektionale Parameter" genannt werden. Die Übergaberichtung der Parameter wird durch die Richtung der Pfeilspitzen in Bezug auf den Aufrufspfeil angezeigt.

Bild 14-12 In-, Out-Übergabeparameter und bidirektionale Übergabeparameter

14.1.4.3 Beispiel für ein Structure Chart-Diagramm

Im Folgenden wird ein Beispiel für ein Structure Chart-Diagramm gegeben:

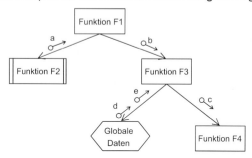

Bild 14-13 Ein Structure Chart mit globalen Daten.

In Bild 14-13 greift die Funktion F3 lesend auf die globalen Daten d und e zu.

14.1.5 Weitere Aspekte der Structure Chart-Methode

Zur Structure Chart-Methode gehört jedoch nicht nur das Structure Chart-Diagramm selbst, sondern auch:

- eine Tabelle, in der die Übergabeparameter und die Zugriffe auf globale Daten beschrieben sind,
- eine Tabelle der Funktionsköpfe und
- eine verbale Beschreibung jeder Routine.

Diese sind im Folgenden dargestellt:

- **Tabelle der Übergabeparameter**
  In einer Tabelle werden für jeden Parameter der Name, der Typ und die Bedeutung zusammengestellt. Siehe hierzu folgendes Beispiel:

Name	Typ	Bedeutung
persNr	float	Personalnummer
...	...	...

  Bild 14-14 Tabelle der Übergabeparameter

- **Tabelle der globalen Daten**
  Eine zu der vorangehenden Tabelle analoge Tabelle wird für die Zugriffe auf die globalen Daten erstellt.

- **Tabelle der Funktionsköpfe**
  Die Tabelle der Funktionsköpfe zeigt die Rückgabetypen, die Namen der Funktionen, sowie ihre Parameterlisten. Eine Parameterliste spezifiziert, in welcher Reihenfolge die Übergabeparameter und ihre Typen auftreten.

- **Funktionsbeschreibungen**
  Eine Funktionsbeschreibung erfasst die durchzuführenden Schritte der Verarbeitung einschließlich der Angabe der Eingaben mit Verarbeitung und der Generierung der Ausgaben.

14.1.6 Structure Chart – Feinheiten

Kontrollelemente (engl. **flags**)

Es besteht die Möglichkeit, außer Datenelementen auch Kontrollelemente zu spezifizieren. Im Gegensatz zu den Datenelementen wird der runde Kreis ausgefüllt gezeichnet, um den Unterschied kenntlich zu machen.

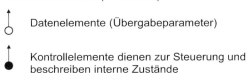

Bild 14-15 Daten- und Kontrollelemente

Kontrollelemente sind als Rückgabewerte bei Aufrufen von Routinen sinnvoll, da je nach Rückgabewert in der aufrufenden Routine anders reagiert werden muss. Wenn man Kontrollelemente als in-Parameter braucht, um die Verarbeitung eines aufgerufenen Moduls zu steuern (das Kontrollelement hat die Funktion eines Schalters und sagt, was mit den Übergabeparametern zu tun ist, wobei je nach Wert des Parameters andere Codestücke angesprungen werden), sollte man den aufgerufenen Modul so zerlegen, dass man keinen Schalter mehr braucht, um die Übersicht zu wahren.

Damit die Schnittstelle einer Funktion definiert ist, sollte auch der Rückgabewert angegeben werden. Er trägt keinen Namen. Er wird – wie unten erklärt – durch den Doppelpfeil identifiziert. Die erwähnten doppelten Pfeile stellen eine Erweiterung der ursprünglichen Notation dar.

Differenzierung zwischen Übergabeparametern und Rückgabewert

Eine Rückgabe kann sowohl über die Parameterliste als auch über den Return-Wert (Rückgabewert) erfolgen.

> Um zwischen Übergabeparametern und Rückgabewert einer Funktion zu unterscheiden, ist eine Erweiterung der Notation erforderlich.

Eine solche Erweiterung ist beispielsweise:

Bild 14-16 Notationen für Übergabeparameter und Rückgabewerte

Ein Rückgabewert kann hybrid sein. Er kann Daten- und Steuerungsinformationen tragen. So kann der Rückgabewert als Kontrollelement – je nach Wert – einen ungültigen oder gültigen Wert angeben. Als Datenelement gibt er die tatsächliche Ausprägung des Werts an. Datenelement und Kontrollelement bezeichnen denselben Rückgabewert. Dasselbe gilt auch für einen out-Parameter.

Aufrufe (engl. **invocations**)

Bis jetzt wurde erst der Modulaufruf vorgestellt. Dieser stellt einen synchronen Aufruf dar. Der Aufrufer wartet auf das Ergebnis des Aufrufs.

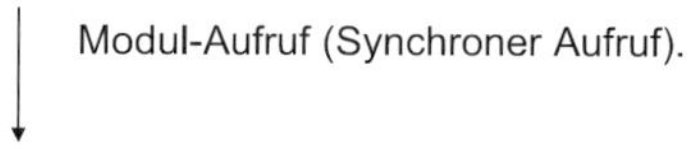

Modul-Aufruf (Synchroner Aufruf).

Bild 14-17 Synchroner Aufruf

Es gibt auch einen asynchronen Aufruf. Zur Kennzeichnung ist hier die Linie nicht durchgezogen, sondern gestrichelt gezeichnet.

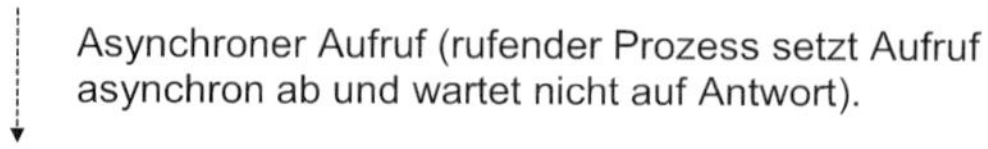

Asynchroner Aufruf (rufender Prozess setzt Aufruf asynchron ab und wartet nicht auf Antwort).

Bild 14-18 Asynchroner Aufruf

Das Hut-Symbol wird verwendet, wenn die Entwurfsentscheidung, dass das aufgerufene Programmstück einen eigenen Modul darstellt, zurückgenommen wird.

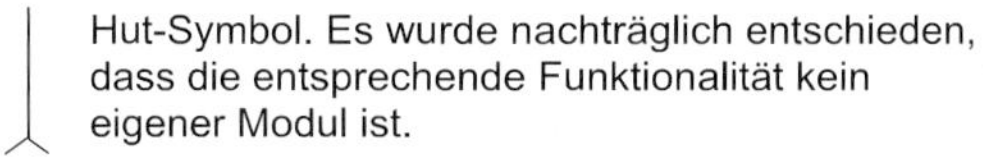

Funktionsorientierter Systementwurf 569

Hut-Symbol. Es wurde nachträglich entschieden, dass die entsprechende Funktionalität kein eigener Modul ist.

Bild 14-19 Hut-Symbol

14.1.7 Structure Chart nach Constantine/Yourdon

Die Structure Chart-Methode, wie sie in Kapitel 14.1.4 vorgestellt wurde (siehe auch Yourdon [You92], Raasch [Raa93]), hat zum Ziel, die Schnittstellen zwischen den Modulen festzulegen. Ein Structure Chart-Diagramm stellt die Aufrufhierarchie sowie eine statische Beschreibung der Schnittstellen dar.

Die Structure Chart-Methode nach Constantine und Yourdon [Con79] enthält zu den Schnittstellenbeschreibungen auch die Kontrollflüsse. Aufgerufene Module werden von links nach rechts abgearbeitet, es sei denn, es handelt sich um eine Iteration oder eine Selektion.

Die Iterationen bei Constantine/Yourdon werden nicht durch einen Krähenfuß wie bei Martin, sondern durch einen geschwungenen Pfeil veranschaulicht.

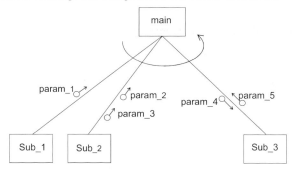

Bild 14-20 Symbol für die Iteration

Die Selektion bei Constantine/Yourdon wird durch eine Raute dargestellt. Das folgende Bild zeigt den Fall der Selektion mit einfacher und mehrfacher Alternative.

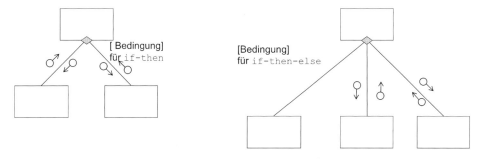

Bild 14-21 Notation für Selektion mit einfacher und mit mehrfacher Alternative

Die bedingte Verarbeitung (if-then ohne else) ist im folgenden Bild skizziert:

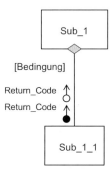

Bild 14-22 Bedingte Verarbeitung

Die Structure Chart-Methode nach Constantine und Yourdon zeichnet sich also dadurch aus, dass Kontrollfluss und Schnittstellenfestlegung in ein und dasselbe Diagramm eingetragen werden.

14.2 Grob- und Feinentwurf

Die Grenze zwischen Grob- und Feinentwurf wird generell da gezogen, wo die Arbeitsteilung für die verschiedenen Teammitglieder hergestellt werden kann. Den Grobentwurf macht ein Design-Team unter der Leitung des Chef-Designers, den Feinentwurf macht jedes Teammitglied selbst.

14.2.1 Systeme aus einem einzigen Betriebssystem-Prozess

Bei einem Betriebssystem **mit nur einem einzigen Prozess** geht der Grobentwurf bis zur Festlegung der einzelnen Funktionen und ihrer Schnittstellen. Dann ist für jede Routine festgelegt, wie sie aufgerufen wird, was sie macht, wen sie aufruft, welche Zugriffe auf globale Daten durch die Routine erfolgen und wie die Routine Eingabedaten in Ausgabedaten wandelt. Mit diesen Angaben ist der Bearbeiter der Routine in der Lage, den Feinentwurf der Routine durchzuführen.

14.2.2 Systeme aus mehreren Betriebssystem-Prozessen und Interrupt Service-Routinen

Dieses Buch will ausdrücklich nicht in die hardwarenahe Programmierung einführen. Dennoch seien einige Bemerkungen zu Interrupts gestattet.

Dieselben Strukturierungsmöglichkeiten wie bei Betriebssystem-Prozessen existieren theoretisch auch für Interrupt Service-Routinen.

Interrupt Service-Routinen sollen immer kurz sein, damit sie schnell fertig sind, denn es könnte ja schon der nächste Interrupt anstehen. Daher wird eine Interrupt Service-Routine nie viele Subroutinen aufrufen.

> Eine Interrupt Service-Routine ist in der Regel sehr kurz.

Bei einem **System aus mehreren Betriebssystem-Prozessen und Interrupt Service-Routinen** (ISR) ist der Grobentwurf der Entwurf des Systems in Betriebssystem-Prozesse und Interrupt Service-Routinen. Beim Zerlegen des Systems entstehen auch die Speicher zwischen Betriebssystem-Prozessen bzw. Interrupt Service-Routinen. Der Grobentwurf hat die Aufgabe:

- das System in Betriebssystem-Prozesse und Interrupt Service-Routinen zu zerlegen und ihre Wechselwirkungen über Kanäle und Speicher (Dateien/Shared Memory) festzulegen,
- die Kommunikation der Betriebssystem-Prozesse bzw. der Interrupt Service-Routinen mit der Außenwelt – dargestellt durch Terminatoren – zu definieren,
- die zeitliche Reihenfolge der Abläufe festzulegen.

Dann liegt das gesamte Verhalten des Systems mit allen Datenflüssen über Nachrichtenkanäle und Speicher fest, d. h., alle Schnittstellen zur Außenwelt und zwischen allen Betriebssystem-Prozessen bzw. Interrupt Service-Routinen existieren. Auch die Zugriffe auf die Speicher und die Speicher selbst sind festgelegt. Verschiedene Programmierer können nun unabhängig voneinander jeweils den Feinentwurf ihrer Betriebssystem-Prozesse bzw. Interrupt Service-Routinen durchführen und sie programmieren.

Die folgenden Methoden werden für den funktionsorientierten Grob- und Feinentwurf eines Systems aus mehreren Betriebssystem-Prozessen bzw. Interrupt Service-Routinen empfohlen:

Grobentwurf:

- **Strukturierte Analyse auf der Ebene der Betriebssystem-Prozesse und der Interrupt Service-Routinen (ISR)**
  Betriebssystem-Prozesse und ISR sind die Knoten der Strukturierten Analyse. Damit sind erforderlich:
  - ein Hierarchiediagramm der Zerlegung des Systems in Betriebssystem-Prozesse und ISR und
  - ein Datenflussdiagramm zwischen Betriebssystem-Prozessen und ISR
- **Sequenztabellen**[136]
  zur Festlegung der Reihenfolge der für den Systemablauf relevanten Nachrichtenflüsse.

Feinentwurf:

- **Strukturierter Entwurf** für den Entwurf eines Betriebssystem-Prozesses in Programmeinheiten (Hauptprogramm und Subroutinen)
  1. Hierarchiediagramm der Programmeinheiten (Hauptprogramm, Subroutinen)
  2. Kontrollflussdiagramm in der Martin-Notation

---

[136] Sequenztabellen werden in Anhang A 2.3 erklärt.

3. Structure Chart-Methode
   3.1 Structure Chart-Diagramm
   3.2 Tabelle der Übergabeparameter
   3.3 Tabelle der globalen Daten
   3.4 Tabelle der Funktionsköpfe
   3.5 Funktionsbeschreibungen
- **Nassi-Shneiderman-Diagramme (Struktogramme)** für den **Entwurf von Programm-Einheiten** zur Darstellung des Kontrollflusses innerhalb einer Programmeinheit.

> Aus Aufwandsgründen werden Nassi-Shneiderman-Diagramme nur für Assembler-Funktionen und für komplexe Funktionen in Hochsprachen empfohlen. Sie sollen nicht auf Anweisungsebene, sondern auf Blockebene erstellt werden, um die Übersicht zu wahren.

Nassi-Shneiderman-Diagramme werden beispielsweise in [Dau11] dargestellt.

14.2.3 Abbildung der Datenflüsse der Systemanalyse auf den Systementwurf

Das folgende Bild veranschaulicht die Abbildung von Datenflüssen zwischen Prozessen der Systemanalyse, die nach der Methode der Strukturierten Analyse gefunden wurden, auf den Systementwurf:

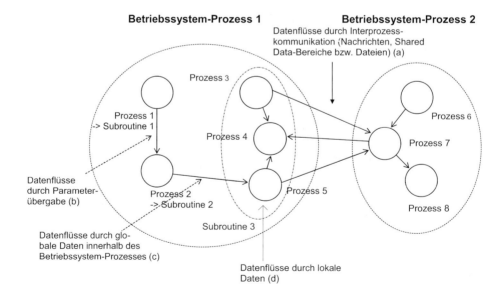

Bild 14-23 Abbildung von Datenflüssen der Systemanalyse (siehe Pfeile)

Es gibt beispielsweise die folgenden Möglichkeiten:

- Die Prozesse der Strukturierten Analyse sollen auf verschiedene Betriebssystem-Prozesse abgebildet werden (siehe beispielsweise Prozess 4 und Prozess 7). Dann wird der Datenfluss auf die **Interprozesskommunikation über Kanäle oder Shared Memory bzw. Dateien zwischen Betriebssystem-Prozessen** abgebildet. (a)
- Zwei Prozesse der Strukturierten Analyse werden beim Systementwurf zu zwei Subroutinen, wobei die eine die andere aufrufen soll (siehe im Bild: Prozess 1 -> Subroutine 1 und Prozess 2 -> Subroutine 2). Beide Subroutinen liegen im selben Betriebssystem-Prozess. Der Datenfluss zwischen den Prozessen wird zum **Übergabeparameter zwischen Subroutinen**. (b)
- Beide betrachteten Subroutinen sollen nun ebenfalls im selben Betriebssystem-Prozess liegen und sich nicht direkt aufrufen. (Als Beispiel siehe Prozess 2 und Prozess 5. Beide Prozesse werden Subroutinen, wobei jedoch kein direkter Aufruf stattfinden soll.) Der Datenfluss wird auf **globale Daten innerhalb eines Betriebssystem-Prozesses** abgebildet. (c)
- Mehrere Prozesse der Strukturierten Analyse werden zu einer einzigen Subroutine beim Systementwurf verschmolzen (siehe Prozess 3, Prozess 4 und Prozess 5 zusammen -> Subroutine 3). Der Datenfluss wird zu einem **lokalen Datum innerhalb eines Betriebssystem-Prozesses**. (d)

Das Aufspalten von Prozessen der Strukturierten Analyse in verschiedene Subroutinen beim Übergang zum Systementwurf wird hier nicht betrachtet.

Steht kein Betriebssystem zur Verfügung, so besteht keine Möglichkeit, Prozesse der Strukturierten Analyse auf parallele Betriebssystem-Prozesse abzubilden. In diesem Fall beschränkt sich die Abbildung der Datenflüsse auf

- lokale bzw. globale Daten und
- Übergabeparameter bei Funktionsaufrufen.

Die Übergabe von Daten von peripheren Schnittstellen kann durch regelmäßiges Abfragen (Pollen) der Schnittstellen oder durch Auslösen von Interrupts durch die Schnittstellen erfolgen.

14.2.4 Beispiel für die Parallelität auf einer "nackten Maschine"

Dieses Kapitel will kein Design für eingebettete Systeme vorschlagen. Es will nur daran erinnern, dass es noch mehr als beispielsweise nur Desktop-Betriebssysteme wie Windows oder UNIX mit jeweils einem spezifischen Prozesskonzept gibt.

Das System ECHTZEIT im folgenden Beispiel hat kein Betriebssystem. Die operationelle Software des Systems ECHTZEIT besteht aus einem Satz von Interrupt-Service-Routinen (ISR) und einem Hauptprogramm. Das Hauptprogramm hat einen Initialisierungsteil und eine Endlosschleife. Der Ablauf des Hauptprogramms in einer Endlosschleife wird durch Interrupt Service-Routinen unterbrochen.

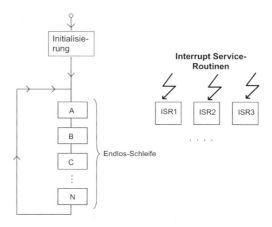

Bild 14-24 Programmfluss

Am Ende der Systeminitialisierung werden die Interrupts freigegeben und die Endlosschleife wird gestartet. In der Endlosschleife werden nacheinander die Funktionen A, B, ... bis N abgearbeitet. Diese können von den verschiedenen Interrupts, z. B. einem Interrupt für eine serielle Schnittstelle, unterbrochen werden.

Die Interrupts einer bestimmten Priorität können in eine Warteschlange für diese Priorität eingeordnet werden. Interrupts einer niederen Priorität können durch Interrupts einer höheren Priorität unterbrochen werden. Steht kein Interrupt mehr an, so erhält das Hauptprogramm wieder den Prozessor.

Die Interrupt Service-Routinen lesen z. B. Daten aus den HW-Schnittstellen aus und legen sie im Puffer ab. Das Hauptprogramm, welches zyklisch durchläuft, liest die Puffer aus, verarbeitet die Daten und generiert Ergebnismeldungen, die über andere Schnittstellen nach außen gegeben werden können.

Beim Entwurf eines solchen Systems müssen die im Rahmen der Systemanalyse eingeführten Prozesse auf Interrupt Service-Routinen und auf das Hauptprogramm abgebildet werden.

14.2.5 Beispiel mit mehreren Betriebssystem-Prozessen

Ein Programm in einem Postverteilzentrum soll die folgenden Fähigkeiten haben:

- Über eine Schnittstelle S1 sollen asynchrone Messwerte eines Sensors empfangen werden. Der Sensor soll für jedes Päckchen auf einem Band die Postleitzahl der Adresse und das Gewicht liefern.
- Alle Messwerte sollen mit der Uhrzeit versehen in einer Datenbank abgespeichert werden.

Funktionsorientierter Systementwurf 575

- Ein Alarm soll über die Schnittstelle S2 ausgegeben werden, wenn auf dem Band ein Päckchen kommt, welches nicht zu dem für das Band vorgegebenen Zustellbezirk gehört.
- Die Postleitzahlen, die zu dem Zustellbezirk gehören, sollen im Dialog vom Bediener in die Datenbank eingegeben werden können.
- Jeweils um Mitternacht soll ein Tagesprotokoll aller Päckchen ausgedruckt werden.

Das System hat drei Anwendungsfälle:

1. Das Tagesprotokoll wird zeitgesteuert ausgegeben.
2. Die Eingabe der Postleitzahlen wird ereignisorientiert durch den Bediener ausgelöst.
3. Die Messwerterfassung wird ereignisorientiert durch ein Paket ausgelöst.

Hier zunächst das Kontextdiagramm:

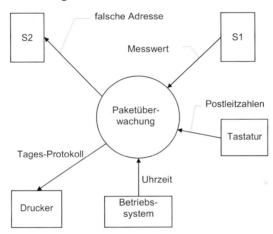

Bild 14-25 Kontextdiagramm für die Paketüberwachung

Beim Systementwurf wird ein System in parallele Einheiten und ihre Kommunikation zerlegt. Beim Systementwurf wird das System Paketüberwachung wie in Bild 14-26 in eine Interrupt Service-Routine Sensordaten auslesen und in Betriebssystem-Prozesse als parallele Einheiten zerlegt. Die ISR Sensordaten auslesen muss möglichst kurz sein und eigenständig laufen können.

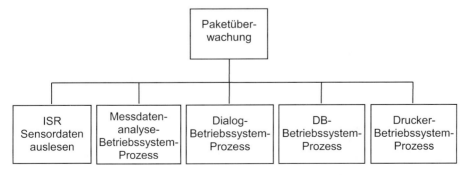

Bild 14-26 Zerlegungshierarchie des Systementwurfs

Während eine Messdatenanalyse (Messdatenanalyse-Betriebssystem-Prozess) läuft, muss im Dialog (Dialog-Betriebssystem-Prozess) parallel gearbeitet werden können, ohne dass ein anderer Teil des Systems zum Stillstand kommt, genauso wenig darf weder ein Zugriff auf die Datenbank (DB-Betriebssystem-Prozess), noch ein Druckauftrag (Drucker-Betriebssystem-Prozess) das System zum Stehen bringen. Diese Betriebssystem-Prozesse müssen daher alle asynchron entkoppelt werden.

Die Form der Darstellung ist in Form eines Organigramms. Ob man rechtwinklige Verbindungen oder Pfeile macht, ist nur eine Frage der Darstellung.

Die Zerlegung erfolgt also in:

- eine Interrupt Service-Routine für den Sensor (Schnittstelle S1),
- einen Messdatenanalyse-Betriebssystem-Prozess (die Analyse wird aus Zeitgründen nicht in der ISR gemacht),
- einen Dialog-Betriebssystem-Prozess für den Bediener,
- einen DB-Betriebssystem-Prozess (Server-Prozess für Anfragen von Bediener und Messdaten-Analyse-Prozess) und
- einen Drucker-Betriebssystem-Prozess, der zyklisch um Mitternacht ausdruckt.

Im Folgenden wird das Datenflussdiagramm des Systementwurfs auf der Ebene der Betriebssystem-Prozesse und Interrupt Service-Routinen für den Fall angegeben, dass der Sensor ein Päckchen erfasst.

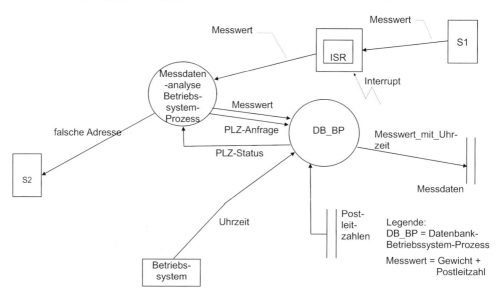

Bild 14-27 Datenfluss für den Fall, dass der Sensor ein Päckchen erfasst

Das Auslesen des Registers aus dem Sensor erfolgt mit einer Interrupt Service-Routine, welche möglichst kurz ist und nur ein read auf das Register und ein write in eine Warteschlange des Messdatenanalyse-Betriebssystem-Prozesses macht.

14.3 Zusammenfassung

Kapitel 14.1 stellt die Methode des Structured Designs vor. Das Structured Design umfasst die Aufrufhierarchie, die Darstellung des Kontrollflusses und insbesondere die Spezifikation der Schnittstellen zwischen den Routinen mit Hilfe von Structure Chart. Structure Chart umfasst das Structure Chart-Diagramm selbst, die Tabelle der Übergabeparameter, die Tabelle der globalen Daten, die Tabelle der Funktionsköpfe und die Funktionsbeschreibungen.

Kapitel 14.2 zeigt, dass für den Grobentwurf eines Systems aus mehreren Betriebssystem-Prozessen die Methode SA eingesetzt werden kann, um Datenflussdiagramme zu zeichnen und um das System hierarchisch in Betriebssystem-Prozesse zu zerlegen. Der Feinentwurf befasst sich in diesem Fall mit dem Entwurf eines einzigen Betriebssystem-Prozesses bzw. einer einzigen Interrupt Service-Routine. Grundsätzlich befindet sich die Grenze zwischen Grob- und Feinentwurf da, wo die Arbeitsteiligkeit erreicht wird. Den Grobentwurf steuert der Chef-Designer. Den Feinentwurf macht jeder Entwickler selbst.

Kapitel 14.2.3 behandelt die Abbildung der Prozesse der Systemanalyse auf mehrere Betriebssystem-Prozesse beim Systementwurf. Prozesse der Strukturieren Analyse der Systemanalyse können beim Systementwurf im Idealfall auf Funktionen in ein und demselben Betriebssystem-Prozess, aber auch auf verschiedene Betriebssystem-Prozesse abgebildet werden. Damit werden die Datenflüsse der Strukturierten Analyse zu Übergabeparametern zwischen Routinen, zu globalen oder lokalen Daten oder zu Nachrichten der Interprozesskommunikation, die über Kanäle versandt werden oder in einem Shared Memory bzw. Dateien abgelegt werden.

Eine "nackte Maschine" (siehe Kapitel 14.2.4) kommt ohne das Konzept eines Betriebssystem-Prozesses aus. Sie besteht beispielsweise aus einem Programm, das zyklisch abläuft. Dieses Programm kann durch Interrupts unterbrochen werden.

14.4 Aufgaben

Aufgabe 14.1 Entwurfsmethoden

14.1.1 Erläutern Sie den Unterschied zwischen einem essentiellen Modell und dem Systementwurf.
14.1.2 Erklären Sie die Struktur eines Kontrollflussdiagrammes auf der Ebene der Programmeinheiten (Hauptprogramm, Subroutinen). Wenden Sie die Formulierung der Martin-Notation an. Welche Symbole gibt es in der Martin-Notation? Was bedeuten sie?
14.1.3 Was ist der Unterschied zwischen einer Zerlegungs- und einer Aufrufhierarchie?
14.1.4 Wo wird die Zerlegungshierarchie benötigt? Wo die Aufrufhierarchie?
14.1.5 Wo kommt das Structure Chart-Diagramm zum Einsatz? Zeichnen Sie ein Beispiel für ein Structure Chart-Diagramm. Wozu dient das Structure Chart-Diagramm? Welche grafischen Symbole gibt es in einem Structure Chart-Diagramm? Was bedeuten sie?
14.1.6 Erläutern Sie, in welchen Fällen die Strukturierte Analyse auch beim Systementwurf eingesetzt werden kann.
14.1.7 Welche Methoden setzen Sie beim Systementwurf für ein System aus mehreren Betriebssystem-Prozessen ein?
14.1.8 Was gehört außer dem Structure Chart-Diagramm alles zur Structure Chart-Methode?

Aufgabe 14.2 Abgrenzung Grob- und Feinentwurf

14.2.1 Wo ziehen Sie generell die Grenze zwischen Grob- und Feinentwurf?
14.2.2 Wo ziehen Sie die Grenze zwischen Grob- und Feinentwurf bei einem einzigen Betriebssystem-Prozess für das ganze System? Wie weit geht der Grobentwurf? Wo beginnt der Feinentwurf?
14.2.3 Wo ziehen Sie die Grenze zwischen Grob- und Feinentwurf bei einem System aus mehreren Betriebssystem-Prozessen? Wie weit geht der Grobentwurf? Wo beginnt der Feinentwurf?
14.2.4 Welche Methode setzen Sie beim Grobentwurf ein, wenn Sie das System in Interrupt Service-Routinen und Betriebssystem-Prozesse zerlegen?

Aufgabe 14.3 Entwurf in Projekten

14.3.1 Ein Programm zur Überwachung des Drucks in einer Gas-Pipeline soll es erlauben,

- zyklische Messwerte eines Drucksensors von einer Schnittstelle S1 zu empfangen und bei Überschreiten eines kritischen Messwertes einen Alarm am Bildschirm auszugeben,
- dass der Bediener eine Bildschirmausgabe der Statistik der Messwerte anfordern kann,
- dass der Bediener den Druck erhöhen kann durch Ausgabe eines Befehls-Telegramms über die Schnittstelle S2,
- dass der Bediener den Druck erniedrigen kann durch Ausgabe eines Befehls-Telegramms über die Schnittstelle S2,

- alle Messwerte mit der Uhrzeit ihres Eintreffens zu versehen und in einer Datei oder Datenbank abzuspeichern,
- dass jeweils zur vollen Stunde automatisch der Druckverlauf der letzten Stunde in grafischer Form ausgedruckt wird.

Zeichnen Sie das Kontextdiagramm der Strukturierten Analyse. Beachten Sie die Konventionen von Yourdon und DeMarco.

14.3.2 Ein Adressverwaltungsprogramm soll die folgenden Möglichkeiten beinhalten:
- eine Adresse mit Namen suchen,
- eine neue Adresse aufnehmen,
- eine Adresse ändern,
- eine Adresse löschen,
- alle Adressen in Form einer Liste ausgeben.

Entwerfen Sie das Kontrollflussdiagramm mit Martin-Notation für ein Betriebssystem, das mehrere Betriebssystem-Prozesse unterstützt. Dabei soll es zwei Betriebssystem-Prozesse geben: einen Datenbank-Betriebssystem-Prozess und einen MMI-Betriebssystem-Prozess. Entwerfen Sie den Datenbank-Betriebssystem-Prozess so, dass das Senden und Empfangen von Nachrichten nur einmal in der Aufrufhierarchie des Datenbank-Prozesses auftritt. Verwenden Sie die Martin-Notation.

Kapitel 15

Datenorientierter Systementwurf

persNr	name	vorname	abtlgNr#
131	Maier	Herbert	12
123	Müller	Hugo	19
134	Kaiser	Fridolin	12
112	Berger	Karl	03
125	Fischle	Amadeus	19
...	...	...	...

15.1 Nachteile der Verwendung von Dateien und Vorteile von Datenbanken
15.2 Zugriffsschnittstellen zu Datenbanken
15.3 Relationales Datenmodell
15.4 Abbildung auf Relationen
15.5 Normalisierung
15.6 Einführung in die Structured Query Language
15.7 Constraints
15.8 Objekt-relationale Abbildung
15.9 Zusammenfassung
15.10 Aufgaben

15 Datenorientierter Systementwurf

Die Verwaltung von Informationen spielt heutzutage eine immer wichtigere Rolle. Es gibt kaum ein Informationssystem, das in der Lage ist, seine Informationen ohne eine Datenbank zu verwalten. Datenbankverwaltungssysteme oder Datenbankmanagementsysteme (kurz DBMS) und die darin verwalteten Datenbanken sind aus den heutigen Projektlandschaften nicht mehr wegzudenken. Das Datenbankkonzept besteht im Wesentlichen aus diesen zwei Bereichen:

- den Verwaltungsprozessen des **Datenbankmanagementsystems** und
- den gespeicherten Daten in einer **Datenbank**.

Das **Datenbankmanagementsystem** abstrahiert für das Anwendungsprogramm die Daten, ermöglicht den Zugriff und die Modifikationen der Daten und stellt die Konsistenz sicher [Kem09].

Bei den heute üblichen Datenbanken sind die Informationseinheiten der Datenbasis in der **Datenbank** Tabellen aus Daten. Zum einen stehen die Daten einer Tabelle in einer bestimmten **Beziehung (Relation)** zueinander, zum anderen kann man auch Tabellen mit Hilfe von Schlüsselbeziehungen untereinander verknüpfen.

Das vorliegende Kapitel versucht, eine Brücke zwischen der datenorientierten Systemanalyse (siehe Kapitel 8) und dem datenorientierten Systementwurf für eine **relationale Datenbank** zu schlagen. Dazu gehört die Überführung des Datenmodells der Systemanalyse in die Tabellen einer relationalen Datenbank. Ein weiterer zu behandelnder Aspekt ist die vorhandene Diskrepanz zwischen der objektorientierten und der datenorientierten Welt. Hier liegt das Problem darin, wie die Objekte eines Anwendungsprogramms samt ihren objektorientierten Beziehungen auf die Tabellen einer relationalen Datenbank abgebildet werden können.

In Kapitel 15.1 werden die Vorteile von Datenbanken und in Kapitel 15.2 Zugriffsmöglichkeiten auf die Daten bei verschiedenen Datenbank-Architekturen behandelt. Kapitel 15.3 erklärt das Relationale Datenmodell. Kapitel 15.4 befasst sich mit der Abbildung des Entity-Relationship-Modells auf die Relationen, d. h. Tabellen eines Relationalen DBMS. Begonnen wird dabei zunächst mit dem Einfachsten, der Abbildung von 1:1-Beziehungen (Kapitel 15.4.1). Es folgt dann die Umsetzung von 1:n-Beziehungen (in Kapitel 15.4.2) und dann die Abbildung von n:m-Beziehungen auf Tabellen (Kapitel 15.4.3). Kapitel 15.5 behandelt die Normalisierung, Kapitel 15.6 die Abfragesprache SQL und Kapitel 15.7 das Einrichten von Integritätsbedingungen, den sogenannten Constraints. In Kapitel 15.8 werden verschiedene Mechanismen zur Abbildung von Objekten und ihren Beziehungen auf relationale Datenbanken erklärt.

Datenorientierter Systementwurf 583

15.1 Nachteile der Verwendung von Dateien und Vorteile von Datenbanken

Hält sich ein Programm die Daten, die es braucht, in einer Datei, so kann dies in der Praxis dazu führen, dass diese Daten **redundant** gespeichert werden. Dadurch wird eine Aktualisierung der Daten sehr aufwändig. Außerdem muss jedes Programm redundante Funktionen für das Erstellen, Lesen, Aktualisieren, Löschen[137], Suchen und vor allem für die Behandlung von Fehlerfällen beinhalten.

> Die Funktionen für das Lesen, Schreiben, Aktualisieren, Suchen und für die Fehlerbehandlung sollen nur einmal zentral vorhanden sein.

Jeder einzelne Programmierer bestimmt beim Dateikonzept das Ausmaß der Integritätskontrollen und der Vorsorgemaßnahmen im Fehlerfall. Isolierte Anwendungen mit Hilfe des Dateikonzeptes beruhen auf der Annahme, dass keine Fehler auftreten und alles stabil bleibt.

Die sogenannte **referenzielle Integrität** hat zur Konsequenz, dass wenn ein bestimmter Datensatz gelöscht wird, ein von ihm abhängiger Datensatz in einer anderen Datenbanktabelle ebenfalls gelöscht werden muss. Wird z. B. ein Mitarbeiter aus dem Datenbestand `Mitarbeiter` gelöscht, so muss er ebenfalls aus dem Datenbestand `Firmenkreditkarte` gelöscht werden.

> Die Integritätskontrollen dürfen nicht lokal erstellt werden. Dazu braucht man ein globales Konzept.

Ein weiterer Nachteil der Speicherung in Dateien ist, dass jedes Programm genau wissen muss, wie die Daten physisch gespeichert sind. Werden die Datenstrukturen der Dateien geändert, so müssen auch die Programme entsprechend abgeändert werden. Die physische Speicherung ist die Abbildung auf die Speicherblöcke einer Festplatte. Die Speicherung der Daten muss unabhängig vom Anwendungsprogramm sein. Ein Programm, das Daten aus einer Datenbank abfragt, braucht nicht zu wissen, wie diese Daten physisch gespeichert sind.

> **Physische Datenunabhängigkeit** bedeutet, dass ein Programm davon unabhängig ist, wie die Daten gespeichert werden.

Was man erreichen möchte, ist, dass die Programme unabhängig von der physischen Speicherung der Daten sind, wenn möglich sogar unabhängig von der logischen Speicherung der Daten.

---

[137] Diese vier wichtigen Funktionen werden auch häufig unter dem Begriff "CRUD" (Create, Read, Update, Delete) zusammengefasst.

> Die **logische Speicherung** ist die Zusammenstellung von Sätzen in Tabellen aus Sicht der logischen Zusammengehörigkeit als sogenanntes logisches Schema.

Das **logische Schema** (auch konzeptionelles Schema genannt) ist ein logisches Modell der Daten in Tabellenform einschließlich der Beziehungen zwischen den Tabellen.

> **Logische Datenunabhängigkeit** sagt aus, dass das sogenannte **Externe Schema**, d. h. die Sichtweise für das Programm und für die interaktiven Nutzer, von dem **logischen Schema** teilweise unabhängig ist.

Bei bestimmten Änderungen des logischen Schemas müssen die Programme nicht neu kompiliert und gebunden werden. So kann das logische Schema beispielsweise erweitert oder die Attributnamen des logischen Schemas geändert werden, ohne dass ein externes Schema beeinflusst wird. Jeder interaktive Benutzer oder jedes Programm kann ein eigenes externes Schema erzeugen, ohne das logische Schema zu ändern. Vollständige logische Datenunabhängigkeit lässt sich nicht erreichen.

Das ANSI/SPARC-Modell [Tsi78] für Datenbanken ermöglicht eine logische und physische Datenunabhängigkeit.

> Das ANSI/SPARC-Modell für Datenbanken besteht aus drei Ebenen:
>
> - der **internen Ebene**,
> - der **logischen Ebene** und
> - der für jedes Programm oder jeden interaktiven Nutzer prinzipiell verschiedenen **externen Ebenen**.
>
> Die Verknüpfung dieser drei Schichten wird durch Transformationen hergestellt.

Externe Ebene	Externes Schema	Externes Schema	Externes Schema	Externes Schema
Logische Ebene	Logisches Schema			
Interne Ebene	Internes Schema			

Bild 15-1 ANSI/SPARC-Modell

Das **externe Schema** der **externen Ebene** enthält verschiedene Sichten der Nutzer. Die externe Ebene stellt die Sicht auf die Daten und ihrer Beziehungen dar. Neben den eigentlichen Daten werden auch die Integritätsbedingungen und Zugriffsrechte beschrieben.

Das **logische Schema** der **logischen Ebene** beschreibt die logische Struktur der Daten. Diese Struktur ist unabhängig von dem darunter liegenden Datenbanksystem.

Das **interne Schema** der **internen Ebene** verwaltet die interne Darstellung der Daten, die Organisation auf einem beliebigen Datenträger, sowie die Zugriffsmethoden auf Dateiebene.

Ein externes und internes Schema können aus dem logischen Schema durch Transformationen erzeugt werden. Wird die interne Ebene verändert, müssen nur die Transformationsregeln verändert werden, externe Sichten bleiben bestehen. Die Anwendungen sind isoliert von der physischen Dateiorganisation (**physische Datenunabhängigkeit**). Ändert sich das logische Schema, so muss die Anwendung bei **statisch logischer Datenunabhängigkeit** zur Übersetzungszeit neu gebunden werden. Bei dynamisch logischer Datenunabhängigkeit ist die Anwendung komplett unabhängig von möglichen Änderungen. Dies wird durch Binden zur Zugriffszeit im DBMS erreicht.

Nachteile von Dateien sind:

- fehlende Trennung zwischen Programm und Daten,
- Redundanz von Daten möglich und
- leichtes Entstehen von Inkonsistenzen, da kein zentraler Schutzmechanismus vorhanden ist.

Das Datenbankkonzept zielt darauf ab,

- alle Daten nur einmal zu halten und zwar zentral (abgesehen von Indizes),
- dass alle Funktionen zum Lesen, Schreiben, Löschen, Aktualisieren und Suchen nur einmal zentral existieren,
- alle erforderlichen Funktionen zur Integritätskontrolle und Fehlerbehandlung in der erforderlichen Qualität zentral zu halten,
- die Programme von den Daten zu entkoppeln (Erhöhung der Datenunabhängigkeit der Programme) und
- Sprachen zur leichteren und flexiblen Handhabung der Daten bereitzustellen.

> Anwendungsprozesse, die Datenbanken nutzen, weisen keine **physische Datenabhängigkeit** mehr auf. Hier ist die physische Speicherung dem Anwendungsprogramm verborgen. Der Benutzer kennt nur noch die logische Beschreibung der Daten. Es besteht bei Datenbanken auch ein bestimmter Grad an **logischer Datenunabhängigkeit**.

Datenbanksysteme bieten ein Transaktionskonzept an. Anwendungsprogramme fassen Zugriffe auf die Datenbank zu Transaktionen zusammen. Transaktionen sind die Einheiten für [unimün]:

- Zustandsänderungen der Datenbank, die die Integrität erhalten,
- eine Synchronisation nebenläufiger Zugriffe,
- eine Wiederherstellung im Fehlerfall.

Eigenschaften von Transaktionen

Transaktionen (siehe Kapitel 15.6.3.1) gehorchen dem **ACID**-Prinzip. Dieses umfasst:

- **Atomicity (Atomizität)**
  Transaktionen sind atomar. Entweder haben sie noch nicht stattgefunden oder sie sind vollständig erfolgt. Der Effekt einer Transaktion tritt also ganz oder gar nicht ein.
- **Consistency (Konsistenz, Erhaltung der Integrität)**
  Eine Transaktion überführt einen konsistenten Datenbankzustand wieder in einen konsistenten Datenbankzustand. Während einer Transaktion kann eine Datenbank auch in einem inkonsistenten Zustand sein. Wichtig ist nur, dass die Datenbank vor und nach einer Transaktion in einem konsistenten Zustand ist.
- **Isolation (Isoliertheit)**
  Eine Transaktion sieht eine andere Transaktion, die parallel zu ihr abläuft, nicht und kann von ihr auch nicht beeinflusst werden.
- **Durability (Dauerhaftigkeit, Persistenz)**
  Wurde eine Transaktion erfolgreich durchgeführt, so bleibt ihr Ergebnis dauerhaft in der Datenbank gespeichert bzw. wird physisch auf einem Datenträger gespeichert.

Für Transaktionen wird ferner gefordert, dass sie in endlicher Zeit abgearbeitet werden. Ein bekanntes Beispiel für eine Transaktion ist eine Überweisung. Im 1. Schritt wird von einem Konto A ein bestimmter Betrag abgebucht und im 2. Schritt einem Konto B zugewiesen. Beide Schritte zusammen werden vom Anwender als Transaktion durchgeführt. Die Transaktion muss als Ganzes stattfinden oder gar nicht. So kann im Falle eines Systemfehlers nach dem 1. Schritt kein Geld verloren gehen.

15.2 Zugriffsschnittstellen zu Datenbanken

Generell gibt es beim Zugriff auf Datenbanken verschiedene Möglichkeiten der Zugriffsschnittstelle wie z. B.:

- eine mengenorientierte Schnittstelle,
- eine satzorientierte Schnittstelle,

Datenorientierter Systementwurf

- eine interne Schnittstelle und
- eine logische Schnittstelle.

Das relationale Modell arbeitet mit einer **mengenorientierten Schnittstelle**. In diesem Modell werden die Daten ausschließlich über inhaltliche Angaben aufeinander bezogen.

Bei der **satzorientierten Schnittstelle** muss man eine oder mehrere Datenbank-Anweisungen pro gesuchtem Satz angeben. Geliefert wird immer nur ein einzelner Satz. Die **satzorientierte Schnittstelle verbirgt die physische Speicherung**. Es gibt aber einen logischen Zugriffspfad zu den Daten. Es muss angegeben werden, in welcher Reihenfolge die Daten durchsucht werden (Navigation).

Bei der **internen Satzschnittstelle** sind **physische Speicherungsstrukturen wie interne Sätze und Zugriffsindizes** wie B*-Bäume (auf Geschwindigkeit optimierte Suchbäume[138]) oder Hash-Strukturen (Objekte werden einem Hashwert, welcher durch Objekteigenschaften und eindeutigen Schlüssel berechnet wurde, zugeordnet und identifiziert) **sichtbar**, weitere Implementierungsdetails sind aber verborgen. Beim Zugriff ist die **(physische) Zugriffsmethode** sichtbar. Pro gefundenem Satz müssen ein oder mehrere Datenbank-Anweisungen angegeben werden. Hierbei sind also interne Zugriffe auf die Daten durch das Datenbankmanagementsystem und nicht die Benutzerabfrage mit Hilfe von SQL (siehe Kapitel 15.6) gemeint.

> In einem relationalen Modell muss nur spezifiziert werden, was gefunden werden soll, nicht aber, wie der Suchprozess ablaufen soll. Es erfolgt eine Anweisung an die Datenbank. Gefunden wird eine Menge von Datensätzen, die den Suchkriterien entsprechen (mengenorientierte Schnittstelle). Die Durchführung eines Suchprozesses erfolgt selbstständig durch das DBMS.

Die **mengenorientierte Schnittstelle**, die beim **relationalen Datenmodell** implementiert ist, stellt die komfortabelste Schnittstelle dar, da sie Details vor dem Nutzer verbirgt, und der Nutzer daher weniger wissen muss, um auf Daten zugreifen zu können. Allerdings ist mit diesem Komfort in der Regel eine Performance-Verschlechterung verbunden. Diese Schnittstelle erhöht aber auch die Abstraktion.

Das folgende Schichtenmodell zeigt den Unterschied in der Abstraktion der Architektur zwischen relationalen Datenbanksystemen (besitzen eine mengenorientierte Schnittstelle), hierarchischen und netzwerkartigen Datenbanksystemen (haben eine satzorientierte Schnittstelle). Eine mengenorientierte Schnittstelle erfordert ein zugriffspfadunabhängiges Datenmodell der Architektur der Datenbank.

Bei hierarchischen Datenbankmodellen sind die Daten in einer Baumstruktur abgelegt. Jeder Datensatz hat somit nur genau einen Vorgänger. Das netzwerkartige Datenbanksystem oder auch Netzwerkdatenbanksystem kann als Verallgemeinerung des hierarchischen Datenbankmodells gesehen werden. Ein Datensatz kann hier mehrere

---

[138] Abstrakte Datenstruktur, welche sich dadurch bewährt hat, dass Objekte und Elemente unterhalb dieser Struktur effizient gesucht und gefunden werden können.

Vorgänger haben. Das bedeutet, dass es mehrere Suchwege zum gesuchten Datensatz geben kann. Hierarchische und netzwerkorientierte Datenbanksysteme besitzen somit kein zugriffspfadunabhängiges Datenmodell.

Mengenorientierte DB-Schnittstelle		
Satzorientierte DB-Schnittstelle	Zugriffspfadunabhängiges Datenmodell	
Interne Satzschnittstelle	Zugriffspfadbezogenes Datenmodell	Zugriffspfadbezogenes Datenmodell
Datenbank-Puffer-Schnittstelle	Satz-/Zugriffspfadverwaltung	Satz-/Zugriffspfadverwaltung
Dateischnittstelle	Datenbank-Pufferverwaltung	Datenbank-Pufferverwaltung
Geräteschnittstelle	Externspeicherverwaltung	Externspeicherverwaltung
	Architektur relationaler Datenbanksysteme	Architektur hierarchischer und netzwerkartiger Datenbanksysteme

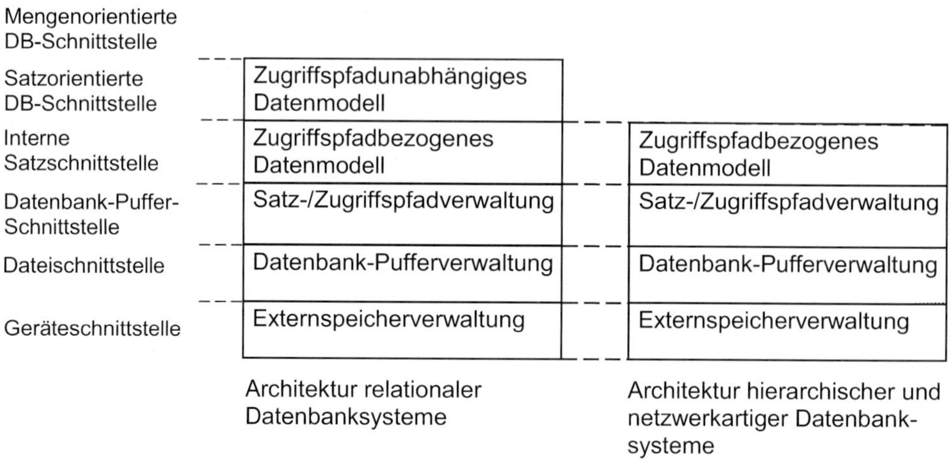

Bild 15-2 Schichtenmodelle für Datenbanken

Die folgende Tabelle zeigt die Objekte und Operationen der verschiedenen, in Bild 15-2 aufgeführten Schnittstellen [unimün]:

	Abstraktion	Objekte	Operationen (Beispiele)
Datensystem	Mengenorientierte DB-Schnittstelle	Relationen, Sichten, Mengen von Tupeln	Ausdrücke aus SQL, etc.
	Satzorientierte DB-Schnittstelle	Einzelne Tupel, Sets, Schlüssel, Zugriffspfade	FIND-NEXT <Satz>, STORE <Satz>
Zugriffssystem	Interne Satzschnittstelle	Interne Datensätze, Indexstrukturen	Satz speichern, Einfügen in B*-Baum
Speichersystem	DB-Pufferschnittstelle	Seiten, Segmente	Seite holen, Seite freigeben
	Dateischnittstelle	Blöcke, Dateien	Block lesen, Block schreiben
Hardware	Geräteschnittstelle	Spuren, Zylinder, Kanäle	Kopf positionieren

Tabelle 15-1 Verfeinerung und Schnittstellen der Kernschichten

15.3 Relationales Datenmodell

Das Relationale Datenmodell, kurz Relationen-Modell genannt, wurde 1970 von E. F. Codd [Cod70] entwickelt. Es besteht aus drei Teilen, Objekten, Operationen und Regeln.

Die folgenden **Objekte** müssen definiert werden:

- **Relationen (oder Tabellen)**
  Sie entsprechen den Entitätstypen des Entity-Relationship-Modells.
- **Tupel (oder Datensatz oder Record)**
  Ein Tupel entspricht einer konkreten Entität des Entity-Relationship-Modells.
- **Attribut (Spalte)**
  Ein Attribut eines Entitätstyps entspricht einem Attribut einer Relation und stellt eine Spalte einer Tabelle dar.
  Domäne (Wertebereich)
  Der Wertebereich eines Attributs muss festgelegt werden, damit bei Änderungen der Attributwerte Konsistenzprüfungen durchgeführt werden können.
- **Schlüssel**
  Schlüssel erlauben den selektiven Zugriff auf einzelne Tupel. Von Bedeutung sind **Kandidatenschlüssel** (eindeutige Schlüssel), **Primärschlüssel (gewählte Kandidatenschlüssel) und Fremdschlüssel**. Die Bedeutung der einzelnen Schlüssel wird im Folgenden noch erläutert werden.

Operationen werden zur Abfrage und Änderung auf den Relationen, sowie zum Anlegen und Löschen von Relationen verwendet. Diese Operationen werden später im Rahmen der Structured Query Language (SQL) (Kapitel 15.6) erklärt.

Regeln dienen zur Gewährleistung der Konsistenz der Daten. Hierbei geht es um die **Entity-Integrität** und die **Referenzielle Integrität**. Beide Integritätsregeln werden im Kapitel 15.3.4 noch erklärt.

15.3.1 Der Begriff der Relation

In diesem Kapitel werden die grundlegenden Begriffe, die im Zusammenhang mit relationalen Datenmodellen gebraucht werden, erläutert. Da die Basis des relationalen Datenmodells das von Codd entwickelte Relationen-Modell darstellt, soll dieses nun kurz charakterisiert werden.

> Als **Relation** (dt. Beziehung) bezeichnet man eine logisch zusammenhängende Einheit von Informationen. Ein Tupel in einer Relation entspricht einer **Entität**. Eine Relation stellt eine zweidimensionale Tabelle mit einer festen Anzahl von **Spalten (Attributen)** und einer variablen Anzahl von **Zeilen (Tupeln)** dar. Eine Relation ist durch ihren Namen und die Namen der Attribute eindeutig beschrieben.

Die Anzahl der Attribute einer Relation heißt **Ausdehnungsgrad** (engl. **degree**).

Eine Relation hat die folgenden Eigenschaften:

> Es gibt keine zwei Tupel, die in ihren Attributwerten übereinstimmen. Die Reihenfolge, in der die Tupel einer Relation gespeichert werden, ist nicht definiert, d. h. es gibt keine Reihenfolge der Tupel. Genausowenig ist die Reihenfolge, in der die Attribute einer Relation gespeichert werden, definiert.

Macht man den Übergang vom Entity-Relationship-Modell (siehe Kapitel 8) zum relationalen Datenbankentwurf, so werden – wie noch gezeigt wird – Beziehungstypen zwischen Entitätstypen im relationalen Modell auf Relationen oder auf Attribute einer Relation abgebildet.

> Die Entitäten als konkrete Objekte werden als **Tupel** bezeichnet. Die Entitäten bilden die **Zeilen** einer Tabelle.

Die Struktur einer Relation wird auch als Relationen-Schema bezeichnet. Das Relationen-Schema beschreibt den Aufbau der Tupel einer Relation, nicht aber die einzelnen Tupel-Ausprägungen (Werte). Jedes Tupel einer Relation setzt sich aus den gleichen Relations-Attributen zusammen. Die **Attribute** der Relation bilden die Spaltenüberschriften einer Tabelle. In einer Spalte stehen verschiedene oder gleiche Attributwerte, die alle einer Domäne angehören.

Atomare Werte der Attribute

Periodengruppen[139] – wie im folgenden Beispiel gezeigt – sind übersichtlich, im relationalen Modell aber nicht zugelassen. Im Beispiel von Bild 15-3 kann ein Firmenmitarbeiter in mehreren Projekten mitarbeiten. Dies kann durch eine Periodengruppe ausgedrückt werden. Das Feld Projekt kann dabei mehrere Werte annehmen:

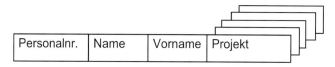

Bild 15-3 Datenstruktur mit einer Periodengruppe

Wie dieses Beispiel im relationalen Modell aufgelöst wird, wird in Kapitel 15.4.2 gezeigt.

> Die Attribute von relationalen Datenbanken bestehen aus nur einem Wert pro Tupel, nicht aus mehreren Werten. Sie sind **atomar.**

Periodengruppen sind aber nicht atomar, da mehrere Werte für ein Attribut existieren. Sie sind also im Rahmen der Relationen nicht zulässig.

---

[139] Eine Periodengruppe bezeichnet Gruppen von Datenbankfeldern, welche innerhalb eines Datensatzes mehrfach vorkommen können, wobei die Reihenfolge keine Rolle spielt.

15.3.2 Ein einfaches Beispiel

Ein Relationen-Modell beschreibt Objekte der realen Welt durch eine Menge von Attributen, die die Eigenschaften der Objekte repräsentieren. Die Namen von Relationen werden in diesem Buch in Großbuchstaben geschrieben, Primärschlüssel (siehe später) werden unterstrichen und Fremdschlüsseln wird ein # angehängt. Bild 15-4 zeigt ein Beispiel für eine Relation:

- Relation: `MITARBEITER`
  (`persNr, name, vorname, geburtsdatum, abtlgNr#`)
- Primärschlüssel: `persNr`

persNr	name	vorname	abtlgNr#
131	Maier	Herbert	12
123	Müller	Hugo	19
134	Kaiser	Fridolin	12
112	Berger	Karl	03
125	Fischle	Amadeus	19
...	...	...	...

Bild 15-4 Relation `MITARBEITER`

Das folgende Beispiel (siehe Bild 15-5) verdeutlicht noch einmal den Begriff der **Domäne (Wertebereich)**.

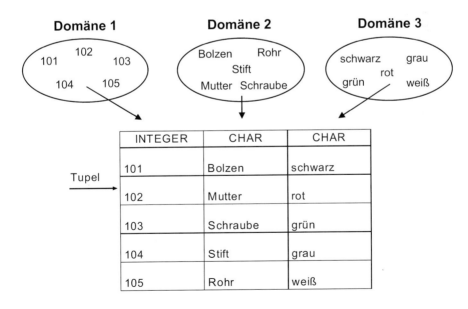

Bild 15-5 Domänen

In dem gezeigten Beispiel gibt es drei Domänen:

- Domäne 1 ist eine Folge von ganzen Zahlen (Datentyp INTEGER).
- Domäne 2 ist eine Folge von Buchstaben (Datentyp CHAR), die Namen von Teilen darstellen.
- Domäne 3 ist ebenfalls eine Folge von Buchstaben (vom selben Typ wie Domäne 2), die eine Farbe darstellen.

Das Beispiel in Bild 15-5 hat fünf Tupel. Jedes Tupel setzt sich aus drei Attributen zusammen, von denen jeder Attributwert einer anderen Domäne entstammt. Die Reihenfolge der Attribute in den Tupeln muss eingehalten werden. Mit anderen Worten, Attributwerte müssen immer unter den dazugehörigen Attributnamen stehen. Die Reihenfolge, in der die Attribute einer Relation gespeichert werden, ist aber nicht definiert.

15.3.3 Schlüssel einer Relation

Schlüssel in Relationen dienen dazu, alle Tupel einer Relation eindeutig zu identifizieren. Ein Schlüssel kann aus einem einzelnen Attribut bestehen oder aus einer Gruppe von Attributen zusammengesetzt sein.

> Eine Zusammenstellung von Attributwerten heißt **Kandidatenschlüssel**, wenn die Werte, die diese Attribute annehmen, stets ein Tupel eindeutig identifizieren. Ein **Schlüsselkandidat** kann aus einem oder mehreren Attributnamen bestehen. Eine Relation kann einen oder mehrere Schlüsselkandidaten besitzen. In einer Relation existieren gemäß Definition keine zwei identischen Tupel. Deshalb muss es immer mindestens einen Kandidatenschlüssel – nämlich die Zusammenstellung aller Attributnamen – geben.

Ein Kandidatenschlüssel darf keine überflüssigen Attributnamen enthalten. Diese müssen entfernt werden, jedoch darf keines der Schlüsselattribute vernachlässigt werden, damit die eindeutige Identifizierbarkeit nicht verloren geht.

> Ein Kandidatenschlüssel umfasst so viel Attributnamen wie nötig und so wenig wie möglich.

> Ein **Primärschlüssel** ist ein spezieller Kandidatenschlüssel, der vom Datenbankentwickler zum Primärschlüssel erklärt wird – er kann mehrere Attribute umfassen – oder als neues Attribut (z. B. persNr) speziell zu diesem Zweck eingeführt werden.

Der Primärschlüssel sollte neben der eindeutigen Identifikation keine weitere Bedeutung haben, um spätere Umschlüsselungen bei Änderungen zu vermeiden. Falls eine solche Eigenschaft nicht vorhanden ist, muss sie künstlich hinzugefügt werden (z. B. in Form einer eindeutigen fortlaufenden Nummer wie Artikelnummer oder

Personalnummer, oft auch in Form einer generierten ID, dem sog. Universally Unique Identifier, kurz UUID).

Ein Primärschlüssel kann auch aus mehreren Attributen bestehen. Eine Relation besitzt genau einen Primärschlüssel. Um auf ein Tupel zugreifen oder ein neues Tupel einfügen zu können, ist die Angabe des jeweiligen Primärschlüssels erforderlich.

> **Fremdschlüssel** dienen dazu, Relationen zu verknüpfen und die referenzielle Integrität der Datenbank (siehe später) zu gewährleisten. Ein Fremdschlüssel einer Relation muss dabei immer Primärschlüssel einer anderen Relation referenzieren.

Um Fremdschlüssel zu kennzeichnen, wird ihnen ein # -Zeichen nachgestellt.

15.3.4 Relationale Integritätsregeln

Mit der **Entity-Integrität** wird sichergestellt, dass jedes Tupel (Entity) in einer Relation einen eindeutigen Schlüssel besitzt. Da NULL-Werte nicht eindeutig sind, darf der Primärschlüssel eines Tupels keine NULL-Werte enthalten. Aus diesem Grund werden Primärschlüsselattribute normalerweise mit der Einschränkung NOT NULL definiert (siehe Kapitel 15.7).

Durch die **referenzielle Integrität** wird sichergestellt, dass jeder Wert eines Fremdschlüssels in einer Relation R2 einem Wert des Primärschlüssels in einer Relation R1 entspricht oder dass der Wert des Fremdschlüssels ein NULL-Wert ist.

15.4 Abbildung auf Relationen

Nachdem in Kapitel 15.3 die Grundlagen des relationalen Datenmodells erörtert wurden, soll nun in diesem Kapitel der Datenbankentwurf im Vordergrund stehen. Auszugehen ist vom logischen Datenmodell, welches als Entity-Relationship-Modell (ERM) erstellt wurde. Die Fragestellung ist nun, wie die Entitätstypen und die Beziehungen zwischen Entitätstypen in Datenbanktabellen umzusetzen sind. Die Beziehung hinsichtlich der Anzahl aller möglichen beteiligten abhängigen Entitäten wird durch sogenannte **Kardinalität** erfasst.

> Ausgangspunkt des Datenbank-Entwurfs ist das **Datenmodell** der Systemanalyse, welches mit Hilfe der Entity-Relationship-Modellierung erstellt wurde. Dieses Datenmodell ist nun auf Relationen, die in einem relationalen Datenbankmanagementsystem (RDBMS) gespeichert werden und in Funktionen einer Datenbank, umzusetzen.

15.4.1 Datenbankentwurf für 1:1-Beziehungen des ERM

Wie die Abbildung des Entity-Relationship-Modells auf Relationen vorgenommen wird, wird im Folgenden gezeigt. Anhand eines Beispiels wird der Datenbankentwurf für eine 1:1-Beziehung des ERM exemplarisch dargestellt. Es werden zwei Möglichkeiten des Entwurfs vorgestellt. Bei der ersten Möglichkeit werden zwei Relationen entworfen, bei der anderen nur eine einzige Relation.

Den Ausgangspunkt für den Entwurf stellt das folgende Entity-Relationship-Diagramm dar:

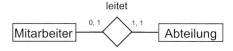

Bild 15-6 ERM für die Leitung einer ABTEILUNG

Es gibt die Entitätstypen `Mitarbeiter` und `Abteilung`, sowie die Beziehung `leitet`. Jede Abteilung wird von einem Mitarbeiter geleitet. Jeder Mitarbeiter kann keine oder maximal eine Abteilung leiten.

Möglichkeit 1: Entwurf von zwei Relationen

Jeder Entitätstyp wird durch eine eigene Relation dargestellt. Die Beziehung zwischen beiden Relationen wird hergestellt durch einen Fremdschlüssel in einer der beiden oder in beiden Relationen. Der Fremdschlüssel entspricht dann dem Primärschlüssel der verbundenen Relation.

Eventuell vorhandene Link-Attribute[140] (hier keine vorhanden) werden als Attribute in einer der beiden Relationen abgebildet.

Im Folgenden wurde entschieden, mit einem Fremdschlüssel (`abtlgNr#`) in der Relation `MITARBEITER` den Bezug zwischen beiden Tabellen herzustellen.

Die Relationen dieses Datenbankentwurfs sehen dann folgendermaßen aus:

```
MITARBEITER     (persNr, name, vorname, abtlgNr#)
ABTEILUNG       (abtlgNr, abteilungsname, leiter)
```

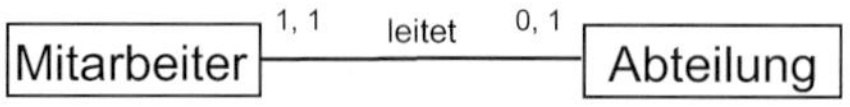

Bild 15-7 Relationales Modell für die Leitung einer Abteilung

---

[140] Siehe Kapitel 8.1.2.

Datenorientierter Systementwurf

Möglichkeit 2: Entwurf einer einzigen Relation. Abbildung der Entitätstypen auf Attribute dieser Relation

Bei jeder 1:1-Beziehung können die Attribute beider Entitätstypen in einer einzigen Relation zusammengefasst werden, hier in einer dafür vorgesehenen umfassenden Relation `ABTEILUNG`. Dies ist allerdings nur sinnvoll, wenn der Entitätstyp `MITARBEITER` keine weiteren Beziehungen eingeht und deshalb nicht eigenständig modelliert wird. Ein Fremdschlüssel ist hier nicht notwendig.

Die Relationen dieses Datenbankentwurfs sehen dann folgendermaßen aus:

ABTEILUNG (<u>abtlgNr</u>, abteilungsname, persNr, name, vorname)

| Abteilung |

Bild 15-8 Relationales Modell für eine `ABTEILUNG`

15.4.2 Datenbankentwurf für 1:n-Beziehungen des ERM

Anhand eines Beispiels soll die Abbildung auf Relationen für 1:n-Beziehungen erläutert werden. In diesem Beispiel arbeiten in einer Abteilung mehrere Mitarbeiter, mindestens jedoch einer. Jeder Mitarbeiter arbeitet in genau einer Abteilung. Zur Beziehung gehören zwei Attribute: `Eintrittsdatum` in die `Abteilung` und `Aufgabe` in der `Abteilung`.

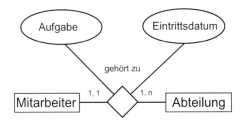

Bild 15-9 ERM für die `Mitarbeiter` *einer* `Abteilung`

Zunächst wäre man versucht, eine Periodengruppe beim Systementwurf zu entwerfen:

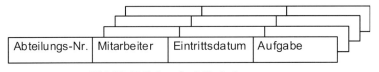

Bild 15-10 Entwurf mit Periodengruppen

Periodengruppen sind jedoch – wie bereits bekannt ist – beim relationalen Entwurf nicht zulässig. Also muss man anders vorgehen: Ein Entwurf mit einer einzigen Relation geht also nicht – es sei denn, man dupliziert die Daten. Man muss also zwei Relationen entwerfen. Jede 1:n-Beziehung kann durch zwei Relationen definiert werden. Diese Beziehung wird als Fremdschlüssel in der Relation modelliert, deren Tupel n-fach in der Beziehung auftreten. Der Fremdschlüssel entspricht dem Primärschlüssel in der 1-fach auftretenden Relation. Würde man den Fremdschlüssel in der Relation angeben wollen, deren Tupel einfach in der Beziehung auftreten, so hätte man wieder das Problem der Periodengruppe.

Die Link-Attribute werden in der n-fachen Relation (MITARBEITER) modelliert (im Folgenden **fett** dargestellt), da jede Verknüpfung ihre individuellen Werte hat.

Die Relationen dieses Datenbankentwurfs sehen dann folgendermaßen aus:

MITARBEITER   (persNr, name, vorname, abtlgNr#, **eintritt,
                 aufgabe**)
ABTEILUNG   (abtlgNr, name, leiter)

Diese beiden Relationen sind im Folgenden dargestellt.

Bild 15-11 Relationales Modell

15.4.3 Datenbankentwurf für m:n-Beziehungen des ERM

In diesem Abschnitt wird die Abbildung einer m:n-Beziehung auf Relationen vorgestellt. Die Abbildung wird anhand eines Beispiels erläutert.

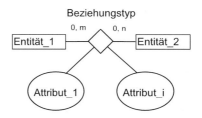

Bild 15-12 Allgemeine m:n Beziehung

- Zwischen den Entitäten Entität_1 und Entität_2 existiert ein Beziehungstyp.
- Jeweils m Tupel der Entität_1 können mit n Tupeln der Entität_2 in Beziehung stehen.
- Jede Beziehung hat i Attribute.

Entwurf für allgemeine m:n-Beziehungen (n > 1, m > 1):

Die beiden Entitäten werden direkt in zwei Relationen Relation_1 und Relation_2 überführt. Die Beziehung zwischen der Relation_1 und der Relation_2 wird durch eine neue dritte Relation ausgedrückt. Der Primärschlüssel der dritten Relation setzt

Datenorientierter Systementwurf

sich aus den Primärschlüsselattributen der `Relation_1` und aus den Primärschlüsselattributen der `Relation_2` zusammen.

Um die obigen Sachverhalte zu verdeutlichen, sollen diese anhand eines Beispiels erläutert werden. Im Beispiel gibt es Projekte, an denen mehrere Mitarbeiter arbeiten. Ein Mitarbeiter kann in keinem, einem oder mehreren Projekten mitarbeiten.

In Bild 15-13 und Bild 15-14 ist der Übergang vom Entity-Relationship-Modell zum relationalen Modell zu sehen. Der Entitätstyp `Mitarbeiter` des ERM wird zur Relation `MITARBEITER` im relationalen Modell, aus dem Entitätstyp `Projekt` wird die Relation `PROJEKT` und aus der Beziehung `arbeitet mit` wird die Relation `MA_PROJEKT` (MA ist eine Abkürzung für Mitarbeiter). Zur Beziehung gehören zwei Attribute:

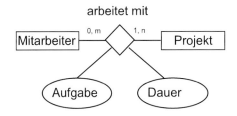

Bild 15-13 ERM für Projektmitarbeiter

Die Relationen dieses **Datenbankentwurfs** sehen dann folgendermaßen aus:

- `MITARBEITER`   (`persNr`, name, vorname, abtlgNr)
- `PROJEKT`   (`projektNr`, name, persNr#)
- `MA_PROJEKT`   (`persNr#`, `projektNr#`, aufgabe, dauer)

Bild 15-14 Relationales Modell für Projektmitarbeiter

Im Folgenden werden die Relationen-Schemata tabellarisch dargestellt. Die Relation `MITARBEITER` lautet:

persNr	name	vorname	abtlgNr#
131	Maier	Herbert	12
123	Müller	Hugo	19
134	Kaiser	Fridolin	12
112	Berger	Karl	03
125	Fischle	Amadeus	19
...	...	...	...

Bild 15-15 Relation `MITARBEITER`

Die Relation `PROJEKT` hat die Form:

projektNr	name	persNr#
1	Neuentwicklung	112
2	Prototyp	131
3	Änderung	112
...	...	...

Bild 15-16 Relation `PROJEKT`

Die Relation `MA_PROJEKT`, die beide genannten Relationen verknüpft und die Link-Attribute bereitstellt, sieht folgendermaßen aus:

projektNr#	persNr#	aufgabe	dauer
2	131	Test	10
1	112	Implementierung	30
3	123	Layout	15
2	125	Implementierung	35
2	131	Planung	2
...	...	...	...

Bild 15-17 Verknüpfungstabelle `MA_PROJEKT`

15.5 Normalisierung

Die **Normalisierung** hilft beim fachgerechten Entwurf von relationalen Datenmodellen. Bei Beachtung der Normalisierungsregeln werden Redundanzen beseitigt und Update-Anomalien vermieden. Anhand eines hier durchgeführten Beispiels sollen nun die Grundlagen und Regeln der Normalisierung betrachtet werden.

Beispiel:

An einer Hochschule werden Vorlesungen von Dozenten gehalten. Die Dozenten gehören zu einem Fachbereich, welcher von einem Dekan geleitet wird. Die Verwaltung erfolgt in einer relationalen Datenbank.

Dann könnte ein Eintrag in der Datenbank wie folgt aussehen:

DozentNr	Fachbereich	DekanNr	Semester	Fach	AnzStud
4711	TI	007	TI 1	DV	48
4713	NT	003	NT 2	Physik	43
4712	NT	003	TI 1	Mathe	48

Tabelle 15-2 Datenbanktabelle `LEHRKÖRPER`

In diesem Beispiel ist das folgende Problem denkbar:

Ändert sich die maximale Anzahl der Studenten z. B. im Semester TI 1, so muss jeder Eintrag in der Datenbank, in dem die maximale Anzahl Studenten im Semester TI 1 vorkommt, geändert werden.

Abhilfe schafft die Normalisierung. Dann genügt ein Zugriff auf ein Tupel. Inhaltlich widersprüchliche Datensätze kommen somit nicht vor. Zudem werden die Änderungen sehr änderungsfreundlich, da ihre Anzahl minimiert wird.

Je nach Umsetzungstiefe der Normalisierung spricht man von unterschiedlichen **Normalformen**. Normalformen werden einerseits dazu verwendet, um die Qualität, welche durch die Normalisierung erreicht wird, darzustellen. Weiterhin helfen diese, Fehler beim Erzeugen neuer Datenbankschemen zu vermeiden. Wie die Übersicht zeigt, gibt es viele verschiedene Normalformen. In der Praxis setzt man die dritte Normalform ein.

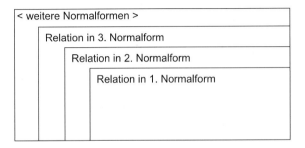

Bild 15-18 Übersicht Normalformen

Jede Normalform enthält implizit die vorhergehenden Normalformen (die dritte Normalform enthält die zweite und damit auch die erste Normalform).

Um auf eine Normalform zu kommen, müssen nicht zwangsweise die vorgehenden Normalformen durchlaufen werden. Man kann mit etwas Übung direkt auf die 3. Normalform kommen.

15.5.1 Unnormalisierte Relationen

Eine Relation heißt unnormalisiert, wenn die Attribute

- nicht atomare Werte enthalten,
- gegenseitig Beziehungen eingehen oder
- nicht funktionell abhängig[141] vom eindeutigen Primärschlüssel sind.

---

[141] Funktionell abhängig bedeutet, dass alle nicht Primärschlüsselattribute von einem Primärschlüssel abhängen, oder anders formuliert, wenn Attribute eindeutig die Werte von anderen Attributen bestimmen.

Beispiel Hochschulbetrieb 1

DozentNr	Fachbereich	DekanNr	Semester	Fach	AnzStud
11	TI	5	TI 1, TI 2	Physik, DV, Mathe	55, 51, 55
21	NT	8	NT 1, TI 1	DV, Mathe	58, 55
28	TI	5	NT 2	Elektronik	50

Bild 15-19 Beispiel Hochschulbetrieb 1: Unnormalisierte Relation

Das Beispiel Hochschulbetrieb 1 verletzt alle drei Normalformen. Die 1. Normalform wird verletzt, da die Attribute `Semester`, `Fach` und `AnzStud` eine Menge von Semestern, Fächern bzw. Anzahl Studenten enthalten und somit nicht atomar sind. Ist die erste Normalform nicht erfüllt, können folglich auch nicht die 2. und 3. Normalform erfüllt sein. In welchen Fällen die jeweiligen Normalformen erfüllt sind, wird in den folgenden Unterkapiteln erklärt.

15.5.2 Erste Normalform

Abfragen an eine Datenbank werden erst durch die 1. Normalform deutlich vereinfacht bzw. überhaupt erst möglich. Es ist z. B. sehr schwierig, obige Tabelle aus dem Beispiel Hochschulbetrieb 1 nach der Anzahl der Studenten zu sortieren, da die Spalte `AnzStud` mehrere Werte pro Zeile enthält.

> Eine Relation befindet sich in der **1. Normalform**, wenn alle zugrundeliegenden Wertebereiche nur atomare Werte enthalten.

Beispiel: Hochschulbetrieb 2

In der folgenden Relation ist die 1. Normalform erfüllt, da alle Wertebereiche für `Fach`, `Semester` und `AnzStud` nun atomar sind. D. h. sie enthalten keine Wertemengen mehr.

DozentNr	Fachbereich	DekanNr	Semester	Fach	AnzStud
11	TI	5	TI 1	Physik	55
11	TI	5	TI 2	DV	51
11	TI	5	TI 1	Mathe	55
21	NT	8	NT 1	DV	58
21	NT	8	TI 1	Mathe	55
28	TI	5	NT 2	Elektronik	50

Bild 15-20 Beispiel Hochschulbetrieb 2: Relation in der 1. Normalform

`DozentNr`, `Semester` und `Fach` sind in diesem Beispiel als Primärschlüssel definiert worden. Um der 2. Normalform zu genügen, wird im folgenden Beispiel die obige Relation in weitere Relationen aufgespalten. Die so entstandenen Relationen können mit Hilfe der eben definierten Primärschlüssel miteinander verknüpft werden.

15.5.3 Zweite Normalform

Die 2. Normalform erzeugt eine Relation, die jeweils nur einen Sachverhalt beschreibt. Dadurch werden Redundanzen und daraus resultierende mögliche Inkonsistenzen aufgelöst, da nur logisch zusammenhängende Daten in einer Relation abgelegt werden.

> Eine Relation ist in der **2. Normalform**, wenn sie in der 1. Normalform ist und wenn jedes Nichtschlüsselattribut voll funktional vom Primärschlüssel abhängt. Felder, die nur von einem Schlüsselteil abhängen, werden separat modelliert.

Die zweite Normalform kann somit nur verletzt werden, wenn der Primärschlüssel aus mehr als einem Attribut zusammengesetzt ist und ein Nicht-Schlüsselattribut nicht von allen Attributen eines Primärschlüssels voll funktional abhängig ist. Im Beispiel in Bild 15-20 ist die `AnzahlStud` zwar vom `Semester` funktional abhängig, aber nicht vom `Fach` oder der `DozentNr`.

> Schlüssel sind eine Konsequenz der Normalisierung. Sie werden gebraucht für die Gewährleistung der referentiellen Integrität durch das Datenbankmanagementsystem.

Beispiel Hochschulbetrieb 3

In diesem Beispiel nun ist die 1. und 2. Normalform erfüllt. Aus ehemals einer Tabelle entstehen drei Tabellen. Das ist notwendig, da

- die Anzahl der Studenten nur vom jeweiligen Semester abhängt
- und da `DozentNr/Fachbereich/DekanNr` nicht funktional abhängig sind von `Semester/DozentNr/Fach`.

DOZENT		
DozentNr	**Fachbereich**	**DekanNr#**
11	TI	5
21	NT	8
28	TI	5

Bild 15-21 Beispiel Hochschulbetrieb 3: Relation `DOZENT`

Zu beachten ist, dass die Relation `DOZENT_VORLESUNG` den Primärschlüssel `Semester/Fach` besitzt.

DOZENT_VORLESUNG		
Semester	**DozentNr#**	**Fach**
TI 1	11	Physik
TI 2	11	DV
TI 1	11	Mathe
NT 1	21	DV
TI 1	21	Mathe
NT 2	28	Elektronik

Bild 15-22 Beispiel Hochschulbetrieb 3: Relation `DOZENT_VORLESUNG`

| ANZ_SEM ||
Semester	AnzStud
TI 1	55
TI 2	51
NT 1	58
NT 2	50

Bild 15-23 Beispiel Hochschulbetrieb 3: Relation ANZ_SEM

Der Vorteil dieser Variante zeigt sich, wenn sich die maximale Anzahl der Studenten eines Semesters ändert. In diesem Fall genügt es, das entsprechende Tupel in der Relation ANZ_SEM zu ändern.

15.5.4 Dritte Normalform

In der 3. Normalform darf es in einer Relation **keine transitiven Abhängigkeiten** geben, d. h. dass kein Attribut eines Datensatzes von einem anderen abhängig sein darf, welches kein Primärschlüssel ist. Hierdurch wird eine thematische Abgrenzung der einzelnen Relationen erreicht.

> Eine Relation ist genau dann in der **3. Normalform**, wenn sie in der 1. und der 2. Normalform ist und wenn alle Nichtschlüssel-attribute gegenseitig unabhängig, aber voll funktional abhängig vom gesamten Primärschlüssel sind.

Beispiel Hochschulbetrieb 4

In der Relation DOZENT im Beispiel Hochschulbetrieb 3 ist DozentNr der Primärschlüssel. Die Attribute Fachbereich/DekanNr sind Nichtschlüsselattribute. Da sie gegenseitig abhängig sind (zu einem Fachbereich gehört der entsprechende Dekan), ist die dritte Normalform verletzt. Dies ist im Beispiel Hochschulbetrieb 4 korrigiert: es entsteht eine weitere Tabelle (DEKAN), in der der Fachbereich Primärschlüssel ist.

| DOZENT ||
DozentNr	Fachbereich#
11	TI
21	NT
28	TI

Bild 15-24 Beispiel Hochschulbetrieb 4: Relation DOZENT

| DEKAN ||
DozentNr#	Fachbereich
5	TI
8	NT

Bild 15-25 Beispiel Hochschulbetrieb 4: Relation `DEKAN`

DOZENT_VORLESUNG		
Semester	DozentNr#	Fach
TI 1	11	Physik
TI 2	11	DV
TI 1	11	Mathe
NT 1	21	DV
TI 1	21	Mathe
NT 2	28	Elektronik

Bild 15-26 Beispiel Hochschulbetrieb 4: Relation `DOZENT_VORLESUNG`

| ANZ_SEM ||
Semester	AnzStud
TI 1	55
TI 2	51
NT 1	58
NT 2	50

Bild 15-27 Beispiel Hochschulbetrieb 4: Relation `ANZ_SEM`

Der Vorteil ist, dass das Aktualisieren eines einzigen Attributs genügt, wenn ein Dozent den Fachbereich wechselt oder wenn sich der Dekan in einem Fachbereich ändert. Mit der Modellierung in vier Tabellen wird in diesem Beispiel die Einhaltung aller drei Normalformen erreicht.

Ziel sollte es grundsätzlich sein, Datenbanken so aufzubauen, dass sie (bis auf die Schlüssel) redundanzfrei sind. Allerdings existiert eine Korrelation zwischen hohen Normalformen und der Anzahl der Relationen. Komplexe Zugriffe durch mehrere Relationen – meist Joins – sind dann gegeben, wenn eine große Anzahl von Relationen mit nur wenigen Attributen existiert. Die Vor- und Nachteile sind vom Datenbankdesigner abzuwägen (siehe [Sch00]).

15.6 Einführung in die Structured Query Language

SQL (Structured Query Language) ist die Standardsprache für relationale Datenbanken. Sie wurde als Zugriffssprache für das von dem Mathematiker E. F. Codd aufgestellte relationale Datenmodell (siehe Kapitel 15.3) entwickelt. SQL stellt die praktische Umsetzung der sogenannten relationalen Algebra dar, auf die aus Platzgründen nicht eingegangen werden kann.

SQL ist eine Sprache zur

- strukturierten Abfrage,
- Aktualisierung,
- Datendefinition,
- Datenprüfung,
- Sicherung der Konsistenz und
- Pflege des Datenbestandes.

SQL ist eine nichtprozedurale und mengenorientierte Sprache. Sie gehört zu den Programmiersprachen der vierten Generation. In diesen Sprachen wird nur noch ausgedrückt, wie ein Ergebnis aussehen soll und nicht, wie bei Programmiersprachen der dritten Generation, wie der Rechner zu diesem Ergebnis kommt. SQL ist die am meisten verbreitete Sprache für relationale Datenbanken. Dies liegt unter anderem auch daran, dass die ursprünglich von IBM entwickelte Sprache 1987 durch ANSI standardisiert wurde.

Die Meilensteine der Standardisierung sind:

- 1987   SQL wird erstmals durch ANSI standardisiert
- 1989   erweiterter SQL Standard (Embedded SQL, Integrität)
- 1992   SQL-92 (auch SQL2 genannt)
- 1999   SQL:1999 (auch SQL3 genannt)
- 2003   SQL:2003
- 2008   SQL:2008 (noch nicht in allen Datenbanksystemen implementiert)

Die meisten Hersteller relationaler Datenbanken haben die Sprache SQL in ihrem Produkt um einige Anweisungen erweitert, da Standards üblicherweise der Entwicklung etwas hinterherhinken. Deshalb sind in den marktüblichen Datenbanksystemen weitere Anweisungen, die hier aber nicht aufgeführt werden, enthalten.

Wesentliche Eigenschaften von SQL sind:

- SQL entspricht in der Grundstruktur und den verwendeten Schlüsselwörtern der englischen Sprache und ist auf sehr wenige Befehle beschränkt und somit leicht zu erlernen.
- SQL ist Teil des Datenbankmanagementsystems (DBMS) und die einzige Schnittstelle, um mit der Datenbank auf logischer oder externer Ebene zu kommunizieren.
- SQL ist sowohl eine einfache Abfragesprache als auch ein Entwicklungswerkzeug für Anwendungsprogrammierer. Sämtliche Anwender, die mit der Datenbank arbeiten, sei es der Datenbankadministrator, ein Anwendungsentwickler oder ein normaler Benutzer, der lediglich Abfragen startet, arbeiten mit demselben Werkzeug.
- Sämtliche relationale Datenbanken, die SQL unterstützen, benutzen dieselbe standardisierte Sprache. Die Sprache muss somit vom Benutzer nur einmal erlernt

werden. Er kann sie auf jedem beliebigen System, vom PC bis hin zum Großrechner, gleichermaßen einsetzen. Natürlich gibt es auch hier herstellerspezifische Befehle und Syntax. Diese Unterschiede äußern sich aber meist nur bei Zusatzfunktionen.
- SQL ist in der Lage, heterogene Rechnersysteme zu verbinden, und schafft somit die Möglichkeit zur Realisierung verteilter heterogener relationaler Datenbanken.

SQL arbeitet mit Datenbankobjekten und Operatoren auf diesen Objekten. Weiterhin verwaltet SQL Privilegien, die festlegen, wer welche Operation auf welche Objekte ausführen darf.

Demzufolge kann man die Sprache SQL in drei Kategorien einteilen.

DML = **D**ata **M**anipulation **L**anguage, zur Manipulation von Datenbankteilen
DDL = **D**ata **D**efinition **L**anguage, zur Definition des Datenbankschemas
DCL = **D**ata **C**ontrol **L**anguage, zur Transaktions- und Rechteverwaltung

15.6.1 Data Manipulation Language

Die Selektion bestimmter Datensätze bildet die Grundlage des manipulativen Teils von SQL. Nur selektierte Datensätze können auch geändert oder gelöscht werden. Ebenfalls zur Data Manipulation Language (DML) gehört eine Anweisung zum Einfügen von neuen Daten in eine bereits vorhandene Relation.

Die Data Manipulation Language umfasst folgende Anweisungen:

- `SELECT` Abfragen von Daten
- `UPDATE` Ändern von Daten
- `DELETE` Löschen von Datensätzen
- `INSERT` Einfügen von Datensätzen

15.6.1.1 Abfragen mit der SELECT-Anweisung

Der `SELECT`-Befehl ist einer der mächtigsten Befehle der Sprache SQL. Er dient dazu, bestimmte Datensätze und Spalten aus einer Tabelle oder aus einer View[142] zu lesen. Das Ergebnis einer Abfrage (engl. **query**) ist wiederum eine Tabelle. Eine `SELECT`-Anweisung besteht im Wesentlichen aus den folgenden Teilen, wobei die `DISTINCT`-, `WHERE`-, `GROUP BY`-, `HAVING`- und `ORDER BY`-Klauseln optional sind:

```
SELECT [DISTINCT] Selektionsliste
FROM Quelle
[WHERE Where-Klausel]
[GROUP BY (Group By-Klausel)+
[HAVING Having-Klausel]]
[ORDER BY (Sortierung [ASC|DESC])+];
```

---

[142] Eine View ist eine virtuelle Tabelle, die z. B. aus einer gespeicherten Datenbankabfrage entstanden ist. Sie ist temporär und nur im Speicher vorhanden (siehe Kapitel 15.6.2.1).

Der Aufbau dieser Anweisung wird im Folgenden noch weiter erläutert.

> Das Grundgerüst einer SQL-Abfrage besteht also im Wesentlichen aus der SELECT-, FROM- und WHERE- Klausel, weswegen es häufig auch als **SFW-Block** bezeichnet wird:
>
> - SELECT wählt die Spalte(n) aus,
> - FROM wählt die Tabelle aus und
> - WHERE wählt die Zeile(n) aus.

SELECT-Klausel

In der SELECT-Klausel werden die Spalten definiert, die in der Ergebnisrelation erscheinen sollen. Wird direkt hinter SELECT das Wort DISTINCT angegeben, so wird die Ausgabe von gleichen Tupeln unterdrückt. Die Gleichheit bezieht sich dabei auf die Spalten, die in der SELECT-Klausel angegeben sind.

Die Selektionsliste kann folgende Elemente enthalten:

*	Selektiert alle Spalten der Tabelle.
Spaltennamen	Namen von Spalten einer Tabelle. Die Eindeutigkeit muss gewährleistet sein.
Funktionen	Ergebnisse von arithmetischen Operationen über mehrere Spalten eines Tupels, wie z. B. Berechnung von Jahresgehältern aus Monatsgehältern sowie arithmetische Funktionen oder String-Funktionen.
Gruppenfunktionen	Führen Berechnungen über eine Spalte (nicht wie oben über eine Zeile) aus.
Konstanten	Konstante numerische oder alphanumerische Werte.

Die Elemente können miteinander kombiniert werden, wenn sie durch Kommata getrennt werden.

FROM-Klausel

Die FROM-Klausel enthält die Bezeichnung der Tabelle oder Relation, aus der Daten selektiert werden sollen.

Eine Tabelle ist immer einem Besitzer zugeordnet. In SQL werden Tabellen mit gleichem Namen, aber unterschiedlichen Besitzern durch Voranstellen des Besitzernamens vor den Tabellennamen unterschieden.

Um die Handhabung zu erleichtern, können in den Anweisungen Namen von Tabellen und Views bzw. daraus berechneten Ergebnissen durch Aliasnamen ersetzt werden.

Dies geschieht einfach durch Anhängen des Alias mit Hilfe der `AS`-Klausel. Im weiteren Verlauf kann dann der Aliasname verwendet werden.

Beispiel einer einfachen `SELECT`-Anweisung:

```
SELECT Name, Abteilung, Monatsgehalt, 12*Monatsgehalt
    AS Jahresgehalt
    FROM MITARBEITER
```

Diese Anweisung extrahiert aus der Tabelle `MITARBEITER` die Spalten `Name`, `Abteilung`, `Monatsgehalt` und fügt der Ergebnistabelle eine Spalte mit dem `Jahresgehalt` hinzu.

WHERE-Klausel – Zeilenfilter

Nachdem durch die `SELECT`-Klausel eine Selektion der Spalten ermöglicht wurde, werden mittels der `WHERE`-Klausel bestimmte Zeilen extrahiert. Die `WHERE`-Klausel enthält eine Bedingung, der die Zeilen entsprechen müssen, wenn sie mit in die Ergebnistabelle eingehen sollen.

> Um Bedingungen für eine `WHERE`-Klausel zu formulieren, gibt es in SQL folgende Operatoren:
> - arithmetische Operatoren (+, -, *, /, %),
> - einfache Vergleichsoperatoren (=,<,>,<=,>=,<>,!=),
> - logische Operatoren (`AND`, `OR`, `NOT`) und
> - erweiterte Vergleichsoperatoren (`BETWEEN`, `IN`, `LIKE`, `EXISTS`)

Die ab hier folgenden Beispiele beziehen sich auf die Relationen auf S. 613. Zunächst soll die Verwendung der wichtigsten Operatoren verdeutlicht werden:

Eine `WHERE`-Klausel kann wiederum eine weitere `SELECT`-Anweisung enthalten. Eine **geschachtelte Abfrage** (engl. **subselect**) kann in der `WHERE`-Klausel folgendermaßen formuliert sein:

```
SELECT Abteilung
    WHERE Name = (SELECT Name FROM MITARBEITER
                  WHERE Personalnummer=123)
```

Eine `EXISTS`-Klausel kann nur in Verbindung mit einer geschachtelten Abfrage verwendet werden. `EXISTS` überprüft, ob bestimmte Zeilen vorhanden sind. Das folgende Beispiel soll dies verdeutlichen:

```
SELECT Abteilung
    FROM MITARBEITER
    WHERE EXISTS (SELECT * FROM MITARBEITER WHERE
                  Name='Maier');
```

Dieses Beispiel extrahiert alle Abteilungen, die einen Mitarbeiter namens `'Maier'` beschäftigen.

Eine einfache Abfrage mit einem Stringvergleich in einer WHERE-Klausel könnte folgendermaßen aussehen:

```
SELECT Name, Abteilung FROM MITARBEITER
    WHERE Name = 'Maier'
```

Diese Anweisung selektiert alle Zeilen, in denen die Spalte `Name` den Wert `'Maier'` beinhaltet.

Für komplexere Stringvergleiche wird das Schlüsselwort LIKE verwendet. Es gehört zu den erweiterten Vergleichsoperatoren. Hier einige Beispiele:

`... WHERE Name LIKE 'Ma%'`	selektiert alle Zeilen mit Namen, die mit `'Ma'` anfangen.
`... WHERE Name LIKE '%ai%'`	selektiert alle Zeilen mit Namen, die `'ai'` beinhalten, egal an welcher Stelle.
`... WHERE Name LIKE '_aier'`	selektiert alle Zeilen mit Namen, die fünf Zeichen lang sind und mit `'aier'` enden.

Zu beachten sind hierbei die verschiedenen Platzhalter, die bei einem Stringvergleich verwendet werden können:

- `%` repräsentiert kein, ein oder beliebig viele Zeichen.
- `_` repräsentiert genau ein Zeichen.

Mit den erweiterten Vergleichsoperatoren können relativ einfach bestimmte Wertebereiche abgefragt werden. Durch `BETWEEN <Wert1> AND <WERT2>` werden alle Zeilen erfasst, die zwischen den zwei Grenzwerten liegen oder gleich diesen Grenzwerten sind. Hier ein Beispiel:

```
... WHERE Name BETWEEN 'Holzmann' AND 'Maier'
```

selektiert alle Mitarbeiter, deren Namen im Alphabet zwischen den angegebenen Namen liegen.

Der Operator IN erlaubt es, ein Attribut mit einer Menge von Werten zu vergleichen. Das folgende Beispiel selektiert alle Zeilen, in denen der Name `'Maier'` oder `'Müller'` enthalten ist:

```
... WHERE Name IN ('Maier', 'Müller')
```

Logische Operatoren können wie in jeder anderen Programmiersprache auch angewendet werden. Die Auswertereihenfolge ist ebenfalls weitgehend identisch. Wie auch in anderen Programmiersprachen wird auch hier empfohlen, großzügig mit Klammern zu arbeiten, da dies die Lesbarkeit und Verständlichkeit erhöht.

Durch das folgende Beispiel

```
... WHERE Name = 'Maier' AND (Abteilung = 'Vertrieb'
                         OR Abteilung = 'Entwicklung')
```

werden alle Mitarbeiter namens `'Maier'` in der Abteilung `'Vertrieb'` oder `'Entwicklung'` gefunden.

Aggregatfunktionen – GROUP BY-Klausel

In der `SELECT`-Klausel können, wie oben erwähnt, Gruppenfunktionen auftauchen, die ihr Ergebnis aus mehreren Zeilen berechnen. Diese Gruppenfunktionen werden auch Aggregatfunktionen genannt und liefern als Ergebnis einen Wert zurück.

> Aggregatfunktionen beziehen sich stets auf die Ergebnistabelle und nicht auf die Haupttabelle und immer auf die angegebene Spalte.

Enthält eine Spalte `NULL`-Werte, können unter Umständen unerwartete Ergebnisse entstehen, da `NULL`-Werte von den Gruppenfunktionen unterschiedlich gehandhabt werden.

Hier eine Übersicht über die wichtigsten Aggregatfunktionen:

- `COUNT`   Anzahl ausgewählter Zeilen,
- `AVG`   Durchschnitt der ausgewählten Werte,
- `SUM`   Summe der ausgewählten Werte,
- `MIN`   kleinster Wert und
- `MAX`   größter Wert.

`GROUP BY` führt eine Gruppenbildung durch. Eine Teilmenge von Zeilen mit gleichen Attributwerten in einer Spalte wird dabei zusammengefasst. Aggregatfunktionen beziehen sich somit auf die durch `GROUP BY` gebildeten Gruppen.

Hierzu einige Beispiele für die Gruppierung mit Hilfe der `GROUP BY`-Klausel:

```
SELECT SUM (Gehalt) FROM Mitarbeiter;
```

gibt als Ergebnis die Gesamtsumme aller Gehälter aus, während

```
SELECT Abteilung, SUM(Gehalt)
    FROM Mitarbeiter
    GROUP BY Abteilung;
```

als Ergebnis für jede Abteilung die Summe aller Gehälter liefert. Die SQL-Abfrage

```
SELECT Abteilung, Funktion, AVG (Gehalt)
    FROM Mitarbeiter
    GROUP BY Abteilung, Funktion;
```

liefert das durchschnittliche Gehalt für jede Funktion in jeder Abteilung. Die Gehälter wurden also für jede Funktion einer Abteilung im Durchschnitt (`AVG`) bestimmt.

HAVING-Klausel – Gruppenfilter

Die `HAVING`-Klausel dient, wie die `WHERE`-Klausel, der Auswahl bestimmter Zeilen. Deshalb entspricht die Syntax der `HAVING`-Bedingung der Syntax der `WHERE`-Bedingung.

Im Gegensatz zur `WHERE`-Klausel bezieht sich die `HAVING`-Klausel jedoch nicht nur auf einzelne Zeilen, sondern auf die Gruppen, die durch die `GROUP BY`-Klausel erzeugt worden sind.

```
SELECT Abteilung, SUM (Gehalt)
    FROM Mitarbeiter
    WHERE Abteilung <> 'Vertrieb'
    GROUP BY Abteilung
    HAVING SUM (Gehalt) > 1000000;
```

Diese Anweisung extrahiert alle Abteilungen außer der Abteilung `Vertrieb`, bei denen das Gesamtgehalt der Mitarbeiter über 1 000 000 liegt.

Die `HAVING`-Klausel und die `WHERE`-Klausel können durchaus in derselben Anweisung verwendet werden. Dabei filtert die `WHERE`-Klausel alle Zeilen aus, die aufgrund eines Attributes nicht betrachtet werden sollen, während die `HAVING`-Klausel die Zeilen ausfiltert, die aufgrund des Ergebnisses einer Gruppenfunktion ausscheiden. Die Entscheidung, ob eine Zeile zum Ergebnis gehört oder nicht, kann nicht anhand einzelner Zeilen getroffen werden.

ORDER BY-Klausel

Die `ORDER BY`-Klausel sorgt für die Sortierung der Zeilen in der Ergebnistabelle. Die Liste der Argumente der `ORDER BY`-Klausel ist eine Teilmenge der `SELECT` Argumente. Hier ein Beispiel:

```
SELECT Name, Abteilung
    FROM Mitarbeiter
    ORDER BY Name ASC;
```

Die Sortierung kann durch den Zusatz `DESC` absteigend erfolgen. Kein Zusatz oder der Zusatz `ASC` verursacht eine aufsteigende Sortierung.

Datenorientierter Systementwurf

15.6.1.2 Mengenoperatoren

Eine relationale Menge sind die Zeilen, die das Ergebnis einer SELECT-Anweisung darstellen. Die leere Menge entspricht dabei 0 selektierten Zeilen. Relationale Mengen können mittels folgender Mengenoperatoren verknüpft werden:

- UNION (ALL)   Vereinigungsmenge, mit der Option ALL werden auch Duplikate ausgegeben.
- INTERSECT   Schnittmenge zweier Ergebnismengen. Duplikate werden entfernt.
- MINUS   Zeilen, die in der ersten, nicht aber in der zweiten Menge vorkommen.
- EXCEPT   Ist analog zu MINUS, wird in manchen SQL-Dialekten alternativ zu MINUS verwendet.

Im folgenden Beispiel werden Namen der Mitarbeiter aus den Abteilungen 'Vertrieb' und 'Einkauf' ausgegeben. Die Abfragen müssen sich nicht auf dieselbe Tabelle beziehen. Die Attributwerte der Ergebnistabelle müssen jedoch derselben Domäne entstammen. Hier das Beispiel:

```
SELECT Name FROM Mitarbeiter WHERE Abteilung = 'Vertrieb'
    UNION
SELECT Name FROM Mitarbeiter WHERE Abteilung = 'Einkauf';
```

15.6.1.3 JOIN – Verknüpfung von Tabellen

Die bisher gezeigten SELECT-Anweisungen verwendeten immer nur eine Tabelle. Da normalerweise Daten in verschiedenen Tabellen gehalten werden, muss es eine Möglichkeit geben, Abfragen über mehrere Tabellen zu formulieren. Das Konstrukt, das dies ermöglicht, heißt JOIN und hat die folgende Syntax:

```
FROM Tabelle1 [JOIN-Typ] JOIN Tabelle2 [ON (JOIN-Bedingung)]
```

> Die wichtigsten JOIN-Typen in SQL sind:
>
> - INNER: Es werden nur die Tupel ausgegeben, die in allen beteiligten Tabellen Übereinstimmungen haben, z. B. alle Mitarbeiter, die einem Projekt zugeordnet sind.
> - OUTER: Es werden auch Tupel berücksichtigt, die in den anderen beteiligten Relationen keine Übereinstimmungen haben. Ein OUTER JOIN liefert z. B. auch Mitarbeiter, die keinem Projekt zugeordnet sind.

Wird weder INNER noch OUTER vor dem Schlüsselwort JOIN angegeben, wird automatisch ein INNER JOIN durchgeführt. Ein OUTER JOIN kann noch weiter unterteilt werden:

- LEFT OUTER JOIN: Enthält alle Datensätze der "linken" Tabelle, auch wenn es keine passenden Datensätze in der "rechten" Tabelle gibt.

- `RIGHT OUTER JOIN`: Enthält alle Datensätze der "rechten" Tabelle, auch wenn es keine passenden Datensätze in der "linken" Tabelle gibt.
- `FULL OUTER JOIN`: Enthält alle Datensätze der "linken" und "rechten" Tabelle, auch wenn es keine passenden Datensätze gibt. Kann auch als `CROSS JOIN` abgesetzt werden.

Alle Felder der Ergebnisrelation, die bei einem `OUTER JOIN` keine Übereinstimmung in den beteiligten Relationen haben, werden mit `NULL`-Werten gefüllt.

Für die folgenden Beispiele sollen zwei Tabellen dienen. Die Tabelle `Angestellter` enthält die `PersonalNr`, den `Namen` und die `Abteilung` der Angestellten, die Tabelle `Team` enthält ebenfalls die `PersonalNr` und das `Team`, zu dem ein Angestellter gehört.

Mit einer SQL-Abfrage soll nun als Beispiel ermittelt werden, wer in welchem Projekt arbeitet.
```
SELECT Angestellter.Name, Angestellter.Abteilung,
          Team.Teamname
FROM Angestellter, Team
```

Diese Anweisung bildet das kartesische Produkt[143] der beiden Tabellen. Dabei werden zwangsläufig Zeilen entstehen, die die Realität falsch wiedergeben, weil jeder Angestellte plötzlich bei jedem Projekt mitarbeitet.

Durch die `JOIN`-Bedingung muss die Teilmenge des kartesischen Produktes ermittelt werden, die die Realität widerspiegelt. In diesem Fall benötigt man nur die Datensätze der Produkttabelle, in denen die `PersonalNr` aus `Angestellter` und aus `Team` übereinstimmen. Die gesuchte Abfrage lautet somit.

```
SELECT Angestellter.PersonalNr, Angestellter.Name,
     Angestellter.Abteilung, Team.PersonalNr, Team.Teamname
FROM Angestellter
INNER JOIN Team
ON Angestellter.PersonalNr = Team.PersonalNr
```

Dieser Ausdruck ist äquivalent zu:

```
SELECT Angestellter.PersonalNr, Angestellter.Name,
     Angestellter.Abteilung, Team.PersonalNr, Team.Teamname
FROM Angestellter, Team
WHERE Angestellter.PersonalNr = Team.PersonalNr
```

---

[143] Das kartesische Produkt ist die Menge aller möglichen Kombinationen der Werte der Tabellen.

Datenorientierter Systementwurf

Da die Spalte `PersonalNr` in beiden Tabellen vorkommt, muss der Eindeutigkeit wegen der Tabellenname mit angegeben werden.

Die folgenden Tabellen zeigen exemplarisch, wie aus zwei Relationen durch ein `INNER JOIN` die Ergebnisrelation entsteht:

PersonalNr	Name	Abteilung
100	Maier	Entwicklung
101	Müller	Entwicklung
102	Schmidt	Test
103	Kunz	Test
104	Hinz	Design

Bild 15-28 Relation `ANGESTELLTER`

PersonalNr	Teamname
101	Navigation
102	MMI
103	Algorithmen
105	MMI

Bild 15-29 Relation `TEAM`

Durch einen `INNER JOIN` ergibt sich nun folgende Ergebnisrelation:

Angestellter.PersonalNr	Name	Abteilung	Team.PersonalNr	Teamname
101	Müller	Entwicklung	101	Navigation
102	Schmidt	Test	102	MMI
103	Kunz	Test	103	Algorithmen

Bild 15-30 Ergebnisrelation nach einem `INNER JOIN`

Der folgende `OUTER JOIN`

```
SELECT Angestellter.PersonalNr, Angestellter.Name,
     Angestellter.Abteilung, Team.PersonalNr , Team.Teamname
FROM Angestellter
FULL OUTER JOIN Team
ON Angestellter.PersonalNr = Team.PersonalNr
```

ergibt folgende Ergebnisrelation:

Angestellter.PersonalNr	Name	Abteilung	Team.PersonalNr	Teamname
100	Maier	Entwicklung	*NULL*	*NULL*
101	Müller	Entwicklung	101	Navigation
102	Schmidt	Test	102	MMI
103	Kunz	Test	103	Algorithmen
104	Hinz	Design	*NULL*	*NULL*
NULL	*NULL*	*NULL*	105	MMI

Bild 15-31 Ergebnisrelation nach einem `FULL OUTER JOIN`

15.6.1.4 Umsetzung der SELECT-Anweisung in relationale Operatoren

Die Anweisungen der Sprache SQL werden innerhalb des Datenbanksystems auf Operationen der relationalen Algebra umgesetzt.

Zunächst werden die Anweisungen (siehe Beispiel weiter unten) semantisch und syntaktisch geprüft. Lässt man Optimierungsprozesse außer Acht, läuft die Umsetzung einer `SELECT`-Anweisung folgendermaßen ab.

1. Bei der Verwendung eines JOIN wird zuerst das kartesische Produkt über die Tabellen gebildet.
2. Aufgrund der WHERE-Klausel werden Zeilen selektiert.
3. Das Ergebnis wird entsprechend der SELECT-Klausel auf die gewünschten Spalten projiziert.

Nach jedem Schritt entsteht eine temporäre Ergebnistabelle.
Beispiel:

In der Tabelle `Angestellter` seien 500 Angestellte, davon 50 im Vertrieb. In der Tabelle `Team` seien 30 Teams. Jeder Mitarbeiter ist in genau einem Team tätig.

```
SELECT Name, Projekt
FROM Angestellter AS A, Team AS T
WHERE A.Abteilung = 'Vertrieb' AND A.PersonalNr = T.PersonalNr
```

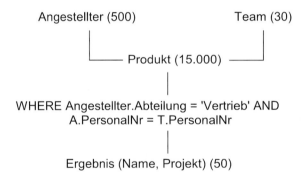

Bild 15-32 Ablauf einer `SELECT`-Anweisung

Durch die sequenzielle Abarbeitung der Operationen entstehen mitunter enorm große temporäre Tabellen.

Aufgabe sogenannter Optimierer ist es, die Reihenfolge und Art der Umsetzung so anzupassen, dass die Anzahl der Zeilen in den temporären Tabellen möglichst klein gehalten wird, wobei die Geschwindigkeit der Abarbeitung mit berücksichtigt werden muss.

Datenorientierter Systementwurf

15.6.1.5 INSERT

Die `INSERT`-Anweisung fügt in eine bestehende Tabelle Datensätze ein. Sie benötigt dazu die Angabe des Tabellen- und Spaltennamens sowie die Werte, die eingetragen werden sollen. Je nachdem, ob eine Zeile oder mehrere Zeilen eingefügt werden sollen, wird die `VALUES`-Klausel verwendet.

INSERT INTO Tabelle [**(** Spalte+ **)**] **VALUES** (**(** Konstante+ **)**)

schreibt eine neue Zeile in `Tabelle` mit den Werten, die nach `VALUES` angegeben sind. Das + in der Definition bedeutet, dass der voranstehende Ausdruck mindestens einmal aber auch mehrfach vorkommen darf. Das folgende Beispiel schreibt eine Zeile in die Tabelle `Telefonbuch`:

```
INSERT INTO Telefonbuch (Name, Telefonnr)
       VALUES ('Jung', '0711123456')
```

Eine `INSERT`-Anweisung kann auch mit einem SFW-Block verknüpft werden.
INSERT INTO Tabelle [**(** Spalte+ **)**] SFW-Block

schreibt alle die Zeilen in `Tabelle`, die durch die `SELECT`-Anweisung erzeugt werden. Die Anzahl und die Datentypen in der Spaltenauswahl der `SELECT`-Anweisung müssen denen der `INSERT`-Anweisung entsprechen. Das folgende Beispiel fügt alle Tupel aus der Relation `Adressbuch`, die mit `'Ma'` anfangen, in die Relation `Telefonbuch` ein:

```
INSERT INTO Telefonbuch (Name, Telefonnr)
    SELECT Name, Telefonnr FROM ADRESSBUCH WHERE Name LIKE 'Ma%'
```

15.6.1.6 UPDATE

Mit der `UPDATE`-Anweisung können ein oder mehrere bereits bestehende Felder einer Tabelle geändert werden. Hierfür können einzelne oder mehrere Spalten mit Werten, durch Kommata getrennt, angegeben werden. Die `WHERE`-Klausel selektiert die Datensätze, die aktualisiert werden sollen.

UPDATE Tabelle **SET** (Spalte=Ausdruck)+ [**WHERE** Where-Klausel]

Das folgende Beispiel ändert die `Telefonnr` für den Eintrag `'Maier'` in der Relation `Telefonbuch`:

```
UPDATE Telefonbuch SET (Telefonnr='07153123456')
    WHERE Name LIKE 'Maier'
```

Die `WHERE`-Klausel kann auch eine Unterabfrage (Subselect) enthalten, die mit Hilfe eines SFW-Blocks die Zeilen selektiert, die geändert werden sollen. Dasselbe gilt für die `SET`-Klausel. Auch sie kann ein Subselect mit einem SFW-Block enthalten. Hierbei wird das Ergebnis des SFW-Blocks als neuer Inhalt in die angegebene Spalte geschrieben.

UPDATE Tabelle **SET** (Spalte=(**SFW**-Block))+ [**WHERE** (**SFW**-Block)]

Das Ergebnis des Subselects in der SET-Klausel muss **skalar** sein. Das heißt, dass der SFW-Block nur einen Wert zurück liefern darf.

Im nächsten Beispiel wird die Telefonnr für den Eintrag 'Maier' aus dem Adressbuch übernommen.

```
UPDATE Telefonbuch SET (Telefonnr =
    SELECT Telefonnr FROM ADRESSBUCH WHERE Name LIKE 'Maier')
```

15.6.1.7 DELETE

DELETE löscht eine oder mehrere Zeilen aus einer Tabelle. Mit der WHERE-Klausel werden die zu löschenden Zeilen spezifiziert. Fehlt die WHERE-Klausel oder ist sie nicht eindeutig, werden mehrere Zeilen oder der ganze Inhalt der Tabelle gelöscht.

DELETE FROM Tabelle [**WHERE** Where-Klausel]

Dieses Beispiel löscht den Eintrag bzw. alle Einträge namens 'Maier' aus der Relation Telefonbuch:

```
DELETE FROM Telefonbuch WHERE Name LIKE 'Maier'
```

Beim Löschen von Datensätzen können Update-Anomalien bzw. in diesem Fall Delete-Anomalien entstehen. Wird zum Beispiel Herr Maier aus der Relation Telefonbuch gelöscht, sollten auch alle anderen Datensätze aus anderen Tabellen, die auf diesen Datensatz referenzieren, gelöscht werden. Das automatische Löschen aller voneinander abhängigen Datensätze wird mit Hilfe von Constraints realisiert (siehe Kapitel 15.7).

15.6.2 Data Definition Language

Die **D**ata **D**efinition **L**anguage (DDL) dient auf konzeptioneller Datenbankebene der Erstellung, Änderung und dem Löschen von Datenbankobjekten wie z. B. Tabellen. Demzufolge gehören dazu die Anweisungen:

- CREATE,
- ALTER und
- DROP.

15.6.2.1 CREATE

Mit Hilfe der `CREATE`-Klausel können neue Relationen oder eine Indexstruktur erzeugt werden. Hierbei ist es möglich, Metadaten aus einer anderen Tabelle in eine neue Tabelle zu übernehmen oder eine leere Tabelle mit der angegebenen Struktur zu erstellen.

CREATE TABLE

`CREATE TABLE` definiert eine neue Tabelle. Die Parameter enthalten den Tabellennamen und die Spalten. Für jede Spalte muss der Datentyp und das Attribut `NULL/NOT NULL` angegeben werden (Default ist `NULL`). Das Attribut besagt, ob der Wert dieser Spalte leer bleiben darf oder ein Wert angegeben werden muss.

```
CREATE TABLE Tabelle
    (Spalte Datentyp [NULL/NOT NULL] [PRIMARY KEY])+
    [, FOREIGN KEY (Spalte+) REFERENCES Tabelle2 (Spalte+)]
```

Mit `PRIMARY KEY` kann eine Spalte der neuen Tabelle als Primärschlüssel definiert werden. Diese Spalte kann wiederum in einer anderen Relation mit Hilfe von `FOREIGN KEY` als Fremdschlüssel referenziert werden. Ist eine Spalte als Schlüssel definiert, sollte sie immer mit dem Attribut `NOT NULL` angelegt werden, da ein Schlüssel immer eindeutig sein muss, was nicht gewährleistet ist, wenn `NULL`-Werte erlaubt sind.

> Die genannten Schlüsselbeziehungen sollten möglichst immer definiert werden, da sie die Verletzung der Integritätsregeln durch `UPDATE`, `INSERT` oder `DELETE` verhindern. Des Weiteren wird hierdurch kaskadiertes Löschen und Ändern erst möglich.

Daten können, wie bereits oben erwähnt, aus einer anderen Tabelle übernommen werden. Hierfür wird die `AS SELECT`-Klausel verwendet. Mit ihrer Hilfe können sowohl die Struktur als auch die Daten der angegebenen Tabelle übernommen werden.

```
CREATE TABLE Tabelle (Spalte+)
        AS SELECT (Spalte+) FROM Tabelle2
```

Das nächste Beispiel zeigt, wie die neue Relation Telefonbuch aus der bereits vorhandenen Relation Adressbuch erstellt werden kann:

```
CREATE TABLE Telefonbuch (Name, Telefonnr) AS SELECT Name,
Telefonnr FROM Adressbuch
```

> Die Anzahl der Spalten in der `AS SELECT`-Anweisung muss mit der Anzahl in der `CREATE TABLE`-Anweisung übereinstimmen.

CREATE VIEW

Eine virtuelle Tabelle – auch **View** genannt – ist eine Tabelle, die nicht physisch vorhanden ist. Das heißt, eine View ist nur temporär für den Benutzer im Speicher vorhanden. Ihr Inhalt ist das Ergebnis eines SQL-Statements. Eine View kann wie eine normale Tabelle benutzt werden. Änderungen in den Daten der Basistabellen spiegeln sich sofort in den Daten der View wider, da bei jeder Benutzung der View die Daten aktualisiert werden.

Eine View kann in SQL mit der folgenden Anweisung erstellt werden:

```
CREATE VIEW Viewname [(Spalte+)] AS SFW-Block
```

In späteren Anweisungen kann über `Viewname` auf die Tabelle zugegriffen werden. Die so entstandene virtuelle Tabelle verhält sich wie eine normale, physisch auf dem Datenträger vorhandene Tabelle und kann auch genauso benutzt werden.

Sollen z. B. dem Benutzer alle Telefonbucheinträge aus dem Raum Stuttgart mit der Vorwahl `0711` angezeigt werden, so bietet sich eine View an. Das folgende Beispiel erzeugt ein eine View namens `Telefonbuch`, die alle Einträge mit der Vorwahl `0711` enthält.

```
CREATE View Telefonbuch
AS SELECT Name, Vorname, Vorwahl, TelNummer
     FROM TelVerzeichnis WHERE Vorwahl='0711'
```

Alle weiteren Operationen, wie z. B. die Suche nach einer bestimmten Person bzw. Nummer können nun auch auf der View ausgeführt werden.

CREATE INDEX

Mit Hilfe von Indizes lassen sich Daten schneller in Tabellen finden. Damit nicht bei jeder Abfrage die ganze Tabelle gelesen werden muss, werden sogenannte Indizes erstellt. Ein Index ist ein auf Geschwindigkeit optimierter Suchbaum oder Hash-Wert (siehe Kapitel 15.2), der die Daten einer Tabelle oder Spalte indiziert.

```
CREATE [UNIQUE] INDEX IndexName ON Tabellenname (Spalte+)
                                                [ASC|DESC]
```

erzeugt einen Index auf eine Tabelle bzw. falls angegeben auf eine Spalte. `UNIQUE` bewirkt, dass nur eindeutige Indizes vorkommen dürfen. Die optionalen Parameter `ASC` bzw. `DESC` bewirken eine auf- bzw. absteigende Sortierung der Indizes.

Im vorherigen Beispiel wurde eine View mit allen Telefonbucheinträgen mit der Vorwahl `0711` erzeugt. Es ist anzunehmen, dass die erzeugte View sehr viele Einträge enthält. Um das Suchen nach einem bestimmten Namen zu beschleunigen, sollte ein Index für die Spalte `Nachname` erzeugt werden. Dies wird im folgenden Beispiel veranschaulicht:

```
CREATE INDEX IdxNachname ON Telefonbuch (Nachname) ASC
```

15.6.2.2 ALTER

Mit Hilfe der `ALTER`-Anweisung kann die Struktur einer Tabelle geändert werden. Dazu gehört z. B. das Löschen oder Hinzufügen von Spalten. Es ist auch möglich den Spaltennamen oder den Datentyp einer Spalte nachträglich zu ändern. Die folgenden Beispiele sollen die Verwendung des `ALTER`-Statements verdeutlichen:

```
ALTER TABLE Tabelle
    ADD Spalte Datentyp

ALTER TABLE Tabelle
    MODIFY Spalte Datentyp

ALTER TABLE Tabelle
    DROP Spalte
```

15.6.2.3 DROP

`DROP` löscht ein Datenbankobjekt. Dazu muss der Objekttyp und der Objektname angegeben werden.

```
DROP TABLE Tabelle
DROP INDEX Index
DROP VIEW Sicht
```

Bei `DROP` gilt es zu bachten, dass bestehende Integritätsregeln nicht verletzt werden dürfen. Das kann der Fall sein, wenn es z. B. einen Fremdschlüssel auf die zu löschende Tabelle gibt.

15.6.3 Data Control Language

Die **D**ata **C**ontrol **L**anguage ist der Teil von SQL, mit dem die Berechtigungen einer Datenbank verwaltet und Transaktionen kontrolliert werden können. Deswegen wird die DCL auch als Datenüberwachungssprache bezeichnet. Zur Data Control Language gehören folgende Anweisungen:

- `COMMIT`   Bestätigen bzw. Festschreiben einer Transaktion
- `ROLLBACK`   Noch nicht festgeschriebene Transaktion rückgängig machen
- `GRANT`   Rechte gewähren
- `REVOKE`   Rechte entziehen

15.6.3.1 Transaktionsverarbeitung

Eine Transaktion ist eine logisch zusammengehörende Arbeitseinheit, die eine oder mehrere SQL Anweisungen enthält.

Die Auswirkungen aller zur Transaktion gehörenden Anweisungen müssen aus Sicherheitsgründen gemeinsam festgeschrieben oder zurückgenommen werden.

Ohne Mechanismen der Transaktionsverarbeitung können sich die Daten während einer Transaktion in einem inkonsistenten Zustand befinden. Ein Beispiel dafür ist die Buchung von Geldbeträgen von einem Konto zu einem anderen. Je nachdem, wie lange die Transaktion dauert (evtl. Warten auf Eingaben inbegriffen), steigt die Wahrscheinlichkeit, dass Probleme auftreten, die das Weiterarbeiten verhindern. Somit wäre beispielsweise ein Betrag vom Konto abgebucht, nicht jedoch auf das andere Konto gutgeschrieben (siehe Kapitel 15.1).

Die Änderungen während einer Transaktion werden solange, bis die Eingabe bestätigt wird, in sog. Rollback-Segmenten gespeichert und erst bei Bestätigung (Commit) in die Tabellen übertragen.

SQL Datenbanken sind wegen des ACID-Prinzips (siehe Kapitel 15.1) von Grund auf transaktionsbasiert. Änderungen werden erst dann dauerhaft in der Datenbank gespeichert, wenn der zu ändernde Datensatz nicht durch eine andere Transaktion gesperrt ist und keine Fehler aufgetreten sind. Dies geschieht automatisch im Hintergrund. Besonders kritische Abschnitte können aber vom Datenbankentwickler per Hand in einem Transaktionsblock zusammengefasst werden. War die Ausführung des Blocks erfolgreich, werden alle Änderungen dieses Blockes dauerhaft in der Datenbank gespeichert. Ist ein Fehler während der Ausführung des Blocks aufgetreten, werden alle Änderungen aus diesem Block wieder rückgäng gemacht. Leider ist hier die Syntax von Hersteller zu Hersteller sehr unterschiedlich.

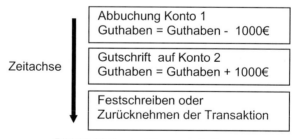

Bild 15-33 Transaktionsverarbeitung

SQL bietet für die Transaktionsverarbeitung die Anweisungen `COMMIT` und `ROLLBACK`. An dieser Stelle sei auch nochmal auf das ACID-Prinzip aus Kapitel 15.1 verwiesen.

`COMMIT` dient dabei der Bestätigung und dem Festschreiben der Änderungen und
`ROLLBACK` nimmt alle noch nicht bestätigten Anweisungen zurück.

Um die Integrität der Daten bei einem Multi-User-System zu gewährleisten, müssen Tabellenzeilen oder vollständige Tabellen für die Dauer einer Transaktion für andere Anwender gesperrt werden.

SQL hält dazu den `LOCK`-Befehl bereit. Da allerdings alle gängigen Datenbanksysteme die Sperrung automatisch bei datenmanipulierenden Anweisungen wie `UPDATE`, `INSERT`, `DELETE` veranlassen, wird der `LOCK`-Befehl nur äußerst selten verwendet.

15.6.3.2 Objektprivilegien

SQL stellt Anweisungen bereit, um den Zugriff auf Daten und Strukturen zu verhindern und die Datensicherheit zu gewährleisten. Datenbankanwendern werden Privilegien auf Datenbankobjekte gewährt oder entzogen. Man unterscheidet folgende Privilegien:

- `CREATE`   Erstellen eines Objekts,
- `ALTER`   Ändern eines Objekts,
- `DELETE`   Löschen eines Objekts,
- `INSERT`   Einfügen neuer Zeilen in Tabellen oder Views,
- `SELECT`   Selektion aus einer Tabelle oder View und
- `UPDATE`   Ändern von Daten in einer Tabelle oder View.

Mit der `GRANT`-Anweisung werden einem bestimmten Benutzer oder einer bestimmten Rolle Privilegien erteilt oder mit `REVOKE` wieder entzogen.

```
GRANT Privileg+ ON Tabelle TO (PUBLIC|Benutzername) [WITH
                                                     GRANT OPTION]
REVOKE Privileg+ ON Tabelle FROM (PUBLIC|Benutzername)
```

`PUBLIC` erteilt bzw. entzieht **allen** Benutzern bzw. Rollen die angegeben Privilegien. Werden Rechte mit `WITH GRANT OPTION` vergeben, darf dieser Benutzer die ihm erteilten Privilegien auch an andere Benutzer weitergeben.

Die oben aufgeführten Privilegien sind standardisiert. Die meisten Datenbanksysteme haben jedoch noch speziellere nicht standardisierte Befehle, die eine viel feingranularere Benutzer- und Rechteverwaltung ermöglichen.

15.7 Constraints

Relationale Datenbanken bieten einen Mechanismus, um bestimmte Integritätsbedingungen zu formulieren. Im Prinzip sind dies Einschränkungen, weshalb dieser Mechanismus als Constraints bezeichnet wird. Diese Mechanismen definieren die Art und Weise, wie Einschränkungen eingehalten werden müssen. Wurde eine solche Integritätsbedingung verletzt, wird z. B. das Einfügen eines Datensatzes abgelehnt oder die noch nicht festgeschriebene Transaktion rückgängig gemacht (Rollback). Dies hat den großen Vorteil, dass die Überprüfung der Einschränkungen nicht dem jeweiligen Programmierer obliegt. So kann zum Beispiel eine Transaktion durch das DBMS abgebrochen und der Ausgangszustand wiederhergestellt werden, falls ein Constraint verletzt wurde. Das DBMS kann auch die Eingabe weiterer Daten zur

Wiederherstellung der Integrität einfordern. Typische Constraints in einem relationalen DBMS sind:

- UNIQUE – Ein Wert in einer Spalte darf nur einmal vorkommen.
- NOT NULL – Eine Spalte der Datenbank darf keine NULL-Werte (leere Werte) enthalten.
- ON UPDATE xxx bzw. ON DELETE xxx – Definieren was bei Änderungen bzw. beim Löschen von Datensätzen in den referenzierten Relationen geschehen soll, um die referentielle Integrität sicher zu stellen.
- CHECK – Bedingungen, die bei der Eingabe von Daten erfüllt sein müssen, können z. B. sein, dass ein Monat nur aus Werten zwischen 1 und 12 bestehen darf.

Der SQL Standard bietet folgende drei Möglichkeiten, um die referentielle Integrität beim Löschen eines Datensatzes zu gewähren:

- ON DELETE NO ACTION – Das Löschen wird zurückgewiesen.
- ON DELETE CASCADE – Es wird in allen referenzierten Relationen kaskadierend gelöscht.
- ON DELETE SET NULL – Der Fremdschlüssel in einer referenzierten Relation wird auf NULL gesetzt.

Einen Fremdschlüssel auf einen NULL-Wert zu setzen, hört sich im ersten Moment nicht sehr sinnvoll an. In Kapitel 15.3.4 wurde beschrieben, dass Primärschlüssel keine NULL-Werte enthalten dürfen. Da es sich in diesem Fall jedoch in der referenzierten Tabelle um einen Fremdschlüssel handelt, ist es in Ordnung und auch sinnvoll, wie das folgende Beispiel zeigt:

Für dieses Beispiel soll die folgende Relation zu Grunde liegen:

persNr	name	vorname	geburtsdatum	abtlgNr#
1354585544	Hinz	Herman	10.10.1937	NULL
3213654616	Maier	Hans	15.03.1956	13
9684646366	Müller	Heinz	24.09.1945	24
6546321856	Kunz	Thomas	29.07.1967	13
...	...	...	...	...

Bild 15-34 Relation PERSONAL

AbtlgNr ist ein Fremdschlüssel, der hier auf eine eigene Tabelle verweist. Wird eine Abteilung aufgelöst, so wird der Mitarbeiter Hinz nicht gelöscht. Er gehört nur vorübergehend keiner Abteilung an. Der Fremdschlüsselwert wird auf einen NULL-Wert gesetzt.

Constraints werden schon beim Erzeugen bzw. Ändern von Tabellen definiert. Von Beginn an ist daher definiert, wie sich eine Tabelle verhalten soll, wenn z. B. ein Datensatz gelöscht wird. Damit es beim Löschen von Datensätzen nicht zu Karteileichen kommt, sollte beim Erzeugen einer Tabelle das Constraint ON DELETE cascade angegeben werden. Das folgende Beispiel zeigt die Verwendung von ON DELETE im Zusammenhang mit cascade:

```
CREATE TABLE Telefonnummer (TelNr, varchar(32) PRIMARY KEY)

CREATE TABLE Adresse (
    Name, varchar(32)
    Vorname, varchar(32),
    Strasse, varchar(32),
    Stadt, varchar(32),
    TelNr, varchar(32)
REFERENCES Telefonnummer.TelNr
ON DELETE cascade
)
```

In diesem Beispiel werden zwei Tabellen erzeugt. Tabelle `Adresse` enthält die Adressdaten und Tabelle `Telefonnummer` die Telefonnummer zur Adresse, wobei `TelNr` als Primärschlüssel definiert wird. Wird nun aus der Relation `Adresse` ein Datensatz gelöscht, wird automatisch der dazugehörige Eintrag in der Tabelle `Telefonnummer` gelöscht. Die Integritätsbedingung lautet in diesem Fall: Ohne Adresseintrag darf es keine `Telefonnummer` geben.

Umfangreiche Prüfungsbedingungen können mit sogenannten **Triggern** realisiert werden. Hierbei können komplexe Funktionen zur Integritätsprüfung von Eingabedaten hinterlegt werden. Tritt das im Trigger definierte Ereignis ein, wird die hinterlegte Funktion ausgeführt. Trigger dürfen von allen Clients einer Datenbank ausgeführt werden. Sie müssen also nicht mehrfach programmiert werden. Die Syntax eines Triggers lautet wie folgt:

```
CREATE TRIGGER <Triggername>
{BEFORE|AFTER}
{INSERT|DELETE|UPDATE}
[OF (Spalte+)]
ON <Tabellenname>
[REFERENCING [OLD AS AlterName] [NEW AS NeuerName]]
[FOR EACH {ROW|STATEMENT}]
[WHEN (<Triggerbedingung>)]
<Trigger SQL Statement>
```

Trigger können wahlweise vor (`BEFORE`) oder nach (`AFTER`) einer Änderung an einer referenzierten Tabelle ausgeführt werden.

Ein Trigger kann bei Einfüge- (`INSERT`-), Änderungs- (`UPDATE`-) oder Lösch- (`DELETE`-) Operationen ausgelöst werden. Mit der `ON`-Klausel wird angegeben, bei welcher Tabelle dies geschehen soll und mit einer optionalen `OF`-Klausel können zusätzlich eine oder mehrere Spalten spezifiziert werden.

Mit Hilfe der `REFERENCING`-Klausel kann mit `AlterName` auf den Wert der angegebenen Spalte **vor** einer `DELETE`- oder `UPDATE`-Anweisung zugegriffen werden. Entsprechend kann mit `NeuerName` auf den Wert **nach** einer Änderung mit `INSERT` oder `UPDATE` zugegriffen werden.

Ein Trigger kann für ein einzelnes SQL-Statement (`FOR EACH STATEMENT`) oder bei jeder einzelnen Änderung eines Datensatzes bzw. einer Zeile (`FOR EACH ROW`) ausgeführt werden.

> Trigger können zu Performance-Problemen führen. Ändert ein SQL-Statement z. B. 100 Datensätze, so wird ein Trigger eben 100 Mal bei jeder Änderung eines Datensatzes (`FOR EACH ROW`) bzw. nur einmal pro Statement (`FOR EACH STATEMENT`) ausgeführt.

Mit einer Trigger-Anweisung kann z. B. ein automatisiertes Bestellen realisiert werden. Fällt der Bestand eines Artikels unter eine bestimmte Mindestmenge, so wird der entsprechende Artikel in eine andere Tabelle zum Bestellen eingetragen. Dies soll das folgende Beispiel zeigen:

```
CREATE TRIGGER UnterschreitungMindestmenge
AFTER UPDATE OF Menge ON Artikel
REFERENCING NEW AS neu OLD AS alt
FOR EACH ROW
WHEN (neu.Menge < alt.Mindestmenge)
INSERT INTO AutoBestellung
VALUES (alt.ArtikelNr, alt.Mindestmenge + 10)
```

15.8 Objekt-relationale Abbildung

Anwendungsprogramme, die mit objektorientierten Programmiersprachen geschrieben wurden, kapseln ihre Daten in Objekten und erlauben den Zugriff nur über definierte Schnittstellen. Relationale Datenbanken besitzen jedoch eine mengenorientierte Schnittstelle (siehe Kapitel 15.2) und basieren auf Konzepten der relationalen Algebra. Dieser Widerspruch wird auch als "Object-Relational Impedance Mismatch" oder nur "Impedance Mismatch"[144] (etwa objekt-relationale Unverträglichkeit) bezeichnet.

Ein Lösungsansatz, um diesen Widerspruch aufzulösen, ist die Verwendung einer objektorientierten Datenbank. Eine Datenbank gilt dann als objektorientiert, wenn sie Konzepte wie z. B. Objekte, Klassen, Kapselung und Vererbung besitzt (siehe [Sch00]). Die programmatische Handhabung der Daten wird hierdurch sehr vereinfacht. Allerdings werden Abfrage- oder Updateanweisungen an die Datenbank sehr schnell sehr komplex. Außerdem sind in der Datenbankwelt relationale Datenbanken etabliert, weshalb hier die Mapping-Strategien der objekt-relationalen Abbildung vorgestellt werden sollen.

Mit Hilfe der objekt-relationalen Abbildung (engl. Object-Relational Mapping, kurz O/R Mapping) kann ein Anwendungsprogramm, das in einer objektorientierten Programmiersprache geschrieben wurde, seine Objekte auf die Datensätze einer relationalen

---

[144] Der Begriff Impedance Mismatch stammt ursprünglich aus der Elektrotechnik und beschreibt eine unzulässige Differenz zwischen Ausgangs- und Eingangswiderstand.

Datenbank abbilden, um sie darin zu speichern. Die objekt-relationale Abbildung ist eine Schicht zwischen einer Anwendung und einer relationalen Datenbank, die es ermöglicht,

- die Identität eines Objektes (siehe Kapitel 9.1.4),
- Polymorphismus,
- Vererbung und
- Assoziationen zwischen Objekten

auf eine relationale Datenbank abzubilden. Im Folgenden sollen nun einige Mechanismen vorgestellt werden, mit deren Hilfe Assoziationen zwischen Objekten, Vererbung und Polymorphie auf Relationen abgebildet werden können.

15.8.1 Abbildung einfacher Objekte

Der einfachste Fall ist die Abbildung eines einzelnen Objektes in eine relationale Datenbank. Hierbei werden alle Attribute eines Objektes 1:1 auf die Spalten einer Tabelle übertragen. Die Objektidentität kann z. B. durch ein eindeutiges ID-Feld, das als Schlüssel verwendet werden kann, abgebildet werden.

Besitzt das abzubildende Objekt kein Feld, das es eindeutig identifiziert, muss für die Abbildung ein Schlüsselattribut eingeführt werden. Die Objekte in den folgenden Beispielen besitzen alle ein Feld (ID), das als Schlüssel verwendet werden kann. Bild 15-35 zeigt die Abbildung eines einfachen Objektes auf eine relationale Datenbank:

Bild 15-35 Abbildung eines Objekts auf eine Relation

Die Attribute eines Objekts entsprechen einer Zeile einer Relation.

15.8.2 Abbildung von Aggregationen

Eine Aggregation kann realisiert werden, indem alle Attribute der beteiligten Objekte in eine Tabelle übertragen werden. Dies ist eine sehr einfache Lösung, da bei Datenbankabfragen keine aufwendigen Joins gebildet werden müssen.

Allerdings ist diese Lösung weniger flexibel und kann zu unerwünschten Redundanzen führen. Das folgende Beispiel zeigt, wie die Endknoten einer Aggregation auf eine einzige Relation abgebildet werden kann:

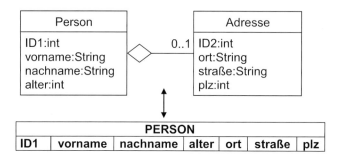

Bild 15-36 Abbildung einer Aggregation auf eine Relation

Eine 1:1-Beziehung kann auch über eine Fremdschlüsselbeziehung abgebildet werden. Diese Lösung ist deutlich flexibler, da jedes Objekt auf eine eigene Tabelle abgebildet (siehe Bild 15-37) wird.

Die so entstandenen Tabellen werden über Schlüssel miteinander verknüpft. Der große Vorteil ist, dass die so entstandene Relation ADRESSE auch von anderen Tabellen und somit auch anderen Objekten aggregiert werden kann. Dies soll das folgende Beispiel verdeutlichen:

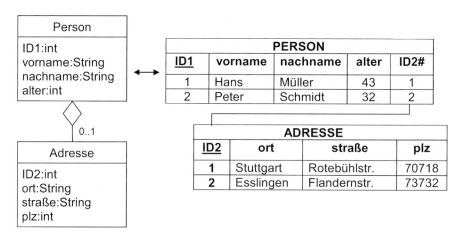

Bild 15-37 Abbildung einer 1:1-Beziehung mit einer Fremdschlüsselbeziehung

In diesem Beispiel sind die Relationen PERSON und ADRESSE über den Schlüssel ID2 verknüpft.

Ähnlich kann eine 1:n-Beziehung abgebildet werden. Dies ermöglicht dem aggregierenden Objekt, beliebig viele "Klein"-Objekte (siehe Kapitel 10.5.2) zu referenzieren.

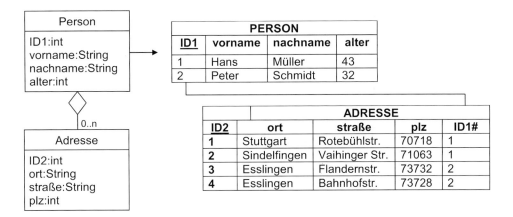

Bild 15-38 Abbildung einer 1:n-Beziehung

Bei einer 1:n-Beziehung kann eine Person mehrere Adressen aggregieren. Um alle Adressen eindeutig einer Person zuordnen zu können, muss in diesem Fall die Relation ADRESSE über den Fremdschlüssel ID1 mit der Relation PERSON verknüpft sein.

15.8.3 Abbildung von Assoziationen

Eine Assoziation in Form einer m:n-Beziehung kann mittels einer Verknüpfungstabelle abgebildet werden. Durch diese Verknüpfungstabelle ist sowohl eine Referenz vom "Groß"-Objekt zu den "Klein"-Objekten als auch in umgekehrter Reihenfolge möglich.

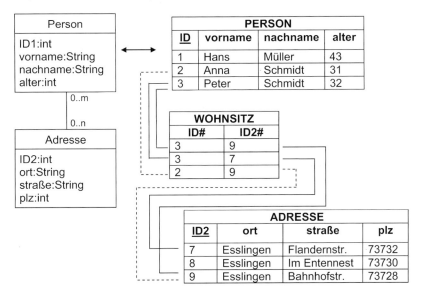

Bild 15-39 Abbildung einer n:m-Beziehung

Dieses Beispiel zeigt, dass eine Person mehrere Adressen haben kann (Herr Schmidt hat zwei Wohnsitze, in der Flandernstr. und in der Bahnhofstr.). Eine Adresse kann auch zwei Personen zugeordnet sein, nämlich Frau und Herrn Schmidt.

15.8.4 Abbildung der Vererbung

Ein wichtiger Aspekt der objektorientierten Softwareentwicklung ist die Vererbung. Die folgenden Abschnitte erläutern verschiedene Strategien, um mit Hilfe von objekt-relationaler Abbildung Vererbungshierarchien auf Tabellen abzubilden.

15.8.4.1 Horizontale Abbildung

Jede konkrete Klasse wird bei der horizontalen Abbildung – auch **Table Per Concrete Class Mapping** genannt – in eine eigene Tabelle übertragen. Abstrakte Basisklassen werden dabei nicht berücksichtigt. Hierbei werden alle Attribute inklusive der geerbten Attribute auf eine Tabelle 1:1 abgebildet. Da alle Attribute ohne Joins direkt zur Verfügung stehen, ist das Schreiben und Lesen sehr einfach. Dieses Vorgehen löst bei einem Datenbankentwickler natürlich blankes Entsetzen aus, da die so entstandenen Relationen möglicherweise nicht normalisiert sind (siehe 15.5) und viele Redundanzen enthalten können.

Hinzu kommt, dass die Polymorphie nicht richtig abgebildet wird. Man kann z. B. abgeleitete Klassen nicht zusammen unter ihrer Basisklasse verwenden. Um z. B. Professoren, Studenten und Mitarbeiter gemeinsam unter Ihrer Basisklasse `Person` zu verarbeiten, müssen die drei Tabellen bezüglich ihrer gemeinsamen Attribute vereint werden. Das folgende Beispiel zeigt, wie Vererbung mit Hilfe der horizontalen Abbildung in Relationen übertragen werden kann.

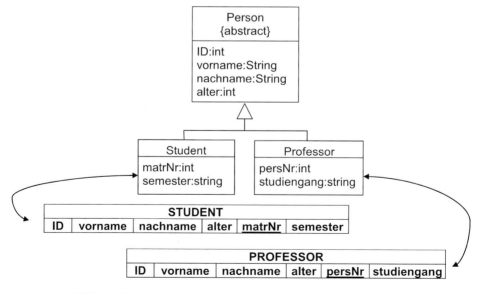

Bild 15-40 Abbildung von Vererbung mittels horizontaler Abbildung

Wie zu sehen ist, umfasst eine Relation einer abgeleiteten Klasse auch die Attribute der Basisklasse. Jedoch kommen Spalten wie `ID`, `vorname`, `nachname` und `alter` mehrfach vor. Dies wird dann zum Problem, falls sich die abstrakte Basisklasse ändert, da dann die Änderungen in beiden Tabellen (`STUDENT` und `PROFESSOR`) nachgezogen werden müssen.

15.8.4.2 Vertikale Abbildung

Bei der vertikalen Abbildung wird jede Klasse – egal ob konkret oder abstrakt – auf eine Tabelle abgebildet. Diese Art der Abbildung wird auch **Table Per Subclass Mapping** genannt. Das hat den Vorteil, dass die Vererbungshierarchie mit abgebildet wird. Die Abbildung ist sehr objektnah. D. h., es sind nur die Felder der jeweiligen Vererbungsebene in einer Relation abgebildet. Hierdurch werden Redundanzen vermieden und die Relationen sind in einer normalisierten Form.

Die Vererbungsbeziehungen der Objekte untereinander werden in der Datenbankwelt mit Hilfe von Fremdschlüsseln realisiert. Als Nachteil sei erwähnt, dass unter Umständen eine Objektinstanz in mehreren Relationen gespeichert, geladen oder gesucht werden muss.

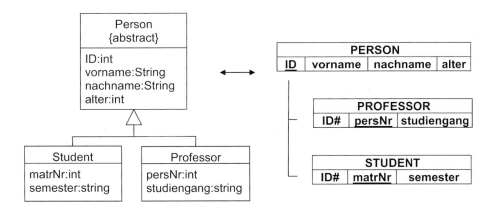

Bild 15-41 Abbildung von Vererbung mittels vertikaler Abbildung

15.8.4.3 Filtered Mapping

Beim sogenannten **Filtered Mapping** oder **Table Per Class Hierarchy Mapping** werden alle konkreten Klassen einer Vererbungshierarchie auf eine einzige Tabelle abgebildet.

Um die einzelnen Hierarchiestufen unterscheiden zu können, wird ein sogenanntes Typfeld eingeführt. In diesem Typfeld wird der konkrete Typ des Objekts gespeichert. Dies erlaubt die Daten aus der Tabelle nach dem gewünschten Typ zu **filtern**. Das folgende Beispiel zeigt die Abbildung mit Hilfe von Filtered Mapping:

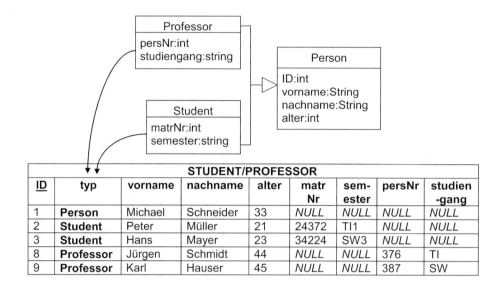

Bild 15-42 Abbildung von Vererbung mittels Filtered Mapping

Diese Lösung bietet häufig eine gute Performance. Da für Abfragen keine Joins gebildet werden müssen, ist das Filtered Mapping manchmal sehr schnell. Allerdings ist die Vererbungshierarchie sehr unflexibel und die Tabelle wird in der Regel in ihrer Größe sehr schnell anwachsen.

Es ist sehr aufwendig, weggefallene Attribute zu entfernen oder neue Attribute hinzuzufügen. Ein weiterer Nachteil bei der Abbildung verschiedener Klassen in eine Tabelle ist, dass es bei Attributen, die nicht in allen abgebildeten Klassen vorkommen, zu leeren Feldern mit NULL-Werten kommt. D. h., dass die Attribute der Tabelle nicht als NOT NULL definiert werden können.

Wird eine neu abgeleitete Klasse hinzugefügt, müssen aufwendig weitere Attribute zur Tabelle hinzugefügt werden. Zusätzlich muss die Domäne der Typspalte erweitert werden. Die gilt natürlich auch in umgekehrter Form, falls eine abgeleitete Klasse wegfällt.

15.8.5 Abbildung von Polymorphie

Ein wichtiger Aspekt, der aus der Vererbung heraus entsteht, ist die Polymorphie. Ähnlich wie beim Filtered Mapping wird für die Abbildung der Polymorphie auf Tabellen ein Typfeld eingeführt. Anhand des Typfeldes wird der konkrete Typ der abgeleiteten Klasse festgehalten. Anders als beim Filtered Mapping werden jedoch die unterschiedlichen Objekte der abgeleiteten Klasse in eigenen Tabellen gespeichert. Es wird Indirektion versucht, statt den Typ in der Basisklasse aufzulösen. Das folgende Beispiel soll dies verdeutlichen:

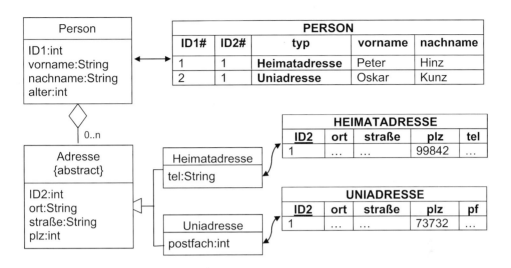

Bild 15-43 Abbildung von Polymorphie auf Relationen

Die Objekte der Basisklasse aggregieren auch hier mit Hilfe einer Fremdschlüsselbeziehung die verschiedenen Objekte der abgeleiteten Klassen. Ob es sich um eine `Heimatadresse` oder `Uniadresse` handelt, wird anhand des neuen Typfelds festgestellt.

15.9 Zusammenfassung

Werden die Daten von Programmsystemen in Dateien gespeichert, so führt dies in der Praxis oft zur redundanten Speicherung der Daten und damit auch zu inkonsistenten Datenbeständen. Ein Programm muss die physische Speicherung der Daten kennen, sowie Routinen für das Lesen, Schreiben, Aktualisieren, Suchen und vor allem für die Fehlerbehandlung beinhalten. Diese Nachteile werden vom Datenbankmanagementsystemen vermieden. Außerdem sorgt das Datenbankmanagementsystem für die Einhaltung des ACID-Prinzips bei Transaktionen und stellt somit auch die Integrität der Daten sicher (Kapitel 15.1).

Beim Zugriff auf Datenbanken gibt es, mengenorientierte Schnittstellen, satzorientierte Schnittstellen, interne Schnittstellen und logische Schnittstellen (siehe Kapitel 15.2). Relationale Datenbanken besitzen eine mengenorientierte Schnittstelle.

Relationale Datenbanken enthalten Relationen, die in Form von Tabellen dargestellt werden (Kapitel 15.3). Die Relationen entsprechen den Entitätstypen des Entity-Relationship-Modells sowie dessen Beziehungen.

Eine Relation kann einen oder mehrere Kandidatenschlüssel besitzen. Ein Primärschlüssel ist ein Kandidatenschlüssel, der zum Primärschlüssel erklärt wird oder der als neues Attribut speziell zu diesem Zweck eingeführt wird. Fremdschlüssel dienen dazu, Relationen zu verknüpfen und um die referenzielle Integrität zu gewährleisten (Kapitel 15.3). Referenzielle Integrität bedeutet, dass eine Veränderung (Löschen,

Ändern oder Einfügen) der Datenbasis in allen, durch Fremdschlüssel in Beziehung stehenden Relationen, durchgeführt werden muss. Dadurch werden beispielsweise "verwaiste" Datensätze vermieden.

Für den Datenbankentwurf müssen nun die Entitätstypen und die Beziehungen zwischen Entitätstypen auf Relationen abgebildet werden. Eine 1:1-Beziehung kann dabei auf zwei Relationen oder auf eine Relation abgebildet werden. Im zweiten Fall werden die Entitätstypen auf Attribute dieser Relation abgebildet. Eine 1:n-Beziehung wird auf zwei Relationen abgebildet, eine m:n-Beziehung auf drei Relationen (Kapitel 15.4).

Um Redundanzen zu beseitigen und Update-Anomalien zu vermeiden, werden die Relationen normalisiert (Kapitel 15.5). In der Praxis geht man bis zur 3. Normalform. Jede Normalform enthält implizit die vorhergehende Normalform (die 3. Normalform enthält die 2. und damit die 1. Normalform). Eine Relation befindet sich in der ersten Normalform, wenn alle Attribute nur atomare Werte enthalten (Kapitel 15.5.2). Eine Relation ist in der 2. Normalform, wenn sie in 1. Normalform ist und wenn jedes Nichtschlüsselattribut voll funktional abhängig vom Primärschlüssel ist. Felder, die nur von einem Schlüsselteil abhängen, werden separat modelliert (siehe Kapitel 15.5.3). Eine Relation ist genau dann in der 3. Normalform, wenn sie in 1. und 2. Normalform ist und wenn alle Nichtschlüsselattribute gegenseitig unabhängig, aber voll funktional abhängig vom gesamten Primärschlüssel sind (Kapitel 15.5.4). Wenn Attribute gegenseitig abhängig sind, entsteht eine weitere Tabelle.

Die Abfragesprache SQL (Kapitel 15.6) ist eine nichtprozedurale und mengenorientierte Programmiersprache und entspricht in der Grundstruktur der englischen Sprache. SQL ist Teil des Datenbankmanagementsystems und ist standardisiert und wird somit von allen relationalen Datenbanken unterstützt. SQL wird im Wesentlichen in drei Sprachbereiche unterteilt. Die Data Manipulation Language (DML, Kapitel 15.6.1) beinhaltet die Sprachkonstrukte, mit deren Hilfe die Manipulation von Daten in einer Datenbank möglich sind. Hierbei stellt die `SELECT`-Klausel die wohl wichtigste Anweisung dar (Kapitel 15.6.1.1). Mit Hilfe der `JOIN`-Anweisung (Kapitel 15.6.1.3) können mehrere Tabellen für eine Abfrage verknüpft werden. Zur Data Manipulation Language gehören auch Anweisungen zur Datenmanipulation. Das ist zum einen die `INSERT`-Anweisung (Kapitel 15.6.1.5), die Daten in eine vorhandene Tabelle einfügt, zum anderen die `UPDATE`-Anweisung (Kapitel 15.6.1.6), die vorhandene Daten ändert und zu guter Letzt die `DELETE`-Anweisung, die Daten aus einer Relation löscht (Kapitel 15.6.1.7). Die Data Definition Language (DDL) ist auf der konzeptionellen Datenbankebene angesiedelt. Zu ihr gehören Anweisungen zum Erstellen (`CREATE`) (Kapitel 15.6.2.1), Modifizieren (`ALTER`) (Kapitel 15.6.2.2) und Löschen (`DROP`) von Datenbankobjekten (Kapitel 15.6.2.3). Die DDL arbeitet nicht auf den Daten einer Datenbank. Es wird vielmehr die Struktur der Datenbank selber (ihre Metadaten) bearbeitet. Der dritte Teil von SQL ist die Data Control Language (DCL). Sie kontrolliert Transaktionen (Kapitel 15.6.3.1) und verwaltet die Berechtigungen auf der Datenbank (Kapitel 15.6.2.3).

Integritätsbedingungen werden bei relationalen Datenbanken ebenfalls mit SQL formuliert und heißen Constraints (Kapitel 15.7). Sie definieren, wie das Datenbankmanagementsystem reagieren soll, falls eine Integritätsprüfung nicht erfolgreich war.

Umfangreiche Integritätsprüfungen, die bei bestimmten Ereignissen (Änderung, Löschen oder Einfügen von Daten) durchgeführt werden sollen, können mit Hilfe von Triggern realisiert werden.

Im Kapitel 15.8 wurden verschiedene Mechanismen erklärt, um Objekte aus objektorientierten Systemen auf eine relationale Datenbank abzubilden. Man muss sich entscheiden, ob die Objekte auf nur eine Relation abgebildet oder mit Hilfe von Schlüsselbeziehungen auf mehrere Relationen verteilt werden sollen. Dies ist eine grundsätzliche Entwurfsentscheidung, die der Entwickler selber treffen muss. Schlüsselbeziehungen sind deutlich flexibler und fördern durch den hohen Grad an Normalisierung die Erweiterbarkeit der Software und der Datenbank. Allerdings sind die Mechanismen zum Ändern, Löschen oder Abfragen von Daten deutlich komplexer, was sich negativ auf die Performance auswirken kann. Es muss also ein Kompromiss zwischen Flexibilität und Performance gefunden werden. Bei der Abbildung von Objekten auf Relationen muss immer die Eindeutigkeit eines Objektes gewährleistet sein. Jedes Objekt darf immer nur durch eine Instanz repräsentiert werden. Es darf also keine Kopien mit identischem Inhalt geben. Sind in der Objektwelt keine eindeutigen Schlüssel oder Schlüsselbeziehungen vorhanden, müssen diese spätestens beim Abbilden auf Relationen sinnvoll erzeugt werden.

15.10 Aufgaben

Aufgabe 15.1 Datenorientierter Systementwurf

15.1.1 Nennen Sie die drei Ebenen des ANSI/SPARC-Modells.
15.1.2 Was bedeutet das ACID-Prinzip? Erklären Sie die einzelnen Teile, aus denen das ACID-Prinzip besteht.
15.1.3 Welche Nachteile hat das Speichern von Daten in Dateien?

Aufgabe 15.2 Relationales Datenmodell

15.2.1 Aus welchen drei Teilen besteht das Relationen-Modell, das 1970 durch E. F. Codd entwickelt wurde?
15.2.2 Wozu dienen Schlüssel in einer Relation?

Aufgabe 15.3 Normalisierung

15.3.1 Warum ist es wichtig, Relationen zu normalisieren?
15.3.2 Erläutern Sie die 1., 2. und 3. Normalform.

Aufgabe 15.4 Einführung in die Structured Query Language

15.4.1 Nennen Sie die drei Datenbanksprachen, in die SQL unterteilt ist.
15.4.2 Was ist der Unterschied zwischen einem `OUTER` und einem `INNER JOIN`?
15.4.3 Wie können die Änderungen einer Transaktion in einer Datenbank festgeschrieben werden bzw. wie können noch nicht festgeschriebene Änderungen wieder rückgängig gemacht werden?

Aufgabe 15.5 Constraints

15.5.1 Was ist ein Constraint?
15.5.2 Wann ist es sinnvoll, Trigger zu benutzen?

Aufgabe 15.6 Objekt-relationale Abbildung

15.6.1 Beschreiben Sie eine der drei genannten Strategien, um eine Vererbungshierarchie auf eine relationale Datenbank abzubilden.
15.6.2 Durch welchen Mechanismus kann Polymorphie auf eine relationale Datenbank abgebildet werden?

Kapitel 16

Objektorientierter Systementwurf

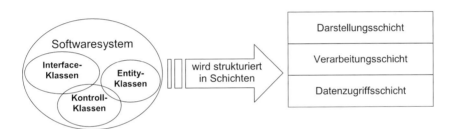

16.1 Kommunikationsdiagramme im Schichtenmodell
16.2 Erweiterung der Schichten des Schichtenmodells
16.3 Parallele Einheiten und ihre Kommunikation
16.4 Start-up/Shut-down und Schichtenmodell mit Fabriken und Registry
16.5 Fehlererkennung, Fehlerbehandlung und Fehlerausgabe
16.6 Safety und Security
16.7 Verarbeitung
16.8 Datenzugriffsschicht mit Datenbank
16.9 MMI und das Schichtenmodell mit Dialogmanager
16.10 Kommunikation
16.11 Zusammenfassung
16.12 Aufgaben

16 Objektorientierter Systementwurf

Beim Entwurf wird das Programm in seiner Struktur entworfen. Das Programm muss dabei eine solche Programmstruktur erhalten, dass es in der Lage ist, die Dynamik der gewünschten Anwendungsfälle durchzuführen und seinen Nutzern als Leistung des Systems fehlerfrei anzubieten. Bei der Formulierung der Struktur und der Dynamik des Programms können bewährte Muster wie Architekturmuster (siehe Kapitel 18) oder Entwurfsmuster (siehe Kapitel 17) eine Hilfe darstellen. Als Beispiel sei hier das Architekturmuster Layers (siehe Kapitel 18.1) genannt. Dieses Muster gliedert die Struktur eines Systems in ein Schichtenmodell aus gekoppelten Teilsystemen mit Service-Aufrufen von einer oberen Schicht zu einer direkt darunter liegenden Schicht. Beim Entwurf müssen alle Arten von Funktionen berücksichtigt werden, die für die Lauffähigkeit des Programms entscheidend sind. Dies wird im Folgenden erläutert.

Funktionen des Systementwurfs im Vergleich zur Systemanalyse

Zu den in der Systemanalyse betrachteten operationellen Anwendungsfällen der Nutzer kommen beim Entwurf auch die Anwendungsfälle des Systemverwalters hinzu. Diese hängen mit der Existenz eines physischen Rechners und seinen Anwendungen zusammen wie das Hochfahren (Start-up), Beenden (Shut-down) oder Rekonfigurieren des Systems.

Während man sich bei der Systemanalyse im **Problembereich**, d. h. in der Welt der Logik der operationellen Nutzer-Aufgaben befindet, ist man beim Systementwurf nun im **Lösungsbereich**, d. h. in der Welt der technischen Realisierung angekommen. War in der Systemanalyse die **Analysefähigkeit** die im Vordergrund stehende Fähigkeit eines Entwicklers, ist nun beim Systementwurf sein Wissen und seine Erfahrung in der **Konstruktion** von Softwaresystemen gefragt. Während im Problembereich objektorientiert nur die Funktionen der **Verarbeitung** analysiert werden, treten beim objektorientierten Systementwurf neue Funktionsarten zu den bereits bekannten Klassen und Objekten der operationellen Verarbeitung (siehe Kapitel 16.7) hinzu. Diese sind im Falle von Informationssystemen[145]:

- die persistente Datenhaltung und ihre Schnittstelle[146],
- die Ein- und Ausgabe-Schnittstelle des Benutzers,
- die Schnittstelle zur Rechner-Rechner-Kommunikation,[147]
- die Betriebssicherheit mit Start-up/Shut-down, Fehlerausgabe, Fehlererkennung und Fehlerbehandlung,
- die zusätzlichen Funktionen der Funktionalen Sicherheit (engl. safety) und die Gewährleistung der Informationssicherheit (engl. security) sowie
- die Gewährleistung der Parallelität und die Interprozesskommunikation[148].

---

[145] Bei eingebetteten Systemen (engl. embedded systems) kann es anders aussehen.
[146] Die Datenzugriffsfunktionen greifen auf die in einem DBMS befindlichen Daten zu.
[147] Nur die Schnittstelle braucht selbst programmiert zu werden. Die eigentliche Rechner-Rechner-Kommunikation kann als kommerzielles Produkt erworben werden.
[148] Die Interprozesskommunikation umfasst die Betriebssystem-Prozess-zu-Betriebssystem-Prozess-Kommunikation und die Thread-zu-Thread-Kommunikation.

Objektorientierter Systementwurf 637

Da bei der Systemanalyse zunächst jedes Objekt direkt mit jedem anderen Objekt und mit den Akteuren reden kann, entfallen dort auch zunächst alle Interface-Klassen. Diese treten quasi in der Systemanalyse erst in "letzter Minute" – kurz vor dem Übergang zum Systementwurf – auf, um die Kontroll- und Entity-Objekte (siehe Kapitel 12) von der Ausprägung der Peripheriegeräte – z. B. ihrer Hardware – unabhängig zu machen. Dies betrifft die Schnittstelle zur Datenhaltung, die Mensch-Maschine-Schnittstelle zur Unterstützung der Ein- und Ausgabe des Benutzers und die Schnittstelle zur Übertragung zu anderen Rechnern. Aus diesen Interface-Objekten der Systemanalyse entstehen beim Entwurf die Klassen des Systementwurfs für:

- die Schnittstelle zur Datenhaltung,
- die Mensch-Maschine-Schnittstelle und
- die Schnittstelle zur Kommunikation zwischen Rechnern.

Dies ist im Bild 16-1 dargestellt:

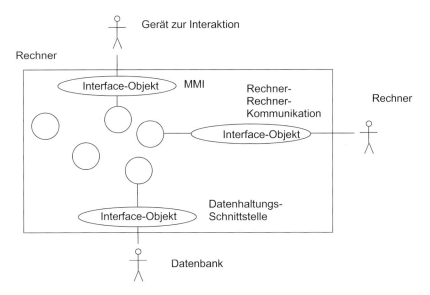

Bild 16-1 Interface-Objekte kapseln die Aktoren

Die eingezeichneten Interface-Objekte sind von der Ausprägung der Aktoren abhängig. Die Daten der Entity-Objekte sind über die Schnittstelle zur Datenhaltung in Datenbanken bzw. Dateien persistent zu sichern (siehe Kapitel 15).

> Aus den Interface-Objekten, die in der Systemanalyse kurz vor dem Systementwurf eingeführt wurden, werden in der Regel viele Objekte beim Entwurf. So erhält man z. B. aus einem MMI-Objekt beim Entwerfen für die Programmiersprache Java ein Mehrfaches an Objekten aus verschiedenen Klassen, da eine Oberfläche aus grafischen Komponenten zusammengesetzt ist, die zudem noch Controller für die Ereignisverarbeitung benötigen.

Da es bei der Systemanalyse noch kein technisches System und damit beispielsweise auch keine technischen Fehler gibt, treten viele Funktionsklassen in der Regel erst beim Systementwurf[149] auf. Zu diesen Funktionsklassen gehören:

- Start-up/Shut-down und
- die Fehlererkennung zur Laufzeit, eine Fehlerbehandlung – wie eine Rekonfiguration – sowie eine Fehleranzeigeschnittstelle zum Systemverwalter – wie z. B. eine Fehlerausgabe auf einem eigenen Gerät, einer Fehlerkonsole.

Die soeben genannten Funktionalitäten lassen sich unter der Eigenschaft **Betriebssicherheit** zusammenfassen.

Der Systementwurf muss ferner durch Funktionen der **Informationssicherheit** (engl. security) gewährleisten, dass keine Rolle ihre Befugnisse überschreiten kann. Funktionen der **Funktionalen Sicherheit** (engl. safety) erweitern die Fehlererkennung und Fehlerbehandlung.

Bei der Systemanalyse können alle Objekte als parallel betrachtet werden. Die echte Unterscheidung zwischen sequenziellen und parallelen Abläufen (**Parallelität**) und die notwendige **Synchronisation** findet erst beim Systementwurf statt. Dabei muss der Pfeil, der die Kommunikation zwischen Objekten durch Nachrichten symbolisiert (siehe Bild 9-12), durch eine **Interprozesskommunikation** realisiert werden.

Das Ergebnis des Entwurfs hängt von der verwendeten Programmiersprache ab, da jede Sprache unterschiedliche Fähigkeiten hat.

Natürlich haben das eingesetzte Betriebssystem und eine eventuell verwendete Klassenbibliothek mit ihrer Architektur ebenfalls einen großen Einfluß.

Zuordnung der Objekte der Systemanalyse zu den Schichten des Systementwurfs

Das Ziel des objektorientierten Systementwurfs ist es, die Objekte der Systemanalyse, nämlich Entity-Objekte, Kontrollobjekte und Interface-Objekte, in ein Schichtenmodell eines Rechners abzubilden. Interface-Objekte der Rechner-Rechner-Kommunikation treten in Bild 16-2 nicht auf, da in diesem Fall kein verteiltes System, sondern nur ein Standalone-Rechner betrachtet wird.

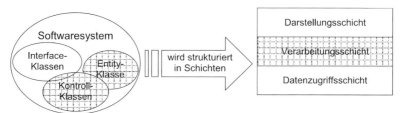

Bild 16-2 Einordnung ins Schichtenmodell

---

[149] Dies gilt natürlich nicht für alle Systeme. Schreibt man ein fehlertolerantes System, so ist das Fehlerhandling die operationelle Aufgabe und tritt bereits in der Systemanalyse auf.

Bitte beachten Sie, dass die Datenzugriffsschicht die Schnittstelle zur persisten Datenhaltung (Datenbank, Dateien) darstellt.

Tabelle 16-1 zeigt die Zuordnung der Entity-, Kontroll- und Interface-Klassen zu den in Kapitel 11.1 genannten Sichten der Systemanalyse. Kontroll- und Entity-Klassen werden auf die Verarbeitungsschicht, Interface-Klassen auf die Darstellungsschicht und Datenzugriffsschicht abgebildet.

Entwicklungsschritt	Klassen
Systemanalyse Konzeptionelle Sicht	Entity-Klassen der Verarbeitung
Systemanalyse Verarbeitungssicht[150]	Entity-Klassen, Kontroll-Klassen der Verarbeitung
Systemanalyse Finale Sicht[151]	Entity-Klassen, Kontroll-Klassen der Verarbeitung, Interface-Klassen (Datenzugriffsschicht, MMI, Schnittstelle zur Kommunikation)

Tabelle 16-1 Modelle der Systemanalyse

Tabelle 16-2 zeigt den Systementwurf mit all seinen verschiedenen operationellen Funktionsarten:

Entwicklungsschritt	Funktionsklassen
Systementwurf	• Verarbeitung **Technische Funktionen**: • Datenhaltung • Ein-/Ausgabe der Bediener • Rechner-Rechner-Kommunikation • Betriebssicherheit, d. h. Start-up/Shut-down, Fehlererkennung und -behandlung, Fehlerausgabe • Informationssicherheit und Funktionale Sicherheit, d. h. Security- und Safety-Funktionen • Parallelität und Interprozesskommunikation

Tabelle 16-2 Operationelle Funktionen des Systementwurfs

Während die **konzeptionelle Sicht** der Systemanalyse die Entity-Objekte der reinen Verarbeitungsfunktionen modelliert, **die Verarbeitungssicht** die Entity- und Kontrollobjekte und die Interface-Objekte erst kurz vor dem Übergang zum Systementwurf in der **finalen Sicht der Systemanalyse** hinzukommen, treten in der **Entwurfssicht** die sogenannten **Technischen Funktionen** gleichberechtigt neben die Verarbeitung. Die Technischen Funktionen müssen im Entwurf in der Regel vertreten sein.

---

[150] Begriff wurde in diesem Buch eingeführt.
[151] Begriff wurde in diesem Buch eingeführt.

Schritte für den Entwurf

Beim Entwurf kann auf verschiedenste Arten vorgegangen werden. Im Folgenden sollen die aus Sicht des Autors zu durchlaufenden Schritte für den Entwurf aufgestellt werden. Die Darstellungsweise ist sequenziell und soll Iterationen keineswegs ausschließen. Ein Anfänger sollte sich trotz erforderlicher Iterationen und der damit verbundenen Rückkehr in frühere Schritte an die empfohlene grundsätzliche Reihenfolge der Schritte halten. Das Grundlegende und Wichtige muss zuerst durchdacht werden und erst dann das Leichtere. Die Reihenfolge der Schritte wird nach ihrer Vorstellung noch begründet. Ein erfahrener Entwickler arbeitet virtuous an mehreren Schritten zugleich parallel. Hier die Schritte:

1. Aufbauend auf den Erkenntnissen aus der Systemanalyse kann ein erstes Schichtenmodell erstellt werden.
2. Die in der Systemanalyse erstellten Kommunikationsdiagramme können in das Schichtenmodell übertragen werden.
3. Definieren von parallelen Einheiten und Festlegung der Interprozesskommunikation zwischen diesen Einheiten.
4. Betrachtung von Start-up/Shut-down (inkl. der Erweiterung des Schichtenmodells z. B. um Client-, Server-Fabrik und Registry).
5. Erweitern der Funktionen um Fehlererkennung, Fehlerbehandlung und Fehlerausgabe.
6. Konzeption der Safety- und Security-Funktionalität.

Die folgenden Schritte können parallel zueinander durchgeführt werden. Sie sind hier jedoch sequenziell aufgelistet:

7. Verarbeitung,
8. Datenhaltung (ggf. mit Hilfe einer Datenbank) und ihr Zugriff,
9. MMI (z. B. Dialogmanager und Datenaufbereitung) und
10. Kommunikation zwischen den Rechnern.

Safety und Security werden hier nur in den Grundzügen behandelt. Bei sicherheitsrelevanten Systemen (Safety) kommen beim Entwurf beispielsweise Methoden wie die Fehlerbaumanalyse und die FMEA (Failure Mode and Effects Analysis) zum Einsatz. Auf solche Methoden wird an dieser Stelle nicht eingegangen. Es erfolgt hier also eine Beschränkung auf nicht sicherheitsrelevante Anwendungen.

Notwendige Iterationen werden hier nicht explizit erwähnt. Natürlich kann man auch zurückgehen müssen. Das ist hier nicht dargestellt.

Die Begründung für diese Reihenfolge ist:

- Um die Kommunikationsdiagramme im Schichtenmodell zeichnen zu können, braucht man zuerst einen Entwurf für das **Schichtenmodell**.
- Die **parallelen Einheiten und ihre Interprozesskommunikation** sollten am Anfang prototypisch auch unter Last erprobt werden, um Risiko aus dem System zu nehmen. Der Entwurf in parallele Einheiten bestimmt maßgeblich die System-

struktur. Betriebssystem-Prozesse, die nur über Kanäle kommunizieren, stellen parallele Einheiten dar, die auf andere Rechner verlagert werden können.

- **Start-up/Shut-down, Fehlererkennung und Fehlerbehandlung** – insbesondere spezielle Funktionen der **Safety** und **Security** – und **die Fehlerausgabe** sind Funktionen, die sich durch das ganze System ziehen und nachträglich schwer geändert werden können. Sie sind als nächstes zu spezifizieren.
- **Verarbeitung, Datenzugriff** auf die Inhalte der Datenbank, die **Datenbank** selbst – falls entwickelt – und das **MMI** stellen in der Regel die größten Teile eines Systems dar. Sie können nur sequenziell in der Gliederung dargestellt werden, aber parallel spezifiziert werden.

Während in der Systemanalyse fast ausschließlich das dynamische Verhalten beschrieben wird, gewinnen im Systementwurf zunehmend statische Aspekte an Bedeutung, da der Systementwurf letztendlich in der (statischen) Programmstruktur enden muss. Um im Systementwurf zu verhindern, dass sich die statische Systemstruktur und das dynamische Verhalten des Systems auseinander entwickeln, wird die statische Programmstruktur anhand der Betrachtung der dynamischen Abläufe in den (zustandsbasierten) Kommunikationsdiagrammen im Schichtenmodell herausgearbeitet. Die Ergebnisse der einzelnen Schritte müssen dabei nahtlos und ohne Bruch ineinander übergehen. Ausgangspunkt der Betrachtungen in diesem Kapitel ist das folgende Schichtenmodell eines Standalone-Rechners:

Bild 16-3 Schichtenmodell mit den grundlegenden Schichten

Kapitel 16.1 stellt die "Modellierung mit Kommunikationsdiagrammen im Schichtenmodell" vor, die es erlaubt, die Dynamik der Anwendungsfälle mit der statischen Struktur des Schichtenmodells in Einklang zu bringen. Kapitel 16.2 behandelt das Schichtenmodell und erweitert dieses um eine Schicht Datenaufbereitung und je einem Stellvertreter der Verarbeitungsschicht und der Datenzugriffsschicht. Parallele Einheiten und ihre Interprozesskommunikation werden in Kapitel 16.3 erfasst. Start-up und Shut-down werden in Kapitel 16.4, Fehlererkennung, Fehlerbehandlung und die Fehlerausgabe werden in Kapitel 16.5 behandelt. Die Funktionale Sicherheit (engl. safety) und die Informationssicherheit (engl. security) werden in Kapitel 16.6 erfasst. Die Verarbeitung, Datenzugriffsschicht mit Datenbank und das MMI sind projektspezifisch und können parallel erarbeitet werden. Sie werden in den Kapiteln 16.7 bis 16.9 aufgeführt. Kapitel 16.7 bezieht sich auf die Verarbeitung. Die Datenhaltung kann hierbei auch transient im Arbeitsspeicher erfolgen. Kapitel 16.8 beschreibt die persistente Datenbank mit Datenzugriffsschicht, während in Kapitel 16.9 das MMI und das Schichtenmodell mit Dialogmanager im Fokus steht. Kapitel 16.10 befasst sich mit der Rechner-Rechner-Kommunikation.

16.1 Kommunikationsdiagramme im Schichtenmodell

Das Kommunikationsdiagramm im Schichtenmodell ist eine Kombination des aus der UML bekannten Kommunikationsdiagramms und einem Schichtenmodell. Das Schichtenmodell ist zwar nicht in der UML enthalten, kann aber beispielsweise durch Komponenten in UML nachgebildet werden. Ein Kommunikationsdiagramm im Schichtenmodell wird zur **konsistenten Modellierung der statischen Systemstruktur und des dynamischen Verhaltens** eingesetzt.

Wie in Kapitel 18.1 beschrieben, zeigen Schichtenmodelle eine grobkörnige, statische Strukturierung eines Systems. Eine Schicht eines Schichtenmodells stellt die Dienste, die von ihr angeboten werden, über wohldefinierte Schnittstellen bereit. Schnittstellen sind somit ein geeignetes Mittel zur Abstraktion, da nur die Schnittstellen einer Schicht und nicht deren Realisierung sichtbar sind. Die Dienste, die eine Schicht anbietet, werden durch kollaborierende Objekte aus dieser Schicht und tieferen Schichten realisiert.

Kommunikationsdiagramme in Schichtenmodellen beschreiben das Zusammenwirken der Objekte der verschiedenen Schichten im Rahmen eines Anwendungsfalls. Sie sind Kommunikationsdiagramme vor dem Hintergrund der Schichten und erlauben es, die Dynamik und Statik der Architektur in einem Bild zu betrachten und die Kommunikationsdiagramme als Ergebnisse der Systemanalyse in konsistenter Weise in den Systementwurf zu überführen.

Die Objektkollaboration für einen Anwendungsfall muss also in ein Schichtenmodell abgebildet werden.

16.1.1 Konsistenter Übergang von der Systemanalyse zum Systementwurf

Im Kommunikationsdiagramm der Systemanalyse ist ersichtlich, welche Objekte untereinander Nachrichten austauschen. Es ist aber zunächst nur schwer zu erkennen, wie diese voneinander abhängen, vor allem dann, wenn die Kommunikation zwischen Objekten bidirektional verläuft. Um diese **Abhängigkeiten** darzustellen, wird das sogenannte **Client/Server-Objektdiagramm** verwendet.

Das Client/Server-Objektdiagramm ist der vorletzte Schritt in der Systemanalyse (siehe Kapitel 12) und dient dazu, den ersten Schritt im Entwurf vorzubereiten. Es kann aus den Kommunikationsdiagrammen der Analyse abgeleitet werden. In das Diagramm werden die unidirektionalen Abhängigkeiten zwischen den Objekten eingezeichnet. Dadurch wird definiert, welches Objekt von einem anderen abhängig ist.

Bei der Bestimmung der Abhängigkeiten kann man folgende Regel verwenden: Die Kontrollobjekte sind immer von den Entity-Objekten abhängig, da Kontrollobjekte mit den Daten der Entity-Objekte arbeiten. Bidirektionale Abhängigkeiten sollten vermieden werden, da sonst ein Schichtenmodell unmöglich ist. Sind die Abhängigkeiten bekannt, ist es einfach, ein erstes Schichtenmodell daraus abzuleiten. Das Client/Server-Objektdiagramm stellt die zwei Schichten der Verarbeitungsschicht des bereits in Bild 16-3 vorgestellten Schichtenmodells dar. Zum einen wird eine Schicht

Objektorientierter Systementwurf   643

für die Verarbeitungslogik, bestehend aus den **Kontrollobjekten**, benötigt und zum anderen eine Schicht für die transiente Speicherung der **Entity-Objekte** im Arbeitsspeicher.

Folgendes Client/Server-Objektdiagramm ist ein Ausschnitt aus dem Beispielprojekt Flughafensystem:

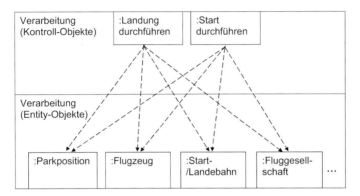

Bild 16-4 Kontroll- und Entity-Objekte in einem Client/Server-Objektdiagramm

Die Kontrollobjekte :Landung durchführen und :Start durchführen sind von den Entity-Objekten :Parkposition, :Flugzeug, :Start-/Landebahn, :Fluggesellschaft etc. abhängig. Sie benutzen diese Objekte.

Mit den gewonnenen Informationen über die Anordnung der Objekte in der Verarbeitungsschicht liegt bereits ein erstes Schichtenmodell vor. Dieses Schichtenmodell ist um weitere Schichten zu erweitern, bevor die Kommunikationsdiagramme eingeordnet werden können. Das daraus entstandene Diagramm nennt man Kommunikationsdiagramm im Schichtenmodell. Andere Objekte des Entwurfs wie Objekte der Benutzerschnittstellen, der Kommunikation, des Datenzugriffs, des Start-up/Shut-down, der funktionalen Sicherheit bzw. der Informationssicherheit, der parallelen Einheiten etc. werden ebenfalls in das Kommunikationsdiagramm im Schichtenmodell eingezeichnet. Dabei muss das Schichtenmodell eventuell um zusätzliche Schichten erweitert werden. Auf diese Schichten wird in diesem Kapitel noch näher eingegangen. Um einen Einblick zu erhalten, ist in

Bild 16-5 ein Kommunikationsdiagramm im Schichtenmodell für den ersten Schritt des Anwendungsfalls Landung durchführen *des Beispielprojekts Flughafensystem – mit allen weiteren Schichten und Objekten des Entwurfs – abgebildet. Die in*

Bild 16-5 dargestellten Pfeile zeigen das Vergeben einer Landebahn an ein neues ankommendes Flugzeug.

Ein geradliniger Übergang von der Systemanalyse zum Systementwurf kann als Konstruktion in systematischer Weise erfolgen, indem man die Kommunikationsdiagramme für die einzelnen Anwendungsfälle in das Schichtenmodell einordnet.

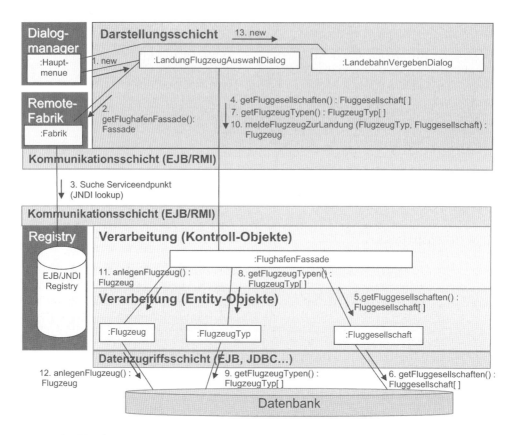

Bild 16-5 Ausschnitt aus einem Kommunikationsdiagramm des Flughafensystems

Der Dialogmanager ist in Kapitel 16.9, die Remote-Fabrik und die Registry in Kapitel 16.4 beschrieben. Eine Server-Fabrik, so wie sie in der Architektur von Kapitel 16.4 verwendet wird, wurde im Flughafenprojekt nicht eingesetzt. Vielmehr übernimmt die Fassade diese Aufgabe.

16.1.2 Durchgängiges anwendungsfallbasiertes Arbeiten

Die größte Stärke der hier vorgestellten Methode liegt in der konsistenten Betrachtung verschiedener Sichten. Die Modellierung der statischen Systemstruktur und des dynamischen Verhaltens erfolgt abgestimmt.

Die **Vorteile** eines **Kommunikationsdiagramms im Schichtenmodell** sind:

- Man modelliert gleichzeitig die **Statik** und die **Dynamik** des Systems und sieht sofort, wie sich das eine auf das andere auswirkt (Statik = Struktur, Dynamik = Verhalten).

Objektorientierter Systementwurf

> - Die Kommunikationsdiagramme im Schichtenmodell eignen sich für den **geradlinigen, systematischen Übergang** von der Systemanalyse in den Systementwurf. Die Ergebnisse der Systemanalyse werden verlustfrei in den Systementwurf übernommen.
> - Die Kommunikationsdiagramme im Schichtenmodell ermöglichen ein **anwendungsfallbasiertes Arbeiten** in allen Schritten des Entwicklungsprozesses.

So können etwa Entwurfsmuster eingebaut werden und man sieht die Konsequenzen für die Statik und die Dynamik. Die Kommunikationsdiagramme im Schichtenmodell eignen sich für den geradlinigen Übergang von der Systemanalyse in den Systementwurf. Sie erlauben ferner ein anwendungsfallbasiertes Arbeiten in allen Schritten des Entwicklungsprozesses.

Ein solches Diagramm erlaubt es, die Abarbeitung eines Anwendungsfalls in der statischen Systemstruktur zu studieren. Damit wird nicht nur eine abgestimmte Modellierung von **dynamischem Verhalten** und **statischer Systemstruktur** möglich, sondern es wird auch das Verständnis für das Zusammenwirken des Gesamtsystems erhöht und damit der Blick für Gesamtsystemoptimierungen geschärft. Das Kommunikationsdiagramm im Schichtenmodell wird zum **zentralen Diagramm** im Entwurf. Die folgende Tabelle zeigt, dass durch den Einsatz der Kommunikationsdiagramme im Schichtenmodell ein anwendungsfallbasiertes Arbeiten in allen Entwicklungsschritten möglich ist.

Entwicklungsschritt	Anwendungsfallbasierte Arbeit
Requirements	Funktionale Requirements
Systemanalyse	Anwendungsfalldiagramm, Kurzbeschreibung der Anwendungsfälle, Langbeschreibung der Anwendungsfälle und Kommunikationsdiagramme
Systementwurf	Kommunikationsdiagramme im Schichtenmodell
Implementierung	Die Anwendungsfälle können hintereinander sequenziell programmiert und ausgeliefert werden
Testen	Anwendungsfallbasiert

Tabelle 16-3 Anwendungsfallbasierte Entwicklung

16.2 Erweiterung der Schichten des Schichtenmodells

Welche Schichten in einem Schichtenmodell verwendet werden, ist abhängig von der Architektur des zu realisierenden Systems. So kann das Schichtenmodell um eine Schicht zur Datenaufbereitung wie z. B. die Vorbereitung einer Tabellenausgabe an der Grafischen Oberfläche oder eine Stellvertreter-/Proxyschicht der Verarbeitung beim Client-Rechner im Rahmen einer Client/Server-Architektur als verfeinerte Überlegung beim Entwurf erweitert werden. Diese Erweiterungen werden im Folgenden dargestellt.

16.2.1 Schichtenmodell mit Datenaufbereitung

Die in der Darstellung (View) des MMI benötigten Daten werden durch die **Datenaufbereitungsschicht** entsprechend formatiert. Ein Beispiel hierfür ist in Bild 16-6 zu sehen. Hier wird die Datenaufbereitungsschicht dazu verwendet, Daten aus dem Model für die View zu sortieren. Im Bild 16-6 wird der Controller des MMI zur Vereinfachung weggelassen und die Schichten unterhalb der View pauschal als Model bezeichnet (siehe auch Kapitel 18.3 über das Model-View-Controller-Architekturmuster).

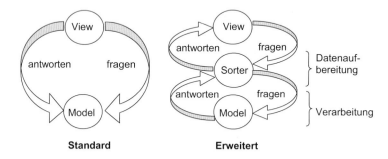

Bild 16-6 Beispiel für die Datenaufbereitungsschicht

Das Bild 16-7 zeigt ein einfaches Schichtenmodell mit einer Datenaufbereitungsschicht:

Bild 16-7 Schichtenmodell erweitert um die Datenaufbereitungsschicht

16.2.2 Schichtenmodell mit Proxys

Ein Proxy ist ein Stellvertreter. Das Proxy-Entwurfsmuster ist unabhängig von einer Client/Server-Architektur, auch wenn es in den meisten Fällen dort vorkommt. In seiner allgemeinen Form wird dieses Muster in Kapitel 17.6 vorgestellt.

Im Folgenden wird ein **Beispiel** für ein **Schichtenmodell** in einer **Client/Server-Architektur** beschrieben. Der Client-Rechner soll zwei Proxys enthalten:

- einen Stellvertreter der Verarbeitungsschicht und
- einen Stellvertreter der Datenzugriffsschicht.

Damit sieht es auf dem Client so aus, als würden die Verarbeitungsobjekte lokal auf dem Client liegen und als könnte der Client lokal auf die Datenbank zugreifen. Die Objekte der Stellvertreterschicht der Verarbeitung auf dem Client-Rechner verheimlichen der restlichen Client-Anwendung, dass sie die Daten auf einem entfernten Rechner besorgen. Sie treten als äquivalente Stellvertreter für die Objekte auf dem Server auf.

Ist bereits die Verarbeitungsschicht ein Stellvertreter der persistenten Datenhaltung, so ist der Stellvertreter der Verarbeitungsschicht streng genommen als Stellvertreter des Stellvertreters der Datenhaltung zu werten.

Über den Stellvertreter der Datenzugriffsschicht kann der Client – wie schon erwähnt – über die Dateizugriffsschicht direkt auf die Datenbank zugreifen.

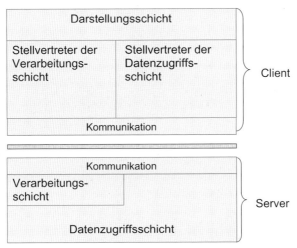

Bild 16-8 Schichtenmodell mit Stellvertreter

In einem Schichtenmodell darf eine Schicht nur direkt auf die darunter liegende Schicht zugreifen. Soll diese – wie in Bild 16-8 gezeigt – übergangen werden, so müssen die Schichten gestuft sein. In Bild 16-8 ist auf dem Server die Datenzugriffsschicht stufenförmig gezeichnet als Sinnbild dafür, dass die Verarbeitungsschicht übersprungen werden kann.

16.3 Parallele Einheiten und ihre Kommunikation

Zur Parallelität lassen sich keine generellen Aussagen machen. Sie ist Betriebssystem-abhängig. Einheiten für die Parallelität sind Betriebssystem-Prozesse als schwergewichtige Prozesse und Threads als leichtgewichtige Prozesse. Betriebssystem-Prozesse sind Einheiten für das Memory Management und Scheduling, Threads nur für das Scheduling. Während der Betriebssystem-Prozess beim Kontextwechsel Aufwand für das Memory Management verursacht, ist ein Wechsel eines Threads innerhalb eines Betriebssystem-Prozesses auf der CPU nicht mit der Verwaltung des Arbeitsspeichers gekoppelt. Daher wird ein Betriebssystem-Prozess auch als schwergewichtiger Prozess und ein Thread als leichtgewichtiger Prozess bezeichnet.

Betriebssystem-Prozesse, die über Kanäle kommunizieren, sind auf andere Rechner verteilbare Einheiten, Threads jedoch nicht. Sie laufen im Adressraum eines Betriebssystem-Prozesses. Sie können beispielsweise in einem Server-Betriebssystem-Prozess verschiedene Nutzeranfragen parallel abarbeiten.

Es hängt oft vom Betriebssystem ab, ob einem Entwickler nur Betriebssystem-Prozesse oder auch Threads zur Verfügung stehen. Unterstützt das Betriebssystem keine Threads, so kann ein Entwickler auch dann Threads verwenden, wenn sie durch das Laufzeitsystem der jeweiligen Programmiersprache zur Verfügung gestellt werden.

Da Threads z. B. in Java ein Sprachmittel sind, muss es möglich sein, Threads in Java zu unterstützen, ganz unabhängig davon, ob das jeweilige Betriebssystem nur ein Betriebssystem-Prozesskonzept oder auch ein Threadkonzept unterstützt. Wie die Java Virtuelle Maschine die Threads in Zusammenarbeit mit dem jeweiligen Betriebssystem verwaltet, bleibt dem Anwender verborgen[152].

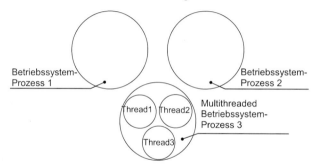

Bild 16-9 Threads und Prozesse

Die **Java Virtuelle Maschine** selbst läuft **in einem Betriebssystem-Prozess** ab, d. h., sollen mehrere Java-Programme in getrennten Betriebssystem-Prozessen ablaufen, so hat jeder Prozess seine eigene virtuelle Maschine.

Es ist nicht möglich, eine gemeinsame virtuelle Maschine für getrennte Betriebssystem-Prozesse ablaufen zu lassen.

Zur Parallelität lassen sich keine generellen Aussagen machen. Es kann z. B. sein, dass im Falle einer Client/Server-Architektur in Java bereits der RMI-Mechanismus (siehe Kapitel 16.4) für eine Parallelisierung der Zugriffe verschiedener Client-Rechner auf Server-Objekte sorgt.

---

[152] Unterstützt das Betriebssystem kein Threadkonzept, so erfolgt die Threadverwaltung allein durch die virtuelle Maschine. Man spricht dann von "green threads" (siehe [Hei10]). Hat das Betriebssystem die Fähigkeit der Threadverwaltung, so spricht man bei den Java-Threads von "native threads".

Objektorientierter Systementwurf 649

Für Betriebssystem-Prozesse als parallele Einheiten ist noch die Interprozesskommunikation zwischen den parallelen Einheiten auszuwählen. Die Kommunikation zwischen Threads muss gegebenenfalls auch definiert werden. Da sich alle Threads eines Betriebssystem-Prozesses im selben Adressraum befinden, erfolgt die Interprozesskommunikation am einfachsten über globale Variable, wobei der Zugriff allerdings zu synchronisieren ist. Aber auch eine Kommunikation zwischen Threads über Kanäle ist möglich, z. B. über Piped Streams[153]. Es muss abgeklärt werden, welche Möglichkeit für das jeweilige Projekt am Besten ist.

16.4 Start-up/Shut-down und Schichtenmodell mit Fabriken und Registry

Im Folgenden wird das Schichtenmodell im Falle von Java um den Start-up/Shut-down erweitert. Damit wird der Lebenszyklus der Objekte im operationellen Betrieb um die Erzeugung und Vernichtung von Objekten ergänzt. Um Objekte zu erzeugen, werden Fabriken eingeführt, um Objekte zu finden, eine Registry. Im Falle der Vernichtung bedient man sich der Mittel der verwendeten Programmiersprache.

Objekte für den Start-up können in einen zum normalen Schichtenmodell parallelen Schichtenstapel eingezeichnet werden.

Client- und Server-Fabriken

Im Folgenden soll ein Schichtenmodell für eine Two-Tier-Architektur aus zwei Ebenen von Rechnern mit einem Thin Client[154] (siehe Kapitel 18.1.5.2) betrachtet werden. Der Dialogmanager legt in der Regel die Folgeschablonen auf. Die Client-Fabrik erzeugt Proxys auf Objekte des Servers. Der Vorteil ist, dass der Code zum Erzeugen der Stellvertreter-Objekte in der Fabrik gekapselt ist. Die Server-Fabrik erzeugt Objekte auf dem Server.

Für die Kommunikation zwischen Client und Server wird in diesem Beispiel die Java Technologie RMI (**R**emote **M**ethod **I**nvocation) verwendet. Die Architektur des RMI ist in Bild 16-10 dargestellt:

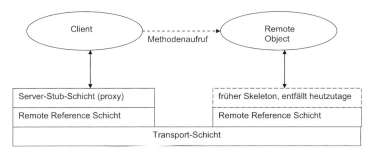

Bild 16-10 Architektur des RMI

---

[153] Auf Piped Streams kann an dieser Stelle nicht näher eingegangen werden.
[154] Ein Thin-Client-Rechner beschränkt sich auf die Ein- und Ausgabe im Gegensatz zu einem Fat-Client-Rechner, der zusätzlich auch noch die Verarbeitung unterstützt.

RMI erlaubt es, dass von einer virtuellen Maschine aus Methoden von Objekten einer anderen virtuellen Maschine aufgerufen werden können. Dies kann nicht nur mit virtuellen Maschinen auf demselben Rechner, sondern auch mit virtuellen Maschinen auf entfernten Rechnern durchgeführt werden.

Die Architektur von RMI ist in einem Schichtenmodell angeordnet. Möchte ein Client eine Methode eines **entfernten Objekts** (engl. **remote objekt**) aufrufen, so kann er dies natürlich nicht direkt tun, da das Objekt in einer anderen virtuellen Maschine liegt als er selbst. Er ruft die Methode stattdessen auf einem Stellvertreter-Objekt (Proxy), dem sogenannten **Server Stub**, auf. Dieser Proxy kapselt die Kommunikation über die Grenzen der virtuellen Maschinen hinweg, so dass es für den Client so aussieht, als würde er direkt Methoden auf dem Objekt in der entfernten virtuellen Maschine aufrufen. Auf die genaue Implementierung der Kommunikation soll an dieser Stelle nicht weiter eingegangen werden. Um die Verbindung zwischen dem Proxy und dem Remote-Objekt herzustellen, wird jedes Objekt, das von außerhalb erreichbar sein soll, auf dem Server unter einem eindeutigen Namen in eine sogenannte RMI-Registry eingetragen. Die **RMI-Registry** wird verwendet, um einen für ein Remote-Objekt passenden Proxy auf dem Client zu erzeugen.

Remote-Objekte müssen also vom Server in der Registry notiert werden. Die Schicht Registry wurde eingeführt, um das Registrieren dieser Objekte modellieren zu können.

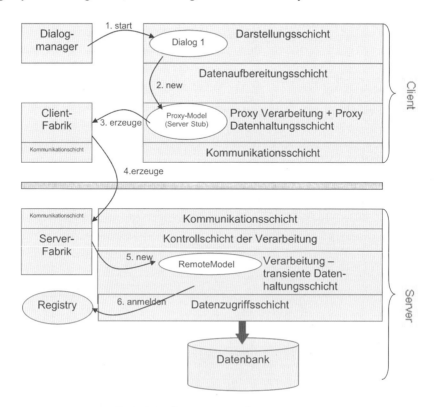

Bild 16-11 Start-up mit Hilfe von Fabriken

Objektorientierter Systementwurf

Die **Client-Fabrik** hat die Aufgabe, Proxys zur Kommunikation mit Objekten auf dem Server zu erzeugen. Der Vorteil ist, dass das Suchen nach Objekten auf dem Server und auch das Erzeugen von Stellvertreter-Objekten vom Rest der Anwendung gekapselt werden. Dadurch können Änderungen zentral durchgeführt werden. So wird z. B. ein Austauschen der Technologie zur Kommunikation durch eine andere (wie z. B. durch Web Services) vereinfacht.

Die **Server-Fabrik** dient dazu, dass ein Client Entity-Objekte auf dem Server erzeugen kann. Würde der Client Entity-Objekte einfach instanziieren, würde er das Objekt in der eigenen JVM (**J**ava **V**irtual **M**achine) und nicht auf dem Server anlegen. Der Server und der Client laufen in unterschiedlichen Prozessen und besitzen somit auch jeweils eine eigene virtuelle Maschine. Ein von der Server-Fabrik erzeugtes Objekt muss zusätzlich in der RMI-Registry angemeldet werden. Sonst kann der Client nicht darauf zugreifen.

Der **Dialogmanager** startet die Dialoge der Anwendung. Er ist in Kapitel 16.9 beschrieben.

16.5 Fehlererkennung, Fehlerbehandlung und Fehlerausgabe

Fehlererkennung, Fehlerbehandlung und Fehlerausgabe sind projektspezifisch. Sie werden in diesem Buch nicht behandelt.

16.6 Safety und Security

Die Begriffe Safety und Security sind einprägsamer als die Begriffe Funktionale Sicherheit und Informationssicherheit. Daher werden sie hier verwendet.

16.6.1 Safety

Sichere Systeme im Sinne der Safety haben wenig Fehler bzw. werden mit diesen fertig. Sie sind **verläßlich** (eng. **dependable**). Realisieren lassen sich verlässliche oder sichere Systeme im Sinne der Safety mit Hilfe von zwei verschiedenen Strategien:

(a) keine Fehler zu machen.
   Dies ist das Ziel der **Fehlervermeidung**
(b) die Fehler, die dennoch auftreten, abzufangen.
   Dies ist das Ziel der **Fehlertoleranz**

Dies ist in folgendem Bild dargestellt:

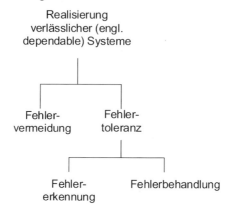

Bild 16-12 Realisierung verlässlicher Systeme

Bei der **Fehlervermeidung** verhält man sich intolerant gegenüber Fehlern und will sie unter allen Umständen nicht zulassen. Ziel der Fehlervermeidung ist es, durch geeignete Methoden sicherzustellen, dass möglichst keine Fehler bei der Entwicklung gemacht werden.

Bei der **Fehlertoleranz** versucht man, auftretende Fehler der Komponenten durch Redundanzen so zu beheben, dass sie auf der Ebene des Gesamtsystems nicht mehr sichtbar werden oder dass kein Schaden angerichtet wird. Wenn man die Fehler abfangen will, so muss man sie erstens erkennen und lokalisieren. Dazu braucht man eine **Fehlererkennung.** Und zweitens muss man in der Lage sein, die aufgetretenen **Fehler** zu **behandeln** (**Fehlerbehandlung**).

> Das **Software Engineering** befasst sich mit Vorgehensweisen und Methoden, um bei der Erstellung der Software **möglichst keine Fehler** zu machen. Der Ansatz der **Fehlertoleranz** ist ein anderer. Er geht davon aus, dass ein Produkt fehlerhaft ist, und befasst sich mit Maßnahmen, dass **Fehler im Systemverhalten nach außen nicht sichtbar werden.**

Fehlertoleranz hat also die Strategie, das **fehlertolerante System verlässlicher zu machen als die Gesamtheit seiner Teile**. D. h. durch Anwendung bestimmter Verfahren können fehlertolerante Systeme bei Auftreten von Fehlern in ihren Komponenten nach außen hin ein fehlerfreies Verhalten des Gesamtsystems zeigen. Mit anderen Worten, unter Fehlertoleranz wird hier die Fähigkeit eines Systems verstanden, **auch mit einer begrenzten Anzahl fehlerhafter Subsysteme die spezifizierten Funktionen erfüllen** zu können. Das bedeutet, dass der Ansatz der Fehlertoleranz davon ausgeht, dass im Betrieb des DV-Systems Fehler in der SW bzw. HW auftreten können.

> Unter Fehlertoleranz versteht man die Fähigkeit eines Systems, auch mit einer begrenzten Zahl fehlerhafter Subsysteme seine spezifizierte Funktion zu erfüllen.

Objektorientierter Systementwurf

Nach außen hin will man trotz des Auftretens von Fehlern in den Komponenten das Gesamtsystem als solches fehlerfrei halten und – wenn es geht – die Funktionalität des Gesamtsystems aufrecht erhalten. Dazu muss

- zum einen die **Integrität und Verfügbarkeit der Daten** und
- zum anderen auch die **Verfügbarkeit der Funktionalität der Komponenten**

im Fehlerfall gewährleistet werden. Hierfür sind geeignete Verfahren zu implementieren.

Fehlertoleranz beruht stets auf redundanten Mitteln, welche durch eine fehlertolerante Architektur bereitgestellt werden. Ziel der Fehlertoleranz ist es, durch Architekturmaßnahmen zur Laufzeit des Systems mit auftretenden zufälligen und systematischen Fehlern fertig zu werden[155]. Hierfür wird versucht, auftretende Fehler so zu behandeln, dass sie auf der Ebene des Gesamtsystems nicht mehr sichtbar werden oder zumindest keinen Schaden anrichten. Wenn ein Subsystem ausfällt, darf also in diesem Fall dessen Funktionalität nicht ersatzlos gestrichen werden. Mit anderen Worten, nur wenn es **Redundanzen** im System gibt, ist ein fehlertolerantes Verhalten erreichbar. Werden keine Redundanzen eingebaut, so ist eine Verlässlichkeit nur durch das Vermeiden von Fehlern erreichbar.

Fehlertolerante Systeme benötigen eine Fehlererkennung, damit festgestellt werden kann, dass eine Ausnahmesituation vorliegt, und eine Fehlerbehandlung, um auf Fehler reagieren zu können. Wichtig hierbei ist, dass die Maßnahmen der Fehlertoleranz – d. h. die **Fehlererkennung** und die **Fehlerbehandlung** – innerhalb einer begrenzten Zeit stattfinden müssen, um einen Systemausfall verhindern zu können. Die Zeitdauer zwischen dem Auftreten eines Fehlzustands und dem Ausfall des Systems wird als **Fehlerlatenzzeit** bezeichnet.

Bild 16-13 zeigt die Menge A der fehlerfreien Systemzustände, der Fehlerzustände B, aus denen man mit Hilfe der Fehlertoleranz in angemessener Zeit in fehlerfreie Zustände zurückkehrt, und der Fehlerzustände C, bei denen eine Rückkehr in einen fehlerfreien Zustand nicht möglich ist.

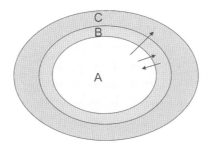

Bild 16-13 Fehlzustände und Übergänge

---

[155] Systematische Fehler sind beispielsweise Fehler, die während der Entwicklung in das System "eingebaut" werden.

> Wenn Fehler nicht zum Versagen des Gesamtsystems führen, sondern der Betrieb mit den wichtigsten Teilfunktionalitäten weitergeführt werden kann, spricht man von **abgestufter Leistungsverminderung** oder **fail soft** bzw. **graceful degradation**.

Da Redundanzen immer zusätzliche Kosten bedeuten, werden fehlertolerante Systeme stets dann gebaut, wenn ein Ausfall des Systems ein hohes Risiko bedeutet.

16.6.2 Security

Zuerst sollen einige wichtige Ziele der Sicherheitstechnik vorgestellt werden[156]:

> **Sicherheit** in Informationssystemen umfasst die Gewährleistung
>
> - der **Vertraulichkeit** – kein unbefugter Informationsgewinn möglich –,
> - der **Integrität** – keine unbefugte Modifikation oder Schaffung von Informationen und Funktionen möglich –,
> - der **Verfügbarkeit** – keine Beeinträchtigung des Zugriffs auf Daten und Funktionen des Informationssystems möglich –,
> - der **Authentizität** – keine andersartige Identität kann vorgetäuscht werden – und
> - der **Verbindlichkeit** bzw. Zurechenbarkeit – kein Ableugnen der Urheberschaft von durchgeführten Vorgängen möglich.

Ein Beispiel für den Verlust der **Vertraulichkeit** ist, wenn Patientenberichte Unbefugten in die Hände gelangen. Ein Verlust der **Integrität** der Daten liegt beispielsweise vor, wenn der Betrag einer Lastschrift verfälscht wird. Ein Beispiel für den Verlust der **Verfügbarkeit** ist, wenn ein Staatspräsident eine Begnadigung für einen Todeskandidaten nicht in letzter Minute per Telefon durchgeben kann, weil das Telefonsystem gerade ausgefallen ist. Ein Verlust der **Authentizität** liegt vor, wenn der Bankkunde nicht überprüfen kann, ob er seinen Online-Überweisungsauftrag in die korrekte Webseite eintippt. Ein Verlust der **Verbindlichkeit** (Zurechenbarkeit) liegt z. B. vor, wenn ein Aktienkäufer, der Aktien einen Tag vor dem großen Crash gekauft hat, erfolgreich ableugnen kann, dass er den glücklosen Kaufauftrag abgegeben hat.

Ein Informationssystem kann verschiedenen **Bedrohungen** ausgesetzt sein:

- **Gefahren durch höhere Gewalt**
  Hierzu gehören z. B. Feuer, Wasser, der Verschleiß von HW-Komponenten oder Einflüsse durch elektromagnetische und radioaktive Strahlungen.

---

[156] Oftmals werden auch nur die ersten drei Schutzziele genannt: Vertraulichkeit, Integrität, Verfügbarkeit. Andere Schutzziele wie z. B. Anonymität können von den fünf genannten abgeleitet werden.

- **Gefahren durch unbeabsichtigte Handlungen**
  Beispielsweise kann eine Fehlbedienung wie das Eintippen einer wesentlich zu hohen Zahl bei einem Aktienkauf zum Ruin einer Bank führen, genauso wie das Nichteinhalten von organisatorischen Sicherheitsmaßnahmen durch den Administrator wie etwa das Durchführen einer Datensicherung.
- **Angriffe (Gefahren durch beabsichtigte, böswillige Handlungen)**
  - Gefahren durch Dritte wie z. B. das Vorspiegeln einer falschen Identität, das Abhören oder das Ändern von Informationen.
  - Gefahren durch Kommunikationspartner wie z. B. das Leugnen einer Kommunikation oder die Fälschung z. B. von empfangenen Daten.
  - Bedrohungen des Netzes wie z. B. das Einschleusen Trojanischer Pferde – beispielsweise zum Sammeln von Passwörtern – in Netzkomponenten oder das Lahmlegen von Netzkomponenten durch Denial-of-Service-Attacken.

Mögliche Schäden als Folge solcher Bedrohungen (Sicherheitsvorfälle) können beispielsweise

- die Daten,
- die Funktion eines DV-Systems,
- die Infrastruktur,
- eine Person,
- den Ruf/das Ansehen,
- die Finanzen und
- die Einhaltung der Gesetzestreue

einer Firma betreffen.

So können die Daten verändert werden (**Daten**), ein als nützliches Programm getarnter Trojaner kann plötzlich eine andere Funktion erfüllen (**Funktion eines DV-Systems**), die Infrastruktur kann infolge eines Wassereinbruchs nicht mehr funktionsfähig sein (**Infrastruktur**) oder ein AIDS-Patient kann wegen seiner Krankenakte erpresst werden bzw. der einzige Administrator kündigen (**Person**). Wird z. B. in einer Sicherheitsfirma eingebrochen, ist der Ruf dieser Firma ruiniert (**Ruf/Ansehen**). Durch Datenverlust kann beispielsweise die Arbeit von 10 Mannjahren vernichtet werden (**Finanzen**). Schützt eine Versicherung beispielsweise die Kundendaten nicht ausreichend, so kann dies zur Folge haben, dass die Versicherung Strafe zahlen muss oder geschlossen wird (**Einhaltung der Gesetzestreue**).

Es gibt **Güter** (engl. **assets**), die für die Organisationsziele von Bedeutung sind. Diese Güter werden von potentiellen **Bedrohungen** (engl. **threats**) bedroht, die durch einen Angreifer, eine unabsichtliche Handlung oder höhere Gewalt (engl. **threat agent**) hervorgerufen werden können. Diese potentiellen Bedrohungen können real werden, wenn es tatsächlich eine **relevante Schwachstelle** (engl. **vulnerability**) im betrachteten System gibt. Wenn es zusätzlich **keine Schutzmaßnahme** (engl. **safeguard/countermeasure**) gegen die Bedrohung gibt, führt die nun reale Bedrohung zu einem **Risiko**. Schutzmaßnahmen können also das Risiko für die Güter minimieren, indem sie Schwachstellen schließen.

Auf der Basis der Bedrohungen beschreibt die **Sicherheitspolitik** in allgemeiner Form die Anforderungen und Regeln zum Betrieb eines sicheren Systems.

> Eine **Sicherheitspolitik** formuliert die grundlegenden **Sicherheitsziele** einer Organisation und die **Regeln und Randbedingungen zur Abwehr der** als bedeutsam erkannten **Bedrohungen** ihrer Systeme.

Die Sicherheitspolitik wird umgesetzt über **organisatorische, personelle, materielle**[157] **und informationstechnische Maßnahmen,** wie folgendes Bild darstellt.

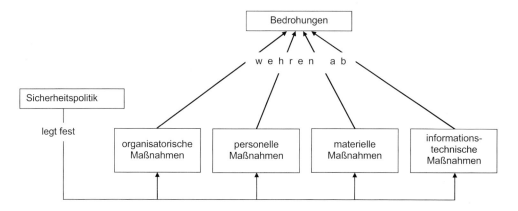

Bild 16-14 Maßnahmen der Sicherheitspolitik zur Abwehr von Bedrohungen

Die informationstechnische Sicherheit wird hergestellt über die **Sicherheitsbasisfunktionen** eines Systems und die darunterliegenden **Sicherheitsmechanismen** und **Sicherheitsalgorithmen.** Die **Sicherheitsbasisfunktionen** dienen zur:

- **Identifikation und Authentisierung**[158]
  Identifikation eines Subjekts oder Objekts und Verifizierung, ob dieses tatsächlich dasjenige ist, welches es zu sein vorgibt.
- **Rechteverwaltung (Autorisierung)**
  Vergabe und Verwaltung der Rechte zum Zugriff auf Systemressourcen.
- **Rechteprüfung (Berechtigungskontrolle)**
  Überprüfung jedes Zugriffs auf seine Berechtigung. Verhindern nicht zulässiger und Veranlassen zulässiger Zugriffe.

---

[157] Im Wesentlichen Infrastrukturmaßnahmen (z. B. Stahltüren) und Abstrahlsicherheit.
[158] Identifikation bedeutet eine Überprüfung auf eine Identität. Der zu Überprüfende muss sich ausweisen. Bei der Authentisierung werden Signaturen des zu Überprüfenden benutzt, um zu verifizieren, wer er ist. Signaturen können originäre Eigenschaften des zu Überprüfenden sein wie z. B. ein Fingerabdruck oder seine Retina, sie können auch zugewiesen sein wie z. B. ein Ausweis, Schlüssel oder Passwort.

- **Beweissicherung (Protokollierung)**
  Aufzeichnen der Aktionen bzw. Zustände des Systems für den Zweck eines Wiederanlaufs (Fehlerüberbrückung) und zu einem Nachweis z. B. von unberechtigten Zugriffsversuchen.
- **Wiederaufbereitung von Datenträgern**
  Sicheres Löschen von Daten auf Datenträgern, damit die Datenträger wieder verwendet werden können, ohne dass ein unbefugter Zugriff auf scheinbar gelöschte Daten möglich ist.
- **Fehlerüberbrückung**
  Wiederherstellen eines alten Systemzustandes mit Hilfe eines Backups oder Tolerieren von Fehlern im Sinne eines fehlertoleranten Systems.
- **Überwachung (Gewährleistung der Funktionalität)**
  Kontrolle der Systemintegrität einschließlich der Sicherheitsmechanismen und des Einhaltens der Sicherheitsmechanismen durch Auswertung der Protokolle.
- **Übertragungssicherung**
  Zusätzliche Vorkehrungen bei der Datenübertragung über die Rechteverwaltung und Rechteprüfung hinaus wie z. B. Identifikation und Authentisierung eines Senders von Daten oder Gewährleistung der Verbindlichkeit (engl. non-repudiation) von gesendeten Daten.

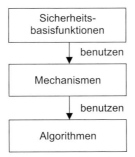

Bild 16-15 Sicherheitsbasisfunktionen, Mechanismen und Algorithmen

Diese **Sicherheitsbasisfunktionen** werden realisiert durch Mechanismen wie:

- Verschlüsselung
- Mechanismen zur Datenintegrität, wie z. B. Prüfsummen bei Nachrichten,
- Authentifizierungsmechanismen, wie z. B. die elektronische Unterschrift,
- Zugriffskontrollmechanismen,
- Wegauswahl,
- Notariat (Bestätigung einer Identität)
- etc.

Grundlage für viele dieser Mechanismen bilden schließlich kryptografische Algorithmen wie z. B. der symmetrische Verschlüsselungsalgorithmus Advanced Encryption

Standard (AES) oder der Secure Hash Algorithm (SHA) zur Berechnung von eindeutigen Prüfsummen.

Die **Anzahl und Feinheit** der von der Sicherheitspolitik geforderten **Sicherheitsfunktionen** und die Anforderungen an die **Güte (Qualität) der verwendeten Mechanismen und Algorithmen steigen mit zunehmender Bedrohung**. Vernetzte Systeme bieten aufgrund ihrer Verteiltheit mehr Angriffspunkte als abgeschottete Systeme mit einem einzigen zentralen Rechner. Auf die Implementierung der Sicherheitsfunktionen kann an dieser Stelle nicht eingegangen werden.

16.7 Verarbeitung

Die Verarbeitung enthält die Geschäftslogik der Anwendung. Sie stellt alle Funktionen über eine definierte Schnittstelle zur Verfügung, die der Client zu Erfüllung seiner Anwendungsfälle verwenden kann.

16.8 Datenzugriffsschicht mit Datenbank

Die Daten der Entity-Objekte sind über eine Datenhaltungs-Schnittstelle in Datenbanken/Dateien zu sichern. Die Datenzugriffsschicht kann die Datenhaltung in einer Datenquelle – in der Regel einer Datenbank – abstrahieren (siehe Kapitel 18.1.5.2). Die datenbankunabhängigen Aufrufe der Datenzugriffsschicht werden dann in datenbankabhängige Aufrufe des Datenbankmanagementsystems (DBMS) umgesetzt. Im DBMS werden die persistenten Daten der Anwendung abgelegt. Die Technologie relationaler Datenbanken wird in Kapitel 15 gezeigt. Durch die Abstraktion kann eine Unabhängigkeit von der verwendeten Datenbank erreicht werden, welche den Austausch der Datenbank erlaubt, ohne dass die Verarbeitungsschicht von diesem Austausch betroffen ist.

16.9 MMI und das Schichtenmodell mit Dialogmanager

Das MMI hängt stark von der verwendeten Programmiersprache und der Zielplattform (z. B. Betriebssystem oder GUI-Framework) ab. Für den Fall von Java wird auf [Hei10] verwiesen.

Aus der bisherigen Ein- und Ausgabe-Schicht des MMI wird ein Dialogmanager abgesplittet. Der Dialogmanager hat oft die Verantwortung, den zum Programmablauf passenden Dialog anzuzeigen. In anderen Fällen ist die Logik für den Folgeschritt direkt in den Dialog integriert. In diesem Fall hat der Dialogmanager nur die Aufgabe, die erste Dialogmaske anzuzeigen. Siehe hierzu auch Kapitel 16.4.

16.10   Kommunikation

Eine Kommunikation tritt nur bei verteilten Systemen auf und muss nach dem jeweiligen Einsatzgebiet gewählt werden z. B. CAN [Zim08] und Flexray [Rau07] für das Auto.

16.11 Zusammenfassung

Während man sich bei der Systemanalyse im Problembereich, d. h. in der Welt der operationellen Nutzer-Aufgaben befindet, ist man beim Systementwurf nun im Lösungsbereich, d. h. in der Welt der technischen Realisierung angekommen. Während im Problembereich nur die Funktionen der Verarbeitung analysiert werden, treten beim Systementwurf neue Funktionsarten zu den bereits bekannten Klassen und Objekten der operationellen Verarbeitung hinzu:

- die Schnittstelle zur Datenhaltung und die Datenbank selbst,
- die Ein- und Ausgabe-Schnittstelle des Benutzers,
- die Schnittstelle zur Rechner-Rechner-Kommunikation,
- die Betriebssicherheit mit Start-up/Shut-down, Fehlerausgabe, Fehlererkennung und Fehlerbehandlung,
- die zusätzlichen Funktionen der funktionalen Sicherheit (engl. safety),
- die Gewährleistung der Informationssicherheit (engl. security) und
- die Gewährleistung der Parallelität und die Interprozesskommunikation.

Zum Umsetzen dieser zusätzlichen Funktionalität, wird vom Autor die folgende Reihenfolge vorgeschlagen:

1. Aufbauend auf den Erkenntnissen aus der Systemanalyse kann ein erstes Schichtenmodell erstellt werden.
2. Die in der Systemanalyse erstellten Kommunikationsdiagramme können in das Schichtenmodell übertragen werden.
3. Definieren von parallelen Einheiten und Festlegung der Interprozesskommunikation zwischen diesen Einheiten.
4. Betrachtung von Start-up und Shut-down (inkl. der Erweiterung des Schichtenmodells z. B. um Client-, Server-Fabrik und Registry).
5. Erweitern der Funktionen um Fehlererkennung, Fehlerbehandlung und Fehlerausgabe.
6. Integration der Safety- und Security-Anforderungen.
7. Verarbeitung.
8. Datenzugriff und Datenhaltung (ggf. mit Hilfe einer Datenbank).
9. MMI (z. B. Dialogmanager und Datenaufbereitung).
10. Kommunikation zwischen den Rechnern.

Selbstverständlich sind rückwärts gerichtete Iterationen möglich. Zum Erstellen eines ersten Schichtenmodells kann das Client/Server-Objektdiagramm (siehe Kapitel 16.1) aus der Systemenanalyse verwendet werden, das sich aus den Kommunikationsdiagrammen der Systemanalyse ergibt. Mit dessen Hilfe können nun im Systementwurf die Kommunikationsdiagramme in ein Schichtenmodell eingeordnet werden. Das daraus entstehende Diagramm nennt sich Kommunikationsdiagramm im Schichtenmodell (siehe Kapitel 16.1). Das Kommunikationsdiagramm im Schichtenmodell eignet sich sowohl für den geradlinigen Übergang von der Systemanalyse in den Systementwurf als auch für die abgestimmte Modellierung der statischen Systemstruktur und des dynamischen Verhaltens.

Das so entstandene Schichtenmodell kann anschließend um weitere Schichten, beispielsweise um eine Datenzugriffsschicht auf eine Datenbank oder eine Datenaufbereitungsschicht erweitert werden (siehe Kapitel 16.2).

Bei der Definition und der Kommunikation paralleler Einheiten muss zwischen Betriebssystem-Prozessen und Threads unterschieden werden. Betriebssystem-Prozesse sind Einheiten für das Memory Management und Scheduling, Threads nur für das Scheduling. Betriebssystem-Prozesse, die über Kanäle kommunizieren, sind auf andere Rechner verteilbare Einheiten, Threads jedoch nicht. Sie laufen im Adressraum eines Betriebssystem-Prozesses. Sie können beispielsweise in einem Server-Betriebssystem-Prozess verschiedene Nutzeranfragen parallel abarbeiten (siehe Kapitel 16.3).

Die Betrachtung von Start-up und Shut-down ist notwendig, damit der Lebenszyklus der Objekte im operationellen Betrieb um die Erzeugung und Vernichtung von Objekten ergänzt wird. Um Objekte zu erzeugen, werden Fabriken eingeführt, um sie zu finden, eine Registry. Im Falle der Vernichtung bedient man sich der Mittel der verwendeten Programmiersprache. Die Java-Technologie RMI kann beispielsweise verwendet werden, um die Kommunikation zwischen parallelen Einheiten auch über Rechnergrenzen hinweg so zu vereinfachen, als würde man Methoden auf Objekten innerhalb der eigenen virtuellen Maschine aufrufen. Dazu verwendet RMI sogenannte Stellvertreter-Objekte (Proxys) (siehe Kapitel 16.4).

Sichere Systeme im Sinne der Safety haben wenig Fehler bzw. werden mit diesen fertig. Sie sind verlässlich (eng. dependable). Realisieren lassen sich verlässliche oder sichere Systeme im Sinne der Safety mit Hilfe von zwei verschiedenen Strategien (siehe Kapitel 16.6.1):

- Bei der **Fehlervermeidung** verhält man sich intolerant gegenüber Fehlern und will sie unter allen Umständen nicht zulassen. Ziel der Fehlervermeidung ist es, durch geeignete Methoden sicherzustellen, dass möglichst keine Fehler bei der Entwicklung gemacht werden.
- Bei der **Fehlertoleranz** versucht man, auftretende Fehler der Komponenten durch Redundanzen so zu beheben, dass sie auf der Ebene des Gesamtsystems nicht mehr sichtbar werden oder dass kein Schaden angerichtet wird. Wenn man die Fehler abfangen will, so muss man sie erstens erkennen und lokalisieren. Dazu braucht man eine Fehlererkennung. Und zweitens muss man in der Lage sein, die aufgetretenen Fehler zu behandeln (Fehlerbehandlung).

Sicherheit in Informationssystemen umfasst die Gewährleistung

- der **Vertraulichkeit** (kein unbefugter Informationsgewinn möglich),
- der **Integrität** (keine unbefugte Modifikation oder Schaffung von Informationen und Funktionen möglich),
- der **Verfügbarkeit** (keine Beeinträchtigung des Zugriffs auf Daten und Funktionen des Informationssystems möglich),
- der **Authentizität** (keine Identität kann vorgetäuscht werden) und
- der **Verbindlichkeit** bzw. **Zurechenbarkeit** (kein Ableugnen der Urheberschaft von durchgeführten Vorgängen möglich).

Die informationstechnische Sicherheit wird hergestellt über die Sicherheitsbasisfunktionen eines Systems und die darunterliegenden Sicherheitsmechanismen und Sicherheitsalgorithmen (siehe Kapitel 16.6.2). Die Sicherheitsbasisfunktionen dienen zur:

- **Authentisierung**
  Identifikation eines Subjekts oder Objekts und Verifizierung, ob dieses tatsächlich dasjenige ist, welches es zu sein vorgibt.
- **Rechteverwaltung (Autorisierung)**
  Vergabe und Verwaltung der Rechte zum Zugriff auf Systemressourcen.
- **Rechteprüfung (Berechtigungskontrolle)**
  Überprüfung jedes Zugriffs auf seine Berechtigung. Verhindern nicht zulässiger und Veranlassen zulässiger Zugriffe.
- **Beweissicherung (Protokollierung)**
  Aufzeichnen der Aktionen bzw. Zustände des Systems für den Zweck eines Wiederanlaufs (Fehlerüberbrückung) und zum Nachweis z. B. von unberechtigten Zugriffsversuchen.
- **Wiederaufbereitung von Datenträgern**
  Sicheres Löschen von Daten auf Datenträgern, damit die Datenträger wieder verwendet werden können, ohne dass ein unbefugter Zugriff auf scheinbar gelöschte Daten möglich ist.
- **Fehlerüberbrückung**.
  Wiederherstellen eines alten Systemzustandes mit Hilfe eines Backups oder Tolerieren von Fehlern im Sinne eines fehlertoleranten Systems.
- **Überwachung (Gewährleistung der Funktionalität)**
  Kontrolle der Systemintegrität einschließlich der Sicherheitsmechanismen und des Einhaltens der Sicherheitsmechanismen durch Auswertung der Protokolle.
- **Übertragungssicherung**
  Zusätzliche Vorkehrungen bei der Datenübertragung über die Rechteverwaltung und Rechteprüfung hinaus wie z. B. Identifikation und Authentisierung eines Senders von Daten oder Gewährleistung der Verbindlichkeit (engl. non-repudiation) von gesendeten Daten.

16.12 Aufgaben

Aufgabe 16.1 Kommunikationsdiagramme im Schichtenmodell

16.1.1 Was zeigt das Kommunikationsdiagramm der Systemanalyse?
16.1.2 Welchen Aspekt, der im Kommunikationsdiagramm nur schwer zu sehen ist, zeigt das Client/Server-Objektdiagramm?
16.1.3 Wird das Client/Server-Objektdiagramm in der Systemanalyse oder im Systementwurf eingesetzt?
16.1.4 Wozu werden Kommunikationsdiagramme im Schichtenmodell eingesetzt?
16.1.5 Nennen Sie mindestens zwei Vorteile des Kommunikationsdiagramms im Schichtenmodell.

Aufgabe 16.2 Erweiterung der Schichten des Schichtenmodells

16.2.1 Welche neue Schicht kann beispielsweise dazu verwendet werden, Daten des Model zu sortieren, bevor die View sie anzeigt?
16.2.2 Erklären Sie die Funktionsweise eines Proxy.

Aufgabe 16.3 Parallele Einheiten und ihre Kommunikation

16.3.1 Erklären Sie den Unterschied zwischen einem Betriebssystem-Prozess und einem Thread.
16.3.2 Werden Threads von jedem Betriebssystem unterstützt?
16.3.3 Erklären Sie den Unterschied zwischen "green threads" und "native threads".

Aufgabe 16.4 Start-up/Shut-down und Schichtenmodell mit Fabriken und Registry

16.4.1 Wie werden Objekte erzeugt? Wie werden sie gefunden?
16.4.2 Welche Funktionalität stellt die Java-Technologie RMI zur Verfügung?
16.4.3 Welche Aufgaben haben die Client-Fabrik und die Server-Fabrik?

Aufgabe 16.5 Safety

16.5.1 Welche beiden Strategien zur Realisierung sicherer Systeme kennen Sie?
16.5.2 Worin liegt der Vorteil beim Einbauen von Redundanzen in ein System?

Aufgabe 16.6 Security

16.6.1 Nennen Sie mindestens vier Ziele der Sicherheitstechnik und beschreiben Sie diese.
16.6.2 Geben Sie ein Beispiel für Verbindlichkeit.
16.6.3 Nennen Sie mindestens fünf mögliche Schäden, die aus einem Sicherheitsvorfall entstehen können.
16.6.4 Was beschreibt eine Sicherheitspolitik?
16.6.5 Wodurch können Sicherheitsbasisfunktionen realisiert werden?

Kapitel 17

Objektorientierte Entwurfsmuster

- 17.1 Das Strukturmuster Adapter
- 17.2 Das Strukturmuster Brücke
- 17.3 Das Strukturmuster Dekorierer
- 17.4 Das Strukturmuster Fassade
- 17.5 Das Strukturmuster Kompositum
- 17.6 Das Strukturmuster Proxy
- 17.7 Das Verhaltensmuster Schablonenmethode
- 17.8 Das Verhaltensmuster Befehl
- 17.9 Das Verhaltensmuster Beobachter
- 17.10 Das Verhaltensmuster Strategie
- 17.11 Das Verhaltensmuster Vermittler
- 17.12 Das Verhaltensmuster Zustand
- 17.13 Das Verhaltensmuster Rolle
- 17.14 Das Verhaltensmuster Besucher
- 17.15 Das Verhaltensmuster Iterator
- 17.16 Das Erzeugungsmuster Fabrikmethode
- 17.17 Das Erzeugungsmuster Abstrakte Fabrik
- 17.18 Das Erzeugungsmuster Singleton
- 17.19 Das Erzeugungsmuster Objektpool
- 17.20 Zusammenfassung
- 17.21 Aufgaben

17 Objektorientierte Entwurfsmuster

Objektorientierte Entwurfsmuster (engl. design patterns) sind bewährte Muster, die beim Entwurf von Systemen zur Kenntnis genommen werden sollten, da sie Lösungsvorschläge für bestimmte Problemstellungen sind, die sich bereits in mehreren Systemen bewährt haben.

Der Ursprung von Entwurfsmustern geht auf den Architekten **Christopher Alexander**[159] zurück. Er hatte in den 70er Jahren eine Sammlung von Entwurfsmustern zusammengestellt. Christopher Alexander erkannte, dass Gebäude oder auch ganze Straßenzüge, die beispielsweise dieselben Elemente enthalten können, dennoch nach einem ganz anderen Muster aufgebaut sein können. Mit anderen Worten, er identifizierte Muster durch Elemente und ihre typischen Beziehungen:

". . . beyond its elements, each building is defined by certain patterns of relationships among the elements . . . " [Ale77]

In der städtebaulichen Architektur ist diese bahnbrechende Idee der Entwurfsmuster allerdings bis heute bei weitem nicht so verbreitet und anerkannt, wie sie es in der Softwareentwicklung ist.

> In der Softwareentwicklung sind **Entwurfsmuster Klassen in Rollen**, die zusammenarbeiten, um **gemeinsam** eine **bestimmte Aufgabe** zu **lösen**.

Beim Entwurf eines Systems werden **Architekturmuster**, **Entwurfsmuster** und **Idiome** eingesetzt (siehe Bild 17-1). Die einzelnen Muster unterscheiden sich vor allem im Abstraktionsgrad.

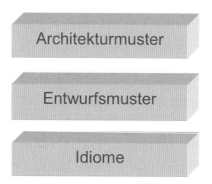

Bild 17-1 Muster bei der SW-Entwicklung

---

[159] Christopher Alexander ist Architekt und Städteplaner. Er erhielt 1963 eine Professur für Architektur an der University of California in Berkley und wurde Direktor des Center for Environment Structure.

Bei **Architekturmustern** betrachtet man die Architektur eines gesamten Systems, bei **Entwurfsmustern** in der Regel ein bestimmtes Problem innerhalb eines Subsystems. Ein Entwurfsmuster beeinflusst die Architektur eines Subsystems, aber nicht die grundsätzliche Architektur des Systems. Ein Idiom ist hier ein Muster in einer bestimmten Programmiersprache wie z. B. ein ausprogrammiertes **Entwurfsmuster**.

Die **Architektur eines Systems** kann mehrere **Architekturmuster** enthalten, z. B. eine Schichtenarchitektur (engl. layer pattern) für mehrere Rechnertypen oder das Architekturmuster Model-View-Controller (MVC) zur Trennung von Darstellung der interaktiven Eingabe und dem datenhaltenden Model. Ein Architekturmuster wiederum kann zahlreiche Entwurfsmuster enthalten, muss es aber nicht. So enthält beispielsweise das Architekturmuster der Schichtenarchitektur keine weiteren Entwurfsmuster. Das Architekturmuster MVC (siehe Kapitel 18.3) kann beispielsweise das Entwurfsmuster Beobachter, das Kompositum-Muster und das Strategie-Muster enthalten.

> **Entwurfsmuster** stellen **feinkörnige Muster** dar, während **Architekturmuster grobkörnige Muster** sind.

Die Idee der Entwurfsmuster wurde erstmals 1987 von Kent Beck und Ward Cunningham für die Erstellung von grafischen Benutzerschnittstellen in Smalltalk aufgegriffen und angewandt. Es gibt mittlerweile eine ganze Reihe unterschiedlichster Entwurfsmuster, die in zahlreichen Büchern katalogisiert sind. Eine generelle Übertragung der Entwurfsmuster auf die Softwareentwicklung erfolgte durch die Promotion von Erich Gamma. Das Buch "Design Patterns – Elements of Reusable Object-Oriented Software" [Gam95] der sogenannten "Gang of Four"[160] (GoF) führte zum flächendeckenden Einsatz der Entwurfsmuster in der Softwareentwicklung. Dieses Buch enthält einen Katalog von 23 Entwurfsmustern, die in drei Kategorien eingeteilt sind. Das "GoF"-Buch zählt heute zu den am meisten verkauften Büchern der modernen Softwareentwicklung. Um Entwurfsmuster anderen Entwicklern zugänglich zu machen, müssen diese dokumentiert werden. Entwurfsmuster sind dabei nicht etwa wiederverwendbarer Quellcode, der in einer Anwendung einfach übernommen werden kann, sondern vielmehr weitergereichte Erfahrungen im Entwurf. Entwurfsmuster sind erprobte und dokumentierte Muster, die sich in mehreren Systemen bei einer vorgegebenen Problemstellung als Bauplan beim Entwurf einer Architektur bewährt haben. Die konkrete Implementierung von Entwurfsmustern bleibt jedoch den Entwicklern selbst überlassen.

Muster werden nicht erfunden, sondern in Anwendungen als Lösungen für typische Probleme und Sachverhalte "entdeckt", auf Konferenzen vorgetragen und dann von der Fachwelt akzeptiert oder auch nicht. Sie können für viele Anwendungen eingesetzt werden.

Es existieren spezielle Sammlungen von Entwurfsmustern für objektorientierte Systeme. Entwurfsmuster werden als bewährte Konstruktionsprinzipien im Kleinen eingesetzt. Man spricht auch von **Mikroarchitekturen**.

---

[160] Die "Gang of Four" sind Erich Gamma, Richard Helm, Ralph Johnson und John Vlissides. Diese Bezeichnung wurde den vier Autoren scherzhaft zugewiesen und ist ohne großen Widerspruch von ihnen angenommen worden.

Objektorientierte Entwurfsmuster sind Modelle, mit denen ein Softwarearchitekt den objektorientierten Ansatz beim Entwurf optimal ausschöpfen kann. Wiederkehrende Modellierungsprobleme kann er so durch **erprobte Standardmodellierungen** schnell lösen. Das optimale Entwurfsmuster löst mehrere Probleme – jedoch alle von derselben Aufgabenstellung – und bietet ein erprobtes Konzept. Die Strukturen und Mechanismen der Entwurfsmuster bestimmen die Architektur und greifen damit tief in ein Teilsystem ein.

Nachfolgend zum GoF-Buch entstanden zahlreiche weitere Bücher, die auf diesem Werk aufbauen und dabei neue Entwurfsmuster einführten. Beispielhaft soll hier das Buch "Pattern-orientierte Software-Architektur: Ein Pattern-System" von Frank Buschmann et al. [Bus98] genannt werden.

Entwurfsmuster sind grundsätzlich plattformunabhängig und nicht auf eine bestimmte Programmiersprache beschränkt.

Die Namen der Entwurfsmuster erweitern die Fachsprache und erlauben es geschulten Entwicklern, sich auf einem hohen Abstraktionsniveau über den Entwurf verständigen zu können. Jedes Muster ist eine Abstraktion zur Beschreibung eines spezifischen Architektur-Leistungsmerkmals.

Einen erschöpfenden Katalog von Entwurfsmustern wird es wahrscheinlich nie geben, denn es entstehen ständig neue Entwurfsmuster. Auch sind viele bereits unbewusst angewandte Entwurfsmuster noch unbenannt. Entwurfsmuster stellen einen wesentlichen Beitrag dar, die Softwareentwicklung auf ihrem Weg zur ausgereiften Ingenieurwissenschaft ein gutes Stück weiterzubringen.

Einige Muster sind so allgemein, dass man sie in objektorientierten Programmiersprachen findet. So wird das Varianten-Muster in objektorientierten Programmiersprachen durch das Prinzip der Vererbung realisiert. Wer objektorientiert denkt, versucht stets durch **Generalisierung** die höchstmögliche Abstraktion – in anderen Worten die Basisklasse – zu finden, um daraus durch **Spezialisierung** die verschiedenen Varianten zu gewinnen.

Im Gegensatz dazu stehen komplexere Entwurfsmuster nicht in Programmiersprachen zur Verfügung. Sie sind Mikroarchitekturen, die in Form von "Blaupausen" zur Verfügung stehen und von Hand ausprogrammiert werden, es sei denn, sie werden bereits durch komfortable Entwicklungswerkzeuge mit den erforderlichen Methodenköpfen zur Verfügung gestellt.

Einsatz von Entwurfsmustern

Ziel von Entwurfsmustern ist es, einmal gewonnene Erkenntnisse wiederverwendbar zu machen und durch ihre Anwendung die Flexibilität eines Entwurfs zu erhöhen.

Die meisten Systementwürfe enthalten zahlreiche Entwurfsmuster, wobei diese Tatsache allein noch kein Merkmal eines guten Entwurfs ist. Auch hier hat Christopher Alexander [Ale77] die passenden Worte: "Es ist möglich, Gebäude durch das lose Aneinanderreihen von Mustern zu bauen. Ein so konstruiertes Gebäude stellt eine Ansammlung von Mustern dar. Es besitzt keinen inneren Zusammenhalt. Es hat keine wirkliche Substanz. Es ist aber auch möglich, Muster so zusammenzufügen, dass sich viele Muster innerhalb desselben Raums überlagern. Das Gebäude besitzt einen inneren Zusammenhalt; es besitzt viele Bedeutungen, auf kleinem Raum zusammengefasst. Durch diesen Zusammenhalt gewinnt es an Substanz."

Obwohl die Entwurfsmuster den Zusammenhalt des Entwurfs erhöhen, gilt dies oft auch gleichzeitig für die Komplexität des Entwurfs. Es können neue Klassen und Operationen entstehen und damit auch neue Beziehungen zwischen den Klassen.

Es kommt darauf an, ein Entwurfsmuster genau dann anzuwenden, wenn es auch anwendbar ist und Vorteile bringt. Bevor ein Entwurfsmuster eingesetzt wird, sollte man sich jedoch sehr genau darüber im Klaren sein, ob das Muster überhaupt zum Problem passt und welche Konsequenzen sich aus der Anwendung ergeben. Ein guter Entwurf entsteht oft erst dann, wenn mehrere Entwurfsmuster untereinander und mit der Anwendung verwoben werden, um einen Synergieeffekt zu erzielen.

Durch die Anwendung eines Entwurfsmusters wird zwar an Flexibilität gewonnen. Damit einher geht jedoch meist eine gesteigerte Komplexität und Leistungsminderung des Systems, die unter Umständen nicht durch die gewonnene Flexibilität aufgewogen wird. Dies ist vor allem der Fall, wenn diese Flexibilität spekulativ ist, d. h. wenn es unklar ist, ob sie später gebraucht wird oder nicht. Es gilt der Grundsatz: "So viel Flexibilität wie nötig, so wenig wie möglich!"

Aus Entwicklersicht bieten Entwurfsmuster eine gewisse Sicherheit. Diese Sicherheit beruht auf der Tatsache, dass der Entwurf, den man verwenden will, sich in der Vergangenheit bereits bewährt hat. Dies führt im Allgemeinen jedoch zu dem Trugschluss, dass das Anwenden von Entwurfsmustern in jedem Fall die richtige Entscheidung ist. Diese Annahme ist jedoch falsch. Das reine Anwenden von Entwurfsmustern garantiert einem Entwickler nicht, dass das Muster für sein konkretes Entwurfsproblem sinnvoll ist.

> Muster sollten immer nur dann angewandt werden, wenn sie auch sinnvoll sind und Vorteile bringen.

In Büchern über Entwurfsmuster ist die Lösung meist der Kern der Darstellung. Das Problem, d. h. wann die Muster geeignet sind, wird zwar aufgeführt, oft jedoch leicht unterschätzt. Unter Umständen führt sogar keines der bekannten Muster zum gewünschten Ziel.

Ist man auf der Suche nach einer Lösung für ein konkretes Entwurfsproblem, kann es schwierig sein, das richtige Muster zu finden. Man muss das zu lösende Problem studieren und dann die Leistungen der eventuell in Frage kommenden Muster vergleichen.

Eigenschaften von Entwurfsmustern

Entwurfsmuster sollen den Prinzipien für Architekturen genügen. Hierzu gehören die folgenden Eigenschaften:

- Verständlichkeit,
- Wiederverwendbarkeit und
- Änderbarkeit.

Die Verständlichkeit wird erreicht, indem jedes Entwurfsmuster in strukturierter Weise umfassend dokumentiert wird. Die Wiederverwendbarkeit wird dadurch erreicht, dass nur in mehreren Anwendungen bewährte Muster den Status eines Entwurfsmusters erreichen. Die Änderbarkeit wird durch eine Spezialisierung der eingesetzten Klassen erreicht.

Entwurfsmuster genügen den folgenden Konstruktionsprinzipien:

- **Abstraktion** – durch Generalisierung,
- **klare Verantwortlichkeiten** – durch Ausweisung von Rollen,
- **Information Hiding** – durch Ausweisung von definierten Schnittstellen und
- **loosely coupled system** – lose Kopplung von Komponenten, wenn möglich und starke Kopplung von Komponenten, nur wenn nötig.

Klassifizierung von Entwurfsmustern

Entwurfsmuster können in bestimmte Kategorien eingeteilt werden. Die verschiedenen Muster-Kataloge verwenden dabei unterschiedliche Kategorisierungssysteme, die sich jedoch alle mehr oder weniger ähnlich sind. In [Gam95] werden die Entwurfsmuster in drei Kategorien eingeteilt:

- Strukturmuster,
- Verhaltensmuster und
- Erzeugungsmuster.

Hierbei erfassen Strukturmuster hauptsächlich die statische Struktur von Klassen bzw. Objekten, Verhaltensmuster beschreiben den geschickten Umgang mit Klassen oder Objekten und Erzeugungsmuster befassen sich mit der Erzeugung von Objekten.

Einige Beispiele der Entwurfsmuster sind mit abstrakten Basisklassen entworfen, andere mit Schnittstellen. Vom Grundsatz her gilt, dass Schnittstellen meist vorzuziehen sind. Das hat zwei Gründe:

1. Bei Schnittstellen ist in einigen Programmiersprachen[161] eine Mehrfachvererbung erlaubt im Gegensatz zu abstrakten Basisklassen.
2. Während abstrakte Basisklassen neben abstrakten Operationen auch fertige Operationen enthalten können, sind Schnittstellen übersichtlicher. Sie enthalten nur abstrakte Operationen.

Dies gilt jedoch nicht immer. Da bei vielen Mustern Aggregation im Spiel ist, wäre es kontraproduktiv, wenn man die Aggregation in jeder Implementierungsklasse realisieren müsste. Hier haben abstrakte Basisklassen also durchaus ihre Berechtigung.

Diese Kategorien werden im Folgenden beschrieben:

- **Strukturmuster** werden in zwei weitere Kategorien aufgeteilt. Zum einen in die **klassenbasierten** Strukturmuster, die sich die Eigenschaft der Vererbung zu Nutze machen, um Schnittstellen oder Implementierungen zusammenzuführen. Die zweite Unterkategorie bilden die **objektbasierten** Strukturmuster. Diese verwenden die

---

[161] z. B. Java.

Aggregation von Instanzen anstelle der Vererbung von Klassen. Sie beschreiben die Möglichkeiten, Objekte zusammenzuführen, um neue Funktionalität zu gewinnen. Das Proxy-Muster ist ein Beispiel für die objektbasierten Strukturmuster. Der Proxy dient als Stellvertreter für ein anderes Objekt. Auf das Proxy-Muster wird im späteren Verlauf noch genauer eingegangen (siehe Kapitel 17.6).

Objektbasierte Verhaltensmuster wie der Iterator beschreiben dynamische Beziehungen zwischen Objekten, die zur Laufzeit geändert werden können. Klassenbasierte Muster wie die Fabrikmethode (vgl. Kapitel 17.16) hingegen beschreiben Beziehungen zwischen Klassen. Diese Beziehungen werden zur Laufzeit festgelegt und sind statisch.

Strukturmuster befassen sich mit der Zusammensetzung und der Granularität von Klassen und Objekten.

- Auch bei **Verhaltensmustern** wird zwischen den **klassenbasierten** und den **objektbasierten** Verhaltensmustern unterschieden. Klassenbasierte Verhaltensmuster verwenden Vererbung, um das Verhalten unter den Klassen zu verteilen. Objektbasierte Verhaltensmuster dagegen verwenden die Objektkomposition bzw. -aggregation.

Verhaltensmuster befassen sich mit den Zuständigkeiten und der Zusammenarbeit zwischen Klassen bzw. Objekten. Sie beschreiben Interaktionen zwischen Objekten.

- **Erzeugungsmuster** verbergen die Erzeugung von Objekten in einer Operation oder Klasse.

Erzeugungsmuster machen ein System unabhängig davon, wie seine Objekte erzeugt werden.

Die vorgestellten Erzeugungsmuster sind alle **klassenbasiert**.

Exemplarisch wird im Falle des Adapter-Strukturmusters sowohl eine klassenbasierte als auch eine objektbasierte Lösung vorgestellt.

Neben den oben erwähnten Kategorien lassen sich noch weitere Kategorien finden. Als Beispiele werden genannt:

- **Grundlegende Entwurfsmuster**
  Entwurfsmuster dieser Kategorie sind fundamentale Bestandteile von anderen Entwurfsmustern und treten im Allgemeinen nie alleine auf. Sie gehören mittlerweile zum guten objektorientierten Stil und sind Bestandteile der neueren höheren Programmiersprachen. Somit können sie eigentlich nicht mehr als Entwurfsmuster bezeichnet werden.

- **Muster für Nebenläufigkeit**
  Sie beschäftigen sich mit den spezifischen Entwurfsproblemen von nebenläufigen Programmen wie z. B. das Workpool-Muster (siehe [Bus98]) oder Rendezvous-Muster (siehe [Dou02, 227 ff.]).
- **Muster für die Persistenz**
  Sie befassen sich mit dem persistenten Speichern von Objekten in Datenbanken wie z. B. das Identity Map-Muster (siehe [Fow03]).

Schema für die Beschreibung von Entwurfs- und Architekturmustern

In den folgenden Kapiteln werden Entwurfs- und Architekturmuster nach dem hier für Entwurfsmuster aufgeführten Schema vorgestellt:[162]

1. Name/Alternative Namen

Der Name eines Entwurfsmusters hat eine wichtige Funktion. Er versucht, das Problem, die Lösung und die Konsequenzen in einem oder zwei Worten zusammenzufassen. Von den meisten Entwurfsmuster-Autoren wird die Namensfindung als der schwierigste Teil eines Entwurfsmusters genannt. Der Name sollte mit größter Sorgfalt und Weitblick gewählt werden. Der Name geht in das Vokabular von Softwareentwicklern über und hilft ihnen, einen Entwurf auf einem höheren Abstraktionsniveau zu diskutieren und so auf eine effizientere Art und Weise einen flexibleren Entwurf zu entwickeln.

2. Problem

Hier wird beschrieben, welches Problem durch die Anwendung des Musters gelöst werden soll.

3. Lösung

Die Beschreibung der Lösung enthält im Falle von Entwurfsmustern die an der Lösung beteiligten Klassen, Schnittstellen und Objekte, sowie deren Rollen, Beziehungen, Zuständigkeiten und Interaktionen. Der Kern der Lösung des abstrakten Entwurfsproblems wird gezeigt. Durch diese abstrakte Sicht bilden Muster eine ideale Kommunikationsbasis für Entwickler. Zur Lösung gehören folgende Abschnitte:

- **Teilnehmer** – Rollenbeschreibung der Klassen
- **Klassendiagramm** – Klassendiagramm mit Beschreibung der Abhängigkeiten
- **Dynamisches Verhalten** – Sequenzdiagramm mit Beschreibung der einzelnen Schritte
- **Programmbeispiel**[163]
  Entwurfsmuster versteht man tatsächlich am Besten durch Code-Beispiele, auch wenn die Struktur und das Verhalten der Objekte durch ein Klassendiagramm und ein Sequenzdiagramm vorgegeben werden.

4. Bewertung

Wird ein Entwurfsmuster angewendet, so ergeben sich zwangsweise mehr oder weniger offensichtliche Konsequenzen für die Anwendung. Eine genaue Beschrei-

---

[162] Bei Architekturmustern kann jedoch noch hinzukommen, welche Entwurfsmuster vom Architekturmuster verwendet werden und für welchen Zweck.
[163] Für Architekturmuster gibt es meist keine Beispiele, da sinnvolle Beispiele den Rahmen des Buches sprengen würden.

bung der Vor- und Nachteile des Entwurfsmusters ist dabei von größter Wichtigkeit, um Lösungsalternativen abwägen zu können. Diese werden in den Abschnitten

- **Vorteile** und
- **Nachteile**

dargestellt. Es werden häufig die Auswirkungen eines Entwurfsmusters auf Speicherverbrauch und Performance dargestellt, sowie Folgen für die Komplexität, die Flexibilität und die Erweiterbarkeit des Entwurfs.

5. Einsatzgebiete
Neben den Einsatzgebieten wird optional der folgende Abschnitt genannt:

- **Anwendungsbeispiele**

6. Ähnliche Muster
Hier werden Gemeinsamkeiten mit anderen Mustern beschrieben.

Wegweiser durch die Entwurfsmuster

Neulinge im Umgang mit Entwurfsmustern sollten sich zuerst den folgenden Mustern widmen, da diese Muster leicht zu verstehen sind:

- Singleton,
- Dekorierer,
- Kompositum,
- Beobachter,
- Strategie,
- Schablonenmethode und
- Fabrikmethode.

Nach dem Erwerb der ersten Erfahrungen sollten dann die komplexeren Entwurfsmuster zur geeigneten Zeit durchgearbeitet werden. In diesem Buch werden insgesamt die folgenden Entwurfsmuster behandelt:

- Die Strukturmuster:

  Adapter, Brücke , Dekorierer, Fassade, Kompositum und Proxy.

- Die Verhaltensmuster:

  Schablonenmethode, Befehl, Beobachter, Strategie, Vermittler, Zustand, Rolle, Besucher und Iterator.

- Die Erzeugungsmuster:

  Fabrikmethode, Abstrakte Fabrik, Singleton und Objektpool.

Diese Muster sind für das Buch ausgewählt worden, weil sie dem Autor in der Praxis besonders häufig begegnet sind. Bei der Fülle der existierenden Muster muss diese Auswahl naturgemäß unvollständig sein.

17.1 Das Strukturmuster Adapter

17.1.1 Name/Alternative Namen

Adapter (engl. adapter).

17.1.2 Problem

Eine Komponente soll wiederverwendet werden. Diese bietet insgesamt zwar die richtigen Daten an, hat aber eine unpassende Schnittstelle.

> Das **Adapter-Muster** hat zum Ziel, eine vorhandene "falsche" Schnittstelle an die gewünschte Form anzupassen.

17.1.3 Lösung

Liegt bereits eine objektorientierte Software lauffähig vor, die den Anforderungen entspricht und nur eine inkompatible Schnittstelle besitzt, wird man versuchen, auf dieser Software aufzusetzen und sie nicht neu zu entwickeln.

Das Adapter-Muster ist ein Entwurfsmuster, das dieses Anpassungsproblem behandelt. Der Adapter setzt auf der vorhandenen Software auf und passt deren Schnittstellen an.

Somit kann die vorhandene Software ohne eine Änderung weiter genutzt werden. Der Adapter wird einfach als Zwischenschicht eingezogen. Die Funktionalität des Adapters kann sich von der Anpassung der Methodennamen bis hin zu komplexen Konvertierungen und Filterungen erstrecken.

17.1.3.1 Klassendiagramm

Im Fall des Adapter-Musters gibt es zwei Möglichkeiten, um einen Adapter aufzubauen:

- einen Klassen-Adapter und
- einen Objekt-Adapter.

Der Klassen-Adapter ist bezüglich der Client-Klasse identisch aufgebaut wie der Objekt-Adapter. Beide Varianten werden nachfolgend vorgestellt:

Variante 1: Klassen-Adapter (Adapter mit Vererbung)

Der Client benutzt die in der `IZiel`-Schnittstelle aufgelisteten Köpfe der Operationen. Eine `Adapter`-Klasse implementiert die Schnittstelle und leitet zugleich von der adaptierten Klasse ab. Durch die Ableitung von der adaptierten Klasse gibt es keine Aggregation bzw. Komposition. Die adaptierte Klasse stellt die anzupassende Komponente dar. Die `Adapter`-Klasse setzt beispielsweise den Aufruf einer aufgerufenen Operation `operationA()` in die Operation `operationB()` einer adaptierten Klasse um. Der Client ruft in diesem Fall also indirekt die Operation `operationB()` auf, wenn er beim Adapter die Operation `operationA()` aufruft. Konvertierungen der Parameter oder des Rückgabewerts können innerhalb der Methode `operationA()` vorgenommen werden.

Das folgende Bild 17-2 veranschaulicht dies:

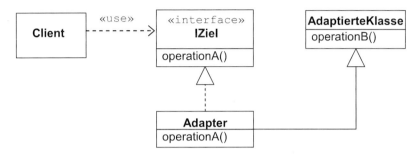

Bild 17-2 Klassendiagramm Klassenadapter

Variante 2: Objekt-Adapter (Adapter mit Delegation)

Eine Schnittstelle vom Typ `IZiel` wird bereitgestellt, die alle Anforderungen der aufrufenden Client-Anwendung erfüllt. Die Adapter-Klasse implementiert die Schnittstelle und delegiert den Aufruf an die adaptierte Klasse weiter. Die adaptierte Klasse wird mittels Aggregation dem Adapter bekannt gemacht. Das Klassendiagramm in Bild 17-2 veranschaulicht, wie der Aufruf einer Operation durch den Client an eine Operation mit anderem Namen weitergereicht wird. Der Aufruf einer Operation `operationA()` beim Adapter (siehe Bild 17-3) ruft in diesem Beispiel bei der adaptierten Klasse die Operation `operationB()` auf.

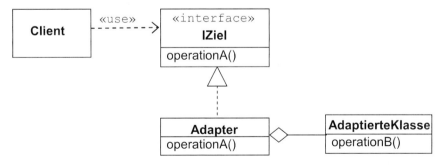

Bild 17-3 Klassendiagramm Objektadapter

Die weitere Beschreibung des Adapter-Musters basiert auf der gezeigten Variante 2.

17.1.3.2 Teilnehmer

AdaptierteKlasse
Die adaptierte Klasse ist die anzupassende Komponente. Die adaptierte Klasse stellt eine zum Client inkompatible Schnittstelle zur Verfügung, um Operationen auszuführen.

Client
Der Client möchte die adaptierte Klasse (vorhandene Komponente) nutzen, hat aber auf Grund der seiner Anforderungen eine für die Nutzung der adaptierten Klasse inkompatible Schnittstelle.

IZiel
Das Ziel ist eine einheitliche Schnittstellen-Definition `IZiel`, die den Anforderungen des Client entspricht.

Adapter
Der Adapter übernimmt die Anpassung an die benötigte Schnittstelle. Der Adapter ermöglicht die Kommunikation zwischen Client und adaptierter Klasse, indem er die Schnittstelle des Client auf die der adaptierten Klasse abbildet.

17.1.3.3 Dynamisches Verhalten

Das Client-Objekt ruft eine Methode des Adapter-Objekts auf. Dieses leitet den Aufruf an das Objekt der adaptierten Klasse weiter. Die Methode wird von der adaptierten Klasse abgearbeitet. Das Ergebnis wird von der adaptierten Klasse über das Adapter-Objekt an das Client-Objekt zurückgegeben.

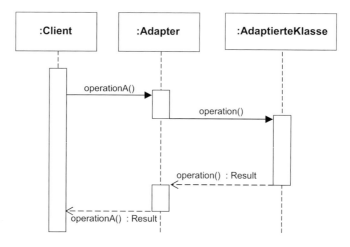

Bild 17-4 Sequenzdiagramm des Adapter-Musters

17.1.3.4 Programmbeispiel

Als Beispiel soll eine kleine Anwendung dienen, die Personendaten aus einer CSV-Datei[164] ausliest. Das Einlesen von CSV-Dateien sei in diesem Beispiel schon von einer Klasse implementiert worden, die vor längerer Zeit geschrieben wurde und deshalb nicht auf die Architektur der Anwendung abgestimmt ist. Um die Klasse zur Anwendung kompatibel zu machen, wird eine Adapter-Klasse eingesetzt.

Zur Speicherung von Vor- und Nachname dient die Klasse `Person`:

```java
// Datei: Person.java
public class Person
{
   private String nachname;
   private String vorname;

   public Person (String nachname, String vorname)
   {
      this.nachname = nachname;
      this.vorname = vorname;
   }

   public void print()
   {
      System.out.println (vorname + " " + nachname);
   }
}
```

Die Schnittstelle `IPersonenLeser` dient als Schnittstelle für alle Klassen, die Personendaten einlesen können. Sie definiert die Methode `lesePersonen()`, die eine Liste von `Person`en zurückgibt:

```java
// Datei: IPersonenLeser.java
import java.util.Vector;

public interface IPersonenLeser
{
   public Vector<Person> lesePersonen();
}
```

Die Klasse `CSVLeser` stellt eine vor längerer Zeit implementierte Klasse dar, die eine CSV-Datei mit Personendaten einliest. Im Gegensatz zur Schnittstelle `IPersonenLeser` hat die Methode zum Einlesen der Personen einen anderen Namen und gibt keinen `Vector` mit Personen zurück, sondern einen `Vector`, der ein `String`-Array mit den Vor- und Nachnamen enthält. Da diese Implementierung nicht kompatibel zum Interface `IPersonenLeser` ist, muss sie adaptiert werden. Hier die Klasse `CSVLeser`:

---

[164] CSV steht für Comma-Separated Values, d. h. Trennung von Spaltenwerten durch Kommata. In der Praxis werden alle Dateien, in denen die Spalten durch ein Trennzeichen separiert gespeichert sind, als CSV-Dateien bezeichnet. Das Trennzeichen muss hierbei kein Komma sein.

```
// Datei: CSVLeser.java
import java.io.*;
import java.util.Vector;

public class CSVLeser
{
   public Vector<String []> lesePersonenDatei (String file)
   {
      Vector<String []> personen = new Vector<String[]>();
      try
      {
         BufferedReader input =
            new BufferedReader (new FileReader (file));
         String strLine;

         while ((strLine = input.readLine()) != null)
         {
            String[] splitted = strLine.split (",");
            if (splitted.length >= 2)
               personen.add (new String []
                  {splitted[0], splitted[1]});
         }
         input.close();
      }
      catch (IOException ex)
      {
         ex.printStackTrace();
      }
      return personen;
   }
}
```

Die Klasse `CSVLeserAdapter` dient als Adapter für die Klasse `CSVLeser`. Sie implementiert die Schnittstelle `IPersonenLeser` und delegiert das Einlesen der Personen aus der CSV-Datei an ein aggregiertes Objekt der Klasse `CSVLeser`. Die erhaltenen Daten werden anschließend so aufbereitet, dass sie der Schnittstelle genügen. Hier die Klasse `CSVLeser`:

```
// Datei: CSVLeserAdapter.java
import java.util.Vector;

public class CSVLeserAdapter implements IPersonenLeser
{
   private String file;

   public CSVLeserAdapter (String file)
   {
      this.file = file;
   }

   public Vector<Person> lesePersonen()
   {
      CSVLeser leser = new CSVLeser();
      Vector<String []> gelesenePersonen =
         leser.lesePersonenDatei (file);
```

```
      Vector<Person> personenVector = new Vector<Person>();

      for (String [] person : gelesenePersonen)
         personenVector.add (new Person (person [0], person [1]));

      return personenVector;
   }
}
```

Die Klasse `TestAdapter` liest eine CSV-Datei mit Personendaten über den Adapter ein und gibt anschließend die eingelesenen Personen aus:

```
// Datei: TestAdapter.java
import java.util.Vector;

public class TestAdapter
{
   public static void main (String[] args)
   {
      IPersonenLeser leser = new CSVLeserAdapter ("Personen.csv");
      Vector<Person> personen = leser.lesePersonen();

      for (Person person : personen)
         person.print();
   }
}
```

Für den Test des Adapters dient die Datei `personen.csv`. Sie enthält die Personen-Datensätze durch Kommata getrennt.

Hier das Protokoll des Programmlaufs:

```
Heinz Mueller
Volker Schmied
Hannah Schneider
```

17.1.4 Bewertung

17.1.4.1 Vorteile

Die folgenden Vorteile werden gesehen:

- Das Adapter-Muster ermöglicht die Kommunikation zweier unabhängiger Softwarekomponenten, dem Client und einem Objekt der adaptierten Klasse.
- Adapter können um beliebig viele Funktionen wie z. B. Filter erweitert werden.
- Adapter sind individuell an die jeweilige Lösung angepasst und können daher optimiert werden.
- Durch Anpassung des Adapters können die Komponenten ausgetauscht werden.

17.1.4.2 Nachteile

Die folgenden Nachteile werden gesehen:

- Durch das Adapter-Muster wird beim Aufruf einer Operation ein zusätzlicher Zwischenschritt eingeführt, im Falle des Objektadapters eine Delegation. Dies kann bei komplexen Adaptern zu zeitlichen Verzögerungen führen.
- Durch die individuelle Anpassung der Adapter an die jeweilige Lösung weisen die Adapter eine schlechte Wiederverwendbarkeit auf.

17.1.5   Einsatzgebiete

Das **Adapter-Muster** ermöglicht die Zusammenarbeit von Klassen mit inkompatiblen Schnittstellen. Es wird i. d. R. dazu verwendet, um unabhängig implementierte Klassen nachträglich zusammenarbeiten zu lassen. Die Anfragen werden dann nur noch über die Adapter-Klasse an die Klasse mit der inkompatiblen Schnittstelle delegiert.

Das Adapter-Muster ist einzusetzen, wenn:

- bereits bestehende Software-Komponenten mit unterschiedlichen Schnittstellen zusammenarbeiten sollen, ohne die Komponenten zu überarbeiten, oder
- die zu entwickelnde Klasse wiederverwendbar sein soll und zum Zeitpunkt der Entwicklung nicht klar ist, mit welchen weiteren Klassen sie zusammenarbeiten soll.

Das Adapter-Muster ist praktisch in jeder API verborgen. Ein **Beispiel** für das Entwurfsmuster Adapter sind Anwendungen, die für eine bestimmte grafische Oberfläche implementiert wurden und nun auf eine neue Plattform portiert werden sollen. Dabei stimmen die Schnittstellen der bereits implementierten Anwendung und die Schnittstellen der "neuen" grafischen Oberfläche nicht überein.

17.1.6   Ähnliche Entwurfsmuster

Auch die Fassade ist eine Wrapper-Klasse wie der Adapter, allerdings für ein Teilsystem. Der **Adapter** hat die nachträgliche Anpassung einer Schnittstelle an eine vorgegebene Form zum Ziel.

Die **Fassade** verbirgt ein Subsystem. Wie die Fassade aussieht, liegt im Ermessen des Entwicklers.

Der **Proxy** erweitert ebenso wie der Adapter Objekte um zusätzliche Funktionalität. Ein Proxy verwendet dieselbe Schnittstelle wie ein Objekt einer echten Klasse, das er repräsentiert. Die Schnittstelle darf hier also nicht verändert werden. Für den Adapter gilt diese Einschränkung nicht. Im Gegenteil, der **Adapter** passt eine vorhandene Schnittstelle an die geänderte Form einer Schnittstelle an.

Die **Brücke** ist keine Anpassung einer vorhandenen Komponente, sondern strukturiert die Architektur in einen abstrakten Dienst und in abstrakte vom Dienst verwendete Datenelemente und trennt erstens die Schnittstellen von ihrer Implementierung und zweitens die Funktion des Dienstes von den verwendeten Daten.

17.2 Das Strukturmuster Brücke

17.2.1 Name/Alternative Namen

Brücke (engl. bridge), teilweise auch Verwendung des Namens Handle/Body.

17.2.2 Problem

Ein fundamentales Prinzip in der Objektorientierung ist die Definition einer abstrakten Basisklasse und Erstellung von Kind-Klassen zur konkreten Implementierung. Allerdings ist dies oft nicht flexibel genug. So ist die Implementierung der abgeleiteten Klassen oft sehr stark auf die Schnittstelle der (abstrakten) Basisklasse ausgerichtet. Eine Weiterentwicklung der Schnittstelle wird dadurch erschwert.

17.2.3 Lösung

Hier setzt das Muster Brücke an und erlaubt, dass Schnittstelle (Abstraktion) und Implementierung unabhängig voneinander verändert werden können. Ein weiterer Vorteil beim Einsatz dieses Entwurfsmusters besteht darin, dass die Implementierung grundlegend verändert werden kann, solange die Abstrahierungsschnittstelle die gleiche bleibt und daher keine Änderungen am Client erforderlich sind. Damit spezifiziert die Abstraktion einen Dienst bzw. Dienste, der bzw. die durch die Implementierung bereitgestellt wird.

Der Implementierer wird von der Abstraktion nur aggregiert, was eine schwache Kopplung bedeutet. Diese Beziehung heißt **Brücke**. Die Brücke verbindet beide Seiten miteinander. Die Methoden einer Abstraktion werden realisiert mit den Methoden der Klasse `Implementierer` (siehe Bild 17-5). Der Abstraktion muss also bekannt sein, wie die Klasse `Implementierer` aufgebaut ist, da die Abstraktion den Implementierer aufruft. Aus der Sicht des Client ist die Klasse Implementierer vollständig verborgen, lediglich die Abstraktion ist dem Client bekannt. Die Methoden einer Abstraktion sind unabhängig von der konkreten Implementierung. Somit werden Abstraktion und konkrete Implementierung komplett voneinander getrennt und befinden sich jeweils in einer eigenen Klassenhierarchie.

So kann beispielsweise die Implementierung grundlegend verändert werden, solange die Schnittstelle der Abstraktion die gleiche bleibt und daher keine Änderungen am Aufrufer, hier Client genannt, erforderlich sind. Somit kann die Abstraktion auf ganz verschiedenen Implemenentierungen (Daten) arbeiten. Die Abstraktion kann ebenfalls weiterentwickelt werden, solange das liskovsche Substitutionsprinzip nicht gebrochen wird. Es wird letztlich nur das Ziel verfolgt, die Schnittstelle für den Client gleich zu lassen. Die Verwendung des Brücken-Musters ermöglicht es, die Implementierung vor dem Client zu verstecken.

> Das **Brücken-Muster** trennt eine konkrete Implementierung und ihre Schnittstelle. Dadurch wird erreicht, dass beide Teile getrennt verändert und erweitert werden können.

> Der konkrete Implementierer ist vollständig vor dem Aufrufer (Client) versteckt. Genauso ist der konkrete Implementierer unabhängig von der Abstraktion, da er von dieser nicht ableitet wie im Falle der Vererbung.

17.2.3.1 Klassendiagramm

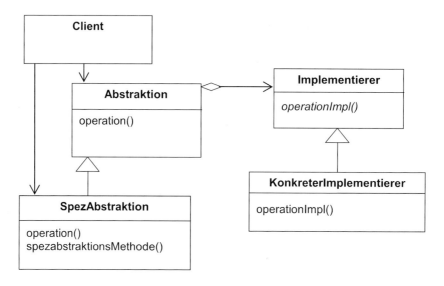

Bild 17-5 Klassendiagramm für die Brücke

Der Implementierer in Bild 17-5 erbt nicht von der Abstraktion, da dies eine starke Kopplung bedeuten würde. Für den Client muss die Klasse `Abstraktion` sichtbar sein. Auch die erweiterte Abstraktionsklasse (`SpezAbstraktion`) muss für den Client sichtbar sein, damit er sie aufrufen kann. Falls der Bedarf besteht, dürfen auch mehrere Abstraktionsklassen geschrieben werden. Die beiden Implementierungsklassen (`Implementierer` und `KonkreterImplementierer`) hingegen, sollten für den Client nicht zu erreichen sein. Ansonsten bestünde die Gefahr, dass sie direkt vom Client angesprochen werden könnten. Eine solche direkte Verwendung würde alle Vorteile der Trennung wieder zunichte machen. Der `Implementierer` kann sowohl als gewöhnliche oder abstrakte Klasse als auch als Schnittstelle realisiert werden.

17.2.3.2 Teilnehmer

Client-Klasse
Die Klasse `Client` ruft die Abstraktionsklasse auf.

Abstraktion
Die Klasse `Abstraktion` definiert die Schnittstelle, über die der Client auf die Funktionalität zugreifen kann. Zusätzlich enthält die Klasse eine Referenz auf die

Klasse `Implementierer`. Oftmals wird für die Klasse `Abstraktion` eine abstrakte Klasse verwendet.

SpezAbstraktion
Diese Klasse leitet von der Klasse `Abstraktion` ab und kann deren Schnittstelle erweitern.

Implementierer
Die Klasse `Implementierer` definiert die Schnittstelle der konkreten Implementierung. Diese Schnittstelle kann von der Schnittstelle der Klasse `Abstraktion` verschieden sein. Da sie von der Klasse `Abstraktion` entkoppelt ist, können sich diese beiden Klassen durchaus stark unterscheiden. Allerdings müssen die Methoden der Klasse `Implementierer` die Erwartungen der Methoden der Klasse `Abstraktion` erfüllen.

KonkreterImplementierer
Letztendlich muss die Klasse `Implementierer` auch für den konkreten Fall spezialisiert werden. Diese Aufgabe übernimmt die Klasse `KonkreterImplementierer`.

17.2.3.3 Dynamisches Verhalten

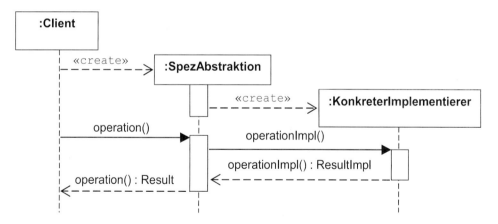

Bild 17-6 Sequenzdiagramm des Brücken-Musters

Der Client erstellt eine Instanz der Klasse `SpezAbstraktion`. Diese wiederum erstellt eine Instanz der Klasse `KonkreterImplementierer`. Alle Methodenaufrufe des Client werden über die von der Klasse `Abstraktion` bereitgestellten Schnittstellen durchgeführt. Von dort werden sie an die Klasse `KonkreterImplementierer` weitergeleitet. Durch die Abstraktion wird sichergestellt, dass der Client die Implementierungsklasse nicht kennen muss.

17.2.3.4 Programmbeispiel

Das Muster soll am Beispiel einer Musikanlage ausprogrammiert werden. Dazu stelle man sich eine Musikanlage vor, die aus einem CD-Spieler und einem Kassettenspieler besteht. Die Anlage hat einen Modus zum Einschlafen, der es ermöglicht, eine Abfolge von Liedern zu spielen und die Anlage dann auszuschalten.

Bild 17-7 zeigt ein Klassendiagramm des Beispiels:

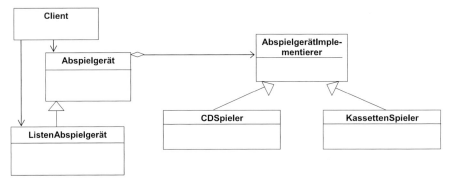

Bild 17-7 Klassendiagramm für das Beispiel

Die Klasse `AbspielDaten` ist eine Hilfsklasse, die die zu spielenden Daten enthält.

```java
// Datei: AbspielDaten.java
public class AbspielDaten
{
   private String daten;

   public AbspielDaten (String daten)
   {
      this.daten = daten;
   }

   public String toString()
   {
      return daten;
   }
}
```

Die Klasse `Abspielgeraet` dient zur Abstraktion gegenüber dem Client:

```java
// Datei: Abspielgeraet.java
// Abstraktion
public class Abspielgeraet
{
   protected IAbspielgeraetImplementierer impl;

   public Abspielgeraet (IAbspielgeraetImplementierer impl)
   {
      this.impl = impl;
```

Objektorientierte Entwurfsmuster

```java
      }
      public void spieleAb (int liedNummer)
      {
         impl.springeZuTrack (liedNummer);
         AbspielDaten dat = impl.leseDaten();
         // Daten ausgeben
         System.out.println (dat);
      }

      public void ausschalten()
      {
         impl.ausschalten();
      }
}
```

Um das Gerät auszuschalten, nachdem eine Liste von Liedern abgespielt wurde, dient die spezialisierte Klasse `ListenAbspielgeraet`:

```java
// Datei: ListenAbspielgeraet.java
import java.util.ArrayList;

// Spez. Abstraktion
public class ListenAbspielgeraet extends Abspielgeraet
{
   private ArrayList<Integer> liste;

   public ListenAbspielgeraet (IAbspielgeraetImplementierer impl,
            ArrayList<Integer> liste)
   {
      super (impl);
      this.liste = liste;
   }

   public void AbspielenUndAusschalten()
   {
      for (int i : liste)
      {
         impl.springeZuTrack (i);
         AbspielDaten daten = impl.leseDaten();
         System.out.println (daten);
      }
      impl.ausschalten();
   }
}
```

Die Schnittstelle `IAbspielgeraetImplementierer` definiert Methoden zum Abspielen und Ausschalten:

```java
// Datei: IAbspielgeraetImplementierer.java
// Implementierer (Definition als Schnittstellen-Klasse)
public interface IAbspielgeraetImplementierer
{
   // springt zu Track liedNummer
   public void springeZuTrack (int liedNummer);
```

```java
    // liest die Daten zum Abspielen...
    public AbspielDaten leseDaten();

    // schaltet das Gerät aus...
    public void ausschalten();
}
```

Die Klasse `CDSpieler` stellt die Funktionalität für das Abspielen von CDs bereit:

```java
// Datei: CDSpieler.java
// Konkreter Implementierer
public class CDSpieler implements IAbspielgeraetImplementierer
{
    public void springeZuTrack (int liedNummer)
    {
        // Inhaltsverzeichnis der CD durchsuchen...
        System.out.println ("Durchsuche TOC");
        // Springe auf der CD an den Beginn des Lieds...
        System.out.println ("Springe zu Lied " + liedNummer +
           " durch Positionierung des Lasers.");
    }

    public AbspielDaten leseDaten()
    {
        return new AbspielDaten ("CD-Daten");
    }

    public void ausschalten()
    {
        System.out.println ("CD-Spieler ausgeschaltet.");
    }
}
```

Für das Abspielen von Kassetten dient die Klasse `KassettenSpieler`. Da bei Kassetten nicht direkt an die Stelle gesprungen werden kann, an der sich ein Lied befindet, muss die Kassette vorgespult werden. Sobald das Gerät eine Pause erkennt, wird der Listenzähler erhöht. Hier die Klasse `KassettenSpieler`:

```java
// Datei: KassettenSpieler.java
// KonkreterImplementierer
public class KassettenSpieler implements IAbspielgeraetImplementierer
{
    private boolean init;
    private int currentTrack;

    public void Kassettenspieler()
    {
        init = false;
        currentTrack = 1;
    }

    public void springeZuTrack (int liedNummer)
    {
```

```java
      if (!init)
      {
         System.out.println ("Spule an Anfang zurueck.");
         currentTrack = 1;
      }

      int diff = liedNummer - currentTrack;

      if (diff > 0 )
      {
         System.out.println ("Spule um " + diff +
            " Tracks vor.");
      }
      else
      {
         System.out.println ("Spule um " + (Math.abs (diff)+1)
            + " Tracks zurueck.");
      }

      System.out.println ("Nun sind wir an der richtigen "
               + "Stelle (Lied: " + liedNummer + ")");
   }

   public AbspielDaten leseDaten()
   {
      return new AbspielDaten ("Kassettendaten");
   }

   public void ausschalten()
   {
      System.out.println ("Kassettenspieler abgeschalten.");
   }
}
```

Der Client nutzt nur die Funktionen der Abstraktionsklassen `Abspielgeraet` und `ListenAbspielgeraet` zur Steuerung eines Abspielvorgangs. Er kennt dabei keine Implementierungsobjekte. Im Hauptprogramm werden konkrete Implementierungsinstanzen vom Typ `CDSpieler` und `KassettenSpieler` erzeugt. Diese werden dann den Abstraktionsobjekten `Abspielgeraet` und `ListenAbspielgeraet` übergeben. Hier der Programmcode des Client:

```java
// Datei: Client.java
import java.util.ArrayList;

public class Client
{
   public static void main (String[] args)
   {
      Abspielgeraet a = new Abspielgeraet (new CDSpieler());
      a.spieleAb (3);

      Abspielgeraet b = new Abspielgeraet (new KassettenSpieler());
      b.spieleAb (5);

      ArrayList<Integer> abspielliste = new ArrayList<Integer>();
```

```
        abspielliste.add (1);
        abspielliste.add (9);
        abspielliste.add (3);

        ListenAbspielgeraet l = new ListenAbspielgeraet
            (new CDSpieler(), abspielliste);
        l.AbspielenUndAusschalten();
    }
}
```

Das Beispielprogramm spielt im CD-Spieler Lied 3 ab, dann im Kassettendeck Lied 5. Abschließend werden Lied 1, 9 und 3 der eingelegten CD abgespielt und der CD-Spieler ausgeschaltet.

Hier das Protokoll des Programmlaufs:

```
Durchsuche TOC
Springe zu Lied 3 durch Positionierung des Lasers.
CD-Daten
Spule an Anfang zurueck.
Spule um 4 Tracks vor.
Nun sind wir an der richtigen Stelle (Lied: 5)
Kassettendaten
Durchsuche TOC
Springe zu Lied 1 durch Positionierung des Lasers.
CD-Daten
Durchsuche TOC
Springe zu Lied 9 durch Positionierung des Lasers.
CD-Daten
Durchsuche TOC
Springe zu Lied 3 durch Positionierung des Lasers.
CD-Daten
CD-Spieler ausgeschaltet.
```

17.2.4 Bewertung

17.2.4.1 Vorteile

Die folgenden Vorteile werden gesehen:

- Trennung von Abstraktion und konkreter Implementierung. Man entkoppelt somit die Schnittstelle von ihrer konkreten Implementierung. Eine dauerhafte Bindung zwischen Abstraktion und Implementierung wird dadurch vermieden. Die Abstraktions-Schnittstelle kann relativ einfach gehalten werden.
- Die Implementierung kann im Hintergrund ausgetauscht werden, sofern sich die Zugriffe über die Abstraktionsmethoden nicht ändern. Dies hat den Vorteil, dass der Client nicht angepasst werden muss. Die Abstraktionsklassen und Client müssen daher nicht neu kompiliert werden. Es ist möglich, für komplett verschiedene Abstraktionen dieselben Implementierungsklassen zu verwenden.
- Abstraktionen und Implementierungen können unabhängig voneinander in neuen Unterklassen weiterentwickelt werden.

- Neue Abstraktionen können sehr einfach hinzugefügt werden. Sie müssen nur die Schnittstelle `Abstraktion` implementieren.
- Eine konkrete Implementierung ist vor dem Client verborgen. Sie kann sogar zur Laufzeit ausgetauscht werden.

17.2.4.2 Nachteile

Die folgenden Nachteile werden gesehen:

- Ein Nachteil des Brücken-Musters ist, dass relativ viele Klassen an der Umsetzung beteiligt sind. Dies erschwert die Übersichtlichkeit. Bei Planung und Entwicklung einer Softwareapplikation erhöht sich daher auch der zeitliche Aufwand, der für die Umsetzung benötigt wird.
- Ohne die Einführung einer Kapselung durch eine Fabrik (siehe Kapitel 17.15 und Kapitel 17.16) muss die Abstraktion die konkrete Implementierung kennen.

17.2.5 Einsatzgebiete

Die **Brücke** ist ein Muster, das eingesetzt wird, um eine Abstraktion von einer konkreten Implementierung zu trennen. Dies ermöglicht es, eine Änderung an der Implementierung durchzuführen, ohne anschließend die Abstraktionsklassen ändern zu müssen.

Das Brückenmuster wird beispielsweise bei der Abstraktion verschiedener Datenbankschnittstellen angewandt und kommt auch bei der Erstellung plattformübergreifender grafischer Benutzeroberflächen und Rahmenprogramme zum Einsatz.

17.2.6 Ähnliche Entwurfsmuster

Während das **Brückenmuster** verwendet wird, um bereits **beim Klassendesign** die Implementierung von der Abstraktion zu separieren, wird der **Adapter zur nachträglichen Anpassung** einer bereits bestehenden Schnittstelle verwendet. Beide Entwurfsmuster separieren Abstraktion und Implementierung. Die Brücke trennt beides noch weiter, so dass mit Hilfe der Vererbung beide Säulen weiter entwickelt werden können.

Die **Brücke** wird meist mit einer **Abstrakten Fabrik** zur Erzeugung der Implementierungsobjekte kombiniert.

Der **Proxy** basiert ebenso wie die Brücke auf Schnittstellen. Im Gegensatz zur Brücke wird jedoch keine Abstraktion des Dienstes vorgenommen sondern der Dienst direkt aggregiert. Der Proxy nimmt zudem eine Stellvertreterfunktion ein.

17.3 Das Strukturmuster Dekorierer

17.3.1 Name/Alternative Namen

Dekorierer (engl. decorator).

17.3.2 Problem

Es soll ein Objekt einer Klasse **dynamisch zur Laufzeit** zusätzliche Funktionalität erhalten.

17.3.3 Lösung

Die zu erweiternde Klasse wird dabei nicht abgeändert, sondern wird in einer abgeleiteten Klasse erweitert. Die Anwendung (im Folgenden als Client bezeichnet) kennt nur die Basisklasse. Sie benutzt aber Objekte dieser abgeleiteten Klasse. Damit kann die Applikation selbst ungeändert bleiben. Ein Dekorierer führt seine zusätzliche Funktionalität aus, indem er eine Methode überschreibt oder erweitert. Die Aufrufe an das zu verzierende Objekt werden vom Dekorierer empfangen. Er kann daher auch die Aufrufe an das zu erweiternde Objekt weiterleiten. Auf diese Weise bleibt die normale Funktionalität erhalten.

17.3.3.1 Klassendiagramm

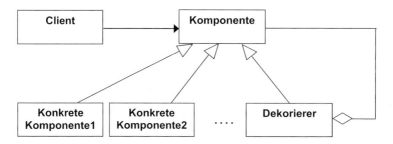

Bild 17-8 Klassendiagramm des Dekorierer-Musters

Die Klasse `Dekorierer` ist von der Klasse `Komponente` abgeleitet und aggregiert gleichzeitig ein Objekt vom Typ `Komponente`. Der Dekorierer kann infolge des liskovschen Substitutionsprinzips durch diese Aggregationsbeziehung ein Objekt jeder beliebigen Subklasse (`KonkreteKomponente1`, `KonkreteKomponente2`, ...) von `Komponente` aggregieren. Objekte, die mit dem dekorierten Objekt arbeiten, bemerken deshalb keinen Unterschied zu einer Komponente vom Typ `Komponente`.

Soll der Dekorierer eine bestimmte Methode der dekorierten Klasse erweitern, überschreibt er beispielsweise diese einfach und ergänzt sie mit zusätzlichem Quellcode. Der Dekorierer kann aber auch neue Methoden hinzufügen. Damit die bestehende Funktionalität erhalten bleibt, ruft der Dekorierer in der überschreibenden Methode die überschriebene Methode bei dem aggregierten Objekt auf. Soll der Dekorierer eine Methode nicht erweitern, delegiert er einfach den Methodenaufruf an das aggregierte Objekt. Dieser Fall wird wegen seiner Einfachheit im Folgenden nicht mehr detailliert betrachtet.

Der Dekorierer hat drei Anteile, den Vererbungs-Anteil, den Erweiterungs- und Überschreibungsanteil und den aggregierten Anteil.

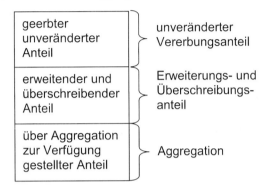

Bild 17-9 Aufbau eines Dekorierers

Der aggregierte Anteil entspricht der Komponente. Der geerbte Anteil wird erweitert beziehungsweise überschrieben.

Zwei dieser Anteile sind auf den ersten Blick gleichartige Datenanteile: Der von einer Komponente unverändert geerbte und der über die Aggregation bereitgestellte Anteil. Der geerbte Anteil ist **statisch** und kann immer nur die in der Komponente definierten Attribute umfassen. Der über die Aggregation bereitgestellte Anteil ist **dynamisch** und kann nach Liskov auch Objekte von Subklassen von Komponenten umfassen. Nur über diesen Anteil ist der Dekorierer in der Lage, Objekte von konkreten Komponenten zu dekorieren. Der geerbte Anteil darf daher nicht benutzt werden und ist überflüssig, siehe auch dazu Kapitel 17.3.4.2.

> Der Nutzen der Aggregation kommt erst ins Spiel, wenn die Komponente mehrere Subklassen hat. Die Subklassen können nur durch den Einsatz der Aggregation alle "gleichzeitig" erweitert werden.

17.3.3.2 Teilnehmer

Komponente
Mit `Komponente` ist die Klasse bezeichnet, welche um die Zusatzfunktionalität erweitert werden soll. Die Komponente selbst wird nicht verändert.

Dekorierer
`Dekorierer` leitet von `Komponente` ab und kann damit nach dem liskovschen Substitutionsprinzip an ihre Stelle treten. Er aggregiert `Komponente` und kann damit auf sie zugreifen.

Er kann beispielsweise alle geerbten Methoden überschreiben, um die Aufrufe per Delegation an das aggregierte Objekt weiterzuleiten. Die zusätzliche Funktionalität kann außer in den überschreibenden Methoden auch in zusätzlichen Methoden untergebracht sein.

Konkrete Komponenten

Diese Elemente sind Subklassen der Klasse Komponente. Wegen der Aggregationsbeziehung zwischen Dekorierer und Komponente können alle Subklassen von Komponente "gleichzeitig" durch die Klasse Dekorierer erweitert werden.

17.3.3.3 Dynamisches Verhalten

Client ruft eine Methode des Dekorierers auf. Überschreibt diese Methode weder die Klasse Komponente, noch erweitert sie diese mit zusätzlicher Funktionalität, so wird der Aufruf direkt an das aggregierte Objekt der Klasse Komponente weitergeleitet. Die Methode wird von dem aggregierten Objekt der Klasse Komponente abgearbeitet. Das Objekt der Klasse Komponente gibt das Ergebnis über das Objekt der Klasse Dekorierer an Client zurück. Enthält die Methode eine Zusatzfunktion des Dekorierers, so führt er vor bzw. nach der Delegation des Methodenaufrufs diesen zusätzlichen Code selbst aus.

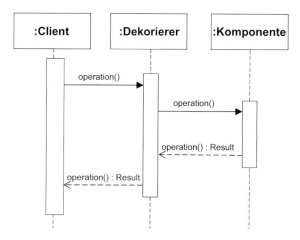

Bild 17-10 Sequenzdiagramm für die Dekoration einer Komponente

Wegen des liskovschen Substitutionsprinzips kann in Bild 17-10 auch eine konkrete Komponente bzw. Subklasse an die Stelle einer Komponente treten. Genau das ist im folgenden Programmbeispiel der Fall.

17.3.3.4 Mehrere Dekorierer

Sollen die Komponenten um mehrere verschiedene Funktionalitäten erweitert werden, können mehrere Dekorierer erstellt werden. Diese können durch die vorgeschlagene Konstruktion sogar alle "gleichzeitig" angewendet werden, indem ein Dekorierer einen anderen Dekorierer aggregiert.

In dieser Situation ist dann aber – besonders dann, wenn viele Methoden nur delegiert werden müssen – ein abstrakter Dekorierer sinnvoll. In ihm können alle Methoden einfach nur delegiert werden. Konkrete Dekorierer leiten von diesem ab und müssen nur noch einige Methoden überschreiben, um die gewünschte Funktionalität zu erbringen.

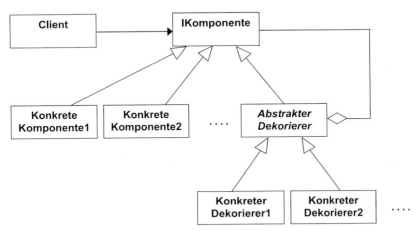

Bild 17-11 Klassendiagramm des Dekorierer-Musters mit konkreten Dekorierern

Bild 17-11Bild 17-9 zeigt, dass konkrete Dekorierer (konkreterDekorierer1, konkreterDekorierer2) eingesetzt werden können, so dass ein abstrakter Dekorierer generischen Code für alle ableitenden konkreten Dekorierer bereitstellen kann.

Dieses Schema wird auch im anschließenden Programmbeispiel benutzt, in dem mehrere Dekorierer vorkommen.

17.3.3.5 Programmbeispiel

In diesem Beispiel wird das Dekorierer-Muster verwendet, um die konkreten Komponenten Limousine und Cabrio zu dekorieren, welche beide die Schnittstelle IAuto implementieren. Limousine und Auto können dabei mit den Austattungen Klimaanlage, Navigationssystem und Seitenairbags dekoriert werden, welche die konkreten Dekorierer darstellen und von der Klasse Austattung erben. Dadurch kann z. B. ein Cabrio mit den Ausstattungen Klimaanlage und Seitenairbags dekoriert werden, so dass es für diesen Fall keine eigene Klasse (z. B. CabrioKlimaAirbags) geben muss.

Die Methoden gibKosten() und zeigeDetails() dienen der letztendlichen Ausgabe in diesem Programmbeispiel. Sie zeigen auf, dass sich durch die Dekoration eine Schachtelung ergibt, durch die beispielsweise ein Aufsummieren möglich ist.

```
// Datei: IAuto.java
public interface IAuto
{
    public double gibKosten();
    public void zeigeDetails();
}
```

Die Klasse `Limousine` stellt eine zu dekorierende Komponente dar. Die Methoden geben die Art des Autos sowie dessen Grundkosten aus bzw. zurück.

```
// Datei: Limousine.java
class Limousine implements IAuto
{
    public void zeigeDetails()
    {
        System.out.print("Limousine");
    }

    public double gibKosten()
    {
        return 35000.0;
    }
}
```

Die Klasse `Cabrio` stellt eine weitere zu dekorierende Komponente dar, die die gleichen Methoden mit jedoch anderen Werten im Vergleich zu der `Limousine` besitzt.

```
// Datei: Cabrio.java
class Cabrio implements IAuto
{
    public void zeigeDetails()
    {
        System.out.print("Cabrio");
    }

    public double gibKosten()
    {
        return 50000.0;
    }
}
```

Die Klasse `Ausstattung` stellt einen abstrakten Dekorierer dar, der generischen Code für alle Ausstattungen enthalten kann. In diesem Beispiel enthält der abstrakte Dekorierer die Deklaration der Instanzvariable auf ein `IAuto` und delegiert alle Methoden an dieses Objekt.

```java
// Datei: Ausstattung.java
public abstract class Ausstattung implements IAuto
{
    protected IAuto auto;

    public Ausstattung(IAuto pIAuto)
    {
        auto = pIAuto;
    }
}
```

Die konkreten Dekorierer Klimaanlage, Navigationssystem und Seitenairbags besitzen ähnliche Methoden wie die Komponenten Limousine und Cabrio. Sie dienen zur Aus- bzw. Rückgabe von Art der Ausstattung sowie deren Kosten.

```java
// Datei: Klimaanlage.java
class Klimaanlage extends Ausstattung
{
    public Klimaanlage(IAuto pIAuto)
    {
        super(pIAuto);
    }

    public void zeigeDetails()
    {
        auto.zeigeDetails();
        System.out.print(", Klimaanlage");
    }

    public double gibKosten()
    {
        return auto.gibKosten() + 1500;
    }
}

// Datei: Navigationssystem.java
class Navigationssystem extends Ausstattung
{
    public Navigationssystem(IAuto pIAuto)
    {
        super(pIAuto);
    }

    public void zeigeDetails()
    {
        auto.zeigeDetails();
        System.out.print(", Navigationssystem");
    }

    public double gibKosten()
    {
        return auto.gibKosten() + 2500;
    }
}
```

```java
// Datei: Seitenairbags.java
class Seitenairbags extends Ausstattung
{
    public Seitenairbags(IAuto pIAuto)
    {
        super(pIAuto);
    }

    public void zeigeDetails()
    {
        auto.zeigeDetails();
        System.out.print(", Seitenairbags");
    }

    public double gibKosten() {
        return auto.gibKosten() + 1000;
    }
}
```

Die Klasse `Client` zeigt die Schachtelung einer Komponente mit beliebigen Dekorierern. In den drei Fällen des `Client`-Beispiels werden jeweils nach der Objektzuweisung Details hinsichtlich der dekorierten Variante sowie die Gesamtkosten ausgegeben.

```java
// Datei: Client.java
class Client
{
    public static void main(String[] args)
    {
        IAuto auto = new Klimaanlage(new Limousine());
        auto.zeigeDetails();
        System.out.println ("\nfür "+ auto.gibKosten() +
        " Euro\n");

        // Dynamische Erweiterung der Limousine mit Ausstattungen
        auto = new Navigationssystem(new Seitenairbags(auto));
        auto.zeigeDetails();
        System.out.println ("\nfür "+ auto.gibKosten() + " Euro\n");

        // Cabrio Variante
        auto = new Navigationssystem(new Seitenairbags(new
        Cabrio()));
        auto.zeigeDetails();
        System.out.println ("\nfür "+ auto.gibKosten() +
        " Euro\n");
    }
}
```

Hier das Protokoll des Programmlaufs:

```
Limousine, Klimaanlage
für 36500.0 Euro

Limousine, Klimaanlage, Seitenairbags, Navigationssystem
für 40000.0 Euro

Cabrio, Seitenairbags, Navigationssystem
für 53500.0 Euro
```

17.3.4 Bewertung

17.3.4.1 Vorteile

Die folgenden Vorteile werden gesehen:

- Eine Komponente kennt ihren Dekorierer nicht.
- Vorteilhaft ist vor allem, dass man **dynamisch** erweitern kann und nicht die Klasse z. B. durch Vererbung "statisch" erweitert. Zur Laufzeit des Programms kann die zusätzliche Funktionalität des Dekorierers hinzugefügt und wieder entfernt werden. Hingegen wird bei der Vererbung zum Zeitpunkt des Kompilierens festgelegt, von welcher Klasse das Objekt ist und somit auch, welche Funktionalität in der Klassenhierarchie verwendet wird.
- Es ist möglich, **mehrere Klassen gleichzeitig** zu erweitern. Man kann sogar Klassen erweitern, die es beim Schreiben des Dekorierers noch gar nicht gibt (neue Subklasse von Komponente).
- Ein weiterer Vorteil des Dekorierers ist die Möglichkeit, eine **rekursive Verschachtelungsstruktur** mit mehreren unterschiedlichen Dekorierern aufzubauen. Man kann auch den Dekorierer dekorieren, falls noch weitere Zusatzfunktionalität erforderlich ist. Hierbei erweitert ein Dekorierer die Funktionalität eines anderen Dekorierers und dieser wiederum dekoriert das eigentlich zu erweiternde Objekt. Diese Verschachtelung lässt sich beliebig weiter vertiefen. Somit können beliebige Funktionalitäten von verschiedenen Dekorierern kombiniert werden.

17.3.4.2 Nachteile

Die folgenden Nachteile werden gesehen:

- Dekoriert der Dekorierer eine Klasse mit sehr vielen Methoden, erweitert aber nur sehr wenige davon, besteht der Dekorierer zum größten Teil nur aus Delegationsmethoden. Die Delegationsmethoden führen zu einer Verzögerung.
- Man hat einen geerbten Anteil, den man gar nicht nutzt. Dies kann man umgehen, wenn es für die Komponente eine Schnittstelle gibt, die realisiert wird:

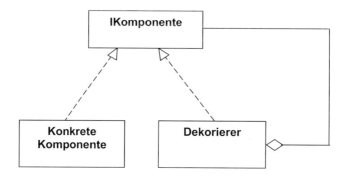

Bild 17-12 Realisierung einer Schnittstelle

17.3.5 Einsatzgebiete

Das Entwurfsmuster des Dekorierers kann breit angewandt werden. Die Möglichkeiten des Dekorierermusters sollen im Folgenden anhand von zwei Beispielen gezeigt werden. Das eine Beispiel (siehe Kapitel 17.3.5.1) ist in den Stream-Klassen von Java zu finden, beim anderen Beispiel (siehe Kapitel 17.3.5.2) handelt es sich um die Erweiterung von grafischen Elementen. Dabei sollen Buttons bei grafischen Oberflächen über Dekorierer mit grafischen Zusätzen wie etwa mit einem Rahmen erweitert werden können.

17.3.5.1 Anwendungsbeispiel 1: Streams

Die Klasse `PipedOutputStream` kann Daten in eine Pipe schreiben und die Klasse `FileOutputStream` kann Daten in eine Datei schreiben.

Diese Klassen sind im Folgenden in einer Vererbungshierarchie zusammen mit der abstrakten Klasse `OutputStream` dargestellt.

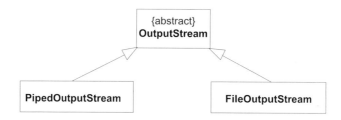

Bild 17-13 Vererbungshierarchie der OutputStream-Klassen

Möchte man nun das Klassensystem so erweitern, dass man in eine Pipe oder eine Datei auch gepuffert schreiben kann, so gibt es zwei Möglichkeiten – eine schlechte und eine gute. Die schlechte und aufwändige Lösung liegt auf der Hand. Man bildet zwei Unterklassen und implementiert dort die Funktionalität, wie in folgendem Bild zu sehen ist:

Objektorientierte Entwurfsmuster

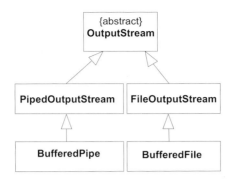

Bild 17-14 Erweiterung von Funktionalität durch Ableiten

Die Lösung ist schon deshalb unbefriedigend, weil genau der gleiche Code in unterschiedlichen Klassennamen mehrmals auftaucht. Wie so oft, liegt die bessere Lösung nicht direkt auf der Hand. Aber es ist klar, dass die Fähigkeit der Pufferung ausgelagert wird, so dass sie für alle Klassen, die diese Funktionalität zusätzlich nutzen wollen, nur ein einziges Mal implementiert wird.

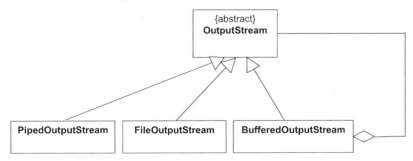

Bild 17-15 Beispiel für den Dekorierer

`BufferedOutputStream` wird als Dekorierer angelegt. Der Dekorierer implementiert genau dieselbe Schnittstelle wie die anderen `OutputStream`-Klassen, allerdings leitet er alle Aufrufe bis auf die Methode, die puffert, direkt an das aggregierte Objekt vom Typ `OutputStream` weiter. Zu beachten ist, dass für ein überschreibendes Objekt stets die überschreibende Methode aufgerufen wird. Eine ganz einfache Implementierung eines Dekorierers vom Typ `BufferedOutputStream` sieht folgendermaßen aus:

```
class BufferedOutputStream extends OutputStream
{
    protected OutputStream out = null;

    public BufferedOutputStream (OutputStream out)
    {
        this.out = out;
    }
```

```
public operation1()
{
    out.operation1();
}
public operation2()
{
    out.operation2();
}
   . . .
public operation_m()
{
    //dies ist die überschreibende Methode
    . . .
}
}
```

Der Dekorierer leitet einfach alle Methodenaufrufe außer der Pufferung an das aggregierte Objekt vom Typ `OutputStream` weiter.

Das Programm enthält Komponenten. An die Stelle einer Komponente kann nach dem liskovschen Substitutionsprinzip ein Dekorierer treten. Ein Objekt vom Typ `PipedOutputStream` oder `FileOutputStream` ist ebenfalls von `OutputStream` abgeleitet und kann auch an die Stelle der aggregierten Komponente treten und wird damit ebenfalls dekoriert und somit gepuffert.

17.3.5.2 Anwendungsbeispiel 2: grafische Elemente

Im folgenden Beispiel dekoriert der Dekorierer im wahrsten Sinne des Wortes, nämlich grafische Komponenten mit einem Rahmen.

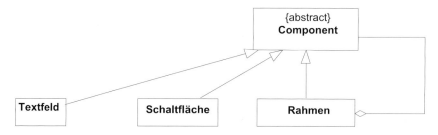

Bild 17-16 Weiteres Beispiel für den Dekorierer

Auf lauffähigen Code wird an dieser Stelle verzichtet.

17.3.6   Ähnliche Entwurfsmuster

Ein Dekorierer ist ein Spezialfall des **Kompositum**-Musters. Vom Aufbau her ist dieses Entwurfsmuster sehr ähnlich, jedoch zeigen sich Unterschiede in der

Verwendung. Der Dekorierer kann als Spezialfall des Kompositums mit nur einer Komponente angesehen werden.

Das Entwurfsmuster **Strategie** kann einen Algorithmus eines Kontextobjekts durch einen anderen Algorithmus austauschen. Welche Varianten des Algorithmus es überhaupt gibt und welche dieser Varianten ausgewählt werden soll, muss beim Entwurfsmuster Strategie das Kontextobjekt entscheiden. Das Kontextobjekt ist das Objekt, das die konkrete Strategie aufruft. Beim Dekorierer-Muster bestimmt der Dekorierer die Variante.

Beim Architekturmuster **Pipes and Filter** wird die Zusatzfunktionalität über Filter erzeugt, die einen Auftrag an eine Komponente weiterleiten. Filterketten sind sehr flexible und wiederverwendbare Mechanismen.

Der **Proxy** kann ebenso wie der Dekorierer Objekte um zusätzliche Funktionalität erweitern. Im Gegensatz zum Proxy kann der Dekorierer zusätzliche Funktionalitäten dynamisch hinzufügen, indem ein Dekorierer-Objekt von der zu erweiternden Komponente ableitet. Ein Proxy muss jedoch die gleiche Schnittstelle haben, wie sein Original.

Ebenso wie der **Besucher** realisiert der Dekorierer eine neue Funktionalität. Näher betrachtet besteht die Ähnlichkeit zum Dekorierer darin, dass das Besucher-Muster erlaubt, in einer Datenstruktur eine neue Funktion hinzuzufügen, ohne die bestehenden Objekte der Datenstruktur abzuändern.

17.4 Das Strukturmuster Fassade

17.4.1 Name/Alternative Namen

Fassade (engl. facade).

17.4.2 Problem

Subsysteme eines Systems sollen über eine gemeinsame, einheitliche, vereinfachte und abstrahierende Schnittstelle angesprochen werden, die die einzelnen detaillierten Schnittstellen der Subsysteme kapselt und damit versteckt.

17.4.3 Lösung

Große Softwaresysteme bestehen meist aus mehreren Teilsystemen, die miteinander interagieren. Eine Zerlegung eines Systems in Teilsysteme dient nicht nur der Übersichtlichkeit und besseren Arbeitsverteilung, sondern erleichtert auch Dritten den Zugriff auf Funktionen des Systems. Der Zugang zu diesen Teilsystemen erfolgt über die Schnittstelle einer Fassadenklasse. Die Fassade stellt eine Kapselung dar und wird frei entworfen. Sie verbirgt die Details der Implementierung und stellt nach außen eine für die Kunden optimierte Schnittstelle dar. Die externen Zugriffe werden an die internen Klassen weitergeleitet (delegiert). Dadurch kann die interne Architektur geändert werden, ohne dass die Kundenobjekte abgeändert werden müssen.

17.4.3.1 Klassendiagramm

Die einheitliche, abstrahierende und vereinfachte Schnittstelle zwischen externen und internen Klassen wird durch eine eigene Klasse zur Verfügung gestellt, die sogenannte Fassadenklasse. Diese ist im folgenden Bild dargestellt. Dabei ist die Hüllkurve um die Subsysteme frei und nicht UML-konform gezeichnet.

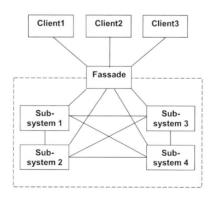

Bild 17-17 Beispiel für ein Klassendiagramm des Fassade-Musters

Damit bietet das Fassade-Muster statt vieler einzelner Schnittstellen eine gemeinsame Schnittstelle nach außen an. Dies vereinfacht einen Zugriff auf ein Subsystem.

Objektorientierte Entwurfsmuster

> Greifen Klassen auf ein Subsystem zu, so können sie hierfür die Methoden der Fassadenklasse verwenden.

Die Fassade delegiert einen Methodenaufruf an die entsprechenden Klassen eines Subsystems. Dabei kann eine Methode der Fassadenklasse auf mehrere Klassen zugreifen, wobei diese jeweils einen Teil der entsprechenden Aufgabe ausführen.

> Das **Fassaden-Muster** fasst die **Funktionalität** von Subsystemen zusammen und bietet diese über eine **definierte** Schnittstelle an.

In Client/Server-Architekturen können beispielsweise Clients über Fassaden auf die Funktionen des Servers zugreifen, ohne dabei die Server-Architektur zu kennen. Server und Client können somit unabhängig voneinander ausgetauscht werden.

17.4.3.2 Teilnehmer

Fassade
Die Fassade bietet eine einheitliche Schnittstelle zum Zugriff auf die Klassen eines Subsystems an.

Subsystemklassen
Auf die Klasse eines Subsystems wird über die Fassade zugegriffen.

17.4.3.3 Dynamisches Verhalten

Im Folgenden soll der Zugriff auf ein Subsystem über eine Fassade gezeigt werden:

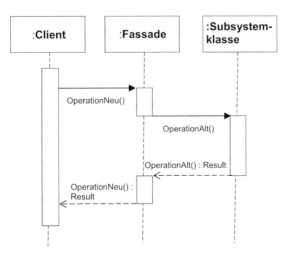

Bild 17-18 Sequenzdiagramm des Fassaden-Musters

17.4.3.4 Programmbeispiel

In diesem Beispiel wird das Fassade-Muster dazu verwendet, die Berechnung des Durchschnittsgehalts der Angestellten einer Firma zu berechnen. Es soll als Beispiel angenommen werden, dass bereits eine Klasse existiert, die die Angestellten speichert. Außerdem soll angenommen werden, dass sich jeder Angestellte in einer Gehaltsklasse befindet, die sein Gehalt bestimmt. Somit kann die Fassade die umständlichen Vorgänge, die beim Berechnen des Durchschnittsgehalts nötig sind, vor ihren Benutzern verstecken und ihnen eine einfache Schnittstelle bieten.

Die Klasse `Angestellter` repräsentiert einen Angestellten, der nach seiner Gehaltsklasse bezahlt wird.

```java
// Datei: Angestellter.java
public class Angestellter
{
   private int gehaltsklasse;

   public Angestellter (int gehaltsklasse)
   {
      this.gehaltsklasse = gehaltsklasse;
   }

   public int getGehaltsklasse()
   {
      return gehaltsklasse;
   }
}
```

Die Klasse `Angestelltenliste` dient zum Verwalten der Angestellten.

```java
// Datei: Angestelltenliste.java
import java.util.Vector;

public class Angestelltenliste
{
   private Vector<Angestellter> angestellte
      = new Vector<Angestellter>();

   public void angestelltenHinzufuegen (Angestellter angestellter)
   {
       angestellte.add (angestellter);
   }

   public void angestelltenLoeschen (Angestellter angestellter)
   {
       angestellte.remove (angestellter);
   }

   public Vector<Angestellter> gibAngestellte()
   {
      return new Vector<Angestellter> (angestellte);
   }
}
```

Die Klasse `Gehaltsliste` bestimmt über die Methode `gibGehalt()` das Gehalt einer Person in einer gegebenen Gehaltsklasse.

```java
// Datei: Gehaltsliste.java
public class Gehaltsliste
{
   public int gibGehalt (int gehaltsklasse)
   {
      return (20 - gehaltsklasse) * 1234; //fiktive Formel
   }
}
```

Die Klasse `StatistikFassade` stellt die Fassade dar. Sie verbirgt die nicht triviale Berechnung des Durchschnittsgehalts der Angestellten mit der Methode `berechneDurchschnittsgehalt()` vor ihren Benutzern.

```java
// Datei: StatistikFassade.java
public class StatistikFassade
{
   private Gehaltsliste gehaltsliste;
   private Angestelltenliste angestellte;

   public StatistikFassade (Angestelltenliste angestellte)
   {
      gehaltsliste = new Gehaltsliste();
      this.angestellte = angestellte;
   }

   public float berechneDurchschnittsgehalt()
   {
      int angestelltenAnzahl = angestellte.gibAngestellte().size();
      int gesamtGehalt = 0;

      for (Angestellter person : angestellte.gibAngestellte())
         gesamtGehalt += gehaltsliste.gibGehalt
            (person.getGehaltsklasse());

      return (((float)gesamtGehalt) / ((float)angestelltenAnzahl));
   }
}
```

Die Klasse `FassadeTest` erstellt eine Liste von Angestellten und verwendet anschließend die Fassade, um das Durchschnittsgehalt der Angestellten zu berechnen.

```java
// Datei: FassadeTest.java
public class FassadeTest
{
   public static void main (String[] args)
   {
      Angestelltenliste angestellte = new Angestelltenliste();
      angestellte.angestelltenHinzufuegen (new Angestellter (1));
      angestellte.angestelltenHinzufuegen (new Angestellter (3));
```

```
            angestellte.angestelltenHinzufuegen (new Angestellter (10));
            angestellte.angestelltenHinzufuegen (new Angestellter (8));
            angestellte.angestelltenHinzufuegen (new Angestellter (18));

            StatistikFassade fassade = new StatistikFassade (angestellte);
            float durchschnittsgehalt =
                fassade.berechneDurchschnittsgehalt();

            System.out.println
                ("Das Durchschnittsgehalt der Angestellten beträgt: " +
                 durchschnittsgehalt + " €");
    }
}
```

Hier das Protokoll des Programmlaufs:

```
Das Durchschnittsgehalt der Angestellten beträgt: 14808.0 €
```

17.4.4 Bewertung

17.4.4.1 Vorteile

Die folgenden Vorteile werden gesehen:

- Die Struktur von Subsystemen ist **verborgen** wird nach außen nicht sichtbar.
- Die Subsystem-Klassen kennen die Fassade nicht.
- Die Verwendung von Subsystem-Funktionen kann **einfacher** werden.
- Ein Subsystem und eine darauf zugreifende Client-Klasse sind **lose gekoppelt**. Dadurch wird eine Änderung oder ein Austausch von Subsystemen erleichtert. Man muss nur die Fassade anpassen, nicht jedoch die Clients, die die Fassade benutzen.
- Die Fassade dient oft zur objektorientierten Einhüllung von **Legacy-Systemen**[165]. Ein nicht-objektorientiertes System kann dadurch plötzlich objektorientiert wirken. Die Fassade kapselt die Klassen/Objekte des Subsystems bzw. eines Legacy-Subsystems. Ein Direktzugriff darf bei einem Legacy-System nicht erlaubt werden, wenn es durch die Fassade gekapselt und objektorientiert erscheinen soll.

17.4.4.2 Nachteile

Die folgenden Nachteile werden gesehen:

---

[165] Ein Legacy-System ist in der Informatik ein historisch gewachsenes System, oft in einer veralteten Technologie. Es stellt deshalb sozusagen oftmals eine "Altlast" dar.

- Man führt einen **zusätzlichen Methodenaufruf** ein. Bei einfachen Systemen schafft man dadurch zusätzlichen Ballast.
- **Eventuell** wird die **Funktionalität** durch die neue Schnittstelle **eingeschränkt**.
- Wenn sich die Schnittstellen der gekapselten Komponenten oft ändern, muss die Fassade eventuell ebenfalls häufig geändert werden.
- Die Schnittstelle der Fassade zum Zugriff auf ein Subsystem ist zwar einfach, kann aber umgangen werden.
- Das Fassade-Muster bietet zwar eine einfache Schnittstelle zum Zugriff auf ein Subsystem, verhindert jedoch nicht den direkten Zugriff auf die Subsystem-Klassen. Ein direkter **Zugriff auf eine Subsystemklasse** ist trotz der Existenz der Fassade technisch immer noch möglich und **sollte durch Konvention untersagt werden**. Wenn ein Programmierer sich nicht an die Vereinbarungen hält, kann er die Fassadenschnittstelle umgehen. Solange der Direktzugriff erlaubt ist, kann man nicht die Vorteile von Information Hiding nutzen.

17.4.5 Einsatzgebiete

Generell bei Subsystemen anwendbar, wenn die Schnittstelle frei entworfen werden kann. Das Muster kann eingesetzt werden, um die Komplexität eines Subsystems zu verbergen. Außerdem kann es zur Kapselung eines Legacy-Systems verwendet werden.

17.4.6 Ähnliche Entwurfsmuster

Eine **Abstrakte Fabrik** kann die Erzeugung konkreter Produkte verschiedener Produktfamilien über eine Fassade als Schnittstelle anbieten.

Der Einsatz eines **Vermittlers** vermeidet – wie eine Fassade – direkte Zugriffe auf die einzelnen Klassen eines Systems, allerdings für viele Systeme.

Sowohl die **Fassade** als auch das **Adapter**-Muster kapseln vorhandene Programme. Fassade und Adapter sind Wrapper. Im Gegensatz zur Fassadenschnittstelle, die vom Subsystem definiert wird, wird die Adapterschnittstelle vom Client definiert. Hinter der Fassade verbirgt sich ein Subsystem (mehrere Klassen), hinter dem Adapter verbirgt sich nur eine Klasse. Bei der Fassade gibt es keine Vorgabe für die Schnittstelle. Generell gesprochen muss die Schnittstelle durch die Verwendung einer Fassade einfacher werden. Der Adapter dient zur Anpassung einer Schnittstelle an die für den Client erforderliche Form.

17.5 Das Strukturmuster Kompositum

17.5.1 Name/Alternative Namen

Kompositum (engl. composite), Kompositions-Muster.

17.5.2 Problem

Man möchte Teil-Ganzes-Hierarchien realisieren und dabei Objekte in einer Baumstruktur gruppieren. Ein Client-Programm soll für ausgesuchte Operationen mit Blatt-Komponenten wie mit zusammengesetzten Komponenten umgehen, so dass für den Client keine Unterscheidungen erforderlich werden. Für ein Client-Programm soll also verborgen sein, ob eine Komponente einfach oder zusammengesetzt ist.

17.5.3 Lösung

Das Kompositum ist ein objektbasiertes Strukturmuster. Durch den Einsatz des Kompositum-Musters wird es möglich, in einer Baumstruktur **zusammengesetzte Objekte** (Gruppen von Objekten) gleich wie einzelne **einfache** Objekte, sogenannte Blätter, zu behandeln. Dadurch wird der Aufwand im Client für die Verwaltung der resultierenden Baumstruktur verringert.

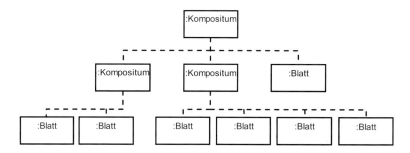

Bild 17-19 Objektdiagramm Kompositum

Wie das Objektdiagramm in Bild 17-19 zeigt, können auch mehrstufige Hierarchien aufgebaut werden.

Die Grundlage des Kompositum-Musters ist die abstrakte Definition einer Komponente, deren Verhalten durch ihre Schnittstelle und Verträge festgelegt wird. Ein Kompositum enthält eine oder mehrere Komponenten. Ein Kompositum kann nach dem liskovschen Substitutionsprinzip gleichzeitig beliebig viele Objekte, deren Klasse von Komponente abgeleitet ist, aggregieren.

Damit ist es leicht, geschachtelte Objektstrukturen (Bäume) zu bilden. Ein Baum besteht aus konkreten Elementen und ein Element ist entweder ein Kompositum oder ein Blatt.

> Das **Kompositum-Muster** ermöglicht es, eine Baumstruktur von Objekten aufzubauen. Es wird z. B. von grafischen Oberflächen verwendet, um Elemente anzuordnen.

Die Unterscheidung, ob es sich bei einem Element der Baumstruktur um ein Blatt oder ein Kompositum handelt, erfolgt somit lediglich anhand der Tatsache, dass ein Element der Baumstruktur Kinder besitzt oder nicht.

Wird eine Nachricht an ein Kompositum versendet, wird die Nachricht zum einen lokal für das zusammengesetzte Objekt ausgeführt und zum anderem an die Kinder weiterdelegiert. Ist der Empfänger hingegen ein Blatt, so wird die Operation direkt ausgeführt, da das Blatt keine Kinder hat.

17.5.3.1 Klassendiagramm

Das Klassendiagramm in Bild 17-20 zeigt, dass ein Blatt und ein Kompositum von einer abstrakten Komponente abgeleitet sind und dass ein Kompositum beliebig viele Komponenten aggregiert.

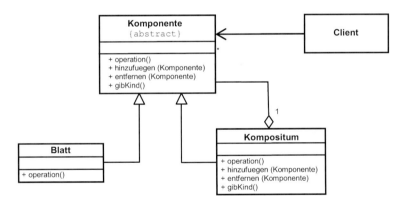

Bild 17-20 Klassendiagramm Kompositum

Der Client muss nicht zwischen Blatt und Kompositum unterscheiden, da beide die gleiche Schnittstelle aufweisen. Die Implementierungen der Operation operation() können jedoch voneinander abweichen. Im Gegensatz zum Kompositum implementiert das Blatt keine Operationen, um Kinder zu verwalten, sondern erbt sie von der abstrakten Basisklasse.

Wenn der Client nicht wissen soll, ob ein Objekt ein Blatt oder ein Kompositum ist, müssen beide Objekte dieselbe Schnittstelle haben. Deshalb müssen die Operationen entfernen (Komponente) oder gibKind() in der Wurzel der Klassenhierarchie bei der Komponente definiert werden. Ein Client kann natürlich für ein Blatt eine Kindoperation aufrufen. Daher sollte die Wurzelklasse ein Defaultverhalten beinhalten. Das Blatt benutzt dieses Defaultverhalten, in den Kompositionsklassen wird es aber überschrieben. Wird eine Kindoperation für ein Blatt aufgerufen, geschieht beispielsweise gar nichts oder es wird eine Exception geworfen.

17.5.3.2 Teilnehmer

Komponente
Die abstrakte Klasse `Komponente` legt die Schnittstelle und das Verhalten der abgeleiteten Klassen `Kompositum` und `Blatt` fest. Eventuell wird eine Default-Implementierung vorgenommen.

Blatt
Die Klasse `Blatt` repräsentiert ein Abschlusselement in der Baumstruktur, das keine weiteren (Kind-) Elemente aggregiert und selbst immer Kind-Element bleibt.

Kompositum
Die Klasse `Kompositum` repräsentiert ein Knotenelement in der Baumstruktur, welches weitere Elemente aggregiert. Sie implementiert die kindbezogenen Operationen.

17.5.3.3 Dynamisches Verhalten

Das dynamische Verhalten des Kompositum-Musters wird an einem Beispiel in Bild 17-21 verdeutlicht. Zuerst fügt der Client dem Kompositum `k1` zwei Blätter `b1` und `b2`, sowie ein Kompositum `k2` hinzu. Anschließend wird dem Kompositum `k2` noch ein weiteres Blatt `b3` hinzugefügt.

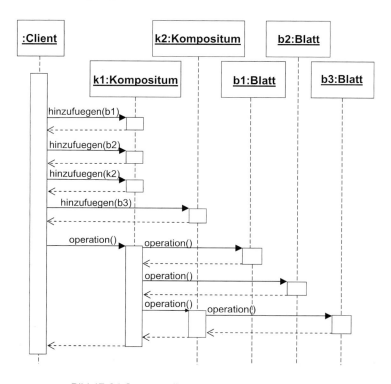

Bild 17-21 Sequenzdiagramm Kompositum-Muster

Bei Aufruf der Methode `operation()` des Objekts `k1` wird die Anfrage rekursiv an alle untergeordneten Blätter und Kompositum-Instanzen weitergeleitet.

17.5.3.4 Programmbeispiel

Die Klasse `Komponente` definiert eine abstrakte Basisklasse, von der `Kompositum` und `Blatt` abgeleitet werden. Die Klasse `Komponente` definiert die abstrakte Methode `operation()`.

```java
// Datei: Komponente.java
import java.util.ArrayList;
public abstract class Komponente
{
    private String name = "";
    static int ebene = 0;
    ArrayList<Komponente> kindelemente =
        new ArrayList<Komponente>();

    public Komponente (String name)
    {
        this.name = name;
    }

    public abstract void operation();

    public void hinzufuegen (Komponente komp)
    {
        System.out.println ("Kind-Methode nicht implementiert!");
    }

    public void entfernen (Komponente komp)
    {
        System.out.println ("Kind-Methode nicht implementiert!");
    }

    public void gibKind()
    {
        System.out.println ("Kind-Methode nicht implementiert!");
    }

    public String gibName()
    {
        return this.name;
    }
}
```

Die `Kompositum`-Klasse ist zwar von `Komponente` abgeleitet, überschreibt aber die kindbezogenen Methoden und die ausgesuchte Operation.

```java
// Datei: Kompositum.java
import java.util.Iterator;
public class Kompositum extends Komponente
{
   public Kompositum (String name)
   {
      super (name);
   }

   public void hinzufuegen (Komponente komp)
   {
      this.kindelemente.add (komp);
   }

   public void entfernen (Komponente komp)
   {
      //alle Kindelemente auf Kompositum prüfen
      for (Iterator<Komponente> iter = kindelemente.iterator();
           iter.hasNext();)
      {
         Komponente f = (Komponente) iter.next();
         if (f instanceof Kompositum)
         {
            ((Kompositum) f).entfernen (komp);
         }
      }
      kindelemente.remove (komp);
   }

   public void operation()
   {
      System.out.println();
      System.out.printf ("%" + (++ebene *2) + "s", "");
      System.out.println ("+ " + super.gibName() + "");

      for (Iterator<Komponente> iter = kindelemente.iterator();
           iter.hasNext();)
      {
         Komponente f = (Komponente) (iter.next());
         f.operation();
      }
      --ebene;
   }
}
```

Die Klasse `Blatt` repräsentiert ein Abschlusselement einer Baumstruktur und hat im Gegensatz zum `Kompositum` keine untergeordneten Elemente.

```java
// Datei: Blatt.java
public class Blatt extends Komponente
{
   public Blatt (String name)
   {
      super (name);
      System.out.println ("Im Konstruktor von Blatt");
```

```java
      System.out.println (super.gibName());
   }

   public void operation()
   {
      System.out.printf ("%" + (ebene *2) + "s", "");
      System.out.print (" - " + super.gibName());
      System.out.println (" *****************");
   }
}
```

Die Klasse `TestKompositum` legt vier Kompositum-Objekte an. Um die Möglichkeit der Rekursion aufzuzeigen, wird `komp121` dem Kompositum `komp12` hinzugefügt. Anschließend werden sechs Instanzen der Klasse `Blatt` erstellt. Diese werden dann den `Kompositum`-Objekten hinzugefügt.

Im nächsten Schritt wird der Inhalt der Baumstruktur ausgegeben.

Zum Schluss werden ein `Blatt`, sowie ein `Kompositum`-Element entfernt und der Baum erneut ausgegeben.

```java
// Datei: TestKompositum.java
public class TestKompositum
{
   public static void main (String[] args)
   {
      System.out.println ("Testprogramm zum Kompositum-Muster");
      System.out.println ("");

      Kompositum komp = new Kompositum ("Hier ist ein Kompositum");
      Kompositum komp11 =
                new Kompositum ("Kompositum naechste Ebene 11");
      Kompositum komp12 =
                new Kompositum ("Kompositum naechste Ebene 12");
      Kompositum komp121 =
                new Kompositum ("Kompositum naechste Ebene 121");

      komp.hinzufuegen (komp11);
      komp.hinzufuegen (komp12);

      komp12.hinzufuegen (komp121);

      Blatt blatt111 = new Blatt ("Blatt111");
      Blatt blatt112 = new Blatt ("Blatt112");

      Blatt blatt121 = new Blatt ("Blatt121");
      Blatt blatt122 = new Blatt ("Blatt122");
      Blatt blatt123 = new Blatt ("Blatt123");

      Blatt blatt1211 = new Blatt ("Blatt1211");

      komp11.hinzufuegen (blatt111);
      komp11.hinzufuegen (blatt112);
```

```
        komp12.hinzufuegen (blatt121);
        komp12.hinzufuegen (blatt122);
        komp12.hinzufuegen (blatt123);

        komp121.hinzufuegen (blatt1211);

        komp.operation();

        komp12.entfernen (blatt122);
        komp12.entfernen (komp121);

        komp.operation();
    }
}
```

Hier das Protokoll des Programmlaufs:

```
Testprogramm zum Kompositum-Muster

Im Konstruktor von Blatt
Blatt111
Im Konstruktor von Blatt
Blatt112
Im Konstruktor von Blatt
Blatt121
Im Konstruktor von Blatt
Blatt122
Im Konstruktor von Blatt
Blatt123
Im Konstruktor von Blatt
Blatt1211

   + Hier ist ein Kompositum

      + Kompositum naechste Ebene 11
         - Blatt111 ****************
         - Blatt112 ****************

      + Kompositum naechste Ebene 12

         + Kompositum naechste Ebene 121
            - Blatt1211 ****************
         - Blatt121 ****************
         - Blatt122 ****************
         - Blatt123 ****************

   + Hier ist ein Kompositum

      + Kompositum naechste Ebene 11
         - Blatt111 ****************
         - Blatt112 ****************

      + Kompositum naechste Ebene 12
         - Blatt121 ****************
         - Blatt123 ****************
```

17.5.4 Bewertung

17.5.4.1 Vorteile

Die folgenden Vorteile werden gesehen:

- Da sie identische Schnittstellen haben, kann der Client Blatt-Komponenten und zusammengesetzte Komponenten (Kompositum) **einheitlich** behandeln. Dies vereinfacht die Handhabung der Baumstruktur durch den Client.
- Durch die Abstraktion, auf der das Strukturmuster Kompositum basiert, ist es möglich, verschachtelte Strukturen zu erzeugen. Hierbei kann das **zusammengesetzte** Objekt beliebig detailliert werden.

17.5.4.2 Nachteile

Die folgenden Nachteile werden gesehen:

- Das Design und der Aufbau der Baumstruktur werden unübersichtlich, wenn man viele **unterschiedliche Blatt- und Kompositionsklassen** verwendet. Dieses Problem entsteht aber durch die Art, wie das Strukturmuster Kompositum verwendet wird, und nicht durch das Strukturmuster selbst.
- Soll ein Kompositum nur aus bestimmten Komponenten bestehen, so muss diese Einschränkung durch **Typüberprüfungen zur Laufzeit** gewährleistet werden, da alle Elemente der Baumstruktur ansonsten vom Client auf gleiche Weise verarbeitet werden.
- Das Entwurfsmuster Kompositum ist sehr mächtig. Sobald jedoch **Änderungen an der Basisschnittstelle** durchgeführt werden, wie z. B. das Hinzufügen einer neuen Methode, bedeutet dies auch, dass alle davon **abgeleiteten Klassen potenziell ebenfalls** geändert werden müssen.

17.5.5 Einsatzgebiete

Ein gutes Beispiel für die Anwendung des Kompositum-Musters sind einige Klassendefinitionen von Java in der grafischen Benutzerschnittstelle AWT (**A**bstract **W**indow **T**oolkit). Klassen wie Panel erben von `Container` und können daher selbst wieder beliebig viele Elemente aufnehmen.

Ein weiteres Beispiel ist das Entwurfsmuster Kommando. Dieses Verhaltensmuster ermöglicht zusammengesetzte Kommandos, die nach dem Kompositum-Muster aufgebaut werden können.

Anwendungsbeispiel: Grafische Oberflächen

Beim Aufbau von grafischen Oberflächen ist das Kompositum-Muster weit verbreitet. Ein Fenster wird dabei aus verschachtelten Komponenten wie z. B. Textfeldern, Knöpfen, Panels etc. zusammengesetzt. Dabei erben deren Klassen alle von derselben Basisklasse (von der Klasse `Komponente` in Bild 17-22. Hier ein Beispiel mit den Klassen `Komponente`, `Textfeld`, `Schaltfläche` und `Fenster`:

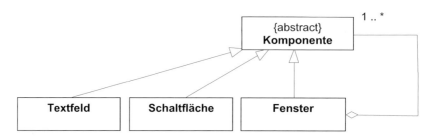

Bild 17-22 Klassendiagramm für eine Anwendung des Kompositum-Musters

Ein Objekt vom Typ `Fenster` repräsentiert eine Objektgruppe, die sich aus beliebig vielen Objekten, deren Typ von `Komponente` abgeleitet ist, zusammensetzen kann. Jedes Element weist infolge der Vererbung dasselbe Verhalten auf wie die Elemente, aus denen es zusammengesetzt ist. Durch die Verschachtelung entsteht eine Baumstruktur aus Knoten, die aus Elementen zusammengesetzt sind, und aus Blättern, die keine anderen Elemente in sich tragen (z. B. Schaltflächen).

Beispiel einer Oberfläche in Java:

Es soll die in Bild 17-23 dargestellte Oberfläche erzeugt werden. Dabei stellen die gestrichelten Linien unsichtbare Behälterobjekte dar, die andere Komponenten gruppieren können.

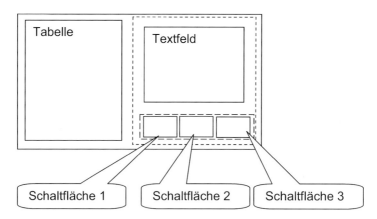

Bild 17-23 Zu realisierende grafische Oberfläche

In Swing sieht die Erzeugung wie in folgendem Codefragment gezeigt aus. Die Layoutmanager werden bei dieser Betrachtung außer Acht gelassen:

```
// Blätter
JTextField textField = new JtextField ("Textfeld");
JButton button1 = new JButton ("Button1");
JButton button2 = new JButton ("Button2");
JButton button3 = new JButton ("Button3");
JTable table = new JTable();
```

```
// Kompositum
JFrame frame = new JFrame ("Mein Fenster");
JPanel refPrechts = new JPanel();
JPanel refPunten = new JPanel();

// Struktur
refPrechts.add (textField);
refPrechts.add (refPunten);

refPunten.add (button1);
refPunten.add (button2);
refPunten.add (button3);

frame.add (table);
frame.add (refPrechts);
```

Was passiert nun, wenn man die obige Klassenhierarchie zugrunde legt und das Fenster vergrößert wird? Das Fenster vergrößert sich selbst und leitet den Aufruf an alle Fenster-Objekte, die in ihm enthalten sind, weiter. Dieser Aufruf geht an zwei Panel-Objekte und diese wiederum leiten den Aufruf an alle enthaltenen Fenster-Objekte weiter. Dies geht rekursiv weiter, bis alle Elemente vergrößert sind.

17.5.6 Ähnliche Entwurfsmuster

Das **Dekorierer-Muster** behandelt ebenfalls unterschiedliche Objekte einheitlich. Es erlaubt jedoch keine hierarchische Verwaltung der Objekte.

Das Entwurfsmuster **Besucher** kommt in Frage, wenn die Funktionalität des besuchten Objekts nicht im Voraus bekannt ist und erst später flexibel hinzugefügt werden soll.

Bezüglich dem **Layers-Muster** können zusammengesetzte Nachrichten zwischen den Schichten nach dem Composite-Message-Muster entworfen werden, einer Variante des Kompositum-Musters.

Mit **Iteratoren** kann man die rekursive Struktur einer Komponente auf verschiedene Weise durchlaufen.

Das Kompositum kann dazu verwendet werden, Makro-**Befehle** zu implementieren.

17.6 Das Strukturmuster Proxy

17.6.1 Name/Alternative Namen

Proxy (engl. proxy), Stellvertreter, Surrogate.

17.6.2 Problem

Ein Client-Programm soll nur indirekt auf ein bestimmtes echtes Objekt einer Anwendung zugreifen können.

17.6.3 Lösung

Ein Proxy erhält die Schnittstelle des echten Objekts. Der Zugang zum echten Objekt selbst soll durch den Proxy kontrolliert werden. Das Client-Programm greift dann direkt auf einen Proxy als Stellvertreter des echten Objekts zu, und der Proxy anschließend auf das echte Objekt. Das Client-Programm kennt nur den Proxy. Das echte Objekt ist verborgen. Der Zugang zum echten Objekt kann mit Aufwand verbunden sein, z. B. weil das echte Objekt nur über das Netzwerk erreichbar ist. Mit Hilfe des Stellvertreter-Objektes wird die gesamte Kommunikation des Proxys mit dem echten Objekt im Stellvertreter-Objekt gekapselt.

> Das **Proxy-Muster** verbirgt die Existenz eines Objekts hinter einem Stellvertreter mit derselben Schnittstelle. Der Stellvertreter kapselt die Kommunikation zum echten Objekt. Er delegiert Funktionen an das echte Objekt weiter.

Der Poxy kann auch Funktionen des echten Objekts erweitern (siehe Kapitel 17.6.5).

17.6.3.1 Klassendiagramm

In Bild 17-24 wird das Proxy-Muster im Allgemeinen dargestellt:

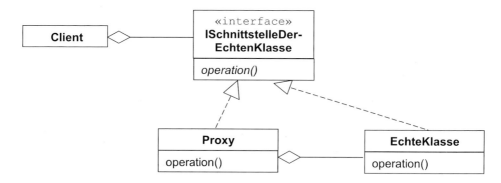

Bild 17-24 Klassendiagramm Proxy-Muster

Objektorientierte Entwurfsmuster 717

Die Schnittstelle `ISchnittstelleDerEchtenKlasse` des Proxys ist identisch zur Schnittstelle des echten Objektes. Dadurch kann er als Stellvertreter fungieren. Über die Schnittstelle des echten Objekts stellt der Proxy die Methoden des echten Objekts dem Client-Programm zur Verfügung. Der Proxy schiebt sich einfach zwischen zwei vorhandene Objekte (Client und echte Klasse). Wenn der Client eine Methode des aggregierten Schnittstellenobjekts aufruft, dann kann sich dieser Methodenaufruf nach dem liskovschen Substitutionsprinzip auch an ein Stellvertreter-Objekt wenden. Das Stellvertreter-Objekt nimmt den Methodenaufruf des Client entgegen und leitet ihn an das echte Objekt weiter. Außer der Delegation kann das Stellvertreter-Objekt eine zusätzliche Funktionalität, wie Caching oder Nachladen, durchführen.

17.6.3.2 Teilnehmer

ISchnittstelleDerEchtenKlasse
Die Schnittstelle `ISchnittstelleDerEchtenKlasse` stellt die Methodenköpfe einer echten Klasse zur Verfügung, die vom Client verwendet werden.

Client
Der Client ruft die Methoden der Schnittstelle `ISchnittstelleDerEchtenKlasse` der echten Klasse auf. Die Implementierungen hinter der Schnittstelle der echten Klasse kennt der Client nicht.

EchteKlasse
Die echte Klasse implementiert die Methoden der Schnittstelle.

Proxy
Der Proxy implementiert die Methoden der Schnittstelle `ISchnittstelleDerEchtenKlasse` und hält eine Referenz auf das echte Objekt. Der Proxy delegiert einen Aufruf einer Methode an das echte Objekt weiter.

Je nach Art der Proxy-Variante werden außer der Delegation an das echte Objekt bei einem Methodenaufruf Statistiken erstellt, Rechte geprüft etc. (siehe Kapitel 17.6.5).

17.6.3.3 Dynamisches Verhalten

Der Client ruft eine Methode des `Proxy`-Objektes auf[166]. Zur Laufzeit wird geprüft, ob das Objekt der echten Klasse bereits existiert. Falls das nicht der Fall ist, wird eine Instanz davon erstellt.[167]

Danach wird der Aufruf an das Objekt der Klasse `EchteKlasse` weitergeleitet und abgearbeitet. Das Ergebnis wird danach an den Client zurückgegeben.

Das folgende Bild zeigt ein Sequenzdiagramm des Proxy-Musters für ein bereits vorhandenes echtes Objekt.

---

[166] Dieses Verhalten bezieht sich auf den Virtuellen Proxy.
[167] Je nach Variante kann das Stellvertreter-Objekt auch pro Session angelegt werden.

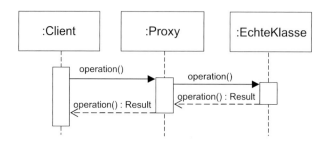

Bild 17-25 Sequenzdiagramm des Proxy-Musters

17.6.3.4 Programmbeispiel

Das Proxy-Muster soll an einem Beispiel zum Zugriff auf eine Datei vorgestellt werden. Die Schnittstelle `IDatei` definiert zwei Methoden: eine zur Ausgabe des Dateinamens und eine für den Inhalt. Hier die Schnittstelle `IDatei`:

```java
// Datei: IDatei.java
public interface IDatei
{
   // Name und Inhalt der Datei ausgeben...
   public void printNameUndInhalt();
}
// Datei: EchteKlasse.java
public class EchteKlasse implements IDatei
{
   private String filename;
   // Konstruktor
   public EchteKlasse (String filename)
   {
      System.out.println ("EchteKlasse instanziiert");
      this.filename = filename;
   }
   // Implementierung der Schnittstellenmethode printNameUndInhalt()
   public void printNameUndInhalt()
   {
      System.out.println ("EchteKlasse - Dateiname: "
         + filename);
      //Hier nur Simulation
      System.out.println ("EchteKlasse: Datei mit Inhalt");
   }
}
// Datei: ProxyKlasse.java
public class ProxyKlasse implements IDatei
{
   private EchteKlasse echteKlasse = null;
  // Konstruktor
   public ProxyKlasse (EchteKlasse eD)
   {
      System.out.println ("Proxy instanziiert");
      echteKlasse = eD;
   }
```

```
public void printNameUndInhalt()
{
   System.out.println
      ("Delegation an das Objekt der echten Klasse");
   echteKlasse.printNameUndInhalt();
}
}
```

Der `Client` erstellt ein Objekt der echten Datei und ein Objekt der Klasse `ProxyDatei`, die die Schnittstelle `IDatei` implementiert und ruft dann die Schnittstellen-Methoden `printNameUndInhalt()` beim Proxy auf.

```
// Datei: Client.java
public class Client
{
   public static void main (String[] args)
   {
      // Initialisierung
      System.out.println ("Initialisierung");
      EchteKlasse eD = new EchteKlasse ("datei.txt");
      IDatei p = new ProxyKlasse(eD);
      System.out.println();

      System.out.println ("Ausgabe von Dateinamen und Inhalt: ");
      p.printNameUndInhalt();
   }
}
```

Hier das Protokoll des Programmlaufs:

```
Initialisierung
EchteKlasse instanziiert
Proxy instanziiert

Ausgabe von Dateinamen und Inhalt:
Delegation an das Objekt der echten Klasse
EchteKlasse - Dateiname: datei.txt
EchteKlasse: Datei mit Inhalt
```

17.6.4 Bewertung

17.6.4.1 Vorteile

Die folgenden Vorteile werden gesehen:

- Bereits bestehende **Anwendungen** können mit dem Proxy-Muster **erweitert** werden (siehe Kapitel 17.6.5).
- Der **Funktionsumfang eines Proxys** kann **individuell gestaltet** werden.
- Das Proxy-Muster verdeckt die Architektur des zugeordneten Systems, so dass der Client nur die Schnittstelle kennen muss (**Transparenz**).
- Es wird ein Stellvertreter (Proxy) des echten Objektes erzeugt. **Erst wenn bestimmte**, im Wesentlichen von der Art der Proxy-Variante abhängige **Operationen durchgeführt werden sollen, braucht man das echte Objekt.**

- Durch die zusätzliche Zwischenschicht eines Proxy kann bei Operationen, die kein Original benötigen, z. B. beim Caching der Anfragen, ein **Performance-Gewinn** entstehen.

17.6.4.2 Nachteile

Die folgenden Nachteile werden gesehen:

- Die Fehlersuche wird beim Zwischenschalten eines Proxys erschwert.
- Durch die zusätzliche Zwischenschicht eines Proxy entsteht beim Zugriff auf das Originalobjekt ein Performance-Verlust, da eine Weiterleitung erfolgt.

17.6.5 Einsatzgebiete

Das Proxy-Muster gibt es daher in mehreren Ausführungen, wobei jede Ausführung zwar eine ähnliche Vorgehensweise hat, aber stets andersartige Probleme behandelt:

Man kann in einem Proxy Funktionen implementieren, die über die Funktionen des echten Objekts hinausgehen:

- **Virtueller Proxy**
  Der Virtuelle Proxy bietet eine Möglichkeit, Ladezeiten von Programmen auf einen größeren Zeitraum zu verteilen. Anwendungen sind beim Start häufig rechenintensiv, da alle Objekte der Anwendung instanziiert und initialisiert werden. Beim Virtuellen Proxy werden anstelle der rechenintensiven Objekte Stellvertreter-Objekte instanziiert, die stellvertretend für die eigentlichen Objekte verwendet werden. Beim Methodenaufruf des Stellvertreter-Objektes wird das eigentliche Objekt zur Laufzeit instanziiert.

- **Schutz-Proxy**
  Mit dem Schutz-Proxy können die Zugriffe auf die Objekte der Anwendung überwacht werden. Der Schutz-Proxy überprüft beim Methodenaufruf, ob das aufrufende Client-Programm tatsächlich über die notwendige Zugriffsberechtigung verfügt. Auf diese Weise kann eine **Rechteverwaltung nachträglich** in ein bestehendes System eingeführt werden.

- **Synchronisierungs-Proxy**
  Bei Anwendungsfällen, in denen Client-Programme auf ein gemeinsames Objekt zugreifen, können die Methodenaufrufe über ein zwischengeschaltetes Stellvertreter-Objekt synchronisiert werden. Der Proxy nimmt die Methodenaufrufe entgegen, ordnet diese in einer Queue an und arbeitet sie nacheinander ab.

- **Remote-Proxy**
  Der Remote-Proxy stellt dem Client-Programm einen Stellvertreter der eigentlichen Komponente lokal zur Verfügung. Das Client-Programm kennt nur das Stellvertreter-Objekt und nicht die eigentliche Komponente (Transparenz). Das Client-Programm weiß nicht, wie Methodenaufrufe an das Stellvertreter-Objekt in der Folge weiterverarbeitet werden. Mit dem Remote-Proxy können Anwendungen gekapselt, ausgetauscht und auf weitere Rechner ausgelagert werden, ohne dass das Client-Programm verändert werden muss.

- **Firewall-Proxy**
  Der Firewall-Proxy stellt eine zentrale Anlaufstelle für die Kommunikation zwischen mehreren Sub-Netzwerken dar. Ein klassisches Beispiel sind Unternehmensnetzwerke, bei denen die Internetanbindung häufig über Firewall-Proxys realisiert wird, um den Datenverkehr zu prüfen und ungewünschten Verkehr zu filtern.
- **Counting-Proxy**
  Der Counting-Proxy ist ein Objekt, das eingeführt wird, um die Aktivitäten zwischen dem Client-Programm und den anderen Objekten der Anwendung zu protokollieren. Diese Proxy-Variante findet vor allem bei der Erstellung von Statistiken Verwendung.
- **Cache-Proxy**
  Der Cache-Proxy puffert Daten zwischen, so dass die Daten nicht bei jedem Aufruf von einem entfernten Rechner geladen werden müssen. Diese Proxy-Variante wird bei Browsern eingesetzt, um Webseiten zwischenzuspeichern. Ein Proxy-Cache hat oft viele Clienten und kann deshalb vorausschauende Algorithmen effizienter als seine Clients nutzen, da er besseres Material für die Statistik und damit die Anforderungsrate der zu cachenden Daten hat.

In folgenden Situationen kann das Proxy-Muster eingesetzt werden:

- Wenn der Ort des echten Objekts verborgen werden soll.
- Wenn das echte Objekt nicht verändert werden, aber ein Methodenaufruf durch einen Proxy statisch erweitert werden soll. Der Proxy übernimmt dann die Funktionserweiterung und leitet anschließend den Aufruf an die eigentliche Methode des echten Objekts weiter. Die zusätzliche Funktionalität kann sich unter anderem auf die Verteilung von Ladezeiten, Statistiken, Filterung, Pufferung, Synchronisierung und Einführung einer Rechteverwaltung beziehen.

17.6.6 Ähnliche Entwurfsmuster

Proxy, **Dekorierer** und **Adapter** erweitern Objekte um eine zusätzliche Funktionalität. Der Proxy verwendet dieselbe Schnittstelle wie ein Objekt einer echten Klasse. Damit ist ihre Schnittstelle gleich. Beim Dekorierer können jedoch neue Methoden hinzukommen. Die Zusatzfunktionalität eines **Proxys** ist statisch, die eines **Dekorierers** dynamisch. Dabei kann der Dekorierer alle Subklassen "gleichzeitig" erweitern, während der Proxy statisch an eine Klasse gebunden ist.

Auch für den Adapter gilt die Einschränkung nicht, dass die Schnittstelle gleich bleiben muss. Im Gegenteil, der **Adapter** passt eine vorhandene Schnittstelle an die geänderte Form einer Schnittstelle an.

Das **Broker-Muster** besitzt alle Charakteristika, die auch Proxy-Muster besitzt.

Die **Brücke** hat nicht die Funktion eines Stellvertreters wie ein Proxy, basiert aber auch auf Schnittstellen. Sie strukturiert die Architektur in einen abstrakten Dienst und in abstrakte vom Dienst verwendete Datenelemente. Die Brücke trennt erstens die Schnittstellen von ihrer Implementierung und zweitens die Funktion des Dienstes von den verwendeten Daten.

17.7 Das Verhaltensmuster Schablonenmethode

17.7.1 Name/Alternative Namen

Schablonenmethode (engl. template method).

17.7.2 Problem

Die Struktur eines Algorithmus soll in der Basisklasse festgelegt werden, Einzelheiten in einer Unterklasse.

17.7.3 Lösung

Die **Schablonenmethode** wird für Algorithmen eingesetzt, die in Einzeloperationen zerlegt werden können. Die invarianten Teile des Algorithmus, seine Struktur aus abstrakten Einzeloperationen und eventuell konkreten Einzeloperationen, werden bereits in der Basisklasse festgelegt. Die abstrakten Einzeloperationen (Einschubmethoden) sollen erst in einer abgeleiteten Klasse definiert werden. Dabei ist es möglich, sie in verschiedenen abgeleiteten Klassen verschieden festzulegen. Für diese abstrakten Einzeloperationen werden in der Basisklasse nur deren Schnittstellen angegeben. Die Unterklassen realisieren diese Schnittstellen. **Einschubmethoden** (engl. **hooks**) werden nicht von außen, sondern nur von der Schablonenmethode aufgerufen.

In der Basisklasse wird das Grundgerüst der Operation in einer Schablonenmethode vorgegeben. Diese wird als `final` deklariert, damit sie in den Subklassen nicht überschrieben werden kann. Eine in der Superklasse als `abstract` deklarierte Einschubmethode soll in einer Unterklasse definiert werden.

17.7.3.1 Klassendiagramm

Die Schablonenmethode ist vollständig implementiert und benutzt in folgendem Beispiel für ihren Algorithmus die Methoden `einschubmethode1()` und `einschubmethode2()` der eigenen Klasse. Das Besondere an diesen Einschubmethoden ist, dass sie abstrakt sind – die Einschubmethoden werden erst in einer spezialisierenden Subklasse implementiert (siehe Bild 17-26).

Die Schablonenmethode versucht, soviel Code wie möglich in einer abstrakten Basisklasse zu spezifizieren und die Verträge der Einschubmethoden festzulegen. Die Implementierung einer abstrakten Methode ist in der Vaterklasse noch nicht bekannt, nur der Vertrag. Die Implementierung der abstrakten Methoden der Basisklasse wird bewusst an die noch nicht existierenden Kinder delegiert.

Ein Beispiel ist im Folgenden dargestellt.

Objektorientierte Entwurfsmuster

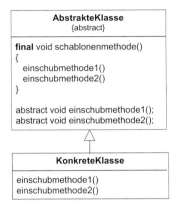

Bild 17-26 Beispiel für ein Klassendiagramm der Schablonenmethode

17.7.3.2 Teilnehmer

AbstrakteKlasse
Die `AbstrakteKlasse` definiert eine Schablonenmethode zur Definition des Algorithmus als Skelett und unter Verwendung abstrakter Einschubmethoden, um die einzelnen Schritte eines Algorithmus festzulegen.

KonkreteKlasse
Die `KonkreteKlasse` definiert die unterklassenspezifischen Schritte des Algorithmus in den Einschubmethoden.

17.7.3.3 Dynamisches Verhalten

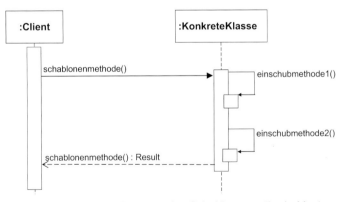

Bild 17-27 Sequenzdiagramm des Schablonenmethode-Musters

17.7.3.4 Programmbeispiel

```
// Datei: Urlaubskarte.java
abstract public class Urlaubskarte
{
    final void karteSchreiben()
```

```
   {
      textSchreiben();
      zusatzSchreiben();
   }

   final void textSchreiben()
   {
      String s = "Ich bin gut an meinem Urlaubsziel angekommen. " +
                 "Das Essen schmeckt gut und die Gegend gefaellt mir.";
      System.out.println (s);
   }

   abstract protected void zusatzSchreiben();
}

// Datei: UrlaubskarteAnFreunde.java
public class UrlaubskarteAnFreunde extends Urlaubskarte
{
   public void zusatzSchreiben()
   {
      System.out.println ("Ich treibe viel Sport.");
   }
}

// Datei: UrlaubskarteAnFirma.java
public class UrlaubskarteAnFirma extends Urlaubskarte
{
   public void zusatzSchreiben()
   {
      System.out.println ("Ich freue mich wieder auf die Arbeit.");
   }
}

// Datei: class Test.java
public class Test
{
   public static void main (String args[])
   {
      System.out.println ("Karte an die Freunde:");
      UrlaubskarteAnFreunde karteFreunde = new UrlaubskarteAnFreunde();
      karteFreunde.karteSchreiben();
      System.out.println ();
      System.out.println ("Karte an die Firma:");
      UrlaubskarteAnFirma karteFirma = new UrlaubskarteAnFirma();
      karteFirma.karteSchreiben();
   }
}
```

Hier das Protokoll des Programmlaufs:

```
Karte an die Freunde:
Ich bin gut an meinem Urlaubsziel angekommen. Das Essen schmeckt
gut und die Gegend gefaellt mir.
Ich treibe viel Sport.

Karte an die Firma:
Ich bin gut an meinem Urlaubsziel angekommen. Das Essen schmeckt
gut und die Gegend gefaellt mir.
Ich freue mich wieder auf die Arbeit.
```

17.7.4 Einsatzgebiete

Die Schablonenmethode setzt voraus, dass mehrere Arbeitsschritte in mehreren Klassen gleich sind. Dieses Muster ist in allen objektorientierten Frameworks vorzufinden, weil damit ein hohes Maß an Wiederverwendbarkeit erreicht werden kann. Das Framework gibt die abstrakte Klasse vor und implementiert darin die grundlegenden Algorithmen. Der Nutzer des Frameworks muss die vom Framework geforderten Einschubmethoden implementieren. Durch den Einsatz der Vererbung kann die bereits implementierte Funktionalität des Frameworks wiederverwendet werden.

Eine Schablonenmethode wird beispielsweise eingesetzt, um ein Datum in unterschiedlichen Formaten darzustellen.

Anwendungsbeispiel

Im Folgenden soll ein konkretes Beispiel betrachtet werden (siehe Bild 17-28). Es sollen verschiedene Klassen zur Sammlung von Objekten implementiert werden. Unabhängig von der verwendeten Datenstruktur (Liste, Baum, ...) soll festgestellt werden können, ob sich ein bestimmtes Objekt in der Sammlung befindet. Der dazu benötigte Algorithmus kann als Schablonenmethode in einer gemeinsamen Basisklasse definiert werden.

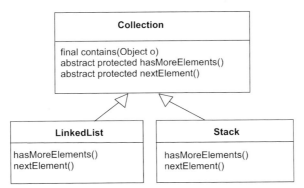

Bild 17-28 Container-Klassen zur Veranschaulichung der Schablonenmethode

Die Methode `contains()` der Klasse `Collection` ist vollständig implementiert und benutzt die beiden abstrakten Methoden `hasMoreElements()` und `nextElement()` derselben Klasse. Der folgende Programmausschnitt zeigt eine mögliche Implementierung der Methode `contains()`:

```
abstract class Collection
{
   // Schablonenmethode
   final boolean contains (Object o)
   {
      while (hasMoreElements())
      {
         if (o.equals (nextElement()))
            return true;
      }
```

```
        return false;
    }

    // Einschubmethoden
    abstract protected boolean hasMoreElements();
    abstract protected Object nextElement();
}
```

Die abstrakten Methoden `hasMoreElements()` und `nextElement()` werden hier verwendet, obwohl noch keine konkreten Implementierungen vorhanden sind. Die Implementierung wird in die Subklassen delegiert. Die Subklassen können dabei den Algorithmus der Methode `contains()` mitbenutzen und müssen ihn nicht nochmals implementieren. Die von der abstrakten Basisklasse abgeleiteten Klassen implementieren die abstrakten Einschubmethoden in Abhängigkeit von der jeweiligen Datenstruktur der `Collection`.

17.7.5 Bewertung

17.7.5.1 Vorteile

Die folgenden Vorteile werden gesehen:

- Vorteilhaft ist, dass der **Algorithmus bereits in der Basisklasse** auf grobem Niveau festgeschrieben werden kann, ohne die Details der Implementierung zu kennen. Es besteht somit die Möglichkeit zur **Abstraktion von Funktionalitäten**.
- Die Schablonenmethode gewährleistet ein hohes Maß an Wiederverwendung der Spezifikation. Die Subklassen benutzen dabei den Algorithmus der Schablonenmethode mit und implementieren ihn nicht nochmals. Dieser Mechanismus führt zu einer **Invertierung des Kontrollflusses** (engl. **inversion of control**)[168]. Die Oberklasse verwendet die Methoden ihrer Unterklasse. Im Normalfall ruft eine Unterklasse Methoden der Superklasse auf.

17.7.5.2 Nachteile

Aus diesem Verhaltensmuster resultieren keine Nachteile.

17.7.6 Ähnliche Entwurfsmuster

Das Entwurfsmuster **Strategie** tauscht einen ganzen Algorithmus statt nur einzelner Teile aus. Es verwendet die Aggregation anstelle der Vererbung.

Eine Schablonenmethode hat auch Bedeutung bei der **Fabrikmethode**, einem Erzeugungsmuster, das in Kapitel 17.16 vorgestellt wird.

---

[168] Eine Rückruffunktion ist ein Beispiel für eine solche Umkehrung. Die Funktion einer Anwendung wird bei einer Standardbibliothek registriert. Sie wird von dieser aufgerufen. Hier wird die Steuerung einzelner Programmteile einem Framework-Objekt übergeben. Dieses übernimmt die Kontrolle.

17.8 Das Verhaltensmuster Befehl

17.8.1 Name/Alternative Namen

Befehl, Kommando (engl. command), Aktion (engl. action).

17.8.2 Problem

Das Befehlsmuster soll einen konkreten Befehl, eine konkrete Anfrage bzw. einen konkreten Methodenaufruf – im Folgenden kurz Befehl genannt – in einem Objekt kapseln. Die konkreten Befehle sollen in der Kapsel parametrisiert werden können. Die Architektur soll nicht von der Form eines konkreten Befehls abhängen, sondern nur von der abstrakten Schnittstelle `IBefehl`. Dadurch wiederum sollen Architekturen geschaffen werden, die unabhängig von der speziellen detaillierten Ausprägung eines Befehls sind.

> Das **Befehlsmuster** soll die Details eines Befehls vor der Architektur verbergen. Es soll es erlauben, dass Befehle transportiert werden können und dass damit der Auslösungsort und Ausführungsort des Befehls getrennt werden können. Alle Befehle sollen eine gemeinsame Schnittstelle haben.

17.8.3 Lösung

Das Verhaltensmuster Befehl ist ein objektbasiertes Entwurfsmuster. Ein konkreter Befehl ist eine Aktion oder eine Menge von Aktionen, die auf einem Empfängerobjekt aufgerufen werden soll. Auslöser kann z. B. das Drücken eines Buttons einer grafischen Oberfläche sein. Der **konkrete Befehl** selbst wird zusammen mit dem Namen des Empfängerobjekts in einem auf der Schnittstelle `IBefehl` basierenden Objekt **gekapselt**. Dies erlaubt es, dass die Architektur nicht von den Details des Befehls abhängt.

Das Befehlsobjekt kann dann einem **Aufrufer** übergeben werden, der beispielsweise dafür verantwortlich sein kann, dass der Befehl zu einer bestimmten Zeit ausgeführt wird. Der Aufrufer ruft die Methode `fuehreAus()` des Befehlsobjekts auf. Diese Methode sorgt wiederum dafür, dass die Methode `aktion()` auf dem Empfängerobjekt aufgerufen wird. Der Aufrufer kann einen konkreten Befehl `fuehreAus()` **synchron** aufrufen. Der Befehl jedoch kann die `aktion()` des Empfängers **asynchron** aufrufen.

Durch Austauschen der Referenz auf ein Befehlsobjekt kann ein Befehl ausgetauscht werden. Befehle können dadurch auch leicht an mehrere Empfänger gesandt werden.

17.8.3.1 Klassendiagramm

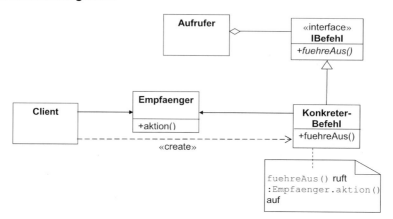

Bild 17-29 Klassendiagramm des Befehlsmusters

In seiner `fuehreAus()`-Methode ruft der konkrete Befehl die `aktion()`-Methode des Empfängers auf, d. h. die Ausführung wird weiterdelegiert.

`KonkreterBefehl` hat die Schnittstelle `IBefehl`. Erstellt wird ein Objekt der Klasse `KonkreterBefehl` von einem Client bzw. einer Anwendung. Der entsprechende Empfänger und die auszuführenden Methoden müssen dem konkreten Befehl jeweils bekannt sein. Sie sind wie die Parameter des Befehls im Objekt der Klasse `KonkreterBefehl` gespeichert. Die Methode `aktion()` symbolisiert eine Methode zur Ausführung des Befehls.

17.8.3.2 Teilnehmer

IBefehl
`IBefehl` ist die Schnittstelle für das Ausführen von Operationen.

KonkreterBefehl
KonkreterBefehl implementiert die Schnittstelle `IBefehl`. Diese Schnittstelle enthält die Methode `fuehreAus()`. Von der Klasse `KonkreterBefehl` kann es beliebig viele Varianten geben. Diese Klasse hat eine Referenz auf die Klasse `Empfaenger`. Der Rumpf von `fuehreAus()` enthält den Aufruf einer Methode `aktion()` des Empfängers.

Client
Der Client stellt die Anwendung dar. Er erzeugt ein Objekt der Klasse `KonkreterBefehl`, das in sich den Befehl und den Namen des Empfängers trägt, und übergibt das Objekt dem Empfänger.

Aufrufer
Ein Aufrufer hat eine Referenz auf die Schnittstelle `IBefehl` gespeichert und ruft ihre Methode `fuehreAus()` auf. Tritt in dem Code ein Objekt der Klasse `KonkreterBefehl` an die Stelle der Schnittstelle `IBefehl`, so wird die Methode `fuehreAus()` der Klasse `KonkreterBefehl` aufgerufen.

Empfaenger
Das benachrichtigte Objekt der Klasse `Empfaenger` führt den angeforderten Befehl `aktion()` aus. Die Klasse `Empfaenger` kennt als einzige Details über die mit der Ausführung einer Anfrage verknüpften Operationen. Jedes Objekt dieser Klasse kann ein Empfänger sein.

17.8.3.3 Dynamisches Verhalten

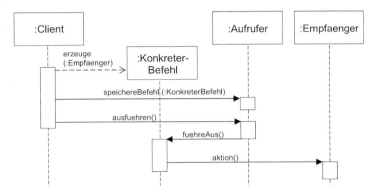

Bild 17-30 Sequenzdiagramm des Befehlsmusters

17.8.3.4 Programmbeispiel

Das Befehlsmuster wird an dieser Stelle verwendet, um Befehle für einen Lichtschalter entgegenzunehmen. In diesem Beispiel wurde ein Objekt `lichtSchalter` als `Aufrufer` und das Objekt `licht` als `Empfaenger` ausgewählt. Zwei konkrete Befehle stehen zur Verfügung. Dabei entspricht der `KonkreteBefehlA` dem `lichtAn`-, der `KonkreteBefehlB` dem `lichtAus`-Befehl. Hier die Schnittstelle `IBefehl`:

```
// Datei: IBefehl.java
public interface IBefehl
{
   public void fuehreAus();
}
```

Der `Empfaenger` stellt die Methoden `ein()` und `aus()` für den Status der Lichtquelle zur Verfügung:

```
// Datei: Empfaenger.java
public class Empfaenger
{
   public void ein()
   {
      System.out.println ("Licht wurde eingeschaltet!");
   }
   public void aus()
   {
      System.out.println ("Licht wurde ausgeschaltet!");
   }
}
```

Der `Aufrufer` speichert den aktuellen konkreten Befehl als Referenz auf die Schnittstelle `IBefehl`.

```java
// Datei: Aufrufer.java
public class Aufrufer
{
   private IBefehl befehl;

   public void speichereBefehl (IBefehl befehl)
   {
      this.befehl = befehl;
   }

   public void aktivieren()
   {
      befehl.fuehreAus();
   }
}

// Datei: KonkreterBefehlA.java
public class KonkreterBefehlA implements IBefehl
{
   private Empfaenger licht;

   public KonkreterBefehlA (Empfaenger licht)
   {
      this.licht = licht;
   }

   public void fuehreAus()
   {
      licht.ein();
   }
}

// Datei: KonkreterBefehlB.java
public class KonkreterBefehlB implements IBefehl
{
   private Empfaenger licht;

   public KonkreterBefehlB (Empfaenger licht)
   {
      this.licht = licht;
   }

   public void fuehreAus()
   {
      licht.aus();
   }
}
```

Durch den `Client` wird ein konkreter Befehl erstellt und im Objekt der Klasse `Aufrufer` abgespeichert. Das Objekt der Klasse `Aufrufer` bestimmt dann den Zeitpunkt der Ausführung des konkreten Befehls.

```java
// Datei: Client.java
public class Client
{
   public static void main (String[] args)
   {
      Aufrufer lichtSchalter = new Aufrufer();
      Empfaenger licht = new Empfaenger();

      KonkreterBefehlA lichtAn = new KonkreterBefehlA (licht);
      KonkreterBefehlB lichtAus = new KonkreterBefehlB (licht);

      lichtSchalter.speichereBefehl (lichtAn);
      lichtSchalter.aktivieren();

      lichtSchalter.speichereBefehl (lichtAus);
      lichtSchalter.aktivieren();
   }
}
```

Die Ausgabe des Programms ist:

```
Licht wurde eingeschaltet!
Licht wurde ausgeschaltet!
```

17.8.4 Bewertung

17.8.4.1 Vorteile

Die folgenden Vorteile werden gesehen:

- Der Aufrufer braucht die **Details der konkreten Befehle nicht zu kennen**. Damit sind Befehle austauschbar und man kann die Aufrufer-Klassen unabhängig vom Rest der Applikation implementieren.
- Man kann **Befehle** dynamisch **zur Laufzeit austauschen**.
- Man kann in der `fuehreAus()`-Methode weitere Methoden aufrufen und damit Makro-Befehle erzeugen. Durch den Einsatz von **Makro-Befehlen** kann man komplexe Befehle realisieren.
- Ein konkretes Befehlsobjekt kann die **Ausführung einer Operation an den Empfänger delegieren, aber auch selbst realisieren**.

17.8.4.2 Nachteile

Die folgenden Nachteile werden gesehen:

- Durch das Verpacken eines Befehls in einem Objekt entsteht ein **zusätzlicher Aufwand** beim Aufruf des Befehls (Verschachtelung der Aufrufe).
- **Für jeden** einzelnen konkreten **Befehl** muss eine **eigene Klasse** erstellt werden.
- Da die Schnittstelle `IBefehl` feststeht, ist es mit **Aufwand** verbunden, spezielle Parameter eines Befehls auszulesen, die nicht in der Schnittstelle enthalten sind.

17.8.5 Einsatzgebiete

Man kann das Befehlsmuster z. B. in grafischen Oberflächen anwenden. Die Anwendung (hier Client genannt) könnte beispielsweise einen Button als Aufrufer erzeugen, der beim Anklicken die `fuehreAus()`-Methode eines Objektes der Klasse `KonkreterBefehlX` aufruft. Neben der bereits genannten Anwendungsmöglichkeiten der Unabhängigkeit einer Architektur von den Details eines Befehls, bietet sich die Verwendung des Befehlsmusters in weiteren Fällen an:

1. Logging – vereinfachte Protokollierung
Man kann die Befehlsobjekte in einem Stream (Kanal) aufreihen, wodurch man eine Logging-Möglichkeit für Befehle hat.

2. Zeitversetzte Ausführung – Einreihen der Befehle in eine Queue
Werden die Befehle in eine Warteschlange eingereiht, so kann ein Serverprozess sie von dort aus zu gegebener Zeit zur Ausführung bringen.

3. Undo-/Redo-Funktionalität – Rückgängigmachen von Befehlen
Ein Undo/Redo-Mechanismus kann realisiert werden, indem ausgeführte Befehle gespeichert werden. Außer der Implementierung der `undo()`- und `redo()`-Methoden in jedem einzelnen konkreten Befehl ist die Entwicklung eines Command-Stacks erforderlich, auf dem die ausgeführten Befehle abgelegt werden. So kann festgestellt werden, welcher Befehl als nächstes rückgängig gemacht oder erneut ausgeführt werden soll.

4. Zusammengesetzte Befehle – Makros
Verwendet man zusätzlich noch das Kompositum-Muster, so kann ein Befehl aus mehreren Befehlen zusammengesetzt werden. Dies erlaubt eine vereinfachte Behandlung von Operationen, die auf vielen Objekten agieren und dabei verschiedene Aktionen auf diesen Objekten durchführen.

5. Transaktionen – Rollback
Ein geschachtelter Befehl kann vor seiner Ausführung den Zustand der zu verändernden Objekte festhalten und seine Operationen ausführen. Wenn jedoch eine dieser Operationen fehlschlägt, kann der Befehl die Objekte wieder in den Zustand vor dem Befehl zurücksetzen, ganz analog zu einem Rollback einer Datenbank.

6. Recovery nach Systemcrash – persistente Speicherung der Befehle
Änderungen werden nach einem Systemcrash zurückgespielt wie bei einem Transaction Log. Dies benötigt eine persistente Speicherung der Befehle.

17.8.6 Ähnliche Entwurfsmuster

Kompositum zum Implementieren von Makro-Befehlen. `IBefehl` ist die Komponente, ein einfacher konkreter Befehl ist ein Blatt und ein Makro entspricht einem Kompositum.

17.9 Das Verhaltensmuster Beobachter

17.9.1 Name/Alternative Namen

Beobachter, Observer, Publisher/Subscriber.

17.9.2 Problem

Ändert sich der Zustand eines Objekts, sollen alle abhängigen Objekte benachrichtigt und aktualisiert werden, so dass eine Aktualisierung automatisch eingeleitet werden kann.

17.9.3 Lösung

Ein Objekt vom Typ `Beobachtbar` kann von einer beliebigen Anzahl Objekte der Klasse `Beobachter` überwacht werden.

Die Struktur des Entwurfsmusters Beobachter enthält:

- ein Daten haltendes Objekt (Beobachtbares Objekt/Observable/Publisher) und
- mehrere Interessenten für die gekapselten Daten (Beobachter/Observer/Subscriber), die beispielsweise auf Änderungen der Daten reagieren wollen.

Dabei soll ein Daten haltendes Objekt die Interessenten erst nach ihrer Anmeldung zur Laufzeit kennen. Damit ein Beobachter über Änderungen des zu beobachtenden Objektes informiert wird, muss er sich zuvor beim beobachtbaren Objekt anmelden. Anschließend erhält der Beobachter solange bei jeder Zustandsänderung des zu beobachtenden Objekts eine Nachricht, bis er sich selbst wieder abmeldet.

Das folgende Bild zeigt die Abhängigkeit einer Beobachter-Klasse von der beobachtbaren Klasse:

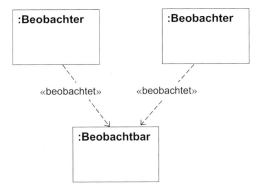

Bild 17-31 Abhängigkeit eines Beobachters vom beobachtbaren Objekt

17.9.3.1 Klassendiagramm

Das Klassendiagramm dieses Entwurfsmusters ist in Bild 17-32 dargestellt:

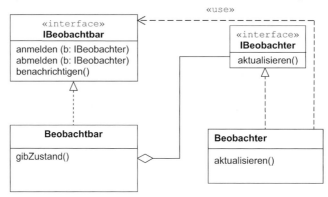

Bild 17-32 Klassendiagramm des Beobachter-Entwurfmusters

Eine **Verwendungsbeziehung** ist eine spezielle semantische Ausprägung einer **Abhängigkeitsbeziehung**. Der Benutzende ist der Abhängige. Der Benutzte ist der Unabhängige. Die Verwendungsbeziehung wird durch «use» charakterisiert.

Beim Beobachter-Muster (siehe Bild 17-33) werden Nachrichten in beide Richtungen zwischen Beobachter-Objekt und Beobachtbar-Objekt ausgetauscht. Das beobachtbare Objekt verpflichtet den Aufrufer, eine spezielle Schnittstelle (Callback-Schnittstelle) zu implementieren, die vom beobachtbaren Objekt vorgegeben wird. Ändert sich der Beobachter, so hat dies keinen Einfluss auf das beobachtbare Objekt. Dagegen wirken sich Änderungen an der Callback-Schnittstelle IBeobachter oder den angebotenen Daten des beobachtbaren Objekts auf den Beobachter aus.

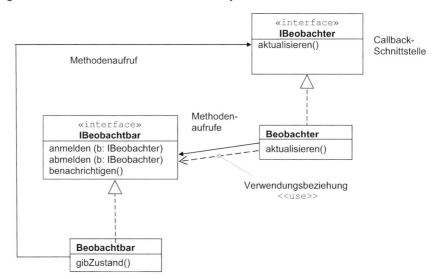

Bild 17-33 Methodenaufrufe und Abhängigkeit beim Beobachter-Muster

Merkmale des Musters sind:

- Das zu beobachtende Objekt kennt zur Kompilierzeit nur die Beobachter-Schnittstelle.
- Das zu beobachtende Objekt hält zur Laufzeit eine Referenz/Zeiger auf die Beobachter.
- Der Beobachter kennt zur Kompilierzeit den Beobachtbaren und seine Methoden.

Die Methodenaufrufe gehen in beide Richtungen. Es besteht eine Abhängigkeit zwischen `Beobachter` und `IBeobachtbar`. Da die Schnittstelle `IBeobachter` aber zum Beobachtbaren gehört, ist der Beobachtbare nicht von `IBeobachter` abhängig.

Ein Beobachter ist nur dann ein Beobachter, wenn er

- die Schnittstelle des beobachteten Objekts, `IBeobachtbar`, einhält und
- selbst die vom beobachteten Objekt verlangte Callback-Schnittstelle, nämlich die Schnittstelle `IBeobachter`, implementiert.

Zum Beobachtbaren gehören deswegen:

- die Definition der Schnittstelle des beobachteten Objekts, `IBeobachtbar`,
- die Implementierung dieser Schnittstelle und
- die Vorgabe der Schnittstelle `IBeobachter` des Beobachters (Callback).

17.9.3.2 Teilnehmer

Für die beiden Rollen gibt es jeweils eine Schnittstelle[169].

IBeobachtbar
Diese Schnittstelle für das beobachtbare Objekt enthält die Operationen für das An- und Abmelden der Beobachter, sowie die Operation `benachrichtigen()`, welche die Benachrichtigung (Callback) der einzelnen Beobachter auslöst. Beliebig viele Exemplare vom Typ `Beobachter` können ein Objekt vom Typ `Beobachtbar` beobachten.

IBeobachter
`IBeobachter` ist die Callback-Schnittstelle des Beobachtbaren und stellt die Minimal-Schnittstelle eines Beobachters dar. Sie wird von einem Beobachter realisiert. Sie enthält den Methodenkopf `aktualisieren()`. Die Methode `aktualisieren()` wird vom Beobachtbaren für einen Rückruf, also zum Signalisieren einer Zustandsänderung, verwendet.

Beobachtbar
Der Beobachtbare hält eine Liste für Objekte, die die Schnittstelle `IBeobachter` implementieren. Meldet sich ein Beobachter an, wird ein neuer Eintrag zur Liste hinzugefügt. Bei Abmeldung wird der Eintrag wieder aus der Liste entfernt. Hierdurch hat der Beobachtbare immer eine aktuelle Liste seiner angemeldeten Beobachter. Änderungen am Beobachter sind für den Beobachtbaren irrelevant. Der Beobachtbare ist nur von der Callback-Schnittstelle des Beobachters abhängig, die er aber selbst

---

[169] Alternativ kann auch eine abstrakte Klasse verwendet werden.

vorschreibt. Zur Kompilierzeit kennt der Beobachtbare nur die Callback-Schnittstelle. Nach dem liskovschen Substitutionsprinzip kann an die Stelle einer Schnittstelle stets ein Objekt treten, das diese Schnittstelle implementiert.

Wenn sich sein Zustand ändert, benachrichtigt der Beobachtbare die bei ihm angemeldeten Beobachter durch Aufruf der Methode `aktualisieren()`.

Beobachter
Der Beobachter implementiert die Methode `aktualisieren()`. Wenn die Beobachter über eine Änderung benachrichtigt werden sollen, iteriert der Beobachtbare in der Methode `benachrichtigen()` über die gespeicherten Beobachter. Dabei führt er für jeden Beobachter die Benachrichtigungs-Operation `aktualisieren()` aus.

Um den Beobachtern den neuen Zustand mitzuteilen, gibt es zwei verschiedene Verfahren. Im Push-Verfahren wird der neue Zustand an die Aktualisierungs-Operation übergeben – die Daten werden ihm "zugeschoben". Im Pull-Verfahren ist der Beobachter hingegen selbst für das Abfragen des neuen Zustandes verantwortlich – er "zieht" sich die Daten. Hierfür benötigt er eine Referenz auf den Beobachtbaren, der entsprechende Methoden für die Abfrage zur Verfügung stellen muss. Im Folgenden wird das Pull-Verfahren behandelt.

Will ein Beobachter die Leistungen eines Beobachtbaren nutzen, so muss er sich zunächst bei ihm anmelden. Für die Anmeldung braucht ein Beobachter eine Referenz auf das konkrete Objekt vom Typ `Beobachtbar`, um dessen Anmeldemethode aufzurufen. Wie der Beobachter diese Referenz erhält, ist durch das Muster nicht definiert und kann durch den Entwickler entschieden werden.

Der Beobachtbare hingegen kennt zur Kompilierzeit keine konkreten `Beobachter`-Objekte. Die Schnittstelle `IBeobachtbar` entkoppelt die Beobachtbaren von ihren Beobachtern. Eine Kopplung wäre unpraktisch, da die Beobachter sich nach Belieben an- und abmelden können.

Der Beobachter kennt nur die Callback-Schnittstellen. Nach dem liskovschen Substitutionsprinzip kann an die Stelle einer Schnittstelle stets ein Objekt treten, das diese Schnittstelle implementiert. Der Beobachter kann seine Implementierung beliebig ändern, ohne dass es der Beobachtbare merkt. Wenn der Beobachter sich so stark ändert, dass er die Callback-Schnittstelle nicht mehr einhält, so ist er kein Beobachter mehr und der Compiler verweigert das Kompilieren.

17.9.3.3 Dynamisches Verhalten

Jeder Beobachter meldet sich beim Objekt der Klasse `Beobachtbar` an. Die Methode `aktualisieren()` wird beim Vorhandensein neuer Daten (siehe Aufruf der Methode `setzeZustand()` in einer neuen, verschobenen Ausführungsspezifikation) im Beobachter in der Methode `benachrichtigen()` aufgerufen. Daher kommt es auch dort zu einem weiteren Balken der Ausführungsspezifikation (siehe Kapitel 11.5.2).

Objektorientierte Entwurfsmuster 737

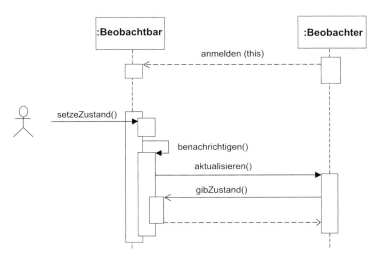

Bild 17-34 Sequenzdiagramm für die Anmeldung und Aktualisierung von Beobachtern[170]

An der Methode `gibZustand()` sieht man, dass in diesem Sequenzdiagramm das Pull-Verfahren gezeigt wird. Der Beobachter holt die Änderungen selbst ab. Die Methode `gibZustand()` stellt die Ausführung einer weiteren Methode im beobachtbaren Objekt dar. Dies führt wiederum zu einer Schachtelung der Methodenaufrufe auf dem Stack und zu einer neuen verschobenen Ausführungsspezifikation.

17.9.3.4 Programmbeispiel

In diesem Beispiel wird das Beobachter-Muster anhand eines Newsletters gezeigt. Der Newsletter soll es möglich sein, seine Abonnenten zu verwalten und zu benachrichtigen, wenn es neue Informationen gibt.

Die Schnittstelle `IBeobachter` definiert einen Beobachter, der durch die Methode `aktualisiere()` über Änderungen informiert werden kann.

> Das Beispiel ist nach dem Push-Verfahren aufgebaut, kann jedoch durch eine einfache Änderung an das Pull-Verfahren angepasst werden. Das Objekt der Klasse `Beobachter` benötigt dazu zusätzlich eine Referenz auf das beobachtbare Objekt. Das beobachtbare Objekt stellt zudem eine get-Methode zur Verfügung, anhand der das Objekt vom Typ der Klasse `Beobachter` den aktuellen Zustand abholen kann.

Hier die Klasse `IBeobachter`:

---

[170] Die Methode `setzeZustand()` wurde bislang nicht erwähnt und spielt im Rahmen des Beobachter-Musters keine Rolle. Sie steht stellvertretend für eine anwendungsspezifische Methode der konkreten Klasse der beobachtbaren Objekte, in der die Daten eines Objektes entscheidend geändert werden.

```
// Datei: IBeobachter.java
public interface IBeobachter
{
    public void aktualisieren();
}
```

Die Schnittstelle `IBeobachtbar` wird durch ein beobachtbares Objekt implementiert, das seine Beobachter mit den Methoden `anmelden()` und `abmelden()` verwaltet. Mit der Methode `benachrichtigen()` können die angemeldeten Beobachter über Änderungen informiert werden.

```
// Datei: IBeobachtbar.java
public interface IBeobachtbar
{
    public void anmelden (IBeobachter beobachter);
    public void abmelden (IBeobachter beobachter);
    public void benachrichtigen();
}
```

Die Klasse `Abonnent` stellt eine Implementierung der Schnittstelle `IBeobachter` dar:

```
// Datei: Abonnent.java
public class Abonnent implements IBeobachter
{
    private String name = "";

    public Abonnent (String name)
    {
        this.name = name;
    }

    public void aktualisieren()
    {
        System.out.println (getName()
            + " hat einen Newsletter erhalten.");
    }

    public String getName()
    {
        return name;
    }
}
```

Die Klasse `Newsletter` stellt eine Implementierung der Schnittstelle `IBeobachtbar` dar:

```
// Datei: Newsletter.java
import java.util.Vector;

public class Newsletter implements IBeobachtbar
{
    private Vector<IBeobachter> abonnenten = new Vector<IBeobachter>();

    public void anmelden (IBeobachter beobachter)
    {
        if (beobachter instanceof Abonnent)
```

```
            System.out.println ("Abonnent "
                + ((Abonnent)beobachter).getName()
                + " zum Newsletter hinzugefuegt.");

        abonnenten.add (beobachter);
    }

    public void abmelden (IBeobachter beobachter)
    {
        if (beobachter instanceof Abonnent)
            System.out.println ("Abonnent "
                + ((Abonnent)beobachter).getName()
                + " vom Newsletter entfernt.");

        abonnenten.remove (beobachter);
    }

    public void benachrichtigen()
    {
        System.out.println ("Newsletter wird an Abonnenten versandt.");

        for (IBeobachter beobachter : abonnenten)
            beobachter.aktualisieren();
    }
}
```

Die Klasse `TestBeobachter` **testet die Funktionalität eines Newsletters:**

```
// Datei: TestBeobachter.java
public class TestBeobachter
{
    public static void main (String[] args)
    {
        Newsletter newsletter = new Newsletter();
        Abonnent andreas = new Abonnent ("Andreas");
        Abonnent birgit = new Abonnent ("Birgit");

        newsletter.anmelden (andreas);
        newsletter.benachrichtigen();

        newsletter.anmelden (birgit);
        newsletter.abmelden (andreas);
        newsletter.benachrichtigen();
    }
}
```

Die Ausgabe des Programms ist:

```
Abonnent Andreas zum Newsletter hinzugefuegt.
Newsletter wird an Abonnenten versandt.
Andreas hat einen Newsletter erhalten.
Abonnent Birgit zum Newsletter hinzugefuegt.
Abonnent Andreas vom Newsletter entfernt.
Newsletter wird an Abonnenten versandt.
Birgit hat einen Newsletter erhalten.
```

17.9.4 Bewertung

17.9.4.1 Vorteile

Der Nutzen des Beobachter-Musters liegt in der hieraus resultierenden losen Kopplung. Hierbei ergeben sich unter anderem die folgenden Vorteile (siehe [Fre04, S. 53]):

- Der Beobachtbare braucht den Beobachter nicht zu kennen.
- Neue Beobachter können jederzeit hinzugefügt werden.
- Der Beobachtbare muss nie modifiziert werden, um neue Beobachter zu unterstützen.
- Beobachter und Beobachtbarer können unabhängig voneinander wiederverwendet werden.
- Änderungen am Beobachtbaren, ohne dessen Schnittstelle zu ändern, haben keine Auswirkung auf die Gegenseite. Der Beobachter kann auch beliebig geändert werden, solange die Callback-Schnittstelle unverändert bleibt.

17.9.4.2 Nachteile

Es können jedoch auch Nachteile entstehen:

- Gibt es besonders viele Beobachter, so kann deren Benachrichtigung durch den Beobachtbaren sehr zeitaufwändig sein.
- Es muss darauf geachtet werden, dass während der Behandlung einer Benachrichtigung keine neuen Zustandsänderungen ausgelöst werden, da dies sonst zu einer Endlosschleife führen kann. Dies ist dadurch möglich, dass beim Einsatz mehrerer Beobachter eine initiale Aktualisierung zu einer ganzen Kette von Aktualisierungen führen kann. Dabei sind Zyklen möglich.

17.9.5 Einsatzgebiete

Das **Beobachter-Muster** kommt beispielsweise zum Einsatz, um mehrere Ansichten auf ein Datenmodell zu ermöglichen. Es ist in der Softwareentwicklung häufig notwendig, dass bei einer Zustandsänderung eines Objektes verschiedene andere Objekte informiert werden. Besonders häufig findet man eine solche Problemstellung bei der Programmierung grafischer Oberflächen.

17.9.6 Ähnliche Entwurfsmuster

Die View des Architekturmusters **MVC** ist ein **Beobachter** des Modells.

Ein **Vermittler** kann zwischen beobachtbaren Objekten und Beobachtern vermitteln, so wie beispielsweise ein Zeitungsvertrieb zwischen Zeitungsverlag und Endkunde steht.

17.10 Das Verhaltensmuster Strategie

17.10.1 Name/Alternative Namen

Strategie (engl. strategy oder policy).

17.10.2 Problem

Das **Strategie-Muster** soll es erlauben, dass ein ganzer Algorithmus ausgetauscht wird, um die Wiederverwendbarkeit zu steigern. Dazu soll eine Gruppe von verschiedenen Algorithmen mit gleicher Schnittstelle definiert werden können und jeder einzelne separat gekapselt werden, um ihn als Kapsel austauschbar zu machen. Der jeweils zu einer bestimmten Zeit passende Algorithmus ist auszuwählen.

17.10.3 Lösung

Das Entwurfsmuster Strategie ist ein objektbasiertes Verhaltensmuster. Dieses Muster zieht die alternativen Strategien heraus, abstrahiert sie durch eine Schnittstelle vom Typ `IStrategie` und kapselt sie in einem Objekt. Eine jede der Strategien kann an die Stelle der Schnittstelle `IStrategie` treten.

17.10.3.1 Klassendiagramm

Beim Strategiemuster wird eine spezifische Anfrage eines Client-Objekts an ein anderes Objekt gesandt, das eine Strategie (Algorithmus) zum Ausführen der Anfrage repräsentiert.

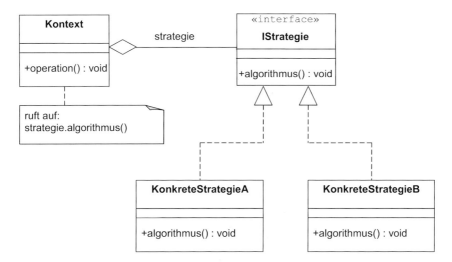

Bild 17-35 Klassendiagramm des Strategie-Musters

Alle verschiedenen Algorithmen der Klassen KonkreteStrategieX (X = A .. Z) implementieren die definierte Schnittstelle IStrategie.

Die Klasse Kontext hält eine Referenz auf die jeweils benötigte konkrete Strategie. Der Kontext muss eine Methode besitzen, die diese Referenz setzt. Dies wird auch als Konfiguration des Kontextes bezeichnet.

Der Client erzeugt ein Objekt der Klasse Kontext und konfiguriert es mit einem Objekt der konkreten Strategie. Über den Kontext kann der Client auch auf den entsprechenden Algorithmus zugreifen.

Es besteht ebenfalls die Möglichkeit, das Strategie-Entwurfsmuster mit einer abstrakten Klasse anstatt einer Schnittstelle zu entwerfen.

17.10.3.2 Teilnehmer

Folgende Klassen sind an dem Entwurfsmuster beteiligt:

Kontext
Ein Objekt der Klasse Kontext hält eine Referenz strategie auf eine Instanz der Schnittstelle IStrategie. Durch diese Referenz wird die zu verwendende Strategie festgelegt. Durch strategie.algorithmus() wird die gewählte Strategie ausgeführt.

IStrategie
Die Schnittstelle IStrategie wird von allen unterstützten Algorithmen angeboten. Sie wird dazu verwendet, um einen durch eine der Klassen KonkreteStrategieX implementierten Algorithmus aufzurufen.

KonkreteStrategie
KonkreteStrategie-Objekte implementieren den konkreten Algorithmus, dessen Zugriffsmethode in der Schnittstelle IStrategie definiert wurde.

17.10.3.3 Dynamisches Verhalten

Ein Kontext-Objekt bekommt beispielsweise im Konstruktor die Referenz auf ein Objekt der Klasse KonkreteStrategieX (X = A .. Z) übergeben. Damit kann es die Methoden des Objektes der Klasse KonkreteStrategieX aufrufen.

Ein Sequenzdiagramm für das Strategie-Muster wird in Bild 17-36 gezeigt:

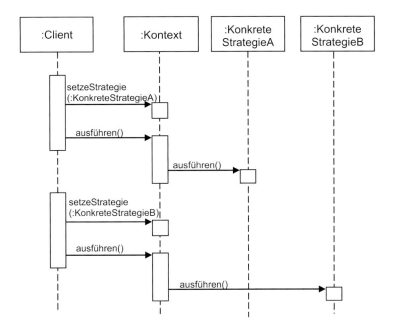

Bild 17-36 Sequenzdiagramm Strategie

17.10.3.4 Programmbeispiel

In diesem Beispiel wird das Strategie-Muster dazu verwendet, je nach Strategie eine andere Formatierung des Datums zu verwenden.

Die Schnittstelle `IDatumsFormat` definiert ein Datumsformat, das es ermöglicht, ein Datum über die Methode `datumAusgeben()` auszugeben:

```java
// Datei: IDatumsFormat.java
interface IDatumsFormat
{
   public void datumAusgeben();
}
```

Die beiden Klassen `EuropaeischesDatum` und `AmerikanischesDatum` definieren zwei Datumsformate mit den dazugehörigen Ausgabefunktionen.

```java
// Datei: EuropaeischesDatum.java
class EuropaeischesDatum implements IDatumsFormat
{
   private int tag, monat, jahr = 0;

   public EuropaeischesDatum (int tag, int monat, int jahr)
   {
      this.tag = tag;
      this.monat = monat;
```

```
         this.jahr = jahr;
      }

      public void datumAusgeben()
      {
         System.out.println ("Europaeisches Format: "
            + (this.tag > 9 ? this.tag : "0" + this.tag)
            + "."
            + (this.monat > 9 ? this.monat : "0" + this.monat)
            + "."
            + this.jahr);
      }
   }

   // Datei: AmerikanischesDatum.java
   class AmerikanischesDatum implements IDatumsFormat
   {
      private int tag, monat, jahr = 0;

      public AmerikanischesDatum (int tag, int monat, int jahr)
      {
         this.tag = tag;
         this.monat = monat;
         this.jahr = jahr;
      }

      public void datumAusgeben()
      {
         System.out.println ("Amerikanisches Format: "
            + (this.monat > 9 ? this.monat : "0" + this.monat)
            + "/"
            + (this.tag > 9 ? this.tag : "0" + this.tag)
            + "/"
            + this.jahr);
      }
   }
```

Die Klasse `TestStrategie` enthält die Strategie zum Austausch der Datumsformate. In der Klasse `TestStrategie` wird eine Instanz des amerikanischen Datums erzeugt und einer Schnittstelle vom Typ `IDatumsFormat` zugewiesen. Das Datum wird mit der Methode `ausgeben()` ausgegeben. Entsprechendes erfolgt mit dem europäischen Datum.

```
// Datei: TestStrategie.java
public class TestStrategie
{
   public static void main (String[] args)
   {
      IDatumsFormat af = new AmerikanischesDatum (21, 9, 1985);
      af.datumAusgeben();
      IDatumsFormat ef = new EuropaeischesDatum (21, 9, 1985);
      ef.datumAusgeben();
   }
}
```

Hier das Protokoll des Programmablaufs:

```
Amerikanisches Format: 09/21/1985
Europaeisches Format: 21.09.1985
```

17.10.4 Einsatzgebiete

Das Entwurfsmuster Strategie ist einzusetzen, wenn eine Anwendung über mehrere Alternativen verfügt, zum Erreichen des Ergebnisses aber nur eine benötigt wird. Der entsprechende Algorithmus soll unabhängig von den Clients, die ihn benutzen, ausgetauscht werden können. Dazu wird eine Familie von Algorithmen so erstellt und gekapselt, dass sie untereinander austauschbar sind. Ein Objekt der Klasse `Konkrete-StrategieX` bietet die Möglichkeit, eine Klasse mit einer aus mehreren vorher festgelegten Verhaltensweisen zu konfigurieren.

Eine weitere Anwendung des Strategie-Musters sind Fälle, in denen der Algorithmus Daten verwendet, die für den Client verborgen bleiben sollen.

Ein gutes Beispiel aus der Praxis sind die Klassendefinitionen der grafischen Benutzeroberflächen von Java. Das Entwurfsmuster Strategie wird zur Delegierung des Layouts von AWT- oder Swing-Komponenten an entsprechende Layoutmanager (`BorderLayout`, `FlowLayout` usw.) verwendet.

Die Beziehung zwischen View und Controller im MVC-Muster (siehe Kapitel 18.3) kann mit dem Strategie-Muster entworfen werden. Die Verwendung des Strategie-Musters erlaubt es der View, den Controller – und damit auch ihre Strategie – während der Laufzeit auszuwechseln. Dadurch kann die View ihr Verhalten ändern.

17.10.5 Bewertung

17.10.5.1 Vorteile

Die folgenden Vorteile werden gesehen:

- Strategien sind eine flexible Alternative zur Bildung von Unterklassen für Kontexte.
- Eine ganze Familie von Algorithmen ist möglich. Jeder Algorithmus ist für sich gekapselt und hat dieselbe Schnittstelle. Dadurch ist er flexibel zur Laufzeit austauschbar. Ein gekapselter Algorithmus kann leichter wiederverwendet werden.
- Der Client hängt nur von der abstrakten Strategie ab.
- Code-Einsparung, wenn nicht alle Strategien gleichzeitig benötigt werden.
- Mehrfachverzweigungen können vermieden werden, was die Übersichtlichkeit des Programmtextes erhöht.

17.10.5.2 Nachteile

Die folgenden Nachteile werden gesehen:

- Von Nachteil ist, dass der Client alle unterschiedlichen Strategien kennen muss, um den jeweiligen Kontext passend initialisieren zu können. Das heißt, dass zwischen Client und den konkreten Strategien eine feste Beziehung existiert.
- Es werden viele, oft kleine Klassen geschrieben.
- Beim Informationsfluss zwischen Kontext und Strategie entsteht ein höherer Kommunikationsaufwand gegenüber der herkömmlichen Implementierung der Algorithmen im Kontext selbst.

17.10.6 Ähnliche Entwurfsmuster

Das Entwurfsmuster **Strategie** ist dem Entwurfsmuster **Zustand** (siehe Kapitel 17.12) sehr ähnlich. Sowohl das Klassendiagramm als auch die Implementierung sind identisch. Während beim Zustand-Muster ein Client-Objekt seine Anfragen an ein Objekt der Klasse `Zustand`, das seinen aktuellen Zustand repräsentiert, richtet, wird beim Strategie-Muster eine spezifische Anfrage eines Client-Objekts an ein anderes Objekt gesandt, das eine Strategie (Algorithmus) zum Ausführen der Anfrage repräsentiert.

Die **Schablonenmethode** erlaubt es, in verschiedenen Unterklassen definierte Teile eines Algorithmus auszutauschen. Das Entwurfsmuster **Strategie** tauscht den gesamten Algorithmus aus.

Beim Entwurfsmuster **Strategie** werden statisch durch Vererbung definierte Unterklassen ausgetauscht. Der **Dekorierer** hingegen beruht auf der Aggregation und kann dynamisch austauscht werden.

Das Entwurfsmuster **Abstrakte Fabrik** verwendet das Entwurfsmuster Strategie zur Umsetzung von konkreten Fabriken, die unterschiedliche Strategien beim Erzeugen von Produkten haben können und dabei trotzdem gegeneinander austauschbar sind.

17.11 Das Verhaltensmuster Vermittler

Das Verhaltensmuster Vermittler oder Mediator darf nicht mit dem Architekturmuster Broker verwechselt werden. Ein Broker stellt auf Deutsch auch einen Vermittler dar, aber keinen Mediator.

17.11.1 Name/Alternative Namen
Vermittler, Mediator (engl. mediator).

17.11.2 Problem
Ein zentraler Vermittler soll es erlauben, die Anzahl der Kommunikationsverbindungen zwischen Objekten, die sich gegenseitig informieren, zu verringern und die Kommunikationsstruktur zwischen vielen Objekten in sich zu kapseln und zu steuern. Objekte sollen sich wechselseitig nicht mehr kennen, sondern nur noch den Vermittler. Durch den Vermittler soll die Kommunikationsstruktur zentralisiert werden und der Vermittler der zentrale Punkt einer Sternarchitektur sein. Die Kommunikation der Objekte untereinander soll durch eine Sterntopologie mit dem Vermittler als zentraler Stelle ersetzt werden. Dadurch soll ein System übersichtlicher und die einzelnen Objekte voneinander entkoppelt werden und die Wiederverwendbarkeit der Objekte steigen.

17.11.3 Lösung
Der Vermittler ist ein objektbasiertes Verhaltensmuster. Bei Änderungen eines Objekts benachrichtigt dieses den Vermittler. Der Vermittler wiederum benachrichtigt die anderen Objekte über die erfolgte Änderung. Zwischen einem aufrufenden Objekt und den auszuführenden Methodenaufrufen wird also ein Vermittler eingeführt, der das Zusammenspiel der beteiligten Objekte in sich kapselt. Die Objekte sind dadurch lose gekoppelt. Die n:m-Beziehung zwischen den Objekten wird auf eine 1:n-Beziehung zwischen Vermittler und Objekten reduziert. Somit kann jedes Objekt mit jedem anderen über einen Vermittler reden.

17.11.3.1 Teilnehmer

Vermittler
Der Vermittler ist abstrakt und definiert die Schnittstelle, über welche die Kollegen-Objekte ihm Änderungen mitteilen können.

KonkreterVermittler
Ein Objekt der Klasse `KonkreterVermittler` realisiert den Vermittler. Der konkrete Vermittler implementiert die Kommunikationsstruktur zu den konkreten Kollegen. So besitzt er beispielsweise eine Referenz auf alle Kollegen und ruft bei Änderungen die entsprechenden Methoden der Kollegen auf.

Kollege
Dies ist eine abstrakte Basisklasse oder auch eine Schnittstelle für alle konkreten Kollegen. Der Kollege hält eine Referenz auf einen Vermittler. Er informiert den Vermittler, wenn bei ihm eine Änderung eingetreten ist. Ein Kollege arbeitet mit seinem Vermittler zusammen. Es spricht nicht direkt mit den anderen Kollegen.

KonkreterKollege

Die Klasse `KonkreterKollegeX` (X = A..Z) leitet von der Klasse `Kollege` ab und definiert, wann eine Änderung eingetreten ist. Die Klasse verfügt über eine Methode, die der Vermittler bei der Aktualisierung aufruft.

17.11.3.2 Klassendiagramm

Wie in Bild 17-37 zu sehen ist, verweisen alle Objekte der Klasse `Kollege` auf einen Vermittler. Im Fall der Veränderung eines `Kollege`-Objektes wird der Vermittler benachrichtigt. Dieser informiert dann alle weiteren Kollegen.

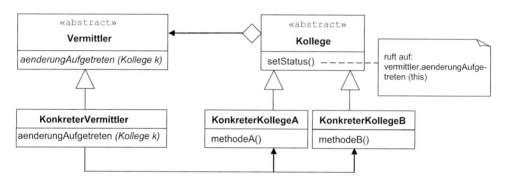

Bild 17-37 Klassendiagramm des Vermittler-Musters

17.11.3.3 Dynamisches Verhalten

Bild 17-38 zeigt nun das dynamische Verhalten der Beteiligten am Vermittler-Muster.

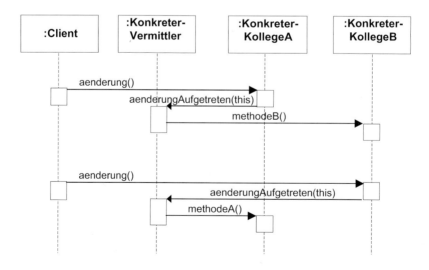

Bild 17-38 Sequenzdiagramm des Vermittler-Musters

In Bild 17-38 führt der Client eine Veränderung am Objekt der Klasse `Konkreter-KollegeA` durch. Danach teilt dieses Objekt seinem konkreten Vermittler mit, dass eine Änderung eingetreten ist. Das Objekt der Klasse `KonkreterVermittler` nimmt diesen Methodenaufruf entgegen und informiert dann die weiteren Kollegen über die Veränderung, in diesem Falle das Objekt der Klasse `KonkreterKollegeB`.

Ferner wird gezeigt, dass der Client das Objekt der Klasse `KonkreterKollegeB` ändert, dass dieses den Vermittler informiert und dieser wiederum die Methode `methodeA()` des Objekts der Klasse `KonkreterKollegeA` aufruft, sodass dieser Kollege Kenntnis über die Änderung erhält.

17.11.3.4 Programmbeispiel

Das Beispiel besteht aus sechs Teilen, den abstrakten Klassen `Kollege` und `Vermittler` und den Klassen `KonkreterKollegeA`, `KonkreterKollegeB`, `KonkreterVermittler` und `Client`. Das Programm ist in zwei Phasen aufgeteilt. In der ersten Phase werden alle Objekte instanziiert. In der zweiten Phase führt der `Client` die Veränderungen an den Klassen `KonkreterKollegeA` und `KonkreterKollegeB` durch.

```java
// Datei: Kollege.java
public abstract class Kollege
{
   // Instanzvariable
   private Vermittler vermittler; // Referenz auf den Vermittler

   // Konstruktor
   public Kollege (Vermittler v)
   {
      vermittler = v;
   }

   // Wird von den ableitenden Klassen überschrieben
   public void aenderung()
   {
      vermittler.aenderungAufgetreten (this); // Vermittler informiert
   }
}

// Datei: KonkreterKollegeA.java
public class KonkreterKollegeA extends Kollege
{
   // Konstruktor
   public KonkreterKollegeA (Vermittler v)
   {
      super (v);
      System.out.println
         ("KonkreterKollegeA: instanziiert");
   }

   // Wird aufgerufen, wenn sich ein anderer Kollege aendert
   public void methodeA()
   {
```

```java
        System.out.println
            ("KonkreterKollegeA wird in methodeA() geaendert" +
            " als Folge der Aenderung eines Kollegen");
    }

    // Neuen Status setzen
    public void aenderung()
    {
        System.out.println
            ("KonkreterKollegeA wurde geaendert durch Aufruf" +
            " der Methode aenderung(). KonkreterKollegeA" +
            " informiert den Vermittler ");
        super.aenderung(); // informiert Vermittler
    }
}

// Datei: KonkreterKollegeB.java
public class KonkreterKollegeB extends Kollege
{
    // Konstruktor
    public KonkreterKollegeB (Vermittler v)
    {
        super (v);
        System.out.println
            ("KonkreterKollegeB: instanziiert");
    }

    // Wird aufgerufen, wenn sich ein anderer Kollege aendert
    public void methodeB()
    {
        System.out.println
            ("KonkreterKollegeB wird in methodeB() geaendert" +
            " als Folge der Aenderung eines Kollegen");
    }

    // Neuen Status setzen
    public void aenderung()
    {
        System.out.println
            ("KonkreterKollegeB wurde geaendert durch Aufruf" +
            " der Methode aenderung(). KonkreterKollegeB" +
            " informiert den Vermittler ");
        super.aenderung(); // informiert Vermittler
    }
}

// Datei: Vermittler.java
public abstract class Vermittler
{
    // zur Information von Kollegen
    public abstract void aenderungAufgetreten
        (Kollege kollege);
}
```

```java
// Datei: KonkreterVermittler.java
public class KonkreterVermittler extends Vermittler
{
   // Instanzvariablen
   private KonkreterKollegeA kollegeA;
   private KonkreterKollegeB kollegeB;

   // Konstruktor
   public KonkreterVermittler()
   {
      System.out.println
         ("KonkreterVermittler: instanziiert");
   }

   // bei Aenderungen ruft der geaenderte Kollege diese
   // Vermittler-Methode auf
   public void aenderungAufgetreten (Kollege k)
   {
      if (k == (Kollege)kollegeA)
      {
         System.out.println
            ("KonkreterVermittler: informiere KollegeB");
         kollegeB.methodeB();
      }
      else if (k == (Kollege)kollegeB)
      {
         System.out.println
            ("KonkreterVermittler: informiere KollegeA");
         kollegeA.methodeA();
      }
   }

   //Set-Methoden für Kollegen
   public void setKollegeA (KonkreterKollegeA kka)
   {
      kollegeA = kka;
   }

   public void setKollegeB (KonkreterKollegeB kkb)
   {
      kollegeB = kkb;
   }
}

// Datei: Client.java
public class Client
{
   public static void main (String[] args)
   {
      // Initialisierung
      System.out.println ("Initialisierung:");
      KonkreterVermittler konkreterVermittler =
         new KonkreterVermittler();
      KonkreterKollegeA kollegeA = new
         KonkreterKollegeA (konkreterVermittler);
      konkreterVermittler.setKollegeA (kollegeA);
```

```
        KonkreterKollegeB kollegeB = new
            KonkreterKollegeB (konkreterVermittler);
        konkreterVermittler.setKollegeB(kollegeB);

        // KollegeA aendern
        System.out.println ("\nKollegeA aendern:");
        kollegeA.aenderung();

        // KollegeB aendern
        System.out.println ("\nKollegeB aendern:");
        kollegeB.aenderung();
    }
}
```

Die Ausgabe ist:

```
Initialisierung:
KonkreterVermittler: instanziiert
KonkreterKollegeA: instanziiert
KonkreterKollegeB: instanziiert

KollegeA aendern:
KonkreterKollegeA wurde geaendert durch Aufruf der Methode
aenderung(). KonkreterKollegeA informiert den Vermittler
KonkreterVermittler: informiere KollegeB
KonkreterKollegeB wird in methodeB() geaendert als Folge
der Aenderung eines Kollegen

KollegeB aendern:
KonkreterKollegeB wurde geaendert durch Aufruf der Methode
aenderung(). KonkreterKollegeB informiert den Vermittler
KonkreterVermittler: informiere KollegeA
KonkreterKollegeA wird in methodeA() geaendert als Folge
der Aenderung eines Kollegen
```

17.11.4 Einsatzgebiete

Das Vermittler-Muster ist einzusetzen, wenn:

- viele Objekte auf komplexe Weise zusammenarbeiten und die Zusammenhänge nicht intuitiv nachzuvollziehen sind,
- das Verhalten eines Systems, das aus einer oder mehreren Klassen besteht, stark angepasst werden soll, ohne dabei viele Unterklassen zu bilden,
- ein Objekt aufgrund seiner engen Kopplung an andere Objekte schwer wiederzuverwenden ist oder
- Objekte ihre Kommunikationspartner nicht direkt kennen sollen.

Anwendungsbeispiel: Grafische Oberflächen

Das Vermittler-Muster wird häufig bei grafischen Oberflächen eingesetzt, bei denen mehrere Elemente wie Eingabefelder, Drop-Down-Menüs und Buttons verwendet werden. Beispielsweise kann ein Benutzer über ein Eingabefeld Zeichen eingeben. Nach jedem Zeichen wird ein zentraler Vermittler über die Änderung informiert, der diese Information dann an alle anderen grafischen Elemente weiterleitet. Das Element

Button, über das der grafische Dialog bestätigt wird, kann daraufhin prüfen, ob es sich bei der Eingabe um einen gültigen Datensatz handelt und gegebenenfalls seinen Zustand ändern.

17.11.5 Bewertung

17.11.5.1 Vorteile

Die folgenden Vorteile werden gesehen:

- **Kollegen-Objekte** sind **untereinander lose gekoppelt** und können wiederverwendet werden.
- Zwischen den Kollegen spannt sich ohne Vermittler eine n-zu-m-Beziehung auf. Durch den Vermittler reduziert sich dies auf eine **1:n-Beziehung** zwischen Objekten und Vermittler, was die Verständlichkeit, die Verwaltung und die Erweiterbarkeit verbessert.
- Die **Steuerung** der Kollegen-Objekte ist **zentralisiert**.
- Die **Unterklassenbildung wird reduziert**, da bei einer Änderung der Kommunikation zwischen Vermittler und Kollegen lediglich neue konkrete Vermittler und keine neuen konkreten Kollegen erzeugt werden müssen.
- Objekte können geändert werden, ohne den Kommunikationspartner anzupassen. **(Rückwirkungsfreiheit auf Kommunikationspartner)**. Unter Umständen muss der Vermittler geändert werden. Damit sind Änderungen lokalisiert.

17.11.5.2 Nachteile

Die folgenden Nachteile werden festgestellt:

- Da der **Vermittler** die Kommunikation mit den Kollegen in sich kapselt, kann er unter Umständen sehr **komplex** werden.
- Der zentrale **Vermittler ist fehleranfällig** und bedarf fehlertoleranter Maßnahmen.
- Wenn sich die Kollegenschaft oder ihr Zusammenspiel ändert, muss der **Vermittler angepasst werden**.

17.11.6 Ähnliche Entwurfsmuster

Die **Fassade** stellt eine vereinfachte Schnittstelle zu vielen Subsystemen zur Verfügung. Über die Fassade wird auf ein Subsystem zugegriffen.

Das **Broker-Muster** besitzt alle Charakteristika, die auch das Vermittler-Muster besitzt.

Der Vermittler steuert die Zusammenarbeit von Objekten. Er vermittelt zwischen den Objekten. Während das Vermittler-Muster eine bidirektionale Kommunikation enthält, ist das **Beobachter-Muster** unidirektional. Objekte der Klasse `Kollege` können das Beobachter-Muster verwenden, um den Vermittler zu benachrichtigen.

17.12 Das Verhaltensmuster Zustand

17.12.1 Name/Alternative Namen

Zustand (engl. state).

17.12.2 Problem

Zustandsbehaftete Probleme werden oft in einem funktionsorientierten Ansatz durch die Programmierung einer Fallunterscheidung gelöst, die die aktuellen Zustände und das zugehörige Verhalten auflistet. Sollen dann neue Zustände hinzugefügt werden, muss die Fallunterscheidung erweitert werden. Meist ergeben sich dadurch sehr große Funktionen, was schnell unübersichtlich und daher fehleranfällig wird. Deshalb sollen zustandsbehaftete Aufgaben unter Einsatz der Abstraktion und dem Einsatz des liskovschen Substitutionsprinzips gelöst werden, damit sie flexibel erweiterbar sind.

17.12.3 Lösung

Im Entwurfsmuster Zustand werden die einzelnen **Zustände** in **eigene Klassen** ausgelagert, die von einer **gemeinsamen abstrakten Basisklasse** ableiten bzw. **eine gemeinsame Schnittstelle** implementieren. Damit wird eine abstrakte Zustand-Schnittstelle definiert und für jeden Zustand realisiert.

Die Anwendung selbst kennt diese Zustandsklassen und deren Objekte nicht, sondern arbeitet nur mit einem Objekt, desses Verhalten zustandsabhängig ist. Die Abstraktion eines solchen Objektes wird im Folgenden als Kontext bezeichnet. Zustandsabhängiges Verhalten wird oft mittels **Zustandsautomaten** (siehe Kapitel 7.9) beschrieben, dann entspricht das Kontextobjekt der Realisierung des Zustandsautomaten. Für die Anwendung bietet das Kontextobjekt verschiedene Operationen an, die je nach Zustand des Kontextobjektes ein anderes Verhalten zeigen sollen.

Das Kontextobjekt leitet den Aufruf dann an das **aktuelle Zustandsobjekt** weiter. Die Kontextklasse hält eine Referenz auf das aktuelle Zustandsobjekt. Diese Referenz wird bei einem Zustandswechsel gändert. Als Typ der Referenz wird die gemeinsame abstrakte Basisklasse (bzw. das gemeinsame Interface) der Zustandsklassen gewählt.

Für einen Zustandswechsel ist prinzipiell das Kontextobjekt zuständig, da in ihm der Zustand gespeichert ist. Dieser Ansatz stößt aber bei komplexeren Zustandsautomaten an seine Grenzen und es empfiehlt sich dann, dass das aktuelle Zustandsobjekt den Nachfolgezustand bestimmt und dem Kontextobjekt mitteilt. Die erste, einfachere Alternative wird im Folgenden vorgestellt. Danach wird aufgezeigt, welche Modifikationen für die zweite Alternative durchzuführen sind.

17.12.3.1 Klassendiagramm

Eine Klasse, deren Objekte einen Zustand besitzen, wird im Zustand-Muster als **Kontext** bezeichnet. Für jeden möglichen Zustand gibt es in diesem Muster eine eigene Klasse. Der Kontext speichert seinen aktuellen Zustand, indem er eine Instanz einer **konkreten Zustandsklasse** hält. Alle Zustandsklassen sind dabei von einer gemeinsamen **abstrakten Basisklasse** abgeleitet bzw. implementieren deren Schnittstelle. Diese Struktur ist in Bild 17-39 dargestellt.

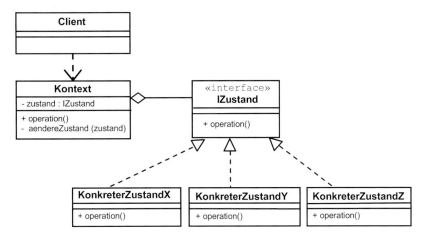

Bild 17-39 Klassendiagramm des Zustand-Entwurfmusters

Jede **konkrete Zustandsklasse** ist verantwortlich für das Verhalten des Kontextes in diesem Zustand. Hierzu realisiert die Zustandsklasse alle zustandsabhängigen Operationen, die hier in der gemeinsamen IZustand-Schnittstelle definiert sind. Wird nun die zustandsabhängige Operation operation() des Kontextes aufgerufen, so delegiert diese den Aufruf an die entsprechende Methode des aktuell gespeicherten Zustandsobjektes.

Der Client kann nicht direkt Zustandsänderungen durchführen, diese Aufgabe obliegt allein dem Kontext. Dazu dient die private Methode aendereZustand(). Das bedeutet, dass der Client die IZustand-Schnittstelle nicht kennen muss.

17.12.3.2 Teilnehmer

Client
Der Client ruft die öffentlichen Methoden des Kontexts auf. Er kennt dabei die IZustand-Schnittstelle nicht und auch keine Klassen, die diese realisieren.

Kontext
Repräsentiert die Objekte, die ihr Verhalten abhängig von ihrem internen Zustand ändern können. Der interne Zustand wird dabei über eine Referenz auf ein Zustands-Objekt, das die Schnittstelle IZustand implementieren muss, gespeichert. Bei einem Zustandsübergang wird die Referenz auf ein neues Zustandsobjekt geändert.

IZustand
Definiert eine einheitliche Schnittstelle aller Zustandsklassen mit allen zustandsbehafteteten Operationen.

KonkreterZustand
Implementiert das Verhalten, das mit einem Zustand des Kontext-Objekts verknüpft ist.

17.12.3.3 Dynamisches Verhalten

Das dynamische Verhalten des Zustand-Musters soll kurz in Bild 17-40 anhand von zwei Zustandsobjekten (`x:KonkreterZustandX` und `y:KonkreterZustandY`) vorgestellt werden:

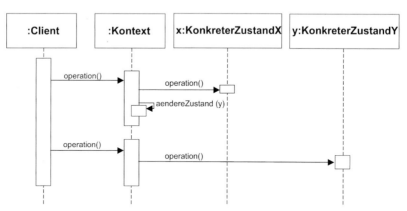

Bild 17-40 Sequenzdiagramm beim Zustand-Muster

Vom Client wird eine zustandsbehaftetete Operation des Kontexts aufgerufen. Diese wird an das aktuelle Zustandsobjekt weiterdelegiert (in diesem Fall `x:Konkreter-ZustandX`). Als Konsequenz ändert der Kontext seinen Zustand über einen Aufruf von `aendereZustand(y)`. Damit ist die Operation beendet und die Kontrolle geht zum Client zurück.

Setzt der Client später einen weiteren Aufruf von `operation()` ab, wird diese nun das jetzt aktuelle Zustandsobjekt `y:KonkreterZustandY` delegiert. Damit ergibt sich ein anderes Verhalten beim Aufruf von `operation()`. Der Kontext kann nun wieder entscheiden, ob ein Zustandswechsel nötig ist, bevor die Kontrolle wieder zum Client wechselt.

17.12.3.4 Implementierungsalternative: Bestimmen des Nachfolgezustands durch den aktuellen Zustand

Bei komplexeren Automaten mit vielen Bedingungen und Ereignissen ist es günstiger, die Entscheidung über den Nachfolgezustand dem aktuellen Zustand zu übertragen. Dadurch entstehen jedoch zusätzliche Abhängigkeiten: Einmal zwischen aktuellen Zuständen sowie zwischen Zuständen und Kontext.

Zur Lösung der Abhängigkeiten zwischen den aktuellen Zuständen und dem Kontext wird üblicherweise die `aendereZustand()`-Methode öffentlich gemacht und die `operation()` der Zustandsklassen erhalten einen Parameter vom Typ Kontext, über den die Zustände den Automat kennen, dessen `aendereZustand()`-Methode sie aufrufen müssen. Alternativ kann jede `operation()` einen Zustand als Ergebnis liefern, das vom Automaten für den Zustandswechsel benutzt wird.

Damit die aktuellen Zustände überhaupt die anderen Zustände kennen, gibt es mehrere Implementierungsalternativen: Sind die Zustände in einer Applikation nur für einen Automaten vorgesehen, können sie als Singleton (siehe Kapitel 17.18) implementiert werden. Kennen die Zustände ihren Automaten, kann der Automat auch alle seine möglichen Zustände über eine Schnittstelle zur Verfügung stellen (`getKonkreterZustandX()`). Als letzte Möglichkeit wäre noch die Implementierung der konkreten Zustände in Form einer `enum`-Klasse zu nennen.

17.12.3.5 Programmbeispiel

Als Beispiel soll hier die Alarmanlage einer Bank (siehe Bild 17-41) beschrieben werden. Befindet sich die Alarmanlage im Zustand `AlarmanlageAktiv` und wird eine Person erkannt, so wird ein akustischer Alarm ausgegeben. Befindet sich die Anlage hingegen im Zustand `AlarmanlageInaktiv` (während der Geschäftszeit der Bank), so soll kein akustisches Signal ausgegeben werden.

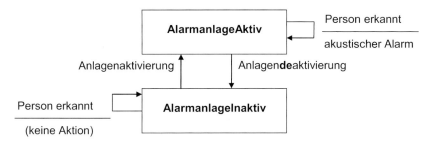

Bild 17-41 Zustandsautomat für die Alarmanlage

Die Schnittstelle `IZustandAlarmanlage` definiert die Methoden aller Zustandsklassen:

```
// Datei: IZustandAlarmanlage.java
// Schnittstelle zur Ansteuerung des Summers der Alarmanlage.
public interface IZustandAlarmanlage
{
   public void personErkannt();
}
```

Befindet sich das Objekt im **konkreten Zustand** `AlarmanlageAktiv`, so soll beim Erkennen einer Person (Aufruf der Methode `personErkannt()`) ein Alarm generiert werden.

```
// Datei: AlarmanlageAktiv.java
// Beschreibt das Zustandsverhalten der Alarmanlage bei Aktivierung.
public class AlarmanlageAktiv implements IZustandAlarmanlage
{
   // Sofern eine Person erkannt wurde, ein akustisches Signal
   // ausgeben.
   public void personErkannt()
   {
      System.out.println ("RING RING");
   }
}
```

Im konkreten Zustand `AlarmanlageInaktiv` hingegen soll kein akustischer Alarm generiert werden.

```java
// Datei: AlarmanlageInaktiv.java
// Beschreibt das Zustandsverhalten der Alarmanlage im
// ausgeschalteten Zustand.
public class AlarmanlageInaktiv implements IZustandAlarmanlage
{
   // Sofern eine Person erkannt wurde, KEIN akustisches Signal
   // ausgeben, da dies im normalen Geschäftsbetrieb nur störend
   // wäre.
   public void personErkannt()
   {
      System.out.println ("Ruhig bleiben.");
   }
}
```

Die Klasse `Alarmanlage` definiert den **Kontext**, über den die Alarmanlage von außen aufgerufen werden kann. Wird die Methode `personErkannt()` aufgerufen, so wird der Aufruf an den aktuellen konkreten Zustand weitergeleitet. Mit Hilfe der Methoden `anschalten()` und `ausschalten()` wird eine Zustandsänderung durchgeführt. Wie im Zustandsdiagramm zu sehen ist, muss beim Erkennen einer Person kein Zustandswechsel erfolgen.

```java
// Datei: Alarmanlage.java
// Kontext, über den die Alarmanlage gesteuert wird.
public class Alarmanlage
{
   IZustandAlarmanlage aktiv =
      new AlarmanlageAktiv();
   IZustandAlarmanlage inaktiv =
      new AlarmanlageInaktiv();
   IZustandAlarmanlage zustand = null;

   public Alarmanlage()
   {
      zustand = inaktiv;
   }

   public void anschalten()
   {
      aendereZustand(aktiv);
   }
   public void ausschalten()
   {
      aendereZustand(inaktiv);
   }

   public void personErkannt()
   {
      zustand.personErkannt();
   }
```

```
        private void aendereZustand (IZustandAlarmanlage neuerZustand)
        {
            zustand = neuerZustand;
        }
}
```

Im folgenden Beispielprogramm wird die Klasse `Alarmanlage` zuerst in den Zustand `AlarmanlageInaktiv` versetzt und die Methode `personErkannt()` aufgerufen. Danach wird ein Zustandswechsel in den Zustand `AlarmanlageAktiv` durchgeführt und die Methode `personErkannt()` erneut aufgerufen.

```
// Datei: Client.java
public class Client
{
    public static void main (String[] args)
    {
        Alarmanlage a = new Alarmanlage();

        System.out.println ("Anlage deaktivieren...");
        System.out.println ("Bei Kundentrieb stoert das.");
        a.ausschalten();

        System.out.println ("Person erkannt.");
        a.personErkannt();

        System.out.println ("Feierabend.");
        System.out.println ("Aktivierung der Alarmanlage.");
        a.anschalten();

        System.out.println ("Person erkannt.");
        a.personErkannt();
    }
}
```

Hier das Protokoll des Programmlaufs:

```
Anlage deaktivieren...
Bei Kundentrieb stoert das.
Person erkannt.
Ruhig bleiben.
Feierabend.
Aktivierung der Alarmanlage.
Person erkannt.
RING RING
```

Befindet sich die `Alarmanlage` im Zustand `AlarmanlageInaktiv`, so wird kein Alarm ausgegeben. Im Zustand `AlarmanlageAktiv` hingegen wird ein akustischer Alarm ("RING RING") ausgelöst.

Die Alarmanlage in diesem Beispiel ist relativ einfach, da die Bestimmung der Nachfolgezustände statisch erfolgt und von keinen Bedingungen abhängt. Daher konnte für die Realisierung der Zustandsübergänge die in Kapitel 17.12.3.4 genannte einfache Alternative gewählt werden.

17.12.4 Einsatzgebiete

Ein jedes zustandsabhängiges Verhalten kann durch dieses Entwurfsmuster beschrieben werden. Beispiele für zustandsbehaftete Probleme sind z. B.:

- Bedienelemente mit Zuständen einer grafischen Benutzeroberfläche und
- Zustände von parallelen Einheiten (Prozesssteuerung).

17.12.5 Bewertung

17.12.5.1 Vorteile

Die folgenden Vorteile werden gesehen:

- Zustände werden in Form von Klassen realisiert. Das gesamte Verhalten für einen Zustand ist in einer Klasse konzentriert (vgl. [Gam95, S. 401]). Der Kontext hat immer einen bestimmten Zustand und enthält damit immer ein Objekt einer Zustandsklasse. Das Verhalten in einem Zustand ist gekapselt, was die **Übersichtlichkeit** erhöht.
- Die **Erweiterbarkeit** ist gegeben. Ein neuer Zustand entspricht einer neuen Klasse. Alles was getan werden muss, ist, eine neue Klasse für diesen Zustand zu implementieren. Eine Änderung des Client ist hierbei nicht nötig. Änderungen eines Zustands müssen nur an einer Stelle, nämlich der entsprechenden Zustandsklasse, durchgeführt werden.
- Die langwierigen **Fallunterscheidungen**, wie sie beim erwähnten funktionsorientierten Ansatz verwendet wurden, **entfallen** vollständig.
- Durch dieses Muster wird es möglich, Zustandsklassen eventuell auch in einem anderen Kontext **wiederzuverwenden**.

17.12.5.2 Nachteile

Der folgende Nachteil wird festgestellt:

- Der Implementierungsaufwand kann bei einfachem zustandsbasiertem Verhalten zu hoch gegenüber dem Nutzen sein, da viele Klassen erstellt und Objekte zur Laufzeit erzeugt werden müssen.

17.12.6 Ähnliche Entwurfsmuster

Das **Zustand-Muster** ist ähnlich aufgebaut, wie das **Strategie-Muster** (siehe Kapitel 17.10). Während erstgenanntes den Zustand prüft, an den die Anfrage weitergeleitet wird, und damit ein zustandsabhängiges Verhalten erzeugt, erfolgt bei dem Strategie-Muster die Weiterleitung an einen speziellen Algorithmus, wobei alle Algorithmen dasselbe Verhalten zeigen, aber unterschiedlich implementiert sind.

17.13 Das Verhaltensmuster Rolle

17.13.1 Name/Alternative Namen

Rolle (engl. role).

17.13.2 Problem

Ein Objekt kann in Gestalt einer oder mehrerer Rollen auftreten. Die Klassenebene oder Typebene gilt für alle Instanzen. Die Instanzebene charakterisiert eine individuelle Instanz. Die Rollen-Ebene soll eine Zwischenebene zwischen der Instanzebene und der Typebene darstellen und einen Ausschnitt aus der Realität auf Gemeinsamkeiten im Verhalten modellieren.

17.13.3 Lösung

> Das **Rollen-Muster** soll es erlauben, dass ein Objekt dynamisch die Rollen wechseln und mehrere Rollen gleichzeitig annehmen kann, sowie, dass mehrere Objekte dieselbe Rolle haben.

17.13.3.1 Klassendiagramm

Weist ein Objekt zur Laufzeit nach außen verschiedene Schnittstellen auf, so spielt es zur Laufzeit **dynamisch verschiedene Rollen**, so dass die "Kunden" des Objektes zur Laufzeit mit den verschiedenen Typen des Objekts wechselwirken.

Der Name der Rolle, die ein Objekt in einer Kollaboration spielt, kann formal als Zustand hinter dem Objektnamen angegeben werden, wie in folgendem Bild gezeigt wird:

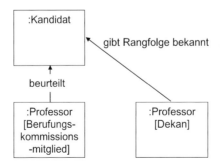

Bild 17-42 Dynamische Typen in einem Objektdiagramm

Jedes Objekt der Rolle `RolleX` (X = 1..n) hat eine Referenz auf ein Objekt einer Klasse `Rollenunabhaengige_Klasse` (siehe [Gra02]).

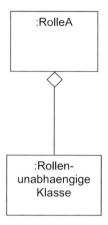

Bild 17-43 Objektdiagramm des Rollen-Musters

Wird eine Rolle für eine rollenunabhängige Klasse benötigt, so wird ein Objekt der Klasse `RolleX` erzeugt. Es zeigt auf ein Objekt einer Klasse `RollenunabhaengigeKlasse`. Nimmt ein Objekt einer rollenunabhängigen Klasse die `RolleX` nicht länger an, so wird das Rollenobjekt gelöscht bzw. die Referenz auf das Rollenobjekt auf `null` gesetzt. Mit diesem Mechanismus ist es möglich, zur Laufzeit beliebig Rollen anzunehmen oder aufzugeben.

Soll ein rollenunabhängiges Objekt mehrere Rollen gleichzeitig annehmen, so stellt dies kein Hindernis dar. Die Objekte der verschiedenen Rollen zeigen einfach alle auf dasselbe rollenunabhängige Objekt:

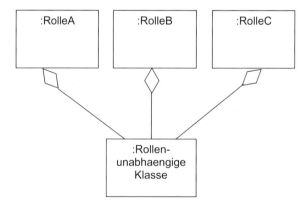

Bild 17-44 Objektdiagramm für mehrere Rollen eines rollenunabhängigen Objekts

Soll dieselbe Rolle von zwei verschiedenen rollenunabhängigen Objekten zur selben Zeit angenommen werden, so stellt auch dies kein Problem dar. Es werden zwei `Rolle`-Objekte erzeugt, die jeweils auf ein anderes rollenunabhängiges Objekt zeigen. Das folgende Bild zeigt das Objektdiagramm für zwei verschiedene rollenunabhängige Objekte mit derselben Rolle.

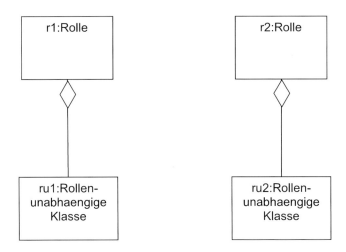

Bild 17-45 Objektdiagramm verschiedener Objekte mit derselben Rolle

Soll ein rollenunabhängiges Objekt im Ablauf der Zeit zwei verschiedene Rollen annehmen, so stellt auch dies kein Problem dar. Es werden zwei Rollen-Objekte erzeugt, die zu verschiedener Zeit jeweils auf dasselbe rollenunabhängige Objekt zeigen:

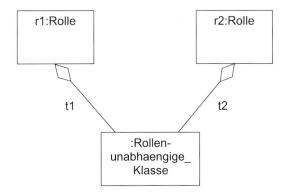

Bild 17-46 Objekt mit zwei verschiedenen Rollen

Hat eine RolleX eine Assoziation zu einer zusätzlichen Klasse – beispielsweise ein Professor zu einer Stadt – so kann es mehrere Objekte einer Rolle geben. Dies ist in Bild 17-47 anhand der zwei Objekte Maier der Rolle Professor zu sehen. Sie unterscheiden sich durch jeweils einen Link zu einem anderen Objekt. So kann beispielsweise ein und dieselbe Person sowohl Professor in Ulm als auch Professor in Stuttgart sein. Formal kann man es auch durch zwei getrennte Rollen ProfessorInUlm und ProfessorInStuttgart darstellen und somit die Assoziation weglassen.

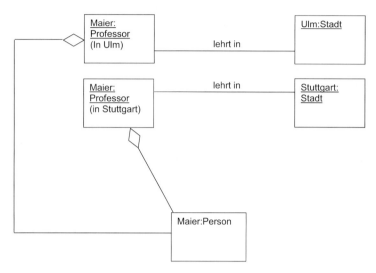

Bild 17-47 Konkrete Rollenobjekte mit Assoziationen

17.13.3.2 Teilnehmer

Der Client ruft eine Operation beim Rollenobjekt auf.

RolleX
Eine Instanz der `RolleX` spielt eine bestimmte Rolle.

RollenunabhängigeKlasse
Eine Instanz der rollenunabhängigen Klasse ist in einem Objekt einer bestimmten Rolle der Klasse `RolleX` aggregiert. Somit hat jedes Objekt der Rolle `RolleX` die Eigenschaften dieser rollenunabhängigen Klasse.

17.13.3.3 Dynamisches Verhalten

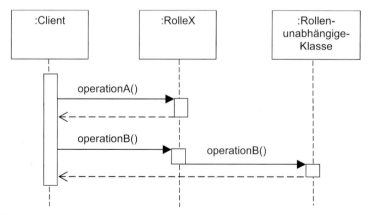

Bild 17-48 Sequenzdiagramm für eine eigene Operation und eine zu delegierende Operation

Eigene Operationen wie `operationA()` werden von der Instanz einer `RolleX` beantwortet. Aufrufe wie `operationB()` werden an die Instanz der `RollenunabhängigenKlasse` weitergeleitet.

17.13.3.4 Programmbeispiel

Im Folgenden wird das Beispiel einer Lerngruppe vorgestellt. Mehrere Personen bereiten sich gemeinsam auf eine Prüfung vor. Diejenige Person, die etwas vorbereitet hat, schlüpft in die Rolle des Lehrers, eine andere Person übernimmt die Rolle eines Schülers und eine dritte Person hat die Rolle eines Schülers und zugleich die Rolle des Tafelputzers.

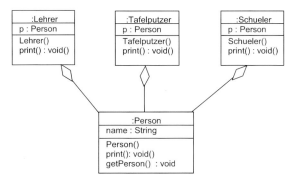

Bild 17-49 Modellierung von Rollen für das Lerngruppen-Beispiel

Es wird nun noch eine Basisklasse `Rolle` eingeführt, von der die verschiedenen Rollen ableiten:

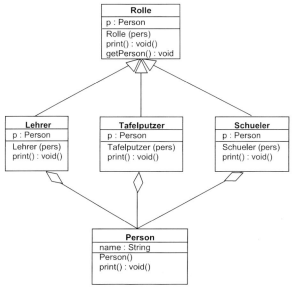

Bild 17-50 Lerngruppen-Beispiel mit einer Basisklasse

Hier das Programm:

```java
// Datei: Rolle.java
class Rolle
{
   private Person p;

   public Rolle (Person p)
   {
      this.p = p;
   }

   void print()
   {
      String s = this.getClass().getName();

      System.out.print ("Der " + s + " ist: ");
      p.print();
   }

   Person getPerson()
   {
      return p;
   }

   void vorhandeneRolleUebernehmen (Person pers)
   {
     p = pers;
   }
}

// Datei: Lehrer.java
class Lehrer extends Rolle
{
   public Lehrer (Person p)
   {
      super (p);
   }
}

// Datei: Tafelputzer.java
class Tafelputzer extends Rolle
{
   public Tafelputzer (Person p)
   {
      super (p);
   }
}

// Datei: Schueler.java
class Schueler extends Rolle
{
   public Schueler (Person p)
   {
      super (p);
   }
}
```

```java
// Datei: Person.java
class Person
{
   String name;

   public Person (String name)
   {
      this.name = name;
   }

   void print ()
   {
      System.out.println (name);
   }

   String getName()
   {
      return name;
   }
}

// Datei: Test.java
public class Test
{
   public static void main (String[] args)
   {
      Person p1 = new Person ("Peter");
      Person p2 = new Person ("Hans");
      Person p3 = new Person ("Helmut");

      // Erstbesetzung der Rollen
      System.out.println ("Peter uebernimmt die Rolle des Lehrers");
      Lehrer l = new Lehrer (p1);
      l.print();

      System.out.println
         ("\nHans uebernimmt die Rolle eines Schuelers");
      Schueler s1 = new Schueler (p2);
      s1.print();

      System.out.println
         ("\nHelmut uebernimmt auch die Rolle eines Schuelers");
      Schueler s2 = new Schueler (p3);
      s2.print();

      // Weitere Rolle für Hans
      System.out.println ("\nHans ist auch Tafelputzer");
      Tafelputzer t = new Tafelputzer (p2);
      t.print();

      // Übergabe einer Rolle
      System.out.println ("++++++++++++++++++++++++++++++++++++");
      System.out.println ("Uebergabe einer Rolle");

      // Hans übergibt den Tafelputzer an Peter
      System.out.println ("\nHans will nicht mehr putzen");
```

```
        System.out.println ("\nPeter wird Tafelputzer");
        t.vorhandeneRolleUebernehmen (p1);
        t.print();

        // Rollen einer bestimmten Person
        System.out.println ("++++++++++++++++++++++++++++++++++");
        System.out.println ("Rollen einer bestimmten Person");

        // Jetzt werden alle Rollen-Objekte geprüft, ob sie auf
        // Peter zeigen
        System.out.println ("\nWelche Rollen hat Peter?");

        if (t.getPerson().getName().equals ("Peter"))
           System.out.println (t.getPerson().getName() +
              " ist Tafelputzer");
        if (l.getPerson().getName().equals ("Peter"))
           System.out.println (l.getPerson().getName() +
              " ist Lehrer");
        if (s1.getPerson().getName().equals ("Peter"))
           System.out.println (s1.getPerson().getName() +
              " ist Schueler");
        if (s2.getPerson().getName().equals ("Peter"))
           System.out.println (s2.getPerson().getName() +
              " ist Schueler");
   }
}
```

Hier das Protokoll des Programmlaufs:

```
Peter uebernimmt die Rolle des Lehrers
Der Lehrer ist: Peter

Hans uebernimmt die Rolle eines Schuelers
Der Schueler ist: Hans

Helmut uebernimmt auch die Rolle eines Schuelers
Der Schueler ist: Helmut

Hans ist auch Tafelputzer
Der Tafelputzer ist: Hans
++++++++++++++++++++++++++++++++++
Uebergabe einer Rolle

Hans will nicht mehr putzen

Peter wird Tafelputzer
Der Tafelputzer ist: Peter
++++++++++++++++++++++++++++++++++
Rollen einer bestimmten Person

Welche Rollen hat Peter?
Peter ist Tafelputzer
Peter ist Lehrer
```

17.13.4 Einsatzgebiete

Das Rollenmuster bietet sich an, wenn Rollen zur Laufzeit dynamisch einem rollenunabhängigen Objekt zugeordnet und aberkannt werden müssen und wo auch Kombinationen von Rollen möglich sein müssen. Durch Delegation kann das "in Rollen schlüpfen" elegant nachmodelliert werden.

17.13.5 Bewertung

17.13.5.1 Vorteile

Folgende Vorteile werden gesehen:

- Rollen können zur Laufzeit dynamisch angenommen und abgelegt werden.
- Ein Objekt kann mehrere Rollen gleichzeitig spielen.

17.13.5.2 Nachteile

Folgender Nachteil wird gesehen:

- Es ist etwas aufwändig, wenn man feststellen möchte, welche Rolle ein rollenunabhängiges Objekt einer Klasse einnimmt. Dann muss man alle Rollen-Objekte darauf überprüfen, ob sie auf das gesuchte rollenunabhängige Objekt zeigen.

17.13.6 Ähnliche Entwurfsmuster

Im Gegensatz zum Rollenmuster ist die **Spezialisierung durch Ableitung** statisch und nicht flexibel. Sie ist aber sinnvoll, wenn ein Objekt unveränderliche Ausprägungen besitzt. Ist ein Objekt einer abgeleiteten Klasse erzeugt, so kann es nicht verändert werden.

Die Klassen `Mann` oder `Frau` können beispielsweise gefahrlos von `Person` abgeleitet werden, da das Geschlecht eine statische Eigenschaft darstellt. Wenn ein Objekt zu verschiedenen Zeiten unterschiedliche Rollen übernehmen kann, ist die Spezialisierung in abgeleiteten Objekten jedoch die falsche Vorgehensweise.

17.14 Das Verhaltensmuster Besucher

17.14.1 Namen/Alternative Namen
Besucher (engl. visitor).

17.14.2 Problem
Das Besucher-Muster soll die Daten einer Objektstruktur und die Operationen, die auf diesen Daten ausgeführt werden, voneinander trennen. Dies soll es erlauben, dass eine neue Operation eingeführt werden kann, ohne dass die Klassen der zu bearbeitenden Objekte verändert werden[171]. Die neue Operation ist keine isolierte Lösung für ein bestimmtes Objekt, sondern ist bezogen auf die Gesamtheit aller zu bearbeitenden Objekte einer Objektstruktur.

> Das **Besucher-Muster** soll es erlauben, dass in einer Datenstruktur eine neue Funktion hinzugefügt werden kann, ohne die bestehenden Objekte der Datenstruktur abzuändern.

17.14.3 Lösung
Das Besucher-Muster kapselt die Logik einer Operation, die sich über mehrere Objekte verschiedener Klassen innerhalb einer Objektstruktur hinweg erstreckt, in einem separaten Besucher-Objekt. Dieses Besucher-Objekt beschafft sich die benötigten Daten von den bestehenden Objekten der Datenstruktur. Im Falle verschiedener Klassen gibt es für jede Klasse eine spezielle `besuchen()`-Methode mit einem eigenen Übergabeparameter.

Pro Operation soll also ein Satz von überladenen `besuchen()`-Methoden mit gleichartiger Semantik in einer Besucher-Klasse bereitstehen und zwar jeweils eine `besuchen()`-Methode für jede Daten tragende Klasse. Die bereits bestehenden Daten tragenden Klassen sollen um eine `akzeptieren()`-Methode ergänzt werden, wenn sie diese nicht schon bereits haben. Sieht man von der Erstellung der `akzeptieren()`-Methode in den zu besuchenden Objekten ab, so bleiben die bestehenden Klassen unverändert. Die neue Funktion erstreckt sich auf den Besucher. Die `akzeptieren()`-Methode eines konkreten Objekts der Datenstruktur übergibt einen konkreten Besucher als Übergabeparameter und ruft in ihrem Rumpf für den konkreten Besucher dann dessen `besuchen()`-Methode auf. Die genannte `besuchen()`-Methode greift auf die Daten des besuchten Objekts der Datenstruktur zu.

Die geforderte Funktionalität einer Operation wird also in einer separaten Klasse `BesucherX` (X = 1..n, je nach Aufgabe) in der Methode `besuchen()` implementiert. Ein Objekt dieser Klasse "besucht" alle Daten tragenden Objekte der unterschiedlichen Klassen `KonkretesElementY` (Y = A..Z) und greift mit den jeweiligen `besuchen()`-Methoden auf deren Daten zu. Damit ist die Logik dieser

---

[171] Voraussetzung ist, dass die Objekte der Datenstruktur bereits über eine noch zu beschreibende `akzeptieren()`-Methode verfügen.

neuen Operation selbst nicht über viele Objekte verteilt, sondern nur die Datenbeschaffung.

Dieser Ansatz weicht von dem Grundgedanken der Objektorientierung ab, die Daten eines Objekts und die zu den Daten gehörenden Prozeduren, die auf den Daten operieren, in ein Objekt zu kapseln. Beim Besucher-Muster verarbeiten und beschaffen Operationen, die in einer separaten Klasse gekapselt werden, die Daten von Objekten verschiedener Klassen mit unterschiedlichen Schnittstellen. Die Klassen der Daten tragenden Objekte müssen für verschiedene Operationen nicht verändert werden[172]. Daten tragende Instanzen sind in einer Objektstruktur angeordnet. Je nach Ausprägung der Struktur kann die Lösung variieren.

17.14.3.1 Teilnehmer

Am Besucher-Entwurfsmuster nehmen die folgenden Klassen teil:

Besucher
Die abstrakte Klasse Besucher deklariert eine besuchen()-Methode für jede Klasse KonkretesElementY. Jede besuchen()-Methode hat einen Parameter vom Typ der Klasse KonkretesElementY (Y = A..Z). X und Y können verschieden sein, da ein Objekt einer abgeleiteten Klasse KonkreterBesucherX Objekte verschiedener Klassen KonkretesElementY besuchen kann. Der Typ Element einer Vaterklasse, von der mehrere Klassen vom Typ KonkretesElementY abgeleitet sind, reicht als Parameter der besuchen()-Methode nicht aus, da auf Basis des übergebenen Typs KonkretesElementY die passende besuchen()-Methode ausgewählt wird.

Nach der Identifikation einer als Parameter übergebenen Instanz vom Typ KonkretesElementY kann der BesucherX ein Daten tragendes Element ansprechen. Zur Auswahl der richtigen besuchen()-Methode reicht allein die Verschiedenheit der Parameterliste der besuchen()-Methode.

KonkreterBesucherX (X = 1..n)
Diese Klassen leiten von der abstrakten Klasse Besucher ab und realisieren jede deklarierte Operation eines Besuchers. Die Instanzen der Klasse KonkreterBesucherX sind die eigentlichen Besucher. Diese Klassen implementieren in ihren besuchen()-Methoden jeweils die spezielle Operation, die mit den Daten der besuchten Objekte der Klasse KonkretesElementY ausgeführt wird. Für jede Klasse KonkretesElementY gibt es also eine eigene besuchen()-Methode. Bei jedem Besuch eines konkreten Elements wird vom besuchten Objekt die besuchen()-Methode des konkreten Besuchers aufgerufen.

Element
Die Klassen der Objekte, die besucht werden sollen, sind von der abstrakten Klasse Element abgeleitet. Die Klasse Element enthält die Deklaration der akzeptie-

---

[172] Falls sie – wie bereits erwähnt – eine akzeptieren()-Methode besitzen.

ren()-Methode mit einem Parameter vom Typ der abstrakten Klasse Besucher[173]. Die Schnittstelle Element wird von allen Daten tragenden Klassen implementiert, die Methode akzeptieren() tritt für das Muster an die Stelle aller seitherigen Methoden einer Daten tragenden Klasse. Über akzeptieren() wird letztendlich auf die Daten einer Daten tragenden Klasse zugegriffen.

KonkretesElementY (Y = A .. Z)
Instanzen dieser Klassen, die von der abstrakten Klasse Element abgeleitet werden, sind die eigentlichen Daten tragenden Objekte. Sie treten an die Stelle der bisherigen "alten" Daten tragenden Objekte. Sie werden von den Objekten vom Typ KonkreterBesucherX aufgesucht, die mit den Daten der besuchten Objekte ihre gewünschten Funktionalitäten erbringen. Für die Methode akzeptieren() wird "double dispatch" simuliert. "double dispatch" bedeutet, dass auf Basis der Typen zweier Argumente die richtige Methode einer mehrfach überladenen Methode ausgewählt wird – hier auf Basis der betrachteten Operation und der Klasse des Daten tragenden Elements. Bei "single dispatch" wird der Typ nur eines Argumentes bei überladenen Funktionen zur Auswahl der entsprechenden Funktion verwendet. Die Auswahl der richtigen Methode unter den überladenen akzeptieren()-Methoden erfolgt also unter Verwendung der Klasse KonkretesElementY und der konkreten Methode des übergebenen Besucher-Objekts.

Die Klassen der Daten tragenden Objekte implementieren die in der Basisklasse Element deklarierte akzeptieren()-Methode, indem sie in deren Rumpf die besuchen()-Methode des Objekts vom Typ KonkreterBesucherX aufrufen und eine Referenz auf sich selbst als Parameter übergeben (damit wird die richtige besuchen()-Methode gewählt). D. h. dass die Implementierungen von akzeptieren() den Methodenaufruf an eine konkrete Methode des übergebenen Besucher-Objekts weiterleiten. Aus Sicht des Daten tragenden Objekts wird die Methode der Klasse Besucher aufgerufen, deren Implementierung sich dann in der Klasse KonkreterBesucherX findet.

Die Implementierung der akzeptieren()-Methode muss in jeder konkreten Klasse KonkretesElementY stattfinden und darf nicht in eine Basisklasse verlagert werden, da dem Besucher sonst nur eine Referenz vom Typ der Basisklasse übergeben wird[174].

Innerhalb der Methode besuchen() für den Besuchsvorgang kann der Besucher dann getData()-Methoden des Daten tragenden Objekts aufrufen, denn erst hier kennt er die konkrete Klasse des Objekts.

ObjektStruktur
In der Rolle der Klasse ObjektStruktur tritt das Objekt auf, das die Zugriffslogik für die konkreten Elemente enthält.

---

[173] Das Besucher-Muster wird oftmals so implementiert. Das Muster verlangt jedoch streng genommen nur, dass die Klassen KonkretesElementY eine akzeptieren()-Methode haben.
[174] Man kann die besuchen()-Methode der Klasse Besucher auch dafür nutzen, eine Default-Operation einzurichten, die für alle besuchbaren Objekte gleich sein soll.

Der Besuchsvorgang wird vom Objekt in der Rolle der `ObjektStruktur` eingeleitet. Um diesen einzuleiten, ruft dieses Objekt die `akzeptieren()`-Methode der `KonkretesElementY`-Objekte auf.

Client
Mit Client wird das aufrufende Programm bezeichnet. Der Client kennt die Daten tragenden Objekte und stößt die Zusammenarbeit der beteiligten Klassen an.

17.14.3.2 Klassendiagramm

Das folgende Klassendiagramm beschreibt die statische Struktur der Teilnehmer zueinander:

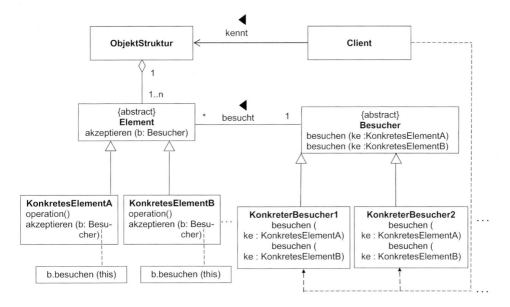

Bild 17-51 Klassendiagramm des Besucher-Musters unter Verwendung einer Datenstruktur

Die Klasse `KonkretesElementY` braucht die konkrete Klasse des Besuchers nicht zu kennen, wie die Methode `akzeptieren(b: Besucher)` aufzeigt.

Aus Sicht des Daten tragenden Objekts wird die Methode der Klasse `Besucher` aufgerufen und eine Selbstreferenz übergeben. Der implizierte Aufruf heißt folglich `b.besuchen(this)`.

Der Client greift über die `ObjektStruktur` auf die Instanzen der Klasse `KonkretesElementY` zu. Die abstrakten Klassen `Element` und `Besucher` verbindet eine bidirektionale Assoziation, die es ermöglicht, dass jedes konkrete Besucher-Objekt jedes konkrete Daten tragende Objekt besucht.

Die allgemeine Beschreibung des dynamischen Verhaltens muss konkretisiert werden, bevor die Lösung implementiert werden kann. Je nachdem, welches Objekt die Rolle der `ObjektStruktur` übernimmt, ergibt sich eine andere Ausprägung des Musters. Diese Rolle kann:

- vom Client,
- von einem separaten Iterator-Objekt,
- einem Besucher-Objekt oder
- der Datenstruktur, die die Elemente enthält (z. B. ein Baum)

übernommen werden. Diese Fälle werden im Folgenden vorgestellt:

- **Client**
  Im einfachsten Fall nimmt der Client die Rolle der `ObjektStruktur` an. Die Objekte vom Typ `KonkretesElementY` sind einzelne, verstreute Instanzen ohne Bezug zueinander oder befinden sich in einer einfachen Datenstruktur wie z. B. einem Array. Der Client nimmt ein Objekt der vorhandenen Typen `KonkretesElementY` ($Y = A..Z$) nach dem anderen und sorgt dafür, dass es besucht wird, indem er jeweils die `akzeptieren()`-Methode dieses Objekts aufruft und dabei das Objekt vom Typ `KonkreterBesucherX` übergibt.

- **Separates Iterator-Objekt**
  Wenn ein Iterator-Objekt die Rolle der `ObjektStruktur` übernimmt, so wird es vom Client benutzt, um über die Menge der Objekte der vorhandenen Typen `KonkretesElementY` ($Y = A..Z$) zu iterieren. Der Client ruft dabei die `akzeptieren()`-Methode jedes Objekts auf, auf das er vom Iterator-Objekt eine Referenz bekommt und übergibt hierbei das Objekt vom Typ `Konkreter-BesucherX`. Die Reihenfolge der Besuche wird durch die Reihenfolge bestimmt, in der das Iterator-Objekt die einzelnen Referenzen liefert.

  Beim Einsatz von Programmiersprachen wie Java oder C# kann diese Variante auch implizit, durch Verwendung von Collection-Klassen für die Speicherung der Objekte vom Typ `KonkretesElementY` und einer `foreach`-Schleife auftreten, um über diese Objekte zu iterieren. Bei dieser impliziten Variante könnte man allerdings den Client in der Rolle der ObjektStruktur sehen, da eine Collection sich so trivial nutzen lässt wie eine einfache Datenstruktur.

- **Besucher-Objekt**
  Das Besucher-Objekt übernimmt selbst die Rolle der `ObjektStruktur`, wenn es Referenzen auf alle zu besuchenden Objekte enthält.

- **Datenstruktur der Elemente**
  Sind die Objekte vom Typ `KonkretesElementY` in einer verketteten Form wie etwa einem Baum abgelegt, übernimmt diese Struktur die Rolle der `ObjektStruktur` und die Besuchsreihenfolge wird über diese Verkettung festgelegt. Der Client ruft die `akzeptieren()`-Methode eines Objekts vom Typ `KonkretesElementY` – im Fall eines Baums die des Wurzelknotens auf – und übergibt das Objekt vom Typ `KonkreterBesucherX`. Das besuchte Objekt sorgt in seiner `akzeptieren()`-Methode dafür, dass alle mit ihm verknüpften Objekte besucht werden.

Bei einer baumartigen Struktur entscheidet der besuchte Knoten dann über die Durchlaufstrategie durch den Baum. Er kann beispielsweise zuerst seine Kindknoten und anschließend sich selbst besuchen lassen, was zu einer Depth-First Strategie führt.

Besonders aufwändig gestaltet sich die Implementierung, wenn die Daten tragenden Objekte in einem Graphen angeordnet sind, der auch Zyklen enthalten kann. Die Möglichkeit, dass ein Objekt während eines Durchlaufens der Struktur mehrfach besucht wird, muss in der Regel ausgeschlossen werden.

Die einfache Implementierung eines "Ich-wurde-bereits-besucht"-Flags in den Objekten vom Typ `KonkretesElementY` führt nicht zum Ziel, da der Graph dann kein zweites Mal besucht werden kann, auch nicht von einem anderen Besucher.

17.14.3.3 Dynamisches Verhalten

Das folgende Sequenzdiagramm zeigt das dynamische Verhalten der Teilnehmer:

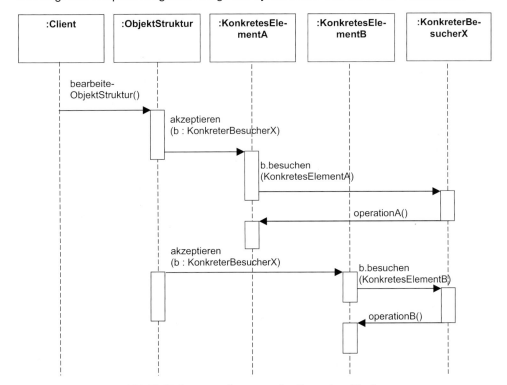

Bild 17-52 Sequenzdiagramm des Besucher-Musters

Das Objekt in der Rolle der `ObjektStruktur` ruft die `akzeptieren()`-Methode des ersten Objekts vom Typ `KonkretesElementA` auf und übergibt das Objekt vom Typ `KonkreterBesucherX`. Das Objekt vom Typ `KonkretesElementA` ruft in seiner akzeptieren()-Methode lediglich die besuchen()-Methode des übergebenen Objekts vom Typ KonkreterBesucherX auf und übergibt hierbei eine Referenz auf sich selbst.

Durch den Typ der übergebenen Referenz kennt das Besucher-Objekt nun die konkrete Klasse des Objekts vom Typ KonkretesElementA. Die für die Klasse des Objekts vom Typ KonkretesElementA bestimmte Implementierung der besuchen()-Methode des Besucher-Objekts vom Typ KonkreterBesucherX wird ausgeführt. In Bild 17-52 besteht diese Implementierung aus dem Aufruf der Methode operationA() für das Objekt der Klasse KonkretesElementA. Der Ablauf für das Elementobjekt der Klasse KonkretesElementB ist identisch, nur dass in diesem Fall die zur Klasse der Referenz auf KonkretesElementB passende Implementierung der besuchen()-Methode herangezogen wird: Es wird operationB() an Stelle von operationA() ausgeführt.

Durch diesen doppelten Hin- und Her-Aufruf kommt die bereits angesprochene bidirektionale Assoziation zustande, die es ermöglicht, dass jedes Besucher-Objekt jedes Elementobjekt besuchen kann.

Jede Klasse KonkretesElementY muss die geerbte akzeptieren()-Methode überschreiben und die Implementierung, die meist nur aus dem Aufruf der besuchen()-Methode des übergebenen Besucher-Objekts besteht, kann nicht in eine Basisklasse verlagert werden. Eine Implementierung in der Basisklasse hätte zur Folge, dass sich das Objekt selbst in der Gestalt der Basisklasse übergeben würde, wodurch die falsche besuchen()-Methode des Besuchers aufgerufen würde.

17.14.3.4 Programmbeispiel

Der nachfolgende Quellcode beschreibt ein Beispiel, bei dem ein Objekt vom Typ Gehaltsdrucker zwei konkrete Elemente vom Typ Teamleiter und Sachbearbeiter besucht. Die Klasse Gehaltsdrucker nimmt hier die Funktion der Besucherklasse ein. In Abhängigkeit der Klasse des besuchten Objekts wird die richtige Methode aufgerufen und die entsprechende Gehaltszeile ausgedruckt.

Zum besseren Verständnis des Beispielprogramms wird zu jeder Klasse separat mit angegeben, welcher Klasse im Bild 17-51 sie entspricht.

Das Interface IMitarbeiterBesucher repräsentiert den Besucher und definiert für jedes konkrete Element, welches besucht werden soll, eine besuche()-Methode.

```java
// Datei: IMitarbeiterBesucher.java
interface IMitarbeiterBesucher
{
   public void besuche (Teamleiter t);
   public void besuche (Sachbearbeiter s);
}
```

Die Klasse `Gehaltsdrucker` stellt einen konkreten Besucher dar und implementiert aus diesem Grund die Schnittstelle `IMitarbeiterBesucher`. Informationen der besuchten Objekte werden in der jeweiligen `besuche()`-Methode ausgegeben.

```java
// Datei: Gehaltsdrucker.java
class Gehaltsdrucker implements IMitarbeiterBesucher
{
   public Gehaltsdrucker()
   {
      System.out.print ("*****************************************");
      System.out.println ("**********************");
      System.out.print
         ("Gehaltsliste (Position | Vorname | Name   |  Gehalt |");
      System.out.println (" Praemie)");
      System.out.print ("*****************************************");
      System.out.println ("**********************");
   }

   public void besuche (Teamleiter t)
   {
      System.out.println ("Leiter "+ t.getTeambezeichnung() +
         "           "
         + t.getVorname() + " "
         + t.getName() + " "
         + t.getGrundgehalt() + "       "
         + t.getPraemie());
   }

   public void besuche (Sachbearbeiter s)
   {
      System.out.print ("Sachbearbeiter              "
         + s.getVorname() + " "
         + s.getName() + " ");
      System.out.printf ("%7.2f", s.getGehalt());
      System.out.println ("     ---");
   }
}
```

Durch die Klasse `Gesellschaft` wird die Objektstruktur realisiert. Sie beinhaltet Beispielinstanzen der konkreten Elemente.

```java
// Datei: Gesellschaft.java
import java.util.ArrayList;
import java.util.List;

// Diese Klasse repraesentiert die Firma und enthaelt ihre
// Mitarbeiter
class Gesellschaft
{
   private List<Mitarbeiter> personal;

   public Gesellschaft()
   {
      this.personal = new ArrayList<Mitarbeiter>();
      initialisiereBeispieldaten();
   }
```

```java
    private void initialisiereBeispieldaten()
    {
       // Sachbearbeiter Team 1
       ArrayList<Mitarbeiter> team1 = new ArrayList<Mitarbeiter>();

       team1.add
              (new Sachbearbeiter("Markus","   Mueller ", 48200.0f));
       team1.add
              (new Sachbearbeiter("Silvia","   Neustedt", 45500.0f));

       // Sachbearbeiter Team 2
       ArrayList<Mitarbeiter> team2 = new ArrayList<Mitarbeiter>();

       team2.add (new Sachbearbeiter ("Alexandra","Weiss    ",
                 37120.0f));
       team2.add (new Sachbearbeiter ("Michael"," Kienzle ",
                 35500.0f));

       // Teamleiter
       Teamleiter chef1, chef2;

       chef1 =
         new Teamleiter ("Frank", "   Hirschle", 40000.0f, 400.0f,
           "Team 1");
       chef2 =
         new Teamleiter ("Corinna", "   Steib   ", 35000.0f, 350.0f,
           "Team 2");

       // alle Personen in die personal-Liste
       this.personal.add (chef1);
       this.personal.add (chef2);
       this.personal.addAll (team1);
       this.personal.addAll (team2);
    }

    public List<Mitarbeiter> getPersonal()
    {
       return personal;
    }
}
```

Durch die abstrakte Klasse `Mitarbeiter` wird das Element realisiert.

```java
// Datei: Mitarbeiter.java
abstract class Mitarbeiter
{
   protected int personalnummer;
   private static int anzahlMitarbeiter = 0;
   protected String name;
   protected String vorname;

   Mitarbeiter (String vorname, String name)
   {
      this.personalnummer = anzahlMitarbeiter++;
      this.vorname = vorname;
      this.name = name;
   }
```

```java
   int getPersonalnummer()
   {
      return personalnummer;
   }

   public String getName()
   {
      return name;
   }

   public void setName (String name)
   {
      this.name = name;
   }

   public String getVorname()
   {
      return vorname;
   }

   public void setVorname (String vorname)
   {
      this.vorname = vorname;
   }

   public String toString()
   {
      return ("PersonalNr."+ this.personalnummer + "Name:" +
            this.vorname + " " + this.name);
   }

   public abstract void accept (IMitarbeiterBesucher v);
}
```

Die Klasse `Sachbearbeiter` ist ein konkretes Element und implementiert die Schnittstelle des Elements.

```java
// Datei: Sachbearbeiter.java
class Sachbearbeiter extends Mitarbeiter
{
   private float gehalt;

   public Sachbearbeiter (String vorname, String name, float gehalt)
   {
      super (vorname,name);
      this.gehalt = gehalt;
   }

   public float getGehalt()
   {
      return gehalt;
   }

   public void accept (IMitarbeiterBesucher v)
   {
      // sich selbst besuchen lassen
```

```
      v.besuche (this);
   }
}
```

Die Klasse `Teamleiter` ist ebenfalls ein konkretes Element und implementiert die Schnittstelle des Elements.

```
// Datei: Teamleiter.java
class Teamleiter extends Mitarbeiter
{
   private String teambezeichnung;
   private float grundgehalt;
   private float praemie;

   public Teamleiter (String vorname, String name,
                     float grundgehalt, float praemie,
                     String teambezeichnung)
   {
      super (vorname,name);
      this.grundgehalt = grundgehalt;
      this.praemie = praemie;
      this.teambezeichnung = teambezeichnung;
   }

   public String getTeambezeichnung()
   {
      return teambezeichnung;
   }

   public void setTeambezeichnung (String teambezeichnung)
   {
      this.teambezeichnung = teambezeichnung;
   }

   public float getGrundgehalt()
   {
      return this.grundgehalt;
   }

   public void setGrundgehalt (float grundgehalt)
   {
      this.grundgehalt = grundgehalt;
   }

   public float getPraemie()
   {
      return this.praemie;
   }

   public void setPraemie (float praemie)
   {
      this.praemie = praemie;
   }

   public void accept (IMitarbeiterBesucher v)
   {
      // sich selbst besuchen lassen
```

```
      v.besuche (this);
   }
}
```

Innerhalb der `main()`-Methode wird eine neue Objektstruktur in Form der Gesellschaft angelegt. Aus dieser kann die aktuelle Belegschaft in Form einer `Mitarbeiter`-Liste ermittelt werden. Die Belegschaft wird durchlaufen und die jeweiligen `Mitarbeiter` durch den `Gehaltsdrucker` besucht.

```
// Datei: PersonalVerwaltung.java
import java.util.List;

public class PersonalVerwaltung
{
   public static void main (String[] args)
   {
      // Initialisierungen vornehmen
      Gesellschaft firma = new Gesellschaft();
      List<Mitarbeiter> belegschaft = firma.getPersonal();

      // Besucher-Objekt fuer die Liste erzeugen
      Gehaltsdrucker besucher = new Gehaltsdrucker();

      // Ueber die Liste iterieren und Besuche durchfuehren
      for (Mitarbeiter arbeiter: belegschaft)
      {
         arbeiter.accept (besucher);
      }
   }
}
```

Hier das Protokoll des Programmlaufs:

```
****************************************************************
Gehaltsliste (Position | Vorname | Name    | Gehalt |
Praemie)
****************************************************************
Leiter Team 1          Frank     Hirschle  40000.0    400.0
Leiter Team 2          Corinna   Steib     35000.0    350.0
Sachbearbeiter         Markus    Mueller   48200,00   ---
Sachbearbeiter         Silvia    Neustedt  45500,00   ---
Sachbearbeiter         Alexandra Weiss     37120,00   ---
Sachbearbeiter         Michael   Kienzle   35500,00   ---
```

17.14.4 Bewertung

17.14.4.1 Vorteile

Folgende Vorteile werden gesehen:

- **Einfaches Hinzufügen von neuer Funktionalität**
  Mit dem Besucher-Muster kann neue Funktionalität sehr einfach in das bestehende System eingebracht werden. Da die Daten tragenden Elementklassen in der Regel die Schnittstelle für den Besuch beliebiger Besucher zur Verfügung stellen, genügt

es meist, die gewünschte Funktionalität in einer zusätzlichen Besucherklasse zu implementieren.
- **Zentralisierung des Codes einer Funktion**
Der Code eines Besuchsalgorithmus wird in einer Klasse zentralisiert und ist nicht über viele Klassen verteilt.
- **Möglichkeit Klassenhierarchien-übergreifender Besuche**
Besucher können `Element`-Objekte besuchen, die nicht Teil derselben Klassenhierarchie sind. Im Gegensatz zum Iterator-Muster setzt der Besucher nicht voraus, dass die zu besuchenden Objekte innerhalb einer Objektstruktur eine gemeinsame Basisklasse haben. Es wird nur eine passende `akzeptieren()`-Methode verlangt.
- **Sammeln von Informationen**
Das Besucher-Muster ermöglicht das Ansammeln von Zustandsinformationen der besuchten Objekte über mehrere Besuche hinweg.
- **Verbesserung der Wartbarkeit**
Muss eine bestehende Operation einer `Besucher`-Klasse angepasst werden, reicht es meist aus, die entsprechende `Besucher`-Klasse zu ändern, weil die Logik der Operation nicht über alle `Element`-Klassen verteilt ist.
- **Möglichkeit, Frameworks zu erweitern**
Steht ein Framework nur in Form einer Bibliothek zur Verfügung und nicht als Quellcode, so besteht das Vorgehen darin, von den Framework-Klassen abzuleiten und in den abgeleiteten Klassen jeweils eine `akzeptieren()`-Methode zu implementieren. Wirklich lohnenswert ist dieser Ansatz allerdings nur dann, wenn man dies durchführt, bevor Code geschrieben wird, der die Klassen des Frameworks verwendet, da sonst der gesamte, bereits existierende und möglicherweise getestete und freigegebene Code geändert werden muss.

17.14.4.2 Nachteile

Folgende Nachteile werden gesehen:

- **Hoher Aufwand beim Hinzufügen von Element-Klassen**
Für jede neue zu besuchende Klasse `KonkretesElementY` muss eine neue `besuchen()`-Methode in der abstrakten `Besucher`-Klasse definiert werden, die einen Parameter vom Typ der neuen Klasse hat. Ebenso müssen alle konkreten Besucher-Klassen um die Implementierung dieser Methode ergänzt werden. Das bedeutet, dass es schwierig ist, dieses Muster nachträglich zu implementieren.
- **Overhead**
Durch das simulierte "double dispatch" in der Methode `akzeptieren()` entsteht zusätzlicher Aufwand, der die Performance verschlechtert.
- **Aufweichung der Kapselung privater Daten**
Ein konkreter Besucher braucht eine ganze Reihe von Attributen der besuchten Elemente. Er kann nur auf die öffentlichen Daten der Objekte zugreifen, die er besucht. Die Anwendung des Besuchermusters kann daher dazu führen, dass man private Daten der Objekte öffentlich zugänglich macht.

17.14.5 Einsatzgebiete

Voraussetzung für den Einsatz ist, dass die vorhandenen Objekte nicht geändert werden sollen. Dieses Entwurfsmuster bietet sich an, wenn eine Objektstruktur mit vielen Klassen und verschiedenen Schnittstellen zentral von einem Kontrollobjekt gesteuert werden soll, wobei die einzelne Teil-Operation auf einem Objekt von dessen Daten abhängt. Da jedes Element der Objektstruktur für einen Besuch vorbereitet werden muss, ist es günstig, wenn sich die Klassen der Objektstruktur so wenig wie möglich ändern. Neue Operationen können problemlos definiert werden.

17.14.6 Ähnliche Entwurfsmuster

Der **Dekorierer** ist insofern ähnlich, als eine neue Funktion realisiert wird.

Der **Iterator** bewegt sich auch über die Elemente einer Objektstruktur.

Das Entwurfsmuster **Kompositum** kommt in Frage, wenn die Funktionalität des besuchten Objekts bereits im Voraus bekannt ist und nicht erst später flexibel hinzugefügt werden soll.

17.15 Das Verhaltensmuster Iterator

17.15.1 Name/Alternative Namen

Iterator, Cursor (engl. cursor).

17.15.2 Problem

Mit einem Iterator soll man nacheinander auf die einzelnen Objekte einer aus Objekten zusammengesetzten Datenstruktur in einer bestimmten Durchlaufstrategie zugreifen können, ohne dass der Aufbau der Datenstruktur bekannt sein muss.

17.15.3 Lösung

Ein Iterator ist ein Objekt, das auf die einzelnen Objekte bzw. Elemente einer Datenstruktur (Container) zeigt. Er ist quasi ein Zeiger, mit dem von Element zu Element über alle Elemente einer Datenstruktur "iteriert" werden kann. Dabei muss man den Aufbau der Datenstruktur selbst nicht kennen. Ein Iterator besucht ein bestimmtes Element nur einmal. Ein Iterator trennt den Mechanismus des Traversierens[175] von der zu durchquerenden Datenstruktur. Diese Trennung ist der grundlegende Gedanke des Iterator-Musters. Ein Iterator liest alle Elemente einer Datenstruktur nach einer bestimmten Durchlaufstrategie (Traversierungsart) aus.

Infolge der Trennung kann man Iteratoren für verschiedene **Traversierungsarten** schreiben, ohne dabei die Schnittstelle der Datenstruktur zu verändern. Die Realisierung der Traversierung wird aus der Datenstruktur herausgehalten. Dadurch wird die Datenstruktur einfacher. Eine Traversierung kann im Falle einer Liste zum Beispiel sequenziell vorwärts oder sequenziell rückwärts erfolgen. Bei einem Graph kann beispielsweise nach der Strategie Depth-First[176] traversiert werden.

Der Iterator ist ein objektbasiertes Verhaltensmuster.

Man unterscheidet **externe** und **interne** Iteratoren. Bei einem externen Iterator wird die Iteration vom Client selbst gesteuert, d. h., der Client muss das Weiterrücken des Iterators veranlassen. Ein interner Iterator rückt von selbst vor. Man übergibt ihm die Operation – wie z. B. ein Element vorwärts bzw. rückwärts zu laufen –, die er auf das jeweils aktuelle Element anwenden soll. Er kapselt den Aufbau einer Iteration. Dadurch wird sie wiederverwendbar. Sie muss also nicht wie bei einem externen Iterator stets neu programmiert werden. Mit Hilfe des Strategie-Musters kann der Algorithmus aber auch ausgetauscht werden.

Im Folgenden werden **externe** Operatoren mit **sequenziellem Zugriff** behandelt. Solch ein Iterator hat grundsätzlich die beiden Methoden `next()` und `hasNext()`.

---

[175] Mit Traversieren bezeichnet man das Untersuchen der Knoten eines Baumes in einer bestimmten Reihenfolge, wobei ein Spezialfall die Linearisierung ist, bei der die Elemente in der Reihenfolge der Traversierung in eine Liste eingefügt werden.

[176] Bei der Depth-First Traversierung wird ausgehend vom Startknoten jeder auftretende Kindknoten bis zu dessen letzten Knoten durchlaufen und erst anschließend zurückgekehrt.

Diese beiden Methoden sind typisch für externe und nicht für interne Iteratoren. Die Methode `hasNext()` stellt fest, ob es noch ein nächstes Element gibt oder nicht, die Methode `next()` beschafft das nächste Element. Gibt es noch weitere Elemente in der Datenstruktur, gibt die Operation `hasNext() true` zurück. Das folgende Bild zeigt die Trennung von Iterator und der zu durchquerenden Datenstruktur für den Fall eines externen Iterators:

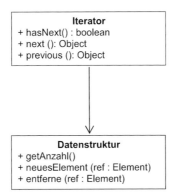

Bild 17-53 Trennung von Iterator und der zu durchquerenden Datenstruktur

Die Realisierung eines Iterators kann auch abweichend von der hier beschriebenen Vorgehensweise erfolgen. Beispielsweise kann der Iterator mit einer Methode `remove()` erweitert werden, so dass er die Objekte der Datenstruktur löschen kann. Wird der Iterator von der konkreten Datenstruktur erzeugt, dann kommt im Klassendiagramm in Bild 17-54 noch eine «create»-Abhängigkeit von der Klasse `KonkreteDatenstruktur` zur Klasse `KonkreterIterator` hinzu.

17.15.3.1 Klassendiagramm

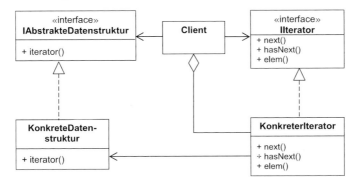

Bild 17-54 Klassendiagramm des Iterator-Musters

Durch die Einführung einer abstrakten Datenstruktur und eines abstrakten Iterators kann der Zugriff auf die konkrete Datenstruktur bzw. den Iterator einheitlich erfolgen. Der Client muss die konkrete Datenstruktur nicht kennen. Wichtig ist, dass der Client und die konkrete Datenstruktur die Aufgabe der Traversierung dem Iterator überlassen.

17.15.3.2 Teilnehmer

IIterator
Die Schnittstelle `IIterator` definiert eine Methode `elem()` zum Zugriff und eine Methode `next()` zum Traversieren von Elementen der Datenstruktur.

KonkreterIterator
Die Klasse `KonkreterIterator` implementiert die Schnittstelle der Klasse `IIterator` und verwaltet die aktuelle Position beim Durchqueren der Datenstruktur.

IAbstrakteDatenstruktur
Die Schnittstelle `IAbstrakteDatenstruktur` definiert den Kopf der Schnittstellenmethode `iterator()` zum Erzeugen eines Iterators.

KonkreteDatenstruktur
Die Klasse `KonkreteDatenstruktur` implementiert die Methode `iterator()` der Datenstruktur. Die Methode `iterator()` gibt ein Objekt der passenden Klasse `KonkreterIterator` zurück.

17.15.3.3 Dynamisches Verhalten

Vom Client wird ein Objekt einer konkreten Datenstruktur erzeugt. Dieses Objekt erzeugt auf Anfrage durch den Client einen für dieses Objekt speziell implementierten Iterator und gibt diesen an den Client zurück. Alle weiteren Operationen, die das Traversieren der Datenstruktur betreffen, werden über den Iterator durchgeführt und nicht direkt auf der Datenstruktur. Das folgende Bild zeigt das Sequenzdiagramm für das Iterator-Muster:

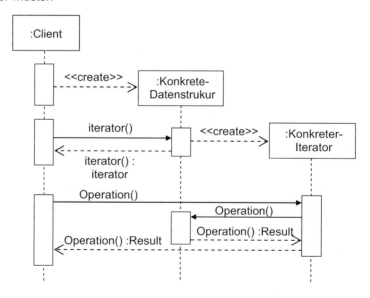

Bild 17-55 Sequenzdiagramm für das Iterator-Muster

17.15.3.4 Programmbeispiel

In folgendem Programmbeispiel soll eine Liste bestehend aus Mitarbeitern erzeugt und darüber iteriert werden. Aufbau und Inhalt der Klasse `Mitarbeiter` dienen lediglich zur Darstellung eines beliebigen Objektes und sind aus diesem Grund zweitrangig.

```java
// Datei: Mitarbeiter.java
class Mitarbeiter
{
   private String vorname;
   private String nachname;

   private double gehalt;
   private int persNr;

   private String abteilung;

   public Mitarbeiter (String vorname, String nachname, String
         abteilung, double gehalt, int persNr)
   {
      this.vorname = vorname;
      this.nachname = nachname;
      this.abteilung = abteilung;
      this.gehalt = gehalt;
      this.persNr = persNr;
   }

   // Methoden zum Setzen und Auslesen der Membervariablen
   // ...

   public void print()
   {
      System.out.println (vorname + " " + nachname + ", " +
         persNr + ", " + abteilung + ", " + gehalt);
   }
}
```

In der Datei `IIterator.java` wird das Interface für einen Iterator definiert.

```java
//Datei: IIterator.java
interface IIterator
{
   public boolean hasNext();
   public Mitarbeiter next();
}
```

In der Datei `MitarbeiterIterator.java` wird nun das Interface `IIterator` implementiert und die für ein `MitarbeiterArray` spezifische Funktionalität bereitgestellt.

```
//Datei: MitarbeiterIterator.java
class MitarbeiterIterator implements IIterator
{
   int size=0;
   int index=0;
   Mitarbeiter data[];

   //Konstruktor mit Array und Anzahl der Elemente
   public MitarbeiterIterator(Mitarbeiter ma[], int s)
   {
      data = ma;
      size = s;
   }

   //Implementierung von hasNext()
   public boolean hasNext()
   {
      return index < size;
   }

   //Implementierung von next()
   public Mitarbeiter next()
   {
      return data[index++];
   }
}
```

Das Interface für eine Datenstruktur, die mit Hilfe eines Iterators durchlaufen werden soll, befindet sich in der Datei IAbstrakteDatenstruktur.java.

```
//Datei: IAbstrakteDatenstruktur.java
//IAbstrakteDatenstruktur
//Definiert das Interface für Datenstrukturen die mit einem
//Iterator durchlaufen werden sollen
interface IAbstrakteDatenstruktur
{
   public IIterator iterator();
}
```

Nun folgt die konkrete Umsetzung als MitarbeiterArray durch Implementierung des Interfaces IAbstrakteDatenstruktur. Zur Vereinfachung wird ein statisches Array mit fester Größe verwendet, um die Daten zu halten.

```
//Datei: MitarbeiterArray.java
//Implementierung von IAbstrakteDatenstruktur
class MitarbeiterArray implements IAbstrakteDatenstruktur
{
   final int max=10;
   Mitarbeiter[] data = new Mitarbeiter[max];
   int index = 0;
```

```java
//Implementierung der iterator()-Funktion
//Gibt als Rückgabewert den für diese Datenstruktur spezifischen
//Iterator zurück
public IIterator iterator()
{
    return new MitarbeiterIterator (data, index);
}

//Funktion zum Hinzufügen eines neuen Mitarbeiters
public void add (Mitarbeiter ma)
{
    if(index<max-1)
    {
        data[index++] = ma;
    }
   }
}
```

In der `main()`-Methode der Testklasse wird ein Array von Mitarbeitern erzeugt und gefüllt. Abschließend wird über diese Liste iteriert und die jeweiligen Details des `Mitarbeiter`s ausgegeben.

```java
//Datei: IteratorTest.java
public class IteratorTest
{
    public static void main(String[] args)
    {
            //Mitarbeiterliste erzeugen
            MitarbeiterArray maArray = new MitarbeiterArray();

            //Mitarbeiter zum Array hinzufügen
            maArray.add (new Mitarbeiter ("Herman", "Hinz",
                "MMI-Entwicklung", 3250.00, 1));
            maArray.add (new Mitarbeiter ("Thomas", "Kunz",
                "MMI-Entwicklung", 3050.00, 2));
            maArray.add (new Mitarbeiter ("Heinz", "Mueller",
                "Unit Tests", 3450.00, 3));
            maArray.add (new Mitarbeiter ("Hans", "Maier",
                "Unit Tests", 3400.00, 4));
            maArray.add (new Mitarbeiter ("Max", "Muster",
                "Unit Tests", 3500.00, 5));
            maArray.add (new Mitarbeiter ("Peter", "Schmidt",
                "Requirements Engineering", 3700.00, 6));

            //Iterator holen und Array durchlaufen
            IIterator iter = maArray.iterator();
            while (iter.hasNext())
            {
                Mitarbeiter elem = iter.next();
                elem.print();
            }
    }
}
```

Hier das Protokoll des Programmlaufs:

```
Hermann Hinz, 1, MMI-Entwicklung, 3250.0
Thomas Kunz, 2, MMI-Entwicklung, 3050.0
Heinz Mueller, 3, Unit Tests, 3450.0
Hans Maier, 4, Unit Tests, 3400.0
Max Muster, 5, Unit Tests, 3500.0
Peter Schmidt, 6, System Engineering, 3700.0
```

17.15.4 Bewertung

17.15.4.1 Vorteile

Folgende Vorteile ergeben sich durch die Verwendung des Musters:

- Der Code ist unabhängig von einer konkreten Datenstruktur. Stattdessen müssen die konkreten Datenstrukturobjekte ihren Iterator selber erzeugen.
- Die Datenstruktur der zu durchlaufenden Objekte wird nicht sichtbar.
- Die Iteration erfolgt in einem eigenen Objekt.
- Die Datenstruktur kann je nach Iterator auf verschiedene Art durchlaufen werden.
- Man kann auf Objekte verschiedener Datenstrukturen in einheitlicher Weise zugreifen und sie traversieren.
- Mehrere Iteratoren können gleichzeitig über eine Datenstruktur laufen, da jeder den Zustand der Traversierung für sich selbst verwaltet.

17.15.4.2 Nachteile

Durch die Verwendung des Musters können auch folgende Nachteile entstehen:

- Es können sich **erhöhte Laufzeit- und Speicherkosten** ergeben insbesondere durch die Verwendung der Polymorphie.
- Der Einsatz eines Iterators ist dann sinnvoll, wenn ein einheitlicher Zugriff auf Datenstrukturen mit verschiedenen Typen wie Arrays, Bäume oder Listen zur Verfügung gestellt werden soll.

17.15.5 Einsatzgebiete

Iteratoren können auch auf rekursiven Datenstrukturen wie **Komposita** (siehe Abschnitt Kompositum 17.5) zum Einsatz kommen.

17.15.6 Ähnliche Entwurfsmuster

Mit dem Iterator kann die Objektstruktur des **Besucher-Musters** durchlaufen werden.

Zudem kann man mit Iteratoren auch rekursive Strukturen wie diejenigen eines **Kompositums** auf verschiedene Weise durchlaufen.

17.16 Das Erzeugungsmuster Fabrikmethode

17.16.1 Name/Alternative Namen

Fabrikmethode (engl. factory method), Virtueller Konstruktor.

17.16.2 Problem

Neue Objekte eines konkreten Produkts sollen nicht direkt in jeder Anwendung durch `new` geschaffen werden. Die Erzeugung einer konkreten Instanz soll in der Methode einer Unterklasse gekapselt werden. Das auszuführende Programm soll Referenzen von abstrakten Klassen enthalten. Infolge des liskovschen Substitutionsprinzips können konkrete Objekte von ihnen referenziert werden.

17.16.3 Lösung

Die Fabrikmethode stellt ein abstraktes Grundgerüst dar, das von konkreten Klassen überschrieben wird und genutzt werden kann.

Eine Erzeugung eines konkreten Produkts soll durch den Aufruf einer überschreibenden Fabrikmethode einer Unterklasse erfolgen, die die passende Schnittstelle für die Erzeugung von Objekten implementiert. Dies erlaubt es, ein Programm in Form einer abstrakten Basisklasse oder Schnittstelle sowohl für das konkrete Produkt als auch für die Erzeuger-Klasse zu schreiben und mit davon abgeleiteten Klassen auszuführen. Die konkreten Klassen können damit zu einem späteren Zeitpunkt geschrieben werden.

17.16.3.1 Klassendiagramm

Das klassenbasierte Fabrikmethoden-Muster definiert eine abstrakte Klasse namens `Produkt` oder eine Schnittstelle `IProdukt`. Für jede Produktklasse wird eine Klasse `KonkretesProduktX` eingeführt. Von diesen Klassen sollen Objekte erzeugt werden können. Konkrete Produkte werden durch den Aufruf der überschreibenden Fabrikmethode einer Unterklasse der Klasse `Erzeuger` geschaffen. Die zu überschreibende Fabrikmethode wird in der Klasse `Erzeuger` definiert.

Eine Fabrikmethode einer Unterklasse des Erzeugers kapselt also die Objekt-Erzeugung eines konkreten Produkts einer Unterklasse. Für jede Produktklasse wird eine weitere Unterklasse eingeführt, die die Fabrikmethode redefiniert. Somit können verschiedenartige Erzeugungsprozesse durchgeführt werden. Die Anwendung kennt nur die abstrakten Klassen und kennt die zu generierende konkrete Ausprägung der Produkte nicht. Der Typ der zu erzeugenden Objekte ist also zur Kompilierzeit nicht bekannt. Diese werden der Anwendung zur Laufzeit übergeben und können nach dem liskovschen Substitutionsprinzip an die Stelle eines Produkts treten. An Stelle eines abstrakten Erzeugers wird ein abgeleiteter konkreter Erzeuger verwendet. Wird für ein konkretes Produkt die Fabrikmethode des übergebenen konkreten Erzeugers aufgerufen, so wird die überschreibende Methode aufgerufen.

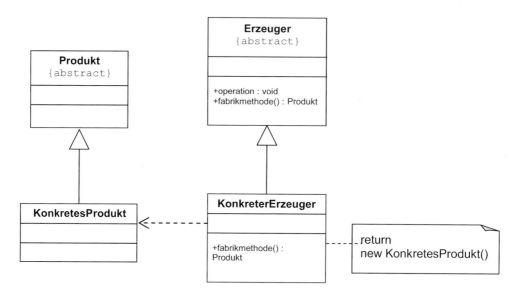

Bild 17-56 Klassendiagramm des Fabrikmethode-Musters mit abstrakten Klassen

17.16.3.2 Teilnehmer

Folgende Klassen sind an dem Entwurfsmuster beteiligt:

Produkt
Die abstrakte Klasse `Produkt` definiert die Schnittstelle der Objekte, das durch die Fabrikmethode erzeugt werden. Alle konkreten Produkte müssen von `Produkt` abgeleitet sein und damit diese Schnittstelle implementieren.

KonkretesProdukt
Die Klasse `KonkretesProdukt` ist von der abstrakten Klasse `Produkt` abgeleitet und stellt das konkrete Produkt dar.

Erzeuger
Die Klasse `Erzeuger` gibt in ihrer Fabrikmethode eine Referenz auf ein neues Objekt vom Typ `Produkt` zurück. Diese Methode kann auch von einem Objekt der Klasse `Erzeuger` selbst aufgerufen werden (beispielsweise in der Methode `operation()`).

KonkreterErzeuger
Die Klasse `KonkreterErzeuger` überschreibt die Methode `fabrikmethode()` der Klasse `Erzeuger`, um ein neues Objekt vom Typ `KonkretesProdukt` zu erzeugen und eine Referenz darauf zurückzugeben. Die Referenz verweist zwar auf ein Objekt vom Typ `KonkretesProdukt`, kann aber selber vom Typ `Produkt` sein (liskovsches Substitutionprinzip).

17.16.3.3 Dynamisches Verhalten

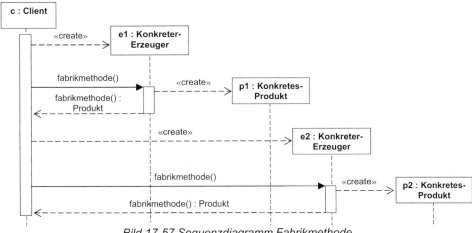

Bild 17-57 Sequenzdiagramm Fabrikmethode

Der Client legt eine Instanz vom Typ `KonkreterErzeuger` an und ruft anschließend dessen `fabrikmethode()` auf. Daraufhin wird vom Objekt der Klasse `KonkreterErzeuger` eine Instanz vom Typ `KonkretesProdukt` erzeugt und an den Client zurückgegeben. Je nachdem, welcher konkrete Erzeuger verwendet wird, werden hierbei verschiedene Objekte erzeugt.

17.16.3.4 Programmbeispiel

In diesem Programmbeispiel entsprechen die Klassennamen den genannten Teilnehmern. Die abstrakte Oberklasse `Erzeuger` definiert die Schnittstelle zur Erzeugung von konkreten Erzeugern:

```
// Datei: Erzeuger.java
public abstract class Erzeuger
{
   // Kopf der Fabrikmethode.
   public abstract Produkt erzeugeProdukt();
}
```

In der Unterklasse `KonkreterErzeugerA` werden Objekte der Klasse `KonkretesProduktA` erzeugt:

```
// Datei: KonkreterErzeugerA.java
public class KonkreterErzeugerA extends Erzeuger
{
   public Produkt erzeugeProdukt()
   {
      return new KonkretesProduktA();
   }
}
```

In der Unterklasse `KonkreterErzeugerB` werden Objekte der Klasse `KonkretesProduktB` erzeugt:

```java
// Datei: KonkreterErzeugerB.java
public class KonkreterErzeugerB extends Erzeuger
{
   public Produkt erzeugeProdukt()
   {
      return new KonkretesProduktB();
   }
}
```

Die abstrakte Klasse `Produkt` definiert eine Methode `print()`, mithilfe derer ein konkretes Produkt ausgegeben werden kann.

```java
// Datei: Produkt.java
public abstract class Produkt // abstrakte Klasse
{
   abstract void print(); // abstrakte Methode
}
```

Die Klasse `KonkretesProduktA` stellt eine konkrete Klasse des abstrakten Produkts dar und muss die Methode `print()` implementieren.

```java
// Datei: KonkretesProduktA.java
public class KonkretesProduktA extends Produkt
{
   private String x = "A";

   void print()
   {
      System.out.println ("x = " + x);
   }
}
```

Die Klasse `KonkretesProduktB` stellt eine konkrete Klasse des abstrakten Produkts dar und muss die Methode `print()` implementieren.

```java
// Datei: KonkretesProduktB.java
public class KonkretesProduktB extends Produkt
{
   private String x = "B";

   void print()
   {
      System.out.println ("x = " + x);
   }
}
```

In der `Test`-Klasse werden zwei konkrete Erzeuger instanziiert, mit deren Hilfe konkrete Produkte durch die Fabrikmethode erstellt werden.

```java
// Datei: Test.java
public class Test
{
   public static void main (String args[])
   {
      KonkreterErzeugerA kea = new KonkreterErzeugerA();
      KonkreterErzeugerB keb = new KonkreterErzeugerB();

      KonkretesProduktA kpa =
                  (KonkretesProduktA)kea.erzeugeProdukt();
      KonkretesProduktB kpb =
                  (KonkretesProduktB)keb.erzeugeProdukt();

      System.out.println ("Hallo");

      kpa.print();
      kpb.print();
   }
}
```

Hier das Protokoll des Programmlaufs:

```
Hallo
x = A
x = B
```

17.16.4 Bewertung

17.16.4.1 Vorteile

Folgende Vorteile werden gesehen:

- Eine Klasse muss die Klassen der Objekte, die sie erzeugen muss, nicht von vornherein kennen. Transparent für das Programm können durch Austausch der unabhängigen konkreten Erzeuger andere konkrete Produkte erzeugt werden, d. h., es können verschiedenartige konkrete Produkte generiert werden. Explizite Konstruktor-Aufrufe der konkreten Produkte sind nicht in der Anwendung enthalten. Der Einsatz von Fabrikmethoden ist damit flexibler als explizite Erzeugungsanweisungen. (**Flexibilität**)
- Wenn man will, kann man in der Basisklasse Erzeuger eine **Default-Erzeugung** definieren. Dadurch sind die Unterklassen frei, ob sie eine eigene überschreibende Fabrikmethode bereitstellen oder nicht.
- Durch Verwendung der Produktschnittstellen wird das Einbinden von anwendungsspezifischen Klassen verhindert. Somit kann ein Framework immer noch eingesetzt werden, auch wenn später neue Produkte erfunden werden. Die spezifischen Objekte können in Unterklassen erzeugt werden, ohne Operationen der Oberklassen abändern zu müssen (**Unabhängigkeit des Framework von der konkreten Ausprägung**).

17.16.4.2 Nachteile

Folgende Nachteile werden gesehen:

- Für jede neue Produktklasse muss eine **weitere Unterklasse** eingeführt werden, um die Fabrikmethode entsprechend zu redefinieren. Damit erhöht sich die Komplexität.
- Aus **Performance-Gründen** kann es sinnvoller sein, die Konstruktoren der Objekte direkt aufzurufen und nicht die Fabrikmethode einzusetzen.

17.16.5 Einsatzgebiete

Es müssen Objekte einer Klasse erzeugt werden, deren Typ von vornherein nicht bekannt ist. Dieses Erzeugungsmuster wird in vielen Frameworks (Klassenbibliotheken) eingesetzt.

Eine **Abstrakte Fabrik** verwendet in der Regel Fabrikmethoden.

17.16.6 Ähnliche Entwurfsmuster

Das Prinzip der Fabrikmethode ist ähnlich der **Schablonenmethode**. Da ein Konstruktor nicht überschrieben werden kann, muss man den Aufruf eines Konstruktors in einer Methode kapseln, die überschrieben werden kann. Daher rührt auch der bereits genannte alternative Name virtueller Konstruktor.

Die **Fabrikmethode** kann zum Erzeugen die Schablonenmethode verwenden. Fabrikmethoden werden oftmals aus der Schablonenmethode heraus aufgerufen.

Fabrikmethoden kommen oft in **Singletons** vor.

Das Entwurfsmuster **Objektpool** wirkt auf einen Client wie eine Fabrikmethode, da der Objektpool mehrere Objekte für den Client vorhält.

Die **Abstrakte Fabrik** hat im Gegensatz zu der Fabrikmethode eine Produktfamilie und nicht ein einzelnes Produkt zum Inhalt. Die Erzeugung eines konkreten Objekts erfolgt in beiden Fällen in Unterklassen.

17.17 Das Erzeugungsmuster Abstrakte Fabrik

17.17.1 Name/Alternative Namen

Abstrakte Fabrik (engl. abstract factory, kit oder toolkit).

17.17.2 Problem

Die Erzeugung von konkreten Produkten soll nicht direkt unter Verwendung des `new`-Operators im Quellcode erfolgen, sondern soll durch eine Methode einer konkreten Unterklasse einer Abstrakten Fabrik – einer konkreten Fabrik – gekapselt durchgeführt werden. Die Abstrakte Fabrik soll zur Laufzeit in einen bestimmten Modus versetzt werden können, um beispielsweise nur Objekte für Linux oder nur für Windows zu generieren. Durch Auswahl des entsprechenden Modus der Abstrakten Fabrik soll die passende konkrete Fabrik ausgewählt werden, welche die passenden Produkte erzeugen soll. Das auszuführende Programm soll Referenzen von abstrakten Klassen enthalten. Infolge des liskovschen Substitutionsprinzips können konkrete Objekte von ihnen referenziert werden.

17.17.3 Lösung

Das **Muster der Abstrakten Fabrik** erlaubt es, dass der Modus der Instanzen erzeugenden konkreten Fabrik zur Laufzeit ausgewählt werden kann, um konkrete Produkte einer bestimmten Art einer ganzen Familie von verschiedenartigen Produkten zu erzeugen. Hierbei soll es für jede Produktfamilie eine abstrakte Klasse geben. Die Klassen der zu erzeugenden Objekte, auch konkrete Produkte genannt, sollen also von einem abstrakten Produkt als Basisklasse abgeleitet werden.

Zuerst werden die sogenannten abstrakte Produkte definiert. Die Abstrakte Fabrik muss einem Client Methoden zur Erzeugung dieser abstrakten Produkte bereitstellen. Die **konkreten Fabriken** sind **von der Abstrakten Fabrik abgeleitet** (siehe das entsprechende Klassendiagramm in Kapitel 17.17.3.1).

Die Abstrakte Fabrik definiert Methoden zur Erzeugung der Objekte der abstrakten Produkt-Basisklassen. **Pro Produkt-Basisklasse benötigt eine Abstrakte Fabrik je eine Methode**. Eine Abstrakte Fabrik hat also Methoden zur Erzeugung von verschiedenen abstrakten Produkten. Die zu erzeugenden abstrakten Produkt-Objekte sind die Rückgabetypen der Methoden der Abstrakten Fabrik.

Ein **Client verwendet** für die Erzeugung der speziellen Produkt-Objekte eine **spezielle konkrete Fabrik**, d. h. zum Beispiel eine Fabrik, die nur Fenster-Objekte erzeugt. Je nachdem, in welchem **Modus** das System läuft, wird die entsprechende konkrete Fabrik instanziiert.

Die spezielle konkrete Fabrik wird zu einem bestimmten Zeitpunkt im System instanziiert. Ihre Aufgabe ist die Erzeugung der konkreten Produkte. Der Client ruft nur die abstrakten Methoden der abstrakten Klassen für Fabrik und Produkt auf. Wegen des liskovschen Substitutionsprinzips werden die überschreibenden Methoden der abgeleiteten Klassen aufgerufen.

17.17.3.1 Klassendiagramm

Das Klassendiagramm in Bild 17-58 besteht aus der Schnittstelle IAbstrakteFabrik bzw. aus einer abstrakten Klasse, die die Schnittstelle für die Erzeugung von Produkten darstellt. Zusätzlich dazu gibt es die gemäß der Schnittstelle IAbstrakteFabrik implementierten konkreten Fabriken. **Jede dieser konkreten Fabriken erzeugt Produkte eines bestimmten Zweigs der Produktfamilien.** Im vorliegenden Fall erzeugt z. B. die Klasse KonkreteFabrik1 die Produkte der Klassen KonkretesProduktA1 und KonkretesProduktB1.

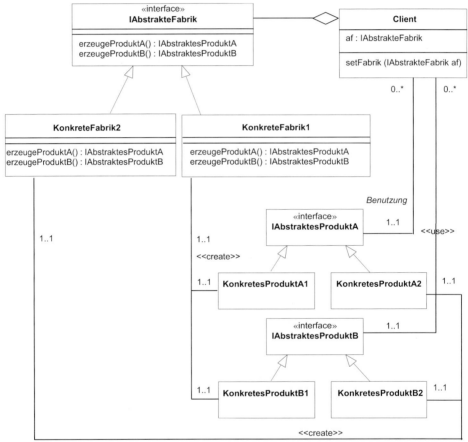

Bild 17-58 Klassendiagramm der Abstrakten Fabrik

Die speziellen Implementierungsklassen KonkretesProduktA1 und KonkretesProduktA2 sind gemäß der Schnittstelle IAbstraktesProduktA realisiert bzw. von einer abstrakten Klasse abgeleitet. Der Client darf daher nur IAbstraktesProduktA kennen. Aufgrund des liskovschen Substitutionsprinzips werden jedoch die Methoden der abgeleiteten Implementierungsklassen KonkretesProduktA1 und KonkretesProduktA2 aufgerufen.

Objektorientierte Entwurfsmuster

17.17.3.2 Teilnehmer

IAbstrakteFabrik
Eine Klasse `IAbstrakteFabrik` definiert eine Schnittstelle für eine Fabrik bzw. eine abstrakte Basisklasse. Sie dient zur Erzeugung abstrakter Produkte einer Produktfamilie.

KonkreteFabrik
Eine konkrete Fabrik implementiert die durch eine Abstrakte Fabrik definierte Schnittstelle und instanziiert eine konkrete Variante der konkreten Produkte der Produktfamilien.

IAbstraktesProdukt
Ein abstraktes Produkt definiert eine Schnittstelle einer Produktvariante oder eine abstrakte Basisklasse und damit die Schnittstelle für ein konkretes Produkt.

KonkretesProdukt
Ein konkretes Produkt definiert eine Produktvariante und realisiert die Schnittstelle des abstrakten Produkts. Ein konkretes Produkt wird durch die entsprechende konkrete Fabrik erzeugt.

Client
Ein Client benutzt die Schnittstellen der Abstrakten Fabrik und der abstrakten Produkte.

17.17.3.3 Dynamisches Verhalten

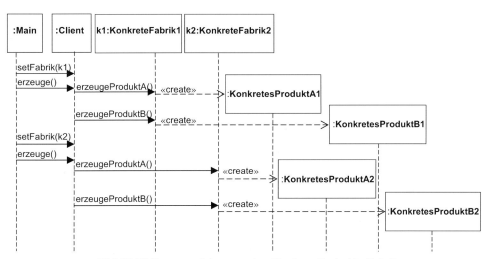

Bild 17-59 Sequenzdiagramm des Musters Abstrakte Fabrik

Das dynamische Verhalten einer Abstrakten Fabrik wird mit Hilfe des Sequenzdiagramms in Bild 17-59 beschrieben. Zuerst wird dem Client die zu verwendende konkrete Fabrik mit Hilfe der Methode `setFabrik (IAbstrakteFabrik af)` übergeben. Der Client kennt daher nur die Schnittstelle `IAbstrakteFabrik`, weiß also nicht, welche `KonkreteFabrik` übergeben wurde. Er erzeugt anschließend zwei Produkte vom Typ `IAbstraktesProduktA` und `IAbstraktesProduktB` durch Nutzung der Schnittstellenmethoden `erzeugeProduktA()` und `erzeugeProduktB()`. Da dem Client die `KonkreteFabrik1 k1` als aktuell zu nutzende Fabrikklasse übergeben wurde, werden Instanzen der Klassen `KonkretesProduktA1` und `KonkretesProduktB1` erzeugt.

Im nächsten Teil wird die `KonkreteFabrik2` genutzt, wodurch Instanzen von `KonkretesProduktA2` und `KonkretesProduktB2` erzeugt werden.

17.17.3.4 Programmbeispiel

Nachfolgend soll die Abstrakte Fabrik anhand eines einfachen Beispiels beschrieben werden. Im Beispiel soll es zwei Produktvarianten geben: Eine Schraube und eine Mutter. Beide Produkte müssen das gleiche Gewinde haben, um miteinander genutzt werden zu können. Daher muss eine Fabrik immer die gleiche Produktfamilie erzeugen, d. h. entweder M6-Schrauben und M6-Muttern oder aber M10-Schrauben und die dazugehörigen Muttern mit dem Gewinde M10.

Nachfolgend werden das Produkt `Mutter` und seine konkreten Ausprägungen (Produktvarianten) vorgestellt:

```java
// Datei: IMutter.java
public interface IMutter
{
   public void printMutter();
}

// Datei: MutterM6.java
public class MutterM6 implements IMutter
{
   public void printMutter()
   {
      System.out.println ("Mutter mit M6 Gewinde.");
   }
}

// Datei: MutterM10.java
public class MutterM10 implements IMutter
{
   public void printMutter()
   {
      System.out.println ("Mutter mit M10 Gewinde.");
   }
}
```

Um die Muttern auch entsprechend nutzen zu können, sind `Schrauben` erforderlich:

```java
// Datei: ISchraube.java
public interface ISchraube
{
   public void printSchraube();
}
// Datei: SchraubeM6.java
public class SchraubeM6 implements ISchraube
{
   public void printSchraube()
   {
      System.out.println ("Schraube mit M6 Gewinde.");
   }
}

// Datei: SchraubeM10.java
public class SchraubeM10 implements ISchraube
{
   public void printSchraube()
   {
      System.out.println ("Schraube mit M10 Gewinde.");
   }
}
```

Für die gleichzeitige Erzeugung von abstrakten Schrauben und Muttern (hier: `ISchraube` und `IMutter`) dient die Abstrakte Fabrik, welche im Falle von Java hier als Schnittstelle definiert wird:

```java
// Datei: IAbstrakteFabrik.java
// IAbstrakteFabrik hat zwei Methoden. Jede erzeugt
// eine andere Instanz eines Produktes (IMutter und ISchraube).
public interface IAbstrakteFabrik
{
   public ISchraube erzeugeSchraube();
   public IMutter erzeugeMutter();
}
```

Für die Erzeugung einer Produktfamilie, d. h. `ISchraube` und `IMutter` mit gleichem Gewinde, wird eine konkrete Fabrik benötigt.

```java
// Datei: KonkreteFabrikM6.java
public class KonkreteFabrikM6 implements IAbstrakteFabrik
{
   public ISchraube erzeugeSchraube()
   {
      return new SchraubeM6();
   }

   public IMutter erzeugeMutter()
   {
      return new MutterM6();
   }
}
```

```
// Datei: KonkreteFabrikM10.java
public class KonkreteFabrikM10 implements IAbstrakteFabrik
{
   public ISchraube erzeugeSchraube()
   {
      return new SchraubeM10();
   }

   public IMutter erzeugeMutter()
   {
      return new MutterM10();
   }
}
```

Der Client bekommt eine konkrete Fabrik zugewiesen und bearbeitet die erzeugten Produkte dieser Fabrik.

```
// Datei: Client.java
public class Client
{
   private IAbstrakteFabrik abstrakteFabrik = null;
   private ISchraube abstraktesProduktA = null;
   private IMutter abstraktesProduktB = null;

   public void setAbstrakteFabrik (IAbstrakteFabrik fabrikRef)
   {
       this.abstrakteFabrik = fabrikRef;
   }

   public void erzeugeProdukte()
   {
      if (abstrakteFabrik != null)
      {
         abstraktesProduktA =
            abstrakteFabrik.erzeugeSchraube();
         abstraktesProduktB =
            abstrakteFabrik.erzeugeMutter();
      }
   }

   public void produktAusgabe()
   {
      if (abstraktesProduktA != null &&
           abstraktesProduktB != null)
      {
         abstraktesProduktA.printSchraube();
         abstraktesProduktB.printMutter();
      }
   }
}
```

Mit Hilfe der Klasse `Test` wird ein Objekt der Klasse `Client` erzeugt und anschließend eine konkrete Fabrik (Instanz von `KonkreteFabrikM6`) für die Erzeugung zugewiesen. Im nächsten Schritt werden Instanzen von `ISchraube` und

Objektorientierte Entwurfsmuster

IMutter unter Zuhilfenahme der Methode erzeugeProdukte() erzeugt und anschließend ausgegeben (produktAusgabe()).

Im zweiten Teil des Programms werden dann Produktfamilien mit M10-Gewinde erzeugt und ausgegeben.

```java
// Datei: Test.java
// Zum Testen dient die Test-Klasse.
public class Test
{
   public static void main (String[] args)
   {
      Client c = new Client();

      c.setAbstrakteFabrik (new KonkreteFabrikM6());
      c.erzeugeProdukte();
      c.produktAusgabe();

      System.out.println();

      c.setAbstrakteFabrik (new KonkreteFabrikM10());
      c.erzeugeProdukte();
      c.produktAusgabe();
   }
}
```

Hier das Protokoll des Programmlaufs:

```
Schraube mit M6 Gewinde.
Mutter mit M6 Gewinde.

Schraube mit M10 Gewinde.
Mutter mit M10 Gewinde.
```

17.17.4 Bewertung

17.17.4.1 Vorteile

Folgende Vorteile werden gesehen:

- Die **konkreten Klassen** werden **durch abstrakte Klassen isoliert**. Der Vorteil ist, dass derjenige, der die erstellten Objekte benutzt, lediglich deren Schnittstellen kennt und so eine Abkopplung von den konkreten Implementierungen möglich ist.
- **Produktfamilien können leicht ausgetauscht werden.**
- Es wird sichergestellt, dass **zum gleichen Zeitpunkt nur eine Produktfamilie** verwendet wird.

17.17.4.2 Nachteile

Der folgende Nachteil wird gesehen:

- **Neue Produktarten** lassen sich nur mit Aufwand hinzufügen, da **in allen konkreten Fabriken Änderungen erforderlich sind**. Alle konkreten Fabriken müssen an die erweiterte Abstrakte Fabrik angepasst werden. Wenn eine neue Familie von Produkten hinzugefügt wird, muss die Abstrakte Fabrik auch das entsprechende Produkt als abstrakte Klasse generieren. Auch im Falle der Ähnlichkeit zu einer bestehenden konkreten Fabrik ist dennoch eine neue konkrete Fabrik erforderlich.

17.17.5 Einsatzgebiete

Bei Nutzung der Abstrakten Fabrik möchte der Client seine Klassen erzeugen können, ohne von den konkreten Produkten Kenntnis zu erhalten. Vielmehr will er über die Schnittstelle `IAbstraktesProdukt` darauf zugreifen. Daher eignet sich das Muster auch in allen Fällen, in denen zur Laufzeit mehrere Produktfamilien zum Einsatz kommen sollen. Ein Beispiel hierfür ist z. B. ein Framework, das einerseits lauffähige Produktfamilien für Linux und andererseits für Windows erzeugen soll.

17.17.6 Ähnliche Entwurfsmuster

Im Gegensatz zu einer **Abstrakten Fabrik** hat die **Fabrikmethode** ein einzelnes Produkt und nicht eine Produktfamilie zum Inhalt. Die Erzeugung eines konkreten Objekts erfolgt in beiden Fällen in Unterklassen.

Das Verhaltensmuster **Strategie** definiert Objektfamilien, bei denen die einzelnen Objekte untereinander austauschbar sind. Das Erzeugungsmuster Abstrakte Fabrik stellt eine Möglichkeit dar, diese Objektfamilien zu erzeugen.

Die Abstrakte Fabrik kann die Erzeugung konkreter Produkte verschiedener Produktfamilien über eine **Fassade** als Schnittstelle anbieten.

Beim Strukturmuster **Brücke** wird oftmals die Abstrakte Fabrik eingesetzt, um die Implementierungsobjekte zu erzeugen.

17.18 Das Erzeugungsmuster Singleton

17.18.1 Name/Alternative Namen

Singleton.

17.18.2 Problem

Es soll eine Klasse geben, von der sichergestellt werden muss, dass nur eine einzige Instanz von ihr existiert. Dabei soll es für ein Client-Programm irrelevant sein, ob die einzige Instanz bereits erzeugt worden ist oder nicht. Für das Erzeugen nur einer Instanz soll die genannte Klasse selbst verantwortlich sein.

17.18.3 Lösung

Die Klasse, von der es nur ein einziges Objekt geben darf, wird im Folgenden `Singleton` genannt. Ein Client, der mit dem `Singleton`-Objekt arbeiten will, bekommt eine Referenz auf dieses `Singleton`-Objekt.

Ein `Singleton`-Objekt kann also nur von der `Singleton`-Klasse selbst erzeugt werden. Alle Konstruktoren einer `Singleton`-Klasse werden mit dem Zugriffsmodifizierer `private` gekennzeichnet, so dass andere Klassen kein Objekt unter Verwendung eines Konstruktors erzeugen können. Objekte, die die Klasse `Singleton` verwenden möchten, erhalten von der Klassenmethode `getInstance()` der `Singleton`-Klasse eine Referenz auf das einzig existierende `Singleton`-Objekt zurück.

Für die Erzeugung des einzigen Exemplars der `Singleton`-Klasse durch die `Singleton`-Klasse selbst gibt es zwei unterschiedliche Vorgehensweisen.

Bei der ersten Variante, wie sie in [Gam95] zu finden ist, wird das `Singleton`-Objekt erst erzeugt, wenn ein Client-Objekt zum ersten Mal die Methode `getInstance()` aufruft. Wird diese Methode jedoch aus mehreren Threads gleichzeitig aufgerufen, so könnte dies zur Erzeugung mehrerer Objekte führen. Um dies zu vermeiden, müssen entsprechende Synchronisationsmechanismen eingesetzt werden, die sich jedoch je nach Programmiersprache unterscheiden.

Die zweite Methode ist unter anderem in [Gra98] zu finden. Dabei wird das `Singleton`-Objekt beim Laden der Klasse erzeugt, unabhängig davon, ob das `Singleton`-Objekt jemals gebraucht wird oder nicht.

Diese beiden Varianten haben je nach verwendeter Programmiersprache meist mehrere mögliche Implementierungen, die Aspekte wie Geschwindigkeit, Threadsicherheit und Speicherbedarf berücksichtigen (siehe Kapitel 17.18.3.4). Hier zeigt sich, dass sich das `Singleton`-Muster aufgrund seiner einfachen Struktur zwar leicht erklären lässt, seine Implementierung aber dennoch komplex sein kann.

17.18.3.1 Klassendiagramm

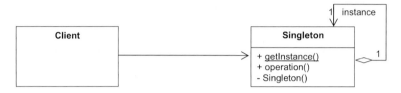

Bild 17-60 Klassendiagramm für das Singleton-Muster

Die Singleton-Klasse muss für den Client sichtbar sein.

17.18.3.2 Teilnehmer

Client-Klasse
Der Client ruft die Singleton-Klasse auf.

Singleton-Klasse
Die Singleton-Klasse erzeugt das einzige Singleton-Objekt als Klassenattribut und stellt dieses über eine Klassenmethode getInstance() zur Verfügung.

17.18.3.3 Dynamisches Verhalten

Wie Bild 17-61 zeigt, ist der Rückgabewert eine Referenz auf die neu erstellte Instanz der Singleton-Klasse oder – wenn die Instanz bereits existiert – auf das einzig vorhandene Exemplar der Singleton-Klasse.

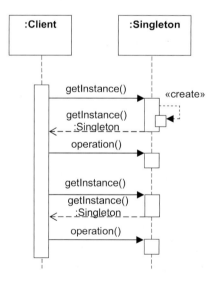

Bild 17-61 Sequenzdiagramm für das Abholen einer Referenz des Singleton-Objekts

17.18.3.4 Programmbeispiel

Überall da, wo nur ein einziges Exemplar einer Klasse erzeugt werden darf wie z. B. bei einem authentifizierenden Objekt, ist das hier beschriebene Muster die richtige Wahl. Im folgenden Beispiel wird zuerst die Variante 1 des Singleton-Musters gezeigt. Dann wird das Beispiel modifiziert zur Variante 2. Anschließend werden beide Varianten diskutiert.

Beispiel ToolTipManager

Um die Vor- und Nachteile beider Methoden besser verstehen zu können, soll nun zuerst der Quellcode einer typischen `Singleton`-Klasse vorgestellt werden, nämlich der Klasse `ToolTipManager`. Ein ToolTipManager bestimmt beispielsweise, welche Erläuterung (engl. tool tip) wie lange angezeigt wird, wenn die Maus auf ein grafisches Element zeigt. Es darf aber nur eine einzige Anzeige und keine konkurrierenden ToolTipManager geben. Daher muss die Klasse `ToolTipManager` als Singleton ausgelegt werden.

```java
// Datei: ToolTipManager.java
class ToolTipManager
{
   private static ToolTipManager instance;

   private ToolTipManager()
   {
      System.out.println ("Neues Singleton erzeugt.");
   }

   public static ToolTipManager getInstance()
   {
      if (instance == null)
      {
         instance = new ToolTipManager ();
      }
      return instance;
   }

   public void operation()
   {
      // eigentliche Funktionalität des Singleton
      System.out.println ("operation() aufgerufen.");
   }
}
```

Dieser Code ist nicht multi-threading-fähig. Der gleichzeitige Aufruf von `getInstance()` aus mehreren Threads kann zu Problemen führen.

Das Beispiel zeigt, dass die `Singleton`-Klasse zur Verwirklichung der Singleton-Funktionalität eine Referenz `instance` auf das Singleton-Objekt beinhalten muss. Diese Referenz muss eine Klassenvariable sein (`static` in Java), da auf sie in der Klassenmethode `getInstance()` zugegriffen wird.

> Die Methode `getInstance()` muss eine Klassenmethode sein, da Client-Objekte auf diese Methode zugreifen, bevor überhaupt ein Singleton-Objekt existiert.

Ein Aufruf der Methode `operation()` sieht damit folgendermaßen aus:

`ToolTipManager.getInstance().operation();`

Hierbei wird über den Klassennamen `ToolTipManager` auf die Klassenmethode `getInstance()` zugegriffen, um eine Referenz auf das Singleton-Objekt zu erhalten. Über diese Referenz wird dann die Instanzmethode `operation()` aufgerufen, die die eigentliche Funktionalität des Singleton bereitstellt.

Die Klasse `Client` ruft im Programm die Methode dreimal hintereinander auf:

```java
// Datei: Client.java
public class Client
{
   public static void main (String[] args)
   {
      ToolTipManager.getInstance().operation();
      ToolTipManager.getInstance().operation();
      ToolTipManager.getInstance().operation();
   }
}
```

In der Programmausgabe sieht man, dass das Objekt nur einmal erzeugt wird:

```
Neues Singleton erzeugt.
operation() aufgerufen.
operation() aufgerufen.
operation() aufgerufen.
```

Der interessanteste Teil einer Singleton-Implementierung ist jedoch der Rumpf der Methode `getInstance()` selbst, sowie die Deklaration der Referenz `instance`. An diesen beiden Stellen unterscheiden sich die oben genannten zwei Varianten zur Erzeugung des Singleton-Objekts. Die gerade vorgestellte Variante erzeugt – wie in [Gam95] – das Singleton-Objekt erst dann, wenn die Methode `getInstance()` aufgerufen wird. Der Vorteil bei dieser Variante liegt darin, dass die Objekterzeugung wirklich nur dann erfolgt, wenn tatsächlich ein Client-Objekt das Singleton-Objekt benötigt. Der Nachteil ist eine leichte Verschlechterung der Performance bei weiteren Zugriffen auf die Methode `getInstance()`, da jedes Mal der Vergleich (`instance`

== null) ausgeführt werden muss, der nach dem ersten Aufruf sowieso immer negativ ausfällt.

Programmierbeispiel Variante 2

Ist der (fast immer überflüssige) Vergleich und die damit einhergehende Verschlechterung der Performance unerwünscht, so kann auf die zweite Variante des Singleton-Musters [Gra98] zurückgegriffen werden.

> In der zweiten Variante erfolgt die Erzeugung des Singleton-Objekts "statisch", d. h. sofort bei Programmstart oder im Fall von Java beim Laden der Klasse durch den Klassenlader. Dazu muss die Klasse benutzt werden.

Der Vorteil bei dieser Variante ist, dass der oben genannte Vergleich in der Methode getInstance() gänzlich entfällt. Folgendes Beispiel zeigt diese Variante:

```java
// Datei: ToolTipManager2.java
public class ToolTipManager2
{
   private static ToolTipManager2 instance = new ToolTipManager2();

   private ToolTipManager2()
   {
      System.out.println ("ToolTipManager2 erzeugt.");
   }

   public static ToolTipManager2 getInstance()
   {
      System.out.println ("ToolTipManager2::getInstance()");
      return instance;
   }

   public void operation()
   {
      // eigentliche Funktionalität des Singleton
      System.out.println ("operation() aufgerufen.");
   }
}
```

Es ist zu sehen, dass sich die Vereinbarung der Klassenvariable instance von der ersten Variante unterscheidet.

In der zweiten Variante wird sofort ein Exemplar der Klasse ToolTipManager erzeugt und nicht erst beim Aufruf von getInstance().

Der Zugriff erfolgt dabei – wie in der ersten Variante – mit Hilfe der getInstance()-Methode:

```
// Datei: Client2.java
public class Client2
{
   public static void main (String[] args)
   {
      ToolTipManager2.getInstance().operation();
      ToolTipManager2.getInstance().operation();
      ToolTipManager2.getInstance().operation();
   }
}
```

Die Ausgabe des Programms ist:

```
ToolTipManager2 erzeugt.
ToolTipManager2::getInstance()
operation() aufgerufen.
ToolTipManager2::getInstance()
operation() aufgerufen.
ToolTipManager2::getInstance()
operation() aufgerufen.
```

In diesem Fall vereinfacht sich der Rumpf der Methode `getInstance()`, da der Vergleich entfällt und die Referenz auf das `Singleton`-Objekt sofort zurückgegeben werden kann. Dadurch ist dieses Beispiel im Gegensatz zum vorherigen bereits threadsicher, d. h., die statische `getInstance()`-Methode kann von verschiedenen Threads aufgerufen werden. Die Performance leidet so nicht, allerdings wird je nach verwendeter Programmiersprache unnötig Speicher verbraucht für den Fall, dass das Singleton-Objekt nie gebraucht wird. Im Falle von Java wird die Klasse wirklich nur dann geladen, wenn sie wirklich genutzt wird, also das Objekt gebraucht wird. Dann wird automatisch auch das Objekt erstellt.

Vergleich der beiden Varianten

Es ist – wie so oft – zwischen Performance und Speicherbedarf abzuwägen und die richtige Variante für die aktuelle Situation auszuwählen. Ist nicht sicher, ob das Singleton-Objekt überhaupt jemals benötigt wird oder ist geringer Speicherverbrauch wichtiger als eine höhere Performance, so ist sicherlich die Variante 1 aus [Gam95] geeigneter. Wird das Singleton-Objekt in jedem Fall gebraucht oder ist eine höhere Performance wichtiger als geringer Speicherbedarf, so ist die Variante 2 aus [Gra98] die bessere Lösung.

Das zweite Beispiel ist threadsicher, d. h., es kann problemlos von mehreren Threads aufgerufen werden, da das Singleton-Objekt bereits beim Laden der Klasse angelegt wird. Dies soll durch den mehrmaligen Aufruf der `getInstance()`-Methode in verschiedenen Threads aufgezeigt werden:

```
// Datei: SingletonTestThread.java
public class SingletonTestThread extends Thread
{
   public String thread_name;
```

```
   public SingletonTestThread (String _thread_name)
   {
      thread_name = _thread_name;
   }

   public void run()
   {
      try
      {
         Thread.sleep (500);
         System.out.println (thread_name + " - call 1");
         ToolTipManager2.getInstance().operation();
         Thread.sleep (500);
         System.out.println (thread_name + " - call 2");
         ToolTipManager2.getInstance().operation();
         Thread.sleep (500);
         System.out.println (thread_name + " - call 3");
         ToolTipManager2.getInstance().operation();
      }
      catch (InterruptedException ie)
      {
         System.out.println (thread_name + " - interrupted.");
      }
   }
}
```

In dem Beispiel werden 3 Threads gestartet, die sich dreimal eine Instanz auf die Klasse `ToolTipManager2` holen und im Anschluss die `operation()`-Methode aufrufen.

```
// Datei: TestSingletonMultipleThreads.java
public class TestSingletonMultipleThreads
{
   public static void main (String[] args)
   {
      SingletonTestThread s1 = new SingletonTestThread ("Thread 1");
      SingletonTestThread s2 = new SingletonTestThread ("Thread 2");
      SingletonTestThread s3 = new SingletonTestThread ("Thread 3");

      s1.start();
      s2.start();
      s3.start();
   }
}
```

Die nicht-deterministische[177] Ausgabe des Programms ist:

---

[177] nicht-deterministisch bedeutet, dass die Ausgabe bei einem erneuten Aufruf nicht zwangsläufig die gleiche Ausgabe erzeugt, da mehrere Threads parallel ablaufen.

```
Thread 2 - call 1
ToolTipManager2 erzeugt.
ToolTipManager2::getInstance()
operation() aufgerufen.
Thread 3 - call 1
ToolTipManager2::getInstance()
operation() aufgerufen.
Thread 1 - call 1
ToolTipManager2::getInstance()
operation() aufgerufen.
Thread 2 - call 2
ToolTipManager2::getInstance()
operation() aufgerufen.
Thread 3 - call 2
ToolTipManager2::getInstance()
operation() aufgerufen.
Thread 1 - call 2
ToolTipManager2::getInstance()
operation() aufgerufen.
Thread 2 - call 3
ToolTipManager2::getInstance()
operation() aufgerufen.
Thread 3 - call 3
ToolTipManager2::getInstance()
operation() aufgerufen.
Thread 1 - call 3
ToolTipManager2::getInstance()
operation() aufgerufen.
```

Um beim ersten Beispiel Threadsicherheit zu gewährleisten, müsste die Methode getInstance() mit synchronized gekennzeichnet werden.

```
public synchronized static ToolTipManager getInstance()
{
   if (instance == null)
   {
      instance = new ToolTipManager ();
      System.out.println ("Neues Singleton erzeugt");
   }
   return instance;
}
```

Die Kennzeichnung mit dem Schlüsselwort synchronized hat allerdings den Nachteil, dass die Aufrufe für getInstance() relativ langsam sind [sipaij].

17.18.4 Bewertung

17.18.4.1 Vorteile

Der folgende Vorteil wird gesehen:

- Es wird gewährleistet, dass nur ein einziges Exemplar erzeugt wird.

17.18.4.2 Nachteile

Die folgenden Nachteile werden gesehen:

- Bei der Verwendung mehrerer Threads, ist auf die Synchronisation zu achten.
- Ein Singleton ist wie eine globale Variable, die in der gesamten Applikation sehr einfach verwendet werden kann, was eine große Abhängigkeit von der Singleton-Klasse zur Folge hat.
- Während es einfach ist, eine Klasse pro Applikation nur einmal zu verwenden, ist es schwierig, das Singleton-Muster über mehrere virtuelle Maschinen oder Rechner hinweg zu gewährleisten.

17.18.5 Einsatzgebiete

Das Singleton-Muster wird meist dann verwendet, wenn die Instanz einer Klasse innerhalb einer Applikation nur einmal zum Einsatz kommen soll. Beispiele hierfür sind z. B. eine Logging-Klasse, die den Anwendungsablauf protokolliert oder aber eine Klasse, die zentrale Applikations-Einstellungen verwaltet.

17.18.6 Ähnliche Entwurfsmuster

Wenn die Anzahl der Singleton-Objekte nicht auf eins begrenzt werden soll, sondern auf eine beliebige andere Anzahl, kann das Entwurfsmuster **Objektpool** [Gra98] eingesetzt werden. Es erlaubt, eine bestimmte Anzahl von Objekten zu verwalten und wiederzuverwenden. Zur Erzeugung der Objekte kann die **Fabrikmethode** verwendet werden.

17.19 Das Erzeugungsmuster Objektpool

17.19.1 Name/Alternative Namen

Objektpool (engl. object pool, connection pool).

17.19.2 Problem

Die Erzeugung der Instanzen bestimmter Klassen erweist sich oftmals als rechenleistungs- und ressourcenintensiv (z. B. Datenbankverbindung, Threads). Daher sollen solche Instanzen bereitgehalten und wiederverwendet werden. In speziellen Fällen soll auch die Anzahl der existierenden Instanzen eines Typs bewusst beschränkt werden.

17.19.3 Lösung

Für ausgesuchte Typen, deren Instanziierung zu aufwändig ist oder bei denen die Zahl der Instanzen beschränkt werden soll, verwendet der Objektpool die Objekte wieder[178]. Er hält die Objekte bereit und teilt sie den Interessenten zu. Die auszugebenden Objekte werden im Pool zwischengespeichert. Wie bei einem Pfandflaschensystem sorgt der Objektpool für eine Wiederverwendung. Damit werden Ressourcen gespart. Solche Objekte werden nach Gebrauch nicht zerstört, sondern dem Pool für eine erneute Verwendung wieder zugeführt. Alle Objekte im Pool müssen denselben Zustand aufweisen.

Die Effizienz eines Objektpools hängt natürlich von der Güte der Implementierung und der Art der im Objektpool gespeicherten Objekte ab.

Der Objektpool erbringt die folgenden Leistungen:

- Objekte annehmen, zwischenspeichern sowie initialisieren und
- angeforderte Objekte herausgeben.

Die verschiedenen Nutzer des Pools greifen als Clients auf den Objektpool als Server zu. Da der Objektpool eine einzige Zentralstelle für alle Clients sein soll, wird er als Singleton angelegt. Das Singleton-Muster (siehe Kapitel 17.18) garantiert, dass von einer bestimmten Klasse nur eine einzige Instanz angelegt wird, auf die von mehreren Clients zugegriffen werden kann. Durch die Auslegung als Singleton wird sichergestellt, dass die ausgegebenen Objekte nur von einer einzigen Instanz bezogen werden, so dass es keine konkurrierenden Alternativen geben kann.

Um mehrere parallele Clients gleichzeitig durch den Objektpool bedienen zu können, müssen die kritischen Abschnitte threadsicher ausgeführt werden. Threadsicher bedeutet, dass ein Objekt immer in einem gültigen Zustand ist. Bei mehreren Threads, die mehrere Objekte des Objektpools verwenden, und bei Beschränkung der Zahl der verfügbaren Objekte durch den Objektpool kann es durchaus vorkommen, dass die Threads aufeinander warten und sich damit gegenseitig blockieren (Dead-Lock).

---

[178] Im allgemeinen Sinne gilt dies für Instanzen.

Ist die Kapazität des Pools erschöpft, so kann man je nach Strategie ein neues Objekt erzeugen und dabei einen Client warten lassen, bis wieder ein Objekt zur Verfügung steht, oder aber dem Client die Entscheidung bei einem ihm mitgeteilten Engpass überlassen.

17.19.3.1 Teilnehmer

Das Entwurfsmuster Objektpool umfasst drei verschiedene Klassen:

ObjectPool
Diese Klasse verwaltet die Instanzen der Klasse `WiederverwendbareKlasse`. Ein `Client` kann nur über eine Instanz vom Typ `ObjectPool` Objekte vom Typ `WiederverwendbareKlasse` erhalten.

Wiederverwendbare Klasse
Instanzen von diesem Typ sind aufwändig zu erstellen. Ein Client wird ein Objekt dieser Klasse nicht zerstören, sondern nach Verwendung in den Pool zurücklegen.

Client
Ein Objekt der Klasse `Client` verwendet den `Objectpool`, um an Instanzen des Typs `WiederverwendbareKlasse` zu gelangen.

17.19.3.2 Klassendiagramm

Das folgende Klassendiagramm stellt den Objektpool, seine Clients und die Objekte des Pools dar.

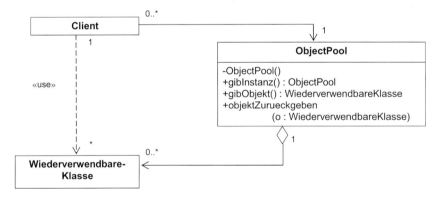

Bild 17-62 Klassendiagramm des Objektpool-Musters

Der Objektpool ist als Singleton (siehe Kapitel 17.18) ausgelegt.

Damit das Entwurfsmuster Objektpool sinnvoll eingesetzt werden kann, sollten einige Regeln eingehalten werden. Diese Regeln lauten:

Regel 1: Objekte sollten zurückgesetzt werden.
Enthalten die Objekte des Pools Daten, die durch die Clients verändert werden können, so müssen sie vom Client in einen definierten Ursprungszustand zurückversetzt

werden, bevor das Objekt an den Pool zurückgegeben wird. In der Regel geschieht dies beim Zurücklegen in den Pool.

Regel 2: Der Pool sollte eine minimale und eine maximale Größe haben.
Der Pool darf nicht zu klein sein, da die Clients sonst unter Umständen lange warten müssen, ehe sie ein Objekt des Objektpools erhalten. Ein zu großer Pool verschwendet Ressourcen. Der Pool könnte sich im Idealfall der jeweiligen Situation anpassen, d. h. dynamisch neue Objekte zur Laufzeit anlegen oder bereits bestehende Objekte zur Laufzeit löschen.

Regel 3: Der Pool sollte vorinitialisiert werden.
Hat der Objektpool eine anfängliche Mindestanzahl an bereits initialisierten Objekten, so kann vermieden werden, dass beim Starten des Objektpools ein Client auf die Erzeugung der ersten Objekte warten muss.

17.19.3.3 Dynamisches Verhalten

Mit dem Aufruf `ObjectPool.gibInstanz()` erhält ein Client eine Instanz des Pools. Neben der Methode `gibInstanz()` verfügt der Objektpool noch über zwei weitere Methoden, die der Client verwenden kann:

`gibObjekt(): WiederverwendbareKlasse,`
`objektZurueckgeben (o : WiederverwendbareKlasse).`

Mit `gibObjekt()` fordert der Client ein Objekt vom Typ `Wiederverwendbare-Klasse` an, das er exklusiv nutzen will. Sind im Objektpool freie Objekte vom Typ `WiederverwendbareKlasse` vorhanden, so erhält der Client eines dieser Objekte. Damit kann nun der Client beliebige Operationen auf diesem Objekt ausführen. Nach Erledigung ruft der Client `objektZurueckgeben()` auf. Dies ist in dem folgenden Sequenzdiagramm dargestellt. Ist kein freies Objekt mehr im Objektpool, so wird der Objektpool ein neues Objekt erzeugen, wenn dies vorgesehen ist, und dem Client das neu erstellte Objekt übergeben. Dies ist in Bild 17-63 nicht dargestellt.

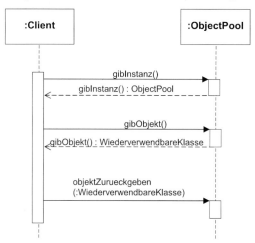

Bild 17-63 Abholen eines Objekts im Objektpool und Rückgabe ohne Zeigen der Verwendung

17.19.3.4 Programmbeispiel

Im Beispiel für den Objektpool wird eine Taxizentrale vorgestellt. Die Taxizentrale repräsentiert hierbei einen Objektpool, dessen Objekte Taxis sind. Die Zentrale vermittelt freie Taxis an Passagiere, die die Taxis verwenden und nach Gebrauch wieder an den Objektpool zurückgeben. Hier das Programm:

```java
// Datei: Taxi.java
public class Taxi
{
   private Passagier passagier;
   private int nummer = 0;

   public Taxi (int nummer)
   {
      this.nummer = nummer;
   }

   public int getNummer()
   {
      return nummer;
   }

   public void passagierSteigtAus()
   {
      System.out.println ("Aus Taxi " + this.getNummer()
         + " ist Passagier " + passagier.getName()
         + " ausgestiegen.");
      passagier = null;
   }

   public void passagierSteigtEin (Passagier passagier)
   {
      this.passagier = passagier;

      System.out.println ("In Taxi " + this.getNummer()
         + " ist Passagier " + passagier.getName()
         + " eingestiegen.");
   }
}

// Datei: Passagier.java
public class Passagier
{
   private String name = "";
   private Taxi taxi;

   public Passagier (String name)
   {
      this.name = name;
   }
```

```java
   public String getName()
   {
      return name;
   }

   public void taxiBetreten (TaxiZentrale taxiZentrale)
   {
      taxi = taxiZentrale.taxiAnfordern();
      // Es ist kein freies Taxi vorhanden
      if (taxi == null)
         System.out.println ("Für Passagier " + this.getName()
            + " ist kein freies Taxi vorhanden.");
      else
         taxi.passagierSteigtEin (this);
   }

   public void taxiVerlassen (TaxiZentrale taxiZentrale)
   {
      if (taxi != null)
      {
         taxi.passagierSteigtAus();
         taxiZentrale.taxiFreigeben (taxi);
      }
   }
}
```

Die Klasse `TaxiZentrale` stellt den eigentlichen Objektpool dar. Sie verwaltet einen `Vector` zum Speichern der Taxis. Die beiden Methoden `taxiAnfordern()` und `taxiFreigeben()` dienen zum Anfordern bzw. zum Zurückgeben eines Taxis an den Objektpool. Da diese Methoden die Liste verfügbarer Taxis bearbeiten, sollten sie threadsicher gemacht werden. Dies erfolgt über das Schlüsselwort `synchronized`. Um sicherzustellen, dass der Taxi-Pool eine einzige, zentrale Verwaltungsstelle für Taxis darstellt, ist die Klasse `TaxiZentrale` zusätzlich als Singleton (siehe Kapitel 17.18) implementiert.

```java
// Datei: TaxiZentrale.java
import java.util.Vector;

public class TaxiZentrale
{
   private int size = 2;
   private static TaxiZentrale taxiZentrale = new TaxiZentrale();
   private Vector<Taxi> taxis;

   private TaxiZentrale()
   {
      taxis = new Vector<Taxi> (size);

      for (int i = 1; i <= size; i++)
         taxis.add (new Taxi (i));
      System.out.println ("Neue Taxizentrale mit " + size
         + " verwalteten Taxis erzeugt.");
   }
```

```java
   public static TaxiZentrale gibInstanz()
   {
      return taxiZentrale;
   }

   public synchronized Taxi taxiAnfordern()
   {
      if (taxis.size() > 0)
      {
         Taxi taxi = taxis.get (0);
         taxis.remove (taxi);
         return taxi;
      }

      // Kein Taxi frei
      return null;
   }

   public synchronized void taxiFreigeben (Taxi taxi)
   {
         taxis.add (taxi);
   }
}
```

Die Klasse `TestTaxiZentrale` erzeugt drei Instanzen der Klasse `Passagier`. Diese Passagiere fordern nacheinander ein Taxi bei der Taxizentrale an. Da die Taxizentrale nur zwei Taxis bereitstellt, bekommt der dritte Passagier Klaus erst dann ein Taxi, wenn ein anderer Passagier sein Taxi wieder verlassen hat.

```java
// Datei: TestTaxiZentrale.java
public class TestTaxiZentrale
{
   public static void main (String[] args)
   {
      TaxiZentrale taxiZentrale = TaxiZentrale.gibInstanz();

      Passagier hans = new Passagier ("Hans");
      Passagier anna = new Passagier ("Anna");
      Passagier klaus = new Passagier ("Klaus");

      hans.taxiBetreten (taxiZentrale);
      anna.taxiBetreten (taxiZentrale);
      klaus.taxiBetreten (taxiZentrale);

      hans.taxiVerlassen (taxiZentrale);
      klaus.taxiBetreten (taxiZentrale);

      anna.taxiVerlassen (taxiZentrale);
      klaus.taxiVerlassen (taxiZentrale);
   }
}
```

Hier das Protokoll des Programmlaufs:

```
Neue Taxizentrale mit 2 verwalteten Taxis erzeugt.
In Taxi 1 ist Passagier Hans eingestiegen.
In Taxi 2 ist Passagier Anna eingestiegen.
Für Passagier Klaus ist kein freies Taxi vorhanden.
Aus Taxi 1 ist Passagier Hans ausgestiegen.
In Taxi 1 ist Passagier Klaus eingestiegen.
Aus Taxi 2 ist Passagier Anna ausgestiegen.
Aus Taxi 1 ist Passagier Klaus ausgestiegen.
```

17.19.4   Bewertung

17.19.4.1 Vorteile

Die folgenden Vorteile werden gesehen:

- Wird der Mechanismus eines Objektpools eingesetzt, so erspart man sich durch die Wiederverwendung von Objekten ein ständiges Erzeugen dieser Objekte zur Laufzeit. Die Ressourcen werden geschont.
- Durch Beobachtung des Pools können Rückschlüsse auf die aktuelle Systemlast gezogen werden.

17.19.4.2 Nachteile

Folgende Nachteile können durch den Einsatz des Objektpools entstehen:

- Clients müssen die Objekte des Pools innerhalb der vorgeschriebenen Zeiten zurückgeben. Besonders im Falle von Ausnahmen (Exceptions) kann leicht vergessen werden, ein Objekt an den Pool zurückzugeben. Die **Rückgabe der Objekte** ist ein zentrales Problem dieses Musters. Der Pool kennt die Clients ja gar nicht. Wenn der Pool die Clients überhaupt nicht kennt, kann er ihnen auch keine Objekte entziehen. Wird die maximale Verwendungszeit überschritten, so erzeugt der Pool selbstständig ein neues Objekt. Zur Überwachung der Verwendungszeit muss der Objektpool als Thread ausgelegt sein.
- Die wiederzuverwendenden Objekte müssen vor ihrer Wiederverwendung **neu initialisiert** werden.
- In parallelen Umgebungen synchronisiert der Pool die parallelen Einheiten. Dies kann zu **Deadlocks** führen.

17.19.5   Einsatzgebiete

Das Entwurfsmuster eines Objektpools wird häufig bei Datenbankzugriffen verwendet, um Verbindungen zur Datenbank zwischenzuspeichern und wiederzuverwenden. Es wird dann in der Regel von einem Connection Pool gesprochen. Dieser Connection Pool ist insbesondere auch bei Web-Technologien sinnvoll, da diese viele kurze Verbindungen nutzen [db2cop].

Bei parallelen Systemen werden oft sogenannte Thread Pools eingesetzt. So müssen Threads nicht ständig neu erstellt werden, sondern sie werden einfach wiederverwendet.

Ebenso wie das Erstellen von Datenbankverbindungen ist auch das Erstellen von Threads aufwändig.

17.19.6 Ähnliche Entwurfsmuster

Für den Client wirkt ein `Objektpool` wie eine **Fabrikmethode**, da der Pool die Clients mit Objekten vom Typ `WiederverwendbareKlasse` versorgt. Diese Objekte müssen vom Objektpool erstellt worden sein.

Der Objektpool ist vergleichbar mit dem Entwurfsmuster **Singleton**, wobei die Anzahl der verfügbaren Objekte nicht wie beim Singleton auf eins begrenzt ist.

17.20 Zusammenfassung

Entwurfsmuster sind bewährte Ansätze bzw. Lösungswege, mit denen man bestimmte Probleme in der Softwareentwicklung lösen kann. Praktisch alle Entwurfsmuster bieten mit ihrem Lösungsansatz eine gewisse Flexibilität, die allerdings mit Aufwand, d. h. Zeitverbrauch und Speicherbedarf verbunden ist. Beim Einsatz eines Entwurfsmusters muss man stets prüfen, ob für die genannte Flexibilität überhaupt ein Bedarf gegeben ist.

Jedes der Muster ist für bestimmte Probleme anwendbar. Die Kunst besteht in der Eingrenzung des Problems. Diese Eingrenzung erlaubt es, zwischen ähnlichen Entwurfsmustern die richtige Wahl zu treffen.

Man kann zwischen Strukturmustern, Verhaltensmustern, Erzeugungsmustern und anderen Entwurfsmustern unterscheiden.

Strukturmuster befassen sich mit der Zusammensetzung und der Granularität von Klassen und Objekten. Im Folgenden werden die einzelnen Strukturmuster, die in diesem Buch besprochen werden, kurz beschrieben:

- Das **Adapter-Muster** passt eine vorhandene "falsche" Schnittstelle an die gewünschte Form an.
- Das **Brücken-Muster** trennt eine Implementierung und ihre Schnittstelle. Dadurch wird erreicht, dass beide Teile getrennt verändert und erweitert werden können.
- Das **Dekorierer-Muster** soll es erlauben, zur Laufzeit eine zusätzliche Funktionalität zu einem Objekt in dynamischer Weise hinzuzufügen.
- Das **Fassaden-Muster** soll eine vereinfachte abstrakte Schnittstelle zum Zugriff auf Subsysteme bereitstellen.
- Das **Kompositum-Muster** erlaubt es, dass bei der Verarbeitung von Elementen in einer Baumstruktur einfache und zusammengesetzte Objekte gleich behandelt werden.

- Das **Proxy-Muster** verbirgt die Existenz eines Objekts hinter einem Stellvertreter mit derselben Schnittstelle. Der Stellvertreter kapselt die Kommunikation zum echten Objekt. Er kann Funktionen an das echte Objekt weiterdelegieren, aber zusätzlich auch Funktionen erweitern.

Verhaltensmuster befassen sich mit den Zuständigkeiten und der Zusammenarbeit zwischen Klassen bzw. Objekten. Sie beschreiben Interaktionen zwischen Objekten. Im Folgenden werden die einzelnen Verhaltensmuster, die in diesem Buch besprochen werden, kurz beschrieben:

- Das **Schablonenmethode-Muster** legt bereits in einer Basisklasse die Struktur eines Algorithmus fest. Realisiert werden Teile des Algorithmus in Unterklassen.
- Das **Befehls-Muster** soll die Details eines Befehls vor der Architektur verbergen und soll es erlauben, dass Auslösungsort und Ausführungsort des Befehls getrennt werden können.
- Das **Beobachter-Muster** soll es erlauben, dass ein Objekt abhängige Objekte von einer Änderung seines Zustands automatisch informiert, so dass eine Aktualisierung automatisch eingeleitet werden kann.
- Das **Strategie-Muster** soll es erlauben, dass ein ganzer Algorithmus in Form einer Kapsel ausgetauscht wird.
- Das **Vermittler-Muster** soll es gestatten, die komplexe Kommunikation der Objekte untereinander durch eine Sterntopologie mit dem Vermittler als zentraler Stelle zu ersetzen. Dadurch bleiben die einzelnen Objekte unabhängig und sind austauschbar.
- Im **Zustand-Muster** werden die einzelnen Zustände in eigene Klassen ausgelagert, die von einer gemeinsamen abstrakten Basisklasse ableiten bzw. eine gemeinsame Schnittstelle implementieren. Ein zustandsabhängiges Kontrollobjekt referenziert den aktuellen Zustand und führt Zustandsänderungen durch.
- Das **Rollen-Muster** soll es erlauben, dass ein Objekt dynamisch die Rollen wechseln und mehrere Rollen gleichzeitig annehmen kann, sowie, dass mehrere Objekte dieselbe Rolle haben können.
- Das **Besucher-Muster** soll es erlauben, dass in einer Datenstruktur eine neue Funktion hinzugefügt werden kann, ohne die bestehenden Objekte der Datenstruktur abzuändern.
- Das **Iterator-Muster** soll es erlauben, eine Datenstruktur in verschiedenen Durchlaufstrategien zu durchlaufen, ohne den Aufbau der Datenstruktur zu kennen.

Erzeugungsmuster machen ein System unabhängig davon, wie seine Objekte erzeugt werden. Im Folgenden werden die einzelnen Erzeugungsmuster, die in diesem Buch besprochen werden, kurz zusammengefasst:

- Das **Fabrikmethode-Muster** soll es erlauben, dass die Erzeugung einer konkreten Instanz in der Methode einer Unterklasse gekapselt wird.
- Das **Abstrakte Fabrik-Muster** soll es erlauben, dass der Modus der Instanzen erzeugenden konkreten Fabrik zur Laufzeit ausgewählt werden kann, um konkrete Produkte eines bestimmten Zweigs der Produktfamilien zu erzeugen.
- Das **Singleton-Muster** soll gewährleisten, dass eine Klasse nur einmal instanziiert werden kann.
- Das Muster **Objektpool** soll durch Wiederverwendung auszugebender Instanzen die Ressourcen schonen.

17.21 Aufgaben

Aufgabe 17.1 Objektorientierte Entwurfsmuster

17.1.1 Erklären Sie den Zusammenhang zwischen Architekturmustern, Entwurfsmustern und Idiomen.
17.1.2 Was ist das Ziel der Entwurfsmuster?
17.1.3 Wie entsteht ein Entwurfsmuster?
17.1.3 Was sind Mikroarchitekturen?
17.1.4 Kann man sich sicher sein, dass man eine gute Architektur erstellt hat, wenn sie viele Entwurfsmuster enthält?
17.1.5 Wozu werden Strukturmuster eingesetzt?

Aufgabe 17.2 Strukturmuster

17.2.1 Nennen Sie ein Anwendungsbeispiel, das das Dekorierer-Muster verwendet.
17.2.2 Welches Problem lässt sich durch Verwendung des Kompositum-Musters lösen?
17.2.3 Welches Problem löst das Adapter-Muster?
17.2.4 Wozu wird das Muster Brücke eingesetzt?
17.2.5 Kann das Fassade-Muster den Zugriff auf die Subsystemklassen verhindern? Begründen Sie Ihre Antwort.
17.2.6 Wie löst das Dekorierer-Muster das Problem, eine Klasse zur Laufzeit dynamisch um Funktionalität zu erweitern?
17.2.7 Welche Arten von Proxys kennen Sie? Beschreiben Sie diese näher.
17.2.8 Erklären Sie die Motivation hinter dem Fassade-Muster.
17.2.9 Was ist beim Kompositum-Muster der Unterschied zwischen einem Kompositum und einem Blatt?
17.2.10 Erklären Sie den Unterschied zwischen einem Klassen- und einem Objektadapter.
17.2.11 Nennen Sie mindestens zwei Vorteile des Musters Brücke.
17.2.12 Beschreiben Sie das dynamische Verhalten beim Proxy-Muster.

Aufgabe 17.3 Verhaltensmuster

17.3.1 Welches Entwurfsmuster löst das Problem, die Struktur eines Algorithmus in der Basisklasse und die Einzelheiten in einer Subklasse festzulegen?
17.3.2 Bei welchem Entwurfsmuster wird die Kommunikation zwischen Objekten über eine Sterntopologie umgesetzt?
17.3.3 Welches Problem löst das Besucher-Muster?
17.3.4 Welches Entwurfsmuster kann verwendet werden, um eine Undo-/Redo-Funktionalität umzusetzen? Wie wird dies erreicht?
17.3.5 Nennen Sie drei Nachteile des Entwurfsmusters Befehl.
17.3.6 Warum müssen die Einschubmethoden beim Schablonenmethode-Muster in der Basisklasse abstrakt sein?
17.3.7 Erklären Sie das Prinzip einer Callback-Schnittstelle anhand des Beobachter-Musters.
17.3.8 Nennen Sie ein Entwurfsmuster, das dem Iterator-Muster ähnelt.

17.3.9 Wozu wird das Strategie-Muster eingesetzt?
17.3.10 Wie wird beim Rollen-Muster erreicht, dass ein Objekt zur Laufzeit verschiedene Rollen annehmen kann?
17.3.11 Wie wird beim Vermittler-Muster erreicht, dass miteinander kommunizierende Objekte lose gekoppelt sind?
17.3.12 Welche Vorteile ergeben sich durch die Verwendung des Verhaltensmusters Zustand gegenüber einem funktionsorientierten Ansatz zum Entwurf eines Zustandsautomaten?
17.3.13 Erklären Sie den Unterschied zwischen den Verhaltensmustern Strategie und Schablonenmethode.
17.3.14 Nennen Sie mindestens vier Vorteile des Besucher-Musters.
17.3.15 Geben Sie ein Beispiel für ein zustandsbehaftetes Problem.
17.3.16 Kennt der Beobachtete beim Beobachter-Muster die komplette Implementierung seiner Beobachter?
17.3.17 Was ist der Unterschied zwischen dem Rollen-Muster und der Spezialisierung durch Ableitung?
17.3.18 Wie wird beim Iterator-Muster das Problem gelöst, eine aus Objekten zusammengesetzte Datenstruktur zur durchlaufen, ohne den Aufbau der Datenstruktur zu kennen?

Aufgabe 17.4 Erzeugungsmuster

17.4.1 Nennen Sie drei Nachteile des Objektpool-Musters.
17.4.2 Mit welchem Entwurfsmuster kann erreicht werden, dass von einem Objekt nur eine einzige Instanz angelegt werden kann?
17.4.3 Welche Nachteile ergeben sich durch die Verwendung des Fabrikmethode-Musters?
17.4.4 Beschreiben Sie das dynamische Verhalten des Singleton-Musters.
17.4.5 Wie wird das Erzeugen von Objekten beim Fabrikmethode-Muster realisiert?
17.4.6 Was ist der Unterschied zwischen den beiden Erzeugungsmustern Fabrikmethode und Abstrakte Fabrik?
17.4.7 Wofür wird im Zusammenhang mit Datenbanken das Objektpool-Muster eingesetzt?
17.4.8 Mit welchem Problem befasst sich das Entwurfsmuster Abstrakte Fabrik?

Kapitel 18

Architekturmuster

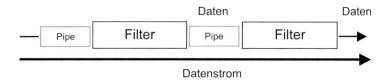

18.1 Das Architekturmuster Layers
18.2 Das Architekturmuster Pipes and Filters
18.3 Das Architekturmuster Model-View-Controller
18.4 Das Architekturmuster Broker
18.5 Das Architekturmuster Service-Oriented Architecture
18.6 Zusammenfassung
18.7 Aufgaben

18 Architekturmuster

Das Besondere an den Architekturmustern ist, dass damit sehr schnell komplexe Sachverhalte auf einfache Weise dargestellt werden können. Entwurfsmuster stellen feinkörnige Muster dar, während Architekturmuster grobkörnig sind. Architekturmuster lösen nicht ein Teilproblem, sondern beeinflussen die Grundzüge der Architektur eines Systems.

Im Folgenden sollen zuallererst einige Beispiele für Architekturmuster diskutiert werden:

Das **Architekturmuster Schichtenmodell (Layers)** schneidet die Architektur eines Systems in Schichten, wobei jede Schicht auf die Dienste der darunterliegenden Schicht zugreifen kann.

Das **Architekturmuster Pipes and Filters** strukturiert eine Anwendung in eine Kette von sequenziellen Verarbeitungsprozessen, die über ihre Ausgabe bzw. Eingabe gekoppelt sind. Die Ausgabe des einen Prozesses ist die Eingabe des nächsten Prozesses.

Das **Architekturmuster Broker** strukturiert ein System aus mehreren Clients und Servern, die in n:m-Beziehung zueinander stehen, in eine Architektur mit einem Broker als zentrale Anlaufstelle mit einheitlichen Schnittstellen. Der Broker verwaltet die Kommunikation zwischen Clients und Servern, so dass die Netzwerkausprägung für Clients und Servern transparent wird.

Das **Architekturmuster Model-View-Controller (MVC)** trennt eine Anwendung in die Komponenten Model (Verarbeitung/Datenhaltung), View (Eingabe) und Controller (Ausgabe). Das Model hängt dabei nicht von der Ein- und Ausgabe ab. Mit dieser Strategie ist es leicht möglich, View und Controller im System auszutauschen.

Das **Architekturmuster Service-Oriented Architecture (SOA)** gliedert die Architektur eines Systems in Komponenten bzw. Teilkomponenten, die Services bzw. Teilservices zur Erbringung von Geschäftsprozessen oder ihren Teilen entsprechen.

Die **Architektur eines EJB[179]-Servers** trennt generell die technischen Funktionen einer Anwendung auf dem Server in die technischen Funktionen der Container und die Verarbeitungskomponenten in Form von EJBs. Technische Funktionen sind beispielsweise das Speichermananagement in Form eines Ressourcenpoolings, ein Namensdienst, ein Sicherheitsdienst, ein Transaktionsdienst etc. Die technischen Funktionen sind anwendungsunabhängig. Die EJB-Komponenten können auch in anderen Anwendungen mit analogen Geschäftsprozessen eingesetzt werden.

Das **Architekturmuster einer Plug-in-Architektur** strukturiert eine spezielle Anwendung so, dass sie über Erweiterungspunkte in Form von Schnittstellen verfügt, an denen Plug-ins, die diese Schnittstellen implementieren, eingehängt werden können.

---

[179] EJB = Enterprise Java Bean

Die Anwendung ist aber ohne diese zusätzlichen Erweiterungen lauffähig. Plug-ins sind speziell für die entsprechende Anwendung wie z.B. Eclipse und nicht für andere Anwendungen vorgesehen – im Gegensatz beispielsweise zu EJBs, die in jedem Container laufen können.

Ein **Architekturmuster** kann verschiedene Entwurfsmuster enthalten. Ob überhaupt und wie viele Entwurfsmuster miteinander kombiniert werden müssen, damit ein Architekturmuster entsteht, ist von Fall zu Fall verschieden. Das Architekturmuster Model-View-Controller (MVC) enthält beispielsweise das Beobachter-Muster, das Strategie-Muster, das Kompositum-Muster sowie einige weitere Entwurfsmuster. Das Architekturmuster Layers verwendet hingegen kein einziges Entwurfsmuster. Für das Verständnis eines Architekturmusters – wie es das Muster Model-View-Controller darstellt – ist es von großer Bedeutung, zunächst die feinkörnigen Entwurfsmuster zu beherrschen.

Während alle im vorherigen Kapitel gezeigten Entwurfsmuster objektorientiert sind, können Architekturmuster auch einen nicht-objektorientierten Charakter haben. So ist beispielsweise das Architekturmuster Layers nicht an die Verwendung objektorientierter Techniken geknüpft.

Die in diesem Kapitel behandelten Architekturmuster lauten:

Layers, Pipes and Filters, Broker, Model-View-Controller (MVC) und Service-Oriented Architecture (SOA).

Diese Architekturmuster sind dem Autor in der Praxis besonders oft begegnet. Sie werden den Kategorien nach Buschmann et. al. [Bus98] folgendermaßen zugeordnet:

- **Vom Chaos zu Struktur:** Layers, Pipes and Filters,
- **Verteilte Systeme:** Broker, Service-Oriented Architecture (SOA)[180],
- **Interaktive Systeme:** Model-View-Controller (MVC).

---

[180] Das SOA-Architekturmuster ist offiziell keiner dieser Kategorien zugeteilt. Es wird hier den "Verteilten Systemen" zugeordnet.

18.1 Das Architekturmuster Layers

18.1.1 Name/Alternative Namen

Schichtenmodell, Layers.

18.1.2 Problem

Ein Softwaresystem soll in überschaubare System-Komponenten, die in horizontalen Schichten angeordnet sind und die keine Vorzugs-Datenstromrichtung haben, geschnitten werden. Dabei soll eine tiefere Schicht einer höheren Schicht Funktionalität bereitstellen, indem sie Dienste (engl. Services) anbietet und ein Ergebnis an die aufrufende Schicht liefert. Sie antwortet also auf Dienstanforderungen. Für die Schichten gilt das Master-Slave-Prinzip, d. h., sie sind nicht gleichberechtigt.

18.1.3 Lösung

Aufgrund zu hoher Komplexität wird eine Software-Architektur in mehrere übereinanderliegende horizontale Schichten eines sogenannten Schichtenmodells gegliedert. Dabei enthält eine Schicht (engl. **tier** oder **layer**) konzeptionell eine bestimmte Unteraufgabe des Systems in abstrakter Form (z. B. Kommunikation, Datenhaltung). Das Aufteilen in Schichten erfolgt oft nach funktionalen Gesichtspunkten.

Bild 18-1 Schichtenmodell

Es gilt der folgende Satz von Regeln:

1. Eine Schicht n hängt nur von der jeweils tieferliegenden Schicht n - 1 ab.
2. Eine Schicht hängt nicht von den höheren Schichten ab.
3. Jede Schicht bietet Dienste für die höherliegende Schicht an.
4. Der Zugriff auf einen Dienst einer darunterliegenden Schicht erfolgt über die Schnittstellen dieser Schicht.

Jede Schicht verfügt im Gegensatz zum Muster "Pipes and Filters" (siehe Kapitel 18.2) über Schnittstellen zu Services. Es kann beliebig viele Schichten geben. Eine höhere Schicht darf generell nur tiefere Schichten verwenden. Darf eine Schicht nur auf die direkt darunter liegende Schicht zugreifen, so wird dies auch **Strict Layering** genannt. Der Begriff **Layer Bridging** wird dagegen verwendet, wenn eine Schicht auf alle unter ihr liegenden Schichten zugreifen darf. Damit wird Regel 1 aufgeweicht. Das folgende Bild gibt ein Beispiel für Layer Bridging:

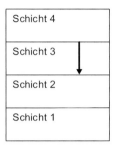

Bild 18-2 Beispiel für Layer Bridging

In Bild 18-2 greift Schicht 4 direkt auf Schicht 2 zu.

18.1.3.1 Klassendiagramm

In diesem Abschnitt wird das Schichtenmodell als objektorientierte Lösung vorgestellt. Auf die Darstellung einer alternativen nicht-objektorientierten Variante wird verzichtet.

Eine Klasse einer Schicht n benutzt eine Klasse der Schicht n - 1. Bild 18-3 zeigt eine Schicht als Subsystem oder Komponente. Die Komponente wird – wie dargestellt – durch Klassen implementiert.

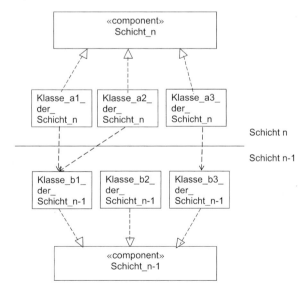

Bild 18-3 Abhängigkeitsbeziehung zwischen Objekten benachbarter Komponenten

Instanziiert wird nicht die Komponente `Schicht_n`, sondern nur die Klassen, welche die Komponente realisieren. Die Komponente ist eine Abstraktion, die von Klassen implementiert wird. Es handelt sich um eine sogenannte **indirekte Implementierung** [Hit05, Seite 145].

18.1.3.2 Teilnehmer

Teilnehmer an diesem Architekturmuster sind die Objekte einer Schicht und die Objekte der darunterliegenden Schicht:

- **Klasse_a1_der_Schicht_n**
  Ein Objekt dieser Klasse fordert einen Service eines Objektes der Klasse `Klasse_b1_der_Schicht_n-1` an.

- **Klasse_b1_der_Schicht_n-1**
  Ein Objekt dieser Klasse erbringt einen Service. Dabei kann es wiederum Objekte der direkt unter ihm liegenden Schicht aufrufen, falls eine solche Schicht existiert.

18.1.3.3 Dynamisches Verhalten

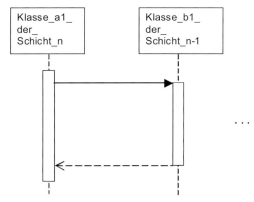

Bild 18-4 Aufrufe und Antwort der jeweils benachbarten tieferen Schicht

Eine Schicht n - 1 stellt Dienste für die Schicht n bereit und nutzt selbst wieder die Dienste der Schicht n - 2. Eine Schicht verhindert den direkten Zugriff auf tiefere Schichten durch höhere Schichten.

> Eine tiefere Schicht kann die Dienste einer höheren Schicht nicht aufrufen. Eine höhere Schicht kann über die direkt darunter liegende Schicht jedoch auf die Dienste der tieferen Schichten zugreifen.

18.1.4 Bewertung

18.1.4.1 Vorteile

Dieses Architekturmuster hat die folgenden Vorteile:

- Nach dem Prinzip des "Teile und herrsche" (siehe Kapitel 13.2.2.1) wird das zu lösende Problem durch die Schichtenbildung kleiner. Damit stellt jede Schicht eine Abstraktion dar und kann leichter verstanden werden als das Ganze.
- Schichten können unter Umständen wiederverwendet werden.
- Schichten sollen stabil sein und können standardisiert werden.
- Code-Abhängigkeiten können minimiert werden. Änderungen am Quellcode sollten wenige Ebenen betreffen.
- Nach Festlegung der Schnittstellen können die einzelnen Ebenen parallel entwickelt werden.

18.1.4.2 Nachteile

Die folgenden Nachteile treten auf:

- Die Abstimmung zwischen den Schichten bedarf einer guten Kommunikation zwischen deren Entwicklern.
- Die Regel des "Strict Layering", dass ein Zugriff nur auf die benachbarte Ebene erfolgt, ist oft zu einschränkend. Diese Regel kann aber umgangen werden, wenn die Performance gesteigert werden soll (Layer Bridging).
- Es liegt auf der Hand, dass eine Anfrage, die von Schicht zu Schicht weitergereicht wird, zeitaufwändiger als ein direkter Zugriff ist.
- Änderungen können sich über Schichten hinaus auswirken. Manche Arbeiten wie z. B. eine Korrektur von Fehlern kann alle Schichten betreffen. Dies bedeutet Mehraufwand.
- Es ist schwierig, die "richtige" Anzahl von Schichten zu finden.

18.1.5 Einsatzgebiete

Eine Einsatzmöglichkeit bietet sich bei komplexen Systemen, die in einer Schichtenarchitektur modularisiert werden können. Beispiele hierfür sind die Zusammenarbeit zwischen Rechner-Hardware, Betriebssystem und Anwendungssoftware (siehe Kapitel 18.1.5.1), das Schichtenmodell für die Anwendungssoftware von Rechnern (siehe Kapitel 18.1.5.2) oder das in Kapitel 18.1.5.3 gezeigte ISO/OSI-Modell für das Kommunikationssystem eines Rechners.

18.1.5.1 Schichtenmodell für Hardware, Betriebssystem und Anwendungssoftware

Ein Betriebssystem ist ein System-Programm und hat zwei grundsätzliche Aufgaben:

- Es verwaltet die Betriebsmittel des Rechners und
- es hat den Nutzer zu unterstützen.

Dies sieht man am besten am folgenden Schichtenmodell:

Bild 18-5 Schichtenstruktur eines Rechners

Zu den "anderen System-Programmen" gehört beispielsweise die Kommandoschnittstelle Shell bei Unix oder ein DBMS[181].

Das Betriebssystem hat sowohl Schnittstellen zur Hardware als auch Schnittstellen zu den Programmen des Anwenders. Beide Schnittstellen muss es "bedienen".

In der Regel gibt es ganze Rechnerfamilien, deren Mitglieder einen unterschiedlichen Hardware-Aufbau haben, die aber dennoch unter ein und demselben Betriebssystem laufen. Bei Mikroprozessor-Betriebssystemen findet man auch Betriebssysteme, die auf Prozessoren verschiedener Hersteller wie z. B. Intel und Motorola eingesetzt werden können.

Das Betriebssystem verbirgt also die Hardware gegenüber den anderen System- und Anwendungs-Programmen. Es zeigt sich dem Benutzer gegenüber als **Virtuelle Maschine**, die leichter zu programmieren ist als die zugrundeliegende Hardware. Die Ziele eines Betriebssystems sind folgende:

- Die Ressourcen eines Rechners gerecht und fehlerfrei den Anwendern zur Verfügung zu stellen. Das bedeutet Prozessoren, Speicher und I/O-Geräte den konkurrierenden Programmen gerecht und geordnet zuzuteilen.
- Ein Softwareentwickler soll mit vernünftigem Aufwand Programme schreiben können, ohne dass er über detaillierte Kenntnisse der zugrundeliegenden Hardware verfügt.

Das Betriebssystem stellt die Verbindung zwischen Programmen und Hardware des Rechners her. Es stellt seine Leistungen den Programmen zur Verfügung und ist damit eine Softwareschicht, die über der Hardware liegt.

18.1.5.2 Schichtenmodell für die Software eines Rechners ohne Betrachtung des Betriebssystems

Schichtenmodelle für Rechner finden nicht nur bei Informationssystemen, sondern auch bei eingebetteten Systemen[182] (engl. embedded systems) Verwendung. Im Folgenden soll nur auf Schichtenmodelle für Informationssysteme eingegangen werden. Das Betriebssystem wird dabei nicht berücksichtigt.

---

[181] DBMS = Datenbase Management System.
[182] Siehe beispielsweise die AUTOSAR-Architektur für die Automobilindustrie.

Die Software eines Rechners beinhaltet im Allgemeinen folgende Funktionalitäten:

- Ein- und Ausgabe (Benutzerschnittstelle),
- Verarbeitung,
- Datenzugriff und
- persistente Datenhaltung.

Jeder dieser Funktionalitäten wird eine eigene Schicht zugeordnet. Dabei ist zu beachten, dass eine eigenständige Anwendung ohne Server keine Schnittstelle zur Kommunikation benötigt. Für die persistente Datenhaltung wird hier eine Datenbank eingeführt. Lässt man die Schnittstelle zur Kommunikation außen vor, so entstehen vier Schichten:

- Die **Schnittstelle zur Ein- und Ausgabe** (engl. **man-machine interface**, MMI) befindet sich innerhalb der Darstellungsschicht und kann die ereignisorientierten Anwendungsfälle anstoßen.
- Die Objekte der **Verarbeitungsschicht** stellen die Klassen des Problembereichs im Arbeitsspeicher dar.
- Die **Datenzugriffsschicht** kapselt die Datenhaltungsschicht. Die Datenzugriffsschicht muss nicht stets selbst implementiert werden, da das proprietäre DBMS datenbankspezifische Zugriffsfunktionen zur Datenbank enthält. Die Klassen der Datenzugriffsschicht sorgen für das persistente Speichern und Laden der Daten bei Bedarf. Es ist möglich, in der höheren Schicht der Datenzugriffsschicht eine datenbankunabhängige Schnittstelle anzubieten (siehe Bild 18-6). Dadurch kann die Datenhaltungsschicht ausgetauscht werden, ohne dass die Objekte der Verarbeitungsschicht betroffen sind. Falls das DBMS nie ausgetauscht wird, kann auf eine Kapselung in einer solchen **Datenabstraktionsschicht** verzichtet werden. In diesem Fall existiert nur der tiefere **herstellerabhängige Anteil der Datenzugriffsschicht**.

Datenabstraktion
proprietäre Schnittstelle zur Datenhaltung

Bild 18-6 Struktur der Datenzugriffsschicht

- In der **Datenhaltungsschicht** (dem DBMS oder Dateien) sind die Entity-Objekte persistent gespeichert.

Das System wird strukturiert in die Ebenen:

- Darstellungsschicht,
- Verarbeitungsschicht.
- Datenzugriffsschicht und
- Datenhaltungsschicht.

Meist reichen die horizontalen Schichten nicht aus. Oft werden noch zusätzliche vertikale Schichten benötigt, die neben dem eigentlichen Schichtenmodell mit seinen horizontalen Schichten liegen. So ist beispielsweise Nachrichtentechnikern die Management Information Base (MIB) bekannt, die neben dem ISO/OSI-Protokollstapel liegt und Informationen aus jeder horizontalen Schicht erhält.

Für die Einteilung in Schichten ist es wichtig, ob es sich um ein Einrechner-System oder ein verteiltes System handelt. Bei Verteilten Informationssystemen sind Zwei-Schichten-Architekturen (engl. two-tier architectures) und Drei-Schichten-Architekturen (engl. three-tier architectures) üblich. Die Zwei-Schichten-Architektur wird vorwiegend für eine Kombination aus Client- und Server-Rechner eingesetzt. Es gibt die Ausprägung eines Thin-Clients (siehe Bild 18-9) und eines Fat-Clients (siehe Bild 18-10). Bei einer Drei-Schichten-Architektur dagegen treten ein Client-Rechner, ein Anwendungs-Server und ein DB-Server auf. Auch hierbei sind Thin- und Fat-Clients möglich.

Schichtenmodell eines Einrechner-Systems (engl. stand-alone system)

Im Rahmen eines Schichtenmodells werden die Funktionsklassen auf einem Rechner in Schichten angeordnet. Die oberste Schicht ist die **Ein- und Ausgabe**, in anderen Worten die **Benutzerschnittstelle**. Die Benutzerschnittstelle kann Anwendungsfälle der **Verarbeitungsschicht** anstoßen. Die Verarbeitungsschicht enthält Kontroll- und Entity-Objekte, die gemeinsam die Anwendungsfälle durchführen. Die Entity-Objekte der Verarbeitungsschicht werden durch die **Datenzugriffsschicht** zur Verfügung gestellt. Diese Schicht führt den Zugriff auf die persistent gehaltenen Daten datenbankunabhängig durch. Die Daten können direkt im Dateisystem oder über ein Datenbankmanagementsystem (DBMS) indirekt im Dateisystem gehalten werden.

Nun ergibt sich die folgende grobe Ausgangssituation, die noch weiter verfeinert werden kann:

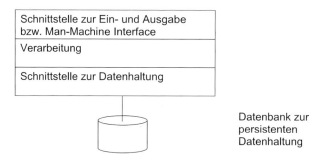

Bild 18-7 Schichtenmodell eines Einrechner-Systems

Schichtenmodell eines Client/Server-Systems

Im Rahmen einer **Zwei-Schichten-Client/Server-Architektur** werden die folgenden Schichten jeweils auf zwei getrennte Rechner verteilt:

- Darstellungsschicht,
- Verarbeitungsschicht,

Architekturmuster

- Datenzugriffsschicht und
- Datenhaltungsschicht.

Durch die Verteilung auf zwei Rechner wird jeweils eine zusätzliche Schicht zur Datenübertragung auf jedem Rechner benötigt, damit die Rechner miteinander kommunizieren können:

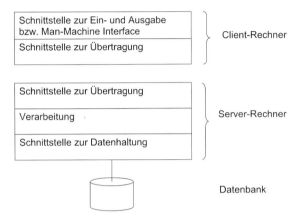

Bild 18-8 Beispiel für ein Schichtenmodell eines Client/Server-Rechners

Abhängig davon, ob sich die Verarbeitungsschicht auf dem Client-Rechner oder dem Server-Rechner befindet, wird zwischen einer **Thin-Client-Architektur** (siehe Bild 18-9) und einer **Fat-Client-Architektur** (siehe Bild 18-10) unterschieden.

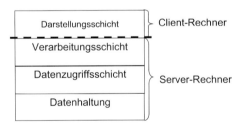

Bild 18-9 Thin Client

Bei der Thin-Client-Architektur werden nur die Objekte der Darstellungsschicht auf dem Client-Rechner ausgeführt.

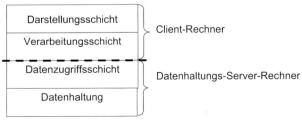

Bild 18-10 Fat Client

Bei der Fat-Client-Architektur befinden sich nur die persistente Datenhaltungsschicht und die Datenzugriffsschicht auf dem Server-Rechner.

Auf jedem Rechner wird zusätzlich eine **Kommunikationsschicht** erforderlich, damit die Rechner miteinander kommunizieren können. Diese Kommunikationsschicht ist jeweils über und unter der gestrichelten fetten Linie einzuziehen.

Drei-Schichten-Architektur

Im Rahmen einer **Drei-Schichten-Client/Server-Architektur** befinden sich die folgenden Schichten auf jeweils einem Rechner:

- Darstellungsschicht,
- Verarbeitungsschicht und
- Datenzugriffsschicht mit Datenhaltung.

An den Stellen, an denen ein System aufgetrennt und auf verschiedene Rechner gelegt wird, ist wieder eine beidseitige Kommunikationsschicht einzuziehen:

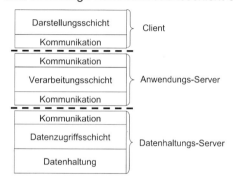

Bild 18-11 Modell der Drei-Schichten-Architektur mit Kommunikation

Vorteile der Zwei- und Drei-Schichten-Architektur

Eine Zwei-Schichten-Architektur hat den Vorteil, dass bei Verwendung eines Thin-Client-Rechners alle Funktionen bis auf die Darstellung auf dem Server-Rechner liegen. Damit sind diese Funktionen für alle Thin-Client-Rechner unikat. Der Vorteil der Drei-Schichten-Architektur ist, dass sie skaliert. Bei Bedarf wird der Rechner des Anwendungs-Servers repliziert. Die Daten werden unikat gehalten.

18.1.5.3 Das ISO/OSI-Schichtenmodell

Ein typisches Beispiel für ein Schichtenmodell ist das ISO/OSI-Schichtenmodell (siehe [Ros90]). Es beschreibt das Kommunikationssystem eines Rechners, in anderen Worten das Netzwerkprotokoll. Ein Kommunikationssystem erlaubt Anwendungen, über ein Netzwerk miteinander zu kommunizieren. Das **ISO/OSI Basic Reference Model** strukturiert das Kommunikationssystem in sieben Schichten. Jede Schicht ist für die Lösung eines spezischen Problems zuständig. Die Probleme sind jeweils mit Hilfe der darunterliegenden Schicht zu lösen.

- **Anwendungsschicht** (engl. application layer)
  Die Anwendungsschicht, die höchste Schicht des Referenzmodells, stellt die Schnittstelle der Anwendungsprozesse zum Kommunikationssystem dar. Es handelt

sich hierbei um allgemeine Hilfsdienste für die Kommunikation oder aber spezielle Kommunikationsdienste wie File Transfer, Message Handling System (MHS) etc.
- **Darstellungsschicht** (engl. **presentation layer**)
Die Aufgabe der sechsten Schicht ist das **Aushandeln einer Transfersyntax**, die für beide Partner verständlich ist. Verstehen beide Rechner dieselbe lokale Syntax (z. B. Rechner desselben Herstellers) so können sie sich auf eine Transfersyntax auf Basis der lokalen Syntax einigen. Ist dies nicht der Fall, so müssen sie sich auf die neutrale Transfersyntax ASN.1/BER[183] einigen. Die weiteren Aufgaben dieser Schicht sind die Durchführung der Wandlung der lokalen Syntax in die Transfersyntax bzw. aus der Transfersyntax in die lokale Syntax.
- **Kommunikationssteuerungsschicht** (engl. **session layer**)
Die Kommunikationssteuerungsschicht regelt die **Synchronisation zwischen Prozessen in verschiedenen Systemen**.
- **Transportschicht** (engl. **transport layer**)
Die Transportschicht befasst sich mit **Ende-zu-Ende-Verbindungen zwischen Prozessen** in den Endsystemen und zerlegt Nachrichten in Pakete.
- **Vermittlungsschicht** (engl. **network layer**)
Die Vermittlungsschicht organisiert eine Ende-zu-Ende-Verbindung zwischen kommunizierenden Endsystemen eines Netzwerks. Sie ist damit für die **Routenwahl** vom Sender zum Empfänger zuständig.
- **Sicherungsschicht** (engl. **data link layer**)
Die zweite Schicht stellt eine gesicherte Punkt-zu-Punkt-Verbindung zwischen zwei Systemen zur Verfügung. Sie führt die **Fehlerkorrektur in Bitsequenzen** durch.
- **Bitübertragungsschicht** (engl. **physical layer**)
Die Bitübertragungsschicht stellt ungesicherte Verbindungen zwischen Systemen für die **Übertragung von Bits** zur Verfügung. Als Fehlerfall kann nur der Ausfall der Verbindung gemeldet werden.

Bild 18-12 zeigt die Kommunikationssysteme zweier wechselwirkender Rechner.

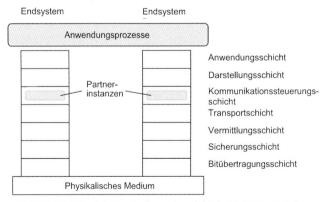

Bild 18-12 Prinzipieller Aufbau des OSI-Schichtenmodells

Auf hoher Ebene überwiegt im Protokollstapel die Anwenderfunktionalität, auf tiefer Ebene die Ansteuerung der Hardware.

---

[183] Die neutrale Syntax ist die Abstract Syntax Notation 1 (ASN.1). Sie bildet Teil 1 der Transfersyntax und betrifft die Datentypen. Teil 2 sind die Basic Encoding Rules for ASN.1 (BER), die einen genormten Satz von Regeln zur Codierung der Datenwerte in die Transfersyntax beinhalten.

Wenn eine Schicht nach außen passend reagieren soll, so muss sie auch im Inneren des Rechners gewisse Arbeitseinheiten (Instanzen) haben, die für das Außenverhalten verantwortlich sind. OSI beschreibt ein logisches Modell von **Arbeitseinheiten (Instanzen) eines Rechners** und trifft dabei eine Aussage darüber, welche Funktionalitäten einer Arbeitseinheit nach außen bereitgestellt werden. Jeder Rechner, mit dem kommuniziert wird und der dem OSI-Modell genügt, soll die gleichen Instanzen haben. Dabei verhandeln die Partnerinstanzen einer Schicht miteinander, um deren Aufgabe gemeinsam zu erfüllen.

Es ist nicht sofort ersichtlich, warum das ISO/OSI-Modell gerade sieben Schichten hat. Die Architekten von TCP/IP erfanden vier Schichten, diejenigen von DECnet erfanden acht Schichten. SNA aus der IBM-Welt hat wiederum die Schichten anders aufgeteilt als DECnet. Die Zahl der Schichten von ISO/OSI ist letztendlich hier nicht relevant. Entscheidend ist jedoch, dass die Nutzer dieser Standardisierung (verschiedene Hersteller) die Schichten gemäß dem ISO/OSI-Standard implementieren. Damit ist eine Interoperabilität zwischen Rechnern verschiedener Hersteller gewährleistet. Für das ISO/OSI-System ist das folgende Szenario von Bedeutung:

Zwei Endsysteme kommunizieren miteinander. Dabei unterhalten sich zwei Instanzen einer Schicht n über das Protokoll der n-ten Schicht. Eine Nachricht dieser Schicht wird in dem Protokollstack des zugeordneten Rechners bis auf das Übertragungsmedium durchgereicht, dann übertragen und im Protokollstack des Empfängers wieder bis auf die n-te Ebene hochgereicht. Dabei werden auf jeder durchlaufenen Schicht beim Sender zusätzliche Informationen angefügt, die dann beim Empfänger auf der entsprechenden Schicht wieder entfernt werden.

Für eine genauere Beschreibung dieses Ablaufs sei auf [Ros90] verwiesen.

18.1.6 Ähnliche Muster

Ähnlich sind horizontale Schichtenmodelle mit vertikalen Strukturen wie die Management Information Base (MIB) beim Netzwerkmanagement oder der Start-up/Shut-down beim Schichtenmodell eines Rechners (siehe Kapitel 16.4).

Zusammengesetzte Nachrichten zwischen den Schichten können nach dem Composite-Message-Muster entworfen werden, einer Variante des **Kompositum-Musters**. Nach diesem Muster können mehrere Nachrichten ineinander verschachtelt werden, so dass eine zusammengesetzte Nachricht entsteht

Das Architekturmuster **Pipes and Filters** zerlegt ein System auch in Systemkomponenten. Es strukturiert aber datenflussorientiert in eine Vorzugsrichtung. Während eine Schicht eines Schichtenmodells Dienste zur Erledigung einer Aufgabe aufruft, wird bei Pipes and Filters das zu bearbeitende Produkt in verschiedener Form von Schicht zu Schicht durchgereicht. Das fertige Produkt befindet sich zuletzt am anderen Ende der Verarbeitungskette.

Die **serviceorientierte Architektur (SOA)** gliedert ein System ebenfalls in Komponenten, wobei jede Komponente einem Teil eines Geschäftsprozesses als Servicegeber entsprechen muss.

18.2 Das Architekturmuster Pipes and Filters

18.2.1   Name/Alternative Namen

Kanäle und Filter.

18.2.2   Problem

Ein datenstromorientiertes System der Datenverarbeitung soll nicht als monolithischer Block gebaut werden. Es soll leicht erweiterbar sein und eine möglichst parallele Verarbeitung erlauben.

18.2.3   Lösung

Ein System, das Datenströme verarbeitet, kann mithilfe dieses Musters in Systemkomponenten strukturiert werden. Die Aufgabe des gesamten Systems ist in einzelne Verarbeitungsstufen zerlegt (siehe Bild 18-13). Jeder Verarbeitungsschritt wird in Form eines Filters implementiert. Jeweils zwei Filter werden durch eine Pipe verbunden.

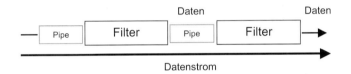

Bild 18-13 Pipes and Filters

Filter lesen die Daten und bearbeiten sie sequenziell. Ein Filter wandelt eine Dateneingabe in eine Datenausgabe um. Die Eingabedaten werden durch den Filter als Datenstrom empfangen. Daraufhin führt der Filter eine Funktion auf den Eingabedaten durch und stellt danach die Ausgabedaten als Datenstrom zur Verfügung.

Zur Bearbeitung des Datenstroms hat ein Filter folgende Möglichkeiten:

- Teile der Daten entnehmen.
- Teile den Daten hinzufügen, z. B. weitere Informationen berechnen und anhängen.
- Teile der Daten modifizieren, z. B. vorhandene Informationen konzentrieren oder in eine andere Darstellung überführen.

Die hier genannten Verarbeitungsarten können beliebig kombiniert werden.

Eine **Pipe** transferiert und puffert die Daten. Sie ist ein passives Element, das die Implementierung des Datenflusses darstellt. Eine Pipe ermöglicht den Zugriff auf eine Quelle oder Senke oder die Kommunikation zwischen zwei Filtern.

Die komplette Abfolge von Verarbeitungsstufen bezeichnet man als **Pipeline** oder Filterkette. Die Datenquelle sendet in eine Pipe, die Datensenke empfängt Daten aus einer Pipe. Datenquelle und Datensenke stellen stets die Endstücke einer Pipeline und die Schnittstelle zur Außenwelt dar.

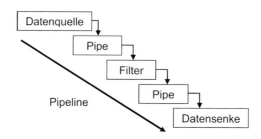

Bild 18-14 Teilnehmerübersicht "Pipes and Filters"

Ein Beispiel für eine Filterkette ist ein Compiler mit seinen verschiedenen Stufen:

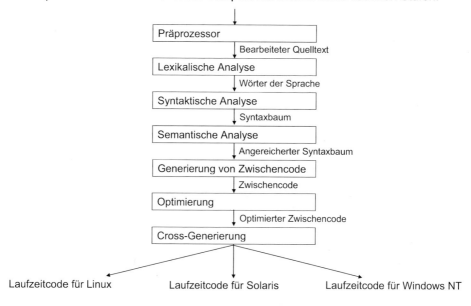

Bild 18-15 Sequenzielle Phasen eines Compilers

Eine **aktive Datenquelle** liefert Daten an die erste Pipe. Ist sie hingegen **passiv**, so wartet sie, bis der nächste Filter Daten von ihr anfordert. Analog dazu fordert eine **aktive Datensenke** Daten an. Ist sie **passiv**, so wartet sie auf Daten.

Die Aktivität eines Filters kann auf unterschiedliche Art und Weise ausgelöst werden:

- Die nachfolgende Pipe holt die Daten aus dem Filter.
- Die vorangehende Pipe sendet die Daten in den Filter.

- In den meisten Fällen ist der Filter selbst aktiv und holt die Daten selbst aus der vorangehenden Pipe und schickt seine Ergebnisse in die dem Filter nachfolgende Pipe.

Ein **aktiver Filter** stellt einen eigenständigen parallelen Prozess[184] dar. Er wird von einem übergeordneten Programm aufgerufen und läuft immer als parallele Einheit. Aktive Filter sind von Betriebssystem Unix bekannt. Sie holen ihre Eingabedaten aus der vorangehenden Pipe und senden ihre Ausgabedaten in die folgende Pipe. Eine **Pipe synchronisiert** benachbarte aktive Filter-Komponenten.

Aktive Filter sind leichter zu kombinieren als passive Filter. Ein aktiver Filter liest und verarbeitet seine Eingabedaten kontinuierlich. Mit der Ausgabe von Daten als Datenstrom wird sofort begonnen, ehe die Eingabe vollständig gelesen ist, solange der Datenstrom stückweise verarbeitet werden kann. Damit kann zum einen die Latenzzeit verkürzt werden und zum anderen eine gewisse Parallelität erzeugt werden, wenn Filter schon Teilergebnisse liefern, ehe sie fertig sind.

Es gibt auch **passive Filter**, die von einem benachbarten Filterelement aufgerufen und damit aktiviert werden. Passive Filter, die erst durch einen Aufruf eines benachbarten Filterelements aktiviert werden, sind nicht typisch. Ein passiver Filter wird nach dem Push-Prinzip von seinem Vorgänger zum Übergeben von Daten oder nach dem Pull-Prinzip von seinem Nachfolger zum Abholen von Daten aufgerufen.

Im Folgenden wird zunächst das Muster "Pipes and Filters" mittels eines Klassendiagramms skizziert. Anschließend werden die Teilnehmer vorgestellt. Das darauffolgende Unterkapitel verdeutlicht das dynamische Verhalten.

18.2.3.1 Klassendiagramm

"Pipes and Filters" kann auch nicht-objektorientiert realisiert werden. Im Folgenden wird jedoch eine objektorientierte Lösung dargestellt. Bild 18-16 zeigt ein mögliches Klassendiagramm dieses Musters:

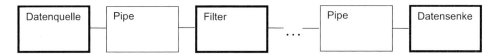

Bild 18-16 Klassendiagramm "Pipes and Filters" für aktive Filter

Die Datenquelle, die Filter und die Datensenke sind in diesem Beispiel aktive Klassen (siehe Kapitel 10.3.7).

---

[184] Betriebssystem-Prozess oder Thread.

18.2.3.2 Teilnehmer

Datenquelle

Eine Datenquelle stellt die zu verarbeitenden Daten zur Verfügung. Sie kann sich gegenüber der Pipeline **aktiv** oder **passiv** verhalten. Aktiv bedeutet wie bei Filtern, dass sie der Pipeline zyklisch oder ereignisbasiert Daten zur Verfügung stellt. Wenn eine Quelle sich passiv verhält, muss mindestens ein Element der Pipeline aktiv sein, dass nach dem Pull-Prinzip neue Daten zur Verarbeitung von der Quelle angefordert werden.

Pipe

Pipes sind Kanäle und dienen als Verbindungsstück zwischen zwei Komponenten. Es können dabei folgende Paarungen auftreten:

- Quelle – Pipe – Filter (am Anfang einer Pipeline)
- Filter – Pipe – Filter (in der Mitte der Pipeline) oder
- Filter – Pipe – Senke (am Ende der Pipeline)

Pipes funktionieren nach dem FIFO-Prinzip und dienen als Entkopplungselement in der Pipeline.

Filter

Filter verarbeiten ihre Eingabedaten. Es gibt zwei Gruppen von Filtern: **aktive** und **passive**. Aktive Filter sind typisch. Sie werden als parallele Einheit, z. B. als Thread oder Prozess, gestartet und fordern zyklisch oder ereignisorientiert Eingabedaten an.

Datensenke

Eine Datensenke ist ein Empfänger von Daten. Senken können sich wie Filter und Quellen **aktiv** oder **passiv** verhalten. Aktiv verhält sich eine Senke, wenn sie zyklisch oder ereignisbasiert Daten anfordert (Pull-Prinzip).

18.2.3.3 Dynamisches Verhalten

In diesem Kapitel werden verschiedene **Szenarien** des "Pipes and Filters"-Musters aufgezeigt. Ein Filter X arbeitet mit der Funktion `fX()` auf den Daten. X steht hierbei für die Nummer des Filters. In den Szenarien 1 bis 3 wird ungepuffert mit `write()` geschrieben. In einer Programmiersprache wie C wird hierbei angenommen, dass auf das Schreiben jeweils die Funktion `fflush()` folgt, so dass der entsprechende Puffer geleert wird. Auf einen Puffer kann also in diesen Szenarien verzichtet werden.

Szenario 1 – Pull-Prinzip

Das erste Szenario zeigt eine **Pipeline**, die nach dem **Pull-Prinzip** arbeitet. Die **Senke ist aktiv** und startet die Abarbeitung und fragt dabei mit `read()` beim letzten Filter an. Da dieser keine Daten hat, fragt dieser seinen Vorgänger. Die Anfrage wird nun von Vorgänger zu Vorgänger weitergereicht, bis die Anfrage ein Element der Pipeline erreicht, das Daten enthält, nämlich die Quelle.

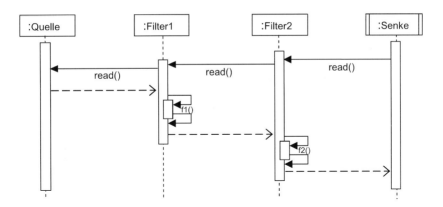

Bild 18-17 Sequenzdiagramm für das Pull-Prinzip

Szenario 2a – Push-Prinzip

In Szenario 2a ist die **Quelle aktiv** und sendet ereignisbasiert oder zyklisch Daten. Der Filter, die Pipes und die Senke sind passiv, d. h., sie fordern keine Daten an (siehe Bild 18-18). Dieses Verhalten der Pipeline wird **Push-Prinzip** genannt.

Die Quelle sendet ihre Ausgabedaten an den passiven Filter. Sobald dieser die Daten verarbeitet hat, reicht er diese zur Senke. Ein Vorteil dieses Szenarios besteht darin, dass die Filter nur dann aktiv sind, wenn wirklich Daten zur Bearbeitung anstehen.

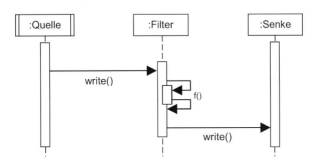

Bild 18-18 Sequenzdiagramm für das Push-Prinzip (Szenario 2a)

Szenario 2b – Push-Prinzip

Das nächste Szenario zeigt auch eine **Pipeline**, die **nach dem Push-Prinzip** arbeitet. Die Quelle startet die Abarbeitung und schreibt mit `write()` in den ersten passiven Filter. Nach der Verarbeitung schreibt der erste passive Filter in den zweiten und dieser in die Senke.

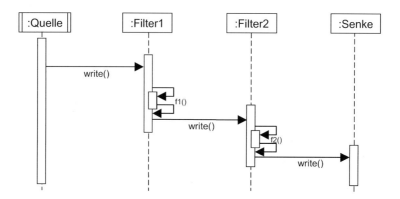

Bild 18-19 Sequenzdiagramm für das Push-Prinzip (Szenario 2b)

Szenario 3 – Pull- und Push-Prinzip gemischt

Szenario 3 zeigt exemplarisch eine Pipeline, die einen aktiven Filter (Filter 2) enthält. Die Quelle, die Senke und der Filter 1 verhalten sich passiv. Dabei wird das **Push-** und das **Pull-Prinzip gemischt** angewandt.

Filter 2 fordert zyklisch Daten bei seinem Vorgänger an (Pull-Prinzip). Der passive Vorgänger wird vom aktiven Filter synchron mit `read()` aufgerufen. Die Anfrage wird mit `read()` weitergeleitet, bis sie eine Komponente der Pipeline erreicht, die Daten enthält, hier die Quelle. Diese Weiterleitung entspricht dem Pull-Prinzip. Die Quelle antwortet auf das `read()` und stößt mit ihrem Rückgabewert Filter 1 an. Dieser Filter arbeitet genau einmal und antwortet nach seiner Verarbeitung mit seinem Rückgabewert. Der Aufruf von `write()` durch Filter 2 entspricht dem Push-Prinzip.

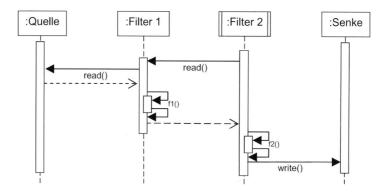

Bild 18-20 Sequenzdiagramm Pull- und Push-Prinzip gemischt

Szenario 4 – Zwei aktive Filterelemente durch eine Pipe asynchron entkoppelt

Typischerweise gibt es bei Pipelines Szenarien, die zwei oder mehr aktive Filterelemente enthalten. In Szenario 4 wird eine Pipeline mit drei Filtern, einer Pipe, einer

Quelle und einer Senke beschrieben. Quelle, Filter 1 und die Senke sollen hier passive Elemente sein, die aufgerufen werden. Ein Zugriff auf ein aktives Element erfolgt dagegen nicht direkt. Zugegriffen wird auf die Pipe des aktiven Elements, die die beiden aktiven Filter asynchron entkoppelt. Zentrales Element des Szenarios ist deshalb die Pipe zwischen den beiden aktiven Filtern. Das Szenario 4 ist in Bild 18-21 zu sehen. Die anderen Pipes können weggelassen werden.

Als erstes erfolgt ein Zugriff des aktiven Filters 3 auf die benachbarte Pipe mit `read()`. Da diese noch keine Daten enthält, muss Filter 3 so lange warten, bis neue Daten in der Pipe vorhanden sind. Asynchron zum genannten Vorgang fordert Filter 2 nach dem Pull-Prinzip mit `read()` Daten bei Filter 1 an. Dieser Filter hat keine Daten und leitet die Anfrage an die Quelle weiter. Daraufhin werden die Ausgabedaten der Quelle nacheinander von Filter 1 und Filter 2 bearbeitet und schließlich in der Pipe gespeichert. Filter 3 wartet auf neue Daten, wie zu Beginn beschrieben. Die Pipe enthält nun Daten und kann diese an Filter 3 übergeben. Nachdem Filter 3 die so erhaltenen Daten abgearbeitet hat, werden sie an die Senke weitergegeben.

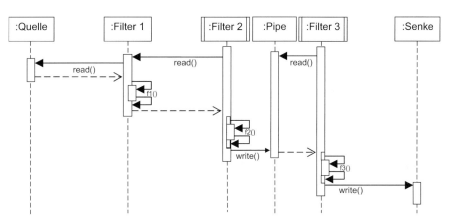

Bild 18-21 Asynchrone Entkopplung von parallelen Filtern

Dieses Szenario zeigt das Zusammenwirken von zwei aktiven Filtern und einer Pipe, die als Entkopplungselement zwischen den beiden Filtern dient.

18.2.4 Bewertung

18.2.4.1 Vorteile

Die folgenden Vorteile werden gesehen:

- Das Hauptmerkmal des "Pipes and Filters"-Musters ist die Flexibilität gegenüber Änderungen oder Erweiterungen. Filter können auf einfache Weise innerhalb der Pipeline ausgetauscht oder vertauscht werden. Dies hängt jedoch von der Spezifikation des Datenformats der Datenkanäle ab. Filter können auch leicht zusammengefasst werden. Quelle und Senke können ebenfalls leicht ausgetauscht werden.
- Im Hinblick auf Rapid Prototyping stellt sich die Verwendung des Musters als großer Vorteil heraus. Filter können von verschiedenen Personen schnell entwickelt und

integriert werden. Nach Fertigstellung der Filter kann ihre Funktion unabhängig voneinander überprüft werden.
- Nicht benachbarte Verarbeitungsstufen teilen keine Informationen und sind daher entkoppelt.
- Das Speichern von Zwischenergebnissen ist nicht notwendig, aber möglich. Das Zwischenspeichern von Daten in der Pipeline ist jedoch fehlerträchtig. Es könnte beispielsweise genutzt werden, um Rohdaten für andere Systeme oder Zwecke zur Verfügung stellen.
- Die Aufgaben der Filter können bis zu einem gewissen Grad parallel abgearbeitet werden, wenn aktive Filter überlappend arbeiten. Dies setzt allerdings voraus, dass ein Datenstrom vorliegt, der von den Filtern bearbeitet werden kann.

18.2.4.2 Nachteile

Die folgenden Nachteile werden gesehen:

- Die Realisierung der Fehlerbehandlung ist schwierig, da im System kein gemeinsamer Zustand existiert.
- Der langsamste Filter in der Kette bestimmt die Verarbeitungsgeschwindigkeit. Es gibt keine vollständige Parallelisierung, da die Filter aufeinander warten müssen.
- Ist das Format der Datenkanäle nicht sorgfältig spezifiziert, können große Aufwände bei der Datenkonvertierung in einzelnen Filtern entstehen. Je nach Schnittstellenspezifikation der Filter können viele Konvertierungen notwendig sein.
- Der Kontextwechsel zwischen Threads und Prozessen ist zeitaufwändig.

18.2.5 Einsatzgebiete

Die Einsatzgebiete reichen von der Bildverarbeitung bis zu komplexen Simulationssystemen. Ein berühmtes Beispiel des Musters ist der Kommandozeileninterpreter von Unix-Systemen. Hier können Ausgaben von Programmen mittels Pipes an weitere Programme übergeben werden.

18.2.6 Ähnliche Muster

Weitere Muster zur Strukturierung eines Systems in Systemkomponenten sind das **Layers-Muster** und das **SOA-Muster**. Beim Muster **Pipes and Filter** wird im Vergleich zum **Dekorierer-Muster** die Zusatzfunktionalität über Filter erzeugt, die einen Auftrag an eine Komponente weiterleiten.

Das Architekturmuster **Pipes and Filters** ist datenstromorientiert und arbeitet einzelne Verarbeitungsschritte sequenziell ab. Durch mehrere aktive Elemente können mehrere dieser Vorgänge parallel ablaufen. Eine Schicht eines Schichtenmodells kann viele Aufrufschnittstellen haben, wobei der Datenfluss keine Vorzugsrichtung aufweist. Denkt man z. B. an das ISO/OSI-Modell, so kann der maßgebliche Datenfluss für ein einzelnes System von der Anwendungsschicht ausgehen oder aber von der physikalischen Schicht.

Architekturmuster 847

18.3 Das Architekturmuster Model-View-Controller

18.3.1 Name/Alternative Namen

Model-View-Controller[185] (MVC).

18.3.2 Problem

Die logische Unterteilung einer Anwendung in kleinere Komponenten ist ein generelles Bestreben in der Softwareentwicklung (siehe Kapitel 13.2.2.1). Zwischen den einzelnen Komponenten wird versucht, eine möglichst lose Kopplung zu erreichen, um die Wartbarkeit einer Anwendung zu verbessern.

18.3.3 Lösung

Eines der bekanntesten Architekturmuster ist das **Model-View-Controller-Architekturmuster** – kurz **MVC**. Es kann als "prägender Gedanke" der Softwareentwicklung angesehen werden. Es beschreibt, wie die Daten (Model), deren Darstellung (View) und die Interaktion mit dem Benutzer (Controller) logisch voneinander getrennt werden und dennoch einfach miteinander kommunizieren können. Views und Controller bilden zusammengenommen das User Interface (UI).

Mit dem MVC-Architekturmuster ist es möglich, die Datenhaltung, die Präsentationslogik und die Benutzerinteraktion voneinander zu trennen. Die Trennung der einzelnen Eigenschaften einer Anwendung (Separation of Concerns) ist ein generelles Bestreben in der Objektorientierung. Daher sollten diese Eigenschaften in eigenen Komponenten getrennt programmiert und nicht vermischt werden. Dies verbessert die Struktur des Quelltextes und somit die Wartbarkeit der Anwendung. Die Trennung in verschiedene Komponenten mit unterschiedlichen Verantwortlichkeiten ist von Vorteil, da Bedienoberflächen sich erfahrungsgemäß schneller ändern als die dahinterliegenden Teile der Geschäftsprozesse, die sich im Model befinden. Hinzu kommt die Anforderung, dass ein und dieselben Daten auf verschiedene Art und Weise dargestellt werden sollen. Alle diese Anforderungen und Probleme können mithilfe des Model-View-Controller-Musters gelöst werden. Dabei werden Model und View getrennt, wobei ein Benachrichtigungsmechanismus die Kommunikation zwischen den beiden Komponenten ermöglicht. Dadurch wird eine konsistente Darstellung der Daten gewährleistet.

18.3.3.1 Teilnehmer

Der Grundgedanke der Architektur ist die Zerlegung einer interaktiven Anwendung in drei verschiedene Rollen. Diese Rollen sind das **Model**, die **View** und der **Controller**. Die Aufgaben dieser Rollen sind:

- Das Model umfasst die Kernfunktionalität und kapselt die Daten des Systems.
- Die View stellt die Daten für den Anwender dar. Sie erhält ihre Daten vom Model.
- Der Controller ist für die Interaktion mit dem Benutzer verantwortlich.

---

[185] In diesem Kapitel werden die engl. Fachbegriffe "Model" und "View" anstelle der deutschen Begriffe "Modell" und "Ansicht" verwendet. Das Wort Controller steht aber bereits im deutschen Wörterbuch.

Zur Entkopplung des Models von den beiden anderen Rollen wird das Beobachter-Muster verwendet. Der Einsatz des Beobachter-Musters in MVC wird zu einem späteren Zeitpunkt noch ausführlich beschrieben. Bild 18-22 zeigt die sogenannte MVC-Triade:

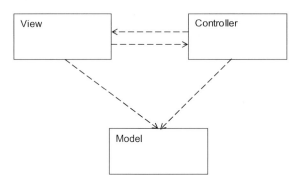

Bild 18-22 Abhängigkeiten der Komponenten der MVC-Architektur

Das folgende Bild zeigt nicht die Abhängigkeiten, sondern die Interaktionen:

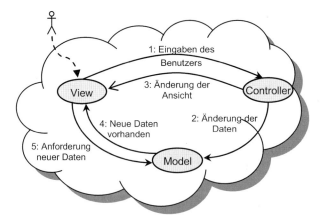

Bild 18-23 Interaktion der Komponenten der MVC-Architektur

Der Benutzer interagiert mit der View. Wenn der Benutzer eine Eingabe in der View macht (z. B. auf einen Button klickt), leitet die View dieses Ereignis an den Controller weiter (1). Der Controller hat die Aufgabe, dieses Ereignis zu interpretieren und entsprechend zu handeln. Er veranlasst eine Änderung der Daten im Model oder einen Zustandswechsel des Model (2). Eventuell wird auch die View veranlasst, ihren Zustand zu verändern (z. B. ein Textfeld auszublenden) (3). Das Model meldet nach einer Änderung an alle bei ihm zur Aktualisierung angemeldeten Views, dass sich die Daten geändert haben (4). Die Views holen die neuen Daten vom Model ab und aktualisieren ihre Darstellung. Die View ist sozusagen das Fenster zum Model (5).

Die beiden Rollen View und Controller sind abhängig vom Model. Das bedeutet, dass die View und der Controller den internen Aufbau des Model kennen. Die View muss die Informationen über das Model besitzen, um es darstellen zu können. Die Informationen werden auch vom Controller benötigt, um die Daten des Model zu ändern. Zwischen Controller und View besteht eine wechselseitige Abhängigkeit, weil die View den Controller über Eingaben des Benutzers informieren muss und da der Controller den Zustand einer View bestimmt. Diese wechselseitige Abhängigkeit ist auch der Grund dafür, dass Controller und View oftmals gemeinsam zu einer View-Controller-Komponente zusammengefasst werden. Der Controller kann die Ansicht der View und die Daten des Model ändern.

Da in vielen Anwendungen die gleichen Daten unterschiedlich dargestellt werden, kann es auch mehrere **Views** pro Model geben. Alle beim Model angemeldeten Views werden bei einer Änderung der Daten benachrichtigt. Will eine View nicht mehr über die Änderung ihres Model informiert werden, weil sie zum Beispiel ausgeblendet wird, kann sie sich bei ihrem Model abmelden.

Das Model

Die Aufgabe des Model ist das Speichern sämtlicher Geschäftsdaten und das Durchführen der Geschäftsprozesse. Das bedeutet, im Model werden alle Methoden implementiert, die nichts mit der Benutzerinteraktion und Visualisierung direkt zu tun haben. Bei der Implementierung des Model muss prinzipiell nicht auf die Implementierung der Views bzw. der Controller geachtet werden. Dies ist ein wichtiges Merkmal des Model, da die Unabhängigkeit des Model von View und Controller die Flexibilität der Architektur erhöht. In der Praxis ändern sich die Anforderungen an die Views und Controller häufiger, ihre Strukturänderungen wirken sich aber nicht auf das Model aus. Wird der Aufbau des Model geändert, so müssen auch die Controller und die Views angepasst werden.

Das Model kapselt die dem System zugrundeliegenden Daten. Es hat Operationen, mit deren Hilfe die gespeicherten Daten abgerufen, verarbeitet und geändert werden können. Ein Controller ruft bestimmte Methoden beim Model auf, um dessen Zustand entsprechend der Benutzerinteraktion zu ändern. Welche Daten geändert werden können und welche Daten zur Ansicht bereitstehen, wird vom Model bestimmt.

Werden die Daten im Model geändert, gibt es zwei unterschiedliche Methoden, die View über die Änderung zu informieren. Die erste Möglichkeit ist die Verwendung eines sogenannten **Passive Model**. Dabei informiert der Controller, der die Daten des Model geändert hat, die Views über die Änderung. Bei der zweiten Möglichkeit, dem sogenannten **Active Model**, ist es die Aufgabe des Model, seine Views über die Änderung zu informieren. Um diesen Kommunikationsfluss mit einer möglichst geringen Abhängigkeit des Model zu seinen Views bereitzustellen, wird das Beobachter-Muster verwendet.

Die Aufgaben des **Model** im MVC-Muster sind:

- Durchführung der Geschäftsprozesse (ohne MMI) und Speicherung von Daten.
- Anmeldung und Abmeldung von Views entgegennehmen.
- Angemeldete Views über geänderte Daten informieren.
- Aufrufschnittstelle für das Abholen von Daten durch die Views bereitstellen (Pull-Betrieb).
- Am MMI eingegebene Daten von Controllern entgegennehmen.

Die View

Die View dient zur Darstellung der Daten des Model. Verschiedene Views können dem Benutzer dieselben Daten auf unterschiedliche Weise präsentieren. Zum Beispiel können Messdaten in einer View als numerische Werte angezeigt und in einer anderen View in einem Diagramm dargestellt werden. Wenn die Daten im Model geändert werden, so aktualisieren sich auch alle Views, die diese Daten anzeigen.

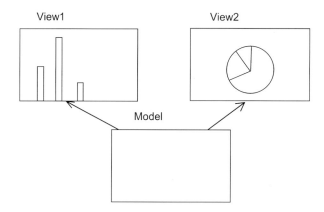

Bild 18-24 Aktualisierung zweier Views durch das Model

Damit eine View die Daten im Model anzeigen kann, muss sie den Aufbau des Model genau kennen. Somit existiert eine starke Abhängigkeit der View zum Model, in die andere Richtung – wie oben erwähnt – allerdings nicht. Folglich wirken sich Änderungen in der Implementierung des Model auf seine Views aus und erfordern deren Anpassung an das Model.

Außer der Darstellung von Daten enthält eine View üblicherweise auch die typischen Kontrollelemente einer interaktiven Anwendung wie z. B. Buttons. Eine Interaktion des Benutzers mit den Kontrollelementen erzeugt dabei ein Ereignis. Dieses Ereignis wird von der View nicht selbst interpretiert, sondern wird an den Controller weitergeleitet.

Die Aufgaben einer **View** im MVC-Muster sind:

- Darstellung der Daten des Model für einen Bediener.
- Abfrage der Daten beim Model nach einer Änderungsnachricht (Pull-Betrieb).
- Aktualisierung der Darstellung mit den neuen Daten.
- Übergabe von in der View eingegebenen Daten und der durch Betätigung der Kontrollelemente erzeugten Ereignisse an den Controller.
- Anpassung der Oberfläche auf Steuerbefehle des Controllers.

Der Controller

Der **Controller** steuert das Model und den Zustand der View auf Grund von Eingaben des Bedieners.

Die Aufgabe des Controllers ist es dabei, die für das **Model** empfangenen Ereignisse und die Dateneingaben des Benutzers in Methodenaufrufe für das Model umzusetzen. Der Controller interpretiert die Aktionen und entscheidet, welche Methoden des Model aufgerufen werden sollen. Er fordert es damit auf, eine Änderung seines Zustandes oder seiner Daten durchzuführen. Wird ein Passive Model verwendet, hat der Controller die zusätzliche Aufgabe, die Views über diese Änderung zu informieren.

Des Weiteren kann die durch ein Ereignis ausgelöste Aktion es erfordern, dass die **View** angepasst werden muss, weil beispielsweise Kontrollelemente zu aktivieren oder zu deaktivieren sind. Die Benachrichtigung einer View wird ebenfalls vom Controller nach der Interpretation eines Ereignisses vorgenommen. Jede View hat genau einen Controller, aber ein Controller kann mehrere Views bedienen.

Da es oft nicht vorteilhaft ist, den Controller von der View zu trennen, treten Controller und View häufig zusammen in einer Klasse auf. Dies wird z. B. bei Java-Swing so gehandhabt. Eine Trennung von Controller und View würde zum Beispiel Sinn machen, wenn es möglich sein soll, zur Laufzeit den Controller auszutauschen. In diesem Fall müsste die View mit unterschiedlichen Controllern zusammenarbeiten.

In manchen Entwürfen soll der Controller über eine Änderung des Model informiert werden, um entsprechend zu reagieren (z. B. um Kontrollelemente der View aus- oder einzuschalten). Ist dies der Fall, muss sich der Controller ebenfalls beim Model anmelden, um bei einer Zustands- oder Datenänderung benachrichtigt zu werden.

Die Aufgaben eines **Controllers** im MVC-Muster sind:

- Bedienereingaben von der View entgegennehmen.
- View gemäß den Bedienereingaben steuern.
- Daten von der View dem Model übergeben.
- Methoden des Model aufrufen.

18.3.3.2 Klassendiagramm

Das Klassendiagramm für das grundlegende Entwurfsmuster Beobachter, das seinen Einsatz in der Beziehung zwischen Model und View findet, wird in Kapitel 17.9.3 dargestellt. Der Beobachtbare entspricht dabei dem Model und der Beobachter der View. Für die Beziehung zwischen Controller und View bzw. Model wird kein Klassendiagramm benötigt.

18.3.3.3 Dynamisches Verhalten

Im MVC-Muster sind die Model-, View- und Controller-Objekte durch Protokolle entkoppelt. So muss ein View-Objekt sicherstellen, dass es den aktuellen Zustand seines Model-Objekts wiedergibt. Realisiert wird dies, indem das Model die von ihm abhängigen Views über eine Änderung seiner Attribute unterrichtet. Die View bringt sich daraufhin in einen konsistenten Zustand. Dieser Ansatz ermöglicht es, einem Model mehrere Views zuzuordnen. Zudem können neue Views entwickelt werden, ohne das Model umschreiben zu müssen. Durch das MVC-Muster ist es außerdem möglich, die Reaktion einer View auf Benutzereingaben zu ändern, indem der View ein neuer Controller zugeordnet wird. Dabei ist jeder GUI-Komponente stets der entsprechende Controller zugeordnet, so dass jede GUI-Komponente stets ein Paar aus Controller und View aufweist.

> Das MVC-Muster teilt eine Benutzeranwendung in die Subsysteme Model, View und Controller ein. Controller und View sind vom Model abhängig und kennen seine Daten und Methoden. Das Model wiederum ist von Controller und View unabhängig. Dieses Muster ist sehr sinnvoll, wenn mehrere Ansichten (Views) auf ein Model zur gleichen Zeit benötigt werden. Änderungen am Model, die zur Laufzeit auftreten, werden direkt an alle angemeldeten Views gegeben.

In Bild 18-25 wird der Ablauf von der Anmeldung der Views beim Model (`anmelden()`) bis zur Aktualisierung der Daten dargestellt:

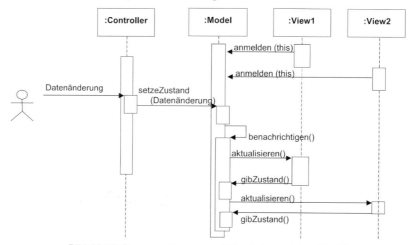

Bild 18-25 Sequenzdiagramm Aktualisierung des Model

Im ersten Schritt melden sich zwei Views mit der Methode `anmelden()` bei dem `Model`-Objekt an.

Der weitere Ablauf der Kommunikation zwischen den MVC-Komponenten für eine Aktualisierung ist:

1. Der Benutzer gibt Daten an der View ein. Die View leitet diese Daten an den Controller weiter. Hier vereinfacht dargestellt als `Datenänderung` für den Controller.
2. Der Controller übersetzt diese Daten in eine Dienstaufforderung für das Model. Hierzu bestimmt der Controller, welche Methoden des Model aufgerufen werden müssen. Werden Parameter benötigt, so werden sie vom Controller ebenfalls übergeben (`setzeZustand(Datenänderung)`).
3. Das Model führt die aufgerufene Methode und die `benachrichtigen()`-Methode aus.
4. Das Model benachrichtigt innerhalb der `benachrichtigen()`-Methode seine zugeordneten Views, dass sich sein Zustand geändert hat (`aktualisieren()`).
5. Die benachrichtigten Views holen die geänderten Daten durch den Aufruf der Methode `gibZustand()` beim Model ab.
6. Die neuen Grafiken werden auf dem Bildschirm ausgegeben. (Diese Aktivität ist nicht mehr dargestellt.)

18.3.3.4 Entwurfsmuster im MVC

Das MVC-Muster entsteht durch die Zusammenarbeit mehrerer Entwurfsmuster. Es gibt keine festen Vorgaben, welche Entwurfsmuster enthalten sein müssen. Es gibt mehrere Varianten und je nach den Anforderungen der Anwendung an die Architektur werden bestimmte Entwurfsmuster genutzt oder auch nicht. Das Grundgerüst bildet aber das Beobachter-Muster, das in einer MVC-Architektur immer vorzufinden ist. Das Beobachter-Muster wird für die Kommunikation zwischen den Views und dem Model eingesetzt. Soll der Controller ebenfalls bei Änderungen des Model benachrichtigt werden so wird das Beobachter-Muster auch von den Controllern implementiert. Dies kann nötig sein, um beispielsweise bei bestimmten Daten Kontrollelemente der View ein- bzw. auszuschalten. Zusätzlich werden in der Regel noch zwei weitere Muster bei der MVC-Architektur benutzt: Das **Strategie-Muster** (engl. **strategy pattern**) und das **Kompositum-Muster** (engl. **composite pattern**).

Das Beobachter-Muster im MVC

Das Beobachter-Muster wird im MVC-Architekturmuster verwendet, um eine möglichst lose Kopplung vom Model zur View herzustellen. In Kapitel 17.9 ist der prinzipielle Aufbau des Musters dargestellt.

Hierbei nimmt das Model die Rolle des Beobachtbaren ein und die View die Rolle des Beobachters. Wird eine View für ein bestimmtes Model instanziiert, so muss sie sich beim Model anmelden. Dies geschieht, indem die View beim Model die Methode `anmelden()` aufruft und eine Referenz auf sich selbst als Parameter übergibt. Dabei übergibt sich die View als ein Objekt vom Typ `IBeobachter`. Somit kann das Model nur die Methoden, die im Interface `IBeobachter` deklariert sind, bei der View aufrufen. Das Model hat also keinerlei Informationen über den Aufbau der konkreten View und ist somit auch nicht abhängig von ihr. Alle registrierten Views werden in einer Liste im Model abgespeichert.

Wird nun das Model vom Controller verändert, ruft es die `benachrichtigen()`-Methode auf. In dieser Methode wird bei jeder View, die sich als Beobachter registriert hat, die `aktualisieren()`-Methode aufgerufen. Dieser Aufruf wird auch als Callback bezeichnet, da der Beobachtbare diesen Aufruf durchführt. Durch den Callback weiß die View, dass die Daten, die sie darstellt, veraltet sind. Sie muss daraufhin die Daten neu vom Model auslesen. Dies tut sie, indem sie die Methode `gibZustand()` beim Model aufruft. Eine View holt sich im Pull-Modell nur die Daten, die für sie von Bedeutung sind ab. Will sie nicht mehr aktualisiert werden, weil sie zum Beispiel ausgeblendet wird, sollte sie sich vom Beobachtbaren abmelden.

Hier macht sich auch ein großer Nachteil dieses Musters bemerkbar, der eine negative Auswirkung auf die Performance der Anwendung hat. Da das Model alle seine Views bei einer Änderung seiner Daten benachrichtigt, wird auch bei Views, die diese geänderten Daten überhaupt nicht darstellen, die `aktualisieren()`-Methode aufgerufen. Folglich aktualisieren sich diese Views unnötig und verschwenden somit kostbare Rechenzeit. Dieser Fall tritt zum Beispiel ein, wenn sich eine View an einem komplexen Business-Objekt anmeldet und dessen Daten aber nur teilweise darstellt.

Das Kompositum-Muster im MVC

Beim Zusammensetzen von grafischen Oberflächen – wie es auch die Views im MVC-Muster sind –, ist das Kompositum-Muster weit verbreitet. Eine View wird dabei aus verschachtelten Komponenten wie z. B. Buttons, Textfeldern, Panels etc. zusammengesetzt. Dabei erben deren Klassen alle von derselben Basisklasse (von der Klasse `ViewComponent` in Bild 18-26).

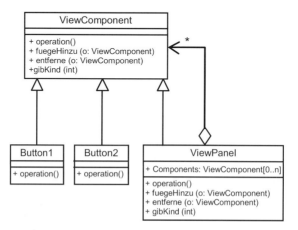

Bild 18-26 Klassendiagramm Kompositum-Muster

Jedes Element zeigt infolge der Vererbung dasselbe Verhalten wie die Elemente, aus denen es zusammengesetzt ist. Durch die Verschachtelung entsteht eine Baumstruktur aus Knoten und Blättern. Knoten sind dabei aus weiteren Elementen zusammengesetzt. Blätter, wie z. B. ein Button, tragen keine anderen Elemente in sich.

Um einen Aufruf einer gemeinsamen Methode (z. B. `operation()`) in allen Baumelementen zu veranlassen, wird die Methode im Wurzelelement des Baumes aufgerufen. Von hier aus wird der Aufruf an die inneren Elemente delegiert.

Anstelle von `operation()` kann man sich beispielsweise eine `resize()`-Methode vorstellen, mit deren Hilfe man eine Größenänderung eines Fensters an alle enthaltenen Elemente weiterleitet.

Das Kompositum-Muster ohne Bezug zur MVC-Architektur ist in Kapitel 17.5 dargestellt.

Strategie-Muster im MVC

Die Beziehung zwischen View und Controller kann mit dem klassischen Strategie-Muster realisiert werden. Der Controller stellt dabei die Strategie der View dar, also die Logik, die die Aktionen des Benutzers interpretiert. Die View delegiert die Informationen über erfolgte Aktionen an den Controller weiter. Sie kann auch Schnittstellenfunktionen bereitstellen, über die der Controller nach einer Aktion die vom Benutzer veränderten Werte oder Parameter aus den View-Elementen auslesen kann (z. B. den Wert eines Textfeldes). Die View ist dabei immer nur für den Empfang der Aktionen verantwortlich. Wie die Benutzerinteraktionen interpretiert werden, obliegt dem Controller. Die Verwendung des Strategie-Musters erlaubt es der View, den Controller während der Laufzeit auszutauschen und dadurch ihr Verhalten zu ändern. Dabei bleiben View und Controller entkoppelt, da die View keine Kenntnis davon hat, wie und von welchem Controller eine Aktion interpretiert wird.

Bild 18-27 zeigt eine mögliche Interpretation des Strategie-Musters im MVC-Kontext:

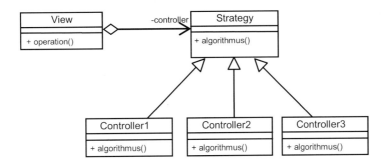

Bild 18-27 Klassendiagramm Strategie-Muster

Dabei ist `algorithmus()` eine Methode, an die die View Aktionen delegiert. Je nachdem, welcher Controller eingesetzt wird, kann die Methode eine andere Funktionalität aufweisen. Mithilfe der Methode `operation()` kann ein Controller auf bereitgestellte Funktionen der View zugreifen, um beispielsweise dadurch ein Textfeld auszulesen.

In manchen Programmiersprachen wie z. B. Java kann allerdings die View mit dem Controller eine unzertrennbare Einheit bilden, was dem Strategiemuster entgegen läuft.

Das Strategie-Muster ohne Bezug zur MVC-Architektur ist in Kapitel 17.10 dargestellt.

Zusammenspiel von Beobachter-, Strategie und Kompositum-Muster

In Bild 18-28 wird ein möglicher Zusammenhang aller bisher erwähnten Entwurfsmuster Beobachter-, Strategie- und Kompositum-Muster des MVC gezeigt. Die Struktur dient dabei als Vorschlag und nicht als feste Vorgabe. Die Zusammenarbeit kann je nach Architektur an einigen Stellen variieren.

Beispielsweise ist denkbar, dass die View selbst ein Objekt der Klasse `ViewPanel` ist, anstatt wie in Bild 18-28 ein Objekt einer Klasse, die ein `ViewPanel`-Objekt erstellt.

18.3.4 Bewertung

18.3.4.1 Vorteile

Vorteile des MVC-Musters für den Entwurf und die Wiederverwendung sind:

- Die Model-Klassen können völlig unabhängig von der Gestaltung der Benutzeroberfläche entworfen werden.
- Die Benutzeroberfläche kann geändert werden, ohne eine Veränderung an den Model-Klassen vornehmen zu müssen.
- Es können verschiedene Benutzeroberflächen für dieselbe Anwendung entworfen werden.

18.3.4.2 Nachteile

Die folgenden Nachteile werden gesehen:

- Die Performance wird oftmals schlechter.
- Der erhöhte Implementierungsaufwand durch die Unterteilung in viele Klassen ist bei kleinen Anwendungen nicht gerechtfertigt.

18.3.5 Einsatzgebiete

Jede Art von interaktiver Software mit Ein- und Ausgabe.

Das MVC-Architekturmuster wird zum Beispiel in der Grafikbibliothek Swing von Java erfolgreich eingesetzt. Damit ist der Entwickler gezwungen, die Daten von deren Darstellung zu trennen.

Ursprünglich wurde das MVC-Architekturmuster in den späten 70er Jahren von Trygve Reenskaug für die Smalltalk-Plattform entwickelt [Fow03]. Seitdem wurde es in vielen GUI-Frameworks verwendet.

Architekturmuster

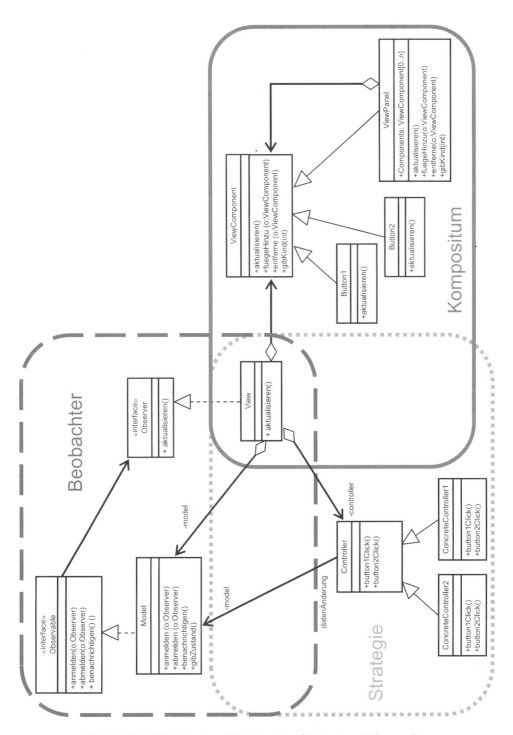

Bild 18-28 MVC-Variante mit Beobachter, Strategie und Kompositum

18.3.6 Ähnliche Muster

Das **MVC Model 2** findet Anwendung, wenn die Darstellung – die Präsentation – von dem darzustellenden Inhalt unabhängig ein soll. Dies ist vor allem im World-Wide-Web zu finden. Hier werden die Struktur, das Aussehen und der Inhalt voneinander getrennt. Dies ermöglicht beispielsweise eine Veränderung der Struktur, ohne das Aussehen mit verändern zu müssen.

Im Falle von Java wird das Model 2 meistens in Kombination mit Servlets, JSPs und JavaBeans eingesetzt. Ein Servlet dient meistens als Controller und entscheidet, welche View – hierbei eine JSP – als Antwort auf eine Anfrage zurückgesendet werden soll. Nachdem die View vom Server ausgewählt worden ist, ruft diese die Methoden einer JavaBean auf, um den Inhalt zu erhalten. Die JavaBeans werden hier für die Datenhaltung genutzt. Die View beinhaltet eine vordefinierte Struktur, beispielweise ein HTML- oder ein XML-Gerüst. Dieses Gerüst wird mit dem erhaltenen Inhalt befüllt und als Antwort zurückgeliefert. Bei Web-Seiten wird das Aussehen über das CSS (Cascading Style Sheet) definiert und in einer separaten Datei abgelegt. Diese wird vom Browser beim Auswerten der gelieferten Antwort nachgeladen.

18.3.7 Programmbeispiel

Im Folgenden wird ein Beispiel gezeigt und erklärt. Das gezeigte Beispiel wurde absichtlich gekürzt[186]. In diesem Beispiel wird das MVC-Architekturmuster dazu verwendet, verschiedene Ansichten auf die Sitzplatzverteilung von Parteien nach einer Wahl zu präsentieren. Der Benutzer kann zur Laufzeit die Anzeige der Sitzplatzverteilung ändern, woraufhin sich die Views selbstständig aktualisieren.

Model

Die beiden Schnittstellen `IObserverInterface` und `IObservableInterface` gehören zum Beobachter-Muster. Sie ermöglichen dem Model, seine Views über Änderungen zu informieren:

```
// Datei: IObserverInterface.java
public interface IObserverInterface
{
    public void update();
}


// Datei: IObservableInterface.java
public interface IObservableInterface
{
    public void registerObserver (ObserverInterface o);
    public void removeObserver (ObserverInterface o);
    public void notifyObservers();
}
```

Die Schnittstelle `IModelInterface` definiert das Model, das die Sitzplatzanzahl von drei Parteien (rot, grün und blau) speichert. Zu beachten ist hier, dass die Schnittstelle

---

[186] Der vollständige Beispielcode befindet sich auf der beiliegenden CD.

Architekturmuster

`IModelInterface` von der `IObservableInterface` Schnittstelle ableitet, um für die View beobachtbar zu sein. Hier die Schnittstelle `IModelInterface`:

```java
// Datei: IModelInterface.java
public interface IModelInterface extends IObservableInterface
{
   public double getRedPercentage();
   public double getBluePercentage();
   public double getGreenPercentage();
   public void setRedValue (int value);
   public void setBlueValue (int value);
   public void setGreenValue (int value);
}
```

Die Klasse `DataModel` implementiert die `IModelInterface` Schnittstelle und repräsentiert somit das Datenmodell. Es stellt die in den Schnittstellen definierten Methoden zum Lesen und Schreiben der Sitzplätze der Parteien, sowie Methoden zum Verwalten und Benachrichtigen von Beobachtern (Views) zur Verfügung.

```java
// Datei: DataModel.java
import java.util.ArrayList;
public class DataModel implements IModelInterface
{
   private int m_redValue = 0;
   private int m_greenValue = 0;
   private int m_blueValue = 0;
   private ArrayList<IObserverInterface> m_observers
      = new ArrayList<IObserverInterface>();

   public double getBluePercentage()
   {
      double total = m_redValue + m_greenValue + m_blueValue;
      if (total > 0)
         return m_blueValue / total;
      return 0;
   }

   public double getGreenPercentage()
   {
      double total = m_redValue + m_greenValue + m_blueValue;
      if (total > 0)
         return m_greenValue / total;
      return 0;
   }

   public double getRedPercentage()
   {
      double total = m_redValue + m_greenValue + m_blueValue;
      if (total > 0)
         return m_redValue / total;
      return 0;
   }

   public void setBlueValue (int value)
   {
      m_blueValue = value;
```

```
      notifyObservers();
   }

   public void setGreenValue (int value)
   {
      m_greenValue = value;
      notifyObservers();
   }

   public void setRedValue (int value)
   {
      m_redValue = value;
      notifyObservers();
   }

   public void notifyObservers()
   {
      for (int i = 0; i < m_observers.size(); ++i)
         m_observers.get (i).update();
   }

   public void registerObserver (IObserverInterface o)
   {
      m_observers.add (o);
   }

   public void removeObserver (IObserverInterface o)
   {
      if (m_observers.contains (o))
         m_observers.remove (o);
   }
}
```

View

Die drei Klassen `TableView`, `PieChartView` und `BarChartView` stellen die unterschiedlichen Sichten auf das Model dar. Der Benutzer kann zwischen Tabellenform, Kreisdiagramm und Balkendiagramm wählen. Sofern möglich, wird die genaue Implementierung der Klassen in Java Swing hier aus Gründen der Übersichtlichkeit weggelassen. Die Views repräsentieren die Beobachter im Beobachter-Muster und implementieren deshalb die Schnittstelle `IObserverInterface`. Damit ist das Model in der Lage, sie über Änderungen zu informieren. Voraussetzung ist natürlich, dass die Views, wie in den Konstruktoren gezeigt, das Model kennen und sich bei ihm als Beobachter anmelden. Die Klasse `TableView` stellt hierbei noch einen Spezialfall dar, da sie als Benutzerschnittstelle zur Eingabe der Sitzplätze dient. Um das Model über diese Benutzerschnittstelle modifizierbar zu machen, wird eine Instanz der Klasse `TableViewController` im Konstruktor erzeugt und bei Änderungen des Benutzers über die neu eingegebenen Werte informiert. Die Definition der Klasse `TableViewController` erfolgt später. Hier die Klassen der View:

```
// Datei: TableView.java
...
public class TableView implements IObserverInterface
{
   private IControllerInterface m_controller;
```

```java
   private IModelInterface m_model;
   . . .
   public TableView (IModelInterface model)
   {
      createComponents();
      m_model = model;
      model.registerObserver (this);
      m_controller = new TableViewController (model, this);
   }

   public void createComponents()
   {
      . . .
      m_setButton = new JButton ("Set");
      m_setButton.addActionListener (new ActionListener()
      {
         public void actionPerformed (ActionEvent e)
         {
            m_controller.setValues (m_redTextField.getText(),
               m_greenTextField.getText(),
               m_blueTextField.getText());
         }
      });
      . . .
   }
   . . .
   public void update()
   {
      // Weil das Model nur über die TableView geändert werden
      // kann, sind beim Update keine Anweisungen notwendig
   }
}

// Datei: PieChartView.java
. . .
public class PieChartView implements IObserverInterface
{
   private IModelInterface m_model;
   private JPanel m_viewPanel;
   . . .
   public PieChartView (IModelInterface model)
   {
      createComponents();
      m_model = model;
      model.registerObserver (this);
   }

   public void createComponents()
   {
      . . .
   }

   public void update()
   {
      . . .
      double red = m_model.getRedPercentage();
```

```
      double green = m_model.getGreenPercentage();
      double blue = m_model.getBluePercentage();
      m_viewPanel = createChartPanel (red, green, blue);
      ...
   }

   private JPanel createChartPanel (final double red,
      final double green, final double blue)
   {
      ...
   }
}

// Datei: BarChartView.java
...
public class BarChartView implements IObserverInterface
{
   IModelInterface m_model;
   JFrame m_viewFrame;
   JPanel m_viewPanel;
   public BarChartView (IModelInterface model)
   {
      createComponents();
      m_model = model;
      model.registerObserver (this);
   }

   public void createComponents()
   {
      ...
   }

   public void update()
   {
      ...
      double red = m_model.getRedPercentage();
      double green = m_model.getGreenPercentage();
      double blue = m_model.getBluePercentage();
      m_viewPanel = createChartPanel (red, green, blue);
      ...
   }

   private JPanel createChartPanel (final double red,
      final double green, final double blue)
   {
      ...
   }
}
```

Controller

Die Schnittstelle `IControllerInterface` definiert einen Controller. Über die Methode `setValues()` kann der Controller über neue Werte für die Sitzplatzverteilung informiert werden. Hier die Schnittstelle `IControllerInterface`:

Architekturmuster

```java
// Datei: IControllerInterface.java
public interface IControllerInterface
{
   public void setValues (String red, String green, String blue);
}
```

Die Klasse `TableViewController` implementiert die `IControllerInterface`-Schnittstelle. In der Methode `setValues()` werden die neuen Werte für die Sitzplatzverteilung entgegengenommen und anschließend das Model geändert. Da es sich bei den neuen Werten um eine Benutzereingabe handelt, sollten sie vor der Modifikation des Model unbedingt auf ihre Gültigkeit hin überprüft werden. Diese Überprüfungen werden hier, wieder aus Gründen der Übersichtlichkeit, nicht dargestellt. Hier die Klasse `TableViewController`:

```java
// Datei: TableViewController.java
public class TableViewController implements IControllerInterface
{
   private IModelInterface m_model;
   private TableView m_tableView;
   public TableViewController (IModelInterface model,
      TableView tableView)
   {
      m_tableView = tableView;
      m_model = model;
   }

   public void setValues (String red, String green, String blue)
   {
      int r = 0;
      int b = 0;
      int g = 0;
      . . .
      b = Integer.parseInt (blue);
      . . .
      g = Integer.parseInt (green);
      . . .
      r = Integer.parseInt (red);
      . . .
      m_model.setBlueValue (b);
      m_model.setGreenValue (g);
      m_model.setRedValue (r);
      . . .
   }
}
```

Anwendung

Die Klasse `MVCTestDrive` dient lediglich dazu, ein Datenmodell und seine Views zu erzeugen.

```java
// Datei: MVCTestDrive.java
public class MVCTestDrive
{
    public static void main (String[] args)
```

```
    {
        DataModel model = new DataModel();
        TableView tableView = new TableView(model);
        PieChartView pieChartView = new PieChartView(model);
        BarChartView barChartView = new BarChartView(model);
    }
}
```

Das fertige Programm erzeugt die in Bild 18-29 gezeigte Bildschirmausgabe:

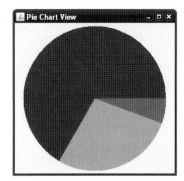
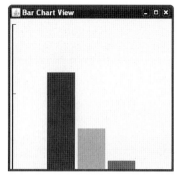

Bild 18-29 Beispielprogramm für das MVC-Architekturmuster

18.4 Das Architekturmuster Broker

18.4.1 Name/Alternativer Name

Broker heißt "Makler", "Vermittler".

18.4.2 Problem

Werden Komponenten über ein Netzwerk verteilt, besteht das Problem, dass Services vom Client gefunden werden müssen. In einem solchen verteilten Softwaresystem kann sich die Anzahl der Teilnehmer zur Laufzeit ändern. Daher ist es schwierig eine Struktur aufzubauen, die von den Teilnehmern zur Kommunikation genutzt werden kann. Kennen sich die Teilnehmer untereinander, steigt mit wachsender Teilnehmerzahl auch der Umfang der Metadaten sowie der Verwaltungsaufwand. Dieser Anstieg ist exponentiell.

18.4.3 Lösung

Abhilfe für dieses Problem schafft das Broker-Muster. In verteilten Softwarearchitekturen entkoppelt das Broker-Muster die Verbindung zwischen Client und Server. Dies wird durch eine Vermittlerschicht, den sogenannten Broker, erreicht. Sie wird zwischen Client und Server eingeschoben. Server melden ihre Dienste am Broker an und warten auf eingehende Anfragen von einem Client. Clients, die einen Dienst benötigen, stellen ihre Anfrage über einen Client-Proxy an den Broker. Der Broker koordiniert anschließend die Kommunikation. Das bedeutet, ein Broker leitet zuerst eine Anfrage an den entsprechenden Server weiter. Die Antwort des Servers geht anschließend über den Broker zurück an den Client. Damit ist der Ort der Leistungserbringung transparent.

> Ein **Vermittler (Broker)** ist ein zentraler Punkt im Netzwerk, bei dem sich sowohl Server als auch Clients anmelden und Informationen austauschen können. Ein Broker verbirgt den physischen Ort der Leistungserbringung eines Servers vor dem Client.

Die Verwendung des Broker-Musters bringt den Vorteil, dass Server und Client sich nicht mehr gegenseitig kennen, sondern lediglich den Broker ansprechen müssen. Über den Broker kommunizieren Client und Server indirekt miteinander.

18.4.3.1 Teilnehmer

Client
Der Client verfügt über Anwendungslogik und sendet Anfragen über den Client-Proxy indirekt an einen Server.

Client-Proxy
Der Client-Proxy ist der Stellvertreter des Brokers (und damit auch Stellvertreter des Servers) auf dem Client-Rechner. Er kapselt die Funktionalität des Client. Server-Anfragen des Client werden von ihm entgegengenommen und an den Broker

weitergeleitet. Der Client-Proxy erscheint aus der Sicht des Client wie der eigentliche Server und kapselt alle Funktionalitäten, die zur Kommunikation mit dem Broker notwendig sind.

Broker
Der Broker verwaltet die Server. Er kann in Gestalt eines Client sowie eines Server auftreten und ist für die Kommunikation zwischen Server und Client verantwortlich. Der Broker wird beim Verbindungsaufbau als Vermittler und beim Datenaustausch als Weiterleitung verwendet. Server können ihre Dienste am Broker anmelden.

Bridge
Eine Bridge ist optional. Bei der Interaktion zwischen zwei Brokern wird eine zusätzliche Komponente mit dem Namen Bridge eingesetzt. Sie erweitert den Funktionsumfang eines Brokers und kapselt Implementierungsdetails.

Server-Proxy
Der Server-Proxy ist der Stellvertreter des Brokers (und damit auch Stellvertreter des Client) auf dem Server-Rechner. Er kapselt die Funktionalität des Servers und realisiert die Verbindung zwischen Broker und Server. Er leitet die Anfragen des Brokers an den Server weiter. Die Implementierungsdetails der Anbindung an den Broker sind in diesem Proxy gekapselt.

Server
Der Server meldet seine Dienste am Server-Proxy an und wartet, bis Methodenaufrufe durchgeführt werden. Der Server stellt dabei eine definierte Schnittstelle zur Verfügung, die vom Server-Proxy genutzt wird.

18.4.3.2 Klassendiagramm

Das Klassendiagramm beschreibt die statische Struktur des Architekturmusters Broker. Zwischen den Klassen gibt es ausschließlich Verwendungsbeziehungen (siehe Bild 18-30).

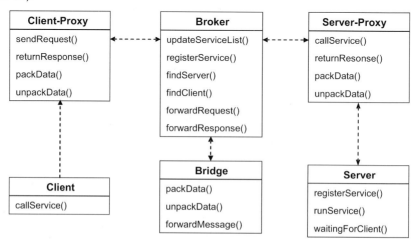

Bild 18-30 Klassendiagramm Broker-Muster

Architekturmuster

18.4.3.3 Dynamisches Verhalten

Das dynamische Verhalten des Systems lässt sich in zwei Phasen unterteilen. In die Server-Anmeldung und den Serviceaufruf eines Clients.

Server-Anmeldung

Nach der Initialisierung meldet der Server seinen Service am Broker an. Anschließend wird der Service in die Serviceliste des Brokers aufgenommen. Danach wartet der Server auf eingehende Serviceanfragen (siehe Bild 18-31).

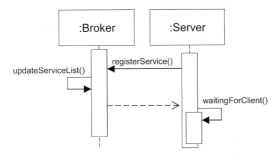

Bild 18-31 Sequenzdiagramm Serveranmeldung

Clientanfrage

Hier das Sequenzdiagramm für eine Client-Anfrage:

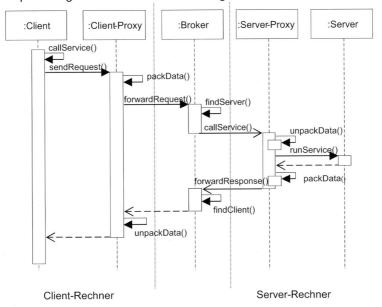

Bild 18-32 Sequenzdiagramm Clientanfrage

Der Client kennt nur den lokalen Stellvertreter des Brokers. Anfragen des Client werden vom lokalen Stellvertreter (auf Seiten des Client) entgegengenommen und in eine Nachricht verpackt (Marshalling). Diese Nachricht wird dann zum Broker gesendet. Nachdem der Broker den passenden Server gefunden hat, sendet er die Nachricht an den serverseitigen Stellvertreter. Der Stellvertreter nimmt die Nachricht entgegen, entpackt sie und ruft den gewünschten Service des Servers auf. Der Server verarbeitet anschließend den Aufruf und schickt das Ergebnis an den serverseitigen Stellvertreter zurück, der die Daten in eine Nachricht verpackt und weiter an den Broker sendet. Der Broker sucht nach dem Client, der den Service angefordert hat, und sendet die Nachrichten an den clientseitigen Stellvertreter zurück. Der Client-Proxy entpackt die Daten (Unmarshalling) und übergibt dem Client das Ergebnis (siehe Bild 18-32).

18.4.4 Bewertung

18.4.4.1 Vorteile

Die folgenden Vorteile werden gesehen:

- Der Broker trennt den Quelltext der Kommunikation zwischen Client und Server vom Quelltext der Client/Server-Funktionalität.
- Server und Clients können sich zur Laufzeit dynamisch ändern.
- Beteiligte Komponenten müssen nur den Broker kennen, um Informationen anzufordern. Die Architektur des Netzwerkes bleibt den Komponenten verborgen.
- Die Komponenten sind plattformunabhängig.
- Durch das Broker-Muster werden sehr große Netzwerke erst möglich.

18.4.4.2 Nachteile

Die folgenden Nachteile werden gesehen:

- Der zentrale Aspekt des Vermittlers erhöht die Fehleranfälligkeit und erfordert Maßnahmen der Fehlertoleranz.
- Der Kommunikationsablauf wird durch indirekte Aufrufe über den Broker aufwändiger.
- Durch den zusätzlichen Zwischenschritt über den Broker wird ein Engpass eingeführt. Die Performance ist daher schlechter verglichen mit dem Direktzugriff.

18.4.5 Einsatzgebiete

Das Broker-Muster ist in folgenden Fällen einzusetzen:

- In einer verteilten Softwarearchitektur sollen Clients und Server voneinander entkoppelt werden.
- Komponenten sollen auf Dienste anderer Komponenten zugreifen können, ohne deren Lokalität genau zu kennen.
- Zur Laufzeit sollen sich Komponenten ändern dürfen.
- Die Implementierungsdetails von Clientkomponenten und von Diensten sollen verborgen werden.

Das wohl bekannteste Beispiel für das Broker-Muster ist das Internet. Dort werden über eine Vielzahl von unabhängigen Software-Architekturen Dienste angeboten. Für clientseitige Anwendungen ist es dabei unmöglich, alle Server und Dienste direkt zu kennen. Aus diesem Grund werden Vermittler-Server eingesetzt, die mittels des Broker-Musters die Server und Clients zusammenführen. Ein DNS-Server arbeitet daher nach dem vorgestellten Broker-Prinzip.

18.4.6 Ähnliche Muster

Das **Broker-Muster** ähnelt in Aufbau und Verhalten dem **Proxy-Muster**, dem **Vermittler-Muster**, dem Forwarder-Receiver-Muster und dem Client-Dispatcher-Server-Muster. Das Vermittler-Muster dient dazu, komplexe Client-Anfragen von einem Vermittler verarbeiten zu lassen, so dass der Klient nichts über die interne Architektur des System wissen muss und lediglich mit dem Vermittler kommuniziert. Der Vermittler befindet sich dabei in einem abgeschlossenen System, löst die Aufrufe der Klienten auf und delegiert die Aufrufe an einzelne Teile des Systems. Beim **Client-Dispatcher-Server-Muster** [Gal03] wird zwischen das klassische Server-Client Modell eine vermittelnde Schicht (Dispatcher) eingezogen. Der Dispatcher führt dazu, dass der Client zu Beginn der Kommunikation den Server nicht kennen muss. Das **Forwarder-Receiver-Muster** [Bie00] befasst sich mit der Interprozesskommunikation und hat als Ziel, diese in entkoppelten System transparent zu gestalten. Das Proxy-Muster hat das Hauptziel, eine bestehende Schnittstelle auf eine vereinheitlichte Weise einem Klienten zur Verfügung zu stellen.

Das **Broker-Muster** ist ein Muster, das seine Grenzen deutlich weiter steckt. Es beschreibt eine System-Architektur, die einheitliche Schnittstellen verwendet, auf einheitliche Art und Weise vermittelt und eine Ortstransparenz zwischen Server und Client schafft. Das Broker-Muster besitzt alle Charakteristika, die auch Proxy-, Client-Dispatcher-, Client-Dispatcher-Server- und Vermittler-Muster besitzen und enthält Ähnlichkeiten zur **SOA**.

18.4.7 Programmbeispiel

In diesem Abschnitt wird eine Implementierung des Broker-Musters aufgeführt. Um sie überschaubar zu halten, wird in diesem Beispiel auf das Ein- und Auspacken von Nachrichten verzichtet. Stattdessen werden die Anfragen direkt weitergeleitet.

Intern arbeitet der Broker mit einer `HashMap`, in der die Services aller Server als String registriert werden. Bei einer Anfrage des Client sucht der Broker in dieser `HashMap` nach dem passenden Service. Er leitet die Client-Anfrage weiter, falls ein entsprechender Eintrag gefunden wurde. Existiert kein Service unter dem angeforderten Namen, so wird der Client darüber benachrichtigt.

```java
// Datei: Client.java
public class Client
{
    private ClientProxy cp = null;
    private String request = null;
```

```java
   // Konstruktor
   public Client (ClientProxy cp, String request)
   {
      System.out.println ("Client: instanziiert");
      this.cp = cp;
      this.request = request;
   }

   // Serviceaufruf
   public void callService()
   {
      System.out.println ("Client: callService (" + request + ")");
      String response = cp.sendRequest (request);
      System.out.println
                ("\nErgebnis der Anfrage '" + request + "':");
      System.out.println (response);
   }
}

// Datei: ClientProxy.java
public class ClientProxy
{
   private Broker broker = null;

   public ClientProxy (Broker b)
   {
      System.out.println ("ClientProxy: instanziiert");
      broker = b;
   }

   public String sendRequest (String s)
   {
      System.out.println
          ("ClientProxy: Anfrage an Broker weiterleiten");
      String result = broker.forwardRequest (s, this);
      return result;
   }
}

// Datei: Broker.java
import java.util.HashMap;

public class Broker
{
   private HashMap<String, ServerProxy> serverlist = null;
   private ClientProxy clientProxy = null;
   // Konstruktor
   public Broker()
   {
      System.out.println ("Broker: instanziiert");
      serverlist =  new HashMap<String,ServerProxy>();
   }
```

```java
    // Serverliste aktualisieren
    private void updateServerList (String serviceName,
                                   ServerProxy serverProxy)
    {
       System.out.println
           ("Broker: Server in Serviceliste aufgenommen");
       serverlist.put (serviceName, serverProxy);
    }

    // Server-Anmeldung
    public void registerService (ServerProxy serverProxy,
                                 String serviceName)
    {
       System.out.println
           ("Broker: Service '" + serviceName + "' angemeldet");
       updateServerList (serviceName, serverProxy);
    }

    // Suche nach passendem Server
    private ServerProxy findServer (String serviceName)
    {
       ServerProxy serverProxy = serverlist.get (serviceName);
       if (serverProxy != (null))
       {
          System.out.println ("Broker: Service gefunden");
       }
       else
       {
          System.out.println
             ("Broker: Service wurde nicht gefunden");
       }
       return serverProxy;
    }

    // Client-Anfrage an Server weiterleiten
    public String forwardRequest (String serviceName,
                                  ClientProxy clientProxy)
    {
       this.clientProxy = clientProxy;
       System.out.println ("Broker: Passender Service wird gesucht");
       ServerProxy sp = findServer (serviceName);
       if (sp == null)
       {
          return "Der Service '" + serviceName +
                 "' konnte nicht gefunden werden.";
       }
       System.out.println ("Broker: Weiterleitung an ServerProxy");
       return sp.callService();
    }
}

// Datei: ServerProxy.java
public class ServerProxy
{
   private Broker broker;
   private Server server;
```

```java
   // Konstruktor
   public ServerProxy (Broker b, Server s)
   {
      broker = b;
      server = s;
      System.out.println ("ServerProxy: instanziiert");
   }

   // Service des Servers aufrufen
   public String callService()
   {
      System.out.println
         ("ServerProxy: Anfrage an Server weiterleiten");
      String result = server.runService();
      return result;
   }
}

// Datei: Server.java
public class Server
{
   // Konstruktor
   public Server()
   {
      System.out.println ("Server: instanziiert");
   }
   // Anmeldung am Server
   public void registerService (Broker b, ServerProxy sp)
   {
      System.out.println ("Server: Anmeldung am Broker");
      b.registerService (sp, "Wetter");
   }
   // Service, der dem System zur Verfügung gestellt wird
   public String runService()
   {
      System.out.println ("Server: Service wird aufgerufen");
      return new String ("Es wird heiter bis wolkig.");
   }
}

// Datei: MyApplication.java
public class MyApplication
{
   public static void main (String[] args)
   {
      // Initialisierung
      System.out.println ("Initialisierung:");
      Broker broker = new Broker();
      Server server = new Server();
      ServerProxy serverProxy = new ServerProxy (broker, server);
      ClientProxy clientProxy = new ClientProxy (broker);
      Client wetter =  new Client (clientProxy, "Wetter");
      Client boersenkurs =  new Client (clientProxy, "Boersenkurs");
```

```
        // Server-Anmeldung an Broker
        System.out.println ("\nServeranmeldung:");
        server.registerService (broker, serverProxy);

        // Serviceaufruf
        System.out.println ("\nServiceaufruf:");
        wetter.callService();

        // Serviceaufruf
        System.out.println ("\nServiceaufruf:");
        boersenkurs.callService();
    }
}
```

Hier das Protokoll des Programmlaufs:

```
Initialisierung:
Broker: instanziiert
Server: instanziiert
ServerProxy: instanziiert
ClientProxy: instanziiert
Client: instanziiert
Client: instanziiert

Serveranmeldung:
Server: Anmeldung am Broker
Broker: Service 'Wetter'  angemeldet
Broker: Server in Serviceliste aufgenommen

Serviceaufruf:
Client: callService (Wetter)
ClientProxy: Anfrage an Broker weiterleiten
Broker: Passender Service wird gesucht
Broker: Service gefunden
Broker: Weiterleitung an ServerProxy
ServerProxy: Anfrage an Server weiterleiten
Server: Service wird aufgerufen

Ergebnis der Anfrage 'Wetter':
Es wird heiter bis wolkig.

Serviceaufruf:
Client: callService (Boersenkurs)
ClientProxy: Anfrage an Broker weiterleiten
Broker: Passender Service wird gesucht
Broker: Service wurde nicht gefunden

Ergebnis der Anfrage 'Boersenkurs':
Der Service 'Boersenkurs' konnte nicht gefunden werden.
```

18.5 Das Architekturmuster Service-Oriented Architecture

18.5.1 Name/Alternative Namen

Serviceorientierte Architektur (abgekürzt SOA).

18.5.2 Problem

Änderungen der Geschäftsprozesse ziehen häufig erhebliche Veränderungen in DV-Systemen nach sich. Diese Modifikationen können die Architektur, Interoperabilität, Erweiterbarkeit und Überwachbarkeit der Systeme betreffen. Als Folge davon driften Geschäftsprozesse und IT-Lösungen auseinander.

18.5.3 Lösung

Voraussetzung einer serviceorientierten Architektur ist, dass die Geschäftsprozesse vollständig und klar definiert sind. Mit einer **serviceorientierten Architektur** soll die geschäftsprozessorientierte Sicht eines Unternehmens direkt auf die Architektur eines DV-Systems abgebildet werden. Es hat sich leider noch keine einheitliche präzise Definition einer SOA etabliert. SOA ist ein Konzept für eine Architektur – also den Lösungsbereich – und ist unabhängig von der entsprechenden Lösungstechnologie. Im Problembereich leistet dieses Konzept keine Hilfe. Eine SOA ist prinzipiell nichts Neues, sondern bringt nur ein Architekturkonzept auf den Punkt. Bereits CORBA[187] implementierte eine SOA, jedoch gab es zur damaligen Zeit diesen Begriff noch nicht. SOA ist keine standardisierte Architektur, sie kann daher nur individuell implementiert werden.

Eine serviceorientierten Architektur umfasst also in sich abgeschlossene Dienste (Anwendungsservices) eines DV-Systems, die den zugeordneten Teilen eines Geschäftsprozesses entsprechen sollen. Ein Geschäftsprozess resultiert in einem Geschäftsservice, den ein Unternehmen anbietet. Ein **Geschäftsservice** soll durch einen **Anwendungsservice** unterstützt werden. Ein **Anwendungsservice**[188] resultiert aus der 1:1-Abbildung eines **Geschäftsservice** auf die Architektur eines DV-Systems. Er wird über ein Protokoll aufgerufen. Jeder Anwendungsservice sollte idealerweise bestimmten Charakteristika genügen. In der Praxis werden diese Anforderungen aber häufig nicht vollständig umgesetzt.

Diese 1:1-Abbildung des Problembereichs auf den Lösungsbereich soll verhindern, dass Geschäftsprozesse und Anwendungsservices auseinander laufen. Eine serviceorientierte Architektur kapselt also die Funktionen einer Software in Services als Komponenten bzw. Systemteile, die Geschäftsprozessen oder Teilen von Geschäftsprozessen entsprechen.

Der Aufruf eines oder mehrerer Services deckt einen Anwendungsfall ab. Hierbei kann ein Service auch für mehrere verschiedene Anwendungsfälle genutzt werden. Ein

---

[187] Common Object Request Broker Architecture.
[188] Ein **Anwendungsservice** wird oft nur Service genannt.

Service darf zur Erbringung des Dienstes auch andere Services aufrufen. Ein solcher Service wird zusammengesetzter Service (engl. composite service) genannt.

Der sogenannte **Servicegeber** (engl. **service provider**) erbringt eine Dienstleistung, die vom **Servicenehmer** (engl. **service consumer**) innerhalb oder außerhalb des Unternehmens genutzt werden kann.[189] Diese beiden Rollen können durch ganze Geschäftsbereiche, Abteilungen, Teams oder einzelne Personen ausgeübt werden.

Die folgende Aufzählung gibt die Anforderungen an Services wieder. Diese Anforderungen sind nach Wichtigkeit sortiert:

- **Verteilung** (engl. **distribution**)
  Ein Dienst steht in einem Netzwerk zur Verfügung.
- **Geschlossenheit** (engl. **component appearance**)
  Jeder Dienst stellt eine abgeschlossene Einheit dar, die unabhängig aufgerufen werden kann. Aus der Sicht des Servicenehmers muss jeder Service als eine in sich geschlossene Funktion erscheinen.
- **Zustandslos** (engl. **stateless**)
  Ein Service startet bei jedem Aufruf eines Servicenehmers im gleichen Zustand. Das bedeutet, dass der Service keine Informationen von einem früheren Aufruf zu einem späteren weitergeben kann.
- **Lose Kopplung** (engl. **loosely coupled**)
  Ein Service kann bei Bedarf dynamisch zur Laufzeit vom Servicenehmer gesucht und aufgerufen werden. Ein Service muss stets **austauschbar** sein, daher muss es standardisierte Schnittstellen geben. Solange die Schnittstelle stabil bleibt, kann der Dienst problemlos optimiert werden.
- **Ortstransparenz** (engl. **location transparency**)
  Prinzipiell ist es nicht von Belang, auf welchem Server ein Service platziert wird.
- **Plattformunabhängigkeit** (engl. **platform independence**)
  Servicenehmer und Servicegeber dürfen verschiedene Rechner- und Betriebssysteme verwenden. Insbesondere darf sich auch die eingesetzte Programmiersprache unterscheiden.
- **Zugriff zu einem Dienst über eine Schnittstelle** (engl. **interface**)
  Zu jedem Dienst wird eine Schnittstelle publiziert. Die Kenntnis der Schnittstelle reicht zur Nutzung des Dienstes aus. Die Implementierung bleibt verborgen (Information Hiding).
- **Verzeichnisdienst** (engl. **service directory**, **service register** oder **service broker**)
  Es erfolgt eine Registrierung der Dienste in einem Verzeichnis.

Ein Geschäftsprozess wird auf einen Anwendungsfall abgebildet und dieser wird über eine Middleware einem oder mehreren Services zugeordnet. Services sind in der Regel aus mehreren Basic-Services zusammengesetzt, die weniger abstrakt sind. Die Basic-Services kapseln wiederum genau eine Funktion der Applikation. Dieser Zusammenhang ist als Schichtendiagramm in Bild 18-33 gezeigt.

---

[189] Die Begriffe Servicegeber und Servicenehmer sind auch bekannt als Service-Anbieter und Service-Konsument.

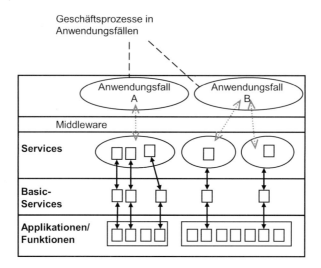

Bild 18-33 Schichtendiagramm

Der Lebenszyklus eines Service ist in Bild 18-34 dargestellt. In einem ersten Schritt wird ein Service vom Urheber/Besitzer des Services (Servicegeber) im **Service-Verzeichnis** (engl. **service registry**) veröffentlicht. Dabei wird unter anderem auch eine Beschreibung des Service im Verzeichnis hinterlegt (1). Der Servicenehmer kann Suchanfragen an das Service-Verzeichnis stellen, um einen gewünschten Service zu finden (2). Als Ergebnis der Anfrage bekommt der Servicenehmer die Adresse des Servicegebers, von dem der Service angeboten wird (3). Diese Adresse wird anschließend vom Servicenehmer genutzt, um einen direkten Service-Aufruf beim Servicegeber anzustrengen (4). Der Rückgabewert des Service wird anschließend zurück zum Servicenehmer übertragen (5).

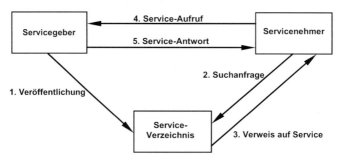

Bild 18-34 Lebenszyklus eines Service

Die Architektur-Vorstellung von SOA kann unterschiedlich interpretiert und implementiert werden. Zur Realisierung einer SOA gibt es beispielsweise die Technologien CORBA, Web Services, **Re**presentational **S**tate **T**ransfer (REST) oder OSGi[190].

---

[190] Die OSGi Service-Plattform wurde von der gemeinnützigen OSGi Alliance entwickelt. Früher stand die Abkürzung für Open Services Gateway Initiative.

Architekturmuster

Aus Platzgründen beschränkt sich dieses Kapitel ausschließlich auf die Technologie der **Web Services**. Auf sie wird im Folgenden näher eingegangen. Bild 18-35 zeigt die für die einzelnen Schritte konkret eingesetzten Protokolle.

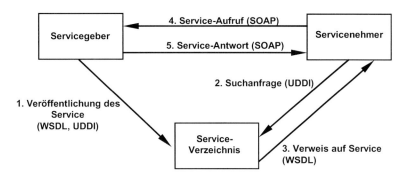

Bild 18-35 Protokolle eines Web Service

Der Java-Standard **JAX-WS**[191] erlaubt das einfache Erstellen von Web Services mithilfe von Annotationen. Die Beschreibung des Web Service erfolgt mit der Web Services Description Language (**WSDL**) und wird bei der Verwendung von JAX-WS zum Großteil automatisch generiert. Die Kommunikation zwischen Servicegeber und Servicenehmer erfolgt über das SOA-Protokoll (**SOAP**) – dies wurde ursprünglich als Simple Object Access Protocol definiert. Ein Service kann durch die Registrierung in einem Verzeichnis veröffentlicht und anschließend dort gesucht werden. Häufig wird hierfür Universal Discovery, Description, Integration (**UDDI**) eingesetzt.

SOA-Protokoll – SOAP 1.2

SOAP wird vollständig in XML verfasst und wurde vom W3C spezifiziert [W3SOAP]. Der Aufbau einer SOAP-Nachricht wird dabei in drei Bereiche eingeteilt. Der sogenannte **Umschlag** oder **Rahmen** (engl. **envelope**) umhüllt die anderen beiden Bereiche der Nachricht. Diese Kapselung ist in Bild 18-36 dargestellt. Die SOAP-**Kopfzeile** (engl. **header**) ist optional. Der Inhalt der Kopfzeile ist nicht genau festgelegt. SOAP bietet hier lediglich einen Bereich zur Übertragung von Metadaten an. Üblicherweise wird die Kopfzeile für die Übertragung von Sicherheitsinformationen genutzt.

Nach der Kopfzeile folgt der **Datenbereich** der SOAP-Nachricht. In diesem Bereich befinden sich die zu übertragenden Informationen. Eine SOAP-Nachricht muss als wohlgeformtes XML-Dokument formuliert sein, unter Ausschluss des sonst notwendigen XML-Prologs. Der Datenbereich wird auch zum Melden von Fehlern genutzt. Hierfür stehen in SOAP spezifizierte Elemente zur Verfügung.

---

[191] Java API for XML-WebServices.

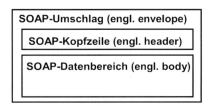

Bild 18-36 Aufbau einer SOAP-Nachricht

Im Folgenden wird der Quellcode einer SOAP-Nachricht gezeigt. Dieses Beispiel soll dem interessierten Leser einen ersten Eindruck über den Aufbau von SOAP vermitteln und zum grundlegenden Verständnis beitragen.

Beispiel einer SOAP-Nachricht (für XML-Kenner):

```
<soap:Envelope xmlns:soap="http://www.w3.org/2003/05/soap-envelope">
   <!-- Beispiel: Serveranmeldung mit Hilfe des SOAP-Headers -->
   <soap:Header>
      <login:sec xmlns:login="http://firma.de"
         soap:mustUnderstand="true">
      <!-- Weitere Angaben wie Benutzername und Passwort ... -->
   </soap:Header>
   <soap:Body>
      <soap:message> Inhalt des Datenbereichs </soap:message>
   </soap:Body>
</soap:Envelope>
```

Web Services Description Language – WSDL 2.0

WSDL wird in XML verfasst und wurde vom W3C spezifiziert [W3CWSD]. Die Aufgabe von WSDL besteht darin, einen Web Service möglichst vollständig zu beschreiben. Dies erfolgt durch die Beschreibung der Nachrichten, die vom Web Service empfangen und gesendet werden. Dabei erfolgt die Beschreibung unabhängig vom verwendeten Transportprotokoll.

In WSDL wird die Beschreibung auf zwei Ebenen durchgeführt: abstrakt und konkret. Abstrakte Informationen beziehen sich auf die Funktionalität des Web Service. Folgende abstrakte Komponenten stehen in der WSDL zur Beschreibung eines Service zur Verfügung[192]:

- **Documentation**: Die Beschreibung der Funktionalität des Web Services in Prosatext.
- **Types**: Eine Menge von Datentypen, die zum Austausch der dazugehörigen Nachrichten benötigt werden. Die Definition der Datentypen erfolgt in der Regel mit einem XML-Schema[193]. Ein- und Ausgabeparameter der einzelnen Web Service-Methoden können diese Datentypen annehmen.
- **Message**: Zulässige Nachrichten, die zwischen Servicenehmer und Servicegeber ausgetauscht werden.
- **Interface**: Beschreibung der Schnittstellen des Services. Die Schnittstellen sind aufrufbare Methoden für den Servicenehmer. Zu jeder Schnittstelle werden Ein- und

---

[192] Hinweis: Die fettgedruckten Begriffe spiegeln die Bezeichner der entsprechenden Tags in der WSDL-Beschreibung wieder.
[193] Standard spezifiziert vom W3C [W3CXML].

Ausgabeparameter mit dem zugehörigen Datentyp hinterlegt. Zusätzlich wird jedem Parameter ein Message Exchange Pattern (MEP) zugeordnet, das die Richtung des Informationsflusses beschreibt (u. a. Eingabe oder Ausgabe). Außerdem kann bei der Schnittstellenbeschreibung ein Rückgabewert für Fehlerfälle hinterlegt werden.

Konkrete Komponenten der WSDL-Beschreibung beinhalten Informationen, die sich auf die technischen Details beziehen:

- **Binding**: Definiert das Protokoll, das für den Nachrichtenaustausch verwendet wird. Im Allgemeinen wird hierfür SOAP verwendet.
- **Service**: Name des Service sowie eine Menge von Zugangspunkten (URI), über die der Service aufgerufen werden kann.

Eine weitere wichtige Eigenschaft von WSDL ist, dass sich WSDL-Beschreibungen modularisieren lassen. Das bedeutet, dass sich eine umfangreiche WSDL-Beschreibung in mehrere Dateien aufteilen lässt. Häufig genutzte Teilbereiche können so einfach wiederverwendet werden. Hierzu stehen die WSDL-Elemente **include** oder **import** zur Verfügung [wsdlei].

Beispielquelltext für eine WSDL-Beschreibung:

Es folgt ein Beispiel zu einer WSDL 2.0 Beschreibung. Dabei handelt sich um einen Web Service, der das Einzahlen von Geld bei einer Bank übernimmt.

```xml
<?xml version="1.0"?>
<definitions name="Einzahlung"
    targetNamespace="http://firma.de/Einzahlung.wsdl"
    xmlns:xsd1="http://firma.de/Einzahlung.xsd"
    xmlns:tns="http://firma.de/Einzahlung.wsdl">
    <documentation> Beschreibung des Services in textueller Form.
    </documentation>
    <!-- Datentypen definieren -->
    <types>
        <xsd:schema targetNamespace="http://firma.de/Einzahlung.xsd"
            xmlns:xsd="http://www.w3.org/2000/10/XMLSchema">
            <xsd:element name="DatentypEinzahlung">
                <xsd:complexType>
                    <xsd:element name="Kontonummer" type="string"/>
                    <xsd:element name="Betrag" type="string"/>
                </xsd:complexType>
            </xsd:element>
        </xsd:schema>
    </types>
    <!-- Zulässige Nachrichten aufstellen -->
    <message name="GeldEinzahlen">
        <part name="body" element="xsd:DatentypEinzahlung"/>
    </message>
    <!-- Schnittstellen des Services definieren -->
    <interface name="SchnittstelleEinzahlung">
        <operation name="Einzahlung">
            <input messageLabel="In" message="tns:GeldEinzahlen"/>
        </operation>
    </interface>
    <!-- Protokoll festlegen -->
    <binding name="ProtokollEinzahlung"
        interface="tns:SchnittstelleEinzahlung"
        type="http://www.w3.org/2004/08/wsdl/soap12"
        protocol="http://www.w3.org/2003/05/soap/bindings/HTTP/">
        <operation ref="tns:Einzahlung" />
```

```
    </binding>
    <!-- Zugangspunkte benennen -->
    <service name="ServiceEinzahlung"
        interface="tns:SchnittstelleEinzahlung">
        <endpoint name="ZugangspunktEinzahlung"
            binding="tns:ProtokollEinzahlung"
            address="http://firma.de/Einzahlung">
    </service>
</definitions>
```

Universal Discovery, Description, Integration – UDDI:

UDDI wurde vom Industriekonsortium OASID[194] spezifiziert [uddisp]. Die federführenden Firmen hinter dem Standard sind IBM, Microsoft und SAP. Ziel von UDDI ist es, ein Verzeichnis zu schaffen, das eine durchsuchbare Übersicht über eine (große) Menge von Web Services bietet. Langfristig sollen mithilfe von UDDI die Dienste einer beliebigen Firma gefunden werden. Ein UDDI-Verzeichnis kann mit der Funktionsweise von Telefonbüchern verglichen werden. Der Zugriff auf solche Verzeichnisse kann sowohl durch menschliche Benutzer als auch durch Applikationen erfolgen. Der Inhalt eines UDDI-Verzeichnisses wird in vier Haupttabellen untergliedert:

- **White Pages:** Enthalten Informationen über die Unternehmen, die einen Web Service ins Verzeichnis einstellen. Der Servicenehmer kann so ein passendes Unternehmen durch die Eingabe eines Namens finden.
- **Yellow Pages:** Der Servicenehmer kann das gesuchte Unternehmen anhand einer kategorisierten Struktur finden, vergleichbar mit einem Branchenverzeichnis.
- **Green Pages:** Hier stehen WSDL-Beschreibungen und technische Details zum Web Service.
- **Service Type Registration:** Bietet eine Tabelle der Servicebeschreibungen in Prosatext für die maschinelle Nutzung an. Der Zugriff erfolgt in der Regel über einen verzeichniseigenen Web Service.

Aus der technischen Sicht besteht ein UDDI-Verzeichnis im Wesentlichen aus zwei Komponenten:

- UDDI-API, die eine Menge von Schnittstellen in Form von Web Services anbietet. Diese Schnittstellen können zum Suchen, Veröffentlichen und Verwalten von Daten im UDDI-Verzeichnis genutzt werden. Die Kommunikation erfolgt über SOAP-Nachrichten.
- Ein standardisiertes XML-Schema, das das intern für UDDI genutzte Datenmodell beschreibt.

Als Alternative zu UDDI kann beispielsweise die Web Services Inspection Language (WSIL) eingesetzt werden. Dabei wird jedoch der Ansatz von mehreren kleinen und dezentralen Verzeichnissen verfolgt.

---

[194] Organization for the Advancement of Structured Information Standards.

18.5.3.1 Klassendiagramm

Das folgende Klassendiagramm zeigt eine SOA, die mit Web Services implementiert wurde. Bild 18-37 zeigt eine Reihe von Servicekomponenten. Eine Servicekomponente kapselt einen oder mehrere Web Services.

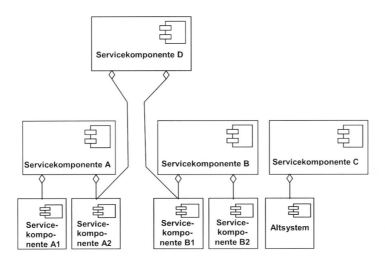

Bild 18-37 Klassendiagramm SOA

18.5.3.2 Teilnehmer

Zwei elementare Servicekomponenten A1 und A2 werden zur **Servicekomponente A** zusammengesetzt. Beispielsweise kann A für das Anmelden an einem System zuständig sein, wobei A1 die Authentifizierung und A2 die Autorisierung übernimmt.

Servicekomponente B beinhaltet ebenfalls zwei untergeordnete Komponenten B1 und B2. A und B sind deshalb zusammengesetzte (composite) Servicekomponenten.

Servicekomponente C kapselt ein vorhandenes Altsystem (engl. legacy system), um es für Service-Aufrufe zugänglich zu machen.

Servicekomponente D zeigt, dass Servicekomponenten mehrfach verwendet werden können.

18.5.3.3 Dynamisches Verhalten

Das folgende Bild zeigt das Zusammenspiel zwischen Servicenehmer und Servicekomponenten:

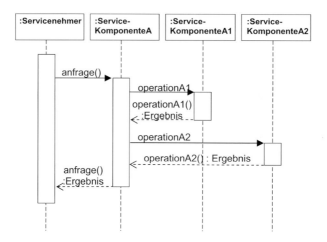

Bild 18-38 Sequenzdiagramm SOA

18.5.4 Bewertung

18.5.4.1 Vorteile

Die folgende Liste zeigt die Vorteile von SOA auf:

- Die Modellierung auf der Ebene der Geschäftsprozesse ermöglicht ein Auflösen von Punkt-zu-Punkt Verbindungen (Schnittstellen sind standardisiert und können von beliebigen Anwendungen genutzt werden).
- Reduktion der Komplexität von verteilten Systemen.
- Dynamische Bindung von Services zur Laufzeit möglich (Flexibilität).

18.5.4.2 Nachteile

Folgende Nachteile werden gesehen:

- Zu feine Granularität der Services erzeugen komplexe Strukturen.
- Mehraufwand durch Kommunikation.
- SOA kann nur dann effektiv eingesetzt werden, wenn Geschäftsprozesse klar definiert und dokumentiert sind.

18.5.5 Einsatzgebiete

Im Allgemeinen ist der Einsatz von SOA bei allen Client/Server-Systemen sinnvoll. Besonders komplexe Systeme können durch eine SOA vereinfacht werden.

18.5.6 Ähnliche Muster

Eine **SOA** sorgt für eine Entkopplung von festen Beziehungen/Aufrufen zwischen Client und Server. Dies ist ähnlich zum **Broker-Architekturmuster**. Weitere Muster zur Strukturierung eines Systems in Systemkomponenten sind das **Layers-Muster** und das Muster **Pipes and Filters**.

18.6 Zusammenfassung

Mit Architekturmustern können Systeme in Systemkomponenten zerlegt werden. Im Gegensatz zu Entwurfsmustern sind Architekturmuster grobkörniger. Ein Architekturmuster kann mehrere verschiedene Entwurfsmuster enthalten, muss es aber nicht (siehe beispielsweise das Muster Layers). Die behandelten Architekturmuster sind im Folgenden kurz zusammengefasst:

- **Layers:** Dieses Muster wird verwendet, wenn eine hohe Komplexität des Systems durch die Einführung mehrerer horizontaler Schichten vereinfacht werden soll. Dabei enthält eine Schicht die Abstraktion eines bestimmten Systemteils. Eine höhere Schicht darf generell nur die untergeordnete Schicht aufrufen. Zwischen den Schichten existieren feste Verträge/Schnittstellen.
- **Model-View-Controller:** Das Muster MVC beschreibt, wie die Verarbeitung/Daten (Model), deren Darstellung (View) und die Interaktion mit dem Benutzer (Controller) so weit wie möglich voneinander getrennt werden und dennoch einfach miteinander kommunizieren können.
- **Broker:** Das Broker-Muster ist ein Muster, das in Client/Server-Architekturen eingesetzt wird. In einem verteilten Netzwerk mit entkoppelten Komponenten besteht mit zunehmender Teilnehmerzahl das Problem, dass Services auf mehreren Servern zur Verfügung gestellt, diese jedoch nicht von dem Client gefunden werden. Abhilfe für dieses Problem schafft das Broker-Muster. Zusätzlich zu einer Client/Server-Architektur wird ein Vermittler (Broker) eingeführt.
- **Pipes and Filters:** Ein System, das Datenströme verarbeitet, kann mithilfe dieses Musters in Komponenten strukturiert werden. Die Aufgabe des gesamten Systems ist in einzelne Verarbeitungsstufen zerlegt. Jeder Verarbeitungsschritt wird in Form einer Filter-Komponente implementiert. Jeweils zwei Filter werden durch eine Pipe verbunden.
- **Service-Oriented Architecture:** Häufig driften Geschäftsprozesse und IT-Lösungen auseinander. Mit einer serviceorientierten Architektur wird die geschäftsprozessorientierte Sicht eines Unternehmens direkt auf die Architektur eines DV-Systems abgebildet. In sich abgeschlossene Dienste (Anwendungsservices) entsprechen Teilen eines Geschäftsprozesses.

18.7 Aufgaben

Aufgabe 18.1 Architekturmuster allgemein

18.1.1 Wozu dienen Architekturmuster?
18.1.2 Was ist der Unterschied zwischen Entwurfsmustern und Architekturmustern?

Aufgabe 18.2 Konkrete Architekturmuster

18.2.1 Erklären Sie die Grundzüge des Layers-Musters.
18.2.2 Erklären Sie die Grundzüge des Model-View-Controller-Musters.
18.2.3 Erklären Sie die Grundzüge des Broker-Musters.
18.2.4 Erklären Sie die Grundzüge des Pipes and Filters-Musters.
18.2.5 Erklären Sie die Grundzüge des Service-Oriented Architecture-Musters.

Kapitel 19

Systementwurf bei aspektorientierter Programmierung

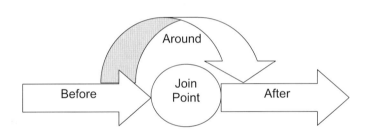

19.1 Aspektorientierung als neues Paradigma
19.2 Begriffe der aspektorientierten Programmierung
19.3 Aspekte und Klassen
19.4 Weaving
19.5 Werkzeugunterstützung
19.6 Zusammenfassung
19.7 Aufgaben

19 Systementwurf bei aspektorientierter Programmierung

Die **Aspektorientierte Programmierung (AOP)** ist eine Erweiterung des Konzepts der Objektorientierung. Eine wichtige Zielsetzung der Objektorientierung ist die Wiederverwendbarkeit von Klassen, jedoch ist es in der Praxis eher selten, dass eine Klasse ohne Änderung übernommen werden kann. Es gibt auch viele Programmteile, die sich quer durch die Geschäftslogik ziehen wie zum Beispiel das Logging.

Eine solche Funktionalität kann mit den Mitteln der reinen Objektorientierung nur schwer realisiert werden bzw. verursacht schlecht zu wartenden Code. Klassen können zwar geändert bzw. erweitert werden, aber in beiden Fällen muss der Client angepasst werden, so dass die objektorientierten Konzepte nicht befriedigend sind. Die Aspektorientierung behandelt solche Leistungen, die in mehreren Anwendungsfällen enthalten sind, oder die neuen Funktionalitäten bei Änderungen als sogenannte **Aspekte**. Diese Aspekte sind Quellcode-Stücke, die losgelöst von den vorhandenen Klassen und nach dem **Single Source-Prinzip** erstellt werden. Der sogenannte **Weaver** übernimmt später das Einweben der Aspekte an die vorgesehenen Stellen im eigentlichen Programmcode. Einerseits bringt diese Technik den Vorteil, dass nach dem Single Source-Prinzip gearbeitet wird. Andererseits wird die Implementierung der einzelnen Anwendungsfälle nicht mit den übergreifenden Funktionalitäten vermischt und damit auch nicht aufgeweicht. Der Programmierer kann sich auf die Geschäftslogik konzentrieren und die entstandenen Klassen sind besser wiederverwendbar, da sie sich nur um eine Aufgabe kümmern.

Nach der Vorstellung der Ziele der Aspektorientierung in Kapitel 19.1 werden in Kapitel 19.2 Begriffe der aspektorientierten Programmierung erläutert und in Kapitel 19.3 Aspekte und Klassen verglichen. Kapitel 19.4 befasst sich mit dem Einweben der Aspekte und Kapitel 19.5 diskutiert den Wert einer Werkzeugunterstützung.

19.1 Aspektorientierung als neues Paradigma

Die aspektorientierte Programmierung entstand 1997 in den PARC-Labors von XEROX durch Kiczales et al. [Kic97]. Dabei wurde die Sprache **AspectJ** (siehe [Böh05]) entwickelt, die heute die am weitesten verbreitete aspektorientierte Sprache ist. Diese Sprache hat die folgenden Eigenschaften:

- Aspekte enthalten Programmcode, der vom Programmierer an definierten Stellen des Programms eingefügt wird.
- Durch das Einweben der Aspekte entsteht Programmcode, der der Java-Spezifikation entspricht.

Systementwurf bei aspektorientierter Programmierung

Von 2002 bis 2006 war AspectJ ein Teil des Eclipse-Technologie-Projekts[195]. Nachdem sich AspectJ als erfolgreich bewährt hatte, wurde es Ende 2006 zum Eclipse-Tools-Projekt befördert. Die offizielle Internetseite befindet sich unter [ecaspj].

Aspektorientierte Programmierung beruht auf dem Prinzip der **Trennung der Belange** (engl. **separation of concerns**). Konkreter kann dieses Prinzip auch mit Trennung der Verantwortlichkeiten bezeichnet werden.

Eine Trennung der Verantwortlichkeiten gab es im Software Engineering schon immer; sie wird aber mit der Aspektorientierung besonders stark betont. So lag mit der Erfindung der Prozeduren im Rahmen der prozeduralen Programmierung[196] die Verantwortlichkeit für eine bestimmte Leistung in einer einzigen Prozedur. Nach Erfindung der Objekte im Rahmen der Objektorientierung lag die Verantwortlichkeit für eine Leistung bei einer Klasse.

Allerdings werden viele Anwendungsfälle durch Kollaborationen erbracht, also durch das Zusammenspiel mehrerer Objekte. Das liegt daran, dass die geforderten Leistungen von der Benutzerschnittstelle über die Verarbeitung bis hin zur Speicherung gehen, das System also vertikal durchschneiden.

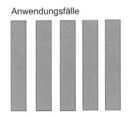

Bild 19-1 Verantwortlichkeiten in Anwendungsfällen als vertikale Durchstiche

Es gibt jedoch auch funktionale Forderungen technischer Art, die unabhängig vom Anwendungsfall sind und als horizontale Durchstiche interpretiert werden können. Hierzu gehört als klassisches Beispiel die Logging-Funktion. Beim Eintritt in eine Methode oder prozedurale Funktion sollen der Zeitpunkt und der Methodenname bzw. Funktionsname protokolliert werden, ebenso beim Verlassen der Methode oder Funktion. Diese Forderung kann jeden Anwendungsfall und damit das ganze System betreffen. Es liegt daher nahe, solche Verantwortlichkeiten über mehrere Anwendungsfälle in Bild 19-1 quer einzuziehen, was in Bild 19-2 resultiert:

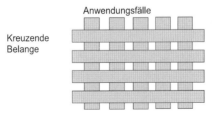

Bild 19-2 Verantwortlichkeiten als horizontale Durchstiche durch das System

---

[195] Das Eclipse-Technologie-Projekt beherbergt Projekte, die dort entwickelt und erprobt werden, um neue Technologien zu testen. Erfolglose Projekte enden im Archiv, während erfolgreiche in ein sogenanntes höheres Projekt übernommen werden.

[196] Gleiches gilt für die funktionale Programmierung, hier eben mit Funktionen statt Prozeduren.

Die quer schneidenden Belange werden auch kreuzende Belange oder **übergreifende Belange** genannt.

> **Übergreifende Belange** (engl. **crosscutting concerns**)
>
> Übergreifende Belange sind Belange, die in vielen Anwendungsfällen vorkommen und keinem einzelnen Anwendungsfall zugeordnet werden können. Sie liegen daher quer zu den Anwendungsfällen.

Der aspektorientierte Ansatz hat zum Ziel, die kreuzenden Belange nicht mit den Abstraktionen der Anwendungsfälle zu vermischen. Die Trennung der Belange verbessert die Überschaubarkeit und entkoppelt die Implementierung der Anwendungsfälle und der Aspekte. Dadurch wird auch die Wiederverwendbarkeit der Programme erhöht. Für Aspekte wird festgelegt, wo sie im Programm einzufügen sind und wie ihre Implementierung aussieht. Letztendlich werden die Aspekte in das Anwendungsprogramm eingewoben, damit das Gesamtprogramm die Anwendungsfälle und die Implementierung der übergreifenden Belange in Form von Aspekten enthält. Vorhergehende Konzepte boten für übergreifende Belange keine zufriedenstellende Lösung an.

Ein übergreifender Belang betrifft mindestens zwei Klassen oder Methoden und eignet sich daher für eine aspektorientierte Modellierung. Rein objektorientiert müsste der Programmcode jeder Klasse oder Methode um die gleiche Funktionalität erweitert werden, was wiederum gegen das Single Source-Prinzip verstoßen würde. Es gibt in der Objektorientierung auch die Möglichkeit, den technischen Code eines Aspekts an einer zentralen Stelle in einer eigenen Klasse abzulegen und mit ihm zu kommunizieren. Aber dazu muss eine Kommunikation mit dieser zentralen Klasse eingeführt werden, die jedoch sehr aufwändig sein kann.

Einen anderen Weg geht die Aspektorientierung. Sie kann als Erweiterung einer beliebigen objektorientierten Sprache um die Abstraktion der Aspekte angesehen werden.

Die Aspektorientierung ist nach der Einführung der Objektorientierung der nächste große Schritt im Software Engineering, allerdings ist sie noch nicht weit verbreitet. So erweitert AspectJ die objektorientierte Sprache Java um Aspekte. Jedes Java-Programm ist auch unter AspectJ ablauffähig. Ein AspectJ-Compiler generiert eine `class`-Datei, die der Spezifikation von Java-Bytecode entspricht. Grundsätzlich ist das Paradigma der Aspektorientierung sprachunabhängig und stellt eine Verbesserung der Modularisierung von Softwaresystemen dar. Es ersetzt nicht die bisherigen Paradigmen, sondern erweitert sie.

Die funktionalen Anforderungen an die Klassen der Verarbeitung werden **Core-Level Concerns** genannt. Technische Anforderungen entsprechen **System-Level-Concerns,** die häufig die funktionalen Anforderungen kreuzen und somit die kreuzenden Belange darstellen. Kommt eine zusätzliche technische funktionale Anforderung hinzu, kann man diese mittels Aspekten implementieren, ohne eine neue Methode der Verarbeitungs-Klasse zu schreiben. Tabelle 19-1 beschreibt die beiden Typen von Anforderungen näher.

Systementwurf bei aspektorientierter Programmierung

Typ	Merkmale
Funktionale Anforderungen Core-Level Concerns	• Funktionale Anforderungen nach Anwendungsfällen (Geschäftsprozesse). • Können in der Regel gut getrennt werden.
Nicht-funktionale Anforderungen System-Level Concerns	• Anforderungen nach technischen Funktionen und nicht-funktionalen Requirements. • Treten in der Regel verteilt über die Anwendungsfälle auf und führen entsprechend zu einem verteilten Quellcode.

Tabelle 19-1 Typen von Anforderungen

Die Trennung in Core-Level Concerns und Crosscutting Concerns lässt sich einfach am Logging einer Methode veranschaulichen [Bus05]. Die Methode gehört zu einem Anwendungsfall. Der Logging-Aspekt ist mit dieser Methode verknüpft, sie würde aber ihren Dienst auch ohne das Logging korrekt verrichten.

Aspektorientierte Programmiersprachen können die Realisierung von **Belangen** in **Aspekte** und **Klassen** aufteilen und damit zwischen der Programmierung der Funktionen von technischen Funktionen und der Anwendungsfälle unterscheiden. Diese Aufteilung wird in Bild 19-3 und Bild 19-4 grafisch dargestellt.

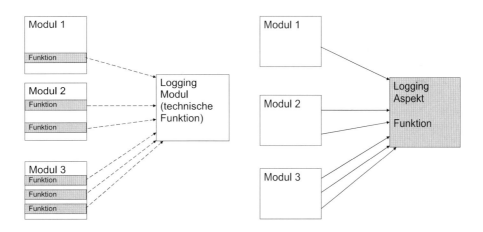

Bild 19-3 Logging ohne Aspektorientierung   *Bild 19-4 Logging mit Aspektorientierung*

Durch Aspektorientierung kann eine Verkürzung des Quelltextes erreicht werden. Wenn Änderungen im Aspekt erforderlich sind, so müssen diese nur an einer Stelle erfolgen, wo das Single Source-Prinzip gewährleistet ist.

Die folgenden Punkte geben eine Übersicht über die möglichen technischen Funktionen eines Programms:

- Datenhaltung, speziell Logging, Tracing, Caching, Persistenz, Transaktionsbehandlung.
- Ein- und Ausgabe, speziell online Monitoring.
- Rechner-Rechner-Kommunikation.
- Start-up, Shut-down, Fehlererkennung und -behandlung, Fehlerausgabe – speziell Vor- und Nachbedingungen, Einhaltung von Programmierrichtlinien, Fehlertoleranz, sowie Profiling (Analyse des Laufzeitverhaltens von Software).
- Informationssicherheit, speziell Authentisierung.
- Parallelität und Interprozesskommunikation, speziell Synchronisation.

Die genannten technischen Funktionen können als Aspekte realisiert werden. Der Entwicklungsprozess kann ferner beim Testen modulübergreifend unterstützt werden. Die kreuzenden Belange der Anforderungen führen nach den alten Paradigmen zu einer modulübergreifenden Implementierung und zu einer Streuung des Codes.

Code-Streuung (engl. **code scattering**)

Code-Streuung ist gegeben, wenn sich ein Belang über mehrere Module erstreckt. Dabei kommt der gleiche Code auch oft in verschiedenen Modulen vor. Damit ist das Prinzip einer einzigen Verantwortung verletzt, da mehrere Module die Verantwortung tragen.

Verstreuter Code erhöht zudem die Fehleranfälligkeit. Ein Programmierer sollte sich allein auf die Geschäftslogik konzentrieren können. Muss er sich hingegen fortwährend mit Transaktionen, Persistenz oder Logging auseinandersetzen, führt dies häufig zu Fehlern. Vor allem dann, wenn er mehrere Programmstellen für eine Änderung aktualisieren muss.

Wenn ein Modul sich gleichzeitig mit der Geschäftslogik und z. B. der Fehlertoleranz befasst, entsteht ein Quellcode, der schwer zu überschauen ist. Es entsteht ein Code-Wirrwarr bzw. eine Code-Vermischung.

Code-Vermischung (engl. **code tangling**)

Werden verschiedene Belange in einem Modul gemischt, so nennt man das Code-Vermischung. Ein Modul soll nur eine einzige Verantwortung tragen. Erfüllt es mehrere Belange, so ist es schwerer wiederverwendbar und schwerer verständlich.

Durch Erweiterung der Anwendungsfälle um technische Funktionen sind die Anwendungsfälle nicht mehr sauber gekapselt. Da die Module sowohl die Anwendungsfälle der Geschäftsprozesse als auch technische Funktionen enthalten, entsteht ein Programmcode, der zwar den Anforderungen, aber nicht mehr den Geschäftsprozessen entspricht.

Ändern sich die Anforderungen eines kreuzenden Belangs, so reicht es beim Einsatz von aspektorientierter Programmierung in der Regel aus, den entsprechenden Aspekt zu modifizieren. Ohne Aspekte müsste der Programmcode an vielen Stellen, verteilt über mehrere Module, geändert werden.

19.2 Begriffe der aspektorientierten Programmierung

19.2.1 Aspekt

Aspekte sind eine Erweiterung des Klassenkonzepts. Ein Aspekt ist eine Programmabstraktion zur Implementierung eines übergreifenden Belangs und kann an vielen Stellen im System eingebunden werden. Ein Aspekt enthält sowohl Programmcode (siehe Advice, Kapitel 19.2.4) als auch die Stellen, an denen der Quellcode des Aspekts eingefügt werden soll (siehe Pointcut, Kapitel 19.2.3). Aspekte sind zur Laufzeit Objekte vom Typ `aspect` und werden beim Start des Programms instanziiert, noch vor dem Aufruf der `main()`-Methode. In der Regel sind Aspekte nach dem Singleton-Muster entworfen. Wesentliche Bestandteile eines Aspekts sind **Pointcuts** mit **Join Points**, **Advices**, **Introductions**, **Compile-Time Declarations** – diese Begriffe werden im Folgenden noch erklärt. Zudem kann ein Aspekt normale Methoden und Attribute enthalten. Hier ein Beispiel für einen Aspekt[197]:

```
public aspect AspBeispiel                  // Aspektdeklaration
{
   pointcut pc()                           // Pointcutdeklaration
     : call (* Klassenname.methode (...));

   before() : pc()
   {                                       // Advice
      System.out.print ("Hier bin ich");
   }
}
```

Klassen stellen den zentralen Begriff der Objektorientierung dar, dagegen sind bei der aspektorientierten Programmierung Klassen und Aspekte das Kernstück. Ein Aspekt ist ein Modul mit einer bestimmten Funktionalität. Ein Aspekt wird mit dem Schlüsselwort `aspect` deklariert. Der Aspektname wird wie ein Klassenname großgeschrieben, was aber nur eine Konvention darstellt und keine Forderung ist.

19.2.2 Join Points

Join Points (Verbindungspunkte) sind alle theoretisch möglichen Punkte im Programm, an denen Aspekte eingebracht werden können. Es sind Ereignisse, die während des Programmlaufs eintreten. Welche Punkte als Join Points in Frage kommen, hängt vom Join Point-Modell der aspektorientierten Sprache ab, in der das Programm geschrieben wurde.

---

[197] Die in diesem Kapitel gezeigten Codebeispiele sind alle in AspectJ formuliert.

In der folgenden Auflistung sind die Join Points von AspectJ, in anderen Worten das Join Point-Modell von AspectJ, dargestellt (siehe [Nür05]):

- Aufrufe von Methoden und Konstruktoren (engl. method/constructor call).
- Ausführung von Methoden und Konstruktoren (engl. method/constructor execution).
- Initialisierung von statischen Variablen (engl. static initializer execution).
- Initialisierung von Objekten (engl. object initialization).
- Setzen und Referenzieren von Feldern (engl. field reference/field assignment).
- Ausführen eines Exception-Handlers (engl. handler execution) – Punkt im Programm, an dem ein `catch`-Block in Java betreten wird.
- Ausführung eines Advice (engl. advice execution).

Join Points sind keine Programmierkonstrukte, d. h., der Programmierer definiert sie nicht. Pointcuts (siehe Kapitel 19.2.3) werden dagegen vom Programmierer definiert. Sie beschreiben, unter welchen Bedingungen – z. B. Parameter eines Methodenaufrufs – Join Points zu einem Pointcut gehören.

19.2.3 Pointcuts

Ein Pointcut[198] wählt Join Points aus, bestimmt ihren Kontext und wählt damit die Ereignisse aus, bei deren Eintreten der Advice-Quellcode eingesetzt wird. Ein Pointcut gehört zu einem Aspekt. Er kann z. B. den Aufruf einer Methode auswählen und deren Kontext ermitteln. Beim Aufruf einer Methode besteht der Kontext aus dem Objekt, für das die Methode aufgerufen wird, und aus ihren Übergabeparametern. Ein Pointcut zur Ausführung der `ueberweisen()`-Methode einer Klasse `Konto` sieht folgendermaßen aus:

```
execution (void Konto.ueberweisen (zielkonto, betrag))
```

Im Beispiel wird zuerst durch das Schlüsselwort `execution` angegeben, welche Art von Join Points ausgewählt werden sollen. Im Fall von `execution` ist es die Ausführung von Methodenrümpfen. Tabelle 19-2 zeigt eine Auswahl anderer Schlüsselwörter [Weichert]. Danach wird ein Muster übergeben, mit dem die Join Points verglichen werden.

Ein Pointcut beschreibt die Regel zum Einbinden eines Aspekts (**Weaving Rule**) an einem Join Point. Der sogenannte **Aspekt-Weber** setzt den Quellcode dann an den vom Pointcut ausgewählten Join Points ein. Liegen mehrere Aspekte an einem Pointcut an, so wird durch Regeln bestimmt, in welcher Reihenfolge die Codestücke ausgewertet werden.

Damit enthält der Aspekt neben seinem Code die Stelle seines Gebrauchs. Das ist im Vergleich zu Methoden der Objektorientierung neu. Bei ihnen wird nicht festgelegt, wo sie eingesetzt werden können.

---

[198] Pointcut ist ein Kunstwort, das in der Literatur häufig mit Schnittpunkt übersetzt wird. Diese Übersetzung ist allerdings irreführend, da sie nahelegt, es handle sich bei der Auswahl um einen einzigen Punkt. Ein Pointcut wählt eine Menge aus allen möglichen Join Points aus.

Ein Pointcut kann einen Namen tragen, um später in einem oder mehreren Advices angesprochen werden zu können oder anonym sein und nur an der Position seiner Verwendung bekannt sein. Im Folgenden wird das Beispiel aus dem anschließenden Unterkapitel (Kapitel 19.2.4) herangezogen, um den Unterschied zwischen **benannten Pointcuts** (engl. **named pointcuts**) und **anonymen Pointcuts** (engl. **anonymous pointcuts**) zu verdeutlichen.

Es folgt ein Beispiel für einen benannten Pointcut:

```
pointcut translation (int x, int y):
   call (* verschiebe (int, int)) && args (x, y);
after (int x, int y) : translation (x, y)
{
   System.out.println ("Koordinatenverschiebung um x = "
                        + x + " und y = " + y);
}
```

Zuerst wurde der Pointcut mit dem Namen `translation` definiert, danach wurde ein After-Advice erstellt, der an der Stelle der vom Pointcut ausgewählten Join Points eingefügt werden soll. Es könnten hier noch weitere Advices folgen, die alle denselben Pointcut referenzieren.

Ein anonymer Pointcut zeigt das nächste Beispiel:

```
after (int x, int y) : call (* verschiebe (int, int)) && args (x, y)
{
   System.out.println ("Koordinatenverschiebung um x = "
                        + x + " und y = " + y);
}
```

Hier ist das Schlüsselwort `pointcut` nicht zu sehen, da der Pointcut direkt im Advice definiert wird.

Tabelle 19-2 enthält einige primitive Pointcuts[199] aus AspectJ:

Art des Join Points	Primitiver Pointcut in AspectJ
Methodenaufruf, Konstruktoraufruf	`call (Methodensignatur)`, `call (Konstruktorsignatur)`
Methodenausführung	`execution (Methodensignatur)`
Konstruktorausführung	`execution (Konstruktorsignatur)`
Initialisierung einer Klasse	`staticinitialization (Typsignatur)`
Initialisierung eines Objekts	`initialization (Konstruktorsignatur)`
Lese- und Schreibzugriff auf Variablen	`get (Variablensignatur) (Field Reference)`, `set (Variablensignatur) (Field Assignment)`
Aufruf der Fehlerbehandlung	`handler (Typsignatur)`
Adviceausführung	`adviceexecution()`

Tabelle 19-2 Auswahl von Pointcuts in AspectJ

---

[199] Ein primitiver Pointcut darf genau eines der in Tabelle 19-2 genannten Schlüsselwörter (`call`, `execution`, ...) enthalten.

Generell unterscheidet man zwischen **primitiven** und **zusammengesetzten** Pointcuts. An den Join Points des Pointcuts, die auch Wildcards enthalten können, werden in Anwendungsprogrammen Programmteile (Advices) eingebunden. Diese Programmteile stellen eine zusätzliche querliegende Funktionalität dar. Pointcuts können mit logischen Operationen verknüpft werden. Aus den primitiven Pointcuts werden durch Verknüpfung zusammengesetzte Pointcuts. Siehe hierzu folgendes Beispiel:

```
pointcut neueFarbe (Farbe f):
      call (void setFarbePunkt (Farbe)) && args (f) ||
      call (void setFarbeLinie (Farbe)) && args (f) ||
      call (void setFarbeKreis (Farbe)) && args (f);
```

Dieser zusammengesetzte Pointcut mit dem Namen `neueFarbe` selektiert die Aufrufe der drei Methoden `setFarbePunkt`, `setFarbeLinie` und `setFarbeKreis`.

19.2.4 Advices

Ein Advice enthält den zusätzlichen Programmcode, der an den Join Points ausgeführt wird, die durch einen Pointcut ausgewählt wurden. Im Advice kann zudem definiert werden, an welcher Stelle eines Join Point der zusätzliche Programmcode auszuführen ist. In AspectJ regeln dies die Schlüsselwörter `before`, `around` und `after`. Beim `before`-Advice wird der Code vor dem Join Point ausgeführt, beim `after`-Advice erst nach dem Join Point. Bei Anwendung eines `around`-Advice wird der zusätzliche Quellcode anstelle des Join Point ausgeführt. Innerhalb eines `around`-Advice erlaubt der Befehl `proceed(...)` den Aufruf des ursprünglichen Join Point. Bild 19-5 zeigt die verschiedenen Typen von Advices.

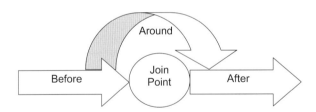

Bild 19-5 Advice-Typen

Ein Advice kann auf den Kontext der Join Points zugreifen wie in folgendem Beispiel einer Methode `verschiebe(int x, int y)`:

```
pointcut translation (int x, int y):        // pointcut
      call (* verschiebe (int, int)) && args (x, y);

after (int x, int y) : translation (x, y)   // advice
{
   System.out.println ("Koordinatenverschiebung um x = "
                       + x + " und y = " + y);
}
```

Der oben gezeigte Pointcut `translation` selektiert alle Aufrufe der Methode mit dem Namen `verschiebe` und zwei Integer Parametern. Der `after`-Advice fügt nach allen Aufrufen dieser Methode zusätzlichen Quellcode für eine Ausgabe auf der Systemkonsole ein. Wie das Beispiel zeigt, kann in einem Advice auch auf die Parameter der Methode zugegriffen werden.

19.2.5 Introductions

Mit Introductions kann man einer Klasse, einem Interface oder einem Aspekt neue Methoden, Attribute und Konstruktoren hinzufügen. Hierzu muss die Klasse im Original nicht verändert werden.

Einer Klasse `Punkt` soll eine Methode `void verschiebe (int x, int y)` und ein Attribut `label` vom Typ `String` hinzugefügt werden. Dazu werden die gewünschten Attribute und Methoden im Aspekt deklariert. Hierbei ist zu beachten, dass der entsprechende Klassenname voranzustellen ist. Dies wird bei Kommentar (1) und (2) umgesetzt.

```
public aspect PunktIntroduction
{
   public void Punkt.verschiebe (int x, int y) /* (1) */
   {
     . . .  // Implementierung der Methode
   }
   private String Punkt.label;                 /* (2) */
}
```

19.2.6 Compile-Time Declarations

Bei Compile-Time Declarations handelt es sich um Deklarationen/Festlegungen, mit denen Einfluss auf das Kompilieren genommen werden kann. Der häufigste Anwendungsfall ist das Ausgeben von Code-Fehlern während der Kompilierung (engl. **declare error**, **declare warning**). Sie können auch die Typhierarchie verändern (engl. **declare parents**), um z. B. zusätzliche Schnittstellen für eine Klasse einzuführen. Ebenso können auch die Prioritäten der Aspekte verändert werden (engl. **declare precedence**).

Das folgende Beispiel zeigt die Anwendung einer Compile-Time Declaration. Es wird eine Fehlermeldung ausgegeben, wenn eine Methode `OnlyFromA()` von einer anderen Methode als `A()` aufgerufen wird.

```
public aspect DeclBsp
{
   public pointcut MethodCall():       /* (1) */
     call (void OnlyFromA());
   public pointcut MyScope():          /* (2) */
     withincode (public * *.A());
   declare error:
     (DeclBsp.MethodCall() && !DeclBsp.MyScope()):
        "Die Methode OnlyFromA() darf nur von A() aus " +
        "aufgerufen werden!";
}
```

Dazu wird bei Kommentar (1) ein Pointcut definiert, der die Join Points der Methodenaufrufe von `OnlyFromA()` auswählt. Um alle Join Points in der Methode `A()` auszuwählen, wird bei Kommentar (2) ein weiterer Pointcut definiert. Das Schlüsselwort `withincode` wählt alle Join Points in der Methode `A()` aus.

Nun kann man beide Pointcuts kombinieren um Methodenaufrufe `OnlyFromA()` zu finden, die nicht von der Methode `A()` kamen. Werden derartige Methodenaufrufe gefunden, so wird bereits beim Kompilieren ein Fehler ausgegeben.

19.3 Aspekte und Klassen

Mit Aspekten wird ein neuer Begriff zur Modularisierung eingeführt. Aspekte und Klassen sind in AspectJ auf gleicher Ebene, aber dennoch seien einige wichtige Unterschiede genannt:

- Aspekte sind modular und kapseln einen übergreifenden Belang.
- Aspekte können häufig in anderen Softwaresystemen wiederverwendet werden, deren Anforderungen gleich oder ähnlich sind. Jedoch beziehen sich deren Pointcuts auf die Signatur von Methoden (Name, Parameterliste). Das kann die Wiederverwendung deutlich erschweren.
- Aspekte können zu einem System hinzugefügt oder von ihm weggenommen werden, ohne den Quellcode der Anwendungsfälle abzuändern.
- Klassen können Aspekte nicht ansprechen. Aspekte sind daher für Klassen transparent.
- Aspekte sollten so entworfen werden, dass sie keine Nebenwirkungen auf die funktionale Leistung der Anwendungsfälle haben. Die Anwendungsfälle, die von einem Aspekt quer geschnitten werden, sollten mit oder ohne Aspekte ihre funktionale Leistung erbringen.
- Klassen können nicht von Aspekten abgeleitet werden, da dies gegen die Aufteilung zwischen Core Concerns und Crosscutting Concerns verstoßen würde.

So wie es das Schlüsselwort `this` in Klassen gibt, so gibt es `thisJoinPoint` in Aspekten. In Java haben Objekte eine `this`-Referenz, damit sie sich selbst referenzieren können. Der AspectJ-Compiler konvertiert Aspekte in Klassen. Deshalb kann in Aspekten auch mit einer `this`-Referenz gearbeitet werden. Darüber hinaus kann innerhalb eines Advice das Schlüsselwort `thisJoinPoint` verwendet werden, um Informationen über den aktuellen Join Point zu erhalten.

19.4 Weaving

Ein weiterer zentraler Punkt der Aspektorientierung ist das Einweben (engl. weaving). Der Aspekt-Weber ähnelt einem Compiler.

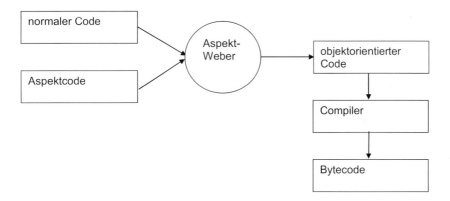

Bild 19-6 Wirkungsweise eines Aspekt-Webers

Der Aspekt-Weber fügt die Aspekte und Objekte der Anwendungsfälle wieder zu einem lauffähigen Programm zusammen. Beim Weaving werden erst durch Pointcuts eine Menge von Join Points ermittelt. Anschließend werden an diesen ausgewählten Stellen die Aspekte eingefügt. Das Weaving kann zu drei verschiedenen Zeitpunkten stattfinden:

- Während der Kompilierung des Programms (engl. compile-time weaving)
- Während des Ladens des Programms (engl. load time weaving)
- Während der Laufzeit des Programms (engl. run time weaving)

Beim **Compile-Time Weaving** führt ein spezieller Compiler das Einweben der Aspekte in die Quelltexte der Anwendungsfälle während der Kompilierung durch. Dabei wird zwischen **Sourcecode Weaving** und **Bytecode Weaving** unterschieden. AspectJ beherrscht sowohl das Sourcecode Weaving als auch das Bytecode Weaving.

Beim **Sourcecode Weaving** wird der Quellcode der Anwendungsfälle durch einen Präprozessor mit den Aspekten verwoben. Danach kann dieser transformierte Code mit einem normalen Compiler kompiliert werden. Nachteilig ist, dass man den kompletten Quelltext der Anwendung benötigt. In Bild 19-6 ist diese Art des Einwebens dargestellt.

Beim **Bytecode Weaving** verwebt ein Postprozessor den Bytecode einer Anwendung mit den Aspekten. Dabei stellt eine Typenprüfung schon vor der Programmausführung Fehler fest.

Beide Varianten verursachen zur Laufzeit keinen Performanceverlust. Nachteilig ist jedoch, dass nach dem Kompilieren die Aspekte nicht mehr geändert werden können. Bei jeder Änderung der Aspekte muss also das Programm neu kompiliert werden.

Beim **Load-Time Weaving** wird das Anwendungsprogramm während des Ladevorgangs mit den Aspekten verwoben. Diese Art des Einwebens wird von AspectJ nicht unterstützt. Die bereits kompilierten Anwendungsfälle werden durch einen speziellen aspektorientierten Class-Loader mit den Aspekten verwoben. Bei einer Änderung der Aspekte müssen die Anwendungsfälle nicht erneut kompiliert werden. Durch den zusätzlichen Aufwand des Class-Loaders wird die Ausführungsgeschwindigkeit der Programme beeinflusst. Zur Laufzeit kann man Aspekte nicht ändern.

Beim **Run-Time Weaving** erfolgt die Verwebung erst zur Laufzeit. Diese Lösung ist am aufwändigsten und wird ebenfalls nicht von AspectJ unterstützt. Tritt zur Laufzeit ein definiertes Ereignis ein, so wird der passende Advice eingefügt. Auf Details soll hier nicht eingegangen werden (weiteres siehe [Wei05]). Von Vorteil ist hier, dass Aspekte dynamisch verändert werden können. Dagegen werden viele Fehler erst zur Laufzeit sichtbar.

19.5 Werkzeugunterstützung

Es ist erkennbar, auf welche Klassen oder Methoden sich ein Aspekt auswirkt. Innerhalb einer Klasse oder Methode ist jedoch nicht ersichtlich, welche Aspekte einfließen. Eine Entwicklungsumgebung kann durch Quellcodeanalyse die beiderseitige Referenzierung anzeigen. Eclipse[200] oder NetBeans[201] eignen sich als Entwicklungsumgebung besonders gut, da sie die Verwebung während des Editierens anzeigen, wenn die entsprechenden Plug-Ins installiert sind.

19.6 Zusammenfassung

Das aspektorientierte Konzept wurde eingeführt, um die Trennung der Verantwortlichkeiten sicherzustellen. Diese Trennung wurde bei der Objektorientierung durch die übergreifenden Belange aufgeweicht.

Ein übergreifender Belang betrifft mindestens zwei Klassen oder Methoden und kann aspektorientiert modelliert werden. Rein objektorientiert müsste der Programmcode jeder Klasse oder Methode um dieselbe Funktionalität erweitert werden, was wiederum gegen das Single Source-Prinzip verstößt.

Ein Aspekt ist die Implementierung eines kreuzenden/übergreifenden Belangs (engl. crosscutting concerns). In der herkömmlichen objektorientierten Programmierung müssten alle Klassen um diesen übergreifenden Belang erweitert werden (siehe Kapitel 19.1). Dies führt zu einer unvorteilhaften Streuung des Quellcodes (engl. code scattering). Ein Aspekt kapselt Advices und Pointcuts (siehe Kapitel 19.2.1).

Join Points sind die Menge der theoretisch möglichen Punkte im Programm, die für das Einweben von Advices zugelassen sind. Hierzu gehört beispielsweise der Programmpunkt unmittelbar vor dem Aufruf einer Methode oder derjenige danach (siehe Kapitel 19.2.2).

Über Pointcuts kann ausgewählt werden, an welchen Stellen im Programmcode der Advice eingefügt wird. Ein Pointcut selektiert eine Untermenge der möglichen Join Points, an deren Position dann der Advice eingefügt wird. Pointcuts können entweder

---

[200] Offizielle Webseite der Entwicklungsumgebung Eclipse: http://www.eclipse.org.
[201] Offizielle Webseite der Entwicklungsumgebung NetBeans: http://www.netbeans.org.

benannt oder anonym sein. Mehrere primitive Pointcuts können auch zu einem zusammengesetzten Pointcut kombiniert werden (siehe Kapitel 19.2.3).

Ein Advice ist ein Stück Programmcode, das an ausgewählten Join Points eingewebt wird. Die Schlüsselworte `before`, `after` und `around` bestimmen bei AspectJ, ob der Code vor, nach oder anstatt des Join Points ausgeführt wird, (siehe Kapitel 19.2.4).

Das Einweben der Aspekte ist zu verschiedenen Zeitpunkten durchführbar: Beim Kompilieren, während des Ladens des Programms oder zur Laufzeit. Eine Implementierung muss nicht alle Varianten des Einwebens unterstützen (siehe Kapitel 19.4).

Eine im Java Bereich weit verbreitete Implementierung des aspektorientierten Paradigmas ist AspectJ und ist unter [ecaspj] zu beziehen.

Aspektorientierung kann nicht nur verwendet werden, um ein saubereres Software-Design zu erreichen. Es bietet auch die Möglichkeit, schnell und einfach ein existierendes Programm zu erweitern, ohne den eigentlichen Programmcode zu verändern. Dies ist für Testausgaben zu Debugzwecken besonders nützlich. Des Weiteren können im Bytecode vorliegende Bibliotheken beliebig erweitert werden (siehe Kapitel 19.4). Außerdem kann die aspektorientierte Programmierung eingesetzt werden, um fehlerhafte Methoden zu überdecken, indem mit einem Around-Advice ein korrekter Wert zurückgeliefert wird (siehe Kapitel 19.2.4).

19.7 Aufgaben

Aufgabe 19.1 Aspektorientierung als neues Paradigma

19.1.1   Welche Vorteile bringt die Verwendung des aspektorientierten Paradigmas?
19.1.2   Nennen Sie drei typische Problemstellungen/Aufgaben/Anwendungsgebiete, bei denen sich der Einsatz von Aspekten besonders gut eignet.
19.1.3   Beschreiben Sie die Unterschiede zwischen Core-Level Concerns und System-Level Concerns.
19.1.4   Was ist ein übergreifender Belang (engl. crosscutting concern)?

Aufgabe 19.2 Begriffe der aspektorientierten Programmierung

19.2.1   Welche Arten von Advices gibt es?
19.2.2   Kann ein anonymer Pointcut von mehreren Advices benutzt werden? Begründen Sie Ihre Antwort.
19.2.3   Nennen Sie fünf Arten von Join Points des Join Point Modells von AspectJ.
19.2.4   Mit welchem primitiven Pointcut kann ein solcher Join Point (aus 19.2.3) jeweils ausgewählt werden?

Aufgabe 19.3 Weaving

19.3.1   Nennen und beschreiben Sie die unterschiedlichen Weaving-Methoden.

Kapitel 20

Test und Integration

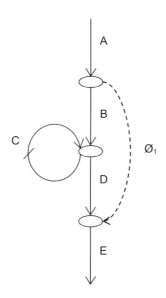

20.1 Organisation des Testens
20.2 Validierung und Verifikation
20.3 Testen von Dokumenten
20.4 Testen von Programmen
20.5 Integration
20.6 Zusammenfassung
20.7 Aufgaben

20 Test und Integration

In den vorangehenden Kapiteln wurden im Wesentlichen die Schritte zur Erstellung der Software vorgestellt. Jedes relevante Dokument und jedes Programm sollte jedoch getestet und abgenommen sein, ehe es in den Einsatz übergeht.

Testen ist der Prozess, um in einem erstellten Produkt Fehler zu finden und um Aussagen über die Fehlerwahrscheinlichkeit zu gewinnen. Bei der Integration werden einzelne Systemteile zu einem lauffähigen Ganzen zusammengesetzt. Das vorliegende Kapitel behandelt mit Schwerpunkt das Testen. Auf die Integration wird in Kapitel 20.5 eingegangen. Testen und Integration müssen in der Regel jedoch zusammenhängend betrachtet werden.

Das Testen ist im Entwicklungsprozess eine der wichtigsten analytischen Qualitätssicherungsmaßnahmen, die an bereits konkret realisierten Produkten, den zu testenden **Testobjekten**, durchgeführt werden. Zu beachten ist, dass die **Testfälle**[202] sofort bei der Erstellung der Requirements für ein Testobjekt aufgestellt werden sollen, damit der Blick auf die Funktionalität nicht durch die technische Lösung verstellt wird.

Software-Testen hat drei Ziele:

1. Zu überprüfen, ob sich die Software wie erwartet verhält. Man prüft, ob man das richtige Produkt gebaut hat (Verifikation).
2. Fehler zu finden.
3. Zu überprüfen, ob das, was spezifiziert wurde, auch das ist, was der Nutzer tatsächlich braucht (Validierung).

Das dritte Ziel ist, letztendlich zu zeigen, dass die Software für den eigentlichen Nutzer tatsächlich einen Gewinn darstellt. Auf die Abgrenzung zwischen Verifikation und Validation wird in Kapitel 20.2 eingegangen.

Vertrauen schaffen

Testen kann nicht die Qualität eines Erzeugnisses garantieren. Man kann aber durch Testen das Vertrauen in die Korrektheit der Software erhöhen und zeigen, dass sich für die ausgeführten Testfälle die Software wie erwartet verhält.

Testen kann Vertrauen schaffen.

---

[202] Unter einem **Testfall** versteht man einen kompletten Satz von Vorbedingungen für ein Testobjekt, die ein- und auszugebenden Daten während des Tests sowie alle zugehörigen Ergebnisdaten (Nachbedingungen).

Test und Integration

Nach IEEE 610.12 [IEEE 610.12] ist Testen definiert als:

"Der Prozess, ein System oder eine Komponente unter spezifizierten Bedingungen zu betreiben und die durch Beobachtungen oder Aufnahme erzielten Ergebnisse durch Evaluation gewisser Teilaspekte zu analysieren".

In dieselbe Richtung der Ermittlung von Abweichungen vom erwarteten Verhalten geht die Definition von [IEEE 829]:

"The process of analyzing a software item to detect the difference between existing and required conditions, and to evaluate the features of the software item".

Testen ist also die jederzeit wiederholbare **Überprüfung der korrekten Umsetzung von vorher festgelegten Anforderungen** in Zwischen- und Endprodukte des Software-Lebenszyklus[203]. Die Merkmale eines Testobjekts werden untersucht und es findet ein Vergleich statt, ob jedes Merkmal mit den festgelegten Anforderungen übereinstimmt. Getestet werden grundsätzlich Dokumente und Programme, da beides unvollständig sein kann und überdies fehlerhaft.

Ein Fehler ist eine Abweichung von der vereinbarten Requirement-Spezifikation. Diesen Satz kann man auch anders lesen: Man braucht nicht zu testen, wenn keinerlei schriftliche Unterlagen über die Wünsche an das zu realisierende Produkt existieren.

Liegt keine Spezifikation vor, so ist Korrektheit nicht definiert. Infolgedessen ist ein Test überflüssig!

Fehler finden

Das Testen[204] hat als Hauptziel, Fehler vor dem Einsatz eines Systems zu erkennen. Im Einsatz des Systems würde die Fehlerbeseitigung teurer. Das ursprüngliche Projektteam würde oftmals bereits wieder an anderen Aufgaben arbeiten und im Projekt unerfahrene Mitarbeiter müssten die Fehlerbeseitigung übernehmen.

Nach der Implementierung auf der untersten oder terminalen Ebene der Systemzerlegung (siehe Kapitel 20.1.2) werden die erstellten Programmteile ebenenweise integriert (siehe Kapitel 20.5) und getestet. Dem Testen kommt dabei vorrangig die Aufgabe zu, Fehler in den einzelnen Teilprodukten zu entdecken.

Ein sorgfältiges Testen kann helfen, viele Fehler zu eliminieren. Getestete Software ist stabiler als ungetestete Software.

---

[203] Zum Software-Lebenszyklus gehört nicht nur die Erstellung von Programmen, sondern auch das Verfassen der Spezifikationen.

[204] Testen sollte nicht mit Debuggen verwechselt werden. Unter Debuggen versteht man die Lokalisierung eines Fehlers im Programmtext, nachdem beim Testen ein Fehler festgestellt wurde.

Die Definition von Myers [Mye79] für den Begriff "Testen" lautet:

> Testen ist der Prozess, den zu testenden Gegenstand mit der Absicht zu überprüfen, Fehler zu finden.

Für ein Programm heißt dies: "Testen ist der Prozess, ein Programm mit der Absicht auszuführen, Fehler zu finden". Testen ist in dieser Sichtweise also ein ganz und gar destruktiver Prozess! Testen zeigt die Anwesenheit und nicht die Abwesenheit von Fehlern (Dijkstra in [Bux70]).

> Generell kann man durch Testen nicht die Abwesenheit von Fehlern zeigen, sondern nur ihre **Anwesenheit**.

Es existieren aber statistische Modelle, die eine **Wahrscheinlichkeitsaussage** über die Anzahl nicht gefundener Fehler basierend auf dem entsprechenden Modell erlauben. Diese Wahrscheinlichkeitsaussagen basieren auf der Überlegung, dass vermutlich noch viele Fehler im Programm sind, wenn viele Fehler gefunden werden. Die Modelle erlauben eine Aussage darüber, mit welcher Wahrscheinlichkeit innerhalb eines bestimmten Zeitraumes ein Fehler zu erwarten ist. Aussagen, ob ein sicherheitskritischer Fehler dabei ist, lassen sich jedoch nicht treffen!

Fehlerreports

Beim Testen sind alle aufgetretenen **Fehler** in Fehlerreports zu dokumentieren. Die Fehler sind in Fehlerklassen einzuteilen, damit ein prioritätsgerechtes Arbeiten ermöglicht wird. Die in den Fehlerreports dokumentierten Fehler sowie der nachfolgende Prozess der Fehlerbehebung sollten werkzeuggestützt verwaltet werden, so dass nach bestimmten Kriterien wie

- Fehlernummer,
- Priorität des Fehlers,
- fehlerhafte Komponente,
- Bearbeiter des Fehlers,
- Status des Fehlers (behoben/in Arbeit/noch offen)
- etc.

die Liste aller gemeldeten Fehler ausgewertet werden kann, um den Stand der Fehlerbeseitigung beurteilen zu können.

Fehler selbst werden differenziert nach "fault", "error" und "failure" (siehe Kapitel 4.1.4.2).

Stichprobenverfahren

Nur triviale Programme kann man so testen, dass ihre Fehlerfreiheit garantiert wird. Bei komplexen Systemen ist dies infolge der zu großen Anzahl von Kombinationen gar nicht möglich.

Ein vollständiger Test, d. h., die Überprüfung aller möglichen Kombinationen von Daten, ist für die meisten Anwendungen aufgrund der hohen Zahl an Vorbedingungen und damit der möglichen Zustände des Testobjekts in der Praxis nicht durchführbar. Testen ist in der Praxis also stets ein **Stichprobenverfahren**.

Ein großes Problem ist die Frage, wie beim Testen vorgegangen werden soll, wenn man grundsätzlich bei nicht-trivialen Problemen nur punktuell testen kann. Der Entwurf der Testfälle bestimmt die Qualität des Tests, da die Auswahl der Testdaten, welche verwendet werden, um das Testobjekt zu testen, die Art, den Umfang und damit die Leistung des Tests festlegen.

> Die Kunst des Testens besteht darin, alle relevanten Vorbedingungen und ggf. Eingaben während des Testens sowie damit die Zustände des Testobjekts unter vorgegebenen Umgebungsbedingungen zu finden und zu testen. Darüber hinaus ist wegen des diskreten Charakters der Software im Gegensatz zu stetigen Problemen eine Extrapolation und Interpolation von Testergebnissen nicht möglich.

Falls Testfälle ausgelassen oder vergessen werden, welche für die praktische Anwendung des Systems von Bedeutung sind, sinkt die Wahrscheinlichkeit, einen Fehler zu entdecken, der sich im zu testenden System befindet. Wegen der besonderen Bedeutung des Testfallentwurfs beim Testen sind in den letzten Jahrzehnten eine ganze Reihe von Testmethoden entwickelt worden, um angemessene Testdaten auszuwählen.

Im Folgenden werden der Ablauf der für die Durchführung von Tests erforderlichen Testaktivitäten und deren Testprodukte zusammengestellt.

Testaktivitäten und Testprodukte

Die im nachfolgenden Bild 20-1 fett gedruckten Testaktivitäten bestehend aus Testplanung, Testspezifikation, Testdurchführung, Testprotokollierung, Testauswertung und Testende werden in Kapitel 20.1.1.1 bis 20.1.1.6 detailliert beschrieben (siehe hierzu auch Spillner in [Spi02]).

Die im folgenden Bild normal gedruckten Testaktivitäten eines Testprozesses werden hier erläutert:

Testreview
Der erstellte Testplan und die erstellte Testspezifikation werden überprüft.

Testvorbereitung
Die für den Test erforderliche Umgebung wird bereitgestellt. Die Testfälle sollen bis auf die Eingabedaten an der Mensch-Maschine-Schnittstelle des Systems in maschinenlesbarer Form bereitgestellt werden.

Testkontrolle
Die Testkontrolle dient der Überwachung und Steuerung des gesamten Testprozesses auf der Basis der Testplanung.

Freigabe des Testobjekts
Der Test dauert entsprechend dem gewählten Testende-Kriterium. Wenn das Testobjekt den Test bestanden hat, wird es freigegeben.

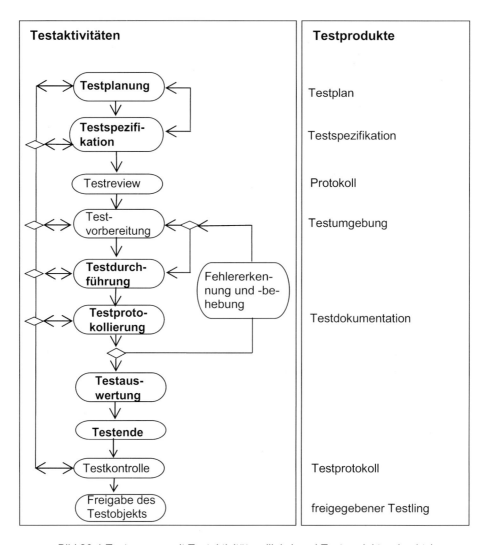

Bild 20-1 Testprozess mit Testaktivitäten (links) und Testprodukten (rechts)

Testdokumente

Der Standard IEEE 829 fordert für das Testen acht Dokumente, die in die folgenden drei Gruppen gegliedert werden:

- **Testplan** (im Sinne der IEEE 829) als ein übergeordnetes Dokument, das auch die zeitliche Planung (engl. **scheduling**) enthält,
- **Testspezifikation** (engl. **test specification**) und
- **Testbericht** (engl. **test reporting**).

Nach IEEE 829 umfasst der **Testplan:**

Ressourcenplanung für das Testen (Mittel, Aufgaben und Ablaufplan (engl. schedule) mit verantwortlichem Personal und Risikoabschätzung).

Nach IEEE 829 umfasst die **Testspezifikation**:

- **Testentwurfsspezifikation**
  Sie enthält die zu testenden Funktionen, die benötigten Testfälle und das Testende.
- **Testfall-Spezifikation**
  Sie beschreibt die Testfälle und Testdaten. Diese sind vom Testentwurf getrennt, um sie ggf. wiederverwenden zu können.
- **Testablauf-Spezifikation**
  Sie beschreibt die Schritte bei der Durchführung der Testfälle und Implementierung des zugehörigen Test-Entwurfs.

Nach IEEE 829 enthält der **Testbericht**:

- **Testobjekt-Übertragungsbeschreibung**
  Die Testobjekt-Übertragungsbeschreibung ist ein Dokument, das die zu testende Software identifiziert. Es enthält Informationen über den momentanen Status, den Ort der Übergabe des Testobjekts und die für das Testobjekt verantwortliche Person. Darüber hinaus enthält diese Beschreibung sämtliche Abweichungen von den momentanen Requirements an das Testobjekt und den Spezifikationen des Entwurfs.
- **Testprotokoll**
  Es zeichnet die Ereignisse bei der Testdurchführung auf.
- **Teststörfallbeschreibung**
  Alle Ereignisse, die während der Testdurchführung auftreten und genauer untersucht werden müssen, werden in der Teststörfallbeschreibung aufgezeichnet.
- **Testzusammenfassung**
  Zusammenfassung aller Testaktivitäten für eine oder mehrere Testentwurfsspezifikationen.

Kapitel 20.1 befasst sich in einem Überblick mit der Organisation des Testens, d. h. mit den Aufgaben seiner verschiedenen Schritte. In Kapitel 20.1.1 wird der Testprozesss diskutiert, Kapitel 20.1.2 beschreibt den Test von Zerlegungsprodukten. Kapitel 20.2 erläutert den Unterschied zwischen Validierung und Verifikation. Kapitel 20.3 umfasst das Testen von Dokumenten in Reviews, Inspektionen und Walkthroughs. Es folgt das Testen von Programmcode ab Kapitel 20.4 mit verschiedenen Testmethoden. Kapitel 20.4.4 befasst sich mit dem Black-Box- und White-Box-Test, Kapitel 20.4.5 mit dem Regressionstest und Kapitel 20.4.6 mit dem Performance-Test. Kapitel 20.5 behandelt die Integration komplexer Softwaresysteme aus Zerlegungsprodukten.

20.1 Organisation des Testens

Im Folgenden wird der Testprozess strukturiert (Kapitel 20.1.1) und der Test von Zerlegungsprodukten (siehe Kapitel 20.1.2) besprochen.

20.1.1 Der Testprozess

Um effizient zu testen, braucht man einen rechtzeitig geplanten **Testprozess**. Dieser ermöglicht ein geordnetes Testen. Das Testen soll als Teil der Entwicklung eingeplant und aus Managementsicht verfolgt werden und nicht einfach erst notgedrungen zum Projektende durchgeführt werden. Dabei soll mit Testen so früh wie möglich begonnen werden. Ein Testprozess kann beispielsweise folgendermaßen grob eingeteilt werden [Spi02]:

- Testplanung,
- Testspezifikation,
- Testdurchführung,
- Testprotokollierung,
- Testauswertung und
- Testende.

Es ist möglich, diese Schritte mehrfach zu iterieren, da der Testaufwand oftmals erst nach erfolgten Tests abgeschätzt werden kann.

20.1.1.1 Testplan

Ein **Testplan** ist ein organisatorischer Rahmen, der den zeitlichen Ablauf und die administrativen Verfahren für die Tests festlegt. Durch rechtzeitige Planung des Testablaufs und der Testumgebung verringert sich der Aufwand für den Test. Die Testplanung sollte zu Projektbeginn durchgeführt und fortlaufend aktualisiert werden.

> Zu einem Testplan können gezählt werden:
>
> 1. ein **Zeitplan der Tests**,
> 2. eine **Festlegung der Werkzeuge**,
> 3. eine **Ressourcenplanung**,
> 4. eine **Teststrategie**,
> 5. eine **Priorisierung der Tests** und
> 6. **organisatorische Fragen** sowie **Ausbildungsmaßnahmen**.

Ein grober **Zeitplan** lässt sich allein auf der Basis der Meilensteine des Projektes ansetzen. Hierbei wird z. B. auch die Reihenfolge der Implementierung von Bausteinen und Komponenten und der erforderlichen Tests festgelegt.

Die **Teststrategie** soll berücksichtigen, wie weit ein bestimmter Systemteil auf Grund seines Risikos getestet werden soll. Dabei sind die notwendigen Ressourcen zu kalkulieren. Die Teststrategie ist eine wesentliche Grundlage für die Testplanung. Sie muss u. a. das **Testende-Kriterium** enthalten, die anzuwendenden Testmethoden und die Reihenfolge ihres Einsatzes samt den für jede Methode benötigten Werkzeugen.

Bei der **Festlegung der Werkzeuge** wird definiert, welche Testwerkzeuge einzusetzen sind. Handelt es sich um nicht vorhandene Testwerkzeuge, so wird festgelegt, bis wann sie beschafft bzw. erstellt sein müssen.

Die **Ressourcenplanung** soll auf Basis der durchzuführenden Arbeitspakete erstellt werden und soll nicht nur die Mitarbeiter, sondern auch die verwendeten Hilfsmittel wie z. B. Werkzeuge umfassen.

Eine **Priorisierung der Tests** soll sicherstellen, dass die wichtigen Tests zuerst durchgeführt werden, falls der Testzeitraum verkürzt wird.

Die **Ausbildungsmaßnahmen** betreffen die ordnungsgemäße Durchführung der Tests. Andere **organisatorische Fragen** können im Zusammenhang mit Tests auftauchen und ebenfalls einer Regelung bedürfen.

Beispiele für Testende-Kriterien für unterschiedliche Testphasen werden im Folgenden aufgeführt. Dort wird der Fall behandelt, dass eine Komponente einem Betriebssystem-Prozess entspricht.

Beispiele für Testende-Kriterien

Modultest

- Ein bestimmter Wert für das Verhältnis "ausgeführter Module/Anzahl vorhandener Module" muss erreicht werden.
- Bestimmte Testabdeckungsmaße wie 95% C_1-Überdeckung eines Moduls (siehe Kapitel 20.4.3.1) müssen erreicht werden.
- Jede Klasse von Rückgabewerten muss mindestens einmal erzeugt werden.

Komponententest

- Alle Betriebssystem-Prozesse müssen für korrekte Eingangsnachrichten die richtigen Ausgangsnachrichten erzeugen.
- Jeder Prozess muss globale Variablen korrekt verändern.
- Die Synchronisation mit anderen Prozessen muss korrekt sein.
- Jeder Prozess muss die erforderliche Performance aufweisen.

Segmenttest

- Eingangsnachrichten für ein Segment müssen zu richtigen Ausgangsnachrichten des Segmentes führen.
- Globale Variablen müssen korrekt verändert werden.
- Die Synchronisation mit anderen Segmenten muss korrekt sein.
- Jedes Segment muss die erforderliche Performance aufweisen.

Systemtest

- Testergebnismaße wie MTBF (Mean Time between Failure) müssen vernünftige Ergebnisse liefern. So wird etwa bei einer bestimmten Anzahl von entdeckten Fehlern pro Monat aufgehört zu testen.
- Die geforderte Performance des Systems muss erreicht werden, z. B. für die Antwort-Zeiten der Dialoge. Werden die geforderten Zeiten nicht erreicht, so ist ein Redesign des Systems fällig oder aber Verhandlungen mit dem Kunden.

20.1.1.2 Testspezifikation

In der Aktivität Testplanung wurde die Testdurchführung im Wesentlichen bezüglich Zeitplan, Werkzeugen, Ressourcen, Teststrategie und Priorisierung festgelegt. In der darauf folgenden Testspezifikation werden für die durchzuführenden Funktionen die **Testfälle** bestimmt und die Testumgebung definiert, damit die Tests durchgeführt werden können.

Testfälle enthalten die Testdaten, d. h. bei Modulen die Parametersätze für die Übergabe plus globale Daten vor der Ausführung (zusammen die Vorbedingungen), die Ein- und Ausgabedaten des Moduls während seiner Laufzeit und die Rückgabewerte plus globale Daten nach der Ausführung (zusammen die Nachbedingungen), so dass ein Soll-/Ist-Vergleich möglich ist.

Eine **Testspezifikation** enthält für die in den verschiedenen Testphasen (Modultest etc.) zu testenden Funktionen Aussagen zu

- Testfällen/Testdaten sowie der
- Testumgebung

und sagt, wie die verschiedenen Schritte der Tests ablaufen sollen.

Testfälle und Testdaten

Unter einem **Testfall** versteht man einen kompletten Satz von Vorbedingungen für ein Testobjekt, die ein- und auszugebenden Daten während des Tests sowie alle zugehörigen Ergebnisdaten (Nachbedingungen).

Es wird zwischen Testfällen unterschieden, die das **spezifizierte Verhalten** testen (auch eine Ausnahmebehandlung ist spezifiziert), und Testfällen, die das **nicht-spezifizierte Verhalten**, sprich ungültige Eingabedaten oder unzulässige Vorbedingungen, testen. Die folgenden Datenarten

- Normalwerte,
- Grenzwerte und
- Ausnahmebehandlung

sind dabei **für das spezifizierte Verhalten** und

- Fehlerwerte durch nicht zulässige Zahlenbereiche sowie
- unsinnige Kombinationen von Daten

für das nicht-spezifizierte Verhalten zu berücksichtigen.

Vom Nutzer eines Programms wird erwartet, dass das Programm einfache Fehler und unsinnige Kombinationen von Daten abweist, sich also robust verhält.

Sinn eines Testfalls ist neben der Aufdeckung von möglichst vielen Fehlern die Überprüfung der korrekten Umsetzung der Spezifikation in die Implementierung. Die notwendigen Testfälle müssen für den System- und Abnahmetest aus der Spezifikation (Black-Box, siehe Kapitel 20.4.4.1) und für Zerlegungsprodukte aus der Implementierung (White Box, siehe Kapitel 20.4.4.2) abgeleitet werden. Bei Black-Box-Verfahren ist der Code nicht bekannt, die Testfälle beruhen daher auf der Spezifikation des Testobjekts.

Die zu den einzelnen Testfällen benötigten **Testdaten** setzen sich zusammen aus:

- Vorbereiteten Testdaten zur **Bereitstellung der Testumgebung und zur Übergabe an das Testobjekt** (Daten vor dem Test, Vorbedingungen eines Testobjekts).
- Daten, die **während des Tests einzugeben und auszugeben** sind (Ein-/Ausgabedaten).
  Diese sind genau zu spezifizieren, um die Reproduzierbarkeit zu gewährleisten.
- **Ergebnisdaten** (Daten nach dem Test, Nachbedingungen eines Testobjekts).
  Diese setzen sich zusammen aus den angezeigten Daten, d. h. flüchtigen Daten auf dem Bildschirm, und den gespeicherten Daten im EDV-System.

Daten im Datensichtgerät sind zur Dokumentation in eine Datei umzuleiten.

Beim Test von eingebetteten Systemen ist das Auslösen sogenannter Datenbedingungen im Sinne von Hatley/Pirbhai [Hat93] wichtig.

Vorbedingungen eines Testobjekts können beispielsweise Übergabeparameter und globale Daten im Falle von Routinen, Signale im Falle von Sensoren oder Nachrichten im Falle von verteilten Systemen sein.

Testumgebung

Für jede Testphase muss die Testumgebung festgelegt werden. Die Testumgebung beinhaltet

- die übrige Software, die das Testobjekt benötigt, mit Quellcode und Systemdokumentation,
- ggf. (vorläufige) Bedieneranleitung,
- die erforderliche Hardware-Umgebung,
- die erforderliche Betriebssystem-Umgebung,
- die erforderlichen Testwerkzeuge, wie z. B. einen **Testtreiber** oder eine **Trace-Utility** zum Loggen von Datenflüssen oder von Datei-Ein-/Ausgaben, und
- das für den Test erforderliche Testpersonal (Verfügbarkeit entsprechender Spezialisten).

Die Testumgebung muss die externen Schnittstellen des **Testobjektes (Testlings)** repräsentieren und deren Verhalten im Testablauf nachbilden. Der Testtreiber ruft das Testobjekt auf, stellt die Übergabeparameter bzw. die Input-Nachrichten bereit und versorgt die globalen Daten mit Testdaten. Nach Ablauf des Testobjekts für einen

Testdatensatz (Testfall) übernimmt der Treiber wieder die Kontrolle und protokolliert die Ergebnisdaten des Testobjekts.

Da Module als erste Produkte fertig werden, erfolgen die Tests oft als **Bottom-up-Tests**. Um die erstellten Module einzeln testen zu können, ist für jedes Modul ein Testtreiber (engl. driver) erforderlich. Die Tests nennt man Modultests.

Es sind aber auch **Top-down-Tests** möglich. Dann muss man in der Regel viele Stubs schreiben. Hierbei ist ein **Stub** – Stub heißt übersetzt Stummel – ein Hilfsprogramm (Ersatzprogramm), das nicht die Funktion des eigentlichen Moduls beinhaltet, da dieser ja noch nicht fertig ist. Die Aufgabe des Stubs ist es nur, die Durchführung eines Aufrufs zu gewährleisten. Damit ist die Lauffähigkeit eines Programmes hergestellt. Die Stubs können dabei gültige Zustände oder Fehlerzustände zurückgeben. Dies hängt davon ab, welcher Pfad im Testobjekt durchlaufen werden soll. Bild 20-2 zeigt einen Testtreiber zum Test eines Testobjekts [Pel84, S. 54]:

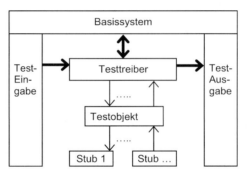

Bild 20-2 Testtreiber

Über die Test-Eingabe erfolgt die Übergabe der Testdaten an den Testtreiber. Die Ergebnisdaten des Testobjekts werden vom Testtreiber an die Test-Ausgabe weitergeleitet. Die für den Test vorgeschlagenen Testtreiber orientieren sich dabei an der gewählten Testmethodik.

Ein **Bottum-up-Test** hat die folgenden Vorteile:

- Man braucht keine Platzhalter (engl. stubs).
- Es ist leicht, Fehler zu lokalisieren.

Die folgenden Nachteile sind zu sehen:

- Erst nach dem letzten Test sind die Testergebnisse vorhanden.
- Testtreiber sind erforderlich.

Ein **Top-down-Test** hat die folgenden Vorteile:

- Man erkennt Entwurfsprobleme frühzeitig.
- Man erwirbt früh ein Verständnis der Hauptfunktionen.

Der folgende Nachteil ist zu sehen:

- Platzhalter (Stubs) sind notwendig.

20.1.1.3 Testdurchführung

Die folgenden Anforderungen werden an die Durchführung eines Tests gerichtet:

- **Die Testdurchführung muss geplant erfolgen.**
  Gemeint ist hier, dass man sich im Vorfeld der Testausführung überlegt, was man testet, mit welchen Testmethoden und welchen Testdaten man testet, speziell was das Ergebnis des Tests sein soll und wann der durchgeführte Test als erfolgreich gilt. Erst anschließend führt man den Test tatsächlich durch. Dies bedeutet im Umkehrschluss, dass man keine Tests durchführt, die nicht vorher überlegt und geplant wurden.
- **Das Testende-Kriterium muss festgelegt sein** – üblicherweise im **Testplan**.
  Um das Ende des Tests objektiv festzulegen, braucht man ein Testende-Kriterium.
- **Die Testdurchführung sollte möglichst einfach sein.**
  Ein wichtiges Ziel bei der Entwicklungsarbeit und damit auch beim Testen ist die Wirtschaftlichkeit bzw. die Effizienz. Dieser Punkt zielt darauf ab, einen erwünschten Testzweck mit möglichst einfachen Mitteln und effizient zu erreichen.
- **Die Testdurchführung muss dokumentiert sein.**
  Ein Testfall, der durchgeführt, jedoch nicht dokumentiert wurde, gilt im Nachhinein als nicht erfolgt. Ist man später z. B. aufgrund äußerer Umstände dazu gezwungen, nachzuweisen, dass man nach dem Stand der Technik entwickelt hat, dann gehört sicherlich der Nachweis gewisser Testumfänge mit dazu. Wurden die durchgeführten Tests nicht dokumentiert, dann hat man hier offensichtlich ein Problem.
- **Die Testdurchführung muss nachvollziehbar sein.**
  Es soll im Nachhinein stets möglich sein, zu verstehen, wie ein bestimmter Testfall durchgeführt wurde und welches Ergebnis dabei zustande kam.
- **Die Testdurchführung muss reproduzierbar sein.**
  Ein Testfall, der mehrmals wiederholt wird, sollte stets dasselbe Ergebnis erbringen. Ist dies nicht der Fall, sollte man die Ursachen dafür suchen und analysieren.
- **Die Testdurchführung sollte automatisch ausführbar sein.**
  Aus wirtschaftlichen Gesichtspunkten und aus Gründen der Effizienz ist dies bei langlebigen Produkten ein wichtiger Punkt. Nur automatisierte Tests erlauben es langfristig, eine große Anzahl an Testfällen mit einem vertretbaren wirtschaftlichen Aufwand durchzuführen.
- **Die Testdurchführung sollte auf jeder Integrationsstufe für jedes Produkt erfolgen.**
  Dies ist in der Praxis nicht immer vollständig möglich und hängt auch davon ab, welche Integrationsstufen betrachtet werden. Prinzipiell sollte man versuchen, Fehler zuerst in Teilkomponenten aufzudecken, bevor diese zu einer Komponente zusammengebaut werden. Erst muss das Problem im Kleinen gelöst sein und dann erst im Großen. Dieses Prinzip ist die Grundlage sämtlicher qualitätssichernder Maßnahmen. Es ist das Prinzip "Teile und herrsche" (siehe Kapitel 13.2.2.1) angewandt auf das Testen. Nur kleine Programmeinheiten sind in der Praxis testbar. Das Programm muss in möglichst viele unabhängige Teilprobleme zerlegt werden, die dann wiederum zu größeren Einheiten integriert werden. Die Teilprobleme sollen so klein sein, dass sie gründlich getestet werden können.

Nach der Testplanung – hauptsächlich für den Zeitplan des Testens, die Festlegung der Werkzeuge, die Ressourcen, die Teststrategie und die Priorisierung – werden in der darauf folgenden Testspezifikation die Testfälle und die Testumgebung für die zu testende Funktion erarbeitet, damit die Tests durchgeführt werden können. Sind die Testobjekte verfügbar, kann nach Aufbau der Testumgebung mit der Testdurchführung begonnen werden. Nach der Erprobung des Zusammenarbeitens von Testobjekt und Testumgebung werden die Testfälle durchgeführt. Die kritischsten Testfälle sollten zuerst durchgeführt werden.

Die Testdurchführung sollte bis auf den Test der Mensch-Maschine-Schnittstelle des Systems mit möglichst wenigen Bedienereingriffen maschinell durchgeführt werden. Auch für die Mensch-Maschine-Schnittstelle gibt es Tools, die diese automatisch und wiederholbar bedienen können.

Testautomatisierung

Hier wird auf die Kosten der Testautomatisierung eingegangen. Eine falsche Annahme ist, dass sich die Testautomatisierung sofort lohnt. Das Gegenteil ist der Fall: Das Anlegen von Testfällen für die Automatisierung erhöht zunächst den Aufwand und ist eine Investition für die Zukunft. Cem Kaner [Kan98] rechnet bei einer grafischen Oberfläche mit einem 3 - 10 Mal höheren Aufwand zur Erzeugung der Tests, bei gewissen Elementen sogar bis zum 30-fachen (siehe [Schmi96]). Bei der Erstellung von automatisierten Tests entstehen also zunächst höhere Kosten als für den manuellen Test. Erst im späteren Verlauf kann sich die Testautomatisierung wegen der höheren Effizienz bei der Testdurchführung, der geringeren Kosten für die Wartung der Testfälle und der Wiederverwendung von Testfällen auszahlen. Dies wird im folgenden Bild im Vergleich zu manuellen Tests gezeigt [Schmi96]:

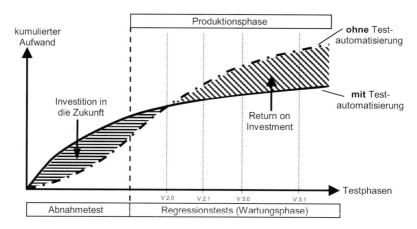

Bild 20-3 Vor- und Nachteile der Testautomatisierung

Die Testautomatisierung führt nicht automatisch dazu, dass mehr Fehler entdeckt werden. Erst wenn die bei der Testdurchführung gewonnene Zeit dazu genutzt wird, mehr Testfälle einzusetzen, kann sich die Testqualität erhöhen. Die Testerstellung und Testauswertung lassen sich dabei nur in Grenzen automatisieren.

20.1.1.4 Testprotokollierung

Die Testdurchführung sollte protokolliert werden. Hiermit wird belegt, dass entsprechend der vereinbarten Strategie getestet wurde. Ebenfalls wird dadurch der Stand des Testens dokumentiert. Aufgetretene Fehler werden in den Protokollen festgehalten. Ein Protokoll sollte enthalten:

- Name und Aufbewahrungsort des Testobjekts, Version und Datum der letzten Änderung,
- Datum der Testdurchführung,
- Name des Testers,
- Name und Aufbewahrungsort der Testfälle, Version und Datum,
- Testumfang, d. h. Testende-Kriterium,
- Testergebnisse und Teststatus (Test nicht bestanden/bestanden) und
- Bezeichnung der Testumgebung und Aufbewahrungsort, Version, Datum.

Die Protokolle sollten archiviert werden, da sie später bei Fehlverhalten der Software als Nachweis dienen. Existieren keine Protokolle, bedeutet dies im Zweifelsfall, dass keine Tests durchgeführt wurden.

Wegen der Durchführung weiterer Tests wie Regressionstests (siehe Kapitel 20.4.5) oder Tests weiterer Testobjekte müssen alle für die Durchführung von Tests erforderlichen Ressourcen ebenfalls archiviert werden. Hierzu gehören Testobjekte, Testfälle und Testumgebung.

20.1.1.5 Testauswertung

Die Testergebnisse werden gegen erwartete Solldaten geprüft. Es muss beurteilt werden, ob die bearbeiteten Testfälle ausreichen. Es ist zu analysieren, ob Abweichungen beim Soll-/Ist-Vergleich vom Testobjekt oder aus anderen Gründen herrühren. Ursachen hierfür sind beispielsweise die Testumgebung wie etwa der Compiler, eine mangelhafte Testspezifikation oder fehlerhafte Testfälle. Eine Fehlerbeseitigung im Testobjekt sollte nach Prioritäten erfolgen. Fehler werden aus praktischen Gründen im Block an die Entwicklung gemeldet. Prinzipiell gehört die Fehlerbeseitigung nicht zu den Testaktivitäten, auch wenn sie oft eng verzahnt mit dem Testen durchgeführt werden muss. Die Beseitigung von Fehlern muss durch Testen überprüft werden. Dabei muss geprüft werden, ob nicht neue Fehler in das Testobjekt eingebracht wurden (siehe Regressionstest in Kapitel 20.4.5). Eventuell müssen hierzu neue Testfälle eingeführt werden.

20.1.1.6 Testende

Für das Ende des Testens wird in der Regel ein Kriterium vorgegeben (siehe Testplan in Kapitel 20.1.1.1).

Ein **Testende-Kriterium** dient dazu, einen Test zeitlich zu begrenzen und einen objektiv messbaren Testumfang sicherzustellen.

Ein solches Kriterium ist oft die gefundene Zahl von Fehlern pro Zeiteinheit. Nach Unterschreiten dieser vorgegebenen Zahl ist das Testen nicht mehr wirtschaftlich. Diese Grenze richtet sich z. B. nach der Art der Software, ob sie sicherheitsrelevant ist, und wie hoch die Kosten im Fehlerfall sind. Andere Kriterien können Testmetriken wie die Zweigüberdeckung (siehe Kapitel 20.4.3.1) sein. Im ungünstigsten Fall wird das Testende durch den Abgabetermin oder den Verbrauch der Finanzmittel bestimmt. Tritt dieser Fall ein, so ist es gut, wenn die kritischsten Testfälle zuerst getestet wurden. Letztendlich kann man aber nicht unendlich lange testen, so dass auch ein technisch lautendes Endekriterium wirtschaftlich sinnvoll sein muss.

Das Testende wird in der Praxis letztendlich durch geschäftliche Zwänge wie z. B. das Einhalten von Terminen bestimmt, auch wenn zunächst technische Gründe wie ein bestimmter Prozentsatz beim Überdeckungsgrad als Testende-Kriterium genannt werden.

> Da vollständiges Testen in der Praxis nicht möglich ist, muss ein Test stets unter **Wirtschaftlichkeitsgesichtspunkten** betrachtet werden. Es muss eine Auswahl aus der großen Anzahl möglicher Kombinationen getroffen werden. Testen ist ein Stichprobenverfahren. Im **Testende-Kriterium** gibt man einen objektiv messbaren Testumfang vor.

20.1.2 Test von Zerlegungsprodukten

Ein System, das zerlegt wird, soll auf jeder Stufe der Zerlegung getestet werden können. Deshalb muss bei jeder Zerlegung sogleich spezifiziert werden, wie die Produkte der Zerlegung getestet und integriert (siehe Kapitel 20.5) werden sollen. Dabei kommt der Definition der Schnittstellen eine besondere Bedeutung zu. Bei der Zerlegung des Systems definiert man für jedes verwendete Zerlegungsprodukt eine geeignete Schnittstelle, die einem die benötigte Funktionalität für das Zerlegungsprodukt zur Verfügung stellt. Die Definition der Schnittstelle sagt dabei aus, welche Leistung das Zerlegungsprodukt erbringt[205]. Es wird nicht festgelegt, wie das Zerlegungsprodukt diese Leistung erbringt.

Anhand der definierten Schnittstelle können sofort Testfälle erstellt werden, um die erforderliche Funktionalität eines Systems oder Zerlegungsproduktes zu testen (Black-Box-Testfälle).

> Die Testfälle sollten dabei so umfangreich sein, dass man beim Bestehen aller Testfälle dem Testobjekt eine Abnahme erteilen kann.

Bei dem Ansatz der Verwendung geeigneter Schnittstellen erfolgt die Definition der Tests der Zerlegungsprodukte sofort nach dem Entwurf, nämlich beim Aufstellen der Requirements für die Zerlegungsprodukte. Sind die Tests nicht einfach erstellbar, ist

---

[205] Der Test der Ablaufreihenfolge mit einem Protokollzustandsautomaten bzw. gemäß einer Interface-Kontrollspezifikation pro Partner soll hier der Übersicht wegen nicht aufgeführt werden.

Test und Integration

dies ein Indiz dafür, dass die Art der Zerlegung nicht sinnvoll gewählt wurde. Es sollte an eine andersartige Zerlegung gedacht werden. Dieses Prinzip ist aus Kapitel 13.2.1 bereits als das Prinzip "Design to Test" bekannt.

Die Fertigstellung der Zerlegungseinheiten erfolgt in umgekehrter Richtung wie der Systementwurf. Während der Entwurf vom Groben zum Feinen geht, erfolgt nach der Fertigstellung und dem Test der Programmeinheiten (Module) die Integration in der Richtung vom Feinen zum Groben. Eine **Testphase** umfasst die Tests, die auf den Testobjekten einer bestimmten Zerlegungsebene durchgeführt werden.

> Jede Testphase überprüft die Requirements an die Produkte der entsprechenden Zerlegungsebene.

In vielen Fällen werden erst in der jeweiligen Testphase die Fehler in den Produkten der zugehörigen Zerlegungsebene gefunden.

Entsprechend den Produkten des Software-Lebenszyklus gibt es die im folgenden Bild dargestellten **Testphasen**. Der Abnahmetest wurde hier weggelassen (siehe hierzu Bild 20-5).

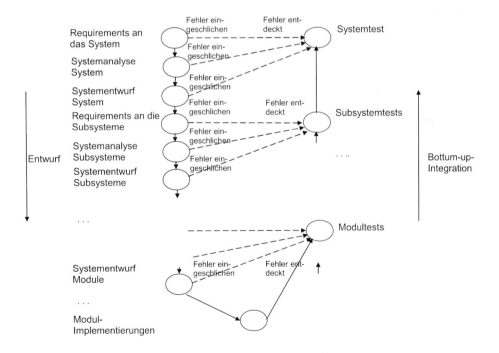

Bild 20-4 Symmetrie von Entwurf und Bottom-up-Integration

Die Machbarkeitsanalyse wurde in Bild 20-4 aus zeichnerischen Gründen nicht eingezeichnet. Damit resultieren die folgenden Tests:

- **Modultest**
  Verifikation der Leistungen der Module und ihrer Schnittstellen in einer isolierten Umgebung.
- **Komponenten-/Segmenttest**
  Verifikation der Leistungen der Komponenten/Segmente und ihrer Schnittstellen in einer isolierten Umgebung.
- **Subsystemtest**
  Verifikation der Leistungen der Subsysteme und ihrer Schnittstellen in einer isolierten Umgebung.
- **Systemtest**
  Verifikation im Entwicklungszentrum bzw. Validierung eines Systems beim Kunden (Verifikation = Überprüfung, ob das System den externen Anforderungen entspricht, Validierung = Überprüfung, ob man das richtige System gebaut hat, d. h., ob die Requirements für die reale Umgebung richtig waren, siehe Kapitel 20.2).
- **Abnahmetest**
  Validierung des Systems beim Kunden in der realen Umgebung.

Grob einteilen lässt sich die obige Aufzählung in:

- Modultest,
- Integrationstest,
- Systemtest und
- Abnahmetest.

Wie man in Bild 20-4 sieht, beginnt im Falle einer Bottom-up-Integration die Integration auf der letzten Ebene der Zerlegung, der terminalen Ebene. Die Bottom-up-Integration erfolgt stufenweise über verschiedene Ebenen und geht dabei vom Feinen zum Groben. Auf jeder Ebene muss nach Fehlern gesucht werden. Hierfür wird auf jeder Ebene gegen die jeweilige Spezifikation getestet und werden Black-Box-Tests für die entsprechende Ebene mit den vorher bereits getesteten Komponenten durchgeführt. Erst im Fehlerfalle muss man zur Fehlersuche die Bestandteile dieser Ebene und das Zusammenwirken der Komponenten "durchleuchten" (White-Box-Tests).

Für die Integration gibt es verschiedene Strategien (siehe Kapitel 20.5.1). Nichtinkrementell ist die "Big Bang"-Vorgehensweise, bei der alles zusammengeworfen wird. Bei komplexen Systemen ist eine inkrementelle Integration vorzuziehen. Hier kann man z. B. bestimmte Funktionen zuerst testen oder aber beispielsweise das Schwierigste zuerst. Bei sicherheitsrelevanten Systemen wird man zuerst die hoch kritischen Funktionen integrieren und testen. Man kann beispielsweise auch top-down oder bottom-up integrieren oder nach mehreren Kriterien arbeiten. Kapitel 20.5.2 zeigt eine Integration mit Architekturtest (architekturzentrierte Entwicklung und Integration). Die Integrations-Strategie bestimmt die Zahl der Testtreiber und Stubs (siehe Kapitel 20.1.1.2).

Für jedes **Zerlegungsprodukt** und das **System selbst** sollte ein **Testplan** mit

- Zeitplanung,
- Festlegung der Testwerkzeuge,
- Ressourcenplanung,
- Teststrategie und
- Priorisierung der Tests

sowie eine **Testspezifikation** der betreffenden Funktion mit

- Testfällen, Testdaten und
- der Testumgebung

erstellt werden, wie es bereits in Kapitel 20.1.1.2 für ein einzelnes Produkt ausgeführt wurde.

Die **Teststrategie** soll hierbei

- Qualitätsziele d. h. das Testende-Kriterium (siehe Kapitel 20.1.1.6) und
- die Testmethoden (siehe Kapitel 20.4) einschließlich ihrer Reihenfolge und unterstützenden Werkzeugen

umfassen.

Die Modul- und Komponententests können von den Programmierern oder von Mitgliedern des Testteams durchgeführt werden. Die Segment-, Subsystem- und Systemtests müssen Mitglieder des Testteams ausführen. Bei der Erstellung des Testplans (siehe 20.1.1.1) muss berücksichtigt werden, dass in der Regel für den Test nicht die Zielkonfiguration bzw. die reale Betriebsumgebung zur Verfügung steht. So ist meist die HW-Konfiguration für den Test im Entwicklungszentrum aus Kostengründen nicht so umfangreich wie die eigentliche Betriebsumgebung. Das bedeutet, dass statt der zu teuren Hardware Simulationswerkzeuge im Entwicklungszentrum bereitgestellt werden müssen. Andererseits stehen für den Systemtest beim Kunden oftmals nicht alle Ressourcen und Tools des Entwicklungszentrums zur Verfügung.

Entscheidend für ein erfolgreiches Testen ist ein exzellent funktionierendes **Konfigurationsmanagement**. Insbesondere zeigt die Erfahrung, dass gerade in heißen Testphasen beim Kunden vor Ort Fehlerbeseitigungen vorgenommen werden, auch wenn dies eigentlich gar nicht vorkommen sollte. Auch mit solchen unerwünschten Situationen sollte man fertig werden. Wird hierbei die Software im Entwicklungszentrum nicht sofort gleich gezogen, ist Chaos die Folge. Dies bedeutet, dass alle Änderungen einer Software einem strengen **Änderungsverfahren** (engl. **change control**) unterliegen müssen.

20.2 Validierung und Verifikation

Der Begriff "Verifizieren" bedeutet bei formalen Methoden oft, dass "die Korrektheit eines Systems mathematisch bewiesen" wird, und der Begriff "Validieren" charakterisiert hingegen eine "manuelle Überprüfung". Im klassischen Software Engineering kennzeichnet das "Verifizieren" das Testen eines Zerlegungsproduktes oder des Systems gegen die aufgeschriebenen Requirements und das "Validieren" stets das Testen eines Systems in seiner Einsatzumgebung gegen die aufgeschriebenen und nicht aufgeschriebenen Requirements des Kunden.

> Bei einer **Verifikation** wird geprüft, ob sich das System wie spezifiziert verhält. Bei einer **Validierung** wird überprüft, ob das System eigentlich das ist, was der Nutzer wollte.

Eine Machbarkeitsanalyse wurde im folgenden Bild 20-5 aus zeichnerischen Gründen weggelassen.

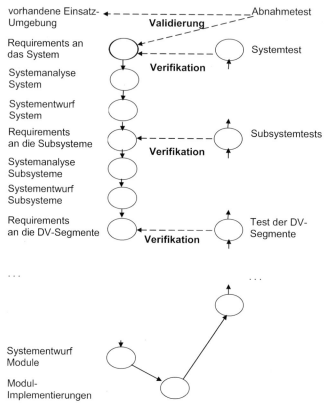

Bild 20-5 Validierung und Verifikation

Während die **Verifikation des Systems** das fertige System gegen die mit dem Kunden abgestimmten System-Requirements vergleicht, untersucht die **Verifikation der Zerlegungsprodukte und ihrer Wechselwirkungen** das Ergebnis einer Entwicklungsaktivität auf die Korrektheit mit der vorangehenden Aktivität aus reiner Entwicklersicht. Die **Validierung des Systems** hingegen vergleicht das Gesamtsystem mit den System-Requirements des Kunden plus dem Einsatzszenario. Die Requirements für die Zerlegungsprodukte und ihre Wechselwirkungen können von den Requirements des Kunden im Fehlerfalle abweichen, da sie von den Entwicklern allein aufgestellt sind. An der Verifikation sind in der Regel nur die Entwickler beteiligt, bei der Validierung ist der Kunde der Prüfer oder ist zumindest mit dabei. Die **Validierung** prüft den Einsatz des Systems in der Realität der Nutzerorganisation auf seinen Einsatzzweck, d. h. ob es den Erwartungen des Kunden entspricht. Vom Lieferanten falsch interpretierte, unvollständige oder widersprüchliche Requirements können entdeckt werden. Natürlich hat der Kunde für bereits abgenommene System-Requirements die Verantwortung.

Bei der **Verifikation** handelt es sich um einen **internen Qualitätsprozess**, bei der **Validierung** um einen **externen Qualitätsprozess**. Bei der Verifikation und Validierung von Systemen handelt es sich um die Requirements des Kunden, bei der Verifikation von Zerlegungsprodukten und ihren Wechselwirkungen nur darum, ob die Entwickler ihre selbst aufgestellten Requirements eingehalten haben. Während die Verifikation mit gestellten Testfällen erfolgt, wird die Validierung mit echten Anwendungsszenarien, die Live-Daten enthalten, ausgeführt. Es wird geprüft, ob das Format der Daten dem Format der Spezifikation entspricht. Die Validierung prüft also Prozesse und Daten unter Live-Bedingungen. Da manchmal nur der Kunde die "wahren Anforderungen" kennt, diese aber fehlerhaft in den Requirements abgelegt sein können, kann unter Umständen eine Validierung mehr wert sein als nur die Überprüfung der Requirements. Der Einsatz des künftigen Nutzers kann unvollständige bzw. widersprüchliche oder falsch interpretierte Validierungsdaten erkennen. Es lohnt sich auf jeden Fall, den zukünftigen Nutzer bereits in den Frühphasen eines Projekts mit einzubinden. Zusammenfassend wird der Vergleich zwischen Validierung und Verifikation im Folgenden dargestellt:

Verifikation	Validierung
Fragestellung "Did we build the product right?" [Boe84]	Fragestellung "Did we build the right product?" [Boe84]
Prüfen des Systems und von wichtigen Zerlegungsprodukten mitsamt ihren Wechselwirkungen während der Entwicklungszeit im Entwicklungszentrum gegen die System-Requirements bzw. die Requirements der Entwicklung an die Zerlegungsprodukte und ihre Wechselwirkungen, um sicherzustellen, dass sie korrekt und vollständig erfüllt sind.	Prüfen, ob am Ende des Projekts das finale Produkt des Entwicklungsprozesses, das System, • den vom Kunden verabschiedeten System-Requirements entspricht und die Funktionen durchführt, für die es geplant ist, und • die Ziele der Organisation und die Erfordernisse des Nutzers trifft.
Verwendet man die gestellten Daten auf die richtige Art und Weise?	Verwendet man die richtigen Live-Daten?
Interner Qualitätsprozess	Externer Qualitätsprozess

20.3 Testen von Dokumenten

Formal gehört dieses Thema zu den "Statischen Analysen" in Kapitel 20.4.2.1. Wegen seines besonderen Umfangs und seiner Bedeutung erhält es aber hier ein eigenes Kapitel.

Für **Dokumente**, die nicht in formalen Sprachen, sondern in Freitext-Form erstellt wurden, gibt es keine automatisierbaren Tests. Da Autoren sich mit dem selbst Geschriebenen identifizieren und nicht den erforderlichen Abstand zu ihren Dokumenten haben, ist eine Prüfung durch andere Personen sinnvoll [unihan]. Solche Dokumente müssen durch Reviews als Testmethode manuell geprüft werden.

Spezielle Ausprägungen von Reviews sind:

- Inspektionen (besonders formale Form von Review) und
- Walkthroughs (weniger formale Form von Review).

Inspektionen und Walkthroughs sind Spezialfälle von Reviews, die sich in der Formalität, ihrem Ablauf und den eingenommenen Rollen unterscheiden [unihan].

> Ein **Review** ist eine formell organisierte Zusammenkunft von Personen zur inhaltlichen oder formellen Überprüfung eines Produktteils oder Produkts. Die Überprüfung erfolgt nach vorgegebenen Prüfkriterien und -listen.

Ein Review kann nur dann zu guten Ergebnissen führen, wenn die Prüfunterlagen rechtzeitig zur Verfügung stehen und wenn die beteiligten Personen die erforderliche Kompetenz besitzen. Eine Systematik wird erreicht, wenn für die Prüfung Checklisten zur Verfügung gestellt werden. Wichtig ist die anschließende Überwachung, dass alle gefundenen Mängel auch behoben werden.

Reviews mit ihren besonderen Ausprägungen der Inspektionen und Walkthroughs dienen aber nicht nur zum manuellen Prüfen von Dokumenten. Testergebnisse, die auch nicht formal sind, oder Quellcode können ebenfalls durch Reviews bzw. Inspektionen oder Walkthroughs überprüft werden. Quellcode kann dabei zusätzlich zu anderen Testarten überprüft werden. Die Inspektion von Programmen als spezielle Form der Reviews ist unter dem Namen Code-Inspektion bekannt.

Richtlinien für Reviews

Haupteinsatzgebiet von Reviews ist – wie im letzten Abschnitt genannt – die Überprüfung von **Dokumenten**. Beispiele für Dokumente sind:

- **Systemdokumentationen**
  - Anforderungs-Spezifikationen (Requirements)
  - Machbarkeitsanalyse
  - Beschreibung der Logik (Systemanalyse)
  - Entwurfsdokumente
  - Programmbeschreibungen
  - Testentwürfe
- **Bedienungsanleitungen**
- **Anleitungen für den Systemverwalter**

> Ein **Review** dient vor allem der Überprüfung von Dokumenten. Aber auch Quellcode und Testergebnisse werden durch Reviews überprüft.

> **Durch Reviews angestrebte Ziele sind:**
>
> - das Entdecken von Fehlern und damit die Vermeidung von Folgekosten,
> - das Erkennen des Projektfortschritts,
> - die Know-how-Verbreitung im Projektteam und
> - die Konsenserzielung im Projektteam.
>
> Lösungen werden nicht diskutiert.

Der **Projektleiter** bzw. die von ihm beauftragte Qualitätssicherung bereitet das Review **organisatorisch** vor und wählt das Testobjekt für das Review aus. Darüber hinaus gehört zu seinen Aufgaben:

1. Absprache des Termins und Festlegung der Review-Team-Mitglieder in Konsens mit den Autoren und Reservierung eines Raumes,
2. Bereitstellung der erforderlichen Anzahl Kopien der zu reviewenden Testobjekte,
3. Einholen der Prüfkriterien beim Moderator,
4. Versenden der Einladung zusammen mit Prüfkriterien und den zu prüfenden Testobjekten.

An der Review-Sitzung sollte das Management nicht teilnehmen, da sonst eine Bewertung der Qualifikation des Autors und der anderen Mitarbeiter durch das Management nicht auszuschließen ist und eine "freie" Diskussion unter dem Review-Team eingeschränkt ist.

Der Teilnehmerkreis setzt sich aus Personen mit den Rollen

- Moderator,
- Protokollführer,
- Autor(en) und
- Prüfer

zusammen.

Steht der reine Wissensaustausch im Vordergrund, nehmen anstelle der Prüfer Projektmitarbeiter teil, die geschult werden sollen.

Der **Moderator** wird im Konsens zwischen Autoren und Projektleiter ausgewählt, ebenso die Mitglieder des Review-Teams. Der **Protokollführer** sollte sich freiwillig bereit erklären. Der Moderator sollte dem Entwicklungs-Team **nicht** angehören, was aber nicht immer möglich ist.

Der **Moderator** bereitet das Review **fachlich** vor, leitet es und ist für den Review-Bericht verantwortlich. Er kann – muss aber nicht – gleichzeitig Protokollführer sein. Die fachliche Vorbereitung beinhaltet das Bereitstellen von Prüfkriterien, die besonders wichtig sind. Die Anzahl der Teilnehmer liegt in der Regel zwischen drei und sechs Personen. Kriterien für die Auswahl der Personen des Review-Teams sind zum einen **Kompetenz**, damit die Prüfung fachgerecht erfolgt, zum anderen der bereits erwähnte **Schulungsbedarf**.

Dies bedeutet, dass man sowohl Teammitglieder einlädt, die aufgrund ihrer Kompetenz vermutlich Verbesserungsvorschläge machen werden, als auch Teammitglieder, denen man durch das Review Informationen zukommen lassen möchte. Alle Teammitglieder müssen vorbereitet sein.

Die Anforderungen an die Nicht-Autoren sind nicht unerheblich. Sie müssen abstrakt denken können und Zusammenhänge erkennen. Sie brauchen ein solides Fachwissen mit vergleichbaren Mustern.

Durchführung von Reviews

Die erforderlichen Unterlagen (zu reviewende Testobjekte, Prüfkriterien) müssen rechtzeitig – je nach Umfang eine oder zwei Wochen – vor dem Review-Termin verteilt werden. Ansonsten muss das Review verschoben werden. Jeder einzelne Teilnehmer des Review-Teams muss vorbereitet sein. Ist dies nicht der Fall, muss er sich von der Teilnahme abmelden. Wird dadurch die Teilnehmerzahl zu gering, muss das Review verschoben werden.

Den Mitgliedern des Review-Teams wird Zeit für die Vorbereitung zur Verfügung gestellt.

Stellt der Moderator fest, dass die Teilnehmer unvorbereitet sind, kann er das Review abbrechen bzw. verschieben. Der Moderator hat dafür zu sorgen, dass ein Review-Termin nicht länger als zwei bis drei Stunden dauert. Folgetermine sind möglich.

> Es ist nicht Sinn des Reviews, aufzuzeigen, was einwandfrei ist, sondern was mängelbehaftet ist. Diese notwendigerweise destruktive Behandlung eines Entwicklungsproduktes darf nicht zu persönlichen Angriffen führen.

Ein Review kann auch dazu dienen, den Konsens im Team zu finden. Es ist empfehlenswert, wenn nach dem Hauptteil des Review (Teil 1 des Review), welcher notwendigerweise einer destruktiven Beurteilung eines erstellten Produktes dient, ein Blick in die Zukunft erfolgt (Teil 2 des Review). Hierbei sollte besprochen werden, was man hätte anders machen können, und beschlossen werden, was man in Zukunft wie anpacken will. Lösungen bzw. Lösungsalternativen sollten beim Review nicht diskutiert werden.

> Das Review-Team muss sich im 1. Teil des Reviews für eine der folgenden Alternativen entscheiden:
>
> - Produkt in Ordnung,
> - neues Review mit anderem Team erforderlich,
> - neues komplettes Review notwendig,
> - Produkt muss geringfügig verbessert werden (Nachbesserungen) und in einem partiellen Nachreview abgenommen werden oder
> - Produkt muss neu entwickelt werden.

Review-Bericht

Der Review-Bericht sollte so rasch wie möglich erstellt werden. Am besten man schreibt den Bericht während des Review. Alle Teilnehmer des Review sollen vor Verteilung des Review-Berichts Einsicht zur Korrektur und zur Zustimmung/Ablehnung haben. Der Review-Bericht muss von allen Teilnehmern am Review gebilligt werden.

Erzielen einer Review-Tauglichkeit für Testobjekte

Nichts ist frustrierender, als in einem Review Zeit mit einem halbfertigen Produkt zu vergeuden.

> Ein Testobjekt sollte erst dann einem Review unterzogen werden, wenn es von einem Kollegen aus dem Entwicklungsteam, den der Moderator sich wegen des Vertrauensverhältnisses selbst aussuchen muss, gelesen und geprüft wurde.

Erst wenn dieser Kollege sein "Go" gibt, sollte man in ein Review gehen. Ein dermaßen vorbereitetes Review kann ein Gewinn sein, auf jeden Fall kann durch eine solche Vorbereitung viel Frust vermieden werden.

20.3.1 Testen von Dokumenten durch Inspektionen

Meist wird eine Inspektion von mehreren Teammitgliedern durchgeführt, die sich vorher mit den zu prüfenden Unterlagen ausführlich beschäftigt haben. Gefundene Fehler werden schriftlich festgehalten. Die Beseitigung der Fehler wird überwacht (engl. bug tracking).

> **Inspektionen** dienen dazu, Dokumente und Module des fertigen Quelltextes oder bestimmte Testergebnisse der Software zu überprüfen.

Die Prüfung umfasst:

- Prüfen der Funktionalität,
- Prüfen der genannten Zeitanforderungen auf Relevanz (bei Echtzeitanwendungen) und
- Prüfen weiterer qualitativer Merkmale.

> **Inspektionen** laufen in einem formalisierten Prozess ab. Die Prüfer untersuchen individuell und systematisch ein Testobjekt. Die Ergebnisse werden festgehalten.

Inspektionen wurden 1976 zum ersten Mal von Michael Fagan bei IBM gestartet. Sie entwickelten sich seither zu einer anerkannten Review-Technik. Bei einer Inspektion bereiten sich die Prüfer getrennt auf das Meeting vor und erscheinen mit einer Mängelliste.

Der Ablauf einer Fagan-Inspektion hat sieben Schritte [unihan]. Diese Schritte umfassen das Folgende:

1. Planung

In der Planung übergibt das Management das Testobjekt an einen **Moderator**. Dieser ist für die Organisation der Inspektion verantwortlich.

2. Initialisierung

Der **Moderator** beruft die Prüfer, verteilt die erforderlichen Unterlagen und lädt zur Sitzung ein. Die Prüfer erhalten Checklisten mit Kriterien für die Beurteilung des Testobjekts.

3. Vorbereitung

Vor der Sitzung beurteilen die **Prüfer** das Testobjekt mit Hilfe der Checkliste. Die Prüfer bewerten das Testobjekt und schreiben ihre gefundenen Mängel auf.

4. Sitzung

In der Sitzung stellt **jeder Prüfer** die von ihm gefundenen Mängel vor. Die Sitzung soll maximal zwei Stunden dauern. Ein Abschlussbericht für das Management wird erstellt. Es kann jedoch ein neues Treffen, die sogenannte "dritte Stunde", einberufen werden, in der informell über weitere Kriterien und Lösungsansätze diskutiert wird.

5. Nacharbeit

Das Management fällt mit Hilfe eines Abschlussberichts die Entscheidung über die Fehlerbehebung und Freigabe.

6. Freigabe

Das Testobjekt kann freigegeben werden oder muss nochmals überarbeitet und erneut zu einer Inspektion vorgelegt werden und erhält deshalb keine sofortige Freigabe. Je nach Sachlage kann nochmals das gesamte Testobjekt oder können nur die verbesserten Teile überprüft werden.

7. Analyse

In der Analyse kann den Prüfern ein Feedback über die gefundenen Mängel gegeben werden. Es können Daten gesammelt und ausgewertet werden.

In Punkt 3 werden also die subjektiven Erkenntnisse der jeweiligen Prüfer festgehalten und in Punkt 7 stehen die gesamten erfassten Mängel in analysierter Form fest.

20.3.2 Testen von Dokumenten durch Walkthroughs

Ein Walkthrough ist weniger formal als eine Inspektion. Die Prüfer kommen fast unvorbereitet zum Treffen.

Im Meeting stellt der Autor sein Testobjekt der Gruppe vor. Die Prüfer diskutieren über die offenen Punkte. Der Autor beruft in der Regel selbst das Walkthrough ein [unihan].

> Ein **Walkthrough** ist ein Review, bei dem die Prüfer weitgehend unvorbereitet zum Review erscheinen. Der Autor beschreibt im Review das Testobjekt Schritt für Schritt. Die Gutachter haken ein, wo sie Mängel entdecken.

20.4 Testen von Programmen

Nach einem Überblick über die wichtigsten Testmethoden und insbesondere einer Einteilung nach Liggesmayer in [Lig05] in statische und dynamische Methoden (siehe Kapitel 20.4.1), werden in Kapitel 20.4.2 die statischen und in Kapitel 20.4.3 die dynamische Methoden vorgestellt. Kapitel 20.4.4 diskutiert Black-Box- und White-Box-Tests. White-Box-Tests z. B. können zu den statischen und zu den dynamischen Methoden gezählt werden. Anschließend werden Regressionstests (Kapitel 20.4.5) und Performancetests (Kapitel 20.4.6) erläutert. Viele der gewählten Begriffe und Definitionen stammen aus dem "Standard glossary of terms used in Software Testing" [Vee06].

20.4.1 Wichtige Methoden für das Testen von Programmcode

Der Begriff der Testmethode ist wie folgt definiert (siehe Spillner et al. in [Spi02]):

> Unter einer **Testmethode** versteht man ein planmäßiges, auf einem Regelwerk aufbauendes Vorgehen zum Finden von Testfällen.

Testmethoden lassen sich in Klassen einteilen und beschreiben den Typ des durchzuführenden Tests. Die wichtigsten Typen werden in diesem Kapitel noch beschrieben.

Zum Testen wählt man ein Testobjekt aus, das das gesamte konstruierte Produkt umfassen kann oder auch nur einen Teil davon. Anschließend führt man Testfälle auf dem gewählten Testobjekt aus, um zu untersuchen, ob es den Requirements genügt.

> Ein **Testobjekt** ist in der Regel das zu testende Zerlegungsprodukt oder das zu testende System.

Abläufe zwischen Systemen können auch getestet werden.[206]

In einem Projekt sollte angestrebt werden, dass möglichst von allen Entwicklern einheitliche Testmethoden eingesetzt werden, die zudem durch geeignete Werkzeuge unterstützt werden. Die Testmethoden können aber durchaus nach Einsatzgebiet z. B. nach Sicherheitsstufen variieren. Damit ist die Vorgehensweise im Team für ein gegebenes Einsatzgebiet einheitlich und allen Entwicklern – seien es Programmierer oder Mitglieder eines Testteams – verständlich. Zudem gestattet diese Einheitlichkeit, die ausgewählten Testmethoden durch Werkzeuge zu unterstützen. Dabei sollten auch

---

[206] Hierauf wird in diesem Kapitel nicht eingegangen.

verschiedenartige Testmethoden in Kombination eingesetzt werden, da jede Testmethode ihre Stärken hat.

> Man unterscheidet grundsätzlich zwischen **statischen** und **dynamischen Testmethoden**. Unter statischen Testmethoden versteht man alle Verfahren, bei denen der Programmcode nicht ausgeführt wird. Bei dynamischen Testmethoden wird das zu prüfende Programm ausgeführt.

Bei statischen Tests wird mehr analysiert als getestet.

Das Klassifikationsschema nach [Lig05] unterscheidet auf oberster Ebene zwischen statischen und dynamischen Testmethoden und fächert sich daher in zwei Teilbäume auf.

Dieses Klassifikationsschema gliedert die verschiedenen **Software-Testmethoden** hierarchisch:

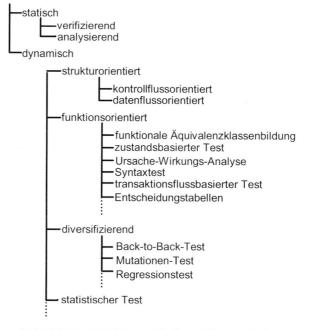

Bild 20-6 Klassifikation von Software-Testmethoden

Dieses Klassifikationsschema enthält beispielsweise auch Assertions. Assertions sind Zusicherungen, d. h. boolesche Ausdrücke, die niemals falsch werden dürfen. Sie sind keine eigentliche Testmethode, da sie keine Methode bzw. Vorgehensweise zur Ermittlung von Testfällen darstellen. Sie dienen lediglich zur automatisierten Auswertung bzw. Bewertung von Variablen-Werten in einem Programmablauf. Der durchzuführende Testfall muss jedoch von anderswo kommen. Oft werden Assertions im Zusammenhang mit dynamisch funktionsorientierten Testfällen auf Modulebene verwendet.

20.4.2 Statische Testmethoden

Die statischen Testmethoden umfassen die Testaktivitäten, die ohne einen Programmablauf durchgeführt werden – der Quellcode braucht also nicht übersetzt zu werden. Nach Veenendahl in [Vee06] gilt folgende Definition für Statisches Testen:

> **Statisches Testen** ist das Testen einer Komponente oder eines Systems auf Ebene der Spezifikation oder der Implementierung ohne Ausführung der Software, z. B. durch Reviews oder statische Codeanalyse.

Statische Testmethoden beinhalten nach [Lig05] die Statische Analyse (siehe Kapitel 20.4.2.1) und die statische Verifikation (siehe Kapitel 20.4.2.2).

20.4.2.1 Statische Analyse

Zur Statischen Analyse gehören:

- **die Analyse der Kontrollstruktur**
  Hier werden von Werkzeugen oft formale Analysen im Quelltext durchgeführt, z. B. welche Wege möglich sind (Erzeugung eines Ablaufgraphen), Berechnung von Verschachtelungstiefen, etc.

- **Datenflussanalyse**
  Die Datenflussanalyse stellt eine Erweiterung der Semantikprüfung eines Compilers dar. Hier wird z. B. geprüft, ob Variablen referenziert werden ohne vorherige Wertzuweisung, ob alle Eingabeparameter und alle definierten lokalen Variablen benutzt werden oder ob zweifache Wertzuweisungen erfolgen, ohne zwischenzeitlichen Gebrauch davon gemacht zu haben.

- **die Analyse der Komplexität (Codebeurteilung)**
  Hier wird z. B. die Zahl der Ein- und Ausgänge von Modulen, die Verschachtelungstiefe von Verzweigungen und Schleifen, die Anzahl der Sprünge, die Programmlänge (Lines of Code pro Funktion bzw. Methode) bestimmt und nach vordefinierten Regeln geprüft. Ein anderes Beispiel für Komplexitätsmaße ist die Anzahl Funktionen pro Modul bzw. Klasse. Diese Aufzählung ließe sich fortsetzen (siehe auch Kapitel 4.2).

- **die Analyse von Schnittstellen**
  Analyse der Aufrufhierarchien und der Beziehungen über gemeinsame Daten. Darstellung der Aufrufstruktur durch einen Graphen. Überprüfung von Schnittstellen auf Konsistenz etc. und damit Prüfung der Architektur.

- **die Analyse der Kommentare**
  Einhaltung von Richtlinien und Überprüfung auf Verständlichkeit.

- **Reviews**
  Manuelle Überprüfung beispielsweise von Dokumenten, Quelltexten oder Test-Ergebnissen auf Korrektheit, Vollständigkeit, Widersprüchlichkeit und Verständlichkeit (siehe Kapitel 20.3).

- **Suche nach Code-Duplikaten**
  Code-Duplikate führen leicht zu Inkonsistenzen.

- **Suche nach Best Practices**
  Es wird gesucht, ob die Merkmale für gängige Praxis eingehalten werden.

Ist kein Werkzeug vorhanden, so hat die Analyse rein manuell mit Hilfe von Checklisten zu erfolgen. Dies ist jedoch sehr aufwändig und daher in der Regel unwirtschaftlich.

Ein weiteres Ergebnis einer maschinellen statischen Analyse ist die **"Instrumentierung"** des Testobjekts. Hier wird das Testobjekt mit zusätzlichen Anweisungen (Toolaufrufen) versehen, um Informationen über den internen Verlauf und über Datenzustände zu erhalten. Damit ist eine dynamische Ablaufverfolgung, z. B. ein C_1-Ablauftest möglich (siehe Kapitel 20.4.3.1). Eine Instrumentierung kann manuell, halbautomatisch oder automatisch durchgeführt werden.

Die statisch analysierenden Methoden werden in [Lig02] beispielsweise unterschieden in Maße, Stilanalysen, Datenflussanomalieanalysen oder Inspektions- und Review-Techniken wie z. B. eine Fagan-Inspektion. In Beizer [Bei95] wird ein Software-Entwicklungsprozess ohne Inspektionen als "sehr fehlerhaft" erachtet. Durch die manuelle Prüfung von Dokumenten, Modellen und Quellcode in Reviews werden oft Fehler gefunden, die durch andere Test- und Verifikationsmethoden nicht entdeckt werden. Myers bezeichnet in [Mye91] Reviews als den Prozess des manuellen Testens und gibt die Empfehlung, Reviews in jedem Programmierprojekt einzusetzen.

Die Verwendung bestimmter **statisch analysierender Methoden** wird durch Standards in vielen Anwendungsbereichen gefordert. Im Anwendungsbereich der Automobilindustrie sind z. B. bei Verwendung der Programmiersprache C die MISRA-Code-Konventionen [MIS98] als Konstruktionsvorschrift für die Programme einzuhalten. Die Einhaltung dieser Konventionen wird wiederum durch statisch analysierende Prüfprogramme verifiziert. Die manuell ausgeführten, statisch analysierenden Methoden wie Inspektions- und Reviewtechniken sind eine leistungsfähige Ergänzung der anderen Methoden und haben in der Praxis eine hohe Relevanz, insbesondere zur Prüfung von Dokumenten, Quelltexten oder Modul-Testergebnissen.

20.4.2.2 Statische Verifikation

Bei **statisch verifizierenden** Methoden unterscheidet man zwischen **formal verifizierenden** und **symbolisch verifizierenden** Techniken. Formal verifizierende Techniken setzen zwingend eine formale Spezifikation voraus. Mit ihrer Hilfe kann die Konsistenz zwischen Spezifikation und Quellcode formal bewiesen werden. Bei symbolisch verifizierenden Methoden wird der Quellcode in einer künstlichen Umgebung von einem Interpreter symbolisch ausgeführt.

Eine **formale Verifikation** (Beweis der Korrektheit) ist eine statische Testmethode und erfordert den Einsatz von formalen Sprachen bereits für die Formulierung von Requirements. Solche Verfahren sind anspruchsvoll. Sie werden wegen ihrer geringen Verständlichkeit und damit einhergehend einem sehr hohen Schulungsaufwand nur für

Teilkomponenten mit besonders kritischer Sicherheitseinstufung eingesetzt. Die Technik der Programm-Verifikation ist nicht stark verbreitet.

Eine **symbolische Ausführung** soll es erlauben, Programme durch interpretative Ausführung zu prüfen, wobei das Testobjekt mit symbolischen Daten und nicht mit speziellen Testwerten wie beim konventionellen Testen ausgeführt wird[207]. Für diese Methode gibt es Forschungsvorhaben, um Werkzeuge für eine symbolische Ausführung herzustellen.

Bei einer symbolischen Bedingung wird sowohl in den JA- als auch in den NEIN-Zweig verzweigt. Dadurch entsteht ein Ausführungsbaum. Jeder Anweisung im Programm wird ein Knoten, jedem Übergang zwischen zwei Anweisungen wird eine gerichtete Kante zugeordnet. Im Falle von Schleifen entsteht im Allgemeinen ein unendlicher Ausführungsbaum. Die Anzahl der Pfade muss dabei nach gewissen Verfahren begrenzt werden. Mit Hilfe eines solchen Werkzeugs ist es auch möglich, gezielt gewisse Pfade zu überprüfen. So kann der Nutzer dem Werkzeug den Pfad angeben, der rechnergestützt durchgetestet werden soll.

20.4.3 Dynamische Testmethoden

Das **dynamische Testen** (insbesondere das dynamisch funktionsorientierte Testen) ist die am weitesten verbreitete Methode zur Überprüfung eines Programms.

Dabei sollte man sich stets vor Augen halten, dass Testen in den allermeisten Fällen ein **Stichprobenverfahren** ist[208]. D. h., eine Aussage über die korrekte Funktion der Software ist nur für die gewählten Testdaten sicher möglich. Eine vollständig korrekte Funktion könnte nur mit einem vollständigen Test garantiert werden. Dies ist jedoch nicht praktikabel. Man versucht daher, die Testfälle so auszuwählen, dass man aus der korrekten Verarbeitung eines Testfalls auf die korrekte Verarbeitung weiterer nicht getesteter Fälle schließen kann. Das heißt, man überlegt sich, welche Testdaten sich semantisch analog verhalten. Es bleibt aber stets ein Restrisiko, da Software prinzipiell einen Quantencharakter hat und daher nicht extrapolierbar ist.

Nach dem Klassifikationsschema in Kapitel 20.4.1 umfassen die **dynamischen Testmethoden** insgesamt **strukturorientierte, funktionsorientierte, diversifizierende und statistische Testmethoden**. Diese sind in den Kapiteln 20.4.3.1 bis 20.4.3.4 dargestellt.

20.4.3.1 Strukturorientierte Testmethoden

Die strukturorientierten Testmethoden gehören zu den dynamischen Testmethoden, bei denen die Auswahl der Testfälle und die Bewertung des erreichten Grades an Testvollständigkeit anhand der Eigenschaften (Anweisungen, Zweige, Datenzugriffe) der vorliegenden Programmstruktur erfolgt.

---

[207] Dieses Verfahren gehört zu den statisch verifizierenden Testmethoden, da der Programmcode für die symbolische "Ausführung" nicht übersetzt werden muss.
[208] Ein vollständiger Test ist in der Praxis aufgrund der enormen Menge an Testfällen nicht möglich.

Bei den strukturorientierten Testmethoden spielen vor allem die kontrollflussorientierten Methoden für die Praxis eine wichtige Rolle. In [Spi02] und [Spi05] wird die Zweigüberdeckung u. a. als Kriterium für die Beurteilung des erreichten Grades an Testvollständigkeit empfohlen. Die Erfassung der während der Ausführung überdeckten Kontrollstrukturelemente beim strukturorientierten Test erfordert in der Regel eine Instrumentierung des Quellcode. Dabei ist zu beachten, dass sich durch die Instrumentierung das Laufzeitverhalten ändert. Strukturorientierte Testmethoden gehören zu den White-Box-Verfahren.

> **White-Box-Verfahren** sind Testmethoden, die zur Herleitung oder Auswahl der Testfälle Informationen über die innere Struktur des Testobjekts benötigen).

Datenflussorientierte und kontrollflussorientierte Methoden

Prinzipiell unterscheidet man zwischen datenflussorientierten und kontrollflussorientierten Testmethoden. Die datenflussorientierten Methoden nutzen den Datenfluss zur Beurteilung des Grades der Vollständigkeit der Testfälle. Gegenüber den kontrollflussorientierten Testmethoden spielen sie in in der Praxis eine untergeordnete Rolle. Nach [Lig02] ist die praktische Nutzbarkeit datenflussorientierter Testmethoden aufgrund kaum vorhandener Werkzeugunterstützung stark eingeschränkt. Bei den kontrollflussorientierten Testmethoden wird das Programm dynamisch mit definierten Testfällen ausgeführt. Die dabei erreichte Überdeckung der Kontrollstrukturelemente des Quellcode dient als Maß für die erreichte Testvollständigkeit. Bei kontrollflussorientierten Testmethoden werden verschiedene Überdeckungsgrade zur Messung der erreichten Überdeckung herangezogen, u. a. der Anweisungsüberdeckungsgrad, der Zweigüberdeckungsgrad oder der Bedingungsüberdeckungsgrad. Die Ablaufstruktur eines Moduls kann z. B. mit Hilfe von gerichteten Graphen oder Struktogrammen dargestellt werden. Zur Darstellung gerichteter Graphen werden Steuerungsknoten und Ablaufzweige als Kanten verwendet.

Bei der Ansicht als Struktogramm oder gerichteter Graph kann zugunsten der Übersichtlichkeit auf Details wie Einzelanweisungen verzichtet werden. Alle Anweisungen, die Bedingungen enthalten (Selektionen wie `if` oder `case`, Iterationen wie `for` oder `while`) und damit den Programmfluss steuern, bilden die sogenannten Steuerungsknoten. Die dazwischenliegenden Anweisungen bilden einen Ablaufzweig und können im gerichteten Graph zu einer einzigen Kante zusammengefasst werden. Ein Ablaufzweig verbindet zwei Steuerungsknoten miteinander oder verbindet einen Steuerungsknoten mit dem Anfang oder Ende des Moduls.

Beispiel mit einer Schleife zur Berechnung der Fibonacci-Reihe:

```
public void fibonacci (int x)
{
    if (x > 1)
    {
        int vorvorher = 1;
        int vorher = 1;
        System.out.print (vorvorher + " " + vorher + " ");
        for (;x > 1; x--)
```

```
        {
                int tmp = vorvorher + vorher;
                vorvorher = vorher;
                vorher = tmp;
                System.out.println (tmp + " ");
        }
    }
}
```

Die Struktur dieses Moduls kann durch ein Struktogramm (siehe Bild 20-7) oder einen gerichteten Graph (siehe Bild 20-8) dargestellt werden.

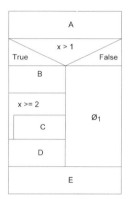

Bild 20-7 Struktogramm Fibonacci

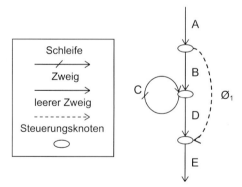

Bild 20-8 Programmflussgraph Fibonacci

Die in Bild 20-7 und Bild 20-8 dargestellte Struktur enthält die Ablaufzweige A, B, C, D, E und $\emptyset_1$. Diese können nun zu Pfaden kombiniert werden. Ein Pfad enthält aufeinanderfolgende Ablaufzweige vom Anfang eines Moduls bis zum Ende eines Moduls. (A, E) wäre somit kein valider Pfad, da es keinen Übergang von A nach E gibt. Außerdem müssen die Elemente des Pfades paarweise verschieden sein, d. h., Zweige dürfen nicht doppelt vorkommen. Demnach wäre (A, B, C, C, D, E) kein Pfad. Das abgebildete Struktogramm und der gerichtete Graph enthalten die drei Pfade (A, B, C, D, E), (A, B, D, E), (A, $\emptyset_1$, E).

Beispiel mit mehreren Bedingungen:

```
public void beispiel (int x, int y, int z)
{
    if ((x >= 2) || (y < 5)) {
        y = z - 2;
    }
    if ((z == 3) && (x < 2)) {
        x = y + z;
    }
    else
        y = 3;
    }
}
```

Aus dem Code ergibt sich folgendes Struktogramm:

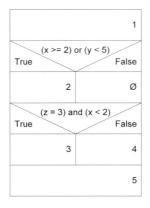

Bild 20-9 Struktogramm des Beispiels

Mögliche Pfade durch das Programm sind (1, 2, 3, 5), (1, 2, 4, 5), (1, Ø, 3, 5) oder (1, Ø, 4, 5).

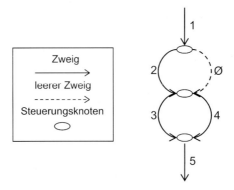

Bild 20-10 Programmflussgraph des Beispiels

Wichtige standardisierte Überdeckungsgrade für den Modultest sind:

C_0-Test

Die C_0-Testabdeckung ist der prozentuale Anteil der ausgeführten Anweisungen eines Moduls. Eine 100%-ige **Anweisungsüberdeckung** bedeutet, dass jede Anweisung mindestens einmal durchlaufen wurde.

$$C_0 = \frac{\text{Anzahl der durchlaufenen Anweisungen}}{\text{Gesamtzahl aller möglichen Anweisungen}}$$

Beispiel:

Um alle Anweisungen des Programms, das in Bild 20-9 dargestellt ist, zu durchlaufen, müssen zwei Testfälle erstellt werden:

Pfad (1, 2, 3, 5) wird für die Parameter x = 1, y = 3, z = 3 durchlaufen.
Pfad (1, 2, 4, 5) wird für die Parameter x = 3, y = 0, z = 3 durchlaufen.

Damit sind alle Anweisungen überdeckt. Die beiden Pfade (1, Ø, 3, 5) und (1, Ø, 4, 5) enthalten keine neuen Anweisungen und müssen daher für einen erfolgreichen C_0-Test nicht durchlaufen werden.

C_1-Test

Die C_1-Testabdeckung ist der prozentuale Anteil der ausgeführten Ablaufzweige, wobei auch Zweige, die keine Anweisungen enthalten, berücksichtigt werden (**Zweigüberdeckung**).

$$C_1 = \frac{\text{Anzahl der durchlaufenen Zweige}}{\text{Gesamtzahl aller möglichen Zweige}}$$

Beispiel:

Im C_1-Test werden Testfälle erstellt, die gewährleisten, dass jeder Zweig des Programms mindestens einmal durchlaufen wird. Hierfür müssen in dem Beispiel von Bild 20-9 entweder die Pfade (1, 2, 3, 5) und (1, Ø, 4, 5) oder (1, 2, 4, 5) und (1, Ø, 3, 5) durchlaufen werden. Im Gegensatz zum C_0-Test muss auch der Zweig Ø, der keine Anweisungen enthält, durchlaufen werden.

Pfad (1, 2, 4, 5) wird für die Parameter x = 3, y = 0, z = 2 durchlaufen.
Pfad (1, Ø, 3, 5) wird für die Parameter x = 1, y = 6, z = 3 durchlaufen.

C_2-Test

Die C_2-Testabdeckung oder **einfache Bedingungsüberdeckung** [Schmi96] ist ein schwächeres Testkriterium als die C_0- oder C_1-Überdeckung. Sie wird berechnet durch die Anzahl der durchlaufenen atomaren Bedingungen[209] mit dem Wert `true` plus der Anzahl der durchlaufenen atomaren Bedingungen mit `false` geteilt durch zwei Mal die Anzahl aller Bedingungen.

$$C_2 = \frac{\text{Anzahl atomare Bedingungen}_{true} + \text{Anzahl atomare Bedingungen}_{false}}{2 * \text{Gesamtzahl aller möglichen atomaren Bedingungen}}$$

Beispiel:

Um jede atomare Bedingung jeweils den Wert `true` und `false` annehmen zu lassen, benötigt man zwei Testfälle.

Für x = 3, y = 4, z = 3 nehmen die atomaren Bedingungen (x >= 2), (y < 5) und (z = 3) den Wert `true` an und (x < 2) `false`. Mit den Parametern x = 1, y = 6, z = 2 nehmen die Bedingungen (x >= 2), (y < 5), (z = 3) den Wert `false` an. (x < 2) wird `true`.

Damit haben alle Bedingungen jeweils einmal die Werte `true` und `false` angenommen. Somit ist $C_2 = 1$, es wird also eine C_2-Abdeckung zu 100 % erreicht.

C_3-Test

Die C_3-Testabdeckung oder **mehrfache Bedingungsüberdeckung** [Schmi96] misst die relative Überdeckung aller Bedingungskombinationen. Es wird nicht nur die Überdeckung der atomaren Bedingungen betrachtet, sondern eine Überdeckung der Kombinationen der atomaren Bedingungen.

$$C_3 = \frac{\text{Anzahl der durchlaufenen Bedingungskombinationen}}{\text{Gesamtzahl aller möglichen Bedingungskombinationen}}$$

Beispiel:

Die mehrfache Bedingungsüberdeckung erfordert 2^n Testfälle, um eine aus n atomaren Bedingungen zusammengesetzte Bedingung komplett zu überprüfen.

Für die Bedingungskombination ((x >= 2) or (y < 5)) werden durch die zwei atomaren Bestandteile $2^2 = 4$ Testfälle benötigt. Die Kombinationen ohne Testfälle sind in der nachfolgenden Tabelle dargestellt:

---

[209] Eine atomare Bedingung/Teilbedingung enthält nur Relationssymbole wie z. B. "größer gleich" oder "kleiner gleich". Atomare Bedingungen können durch boolesche Operatoren wie AND (&&) oder OR (||) zu komplexen Bedingungen kombiniert werden.

(x >= 2)	(y < 5)	((x >= 2) or (y < 5))
false	false	false
false	true	true
true	false	true
true	true	true

Tabelle 20-1 Wahrheitstabelle ((x >= 2) or (y < 5))

Gleiches gilt für die Kombination ((z = 3) and (x < 2)):

(z = 3)	(x < 2)	((z = 3) and (x < 2))
false	false	false
false	true	false
true	false	false
True	true	true

Tabelle 20-2 Wahrheitstabelle ((z = 3) and (x < 2))

Minimale Mehrfach-Überdeckung

Die minimale Mehrfach-Überdeckung [Schmi96] ist ein Mittelweg zwischen C_2- und C_3-Überdeckung. Sie wird berechnet durch die Anzahl der Bedingungen mit dem Wert true plus der Anzahl der Bedingungen mit false geteilt durch zwei mal die Anzahl aller Bedingungen. Es wird nicht nur die Überdeckung der atomaren Bedingungen betrachtet, sondern auch eine Überdeckung der Kombinationen der atomaren Bedingungen. Die minimale Mehrfach-Überdeckung enthält die Zweig-Überdeckung.

$$C_{MinMehrfach} = \frac{\text{Anzahl Bedingungen}_{true} + \text{Anzahl Bedingungen}_{false}}{2 * \text{Gesamtzahl aller möglichen Bedingungen}}$$

C_4-Test

Der C_4-Test oder die **Pfad-Überdeckung** [Schmi96] misst die Anzahl der durchlaufenen Pfade geteilt durch die Anzahl aller möglichen Pfade:

$$C_4 = \frac{\text{Anzahl der durchlaufenen Pfade}}{\text{Gesamtzahl aller möglichen Pfade}}$$

Beispiel:

Die Pfade (1, 2, 3, 5), (1, 2, 4, 5), (1, Ø, 3, 5) und (1, Ø, 4, 5) müssen durchlaufen werden. Es werden also folgende vier Testfälle benötigt, um eine hundertprozentige Pfadüberdeckung zu erreichen:

Pfad (1, 2, 3, 5) wird durch die Parameter x = 3, y = 4, z = 3 durchlaufen.
Pfad (1, 2, 4, 5): x = 3, y = 0, z = 2.

Pfad (1, Ø, 3, 5): x = 1, y = 6, z = 3.
Pfad (1, Ø, 4, 5): x = 1, y = 6, z = 2.

20.4.3.2 Funktionsorientierte Testmethoden

Funktionsorientierte Testmethoden gehören ebenfalls zu den dynamischen Testmethoden, bei denen das Testobjekt ausgeführt wird. Funktionsorientierte Testmethoden zählen zu den Black-Box-Verfahren (siehe Kapitel 20.4.4.1). Bei funktionsorientierten Testmethoden erfolgt die Auswahl der Testfälle eines Systems oder von Systemkomponenten anhand der funktionalen Spezifikation des Systems oder der Systemkomponenten.

> Bei einem **funktionsorientierten Test** basiert die Auswahl der Testfälle auf einer Analyse der funktionalen Spezifikation einer Komponente oder eines Systems.

Die Analyse umfasst Szenarien in der Form von Basisabläufen und Alternativabläufen der Anwendungsfälle.

Testfälle für den funktionsorientierten Test werden ermittelt durch:

- Bildung von Äquivalenzklassen,
- Grenzwertanalyse und
- intuitive Testfallermittlung.

Mit dem funktionsorientierten Test wird nur das Außenverhalten des Testobjekts untersucht, ob es auf bestimmte Eingaben mit korrekten Ausgaben reagiert. Es handelt sich also um einen Black-Box-Test.

Äquivalenzklassen

Die Eingabedaten werden dabei in verschiedene **Äquivalenzklassen** eingeteilt. Äquivalenzklassen werden beispielsweise durch Spezifikation der Parameterbereiche (zulässig/nicht zulässig) und durch Kombination dieser Parameterbereiche entsprechend den Möglichkeiten der Eingabe gefunden. Aus den gefundenen Klassen wird eine minimale Anzahl von Testfällen ausgewählt.

Sind die Werte einer Variable diskret und mit verschiedener Bedeutung wie bei Aufzählungstypen, so müssen beim Testen alle diskreten Werte abgearbeitet werden. Sind die Werte quasi kontinuierlich wie bei `float`-Typen, so wird das Äquivalenzklassenprinzip angewandt, um den Testaufwand zu reduzieren. Dazu werden Bereiche mit derselben Semantik für eine Anwendung gesucht wie z. B. gültige Werte und ungültige Werte. Es ist wichtig bei einer Anwendung, die Semantik von Parametern zu erkennen, da beispielsweise verschiedene Bereiche von ganzen Zahlen für eine Anwendungsfunktion unterschiedliche Abläufe bedeuten können. Innerhalb des semantisch äquivalenten Bereichs wird dann ein exemplarischer Wert als Stellvertreter für den gesamten Bereich genommen. Das Äquivalenzklassenprinzip kann auch auf diskrete Werte angewandt werden, die semantisch äquivalent sind, wie z. B. ganze Zahlen.

Nach Veenendaal [Vee06]) gilt:

> Eine **Äquivalenzklasse** ist ein Teilbereich des Ein-/Ausgaberaums, für welchen das Verhalten einer Komponente oder eines Systems gemäß der Spezifikation als gleichartig angenommen wird.

Die funktionale Äquivalenzklassenbildung unterteilt den Ein-/Ausgabedatenraum des Testobjekts in sogenannte Äquivalenzklassen. Unter einer Äquivalenzklasse versteht man einen Wertebereich, für den aufgrund der Spezifikation davon auszugehen ist, dass jeder Wert aus diesem Bereich semantisch äquivalent ist und daher vom Testobjekt funktional gleichartig bearbeitet wird. Testfälle werden anschließend so definiert, dass aus jeder Äquivalenzklasse mindestens ein Repräsentant vorkommt.

Liegt als Testparameter eine zusammengesetzte Variable vor, so kann das Prinzip der Äquivalenzklassen wieder auf diejenigen Komponenten angewandt werden, deren Wertebereich sich aus semantisch äquivalenten Bereichen zusammensetzt.

Grenzwertanalyse

Da erfahrungsgemäß an den Grenzen zwischen zwei Bereichen oft Fehler vorkommen, wird das Prinzip der Äquivalenzklassen noch ergänzt durch die Grenzwertanalyse.

> Die **Grenzwertanalyse** umfasst dabei die Auswahl von Testfällen an den Rändern der Klassen bzw. der Parameterbereiche.

Ein Beispiel für einen Grenzwert im Falle des Datums ist etwa der 29. Februar in Schaltjahren, in den anderen Jahren stellt der 29. Februar ein unzulässiges Datum dar und der Grenzwert ist dann der 28. Februar.

Beispiel:

1 <= zaehler <= 999
eine Klasse, die zu keinem Fehler führt: 1 <= zaehler <= 999
eine Klasse, die zu einem Fehler führt: zaehler < 1 oder
                                              zaehler > 999

Damit sind die beiden Äquivalenzklassen

1 <= zaehler <= 999 und
zaehler < 1 oder zaehler > 999

gefunden.

Aus ihnen werden beispielsweise die Stellvertreter 51 sowie -815 und 4711 zum Testen ausgewählt. Die Grenzwertanalyse sagt nun, dass mit den Eingaben 0, 1, 999 und 1000 getestet werden soll. Führt man diese Analyse konsequent weiter und beachtet, dass die Zahlenbereiche in einem Computer endlich sind, dann gehört zu den Grenzwerten auch noch `MIN_INT` und `MAX_INT`[210] hinzu. In der Kombination von Äquivalenzklassenbildung und Grenzwertanalyse ergibt sich die folgende Menge von Eingabedaten:

{MIN_INT, -815, 0, 1, 51, 999, 1000, 4711, MAX_INT}

Klassifikationsbaum-Methode

Die Klassifikationsbaum-Methode befasst sich ebenfalls mit der Analyse des Zustandsraums der Testdaten. Testdaten können beispielsweise ein einzelnes Objekt der Objektorientierung oder aber auch komplexe Dinge wie z. B. ein Fahrszenario sein.

Letztendlich geht es darum, alle Parameter und ihre Typen zu erkennen, die für den Test einer Anwendung relevant sind, damit man den Zustandsraum vollständig aufspannt. Jeder Punkt in diesem Zustandsraum stellt prinzipiell einen Satz an Testdaten dar. Die Klassifikationsbaum-Methode ist im Schema von [Lig05] nicht enthalten. Sie wird jedoch in der Praxis häufig angewendet.

Weitere funktionale Testmethoden

In [Lig02] werden funktionsorientierte Testmethoden weiter unterteilt in den zustandsbasierten Test, den transaktionsflussbasierten Test, die Ursache-Wirkungsanalyse, den Syntaxtest und die Entscheidungstabellen. Diese werden hier nicht weiter betrachtet.

Bewertung der funktionsorientierten Testmethoden

Die funktionsorientierten Testmethoden sind in der Praxis unverzichtbar, da sie den Gesamtablauf einer Anwendungsfunktion testen. Die dynamische Ausführung von Testfällen hat den Vorteil, dass sie die Einflüsse der Betriebsumgebung mit berücksichtigt. Ein wesentlicher Vorteil der funktionsorientierten Tests ist, dass sie prinzipiell auf jeder Zerlegungsebene eingesetzt werden können. Der größte Nachteil dieser Methoden ist, dass man im Gegensatz zu den Überdeckungsgraden beim White-Box-Test für die hier ausgesuchten Testfälle nur schwer automatisiert Testdaten erzeugen kann, um anschließend zu erkennen, ob ein Fehler gerade auftritt oder nicht. Das Sollergebnis muss bekannt sein, sonst ist es kein Test. Durch (maschinelles) Vergleichen der aktuellen Ergebnisdaten mit den Solldaten kann man die Fehler erkennen.

20.4.3.3 Diversifizierende Testmethoden

Den diversifizierenden Testmethoden ist gemeinsam, dass konkrete Testergebnisse unterschiedlicher Testobjekte miteinander verglichen werden. Daher ist bei diesen Testmethoden eine automatisierte Bewertung der Testergebnisse relativ einfach möglich. Zu den wichtigsten diversifizierenden Testmethoden zählen nach [Lig05] der

---

[210] Mit `MIN_INT` und `MAX_INT` sei die kleinste bzw. größte auf dem System darstellbare ganze Zahl bezeichnet.

Back-to-Back-Test und der Regressionstest (siehe Kapitel 20.4.5). Der Mutationen-Test wird in dem Klassifikationsschema nach [Lig05] ebenfalls den diversifizierenden Testmethoden zugeordnet.

> Beim **Back-to-Back-Test** werden zwei oder mehr Varianten einer Komponente oder eines Systems mit den gleichen Eingaben ausgeführt und deren Ergebnisse dann verglichen. Im Fall von Abweichungen wird die Ursache analysiert.

Beim Back-to-Back-Test werden verschiedene Software-Varianten mit denselben Testdaten ausgeführt. Anschließend werden die Reaktionen bzw. Ausgaben der verschiedenen Testobjekte miteinander verglichen. Ein Nachteil des Back-to-Back-Tests ist die Blindheit gegenüber gemeinsamen Fehlern in den diversitären Software-Versionen. Ein Fehler wird durch einen Back-to-Back-Test nur dann erkannt, wenn er zu einem nicht identischen Verhalten zwischen den verschiedenen gewählten Varianten führt. Liegt ein Fehler in allen diversitären Software-Versionen identisch vor – z. B. aufgrund eines Fehlers in der Spezifikation – führt dies zu identischem, aber fehlerhaften Verhalten aller Varianten und wird daher mit dieser Testmethode nicht erkannt. Diese Methode wird beispielsweise bei der Portierung einer Anwendung auf eine andere Rechnerplattform oder auf ein Embedded Device eingesetzt.

Der **Mutationentest** (siehe [Lig02]) arbeitet wie der Back-to-Back-Test mit diversitären Software-Versionen, die sowohl manuell als auch mit Hilfe spezieller Werkzeuge erstellt werden können. Durch kleine Modifikationen wird die Originalversion der Software verändert. Varianten werden gezielt manuell oder vom Werkzeug zufällig ausgewählt. Die so veränderten Software-Versionen nennt man "mutierte Versionen" oder "Mutanten". Nun können die Originalversion und die mutierten Versionen der Software mit Hilfe anderer Testmethoden getestet werden.

> Der **Mutationen-Test** arbeitet mit verschiedenen, geringfügig abgeänderten (mutierten) Varianten einer Software, die mit anderen Testmethoden getestet werden.

Dabei möchte man untersuchen, wie viele der in die Mutanten bewusst eingebauten Fehler durch die jeweilige Testmethode erkannt werden. Daraus kann man wiederum die Art der durch die Testmethode gefundenen Fehler und deren Leistungsfähigkeit beurteilen. Demnach ist der Mutationen-Test eher ein Instrument für den Vergleich der Leistungsfähigkeit von Testmethoden.

20.4.3.4 Statistischer Test

Beim **Zufallstest** oder **statistischen Test** wird aus der Menge der möglichen Testdaten per Zufallsgenerator ein gewünschter Satz von Testdaten ausgewählt. Dabei ist es jedoch erforderlich, zu den generierten Testdaten die zugehörigen erwarteten Sollwerte manuell zu definieren.

> Beim **Zufallstest** werden die Testdaten zufallsgesteuert generiert.

Bei der Testmethode des statistischen Tests hat man ein statistisches Modell für die Verteilung der Testdaten. Hierbei spielt das **operationelle Profil**, das angibt, welche Testdaten im echten Betrieb wie häufig auftreten, eine besondere Rolle. Testet man gemäß dem operationellen Profil, so kann man durch eine statistische Analyse der Ergebnisse Aussagen über Qualitätseigenschaften – wie z. B. die Zuverlässigkeit – erhalten [Lig02].

Die Leistungsfähigkeit des Zufallstests bzw. des statistischen Tests gegenüber den deterministischen Testmethoden wird in der Literatur unterschiedlich bewertet. In Myers [Mye91] wird der Zufallstest als wahrscheinlich schlechteste Methode für die Auswahl von Testdaten beschrieben. Andere Untersuchungen zeigen nach [Lig02], dass der Zufallstest in Bezug auf seine Leistungsfähigkeit nicht deutlich schlechter ist als die deterministischen Testmethoden. Der Zufallstest wird dort ergänzend zu funktions- und strukturorientierten Testmethoden empfohlen. Nachteilig ist jedoch, dass die Sollwerte manuell definiert werden müssen.

20.4.4 Black-Box- und White-Box-Test

Black-Box- und White-Box-Test passen nicht in die Gliederung von 20.4.1. So kann ein White-Box-Test statisch und dynamisch sein. Der Black-Box-Test ist ein dynamischer Test und kann zum Test funktionaler oder nicht-funktionaler Spezifikationen dienen. Black-Box- und White-Box-Tests sind aber eine gängige Einteilung von Tests. Sie werden im Folgenden vorgestellt.

20.4.4.1 Black-Box-Test

Ein **Black-Box-Test** testet dynamisch **funktionale** oder **nicht-funktionale** Requirements, ohne Kenntnisse über das Innere des Testobjektes zu haben. Damit kann weder die Struktur, noch das Verhalten des Testobjektes als bekannt vorausgesetzt werden, wohingegen das Soll-Verhalten bekannt sein muss.

> Black-Box-Verfahren als Testmethoden basieren auf einer Analyse der funktionalen bzw. nicht-funktionalen Spezifikation einer Komponente oder eines Systems. Die innere Struktur des Testobjekts und sein Verhalten darf nicht bekannt sein. Beim Black-Box-Test wird das Außenverhalten geprüft

Wenn Spezifikationen einem Messprozess unterliegen sollen, braucht man grundsätzlich ein Messsignal und eine Antwort: Es interessiert nur, mit welcher Antwort das Testobjekt auf ein bestimmtes Messsignal reagiert. Wie das Testobjekt die Ausgabe aus der Eingabe generiert, ist irrelevant.

Test und Integration 943

Bild 20-11 Reaktion eines Systems auf eine Eingabe

Als Beispiel werde das Testen der Qualität "Transparenz" (im Sinne von Durchsichtigkeit) genannt. Diese Eigenschaft ist **nicht-funktional** und soll mit einem Lichtstrahl ermittelt werden. Je nach dem Grad der Transparenz ist der transmittierte Lichtstrahl, die Antwort, mehr oder weniger intensiv. Für einen Funktionstest gilt folgende Interpretation: Das Messsignal ruft ein Testobjekt auf und stellt sozusagen die Vorbedingung für die Messung dar. Die Antwort ist die Nachbedingung der Messung.

Testet man ohne Kenntnisse der inneren Struktur und des inneren Verhaltens eines Testobjekts, so muss man sich auf die Spezifikation verlassen. Man testet also, ob das System die Spezifikation erfüllt. Ein Tester für einen Black-Box-Test sollte keine Kenntnisse über das Innere des Testobjekts haben, damit keine impliziten Annahmen auf Grund der Implementierung getroffen werden. Er sollte deshalb von fremdem Personal durchgeführt werden.

20.4.4.2 White-Box-Test

Der White-Box-Test hat die Aufgabe, zu überprüfen, ob die Art der Implementierung Fehler enthält, d. h., hier wird der Code auf Grundlage seiner Struktur geprüft. Da dem Entwickler der Quellcode der Software und seine Funktionsweise bekannt ist, kann sichergestellt werden, dass der komplette Quellcode getestet wurde.

Der White-Box-Test wird durchgeführt als

- statische Analyse (siehe Kapitel 20.4.2.1) oder
- dynamische Analyse (siehe Kapitel 20.4.3), beispielsweise als:
  - Zweigüberdeckung (Entscheidungsüberdeckung),
  - Bedingungsüberdeckung,
  - Pfadüberdeckung.

Der White-Box-Test soll die Art der Implementierung im Detail überprüfen. Die Ablaufstruktur eines Programmtextes kann hierbei **statisch** (d. h. ohne Ablauf des Programms) oder **dynamisch** (d. h. mit Aufruf des ablauffähigen Programms) überprüft werden. Dementsprechend spricht man von **statischer** und von **dynamischer Analyse**.

Wenn es möglich ist, alle Teile eines Systems auf Prozedur-Ebene einem White-Box-Test zu unterziehen, kann das ganze System damit getestet werden. Allerdings erhält man nur technische Aussagen, dass einzelne Routinen mit einem bestimmten Überdeckungsgrad getestet wurden. Ob diese Routinen im Verbund mit hoher Wahrscheinlichkeit korrekt zusammenarbeiten, kann man nicht mit White-Box-Tests allein bewerten. Dazu ist ein funktionaler Test erforderlich, der Leistungen des Systems, die im operationellen Betrieb abgerufen werden, überprüft.

20.4.4.3 Vergleich von White-Box- und Black-Box-Tests

Beim White-Box-Test ist das Innere eines Testobjektes bekannt. Daher ist ein White-Box-Test das Antonym, d. h. der Gegensatz, zu Black-Box-Test. White-Box- und Black-Box-Tests sind komplementär. Mit Black-Box-Tests werden Fehler gegen die Spezifikation gefunden. Fehler in bestimmten Komponenten eines Systems können nur mit White-Box-Tests ermittelt werden. Beispielsweise können sich zwei Fehler in Komponenten nach außen hin in der Black-Box-Sicht sogar aufheben.

Black-Box-Tests in Reinkultur sind aufwändiger, da sie ein separates Team benötigen. Sie eignen sich aber besser zur Überprüfung eines Gesamtsystems als ein White-Box-Test. Sie überprüfen die Spezifikation, der White-Box-Test die Implementierung.

20.4.5 Regressionstest

Führt man eine Änderung durch, z. B. weil ein Fehler aufgetreten war, so muss man nach erfolgreicher Änderung prüfen, ob es keine Seiteneffekte der Änderung gibt. Mit anderen Worten, es müssen bereits getestete Programme erneut getestet werden. Geeignete Testwerkzeuge ermöglichen eine kostengünstige Wiederholung von Testfällen (**Regressionstests**), wenn die Software erneut geändert wurde.

Ein **Regressionstest** dient zur Überprüfung, ob nach der Durchführung einer gewünschten Änderung sich das Systemverhalten bis auf die gewünschte Änderung nicht verändert hat.

> Ein **Regressionstest** ist ein erneuter Test eines bereits getesteten Programms nach dessen Modifikation mit dem Ziel, festzustellen, dass durch die vorgenommene Änderung keine Fehler hinzugekommen sind oder (bisher maskierte) Fehler in unveränderten Teilen der Software freigelegt wurden.

Regressionstests sind in der Praxis unverzichtbar und von zentraler Bedeutung, um Programmierfehler nach Modifikationen weitgehend auszuschließen. Sie werden in der Regel mit denselben Testmethoden und Testwerkzeugen wie der vorangegangene Test durchgeführt.

Regressionstests sind vom Prinzip her vergleichbar mit Back-to-Back-Tests, nur dass nicht verschiedene Varianten eines (Teil-) Systems betrachtet werden, sondern zeitlich nacheinander entwickelte Versionen.

20.4.6 Performancetest

Das Wort **Lasttest** ist gleichbedeutend mit dem Wort Performancetest. Beim Lasttest beobachtet man das Verhalten des Systems unter einer möglichen, sehr hohen Last. Man testet das System mit zunehmender Last bis zur Grenze der maximal zulässigen Last. Zur Generierung der Last können Simulationsprogramme eingesetzt werden. Ziel ist es, Fehler zu finden, die im funktionalen Test nicht gefunden werden, und das Verhalten nicht-funktionaler Forderungen wie z. B. der Antwortzeiten zu überprüfen. Ebenfalls können durch Lasttests Fehler in Nebenläufigkeiten (Parallelisierung), z. B.

beim Zugriff auf gemeinsame Daten, aufgedeckt werden. Eine Lastsituation kann beispielsweise durch ein rasches Hintereinanderausführen einer Funktion wie z. B. das Senden einer Nachricht oder durch die Erhöhung der Zahl der parallelen Prozesse erfolgen. Eine Erhöhung der Anzahl der parallelen Prozesse kann beispielsweise helfen, Deadlock-Situationen zu entdecken.

Beim **Stresstest** testet man punktuell außerhalb der gültigen Werte, d. h. unter abnormalen Bedingungen. Man kann Aussagen darüber gewinnen, ob ein System beim Überschreiten der Lastgrenze noch arbeitet und wie es sich zeitlich verhält oder ob es abstürzt, ob die Daten beim Überschreiten der Lastgrenze konsistent bleiben und insbesondere, ob bei der Beseitigung der Überlastsituation das System wieder in den normalen Zustand zurückkehrt.

Stress- und Lasttests sind keine funktionalen Tests. Sie testen nicht das funktionale Verhalten, sondern die Leistungsfähigkeit der Software und des Systems, in dem die Software abläuft. Die Software muss also bereits lauffähig vorliegen. Sie gehören zu der Kategorie Systemtest [tuberl].

20.4.7 Auswahl von Testmethoden

In der Praxis können aus wirtschaftlichen Gesichtspunkten nicht in jedem Projekt alle bekannten Testmethoden vollständig angewendet werden. D. h., je nach Anwendungsbereich wird die Auswahl der verwendeten Testmethoden anders ausfallen. Grundsätzlich sind an eine Testmethode die folgenden Anforderungen zu stellen:

- Sie muss unkompliziert einsetzbar sein.
- Sie soll möglichst vollständige und verlässliche Ergebnisse liefern.
- Sie soll wirtschaftlich einsetzbar sein.
- Sie sollte flexibel skalierbar sein.
- Die benötigte Infrastruktur sollte verfügbar sein.
- Ihre Anwendung sollte nachvollziehbar sein.

Die Eigenschaften der verschiedenen Testmethoden bestimmen ihren Einsatz unter vorgegebenen Rahmenbedingungen. Die Prioritäten sind je nach Anwendungsbereich (ob sicherheitskritisch oder unkritisch) verschieden. Dynamische Tests sind einfach durchführbar, genauso wie die statisch analysierenden Testmethoden der Reviews, Inspektionen und Walkthroughs. Eine Spezifikation für formale Techniken ist aufwändig und deshalb oft nicht vorhanden. Auf der anderen Seite lässt sich nur mit formalen Techniken vollständig beweisen, ob aus der Gültigkeit der Vorbedingungen die Nachbedingungen folgen (nicht jedoch des Zeitverhaltens, denn einer Funktion sieht man nicht an, wie lange sie unter bestimmten Bedingungen für ihre Ausführung braucht).

Keine Testmethode allein liefert vollständig verlässliche Ergebnisse!

Man versucht deshalb, aus einer Kombination der verfügbaren Techniken einen für die Rahmenbedingungen der Anwendung geeigneten Kompromiss zu finden. Bei sicherheitskritischen Anwendungen kann sich der Initialaufwand für eine formale Spezifikation lohnen. Darüber hinaus wird man die formale Verifikation durch dynamische Tests ergänzen. Bei konventioneller Software sind dynamische Tests kombiniert mit statischen Analysen eher wirtschaftlich, da hierzu professionelle Werkzeuge einfach verfügbar sind und die Testtechniken flexibel an die verfügbaren Ressourcen angepasst werden können.

20.5 Integration

Integration bedeutet das Zusammenfügen von Modulen zu Teilsystemen bzw. von Teilsystemen zum fertigen System. Diese Arbeit ist aufwändig und sollte nur mit bereits getesteten Modulen bzw. getesteten Teilsystemen durchgeführt werden. Jede Integrationsstufe muss daher getestet werden. Ebenso muss das integrierte fertige System dann noch einem Systemtest unterzogen werden.

Die geläufigste Art der Integration ist die Bottom-up-Integration, da die Module als erste Zerlegungsprodukte beim Programmieren erstellt und getestet werden. Bei der Bottom-up-Integration werden alle Einheiten der untersten Ebene zu Entwurfseinheiten der nächsthöheren Ebene integriert usw.

Kapitel 20.5.1 beschreibt mögliche Strategien für die Integration. Danach wird in Kapitel 20.5.2 gezeigt, dass es effizienter ist, sich nicht zuerst mit dem vollen Umfang des Systems zu befassen, sondern dass zuerst architekturzentriert ein Kernsystem identifiziert werden soll, das dann entwickelt und integriert wird. Kapitel 20.5.3 beschreibt ein Beispiel einer klassischen Bottom-up-Integration.

20.5.1 Strategien für die Integration

Man kann die Integrationsstrategien nach

- einer nicht-inkrementellen Strategie und
- einer inkrementellen Strategie

unterscheiden (siehe [Bal98]).

In der **nicht-inkrementellen** Strategie werden alle oder sehr viele Systembestandteile auf einmal integriert. Dadurch verliert die Existenz von Testtreibern und Stubs an Bedeutung, da weder Stubs noch Treiber benötigt werden. Diese Strategie ist gegen das Prinzip "Teile und herrsche" (siehe Kapitel 13.2.2.1) gerichtet und kann nur bei kleinen Systemen aufgehen, da alle Bestandteile fertig sein müssen und die Fehlerdiagnose bei großen Systemen und das Ermitteln von Testfällen bei komplexen Systemen immer schwieriger werden. Beim "big bang" werden alle Systembestandteile gleichzeitig integriert.

Die **inkrementelle Strategie** integriert einzelne Bestandteile oder Gruppen von Bestandteilen aus ihren Elementen. Die Strategie ist überschaubar, aber man braucht Testtreiber bzw. Stubs.

	Zerlegungsrichtung-orientiert (physikalische Betrachtungseinheiten)	funktionale Betrachtungseinheit-orientiert	zufallsorientiert	architektur-orientiert
nicht-inkrementell		Big Bang		
inkrementell	bottom-up top-down middle-out middle-in	anwendungsfall-orientiert hardest first	nach der Verfügbarkeit	architektur-zentriert

Tabelle 20-3 Integrationsstrategien

Die **Zerlegungsrichtung-orientierte Vorgehensweise** beruht auf der Architektur. Entweder fügt man das System **bottom-up** oder **top-down** zusammen oder versucht, von oben und von unten zur Mitte vorzustoßen (**middle-in**) bzw. beginnt in der Mitte der Hierarchie und bewegt sich nach oben und nach unten (**middle-out**). Bei top-down braucht man viele Stubs, bei bottom-up hingegegen nur sehr wenige oder gar keine, aber es sind Testtreiber notwendig. Bei einer Top-down-Strategie wird mit dem Aufruf des Systems begonnen und dann das System bis zu den elementaren Modulen integriert. Bei einer Bottom-up-Strategie beginnt man mit den Modulen der untersten, terminalen Ebene, die keine anderen Module aufrufen können, und integriert dann Ebene um Ebene bis zum System. Wurde die Architektur middle-out entworfen und realisiert, sieht man die Struktur und Abläufe der Architektur schneller. Prinzipiell braucht man Stubs bei **middle-in** und bei **middle-out**.

Bei der **funktionalen Betrachtungseinheit-orientierten Vorgehensweise** integriert man diejenigen Systembestandteile, die für einen Anwendungsfall erforderlich sind, dann den nächsten Anwendungsfall und so weiter. Alternativ kümmert man sich zuerst um die schwierigsten Funktionen (hardest first), dann um die nächst leichteren, usw.

Bei der **zufallsorientierten Vorgehensweise** werden nach Verfügbarkeit die Bestandteile integriert.

Bei der **architekturzentrierten Entwicklung und Integration** wird zuerst ein Kernsystem der Architektur gebaut und integriert, in das die fehlenden Module eingebaut werden. Im folgenden Kapitel wird dieser Ansatz vorgestellt, der die Strategie nicht nach der Richtung der Integration, nicht nach Anwendungsfällen und nicht zufallsorientiert wählt, sondern architekturzentriert. Die zentralen Bestandteile der Architektur müssen erkannt und als erste realisiert werden. Gleichartige Komponenten werden in die Architektur Stück um Stück prioritätsgerecht "eingehängt".

20.5.2 Architekturzentrierte Entwicklung und Integration

Bei der architekturzentrierten Entwicklung und Integration wird zuerst ein Kernsystem der Architektur gebaut und integriert, in das die fehlenden Module eingebaut werden. Schwerwiegende Schnittstellenfehler bei der Zerlegung eines Systems in seine Komponenten kommen bei der klassischen Bottom-up-Strategie für die Integration erst dann zum Vorschein, wenn alle Komponenten realisiert sind. Erst dann kann geprüft werden, ob die Komponenten richtig zusammenspielen. Die Beseitigung solcher Fehler hat aber oft eine vollständige Überarbeitung der fehlerhaften Komponenten zur Folge, was die Projektkosten erhöhen und die Einhaltung vereinbarter Termine verhindern kann. Kein vernünftiger Chef-Designer wird es zulassen, dass die Kunst seiner Zerlegung erst dann überprüft werden kann, wenn schließlich gegen das Projektende hin der Systemtest ansteht. Er will, dass sein Konzept so rasch wie möglich auf den Prüfstand kommt. Das deckt sich mit der Intention des Projektleiters, das Projektrisiko zu minimieren.

Die Systemintegration braucht daher eine klare Strategie, die bereits beim Entwurf des Systems festgelegt werden muss. Eine Bottom-up-Integration durch Zusammenfügen aller Bausteine zu größeren Einheiten reicht nicht aus! Der Chef-Designer entwirft deshalb in der Regel ein sogenanntes **Kernsystem** oder einen **Systemkern** (einen **vertikalen Prototypen**), der alle wesentlichen DV-technischen Basismechanismen enthält. Die Idee ist, Klassen von Mechanismen zu finden, die in der Implementierung mehrfach, jedoch nur in verschiedener Ausprägung implementiert werden. So soll es nur noch eine Fleißaufgabe darstellen, vom Kernsystem zum Vollsystem zu kommen.

Das Kernsystem kann bottom-up oder aber auch nach einer anderen Strategie entwickelt und integriert werden.

Das Kernsystem wird ein Muster für einen Dialog, ein Muster für einen Datenbankzugriff, ein Muster für jeden gewählten Interprozesskommunikationsmechanismus etc. enthalten. Ein solches Kernsystem wird in der Regel prototypisch entwickelt. Erfüllt das System die gestellten Performance-Anforderungen, die Erwartungen an eine komfortable Benutzerschnittstelle etc., so ist die Dokumentation des Kernsystems als Muster bereitzustellen. Basierend auf diesem volldokumentierten Kernsystem wird nun beim Vollausbau Komponente um Komponente spezifiziert und programmiert, Dialog um Dialog geschrieben, Datenbank-Tabelle/-Funktion um Datenbank-Tabelle/-Funktion entworfen und implementiert. Diese Strategie wird hier als **architekturzentrierte Entwicklung und Integration** bezeichnet.

Läuft das Kernsystem nicht zufriedenstellend oder findet die Benutzerschnittstelle keine Akzeptanz, so ist ein Redesign erforderlich. Glücklich kann man sein, wenn nicht erst beim Systemtest bemerkt wird, dass das System hätte geschickter zerlegt werden können oder die Bedienschnittstelle hätte anders aufgebaut werden sollen. Solange die Mengenproduktion noch nicht angelaufen ist, sind die Verluste an Arbeitszeit noch leichter erträglich.

20.5.3 Bottom-up-Integration auf verschiedenen Zerlegungsebenen

Die Bottom-up-Integration beginnt nach Vorliegen von Modulen, die mit einem sogenannten Modultest getestet wurden. Diese Module werden zu gröberen Einheiten gruppiert, diese dann getestet und wieder zu gröberen Einheiten gruppiert usw., bis man zum System gelangt. Das integrierte System muss dann noch dem Systemtest unterzogen werden.

Im Folgenden werden Tests auf den verschiedenen Zerlegungsebenen des Systems und für das System selbst betrachtet:

- **Modultest**
  Ziel des Modultests ist es, zu prüfen:

  1. ob die realisierten Modul-Operationen mit dem Modul-Entwurf übereinstimmen und
  2. ob die Implementierung mit den spezifizierten Funktionen übereinstimmt (**Funktionstest**) und wie das Testobjekt eingegebene Daten verarbeitet (**Datentest**).

  Der **Funktions- und Datentest** einzelner Programmeinheiten kann dadurch vorgenommen werden, indem ein Testtreiber geschrieben wird, welcher die Programmeinheit aufruft. Überprüft wird, ob die Programmeinheit ihre Funktion korrekt ausführt, z. B. eine richtige Ausgabe macht oder korrekte Parameter an den Testtreiber zurückgibt. Dies bedeutet, dass das Testobjekt als Black-Box getestet wird.

  Gleichzeitig mit dem Funktions- und Datentest findet ein **Ablauftest** des codierten Programms statt. Das bedeutet, dass die Ablaufstruktur des Testobjekts getestet wird. Allerdings findet der Ablauftest beim Black Box-Test nicht systematisch und ohne einen Vollständigkeitsanspruch statt. Deshalb gibt es eine eigene Sorte Test, die sich systematisch mit der **Ablaufstruktur** befasst, den **White-Box-Test** (siehe Kapitel 20.4.4.2).

  Zum Modul-Test gehören:

  - Review der Modul-Test-Spezifikation (erstellt beim Komponenten-Entwurf),
  - Modul-Test-Vorbereitung,
  - Modul-Test-Durchführung,
  - Test-Nachbereitung (Analyse der Testergebnisse, Vergleich mit erwartetem Ergebnis gemäß Testspezifikation, Testprotokoll).

- **Komponententest**
  Eine Komponente entsteht durch Integration von Modulen zu einer wohldefinierten Menge von vorher einzeln getesteten Modulen. Der Komponententest dient im Wesentlichen der Überprüfung der korrekten Funktionalität einer Komponente und dabei einer Überprüfung des korrekten Zusammenspiels der Module d. h. der Schnittstellen der zu integrierenden Module.

- **Segmenttest**
  Ein Segment entsteht durch Integration von Komponenten zu einer wohldefinierten Menge von vorher einzeln getesteten Komponenten. Der Segmenttest dient im Wesentlichen der Überprüfung der korrekten Funktionalität eines Segments und damit einer Überprüfung des korrekten Zusammenspiels d. h. der Schnittstellen der zu integrierenden Komponenten.

- **Subsystemtest**
  Ein Subsystem entsteht durch Integration von Segmenten zu einer wohldefinierten Menge von vorher einzeln getesteten Segmenten. Der Subsystemtest dient im Wesentlichen der Überprüfung der korrekten Funktionalität eines Subsystems und

damit einer Überprüfung des korrekten Zusammenspiels d. h. der Schnittstellen der zu integrierenden Segmente.

- **Systemtest**
Unter Systemtest wird der vom Auftragnehmer durchgeführte Test des gesamten Systems verstanden. Die Testfälle werden in der Regel vom Auftragnehmer erstellt (Bei einem vereinbarten Factory-Acceptance-Test[211] wird der Auftraggeber die Testfälle vorgeben). Gegenstand des Systemtests ist es, die **externen Funktionen des Systems** (wie z. B. die Mensch-Maschine-Schnittstelle und den Nachrichtenverkehr des Systems über die Kommunikations-Schnittstellen) zu überprüfen und die **Leistungsanforderungen** (wie z. B. Durchsatz, Reaktionszeiten) zu testen. Es wird das gesamte zu liefernde System bezüglich seines Funktionsumfangs verifiziert.

- **Abnahmetest**
Der Abnahmetest wird nach der Auslieferung des Systems unter Regie des Auftraggebers durchgeführt. Der Test dient den gleichen Zielen wie der Systemtest. Jedoch werden hier die Testfälle grundsätzlich vom Auftraggeber bestimmt.

20.6 Zusammenfassung

Testen ist die jederzeit wiederholbare Überprüfung, ob festgelegte Anforderungen korrekt umgesetzt wurden. Testen hat mit Schwerpunkt das Ziel, Fehler zu finden und Vertrauen zu schaffen. Fehlerreports müssen zentral in einem Werkzeug geführt werden, um den Stand der Fehlerbeseitigung nach gewissen Kriterien wie z. B. der Fehler-Priorität oder der Anzahl gemeldeter Fehler einer Komponente beurteilen zu können.

Der Testprozess (siehe Kapitel 20.1.1) umfasst den Testplan, die Testspezifikation, die Testdurchführung, die Testprotokollierung, die Testauswertung und das Testende.

Tests müssen geplant werden. Zum Testplan (siehe Kapitel 20.1.1.1) gehören außer dem Zeitplan, der Festlegung der Werkzeuge und der Ressourcenplanung insbesondere die Teststrategie und Priorisierung. Die Teststrategie enthält dabei die Auswahl der Testmethoden und ihrer Reihenfolge jeweils mit Werkzeugen und Testende-Kriterium. Die Testspezifikation (siehe Kapitel 20.1.1.2) soll die Testfälle/Testdaten und Testumgebung umfassen.

Wird ein System zerlegt, so muss auf jeder Zerlegungsebene im Rahmen der Integration getestet werden (Kapitel 20.1.2). Für jede Zerlegung des Systems sollten Testplan und Testspezifikation erarbeitet werden.

Kapitel 20.2 legt den Unterschied zwischen Validierung und Verifikation dar. Verifikation von Zerlegungsprodukten ist der Test gegen die vom Entwickler geschriebenen Requirements. Verifikation des Systems ist die Überprüfung gegen die Kunden-Requirements. Validierung des Systems ist der Test, ob der Kundennutzen gegeben ist.

---

[211] Beim Factory-Acceptance-Test findet die Abnahme eines Systems durch den Auftraggeber beim Auftragnehmer statt.

Inspektionen und Walkthroughs sind Spezialformen von Reviews. Während Inspektionen (Kapitel 20.3.1) einen stärker formalisierten Prozess beinhalten, in dem systematisch ein Testobjekt untersucht und das Ergebnis festgehalten wird, ist ein Walkthrough (20.3.2) mit weniger Aufwand verbunden.

Die Methoden für den Test von Programmen (20.4) werden in statische und dynamische Testmethoden eingeteilt.

Das Kapitel 20.4.4 fasst White-Box- und Black-Box-Tests zusammen, die sich von der Einteilung her nicht den statischen bzw. dynamischen Tests zuordnen lassen, da ein White-Box-Test sowohl ein statischer als auch ein dynamischer Test sein kann.

Der Regressionstest (Kapitel 20.4.5) überprüft, ob als Folge einer Änderung durch Seiteneffekte neue Fehler aufgetreten sind.

Der Performancetest (Kapitel 20.4.6) wird verwendet, um die Leistungsfähigkeit der Software und des Systems, in dem die Software abläuft, zu testen. Man unterscheidet zwischen einem Lasttest, bei dem das System unter sehr hoher Last beobachtet wird, und dem Stresstest, bei dem punktuell außerhalb der gültigen Werte, also unter abnormalen Bedingungen, getestet wird.

Kapitel 20.5 behandelt die Integration. Es gibt verschiedene Formen der Integration (siehe Kapitel 20.5.1).

Da man es sich nicht leisten kann, dass die schwerwiegendsten Fehler erst beim Systemtest zutage treten, wird oftmals ein Kernsystem festgelegt, das alle wesentlichen DV-technischen Basismechanismen enthält (architekturzentrierte Entwicklung und Integration). In dieses Kernsystem werden dann schrittweise die in "Mengenproduktion" gefertigten Dialoge, Verarbeitungsfunktionen und Datenbank-Tabellen und Datenbank-Funktionen "eingeklinkt". Auf diese Weise können bereits frühzeitig Systemtests für das Kernsystem mit allen erforderlichen prinzipiellen Abläufen durchgeführt werden (Kapitel 20.5.2). Für die Verifikation hat die Qualitätssicherung zusammen mit dem Test- und Integrationsteam die Verantwortung, für die Validierung hat dies der Auftraggeber (siehe Kapitel 20.5.3).

20.7 Aufgaben

Aufgabe 20.1 Organisation des Testens

20.1.1 Was unterscheidet Testen von Debugging?
20.1.2 Welche Schritte umfasst ein Testprozess?
20.1.3 Was ist ein Testplan?
20.1.4 Was enthält eine Testspezifikation?
20.1.5 In welchem Zusammenhang stehen Teststrategie und Testspezifikation?
20.1.6 Was ist ein Testfall?
20.1.7 Was sind Stubs und was sind Treiber? Wozu werden sie benötigt?
20.1.8 Was ist ein Regressionstest?
20.1.9 Warum müssen Testergebnisse dokumentiert werden?

Aufgabe 20.2 Validierung und Verifikation

20.2.1 Was ist der Unterschied zwischen Verifikation und Validierung?

Aufgabe 20.3 Testen von Dokumenten

20.3.1 Was ist ein Review, eine Inspektion, ein Walkthrough?
20.3.2 Warum sollte ein Autor nicht seine eigenen Produkte testen?

Aufgabe 20.4 Testen von Programmen

20.4.1 Was ist eine Testmethode?
20.4.2 Was ist der Unterschied zwischen statischem und dynamischem Test?
20.4.3 Warum ist Testen in der Regel ein Stichproben-Verfahren?
20.4.4 Was versteht man unter einem C_1-Test?
20.4.5 Was ist eine Äquivalenzklasse?
20.4.6 Was versteht man unter einer Grenzwertanalyse?
20.4.7 Was ist ein White-Box-Test? Was ist ein Black-Box-Test?
20.4.8 Welche beiden prinzipiellen Formen für einen White-Box-Test kennen Sie?
20.4.9 Ist ein funktionaler Test ein White-Box- oder ein Black-Box-Test?

Aufgabe 20.5 Integration und Test

20.5.1 Beschreiben Sie, wie bei einer Bottom-up-Integration vorgegangen wird und welche Nachteile es gibt?
20.5.2 Warum ist eine inkrementelle Integration sinnvoll?
20.5.3 Was ist unter einem vertikalen Prototyp zu verstehen?
20.5.4 Was wird beim funktionalen Test eines Subsystems geprüft? Inwiefern werden die Bestandteile des Subsystems dabei überprüft?

Literaturverzeichnis

Abkürzungen erhalten bei Büchern 5 Zeichen. Die ersten drei werden aus dem ersten Namen der Autoren gebildet, wobei das erste Zeichen groß geschrieben wird. Ist das Erscheinungsjahr bekannt, so sind die Zeichen 4 und 5 die letzten beiden Ziffern des Erscheinungsjahrs. Gibt es von einem Autor mehrere Veröffentlichungen im selben Jahr, so wird sein Name in der 3. Stelle eindeutig abgeändert.

Bei privater Mitteilung oder Veröffentlichungen des Internets treten anstelle der beiden letzten Ziffern Buchstaben. Nationale oder Internationale Standards mit einer Nummerierung werden mit der entsprechenden vollen Abkürzung genannt, auch wenn es Internetquellen sind. Der Name von Internetquellen, die keine Standards sind, ohne Jahreszahl besteht aus 6 klein geschriebenen Zeichen.

acmorg	Association for Computing Machinery, http://www.acm.org. (Stand: 14.12.2010)
Ale77	Alexander, Ch., Ishikawa, S., Silverstein, M., Jacobson, M., Fiksdahl-King, I., Angel, S.: "A Pattern Language : Towns, Buildings, Construction". Oxford University Press, 1977.
autosp	http://www.vda-qmc.de/fileadmin/redakteur/Publikationen/Download/VDA-Spice__-_deutsch.pdf. (Stand: 14.12.2010)
Bal98	Balzert, H.: "Lehrbuch der Software-Technik: Software-Management, Software-Qualitätssicherung, Unternehmensmodellierung". Spektrum, Akad. Verlag, Heidelberg; Berlin, 1998.
Bas94	Basili, V., Caldiera, G., Rombach, D.: "The Goal Question Metric Approach", Encyclopedia of Software Engineering. John Wiley & Sons, New York 1994.
Bec97	Beck, K.: "Make it Run, Make it Right: Design Through Refactoring. The Smalltalk Report", 6, S. 19-24, 1997.
Bec89	Beck, K., Cunningham, W.: "A Laboratory for Teaching Object-Oriented Thinking" , From the OOPSLA'89 Conference Proceedings October 1-6, 1989.
Bec98	Beck, K.: in Buchreihe Lecture Notes in Computer Science, Buch "Fundamental Approaches to Software Engineering". Springer Berlin / Heidelberg, Volume 1382, 1998.
Bec99	Beck, K: "Extreme programming explained: Embrace change". Addison-Wesley Longman, Amsterdam, 1999.

Bei95	Beizer, B.: "Black Box Testing: Techniques for Functional Testing of Software and Systems". John Wiley & Sons Inc., New York, 1995.
Bie00	Bienhaus, D.: "Muster-orientierter Ansatz zur einfacheren Realisierung Verteilter Systeme", Tectum Verlag, 2000.
Boe74	Boehm, B. W.: "Some steps towards formal and automated aids to software requirements analysis and design". In Rosenfeld, J. (Hrsg.): Information Processing 74 (Proceedings of IFIB Congress, Stockholm, August 1974), North-Holland, Amsterdam, 1974.
Boe76	Boehm, B.W.: "Software Engineering". IEEE Transactions on Computers, C-25, 12, S.1226-1241, 1976.
Boe81	Boehm, B.: "Software Engineering Economics". Prentice Hall, Englewood Cliffs, N. J., 1981.
Böh05	Böhm, O: "Aspektorientierte Programmierung mit AspectJ 5: Einsteigen in AspectJ und AOP". dpunkt Verlag, Heidelberg, 2005.
Boo96	Booch, G.: "Objektorientierte Analyse und Design". Addison-Wesley, 2. korrigierter Nachdruck, Bonn, 1996.
Bus98	Buschmann, F., Meunier, R., Rohnert, H., Sommerlad, P. und Stal, M.: "Pattern-orientierte Software-Architektur: Ein Pattern-System". Addison-Wesley-Longman, München, 1998. Orginal US-Titel: "Pattern-Oriented Software Architecture. A System of Patterns." John Wiley & Sons, New York, 1996.
Bus05	Buss, M.: "Aspektorientierte Programmierung: Konzepte und Werkzeuge für die Softwareentwicklung mit Java". Seminararbeit, Universität Leipzig, 2005.
Bux70	Buxton, J. N. and Randell, B., eds: "Software Engineering Techniques", April 1970, S. 21. Report on a conference sponsored by the NATO Science Committee, Rome, Italy, 27–31 October 1969.
Che76	Chen, P.: "The Entity Relationship Model Toward a Unified View of Data". ACM Transactions on Database Systems, vol. 1 (1), 1976.
CoA91	Coad, P., Yourdon, E.: "Object-Oriented Analysis". Prentice Hall, Upper Saddle River, 1991.
CoD91	Coad, P., Yourdon, E.: "Object-Oriented Design". Prentice Hall, Upper Saddle River, 1991.
Cod70	Codd, E.F. "A Relational Model of Data for Large Shared Data Banks". In Communications of the ACM, Vol. 13, No. 6, S. 377-387, 1970.

comput	http://www.computerbase.de/lexikon/Ausfallverteilung. (Stand: 14.12.2010)
Con79	Constantine, L. L. und Yourdon, E., "Structured Design: Fundamentals of a Discipline of Computer Programme and Systems Design". Prentice Hall, Upper Saddle River, 1979.
Dau11	Dausmann, M., Bröckl, U. und Goll, J.: "C als erste Programmiersprache: Vom Einsteiger zum Fortgeschrittenen". 7. Auflage, Vieweg+Teubner, Wiesbaden, 2011.
Dor00	Dorfman, M.: in "Software Requirements Engineering". Second Edition, IEEE Computer Society Press, Los Alamitos, Calfornia, 2000.
Dou02	Bruce Powel Douglass, B. P.: "Real Time Design Patterns: Robust Scalable Architecture for Real-time Systems", Addison-Wesley Longman, Amsterdam, 2002.
ecaspj	Homepage des AspectJ Projekts, http://www.eclipse.org/aspectj/. (Stand: 14.12.2010)
EN ISO 9000	http://www.beuth.de/Qualitaetsmanagement-nach-DIN-EN-ISO-9000-ff-in-Dienstleistungsunternehmen/cn/bGV2ZWw9dHBsLWFydGlrZWwmYW1O2Ntc3RleHRpZD0xMjExNTEmYW1wO2JjcnVtYmxldmVsPTEmYW1wO2xhbmd1YWdlIWQ9ZGVVOT0pFU1NJT05JRA**.html. (Stand: 14.12.2010)
EN ISO 9241	http://www.beuth.de/langanzeige/Ergonomische+Gestaltung+von+Benutzungsschnittstellen/94495343.html. (Stand: 14.12.2010)
Fow03	Fowler, M.: "Patterns für Enterprise Application-Architekturen". Mitp-Verlag, Heidelberg, 2003.
Fre04	Freeman, E., Sierra, K., Bates, B.: "Head First Design Patterns". O'Reilly, Sebastopol, 2004.
Frü02	Frühauf, K., Ludewig, J., Sandmayr, H.: "Software-Projektmanagement und -Qualitätssicherung". 4. Auflage, vdf Hochschulverlag an der ETH Zürich, 2002.
Gal03	Gall, H., Hauswirth, M., Dustdar, Sch.: "Software-Architekturen für Verteilte Systeme: Prinzipien, Bausteine und Standardarchitekturen für moderne Software", Springer, Berlin, 2003.
Gam95	Gamma, E., Helm, R., Johnson, R., Vlissides, J.: "Design Patterns: Elements of Reusable Object-Oriented Software", Addison-Wesley, Amsterdam, 1995.

gefinf	Gesellschaft für Informatik, Fachgruppe Softwaretechnik, http://pi.Informatik.uni-siegen.de/gi/fg211/fg211_st_defs.html. (Stand: 14.12.2010)
Gim09	Seminar: "Service orientierte Architekturen (SOA) in der Praxis", Rainer Gimnich (IBM) und Alois Hofinger, 2009.
Glo10	Gloger, B.: "Scrum". Informatik Spektrum, Band 33, 2010.
Gra98	Grand, M.: "Patterns in Java (Volume 1)". Wiley, New York, 1998.
Gra02	Grand, M.: "Patterns in Java (Volume 3)". Wiley, New York, 2002.
Hal77	Halstead, M.H.: "Elements of Software Science". North-Holland, New York, 1977.
Har87	Harel, D.: Statecharts: "A Visual Formalism For Complex Systems". Science of Computer Programming 8, S. 231 - 274, Amsterdam, 1987.
Hat93	Hatley, D. J., Pirbhai, I. A. "Strategien für die Echtzeit-Programmierung". Hanser, München, 1993.
Hei10	Heinisch, C., Müller-Hofmann, F., Goll, J.: "Java als erste Programmiersprache – Vom Einsteiger zum Profi". 6. Auflage, Teubner, Wiesbaden, 2010.
herzwu	http://www.enzyklopaedie-der-wirtschaftsinformatik.de/wi-enzyklopaedie/lexikon/is-management/Systementwicklung/Management-der-Systementwicklung/Software-Qualitatsmanagement. (Stand: 14.12.2010)
heinis	Heinisch, C., "Zustandsbasierte Kollaborationsdiagramme", http://pi.informatik.uni-siegen.de/stt/23_1/03_Technische_Beitraege/swtrendsheinisch.pdf. (Stand: 14.12.2010)
Hit05	Hitz, M., Kappel, G., Kapsammer, E., Retschitzegger, W.: "UML@Work – Objektorientierte Modellierung mit UML 2". 3. Auflage, dpunkt.verlag, Heidelberg, 2005.
hohler	Hohler, B.: "Seminar Softwareentwicklung (Programmierstil)", http://www.iwi.uni-hannover.de/cms/images/stories/upload/lv/sosem07/Softwarequalitaet/swg.pdf. (Stand: 14.12.2010)
holzma	Holzmann, C.: "Software-Grundlagen", http://www.ssw.uni-linz.ac.at/Teaching/Lectures/Sem/2002/reports/Holzmann/. (Stand: 14.12.2010)

HruPr   Hruschka, P.: private Mitteilung.

Hru98   Hruschka, P.: "Ein pragmatisches Vorgehensmodell für die UML". OB-
            JEKTspektrum 2/1998.

ibmrat   http://www.ibm.com/developerworks/rational/library/content/03July/1000/
            1251/1251_bestpractices_TP026B.pdf.
            (Stand: 14.12.2010)

IEC 61508   "Funktionale Sicherheit sicherheitsbezogener elektrischer/elektronischer/
            programmierbarer elektronischer Systeme", 2000.

IEEE 610.12 IEEE Std 610.12-1990 IEEE Standard Glossary of Software Engineering
            Terminology.

IEEE 1061   "Metrische Methodologie der Qualität der Software" (engl. "Software
            quality metrics methodology"), http://www.beuth.de/langanzeige/IEEE+
            1061/32113984.html.
            (Stand: 14.12.2010)

IEEE 1471   IEEE Std 1471-2000: "Recommended Practice for Architectural Descrip-
            tion of Software-Intensive Systems". IEEE Computer Society, New York,
            2000.

Inf10   OMG Unified Modeling LanguageTM (OMG UML), Infrastructure Version
            2.3 OMG Document Number: formal/2010-05-03 Standard document
            URL: http://www.omg.org/spec/UML/2.3/Infrastructure, 2010.
            (Stand: 14.12.2010)

ISO 9126   http://www.iso.org/iso/iso_catalogue/catalogue_tc/catalogue_detail.htm?
            csnumber=22749.
            (Stand: 14.12.2010)

ISO 15504   http://www.iso.org/iso/catalogue_detail.htm?csnumber=38934.
            (Stand: 14.12.2010)

ISO 25000   http://www.beuth.de/langanzeige/ISO%2FIEC+25000/84224024.html.
            (Stand: 14.12.2010)

istest   http://www.iste.uni-stuttgart.de/se/links/design_rules/principles.html.
            (Stand: 14.12.2010)

Jac92   Jacobson, I.: "Object-Oriented Software Engineering – A Use Case
            Driven Approach". Addison-Wesley, Amsterdam, 1992.

Kem09   Kemper, A., Eickler A.: "Datenbanksysteme - Eine Einführung". 7. Auf-
            lage, Oldenbourg Wissenschaftsverlag GmbH, München, 2009.

Kic97	Kiczales, G., Lamping, J., Mendhekar, A., Maeda, . C. Videira Lopes, C., Loingtier, J.-M., and Irwin, J.: "Aspect-Oriented Programming". Proc. ECOOP, Springer, Jyvaskyla, 1997.
kczarn	http://www.swen.uwaterloo.ca/~kczarnec/splc04.pdf, S. 267. (Stand: 14.12.2010)
Kru98	Kruchten, P., "Der Rational Unified Process". Addison-Wesley, München, 1998.
Lap91	Laprie, J. C. (Hrsg.): "Dependability: Basic Concepts and Terminology : In English, French, German, Italian and Japanese (Dependable Computing and Fault-Tolerant Systems)". Springer, Wien, 1991.
Lig02	Liggesmeyer, P.: "Software-Qualität: Testen, Analysieren und Verifizieren von Software". Spektrum Akademischer Verlag, Heidelberg, Berlin, 2002.
Lig05	Liggesmeyer, P. und Rombach, D.: "Software Engineering eingebetteter Systeme". Spektrum Akademischer Verlag, Heidelberg, Berlin, 2005.
Mar99	Martin, J., Odell J.J.: "Objektorientierte Modellierung mit UML: Das Fundament". Prentice Hall, München, 1999.
McC76	McCabe T.J.: "A Complexity Measure", IEEE Transactions on Software Engineering", Vol. 2, No. 12, S. 308-320, 1976.
McC80	McCall, J.A., Matsumoto, E.T.: "Software Quality Metrics Enhancements (Vol. I) und Software Quality Measurement Manual (Vol. II)". Report TR-80-109, Rome Air Development Center, 1980.
McM88	McMenamin, S.M., Palmer, J.F., "Strukturierte Systemanalyse". Hanser Fachbuchverlag, München, 1988.
Mey97	Meyer, B.: "Object-oriented Software Construction". Prentice-Hall International, 2. Auflage, Englewood Cliffs, 1997.
MIS98	MISRA Consortium. "Guidelines For The Use Of The C Language In Vehicle Based Software". The Motor Industry Research Association, Nuneaton Warwickshire UK, 1998.
Möl92	Möller, K.-H.:"Metrikeinsatz in der Softwareentwicklung". In HMD – Theorie und Praxis der WIN, 163, S. 17-30, 1992.
MOF06	Meta Object Facility (MOF) Core Specification, OMG, Version 2.0, 2006.
Mye79	Myers, G. J.: "Methodisches Testen von Programmen", Oldenbourg, München, 1979.

Mye91	Myers, G.J. "Methodisches Testen von Programmen", R. Oldenbourg Verlag, Wien, 4. edition, 1991.
Nür05	Vortrag von Nürenberg, D., https://www.uni-koblenz.de/FB4/Institutes/IST/AGEbert/Teaching/SS05/Seminar/FolienNuerenberg.pdf, 2005. (Stand: 14.12.2010)
Ocl10	"Object Constraint Language" Version 2.2 OMG Document Number formal/2010-02-01 URL: http://www.omg.org/spec/OCL/2.2/, 2010. (Stand: 14.12.2010)
Pom96	Pomberger, G. und Blaschek G.: "Software Engineering. Prototyping und objektorientierte Software-Entwicklung". Hanser Fachbuchverlag, München, 1996.
Raa93	Raasch, J.: "Systementwicklung mit Strukturierten Methoden". Ein Leitfaden für Praxis und Studium (Gebundene Ausgabe), Hanser-Verlag, München, 1993.
Rat01	Rational – the software development company: "Iterative/Inkrementelle Software-Entwicklung nach RUP". Schulungsinterlagen, 2001.
Rau07	Rausch, M.: "FlexRay. Grundlagen, Funktionsweise, Anwendung", Hanser, München, 2007.
Red00	Reder, R., Brandtner, C., Bürgstein, M.: "Requirements Engineering" http://www.swe.uni-linz.ac.at/teaching/lva/ws99-00/seminar/RequirementsEngineering.pdf, 2000. (Stand: 14.12.2010)
Röd09	Röder, H., Franke, S., Müller, Ch., Przybylski, D.: "Ein Kriterienkatalog zur Bewertung von Anforderungsspezifikationen", Softwaretechniktrends, Gesellschaft für Informatik e.V., Bd. 29, Heft 4, S. 12, 2009.
Ros90	Rose, M.T.: "The Open Book - A Practical Perspective on OSI". Englewood Cliffs: Prentice Hall 1990.
Roy70	Rovce, W. W.: "Managing the Development of Large Software Systems". Proceedings of IEEE WESCON, S. 1-9, 1970.
Rum93	Rumbaugh, M. Blaha, W. Premerlani, F. Eddy, W. Lorensen, "Objektorientiertes Modellieren und Entwerfen". Carl Hanser und Prentice-Hall International, München, 1993.
Rup04	Rupp, Ch.: "Requirement Templates – The Blueprint of your Requirement". SOPHIST GROUP, 2004.

Rup07	Rupp, Ch., Queins, S., Zengler, B.: "UML 2 Glasklar. Praxiswissen für die UML-Modellierung", Hanser-Verlag, 2007.
scrfib	http://scrum-fibel.de. (Stand: 14.12.2010)
Sch00	Schicker, E.: "Datenbanken und SQL". Teubner B.G. GmbH, Wiesbaden, 2000.
Schmi96	Schmitz, Alexander: Diplomarbeit "Automatisierung des Testens objektorientierter Frameworks", Universität Dortmund. Lehrstuhl Informatik X, http://ebus.informatik.uni-leipzig.de/www/media/lehre/diplomarbeiten/da-schmitz-pdf.pdf, 1996. (Stand: 14.12.2010)
Sel94	Selic,B., Gullekson, G., Ward P. T.: "Real-Time Object-Oriented Modeling". John Wiley & Sons, New York, 1994.
sipaij	http://www.theserverside.de/singleton-pattern-in-java/. (Stand: 14.12.2010)
softqu	http://www.software-quality-lab.at/. (Stand: 14.12.2010)
Spi02	Spillner, A. und Linz, T.: "Basiswissen Softwaretest". dpunkt.verlag, Heidelberg, 2002.
Spi05	Spillner, A. und Roßner, T. und Winter, M. und Linz, T.: "Praxiswissen Softwaretest – Testmanagement". dpunkt.verlag, Heidelberg, 2005.
standi	http://www.standishgroup.com/newsroom/chaos_2009.php. (Stand: 14.12.2010)
Stü08	Stücka, R.: "Automatisierter Test in der Software-Entwicklung". http://www.sigs.de/publications/os/2008/testing/stuecka_OS_testing_08.pdf, 2008. (Stand: 14.12.2010)
Sup10	"OMG Unified Modeling LanguageTM (OMG UML), Superstructure" Version 2.3 OMG Document Number: formal/2010-05-05 Standard document URL: http://www.omg.org/spec/UML/2.3/Superstructure, 2010. (Stand: 14.12.2010)
Tom90	Tomayko, J.: "Applications in Time and Space". UNIX Review, Vol. 8, No. 9, S. 23,1990.
Tsi78	Tsichritzis, D. and Klug, A. C. (Hrsg.): "The ANSI/X3/SPARC DBMS Framework Report of the Study Group on Database Management Systems." Inf. Syst. 3(3), S. 173 - 191 (1978).

tuberl	TU Berlin, http://swt.cs.tu-berlin.de/lehre/mwsp/ws0304/ausarbeitungen/ StressLast.aus.pdf. (Stand: 14.12.2010)
tumqu	Technische Universität München: http://sqmb.in.tum.de/~deissenb/talks/ 2006_deissenboeckf_perlenvortrag.pdf. (Stand: 14.12.2010)
db2cop	IBM DB2 Infocenter zum Thema Connection Pooling: http://publib. boulder.ibm.com/infocenter/db2luw/v8/index.jsp?topic=/com.ibm.db2.udb. doc/conn/c0006170.htm. (Stand: 14.12.2010)
uddisp	OASIS, http://www.oasis-open.org/committees/uddi-spec/doc/tcspecs.htm. (Stand: 14.12.2010)
UML99	Booch, G., Rumbaugh, J. und Jacobson I.: "Das UML-Benutzerhandbuch". Addison-Wesley, Bonn, 1999.
UML04	J. Rumbaugh, I. Jacobson, G. Booch: "The Unified Modeling Language Reference Manual, 2. Edition", Addison-Wesley, Boston, 2004.
UML05	Booch, G., Rumbaugh, J., Jacobson, I.: "The Unified Modeling Language User Guide", Second Edition, Addison-Wesley, Boston, 2005.
UML06	Booch, G., Rumbaugh, J.und Jacobson I.: "Das UML-Benutzerhandbuch. Aktuell zur Version 2.0", Addison-Wesley, München, 2006.
unierl	Universität Erlangen, http://www12.informatik.uni-erlangen.de/edu/qmz/ ss06/d ocs/visualisierung.pdf. (Stand: 14.12.2010)
unifre	Universität Freiburg, http://dbis.informatik.uni-freiburg.de/content/courses/ SS08/Praktikum/ Programmierung%20in%20SQL/slides/sqllab-slides-all-german-online.pdf. (Stand: 14.12.2010)
unihan	von Delft, N., http://www.se.uni-hannover.de. (Stand: 23.7.2006)
unimün	Universität München, Institut für Informatik Skript Datenbanksysteme II. http://www.cip.ifi.lmu.de/~kreis/docs/dbs2/Einfuehrung.pdf. (Stand: 14.12.2010)
Vee06	Veenendaal, E. v. "Standard glossary of terms used in Software Testing". Version 1.2, Produced by the 'Glossary Working Party', International Software Testing Qualification Board, 2006.

V-M92	"BMI, Planung und Durchführung von IT-Vorhaben in der Bundesverwaltung - Vorgehensmodell (V-Modell)". Schriftreihe der KBSt, ISSN 01 79 - 72 63, Band 27/1, Koordinierungs- und Beratungsstelle der Bundesregierung für Informationstechnik in der Bundesverwaltung KBSt, 1992.
V-M97	V-Modell, Download von http://v-modell.iabg.de, dann Menüpunkt Downloads für V-Modell 97 anklicken, 1997. (Stand: 14.12.2010)
V-M09	V-Modell XT, V 1.3, 2009, Download von http://www.v-modell.iabg.de/, dann Menüpunkt Downloads für V-Modell XT anklicken, 2009. (Stand: 14.12.2010)
vermcc	http://www.verifysoft.de/de_mccabe_metrics.html. (Stand: 14.12.2010)
verhls	http://www.verifysoft.com/de_halstead_metrics.html. (Stand: 14.12.2010)
volere	http://www.volere.de. (Stand: 14.12.2010)
W3CXML	http://www.w3.org/XML/Schema. (Stand: 14.12.2010)
W3SOAP	http://www.w3.org/TR/soap/. (Stand: 14.12.2010)
W3CWSD	http://www.w3.org/TR/wsdl. (Stand: 14.12.2010)
Wan09	http://www.kegon.de/fileadmin/pdf/2009_oop/Wanner_Do1-1b_Vortrag-oop-2009-10.pdf, 2009. (Stand: 14.12.2010)
Wei05	https://www.uni-koblenz.de/FB4/Institutes/IST/AGEbert/Teaching/SS05/Seminar/AusarbeitungWeichert.pdf, 2005. (Stand: 14.12.2010)
Wir71	Wirth, N.: "Program development by stepwise refinement." Communications of the ACM; 14(4); 1971.
Wir93	Wirfs-Brock, R., Wilkerson, B. Wiener, L.: "Objektorientiertes Software-Design". Hanser-Verlag, München, 1993.

Literaturverzeichnis

Wit94 Witt, B.I., Baker, F.T., Merritt, E.W: "Software Architecture and Design – Principles, Models, and Methods". Van Nostrand Reinhold, New York, 1994.

wsdlei http://www.w3.org/TR/wsdl.html.
(Stand: 14.12.2010)

wsbpel http://docs.oasis-open.org/wsbpel/2.0/OS/wsbpel-v2.0-OS.html.
(Stand: 14.12.2010)

You92 Yourdon, E.: "Moderne Strukturierte Analyse". Woframs Fachverlag, Attenkirchen, 1992.

Zim08 Zimmermann, W., Schmidgall, R: "Bussysteme in der Fahrzeugtechnik: Protokolle und Standards" Vieweg+Teubner, Wiesbaden, 2008.

Anhang A: Kurzbeschreibung einiger elementarer Methoden

Methoden zur Durchführung von Entwicklungsschritten, wie z. B. die Definition der Logik in der Systemanalyse, benutzen oftmals mehrere elementare Methoden (Basismethoden) in definierter Weise. Manche dieser Basismethoden können jedoch auch für ganz andere Aktivitäten in nutzbringender Weise eingesetzt werden. Als Beispiel hierfür sei die elementare Methode der Entscheidungstabelle genannt. Bei der Methode SA/RT wird die Entscheidungstabelle für die Ereignis- und die Aktionslogik verwendet. Entscheidungstabellen werden beispielsweise auch mit Erfolg bei der Formulierung von Requirements oder in Prozessspezifikationen eingesetzt. Im nächsten Abschnitt ist zum besseren Verständnis der Aufbau von Entscheidungstabellen erläutert.

A1 Die Entscheidungstabellentechnik

Eine Entscheidungstabelle ist ein Hilfsmittel, um Entscheidungssituationen in eindeutiger und übersichtlicher Form darzustellen. In diesen Entscheidungssituationen sollen je nach zutreffenden Bedingungen gewisse Aktionen durchgeführt werden. Eine Entscheidungstabelle enthält also Regeln, die definieren, bei welchen Wahrheitswerten von Bedingungen welche Aktionen ausgeführt werden sollen. Somit muss eine Entscheidungstabelle die folgenden zwei Teile enthalten:

- Kombinationen der Wahrheitswerte aller Bedingungen und
- die für eine mögliche Kombination von Bedingungen durchzuführenden Aktionen.

Der grundsätzliche Aufbau einer Entscheidungstabelle ist in Tabelle A-1 gezeigt. B_1 bis B_m sind Bedingungen und A_1 bis A_k die Aktionen.

Name der Tabelle	Bedingungsteil				Aktionsteil			
	B_1	B_2	...	B_m	A_1	A_2	...	A_k
Regel 1								
Regel 2		Bedingungen				Aktionen		
Regel 3								
Regel 4								

Tabelle A-1 Grundsätzliche Struktur einer Entscheidungstabelle

Name der Tabelle	Bedingungsteil		Aktionsteil		
	Bedingung 1	Bedingung 2	Aktion 1	Aktion 2	Aktion 3
Regel 1	wahr	wahr	X		
Regel 2	wahr	falsch	X		X
Regel 3	falsch	wahr	1	2	3
Regel 4	falsch	falsch			X

Tabelle A-2 Beispiel für eine Entscheidungstabelle

Die Entscheidungstabelle in Tabelle A-2 ist folgendermaßen zu lesen:

- Regel 1: Wenn Bedingung 1 und Bedingung 2 erfüllt sind, dann wird die Aktion 1 ausgeführt.
- Regel 2: Wenn Bedingung 1 erfüllt ist und Bedingung 2 nicht erfüllt ist, dann werden Aktion 1 und Aktion 3 ausgeführt.
- Regel 3: Wenn Bedingung 1 nicht erfüllt ist, aber Bedingung 2, dann wird erst Aktion 1, dann Aktion 2 und zuletzt Aktion 3 ausgeführt.
- Regel 4: Wenn weder Bedingung 1 noch Bedingung 2 erfüllt ist, so wird Aktion 3 ausgeführt.

Ist es in einer Regel gleichgültig, ob eine Bedingung zutrifft oder nicht, so tritt an die Stelle von "wahr" bzw. "falsch" der Strich "–"[212]. Wird der Strich verwendet, so stellt die Regel eine Kurzform dar. Ausgeschrieben wären es zwei Regeln: einmal mit eingesetztem "wahr" und einmal mit eingesetztem "falsch" anstelle des Strichs. Enthält die Entscheidungstabelle n Bedingungen, so ergeben sich 2^n Regeln, da jede Bedingungskombination zu einer Regel führt.

Entscheidungstabellen können erweitert werden. Bedingungen, die nur zwei Werte annehmen können, nämlich `wahr` oder `falsch`, können auch Variablen von einem Aufzählungstyp enthalten, der mehrere Werte annehmen kann. Die Anzahl der Regeln erhöht sich dann entsprechend auf m^n, wobei m hier für die Anzahl der möglichen Werte im Aufzählungstyp steht und n die Anzahl der Bedingungen angibt.

A2   Pseudocode und Strukturierte Sprache

Pseudocode ist eine Sprache, mit deren Hilfe Anwendungen entworfen werden können, ohne dabei Quellcode einer speziellen Sprache formulieren zu müssen. Pseudocode kann frei oder formal verfasst werden.

---

[212] Dieser Strich wird auch als "don't care" bezeichnet.

Bild A-1 ordnet die Begriffe anhand des Grades der Formalisierung. Freier Pseudocode unterliegt den geringsten, formaler Pseudocode deutlich stärkeren Einschränkungen. Die Strukturierte Sprache ist hingegen dazwischen eingeordnet.

Bild A-1 Formalisierungsgrad von Pseudocode und Strukturierter Sprache

A2.1 Pseudocode

Freier oder formaler Pseudocode dient dem Feinentwurf von Programmeinheiten (Subroutinen, Hauptprogramme) und entspricht dort der Verwendung von Nassi-Shneiderman-Diagrammen.

In einem Nassi-Shneiderman-Diagramm beschränkt man sich auf die bildhafte Darstellungen der Kontrollflusskonstrukte Sequenz, Iteration und Selektion. Diese bildlich dargestellten Kontrollflüsse werden mit Blöcken versehen, die umgangssprachliche Verarbeitungsanweisungen enthalten und einem freien Pseudocode entsprechen. Im freien Pseudocode formuliert man beispielsweise in einer Sprache, die Pascal ähnlich ist, Schlüsselwörter für die Iteration und Selektion. In diesen Kontrollfluss fügt man Blöcke ein, die umgangssprachlich benannt werden.

Beim formalen Pseudocode hingegen werden anstelle umgangssprachlichen Verarbeitungsanweisungen Befehle in einer Programmiersprache in die Kontrollflussdiagramme eingefügt. Ein Nassi-Shneiderman-Diagramm, mit Verarbeitungsanweisungen in einer Programmiersprache entspricht damit einem formalen Pseudocode. Dabei beschränken sich allerdings Nassi-Shneiderman-Diagramme auf die Darstellung des Anweisungsteils von Programmen. Pseudocode kann daneben auch Datendefinitionen enthalten und damit einen Vereinbarungsteil und einen Anweisungsteil wie in einer Programmiersprache darstellen (siehe Tabelle A-3).

Freier Pseudocode	**Formaler Pseudocode**
Kontrollflusskonstrukte der Strukturierten Programmierung (Sequenz, Iteration, Selektion)	Kontrollflusskonstrukte der Strukturierten Programmierung (Sequenz, Iteration, Selektion)
Umgangssprache für Operationen und Daten	Formale Sprache für Operationen und Daten

Tabelle A-3 Unterschiede zwischen freiem und formalem Pseudocode

Ein formaler Pseudocode, der nur Elemente einer Programmiersprache enthält, ermöglicht eine automatische Codegenerierung für diese Zielsprache. Freie Pseudocodes sind für eine grobe Spezifikation ausreichend.

Beispiel: Spezifikation einer Gasrechnung mit freiem Pseudocode

BEGIN Rechnung
   IF Neuer Zählerstand größer als oder gleich wie der alte Zählerstand **THEN**
      Die Anzahl der verbrauchten Einheiten ergibt sich aus der Differenz neuer Zählerstand und alter Zählerstand.
      Der Verbrauchspreis ergibt sich aus der Anzahl der verbrauchten Einheiten multipliziert mit dem Preis pro Einheit.
      Der Rechnungsbetrag ohne Mehrwertsteuer ergibt sich aus der Summe aus Grundpreis und Verbrauchspreis.
      Der zu bezahlende Rechnungsbetrag ergibt sich durch Multiplikation des Rechnungsbetrags ohne Mehrwertsteuer mit dem Faktor 1 + Mehrwertsteuersatz / 100.
   ELSE
      Gib Alarm "negativer Verbrauch!" aus.
   ENDIF
END Rechnung

Beispiel: Spezifikation einer Gasrechnung mit formalem Pseudocode

BEGIN Rechnung
   IF neuer_Zaehlerstand >= alter Zählerstand **THEN**
      Einheiten = neuer Zaehlerstand - alter Zaehlerstand;
      Verbrauchspreis = Einheiten * Preis pro Einheit;
      Rechnungsbetrag = Grundpreis + Verbrauchspreis;
      Rechnungsbetrag = Rechnungsbetrag * (1 + Mehrwertsteuersatz/100)
   ELSE
      ALARM ("negativer Verbrauch!");
   ENDIF
END Rechnung

A2.2 Strukturierte Sprache

Strukturierte Sprache wird in der Regel dazu verwendet, Prozesse der strukturierten Analyse zu entwerfen. Sie ist zwischen freiem Pseudocode und formalem Pseudocode einzuordnen. Verwendet werden die üblichen Kontrollflusskonstrukte wie DO WHILE, ENDDO und REPEAT, UNTIL für abweisende und annehmende Schleifen, IF, ELSE, ENDIF für binäre Entscheidungen, CASE, OTHERWISE, ENDCASE für mehrwertige Entscheidungen. Darüber hinaus wird empfohlen, die Verben der Strukturierten Sprache aus einem kleinen Vokabular aktionsorientierter Verben zu wählen. Einige Beispiele hierfür sind: SETZE, ADDIERE, MULTIPLIZIERE, DIVIDIERE, LÖSCHE, SUBSTRAHIERE, BERECHNE, SORTIERE, FINDE, SUCHE und LOKALISIERE.

Das Problem der ungewollten Sequenz[213]

Ein Nachteil der Verwendung einer Strukturierten Sprache ist die Festlegung einer Sequenz der Abarbeitung durch die Reihenfolge der Anweisungen. Aufeinander-

---
[213] Dasselbe Problem existiert auch bei Pseudocode.

Kurzbeschreibung einiger elementarer Methoden 969

folgende Anweisungen werden als Sequenz im Kontrollfluss interpretiert. Dadurch wird oftmals, ohne es zu merken, die Reihenfolge der Abarbeitung unnötig festgelegt. Nach McMenamin und Palmer [McM88] müsste man Sprachkonstrukte für nebenläufige Anweisungen einführen. Dies bedeutet, dass solche Anweisungen unabhängig voneinander in nichtdeterministischer Weise ausgeführt werden können.

Das Problem der ungewollten Sequenz bei der Formulierung von Prozessspezifikationen kann auf mehrere Arten vermieden werden:

- durch geeignete Formulierung in Freitext,
- durch die Verwendung von Entscheidungstabellen oder
- durch die Verwendung von Vor- und Nachbedingungen.

A2.3 Sequenztabellen

In Datenflussdiagrammen werden die Datenflüsse statisch dargestellt. Datenflüsse werden mit Nummern versehen, um die Ablaufreihenfolge festzulegen. Dies ist jedoch nicht immer übersichtlich. Eine alternative Darstellung bilden Sequenztabellen. Die Zeitachse ist vertikal. Horizontal sind die Funktionen, Dateien und Terminatoren angeordnet. Die Reihenfolge (Sequenz) der eingezeichneten Datenflüsse ergibt sich durch die Anordnung auf der Zeitachse.

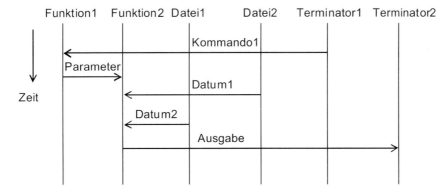

Bild A-2 Beispiel für eine Sequenztabelle

Sequenztabellen spielen als so genannte Sequenzdiagramme auch eine große Rolle bei der objektorientierten Modellierung bzw. dem objektorientierten Entwurf. Von Rumbaugh [Rum93] wurden sie vor UML als Event Traces bezeichnet, von Jacobson [Jac92] als Interaktionsdiagramme.

Anhang B: Requirements für das Flughafen-Informationssystem

Ein Beispiel für eine Requirement-Dokumentation ist hier zu sehen:

1 Requirements
  1.1 Zweck des Systems
  1.2 Funktionale Requirements
    1.2.1 Funktionales Top Level-Requirement
    1.2.2 Requirements an die Anwendungsfälle
      1.2.2.1 Geforderte Anwendungsfälle
      1.2.2.2 Requirements an die einzelnen Anwendungsfälle
        1.2.2.2.1 Funktionale Requirements Luftlage anzeigen
        1.2.2.2.2 Funktionale Requirements Bodenlage anzeigen
        1.2.2.2.3 Funktionale Requirements Zeitplan anfordern
        1.2.2.2.4 Funktionale Requirements Landung durchführen
        1.2.2.2.5 Funktionale Requirements Start durchführen
        1.2.2.2.6 Funktionale Requirements Flugzeug auf separates Parkfeld verlegen
        1.2.2.2.7 Funktionale Requirements Positionsdaten fusionieren
        1.2.2.2.8 Funktionale Requirements Rechnungen erstellen
        1.2.2.2.9 Funktionale Requirements bezahlte Rechnungen buchen
        1.2.2.2.10 Funktionale Requirements Gebühren ändern
        1.2.2.2.11 Funktionale Requirements Schichtplan erstellen
    1.2.3 Requirements an die technischen Funktionen des Systems
      1.2.3.1 Funktionale Requirements an Start-up und Shut-down
      1.2.3.2 Funktionale Requirements an die Fehlererkennung und -behandlung sowie die Fehlerausgabe
      1.2.3.3 Funktionale Requirements an die Safety und Security
      1.2.3.4 Funktionale Requirements an die Ein- und Ausgabe
      1.2.3.5 Funktionale Requirements an die Übertragung
      1.2.3.6 Funktionale Requirements an die Datenhaltung
  1.3 Nicht-funktionale Requirements
    1.3.1 Forderungen an die Bedienbarkeit
    1.3.2 Forderungen an die Standard-Software
    1.3.3 Forderungen an die Architektur
    1.3.4 Forderungen an das Zeit- und Mengengerüst

Hier die Einteilung der Requirement-Nummern:
Zweck des Systems: 1.000
Top Level-Requirement 10.000
Anwendungsfälle 11.000 – 14.999
Technische Funktionen: 15.000 – 19.999
Nicht-Funktionale Requirements 20.000 – 29.999

B1 Requirements für das Flughafensystem

B1.1 Zweck des Systems

Requirement 1000:
Durch Rechnerunterstützung soll die Taktrate für Starts und Landungen von Flugzeugen erhöht werden, so dass pro Monat 18.000 Starts und 18.000 Landungen statt 12.000 Starts und 12.000 Landungen erfolgen können.

B1.2 Funktionale Requirements

B1.2.1 Funktionales Top Level-Requirement

Requirement 10000:
Es soll ein **Flughafen-Informationssystem für Start und Landung** entwickelt werden, welches den **Fluglotsen** die Kontrolle der Flugzeuge bei Start und Landung erlaubt und auch die **Angestellten der Flughafenverwaltung** bei ihren Aufgaben unterstützt.

B1.2.2 Requirements an die Anwendungsfälle

B1.2.2.1 Geforderte Anwendungsfälle

Requirement 11000:
Das System soll die Nutzer bei den folgenden Aufgaben unterstützen:

- Positionsdaten von Flugzeugen in der Luft am Bildschirm kontrollieren
  (Anwendungsfall `Luftlage anzeigen`)
- Positionsdaten von Flugzeugen am Boden am Bildschirm kontrollieren
  (Anwendungsfall `Bodenlage anzeigen`)
- Zeitplan für Starts und Landungen anzeigen
  (Anwendungsfall `Zeitplan anfordern`)
- Landung durchführen
  (Anwendungsfall `Landung durchführen`)
- Start durchführen
  (Anwendungsfall `Start durchführen`)
- Flugzeug auf separates Parkfeld verlegen
  (Anwendungsfall `Flugzeug auf separates Parkfeld verlegen`)
- Flugzeugposition aus Daten des Flugzeugpositionsgebers und des Radars ermitteln und Differenzen erkennen
  (Anwendungsfall `Positionsdaten fusionieren`)
- Erstellung der monatlichen Rechnungen für Start- und Landegebühren an die Fluggesellschaften
  (Anwendungsfall `Rechnungen erstellen`)
- Bezahlte Rechnungen auf das Konto der Fluggesellschaften buchen
  (Anwendungsfall `bezahlte Rechnungen buchen`)

- Preisliste der Start- und Landegebühren ändern
  (Anwendungsfall Gebühren ändern)
- Erstellen des Schichtplans
  (Anwendungsfall Schichtplan erstellen)

B1.2.2.2 Requirements an die einzelnen Anwendungsfälle

B1.2.2.1.1 Funktionale Requirements Luftlage anzeigen

Requirement 11100:
Es soll möglich sein, sich die Positionsdaten der Flugzeuge in der Luft im Umkreis des Flughafens am Bildschirm anzeigen lassen zu können.

Requirement 11110:
Der Radius für die Ansicht der Positionsdaten in der Luft soll umschaltbar sein zwischen:
- 5 km und
- 50 km.

Requirement 11120:
Die Positionsdaten in der Luft sollen in der Draufsicht, d. h. von oben, darstellbar sein. Das jeweilige Flugzeug soll mit seiner Höhe dargestellt werden. Die Bahnkurven in einem Höhenkorridor sollen dieselbe Farbe tragen.

Requirement 11130:
Die Positionsdaten in der Luft sollen im Längsschnitt, d. h. in vertikaler Richtung darstellbar sein. Das jeweilige Flugzeug soll entsprechend seiner Höhe in einer Bahnkurve dargestellt werden.

B1.2.2.2.2 Funktionale Requirements Bodenlage anzeigen

Requirement 11200:
Die Positionsdaten am Boden sollen in der Draufsicht, d. h. von oben, darstellbar sein. Das jeweilige Flugzeug soll mit seiner Bahnkurve am Boden dargestellt werden.

B1.2.2.2.3 Funktionale Requirements Zeitplan anfordern

Requirement 11300:
Der Lotse soll sich den aktuellen Zeitplan für Starts und Landungen ansehen können.

B1.2.2.2.4 Funktionale Requirements Landung durchführen

Requirement 11400:
Ein Lotse soll ein Flugzeug, dessen Landung grundsätzlich nicht verweigert wird, in das System aufnehmen können. Hierbei sollen Flugzeugtyp, Luftfahrtgesellschaft und der betreuende Lotse in das System eingetragen werden.

Requirement 11405:
Ist die Luftfahrtgesellschaft des im Landeanflug befindlichen Flugzeugs dem System noch nicht bekannt, so soll sie vom Lotsen mit Namen und Adresse in das System aufgenommen werden können.

Requirement 11410:
Der Lotse soll sich den Status aller Start-/Landebahnen (belegt/frei) mit Uhrzeit der Belegungen für Start und Landung anzeigen lassen können.

Requirement 11415:
Der Lotse soll sich eine Start-/Landebahn für die Landung reservieren können und soll die von ihm vergebene Landebahn und Soll-Zeitpunkt der Landung in das System eintragen können.

Requirement 11420:
Der Lotse soll sich den Status aller Parkpositionen (belegt/frei) mit Uhrzeit der Belegungen anzeigen lassen können.

Requirement 11425:
Der Lotse soll sich eine Parkposition reservieren können und soll die von ihm vergebene Parkposition mit Dauer der Reservierung in das System eintragen können.

Requirement 11430:
Der Lotse soll in das System eintragen können, dass er für ein angemeldetes Flugzeug Warteschleifen angeordnet hat.

Requirement 11435:
Der Lotse soll in das System eintragen können, dass er für ein bereits zur Landung angemeldetes Flugzeug die Landung untersagt hat.

Requirement 11440:
Der Lotse soll den Ist-Zeitpunkt einer Landung in das System eintragen können, wenn ein Flugzeug erfolgreich gelandet ist.

Requirement 11445:
Der Lotse soll die Start-/Landebahn freigeben können, wenn das Flugzeug die Parkposition erreicht hat.

B1.2.2.2.5   Funktionale Requirements Start durchführen

Requirement 11500:
Der Lotse soll sich eine Start-/Landebahn für den Start reservieren können und soll die von ihm vergebene Start-/Landebahn, die Zeitdauer der Belegung und den Soll-Zeitpunkt des Starts in das System eintragen können.

Requirement 11510:
Der Lotse soll die Parkposition freigeben können, wenn das Flugzeug beim Starten die Start-/Landebahn erreicht.

Requirement 11520:
Der Lotse soll den Ist-Zeitpunkt eines Starts in das System eintragen können und anschließend die Start-/Landebahn wieder freigeben können.

Requirement 11530:
Mit der Freigabe der Start-/Landebahn bei einem Start soll eine automatische Buchung verbunden sein. Dabei soll aufgrund des Flugzeugtyps eine bestimmte Gebühr für Start und Landung gemäß der Gebührenliste dem Rechnungskonto der Fluggesellschaft zugeordnet werden.

B1.2.2.2.6 Funktionale Requirements Flugzeug auf separates Parkfeld verlegen

Requirement 11600:
Der Lotse soll gelandete Flugzeuge, die auf das separate Parkfeld oder auf die Werft gebracht werden, im System entsprechend kennzeichnen können.

Requirement 11610:
Es soll automatisch gemeldet werden, wenn ein Flugzeug die maximale Parkdauer überschreitet. Der Lotse soll dann das Flugzeug auf eine separate Parkfläche oder ggf. zur Werft abordnen können oder aber die Parkdauer verlängern können.

B1.2.2.2.7 Funktionale Requirements Positionsdaten fusionieren

Requirement 11700:
Aus den Daten des Positionsmelders eines Flugzeugs und den Positionsdaten des Radars soll die Position eines Flugzeugs ermittelt werden. Weichen die vom Radar und vom Positionsmelder des Flugzeugs gemeldeten Daten um mehr als eine vorgegebene Toleranz voneinander ab, so soll automatisch ein akustischer Alarm mit der Hupe generiert werden.

B1.2.2.2.8 Funktionale Requirements Rechnungen erstellen

Requirement 11800:
Das System soll basierend auf den gespeicherten Flugbewegungen jeweils zum Monatsersten automatisch am Drucker der Angestellten die Rechnungen an die Fluggesellschaften ausdrucken, die von den Angestellten dann versandt werden sollen.

B1.2.2.2.9 Funktionale Requirements bezahlte Rechnungen buchen

Requirement 11900:
Die Angestellten sollen die von den Fluggesellschaften bezahlte Rechnungen auf dem Konto der jeweiligen Fluggesellschaft buchen können.

B1.2.2.2.10 Funktionale Requirements Gebühren ändern

Requirement 12000:
Die Angestellten der Verwaltung sollen die Preisliste der Start- und Landegebühren abändern können.

B1.2.2.2.11 Funktionale Requirements Schichtplan erstellen

Requirement 12100:
Die Anzahl der Lotsen während einer Schicht soll durch die Start- und Landefrequenz vorgegeben und vom System automatisch berechnet werden. Die Namen der diensthabenden Lotsen sollen von den Angestellten der Verwaltung nach Absprache ins System eingetragen werden können, wobei die Lotsen vom System automatisch aufgefordert werden sollen, die vereinbarten Termine im System zu bestätigen.

B1.2.3 Requirements an die technischen Funktionen des Systems

B1.2.3.1 Funktionale Requirements an Start-up und Shut-down

Requirement 15000:
Der Start-up bzw. der Shut-down soll von einem beliebigen Arbeitsplatz nur von der Rolle Administrator durchgeführt werden können.

B1.2.3.2 Funktionale Requirements an die Fehlererkennung und -behandlung sowie die Fehlerausgabe.

Requirement 15100:
Fehler im System sollen erkannt und auf der Fehlerkonsole mit Ursache und Aufrufer-Hierarchie ausgegeben werden. Fehler erhalten ein eindeutiges Fehlerkürzel und einen Fehlertext.

Requirement 15110:
Bei schweren Fehlern in der Software soll nach dem Verfahren der Graceful Degradation die Funktionalität zurückgestuft werden. Hierbei hat die Software für die Angestellten die Priorität 3, alle Vorgänge des Lotsen bis auf Start/Landung die Priorität 2 und der Start/die Landung die Priorität 1. 1 ist die höchste Priotität.

B1.2.3.3 Funktionale Requirements an die Safety und Security

B1.2.3.3.1 Funktionale Requirements an die Safety

Requirement 15600:
Das System soll Fehler in der Software erkennen und an die Anwender melden, damit diese auf ein manuelles Back-up Verfahren umsteigen können.

B1.2.3.3.2 Funktionale Requirements an die Security

Requirement 15500:
Es soll rollenbezogene Accounts für die Rolle Flughafenlotse und für die Rolle Angestellter geben.

B1.2.3.4 Funktionale Requirements an die Ein- und Ausgabe

Requirement 15200:
Der Bildschirmaufbau des Lotsen soll aus vier nicht überlappenden Subfenstern bestehen. Er soll aus einem

- Identifikationsbereich mit Rollennamen, Datum einschließlich Schablonenname
- Arbeitsbereich
- und einem Fehler-/Status/Navigationsbereich und einem
- ständig aufgeschalteten Wetterbereich

bestehen:

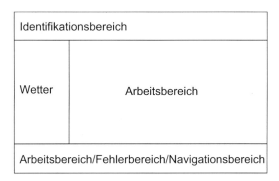

Bild B-1 Bildschirmaufbau des Lotsen

Requirement 15210:
Der Bildschirmaufbau des Angestellten soll aus drei nicht überlappenden Subfenstern bestehen. Er soll aus einem

- Identifikationsbereich mit Rollennamen, Datum einschließlich Schablonenname
- Arbeitsbereich und einem
- Fehler-/Status/Navigationsbereich

bestehen:

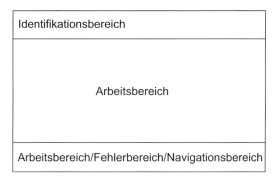

Bild B-2 Bildschirmaufbau des Angestellten

Requirement 15220:
Die Einlogschablone soll je ein Feld für die persönliche Kennung und das Passwort aufweisen. Je nachdem, ob die Person der Rolle Lotse, Angestellter oder Adiministrator zugeordnet ist, wird entsprechend verzweigt.

Requirement 15230:
Der Lotse hat einen Captive Account[214] für die Rolle Lotse. Ihm stehen nur die Dialoge des Lotsen zur Verfügung. Der Angestellte hat einen Captive Account für die Rolle Angestellter. Ihm stehen nur die Dialoge des Angestellten zur Verfügung. Der Administrator erhält einen eigenen Captive Account, in dem er auf die volle Betriebssystemebene zugreifen kann, aber weder auf die Dialoge des Lotsen, noch des Angestellten.

B1.2.3.5   Funktionale Requirements an die Übertragung

Requirement 15300:
Der Lotse, der Angestellte und der Systemverwalter soll in seinen Dialogen in der Arbeitsfläche über ein E-Mail-Programm mit anderen E-Mail-Teilnehmern kommunizieren können.

B1.2.3.6   Funktionale Requirements an die Datenhaltung

Requirement 15400:
Es soll jeder beliebige Start bzw. jede beliebige Landung durch Eingabe des Zeitfensters oder der Flugnummer mit Datum gefunden werden. Dabei soll für einen Start bzw. eine Landung ein eindeutiges Kennzeichen für den Flug zurückgegeben werden.

Requirement 15410:
Durch Angabe des Kennzeichens eines Flugs sollen alle über diesen Flug gespeicherten Informationen gefunden und dargestellt werden.

Requirement 15420:
Alle Daten des Flughafeninformationssystems sollen doppelt geschrieben werden.

B1.3   Nicht-funktionale Requirements

B1.3.1   Forderungen an die Bedienbarkeit

Requirement 20000:
Die Oberfläche soll übersichtlich sein.

---

[214] Mit einem Captive Account kann sich der Nutzer nur in seinen Computer einloggen. Die vorgesehene Dialogführung kann nicht verlassen werden. Damit sind automatisch andere Programme gesperrt.

B1.3.2 Forderungen an die Standard-Software

Requirement 20100:
Es soll ein Betriebssystem verwendet werden, auf dem eine Java Virtual Machine läuft.

Requirement 20110:
Es soll JBoss als EJB-Server verwendet werden.

Requirement 20120:
Als Datenbank soll MySQL verwendet werden.

B1.3.3 Forderungen an die Architektur

Requirement 20300:
Das System soll über einen Swing-Client bedienbar sein.

Requirement 20310:
Das System soll eine Client/Server-Architektur aufweisen.

Requirement 20320:
Der Server soll in Komponententechnologie realisiert werden.

Requirement 20330:
Das System soll modular aufgebaut sein, damit es leicht änderbar ist.

B1.1.3.4 Forderungen an das Zeit- und Mengengerüst

Requirement 20400:
Alle Einträge der Lotsen in das System für Start und Landung sollen für die Unfallforschung drei Jahre lang gespeichert bleiben.

Requirement 20410:
Alle Buchhaltungsvorgänge sollen für Zwecke des Finanzamtes zehn Jahre gespeichert bleiben.

Anhang C: Machbarkeitsanalyse

Die Machbarkeitsanalyse besteht aus analytischen und konstruktiven Anteilen. Die Analyse der Requirements stellt den **analytischen Anteil** dar. Das Auffinden von Systemalternativen, die die Forderungen erfüllen, sowie die Auswahl einer dieser Alternativen stellen den **konstruktiven Anteil** dar.

Wie bereits bekannt, folgt nach der Systemanalyse der Systementwurf. Beim Systementwurf kann erkannt werden, dass keine Lösung zu annehmbaren Kosten existiert. Für diesen Fall ist es zwecklos, die Systemanalyse komplett durchzuführen. Daher wird eine Machbarkeitsanalyse eingeschoben, um frühzeitig sicherzustellen, dass sich der spätere Aufwand lohnt. Dies geschieht oft nachdem man durch die ersten Schritte der Systemanalyse genügend Kenntnisse über die Aufgabenstellung gewonnen hat (siehe Bild C-1).

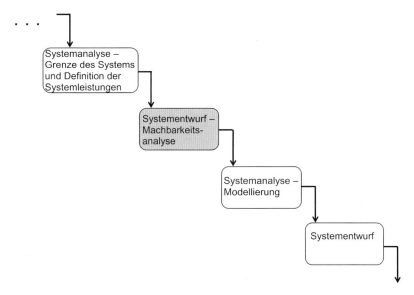

Bild C-1 Machbarkeitsanalyse durch vorgezogenen Systementwurf

Das Ziel einer **Machbarkeitsanalyse** ist nichts anderes als ein **vorgezogener Systementwurf**. Nach der Analyse der Kundenwünsche entwirft man Architekturen für das neue System, bewertet diese und sucht die beste Lösung aus. Dabei werden verschiedene Alternativen für ein DV-System untersucht und nach bestimmten Kriterien bewertet. Kriterien können der Grad der Nutzerunterstützung, die Ausbaufähigkeit, die Kosten und das Realisierungsrisiko sein. Ziel ist es, durch Vergleich und Bewertung der Alternativen zu einem am besten geeigneten **Realisierungsvorschlag (Technisches Konzept)** zu kommen. Der Realisierungsvorschlag muss die **Architektur des Systems** enthalten.

Im schlimmsten Fall kann es auch sein, dass keine geeignete technische Lösung existiert. Dann wird das Projekt eingestellt. Da man noch nicht in die volle Tiefe des Problembereichs gegangen ist, halten sich hierfür die Kosten jedoch in Grenzen.

> Eine **Machbarkeitsanalyse** beinhaltet für die Kundenwünsche die Aufstellung von Lösungsalternativen, ihre Bewertung, die Auswahl einer Lösung und den vorgezogenen Entwurf für das System.

Bei der Durchführung der Machbarkeitsanalyse werden die Kundenforderungen auf den Lösungsbereich projiziert. Mit anderen Worten, man stellt einen Zusammenhang zwischen Problembereich und Lösungsbereich her. Dabei betrifft ein Requirement, das aus Sicht des Nutzers geschrieben ist, oftmals das ganze System und damit auch mehrere Komponenten.

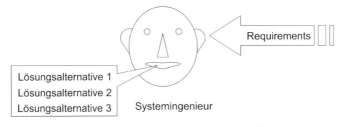

Bild C-2 Der Systemingenieur übersetzt Requirements in Lösungsvorschläge

Nach der Analyse der inhaltlichen Bedeutung der Requirements werden die Möglichkeiten einer technischen Realisierung geprüft, bewertet und das technische Lösungskonzept festgelegt. Die Architektur des Systems wird dabei im Rahmen des technischen Lösungskonzeptes festgelegt. Oftmals sind dazu Prototypen zur Untersuchung der Realisierbarkeit erforderlich.

Dies bedeutet, dass man bei der Machbarkeitsanalyse weit über eine reine Analyse hinaus geht. Es ist erlaubt, in der Phase der Machbarkeitsanalyse temporär in alle anderen Phasen hineinzuspringen. Wo es nötig ist, befasst man sich mit der Systemanalyse, um ein Verständnis zu gewinnen, und erarbeitet dann verschiedene Vorschläge für den Systementwurf. Anschließend wird der am besten geeignete Vorschlag ausgewählt. Wo man mit Kopfarbeit nicht weiterkommt, sucht man die Entscheidung durch einen Realisierbarkeits-Prototypen der kritischen Stellen des Systems. Das heißt, es wird implementiert und getestet. Letztendlich geht es dabei bereits um das Durchführen des Systementwurfs! Um den Entwurf erstellen zu können, muss man sich mit der Logik der Anwendung befassen, um ein Verständnis für die Anwendung zu gewinnen. Beim Entwurf werden verschiedene Alternativen diskutiert und gegeneinander abgewogen. Die Ergebnisse, die in den vorübergehend besuchten Phasen gewonnen werden, fließen in die Dokumentation der Machbarkeitsanalyse ein.

Bild C-3 zeigt die während der Machbarkeitsanalyse besuchten Entwicklungsschritte.

Machbarkeitsanalyse 983

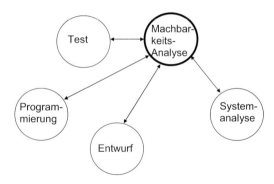

Bild C-3 Relevante Entwicklungsschritte

Die Machbarkeitsanalyse stellt die Weichen für das System. Dabei muss temporär in andere Phasen gesprungen werden. In der Regel beeinflussen sich Realisierungsvorschlag und Kundenforderungen gegenseitig. So können z. B. besonders kostspielige Requirements vom Kunden wieder zurückgezogen werden.

> Erweisen sich bestimmte Requirements als nicht sinnvoll oder in der Umsetzung schlichtweg als zu teuer. so werden sie in Absprache mit dem Auftraggeber geändert.

C1   Schritte der Machbarkeitsanalyse

Es werden die folgenden vier Schritte durchlaufen:

- Schritt 1: Auszeichnung eines jeden Requirements mit Kategorien des Lösungsbereichs.
- Schritt 2: Sortieren der Requirements nach Kategorien des Lösungsbereichs und Analyse aller Requirements einer Kategorie in einer zusammenfassenden Abhandlung.
- Schritt 3: Basierend auf dem gewonnenen Verständnis, was für die einzelnen Kategorien gefordert wird, erfolgt die Ermittlung von Lösungsalternativen.
- Schritt 4: Bewertung der Alternativen und Auswahl einer Lösung. Die ausgewählte Lösung stellt das technische Konzept dar.

Schritt 1:   Aussage eines einzelnen Requirements für den Lösungsbereich ermitteln

Hier werden die Requirements auf Systemkomponenten und Systemqualitäten projiziert. Dies bedeutet, dass man sich bei jedem Requirement überlegen muss, welche technischen Aspekte des Systems es betrifft. In der Regel werden die Requirements aus Benutzersicht formuliert, die technische Realisierung ist bei der Erstellung der Requirements meist noch nicht bekannt. Eine Eins-zu-Eins-Beziehung zur technischen Realisierung ist also nicht gegeben. Deshalb muss man jedes einzelne Requirement abwägen und reflektieren, welche Aspekte der Realisierung durch ein Requirement betroffen sind. Jedes einzelne Requirement wird im Hinblick darauf analysiert, welche Systemkomponente bzw. welche Systemeigenschaft durch dieses

Requirement angesprochen ist. Die entsprechende Kategorie wird in einer bestimmten Notation an das Requirement angefügt. Damit ist die Voraussetzung geschaffen, dass ein Requirement in die Betrachtung der entsprechenden Systemkomponente bzw. der entsprechenden Systemeigenschaft einfließen kann.

Es ist ganz klar, dass eine Nutzerforderung verschiedene Kategorien betreffen kann. Ein Nutzer sagt im Allgemeinen nicht, wie das System gebaut werden soll, sondern vor allem, welche Anwendungsfunktion er haben möchte. Eine Nutzerforderung kann also verschiedene Aspekte des Systems (Kategorien) betreffen. Ebenso kann eine Entwurfseinheit oder Systemeigenschaft verschiedene Nutzerfunktionen betreffen.

Schritt 2: Analyse der Requirements in geclusterter Form

Nach der Detailarbeit, bei der jedes einzelne Requirement für sich allein auf seine Auswirkungen hin analysiert wurde, erfolgt eine Betrachtung auf höherer Ebene. Es soll die Summe aller Requirements in Hinblick auf Systemteile oder Systemeigenschaften verstanden werden. In der Regel macht man eine Überschriftenstruktur gemäß den erforderlichen Kategorien und schreibt zu jedem dieser Gliederungspunkte in knapper Form das Wesentliche. Mögliche Kategorien können sein:

- Architektur
- Verarbeitungsfunktionen
- MMI
- Datenhaltung
- Übertragung
- Betriebssicherheit
- Informationssicherheit
- System-Software
- etc.

Schritt 3: Aufstellung von Lösungsalternativen

Nach der Projektion der Requirements auf die Systemteile und Systemeigenschaften und der Analyse der Requirements in geclusterter Form weiß man, was technisch verlangt wird. In Schritt 3 können jetzt Lösungsalternativen für den Systementwurf gefunden werden, die den Requirements an die Systemeigenschaften genügen.

Die Architekturmodelle sollen die DV-Mechanismen darstellen. Sie dürfen keine Funktionsbeschreibungen sein. Architekturmodelle müssen immer knapp und präzise sein!

Schritt 4: Bewertung der Lösungsalternativen. Auswahl einer Lösung. Technisches Konzept

Die gefundenen Lösungsalternativen werden abgewogen und dargelegt, welcher Lösungsalternative aus welchem Grund der Vorzug gegeben wird. Es ist wichtig, die Begründung sauber darzulegen. Ändert sich zum Beispiel der Kostenrahmen des Projektes, so können die Requirements neu gewichtet werden und unter Umständen kann eine andere der Alternativen zum Zuge kommen.

Machbarkeitsanalyse

Bild C-4 Abwägen der Alternativen

Die aufgestellten Modelle müssen auf der Basis weniger Kriterien auf ihre Tauglichkeit hin verglichen werden. Solche Kriterien können sein:

- Erfüllung der Realzeitbedingungen,
- Kosten oder
- Nutzerakzeptanz (Grad der Nutzerunterstützung).

Eine verbale Abwägung muss zur Auswahl einer Lösung führen. Hierbei sind wiederum knappe präzise Aussagen erwünscht. Es ist oftmals durchaus möglich, eine Lösungsalternative auf wenigen Seiten Papier zu charakterisieren und die Bewertung und Auswahl ebenfalls nur auf einigen Seiten durchzuführen.

C2 Gründe für Prototypen zur Untersuchung der Realisierbarkeit

Oftmals wird das gesamte Projekt nicht am Stück realisiert. Stattdessen werden bestimmte Ausschnitte des Systems vor der Realisierung des Gesamtsystems ausprobiert. Besonders oft werden Prototypen zur Erprobung der Realisierbarkeit während der Machbarkeitsanalyse gebaut. Sie können aber auch während einer anderen frühen Phase entstehen.

Für den Bau von Prototypen kann es zur Untersuchung der Realisierbarkeit die folgenden Gründe geben:

- Der Nutzer möchte anhand eines Prototyps die Bedienoberfläche mitgestalten (**MMI-Prototyp**). Die Bedienoberfläche ist das Einzige, was der Nutzer vom System sieht. Mit ihr muss er in Zukunft täglich umgehen und muss mit ihr zurechtkommen. Sein Wunsch ist also absolut berechtigt.
- Man traut einer theoretisch ausgedachten Lösung nicht oder weiß nicht, welche der vorgeschlagenen Alternativen besser funktioniert. Dann sichert man sich ab, indem man die kritischen Anteile als Ausschnitte aus dem zu entwickelnden System vorgezogen experimentell realisiert (**Realisierbarkeits[215]-Prototyp**).

---

[215] Hat der Entwickler Angst, weil er die Machbarkeit nicht "im Kopf" beurteilen kann, so ist er bestens beraten, wenn er die Machbarkeit durch einen Prototypen abklärt. Zeigt der Prototyp die Realisierbarkeit, so verschwindet die Angst. Zeigt der Prototyp, dass das System nicht realisierbar ist, so müssen entweder mit dem Kunden gemeinsam die nicht realisierbaren Requirements abgeändert werden oder – falls dies nicht geht – das Projekt eingestellt werden. Es ist besser, das Projekt wird früh eingestellt, als dass man erst am Projektende bei der Integration erkennt, dass das System nicht realisierbar ist.

- Das System soll inkrementell über einen **inkrementellen Prototyp** gebaut werden (Dies funktioniert nur dann, wenn die Architektur durchdacht ist. Architekturentscheidendes wird bei vielen Projekten zu spät bemerkt).
- Es soll ein **Architekturprototyp** gebaut werden (**Durchstich durch das System**).

> Ein Prototyp kann eine der folgenden Ausprägungen haben:
> - Realisierbarkeitsprototyp, um das Risiko zu veringern,
> - ein horizontaler Prototyp wie das MMI.
> - ein inkrementeller Prototyp oder
> - ein vertikaler Prototyp, d. h. ein Durchstich durch das System.

Da man beim Entwurf der Architektur ganz sicher sein will, dass der ausgewählte Lösungsvorschlag auch funktioniert, oder dass ein Vorschlag tatsächlich auch besser ist als der andere, werden **prototypische Untersuchungen** meist bereits **im Rahmen der Machbarkeitsanalyse** erforderlich. Natürlich kosten Prototypen Zeit und Geld. Dennoch gilt, dass entwurfsentscheidende Probleme, die nicht abgeschätzt werden können, stets prototypisch erprobt werden müssen. Alles andere wäre ein reines Glücksspiel!

> Ein Prototyp kann zur Minderung des Risikos beitragen.

Prototypische Aktivitäten zur Mensch-Maschine-Schnittstelle werden oft parallel zur Systemanalyse gestartet. Die Bedienoberfläche wird allerdings meist erst ganz zum Schluss eines Projektes fertig. Dies liegt daran, dass dem Nutzer in der Regel bis zuletzt Verbesserungsvorschläge einfallen.

In ein Phasenmodell mit Phasen im strengen Sinne passen Prototyping-Aktivitäten nicht hinein, da hier die Phasen eine nach der anderen sequenziell durchlaufen werden müssen (sequenzielles Vorgehensmodell). Sieht man den Phasenbegriff jedoch nicht so streng und interpretiert die verschiedenen Phasen des Projektes einfach als Aktivitäten, die durchlaufen werden müssen, so hat man mit dem Prototyping kein Problem. So werden dann einfach gleichartige Aktivitäten zu ganz verschiedenen Zeiten für den Ausschnitt des Systems, der als Prototyp realisiert wird, und für das zu realisierende Gesamtsystem durchlaufen. Dabei wird man an den Prototyp oftmals weniger Qualitätsanforderungen als an das Gesamtsystem stellen, der Prototyp wird "**quick and dirty**" entwickelt. Hat ein solcher Prototyp zur Klärung der offenen Fragen geführt, so hat er seine Schuldigkeit getan und ist wegzuwerfen! Seine Funktionalität kann dann im Rahmen der Realisierung des Gesamtsystems unter Anlegung der normalen Qualitätsmaßstäbe des Projektes nochmals entwickelt werden. Hierbei können allenfalls **punktuell bei Erfüllung der Qualitätsvorschriften** Teile des Prototypen übernommen werden. Man hüte sich vor langlebigen Provisorien!

Anhang D: Theorie der Protokollzustandsautomaten

Protokollzustandsautomaten – oder kurz **Protokollautomaten** – (engl. **protocol state machines**) sind seit der UML Version 2.0 formaler Bestandteil der UML. Sie dienen der Spezifizierung der zulässigen Verhaltensmerkmale eines UML Classifiers und beschreiben, welche Aufrufe von Operationen in welcher Reihenfolge mit welchen Vor- und Nachbedingungen möglich sind und regeln somit den Lebenszyklus von Objekten. Verhaltensautomaten (siehe 11.7) können hingegen auch einzelnen Operationen zugewiesen werden.

Im Prinzip weisen Protokollzustandsautomaten große Ähnlichkeiten zu den **Verhaltenszustandsautomaten** (engl. **behavioral state machines**) – oder kurz **Verhaltensautomaten** –, den üblichen Zustandsautomaten, auf. Protokollzustandsautomaten stellen keine direkte Weiterentwicklung der Verhaltenszustandsautomaten dar, sondern existieren parallel. Zwischen Verhaltenszustandsautomaten und Protokollzustandsautomaten existieren grundlegende Unterschiede.

Beispiel:

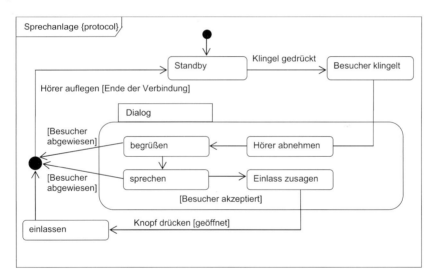

Bild D-1 Beispiel für einen Protokollzustandsautomaten

D1 Geschichte

Betrachtet man die Geschichte der Protokollzustandsautomaten, so lässt sich feststellen, dass deren Anfänge bei den endlichen Automaten liegen. Diese sind in der Theoretischen Informatik (Automatentheorie) schon seit den 1950er Jahren bekannt. 1987 veröffentlichte der englische Informatiker David Harel sein Werk "Statecharts: A Visual Formalism for Complex Systems" ([Har87]), in dem er Zustandsdiagramme als Methode zur grafischen Darstellung von Verhaltenszustandsautomaten einführte. 1994 veröffentlichte Bran Selic, der maßgeblich an der Entwicklung der UML Superstructure 2.0 beteiligt war, ROOM (**R**eal-time **O**bject **O**riented **M**odeling Language) als Modellierungssprache für die objektorientierte Entwicklung von Echtzeitsystemen. ROOM stellt einen Versuch dar, Zustandsautomaten mit objektorientierten Methoden zu vereinen. Mit ROOM wurde eine Verfeinerung der Statecharts von Harel eingeführt, die sogenannten ROOMcharts. Mit den ersten Versionen von UML in den 1990ern kam dann eine neue, auf Objekten basierende Version der Statecharts von Harel auf. UML 2.0 spiegelt nun die Einflüsse von Selic deutlich wieder. So wurden beispielsweise außer Protokollzustandsautomaten auch Ports und Verbindungspunkte (engl. **connection points**; in ROOM: **transition points**) in UML 2.0 eingeführt. Die folgende Abbildung fasst die soeben beschriebene Entwicklung der Zustandsautomaten in Form einer schematischen Übersicht zusammen.

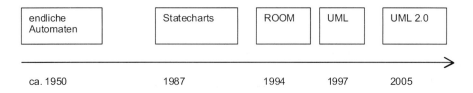

Bild D-2 Zeitlicher Verlauf der Entwicklung der Zustandsautomaten

D2 Grundzüge

Protokollzustandsautomaten dienen nicht der Beschreibung des Verhaltens eines Modellelements, sondern der Beschreibung der zulässigen Nutzung seiner Verhaltensmerkmale. Classifier stellen die Gruppe der Modellelemente dar, die durch Protokollzustandsautomaten beschrieben werden können. Mithilfe von Protokollzustandsautomaten können auch Classifier wie Schnittstellen oder Ports, die selbst kein Verhalten besitzen, beschrieben werden. Ein Classifier, der eine Schnittstelle realisiert, muss in diesem Fall auch die durch den Protokollzustandsautomaten gegebenen Anforderungen erfüllen. Protokollzustandsautomaten können zur Spezifizierung von Lifecycles verwendet werden. Durch die Festlegung der Reihenfolge, in der die Operationen des Classifier ausgeführt werden dürfen, werden folglich auch die Zustände beschrieben, die eine Instanz des Classifier während ihres Lebens durchlaufen darf.

Jedem Classifier können beliebig viele Protokollzustandsautomaten zugeordnet werden. Oft geschieht dies implizit durch Vererbungen oder Realisierungen. Mehrere Protokollzustandsautomaten, die dasselbe Modellelement beschreiben, können auch in einem Protokollzustandsautomaten mit mehreren Regionen zusammengefasst werden.

Protokollzustandsautomaten bestehen aus **Zuständen** (engl. **states**) und **Transitionen** (engl. **transitions**), auch Zustandsübergänge genannt. Durch die Definition der zulässigen Transitionen und deren Reihenfolge werden die Zustände festgelegt, in die das Element, in dessen Kontext der Protokollzustandsautomat steht, geraten darf. Somit ist sichergestellt, dass sich das System zu jedem Zeitpunkt in einem dieser Zustände oder im Übergang von einem Zustand zu einem anderen befindet und keinen undefinierten Zustand erreicht. Bei der Implementierung eines Protokollzustandsautomaten muss berücksichtigt werden, dass auch die Zustandsübergänge eine gewisse Zeit in Anspruch nehmen und nicht unendlich schnell vonstatten gehen. Es muss sichergestellt werden, dass diese Transitionen nicht ab- oder unterbrochen werden, da dies das System in einen unsicheren Zustand bringen könnte.

Protokollzustandsautomaten werden – wie auch Verhaltenszustandsautomaten – in UML mit Zustandsdiagrammen notiert.

D3 Zustände

Zustände in einem Protokollzustandsautomaten können folgende Ausprägungen haben:

- Ein **einfacher Zustand** enthält keine Region und keine untergeordneten Protokollzustandsautomaten.
- Ein **zusammengesetzter Zustand** besteht aus einer Region oder mehreren orthogonale Regionen.
- Ein **Unterautomaten-Zustand** spezifiziert einen untergeordneten Protokollzustandsautomaten.

Bis auf die flachen und tiefen Historie-Zustände existieren bei einem Protokollzustandsautomaten die gleichen Pseudozustände wie bei einem Verhaltenszustandsautomaten.

Keiner der Pseudozustände, auch nicht der Startzustand, muss in einem Zustandsautomaten auftreten. Fehlt der Startzustand allerdings, gilt der Protokollzustandsautomat als schlecht definiert. Dies macht implizit doch die Spezifizierung eines Startzustands erforderlich.

Das folgende **Beispiel** soll anhand einer Datenübertragung bei einem Flash-Prozess sinnvolle Zustände zeigen:

Zustand 1: Datenübertragung hat noch nicht begonnen.
Zustand 2: Pakete werden übertragen.
Zustand 3: Flashware wurde komplett übertragen und bestätigt.

Ein Flash-Vorgang kann in eine Vorbereitungsphase, eine Datenübertragungsphase und in eine Abschlussphase unterteilt werden. Jede dieser Phasen kann als Zustand des Flash-Prozesses angesehen werden und jeder dieser Zustände kann wiederum Unterzustände enthalten und somit als Unterautomaten-Zustand modelliert werden. In der Datenübertragungsphase müssen zum Beispiel nicht nur die Daten übertragen werden, sondern zuvor müssen noch die Datenübertragung initialisiert und Metadaten der Flashware übertragen werden. In einem Fehlerfall, oder wenn aus bestimmten Gründen Unterzustände nicht aktiviert werden müssen, kann der gesamte Unterautomaten-Zustand verlassen werden.

D4 Transitionen

Transitionen stellen in einem Zustandsautomaten eine Verbindung zwischen zwei Zuständen her. Eine Transition darf nie zu einem Zustand in einer orthogonalen Region führen, da dies zum Ergebnis haben könnte, dass zwei Zustände in dieser Region gleichzeitig aktiv sind.

Transitionen zeigen, welche Operationen in welchem Zustand des modellierten Elements ausgeführt werden dürfen. Wird eine Operation, die mit einer vom aktiven Zustand wegführenden Transition verknüpft ist, ausgeführt, so wird diese Transition ausgelöst. Der vom Protokollzustandsautomaten beschriebene Classifier wechselt dabei in den Zielzustand der Transition. Es existieren abstrakte Operationen (beispielsweise bei Schnittstellen) oder konkrete Operationen (beispielsweise bei Klassen). Konkrete Operationen lassen sich direkt in Methoden oder andere Verhaltenselemente des Modellelementes auflösen, zu dem sie gehören. Auch Ereignisse (engl. events) können Transitionen auslösen (engl. triggern). In diesem Fall spezifiziert der Protokollzustandsautomat die Bedingungen, unter denen die externe Umgebung das Ereignis auslösen darf.

Wird eine Operation ausgeführt, die von keiner Transition referenziert wird, so bleibt der Protokollzustandsautomat im gerade aktiven Zustand.

Transitionen können die drei folgenden Bestandteile enthalten:

- Einen **Ereignistrigger**, also der Name der mit der Transition verknüpften Operation,
- eine **Vorbedingung** (engl. **precondition**), die erfüllt sein muss, damit der Zustandsübergang stattfinden darf,
- eine **Nachbedingung** (engl. **postcondition**), die nach der Ausführung der Operation erfüllt sein muss. Sie tritt anstelle der Aktion bei Verhaltensautomaten.

Alle drei Bestandteile sind optional. Eine Transition ohne Ereignistrigger wird implizit ausgeführt, sobald der Startzustand sein Verhalten beendet hat. Bei einer Transition ohne Ereignistrigger können Vor- und Nachbedingungen zu einer Bedingung zusammengefasst werden, da sich das mit dem Protokollzustandsautomaten beschriebene Element während der Transition nicht verändern kann.

Eine Transition eines Protokollzustandsautomaten wird, wie aus Bild D-3 ersichtlich ist, mit einer gerichteten Linie vom Quellzustand zum Zielzustand dargestellt.

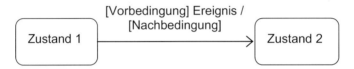

Bild D-3 Transition mit Ereignistrigger, Vor- und Nachbedingung

In der unmittelbaren Nähe der Transition wird das Triggerereignis, gefolgt von einem Schrägstrich (/), notiert. Die Vorbedingung für den Übergang wird vor dem Triggerereignis und die Nachbedingung hinter dem Triggerereignis festgehalten. Damit ist der Zustandsübergang folgendermaßen zu lesen:

Wenn das `Ereignis` im Protokollzustand `Zustand 1` unter der `Vorbedingung` aufgerufen wird, muss unter Einhaltung der `Nachbedingung` der Protokollzustand `Zustand 2` erreicht werden.

Während Verhaltensautomaten Ereignisse über die Aktionen in Effekte umsetzen, beschreiben Protokollzustandsautomaten lediglich die zugelassene Abfolge von Ereignissen ohne irgendwelche Effekte. Operationen, die nicht im Protokollautomat genannt werden, dürfen stets aufgerufen werden und verändern den jeweiligen aktiven Zustand nicht.

D5 Unterschiede zu Verhaltenszustandsautomaten

Protokollzustandsautomaten weichen in folgenden Punkten von Verhaltensautomaten ab:

- **Verhaltensautomaten beschreiben das Verhalten eines Elements wie ein Objekt oder ein System und nicht sein Protokoll.**
  Verhaltenszustandsautomaten werden zur Beschreibung des Verhaltens eines Modellelementes der UML eingesetzt. Im Gegensatz zu den Protokollzustandsautomaten können sie jedoch nur mit individuellen Objekten, die ein Verhalten aufweisen, verknüpft werden. Meist werden sie zur Ergänzung eines Systems, einer Komponente, einer Klasse, oder auch eines Use Cases eingesetzt und beschreiben das Verhalten einer Instanz eines dieser Classifier. Sie können allerdings auch zur Beschreibung des Verhaltens anderer Modellelemente wie zum Beispiel von Methoden, also Implementierungen von Operationen, verwendet werden.
- **Eine Transition eines Protokollautomaten bewirkt Aufrufe von Operationen (null oder mehr).**
  Bei einer Transition eines Protokollautomats wird vor Aufruf einer Operation zuerst die Vorbedingung erfüllt. Ebenfalls ist die Nachbedingung vor Betreten des Zielzustands erfüllt.
- **Zustände dürfen nur bei Protokollzustandsautomaten Invarianten aufweisen.**
  Zustände in Verhaltenszustandsdiagrammen können keine Zustandsinvarianten besitzen.

Bild D-4 Zustand mit Ein- und Austrittspunkten und Invariante

Invarianten werden unter dem Namen eines Zustands in eckigen Klammern ([ ]) dargestellt. In Bild D-4 ist die Invariante eines Unterautomaten-Zustands angegeben, bei dem zur Vereinfachung der Darstellung die untergeordneten Zustände nicht eingezeichnet wurden.

- **Entry-, Exit-Aktionen, do-Aktivitäten und verzögerte Ereignisse dürfen bei Protokollzustandsautomaten nicht eingesetzt werden.**
  Bei Verhaltensautomaten sind `entry`-Aktionen bekanntermaßen Handlungen, die beim Eintritt in den Zustand ausgeführt werden. Die sogenannten `exit`-Aktionen werden hingegen beim Verlassen des Zustands ausgeführt. `do`-Aktivitäten sind Aktionen, die in der Zeit zwischen Abschluss der `entry`-Aktion und Start der `exit`-Aktion fortlaufend durchgeführt werden. Verzögerte Ereignisse werden nicht ausgeführt, sondern gespeichert, damit sie in einem anderen Zustand gestartet werden können.

- **Die Randbedingung `{protocol}` wird bei Protokollzustandsautomaten hinter den Namen des Zustands gesetzt.**
  Transitionen bei Protokollzustandsautomaten haben anstelle einer Wächterbedingung eine Vorbedingung und anstelle einer Aktion eine Nachbedingung.

  Der Unterschied bei den Transitionen liegt hauptsächlich darin, dass Transitionen in Verhaltenszustandsautomaten zusätzlich noch einen Effekt haben können, der beim Zustandsübergang ausgeführt wird. Ein Effekt ist ein Verhalten, wie beispielsweise ein Operationsaufruf, die Erstellung oder Zerstörung eines Objektes oder das Auslösen eines Ereignisses. Ein Effekt einer Transition kann nicht durch eine andere Transition unterbrochen werden.

  Nachbedingungen bei Transitionen sind eine Besonderheit der Protokollzustandsautomaten und dürfen in Verhaltenszustandsautomaten nicht existieren.

- **Keine Historie-Zustände bei Protokollautomaten.**
  Zur Darstellung der verschiedenen Pseudozustände existieren dieselben Symbole wie bei Verhaltensautomaten. Diese Pseudozustände umfassen:

  – Anfangszustand,
  – Endzustand,
  – Eintrittspunkt,
  – Austrittspunkt,
  – sequenzielle Verzweigung,
  – Nebenläufigkeitsbalken als Gabelung,
  – Nebenläufigkeitsbalken als Vereinigung,
  – Terminierungsknoten und
  – Verbindungsstelle.

  Zusätzlich zu diesen Pseudozuständen gibt es bei den Verhaltenszustandsautomaten noch die flache und tiefe Historie als Pseudozustände.

Anhang E: Beispiel für einen einfachen Bottom-up Test- und Integrationsplan

E1 Beschreibung der Teststufen

Die Testdurchführung erfolgt in mehreren Teststufen. Dieses schrittweise nutzt möglichst große der zuvor geprüften Anteile, wodurch die Entwicklung von Testtreibern (Simulationsprogrammen) vereinfacht werden kann.

Als Beispiel sind in einem Projekt folgende Teststufen vorzusehen:

Teststufe 1, Teststufe 2, Teststufe 3 und Teststufe 4.

Es wird angenommen, dass das System verschiedene Betriebssystem-Prozesse enthält.

Beschreibung der Teststufe 1:

Die Teststufe 1 ist die unterste Teststufe und beinhaltet die Prüfung von Interrupt Service-Routinen und von Betriebssystem-Prozessen.

Die Tests setzen sich aus statischen und dynamischen Tests zusammen.

Statische Tests

Vor Beginn der Programmierung wird von einem **Team unter Leitung der Qualitätssicherung** zusammen mit dem **Integrations- und Test-Team** ein Design-Review durchgeführt, um die folgenden Punkte zu prüfen:

- die interne Logik des Programms auf Übereinstimmung mit den zugewiesenen Anforderungen gemäß Programmspezifikation,
- die Schnittstellen des Programms zu seiner Umgebung, d. h. zur Hardware und zu anderen Programmen.

Nach der Codierung wird für sicherheitskritische Teile in einem Review unter Leitung der Qualitätssicherung festgestellt, ob:

- die Übereinstimmung der Eingaben, der Verarbeitung und der Ausgaben mit der Programmspezifikation gegeben ist,
- der Code mit den Programmierrichtlinien übereinstimmt und
- die geplanten Testfälle zutreffend und ausreichend sind.

Dynamische Tests

Für den Test von Interrupt Service-Routinen sind spezifische Testprogramme bereitzustellen. Betriebssystem-Prozesse sollen durch ein einheitliches Werkzeug getestet werden, das die Betriebssystem-Prozesse als Black-Box prüft und feststellt,

- ob für eine definierte Eingabe in einem Kanal an einen Prozess die erwartete Nachricht in einem Ausgabekanal des Prozesses bereitgestellt wird,
- ob der Prozess die globalen Daten wie spezifiziert verändert und
- ob der Prozess die erforderliche Ablaufperformance aufweist.

Nach abgeschlossenen Änderungen werden die Programme an das Konfigurationsmanagement-Werkzeug übergeben (die überarbeiteten Programme werden "eingecheckt").

Die **Qualitätssicherung und das Test- und Integrations-Team** sind auf der Teststufe 1 unterstützend und überwachend tätig. Die Testwerkzeuge werden von dem Test- und Integrationsteam bereitgestellt und stehen als Hilfsmittel zur Verfügung. Die Tests einschließlich Testauswertung werden vom Entwickler selbst durchgeführt. Die Testprotokolle werden von der Qualitätssicherung und dem Test- und Integrations-Team überprüft. Der Kunde kann auf Wunsch an der Entwicklung von Tests der Teststufe 1 mitwirken.

Beschreibung der Teststufe 2

Die Teststufe 2 beinhaltet den ersten Integrationstest auf der Basis der in der Stufe 1 geprüften Interrupt Service-Routinen und Betriebssystem-Prozesse. In der Teststufe 2 sind nachzuweisen:

- die korrekten Abläufe und Synchronisationen in allen Betriebsmodi und allen Zuständen,
- die korrekten Übergänge zwischen den Zuständen und
- das Einhalten der geforderten zeitlichen Randbedingungen.

Die **Qualitätssicherung und das Test- und Integrations-Team** sind verantwortlich für

- die Erstellung des detaillierten Testplans für die Teststufe 2,
- die Erstellung der Testspezifikation,
- das Bereitstellen der Testumgebung,
- die Testdurchführung und
- die Erstellung der Testdokumentation.

Die Tests der Teststufe 2 werden durch Inspektionen des Auftraggebers begleitet.

Beschreibung der Teststufe 3

Die Tests der Teststufe 3 stellen den Systemtest dar. Hier wird das Gesamtsystem gegen seine Requirements geprüft. Der Systemtest setzt sich dabei zusammen aus

- dem Nachweis der Generierfähigkeit der System-Software und der Anwendungssoftware,
- Funktionstests,
- Performancetests unter den Gesichtspunkten einer durchschnittlichen und maximalen Anforderung sowie
- Stresstests durch Dauerbetrieb und Fehlbedienungen.

Die **Qualitätssicherung und das Test- und Integrations-Team** sind verantwortlich für

- die Erstellung des detaillierten Testplans für die Teststufe 3,
- die Erstellung der Testspezifikation,
- das Bereitstellen der Testumgebung,
- die Testdurchführung und
- die Erstellung der Testdokumentation.

Die Testspezifikationen werden mit dem Auftraggeber abgestimmt. Die Durchführung der Tests der Teststufe 3 und die zugehörige Testdokumentation werden durch den Auftraggeber überprüft. Sie bilden die Grundlage für den Abnahmetest durch den Auftraggeber (Teststufe 4).

Beschreibung der Teststufe 4

Die Tests der Teststufe 4 stellen die Abnahme durch den **Auftraggeber** dar. Umfang und Inhalt der Testspezifikation sind hierfür durch den Auftraggeber vorzugeben.

E2 Vorgehensweise

Teststufe 1

Nach erfolgter Codierung und den vereinbarten Reviews sind die Tests der Stufe 1 für jedes Arbeitspaket einzeln durchzuführen.

Die Durchführung erfolgt etwa eine Woche nach Benachrichtigung der Qualitätssicherungsabteilung (QS-Abteilung) und des Test- und Integrations-Teams. Die Entwicklungsabteilung hält zur Durchführung eines Tests die folgenden Dokumente bereit:

- Programmspezifikationen,
- Source-Code-Dateien,
- Build-Skripte,
- vorläufige Dokumentation,
- Problem Reports sowie
- Testfälle und Testdaten.

Testziele, Testmethoden und Testumgebung wurden von der Qualitätssicherung und dem Test- und Integrationsteam erstellt und liegen als Konzept in der Regel spätestens drei Wochen vor Testbeginn bei der Entwicklungsabteilung vor.

Nach erfolgter Testdurchführung werden erkannte Probleme mit dem Problem-Report-Verfahren festgehalten und deren Behebung im Problem-Report-Verfahren nachgewiesen.

Die Konfigurationskontrolle setzt mit der Durchführung der Tests der Stufe 1 ein und umfasst:

- Programmspezifikationen,
- Source-Code-Dateien,
- Build-Skripte,
- Programm- und Testdokumentation,
- Problem Reports sowie
- Testfälle und Testdaten.

Teststufe 2

Nach Abschluss der Tests der Stufe 1 erfolgen die Tests der Stufe 2 getrennt nach den Betriebsmodi und Zuständen.

Die von dem Test- und Integrationsteam durchgeführte Integration ist der QS-Abteilung zu melden, die wiederum einen endgültigen Termin für die Inspektionen durch den Auftraggeber nach einer Abstimmung festlegt.

Zur Durchführung der Tests sind vom Test- und Integrationsteam vorzulegen:

- Programmspezifikationen,
- Source-Code-Dateien,
- Build-Skripte,
- vorläufige Dokumentation (Bedienungshandbuch, System-Dokumentation einschließlich Testdokumentation),
- Problem Reports sowie
- Integrationsverfahren mit Testmethoden, Testfällen und Testdaten.

Aufgetretene Probleme werden wieder nach dem Problem-Report-Verfahren festgehalten und bearbeitet. Voraussetzung für die Durchführung von Teststufe 2 ist, dass alle in Teststufe 1 aufgetretenen hochprioren Fehler beseitigt wurden.

Teststufe 3

Nach Abschluss der Tests der Stufe 2 erfolgen die Tests der Stufe 3 getrennt nach:

- dem Nachweis der Generierfähigkeit der System-Software und der Anwendungssoftware,
- Funktionstests,
- Performancetests unter den Gesichtspunkten einer durchschnittlichen und maximalen Anforderung und
- Stresstests durch Dauerbetrieb und Fehlbedienungen.

Der Stufe-3-Test ist gekennzeichnet durch weitgehende Simulation und Erprobung realistischer Situationen. Hierfür ist von der QS-Abteilung in Absprache mit dem

Auftraggeber, ein Szenario für einen realistischen Test zu erstellen. Die QS-Abteilung legt den Termin für die Tests der Stufe 3 nach Abstimmung mit dem Auftraggeber fest.

Zur Durchführung der Tests sind vom Test- und Integrationsteam dieselben Dokumente wie in Teststufe 2 vorzulegen, wobei in Stufe 3 jedoch die endgültige Version dieser Dokumente vorzulegen ist. Voraussetzung für die Durchführung von Teststufe 3 ist, dass alle in Teststufe 2 aufgetretenen hochprioren Fehler beseitigt wurden.

Teststufe 4

Der Abnahmetest (Teststufe 4) findet auf der Basis der in der Teststufe 3 durchgeführten Prüfungen statt. Umfang und Inhalt der Testspezifikation sind hierfür durch den Auftraggeber vorzugeben. Voraussetzung für die Durchführung von Teststufe 4 ist, dass alle in Teststufe 3 aufgetretenen hochprioren Fehler beseitigt sind.

Index

A

Abbildung
   horizontale ~ 628
   objektrelationale ~ 624
   vertikale ~ 629
Abhängigkeit 333, 348, 350, 389, 459
   transitive ~ 602
Abhängigkeitsbeziehung 510
Ablaufende 425
Ablaufendknoten 434
Ableitung .... Siehe Vererbung
Abnahme 49, 56
   ~test 918
Abschlussknoten 425
Abstrakte Fabrik 687, 705, 746, 796, 797
Abstraktion 75, 281, 284, 293
ACID 586
Adapter 672, 687, 705, 721
Advice 894
Aggregatfunktion 609
Aggregation 282, 295, 298, 340, 625
Agile
   ~ Methoden 116
   ~ Werte 116
Akteur 401, 408
Aktion 229, 423, 425, 426, 438
   Vor- und Nachbedingungen 429
Aktionslogik 240, 241
Aktivierung und Deaktivierung von Prozessen 220
Aktivität 69, 89, 90, 99, 254
   Ein- und Ausgaben 430
   Vor- und Nachbedingungen 429
Aktivitäts
   ~diagramm 423
   ~ende 425
   ~endknoten 434
   ~kante 425
Allocation .... Siehe Zuordnung
Alternativer Ablauf 403
Alterungsprozess 136
Analyse
   der Komplexität 929
Analysefähigkeit 636
Änderbarkeit 554

Änderungsereignis 453, 454
Änderungsmanagement 105
Änderungsverfahren 919
Anfangswert 325
Anfangszustand 443, 444
Anforderungsmanagement 104
Anforderungs-Spezifikation 163, 168
Anschluss 464, 465
ANSI/SPARC-Modell 584
Antwortzeit
   ~ verhalten 247
   ~spezifikation 247
Anweisung
   ALTER-~ 619
   COMMIT-~ 620
   CREATE INDEX-~ 618
   CREATE TABLE-~ 617
   CREATE VIEW-~ 618
   CREATE-~ 617
   DELETE-~ 616
   DROP-~ 619
   FROM-~ 606
   FULL OUTER JOIN-~ 611
   geschachtelte ~ 607
   GRANT-~ 621
   GROUP BY-~ 609
   HAVING-~ 610
   INNER JOIN-~ 611
   INSERT-~ 615
   JOIN-~ 611
   LEFT OUTER -~ 611
   ORDER BY-~ 610
   OUTER JOIN-~ 611
   REVOKE-~ 621
   RIGHT OUTER JOIN-~ 611
   ROLLBACK-~ 620
   SELECT-~ 606
   UPDATE-~ 615
   WHERE-~ 607
Anweisungsüberdeckung 935
Anwendungsfall 56, 172, 346, 356, 364, 389, 403, 500, 501
   ~diagramm 401, 502
   ~-Kurzbeschreibung 503
   ~-Priorisierung 501
   abstrakter ~ 407
   dauernd aktiver ~ 402

ereignisorientierter ~ 402
extend 404
include 406
Vererbung 407
zeitgesteuerter ~ 402
Anwendungsfunktion 56
AOP 886
Äquivalenzklasse 938
Arbeitspaket 68
Architektur 68, 77, 111
   komponentenbasierte ~ 105, 461
Architektur eines Systems 665
Architekturdiagramm 489
Architekturmuster 78, 664, 827
Artefakt 463, 473
   ~diagramm 388, 476
Aspekt 886, 891
Aspektorientierte Programmierung ..886
Aspekt-Weber 892
Assertion 310
Assoziation 333, 336, 364, 389, 459, 627
   Name 338
   reflexive ~ 336
   Zusatz 337
Assoziationsattribut 344
Assoziationsklasse 344
Atomarer Wert
   Attribut Datenbank 590
Atomicity ....Siehe Atomizität
Atomizität 586
Attribut 258, 263, 266, 288, 322, 323
   ~ verdecken 295
   abgeleitetes ~ 325, 326
   Assoziations-~ 504
   Datenbank 589, 590
   Link-~ 594
Aufgabenangemessenheit
   EN ISO 9241 145
Aufruf 453, 455, 568
   geschachtelter ~ 419
   sequenzieller ~ 419
   Structure Chart 565
Aufrufhierarchie 276, 564
Aufrufschnittstelle
   abgeleitete Klasse 292
   Basisklasse 292
   Klasse 292
   Objekt 288
Aufstellen der Requirements.48, 49, 53, 71

Aufzählungstyp 332
Ausdehnungsgrad 589
Ausfall 139
Ausführung
   ~ in einer Schleife 422
   bedingte ~ 422
   direkte ~ 418
   indirekte ~ 418
   optionale ~ 422
   parallele ~ 422
Ausführungsspezifikation 417
   überlappende ~ 419
Ausgabeantwortzeitverhalten 248
Ausgabe-Collection 431
Ausgangseffekt 439
Auslassungssymbol 330
Ausnahmebehandlung 388
Austrittspunkt 444, 445
Authentifizierungsmechanismus 657
Authentizität 654
Automat
   hybrider ~ 253

B

B*-Bäume 587
Backlog 120
Badewannenkurve 137
Balancing 198, 238
Baseline 87
Baseline Management-Modell ...84, 124
Basisablauf 403
Basisklasse 291, 292
Bedienerfreundlichkeit 144
Bedingungsüberdeckung
   einfache ~ 935
   mehrfache ~ 936
Bedrohung 654
Befehl 715, 727
Belange
   kreuzende ~ 888
   übergreifende ~ 888
Benutzbarkeit
   ISO 9216 142
Beobachter 733, 753, 858
Best Practice 103
Besucher 715, 770, 790
Betrachtungseinheit
   Logische ~ 71, 172
   Physikalische ~ 71, 172
Betriebssicherheit 58, 638
Betriebssystem-Prozess ..571, 572, 648

Betriebssystem-Prozesskonzept......648
Beziehung................259, 266, 389, 582
    1:1-~..259
    1:n-~..259
    dynamische ~..............................334
    n:m-~...259
    Realisierungs-~ 367
    reflexive ~...................................262
    statische ~..................................333
    Verfeinerungs-~..........................367
    Verwendungs-~...........................484
Beziehungsspezifikation 354
Beziehungstyp.................................266
Bibliothek-Baustein 403
Bibliotheksfunktion..........................277
Bibliotheksmodul.............................565
Bindung...300
    dynamische ~....Siehe späte Bindung
    frühe ~..300
    späte ~ 300
    statische ~.........Siehe frühe Bindung
Black-Box-Test................................942
Blattelement....................................395
Botschaft..................... Siehe Nachricht
Bottom-Up.......................................197
Broker 721, 753, 865, 883
Brücke....................678, 679, 721, 804
Bubble
    SA..202
Burndown Chart..............................121

C

Call...369
Camel Case 443
Capability Maturity Model................153
    ~ Integration 156
CASE-Tool...76
CFD..236
Chef-Designer...................................92
Classifier..363
    strukturierter ~ 365
Class-Responsibility-Collaboration ..508
Client/Server-Objektdiagramm 510, 547, 642
Client-Fabrik 649
Cluster-Modell.................................114
Code Sharing..................................117
Codegenerierung
    automatische ~............................318
Code-Review 116
Code-Streuung 890

Code-Vermischung.........................890
Cohesion
    strong ~..555
compartment...................................322
Compile-Time Declaration 895
Concept of Operations....................173
Concurrency-Attribut.......................431
Concurrent Engineering..................114
ConOps ...Siehe Concept of Operations
Consistency .... Siehe Konsistenz
Constantine/Yourdon......................569
Constraint 184, 621
    Datenbank........ Siehe Einschränkung Datenbank
Continous Integration......................117
Controller 847, 851
Core Process Workflows 108
Core Supporting Workflows 108
couple
    Structure Chart............................566
Coupling ....Siehe Kopplung
    loose ~ .... Siehe lose Kopplung
    low ~.................. Siehe lose Kopplung
CRC...508
    ~-Karte 508
CSPEC 231, 239,

D

Darstellung
    strukturell-dynamische ~ 489
    strukturell-statische ~ 489
Data Control Language............605, 619
Data Definition Language 605, 616
Data Dictionary 194, 204
Data Manipulation Language 605
data-only module
    Structure Chart............................565
DataType 332, 364
Daten
    ~flussanalyse 929
Datenaufbereitung..........................646
Datenaufbereitungsschicht 646
Datenbank 95, 582
    objektorientierte ~.......................624
    relationale ~.................................582
Datenbankkonzept..........................585
Datenbankmanagementsystem 582
    relationales ~...............................593
Datenbank-Schema........................390
Datenbankverwaltungssystem......Siehe Datenbankmanagementsystem

Datenbedingung 224, 454, 911
Datenbeschreibung........................193
Datenebene 358
Datenelement 567
Datenfeld 282
Datenfluss........196, 202, 222, 423, 572
~diagramm 193, 195, 230, 267
Datenhaltung 58, 636, 658
Datenintegrität 657
Datenkontextdiagramm...................230
Datenmodell....................................593
Datenmodul
  Structure Chart............................565
Datensatz..589
Datenspeicher........................196, 203
Datenstrukturmetrik.......................147
Datentyp
  abstrakter ~ 285
  Klasse als ~ 280
  selbstdefinierter ~ 280
Datenunabhängigkeit
  dynamisch logische ~ 585
  logische ~ 584
  physische ~ 583, 585
  statisch logische ~ 585
Dauerhaftigkeit...............................586
Dauerläufer 211
DBMS .... Siehe
  Datenbankmanagementsystem
DCL.........Siehe Data Control Language
DDL......Siehe Data Definition Language
Debuggen 902
Decomposition .... Siehe Zerlegung
deferred event...............................443
Dekorierer 688, 715, 721, 746, 783, 846
Delegationsprinzip 297
Deployment......................................58
Design
  ~ to Cost......................................553
  ~ to Schedule..............................553
  ~ to Test 553
Design by Contract 305
Development Cycle..........................104
DFD 236
Dialogfluss 206
divide and conquer........Siehe Teile und
  herrsche
DMLSiehe Data Manipulation Language
Do-Aktivität 439, 443
Domäne 258, 266, 589, 592
Durability............. Siehe Dauerhaftigkeit

DV-Segment 93

E

Ebene
  externe ~ 584
  interne ~ 584
  logische ~ 584
Echtzeitsystem................................218
Echtzeit-Verhalten 220
Effekt 451
Effizienz
  ISO 9216 142
Eigenschafts
  ~-String 325
  ~-wert 371
Eigenschaftwert 374
Eingabeantwortzeitverhalten 248
Eingangs-Collection.........................431
Einschränkung
  Datenbank...................................593
Einschränkung ... Siehe Randbedingung
Eintrittseffekt.................................439
Eintrittspunkt 443, 445
elektronische Unterschrift 657
elicitation..173
Endeereignis............................416, 417
endliche Zustandsmaschine
  kombinatorische ~ 226
  sequenzielle ~ 227
Endlosfluss 435
Endname 339
Endzustand..............................443, 444
Entität 258, 266, 280
  Datenbank...................................589
Entitätstyp...............................258, 266
Entity
  ~-Integrität Datenbank................589
  ~-Klasse 391, 496, 503
  ~-Objekt 496, 504, 508, 637
Entity-Relationship-Diagramm 194, 258,
  267, 269
Entity-Relationship-Modell 590
Entry-Aktion 253
Entry-Effekt....................................443
Entscheidungsknoten 436
Entscheidungstabelle...............204, 241
Entwicklung
  agile ~ 82, 115
  evolutionäre ~ 87
  inkrementelle ~...........................125
  prototyporientierte ~ 82, 112

spezifikationsorientierte ~..82, 83, 125
Entwicklungsschritt 48, 84
Entwurf 106, 108, 181
Entwurfseinheit 57
Entwurfsmuster 78, 664
Entwurfsprinzip 552
Ereignis 223, 438, 453
  verzögertes ~ 443
Ereignisablauf
  ~ eines Anwendungsfalls 409
Ereignislogik 240
ereignisorientiert 501
Ereignistabelle 224
Ereignistrigger 451, 990
error 139
Erwartungskonformität
  EN ISO 9241 145
Erweiterbarkeit 555
Erweiterungsbereich 431
Erweiterungsbeziehung 403
Erzeugnisstruktur 92, 95
Erzeugungsmuster 668, 671
Essenz 211
Evolution Cycle 104
Exception 310, 352, 456
Exit-Aktion 253
Exit-Effekt 443
Export
  Paket 481
Extreme Programming 116

F

Fabrik 649
Fabrikmethode 726, 791, 804, 821
Fähigkeitsstufe 156
failure 139
Fassade 678, 700, 705, 753, 804
fault 139
Fehler 133, 903
  ~beseitigung 137
  ~beseitigungsphase 138
  ~entstehungsphase 138
  systematischer ~ 653
  zufälliger ~ 653
Fehlerart 139
Fehlerausgabe 636, 651
Fehlerbaumanalyse 640
Fehlerbehandlung 636, 651
Fehlererkennung 636, 651
Fehlerklasse 131, 134, 904
Fehlerkosten 137

Fehlerlatenzzeit 653
Fehlerreports 904
Fehlertoleranz 134, 651
  EN ISO 9241 145
Fehlerursache 139
Fehlervermeidung 651
Fehlzustand 139
Feinentwurf 570
feinkörnige Muster 665
Filtered Mapping 629
finale Sicht der Systemanalyse 391
Flowdown .... Siehe Verfeinerung
Flussdiagramm 237, 423
Flussende 425
FMEA 640
fortlaufend aktiv 501
Fremdschlüssel 593
Funktion 276
  ~ der Informationstechnik 58
  technische ~ 185
Funktionale Sicherheit ...... Siehe Safety
Funktionalität
  ISO 9216 142
Funktionsklasse 60

G

Gabelung 425, 437
Gang of Four 665
Generalisierung 293, 294, 333, 335,
  389, 459, 666
geschachtelte Aktivität 432
Geschäftsprozess ... 173, 192, 212, 500,
  502
Geschäftsprozessmodellierung 108
globale Daten 277, 278
Goal Question Metric-Ansatz 141
GoF 665
Grenzwertanalyse 939
Grobentwurf 570
grobkörnige Muster 665
Gruppendatenfluss 206
Gruppenfilter 610
Gültigkeitsbereich 325, 394
Güter 655

H

Halstead-Metrik 149
Hardware-Konfigurationseinheit 93
Hauptprogramm 276
Heuristik 504
Hierarchie

Aufruf~ 276
hierarchische Zerlegung 193, 197
Hilfsmethode 280
Hilfsmittelklasse 395
Historie
   flache ~ 444, 450
   tiefe ~ 444, 450
Historie-Zustand 449
Hüllkurve 700
HWKE 95

I

Idiom 664
Impedance mismatch 624
   object-relational ~ 624
Impediment Backlog 121
Implementierung 49, 56
Implementierungsbeziehung 346
Import
   Paket 481
Individualisierbarkeit
   EN ISO 9241 145
Information Hiding 284, 463, 556
Informationssicherheit ..... Siehe Security
Inhaltsstruktur 91
Initialisierung 425
Inklusionsbeziehung 403
Inspektion 922, 925
Instanz 286, 398
   anonyme ~ 398
   prototypische ~ 412
Instanzdiagramm .... Siehe
   Objektdiagramm
Instanzmethode 286, 289, 290
Instanzvariable 288, 289
Instrumentierung 930
Integrated Development Environment 75
Integration 946
   inkrementelle ~ 946
   nicht-inkrementelle ~ 946
Integrationstest 918
Integrität 654
   Entity- 593
   konzeptionelle ~ 554
   referentielle ~ 583, 589
Integritätsbedingungen
   ~ Datenbank 585
   ~ relationale Datenbanken 621
Integritätsregeln
   relationale ~ 593

Interaktionsübersichtsdiagramm 388, 486
Interaktive Systeme 827
Interface 355
   ~-Klasse 496, 497
   ~-Objekt 496, 497, 637
Interne Transition 439, 443
Interprozesskommunikation 60, 636, 638
Interrupt 574
Interrupt Service-Routine 560, 571
Introduction
   AOP 895
Invariante 305, 306
invocation 565, 568
ISO 15504 154
ISO 9000 152
Isolation .... Siehe Isoliertheit
Isoliertheit 586
Iteration 415
Iterative Entwicklung 104
iterativer Erweiterungsbereich 432
Iterator 715, 783, 784

J

Join Point 891

K

Kanal
   Interprozesskommunikation 648
Kandidatenschlüssel 592
Kante 321
Kapselung 280, 284
Kardinalität 593
Kernsystem 552, 553, 948
Kiviat-Diagramm 150
Klasse 280, 322, 389
   abgeleitete ~ 291, 292
   abstrakte ~ 356, 395
   aktive ~ 331
   Assoziations-~ 504
   geschachtelte ~ 331, 341, 365, 460
   Root ~ 291
   strukturierte ~ 331, 365
   Vertrag einer ~ 305, 306
   Wurzel ~ 291
Klassenattribut 326
Klassendiagramm 258, 389
Klasseninvariante 305
Klassenmethode 289, 290
Klassenname 392

Klassenoperation 329
Klassenspezifikation 354
Klassenvariable 288, 289
Klassifikation
    Objektorientierung 285
Knoten 364, 472
Knoten und Kanten 321
Kollaboration ... 346, 356, 364, 366, 389, 409
    struktureller Teil 366
    Verhaltensteil 366
Kollaborationsdiagramm .... Siehe Kommunikationsdiagramm
Kommentar 322
Kommunikation 58, 636, 658
Kommunikationsdiagramm 366, 388, 410, 509
    ~ im Schichtenmodell 642
    zustandsbasiertes ~ 510
Kompilierzeit 300
Komponente 95, 251, 364, 459
    Architektur-~ 77
    logische ~ 463
    physische ~ 463
    Struktur einer ~ 467
Komponentendiagramm 458
Komposition 282, 295, 298, 340
Kompositionsstrukturdiagramm 487
Kompositum 699, 706, 732, 783, 790, 838
Konfigurationsmanagement 91, 919
Konkretes Objekt 412
Konnektor 428
Konsistenz 586
Konstruktion 106, 108, 636
Kontextdiagramm..... 197, 199, 501, 513
Kontrollelement 567
Kontrollfluss 423, 569
    ~analyse 929
    ~diagramm 230, 563
Kontroll-Klasse 391, 497
Kontrollknoten 426, 434
Kontrollobjekt 496, 637
Kontrollspezifikation 231
Konzeption 106, 108
konzeptionelle Sicht 391
Koordination
    zustandsbasierte ~ 497
Kopplung 555
Korrektheit 902
Krähenfuß-Notation 562

kryptografischer Algorithmus 657

L

Lastenheft 166
Layer Bridging 828
Layers 715, 828, 846, 883
Lebensdauer 295
Lebenslinie 416
Lernförderlichkeit
    EN ISO 9241 145
Lesepfeil 338
Leserichtung 338
leveling 198
library module 565
Library-Funktion .... Siehe Bibliotheksfunktion
Life Cycle-Modell 68
Link 337
Link-Attribut 262, 266, 345
Link-Objekt 345
liskovsches Substitutionsprinzip 298, 302, 304
Listbox-Pin-Notation 431
LOC-Metrik 147
logische Strukturmetrik 147
Lollipop
    ~-Darstellung 357
loosely coupled 478
Lösungsbereich ... 48, 73, 278, 284, 636
Low Coupling 350, 560

M

M0 360
M1 360
M2 360
M3 360
Machbarkeitsanalyse 49, 55, 981
makroskopischer Zustand 283, 399
Manifestierungsbeziehung 474
Mapping
    Table Per Concrete Class ~ 628
    Table Per Subclass ~ 629
Martin-Notation 562
Maschine
    kombinatorische ~ 225
    sequenzielle ~ 225
McCabe-Zahl 148
Mealy-Automat 226, 249
Mehrfachvererbung 297
Meilenstein 82
Mengenoperatoren 611

Merge-Fluss 206
Messen 133
Messvorschrift .... Siehe Metrik
Metadaten 204
Metaebene 358
Meta-Metaebene 358
Metamodell 389, 397
Meta-Object Facility 360
Metasprache 318
Methode 68, 72, 279, 282, 286, 323, 327
    Instanz~ 286, 289
    Klassen~ 289
    Klassifikationsbaum~ 940
    Überschreiben einer ~ 295
Metrik 132, 141, 146
Middle-Out 197
Middleware 60, 184
Mikroarchitektur 665
mikroskopischer Zustand 282
MMI 58, 636, 658
Model 847, 849
Modell 72
    ~ebene 358
    ~element 322
    relationales ~ 266
Model-View-Controller 740, 847
    Beobachter 853
    Kompositum 854
    Strategie 855
Modul 95, 565
Modultest 918
Monitor 328
Moore-Automat 226, 250
Multiplizität 259, 266, 270, 466
    Assoziation 339
    einer Klasse 395
Mutationentest 941
Mutex 432
Mutual Exclusion 432

N

Nachbedingung 204, 305, 306, 990
Nachricht 284, 287, 411
    asynchrone ~ 370
    Aufbau 368, 413
    Rückgabe-~ 369
    synchrone ~ 369
Nachrichtentyp 369
Name
    einfacher ~ 357, 392
    qualifizierter ~ 357, 392
Namensraum 299, 480
Nassi-Shneiderman-Diagramm 572
Navigation 334, 342, 587
    Assoziation 341
Navigationsrichtung 338
Nebenläufigkeitsbalken
    ~ als Gabelung 444
    ~ als Vereinigung 444
Nebenläufigkeitseigenschaft 328
Netzdiagramm .. Siehe Kiviat Diagramm
Normalform 599
    Dritte ~ 602
    Erste ~ 600
    Zweite ~ 601
Normalisierung 598
Notariat 657
Notiz 351
Nutzbeziehung 469

O

Oberklasse .... Siehe Basisklasse
Oberzustand 250
Object Constraint Language 360, 376
Objekt 279, 323, 398
    ~fluss 426
    ~flusskante 426
    ~knoten 425, 426
    anonymes ~ 398
    benanntes ~ 398
Objektdiagramm 397
Objektkollaboration 642
Objektorientierter Systementwurf 636
Objektorientierung 279
Objektpool 796, 813, 814
Objektprivilegien
    SQL 621
Operation 286, 322, 327, 589
Optimierer 614
Organigramm 576
Orthogonale Unterzustände 453

P

package 393
Pair Programming 117
Paket 322, 389
Paketdiagramm 478
Paketverschmelzung 483
Paradigma 50
    aspektorientiertes ~ 50, 63
    datenorientiertes ~ 50, 62

Index

funktionsorientiertes ~ 50, 51, 62, 276
objektorientiertes ~ 50, 62
Parallele Einheiten 647
Parallelität 60, 636, 638
Parameter 277
   Structure Chart 566
Part .... Siehe Teil
passiver Akteur 402
Performancetest 944
Persistenz 498
Petri-Netz 423
Pfad-Überdeckung 937
Pflichtenheft 166
Phase 69
   RUP 106
Phasenergebnis 85
Pin 427
Piped Stream 649
Pipes and Filters 699, 838, 839, 883
Platzhalter 608
Pointcut 892
Polymorphie 298, 299, 300, 630
Postcondition ..... Siehe Nachbedingung
Precondition .... Siehe Vorbedingung
preemptive scheduling 219
primärer Akteur 402
Primärschlüssel 593
private 393
Problembereich 48, 72, 278, 283, 636
Process Area 156
Product-Owner 120
Produkt 68, 89, 90, 99
   ~übergabe 106, 108
   ~zustand 90, 99
Profil
   UML-~ 372
Programmeinheit 276
Programmierung in Paaren 116
Projekt
   ~management 91, 92
   ~phase 85
   ~rolle 91, 102
   ~schablone 91
protected 393
Protokollzustandsautomat 987
Protokollzustandsdiagramm 438
Prototyp 112, 985
   Durchstich durch das System 986
   inkrementeller ~ 113, 986
   MMI-~ 985
   paralleler~ 114

Realisierbarkeitsprototyp~ 986
   vertikaler~ 948
Prototyping 125
Proxy 646, 678, 687, 699, 716, 869
Prozedur 276
prozedurbasierter Steuerungsfluss .. 416
Prozess 195, 331
   datengetriebener ~ 210
   essentieller ~ 213
   fortlaufend aktiver ~ 210
   leichtgewichtiger ~ .... Siehe Thread
   SA 202
   schwergewichtiger ~ .... Siehe
      Betriebssystem-Prozess
   zeitgesteuerter ~ 210
Prozessaktivierungstabelle 220
Prozessattribut 154
Prozessmodell 238
Prozesssicht
   statische ~ 390
Prozessspezifikation 193, 203, 231
Prozessstruktur
   RUP 107
Prüfsumme 657
Pseudozustand 443
public 393
Pulsdiagramm 249

Q

Qualifikation 343
   Assoziation 343
Qualität 130, 184
Qualitätskontrolle 157
Qualitätsmanagement 157
Qualitätsmerkmal 132, 140, 552
Qualitätsmodell 140
Qualitätssicherung 91, 92, 132, 152, 157
Qualitätssicherungsmaßnahme 902
   analytische ~ 132
   konstruktive ~ 132
Qualitätssicherungssystem 152
Qualitätsziel 141
Quellzustand
   Zustandsänderung 450
Query 605

R

Radar-Diagramm .... Siehe Kiviat
   Diagramm
Rahmen 385

Randbedingung 184, 345, 352, 371, 376, 393
   Assoziation 345
Rational Unified Process 101
Raute
   ausgefüllt 340
RDBMS .... Siehe relationales Datenbankmanagementsystem
Realisierung 333, 345, 389, 459
   von Anwendungsfällen 409
Realisierungsbeziehung 346
Realzeiterweiterung
   SA 194
Realzeitsystem 218
Record 589
Redesign 53
Redundanz 583, 653
Refactoring 116, 117, 118
Regel
   Datenbank 589
Region 441
   versteckte ~ 442
Registry 649
Regressionstest 941, 944
Reifegrad 153, 154
rekursive Zerlegung 52
Relation 582, 589
Relationale Algebra 604
Relationale Operatoren 614
Relationales Datenmodell 587, 589
Requirement 162, 942
   ~ Engineering 162
   ~-Analyse 71
   ~-Definition 181
   ~-Formulierung 184
   ~-Spezifikation 53, 163
   ~-Technik 165, 181
   ~-Verwaltung 180
   ~-Zusammenstellung 163
   funktionales ~ 183
   nicht-funktionales ~ 183
   Überprüfung 511
Requirements
   ~ in geclusterter Form 984
   Neu-Definition von ~ 502
   Zusammenhang mit Entwurf 63
Return 369
Review 922
Risiko 655
RMI-Registry 650
Rolle 262, 337, 357, 761

Assoziation 339
für Kommunikationsdiagramm 412
RUP 102
   statische ~ 357
   V-Modell 102
Rootklasse 291
Rückgabewert 276

S

SA/RT 194, 218
Safety 636, 651
Sammeldatenfluss 206
Schablonenmethode 722, 746, 796
Schaltnetz 226
Schaltwerk 227
Schema
   externes ~ 584
   konzeptionelles ~ 584
   logisches ~ 584
   Relationen-~ 590
Schichtenmodell 638
   Rechner 831
   Software Client/Server 834
   Software Drei-Schichten-Architektur 836
   Software Einrechner-System 834
   Software ISO/OSI-Modell 836
   Software Zwei-Schichten-Architektur 834
Schleife 388
Schlüssel 589, 592
   Fremd-~ 589
   Kandidaten-~ 589
   Primär-~ 589
Schlüsselbeziehung 582
Schlüsselwort 373
Schnittstelle 174, 346, 347, 355, 364, 389
   bereitgestellte ~ 347
   erforderliche ~ 347, 464
   Export-~ 347, 463
   Import-~ 347, 464
   interne ~ 587
   logische ~ 587
   Lollipop-~ 347
   mengenorientierte ~ 586
   satzorientierte ~ 586, 587
   Socket-~ 347
Schnittstellen-Klasse 391
Schnittstellen-Kontrollspezifikation .. 175
Schnittstellenmethode 284, 285

schrittweise Verfeinerung 93
SA 195
Schwachstelle Informationssicherheit
  relevante ~ 655
Schwarzes Loch 208
Schwimmbahn 433
Scrum 118
  ~ Master 120
Security 59, 636, 638, 651
sekundärer Akteur 402
Selbstbeschreibungsfähigkeit
  EN ISO 9241 145
Selektion 388, 414
send 369, 457
Sequenzdiagramm 366, 416
Sequenzierung 414
Sequenznummer 411
Sequenztabelle 571
Server Stub 650
Server-Fabrik 649
Service-Methode ..... Siehe Hilfsmethode
Service-Oriented Architecture 874
Service-registry 876
Service-Verzeichnis 876
SFW-Block 606
Shut-down 636, 649
Sicherheitsbasisfunktion 656
  Authentisierung 656
  Beweissicherung 657
  Fehlerüberbrückung 657
  Rechteprüfung 656
  Rechteverwaltung 656
  Übertragungssicherung 657
  Überwachung 657
  Wiederaufbereitung 657
Sicherheitspolitik 656
Sicht
  Anwendungsfall~ 111, 112
  Einsatz~ 111
  Entwurfs~ 111, 112, 639
  finale ~ der Systemanalyse 639
  Implementierungs~ 111, 112
  Interaktions~ 112
  konzeptionelle ~ 503, 639
  logische ~ 111, 292
  Prozess~ 111
  statische ~ 389
  Verarbeitungs~ 639
  Verteilungs~ 111, 112
Sichtbarkeit 324, 393
  Assoziation 342

Sichtbarkeit Attribut
  package 324
  private 324
  protected 324
  public 324
Sichtbarkeit Operation
  package 327
  private 327
  protected 327
  public 327
Signal 364, 369, 453, 455, 456
  ~hierarchie 456
  ~rezeptor 455
Signatur 295
Single Source-Prinzip 169, 195, 555
Singleton 395, 796, 805, 813, 821
Slot 397
SOA 838, 846, 869, 874
  Anwendungsservice 874
  Geschäftsservice 874
  SOAP 877
  UDDI 880
Socket
  ~-Darstellung 357
Software Engineering 134
Softwareentwicklung
  agile ~ 115
Software-Entwicklungsumgebung 75
Software-Erstellung 91
Software-Konfigurationseinheit 93
Software-Life Cycle 82
Softwaremodellierung
  visuelle ~ 105
Softwareprojekt 130
Software-Qualität 105, 130
Software-Requirements 171
Speicher 267
Speicherung
  logische ~ 584
Spezialisierung 293, 294, 335, 666
Spezifikation
  textuelle 353
SPICE 154
  Automotive ~ 156
Spinnen-Diagramm .... Siehe Kiviat
  Diagramm
Spiralmodell 124
Split-Fluss 206
Spontanerzeuger 211
Sprint 120
Sprungmarke 428

SQL. Siehe Structured Query Language
Stakeholder 167
Standardstereotyp 373
starke Kopplung 410
Start 425
Startereignis 416, 417
Startknoten 434
Start-up 636, 649
state machine 438
statechart 249, 438
Statische Analyse 929
statische Prozesssicht 390
statische Sicht 401
Statische Verifikation 930
Stellvertreter .... Siehe Proxy
    Interaktionsdiagramme 412
Stellvertreter-Objekt 650
Stereotyp 329, 372, 373
    Kategorie 329
    Standard~ 374
    vordefinierter ~ 373
Sterndiagramm . Siehe Kiviat Diagramm
Steuerbarkeit
    EN ISO 9241 145
Steuerfluss 222
Steuer-Klasse 498
Steuerkontextdiagramm 230, 235
Steuermodell 238
Steuer-Objekt 498
Steuerungsfluss 425
Steuerungsknoten 425
Steuerungsoperator 421
Stichprobenverfahren 904, 931
Stilmetrik 147
Story-Card 116
Strategie 699, 726, 741, 760, 804
Stresstest 945
Strict Layering 828
Strong Cohesion 478, 560
Structure Chart 564
    ~-Diagramm 277, 564
    ~-Methode 564
Structured Analysis/Real Time 218
Structured Design 560
Structured Query Language 604
Strukturelement 321
Strukturierte Analyse 192, 258, 267, 572
    Betriebssystem-Prozesse 571
Strukturierte Analyse/Echtzeit 218
Strukturierte Sprache 204
Strukturierter Entwurf 571

Strukturmodellierung 74
Strukturmuster 668, 671
Stub 912
Sub-Entität 265
Subjekt 401
Subklasse ...... Siehe abgeleitete Klasse
Subroutine 276
Subsystem 93, 364, 389
Subsystemdiagramm 388
Subsystem-zu-Subsystem-Schnittstelle
    174
Super-Entität 265
Superklasse .... Siehe Basisklasse
Superzustand 252
SW
    ~-Cluster 554
    ~-Team 554
SW-Erstellung 92
SWKE 95
Synchronisation 638
Synchronisierungsbalken 437
Synchronisierungsknoten 437
System 95
Systemanalyse 48, 53, 71
    objektorientierte ~ 496
Systemarchitektur 77
Systementwurf 49, 55
    datenorientierter ~ 582
    funktionsorientierter ~ 560
Systemfunktion 57
Systemgrenze 54
Systemkern 948
System-Requirements 170, 171, 172
Systemstruktur
    statische ~ 641
Systemtest 918
Szenario 389, 403

T

Tabelle 589
    virtuelle ~ 618
Table Per Class Hierarchy Mapping 629
tagged value .... Siehe Eigenschaftswert
Tailoring 89
Technische Funktionen 639
Technisches Konzept 981, 984
Teil 365, 468
Teile und herrsche 554
Terminator 196, 203
Terminierungsknoten 444, 445, 447
Test

bottum-up 912
C0-~ 935
C1-~ 935
C2-~ 935
C3-~ 936
C4-~ 937
   Dokumente 921
   Komponenten~ 909
   Modul~ 909
   Programme 927
   Segment~ 909
   System~ 909
   top-down 912
   Zerlegungsprodukt 916
Test & Integration 49, 56, 902
Testaktivität 905
Testauswertung 915
Testautomatisierung 914
Testbericht 907
Testdaten 910, 911
Testdokument 906
Testdurchführung 913
Testen
   Definition 903
Testende 909, 915
   ~-Kriterien 909
Testfall 902, 910
Testgetriebene Entwicklung 116
Testling 911
Testmethode 927
   Auswahl 945
   diversifizierende ~ 941
   dynamische ~ 928, 931
   funktionsorientierte ~ 937
   statische ~ 928, 929
Testobjekt 902, 911, 927
Testphase 917
Testplan 907, 908, 918, 993
Testprodukt 905
Testprotokollierung 915
Testprozess 905, 908
Testspezifikation 907, 910
Testtreiber 912
Testumgebung 911
Thread 331, 648
   ~konzept 648
Titel 385
Token 423
Token-Konzept 425
Top-Down 197
Top-Level Design 181

Top-Level-Requirement 185
Traceability .... Siehe Verfolgbarkeit
Transaktion 586
Transaktionsverarbeitung 620
Transformation 585
Transition .... Siehe Zustandsübergang
Trigger 623
   ~-Funktion 456
Tupel .... Siehe Datensatz
Typ 325
   Aufzählungs~ 332
   DataType 332
   primitiver ~ 332

U

Überdeckung 148
Überdeckungsgrad 932
Übergabeparameter .... Siehe Parameter
Überschreiben 295, 303
Übertragbarkeit
   ISO 9216 143
Umfangsmetrik 147
UML 316
   ~-Diagramm 317, 321
   Diagrammaustausch 360
   Geschichte 319
   Infrastructure 359
   Superstructure 359
Unified Modeling Language 316
Unterautomaten-Zustand 452, 989
Unterbrechbarer Aktivitätsbereich 430
Unterbrechungsbereich 430
Unterklasse .... Siehe Subklasse
Unterprogramm 276
Unterstreichmethode 503, 517
Unterzustand 443, 452
Use Case 56

V

Validierung 181, 919
Variable
   Instanz~ 288, 289
   Klassen~ 288, 289
Verantwortlichkeit 508
   ~ einer Klasse 330
Verarbeitung 58, 658
Verarbeitungssicht 391, 510
Verbinder 468
Verbindlichkeit 654
Verbindung
   Delegations-~ 469

Verbindungsstelle 444, 447
verdecken 295
Vereinigung 425, 437, 449
    parallele ~ 448
    sequenzielle ~ 448
Vererbung 264, 282, 290, 628
    einfache ~ 335
    mehrfache ~ 335
Vererbungsbeziehung 264, 403
Vererbungshierarchie 293, 308
Verfeinerung 175
    Kontrollflussdiagramm 235
    schrittweise ~ 554
Verfolgbarkeit 178, 186
    Requirement 553
Verfügbarkeit 654
Verhalten
    dynamisches ~ 641
    eines Objektes 282
Verhaltensautomat 987
Verhaltensmodellierung 74
Verhaltensmuster 668, 671
Verhaltenszustandsdiagramm 438
Verifikation 181, 919
    formale ~ 930
Verknüpfung 337, 398, 469
    flüchtige ~ 469
Verknüpfungs-Objekt 345
Vermittler 705, 740, 747, 865, 869
Verschlüsselung 657
Verteilbarkeit
    Betriebssystem-Prozess 554
Verteilte Systeme 827
Verteilungsdiagramm 471
vertikale Abbildung 629
Vertrag 305, 356
    einer Klasse 305, 306
    überschriebene Methode 308
Vertraulichkeit 654
Vervollständigung 425
Vervollständigungstransition 451
Verwendungsabhängigkeit 334, 350
Verwendungsbeziehung .. 334, 350, 510
verzögerte Aktion 439
Verzweigung 425
    dynamische ~ 447
    parallele ~ 448, 449
    sequenzielle ~ 444, 448
    statische ~ 447
Vielgestaltigkeit .... Siehe Polymorphie
Vier-Schichten-Modell 361

View 618, 847, 850
V-Modell 69, 89
Volere 183
Vom Chaos zu Struktur 827
Vorbedingung 204, 305, 306, 990
Vorgehensmodell 68, 82
    agiles ~ 115
    inkrementelles ~ 119
Vorwärts- und Rückwärtsverfolgung 180

W

Wächterbedingung 447, 451
Walkthrough 922
Wartbarkeit 554
    ISO 9216 142
Wasserfallmodell 69, 83, 84
    mit Rückkehr in frühere Phasen 86
Weaving 896
Web Services Description Language
    878
Wegauswahl 657
Werkzeug 68, 76
Wertebereich
    Attribut Datenbank 589
Wertebereich 592
White-Box-Test 943
Wiederholungsrate 247, 248
Wiederverwendbarkeit 279, 282
Wiederverwendung 295, 300
Wurzelklasse 291

Z

Zeitdiagramm 388, 490
Zeitereignis 453, 454
zeitgesteuert 501
Zerlegung 173, 213
    ereignisorientierte ~ 213
    rekursive ~ 69, 70, 93, 170
Zerlegungsebene 70
Zerlegungshierarchie 97
Zerlegungsprodukt 170, 916
Zielzustand
    Zustandsänderung 450
Zufallstest 941
Zugriffskontrollmechanismus 657
Zugriffsmodifikator 293
Zugriffsrechte
    relationale Datenbanken 621
Zuordnung 175
Zurechenbarkeit 654
Zusammenarbeit 508

Zusatz 351
Zusatzbereich 352, 464
Zusicherung 305
    Invariante 305, 306
    Nachbedingung 305
    Vorbedingung 305
Zustand 228, 438, 746, 754
    ~ eines Objektes 282
    ~ mit Gedächtnis 252, 449
    einfacher ~ 440, 452, 989
    geschachtelter ~ 250
    makroskopischer ~ 283
    mikroskopischer ~ 282
    nebenläufiger ~ 251
    nicht-orthogonaler ~ 452
    orthogonaler ~ 452
    Unterautomaten-~ 441
    zusammengesetzter ~ .. 440, 452, 989
Zustände
    ~ von Objekten 399
Zustandsautomat 438
    Harel 249
    Protokoll-~ 358
Zustandsdiagramm 438
Zustandsübergang 99, 228, 438, 442, 450, 990
    bedingter ~ 252
Zustandsübergangsdiagramm 194, 227, 240, 438
Zuverlässigkeit 137
    ISO 9216 142
Zweck des Systems 185
Zweigüberdeckung 935

Aus dem Programm Informatik

Cornelia Heinisch / Frank Müller-Hofmann / Joachim Goll
Java als erste Programmiersprache
Vom Einsteiger zum Profi
6., überarb. u. erw. Aufl. 2010. XVI, 1235 S. mit 242 Abb.
Aufgaben CD-ROM mit Lösungen Geb. EUR 35,90
ISBN 978-3-8348-0656-7

Mit Java hat sich in der Industrie eine Programmiersprache durchgesetzt, die weit über die Konzepte traditioneller Programmiersprachen hinausgeht. Dieses Buch setzt keine Kenntnisse in anderen Programmiersprachen voraus, sondern richtet sich an jene Schüler, Studenten und Praktiker, die nicht nur in Java schnuppern, sondern die Grundlagen von Java und vielleicht auch schon die fortgeschrittenen Themen professionell erlernen wollen. Behandelt werden alle grundlegenden Sprachmittel, die zur Erstellung von Java-Programmen erforderlich sind. Alle zum Verständnis erforderlichen Hintergrundinformationen werden anschaulich und präzise dargestellt.

Manfred Dausmann / Ulrich Bröckl / Joachim Goll
C als erste Programmiersprache
Vom Einsteiger zum Profi
6., überarb. Aufl. 2008. XIII, 587 S. mit 149 Abb. CD-ROM Geb. EUR 24,90
ISBN 978-3-8351-0222-4

Durch den Aufschwung der Programmiersprachen C++ und Java, die auf C basieren, hat auch die Bedeutung von C extrem zugenommen. Der Anfangsunterricht in C als erste Programmiersprache an Fachhochschulen und Gymnasien kann mit diesem Lehrbuch leicht verständlich und dennoch äußerst präzise gestaltet werden. Anfängern in C werden die Grundlagen vermittelt und darüber hinaus ein detaillierter Einstieg in die professionelle Programmierung und Projektabwicklung mit C geboten. Ergänzt wird das Lehrbuch durch eine CD-ROM, die nicht nur Beispiele und Lösungen der Übungsaufgaben enthält, sondern auch kostenlos den Microsoft-Compiler Visual C++.

**VIEWEG+
TEUBNER**

Abraham-Lincoln-Straße 46
65189 Wiesbaden
Fax 0611.7878-400
www.viewegteubner.de

Stand Januar 2011.
Änderungen vorbehalten.
Erhältlich im Buchhandel oder im Verlag.

Mathematik für Informatiker

Matthias Schubert
Mathematik für Informatiker
Ausführlich erklärt mit vielen Programmbeispielen
und Aufgaben
2009. 798 S. Br. EUR 49,90
ISBN 978-3-8351-0157-9

Grundlagen - Algebraische Strukturen - Boolesche Algebra - Graphentheorie - Algorithmen - Wahrscheinlichkeitsrechnung und Statistik - Analysis - Lineare Algebra

Dieses Buch entstand ausgehend von der Frage, welche Mathematik Informatiker wirklich brauchen. Es vermittelt das mathematische Handwerkszeug fundiert und mathematisch präzise. Zugleich macht es deutlich, an welchen Stellen Sie dieses Wissen als Informatiker brauchen werden. Die große Anzahl von Übungsaufgaben hilft Ihnen, sich ganz gezielt auf Prüfungen vorzubereiten.

**VIEWEG+
TEUBNER**

Abraham-Lincoln-Straße 46
65189 Wiesbaden
Fax 0611.7878-400
www.viewegteubner.de

Stand Januar 2011.
Änderungen vorbehalten.
Erhältlich im Buchhandel oder im Verlag.